le Guide rd

Direc

F

Cofonda

Philippe GLOAGUEN et Michel DUVAL

Rédacteur en chef

Pierre JOSSE

Rédacteurs en chef adjoints

Amanda KERAVEL et Benoît LUCCHINI

Directrice de la coordination

Florence CHARMETANT

Directeur de routard.com

Yves COUPRIE

Rédaction

Olivier PAGE, Véronique de CHARDON,
Isabelle AL SUBAIHI, Anne-Caroline DUMAS,
Carole BORDES, Bénédicte BAZAILLE,
André PONCELET, Marie BURIN des ROZIERS,
Thierry BROUARD, Géraldine LEMAUF-BEAUVOIS,
Anne POINSOT, Mathilde de BOISGROLLIER,
Gavin's CLEMENTE-RUÏZ, Alain PALLIER
et Fiona DEBRABANDER

INDONÉSIE

2005
2006

Hachette

Avis aux hôteliers et aux restaurateurs

Les enquêteurs du *Guide du routard* travaillent dans le plus strict anonymat, afin de préserver leur indépendance et l'objectivité des guides. Aucune réduction, aucun avantage quelconque, aucune rétribution ne sont jamais demandés en contrepartie. Face aux aigrefins, la loi autorise les hôteliers et restaurateurs à porter plainte.

Hors-d'œuvre

Le *GDR,* ce n'est pas comme le bon vin, il vieillit mal. On ne veut pas pousser à la consommation, mais évitez de partir avec une édition ancienne. D'une année sur l'autre, les modifications atteignent et dépassent souvent les 30 %.

Spécial copinage

Le Bistrot d'André : 232, rue Saint-Charles, 75015 Paris. ☎ 01-45-57-89-14. Ⓜ Balard. À l'angle de la rue Leblanc. Fermé le dimanche. Menu à 12,50 € servi le midi en semaine uniquement. Menu-enfants à 7 €. À la carte, compter autour de 22 €. L'un des seuls bistrots de l'époque Citroën encore debout, dans ce quartier en pleine évolution. Ici, les recettes d'autrefois sont remises à l'honneur. Une cuisine familiale, telle qu'on l'aime. Des prix d'avant-guerre pour un magret de canard poêlé sauce au miel, des rognons de veau aux champignons, un poisson du jour... Kir offert à tous les amis du *Guide du routard.*

ON EN EST FIERS : www.routard.com

Tout pour préparer votre voyage en ligne, de A comme argent à Z comme Zanzibar : des fiches pratiques sur 125 destinations (y compris les régions françaises), nos tuyaux perso pour voyager, des cartes et des photos sur chaque pays, ces infos météo et santé, la possibilité de réserver en ligne son visa, son vol sec, son séjour, son hébergement ou sa voiture. En prime, *routard mag,* véritable magazine en ligne, propose interviews de voyageurs, reportages, carnets de route, événements culturels, dossiers pratiques, produits nomades, fêtes et infos du monde. Et bien sûr : des concours, des *chats,* des petites annonces, une boutique de produits de voyage...

Mille excuses, on ne peut plus répondre individuellement aux centaines de CV reçus chaque année.

TABLE DES MATIÈRES

COMMENT Y ALLER?

GÉNÉRALITÉS

SUMATRA

LE NORD DE SUMATRA

LE CENTRE ET LE PAYS MINANGKABAU

LE SUD DE SUMATRA

JAVA

À L'OUEST DE JAKARTA

AU SUD ET À L'EST DE JAKARTA

LE CENTRE DE JAVA

L'EST DE JAVA

L'ÎLE DE MADURA

BALI

LES ROUTES DU CENTRE ET DU NORD

LA ROUTE VERS LE NORD : D'UBUD AU LAC BATUR

LES ROUTES DE L'EST

LA NOUVELLE ROUTE CÔTIÈRE DE L'EST

LA CÔTE NORD

L'OUEST DE BALI

LOMBOK (NUSA TENGGARA)

LE NORD DE LOMBOK ET LES ÎLES DU NORD

SULAWESI (CÉLÈBES)

LE PAYS KAJANG

LE PAYS BUGIS

LE PAYS TORAJA

SULAWESI-CENTRE

LE NORD DE SULAWESI

Nous dédions ce guide à toutes les victimes du raz-de-marée du 26 décembre 2004, ainsi qu'à tous ceux qui ont été touchés par cette catastrophe, partout dans le monde.

La rédaction du Guide du routard

20°
MYANMAR
LAOS
CHINE
Haïnan
THAÏLANDE
VIETNAM
CAMBODGE
MER D'ANDAMAN
Golfe du Siam
MER DE CHINE MÉRIDIONALE
10°
Détroit de Malacca
M A L A I S I E
BRUNEI
I. Bunguran
I. Anambas
Medan
Nias
Singapour
Arch. Riau
0° Équateur
Padang
Arch. Lingga
Siberut
Sumatra
Bornéo
Bangka
Palembang
Belitung
MER DE JAVA
Jakarta
Bogor
Bandung
Java
Surabaya
Madura
10°
Yogyakarta (Yogya)
Malang
Bali
Lombok
Denpasar
Sumbaw
OCÉAN INDIEN
0
500
1000 km
110° E. Gr.

NORD
Luçon
PHILIPPINES
OCÉAN PACIFIQUE
ÉTATS FÉDÉRÉS DE MICRONÉSIE
MER DE SULU
Mindanao
PALAU
MER DE CÉLÈBES
Manado
Halmahera
Îles Togian
Moluques
Poso
Sulawesi (Célèbes)
Talabu
MER DE SÉRAM
Rantepao
acassar
x-Ujung
andang)
Buru
Séram
Nouvelle-Guinée
PAPOUASIE-NOUVELLE-GUINÉE
Kajang
MER DE BANDA
I. Aru
MER DE FLORES
Komodo
Rinca
Kap. Solor
Tg. Margeta
P. Alor
Wetar
Yamdena
Flores
Ruteng
Ende
TIMOR-ORIENTAL
MER D'ARAFURA
Waingapu
Timor
ımba
Kupang
Sawu
Roti
MER DE TIMOR
Golfe de Carpentarie
AUSTRALIE
120°
130°
140°

LES GUIDES DU ROUTARD 2005-2006

(dates de parution sur **www.routard.com**)

France

- Alpes
- Alsace, Vosges
- Aquitaine
- Ardèche, Drôme
- Auvergne, Limousin
- **Bordeaux (nouveauté)**
- Bourgogne
- Bretagne Nord
- Bretagne Sud
- Chambres d'hôtes en France
- Châteaux de la Loire
- Corse
- Côte d'Azur
- **Fermes-auberges en France (nouveauté)**
- Franche-Comté
- Hôtels et restos en France
- Île-de-France
- Junior à Paris et ses environs
- Languedoc-Roussillon
- **Lille (mai 2005)**
- **Lot, Aveyron, Tarn (nouveauté)**
- Lyon
- Marseille
- Montpellier
- Nice
- Nord-Pas-de-Calais
- Normandie
- Paris
- Paris balades
- Paris exotique
- Paris la nuit
- Paris sportif
- Paris à vélo
- Pays basque (France, Espagne)
- Pays de la Loire
- Petits restos des grands chefs
- Poitou-Charentes
- Provence
- **Pyrénées, Gascogne et Pays toulousain (nouveauté)**
- Restos et bistrots de Paris
- Le Routard des amoureux à Paris
- Toulouse
- Week-ends autour de Paris

Amériques

- Argentine
- Brésil
- Californie
- Canada Ouest et Ontario
- Chili et île de Pâques
- Cuba
- Équateur
- États-Unis, côte Est
- Floride, Louisiane
- Guadeloupe, Saint-Martin, Saint-Barth
- Martinique, Dominique, Sainte-Lucie
- Mexique, Belize, Guatemala
- New York
- Parcs nationaux de l'Ouest américain et Las Vegas
- Pérou, Bolivie
- Québec et Provinces maritimes
- Rép. dominicaine (Saint-Domingue)

Asie

- Birmanie
- Cambodge, Laos
- Chine (Sud, Pékin, Yunnan)
- Inde du Nord
- Inde du Sud
- Indonésie
- Israël
- Istanbul
- Jordanie, Syrie
- Malaisie, Singapour
- Népal, Tibet
- Sri Lanka (Ceylan)
- Thaïlande
- Turquie
- Vietnam

Europe

- Allemagne
- Amsterdam
- Andalousie
- Andorre, Catalogne
- Angleterre, pays de Galles
- Athènes et les îles grecques
- Autriche
- Baléares
- Barcelone
- Belgique
- Crète
- Croatie
- Écosse
- Espagne du Centre (Madrid)
- Espagne du Nord-Ouest (Galice, Asturies, Cantabrie)
- **Finlande (avril 2005)**
- **Florence (nouveauté)**
- Grèce continentale
- **Hongrie, République tchèque, Slovaquie (avril 2005)**
- Irlande
- **Islande (nouveauté)**
- Italie du Nord
- Italie du Sud
- Londres
- Malte
- Moscou, Saint-Pétersbourg
- Norvège, Suède, Danemark
- Piémont
- **Pologne et capitales baltes (avril 2005)**
- Portugal
- Prague
- Rome
- **Roumanie, Bulgarie (nouveauté)**
- Sicile
- Suisse
- Toscane, Ombrie
- Venise

Afrique

- Afrique noire
- **Afrique du Sud (nouveauté)**
- Égypte
- Île Maurice, Rodrigues
- Kenya, Tanzanie et Zanzibar
- Madagascar
- Maroc
- Marrakech et ses environs
- Réunion
- Sénégal, Gambie
- Tunisie

et bien sûr...

- Le Guide de l'expatrié
- Humanitaire

Nous tenons à remercier tout particulièrement Loup-Maëlle Besançon, Thierry Bessou, Gérard Bouchu, François Chauvin, Grégory Dalex, Cédric Fischer, Carole Fouque, Michelle Georget, David Giason, Jean-Sébastien Petitdemange, Laurence Pinsard et Thomas Rivallain pour leur collaboration régulière.

Et pour cette chouette collection, plein d'amis nous ont aidés :

David Alon
Didier Angelo
Cédric Bodet
Philippe Bourget
Nathalie Boyer
Ellenore Bush
Florence Cavé
Raymond Chabaud
Alain Chaplais
Bénédicte Charmetant
Geneviève Clastres
Nathalie Coppis
Sandrine Couprie
Agnès Debiage
Célia Descarpentrie
Tovi et Ahmet Diler
Claire Diot
Émilie Droit
Sophie Duval
Pierre Fahys
Alain Fisch
Cécile Gauneau
Stéphanie Genin
Adrien Gloaguen
Clément Gloaguen
Angela Gosmann
Stéphane Gourmelen
Isabelle Grégoire
Claudine de Gubernatis
Xavier Haudiquet
Lionel Husson
Catherine Jarrige
Lucien Jedwab
François et Sylvie Jouffa
Emmanuel Juste
Olga Krokhina
Florent Lamontagne
Vincent Launstorfer
Francis Lecompte
Benoît Legault
Jacques Lemoine
Jean-Claude et Florence Lemoine
Valérie Loth
Dorica Lucaci
Stéphanie Lucas
Philippe Melul
Kristell Menez
Xavier de Moulins
Jacques Muller
Alain Nierga et Cécile Fischer
Patrick de Panthou
Martine Partrat
Jean-Valéry Patin
Odile Paugam et Didier Jehanno
Xavier Ramon
Patrick Rémy
Céline Reuilly
Dominique Roland
Déborah Rudetzki et Philippe Martineau
Corinne Russo
Caroline Sabljak
Jean-Luc et Antigone Schilling
Brindha Seethanen
Abel Ségretin
Alexandra Sémon
Guillaume Soubrié
Régis Tettamanzi
Claudio Tombari
Christophe Trognon
Julien Vitry
Solange Vivier
Iris Yessad-Piorski

Direction : Cécile Boyer-Runge
Contrôle de gestion : Joséphine Veyres et Céline Déléris
Responsable de collection : Catherine Julhe
Édition : Matthieu Devaux, Stéphane Renard, Magali Vidal, Marine Barbier-Blin, Dorica Lucaci, Sophie de Maillard, Laure Méry et Amélie Renaut
Secrétariat : Catherine Maîtrepierre
Préparation-lecture : Clémentine Sanchez
Cartographie : Cyrille Suss et Aurélie Huot
Fabrication : Nathalie Lautout et Audrey Detournay
Couverture : conçue et réalisée par Thibault Reumaux
Direction marketing : Dominique Nouvel, Lydie Firmin et Juliette Caillaud
Direction partenariats : Jérôme Denoix et Dana Lichiardopol
Informatique éditoriale : Lionel Barth
Relations presse : Danielle Magne, Martine Levens et Maureen Browne
Régie publicitaire : Florence Brunel

LES QUESTIONS QU'ON SE POSE LE PLUS SOUVENT

➤ ***L'Indonésie est-elle un pays cher ?***

Non, l'Indonésie est une destination vraiment très bon marché, et demeure l'un des pays les moins chers du Sud-Est asiatique. Le prix demandé reste exceptionnel, que ce soit pour l'hébergement, la nourriture ou les excursions.

➤ ***Un visa est-il nécessaire ?***

Oui. Le visa est obligatoire quelle que soit la durée du séjour. Le mieux est de vous le procurer auprès de l'ambassade, mais vous pouvez également l'obtenir à votre arrivée en Indonésie.

➤ ***Faut-il payer une taxe d'aéroport ?***

Oui, payable en roupies uniquement (100 000 Rps, soit 8 € pour un vol international, 20 000 Rps, soit 1,60 € pour un vol intérieur).

➤ ***Quel est le décalage horaire ?***

Plusieurs fuseaux horaires découpent l'Indonésie. Pour Sumatra et Java, ajouter 5 h en été et 6 h en hiver. Pour Bali, Nusa Tengara et Sulawesi, ajouter 6 h en été et 7 h en hiver. En résumé, quand il est midi en France, il est 18 h (été) ou 19 h (hiver) à Bali et 17 h (été) ou 18 h (hiver) à Java.

➤ ***Quelle est la meilleure période pour y aller ?***

De juin à septembre, avec une eau entre 26 et 29 °C. Évitez la période entre novembre et avril. Les plus fortes pluies sont enregistrées entre décembre et mars. L'humidité atteint alors 60 à 100 %.

➤ ***Quels sont les vaccins indispensables ?***

Aucun vaccin n'est obligatoire mais il est recommandé de se faire vacciner contre la fièvre typhoïde. Les vaccinations contre les hépatites A et B sont également conseillées. Le traitement antipaludique est actuellement indispensable pour toute l'Indonésie, sauf les grandes villes, Java et Bali.

➤ ***Comment se loger au meilleur prix ?***

Les *losmen* sont de petits hôtels locaux pas chers et relativement propres.

➤ ***Y a-t-il de bons spots de plongée et de surf ?***

Pour le surf, les plages de Bali sont mondialement connues, comme celles de Ubu Watu et Kuta. Pour la plongée, rien de mieux que les atolls au large de Bunaken, au nord de Sulawesi, ainsi que le récif de Gili Trawagan, à Lombok.

➤ ***Quelles sont les curiosités culinaires indonésiennes ?***

Si ça vous tente, vous pourrez goûter à la larve de papillon, au python, ou encore à la cervelle de buffle. De manière générale, on mange bien, le riz et le poisson étant la nourriture de base.

➤ ***Que peut-on rapporter de l'archipel ?***

De l'artisanat comme le batik, les marionnettes, les masques ou encore des sculptures en bois.

➤ ***Comment circuler en Indonésie ?***

À Java, le train reste souvent la meilleure formule pour voyager : on évite ainsi les frayeurs de la route. Mais la voiture de location représente néanmoins la meilleure solution pour Bali, Java et Sumatra, quand on veut sortir des sentiers battus. Conduire soi-même est une folie. Prendre une voiture avec chauffeur, les tarifs restant très abordables.

COMMENT Y ALLER ?

LES COMPAGNIES RÉGULIÈRES

▲ AIR FRANCE

Renseignements et réservations au ☎ 0820-820-820 (0,12 €/mn – de 6 h 30 à 22 h). • www.airfrance.fr •, dans les agences Air France et dans toutes les agences de voyages.
– *Singapour :* 14-05 Orchard Towers, 400 Orchard Road. ☎ (65) 737-63-55.
– *Jakarta :* Summitmas Tower, 9th Floor, 5 jalan Jenderal Sudirman 61. ☎ (021) 520-22-62 ou 63. Ouvert du lundi au vendredi de 8 h à 17 h.
➢ Air France assure 1 vol quotidien vers Singapour et 1 vol quotidien via Amsterdam vers Jakarta au départ de Roissy-Charles-de-Gaulle.
Air France propose une gamme de tarifs attractifs accessibles à tous : du *Tempo 1* (le plus souple) au *Tempo 5* (le moins cher) selon les destinations. Pour les moins de 25 ans, Air France propose des tarifs très attractifs *Tempo Jeunes,* ainsi qu'une carte de fidélité « Fréquence Jeune », gratuite et valable sur l'ensemble des lignes d'Air France et des autres compagnies membres de Skyteam. Cette carte permet de cumuler des *miles* et de bénéficier d'avantages chez de nombreux partenaires.
Tous les mercredis dès 0 h, sur • www.airfrance.fr •, Air France propose les tarifs « Coup de cœur », une sélection de destinations en France pour des départs de dernière minute.
Sur Internet, possibilité de consulter les meilleurs tarifs du moment, rubrique « offres spéciales », « promotions ».

▲ GULF AIR

– *Paris :* 9, rue de Téhéran, 75008. Informations et réservations : ☎ 01-49-52-41-41. Fax : 01-49-52-03-15. • www.gulfair.fr • resa@gulfair.fr • Ⓜ Miromesnil. Agence ouverte sans interruption du lundi au jeudi de 9 h à 17 h 30, le vendredi de 9 h à 16 h.
– *Jakarta :* réservations au ☎ (021) 577-07-89. Aéroport : ☎ 550-53-07 ou 08.
➢ Gulf Air assure 1 vol quotidien vers Jakarta, au départ de Paris, Roissy-Charles-de-Gaulle.

▲ MALAYSIA AIRLINES

– *Paris :* 12, bd des Capucines, 75009. ☎ 01-44-51-64-20. Fax : 01-44-51-64-30. Ⓜ Opéra.
➢ Malaysia Airlines propose 1 vol par jour Paris-Denpasar (sauf le mercredi et le jeudi) via Kuala Lumpur ; vols quotidiens via les principales villes d'Europe, avec possibilité de préacheminements au départ de province. Retour tous les jours sauf le mardi et le mercredi.
Un bon nombre de compagnies asiatiques assurent aussi les liaisons vers l'Indonésie : ***Thai International, Singapore Airlines, Korean Airlines*** et ***Cathay*** (au départ de Londres).

LES ORGANISMES DE VOYAGES

– Ne pas croire que les vols à tarif réduit sont tous au même prix pour une même destination à une même époque : loin de là. On a déjà vu, dans un même avion partagé par deux organismes, des passagers qui avaient payé

40 % plus cher que les autres. De plus, une agence bon marché ne l'est pas forcément toute l'année (elle peut n'être compétitive qu'à certaines dates bien précises). Donc, contactez tous les organismes et jugez vous-même.

– Les organismes cités sont classés par ordre alphabétique, pour éviter les jalousies et les grincements de dents.

EN FRANCE

▲ ANYWAY.COM

☎ 0892-892-612 (0,34 €/mn). Fax : 01-53-19-67-10. • www.anyway.com • Du lundi au vendredi de 8 h à 20 h et le samedi de 9 h à 19 h.

Depuis 15 ans, Anyway.com se spécialise dans le vol sec et s'adresse à tous les routards en négociant des tarifs auprès de 500 compagnies aériennes et l'ensemble des vols charters pour garantir des prix toujours plus compétitifs.

Anyway.com, c'est aussi la possibilité de comparer les prix de quatre grands loueurs de voitures. On accède également à plus de 12000 hôtels du 2 au 5 étoiles, à des tarifs négociés pour toutes les destinations dans le monde. Ceux qui préfèrent repos et farniente retrouveront plus de 500 séjours et week-ends tout inclus à des tarifs très compétitifs.

▲ ASIA

– *Paris : Asia* et *Air Asia,* 1, rue Dante, 75005. ☎ 01-44-41-50-10. Fax : 01-44-41-50-19. • www.asia.fr • Ⓜ Maubert-Mutualité.

– *Lyon :* 11, rue du Président-Carnot, 69002. ☎ 04-78-38-30-40. Fax : 04-78-92-85-18.

– *Marseille :* 424, rue Paradis, 13008. ☎ 04-91-16-72-32. Fax : 04-91-77-84-41.

– *Nice :* 23, rue de la Buffa, 06000. ☎ 04-93-82-41-41. Fax : 04-93-88-83-15.

Sur chacune de ses destination (dont l'Indonésie), Asia conçoit votre voyage avec vous, selon vos envies, vos contraintes et votre budget. Asia, c'est aussi des produits « maison » hors des sentiers battus.

Pour le farniente, Asia a également sélectionné des hôtels de charme ou de luxe sur les plus belles plages d'Asie. Pour les amateurs de voyages, en petits groupes au meilleur prix, Asia propose une vingtaine de circuits à travers toute l'Asie dans sa brochure « Tentation », ainsi que 8 séjours sur les plus belles plages d'Asie. Avec la brochure « Air Asia » : des vols réguliers à prix charters pour parcourir l'Asie, de l'Ouzbékistan au Japon, et de la Chine à la Nouvelle-Zélande, sans oublier l'Australie.

▲ ASTROPA-GRISERIE

– *Paris :* 2, rue Vézelay, 75008. ☎ 01-42-93-31-81. Fax : 01-42-93-50-57. • astropa-griserie@wanadoo.fr • Ⓜ Villiers.

Ce voyagiste spécialiste de l'Asie a fait de l'Indonésie une de ses destinations de prédilection. Ce pays fait l'objet d'une programmation des plus complètes que l'on retrouve dans sa nouvelle brochure. Astropa propose ainsi des circuits départs groupés, des circuits en individuel, ainsi que des voyages à la carte et des vols secs pour découvrir l'archipel indonésien sur toutes ses facettes.

▲ COMPAGNIE DES INDES & DE L'EXTRÊME-ORIENT

– *Paris :* 82, bd Raspail (angle rue de Vaugirard), 75006. ☎ 01-53-63-33-40 (Cie des Indes) et ☎ 01-53-63-33-41 (Cie de l'Extrême-Orient). Fax : 01-42-22-20-15. • www.compagniesdumonde.com • Ⓜ Rennes ou Saint-Placide.

Jean-Alexis Pougatch a ouvert la Compagnie des Indes & de l'Extrême-Orient, également spécialisée dans le voyage individuel organisé à la carte. Elle couvre tout l'Iran, l'Inde, le Népal, le Bhoutan, le Sri Lanka et les îles

Maldives. On y trouve, toujours en voyages individuels organisés, la Thaïlande, la Birmanie, le Cambodge, le Laos, le Vietnam, l'Indonésie, Singapour, la Malaisie, etc. Tous les voyages individuels organisés se font en voiture privée avec chauffeur et guide.
Compagnie des Indes & de l'Extrême-Orient propose de bons tarifs sur le transport aérien en vols réguliers. Et, comme pour les États-Unis et le Canada, l'Amérique latine et les Caraïbes, Cie des Indes & de l'Extrême-Orient fait partie du groupe Compagnies du Monde.

▲ COMPTOIRS DU MONDE (LES)

– *Paris :* 26, rue du Petit-Musc, 75004. ☎ 01-44-54-84-54. Fax : 01-44-54-84-50. • cptmonde@easynet.fr • Ⓜ Sully-Morland ou Bastille.
C'est en plein cœur du Marais, dans une atmosphère chaleureuse, que l'équipe des Comptoirs du Monde traitera personnellement tous vos désirs d'évasion : vols à prix réduits mais aussi circuits et prestations à la carte pour tous les budgets sur toute l'Asie, le Proche-Orient, les Amériques, les Antilles, Madagascar et maintenant l'Italie. Vous pouvez aussi réserver par téléphone et régler par carte de paiement, sans vous déplacer.

▲ LES CONNAISSEURS DU VOYAGE

– *Paris :* 10, rue Beaugrenelle, 75015. ☎ 01-53-95-27-00. Fax : 01-53-95-27-01. • www.connaisseursvoyage.fr •
– *Marseille :* 71, rue de Lodi, 13006. ☎ 04-91-92-08-91. Fax : 04-91-47-53-69. • marseille@connaisseursvoyage.fr •
Fort de ses 25 ans d'expérience, les Connaisseurs du Voyage sont devenus une des rares agences spécialisées sur les voyages tour du monde. À découvrir sur leur site Internet, une brochure virtuelle de plusieurs pages exclusivement consacrée aux voyages tour du monde, aussi bien en train sac à dos qu'en voyage organisé ou en voyage de noces.

▲ LOOK VOYAGES

Les brochures sont disponibles dans toutes les agences de voyages. Informations et réservations • www.look-voyages.fr •
Ce tour-opérateur généraliste propose une grande variété de produits et de destinations pour tous les budgets : des séjours en club *Lookéa,* des séjours classiques en hôtels, des escapades, des safaris, des circuits « découverte », des croisières et des vols secs vers le monde entier.

▲ MAISON DE L'INDOCHINE

– *Paris :* 1, pl. Saint-Sulpice, 75006. ☎ 01-40-51-95-15. Fax : 01-46-33-73-03. • www.maisondelindochine.com • Ⓜ Saint-Sulpice. Ouvert du lundi au samedi de 10 h à 19 h.
Forte de sa parfaite connaissance du terrain, la Maison de l'Indochine conçoit des itinéraires pour découvreurs impénitents aussi bien que des circuits organisés en groupe, avec un accompagnateur spécialiste de la région. Les tarifs sont intéressants puisque tout est vendu sans intermédiaire, notamment les billets d'avion sur les vols réguliers des meilleures compagnies aériennes. Sur place, expositions permanentes, conférences, informations voyage et un forum. Au programme : le Vietnam, le Laos, le Cambodge, la Birmanie, la Thaïlande et l'Indonésie.

▲ NOSTAL'ASIE

– *Paris :* 19, rue Damesme, 75013. ☎ 01-43-13-29-29. Fax : 01-43-13-30-60. • www.ann.fr •
Parce qu'il n'est pas toujours aisé de partir seul, Nostal'Asie propose des voyages sur mesure, notamment en Indonésie. Deux formules au choix : Les *Estampes* avec billets d'avion, logement, transferts entre les étapes, ou *Les*

Aquarelles avec en plus un guide et une voiture privée à chaque étape. Ces formules sont possibles sur la plupart des itinéraires proposés.
En plus, pour les vols secs, contacter *Globe d'Or* (c'est la même maison), 163, rue de Tolbiac, 75013 Paris. ☎ 01-45-88-67-87. Fax : 01-45-88-19-62. • resa@globe-d-or.fr •

▲ NOUVELLES FRONTIÈRES

– *Paris :* 87, bd de Grenelle, 75015. Ⓜ La Motte-Picquet-Grenelle.
– Renseignements et réservations dans toute la France : ☎ 0825-000-825 (0,15 €/mn). • www.nouvelles-frontieres.fr •
Plus de 30 ans d'existence, 1 800 000 clients par an, 250 destinations, une chaîne d'hôtels-clubs et de résidences *Paladien* et une compagnie aérienne, *Corsair.* Pas étonnant que Nouvelles Frontières soit devenu une référence incontournable, notamment en matière de tarifs. Le fait de réduire au maximum les intermédiaires permet d'offrir des prix « super-serrés ». Un choix illimité de formules vous est proposé : des vols sur la compagnie aérienne de Nouvelles Frontières au départ de Paris et de province, en classe Horizon ou Grand Large, et sur toutes les compagnies aériennes régulières, avec une gamme de tarifs selon confort et budget. Sont également proposés toutes sortes de circuits, aventure ou organisés ; des séjours en hôtels, en hôtels-clubs et en résidences, notamment dans les *Paladien,* les hôtels de Nouvelles Frontières avec « vue sur le monde » ; des week-ends, des formules à la carte (vol, nuits d'hôtel, excursions, location de voitures...), des séjours neige.
Avant le départ, des réunions d'information sont organisées. Les 12 brochures Nouvelles Frontières sont disponibles gratuitement dans les 200 agences du réseau, par téléphone et sur Internet. Intéressant : des brochures thématiques (plongée, rando, trek, thalasso).

▲ ORIENTS

– *Paris :* 25, rue des Boulangers, 75005. ☎ 01-40-51-10-40. Fax : 01-40-51-10-41. • www.orients.com • Ⓜ Cardinal-Lemoine. Ouvert du lundi au vendredi de 10 h à 13 h et de 14 h à 19 h. Le samedi, fermeture à 17 h.
Agence spécialisée dans les voyages culturels sur les « Routes de la soie », d'Istanbul à Pékin en passant par l'Indonésie ou l'Inde, Orients propose de grands périples à Java, aux Célèbes et à Bali, ou des voyages thématiques et exclusifs comme « Batik et Barong », accompagnés par des conférenciers. Cette agence peut, bien sûr, vous préparer votre voyage sur mesure et offre une bonne sélection de vols secs.

▲ PARTIR

(Service voyages sur mesure)
– *Paris :* 43, rue de la Chaussée-d'Antin, 75009. ☎ 01-56-02-02-00. Fax : 01-48-78-45-67. Ⓜ Chaussée-d'Antin. Sur rendez-vous.
Partir propose aux voyageurs un nouveau regard sur l'Indonésie avec au programme, de multiples formules : des grands classiques, comme Java et Bali, aux itinéraires plus insolites tels Bornéo, Sumatra ou Iran Jaya ; des hôtels sobres et confortables aux palaces luxueux de Nusa Dua ; des itinéraires de découverte d'un Bali authentique encore préservé.

▲ LES ROUTES DE L'ASIE

– *Paris :* 7, rue d'Argenteuil, 75001. ☎ 01-42-60-46-46. Fax : 01-42-61-11-70. • www.laroutedesindes.com • Ⓜ Palais-Royal ou Pyramides.
Les Routes de l'Asie s'adressent aux voyageurs indépendants et proposent des voyages individuels organisés, sur mesure, à travers l'Asie du Sud-Est et l'Extrême-Orient, adaptés au goût et au budget de chaque voyageur. Les itinéraires, personnalisés, sont construits par des spécialistes après un

entretien approfondi. La librairie offre un large choix de guides, de cartes et de littérature consacrée à l'Asie du Sud-Est et à l'Extrême-Orient. Des expositions sont régulièrement organisées dans la galerie-photo et des écrivains sont invités à venir signer leurs ouvrages.

▲ TERRES DE CHARME

– *Paris :* 19, av. Franklin-D.-Roosevelt, 75008. ☎ 01-55-42-74-10. Fax : 01-56-24-49-77. • www.terresdecharme.com • Ⓜ Franklin-D.-Roosevelt. Ouvert du lundi au vendredi de 10 h à 19 h et le samedi de 13 h à 19 h.
Terres de Charme a la particularité d'organiser des voyages haut de gamme pour ceux qui souhaitent voyager à deux, en famille ou entre amis. Des séjours et des circuits rares et insolites regroupés selon 5 thèmes : « charme de la mer », « l'Afrique à la manière des pionniers », « charme et aventure », « sur les chemins de la sagesse », « week-ends et escapades », avec un hébergement allant de douillet à luxueux.

▲ VOYAGEURS EN INDONÉSIE

Spécialiste du voyage en individuel sur mesure. • www.vdm.com • Nouveau, Voyageurs du Monde Express : des séjours « prêts à partir » sur des destinations mythiques. ☎ 0892-688-363 (0,34 €/mn).
– *Voyageurs en Indonésie* (Indonésie, Bornéo) *:* ☎ 0892-237-474 (0,34 €/mn). Fax : 01-40-15-05-71.
– *Paris :* La Cité des Voyageurs, 55, rue Sainte-Anne, 75002. ☎ 0892-235-656 (0,34 €/mn). Fax : 01-42-86-17-88. Ⓜ Opéra ou Pyramides. Bureaux ouverts du lundi au samedi de 9 h 30 à 19 h.
– *Lyon :* 5, quai Jules-Courmont, 69002. ☎ 0892-231-261 (0,34 €/mn). Fax : 04-72-56-94-55.
– *Marseille :* 25, rue Fort-Notre-Dame (angle cours d'Estienne-d'Orves), 13001. ☎ 0892-233-633 (0,34 €/mn). Fax : 04-96-17-89-18.
– *Nice :* 4, rue du Maréchal-Joffre (angle rue de Longchamp), 06000. ☎ 0892-232-732 (0,34 €/mn). Fax : 04-97-03-64-60.
– *Rennes :* 2, rue Jules-Simon, BP 10206, 35102. ☎ 0892-230-530 (0,34 €/mn). Fax : 02-99-79-10-00.
– *Toulouse :* 26, rue des Marchands, 31000. ☎ 0892-232-632 (0,34 €/mn). Fax : 05-34-31-72-73. Ⓜ Esquirol.
En 2005, ouverture à :
– *Lille :* ☎ 0892-234-634 (0,34 €/mn).
– *Grenoble :* ☎ 0892-233-533 (0,34 €/mn).
– *Bordeaux :* ☎ 0892-234-834 (0,34 €/mn).
Sur les conseils d'un spécialiste de chaque pays, chacun peut construire un voyage à sa mesure.
Pour partir à la découverte de plus de 120 pays, 92 conseillers-voyageurs, de près de 30 nationalités et grands spécialistes des destinations, donnent des conseils, étape par étape et à travers une collection de 25 brochures, pour élaborer son propre voyage en individuel. Des suggestions originales et adaptables, des prestations de qualité et des hébergements exclusifs.
Voyageurs du Monde propose également une large gamme de circuits accompagnés (Famille, Aventure, Routard...).
À la fois tour-opérateur et agence de voyages, Voyageurs du Monde a développé une politique de « vente directe » à ses clients, sans intermédiaire.
Dans chacune des *Cités des Voyageurs,* tout rappelle le voyage : librairies spécialisées, boutiques d'accessoires de voyages, restaurant des cuisines du monde, lounge-bar, expositions-ventes d'artisanat ou encore dîners et cocktails-conférences. Toute l'actualité de VDM à consulter sur leur site Internet.

EN BELGIQUE

▲ CONTINENTS INSOLITES

– *Bruxelles :* rue César-Franck, 44, 1050. ☎ 02-218-24-84. Fax : 02-218-24-88. Ouvert du lundi au vendredi de 10 h à 18 h et le samedi de 10 h à 13 h.
– *En France :* ☎ 03-24-54-63-68 (renvoi automatique et gratuit sur le bureau de Bruxelles).
• www.continentsinsolites.com •
Continents Insolites, organisateur de voyages lointains sans intermédiaire propose une gamme complète de formules de voyages détaillés est proposée dans leur brochure gratuite sur demande.
– *Circuits taillés sur mesure :* à partir de 2 personnes. Une grande gamme d'hébergements soigneusement sélectionnés : du petit hôtel simple à l'établissement luxueux et de charme.
– *Voyages lointains :* de la grande expédition au circuit accessible à tous. Des circuits à dates fixes dans plus de 60 pays, et ce, en petits groupes francophones de 7 à 12 personnes. Avant chaque départ, une réunion est organisée. Voyages encadrés par des guides francophones, spécialistes des régions visitées.
De plus, Continents Insolites propose un cycle de diaporamas-conférences à Bruxelles. Ces conférences se déroulent à l'Espace Senghor, place Jourdan, 1040 Etterbeek (dates dans leur brochure).

▲ NOUVELLES FRONTIÈRES

– *Bruxelles* (siège) *:* bd Lemonnier, 2, 1000. ☎ 02-547-44-22. Fax : 02-547-44-99. • www.nouvelles-frontieres.be •
– Également d'autres agences à *Bruxelles, Charleroi, Liège, Mons, Namur, Waterloo, Wavre* et au *Luxembourg.*
30 ans d'existence, 250 destinations, une chaîne d'hotels-clubs et de résidences *Paladien.* Pas étonnant que Nouvelles Frontières soit devenu une référence incontournable, notamment en matière de prix. Le fait de réduire au maximum les intermédiaires permet d'offrir des prix « super-serrés ».

▲ CONNECTIONS

Renseignements et réservations au ☎ 070-233-313. • www.connections.be • Ouvert de 9 h à 21 h en semaine et de 10 h à 17 h le samedi.
Spécialiste du voyage pour les étudiants, les jeunes et les *Independent travellers.* Le voyageur peut y trouver informations et conseils, aide et assistance (revalidation, routing...) dans 21 points de vente en Belgique et auprès de bon nombre de correspondants de par le monde.
Connections propose une gamme complète de produits : des tarifs aériens spécialement négociés pour sa clientèle (licence IATA) et, en exclusivité pour le marché belge, les très avantageux billets « Campus » réservés aux jeunes et étudiants ; le bus avec plus de 300 destinations en Europe (un tarif exclusif pour les étudiants) ; toutes les possibilités d'arrangement terrestre (hébergement, locations de voitures, *self-drive tours,* vacances sportives, expéditions) ; de nombreux services aux voyageurs comme l'assurance voyage « Protections » ou les cartes internationales de réductions (la carte internationale d'étudiant ISIC).

EN SUISSE

▲ JERRYCAN

– *Genève :* 11, rue Sautter, 1205. ☎ 022-346-92-82. Fax : 022-789-43-63. • www.jerrycan-travel.ch •
Tour-opérateur de la Suisse francophone spécialisé dans l'Afrique, l'Asie et l'Amérique latine. Trois belles brochures proposent des circuits traditionnels et hors des sentiers battus. L'équipe connaît bien son sujet et peut vous construire un voyage à la carte.

AVEC DIRECTOURS, POUR LE MÊME BUDGET,
C'EST ÎLE DES DIEUX ET ARTISANAT DIVIN
LIC. 075 04 0001 - PHOTOS : GETTY - PHILIP COBLENTZ
directours

En Asie, Jerrycan propose le Cambodge, la Chine, l'Inde, l'Indonésie, le Laos, la Malaisie, le Myanmar (Birmanie), le Népal, les Philippines, la Thaïlande, le Tibet, le Vietnam, le Pakistan et l'Ouzbékistan.

▲ NOUVELLES FRONTIÈRES

– *Genève :* 10, rue Chantepoulet, 1201. ☎ 022-906-80-80. Fax : 022-906-80-90.
– *Lausanne :* 19, bd de Grancy, 1006. ☎ 021-616-88-91. Fax : 021-616-88-01.
(Voir texte dans la partie « En France ».)

▲ STA TRAVEL

– *Bienne :* General Dufour-strasse 4, 2502. ☎ 032-328-11-11. Fax : 032-328-11-10.
– *Fribourg :* 24, rue de Lausanne, 1701. ☎ 026-322-06-55. Fax : 026-322-06-61.
– *Genève :* 3, rue Vignier, 1205. ☎ 022-329-97-34. Fax : 022-329-50-62.
– *Lausanne :* 20, bd de Grancy, 1006. ☎ 021-617-56-27. Fax : 021-616-50-77.
– *Lausanne :* à l'université, bâtiment BFSH2, 1015. ☎ 021-691-60-53. Fax : 021-691-60-59.
– *Montreux :* 25, av. des Alpes, 1820. ☎ 021-965-10-15. Fax : 021-965-10-19.
– *Neuchâtel :* 2, Grand-Rue, 2000. ☎ 032-724-64-08. Fax : 032-721-28-25.
– *Nyon :* 17, rue de la Gare, 1260. ☎ 022-990-92-00. Fax : 022-361-68-27.

Agences spécialisées dans les voyages pour jeunes et étudiants. Gros avantage en cas de problème : 150 bureaux STA et plus de 700 agents du même groupe répartis dans le monde entier sont là pour donner un coup de main *(Travel Help).*
STA propose des voyages très avantageux : vols secs *(Skybreaker),* billets Euro Train, hôtels, écoles de langues, voitures de location, etc. Délivre les cartes internationales d'étudiants et les cartes Jeunes Go 25.
STA est membre du fonds de garantie de la branche suisse du voyage ; les montants versés par les clients pour les voyages forfaitaires sont assurés.

AU QUÉBEC

▲ TOURS CHANTECLERC

Tours Chanteclerc publie différents catalogues de voyages : Europe, Amérique, Asie + Pacifique sud et Soleils de Méditerranée. Il se présente comme l'une des « références sur l'Europe » avec deux brochures : groupes (circuits guidés en français) et individuels. « Mosaïques Europe » s'adresse aux voyageurs indépendants (vacanciers ou gens d'affaires), qui réservent un billet d'avion, un hébergement (dans toute l'Europe), des excursions, une location de voiture.

▲ RÉSEAU CLUB VOYAGES

Club Voyages offre des vols vers l'Europe, l'Asie, l'Afrique ou l'Amérique. Sa spécialité : la formule avion + auto. Club Voyages publie également une petite brochure Gîtes France, avec chambres d'hôtes dans des maisons centenaires, locations de chalets ou de maisons de charme, ainsi que des itinéraires découvertes. Le réseau suggère aussi des forfaits à la carte et des circuits en autocar pour découvrir le Québec. Pour connaître l'adresse de l'agence Club Voyages la plus proche (il y en a 106 au Québec – notamment les anciennes agences de Vacances Tourbec), téléphoner au ☎ 1-800-363-3786. Club Voyages est membre du groupe Transat A.T. Inc.

▲ VOYAGES CAMPUS / TRAVEL CUTS

Campus / Travel Cuts est un réseau national d'agences de voyages qui s'adresse tout particulièrement aux étudiants et négocie de bons tarifs auprès des transporteurs aériens comme des opérateurs de circuits terrestres, et diffuse la carte d'étudiant internationale (ISIC), la carte de jeune de moins de 26 ans (IYTC) et la carte d'enseignant ou professeur à plein temps (ITIC). Voyages Campus publie deux fois par an le magazine « L'étudiant voyageur », qui présente ses différents produits et notamment ses séjours linguistiques (Canada Anglais, Amérique du sud, États-Unis), de même que son Programme Vacances Travail (PVT) disponible dans dix pays (États-Unis, France, Nouvelle-Zélande, Japon, Afrique du Sud...). Le réseau compte quelque 70 agences au Canada, dont 9 au Québec (5 à Montréal, 1 à Québec, 1 à Trois-Rivières et 2 à Sherbrooke), le plus souvent installées près ou sur les campus universitaires ou collégiaux, sans oublier six bureaux aux États-Unis. • www.voyagescampus.com •

NOUVEAUTÉ

POLOGNE ET CAPITALES BALTES (mai 2005)

Depuis leur entrée au sein de la grande famille européenne, les anciens pays de l'Est suscitent beaucoup de curiosité. On connaissait déjà ce grand pays qu'est la Pologne, avec Cracovie, une vraie perle de culture ; Varsovie ; le massif des Tatras ; les rivages de la Baltique où s'échoue l'ambre fossilisé ; et les plaines encore sauvages de Mazurie où broutent les derniers bisons d'Europe. Mais que dire alors des pays que l'on nomme baltes ? Lituanie, Estonie, Lettonie... On les confond encore un peu mais, très vite, on distingue leurs différences : Vilnius, la baroque au milieu de collines boisées, Tallinn et son lacis de rues dominées par les flèches des églises, Riga, sa forteresse face à la mer et ses édifices Art nouveau. Malgré les 50 ans de présence soviétique, vous serez surpris par la modernité de ces villes et par le dynamisme qui anime leurs habitants.

GÉNÉRALITÉS

Pour la carte générale de l'Indonésie, se reporter en début de guide.

CARTE D'IDENTITÉ

- ***Superficie :*** 2 028 000 km². 5 160 km d'est en ouest et 1 760 du nord au sud, soit presque 4 fois l'étendue de la France.
- ***Nombre d'îles :*** l'archipel indonésien, le plus vaste de la planète, compte plus de 13 000 îles, dont 6 000 habitées. Avis aux apprentis Robinson !
- ***Population :*** 217 millions d'habitants.
- ***Capitale :*** Jakarta. 9,3 millions d'habitants, et 12 millions s'il s'agit du très grand Jakarta, la conurbation « Jabotabek ». 21 millions d'habitants prévus en l'an 2015 !
- ***Autres grandes villes :*** Yogyakarta, Surabaya, Medan, Macassar, Denpasar.
- ***Monnaie :*** roupie indonésienne *(rupiah)*. Sigle : *Rps.*
- ***Langues :*** le *bahasa indonesia* (langue officielle), proche du malais et 250 langues ethniques et dialectes. Anglais utile.
- ***Régime politique :*** république dotée d'un régime présidentiel. Président élu en septembre 2004 : Susilo Bambang Yudhoyono (surnommé SBY).
- ***Religions :*** l'Indonésie est le premier pays musulman du monde, avec plus de 170 millions de croyants (87 % de la population). L'islam tendance sunnite y est officiellement la religion d'État, mais les lois républicaines et les lois religieuses restent distinctes. En outre, on trouve plusieurs minorités chrétiennes, catholiques et protestantes (9 % au total), en Pays toraja (Sulawesi), en Pays minahasa (nord-est de Sulawesi), à Sumatra (les Bataks du lac Toba), à Timor, aux Moluques. Le bouddhisme et l'animisme sont toujours vivaces. L'hindouisme est très présent à Bali.
- ***Groupes ethniques :*** plus de 300 ethnies différentes. Sulawesi en compte une trentaine à elle seule.
- ***Espérance de vie :*** 62 ans.
- ***La plus grande fleur du monde,*** la *rafflesia,* fleurit chaque année dans la forêt tropicale de Sumatra. Elle peut atteindre 1 mètre de diamètre.
- ***Sites classés au patrimoine de l'Unesco :*** parc national de Komodo, parc national d'Ujung Kulon, Borobudur, Prambanan, site des premiers hommes de Sangiran.

	1	2	3	4	5	6	7	8	9	10	11
I									■		
II							■	■			
III		■				■					
IV											
V		■	■		■				■	■	
VI		■				■		■			■
VII				■		■					
VIII					■	■					■
IX		■		■			■	■			
X		■	■			■			■		
XI											
XII	■					■				■	

HORIZONTALEMENT

I. Préliminaire d'ados. Très Bien. **II.** Âpres. Jour ibère. **III.** Direction Générale de la Santé. Mayonnaise à l'ail. **IV.** Provoquent souvent des effets indésirables. **V.** Les notres **VI.** Infection Sexuellement Transmissible. "Assez" en texto. **VII.** Dans le noyau. Se porte rouge contre le sida. **VIII.** Élément de bord de mer. Fin de phrase télégraphique. **IX.** Que l'on sait. Positif ou négatif. **X.** Participe passé de rire. Avant. La tienne. **XI.** Entraides. **XII.** Patrie du Ché. Un des virus de l'hépatite.

VERTICALEMENT

1. À Protéger. **2.** Avant certains verbes. Note. Langue du sud. **3.** Castor et Pollux sont ses fils. La vache y est sacrée. Déchiffré. **4.** Parties de débauche.Pour prélèvement. **5.** Dépistage. Toi. Les séropositifs en souffrent. **6.** Excelle. Dans. **7.** Avec ou sans lendemains. Antirétroviraux. **8.** Fin de maladies. Do courant. Responsable du sida. **9.** De soi ou d'argent. Aboiement. Symbole du technétium. **10.** On comprend quand on le fait. Anglaise en France. **11.** Affluent de la Garonne. En mauvais état.

Faut-il parler de l'Indonésie ou des Indonésies ? Le mot habituel de « diversité » ici ne convient plus : c'est au moins de multiplicité qu'il faudrait parler. L'île de Flores a des langueurs polynésiennes ; Bali est une enclave hindouiste en archipel musulman. En revanche, les Torajas de Sulawesi (Célèbes), christianisés depuis quelques décennies, égorgent allègrement leurs buffles lors des funérailles, et Irian Jaya (la partie indonésienne de la Nouvelle-Guinée) demeure l'île à découvrir, sans parler des Moluques, les fameuses îles aux Épices. Quant à Java et Sumatra, elles collectionnent buildings, volcans sacrés, consortiums militaro-industriels, réserves à tigres, derniers animistes et sens des alliances technologiques.
Ce kaléidoscope de la nature se déroule sur fond de mer bleu colère, au milieu de rizières, miroirs du ciel. La mauvaise humeur de cette partie des mers est encore redoutée par les marins et les images du tsunami du 26 décembre 2004, qui provoqua la mort de 230 000 personnes rien qu'en Indonésie, sont encore dans toutes les têtes. De nombreuses variétés d'orchidées et de bambous, une trentaine d'espèces de bananes, de superbes arbres hauts de plus de 65 m, les fleurs les plus grandes du monde, des fruits par milliers dont vous n'auriez pas imaginé un instant l'existence. Bref, une végétation luxuriante, qui à elle seule vous fait aimer ce pays.
Mais l'Indonésie, c'est aussi la crise monétaire de 1998 qui a mis à genoux un pays connaissant jusque-là une croissance vraiment impressionnante. Avec tout l'humour dont ils savent faire preuve, les Indonésiens ont rebaptisé la *krismon* (crise monétaire) en *kristal* (crise totale !)... Mais bien malin celui qui pourrait prédire l'avenir du pays en regardant dans cette boule de *kristal*. Bien sûr, pour les touristes que nous sommes, c'est plutôt avantageux. Mais pour les Indonésiens, c'est un retour en arrière et à la grande pauvreté pour la moitié d'entre eux. Les prix sont vraiment très bas et l'Indonésie est devenue l'une des destinations les moins chères au monde. Tout cela n'empêche pas les habitants de nous témoigner une réelle amitié et un immense intérêt. Alors, soyons généreux, car cette richesse-là, elle, est inépuisable ! Et partons à la rencontre des Indonésiens, à la découverte de cette Indonésie plurielle...

AVANT LE DÉPART

Adresses utiles

En France

■ ***Ambassade d'Indonésie :*** 47, rue Cortambert, 75116 Paris. ☎ 01-45-03-07-60. Fax : 01-45-04-50-32 • www.amb-indonesie.fr • Ⓜ Passy. Ouvert du lundi au vendredi de 9 h à 13 h et de 14 h à 17 h pour la documentation, et uniquement de 9 h 30 à 12 h 30 pour toute demande de visa. Un service d'information touristique attaché à l'ambassade (poste 458) est ouvert du lundi au vendredi, mais il y a peu de documentation, faute de budget. Il est préférable de téléphoner avant pour prendre rendez-vous.

■ ***Consulat d'Indonésie :*** 25, bd Carmagnole, 13008 Marseille. ☎ 04-91-23-01-60 ou 04-91-71-40-32 • www.indonesia-mrs.com • Ouvert du lundi au vendredi de 9 h à 13 h et de 14 h à 17 h.

En Belgique

■ ***Ambassade d'Indonésie :*** av. Tervueren, 294, Bruxelles 1150. ☎ 32-2-771-20-14 ou 50-6. Fax : 32-2-771-22-91. Service d'information touristique : bureaux ouverts de 9 h à 17 h. Pour toute demande de visa : ouvert de 9 h à 12 h 30 seulement.

■ ***Consulat d'Indonésie :*** Bloemenlei, 5, 2950 Kapellen, Anvers. ☎ 03-605-60-77. Fax : 03-605-60-39.

En Suisse

■ ***Ambassade et consulat d'Indonésie :*** 51, Elfenauweg, 3006 Berne. ☎ 031-352-09-83 ou 84. Fax : 031-351-67-65. • www.indonesia-berne.org • Pour toute demande de visa, service ouvert de 9 h à 12 h. ☎ 031-352-09-85.

Visa et passeport

Attention : un ***visa touristique*** est ***obligatoire*** pour une cinquantaine de pays dont la France, la Belgique et le Canada. Deux possibilités pour l'obtenir :
– Avant votre départ, auprès de l'ambassade d'Indonésie (lire plus haut). Il coûte 50 € et il est valable 60 jours, non renouvelable.
– On peut également se procurer le visa lors de l'arrivée en Indonésie (valable 30 jours seulement et non renouvelable. Prix : 25 US$, soit 19 € environ) dans les aéroports de Jakarta, Denpasar, Medan, Manado, Padang et Surabaya.
N'hésitez pas à appeler le consulat pour toute information complémentaire ou à vérifier sur le site Internet de l'ambassade de France.

Vaccins

– Aucun vaccin n'est obligatoire pour les voyageurs en provenance d'Europe, mais il est cependant recommandé de se faire vacciner contre la ***fièvre typhoïde*** (vaccin Typhim Vi, validité : 3 ans) et de vérifier si l'on est toujours immunisé par le ***vaccin tétanique poliomyélitique et diphtérique***; pour ces vaccins, les rappels tous les 10 ans sont désormais faciles pour l'adulte, avec le vaccin-rappel REVAXIS. Les vaccinations contre les ***hépatites A et B*** sont également conseillées. Pour les longs séjours (plus d'un mois) ou dans des zones rurales en contact avec des animaux, prévoir de se faire vacciner contre la rage, la méningite A et C et l'encéphalite japonaise.
– ***Traitement antipaludique*** indispensable actuellement pour toute l'Indonésie, sauf les grandes villes, Bali et Java. La transmission en Indonésie ne se fait que la nuit et en dehors des grandes villes. Si votre voyage vous expose à ce risque, il faut adopter l'attitude préventive préconisée par le ministère de la Santé et tous les experts : porter dès la tombée de la nuit des vêtements (imprégnés d'insecticides) recouvrant le maximum de surface corporelle; appliquer sur les parties découvertes des répulsifs anti-moustiques efficaces (type *Repel Insect*); dormir sous moustiquaire imprégnée d'insecticides; prendre une chimioprophylaxie antipaludique : 1 comprimé par jour de *Savarine*. À prendre la veille du départ, pendant toute la durée du séjour et les 4 semaines qui suivent le retour ou bien, le cas échéant, un antipaludique récent : la MALARONE®. Pour plus de renseignements, adressez-vous à votre médecin ou à votre pharmacien habituel.
– Les produits et matériels utiles aux voyageurs sont souvent difficiles à se procurer. Ils peuvent être achetés par correspondance :

■ ***Catalogue Santé Voyages** (Astrium) :* 83-87, av. d'Italie, 75013 Paris. ☎ 01-45-86-41-91. Fax : 01-45-86-40-59. • www.astrium.com • Envoi gratuit du catalogue sur simple demande. Livraison *Colissimo* en 48 h. Vente de produits et matériels pour voyageurs tropicaux. Boutique à Paris : 30, av. de la Grande-Armée. ☎ 01-43-80-09-30. Ⓜ Argentine.

ARGENT, BANQUES, CHANGE

Argent

– ***La monnaie*** nationale est la roupie indonésienne ou *rupiah* (Rps). Vu sa valeur, il n'y a pas de subdivision. En effet, fin 2004, une *rupiah* valait environ 0,00008 € ! Autrement dit, pour 1 €, on obtenait environ 12500 Rps.
– Il n'existe aucune forme de restriction : on peut entrer ou sortir avec autant d'euros, de dollars ou de chèques de voyage que l'on veut.

Change

Si, en Indonésie, le dollar conserve un aspect plus familier que l'euro, ce dernier s'échange désormais un peu partout, et à un taux pas moins avantageux que celui du billet vert. Inutile, donc, à notre avis, de partir encore avec tout son budget converti en dollars. De plus, on peut généralement payer en *rupiahs* ce qui se paie habituellement en dollars, comme les excursions proposées par les agences de voyages locales. Attention, en dehors des endroits suffisamment fréquentés tels que Java, Bali, Sulawesi ou Sumatra, on vous conseille quand même d'avoir quelques dollars en poche. De même, les *travellers' cheques* en dollars restent un peu plus couramment utilisés que ceux en euros.
– Aucun problème pour ***changer*** l'argent liquide et les chèques de voyage dans les lieux touristiques ou les grandes villes. L'opération se fait soit dans les banques, soit dans des bureaux de change *(money changers)*. Pas de commission, simplement le taux est plus ou moins bon. À noter que celui des *travellers' cheques* est presque toujours inférieur à celui du cash. Si vous avez le choix, préférez les banques aux bureaux de change car elles offrent souvent un meilleur taux. En revanche, elles ferment plus tôt (vers 15 h), et ne sont pas ouvertes le week-end. De plus, en dehors des grandes villes, on en trouve moins facilement. Moralité : n'hésitez pas, quand vous voyez une banque importante, à changer une quantité d'argent qui vous permettra de tenir un bon bout de temps, surtout si vous devez ensuite aller dans des endroits reculés, où le change peut poser problème.
– Si vous emportez des espèces, veillez à ce que les billets soient en bon état et, surtout, pas trop vieux (cela concerne surtout les dollars), sinon vous risquez de vous voir imposer un mauvais taux ou, pire, de vous les voir refuser !

Cartes de paiement

Les cartes *MasterCard* et *Visa* permettent de retirer de l'argent aux distributeurs automatiques (appelés *ATM*) qu'on trouve désormais un peu partout, jusque dans certaines petites villes. Bien pratique, mais attention aux frais de retrait, qui peuvent être élevés. En dehors de ce service cependant, la carte bancaire ne vous sera utile que pour régler votre note dans certains restos ou hôtels chic, voire dans certaines boutiques (de luxe) ou agences de voyages. N'hésitez pas, alors, à vous en servir car le paiement s'effectue au taux international, toujours meilleur que celui auquel vous pouvez changer des devises.
– ***Carte MasterCard :*** assistance médicale incluse, numéro d'urgence : ☎ (00-33) 1-45-16-65-65. En cas de perte ou de vol, composer le ☎ (00-33) 1-45-67-84-84 en France (24 h/24 ; PCV accepté) pour faire opposition ; numéro également valable pour les cartes *Visa* émises par le Crédit Agricole et le Crédit Mutuel. • www.mastercardfrance.com •
– ***Carte Visa :*** assistance médicale incluse, numéro d'urgence : ☎ (00-33) 1-42-99-08-08. Pour faire opposition, contacter le numéro communiqué par votre banque.
– Pour la carte ***American Express,*** téléphoner en cas de pépin au : ☎ (00-33) 1-47-77-72-00. Numéro accessible 24 h/24, PCV accepté en cas de perte ou de vol.

– Pour toutes les cartes émises par ***La Poste,*** composer le ☎ 0825-809-803 (pour les DOM : ☎ 05-55-42-51-97).
– Également un numéro d'appel valable quelle que soit votre carte de paiement : ☎ 0892-705-705 (serveur vocal à 0,34 €/mn).
– ***En cas de besoin urgent d'argent liquide*** (perte ou vol de billets, chèques de voyage, cartes de paiement), vous pouvez être dépanné en quelques minutes grâce au système *Western Union Money Transfer.* Appeler le ☎ (021) 601-55-60 ou le ☎ (021) 533-00-44 à Jakarta, ou le ☎ (0361) 75-68-71 à Denpasar.
Sachez, enfin, que certaines grandes banques françaises peuvent aussi vous dépanner pour ce genre de problèmes. Renseignez-vous avant de partir, notamment pour connaître le délai du transfert.

ACHATS

Argent et bijoux

Les orfèvres travaillent l'argent en filigrane, principalement à Kota Gede (près de Yogyakarta), à Kota Gadang (à Sumatra) et à Bali. L'argent se vend au poids, et le prix est très bas. Les bijoux reprennent souvent des motifs traditionnels peu compatibles avec nos goûts, mais certains artistes exécutent maintenant des pièces inspirées de modèles occidentaux et destinées aux touristes. Pratiquement pas de pierres précieuses. On trouve, en revanche, des pierres de lune, de l'agate, de l'onyx, du jaspe, etc.

Batik

Artisanat séculaire (c'est vers les XIVe-XVe siècles que le *batik* apparaît comme technique propre), le *batik tulis,* fait à la main, n'a rien à craindre de l'industrialisation et restera longtemps encore un art. Pour s'en convaincre, il suffit de noter avec quel amour les « batikeurs » œuvrent dans leurs ateliers aux mille couleurs chatoyantes. Certains « maîtres » se font accompagner par un *gamelan* susceptible de nourrir leur puissance créatrice.
Ce procédé d'impression d'une étoffe est fondé sur un système très simple : les parties qui ne doivent pas être colorées sont enduites d'une couche de cire avant d'être trempées dans la teinture. Si l'opération paraît simple pour les *batiks* monochromes, le travail se complique quand il s'agit de pièces à plusieurs couleurs. Autant de couleurs, autant de passages à la cire et de grattages. La complexité du travail (jusqu'à huit couleurs sur les plus sophistiqués) et le temps passé (plusieurs semaines) justifient les prix parfois très élevés de *batiks* provenant des ateliers des grands maîtres. Yogyakarta est la capitale du *batik,* c'est là que l'on en trouve le plus grand choix.
La production en série est beaucoup plus abordable et c'est probablement la seule que vous pourrez vous offrir. Les motifs sont réalisés avec des tampons de caoutchouc, appelés *caps,* trempés dans la cire. Avec cette méthode rapide d'impression l'étoffe est toujours plus colorée à l'endroit qu'à l'envers, alors que dans le vrai *batik* les deux faces du tissu sont identiques.
En Indonésie, le *batik* s'affiche partout. On en fait des chemises, des sarongs, des nappes, des serviettes de table, des rideaux, des cravates, des sacs à main et même des sandales. Il se vend à la pièce et constitue un cadeau bon marché et peu encombrant. Compter au moins 4 € pour un carré de *batik* de 25 cm.

La fabrication du batik à la maison en 12 leçons

1. Dessiner le motif de base sur un tissu blanc avec un crayon.
2. Faire ce premier motif avec la cire (composée de cire d'abeille et de paraffine) suivant la ligne dessinée au crayon sur les deux côtés du tissu. On

utilise pour cela un *canting* (prononcer « tjanting ») : petit récipient de cuivre muni d'un manche et d'une canule.
3. Remplir certaines parties d'ornements et de petits points, puis en couvrir de cire les larges parties.
4. Couvrir de cire les parties que l'on veut garder blanches jusqu'à la fin.
5. Plonger le tissu dans la première teinture de base.
6. Couvrir de cire les parties teintes.
7. Plonger le tissu dans la deuxième teinture de base.
8. Le plonger dans l'eau bouillante pour enlever toute la cire.
9. Recouvrir le premier motif de base de points et couvrir de cire les parties mentionnées dans le numéro trois pour les tenir blanches jusqu'à la fin.
10. Couvrir de cire les parties teintes pour ne pas les mélanger avec les teintures suivantes.
11. Plonger le tissu dans la dernière teinture.
12. Remettre le tissu dans l'eau bouillante pour enlever toute la cire... et le *batik* est fini.

Bibelots et bricoles

Vous n'aurez que l'embarras du choix et, quel que soit votre budget, vous trouverez certainement des souvenirs à rapporter.

– ***Cornes de buffle ou de vache :*** travaillées avec beaucoup d'habileté ; on essaiera, peut-être, de vous les vendre pour de l'ivoire.

– ***Noix de coco :*** ciselées et tellement ouvragées qu'elles se transforment en de véritables boules de dentelle sur lesquelles sont représentées des scènes du *Rāmāyana*.

– ***Les objets en écaille :*** en régression depuis qu'une campagne mondiale condamne le massacre des tortues. Celles-ci abondent dans les eaux indonésiennes et leur chair est très appréciée, ce qui explique la présence dans les boutiques de nombreux petits objets travaillés à la main, vendus à un prix modique : bracelets, peignes, boîtes à pilules, étuis à cigarettes. On vous les déconseille !

– ***Les porcelaines chinoises :*** elles trônent souvent au milieu d'un bric-à-brac dans les magasins d'antiquités. Méfiance ! Les Indonésiens sont passés maîtres dans l'art de copier et de vieillir des pièces qui ont déjà trompé plus d'un expert. Le sol indonésien a bien livré d'authentiques porcelaines chinoises Ming, mais dès leur découverte ces pièces prennent le chemin des musées et non celui des échoppes pour touristes.

– ***Vannerie :*** le choix est considérable. Paniers, nattes, chapeaux, sets de table, éventails, tapis, petites boîtes. On peut aussi craquer devant les meubles en bambou ou en rotin, bon marché, mais il faut penser aux frais et aux délais d'acheminement par bateau (en forte augmentation depuis la crise). Ne pas oublier non plus que le bambou risque de mal s'acclimater à un brusque changement de température.

– ***Cuirs :*** à Java, nombreux objets en peau, tels que ceintures, sacs, sandales. Le cuir n'est pas teinté mais prend à l'usage une belle patine. La finition, principalement au niveau des coutures, peut laisser à désirer.

– ***Disques compacts et cassettes :*** ceux qui n'ont pu résister à la « pluie de cristal » du *gamelan* voudront prolonger ces moments de féerie musicale. On trouve des CD et des K7 un peu partout dans les grandes villes et dans les centres touristiques. Un grand choix vraiment très bon marché, mais pour les cassettes la qualité n'est pas toujours au rendez-vous. Pour vous épargner des surprises désagréables, demandez à en écouter des extraits avant l'achat. Se méfier des cassettes vraiment trop bon marché ; elles sont toujours de mauvaise qualité.

– ***Électronique :*** la proximité de Singapour et le taux favorable du change mettent l'électronique à des prix très abordables. Les amateurs de matériel photo, entre autres, seront comblés. Penser toutefois à la douane au retour.

Kain ikat

C'est un tissu fabriqué à partir de fils teints un par un et tissés ensuite dans une débauche de couleurs et motifs uniques en Indonésie. Les teintures naturelles proviennent d'écorces, plantes, terres diverses. Les femmes, assises devant leur métier, font apparaître le dessin en jonglant avec les navettes. Leur travail peut durer des mois pour l'exécution d'une seule pièce. À Bali, dans le village animiste de Tenganan, les femmes pratiquent le double *ikat,* c'est-à-dire que le fil, lui aussi, est teint, alors qu'en général c'est seulement la trame. Ces *ikats* sont des œuvres uniques, qui atteignent des prix exorbitants. Ils ont, selon les croyances, des pouvoirs magiques : immuniser contre les maladies et éloigner les mauvais esprits. Cela n'a donc pas de prix !
À Java, on tisse aussi des *ikats* à la machine. Ils ont perdu, bien entendu, tout pouvoir magique mais sont accessibles à toutes les bourses. On les appelle *tenunans.*
À Sumatra, le *kain songket,* très cher, est un tissage composé de fils d'or, réservé jadis aux sarongs de cérémonie.
À Sulawesi, on trouve des soieries ainsi que des *ikats* dans le Pays toraja. Possibilité aussi d'acheter de très belles étoffes dans les îles de la Sonde. Les plus belles proviennent de l'île de Sumba et atteignent des prix élevés.

Kriss (keris)

Tout le monde connaît ces couteaux à la lame généralement ondulée, caractéristiques de la civilisation malaise. En fait, le *kriss* n'a pas livré tous ses secrets, fût-ce aux spécialistes de la question. On ignore toujours la nature exacte de la relation, magique, surnaturelle, qui unit le couteau et son propriétaire. Celle-ci est très forte : un prince balinais, devant épouser une jeune fille, ne se rendit pas lui-même à la cérémonie, mais se fit « représenter » par son *kriss* ! Ça se passait il y a longtemps. Le *kriss* n'est donc pas simplement une arme : c'est un objet sacré, magique. À celui qui s'en montre digne, le *kriss* peut apporter bonheur, prospérité, invulnérabilité (rien que ça !). En revanche, il peut se retourner contre celui qui ne le mériterait pas.
Le *kriss* se compose de trois parties :
– *le fourreau :* il est lui-même formé de 2 pièces de bois collées : le fourreau proprement dit, recouvert d'une feuille de laiton ou d'alu travaillée (pour les princes, c'était de l'or, mais les temps changent !), et le butoir, pièce asymétrique rappelant vaguement un navire ;
– *la poignée :* en ébène ou en teck, elle représente presque toujours une forme humaine stylisée ; très stylisée même : le *kriss* est un objet relativement récent, et l'islam proscrit la représentation de l'être humain ; les plus belles poignées sont en or massif incrusté de pierres précieuses et figurent des démons ; elles sont conservées au Musée national, à Jakarta ;
– *la lame :* c'est la partie la plus importante ; on peut troquer le fourreau ou échanger la poignée, mais en aucune façon la lame, qui est intimement liée au possesseur du couteau. Contrairement à une idée reçue, la lame du *kriss* n'est pas obligatoirement ondulée, elle peut être droite. Elle provient d'un alliage de deux minerais de fer : l'un d'origine terrestre (les mines de fer), et l'autre d'origine céleste, puisque extrait des météorites, assez nombreuses, tombées sur le sol indonésien. Inutile de souligner l'importance symbolique d'un tel alliage. Le forgeron mêle les deux métaux et fait ressortir le mélange en passant la lame au jus de citron : les deux couleurs sont ainsi bien marquées sur la lame. La forme ondulée s'explique par le serpent, souvent gravé avec moult fioritures. Les *kriss* les plus rares (et les plus chers) portent un double *naga* (2 serpents entrelacés).
Concrètement, si vous achetez un *kriss* bien travaillé, cela vous coûtera assez cher. Sinon, la lame sera en aluminium. De toute façon, le fer d'origine météorique, peu facile à se procurer, n'est plus guère utilisé. L'alliage est en

général celui de deux fers différents, mais bien de chez nous... Rappelez-vous que le fourreau n'est pas très important (et pas forcément très esthétique) : un fourreau moyen peut cacher une belle lame avec *naga* doré finement ciselé jusqu'au bout.
Remarque : évidemment, les services de sécurité de l'aéroport risquent de considérer l'arme sacrée porteuse d'une puissance magique comme un vulgaire couteau à saigner la belle-mère ! Vous ne pouvez donc pas le prendre en bagage à main (même si vous ne voyagez pas avec votre belle-mère). Soit vous le mettez dans votre sac en soute, soit il voyage séparément, et vous le récupérez (sans aucun frais) au comptoir des litiges bagages de l'aéroport d'arrivée. En général, tout se passe très bien.

Marionnettes et masques

Comment résister aux *wayangs kulit* et aux *wayangs golek,* ces marionnettes de peau de buffle ou de bois habillées de *batik,* très décoratives, que l'on propose principalement à Java ? (Voir, à la rubrique « *Wayang* », leur histoire et leur signification.)
Les marionnettes vendues aux touristes sont toujours de fabrication récente, même si l'on tente de vous faire croire le contraire. Il est très rare de pouvoir s'en procurer d'anciennes, sauf chez certains antiquaires. Leur prix est très élevé.
Les masques tiennent une place importante dans le théâtre indonésien. Il suffit d'assister à un *barong* (à Bali) ou à un *Rāmāyana* (à Java) pour comprendre leur pouvoir magique. Ces masques sont toujours taillés dans un bois léger (généralement le *pule*) et peints de façon très expressive. Ils peuvent aussi être articulés, notamment ceux représentant les singes. Les plus beaux masques balinais sont sculptés à Mas.

Sculptures sur bois

Les Indonésiens sont vraiment les maîtres du travail du bois. À Java comme à Bali, les sculpteurs sont souvent des artistes de talent. Dans l'archipel, on a toujours travaillé le bois pour la construction des maisons, la fabrication des outils et des objets usuels, mais la sculpture était destinée à l'ornementation des palais princiers. Dans les années 1930, avec l'arrivée des Occidentaux, les artisans abandonnèrent les sujets mythologiques pour puiser leur inspiration dans les scènes de la vie courante. À cette époque, Ida Bagus Njana créa dans son village de Mas une école qui devait influencer toute la sculpture balinaise contemporaine.
La qualité du travail et la nature du bois déterminent le prix des œuvres. Avant d'acheter, il faut savoir distinguer la pièce en ébène, en teck, en acajou ou en jaquier exécutée par un artisan chevronné, de celle, en bois vulgaire, travaillée par l'un de ses élèves. Le choix, très vaste, va de la statuette aux formes longilignes, aussi finement ciselée qu'un ivoire chinois, au panneau de bois laqué ou doré, en passant par toutes les œuvres presque abstraites comme le *yogi,* véritable boule de bois que l'on vous proposera partout. Aux îles Moluques, curieusement, les petites statuettes en ébène évoquent plutôt l'art africain... Le style varie donc considérablement d'une île à l'autre, nous rappelant à quel point l'Indonésie est un immense patchwork de cultures.
Depuis peu, les Balinais se sont spécialisés dans la reproduction d'animaux (canards), de fleurs et de fruits travaillés dans un bois léger et peints avec tant de réalisme que l'on pourrait les prendre pour des vrais.
Malheureusement, la production a tendance à s'industrialiser au détriment de la finition et de la création originale. Il faut voir dans certains villages autour de Mas et d'Ubud de véritables « usines » où l'on travaille à la chaîne. Des jeunes sculptent les pattes avant d'un cheval, d'autres l'arrière-train, pendant que des équipes exécutent séparément la tête, la crinière et le corps, avant de passer toutes ces pièces détachées à un homme chargé

d'assembler les différents morceaux et de confier l'animal aux mains des peintres et des polisseurs. On se croirait sur une chaîne de montage chez Renault ! Ces pièces, destinées à l'exportation, peuvent être réalisées en plusieurs centaines d'exemplaires.

Vêtements

À Bali, et plus particulièrement à Kuta, les magasins de vêtements sont légion. Il s'agit le plus souvent de petites échoppes de tailleurs locaux qui ont adapté leur production à la demande, ou de *show rooms* de stylistes qui exposent des modèles destinés principalement à l'exportation. Il est possible d'y faire l'acquisition de vêtements très originaux et à des prix qui valent ceux de *Tati*.

L'arrivée massive de touristes japonais a beaucoup influencé les couturiers balinais, et certaines de leurs créations pourraient bien figurer dans des collections de haute couture. On travaille aussi à Bali le cuir et la fourrure, à des prix très intéressants. Veiller cependant à bien contrôler la finition qui n'est pas toujours soignée.

On peut également faire des achats intéressants de marques occidentales parfois vendues à bas prix dans les centres commerciaux des villes principales de Java et Bali.

ASSURANCES

– Une ***assurance assistance-rapatriement*** est une sage précaution à prendre avant le départ, c'est même indispensable ! Vérifier si elle est incluse dans les conditions de l'agence de voyages. En individuel, il est conseillé de souscrire une garantie qui couvre toute la durée du voyage. Vérifier aussi qu'elle inclut votre rapatriement en cas de pépin.

■ ***Routard Assistance-AVI International :*** 28, rue de Mogador, 75009 Paris. ☎ 01-44-63-51-00. Fax : 01-42-80-41-57. Ⓜ Trinité ou Chaussée-d'Antin ; RER A : Auber. *Routard Assistance* propose des garanties complètes, avec une assurance maladie et hôpital de 300 000 € sans franchise (un record). La carte personnelle d'assurance, avec un texte en anglais, comprend une prise en charge des frais d'hôpital ; c'est la formule « Hospitalisé ? Rien à payer ! », et un numéro d'appel gratuit jour et nuit vous permet d'être conseillé et de recevoir des soins spécialisés pour votre problème de santé. Voir le bulletin d'inscription à la fin du guide.

– Assurez aussi votre matériel photo, si celui-ci a une certaine valeur.

BAGAGES ET VÊTEMENTS

– Un bagage léger est indispensable. Ne pas perdre de vue qu'il vaut mieux laisser certaines affaires chez soi et s'équiper sur place, plutôt que de s'encombrer inutilement.
– N'emporter que le strict minimum. On trouve (à Bali notamment) des vêtements appropriés au climat à des prix ridiculement bas.
– En revanche, Berthe-aux-grands-pieds et son frère ont tout intérêt à s'équiper en chaussures avant de partir ! Les Indonésiens sont fiers de leurs petits petons, et il est rare de trouver des tailles supérieures au 42/43 (sauf dans les grands centres comme Jakarta).
– Éviter les tissus synthétiques, ils ont tendance à irriter la peau à cause de l'humidité et de la chaleur. Les tissus « lourds » ont du mal à sécher sous ce climat. Préférer d'amples vêtements en coton.
– Prévoir un pull et un K-way, de bonnes chaussures de marche et une écharpe si l'on doit faire de la moto. De toute façon, cela sera indispensable

pour se ceindre la taille lors de la visite des temples à Bali ; sinon, il faut payer à chaque fois une location. Un pull et un blouson seront nécessaires en altitude, en montagne, sur les volcans, et surtout la nuit.

– Si l'on doit se rendre dans un bureau ou dans une administration, il est indispensable d'être correctement vêtu pour être pris en considération et pour obtenir satisfaction. Des affiches officielles, avec dessin à l'appui, conseillent ce qu'il convient de porter.

– En règle générale, évitez de choquer les Indonésiens en exhibant votre anatomie sous prétexte qu'il fait chaud. Une tenue légère minimum à la Tarzan, tolérée sur la plage et dans les alentours, ne doit pas être considérée comme un uniforme de vacances pour se promener à travers le pays. Les Indonésiens associent les shorts ou les gens « peu vêtus » à la pauvreté. Il y a donc des lieux où la tenue short et tee-shirt ne fera pas du tout l'affaire. Les Indonésiens pourraient alors interpréter ces tenues comme une moquerie ou un manque de respect. Ne pas oublier que la mode voyage toujours mal. Par exemple, un jean du plus grand chic, déchiré et acheté dans une boutique branchée des Halles, suscitera une réaction bien pire que sur le troisième âge d'un village perdu des Pyrénées ! Tout accoutrement sexy ou provocateur est une invitation... Attention aux divers problèmes qui en découlent ! Rester donc sobre et modeste en toute circonstance.

– Un couvre-chef et des lunettes de soleil sont quasiment obligatoires. Le soleil tape fort en Indonésie. Il est même traître ! Une journée de *snorkelling* (plongée avec masque et tuba) sans tee-shirt ni crème peut être synonyme d'insolation carabinée. À bon entendeur... Toutes les grandes marques de crème solaire s'achètent sur place, dans les grands centres, mais prenez vos précautions si vous utilisez des produits dermatologiques spécifiques.

– Une fois là-bas, imitez les autochtones, achetez un sarong aux multiples usages : pour la plage, bien sûr, mais aussi pour recouvrir un matelas d'une propreté très relative, comme turban pour se protéger du soleil, comme foulard ou bien encore ceint autour de la taille pour entrer dans un temple balinais. Le sarong peut aussi servir de rideau ou de cabine d'essayage. Mouillé et enroulé, il peut même constituer une excellente matraque improvisée, dont l'utilité reste tout de même très improbable, à moins de chercher des ennuis ! Ils sont souvent très jolis, et après le voyage vous n'aurez aucun mal à leur trouver une utilisation, comme nappe, par exemple.

– Pour ceux qui voyagent hors des sentiers battus et dans les petites îles, un mini-sac, une gourde, une lampe électrique, une moustiquaire et un sac de couchage sont essentiels pour partir à l'aventure.

Avant de terminer vos bagages, n'oubliez pas d'y glisser :

– Des boules Quiès, si vous ne souhaitez pas être réveillé par les hurlements des chiens et le chant des coqs (à Bali) ou par les appels à la prière du muezzin (à Java et dans la plupart des îles) ; il existe aussi une belle invention appelée EAR : ce sont des petits cylindres en caoutchouc mousse que l'on roule entre ses doigts avant de les glisser dans le conduit auditif ; ils se dilatent alors et isolent bien ; avantage : on peut les laver et les réutiliser assez longtemps ; de plus, ce n'est pas gras et cela ne tombe pas ;

– Des serviettes de toilette (il n'y en a pas dans tous les *losmen*) ;

– Une lampe de poche et un canif pour peler les fruits ;

– Votre pharmacie personnelle ;

– Des photocopies des billets d'avion, passeport et récépissé comportant les numéros des chèques de voyage.

BOISSONS

Les Britanniques ont édifié un empire sur lequel le soleil a fini par ne plus se lever. Les Français, eux, ont accumulé les ennuis en voulant à tout prix que les ancêtres des colonisés soient gaulois. Quant aux Néerlandais, ils n'ont laissé que des brasseries ! Il en existe encore beaucoup en Indonésie.

– Les marques de ***bière*** les plus populaires sont *Bintang* puis *Anker.* Elles sont brassées localement. Vous trouverez aussi des *Heineken, San Miguel* et de la *Guinness.* Elles sont vendues en petites et grandes bouteilles (évidemment plus économiques). À Java, la bière, de même que toutes les boissons alcoolisées, est fortement taxée. Donc trois à quatre fois plus chère qu'un soda.
– ***Le vin de riz*** *(brem)* est soit de fabrication maison, soit commercialisé sous la marque *Bali Brem.* Il faut s'habituer à son goût. Les vins n'ont rien à voir avec le produit de nos vignes. Le rosé est un peu sucré mais se pique rapidement. Le blanc est plus sec, donc plus buvable. On le trouve difficilement. Dans les endroits touristiques, et plus particulièrement à Bali, les restaurants proposent des vins australiens, bons mais chers. Ils sont aussi servis en carafe ou au verre. Si l'alcool de riz est souvent distillé maison, on en trouve aussi en bouteille. On peut le mélanger avec du *Seven-Up,* mais en cas d'abus les lendemains sont redoutables !
– ***L'eau*** du robinet n'est pas potable. Les Indonésiens la font bouillir 20 mn avant de la consommer. Vous pouvez alors la boire vous aussi, mais assurez-vous *toujours* qu'il s'agit bien d'*air masak,* autrement dit d'eau bouillie. C'est le cas de l'eau (d'ailleurs souvent encore chaude) que vous trouverez dans les carafes en plastique aux tables des *warungs* ou celle des Thermos dans certaines chambres d'hôtel. En principe, les glaçons sont, eux aussi, faits avec de l'eau bouillie ou stérilisée, mais vu qu'un manquement à cette règle est toujours possible, on vous conseille tout de même de ne pas en abuser... Cela dit, si vous voulez être tout à fait sûr de ne rien attraper, tenez-vous-en à l'eau minérale en bouteille, bon marché et très facile à trouver. Plusieurs marques bien sûr. L'une d'elle, *Aqua,* est presque devenue synonyme d'eau minérale. Enfin, dans les parties reculées comme l'Irian Jaya ou Bornéo, vous veillerez, au moindre doute, à utiliser des pastilles de Micropur®DCCNa ou de Chloramine T®.
– ***Le lassi*** est une boisson d'origine indienne à base de yaourt. Les amateurs de produits laitiers fermentés apprécieront particulièrement (les laitages sont rares dans le pays !). On en trouve essentiellement dans les endroits touristiques.
– ***Le café*** *(kopi)* est fait soit à base de poudre, soit à base de... particules séchées de café qui infusent directement dans la tasse ou flottent à la surface ! C'est un produit du pays. Pas toujours excellent... Les régions touristiques permettent souvent de se rattraper sur la qualité et le goût. Le Pays toraja (Sulawesi) produit ses propres *arabicas* et *robustas,* ainsi que la région du Kawah Ijen à Java Est. Si vous souhaitez un café au lait, demandez un *kopi susu,* plus cher car le lait est un produit de luxe ici.
– ***Le thé*** est assez parfumé et plutôt léger. Il n'a rien à voir avec celui de la *British cup of tea* ! On dit *teh panas* pour thé chaud, *es teh* pour thé glacé, *teh melati* pour thé au jasmin. Si vous le voulez sucré, ajoutez *manis* mais, attention, vous aurez alors droit à 2 cuillères à soupe de sucre par verre ! Bref, si vous n'aimez pas le sirop chaud, précisez *tidak terlalu manis* (« pas trop sucré »). « Sans sucre » se dit *pahit, tawar* ou encore *tanpa gula.*
– ***Les jus de fruits*** frais font fureur, surtout à Yogyakarta et à Bali. Passés au mixeur, ils gardent toute leur saveur. Goûtez celui à l'avocat *(apokat),* qui ressemble un peu au parfum des marrons glacés car il est mélangé à de la poudre de chocolat ! Délicieux. Les jus de fruits sont généralement servis avec de la glace pilée (demandez-les précédés du mot *es*). Chaleur oblige ! En principe, la glace est faite avec de l'eau bouillie ou stérilisée, surtout dans les coins touristiques. Vous serez surpris sur les marchés par toutes les boissons colorées dont les Indonésiens sont friands. Certaines ont de belles couleurs fluorescentes. Elles sont agréables à l'œil mais, à notre avis, inutile de toutes les tester. L'*es campur* que l'on trouve à de nombreuses cartes de restaurants est un mélange de fruits, de gelée et de glace pilée. Il existe des tas de variantes : *es tape, es kopyor, es dawet* (à base de noix de coco). Bien sûr, on trouve aussi toutes les boissons chimiques : Coca-Cola, limonades, etc.

– ***Green Sands :*** quand on parle du loup... c'est une boisson gazeuse très rafraîchissante. Très faible teneur en alcool (moins de 1 % !). Elle mêle de la pomme et du citron. À goûter.
Si vous buvez en compagnie d'Indonésiens, ne vous précipitez pas sur votre verre. Attendez que l'on vous y invite et buvez lentement, à petites gorgées. « À votre santé » se dit : *selamat minum.*

BUDGET

L'Indonésie est devenue une destination vraiment très bon marché. À deux, en logeant dans les petits hôtels pas chers, il est parfaitement possible de s'en sortir avec 60 000 Rps (un peu moins de 5 €) par jour et par personne, transport non compris. Voici toutefois, pour vous aider à mieux préparer votre budget, le coût moyen des principaux services et prestations. Comme d'hab, nos catégories vont de « Bon marché » à « Chic » mais, bien sûr, celles-ci sont établies en fonction du coût de la vie en Indonésie, et non selon notre niveau de vie à nous.

Logement

Les prix sont donnés pour une ***chambre double.***
– ***Très bon marché :*** autour de 10 000 Rps (moins de 1 €).
– ***Bon marché :*** de 25 000 à 50 000 Rps (2 à 4 €).
– ***Prix moyens :*** de 50 000 à 100 000 Rps (4 à 8,1 €).
– ***Plus chic :*** de 100 000 à 200 000 Rps (8,1 à 16,2 €).
– ***Chic :*** de 200 000 à 400 000 Rps (16,2 à 32,4 €).
– ***Très chic :*** à partir de 400 000 Rps (32,4 €).

Restaurant

Ici, les prix se réfèrent à un plat de résistance, généralement assez copieux, cela dit, pour pouvoir se passer d'autres chose. Les fauchés d'entre les fauchés se nourriront essentiellement dans les *warungs,* ces gargotes équipées de quelques tables le long des routes, où la note dépasse rarement les 10 000 Rps (0,8 €).
– ***Très bon marché :*** moins de 10 000 Rps (moins de 1 €).
– ***Bon marché :*** jusqu'à 20 000 Rps (0,8 à 1,6 €).
– ***Prix moyens :*** autour de 25 000 Rps (2 €).
– ***Plus chic :*** plus de 30 000 Rps (2,4 €).

Transports

Là encore, vous ne vous ruinerez pas. Les tarifs peuvent fluctuer en fonction de l'endroit et du prix des carburants mais, pour vous donner une idée, comptez :
– 1 000 à 2 000 Rps (0,1 à 0,2 €) pour une course en ***bemo*** ou en ***minibus*** à l'intérieur d'une ville.
– 2 000 Rps (0,2 €) le kilomètre en ***becak.***
– Environ 4 000 Rps (0,3 €) le kilomètre en ***taxi.***
– 40 000 Rps (3,2 €) pour 12 h de ***bus,*** en classe *ekonomi* (comptez le double en bus climatisé).
– 150 000 à 500 000 Rps (12,1 à 40,5 €) pour la liaison Surabaya-Makasar en ***bateau*** (24 h de traversée), selon la classe.
– Environ 300 000 Rps (24,3 €) pour un billet d'***avion*** Jakarta-Padang.

À noter que les prix ont tendance à augmenter pendant les vacances des Indonésiens, soit de mi-décembre à fin janvier et de mi-juin à mi-juillet. À ce moment-là, il est préférable de réserver.

BUREAUCRATIE

L'Indonésie souffre d'une bureaucratie un peu lente et pas toujours efficace, comme la plupart des anciennes colonies. N'oubliez pas que vous êtes en vacances, donc gardez votre calme ! Le pays pèche parfois par un manque d'informations ou par l'incertitude qui pèse sur celles-ci... Mais la bonne volonté est souvent de mise, en particulier avec les étrangers, généralement bien accueillis. C'est encore plus vrai dans les villages et les coins reculés du pays. À condition d'être correctement vêtu. Bon, peut-être pas à la douane, mais là, on n'a pas beaucoup de conseils à donner !
Les seuls véritables problèmes que l'on peut rencontrer sont les « infractions » au code de la route, mais généralement vous pouvez être sûr que le policier cherche à vous soutirer 10 000 Rps pour arrondir sa fin de mois ! C'est souvent le cas à Bali. Évidemment, en cas de pépin plus sérieux, les choses peuvent se corser. Quand on est dans son bon droit, il faut savoir rester ferme, souriant et courtois. Il ne faut céder au bakchich qu'en dernier ressort. Un peu de flatterie n'est pas à exclure. Sinon, exiger de voir le chef. Lire également le paragraphe « Corruption » dans la rubrique « Mœurs ».

CARTES ROUTIÈRES

– Les meilleures cartes de l'Indonésie sont éditées par *Nelles Verlag* à Munich. On peut se les procurer en France, et elles sont à peu près régulièrement remises à jour. Cela dit, nous y avons trouvé de petites erreurs, notamment dans la région centrale de Bali ; il faut dire que c'est compliqué !
– *PT Karya Pembina* et *Peta Lipat* publient des cartes plus ou moins bonnes des différentes îles et provinces. En vente sur place dans les grandes librairies telles que *Gramedia.*
– Les cartes des petites îles sont plus difficiles à trouver et sont peu détaillées.
– Dans tous les postes de police, vous trouverez une carte de la ville et de la région. Possibilité de les consulter sur place.

CIGARETTES

Les adeptes de la tige et autres fumeurs impénitents trouveront des cigarettes américaines importées à des prix dérisoires, encore moins chères qu'en détaxe. À moins qu'ils ne se convertissent aux *kretek,* cigarettes locales à base de clou de girofle et dont le filtre est imprégné d'un arôme sucré. On aime ou on déteste. Les meilleures sont les *Gudang-Garam* (ou les pires !, ça dépend de quel côté du mégot on se trouve), mais il existe d'autres marques, plus ou moins parfumées, comme les *Djarum* ou les *Sampurna.*
Les Indonésiens fument comme des cheminées. C'est même l'un des rares pays où l'on fume de plus en plus ! Les cigarettes étant considérées comme un luxe pour une partie de la population, vous ferez toujours plaisir en offrant une *kretek.* Ces cigarettes ne se conservent pas longtemps. Elles dégagent une odeur caractéristique et leur parfum (!) est généralement le premier choc « culturel » que l'on éprouve en arrivant en Indonésie. On trouve également des cigares locaux d'assez bonne qualité (*Adipati* et *Kenner*) à un prix défiant toute concurrence : environ 45 centimes d'euro pièce.

CINÉMA

Un désert ! Les films sur l'Indonésie se comptent sur pratiquement... un seul doigt. Sur place, on passe des films américains.
– ***L'Année de tous les dangers*** (Australie, 1982) ***:*** de Peter Weir, avec Mel Gibson (Guy Hamilton), Linda Hunt (Billy Kwan), Sigourney Weaver (Jill Briant). Rare film sur l'Indonésie ! Vous nous direz que c'est une vision occidentale du coup d'État anticommuniste de 1965, mais il a le grand mérite

d'exister. L'histoire : Sukarno dirige l'Indonésie depuis l'indépendance, mais son pays meurt de faim. Celui-ci, comme son leader, est déchiré entre musulmans et partisans du PKI, le parti communiste pro-Chinois. Un jeune journaliste australien, Hamilton, débarque à Jakarta soumis au couvre-feu. Billy Kwan, un photographe nain qui s'identifie corps et âme au destin de l'Indonésie et tient des fiches sur tous ses proches, prend le novice sous son aile. Il offre à Hamilton un scoop, l'interview du chef du PKI, et lui présente Jill, la ravissante assistante de l'attaché militaire britannique de Jakarta... Un classique des films de « reporters ». Les scènes à l'hôtel des journalistes ont été tournées devant l'hôtel *Indonesia* de Jakarta.

CLIMAT

Climat équatorial fortement atténué par les influences maritimes. Les saisons sèches et humides sont donc beaucoup moins marquées. Mais plus vous allez vers le sud, plus la température est basse et l'humidité faible ; plus vous vous dirigez vers le nord, plus il fait chaud et humide. La température moyenne varie selon la saison entre 22 et 34 °C.

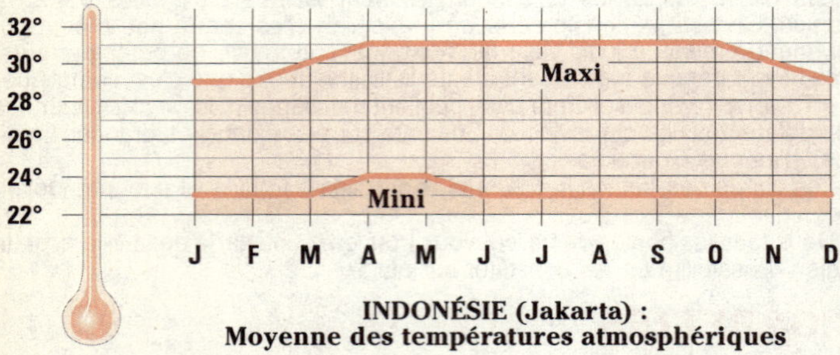

INDONÉSIE (Jakarta) :
Moyenne des températures atmosphériques

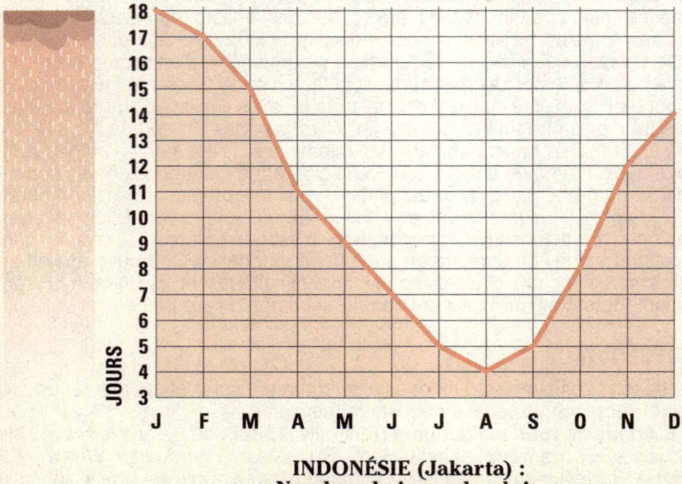

INDONÉSIE (Jakarta) :
Nombre de jours de pluie

Dans certaines régions, où l'on enregistre près de 4 m de précipitations par an (particulièrement dans le sud de Sulawesi), les pluies peuvent se manifester quotidiennement. Souvent, la pluie ne commence à tomber qu'en début d'après-midi. Il faut donc se lever tôt pour profiter du soleil. La mousson sèche dure de mai à octobre tandis que la mousson humide, provenant de la mer, sévit de novembre à avril. Les plus fortes pluies sont enregistrées entre décembre et mars. L'humidité atteint alors 60 à 100 %.
En résumé, la meilleure saison pour visiter l'Indonésie se situe entre juin et septembre. Sinon, c'est bien quand même ! Quant à la mer, vous vous baignerez dans une eau entre 26 et 29 °C.
– Pour certaines îles comme Java, Bali et Sulawesi, il existe une rubrique spéciale « Climat ».

CUISINE

En Indonésie, et particulièrement à Bali, on mange bien. Le riz est l'aliment de base, bien sûr, et le plat national répond au nom de ***nasi goreng*** : riz frit avec des œufs, des petits morceaux de viande et de légumes ou encore des crevettes. La nourriture varie selon les îles. Ainsi, à Bali, on se régale de langoustes et de cuisses de grenouilles tellement énormes qu'on croit manger du crapaud (rassurez-vous, il s'agit bien de grenouilles de rizières) ! Le tout, bien sûr, à des prix dérisoires.
L'Indonésie étant un archipel, on y mange beaucoup de poisson et des crustacés. Le poisson constitue, avec le riz, la base du régime alimentaire. Pour des raisons faciles à comprendre (chaleur oblige), il est le plus souvent séché, fumé ou même réduit en pâte. Ce qui n'exclut pas, dans les zones touristiques, d'excellents poissons frais.
Les épices jouent aussi un rôle très important dans la préparation de nombreux plats, principalement à Sumatra Ouest et à Sulawesi Nord.
Enfin, la cuisine chinoise est bien représentée elle aussi, et dans les endroits touristiques vous trouverez généralement, en plus, toute une gamme de plats d'inspiration occidentale, du steak aux pizzas en passant par les spaghetti et même parfois des spécialités mexicaines, façon indonésienne, comme les *tacos* ou le *guacamole* !

Quelques spécialités indonésiennes

– ***Bakmi goreng*** ou ***mie-goreng :*** nouilles frites avec légumes.
– ***Lontong :*** riz aggloméré, sous forme de cubes, cuit à la vapeur et servi dans des feuilles de bananier.
– ***Gado gado :*** salade de légumes cuits, très épicée et accompagnée de sauce aux cacahuètes. Le délice des végétariens.
– ***Soto :*** bouillon dans lequel baigne un peu de tout (légumes, vermicelles, boulettes de viandes, riz, poulet...).
– ***Soto bandung :*** soupe de tripes.
– ***Cap cai :*** sorte de *chop suey.*
– ***Ayam batutu :*** poulet farci grillé, servi avec des légumes, du tapioca et de la noix de coco. Spécialité de Bali.
– ***Krupuk :*** beignets de crevettes ou de poisson, tenant lieu de pain.
– ***Sate*** ou ***satay :*** petites brochettes (de poulet, de poisson, de porc, etc.) cuites sur la braise et servies avec une sauce aux cacahuètes ou au soja.
– ***Sambal :*** piments rouges pilés avec de la pâte de crevettes et du jus de citron. Incendie assuré ! Pour l'éteindre, inutile de se précipiter sur l'eau. Mangez rapidement du riz blanc ou de la banane. Vous pouvez aussi boire du lait de coco. Tout autre liquide ne fera qu'attiser le brasier.
– ***Gudeg :*** spécialité de Yogyakarta, composée du fruit du jaquier, cuit dans du lait de coco.

– ***Ayam goreng :*** poulet frit.
– ***Babi guling :*** cochon de lait rôti à la broche. Excellent quand il n'est pas trop gras. On le trouve surtout à Bali, le reste de l'archipel étant à grande majorité musulmane.
– ***Rijsttafel*** *(ou « table de riz »)* ***:*** en fait, c'est une invention néerlandaise. Il s'agit de préparations indonésiennes de légumes, de viande, de poisson, d'œufs, de volaille faisant la ronde autour d'une montagne de riz, agrémentées de *krupuk* (beignets de crevettes), de banane, de piments, de cacahuètes, de concombre mariné.
– ***Cuisine padang :*** cuisine portant le nom d'une ville de Sumatra mais qu'on trouve pratiquement dans toute l'Indonésie. Sorte de fast-food indonésien où l'on vous présente une quantité de petits plats assez épicés sans que vous n'ayez rien demandé ! Rassurez-vous, vous ne payez que ce que vous avez mangé. Le plat le plus connu est le *rendang* (bœuf aux épices et à la noix de coco).

Fruits

Ils ne manquent pas de surprendre par leur abondance, leur variété, leur forme et leur goût parfois déroutant.
– ***Apokat :*** avocat. En abondance et bon marché.
– ***Belimbing :*** connu en français sous le nom de carambole. Très rafraîchissant, légèrement craquant, ressemble à un melon d'eau acidulé. C'est en coupant une tranche que l'on découvre l'origine de son nom anglais : *starfruit* (« fruit étoilé »).
– ***Durian :*** sent parfois tellement mauvais qu'il est souvent interdit dans les hôtels et les aéroports ! Mais, comme avec un munster d'enfer, une fois surmontée l'odeur, on est agréablement surpris ! Question de goût, remarquez.
– ***Jambu :*** les Asiatiques aiment tremper les morceaux de ce fruit dans de la sauce de soja, le tout accompagné de petits piments. On mange même ses petits pépins. Le jus est sublime.
– ***Jeruk muntis*** ou ***jerunga :*** mi-pamplemousse mi-orange. Le terme *jeruk* s'applique à toute la famille des agrumes : oranges, citrons, kumquats, etc.
– ***Kelapa :*** noix de coco. On en trouve en abondance.
– ***Manggis :*** c'est le mangoustan, un des fruits exotiques les plus savoureux qui soient. Il est petit, de couleur brun-rouge, avec une épaisse écorce. Ouvert, il révèle de toute petites tranches d'un blanc laiteux au goût exquis (ses tranches ressemblent à celles de la mandarine). Pour l'anecdote, la reine Victoria offrait une récompense à quiconque lui en rapportait, jusqu'en Angleterre et en bon état de conservation ! Aujourd'hui, on en trouve dans les magasins chinois des grandes villes européennes.
– ***Rambutan :*** sorte de boule rouge hérissée de longs « poils » (d'où le nom, *rambut* signifiant « cheveu »). S'apparente un peu au *lychee.*
– ***Nangka :*** connu sous le nom anglais de *jackfruit.* C'est un gros fruit qui peut peser jusqu'à 20 kg. De texture caoutchouteuse et au goût très doux.
– ***Nanas :*** ananas. Très répandu et extrêmement rafraîchissant.
– ***Papaya :*** papaye. Grandes propriétés digestives.
– ***Pisang :*** banane. Il en existe une multitude de variétés. Vous aurez le choix, des toutes petites *pisangs mas* aux *pisangs raja,* de 30 cm de long !
– ***Sirsak :*** gros fruit à l'écorce foncée. La chair, délicieuse, est à mi-chemin entre la mangue (pour le goût) et l'ananas (pour la consistance). Excellent en jus.
– ***Tamarille :*** appelé aussi tomate réunionnaise, petit fruit à la peau marron et à la chaire rouge, qui pousse sur les hauteurs. Son jus acidulé est excellent et d'une grande finesse. On peut en boire au Pays toraja à Sulawesi.

DANGERS ET ENQUIQUINEMENTS

L'Indonésie est le pays rêvé pour sortir des sentiers battus. Tout semble pousser à l'aventure, les milliers d'îles et ce côté « bout du monde » sont un appel irrésistible à l'exploration. Mais les mers de la constellation d'îles situées entre les Philippines et l'Indonésie sont infestées de pirates, et même les plus hardis risquent de se frotter à plus de frissons qu'escompté. En fait, l'aspect « mosaïque » extraordinaire de ce pays pas tout à fait comme les autres est tel que la soif d'aventure et d'émotions sera comblée sans pour autant aller s'exposer à des risques inutiles. Par ailleurs, du côté des enquiquinements, il y en a bien assez avec les bakchichs et la corruption rampante qui, déjà à eux seuls, peuvent être une vraie source d'ennuis. Mais, une fois de plus, un peu de bon sens, de la fermeté, assortis de courtoisie et, le cas échéant, de quelques centaines de roupies devraient venir à bout de la plupart des situations.

Vols

L'Indonésie n'est pas un pays spécialement dangereux, mais le contexte économique, la surpopulation et le développement du tourisme ont considérablement accru la petite délinquance. Sachez toutefois que les voleurs sont terriblement mal vus par les populations pauvres. Certains sont parfois lynchés. Mais pas de parano non plus, on lit les petits conseils suivants et on se détend !

Parmi les arnaques les plus fréquentes :

– Se faire dévaliser juste après avoir changé de l'argent dans un *money changer*. Surtout, ne pas donner le nom de son hôtel ;

– Se faire voler ses bagages dans les bus ou trains de nuit, notamment dans le train Jakarta-Yogyakarta ;

– Carte de paiement débitée 2 fois dans des boutiques ou agences peu scrupuleuses ; ne la perdez pas des yeux ! Le ministère des Affaires étrangères signale depuis quelque temps une recrudescence des escroqueries à la carte de paiement ;

– Se faire dévaliser dans les bus aux heures de pointe (surtout à Jakarta).

Prendre toutes les précautions que le bon sens impose. Garder ses objets précieux dans une ceinture avec porte-monnaie incorporé ou à l'intérieur d'un blouson muni d'une fermeture Éclair. Quel que soit l'endroit où l'on se trouve, la perte de ses papiers et de son argent est toujours cause de soucis. En Indonésie, une telle mésaventure implique presque toujours l'obligation d'un retour sur Jakarta. Donc, il est souhaitable de ne pas mettre tous ses œufs dans le même panier... Avoir aussi une petite réserve d'argent secrète, en cas de pépin (par exemple, un petit sachet hermétique planqué dans le soutien-gorge ou le caleçon...). Enfin, à chacun son truc ! Ne pas oublier de toujours photocopier ou, à défaut, de noter les numéros des chèques de voyage, ainsi que celui des passeports. Pour une grande balade éloignée des centres touristiques (et ce, pendant quelque temps), ne pas hésiter à louer un coffre pour y mettre ses billets d'avion et autres paperasseries importantes (une photocopie du passeport, par exemple), plutôt que de les trimbaler sur soi.

Drogue

Le temps des soupes et des omelettes aux champignons hallucinogènes n'est pas tout à fait fini. Loin s'en faut ! Il semblerait que les mesures de lutte contre la drogue se soient encore un peu plus durcies et que les tribunaux indonésiens soient toujours plus sévères. Un conseil – pour ne pas dire un avertissement –, ne plaisantez pas avec ça ! Les autorités ne font pas de différence entre les drogues dites « dures » et les drogues dites « douces », entre 1 g et plusieurs kilos. Les substances illicites sont aussi faciles à se procurer (surtout dans les lieux touristiques, comme à Bali, par exemple)

qu'il est facile de se retrouver en prison. Aucune tolérance n'est possible. Les peines sont très lourdes, puisqu'elles vont de 6 ans d'emprisonnement jusqu'à la peine de mort. De belles affiches avec la sorcière Rangda, placardées dans la plupart des *losmen,* vous mettent en garde. Il faut savoir aussi que les indicateurs bénéficient de l'immunité. De plus, très souvent, les revendeurs sont en fait des policiers en civil. Malgré nos avertissements, certains touristes imprudents prolongent leurs vacances depuis quelques années à la prison de Denpasar (voir également la rubrique « Drogue » à Bali).
Un bon conseil : gardez vos distances avec ces substances et n'acceptez rien de qui que ce soit. L'Indonésie est déjà un paradis en soi.

DISTANCES, POIDS ET MESURES

Le système métrique est utilisé la plupart du temps, sauf dans les rares enclaves qui ont connu l'influence britannique. Mais si les distances sont correctement évaluées, en revanche, la durée d'un parcours varie considérablement selon les îles et l'état des routes (ou de ce qui sert de route !). À la saison des pluies, les routes se transforment en patinoires et les pistes en piscines, ce qui rend tous les horaires de bus caducs.

DOUANE

On peut entrer dans le pays avec 2 l d'alcool, 200 cigarettes (50 cigares ou 100 g de tabac) et une quantité « raisonnable » de parfum par adulte. Il est bien sûr interdit d'importer des drogues, des armes, des munitions, mais aussi des téléviseurs, des radios, des cassettes et des objets ou publications pornographiques. Une autre restriction : les médicaments chinois et, en général, tout ce qui est imprimé en caractères chinois !
Les douaniers fouillent ou interrogent normalement, et les étrangers ne sont pas systématiquement pris pour des enfants naturels d'Al Capone et de Mata Hari (un nom d'ici), mais il est souhaitable de rester en règle.
L'exportation d'antiquités est interdite.

DROITS DE L'HOMME

Le Tsunami de décembre 2004 aura eu pour conséquence politique directe l'instauration d'une trêve entre la guérilla sécessionniste de la province d'Aceh (nord de Sumatra) et les autorités indonésiennes. Il pourrait même, selon certains spécialistes, conduire à terme à un règlement politique de ce conflit, qui a fait plus de 2 000 morts entre mai 2003 et mai 2004. En venant au secours des populations, l'armée indonésienne pourrait même en profiter pour y redorer son blason, jusque-là terni par les nombreuses exactions commises (tortures, exécutions extrajudiciaires...). À Aceh comme partout où persistent des conflits interethniques, religieux et/ou indépendantistes, l'armée est en effet le plus souvent accusée par les ONG de défense des Droits de l'homme d'y maintenir un climat de violence et de répression. Une part importante des revenus des soldats proviendrait en effet d'activités non militaires (exploitations forestières ou minières, racket...). Ainsi en Irian Jaya, aux Moluques-sud, ou encore à Kalimantan, les situations oscillent entre processus de paix inachevés et reprises sporadiques de conflits. Une menace plus inquiétante encore pèse cependant aujourd'hui sur l'Indonésie. Le premier pays musulman au monde était jusqu'il y a peu encore épargné par le fondamentalisme islamiste. Mais les attentats qui se sont succédés ces dernières années ont montré que l'influence de ce dernier avait progressé dans l'archipel. Particulièrement en ligne de mire des autorités, le puissant réseau islamiste, « Jemaah Islamiyah », et son chef présumé, Abou Bakar Bachir. Celui-ci s'est fait arrêter une nouvelle fois en octobre 2004

pour son rôle supposé dans les attentats de Bali (octobre 2002, 202 morts), et de l'Hôtel Mariott de Jakarta (août 2003, 12 morts), mais son procès devrait être long. Les mesures antiterroristes, adoptées en 2002 et 2003, sont par ailleurs particulièrement restrictives en matière de libertés (garde-à-vue prolongée, peine de mort rétablie pour les cas de terrorisme, restrictions à la liberté d'expression...). Pour la plupart des ONG, les défenseurs des Droits de l'homme font d'ailleurs souvent les frais de ce climat sécuritaire. En juin 2004, deux membres de l'International Crisis Group ont ainsi été expulsés d'Indonésie pour avoir publiquement dénoncé les exactions commises en Aceh. En septembre de la même année, M. Munir, le célèbre fondateur de l'organisation Kontras, a été empoisonné à l'arsenic, sans qu'aucune enquête ait pour le moment déterminé des responsabilités. La nouvelle donne liée à la menace terroriste islamiste fait même planer le risque d'un retour en arrière. En septembre 2004, le général à la retraite Susilo Bambang Yudhoyono (surnommé « SBY ») a été élu à la présidence indonésienne. Connu pour son opposition au « militarisme », le nouveau président ne devrait cependant pas remettre en cause les réformes de l'armée en cours (« désuhartisation » initiée par Wahid, et poursuivie par Megawati Sukarnoputri, qui vise à réduire le champ d'intervention de l'armée dans la vie politique indonésienne), mais les ONG restent prudentes. Selon SBY, en effet, « la démocratie, les Droits de l'homme, la préoccupation de l'environnement (...) sont tous bons, mais ils ne peuvent devenir des objectifs absolus, car les poursuivre en tant que tels ne serait pas bon pour le pays ».
Pour plus d'information, n'hésitez pas à contacter :

■ ***Fédération internationale des Droits de l'homme (FIDH) :*** 17, passage de la Main-d'Or, 75011 Paris. ☎ 01-43-55-25-18. Fax : 01-43-55-18-80. • www.fidh.org • fidh@fidh.org • Ⓜ Ledru-Rollin.

■ ***Amnesty International*** *(section française) :* 76, bd de la Villette, 75940 Paris Cedex 9. ☎ 01-53-38-65-65. Fax : 01-53-38-55-00. • www.amnesty.asso.fr • info@amnesty.asso.fr • Ⓜ Belleville ou Colonel-Fabien.

N'oublions pas qu'en France aussi, les organisations de défense des Droits de l'homme continuent de se battre contre les discriminations, le racisme et en faveur de l'intégration des plus démunis.

ÉCONOMIE

En raison de la crise, dont le pays commence lentement à se remettre, certains de ces chiffres risquent de devenir obsolètes dans les années à venir.
– D'ores et déjà, on peut dire que près de 40 % de la population sont tombés sous le seuil de la grande pauvreté (100 € par an). Salaire quotidien d'un ouvrier d'usine : 2 €. Revenu moyen annuel : de 900 à 1 000 € (en France : 22 440 €).
– 12 % du territoire sont cultivés, 58 % sont couverts de forêt dense, 30 % sont couverts de savane. Graves problèmes liés à la déforestation de Kalimantan (Bornéo) et Sumatra (lire, plus bas, la rubrique « Environnement »).
– 3e producteur mondial de riz.
– 3e producteur mondial de café.
– 7e producteur de thé.
– 8e producteur de pétrole.

Stratégie et points chauds

Le conflit interne le plus aigu concerne la partie est de l'île de Timor, ancienne colonie portugaise, dont la partie orientale a été annexée par l'Indonésie en 1975. En août 1999, les Timorais de l'Est ont voté massive-

ment en faveur d'une indépendance de leur pays occupé. Dès le lendemain des élections, les milices anti-indépendantistes, soutenues par l'armée, mirent la capitale, Dili, à feu et à sang, pourchassant les partisans de l'indépendance, saccageant les commerces et les habitations, tuant et massacrant des centaines de personnes. Dans la 3e semaine de septembre, une force multinationale de maintien de la paix mandatée par l'ONU débarqua au Timor-Oriental tandis que l'armée indonésienne et les colons quittèrent l'île. Le 20 mai 2002, le nouvel État est devenu indépendant sous le nom de République démocratique du Timor-Oriental après 25 ans d'occupation indonésienne. Tout est encore à construire...
Côté intégrisme musulman (lire aussi la rubrique « Religions »), le principal centre d'activisme islamique (un potentiel foyer d'ébullition et d'explosion) se situe à l'extrémité nord-ouest de Sumatra, à Aceh et dans cette région (heurts fréquents avec le pouvoir). Il est bon de se rappeler que les îles Moluques ont été annexées à la fédération en 1950-1952 et Irian Jaya (partie occidentale de la Nouvelle-Guinée) a été rattachée en 1961-1962. Ce dernier rattachement est aujourd'hui encore très contesté par l'Australie. Enfin, il faut savoir que l'Indonésie contrôle des axes maritimes vitaux pour la survie de l'économie régionale (et du Japon) : les détroits de Malacca (entre Sumatra et la Malaisie), de la Sonde (entre Java et Sumatra) et celui de Macassar (entre Bornéo et Sulawesi).

ÉLECTRICITÉ

Il n'y a pas si longtemps, tout était en 110 V, mais le 220 V est aujourd'hui très largement répandu. Alors, avant de brancher un rasoir ou quoi que ce soit d'autre, il vaut quand même mieux y regarder à deux fois ! Les prises électriques comportent deux trous et les pannes sont rares. En revanche, l'électricité reste une application futuriste dans beaucoup d'endroits, et comme elle est très chère, les ampoules d'éclairage sont de faible puissance (25 W). Donc, une fois la nuit tombée, c'est plutôt l'ambiance dîner aux chandelles ! Une torche électrique ne sera pas de trop, car même l'éclairage des rues est rare et plutôt tamisé.

ENVIRONNEMENT

Quand les forêts brûlent...

L'Indonésie possède le 3e domaine forestier tropical du monde après le Brésil et le Zaïre. « Possédait », écrira-t-on malheureusement bientôt puisque, selon certains experts, le pays sera prochainement obligé d'importer du bois. Pas vraiment surprenant quand on sait qu'on estime à 4000 hectares la superficie de forêt qui disparaît chaque jour ! L'Indonésie n'a pas su (ou n'a pas voulu) gérer durablement sa forêt. Conservation des surfaces forestières ? Préservation des essences ? Ses préoccupations écologiques n'ont eu, jusqu'à ces dernières années (on constate depuis 1993 et le sommet de Río une très légère amélioration), aucun poids face aux intérêts économiques (l'Indonésie est, entre autres, le premier producteur mondial de contreplaqué). Quand la production légale de bois ne devrait guère dépasser les 20 millions de m^3 par an, elle flirte aujourd'hui avec les 80 millions. Le gouvernement a abandonné ses vastes étendues boisées à de grandes compagnies internationales qui s'y sont taillé à la tronçonneuse de véritables empires. Des plantations d'hévéas et de palmiers à huile à perte de vue ont remplacé la forêt originelle (phénomène particulièrement impressionnant dans la province de Jambi à Sumatra).
Plus qu'à la sécheresse, c'est avant tout à cette gestion catastrophique de la forêt que l'on peut attribuer la responsabilité des gigantesques incendies qui

ont ravagé l'archipel. Des planteurs qui brûlent les souches encombrantes plutôt que de les arracher, une forêt tailladée par des routes forestières hâtivement tracées au bulldozer qui sont autant d'appels d'air pour le feu, et ce sont plusieurs centaines de milliers d'hectares qui partirent en fumée à l'automne 1997 (un million d'hectares avaient déjà été détruits par les flammes, il y a 17 ans). Et un nuage toxique que les vents ont poussé jusqu'à Phuket en Thaïlande, qui noie dans la pollution une grande partie de l'Asie du Sud-Est. Un désastre sans précédent dans cette région du monde, dont on ne mesurera pleinement les conséquences (humaines, écologiques, sanitaires...) que dans plusieurs années.

L'Indonésie et l'environnement

On vous l'a dit en introduction générale, l'Indonésie reste un formidable réservoir naturel (faune, flore, mers, volcans, des espèces uniques, la plus grande fleur du monde et on en passe...). Mais le mot « environnement » ne figure pas encore dans la liste des *Pancasilas,* les devoirs et les principes de la nation. Dommage !

D'un point de vue gouvernemental ou individuel, les énormes intérêts en jeu ainsi que la négligence ou la simple indifférence ont souvent conduit les Indonésiens à exploiter à tort et à travers, et même à vendre leurs propres ressources, leurs propres richesses. Cela va de l'exploitation forestière, on l'a vu, au trafic des tortues vertes de Bali, et puis de la destruction du corail au massacre des napoléons (poissons protecteurs du corail mais très appréciés des gourmets...) ou des crocodiles, en passant par l'élevage des perles de culture vendues aux Japonais, ou encore, plus « banalement », la vente des oiseaux rares et celles des singes... Arrêtons le tableau ! L'Indonésie a encore du chemin à faire pour comprendre qu'elle doit préserver ses richesses au lieu de les vendre pour une rentabilité immédiate mais nulle à long terme. En regard de la crise que traverse le pays, on objectera que cette préoccupation est celle d'une société riche et développée... Mais cette exploitation sans contrôle ni vergogne n'a-t-elle pas contribué d'une certaine façon à l'effondrement de l'économie ? Et qu'adviendra-t-il de ces ressources, de ce capital naturel et du tourisme, si cette exploitation sans limites se poursuit ainsi ?

On vous parlera à peine de la pollution et de l'absence de traitement des déchets dans certains coins du pays. Manado, aux îles Célèbes, est le port d'accès à l'un des plus beaux sites de plongée au monde, l'île de Bunaken, juste en face. Mais qu'il est révoltant de voir la saleté qui règne dans cette ville : port jonché de déchets, eau visqueuse, jusqu'aux rats qui viennent s'y régaler... À 30 mn de là, Bunaken est un bout de paradis encore préservé, tout simplement parce que c'est là que va l'argent du tourisme. Jeter ses poubelles du pont d'un bateau, dans le fossé ou dans la rivière d'à côté est devenu souvent un acte banal. Il y a bien eu des campagnes de propreté, et quelques associations écolos locales ont vu le jour çà et là, mais avec la crise, ce n'est pas demain que ça va redevenir une priorité nationale...

Bon, pas besoin de vous dire de vous comporter en exemple ? Même si cela peut vous paraître parfois stupide de garder votre papier de bonbon dans votre poche alors qu'il n'y a pas de poubelle dans la rue où vous marchez, déjà jonchée de détritus... Mais, sans aller jusqu'au modèle de Singapour (où ce genre de « malveillance » vous coûterait une fortune !), sachez que les Indonésiens sont toujours curieux de notre mode de vie et aspirent malgré tout à un vrai développement. Cela dit, on vous le rappelle, l'Indonésie reste un pays d'une richesse naturelle fantastique, et nombreux sont les Indonésiens qui aiment leur nature. Ils seront toujours prêts à vous emmener en balade ou dans l'une de leurs réserves naturelles, pour vous le prouver et vous la faire aimer à votre tour. Mais si « nul n'est prophète en son pays », pourquoi ne le serions-nous pas en Indonésie ?

FÊTES ET JOURS FÉRIÉS

Dans l'archipel, il en existe tant que, si l'on se débrouille bien, on peut faire la fête 365 jours par an ! Elles sont difficiles à dater car elles se décalent de 10 à 11 jours chaque année, suivant le calendrier lunaire (pleines et demi-lunes !). On trouve le calendrier des fêtes locales dans les offices de tourisme régionaux. Il existe aussi l'*Indonesia Calendar of Events,* qui recense les fêtes, les événements et les cérémonies de tout l'archipel. Il est disponible dans les bureaux de la *Garuda* et à l'office de tourisme.
– ***À Bali :*** les fêtes se déroulent tout au long de l'année. Les grandes crémations ont surtout lieu en août et en septembre.
– ***À Madura :*** courses de taureaux *(kara pan sapi)* en septembre et octobre.
– ***À Sulawesi :*** cérémonies funéraires au cours desquelles on égorge des buffles. Fêtes marquant la fin de la récolte du riz.
Pour plus de détails, voir le texte spécial consacré aux festivités locales des différentes îles.

Principales fêtes

Les principales fêtes sont bien sûr des commémorations musulmanes.
– ***Ramadan :*** un mois de jeûne entre le lever et le coucher du soleil. Pendant cette période, le risque est grand de se faire réveiller à 3 h afin de manger... avant l'aube ! Beaucoup de restaurants sont fermés. Bien sûr, cela ne concerne pas Bali.
– ***Lebaran*** ou ***Idul Fitri :*** 2 jours fériés pour célébrer la fin de l'austérité du ramadan. Grosse fête bruyante.
– ***Maulaud :*** anniversaire du prophète Mahomet.
– ***Awal Muharram :*** Jour de l'an musulman.
– ***Kartini :*** le 21 avril. Commémore l'anniversaire de Raden Ajeng Kartini, née en 1879. Elle était la fille du régisseur de Jepara à Java, et a créé une école de régisseurs afin de leur assurer une éducation de type occidental. Elle fut non seulement une nationaliste de la première heure, mais aussi une féministe convaincue dans un pays islamique, pendant l'époque coloniale ! Sa correspondance avec ses amis néerlandais a d'ailleurs été publiée. Elle s'y plaignait, entre autres, des coutumes islamiques.
– ***Hari Merdeka :*** fête de l'Indépendance, le 17 août. La préparation de cette commémoration donne lieu, dès le mois de juillet, à de nombreuses manifestations (défilés, tournois sportifs, événements culturels). Si vous avez la chance de voyager à cette période, laissez-vous porter par l'ambiance.
– ***Noël, Nouvel An et Assomption :*** les 3 jours sont fériés.

GÉOGRAPHIE

Le bout du monde

De l'eau et des îles (plus de 13000 !) – dont certaines ne dépassent pas la taille d'un rocher –, le tout s'étendant sur 5000 km... Les Indonésiens appellent leur pays *Tanah Air Kita,* ce qui signifie « notre terre et notre eau ». L'archipel constitue une mosaïque de 360 groupes ethniques parlant 250 langues dont certaines comportent plusieurs dialectes (avec une langue commune, le *bahasa indonesia,* imposée depuis l'indépendance) et de 217 millions d'habitants. C'est aussi un pays où l'on peut « remonter le temps », sans avoir recours à la fameuse machine infernale de Wells : entre la capitale Jakarta avec ses ordinateurs, ses satellites et toute sa bimbeloterie et, par exemple, les tribus d'Irian Jaya (Nouvelle-Guinée ; *Irian Jaya* signifie « terre chaude ») sorties tout droit de l'âge de pierre... il y a une éternité !

L'Indonésie comprend (en partant de l'ouest vers l'est) la grande île de Sumatra avec sa poignée d'îles satellites, puis dans l'enfilade Java, Bali, et encore une longue traînée d'îles. Au-dessus, l'île de Kalimantan (Bornéo) dont la partie nord appartient à la Malaisie. À côté d'elle, l'île de Sulawesi (les Célèbes) avec ses grandes baies qui lui donnent l'aspect d'une amibe vue au microscope. Plus à l'est, encore et encore des îles dont les fameuses Moluques... et enfin West Irian, sur la partie occidentale de l'île de la Nouvelle-Guinée, avec sa frontière peu naturelle : un trait tiré tout droit et qui coupe l'île en deux avec la Papouasie.
Comme l'Indonésie se situe grosso modo à cheval sur l'équateur, le soleil se lève et se couche avec la régularité d'un métronome : à 6 h et à 18 h.

Le feu sous la cendre

Les volcans sont partout : on en compte quelque 400, dont 70 toujours en activité. Hormis l'aspect destructeur lors d'une éruption, les cendres des volcans fertilisent le sol d'une façon incroyable.
Le volcanisme est sans doute la manifestation de la nature la plus spectaculaire et la plus terrifiante. Haroun Tazieff, volcanologue célèbre, ne nous avait pas contredits. Bon, l'Indonésie est la zone la plus active du globe si l'on considère le rapport volcans-éruptions. Plus de 400 cônes y ont été recensés. C'est à Java qu'on en dénombre le plus (120). Leur altitude varie de quelques centaines de mètres jusqu'à 3700 m.
Régulièrement, certains cratères deviennent accessibles tandis que d'autres entrent en activité; la situation ne cesse d'évoluer. Les routards désirant escalader des volcans devront donc bien vérifier que l'ascension est autorisée. Les plus facilement accessibles sont ceux de Java et de Bali. Java a l'« avantage » d'être surpeuplée, donc pas de problème pour le ravitaillement en nourriture et les éventuels conseils donnés par les autorités locales. En revanche, se méfier très sérieusement des infos des agences de voyages locales et même de certains offices de tourisme qui semblent tout ignorer des risques inhérents à certaines escalades, qu'ils ont tendance à considérer comme de vulgaires promenades. En juin 2004, plusieurs touristes ont encore payé leur imprudence de leur vie. L'ascension d'un volcan, quel qu'il soit, ne s'improvise pas. Nous tenons à vous garder encore comme lecteur pendant quelques années...

HÉBERGEMENT

Il existe de nombreuses formes d'hébergement en Indonésie. Toutes les catégories sont bien sûr présentes, de la petite pension de famille poussiéreuse aux palaces 5 étoiles de Jakarta ou de Bali. Voici un petit tour d'horizon des différents types d'établissements.

Losmen

Les *losmen* sont de petits hôtels locaux, généralement à un seul niveau, qui s'articulent autour d'une cour intérieure. Les moins chers sont vraiment basiques, n'offrant pour toute commodité que des petites chambres ultra-sommaires (délimitées par de minces cloisons) et une salle de bains commune avec juste des toilettes à la turque (sans papier w.-c.) et un bac rempli d'eau, appelé *mandi,* dans lequel flotte une cassolette pour s'asperger. Mieux vaut avoir ses tongs... et ses boules Quies ! Dans ce genre d'endroits, il n'y a jamais de petit déjeuner, tout au plus du thé ou du café. À l'autre bout de l'échelle, en revanche, vous découvrirez parfois des *losmen* presque idylliques, avec un beau jardin, un bon restaurant et des chambres impeccables, équipées de beaux sanitaires (avec douche chaude et lavabo). Là, le petit dej' sera souvent compris dans le prix. Quels que soient les tarifs, cela dit, les *losmen* sont généralement des établissements familiaux, propices aux contacts. Leur propreté dépend bien sûr des gens qui les tiennent.

Wisma

Plus cher que le *losmen* et parfois appelé *pondok*, le *wisma* est une « pension de famille » (le mot *wisma* vient de l'Inde). Remarquez, la frontière entre *losmen* et *wisma* est pour le moins obscure. En fait, il est souvent difficile de dire si on se trouve dans un *wisma* ou dans un *losmen*... Surtout que certains de ces établissements portent aussi le nom de *guesthouse*, *homestay*, voire de *lodge* ou de *cottages*... Bref, comme dirait ma concierge : « Tout ça, c'est du pareil au même. »
Ah oui, à ça il faut encore ajouter le *penginapan*, la forme la moins chère de logement : une pièce nue avec juste un lit et une ampoule électrique.

Chez l'habitant

Dans beaucoup de villages dépourvus de ressources hôtelières, il est possible de loger chez l'habitant. Ne pas compter sur une chambre individuelle, mais juste sur un lit. Il faut toujours s'adresser au chef du village, le *kepala desa* ou le *kepala kampung*. C'est lui qui régit tout ce qui touche à la vie de son village, et c'est donc avec lui qu'il faut négocier.
Les villageois sont très hospitaliers et gentils. Leur donner un ou deux « petits cadeaux », leur offrir des cigarettes ou faire des photos que vous leur enverrez à votre retour.

Hôtels

Ce terme s'applique en général aux établissements de catégorie supérieure, ceux qui ont une structure « hôtelière » justement, c'est-à-dire une réception dans un bâtiment à plusieurs étages. Cela dit, il en existe de très bon marché et donc évidemment d'une propreté parfois douteuse. Pas de grands secrets : plus l'hôtel est cher, plus il aura de chances d'être bien tenu, confortable et plaisant. À qualité équivalente néanmoins, les tarifs sont bien inférieurs à ceux pratiqués chez nous, de sorte qu'il est parfaitement possible, en Indonésie, de se payer un hôtel de grand luxe pour les prix d'un petit deux étoiles en France ! Hormis certains palaces de Jakarta ou Bali (malheureusement peu abordables, eux), la plupart offrent des chambres standardisées, sans grande fantaisie au niveau du décor. Ils disposent aussi, en principe, d'un restaurant, et le petit dej' est souvent compris dans le prix. Seuls ceux d'une certaine catégorie prennent les cartes de paiement.

En pratique...

L'hébergement en Indonésie est varié et bon marché. On paye pour la chambre, qui peut généralement accueillir 2 personnes. Donc, si vous êtes seul, attendez-vous à devoir payer comme pour deux... un peu partout.
Pour trouver un logement en dehors de nos adresses (si l'endroit est complet ou s'il a disparu), ne pas hésiter à demander à des voyageurs arrivés avant vous. En dernier recours, adressez-vous aux chauffeurs de taxi ou de *becak* qui, s'ils ne connaissent pas nécessairement les établissements, savent au moins où ils se trouvent. Tâchez aussi, en général, de marchander, surtout dans les endroits pas trop chers. Ailleurs, ce peut être plus difficile mais il faut savoir que dans les grands hôtels, les tarifs officiels sont rarement appliqués. Enfin, la plupart des lieux où loger ne sont pas mal tenus, la seule gêne viendrait plutôt du bruit.

Bien sûr, on vous conseille de séjourner dans les pensions familiales *(losmen, wisma, homestay...)* plutôt que dans les hôtels de luxe, vous tisserez plus de liens avec les locaux et apprendrez une multitude de choses sur le pays et ses coutumes.

HEURE LOCALE

Trois fuseaux horaires découpent l'Indonésie. Pour Sumatra, Java, le centre et l'ouest de Kalimantan : ajouter 7 h à l'heure de Greenwich (GMT + 7). Pour Bali, Nusa Tenggara, le sud et l'est de Kalimantan, Sulawesi : 8 h d'avance sur le même méridien (GMT + 8). Pour Irian Jaya et Maluku : GMT + 9.
Si l'on arrive par Singapour, compter 1 h de décalage avec Sumatra et Java, bien que ces îles soient situées sur la même longitude. C'est encore l'une des facéties du découpage administratif des zones horaires !
En résumé, quand il est midi en France, il est :
– 18 h à Bali (horaire d'été) ou 19 h (horaire d'hiver).
– 17 h à Java (horaire d'été) ou 18 h (horaire d'hiver).
Noter que les Indonésiens ont une notion plutôt approximative de l'heure.

HISTOIRE

Unité dans la diversité

L'Indonésie ne possède pas une histoire collective comme la plupart des autres pays du monde. À chaque île son trajet, ses princes, ses royaumes ! Parfois, l'histoire des îles s'entrecroise, mais ce n'est que depuis l'indépendance, en 1949, que cet archipel a été vraiment réuni. Pas étonnant que la devise nationale choisie fût « La diversité dans l'unité » ! Même sous l'occupation néerlandaise, une partie ou l'autre du territoire échappait constamment à ses dirigeants comme une horde d'enfants indisciplinés !
L'organisation de l'archipel est très complexe et varie du tout au tout selon la proximité de certaines îles entre elles ou leur isolement et selon les conditions climatiques. Par exemple, l'accessibilité, le taux hygrométrique et la terre volcanique extrêmement fertile de Java, et pour Sumatra le détroit de Malacca (passage obligatoire vers l'Orient) expliquent en partie le développement de sociétés et de cultures sophistiquées. En revanche, à l'autre extrémité de cet éventail, on trouve les coupeurs de têtes du lac Toba (traditionnellement, s'emparer de la tête d'un autre permettait de capturer son âme... mais rassurez-vous, ce comportement antisocial à nos yeux a disparu de nos jours, semble-t-il !). Par ailleurs, l'éloignement et le côté « désertique » des milliers de tout petits îlots ont donné naissance à un mode de vie unique au monde : celui des nomades de la mer. Les Bajaus vivent sur leurs bateaux – les *lipas* –, nagent plus souvent qu'ils ne marchent, suivent les courants et connaissent les périodes de migration du poisson. Comme d'autres peuples nomades, ils n'admettent aucune frontière dans cette nébuleuse d'îles entre les Philippines et l'Indonésie. Leur territoire est l'une des zones les plus dangereuses du monde, car infestée de pirates. Mais les bandits et les Bajaus vivent en harmonie car les nomades de la mer sont si pauvres et si discrets que les deux communautés ne se côtoient pas.

Il était une fois... dans la nuit des temps

Des fouilles et des excavations entreprises à Java ont révélé des fossiles et des objets ayant appartenu aux premières espèces humaines. À cette époque – vous n'étiez pas né –, l'Europe était ensevelie sous les glaces et l'Indonésie encore solidement arrimée au continent asiatique. Ces ancêtres lointains allaient céder leur place (peut-être parce qu'ils n'ont pas su s'adapter) à un nouvel immigrant, le Negrito. L'*Homo sapiens* du type australoïde est l'ancêtre « direct » des habitants d'aujourd'hui.

Premières civilisations

La culture *dongson* est la première importante. Elle remonte à peu près à 3 000 ans et trouve ses racines au Vietnam et en Chine du Sud. Cette culture s'est étendue à l'archipel indonésien durant le VIIe siècle av. J.-C. La culture *dongson* introduisit les techniques d'irrigation pour le riz, le travail du bronze, les rituels de sacrifice du buffle, la coutume d'ériger des pierres monumentales et les techniques de tissage *ikat.*
Certaines de ces pratiques ont survécu jusqu'à nos jours dans des coins isolés qui furent épargnés par les influences ultérieures.

L'or, les îles aux épices... et les premiers étrangers

Dès l'aube de l'histoire, les commerçants étrangers sont venus en Indonésie attirés par les produits uniques de l'archipel. Au Ier siècle de notre ère, le commerce était fermement établi avec la Chine et l'Inde. Sumatra était renommée pour son or, mais plus précieux encore furent les trésors des îles aux épices, les Moluques. Sur ces îles poussent, entre autres, le clou de girofle, le poivre et la noix de muscade. Précieux comme épices d'assaisonnement certes, mais aussi médicalement, sans parler de la fabrication des parfums. Ce commerce avec l'Inde relia un temps l'archipel à la Grèce et à Rome : Ptolémée mentionne, dans ses écrits, les îles d'Indonésie en l'an 165 !

Sumatra... la sauvage !

Par le biais du commerce géré par les Tamouls (originaires du sud des Indes) et les Chinois, la population de la côte est de Sumatra s'initie aux concepts philosophiques, religieux et astrologiques d'autres civilisations. Le bouddhisme et l'hindouisme s'enracineront facilement, et le VIIe siècle verra la naissance d'un royaume hindou : *Srivijaya.* Ce royaume fut le premier État ayant sous sa coupe le puissant commerce maritime indonésien. Sa véritable grandeur fut souvent romancée dans les contes et les légendes de ces contrées. Il demeure néanmoins qu'il contrôlait le détroit de Malacca situé entre Sumatra et la Malaisie, ce qui lui donnait la suprématie sur les échanges avec le Moyen-Orient et l'Orient (c'est ce couloir commercial qui fut à l'origine de la fondation de Singapour par Raffles). Le royaume de Srivijaya exerça sa domination jusqu'au XIIe siècle, avant de plier sous la pression de l'empire javanais de *Majapahit* en 1377.
Orienté exclusivement vers la mer et le commerce, ce royaume n'a guère laissé de traces architecturales. Mais il était très cosmopolite ; les marchands arabes, perses et indiens côtoyaient les Chinois. Tout s'achetait, tout se vendait : la soie, la corne de rhinocéros (aphrodisiaque bien connu), l'ivoire, la carapace de tortue, l'ébène, les perles, le camphre, et, bien sûr, les épices des Moluques. Après la chute du royaume Srivijaya, la côte est de Sumatra passa un temps sous domination javanaise avant de se fractionner en de multiples principautés et places fortes. Toute la côte ouest de Sumatra et une grande partie du centre restèrent isolées et quasiment impénétrables durant des siècles, abritant des cultures et des tribus très diverses. Ce royaume pour ethnologues s'est avéré très difficile à mater, et les colonisateurs néerlandais n'en ont finalement vu le bout qu'en 1907 !

Pendant ce temps, sur l'autre île... Java

Dans les plaines fertiles de l'île suivante, Java, deux dynasties importantes ont fleuri entre le VIIIe et le Xe siècle : la dynastie hindoue *Sanjaya* et la dynastie bouddhique *Sailendra*. Leur puissance de main-d'œuvre laissera comme traces à l'intérieur des terres des monuments magnifiques, comme le temple bouddhique de Borobudur (celui-ci fut entièrement restauré entre 1975 et 1983 au prix de 20 millions de dollars, grâce à l'État indonésien – pour 20 % – et à l'Unesco ; il fait aujourd'hui partie du Patrimoine de l'humanité) et le gigantesque complexe de temples hindous à Prambanan.
En 1293, le plus grand empire indonésien est fondé à Java Est : le royaume de *Majapahit*. La grandeur de ce royaume est due à un garde royal devenu homme d'État, Gajah Mada. Son ascension vers le pouvoir commença en 1320, quand il jugula une révolte antiroyaliste sous le règne de Hayam Wuruk. Devenu Premier ministre, il étendit les territoires du royaume jusque sur les côtes de Sumatra, de Bornéo, de Sulawesi, des Moluques, de Lombok et de Sumbawa – presque les limites actuelles –, tout au moins si l'on en croit les poètes de la cour d'alors. Cette époque est considérée comme l'âge d'or de l'archipel, et la dynastie de Majapahit est parfois comparée à ce qui s'est passé à Rome. À la différence que sa puissance n'était pas guerrière mais plutôt financière, grâce à un « monopole » royal sur le commerce.
Le système de « castes », propre à toutes les sociétés d'influence indienne, s'affirme durant cette période, et la langue javanaise illustre bien les structures de ce type de société. Elle est complexe, se construisant sur trois niveaux selon la caste sociale de l'interlocuteur. Malgré cette difficulté, elle se répand sur toute l'île. C'est aussi au cours de cette période que les intellectuels élaborent une philosophie où la maîtrise de soi ouvre le chemin de la liberté spirituelle, et ainsi naquit une véritable identité javanaise. Mais, à peine 25 ans après la mort du garde royal Gajah Mada, celle de Hayam Wuruk en 1389 marquait déjà le déclin de cet empire qui fut le seul dans l'histoire indonésienne à contrôler pendant un temps tout ce que l'on peut considérer comme les bases géographiques et politiques de l'Indonésie moderne.
De la chute de l'empire Majapahit à l'indépendance en 1949, l'histoire de Java n'est émaillée que de guerres entre petits royaumes, de collaboration entre aristocrates et Néerlandais, et de révoltes diverses. La fin de l'influence indienne, supplantée par l'islam, en est sûrement l'une des causes. Car culturellement parlant, l'islam manquait alors de souffle et d'ouverture intellectuelle.
Aujourd'hui, la capitale a bien sûr élu domicile à Java, l'ancien président Suharto était Javanais, et les autorités militaires et politiques le sont toujours, ce qui ne manque pas de susciter des jalousies et même des velléités d'autonomie de la part des autres îles. Les Droits de l'homme et la liberté de la presse n'étant pas encore les points forts du régime, la prépondérance de Java sur le reste du pays est souvent considérée comme l'exercice d'un pouvoir comparable à celui d'un ancien royaume javanais...
Lire également la rubrique « Histoire » des Généralités consacrées à Java.

L'île hindoue... Bali

Réputée inhospitalière à cause de ses animaux sauvages et de la malaria, Bali vécut longtemps en huis clos, jusqu'à ce que la mère d'un des futurs grands rois de Java, le roi *Airlangga*, franchisse le petit détroit de 3 km de large entre les deux îles pour épouser, en secondes noces, un prince de Bali. Et plus tard, quand Airlangga, après de multiples péripéties (son oncle lui avait volé le royaume !), accéda finalement au trône, Bali allait jouir de l'influence hindoue de Java. L'importance du rayonnement de l'Inde est primordiale, car ce fut une espèce de raccourci, une « courte échelle » pour

passer d'une société primitive aux concepts intellectuels, scientifiques et philosophiques qui ont fait évoluer l'homme. À la mort du roi Airlangga, en 1049, son royaume va se scinder et Bali sera dirigée par des descendants de sa mère. Au XIVe siècle, l'île de Bali connut une période d'indépendance durant le règne de la dynastie *Pejeng.* Mais elle aussi tomba sous le joug du puissant royaume de Majapahit (Java) et de son Premier ministre, Gajah Mada. Au moment de l'effondrement de cette dynastie, Bali connut un enrichissement considérable. L'islam se répandait rapidement à travers l'île de Java, convertissant les princes nouvellement indépendants, ce qui attira à Bali toute l'« intelligentsia », les danseurs, les artisans, les musiciens et les prêtres. Cet exode se produisit vers 1478. Parmi ces « immigrants » se trouvait le prêtre Nirartha, à qui l'on doit la complexité de la religion balinaise.
De nos jours, l'islam ne s'est toujours pas imposé à Bali, contrairement à ce qui s'est passé dans le reste de l'Indonésie, et l'influence hindoue reste omniprésente. Selon l'une des légendes sur la naissance de Bali, l'île aurait été plate à l'origine. Fâchés de l'influence musulmane à Java, les dieux hindous vinrent installer leurs résidences et leurs trônes à Bali. Et c'est ainsi que naquirent les volcans Batur (1700 m), Batukau (2315 m) et Gunung Agung (3100 m)...
En fait, le jour le plus noir de l'histoire de Bali est récent, il date de 1906. L'île perdit alors complètement sa liberté face aux Néerlandais. Mais cette défaite se déroula avec panache : 4000 Balinais vêtus de leurs plus beaux atours et surchargés de bijoux marchèrent en procession sur les Néerlandais, armés de leurs seuls *kriss* (couteaux traditionnels de lourde valeur symbolique) et périrent sous le feu nourri des envahisseurs. Un suicide collectif tragique, mais d'un romantisme échevelé et orgueilleux, à la mesure de la splendeur orageuse de leur île.

Les yeux tournés vers La Mecque

En 1292, Marco Polo avait noté que les habitants de Perlak (aujourd'hui Aceh), sur la pointe nord de Sumatra, étaient déjà convertis à l'islam. Les premières inscriptions musulmanes datent du XIe siècle, et il se pourrait qu'à la cour de Majapahit, au moment de sa pleine puissance, il y ait eu déjà une implantation des musulmans.
Cette religion a suivi les routes du commerce, et, dès les XVe et XVIe siècles, les dirigeants indonésiens (sauf bien entendu à Bali et dans les coins perdus et inaccessibles) se convertirent, imposant ainsi l'islam comme religion officielle. Mais bien qu'il subsiste aujourd'hui encore quelques noyaux de musulmans durs, dans l'ensemble, l'islam apparaît ici moins austère qu'au Moyen-Orient, plus conciliant. Les Javanais ne ratent pas une occasion de vous rappeler que leur pratique de l'islam suppose une certaine tolérance vis-à-vis des autres croyances. Un exemple curieux de cette souplesse se rencontre dans le pays de Minangkabau. C'est la femme et non le mari qui est le chef de famille. Ça change ! Les biens se transmettent par les femmes, de mère en fille, et c'est l'oncle maternel qui est chargé de leur gestion (sans pouvoir y toucher), ainsi que de l'éducation des enfants. Quant au mari, il reste dans sa propre famille, rendant visite à sa femme périodiquement, comme un bourdon ! Selon les régions, l'islam est plus ou moins teinté de racines hindoues, bouddhiques, voire animistes, parfois les trois à la fois, ce qui donne une religion fluctuante et plutôt hybride.

De Magellan à la Compagnie des Indes orientales

Vasco de Gama ouvrit la route de l'Europe vers l'Inde en 1498. Cet étranger-là allait se révéler infiniment plus dangereux que les autres marchands débarqués en Indonésie. Quelques années après (1519-1522), Magellan meurt à Mactan (Sud-Philippines), après avoir accompli le premier tour du monde en contournant l'Amérique du Sud et en traversant le Pacifique. L'objectif de Magellan était le même que celui de Vasco de Gama : atteindre les îles aux Épices, coûte que coûte. Seule différence : Vasco avait emprunté la route maritime de l'Est et traversé l'océan Indien. Magellan innova : il passa par l'Ouest encore inconnu, pensant que les Moluques se trouvaient très près du Chili actuel... Seule rescapée de l'expédition, *La Victoria,* commandée par son rival El Cano (espagnol), débarque à Ternate (îles Moluques) où des Portugais possédaient déjà un petit comptoir. Petit comptoir certes mais grand commerce, et gros revenus. Les Moluques (les « îles aux Épices ») attirent les Européens à un point tel que certains pensent y trouver le paradis terrestre. Pour les Indonésiens, au début, les Portugais ne représentaient rien d'autre que de nouveaux partenaires commerciaux ayant trouvé leur route des épices. Mais dans leur sillage allaient s'engouffrer les Espagnols, les Anglais et, bien pire encore, les Néerlandais.

La conquête néerlandaise débuta mal. Amorcée par l'arrivée de quatre bateaux sous le commandement de Cornelius Van Houtman en 1596, elle s'illustra par l'assassinat d'un prince javanais et de sa suite en guise d'inauguration. L'expédition ne représenta qu'un tout petit profit pour les commanditaires, un traité sans valeur liant les Pays-Bas avec le dirigeant de Banten et, pour couronner le tout, ils perdirent un bateau lors d'un combat avec les Javanais au nord de Surabaya!

Mais voilà, qui perd une bataille ne perd pas forcément la guerre... Les expéditions néerlandaises suivantes furent plus ou moins bien accueillies par les habitants du cru, surtout à cause du comportement parfois très surprenant de l'envahisseur vis-à-vis de la population... Forcément : quand on vient d'un pays situé en dessous du niveau de la mer et qu'on lutte quotidiennement pour ne pas se mouiller les pieds... les grandes envolées lyriques, les révérences, les cadeaux et autres fastes de la séduction diplomatique passent pour frivoles! Les Néerlandais ont gagné la « guerre du commerce » d'une façon très terre à terre grâce aux armes et à l'argent. Ils payaient plus cher que les autres marchands et leurs bateaux étaient de vrais navires de guerre. Ça aide à la persuasion! La Compagnie néerlandaise des Indes orientales fut fondée le 20 mars 1602. Née d'un amalgame de petites entreprises privées réunies par le gouvernement, cette compagnie allait dominer le commerce mondial pendant plus d'un siècle. Elle installa sa capitale à l'emplacement de l'actuelle Jakarta et la baptisa... Batavia.

L'Empire néerlandais

Le fondateur de l'Empire néerlandais dans l'archipel avait pour nom Jan Pieterszoon Coen; un homme impitoyable! À son palmarès, on peut sans risque faire figurer la responsabilité de la quasi-extermination de la population indigène des îles Banda (un groupe de sept petites îles qui font partie des Moluques). Dès 1607, les Néerlandais dominaient le commerce des clous de girofle et, au fur et à mesure que leur puissance s'accroissait, ils employèrent des méthodes qui leur valurent la pire des réputations. Entre autres, ils ruinèrent parfois les sources de survie des habitants en détruisant systématiquement les plantations d'épices en cas d'abondance, afin de conserver les prix européens au plus haut, grâce au monopole qu'ils exerçaient. Dès 1660, les derniers Portugais furent chassés, et les Anglais cédèrent eux aussi définitivement la place aux Néerlandais en 1667.

À cause de sa division en une multitude de petits royaumes, des querelles internes et du mépris des Hollandais pour les dirigeants locaux, l'Indonésie n'offrit qu'une résistance symbolique. Les Néerlandais arrivèrent même presque à la « réunifier » sous un pouvoir unique (le leur) à la fin du XVIIIe siècle, situation à laquelle aucun des rois ou administrateurs locaux n'était parvenu jusque-là. Sans parler du fait que les Néerlandais ne

« tenaient » le pays qu'avec une armée somme toute ridicule de 3 000 hommes, dont 1 000 seulement étaient européens...

Le début de l'ère coloniale

Après avoir tout régenté, du commerce des épices à celui des esclaves, la Compagnie néerlandaise des Indes orientales, à la sinistre réputation, allait enfin disparaître en 1800. Corruption, commerce insidieux extérieur à la Compagnie réalisé au profit d'employés, mais aussi la défaite dans la guerre anglo-hollandaise de 1780-1784, et le traité de Paris qui allait assurer le libre commerce en Orient... tels furent les éléments de sa chute. Mais les malheurs des Indonésiens ne prirent pas fin pour autant.
Le gouvernement hollandais reprit à son compte tous les biens de la Compagnie, et grâce à des échanges de concessions indiennes avec la Grande-Bretagne, les Pays-Bas allaient rester maîtresse de l'Indonésie. Non sans mal cependant, car les Indonésiens ripostèrent au travers de la rébellion du prince *Diponegoro.* En 1814, ce prince, fils aîné du sultan de Yogya, se retrouva lésé de son trône en faveur d'un prétendant plus jeune qui, lui, bénéficiait de l'appui des Hollandais. Diponegoro engagea la lutte contre eux. Il obtint l'adhésion de l'aristocratie, mais surtout celle du peuple, qui voyait en lui l'incarnation d'un prince de légende depuis longtemps prophétisé : *Ratu Adil* – le prince qui allait les libérer et devenir le roi de Java. Cette rébellion, ou plutôt même cette guerre, dura cinq ans, de 1825 à 1830 ; elle coûta la vie à plus de 8 000 Européens, à 7 000 soldats indonésiens à la solde des Hollandais, et au moins à 200 000 Javanais qui, eux, moururent de faim et de maladie. Diponegoro fut finalement vaincu grâce à une ruse hollandaise, et exilé à Sulawesi. Mais sa défaite marqua le début de grandes difficultés politiques et économiques pour les Pays-Bas.

Les phases principales de la colonisation

En fait, l'Indonésie n'a jamais connu de période stable durant l'occupation hollandaise, même vers la fin, au XXe siècle. Son histoire est jalonnée de révoltes, de batailles, de semi-liberté, voire d'indépendance privilégiée pour certaines provinces ou îles. L'Indonésie était comparable à une barque percée, la Hollande jouant le rôle d'un marin qui écope et bouche les trous de son mieux alors que de nouvelles fissures apparaissent. Comble de l'ironie, c'est au moment même où les Pays-Bas soumettaient finalement tout le territoire à sa domination qu'ils ont commencé à en perdre le contrôle !
Mais avant de retrouver les coudées franches, les Indonésiens allaient encore vivre des pages noires de leur histoire. Poussée par de graves difficultés financières suite à la perte de la Belgique en 1830, les Pays-Bas eurent besoin de dividendes rapides pour renflouer son économie alors flageolante. Qui dit argent rapide et facile dit la plupart du temps argent sale. La politique hollandaise se divisa alors en trois périodes qui se chevauchent : « le système de culture », « la période libérale » et « la période ethnique ».

La période du système de culture (1re moitié du XIXe siècle)

Des trois périodes énoncées, la pire fut celle dite « de culture » instaurée par un Néerlandais de sinistre réputation : Johannes Van den Bosch. Il arriva en 1830 des Antilles, avec une grande expérience de l'esclavagisme et des trafics s'y rapportant. Fort du principe qu'une colonie doit rapporter à ses colonisateurs sans que le « bien-être » des colonisés n'entrave cette marche – à grands pas – vers le profit, ce nouveau gouverneur général sema la mort, provoqua des famines, « sauvant » ainsi les Pays-Bas de la banqueroute.

Le système était simple. L'Indonésie était déjà familiarisée avec le travail forcé, mais il s'agissait là de « culture forcée ». Les paysans devaient consacrer le tiers, voire la moitié et parfois plus, de leurs terres à la culture obligatoire de certains produits, et ce au total bénéfice des Pays-Bas. En outre, ils n'étaient pas exempts d'impôts pour autant, donc le colonisateur ne souffrait même pas des mauvaises récoltes de certaines années. Cela dit, les Néerlandais ne furent pas les seuls responsables des famines que ce système déclencha : les contremaîtres chinois et l'aristocratie locale ont, eux aussi, saigné les paysans. Ce système n'ayant jamais été appliqué à l'ensemble de la colonie, aucune unité dans la révolte ne s'avéra possible... Diviser pour mieux régner, une fois de plus !

La période libérale (2e moitié du XIXe siècle)

En 1858, les « libéraux » en Hollande tentèrent de redresser les pires abus du système précédent. Fort de l'idée que la libre entreprise allait augmenter les profits tout en libérant l'indigène, le gouvernement hollandais abolit le monopole et le dirigisme sur l'agriculture en 1860. Il espérait ainsi apaiser les révoltes et installer la sécurité sur l'archipel pour rassurer les investisseurs de capitaux privés et encourager les colons à s'y fixer. Mais dans la réalité, ce furent en fait deux idées conflictuelles vouées à l'échec.
Pour la petite histoire, c'est à cette époque que démarra la fortune de la compagnie Shell. D'abord installée en Indonésie pour le commerce de la nacre (d'où le nom et le logo toujours utilisés), elle s'intéressa ensuite au pétrole de la région. On remarquera au passage que la première compagnie hollandaise a pour premier actionnaire la Couronne des Pays-Bas. *It's good to be a king...*

La période ethnique (début du XXe siècle)

L'enfer est pavé de bonnes intentions... C'est un groupe de personnes aux Pays-Bas qui, se croyant investi d'une grande « mission morale », déclencha la troisième période. On a alors déplacé (de force, bien sûr), vers des îles peu peuplées, une partie de la population de Java. Des plans furent élaborés pour y améliorer les communications. On forma des conseillers agricoles et on créa de toutes pièces un système branlant de facilités bancaires, avec comme objectif la protection des industries locales.
En fait, toutes ces mesures destinées aux indigènes... ne profitèrent qu'aux colons ! Les programmes étaient de toute manière exécutés dans un esprit paternaliste, et les Indonésiens étaient considérés comme une race inférieure, des partenaires insignifiants...

Vers la libération

Avant la Seconde Guerre mondiale, l'Indonésie était le 1er producteur mondial de poivre et de quinine. Elle fournissait un tiers de la production mondiale de caoutchouc, un quart de la noix de coco et de ses dérivés, et presque un cinquième de la production de thé, sucre, café et huile. Pas étonnant que les Pays-Bas fussent alors une puissance coloniale majeure !
L'éducation aida une nouvelle « race » d'Indonésiens à pointer le nez : les intellectuels. Plusieurs facteurs vont jouer dans la marche vers l'indépendance, notamment l'islam et le communisme. Dès le début du XXe siècle apparaissent l'Association islamique – Sarekat Islam –, fondée en 1909, et le parti communiste indonésien, créé en 1914 et interdit très vite, en 1927. Le Sarekat Islam, lui, fut créé à l'origine pour tenter de protéger les Indonésiens contre les marchands chinois, mais très vite cette association devint un mouvement nationaliste. Le parti nationaliste indonésien (PNI) de Sukarno vit le jour en 1927. Très vite, les Hollandais comprirent la menace : Sukarno ainsi que trois autres leaders furent emprisonnés en 1930, et le parti fut banni. Mais l'idée flottait dans l'air, malgré les affirmations des Hollandais qui décla-

raient à tout bout de champ... que l'indépendance ne serait jamais reconnue. On rigole déjà.

La lutte pour l'indépendance

Il faudra l'occupation japonaise à partir de janvier 1942, la guerre, une certaine collaboration avec les Japonais, le retrait des forces britanniques en novembre 1946 puis encore trois ans de confusion exacerbée par une lutte mi-diplomatique, mi-militaire, et pour finir l'opinion mondiale contre eux pour qu'enfin les Hollandais consentent à rendre leur liberté de choix aux Indonésiens.

Désunion et dépression économique

Durant leurs cinq premières années de liberté, la peur du retour du loup permit de conserver une certaine unité dans les rangs des nationalistes, et, dans son fameux discours de Pancasila en 1945, Sukarno tenta d'aplanir les différends dans ce pays réputé ingouvernable. Mais les difficultés étaient quasiment insurmontables : la diversité culturelle et sociale, l'absence d'éducation des masses, la totale désorganisation, le manque de techniciens, ou même tout simplement de sténo-dactylos... Bref, avec rien, on en arriva très vite à trois fois rien. Entre 1945 et 1958, 17 cabinets gouvernementaux se succédèrent, la pagaille était complète. Les premières élections se déroulèrent en 1955 et, malgré tout, Sukarno accéda officiellement au pouvoir.

Les années Sukarno

Flamboyant et plein de contradictions, le nouveau président Sukarno ne pouvait pas sortir l'Indonésie de sa pauvreté, ni créer une structure économiquement viable et valable, mais... il savait parler! Marxiste et pourtant croyant, grand consommateur de femmes, ses discours ressemblaient à des sagas romantiques, et les Indonésiens restaient suspendus à ses lèvres! Il se proposait de défier les Malais, les Anglais, puis les États-Unis et tout le monde occidental... sans expliquer vraiment ni quand, ni comment! Il se posait devant les yeux ébahis des Indonésiens un peu comme un grand frère audacieux, courageux et astucieux, prêt à exécuter de grandes choses. Ambitieux, il réunit en 1955 les représentants de 29 États d'Afrique et d'Asie, afin d'élaborer une politique commune. C'est la célèbre conférence de Bandung. Il faut reconnaître à sa décharge que l'histoire de l'Indonésie est lourde des exactions européennes... En pratique, les années Sukarno furent presque aussi dramatiques que l'occupation hollandaise. Les aides étrangères se limitèrent très vite aux seuls subsides soviétiques et chinois. Effectivement, il n'y avait que les communistes capables de croire en une telle pagaille économique teintée d'une rhétorique romantico-guerrière! Et, de toute manière, soutenir l'Indonésie s'inscrivait aussi dans la politique communiste d'expansion mondiale. En gros, et pas nécessairement dans l'ordre, les confrontations avec les Malais, les prises de bec avec les troupes australiennes, néo-zélandaises et britanniques, une économie chancelante malgré la richesse du pays, une corruption frôlant le gangstérisme et le putsch raté d'octobre 1965 (préparé avec l'aide des États-Unis) ont finalement eu raison du dictateur. Le triple looping effrayant sur le « grand huit » avec Sukarno à la barre a duré jusqu'en 1967.

Un ordre nouveau!

Le général Suharto fut officiellement élu président par le Congrès le 27 mars 1968, après un passage comme président intérimaire entre la chute de Sukarno et sa véritable arrivée au pouvoir. Il voulait que son régime offre

l'apparence d'une démocratie et organisa des élections en 1971. Apparence seulement, car il utilisa le parti *Golkar* – moribond à l'époque – comme fer de lance pour lui et l'armée, mettant l'opposition en quasi-fuite et interdisant toute activité politique entre les élections.
Militaire auprès des Hollandais dans la *Royal Netherlands Indies Army,* puis changeant de camp pour se rallier aux Japonais pendant la même guerre (!), Suharto fut promu par Sukarno. Son ascension vers la présidence passa par le fameux putsch raté de 1965. Certains historiens soutiennent que Sukarno aurait été à l'origine de ce coup de force contre lui-même, afin d'avoir un prétexte pour éliminer les adversaires du régime : en effet, entre 160 000 et 500 000 communistes, au bas mot (dont beaucoup de Chinois assimilés à des communistes), furent massacrés dans la foulée – les chiffres sont très controversés – et 250 000 autres se retrouvèrent emprisonnés... Le scandale commençant à se profiler, Suharto n'eut plus qu'à faire valoir sa « légitimité ».

L'ère Suharto : corruption, népotisme et collusion

L'arrivée de Suharto au pouvoir coïncide avec une ouverture aux capitaux étrangers. Le président enraye le marasme économique qu'avait laissé filer son prédécesseur. Le pays connaîtra jusqu'à 7,5 % de croissance annuelle ! Mais si l'Indonésie bénéficie de la croissance, le président Suharto estime que le miracle économique doit s'appliquer surtout à lui-même... et aux siens. Tout le monde autour de lui y sera associé : sa famille d'abord, puis l'armée dont il est issu et qui est le garant de son maintien au pouvoir. Mais ceux-ci ne sont pas encore des capitalistes chevronnés. Suharto se tourne alors vers des capitaines d'industrie, d'origine chinoise... Pourtant, leur communauté a souffert de l'atroce répression anti-communiste qui a suivi le putsch de 1965 ! Mais ils ont de l'argent, une véritable expérience économique et sont détestés du peuple indonésien, donc politiquement inoffensifs.
En 32 années de règne, l'économie connaît un véritable boom. Suharto et sa galaxie font feu de tout bois : concessions, monopoles, ouverture de capitaux leur permettent d'entrer dans toutes les bonnes affaires sous couvert de privatisations ou d'associations. Les intérêts de la famille Suharto se seraient même introduits dans la moitié de l'activité du pays ! Hutomo, dit Tommy, un de ses fils, rachète carrément Lamborghini ! Il collabore aussi avec de grandes compagnies chimiques internationales et s'attribue le monopole du clou de girofle qui entre dans la composition des cigarettes indonésiennes (les fameuses *kreteks*). Le clou (du spectacle, cette fois) est son projet de fabriquer une « voiture nationale », la *Timor.* Comble de l'ironie et de la provocation, c'est le nom d'une île annexée en 1975 et persécutée par le pouvoir central jusqu'en 1999. La voiture « nationale » sera finalement fabriquée par une société... coréenne, qui fermera ses portes avec la crise économique asiatique. Pendant ce temps, Jakarta se couvre de gratte-ciel flambant neufs, sièges de banques et de sociétés plus spéculatrices et fragiles les unes que les autres. La crise asiatique est venue mettre tout ce système à nu. La dernière estimation de la fortune des Suharto est estimée à 40 milliards de dollars répartis à travers le monde ! Hallucinant, quand on sait que cela représente une aide du Fonds monétaire international...

1997 : l'année de tous les dangers

Un rideau de fumée en Asie

1997, année noire pour l'Indonésie, restera dans l'histoire comme celle où le pays a commencé à sombrer, tel le *Titanic,* avec, à la barre, le général Suharto... Tout commence avec les gigantesques incendies qui ravagent le poumon vert de l'Asie, de Sumatra à Bornéo en passant par Java, et qui dégagent une fumée polluante et dangereuse de la Thaïlande aux Philippines sur des millions de kilomètres carrés ! En 4 mois, des centaines de milliers d'hectares sont détruits.

Que fait le gouvernement ? Rien. Et pour cause, le budget « pompiers » a été englouti dans le projet raté de « voiture nationale » du fils Suharto. Pourquoi le feu a-t-il pris comme ça ? À cause des grandes compagnies forestières et minières (détenues par des proches du président) qui ont défriché à outrance sans respecter les règles écologiques. Pour aggraver le tout, le phénomène El Niño a provoqué une grande sécheresse qui met également en danger les récoltes de riz, la base de l'alimentation indonésienne...

Dans la mystique javanaise, on dit que les grandes catastrophes révèlent les fautes et les péchés des dirigeants. Suharto est Javanais. Le rideau de fumée de la catastrophe écologique qui étouffe l'Asie cache alors un mal bien plus profond : une catastrophe économique.

Le krach asiatique

Début 1997, on parle encore de ce fameux « miracle asiatique ». Si ça continue comme ça, l'Indonésie, avec sa croissance annuelle qui dépasse les 7 %, atteindra le peloton des 10 premiers pays industrialisés au troisième millénaire, assure-t-on... Mais cette prospérité est factice. Avec l'« ère Suharto », l'afflux massif (et aveugle) de capitaux étrangers a tourné la tête des sphères dirigeantes qui empruntent à tout va et lancent des projets insensés, se répartissant cette manne en prenant au passage des commissions énormes et en se créant des sociétés et des banques nouvelles tous les quatre matins. Bref, la spéculation bat son plein. Ce système fou propre à l'Asie en général, atteint son paroxysme en Indonésie. Et tout s'écroule d'un coup en quelques mois ! Les investisseurs étrangers se retirent brutalement. La *rupiah* perd 80 % de sa valeur en 6 mois. L'Indonésie, longtemps autosuffisante, se met à importer un tiers du riz sur le marché mondial. Déjà, des centaines de milliers de chômeurs en plus... Des millions sont attendus. La dette extérieure privée flambe, les prix s'envolent. En 1998, le FMI exige des mesures d'assainissement économique drastiques en échange de l'aide internationale. Le carburant augmente alors de 70 %, l'électricité de plus de 50 %, tandis que le prix du riz, vendu par les boutiquiers chinois, s'envole également... Pourtant, Suharto refuse de toucher à son empire. Mais le peuple en a assez de payer pour ce dictateur et sa famille...

Mai 1998 : les étudiants, les pogroms et la chute d'un dictateur

Ce sont les étudiants, issus des classes aisées mais touchés eux aussi par la crise, qui prennent l'initiative d'une rébellion. Une vraie aspiration démocratique a également pris corps. Des manifestations ont lieu un peu partout dans le pays, principalement à Java et à Sumatra. On assiste à un mai 1968 indonésien. Les étudiants exigent le départ de Suharto. Le 12 mai, la police anti-émeute ouvre le feu à l'université de Jakarta. Des émeutes et des pillages commencent, comme à chaque crise grave que traverse le pays...

C'est la communauté chinoise qui, comme d'habitude, en paie le prix fort. Elle représente 3 % de la population mais contrôle environ 70 % de l'économie, une partie de son élite s'étant acoquinée au clan Suharto. Ce sont surtout les petits commerçants chinois qui sont la cible des émeutiers. Les commerces sont brûlés, et des dizaines de femmes chinoises sont violées... On estime à près de 2000 morts le bilan de ces exactions. Quel rôle joue l'armée dans cette affaire ? Il semblerait que certaines fractions ne bougent pas le petit doigt et qu'on préfère détourner la colère populaire contre les Chinois, éternels boucs émissaires, plutôt que contre le gouvernement. Pire : des journaux asiatiques affirmeront même que les émeutes étaient pro-

grammées et manipulées... Le gendre de Suharto, chef de l'unité d'élite de l'armée, sera d'ailleurs mis en cause et destitué après les événements...
Cependant, la pression de la rue et de l'opinion mondiale s'amplifiant contre le dictateur, la fraction modérée de l'armée est contrainte de trouver une solution. Les étudiants occupent déjà le Parlement, symbole de la collusion avec le pouvoir. Les États-Unis finissent par lâcher le dictateur, et l'Europe sort timidement de sa réserve légendaire. Le 18 mai, le Parlement-godillot se résigne à demander la démission de Suharto. Le président, conscient qu'il ne peut plus se maintenir au pouvoir, négocie alors son départ contre la protection de sa famille et de ses intérêts financiers. Il réclame et obtient l'investiture de son « dauphin », Jusuf Habibie. Le 21 mai, Suharto annonce sa démission à la télévision et ose demander pardon « si des fautes ou des manquements avaient été commis ». L'armée donne sa bénédiction à toute l'opération et Jusuf Habibie est investi immédiatement après la démission de Suharto.

1999-2001 : trois ans, trois chefs d'État

Habibie a été pendant 20 ans ministre sous Suharto. N'était-il pas une marionnette dont les fils étaient tirés dans l'ombre par Suharto ? Sous la pression des Indonésiens, Jusuf Habibie propose des élections parlementaires pluralistes (une première pour l'Indonésie). Chose promise, chose due, c'est Megawati Sukarnoputri, chef de file de l'opposition et fille du premier président indonésien Sukarno, qui sort vainqueur des urnes le 6 juin 1999. Le Golkar (parti dominant depuis 1967) vaincu, les militaires voient le pouvoir leur échapper.
En août, suite aux élections démocratiques organisées au Timor-Oriental sous contrôle de l'ONU, les partisans de l'indépendance l'emportent avec près de 85 % des voix. Pour ne pas perdre la face, l'armée indonésienne organise le saccage de Dili et massacre des centaines de civils. En septembre, poussé par le FMI, le président Habibie retire ses soldats du Timor-Oriental et autorise l'envoi d'une force multinationale de maintien (avec une majorité de soldats australiens).
Le 20 octobre 1999, les Indonésiens élisent démocratiquement leur nouveau président, Abdurraham Wahid, leader depuis 1984 de la *Nahdlatul Ulama,* la plus grande association musulmane du monde. Une loi mise en vigueur le 1er janvier 2001 par le président Wahid accorde une plus grande autonomie aux 26 provinces. Surtout mise en place pour apaiser les tensions à Aceh (nord de Sumatra) et aux Moluques, cette loi ne doit pas taire d'autres problèmes, comme l'implication du président Wahid dans des scandales financiers.
Dès février 2001, l'Assemblée nationale censure le président Wahid. Accusé de corruption, il est aussi très affaibli physiquement (quasi aveugle), ce qui précipite sa chute. Les raisons ne manquent donc pas à l'Assemblée consultative du peuple (MPR), la plus haute instance législative indonésienne, qui avait porté au pouvoir Wahid à peine deux ans auparavant, pour voter à l'unanimité sa destitution. La présidence d'Abdurraham Wahid n'aura duré que 21 mois. Le 23 juillet, le parlement indonésien (toujours lui) choisit à l'unanimité Megawati Sukarnoputri, alors vice-présidente, pour successeur. Une femme aux commandes du pays musulman le plus peuplé de la planète : c'est une première dans l'histoire indonésienne. Belle revanche pour la fille d'Ahmed Sukarno, père de l'indépendance indonésienne, et qui s'était fait coiffer au poteau par Wahid lors de l'élection présidentielle d'octobre 1999. Il avait alors de son côté les partis musulmans qui refusaient de voir une femme à la tête d'un pays où plus de 90 % de la population est musulmane.

Octobre 2002 : l'ombre d'Al Qaïda

Le samedi 12 octobre 2002, en plein quartier des boîtes de nuit de Kuta Beach à Bali, un attentat à la voiture piégée fait 210 morts, en grande majorité des touristes australiens. Après une enquête rondement menée grâce à la collaboration des services de renseignements occidentaux avec la police indonésienne, des suspects ont été arrêtés, membres de la Jamaah Islamiyah, un réseau régional lié à Al Qaïda. Le procès a eu lieu : les 3 principaux accusés ont été condamnés à la peine de mort, les autres condamnés à des peines allant de 3 à 16 ans de prison.
Si le but des commanditaires de l'attentat était de faire fuir les touristes de « l'île des dieux » et punir les Balinais (hindouistes) de leur ouverture à l'Occident (et à ses devises), ce but n'a été que partiellement atteint. La chute de la fréquentation de l'île par les touristes n'a été que de 20 % dans les mois qui ont suivi l'événement et les Australiens continuent de venir aussi nombreux.

Quel avenir pour l'Indonésie ?

L'état de grâce n'aura pas duré trois ans. Le peuple avait vu en Megawati Sukarnoputri, élue en 2001, celle qui allait les sortir de la crise. Malheureusement, seules la corruption et la misère ont continué à prospérer. En septembre 2004, pour la première élection présidentielle au suffrage universel direct, les Indonésiens ont balayé Megawati pour plébisciter, sans illusions, un ancien général à la retraite, Susilo Bambang Yudhoyono. Puisque l'armée tire toujours les ficelles en coulisses, autant faire confiance à un spécialiste... SBY, comme tout le monde l'appelle ici, s'est fait élire sur un programme suffisamment vague pour ne pas (trop) décevoir ; la lutte contre la corruption semble être son cheval de bataille.
Retour à la case départ : SBY, à l'instar des 6 chefs d'État depuis l'indépendance indonésienne, se retrouve face aux mêmes interrogations que celle qui le précéda. Comment gérer la situation, dans des provinces aussi « explosives » que celle d'Aceh ? Dans cette région sensible de l'Indonésie, tout comme en Papouasie occidentale, là où les hommes des mouvements séparatistes ont d'ores et déjà pris les armes, les tensions ne sont pas apaisées, bien au contraire : malgré ses appels à l'unité nationale, Megawati Sukarnoputri n'a rien pu faire pour affaiblir l'influence de l'armée. Comment le nouveau président va-t-il aussi aborder la crise latente avec les milieux islamistes ? Certes, l'islam reste modéré en Indonésie, mais le pays n'échappe plus à la poussée du fondamentalisme religieux. Enfin, si la crise économique et financière de 1998 semble à peu près digérée, on est encore loin d'un retour à la croissance : le chômage atteint toujours des sommets pendant que le niveau de vie s'enfonce.
Le 26 décembre 2004, un séisme d'une magnitude de 8,9 sur l'échelle de Richter et dont l'épicentre se situe au large de Sumatra, provoque une série de violents tsunamis (raz-de-marée) dans plusieurs pays d'Asie du Sud, principalement l'Indonésie, le Sri Lanka, l'Inde et la Thaïlande. Le bilan de cette catastrophe naturelle est sans précédent : 290 000 victimes, dont environ 230 000 en Indonésie, et un million de sans-abris. C'est la région de Banda Aceh, à la pointe nord de l'île de Sumatra, ainsi que l'île de Nias, qui ont été les plus touchées en Indonésie. Des villages de pêcheurs entiers ont été dévastés par les vagues, certaines faisant jusqu'à 15 m de haut. Quant à la ville de Meulaboh, qui comptait 100 000 habitants, elle a été aux trois-quarts détruite. Une aide humanitaire internationale d'une ampleur inédite se met en place presque immédiatement, coordonnée par l'ONU.
Mais les conséquences de ce raz-de-marée d'une puissance exceptionnelle risquent de peser lourd sur l'avenir de l'Indonésie, déjà bien fragilisée.

Principales dates historiques

– ***IVe-VIIe siècle :*** formation de royaumes hindouisés.
– ***Milieu du VIIe siècle :*** Sanjaya, de religion çivaïte, règne sur le centre de Java.
– ***778-870 :*** dynastie des Çaïlendra à Java. Construction de Borobudur.
– ***870 :*** dynastie Sanjaya. Les temples hindouistes de Prambanan sont élevés à la fin du IXe siècle.
– ***910 :*** le centre et l'est de Java sont réunis dans le royaume de Mataram.
– ***1015 :*** Mataram est soumis par Srivijaya.
– ***1019-1049 :*** Airlangga reconstitue le royaume de Mataram à Java.
– ***1049 :*** à la mort d'Airlangga, le royaume est partagé entre ses deux fils ; l'un obtient Kadiri, l'autre Djanggala.
– ***Début du XIIe siècle :*** fin du royaume de Kadiri et fondation de Singhasari.
– ***Fin du XIIIe siècle :*** le dernier roi de Singhasari fonde la ligue des États indonésiens.
– ***1294 :*** invasion chinoise repoussée, mais de nombreux soldats chinois préfèrent rester à Java. Fondation du royaume de Majapahit.
– ***1400 :*** décadence de Majapahit. Un prince javanais, converti à l'islam, fonde Malacca. C'est le début de l'influence musulmane.
– ***1511 :*** les Portugais prennent Malacca. Début de « l'occupation » européenne.
– ***1596 :*** les premiers Néerlandais s'installent à Java.
– ***1619 :*** fondation de Batavia (future Jakarta).
– ***1740 :*** massacre des Chinois à Batavia.
– ***1824 :*** traité de Londres qui partage le monde malais entre l'Angleterre (Malaisie) et la Hollande (Indonésie).
– ***1906 :*** conquête de Bali. Toute l'Indonésie est sous l'autorité du gouvernement hollandais.
– ***1908 :*** 1er mouvement nationaliste, le Budi Utomo.
– ***1927 :*** création du parti nationaliste indonésien dirigé par Sukarno.
– ***1942 :*** occupation japonaise.
– ***1945 :*** Sukarno proclame l'indépendance de la République indonésienne.
– ***1955 :*** conférence de Bandung.
– ***1965 :*** massacres de communistes et de Chinois.
– ***1967 :*** Sukarno cède le pouvoir au général Suharto.
– ***1996 :*** en juillet, un conflit entre deux factions rivales du Parti démocrate indonésien (PDI) – l'un des trois partis autorisés par la Constitution – dégénère en affrontements de rue très violents, opposant la police et l'armée aux partisans de Megawati Sukarnoputri (fille de Sukarno), destituée de la direction du mouvement. José Ramos Horta reçoit avec Mgr Carlos Bello, évêque du Timor Oriental, le prix Nobel de la Paix pour sa lutte contre l'occupation indonésienne, depuis 1975, du Timor Oriental.
– ***1998 :*** la crise économique généralisée en Asie entraîne l'Indonésie dans le marasme. Suharto résiste aux pressions réformatrices du FMI et se fait réélire pour la 7e fois grâce à un système électoral faussé. Les étudiants manifestent et réclament le départ de Suharto. Des émeutes et des exactions sont dirigées contre la communauté chinoise. Suharto annonce sa démission ; en échange, il obtient l'investiture de son vice-président et dauphin, Jusuf Habibie. Près de 40 % de la population s'enfonce dans la grande pauvreté.
– ***1999 :*** le 6 juin, premières élections parlementaires pluralistes organisées depuis 1955 (48 partis politiques en compétition), remportées par Megawati Sukarnoputri. En août, au Timor Oriental, 85 % des voix aux partisans de l'indépendance. L'armée indonésienne, en représailles, massacre des centaines de civils et saccage Dili. En septembre, le président Habibie retire ses

soldats du Timor Oriental. Envoi d'une force de maintien de la paix. Le 20 octobre, Abdurraham Wahid élu président.

– ***2000 :*** le 29 février, Wahid se rend pour la 1re fois au Timor Oriental. Le 12 mai, est signé à Genève un accord de cessez-le-feu entre l'Indonésie et les rebelles séparatistes d'Aceh. Cette « pause humanitaire » interrompt plus de deux décennies de combat.

– ***2001 :*** le 1er février, impliqué dans des scandales financiers, le président Wahid est finalement destitué. Megawati Sukarnoputri est élue présidente le 23 juillet.

– ***2002 :*** indépendance, le 20 mai, de l'État démocratique du Timor Oriental après 25 ans d'occupation indonésienne. Le 12 octobre, une voiture piégée explose à Kuta Beach, causant la mort de 210 personnes, en majorité des touristes occidentaux.

– ***2004 :*** 20 septembre, première élection présidentielle au suffrage universel direct. Le général en retraite Susilo Bambang Yudhoyono l'emporte avec plus de 60 % des voix. Le 26 décembre, un séisme sans précédent provoque de très violents raz-de-marée dans plusieurs pays d'Asie du Sud. Le bilan est catastrophique : environ 290 000 morts (dont près de 230 000 dans le nord de l'Indonésie) et un million de sans-abris.

HORAIRES

En règle générale, les administrations et les banques ouvrent du lundi au vendredi de 8 h à 15 h ou de 9 h à 16 h. Les bureaux de poste sont ouverts du lundi au samedi de 8 h à 16 h ou 18 h, sauf dans les petites villes où elles ferment plus tôt les vendredi et samedi. Les restaurants et petits magasins n'ont, eux, pas de jour de fermeture; tout comme, en général, les centres commerciaux, souvent ouverts jusqu'à 21 h ou 22 h. Les Indonésiens sont très matinaux – la vie reprend avant 6 heures – et donc couche-tôt. L'animation se prolonge rarement au-delà de 22 heures.

INFOS EN FRANÇAIS SUR TV5

La chaîne TV5 est reçue dans la plupart des hôtels du pays. Pour ceux qui souhaitent s'y installer plus longtemps ou qui voyagent avec leur antenne parabolique, TV5 est reçue par câble et satellite en réception directe via Palapa C2 (113° Est) en analogique clair, et via Asiasat 2 (105,5° Est) en numérique clair.

Les principaux rendez-vous Infos sont toujours à heures rondes où que vous soyez dans le monde, mais vous pouvez surfer sur leur site • www.tv5.org • pour les programmes détaillés ou l'actu en direct, des rubriques voyages, découvertes...

LANGUES

Le ***bahasa indonesia*** est la langue officielle depuis l'indépendance (1945). Comme le malais, l'indonésien est une variation d'une même langue, le *bahasa malayu,* pratiquée dès le VIIe siècle dans l'archipel. L'indonésien est la 6e langue du monde par le nombre de ses locuteurs, qui dépasse largement les 200 millions. Transcrite en caractères indiens puis arabes, elle a été romanisée en 1928 sous la colonisation néerlandaise.

L'Indonésie compte en outre plus de 250 langues et dialectes parlés par près de 350 groupes ethniques. Certaines de ces langues, comme le sundanais, le javanais et le balinais, influencées par l'Inde ancienne, possèdent une littérature élaborée et trois niveaux de langue correspondant aux trois principaux groupes sociaux.

Le *bahasa indonesia* est une langue sans ton (prononciation comme en français). Quelques exceptions : « j » se prononce *dj*; « c » : *tch*; et « u » : *ou.* Enfin, on roule les « r », et le « h » se prononce comme en anglais.

Le pluriel s'effectue grâce au doublement. Exemple : *nyonya* (madame) devient au pluriel *nyonya nyonya* oralement, et s'écrivait même *nyonya 2* jusqu'en 1972 !

Il n'y a ni conjugaison, ni temps. Par exemple, « j'aime, nous aimons » se dit : *saya suka, kita suka.* De même, « Demain je chercherai une banque » se dit : *besok saya cari bank,* ce qui signifie littéralement « Demain je chercher banque ». Pour exprimer le passé, c'est pareil : « Hier je suis allé à la librairie » se traduit mot à mot par « Hier je aller à magasin livre », soit *kemarin saya pergi ke toko buku.* Simple, non ?

– Phrase interrogative : *Apa* + *kah* + sujet + verbe (ex : « Dort-il ? », *Apa kah dia tidur ?*). Pour poser une question cela dit, on peut aussi tout simplement utiliser une intonation montante.

– Phrase négative : *tidak* (ou *ngga*) avant le verbe (ex : « Je ne parle pas indonésien », *saya tidak bisa bahasa indonesia*).

– Important, le verbe « être » n'existe pas. Donc, pour dire « je suis fatigué », dites juste *saya lelah* (« je fatigué »).

L'***anglais*** est couramment parlé dans les endroits touristiques. Mais dès qu'on s'éloigne des sentiers battus, une connaissance minimum de l'indonésien s'avère indispensable. Ne serait-ce, par exemple, que pour ne pas se voir réclamer un prix scandaleusement élevé pour une course en *becak* ou en taxi...

Pronoms personnels et adjectifs possessifs

je, moi	*saya, aku*
mon	nom + *saya* ou *ku*
tu, toi	*kamu* (familier) ou *anda* (formel)
ton	nom + *mu*
il, elle	*dia*
son, sa	nom + *nya*
nous, notre	*kita* (inclut l'interlocuteur) ou *kami* (ne l'inclut pas)
vous (pluriel)	*kalian*
ils, elles, eux	*mereka*

Pronoms interrogatifs

quoi ?	*apa ?*
qui ?	*siapa ?*
où (ici) ?	*di mana ?*
où (l'on va) ?	*ke mana ?*
d'où ?	*dari mana ?*
quand ?	*kapan ?*
comment ?	*bagaimana ?*
pourquoi ?	*mengapa* ou *kenapa ?*
lequel ?	*yang mana ?*
combien ?	*berapa ?*

Termes de politesse

oui	*ya*
non	*tidak* ou *bukan*
bonjour (avant 12 h)	*selamat pagi*
bonjour (de 12 h à 15 h)	*selamat siang*
bonjour (de 15 h à 18 h)	*selamat sore*

bonsoir	*selamat malam*
bonne nuit	*selamat tidur*
au revoir	*selamat jalan* (si vous restez)
	selamat tinggal (si vous partez)
à bientôt	*sampai jumpa* (ou *bertemu*) *lagi*
s'il vous plaît	*tolong*
je vous en prie	*silakan*
excusez-moi	*ma'af*
pardon	*permisi*
merci (beaucoup)	*terima kasih (banyak)*
de rien	*sama sama*
comment allez-vous ?	*apa kabar ?*
ça va !	*baik baik !*
asseyez-vous SVP	*silakan duduk*
entrez SVP	*silakan masuk*
bienvenue	*selamat datang*
bon appétit !	*selamat makan !*
à votre santé !	*selamat minum !*

– Remarque : *mari* est un terme d'invite comme dans : « Mangez, je vous prie » : *Mari makan.*

Chiffres

un	*satu*
deux	*dua*
trois	*tiga*
quatre	*empat* (prononcer « ampate »)
cinq	*lima*
six	*enam* (prononcer « aname »)
sept	*tujuh*
huit	*delapan* (prononcer « d'lapan »)
neuf	*sembilan*
dix	*sepuluh*
cent	*seratus*
mille	*seribu*

– Pour les nombres de 11 à 19, on ajoute *belas* (prononcer « b'las ») au nombre 1, 2, 3 (exemple : 15, *lima belas*).
– Pour les dizaines, on ajoute *puluh* au nombre (exemples : 50, *lima puluh* ; 52, *lima puluh dua*).
– Pour les centaines, on ajoute *ratus* au nombre (exemple : 263, *dua ratus enam puluh tiga*).
– Pour les milliers, on ajoute *ribu* au nombre (exemple : 20789, *dua puluh ribu tujuh ratus delapan puluh sembilan*). Ouf !

Repères temporels

lundi	*hari senin*
mardi	*hari selasa*
mercredi	*hari rabu*
jeudi	*hari kamis*
vendredi	*hari jumat*
samedi	*hari sabtu*
dimanche	*hari minggu*
jour	*hari*
aujourd'hui	*hari ini* (littéralement « ce jour »)
semaine	*minggu*
mois	*bulan*
année	*tahun*

demain	*besok*
hier	*kemarin*
maintenant	*sekarang*
tout à l'heure (avant)	*tadi*
plus tard	*nanti*
pas encore	*belum*
déjà	*sudah*
avant (+ nom)	*sebelum*
après (+ nom)	*sesudah*
matin	*pagi*
après-midi	*siang* ou *sore*
soir (ou nuit)	*malam*
hier soir	*tadi malam*
demain matin	*besok pagi*
heure	*jam*
quelle heure est-il ?	*jam berapa ?*
il est trois heures	*jam tiga*
minute	*menit*
pendant	*selama*
depuis	*sejak*
toujours	*selalu*
jamais	*tidak pernah*
un instant !	*sebentar !*

Repères spatiaux

à	*di*
dans	*di dalam*
(en) dehors (de)	*di luar*
devant	*di depan*
derrière	*di belakang*
en dessous	*di bawa*
sur, au-dessus	*di atas*
(à) droite	*(ke) kanan*
(à) gauche	*(ke) kiri*
entre	*di antara*
ici	*di sini*
là(-bas)	*di sana*
près	*dekat*
loin	*jauh*
tout droit	*terus*
nord	*utara*
sud	*selatan*
est	*timur*
ouest	*barat*

Lieux divers

pays	*negeri*
France	*P(e)rancis*
Belgique	*Belgia*
Suisse	*Swis*
Canada	*Kanada*
ville	*kota*
centre-ville	*pusat kota*
village	*desa* ou *kampung*
rue	*jalan*
maison	*rumah*
restaurant	*rumah makan*

GÉNÉRALITÉS

gare routière	*terminal*
gare ferroviaire	*stasiun kereta api*
aéroport	*airport* ou *lapangan terbang*
port	*pelabuhan*
marché	*pasar*
magasin	*toko*
banque	*bank*
bureau de poste	*kantor pos*
cinéma	*bioskop*
piscine	*kolam renang*
chambre, pièce	*kamar*
chambre à coucher	*kamar tidur*
salle à manger	*kamar makan*
salle de bains	*kamar mandi*
toilettes	*kamar kecil*
mosquée	*mesjid*
église	*gereja*
temple	*candi*
immeuble	*gedung*
palais	*istana*
île	*pulau*
colline	*bukit*
montagne	*gunung*
volcan	*gunung api*

Moyens de transport

avion	*pesawat terbang*
en avion	*naik pesawat terbang*
bateau	*kapal* (navire) ; *perahu* (plus petit ; prononcer « praou »)
bus	*bis*
moto	*sepeda-motor*
ticket	*karcis*
train	*kereta api*
vélo	*sepeda*
voiture	*mobil*

Mots et expressions utiles

ceci	*ini*
cela	*itu*
qu'est-ce que c'est ?	*apa itu ?*
ça coûte combien ?	*berapa harga ?*
c'est très cher !	*itu mahal sekali !*
comment vous appelez-vous ?	*siapa nama anda ?*
je m'appelle...	*nama saya...*
d'où venez-vous ?	*dari mana ?*
je suis français(e)	*saya dari Prancis*
vous parlez anglais ?	*bisa bahasa Inggris ?*
quel âge avez-vous ?	*berapa umur anda ?*
vous êtes marié	*sudah kawin ?*
vous avez des enfants	*sudah punya anak ?*
je ne comprends pas	*saya tidak mengerti*
où allez-vous	*mau kemana ?*
je veux aller à la poste	*saya mau (pergi) ke kantor pos*
je veux aller rue X	*saya mau (pergi) ke jalan X*
comment aller à la plage ?	*bagamaina pergi ke pantai ?*
quelle route ?	*jalan (yang) mana ?*

où est-elle ? (cette rue)	*jalan itu, di mana ?*
j'ai faim, je voudrais manger	*saya lapar, saya mau makan*
j'ai assez (mangé)	*saya kenyang*
il n'y en a plus	*habis*
j'ai soif, je voudrais boire	*saya haus, saya mau minum*
vous avez une chambre ?	*ada kamar yang bebas ?*
quel est le prix d'une nuit ?	*berapa harga satu malam ?*
je peux voir une autre chambre ?	*boleh saya lihat kamar lain ?*
il y a des toilettes ici ?	*ada kamar kecil di sini ?*

Quelques verbes

acheter	*(mem)beli*
aimer (quelque chose)	*suka*
aller, partir	*pergi*
arrêter	*berhenti*
arriver	*tiba*
avoir	*punya*
avoir besoin de	*perlu*
boire	*minum*
chercher	*(men)cari*
devoir	*harus*
dormir	*tidur*
entrer	*masuk*
fumer	*merokok*
manger	*makan*
parler	*berbicara*
pouvoir	*bisa*
rentrer à la maison	*pulang*
rester	*tinggal*
revenir	*kembali*
s'asseoir	*duduk*
se laver	*mandi*
se lever	*bangun*
venir	*datang*
vivre	*hidup*
voir	*melihat*
vouloir	*mau*

Les gens

ami	*teman*
enfant	*anak*
épouse	*istri*
famille	*keluarga*
femme	*wanita*
frère	*saudara laki-laki*
homme	*pria*
jeune fille	*gadis*
madame	*ibu* ou *nyonya*
mademoiselle	*nona*
monsieur	*tuan*

Adjectifs de base

beau	*bagus*
blanc	*putih*
chaud	*panas*
correct	*betul*

dangereux	*berbahaya*
direct	*langsung*
fatigué	*lelah*
c'est faux	*itu salah*
fermé	*tutup*
froid	*dingin*
grand	*besar*
intéressant	*menarik*
jaune	*kuning*
jeune	*muda*
joli	*indah*
long (durée)	*lama*
long (spatial)	*panjang*
malade	*sakit*
noir	*hitam*
nouveau	*baru*
ouvert	*buka*
petit	*kecil*
possible	*mungkin*
propre	*bersih*
rouge	*merah*
sale	*kotor*
vert	*hijau*
vieux	*tua*

Adverbes et conjonctions

mais	*(te)tapi*
aussi	*juga*
beaucoup (de)	*banyak*
peu	*sedikit*
déjà	*sudah*
environ	*kira-kira*
et	*dan*
ou	*atau*
parce que	*karena*
pas encore	*belum*
peut-être	*mungkin*
si	*kalau*
tout, tous, toutes...	*semua*
vite	*cepat*

Autres mots

banane	*pisang*
beurre	*mentega*
bœuf	*sapi*
bière	*bir*
brochettes	*sate*
café (au lait)	*kopi (susu)*
chapeau	*topi*
cigarette (aux clous de girofle)	*rokok (kretek)*
couteau	*pisau*
cuillère	*sendok*
crabe	*kepiting*
crevettes	*udang*
eau	*air*
épicé	*pedas*
fourchette	*garbu*

fromage	*keju*
fruit	*buah*
glace	*es batu*
grenouille	*kodok*
jus d'orange	*air jeruk*
lait	*susu*
légumes	*sayur*
légumes frits	*cap cai*
nouilles	*mie*
œuf	*telur*
papier w.-c.	*kertas w.-c.*
petite monnaie	*uang kecil*
poisson	*ikan*
piment	*cabe* ou *sambal* (sauce)
pommes de terre	*kentang*
frites	*kentang goreng*
porc	*babi*
poulet	*ayam*
riz blanc	*nasi putih*
riz blanc mélangé	*nasi campur*
riz frit	*nasi goreng*
savon	*sabun*
sel	*garam*
serpent	*ular*
serviette	*handuk*
singe	*monyet* ou *kera*
sucre	*gula*
sucré	*manis*
thé	*teh*
ticket	*karcis*
timbre-poste	*perangko*
verre	*gelas*
viande	*daging*

LIVRES DE ROUTE

– ***Sang et volupté à Bali*** (1937), de Vicki Baum ; roman (10/18, coll. « Poche Domaine Étranger », n° 1726, 2001 ; 441 p.). Nous sommes en 1904 et les Néerlandais, qui ont conquis les îles de la Sonde et établi leur capitale à Batavia (Jakarta), n'ont pas encore pris possession du sud de Bali, se heurtant à l'hostilité d'une population dont les coutumes (hindouisme, castes) sont si particulières. À Bandoung (Denpasar), règne un vieux prince dont le neveu, Alit, va commander la résistance.

– ***Corruption*** (1954), de Pramoedya Ananta Toer ; roman (Philippe Picquier, coll. « Picquier Poche », 2001 ; traduit de l'indonésien par Denys Lombard ; 176 p.). Cet auteur et dissident indonésien fut accusé de sympathies pro-communistes, puis arrêté et déporté en 1965 dans une île des Moluques. Libéré en 1979, il est toujours interdit de publication en Indonésie. Ce roman (mais en est-ce un ?), écrit en Hollande en 1953, raconte l'histoire de Sirad, un fonctionnaire de Jakarta, marié et père de 4 enfants. Après 20 ans de bons et loyaux services avec un salaire de misère pour toute reconnaissance, il cède aux sirènes de la corruption et découvre l'ivresse de la richesse et du luxe du monde de ses collègues... Une description de la société javanaise aux premières heures de la jeune République indonésienne et une critique acerbe qui trouve un écho dans l'actualité.

– ***Les Trafiquants d'armes*** (1959), d'Eric Ambler ; polar (Le Seuil, coll. « Points poche », n° 430, 1997 ; 249 p.). Au cours d'une croisière d'agrément sur la ligne San Francisco-Calcutta, un couple de passagers, par ennui ou par goût de l'aventure, se retrouve complice d'une affaire de trafic d'armes.

– ***L'anthropologie n'est pas un sport dangereux*** (1988), de Nigel Barley ; récit de voyage (Payot, coll. « Voyages », 2001 ; traduit de l'anglais ; 288 p.). Après quelques voyages en Afrique de l'Ouest, un anthropologue décide un peu par hasard de se rendre à l'île de Sulawesi (Célèbes). Ses pérégrinations, par tous les moyens de locomotion possibles, le mènent au Pays toraja. Il y découvre la culture de ces tribus animistes, dont quelques membres vont effectuer un séjour en Angleterre et seront accueillis par le très prestigieux British Museum de Londres... Le récit d'un voyage rocambolesque qui se lit comme un roman, où l'on découvre une des facettes de la culture indonésienne.

– ***Empire d'Orient*** (1998), de Norman Lewis ; récit de voyage (Olizane, coll. « Objectif Terre », 1998 ; 336 p.). Ce grand voyageur et romancier, fanatique de l'Asie, nous livre ses impressions à l'issue d'une série de voyages aux confins de l'Indonésie : Aceh (l'extrême nord de Sumatra), le Timor oriental et les hauts plateaux d'Irian Jaya. Loin d'être un récit en forme de carte postale, ce livre est aussi un réquisitoire contre la politique de l'État indonésien à l'encontre de ses provinces qui sont animées d'une force centrifuge.

MARCHANDAGE

Il concerne quasiment tous les achats en Indonésie, vêtements, objets, etc. Par rapport au prix demandé, démarrer à 20 %, voire à 40 % (à titre indicatif). Sur certains artisanats, dans certains endroits, les prix peuvent parfois être divisés par 3, voire plus... En revanche, les restaurants *(harga pasti)*, les transports et les hôtels de luxe pratiquent tous des tarifs précis et affichent leurs prix.

Si le marchandage est un sport national pratiqué par tout le monde, il convient toutefois de respecter certaines règles : la première, connaître le *harga biasa,* c'est-à-dire le juste prix. À partir de là, le jeu peut commencer. Il sera beaucoup plus enrichissant si vous avez appris à compter en indonésien. Pour connaître le juste prix, s'informer auprès des autochtones (dans les *losmen,* par exemple). La seconde règle, ne pas être pressé et garder son sourire pendant toute la négociation. Inutile de dire que vous êtes fauché et que l'objet désiré est trop cher. Le touriste, quel qu'il soit, est toujours riche.

Quand vous estimez que vous avez donné votre prix limite, si le marchand refuse, éloignez-vous. Il y a de grandes chances pour qu'il vous dise *ya,* et que l'affaire se fasse. S'il vous laisse partir, c'est que vous avez été un peu trop gourmand.

En règle générale, discuter les prix mais ne pas perdre des heures précieuses de vacances pour gagner de quoi s'offrir un ticket de métro au retour. Les prix indonésiens sont parmi les plus bas du monde, ne l'oubliez pas. Pas la peine non plus de gaspiller son temps à marchander une réduction sur un bermuda ou un tee-shirt à 2 €, sauf si la vendeuse est jolie ou si vous avez envie de perfectionner votre anglais.

MÉDIAS

Depuis la chute de la dictature en 1998, le pluralisme de l'information ne cesse de se consolider. Le pays compte au moins 700 publications et 1 200 stations de radio, ainsi qu'une douzaine de télévisions nationales et locales. Cet enthousiasme pour les médias électroniques a engendré le lancement de centaines de radios et chaînes télé pirates que le gouvernement a bien du mal à réguler.

Les médias peuvent également profiter d'une des lois sur la presse les plus libérales d'Asie. Mais il existe encore des articles qui permettent de condamner des journalistes à des peines de prison pour « insulte au chef de l'État » ou pour « manifestation hostile envers le gouvernement ».

Radio

On compte des centaines de radios privées locales, en concurrence avec les grands réseaux nationaux, le plus indépendant étant *Radio 68 H* (89,2 FM). Et au moins 60 radios FM dans la seule capitale. Sans oublier les centaines de radios communautaires qui émettent dans tout le pays.
Radio France Internationale (RFI) ne peut s'écouter qu'à travers le satellite. En revanche, vous trouverez des programmes d'information en anglais en FM sur *Elshinta* (90 FM à Jakarta), *RRI* et *Sonora* (92 FM).

Télévision

Avec une douzaine de télévisions privées, notamment *Televisi Pendidikan Indonesia (TPI)* et *Metro TV*, les Indonésiens ont plébiscité les médias électroniques. Mais certaines chaînes nationales sont toujours contrôlées par des proches de l'ancien dictateur Suharto. Une loi adoptée en 2002 ne semble pas avoir réussi à garantir l'indépendance des chaînes.
En avril 2003, le gouvernement a accordé son indépendance à *Televisi Republik Indonesia (TVRI)* qui ne reçoit dès lors pratiquement plus de fonds de l'État. Dans les mois qui ont suivi, par manque de moyens, la chaîne a cessé de diffuser ses programmes dans plusieurs provinces.

Presse écrite

Malgré une liberté nouvelle, la presse indonésienne connaît des jours difficiles. Touchées par la crise économique depuis la fin des années 1990, une dizaine de publications indépendantes ont été contraintes de cesser de paraître par manque de ressources financières. Selon certaines statistiques, on compterait moitié moins de journaux en 2003 qu'en 1998.
Trois quotidiens en anglais sont publiés à Jakarta : *Jakarta Post, Indonesia Times* et *Indonesia Observer*. Ils sont aussi vendus à Bali, mais à un prix majoré. À Bali, ceux qui pratiquent couramment l'anglais pourront acheter le *Bali Post*. Ces journaux ont de très bons sites Internet dans un pays qui compte plus de dix millions d'internautes.

Liberté de la presse

Avec le retour à la démocratie, le vent de la liberté de la presse a soufflé dans toute l'Indonésie. Les journalistes avaient été à la pointe du mouvement démocratique Reformasi. Mais de nouvelles menaces sont apparues : restriction d'accès dans certaines régions, menaces des mafias ou plaintes abusives en diffamation.
En mai 2003, l'instauration de la loi martiale en Aceh a permis aux autorités militaires d'imposer à la presse des mesures très restrictives, condamnant au silence les journalistes qui couvraient la guerre sanglante contre les troupes du Free Aceh Movement (GAM). À Jakarta, le gouvernement a mis en garde les médias qui ne feraient pas preuve d'esprit « nationaliste ». Mais certains titres de la presse indonésienne, notamment *Kompas* ou *Tempo*, ont refusé de faire l'impasse sur les violations des Droits de l'homme commises par les militaires.
Dans de nombreuses autres régions du pays, notamment en Papouasie occidentale (Est), aux Célèbes (Centre) ou aux Moluques (Est), régulièrement agitées par des troubles communautaires ou religieux, des dizaines de journalistes locaux ont été menacés.

À Java, l'île principale, les pressions viennent autant des politiciens locaux que des hommes d'affaires et des mafias. La communauté journalistique est par ailleurs touchée de plein fouet par la corruption. En septembre 2004, une cour de Jakarta a condamné le célèbre rédacteur en chef de l'hebdomadaire *Tempo,* Bambang Harymurti, à une peine d'un an de prison pour diffamation. Il avait mis en cause un homme d'affaires au bras long dans une affaire de corruption.

La pratique des enveloppes d'argent accordées aux journalistes pour la couverture d'une conférence de presse ou la publication d'un article favorable est très répandue.

MŒURS

Amour

Romantiques, s'abstenir ! L'amour en Indonésie se conjugue le plus souvent avec *money* ! Cela n'exclut pas la possibilité d'une rencontre « Roméo-Juliette », bien sûr, mais l'aventure, elle, se paie. En outre, les dames de petite vertu autour des grands hôtels de Jakarta ont souvent plus d'attributs qu'il n'est normalement prévu chez la gent féminine. Il s'agit des *Bancis,* travestis qui sont parfois superbes. Les Javanais, eux, prétendent que ce sont en fait des *Dayaks,* en provenance de Bornéo. Peu importe leur origine, la réalité dépasse souvent la fiction. À Bali, les rencontres sont faciles, à Kuta et à Sanur notamment, mais il faut savoir qu'il ne peut s'agir de Balinaises, bien qu'elles le prétendent. Une Balinaise serait immédiatement rejetée par son village et par sa famille, car le *bandjar* (conseil communautaire) veille. Si vous cédez à des avances, n'oubliez pas de bien vous couvrir avant de sortir ! À Sumatra et à Kalimantan, il existe aussi une forme assez insolite de vénalité : l'amour concentrationnaire ! Les *prostitution centers* sont des camps gardés par des militaires ! Même le service après-vente est assuré, sur place, grâce à une antenne médicale ! On trouve aussi des salons de massage, souvent cachés dans des quartiers miteux et éloignés du centre des villes. Tout ça est à éviter, bien sûr. L'Indonésie est l'un des pays où le sida progresse le plus rapidement.

Corruption

La corruption est notoire, elle a même un nom : *korupsi* ! Ici, tout s'achète ! Une bonne place dans le bus, un tampon sur un passeport, un permis, son innocence devant un tribunal ! S'il est méritoire de lutter contre, dans l'état actuel des choses, cela demeure vain, car la corruption se déploie à tous les niveaux. C'est une institution, et il existe des barèmes selon les services. La faiblesse des salaires explique pour une bonne part la corruption. Les Indonésiens font donc feu de tout bois.

S'il vous arrive de commettre une infraction au code de la route, vous devrez payer directement une amende aux policiers (en souhaitant qu'ils ne soient pas trop nombreux à verbaliser, car l'argent va parfois dans leurs poches). Si vous refusez de payer sur-le-champ, vous passerez en jugement et cela risque de prendre du temps et de gâcher une partie de vos vacances. Dans ce cas, les policiers ne touchent rien ; vous pouvez donc négocier avec eux pour réduire un peu le montant de l'amende. Avec 10 000 Rps, les choses s'arrangent et le policier est content. Cela ne concerne bien entendu que des infractions mineures, qui deviennent de plus en plus fréquentes ; les policiers, ayant compris comment améliorer leur salaire, font la chasse aux touristes motorisés. Un conseil général : parlez en français ; au bout de 10 mn, ils vous laisseront repartir. Mais gardez toujours le sourire.

PERSONNAGES

– ***Megawati Sukarnoputri*** (1947) *:* en 2001, la fille aînée d'Ahmed Sukarno devient la première dirigeante du pays musulman le plus peuplé de la planète. Il faut dire qu'elle a bénéficié d'un bon petit piston. Tout le monde n'a pas pour papa (heureusement d'ailleurs !) Ahmed Sukarno, ni plus ni moins que le père de l'indépendance indonésienne. Ce n'est qu'en 1988 qu'elle se lance dans la politique. Huit ans plus tard, la voilà sur le devant de la scène, quand Suharto veut interdire son parti et l'évincer de la politique. Image vivante de son père, elle en incarne le nationalisme. Elle dirige le Parti démocratique indonésien, une formation de type national-populiste opposée au parti gouvernemental Golkar. Surnommée la « dame de fer de l'islam convivial », elle ne réussit pas à faire l'unanimité auprès du peuple indonésien qui lui préféra très largement le général « SBY » lors des élections présidentielles de septembre 2004.

– ***Pramoedya Ananta Toer*** (1925) *:* Pramoedya, ou Pram pour les intimes, reste le plus grand écrivain indonésien vivant, et ce, malgré les nombreuses censures dont il a été victime. Il est non seulement l'un des rares écrivains de l'archipel à être connu à l'étranger et traduit dans une douzaine de langues, mais a aussi été plusieurs fois pressenti pour le prix Nobel de littérature. Né dans une petite bourgade de Java, il est l'aîné de neuf enfants. Son père, en tant que maître d'école, l'aide à faire ses premières armes. Mais il s'engage bientôt dans l'armée des Républicains et est rapidement arrêté. C'est là, dans les geôles de Jakarta, qu'il rédige pendant deux ans et demi quelques-unes de ses œuvres majeures. Mais la censure ne tarde pas à tomber. Ce qui le condamne ? Sans doute les sympathies procommunistes qu'on lui prête, à juste titre d'ailleurs. De nouveau arrêté en 1965, il est déporté pendant presque quinze ans dans les Moluques. À sa libération, sa vie de paria continue. À la différence de *Terres des hommes* ou *La Vie n'est pas une foire nocturne* – son chef-d'œuvre –, *Le Fugitif* est traduit en français. En 2001 a eu lieu la première publication intégrale de l'œuvre de Pramoedya. Il faut dire que depuis 1998, l'interdit qui frappe en Indonésie la diffusion et la possession de ses livres a été levé ; enfin, de fait !

– ***L'Homme de Java :*** plus connu sous le nom de Pithécanthrope *(Homo erectus)* de Java, il a bâti sa renommée en devenant le premier homme à peupler un archipel, il y a plus d'un million d'années. Il est connu par les restes de plus de soixante individus. Découvert à la fin du XIXe siècle, son caractère mystérieux fascine. Mais comment vivait-il ce gars-là ? La question trotte dans tous les esprits des archéologues qui fouillent aujourd'hui le site de Ngebung, dans le dôme de Sangiran, où a été dégagé un sol d'occupation humaine datant de près de 800 000 ans.

– ***Augustin Sibarani :*** ce caricaturiste politique est connu essentiellement pour sa collaboration, en compagnie de Pramoedya, à la revue culturelle *Bintang Timur (L'Étoile Orientale).* Autre point commun entre ces deux personnalités indonésiennes, ils ont tous deux été interdits d'expression par les généraux au pouvoir pendant 32 ans. Comme tant d'autres, ce caricaturiste plaçait beaucoup d'espoir dans la chute de Suharto, souhaitant que renaisse après lui la tradition indonésienne de la caricature politique et que le libre droit d'écrire et de s'exprimer ne soit plus bafoué – on vous laisse constater ! Courageusement, Augustin Sibarani a survécu en faisant des portraits, tout en ne cessant jamais de faire, dans la clandestinité bien sûr, des dessins politiques.

– ***Taufik Hidayat*** (1981) *:* né à Bandung, ce jeune homme est un phénomène en matière de badminton. Il fait partie du top-ten mondial, a longtemps fait figure de n° 1 indonésien, et a encore décroché la médaille d'or aux JO d'Athènes, en 2004. Il est adulé comme une pop-star dans son pays. À moins que la star ne soit le badminton lui-même ? Dans l'archipel, on peut le dire, cette passion pour ce loisir est unanime. Sport national, il a permis à l'Indonésie de glaner plusieurs médailles depuis son introduction en 1992 dans le programme olympique.

– ***Anggun*** (1974) **:** née à Jakarta, elle part aux États-Unis pour vivre son rêve, la chanson. Elle réside maintenant en France et a une notoriété internationale grâce à son premier album, *Au nom de la lune,* et à sa rencontre avec le parolier français Erick Benzi.

– ***Mata Hari*** (1876-1917) **:** aventurière, danseuse, espionne ou tout simplement une femme en avance sur son temps ? De son vrai nom Marguerite Zelle, née en Hollande, elle part avec son mari, le major MacLeod, vivre à Medan (Sumatra), où elle cultivera son goût pour l'Asie et ses mystères. Rappelés en Hollande, ils divorcent sitôt de retour en Europe. Sans plus d'attaches, elle décide de partir à Paris où elle devient une danseuse indonésienne, belle et sensuelle, et s'invente un passé mythique et une origine javanaise. Pendant la guerre, elle fait la connaissance d'un capitaine du contre-espionnage français qui lui propose de récupérer des renseignements auprès d'officiers allemands. Elle sera finalement démasquée par l'ennemi, qui laisse cependant à l'état-major français le soin de régler son sort. Pour cela, les Allemands envoient à Paris des messages codés expliquant que Mata Hari serait une espionne à leur service, en sachant pertinemment que le contre-espionnage français saurait les décoder. Elle sera finalement jugée et condamnée par le Conseil militaire, puis fusillée.

– ***Margaret Mead*** (1901-1978) **:** anthropologue américaine, elle développera l'idée, originale à l'époque, selon laquelle les races ne peuvent pas être catégorisées en fonction de leur développement social. Elle effectuera en particulier un long voyage à Bali afin d'étudier la société balinaise au travers de ses traditions. Sachant utiliser les médias, elle contribuera par ses nombreuses apparitions dans des débats télévisés, à vulgariser l'anthropologie auprès des Américains et à leur faire comprendre les différences culturelles. Féministe avant l'heure et engagée, elle s'est aussi illustrée par ses prises de position anticonformistes pour la dépénalisation du cannabis ou le contrat de mariage à deux vitesses.

– ***Mohammed Suharto*** (1921) **:** nommé président de la République par intérim après que Sukarno lui a cédé les pleins pouvoirs en 1967, il devient effectivement président de la République en 1968 et, seul candidat en lice, sera réélu régulièrement jusqu'à sa démission en 1998. Il a régné en autocrate pendant plus de 30 ans en noyautant avec l'aide de sa famille, et en particulier de ses 6 enfants, l'ensemble de l'économie et des institutions nationales, dont l'armée. On a évalué la fortune du clan Suharto à 40 milliards de dollars avant la crise économique de 1998.

– ***Ahmed Sukarno*** (1901-1970) **:** surnommé le « père fondateur » de l'Indonésie, il proclama l'indépendance de la République indonésienne en 1945, indépendance qui sera enfin reconnue par les Néerlandais en 1949 après 4 années de combats sanglants. Il fut également élu premier président de la République.

PHOTOS

Un voyage en Indonésie est l'occasion d'effectuer une moisson d'images. La lumière est souvent bonne (sauf aux heures les plus chaudes, c'est-à-dire de 11 h à 15 h). La population aime poser. Toutefois, face à certaines scènes ou devant des personnes âgées, il est préférable d'obtenir l'autorisation avant d'opérer. Vos « modèles » vous demanderont souvent d'envoyer les clichés. Faites-le !

– En raison du climat tropical, prendre certaines précautions : protéger appareils et pellicules de l'humidité et du soleil. Glisser dans son sac de petits sachets de sel de silice. Attention à la condensation qui se forme sur les objectifs en quittant des endroits climatisés.

– Un appareil photo dont le prix équivaut à plusieurs années de salaire peut susciter la convoitise. Ne le laissez jamais dans votre chambre, et méfiez-vous des voleurs à la tire à Jakarta, ainsi que dans les sites touristiques.

– On trouve toutes les grandes marques de pellicules en Indonésie et leur prix de vente est deux fois moins élevé qu'en France. Possibilité de faire développer les films et d'effectuer, sur place, des tirages sur papier corrects, notamment à Jakarta, Yogya et Bali à des prix très attractifs. Pour les diapositives, il est préférable d'attendre votre retour en Europe. Si vous voulez emporter avec vous des appareils jetables, mieux vaut en acheter avant de partir : on en trouve peu sur place.
– Enfin, on signale que le matériel photo est vendu à des conditions très intéressantes (moitié prix pour certaines marques japonaises).

POSTE *(KANTOR POS)*

Elle est plutôt efficace. Compter une semaine pour une lettre à destination de la France postée à Jakarta. Attention, depuis la crise, les tarifs postaux vers l'étranger ont connu une sérieuse inflation ! On essaie de faire entrer de l'argent avec le tourisme, c'est de bonne guerre. Même chose en ce qui concerne les expéditions de colis. Envoyer ses jolies statuettes par bateau ou par avion devient de plus en plus onéreux. Les timbres s'achètent dans les bureaux de poste, où l'on trouve généralement aussi des enveloppes et des cartes postales. Sinon, le courrier peut être confié à la *letter-box* d'un hôtel.
– Il existe des services de ***poste restante*** dans les principales villes ainsi que dans tous les endroits touristiques. Pour une bonne réception, se faire adresser le courrier avec le nom écrit en lettres majuscules, puis *kantor pos,* la ville et l'île. Les pertes de courrier sont principalement dues à une classification faite à partir du prénom et non du nom... Donc, toujours vérifier avec le nom puis le prénom.
– Faire oblitérer son courrier devant soi est une précaution non négligeable. Certains postiers indélicats arrondissent leurs fins de mois avec la récupération des timbres.
– Il est toujours préférable de recommander un envoi important.
– Quant aux télégrammes, ils sont économiques et sont acheminés par satellite vers l'Europe. Compter 24 h.

POURBOIRES

Comme dans la plupart des pays du Sud-Est asiatique, cette pratique s'est installée en même temps que le tourisme. Mais en Indonésie, elle demeure encore peu courante. Dans les hôtels et les restaurants, aucun pourboire n'est obligatoire, et ce d'autant moins que certains établissements vous infligent de 10 à 15 % en sus pour le service. Néanmoins, il faut y recourir lorsque les circonstances l'exigent, par exemple pour les porteurs. Comptez alors 1 000 à 2 000 Rps, selon le volume des bagages ou l'importance du service rendu.

RELIGIONS

Voilà probablement un cas unique de neutralité bienveillante et de coexistence pacifique entre les ethnies et les religions, à part une exception de taille. Fait incroyable (quand on connaît les ravages causés par les luttes religieuses en Inde, depuis l'indépendance) : en Indonésie, islam, christianisme, bouddhisme, hindouisme et animisme se côtoient sans heurts (pour combien de temps encore ?). À souligner toutefois de sérieuses tensions depuis 1996.
Dans la province du Kalimantan, des échauffourées violentes entre Dayaks (descendants des célèbres coupeurs de têtes de Bornéo), chrétiens et immigrés (musulmans) venus de Madura ont amené la Malaisie à fermer sa fron-

tière. Mais surtout, depuis la nuit des temps, dans plusieurs villes de Java, des églises, des temples bouddhiques et des boutiques appartenant à des familles chinoises sont régulièrement incendiés lors d'émeutes que le gouvernement attribue (mais ils s'en défendent) à des activistes islamiques. Avec la crise économique qui a frappé le pays, les Chinois ont à nouveau été les boucs émissaires. Il est vrai que l'élite chinoise contrôlait 70 % de l'économie sous Suharto, mais surtout ce sont les petits commerçants chinois qui vendent la base de l'alimentation indonésienne, et notamment le riz, qui sont considérés par la population comme les responsables de la hausse des prix, et de la famine qui se profile. Pendant les troubles qui ont secoué l'île de Java en 1998 et provoqué le départ de Suharto, des quartiers chinois ont été la cible d'incendies, de pillages et de meurtres. Il y eut même des viols de femmes chinoises. Des soupçons graves ont été portés sur la responsabilité de l'armée dans ces émeutes. Des journaux asiatiques ont même parlé d'exactions programmées, voire manipulées par certaines factions. En clair, on aurait fait jouer à la religion un rôle de détonateur supplémentaire dans la séparation déjà béante entre les deux communautés.
À remarquer que l'islam est majoritaire à peu près partout, sauf à Bali. Dans ce pays présenté comme le premier pays musulman du monde, la pratique de la religion se fait, au quotidien et hors des périodes de crise, de façon très décontractée. Tant mieux, même si on sent une pression un peu plus forte de l'islam dans l'est de Java et que le pays n'échappe pas aux attentats !
Quelques infos essentielles :
– Cohabitation étonnante de minorités chrétiennes dans une majorité musulmane. Très rare !
– L'islam est la religion dominante, mais la loi islamique (la Charia) ne s'applique pas aux Indonésiens.
– Le voile islamique est interdit dans les écoles de l'État et obligatoire dans les écoles religieuses.
– Borobudur est le plus grand monument bouddhique du monde.
– Parmi les nombreuses questions que les Indonésiens soumettent aux touristes revient toujours celle de la religion : sachez qu'un Occidental est a priori chrétien *(kristen)* aux yeux des Indonésiens. Avouer être athée est souvent mal perçu. D'ailleurs, la religion doit obligatoirement être indiquée sur la carte d'identité des Indonésiens. Sinon, ils sont considérés comme communistes (ce qui est très grave !).

RESTAURANTS

– Les Indonésiens se restaurent rapidement dans les ***kaki lima*** (littéralement, « cinq jambes » ; et oui, on trouve effectivement 3 roues et les 2 jambes du vendeur !). Ce sont de petites échoppes ambulantes où les soupes et le riz sont maintenus au chaud sur des braises. On les trouve principalement dans les marchés, près des arrêts de bus et au bord des plages. Prix dérisoires pour des plats simples destinés à une population locale qui déjeune debout. Bols et couverts sont lavés sur place de manière sommaire. Pensez toujours à recompter l'addition, on peut avoir des surprises...
– ***Les warungs*** sont des gargotes équipées de tables et séparées de la rue par une bâche. La version élaborée du *kaki lima,* en somme. Le choix y est assez restreint, mais la cuisine relativement bonne. Prix dérisoires là aussi. Ils offrent l'avantage considérable de faciliter les contacts avec les Indonésiens.
– ***Le rumah makan,*** lui, possède quatre murs. En cela, il s'apparente déjà un peu plus à nos restaurants. Toutefois, il ne s'agit en général que d'une salle toute simple, sans la moindre décoration. Souvent très bon marché... pour nous, Occidentaux, quoique déjà un peu plus cher que le *warung.*
– Si vous voulez faire un repas qui ne vous dépayse pas trop et qui n'agresse ni votre palais ni votre estomac, allez donc manger dans un ***restaurant chinois,*** là où il en existe.

– Dans les villes et lieux touristiques, nombreux sont les ***restaurants*** proposant, toujours à prix doux, une cuisine occidentale qui se révèle parfois excellente, particulièrement dans la capitale et à Bali (Kuta, Ubud et Sanur). Les ***grands hôtels*** proposent souvent, aussi, des buffets copieux et variés à prix fort abordables. Ils sont accessibles à tout le monde, même si l'on n'est pas client de l'hôtel.

SANTÉ

– Se reporter impérativement à la rubrique « Avant le départ » en tête de chapitre pour la liste des vaccinations conseillées.
– Rappelons-le, il est indispensable, pendant toute la durée de votre séjour en Indonésie, de suivre un ***traitement antipaludique.*** L'ensemble du pays est classé en zone 2 ou 3 (sauf les grandes villes, qui sont indemnes de tout paludisme). Renseignez-vous auprès de votre médecin ou de votre pharmacien avant le départ. Beaucoup – pour ne pas dire la totalité – des répulsifs antimoustiques ou arthropodes vendus en grande surface ou en pharmacie sont peu ou insuffisamment efficaces. Un laboratoire (Cattier-Dislab) propose une gamme enfin conforme aux recommandations du ministère français de la Santé : *Repel Insect* Adulte (DEET 50 %) ; *Repel Insect* Enfant (35/35 12,5 %) ; *Repel Insect* Trempage (perméthrine) pour imprégnation des tissus (moustiquaires en particulier) permettant une protection de six mois ; *Repel Insect* Vaporisateur (perméthrine) pour imprégnation des vêtements ne supportant pas le trempage, permettant une protection résistant à six lavages. Disponibles en pharmacie, parapharmacie et en vente Web sécurisée sur • www.sante-voyages.com •
– Attention aux ***amibes gloutonnes*** (eau, salade, fruits de mer...) qui transmettent une maladie potentiellement mortelle.
– L'***hépatite A,*** transmise par l'eau et l'alimentation, est très fréquente : vaccination indispensable.
– Par ailleurs, en raison des changements d'alimentation et de climat, on échappe rarement à ce que l'on appelle une ***turista,*** la « courante » locale... Se munir d'un antiseptique intestinal. En cas de diarrhée, boire beaucoup de thé chaud et se gaver de riz nature. Prendre des médicaments appropriés, tels que l'*Ercéfuryl* et l'*Imodium.*
– Votre ***trousse médicale*** de secours doit comporter de l'aspirine, de l'alcool à 70°, des pansements, des pastilles ou des filtres pour aseptiser et purifier l'eau, des antibiotiques contre les infections respiratoires (climat humide oblige) et des produits de haute protection solaire.
– En cas de besoin éventuel de ***médicaments*** spécifiques, se renseigner avant de partir sur le nom international (DCI) ou sur le nom des marques anglo-saxonnes. Il faut aussi savoir que dans certains endroits reculés les médicaments peuvent souffrir d'un mauvais stockage et que leurs dates limites de consommation peuvent être dépassées, quand il ne s'agit pas de contrefaçons.
– Au cas où un ***médecin*** ou une assistance médicale s'avéreraient indispensables, il convient de s'adresser en premier lieu à un consulat (où se trouvent des listes de médecins) ou à un grand hôtel de luxe (ils ont toujours réponse à tout).
– En cas d'***urgence,*** médecin se dit *dokter* en indonésien ; dentiste : *dokter gigi* ; pharmacie : *apotik.* Les hôpitaux *(rumah sakit)* sont à éviter dans la mesure du possible. Si une hospitalisation ou une intervention chirurgicale sont nécessaires, mieux vaut se faire transporter à Singapour, Hong Kong, Bangkok ou bien alors se faire rapatrier en Europe.
– Dans chaque village existe un ***pukesmas,*** sorte de dispensaire où exercent une infirmière et parfois un médecin. Ne s'adresser à eux qu'en cas de nécessité.

Quelques règles à respecter pour rester en bonne santé

– Ne jamais boire d'***eau*** non bouillie *(bis repetita).* Ceux qui ne veulent prendre aucun risque se contenteront de boissons capsulées ou purifiées par leurs soins (comprimés, filtres microbiens). De même, ils éviteront alors les délicieux jus de fruits servis avec de la ***glace.***
– Ne jamais se baigner dans les ***eaux douces*** comme les autochtones qui, eux, sont immunisés ou malades. Se contenter de la mer. On évite ainsi bilharziose, leptospirose, hépatite et autres désagréments.
– Se méfier des ***coupures et égratignures.*** Sous les tropiques, elles peuvent se surinfecter et mettre beaucoup plus de temps à guérir.
– Des ***chaussures*** neuves qui provoquent des ampoules sont à éviter car, hormis le fait d'être désagréables, les blessures aux pieds sont très difficiles à résorber.
– Une ***crème antiseptique*** dans un coin du sac vaut bien la place qu'elle occupe !
– Le ***baume du tigre*** est à la fois une excellente crème préventive et un calmant efficace. Il possède mille vertus liées au massage : sur le front et les tempes pour les maux de tête, sur la gorge pour un début de rhume, sur les articulations (avec un foulard pour tenir au chaud) comme premier secours sur une entorse ou tout bêtement sur un rhumatisme qui se réveille... Le climat humide peut révéler des douleurs musculaires insoupçonnées ! Petit truc : les problèmes liés à un plombage qui saute ou une rage de dent qui se réveille peuvent être combattus – provisoirement – à l'aide d'un petit bout de coton enduit de baume du tigre que l'on appliquera là où ça fait – ou risque de faire – mal ! Sur un abcès dentaire, de la glace pilée dans un chiffon soulage.
– La chaleur, couplée avec l'humidité ambiante peut provoquer l'apparition de boutons. Bien se sécher après une douche ou un bain de mer, porter des vêtements larges et légers, mettre du talc là où se créent des frottements et éviter de boire de l'alcool sont des petites précautions de base.
– Garder aux pieds des tongs en plastique sous la ***douche*** est un moyen efficace de se protéger de tous les champignons divers qui fleurissent sous les tropiques.
– C'est bête, mais entrer dans un centre commercial ou un restaurant avec une climatisation très puissante peut vous filer une ***angine*** en moins de temps qu'il n'en faut pour le dire !

SAVOIR-VIVRE ET COUTUMES

À ne pas faire

Communiquer, c'est savoir respecter les coutumes d'un peuple. Voici quelques attitudes à éliminer d'office de ses habitudes :
– discuter les mains sur les hanches, car c'est ainsi qu'on défie quelqu'un avec qui on veut se battre ;
– désigner quelqu'un avec l'index ; utiliser plutôt le pouce ou, mieux, toute la main, paume tournée vers le bas ;
– s'embrasser en public, même pour la bise entre parents ;
– danser enlacés, sauf dans les lieux très occidentalisés ;
– s'asseoir par terre, les plantes de pieds orientées vers quelqu'un ;
– pénétrer dans un temple balinais sans un sarong autour de la taille, dans un temple ou une mosquée jambes nues ou en chemise sans manches, dans une mosquée en gardant ses chaussures ;
– manger, tendre ou recevoir quelque chose de la main gauche, car elle est considérée comme impure.

À savoir

– Quand vous vous rendez dans une administration ou un bâtiment officiel, il faut impérativement avoir une tenue correcte. Un pantalon est de rigueur pour un homme comme pour une femme.
– Il faut retirer ses chaussures et les laisser à l'extérieur avant d'entrer dans une maison.
– Dans les hôtels bon marché ou chez l'habitant, il ne faut pas se mettre dans le bassin du bain *(mandi)*. On y puise de l'eau avec une casserole, et l'on s'arrose. De même que l'on ne trouvera pas de papier hygiénique, on se lave toujours avec la casserole !
– Les Indonésiens sont curieux de tout et très familiers. Dans la rue, la politesse (même si ça devient parfois fatigant à la longue) oblige à répondre aux multiples *Hello, Mister !* (ou *Hello, Miss !*) qui saluent le passage des touristes. Un inconnu peut tout à fait vous arrêter pour, de but en blanc, vous demander comment ça va, votre âge, si vous êtes marié, combien vous avez d'enfants, le montant de votre salaire et la valeur de votre montre ! Et moins le coin est touristique, plus la curiosité à votre égard sera grande. Aux arrêts de bus, dans les villages, des nuées d'enfants vous entourent en quelques secondes !
– Se faire inviter chez un Indonésien implique d'avoir de la patience à revendre. Plus le maître de maison se fera attendre avant d'apparaître, plus il faudra se sentir honoré... car il se met sur son trente et un !
– Personne là-bas n'aime dire « Non » ou « Non, je ne sais pas », par exemple... Dans certaines circonstances, ce refus du « non » peut avoir des répercussions agaçantes : demander son chemin, ou n'importe quoi d'autre, devient vite un calvaire si la personne à qui l'on s'adresse n'ose pas dire « Non, je ne sais pas » ou « Non, je n'ai pas ça », ou tout simplement avouer qu'elle ne comprend pas la question ! Sourire équivaut à dire non.
– Bien que tous les lieux de prière soient ouverts au public, il est plus convenable de demander l'autorisation avant d'y pénétrer, surtout si une cérémonie est en cours.
– À Bali, ne pas se mettre au-dessus du prêtre qui officie dans une cérémonie religieuse ni se tenir devant lui. Se maintenir à distance, sur le côté.
– Éviter de photographier les Balinais prenant leur bain en fin de journée au bord de la route.
– Ne jamais donner d'argent à ceux qui tendent la main. À Bali, la mendicité est un produit du tourisme. Ne pas l'encourager.

SITES INTERNET

Vous trouverez de nombreux sites sur l'Indonésie, mais les plus complets ou les plus pertinents sont en anglais. Voici, à notre avis, quelques sites, français ou anglais, qui valent le coup d'œil :

• ***www.routard.com*** • Tout pour préparer votre périple, des fiches pratiques, des cartes, des infos météo et santé, la possibilité de réserver vos prestations en ligne. Sans oublier *routard mag,* véritable magazine avec, entre autres, ses carnets de route et ses infos du monde pour mieux vous informer avant votre départ.

• ***www.tourismindonesia.com*** • Site entièrement en anglais, sur le tourisme en Indonésie et à Bali particulièrement. Informations générales, géographiques, culturelles, économiques... mais aussi pratiques (formalités administratives...). Un site bourré d'infos, peut-être un peu trop d'ailleurs ; à vous de faire le tri pour dénicher celles qui vous intéressent.

• ***http://wayang.asurtech.com*** • Site perso qui fournit une information très riche sur le théâtre traditionnel indonésien. Les origines, les personnages, les diverses formes de spectacles et une foule de références sont présentées et illustrées de photos.

- ***http://perso.club-internet.fr/acatte/*** • Site perso d'un passionné de vulcanologie. Idéal pour prendre de la hauteur, découvrir les îles vues d'en haut. Quelques infos mais surtout des cartes et de très belles photos. En anglais et français.
- ***www.france.diplomatie.gouv.fr/voyageurs/*** • Fiches-conseil aux Français se rendant à l'étranger, sur le site du ministère des Affaires étrangères.
- ***www.infoindonesie.com*** • Portail français très riche sur l'Indonésie avec une présentation du pays, des rubriques sur l'actualité, l'environnement, la culture, le tourisme et en outre de nombreux liens. Propose en outre des renseignements pratiques très complets.
- ***http://membres.lycos.fr/indonesia*** • Site très complet et bien fait proposant des cartes géographiques, le récit d'un voyage en Indonésie, une galerie de photos et, surtout, une rubrique d'informations pratiques très bien fournie (sur les formalités, la langue, le climat, le décalage horaire, la monnaie, la santé, les transports, l'alimentation, etc.).
- ***www.abm.fr/fiche/indonficf.html*** • Fiche-pays avec des liens très utiles, notamment par les nombreuses cartes des îles et des régions de l'Indonésie.
- ***http://souriresdasie.chez.tiscali.fr/index3.htm*** • Des photos très convaincantes des différentes régions d'Indonésie, commentées en français.
- ***http://wodey.9online.fr/indonesie/accueil.htm*** • Site très clair présentant, en français, l'art et la culture du pays, son relief et une rubrique sur l'Indonésie d'aujourd'hui. Sur la page d'entrée premières pages, une bonne carte.
- ***www.saveurs.sympatico.ca/ency_9/asie/indonesi.htm*** • Ce site se donne pour tâche de vous familiariser avec la gastronomie régionale de l'Indonésie, avec les épices qu'on y utilise. Il vous informe aussi sur les différentes façons de s'y restaurer, sur le service du thé, sur l'histoire de la muscade... Aller aussi sur le lien « Passeport Monde : Indonésie... »
- ***http://alek.zipzap.ch/gamelan/index.htm*** • Site très intéressant et bien présenté sur la musique et les danses en Indonésie.

SPORTS NAUTIQUES

– Bali est l'un des endroits du monde où ***surf*** peut s'écrire en majuscules. C'est d'ailleurs là que sont filmées les plus belles images du festival de la Glisse... Ubu Watu et Kuta sont connues du monde entier. À Sumatra, Padang a également ses adeptes.
– ***La planche à voile*** se pratique sur la rivière Kapuas, à Pontianak, dans l'ouest de l'île de Kalimantan.
– L'Indonésie est aussi – et pour cause ! – le paradis de la ***plongée sous-marine*** : les récifs, les îles, les atolls de corail au large de Bunaken, au nord de l'île Sulawesi (Célèbes), ou les fonds de l'île Menjangan au nord-ouest de Bali, sans oublier les épaves... L'un des plans touristes à ce sujet concerne une épave américaine, le *Liberty,* coulé pendant la dernière guerre par les Japonais, et qui repose entre 10 et 40 m de profondeur à Tulamben, sur la côte nord-est de Bali. L'équipement peut souvent se louer sur place, ainsi que le moyen de transport vers le lieu de plongée. Si la plongée reste hors de portée de la bourse d'un routard peu fortuné, des palmes et un tuba se louent facilement, et l'archipel regorge d'endroits peu profonds et magnifiques à explorer, comme le récif de corail de Gili Trawangan, à Lombok.

TÉLÉPHONE ET TÉLÉCOMMUNICATIONS

Téléphone

Le réseau s'est sensiblement amélioré ces dernières années. On trouve désormais des centres téléphoniques avec cabines (les *wartel,* amalgame de *warung* et de *telkom*) un peu partout. Pratique pour téléphoner dans le

calme. De plus, aucune surprise possible car la facture est informatisée et on voit le prix défiler. Ils sont ouverts tous les jours, généralement de 8 h à 23 h. Certains sont ouverts 24 h/24. À part ça, il existe des téléphones publics, à pièces et à cartes, mais ceux-ci ne permettent pas d'appeler l'étranger. Pour un appel local, composer systématiquement l'indicatif de la ville.
– ***Indonésie → France :*** composer le 001 + 33 + le numéro de votre correspondant à 9 chiffres (c'est-à-dire le numéro à 10 chiffres sans le 0 initial).
– ***France → Indonésie*** (1,14 €/mn du lundi au vendredi de 8 h à 19 h, et 0,94 €/mn en tarif réduit) ***:*** composer le 00 + 62 + indicatif de la ville + le numéro de votre correspondant.

Fax

Les fax se généralisent dans les centres téléphoniques *(wartel)* et dans les hôtels de catégorie supérieure (surtout à Java et à Bali).

TRANSPORTS INTÉRIEURS

Attention, pendant les vacances des Indonésiens, soit de mi-juin à mi-juillet et de mi-décembre à fin janvier, les bus, trains et avions sont pris d'assaut. Moralité : il faut réserver sa place le plus longtemps possible à l'avance. À noter que le coût des billets a tendance à être un peu plus élevé aussi durant cette période. La plupart du temps, on ne peut acheter son titre de transport que dans la ville de départ, donc jamais d'aller-retour (sauf bien sûr pour l'avion).

Avion

Meilleur marché qu'en Europe. Les avions sont rarement pleins mais si vous voulez bénéficier des meilleurs prix, mieux vaut toujours acheter son billet le plus tôt possible, même si l'avion n'échappe pas non plus à l'inflation d'après-crise.
Ne pas oublier de garder des roupies pour régler les taxes d'aéroport : 100 000 Rps, soit 8 € pour un vol international ; 20 000 Rps, soit 1,60 € pour un vol intérieur.

Les principales compagnies

Elles sont nombreuses, de plus en plus performantes et de moins en moins chères.
– ***Garuda*** est la compagnie nationale, et la plus sérieuse.
– ***Merpati*** dessert surtout l'est de l'archipel, *Irian Jaya* compris.
– ***Mandala*** relie Java aux principales villes de Sumatra, Kalimantan, Sulawesi et les Moluques (Ambon).
– ***Jatayu*** est spécialisé dans l'ouest de l'Indonésie (Java et Sumatra).
– ***Bouraq*** dessert Kalimantan (Bornéo), Sulawesi et les Moluques.
Et puis, il y a encore ***Lion Air, Star Air, Adam Air*** et ***Batavia,*** pour ne citer que celles-là.
Vous trouverez généralement leurs coordonnées dans les rubriques « Adresses utiles » des différents chapitres.

Quelques liaisons

➢ *Surabaya-Macassar* (Sulawesi) *:* 2 vols quotidiens avec *Merpati* et 5 vols hebdomadaires avec *Bouraq.*
➢ *Denpasar-Macassar :* 1 vol *Garuda* tous les jours et 4 vols *Merpati* par semaine.
➢ *Jakarta-Padang :* au moins 10 vols quotidiens assurés par *Garuda, Mandala, Jatayu, Lion Air* et *Batavia.*

➢ *Jakarta-Singapour :* nombreux vols quotidiens assurés par plusieurs compagnies.
➢ *Medan-Penang :* 1 vol par jour avec *Malaysia Airlines,* 1 autre avec *Lion Air* et 1 troisième avec *Adam Air.*
➢ *Medan-Singapour :* 2 vols par jour, avec *Silk Air* et *Garuda.*
➢ *Denpasar-Singapour :* 1 vol *Garuda* par jour.

Train

La meilleure formule pour voyager. On évite ainsi les frayeurs de la route. Mais il n'existe des liaisons ferroviaires qu'à Java et à Sumatra ! À Java, le chemin de fer relie les principales villes. Plusieurs départs par jour dans les deux sens sur les lignes Jakarta-Yogya et Yogya-Surabaya. Les 1res classes *(eksekutif)* sont climatisées, les 2es classes *(bisnis)* demeurent suffisamment confortables, mais les 3es classes *(ekonomi),* en revanche, sont tout un poème, bondées et folkloriques à souhait ! Idéales si vous ne comptez pas y faire un somme. Mais un enfer si le train est plein : chaleur, pas de place, vendeurs à la sauvette qui vous marchent sur les pieds, sans compter que ces trains s'arrêtent partout ! Si néanmoins vous y tenez, sachez qu'on ne peut, pour cette classe, acheter son billet que 1 h avant le départ.
Certaines compagnies accordent une réduction aux étudiants mais ce n'est pas systématique. Plusieurs d'entre elles roulent sur les mêmes lignes et desservent les mêmes villes, mais à des prix différents. Par exemple, le train du soir de Surabaya à Yogyakarta est un train qui n'a que des 2e classes et, donc, deux fois plus cher que celui du matin, qui n'offre que des 3e classes. Plus de détails sur les fréquences horaires dans les chapitres consacrés aux différentes villes. Il est préférable de prendre son billet à l'avance et de ne pas s'attendre à arriver à l'heure.
Certaines villes comme Jakarta ont plusieurs gares (Gambir, Kota et Pasar Senen), donc se renseigner sur la gare de départ selon sa destination.

Bateau

– La ***Pelni Line,*** compagnie maritime indonésienne, dessert presque toutes les îles du pays. Elle possède une trentaine de ferries reliant, avec Jakarta pour centre, les principaux ports de l'archipel : Surabaya (Java), Macassar (Sulawesi), Padang, Dumai (Sumatra), Balikpapan, Pontianak, Banjarmasin (respectivement sur les côtes ouest, sud et est de Kalimantan), les petites îles de la Sonde (Nusa Tenggara), ainsi que d'autres îles comme Ambon, Ternate (îles Moluques)... et la lointaine Irian Jaya (port de Jayapura, entre autres...). Une destination comme Macassar (Sulawesi) est desservie pratiquement par tous les bateaux de la *Pelni.* Toutefois, la fréquence des départs a baissé ces derniers temps, notamment à cause de l'essor de l'avion.

■ ***Pelni :*** 18 jalan Angkasa, Jakarta. ☎ (021) 424-19-63 ou (021) 421-19-21. • www.pelni.co.id • Se reporter aussi à toutes les rubriques « Quitter en bateau » des différents chapitres.

Il existe ***d'autres compagnies*** locales ou spécialisées dans certaines lignes.
– ***Niveaux de confort*** *(classes)* **:** la classe *ekonomi* est, comme son nom l'indique, la moins chère, mais ce n'est pas la plus reposante ! Les familles s'y entassent et, s'il y a des matelas et des casiers, il n'y a aucune séparation... D'autre part, c'est là que vous découvrirez la population et aurez une chance d'établir des contacts. Si vous voulez tenter l'aventure mais en savoir plus avant, vous pouvez lire le n° 225 du magazine *Géo* de novembre 1997, sur la traversée du célèbre Rinjani ! Les autres classes, de 1 à 4, donnent droit à des cabines. Selon leur niveau et leur tarif, vous partagerez une

cabine avec plus ou moins de passagers (casier à clé pour chaque passager), jusqu'à la 1re classe, pour 2 personnes, avec TV, cabinet de toilette, douche et eau chaude ! Les repas sont, quelle que soit la classe, inclus dans le prix du billet. De plus, il y a des buvettes sur les bateaux.

– ***Principe de navigation :*** selon un calendrier fixe – avec quelques variations d'horaires – les navires (des gros ferries) quittent leur port de départ (par exemple, Tanjung Priok, à une douzaine de kilomètres au nord du centre de Jakarta), accomplissent un long périple de port en port dans l'archipel puis reviennent à leur point de départ, en moyenne 15 jours plus tard. Pour connaître les destinations et leurs horaires, le plus simple est de cliquer sur le site, repris plus haut dans les coordonnées de la compagnie.

Bus

Comme dans tous les pays en voie de développement, c'est le mode de transport le plus répandu. Les grandes îles sont sillonnées par plusieurs compagnies de bus qui se font concurrence. Naturellement, il existe un rapport proportionnel entre le confort, la rapidité et le tarif. En gros, vous aurez le choix entre les bus *ekonomi,* qui prennent des voyageurs n'importe où en route, et les bus *patas* qui sont des express avec air conditionné (et parfois des toilettes). Les *patas* se prennent dans les gares routières, mais vous pouvez vous faire déposer où vous le désirez si cela n'impose pas de détours. Dans tous les cas, vous devrez affronter le style de conduite sportive des chauffeurs indonésiens et leurs coups de klaxon intempestifs. Il faut savoir que dans les bus non climatisés, vous aurez quelquefois du mal à vous entendre avec vos compagnons de voyage indonésiens qui fument, ferment fenêtres et rideaux et supportent mal les trajets. Faites alors preuve d'un peu de patience... ou de compassion si votre voisine passe son temps la tête enfouie dans un sac plastique.

À Java et à Bali, on peut considérer que les routes sont en bon état. À Sulawesi, on peut dire que ça va. À Sumatra, si le réseau routier s'est, dans l'ensemble, amélioré, on hésite encore parfois à donner le nom de route à ce sur quoi on roule. Les billets s'achètent aux bureaux des différentes compagnies, situés dans les gares routières ou ailleurs en ville. Dans certaines villes, il est également possible d'acheter sa place dans des agences de voyages privées, mais n'oubliez pas qu'alors, une commission est prise au passage. Enfin, il faut savoir qu'il est normal de payer une taxe (symbolique) dans les terminaux de bus pour tout départ vers l'extérieur de la ville.

Stop

Les camions ou camionnettes s'arrêtent assez facilement à Java et à Bali, mais les chauffeurs vous demanderont de l'argent pour le *lift.* On peut aussi tenter sa chance avec les motos, mais elles vont rarement loin. De toute façon, là aussi, il faudra payer.

Moto

À Bali et au Pays toraja (Sulawesi), c'est la solution idéale depuis longtemps déjà. Le port du casque est obligatoire et l'amende, si on vous prend tête nue, plus que salée ! La conduite ici est une affaire périlleuse, ne l'oubliez jamais... En comparaison des Indonésiens, on peut dire que les Italiens conduisent à la suédoise ! Donc, prudence et allure modérée... Toujours vérifier soigneusement le contrat d'assurance et l'état du véhicule. Pour les petites cylindrées (scooters et autres) on ne vous demandera, en principe, pas de permis mais au-delà de 125 cc il vous faudra produire un permis moto (à faire valider « permis international » avant votre départ).

Sinon, on peut le passer sur place, du moins à Bali. Rien de plus facile... et de plus scandaleux ! Il se passe accompagné du loueur de motos. Si vous avez de l'argent, votre passeport et que vous n'êtes pas soûl, impossible de le rater ! Suffisamment de touristes couverts de pansements vous le confirmeront ! Pour plus de détails, lire la rubrique spéciale consacrée à la moto à Bali. À notre avis, l'Indonésie est certainement le dernier endroit où « apprendre » à conduire une moto.

Bicyclette

Certaines datent de l'époque coloniale néerlandaise. Mais on trouve de plus en plus de modèles élaborés, légers, etc. Peu chères à la location ; les collines et les montagnes en font toutefois un moyen de transport très limité. Attention aux vols.

Taxi

Bon marché, avec quelques variations infimes entre les villes. À Jakarta, la plupart des chauffeurs viennent de leur province et ne connaissent pas la ville. Prendre la compagnie *Blue Bird.* Exiger toujours le fonctionnement du compteur... quand il y en a un et qu'on ne vous dit pas qu'il est *rusak* (cassé) ! « Compteur » se dit *argometer.* Sinon, négocier le prix de la course à l'avance (si possible après vous être renseigné auprès des locaux). Dans le cas contraire, arnaque garantie ! Notez qu'on peut aussi louer des taxis à l'heure pour certaines excursions.

Minibus, bemo, oplet et autres *mikrolet*

C'est le moyen de transport utilisé à l'intérieur des villes et autour de celles-ci, bref, pour les petites distances. Demander à un voyageur le prix normal du trajet *(harga biasa, berapa ?),* histoire de ne pas se faire arnaquer. Dans les villes, les minibus et *bemos* sont souvent un peu difficiles à utiliser car on ne sait pas bien où ils vont. Le mieux, en fait, est de se rendre au terminal des minibus où vous n'aurez qu'à prononcer le nom de votre destination pour qu'on vous indique le bon minibus. Attention, ceux-ci ne démarrent que lorsqu'ils sont pleins, ce qui signifie souvent que poules, canards, bicyclettes et paquets divers sont installés avec les gens. Pas évident, dans ces conditions, d'avoir une place pour admirer le paysage ! Pour plus d'infos, voir aussi au chapitre « Bali » comment utiliser et chartériser un *bemo.*

Dokar, andong et *cidomo*

Ce sont des charrettes ou bien des fiacres tirés par des chevaux. Le *dokar* a deux roues et l'*andong* quatre. Le *cidomo* est une contraction de *cikar, dokar* et *motor.* Il s'agit d'un *dokar* où des roues de voiture ont remplacé les traditionnelles roues en bois. Il remplace peu à peu le *dokar* car il est beaucoup plus confortable et peut contenir de 2 à 4 voyageurs. C'est un moyen de transport très pittoresque, mais lent. En voie de disparition à Bali et à Java, sauf à Yogyakarta (où les cochers ont repris l'ancien costume de la cour du sultan) et à Bogor. À Nusa Tenggara, on rencontre beaucoup de *cidomo* car les Indonésiens les utilisent fréquemment.

Becak (prononcer « betchak »)

Il s'agit d'un cyclopousse à trois roues, décoré de peintures naïves. Le conducteur, juché sur sa selle, peut transporter plusieurs personnes, mais vous, vous ne monterez pas à plus de 2 ! La forme, la capacité et la décoration des *becaks* varient selon la région. Dans le centre des villes, ils sont désormais interdits de circulation. C'est à Yogyakarta qu'on les utilisera le plus. Voir le texte consacré à la circulation dans cette ville. Toujours marchander le prix. Les conducteurs de *becak* représentent l'une des classes les plus défavorisées des travailleurs. Ils ont la réputation d'être contestataires et indisciplinés. Pas avec les touristes, car ils attendent de vous que vous soyez généreux !

Bajaj (prononcer « badjadj »)

Vespa-taxi surtout répandu à Jakarta. Pas forcément pratique, le centre de la capitale leur étant interdit dans la journée.

Voiture de location

Cela reste la meilleure solution, si l'on en a les moyens (compter bien 30 € par jour avec chauffeur). C'est la formule idéale pour Bali, mais aussi pour les grandes îles telles que Java ou Sumatra. La présence d'un chauffeur local est plus que conseillée. Quand on voyage à plusieurs, on constate que ce n'est pas un luxe inabordable. De plus, l'essence est bon marché. Il n'y a pas de stations-service partout, il est donc préférable de se munir de jerricans si l'on veut se rendre dans des petits coins perdus. L'essence peut se trouver dans des petits magasins, ou vendue presque à la sauvette sur le trottoir. Mais elle est souvent de très mauvaise qualité et donne des hoquets aux véhicules ! Le mieux est de faire souvent le plein, dès que cela est possible, même si vous n'en avez pas vraiment besoin.
À ceux qui conduiraient eux-mêmes, rappelons quelques détails non négligeables :
– Conduite à gauche, en théorie. En pratique, on fait n'importe quoi, comme les autres... Attention ! Panneaux et feux de signalisation sont plus là pour faire joli que pour réguler le trafic. À propos, savez-vous pourquoi les Indonésiens roulent à gauche alors que les Néerlandais roulaient à droite ? Tout simplement parce qu'il est impoli de se croiser à gauche...
– Permis de conduire international exigé.
– Lors de la location, on vous propose en général une assurance standard comprenant une franchise qui va grosso modo de 80 à 300 €. **ELLE NE SUFFIT PAS** ! Il faut absolument exiger du loueur la responsabilité au tiers (en anglais : *third party liability*). Il se fera tirer l'oreille, mais finira par sortir de son bureau une feuille spéciale qui le lie à un assureur garantissant la responsabilité au tiers. Cependant, sachez que l'assurance au tiers est toujours limitée à un montant des dommages inférieur à 1 000 000 Rps (81 €), ce qui est peu. Le reste des dégâts causés doit par conséquent être payé par le conducteur en tort.
– Respectez les feux rouges (quand il y en a) et mettez bien vos ceintures de sécurité ; un petit clic vaut mieux qu'une grosse amende !

Autres moyens de transport divers...

Dans certains endroits, possibilité de louer des chevaux, surtout dans les coins montagneux de Java. Dans les îles éloignées, des camions équipés de bancs à l'arrière sont souvent le moyen de transport public n° 1. Parfois, il est possible de se faire emmener à l'arrière d'une moto ou *ojek*. Ce moyen de transport se développe furieusement dans les grandes villes, où ces petites Yamaha 113 cm³ se faufilent partout (vraiment partout) pour snober les embouteillages. Sensations fortes garanties !

WAYANG

Ce mot signifie « ombre » mais, par déformation, il désigne aussi toutes les formes de théâtre, y compris le *wayang Orang,* c'est-à-dire le théâtre humain. Au départ, le *wayang* est un spectacle de marionnettes très populaire dans tout le pays. On ne peut concevoir de fête sans une représentation de celui-ci. Après l'indépendance, en 1945, le ministère de l'Information l'utilisa même comme moyen audiovisuel pour l'éducation de la population et créa, à cette occasion, des marionnettes avec des visages très réalistes.Les marionnettes les plus répandues sont celles du *wayang Kulit* (connu aussi sous le nom de *wayang Purwa*), du *wayang Golek* et du *wayang Orang,* appelé *wayang Wong* en javanais.

Les représentations ont lieu le soir. On utilise un vaste écran de 4 m de long sur un peu plus de 1 m de haut, tendu sur un cadre de bambou. Un tronc de bananier sert à planter les marionnettes et à les maintenir droites. Le montreur *(dalang)* est assis en tailleur sous une lampe à huile dont la lumière va réfléchir les ombres et créer toute la magie du spectacle. Les marionnettes sont placées à gauche ou à droite du *dalang* selon qu'elles représentent le Bien ou le Mal. Au centre de l'écran trône une marionnette stylisée, sorte de grande feuille d'arbre découpée comme de la dentelle. C'est le *Gunungan Kajon* qui symbolise le monde. Un petit *gamelan* prend place près du *dalang.* Les femmes et les enfants s'installent de l'autre côté de l'écran, de sorte qu'ils ne voient que les ombres, alors que les hommes se trouvent du côté du *dalang.*

Beaucoup d'histoires racontées sont connues des spectateurs et ils en prévoient chaque scène, presque chaque réplique. Tout l'art du *dalang,* autant dire du meneur de jeu, va résider dans sa capacité à respecter le fil de l'histoire tout en y introduisant des éléments d'improvisation et des idées personnelles. Le spectacle, épuisant pour le *dalang,* peut durer 8 à 9 h de suite. Les marionnettes sont découpées dans le cuir du buffle et se manipulent par une multitude de cordes et baguettes verticales. Elles mesurent jusqu'à 90 cm. Tout au long du spectacle, le *dalang* frappe avec ses pieds pour rythmer l'action. En Asie du Sud-Est, c'est à Java que cette forme de théâtre s'est le mieux maintenue dans l'esprit traditionnel : jeu, amusement et respect des croyances et légendes dont le *dalang* se fait l'intermédiaire, dans l'affrontement rituel entre la vie et la mort...

– Assister à un spectacle de ***wayang Kulit*** est une expérience amusante à condition de ne pas la prolonger beaucoup plus d'une heure. Le spectacle qui débute vers 21 h peut s'achever au petit matin ! À Yogyakarta, il existe de bons spectacles... pour touristes. Se renseigner à l'office de tourisme.

– Dans le ***wayang Golek,*** les marionnettes sont en bois avec des visages peints et des vêtements en tissu. Certains de ces costumes sont inspirés des uniformes néerlandais. Les marionnettes de *wayang Golek* ont trois dimensions et ressemblent assez à celles de notre guignol lyonnais. Toutefois, elles ne sont pas animées par des fils. Le *dalang* pique le personnage dans le tronc de bananier pour actionner les bras à l'aide de deux fines baguettes fixées aux mains. Les spectateurs sont tous face au montreur. On a recensé plusieurs centaines de types de personnages représentés. Les marionnettes peuvent avoir des têtes très expressives, humoristiques même.

Comme pour le *wayang Kulit,* des représentations pour touristes sont données principalement à Bandung et à Yogyakarta. Vous trouverez à Yogya des marionnettes dans tous les magasins de souvenirs.

– Le ***wayang Orang*** est interprété par des acteurs en chair et en os et... en costumes souvent splendides. Les représentations sont composées de parties dansées et de récitatifs accompagnés par un *gamelan.* Là aussi, le *wayang* s'inspire des grandes épopées comme le *Rāmāyana* et le *Mahābhārata.* Plus que les histoires alambiquées et incompréhensibles pour nos esprits trop cartésiens, on retiendra surtout le jeu des acteurs et la splendeur de leurs vêtements.

SUMATRA

L'île la plus vaste et, après la Papouasie et Bornéo, la plus sauvage de l'archipel. Faiblement fréquentée par les touristes, à l'exception de la route Padang-lac Toba-Medan (et encore !). Il faut dire que la jungle drue couvre la moitié de l'île. Et même si elle a été sérieusement entamée par les incendies géants de 1997 et la déforestation forcenée, s'y balader n'est pas vraiment facile. On y trouve des sangsues, des serpents, des orangs-outangs, des éléphants et même encore parfois des tigres. Cela pour vous dire que notre topo sur la jungle sera assez léger !
Ici, comme dans le reste de l'Indonésie, la population est adorable et très accueillante. Malgré la christianisation des Bataks et l'islamisation des Minangkabaus, elle a gardé sa lointaine tradition animiste.
Les vols et les arnaques sont finalement assez rares. Marchander est ici comme ailleurs une obligation. Il est bon de noter que cela concerne absolument tout, y compris les chambres d'hôtel, particulièrement en saison creuse.

Le 26 décembre 2004, le nord de l'île de Sumatra a été ravagé par le tsunami, particulièrement la région de Banda Aceh (non traitée dans ce guide à cause des tensions entre mouvements séparatistes et forces gouvernementales) et l'île de Nias. Nous déconseillons évidemment aux voyageurs de se rendre dans cette partie de l'île dans les mois qui suivent la catastrophe, pour laisser la priorité à l'aide humanitaire. Pour tous renseignements sur l'évolution de la situation, nous vous conseillons de consulter le site du ministère des Affaires étrangères : • www.France.diplomatie.gouv.fr/voyageurs •

Accès de la Malaisie

En avion

➢ ***Kuala Lumpur-Medan :*** au moins 1 vol quotidien (le matin) avec *Malaysia Airlines.*
➢ ***Kuala Lumpur-Padang :*** 3 vols par semaine (les mercredi, vendredi et dimanche) avec *Malaysia Airlines,* le matin.
➢ ***Penang-Medan :*** 1 vol quotidien avec *Malaysia Airlines,* 1 autre avec *Lion Air,* et 1 troisième avec *Adam Air.*
➢ ***Malacca-Padang :*** 3 vols par semaine avec *Berjaya.*

En bateau

➢ ***Penang-Belawan*** (à 25 km au nord de Medan) ***:*** 1 liaison quotidienne avec la compagnie malaise *Fast Ferry.* Durée : 5 h. Les départs ont normalement lieu le matin.
De Belawan, un bus (inclus dans le prix du billet) va jusqu'à Medan.
➢ ***Malacca-Dumaï :*** 1 liaison régulière tous les 2 jours en ferry (le prix du bus n'est pas inclus dans le prix du billet). Compter 2 h de traversée. À l'arrivée du bateau à Dumaï, minibus pour Bukittinggi. Durée : 6 à 7 h. Sinon, bus en début de soirée pour Medan (12 h de route). La ville de Dumaï est sans intérêt, mais on peut y changer de l'argent.

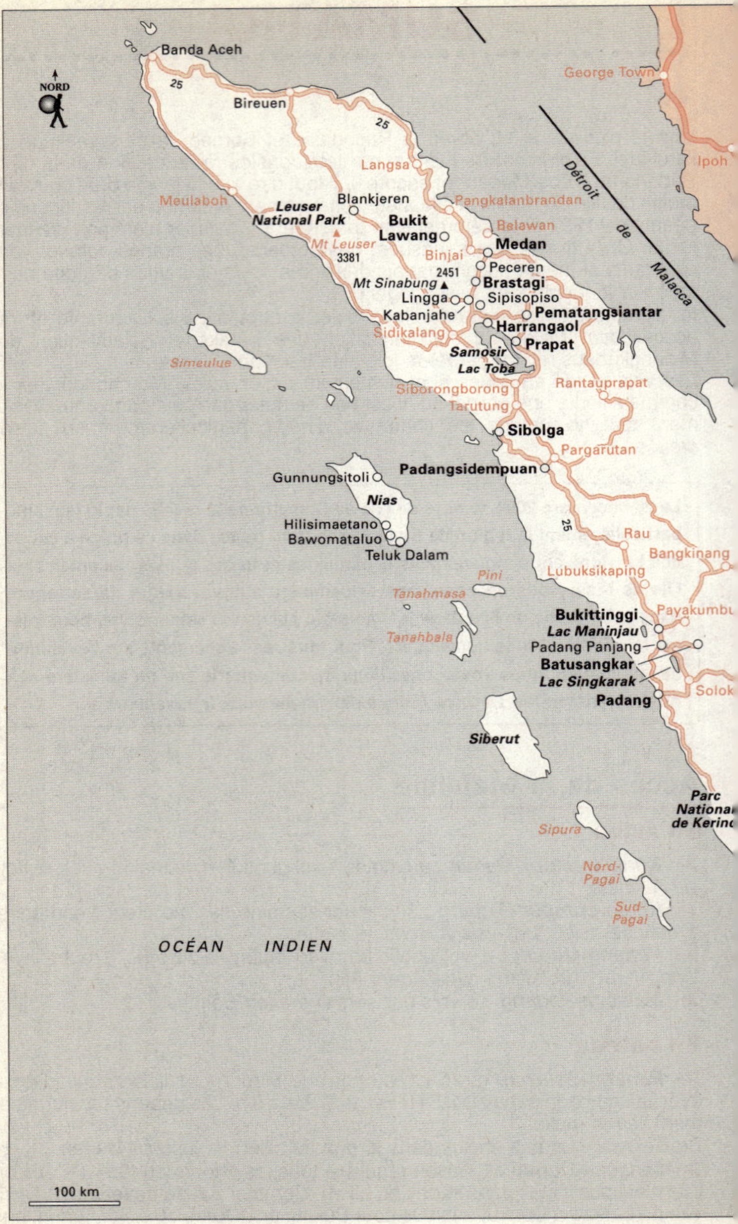
Banda Aceh
NORD
25
Bireuen
25
Langsa
Meulaboh
Leuser National Park
Blankjeren
Bukit Lawang
Pangkalanbrandan
Belawan
Medan
Mt Leuser
3381
Binjai
2451
Peceren
Mt Sinabung
Brastagi
Lingga
Sipisopiso
Kabanjahe
Pematangsiantar
Sidikalang
Harrangaol
Prapat
Samosir
Lac Toba
Simeulue
Siborongborong
Tarutung
Rantauprapat
Sibolga
Pargarutan
Padangsidempuan
Gunnungsitoli
Nias
Hilisimaetano
Bawomataluo
Teluk Dalam
25
Rau
Bangkinang
Lubuksikaping
Pini
Tanahmasa
Tanahbala
Bukittinggi
Payakumbu
Lac Maninjau
Padang Panjang
Batusangkar
Lac Singkarak
Solok
Padang
Siberut
Parc National de Kerinc
Sipura
Nord-Pagai
Sud-Pagai
George Town
Ipoh
Détroit de Malacca
OCÉAN INDIEN
100 km

MER DE CHINE
MÉRIDIONALE
MALAISIE
Kuantan
Jala Lumpur
Dumai
Singapour
Pekanbaru
Sungaidareh
25
Muarabungo
Jambi
ngaipenuh
Sarolangun
Mt Masurai
2935
Bangka
Sekayu
Palembang
Belitung
Lubuklinggau
Tebingtinggi
Perabumulih
Bengkulu
Muaraenim
Lahat
Mt Dempo
3159
Martapura
Manna
Lac Ranau
Kotabumi
25
Parc National
de Way Kambas
Krui
Tanjungkarang
Bandar Lampung
Enggano
Détroit de la Sonde
JAVA
Serang
Jakarta

SUMATRA

Accès de Singapour

En avion

➢ ***Singapour-Medan :*** 2 vols quotidiens, le matin, avec *Silk Air* et avec *Garuda.*
➢ ***Singapour-Padang :*** 2 vols par semaine, les mercredi et samedi, avec *Silk Air.*
➢ ***Singapour-Palembang :*** 3 vols par semaine, les mardi, jeudi et dimanche, avec *Silk Air.*

En bateau

➢ ***Singapour-Pekanbaru :*** via l'île de Batam (archipel indonésien de Riau). Un ferry part toutes les demi-heures du terminal de Tanah Merrah à Singapour. Du port de Sekupang, sur l'île de Batam, nombreux bateaux pour Dumaï. Compter 4 h de traversée puis 3 h de bus jusqu'à Pekanbaru (compris dans le billet). Pour éviter de perdre une journée (et de l'argent : l'île est chère) à Batam (ce chantier permanent n'a rien de l'« escapade tropicale » vantée par les prospectus de l'office de tourisme), nous vous conseillons de prendre le premier ferry du matin (7 h 55 à Singapour). Prévoyez du temps (30 mn) pour les formalités douanières. Le dernier bateau de la journée quitte Batam à 12 h, mais attention, il lui arrive de partir avant l'heure... L'un des bateaux les plus confortables, le *Dumaï Express,* part à 9 h 30 (heure locale ; 1 h de moins qu'à Singapour, pensez-y !).
Moins cher mais plus long : prendre le ferry (3 par jour) depuis Singapour jusqu'à Tanjung Pinang (sur l'île de Bintan dans l'archipel de Riau). Deux bateaux par semaine effectuent le trajet depuis Tanjung Pinang jusqu'à Pekanbaru (compter un jour et demi de voyage). La moitié du trajet se fait à travers de petites îles à l'est de Sumatra. Un bateau part également le mardi pour Jambi.
➢ ***Singapour-Palembang :*** en prenant son temps... Singapour-Tanjung Pinang en ferry, puis Tanjung Pinang-Muntok (île de Bangka) avec la compagnie *Pelni,* et enfin Muntok-Palembang (2 services d'hydroglisseurs quotidiens ou un bateau de nuit).
➢ ***Singapour-Medan :*** si vous n'êtes pas pressé de débarquer en Indonésie, il est possible de prendre un bus de nuit pour l'île de Penang puis liaison en bateau (lire, plus haut, « Accès de la Malaisie »). Liaison également depuis Malacca. À Singapour, on peut acheter son billet au *Golden Mile Complex* sur Beach Road après le *Plaza Hotel,* face à la mosquée du Sultan. Toutes les compagnies de bus partent de là.

Accès de Java

En avion

Pour les billets, s'adresser aux agences de voyages de jalan Pasar Baru, à Jakarta (voir « Adresses utiles » à Jakarta).
➢ ***Jakarta-Medan :*** une vingtaine de vols quotidiens, assurés par *Garuda, Mandala, Jatayu, Star Air, Adam Air, Lion Air* et *Batavia.*
➢ ***Jakarta-Padang :*** une dizaine de vols quotidiens avec *Garuda, Mandala, Jatayu, Lion Air* et *Batavia.*
➢ ***Jakarta-Jambi :*** 4 vols quotidiens avec *Batavia, Mandala* et *Jatayu.*
➢ ***Jakarta-Pekanbaru :*** 9 vols par jour avec *Garuda, Batavia, Mandala, Star Air* et *Jatayu.*
➢ ***Jakarta-Palembang :*** 8 vols quotidiens avec *Garuda, Batavia* et *Jatayu.*
➢ ***Jakarta-Bengkulu :*** 1 vol quotidien avec *Merpati,* via *Bandar Lampung.*

En bateau

➢ ***Merak*** (ouest de Java)-***Bakauheni*** (sud de Sumatra) **:** un ferry toutes les 2 h (en moyenne), 24 h/24. Automobiles et passagers. La traversée est généralement comprise dans le prix du billet de bus depuis Jakarta.
➢ ***Jakarta*** (port de Tanjung Priok)-***Medan* :** 1 bateau de la *Pelni* (le *KV Kelud*) effectue le trajet 1 fois par semaine. Vente des tickets à Jakarta : 18 jl. Angkasa. ☎ (021) 791-80-606.
➢ ***Jakarta-Padang* :** le *KM Lawit,* mis en service par la *Pelni,* assure une liaison par mois. Le voyage dure 36 h. En route, vous passez près du Krakatau, volcan de triste mémoire ! Bon bateau, souvent complet en classe économique.

En train

➢ ***Jakarta-Palembang* :** 2 trains partent tous les jours de Jakarta Kota Station. Le train de l'après-midi est plus cher, parce que la nourriture sur le ferry est incluse dans le prix. La traversée dure 5 h en ferry, puis il faut compter une bonne journée de train pour Palembang (30 h au total de Jakarta à Palembang).

En bus

➢ ***Jakarta-Padang-Medan* :** les routes se sont améliorées, mais il faut tout de même encore compter 30 h pour Padang et au moins 48 h pour Medan... avec un bus express. Les chauffeurs sont toujours aussi ding... disons intrépides. Voyage très pénible, mais intéressant pour tout ce que vous verrez en chemin.
■ ***ANS* :** 56 A jl. Senen Raya, à Jakarta. ☎ (021) 35-01-79. L'une des meilleures compagnies.
➢ ***Jakarta-Bandar Lampung* :** la ville la plus proche. Compter, en moyenne, 8 h de voyage (traversée en ferry comprise).

Transports

– ***Le bus*** reste le moyen de transport de base à Sumatra. L'état des routes s'améliore et la traversée de l'île, très longue, est moins épuisante qu'on ne l'imagine si on la fait en plusieurs étapes. Comme partout en Indonésie, les bus les moins confortables sont ceux de classe *ekonomi*, essentiellement en raison de leur taux élevé de remplissage. Ce sont aussi les plus lents car ils s'arrêtent beaucoup en chemin. Tâchez plutôt, quand c'est possible, de prendre un bus AC ou, mieux, de classe *eksekutif*, notamment avec les compagnies *ALS* ou *ANS.* Sinon, il existe aussi les *tourist coaches,* des bus privés de taille variable mis en service par certaines agences de voyage... à condition qu'il y ait assez de passagers pour les prendre. Jadis, la formule était assez répandue mais depuis que le tourisme a baissé un peu partout en Indonésie, les départs sont devenus très aléatoires. Comptez plutôt sur les bus locaux. Attention, durant la période de vacances des Indonésiens, c'est-à-dire de mi-juin à mi-juillet et de mi-décembre à fin janvier, les prix ont tendance à augmenter et il faut impérativement réserver sa place le plus longtemps possible à l'avance.
Et puis, dernière recommandation : évitez, dans les petits bus locaux, de laisser votre sac sur le toit car de nombreux voyageurs s'y installent quand il n'y a plus de place à l'intérieur du véhicule. Cela semble évident, mais bon...
– ***Le train*** est quasi inexistant à Sumatra. Seule liaison ferroviaire d'importance : la ligne Bandar Lampung-Palembang.

– Évitez aussi de vous déplacer à la fin du ramadan (Lebaran ou Idul Fitri), car tout le monde circule ; bus, trains et ferries (notamment entre Jakarta et Sumatra) sont alors littéralement pris d'assaut. Cet exode massif (chaque Indonésien se doit de passer cette journée en famille, si possible dans son village natal) fait chaque année de nombreuses victimes. À bon entendeur, donc...

LE NORD DE SUMATRA

MEDAN

environ 3 000 000 hab. IND. TÉL. : 061

C'est la plus grande ville et la capitale commerciale de Sumatra. Son nom veut dire « champ de bataille », en souvenir des luttes incessantes mettant aux prises dans la région les sultans d'Aceh et de Delhi. Ce sont les Néerlandais qui contribuèrent au développement de la ville dans la seconde moitié du XIXe siècle, en implantant la culture de l'hévéa et du tabac. En 1918, la ville comptait quelque 35 000 Indonésiens et 8 000 Chinois pour... 409 Européens. Arrivant de l'aéroport, on dirait que Medan est une cité presque propre et ordonnée car les avenues qu'on emprunte dans ce secteur sont aérées et verdoyantes. Mais plus on approche du centre-ville, plus la circulation et la pollution augmentent. La ville connaît en effet un trafic automobile assez

Adresses utiles

- Office de tourisme
- Grande poste
- Gare ferroviaire
- 3 Banque centrale Asia
- 4 Indosat (téléphone international)
- 5 Garuda Airlines
- 6 Silk Air
- 7 Merpati
- 8 Mandala
- 9 Jatayu
- 10 SMAC
- @ 11 Yuki Simpang Raya
- 12 Trophy Tour
- 13 Gare routière d'Amplas
- 14 Gare routière de Pinang Baris
- 15 Alliance française
- 24 Malaysia Airlines et piscine de l'hôtel Danau Toba
- @ 27 Internet Café du Novotel Soechi
- @ 37 Perisai Plaza

Où dormir ?

- 20 Hôtel Zakia
- 21 Losmen Irma
- 22 Deli Raya Hotel
- 23 Wisma Yuli
- 24 Hôtel Danau Toba
- 25 Hôtel Ibunda
- 26 Hôtel Antares
- 27 Novotel Soechi

Où manger ?

- 25 Rumah Makan Famili
- 30 Jalan Selat Panjang
- 31 Jalan Semarang
- 32 Bakso Amat
- 33 Restoran Garuda
- 34 Cahaya Baru
- 35 Rumah Makan Bintang
- 36 Tip-Top
- 37 Miramar
- 38 Nelayan

Où déguster de bonnes pâtisseries ?

- 40 Bakeri Suan's

Où boire un verre ?

- 24 Tavern Pub

À voir

- 50 Grande Mosquée
- 51 Palais Maimoon (Istana Maimoon)
- 52 Museum Sumatera Utara
- 53 Grand marché central

Achats

- 11 Yuki Simpang Raya
- 37 Perisai Plaza
- 60 Jalan Surabaya
- 61 Deli, Sinar et Menara Plaza
- 62 Olympia Plaza et Medan Mall
- 63 Sun Plaza

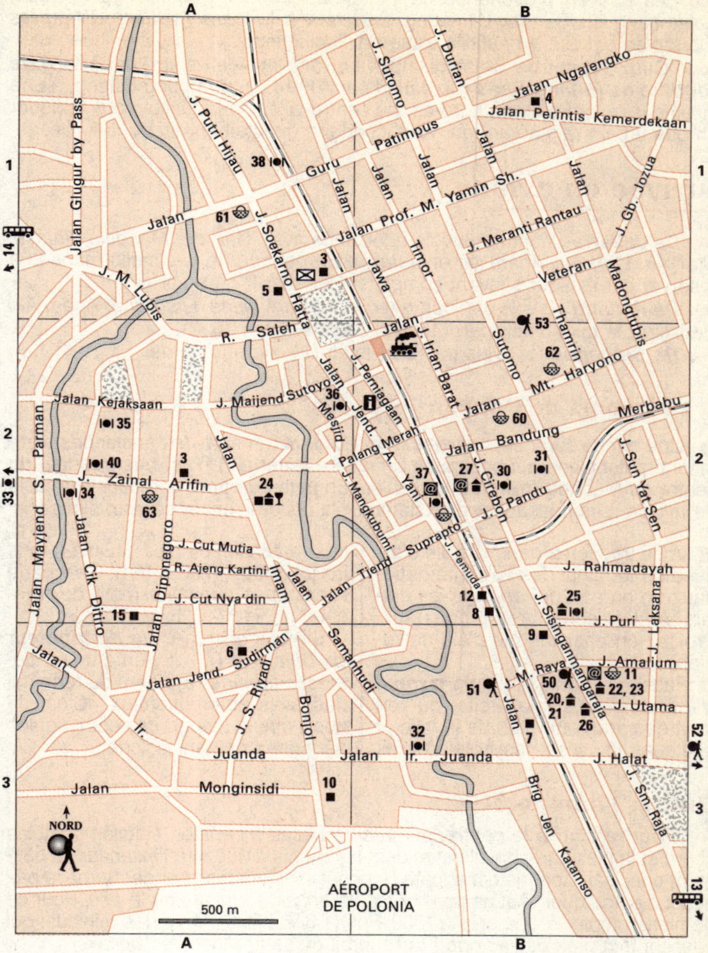

MEDAN

effroyable. Il suffit d'avoir été coincé une fois à un passage à niveau dans les gaz d'échappement des *becaks,* minibus et autres camions pour devenir écolo à vie (mais encore faut-il avoir survécu !). Pas grand-chose à visiter. Intérêt touristique vraiment très limité. Plaque tournante aérienne et maritime. Le grand marché, cependant, est à voir. Fascinant pour son rythme dément.

Arrivée en bus

Important nœud routier, Medan est desservie depuis les principales villes de l'île. Les bus locaux vous déposent dans deux gares routières situées chacune en dehors du centre.

Les bus en provenance de Pekanbaru, Padang, Bukittinggi, Prapat, Palembang ou Bandar Lampung s'arrêtent à la ***gare routière d'Amplas*** *(hors plan par B3, **13**)*, sur la route de Tebingtinggi.

Ceux venant de Brastagi, Bukit Lawang et Aceh s'arrêtent à la ***gare routière de Pinang Baris*** *(hors plan par A1, **14**)*, jl. Kampung Lalang, à une dizaine de kilomètres au nord-est du centre-ville. De là, faites-vous indiquer un bus urbain *(angkotan)* qui vous conduira directement au centre-ville.

Arrivée en avion

➢ ***De Jakarta :*** nombreux vols quotidiens avec *Garuda, Mandala, Jatayu, Star Air, Lion Air, Adam Air* et *Batavia.* En période de vacances, pensez à réserver car ils sont souvent complets. Compter 2 h de vol.
➢ ***De Penang :*** 3 vols par jour, avec *Malaisia Airlines, Lion Air* et *Adam Air.* Pensez à la taxe d'aéroport (45 MYR, soit environ 10 €).
➢ ***De Singapour :*** 2 vols par jour, avec *Silk Air* et *Garuda.*

À l'aéroport de Polonia

Une bonne surprise, l'***aéroport de Polonia*** (du nom des anciennes plantations polonaises qui occupaient naguère le terrain) n'est pas très loin du centre de Medan (environ 2 km). C'est un petit aéroport, comparé à la taille de la ville. Les passagers marchent sur la piste. Premier contact sympa.

■ Vous trouverez dans la salle d'arrivée du terminal des vols internationaux un bureau qui ***change*** les dollars et les euros à un bon taux. Profitez-en pour faire le plein de rupiahs !

Passée la sortie, il y a un ***bureau d'information*** sur la droite, où l'on peut demander un plan de la ville et quelques infos sur les hôtels et les bus (mais rien de plus !). Ouvert tous les jours de 8 h 30 à 16 h. On y parle l'anglais et quelques mots de français.
– Si vous cherchez un ***distributeur de billets*** *(ATM)*, il y en a un au *domestic terminal,* à 200 m du terminal des vols internationaux. C'est là aussi que la plupart des compagnies aériennes ont leur guichet.

Quitter l'aéroport

➢ ***Pour rejoindre le centre,*** prendre un *becak à pédales,* solution la moins chère et la plus agréable. Ils attendent les clients à 300 m à l'extérieur du bâtiment principal. Comme dans toute l'Indonésie, il faut marchander ferme le prix avant d'embarquer. Autres possibilités, le *becak à moteur,* ou le *taxi.* Pour ce dernier, compter à peu près 20 000 Rps (1,6 €). Enfin, il y a les minibus, qui passent tout près de l'aéroport (à l'endroit où se prennent les *becaks*).
➢ ***Pour rejoindre les gares routières d'Amplas ou de Pinang Baris,*** le plus économique, à défaut d'être le plus simple, consiste à prendre sur jalan Juanda (à 10 mn à pied du terminal des vols internationaux) un des nombreux minibus qui s'y rendent. Sinon, il y a le taxi, plus cher bien sûr mais avec lequel, au moins, vous êtes sûr d'arriver sans tracasseries à la gare de votre choix.

Adresses utiles

Office de tourisme *(plan B2)* **:** 107 jl. Jend. A. Yani. ☎ 452-84-36. Il est écrit « Parawisata » sur le panneau extérieur. Ouvert du lundi au vendredi de 8 h à 16 h. Fermé le week-end. Infos et brochures sur Medan et le nord de Sumatra. Le personnel se débrouille en anglais et fera ce qu'il peut pour répondre à vos questions.

✉ ***Grande poste*** *(plan A1)* **:** jl. Bukit Barisan. Ouvert du lundi au samedi de 8 h à 18 h. Grosse bâtisse d'époque coloniale, construite en 1911 par les Hollandais selon un plan octogonal. Style assez lourd.

■ ***Téléphone international*** **:** *PT Indosat (plan B1,* ***4****),* 39 jl. Perintis Kemerdekaan. Ouvert de 7 h à minuit. Assure d'excellentes communications par satellite avec l'Europe. Sinon, nombreux *Wartel* en ville.

■ ***Banque centrale Asia*** *(plan A1,* ***3****)* **:** 3 jl. Bukit Barisan. Ouvert du lundi au vendredi de 9 h à 13 h 30. Située à côté de la poste, donc pratique si vous avez des cartes postales à envoyer. L'un des meilleurs taux de change de Medan (y compris pour les *travellers*). Distributeur de billets à côté. Autre *BCA* à l'angle de jl. Diponegoro et jl. Zainal Arifin *(plan A2,* ***3****).*

@ ***Internet*** **:** 2 centres au *Perisai Plaza (plan B2,* ***37****),* où l'on peut surfer pour à peine 2500 Rps ou 0,2 € de l'heure. Ouvert tous les jours de 10 h à 21 h. Sinon, il y en a un autre au sous-sol du centre commercial *Yuki Simpang Raya (plan B3,* ***11****),* ainsi qu'au *Novotel Soechi (plan B2,* ***27****),* mais ce dernier, quoique agréable et ouvert 24 h/24, est vraiment cher (10000 Rps ou 0,8 € la demi-heure !).

Compagnies aériennes

Outre un bureau en ville, elles ont toutes une représentation à l'aéroport de Polonia, au terminal des vols intérieurs.

■ ***Garuda Airlines*** *(plan A1,* ***5****)* **:** 2 jl. Balai Kota, à l'hôtel Dharma Deli. ☎ 453-78-44. Ouvert du lundi au vendredi de 8 h à 17 h et le samedi de 9 h à 13 h.

■ ***Malaysia Airlines*** *(plan A2,* ***24****)* **:** 17 jl. Imam Bonjol, à l'hôtel Danau Toba. ☎ 451-93-33.

■ ***Silk Air*** *(plan A3,* ***6****)* **:** 14 jl. Jend. Sudirman, à l'hôtel Polonia. ☎ 453-77-44.

■ ***Merpati*** *(plan B3,* ***7****)* **:** 219 jl. Brigjend Katamso. ☎ 455-18-88.

■ ***Mandala Airlines*** *(plan B2,* ***8****)* **:** 37 E jl. Katamso. ☎ 457-91-00 ou 451-63-75.

■ ***Jatayu Airlines*** *(plan B3,* ***9****)* **:** 18 jl. Sisingamangaraja, à l'hôtel Garuda Plaza. ☎ 736-08-88.

■ ***SMAC*** *(plan A3,* ***10****)* **:** 59 jl. Imam Bonjol. ☎ 456-47-60.

Divers

■ ***Bureau de l'immigration*** **:** 268 jl. Raya Binjai. ☎ 845-21-12. À 6 km du centre de Medan, sur la route de Binjai et Bukit Lawang. Ouvert du lundi au vendredi de 8 h 30 à 16 h.

■ ***Trophy Tour*** *(plan B2,* ***12****)* **:** 33 jl. Brigjend Katamso. Les tarifs des billets d'avion sont plus attractifs que ceux des compagnies. Avec un peu de chance vous pourrez aussi bénéficier, s'il y a un départ pour la destination qui vous intéresse, des *tourist buses* qu'ils mettent en service s'il y a suffisamment de demande.

■ ***Consulat de Belgique*** **:** 459 jl. Pattimura. ☎ 821-05-59. Routards belges, soyez heureux d'être ici représentés !

■ ***Alliance française*** *(plan A2,* ***15****)* **:** 2 jl. Uskup Agung Sujiopranoto. Ouvert du lundi au vendredi de 8 h à 16 h. Pour ceux qui séjournent longtemps.

■ ***Piscine*** **:** à l'hôtel *Danau Toba (plan A2,* ***24****),* 17 jl. Imam Bonjol. Ouvert tous les jours de 8 h à 19 h. Vraiment agréable, sous les cocotiers. Compter 10000 Rps (0,8 €).

Où dormir ?

Compte tenu de la taille de la ville, les possibilités de logement sont assez limitées. Aucun hôtel de charme. De toute manière, rares sont les routards qui passent plus de deux nuits à Medan.

Bon marché (de 20 000 à 40 000 Rps, soit 1,6 à 3,2 €)

Hôtel Zakia *(plan B3, 20)* **:** 10-12 jl. Sipisopiso. ☎ 732-24-13. En bordure de la Grande Mosquée Masjid Raya, dans une rue longeant un petit cimetière. Calme, sauf au moment des prières (attendez-vous à être réveillé vers 5 h) ! En tout, 30 chambres, pas particulièrement folichonnes mais c'est encore ce qu'on trouve de mieux à Medan, dans cette catégorie. La plupart ont 2 lits, une douche et des toilettes à l'européenne. Pas de lavabo. Le proprio, c'est M. Hadji Mansyur Muchlis, devenu hôtelier après 35 ans d'activité dans les plantations d'hévéas de Goodyear (les pneus américains) ! Il aime faire salon avec ses hôtes, leur donner des infos sur Medan et la région, les aider et même les soigner quand ils sont un peu malades. Pas étonnant, au bout du compte, que les routards du monde entier débarquent chez lui. Sur les balcons à l'étage, des chaises pour rêver le soir, face à cette belle mosquée éclairée. Presque un îlot de paix et d'air frais dans la fournaise de Medan. Quant au nom de l'hôtel, c'est un joli clin d'œil aux enfants de M. Muchlis, puisqu'il reprend les premières lettres des prénoms de ses 5 enfants : Z pour Zatra, A pour Alice, K pour Kemal, I pour Ikbal et A pour Arik !

Losmen Irma *(plan B3, 21)* **:** 1b jl. Tengah. Un peu avant l'hôtel *Zakia,* sur la gauche. Pour les courageux, une dizaine de piaules sans fenêtre, assez étouffantes, avec ventilo. Prendre plutôt celles du rez-de-chaussée, un rien plus supportables... *Mandi* à l'extérieur.

Wisma Yuli *(plan B3, 23)* **:** 79 B jl. Sisingamangaraja. ☎ 736-97-04. Juste derrière le centre commercial Yuki Pasar Raya, dans une ruelle en face de la Grande Mosquée. Pension familiale composée de plusieurs petites maisons abritant des chambres assez décrépies. Les plus chères (mais on sort déjà de la catégorie bon marché) sont équipées de salle de bains et d'air conditionné. Uniquement, là encore, si l'hôtel *Zakia* est complet et que vous n'avez pas le choix.

– À côté, l'***hôtel Tamara,*** à la vilaine façade verte, propose des chambres du même acabit.

Prix moyens (de 50 000 à 70 000 Rps, soit 4 à 5,7 €)

Deli Raya Hotel *(plan B3, 22)* **:** 53 jl. SM Raya. ☎ 736-72-08. Quasiment sur jl. Sisingamangaraja, dans le même secteur que les hôtels précédents. Propose 28 chambres avec *mandi.* Certaines ont la TV. Pas de charme particulier mais tenue générale acceptable. De plus, sympathique salle pour le petit dej', inclus dans le prix.

Plus chic (de 100 000 à 200 000 Rps, soit 8 à 16 €)

Hôtel Ibunda *(plan B2, 25)* **:** 33 jl. Sisingamangaraja. ☎ 736-87-87. Le meilleur rapport qualité-prix dans cette catégorie. L'équivalent grosso modo d'un 2 étoiles en Europe. Bon accueil, déco plus sympa et plus gaie que celle de l'hôtel *Sumatera,* à côté. Les chambres, carrelées, sont dotées de sanitaires complets, TV et AC. Celles des étages supérieurs, pourtant pareilles aux autres, se louent curieusement moins cher... Autant en profiter ! Une très bonne adresse donc, à l'attention des routards ayant passé 3 mois sous une tente dans la jungle et désirant, très légitimement, un brin de confort. Taxes et petit dej' inclus.

Chic (de 200 000 à 300 000 Rps, soit 16 à 24,3 €)

Hôtel Danau Toba *(plan A2, 24)* **:** 17 jl. Imam Bonjol. ☎ 415-70-00. L'un des beaux hôtels de Medan. Vous y trouverez des chambres bien arrangées, confortables (avec bureau ou coin canapé), et d'autant plus propres qu'elles sont carrelées. Certaines, toutefois, peuvent être un peu bruyantes (celles qui donnent sur Imam Bonjol). Superbe piscine, qu'on vous recommande vivement même si vous ne logez pas à l'hôtel. En revanche, on déconseille le resto du rez-de-chaussée (le *Cafe Terrace*), décevant.

Hôtel Antares *(plan B3, **26**) :* 84 jl. SM Raja. ☎ 732-40-00. Tout près de la grande mosquée Mesjid Raya. Là encore, un excellent choix dans cette catégorie. Bel établissement de luxe, aux chambres bien réalisées, avec tout le confort (TV, AC, minibar et très belle salle de bains). Agréable lobby aussi, et petite piscine sur le toit.

Très chic (plus de 400 000 Rps, soit 32,4 €)

Novotel Soechi *(plan B2, **27**) :* 76A jl. Cirebon. ☎ 456-12-34. Pour les plus enclins à commettre une folie, le grand luxe en plein cœur de la ville. Lobby étincelant, boutiques, café Internet, chambres impeccables, très bel espace pour le petit déjeuner... Tout y est !

Où manger ?

Très bon marché (autour de 10 000 Rps, soit moins de 1 €)

– Sur ***jalan Selat Panjang*** *(plan B2, **30**)*, nombreuses petites gargotes très bon marché. Ambiance populaire et sympa. Au bout de la rue apparaît, tout illuminé, le château d'eau de la ville. Goûtez aux petits pâtés à la vapeur, au canard laqué, aux nouilles frites. Également des « gelées » de toutes les couleurs, aux goûts indescriptibles.

– Dans le même secteur, les amateurs de sensations fortes se promèneront dans ***jalan Semarang*** *(plan B2, **31**)*, l'une des ruelles affairées du quartier chinois de Medan. Les trottoirs sont investis par des *warungs* et on peut y goûter de la soupe de serpent *(sup ular)*.

– Enfin, tous les soirs dès 19 h, la ***jalan Ahmad Yani*** *(plan A-B2)* se ferme à la circulation et prend des allures de *fancy-fair* ! Au programme : karaoké, films américains sur grand écran et, surtout, des dizaines de *kaki lima*, chinois ou indonésiens, proposant toutes sortes de mets (*sate, soto, bakmie, nasi goreng*, fruits de mer, grenouille, serpent...) qu'on avale assis sur des chaises en plastique au milieu de la rue. Plutôt calme pendant la semaine, l'ensemble s'anime joyeusement les vendredi et samedi soirs.

Bakso Amat *(plan B3, **32**) :* 112 jl. Juanda. Juste avant le pont à gauche, en venant de l'aéroport, un peu en retrait de la route, une baraque en bois turquoise. Quelques chauffeurs de *becaks*, des gens du coin et des habitués s'y retrouvent autour d'un *mie sop* (bol de soupe avec des nouilles et des boulettes de viande faites avec des morceaux d'estomac). Demandez aussi le *sate kerang* : excellentes petites brochettes de poisson légèrement épicées. Et ne pas oublier de dire *terima kasih* en partant !

De bon marché à prix moyens (de 10 000 à 25 000 Rps, soit 0,8 à 2 €)

Restoran Garuda *(hors plan par A2, **33**) :* 8 jl. Gajah Mada. ☎ 452-07-06. À proximité du quartier indien, après le pont. Bonne cuisine minang : viandes cuites à la noix de coco, poissons ou crevettes aux épices. Préférez la cour colorée, agrémentée de fontaines, à la grande salle aseptisée. Service en uniforme. Plusieurs autres adresses en ville.

Cahaya Baru *(plan A2, **34**) :* 12-16 jl. Teuku Cik Ditiro. ☎ 453-09-62. Petit resto indien en plein quartier... indien. Rien de particulier à dire sur le décor, comme souvent, mais la cuisine, elle, vaut le détour ! Essayez le *chicken Khayami* accompagné d'un *vegetable curry,* vous vous en lécherez les doigts. Bières bien fraîches servies dans des verres glacés. Une bonne adresse !

Rumah Makan Famili *(plan B2, **25**) :* 33 jl. Sisingamangaraja. C'est le resto de l'hôtel Ibunda, qu'on vous recommande chaudement plus haut. Grande salle ventilée avec, sur le côté, des faux rochers où coulent de petites fontaines. Cuisine de Padang, donc très épicée. On vous apporte tous les plats à table, et vous ne payez que ce que vous mangez. Bon, sympathique, convivial et... très piquant.

Rumah Makan Bintang *(plan A2, **35**) :* 80-82 jl. Taruma. ☎ 451-77-12. La 3e ruelle à droite après le temple hindou sur jl. H. Zainal Arifin. Et pourquoi ne pas recommander ce petit restaurant indonésien installé dans le quartier indien ? Buffet bon et vraiment pas cher dans une salle carrelée avec ventilos, pour manger en vitesse si vous êtes dans le coin. Également quelques plats à la carte, un peu plus onéreux.

Prix moyens (de 20 000 à 35 000 Rps, soit 1,6 à 2,8 €)

Tip-Top *(plan A2, **36**) :* 92 jl. Jend. A. Yani. ☎ 453-20-42. Situé dans le centre, dans le prolongement de jl. Pemuda. Un des bons restos de la ville. L'un des plus vieux aussi, puisqu'il est ouvert depuis 1934 ! Grande salle climatisée. À la carte, cuisine indonésienne, chinoise et européenne. Vaste choix. Service impeccable. Goûtez au *gulai kamping* (mouton au curry), au *ayam panggang* (poulet barbecue), au *gado-gado* (salade de légumes sauce cacahuète), au *bihun goreng* ou encore, pourquoi pas, au *wienerschnitzel.* À l'entrée du resto, une terrasse aérée, où il fait bon le soir déguster de délicieux gâteaux ou des glaces fondantes.

Plus chic (plus de 35 000 Rps, soit 2,8 €)

Nelayan *(plan A1, **38**) :* 8 jl. Putri Merak Jingga. ☎ 452-55-32. Service tous les jours jusqu'à 22 h. Sans conteste l'un des meilleurs restaurants de Medan, voire de Sumatra. Grande salle pleine de tables rondes. Le choix des plats est large. La carte propose, en 15 pages, le meilleur des cuisines chinoise et indonésienne : riz frit, poulet en sauce, poisson, viande et légumes servis sur plaque chaude, canard, etc. Spécialités de soupe de crabe et d'aileron de requin. Au dessert, essayer l'étonnant *kulang kaling.* Service forcément très prévenant. Il est aussi possible d'emporter des plats.

Miramar *(plan B2, **37**) :* 11 jl. Pemuda. ☎ 455-54-91. Service tous les jours jusqu'à 21 h 30. Très bonne cuisine indonésienne servie dans une salle climatisée. Essayer l'*ikan grapu* (poisson-chat), d'une grande finesse. Ici, on commande au poids, à la ration ou la pièce, et on partage avec les autres convives. Service rapide et prévenant.

Où manger dans les environs ?

Lasitoganen : jl. Jamin Ginting, à 10 km au sud-ouest du centre de Medan, sur la route de Brastagi. Une adresse pour retourner nos estomacs d'Occidentaux. La pancarte est explicite pour les Indonésiens : « Lasitoganen-RM-Khusus B1 ». *B1* pour *biang,* qui veut dire « chien » en dialecte batak (le porc, lui, est signalé par l'abréviation *B2,* car il y a deux « b » dans *babi*). On sert donc, dans ce resto de route, du chien, en plat unique. Il est grillé et accompagné de morceaux de foie, de tripes farcies et d'un bouillon. Très bon marché. Hum, *lasitoganen* !

Où déguster de bonnes pâtisseries ?

Bakeri Suan's *(plan A2, **40**)* : 9 B jl. Taruma. ☎ 451-86-40. Ouvert tous les jours de 7 h à 22 h. Sans doute la meilleure pâtisserie de Medan. Choix énorme d'exquises bouchées... de tiramisu, forêt noire, mousse de mangue, plus des muffins aux framboises et, croyez-nous, on en passe... Y'en a vraiment pour tous les goûts !

Majestyk Bakery & Cake Shop : 75 jl. Sisingamangaraja. ☎ 732-41-08. En face de l'hôtel *Antares.* Une autre pâtisserie... du moins *de nom* car ici, c'est plutôt pour les croquettes de légumes et autres mini-chaussons au poulet qu'on viendra... Propose aussi des pains au chocolat et des friandises typiquement indonésiennes.

Où boire un verre ?

Tavern Pub *(plan A2, **24**)* : à côté de l'hôtel *Danau Toba.* Ouvert de 22 h à 2 h (3 h le week-end). Un des rares lieux de sortie un peu recommandables dans cette ville. Ambiance et décor de pub. Concerts tous les soirs, genre *top 50,* interprétés en anglais et en indonésien. Parfois, on danse. Attention, la bière est deux fois plus chère que dans les restos !

À voir

La Grande Mosquée *(plan B3, **50**)* : jl. Sisingamangaraja. Une des deux plus grandes mosquées d'Indonésie, avec l'Istiqlal à Jakarta. Édifiée en 1906. Splendide architecture. Possibilité de visiter. Très belles couleurs à l'intérieur. En entrant, *Coran* sous vitre que vous pourrez vous entraîner à traduire. Conseillé de venir le matin de très bonne heure pour la photo, la lumière sur le monument se révélant particulièrement intéressante.

Le palais Maimoon *(Istana Maimoon ; plan B3, **51**)* : jl. Brig Jen Katamso. En plein centre-ville, non loin de la Grande Mosquée. Ouvert tous les jours de 8 h à 17 h ; le vendredi, ferme entre 12 h et 14 h. Contribution libre.

C'est l'ancien palais des sultans de Medan, naguère appelés sultans de Delhi, qui perdirent leur pouvoir à l'occasion de l'indépendance du pays et sa transformation en république en 1945. Mais cette grande et belle demeure est toutefois restée la propriété de cette famille princière dont le dernier descendant revient deux fois par an s'asseoir sur le trône et festoyer. La couleur jaune, que l'on retrouve partout ici, était leur couleur emblématique (comme à la cour impériale du Vietnam à Hué). Ils se firent construire ce palais en 1888, époque bénie où l'argent coulait à flots dans les familles nobles. C'est un architecte hollandais qui en établit les plans. Puis les maîtres des lieux firent venir du marbre d'Italie, des divans de Rotterdam, des vieux lustres de Lyon.

Au fil de la visite, on découvre ainsi ces splendeurs d'antan. Des costumes anciens, exposés au public, servent à habiller les visiteurs désireux de poser pour la photo-souvenir : oh, que c'est ringard ! Oh, comme les Occidentaux ont l'air moche dans ces beaux vêtements asiatiques ! En Malaisie, le même palais serait en parfait état, strictement interdit au public, et encore habité par un riche sultan régnant de façon honorifique (mais régnant quand même) sur son morceau de territoire (la Malaisie est restée une monarchie constitutionnelle).

Museum Sumatera Utara *(hors plan par B3, **52**)* **:** 51 jl. HM Joni, près du Teladan Sports Stadium, à l'est du centre-ville. Ouvert de 8 h à 15 h 30 (12 h le vendredi). Fermé le lundi. Entrée dérisoire. Grand édifice en forme de maison batak. Collections ethnographiques. Le rez-de-chaussée est assez fourre-tout, intérêt inégal. Au 1er étage, objets domestiques, armes, instruments de musique, outils sont néanmoins mieux présentés. Explications en indonésien.

Le grand marché central *(plan B1-2, **53**)* **:** délimité par les rues Sutomo, Veteran et Thamrin. De toute façon, demandez au *becak Pusat Pasar.* Ouvert jusqu'à 17 h. Immense, foule énorme, toutes les couleurs et odeurs de la terre, complètement épuisant...

Le marché aux croûtes : près de l'hôtel *Danau Toba.* Une rue entière de tableaux représentant couchers de soleil sur mer, volcans en éruption, plages de cocotiers et cimes pointues, cascades dans la jungle, maisons sur pilotis, batailles de tigres et de serpents ; camaïeux de jaunes, harmonies de rose et violet, pour un public admiratif de jeunes fiancés indonésiens.

Nos lecteurs architectes ou poètes urbains, enfin tous ceux qui souhaitent retrouver les vestiges de la colonisation hollandaise, se baladeront autour du carrefour des **rues Pemuda, Merah** et **Jend A. Yani.** Un certain nombre d'anciens édifices coloniaux abritent banques, administrations, etc. Voir notamment la poste *(kantor pos dan Giro)* sur jl. Palajrota, intéressante, mais qui reste un gros bloc sans charme.

Achats

Medan se révèle être une ville plutôt bien fournie en boutiques et centres commerciaux (les fameuses « Plazas », comme on les appelle ici). Voici quelques endroits où dépenser vos sous :

Jalan Ahmad Yani *(plan A-B2)* **:** boutiques de souvenirs, antiquités, etc.

Jalan Surabaya *(plan B2, **60**)* **:** pour les chaussures et les montres.

Et puis, donc, de nombreux grands centres commerciaux : le ***Medan Plaza*** *(hors plan par A2),* 321 jl. Iskandar Muda, qui, sur 5 étages et tout autour, regroupe des centaines de boutiques de fringues, gadgets, restos, etc. ; le ***Deli, Sinar et Menara Plaza*** *(plan A1, **61**),* l'***Olympia Plaza,*** le ***Medan Mall*** *(plan B2, **62**),* le ***Perisai Plaza*** *(plan B2, **37**),* le ***Yuki Simpang Raya*** *(plan B3, **11**)* et, enfin, le ***Sun Plaza*** *(plan A2, **63**),* flambant neuf. Ce dernier est facile à reconnaître, c'est l'édifice en verre de style paquebot. À l'intérieur, 6 étages, reliés par un superbe ascenseur métallique, concentrent sans surprise magasins de vêtements, boutiques de fringues, magasins de vêtements et bien sûr, car il faut bien nourrir tous ces « nouveaux consommateurs » de la nation, des restos et des *fast-food,* dont un *Starbucks.*

➤ DANS LES ENVIRONS DE MEDAN

La ferme de crocodiles : au village d'***Asam Kumbang,*** à environ 10 km à l'ouest du centre de Medan. Pour s'y rendre, bus ou minibus du terminal Sambu, près de la gare ferroviaire *(plan B2).* Ouvert tous les jours de 9 h à 18 h. Entrée à prix modique. Vous n'aurez sans doute jamais vu une telle concentration de reptiles ! Certains évoluent dans un étang et ont toute la place qu'ils veulent, mais d'autres, les moins vernis, sont tout bonnement entassés par âge dans des petits enclos en pierre avec un peu d'eau... Au bout du compte, on est désolé pour eux...

QUITTER MEDAN

En bus

À l'exception de Brastagi, tous les bus pour le sud (Prapat, Sibolga, Bukittingi, Padang, Pekanbaru, Jambi, Palembang, etc.) partent de la gare routière d'***Amplas*** *(hors plan par B3, **13**)*, située dans le prolongement de jl. Sisingamangaraja, à quelque 6 km au sud-est du centre-ville. Pour vous y rendre, minibus depuis le petit terminal urbain de *Sambu,* situé non loin de la gare ferroviaire *(plan B2).* Compter environ 1 h de trajet. C'est aussi sur jl. Sisingamangaraja, environ 2 km avant le terminal d'*Amplas,* que vous trouverez les bureaux de la plupart des compagnies de bus, notamment ***ALS*** (☎ 786-66-85) et ***ANS*** (☎ 786-06-67), qu'on vous recommande vivement pour les longs trajets. Ne pas hésiter à y passer la veille pour réserver. Les départs se font en principe *à la fois* du bureau de la compagnie *et* de la gare routière d'*Amplas.*

➢ ***Pour Prapat (lac Toba) :*** environ un départ toutes les heures à partir de 6 h 30. Compter 5 h de trajet. Il est également possible de faire la route en taxi, pour environ 25000 Rps (2 €) par personne, au départ de jl. Sisingamangaraja, à hauteur de jl. Putri *(plan B2-3).*

➢ ***Pour Bukittingi, Padang*** et ***Jakarta*** *(via Bengkulu)* **:** 8 bus par jour, notamment avec *ALS* et *ANS.* Compter 24 h jusqu'à Padang et au moins 48 h jusqu'à Jakarta !

➢ ***Pour Sibolga :*** au moins 4 bus par jour, avec *Makmur* et *Bintang Utara.* Compter facilement 12 h de trajet.

➢ ***Pour Pekanbaru, Jambi*** et ***Palembang :*** plusieurs départs par jour, dont 2 avec *ALS.*

Pour aller à Brastagi ou Bukit Lawang, départs de la gare routière de ***Pinang Baris*** *(hors plan par A1, **14**)*, à environ 9 km au nord-ouest du centre de Medan. Pour vous y rendre, minibus du terminal Sambu *(plan B2),* mais cela vous prendra bien 1 h 30 ! Mieux vaut opter pour le taxi (surtout si vous êtes plusieurs), qui vous y mènera moyenant 40000 Rps (3,2 €) environ.

➢ ***Pour Brastagi :*** bus ou minibus toutes les 15 mn environ, entre 7 h et 17 h. Compagnies : *Sinabung Jaya, Serasi Borneo* et *Sutra Bus.* De 1 h 30 à 2 h de trajet. À noter que de nombreux bus pour Brastagi partent aussi de la gare routière de ***Padang Bulan,*** sur jl. Jamin Ginting, au sud-ouest du centre. Si vous venez de l'aéroport, c'est de loin la meilleure solution.

➢ ***Pour Bukit Lawang :*** un bus toutes les 15 mn de 8 h à 16 h. Compter 3 h de route.

➢ ***Pour Belawan :*** minibus n°s 32, 64 et 117, mais vu qu'il y en a aussi depuis le terminal de Sambu, dans le centre de Medan, mieux vaut oublier cette solution. De plus, les agences de voyage qui vendent les billets de bateau pour Penang ou Jakarta prévoient le transport depuis Medan jusqu'à Belawan.

– Enfin, la compagnie ***Tobali Tour*** (79 jl. SM Raja, en face de l'hôtel *Antares*) assure également, *en principe,* un service régulier de *tourist bus* entre Parapat et Bukit Lawang via Medan. Départ tous les jours de Parapat à 10 h 30 et de Medan à 16 h (arrivée à Bukit Lawang à 19 h 30). Dans l'autre sens, départ de Bukit Lawang à 8 h 30 et de Medan à 11 h 30 (arrivée à Parapat vers 17 h). Un peu plus cher que les bus publics mais voyage plus confortable et qui, en plus, vous évite de devoir vous rendre aux terminaux excentrés d'Amplas ou de Pinang Baris.

En train

De Medan, peu de possibilités de périple ferroviaire hormis le trajet Medan-Binjai (2 trains par jour) qui dure 45 mn et ne coûte vraiment pas cher. Autre ligne : Medan-Pematangsiantar (2 trains par jour, vers 10 h 30 et 14 h). Durée : 3 h. Enfin, il y a encore les lignes Medan-Tanjungbalai et Medan-Rantauprapat (4 départs par jour). À quand la liaison ferroviaire Rantauprapat-Palembang (reliée à Bandar Lampung, dans l'extrême sud de l'île), qui permettrait de faire Jakarta-Medan ? Nul ne le sait. Ce qui est sûr, c'est que ce n'est pas pour demain...

En avion

✈ L'***aéroport*** de Polonia n'est qu'à deux kilomètres du centre-ville. Taxi néanmoins assez cher. Mieux vaut prendre un *becak* qui vous dépose à 300 m du bâtiment principal, car ils n'ont pas le droit de pénétrer dans l'enceinte de l'aéroport.

➢ ***Pour Padang :*** 2 vols par jour, avec *Mandala* et *Jatayu,* le matin.
➢ ***Pour Batam via Pekanbaru :*** 2 vols quotidiens, avec *Jatayu* et *Merpati.*
➢ ***Pour Jambi :*** 1 vol quotidien avec *Jatayu.*
➢ ***Pour Jakarta :*** environ 20 vols quotidiens, assurés par *Garuda, Mandala, Jatayu, Star Air, Adam Air, Lion Air* et *Batavia.*
➢ ***Pour Bali*** *(Denpasar)* ***:*** correspondance à Jakarta.
➢ ***Pour Penang :*** 1 vol par jour avec *Malaysia Airlines,* 1 autre avec *Lion Air,* et 1 troisième avec *Adam Air.*
➢ ***Pour Kuala Lumpur :*** au moins 1 vol quotidien avec *Malaysia Airlines,* le matin.
➢ ***Pour Singapour :*** 2 vols quotidiens, avec *Silk Air* et *Garuda.*

En bateau

■ ***Compagnie Pelni :*** 17 A jl. Krakatau *(hors plan par B1).* ☎ 622-25-24. Bateau pour Jakarta.

■ ***Perdana Ekspres :*** 35 C jl. Katamso. ☎ 456-62-22. À 30 m de *Trophy Tour (plan B2,* ***12****).* Vend le passage en bateau pour Penang, avec la compagnie *Fast Ferry,* ainsi que celui pour Jakarta, avec la *Pelni.*

➢ ***Pour Penang :*** le bateau part du port de Belawan, situé à 25 km au nord de Medan. Il s'agit du *Bahagia Express,* mis en service par la compagnie *Fast Ferry.* Propose 1 départ par jour, vers 11 h. Compter 4 à 5 h de trajet. Le plus simple est d'acheter son billet à l'agence *Perdana Ekspres* (voir ci-dessus), qui se charge alors de vous acheminer (en bus) jusqu'au port. Réservez, si possible, votre place à l'avance.
➢ ***Pour Jakarta :*** la compagnie *Pelni* propose un bateau tous les mardis (en début d'après-midi), qui arrive à Jakarta deux jours plus tard. En tout, 6 classes à prix très différents. On voyage à bord du *MV Kelud* (généralement plein, pensez à réserver !).

BUKIT LAWANG

IND. TÉL. : 061

Bukit Lawang, à 90 km à l'ouest de Medan, est la porte d'entrée de la réserve naturelle du Gunung Leuser, l'une des rares réserves d'orangs-outangs d'Indonésie, qui complète de façon intéressante la visite de Sumatra. Le village a été presque entièrement balayé par des pluies torrentielles en novembre 2003, causant au passage la mort d'environ 300 personnes.

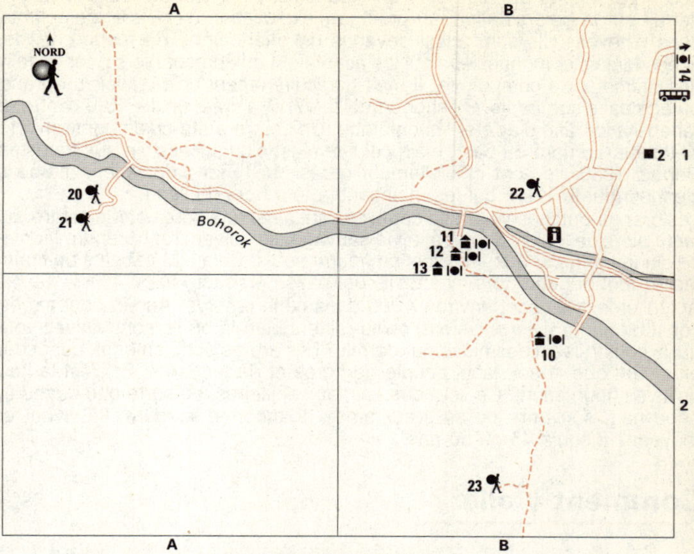

BUKIT LAWANG

■ **Adresses utiles**

- Office de tourisme et bureau de l'association des guides
- Gare routière
- 2 Change

Où dormir ? Où manger ?

- 10 Eco Forest Lodge
- 11 Wisma Leuser Sibayak
- 12 Yusman Guesthouse
- 13 Bukit Lawang Indah
- 14 Tony's

À voir

- 20 Centre d'observation des orangs-outangs
- 21 Plate-forme d'alimentation des orangs-outangs
- 22 Centre d'information du WWF
- 23 Grotte aux chauves-souris

Un coup terrible pour Bukit Lawang qui, en plus d'avoir perdu une partie importante de sa population, fut déclaré zone sinistrée jusqu'en juin 2004, privant les rescapés de la catastrophe de leur principale source de revenus, à savoir le tourisme. Aujourd'hui, le village tente courageusement d'effacer les scories – encore partout présentes – de ces dramatiques inondations et de faire revenir les visiteurs dont il dépend cruellement pour sa survie. Heureusement, il bénéficie d'un atout majeur pour y parvenir car c'est l'un des seuls endroits où l'on peut facilement observer les orangs-outangs dans leur milieu naturel, à savoir la jungle, qui est ici hospitalière en comparaison d'autres zones de la forêt tropicale.

LES ORANGS-OUTANGS

L'orang-outang est l'une des très nombreuses espèces animales à voir son milieu naturel progressivement réduit par l'homme. Elle est d'ailleurs en voie de disparition. Dans le monde entier, il ne reste plus d'orangs-outangs à l'état sauvage qu'à Sumatra et à Kalimantan, dans des réserves protégées comme le parc national du Gunung Leuser (6 000 km^2). Les orangs-outangs

(les « personnes de la forêt » en indonésien) ont d'abord vu leur habitat détruit par la déforestation, au profit de l'exploitation du bois et des plantations d'hévéas. Ils sont aussi devenus un phénomène de mode chez les riches Malais et Indonésiens qui les achetaient aux braconniers pour en faire des animaux de compagnie. Il était particulièrement chic d'avoir un orang-outang dans son jardin. C'est pourquoi le *WWF* a créé, en 1973, le centre de réhabilitation afin d'arrêter l'hécatombe. Un centre a été également ouvert à Ketambe, au nord du parc, mais celui-là n'est plus accessible aux touristes. Depuis 1980, ils sont officiellement gérés par l'État indonésien, même si c'est surtout le *WWF* qui les maintient la tête hors de l'eau.
Les orangs-outangs vivant en captivité sont ainsi récupérés par le centre, qui tente alors de les réadapter à la vie sauvage. Ils doivent réapprendre leur vie de singe : grimper aux arbres et se nourrir seuls. Cela leur est plus ou moins facile ; tout dépend du temps qu'ils ont passé en captivité.
Actuellement, ils sont environ 4000 dans cette réserve. Aucun pont n'a été construit sur la rivière, histoire qu'ils restent bien là où ils sont. Savez-vous qu'ils construisent des nids pour dormir ? Les arbres sont, en effet, beaucoup plus sûrs que le sol, jadis peuplé de tigres et de léopards. Et c'est là-haut qu'ils se nourrissent. Ce sont des animaux solitaires, de sorte que quand un bébé naît, son frère ou sa sœur aînée abandonne la mère. Ils vivent en moyenne jusqu'à 45 ou 50 ans.

Comment y aller ?

➢ ***De Medan :*** bus très fréquents de la gare routière de Pinang Baris. Le voyage dure au maximum 3 h. Départs de 8 h à 16 h. Après la petite ville de Binjai, on traverse des plantations de palmiers à huile chargés de leurs lourdes grappes puis d'hévéas.
➢ ***De Parapat :*** via Medan en bus public ou, à 10 h 30, avec le *tourist bus* de la compagnie *Tobali Tour* (voir la rubrique « Quitter Medan »).
➢ ***De Brastagi :*** via Medan uniquement.

Adresses utiles

ℹ ***Office de tourisme*** *(plan B1)* **:** avant de traverser la rivière, en face de l'*Eco Forest Lodge.* Ouvert d'avril à septembre de 8 h à 17 h et le reste de l'année jusqu'à midi. C'est avant tout le bureau de l'association des guides de Bukit Lawang. Ceux-ci rôdent le plus souvent dans les *losmen,* mais c'est ici que vous viendrez payer votre *jungle trek* (voir la rubrique « À voir. À faire »).
■ ***Téléphone Wartel :*** depuis les inondations, il faut se rendre au village situé 1 bon kilomètre avant la rivière, à côté de la place où s'arrêtent les bus en provenance de Medan.
■ ***Bureau de change*** *(plan B1, 2)* **:** peu avant la rivière, petite boutique sur la gauche. Ouvert tous les jours de 8 h à 17 h. Taux moins intéressant qu'à Medan mais peut dépanner. Ne change pas les chèques de voyage.
🚌 ***Gare routière*** *(hors plan par B1)* **:** sur la place du village, située 1 km environ avant la rivière, en venant de Medan.

Où dormir ? Où manger ?

De la trentaine de *losmen-restos* qui se partageaient le contingent régulier de touristes avant les inondations, il n'en reste que... 4. Nous les mentionnons ci-dessous. Cela dit, il n'y a aucune raison pour que la situation en reste là. Certains *losmen* sont d'ores et déjà en phase de remise en état, tandis que d'autres, de nouveaux, verront bientôt le jour. On vous laisse le soin de voir ce qu'il en sera lors de votre passage...

De bon marché à prix moyens (de 20 000 à 60 000 Rps, soit 1,6 à 4,8 €)

Eco Forest Lodge *(plan B2, **10**)* : ☎ 414-50-61. Sans conteste le plus sympa des 4 *losmen*. C'est aussi le plus cher, mais les tarifs demeurent très raisonnables. Demandez une *orang hutan room,* vous dormirez alors dans une super chambre carrelée et très soignée, avec moustiquaire, lit surélevé et salle de bains couplée à un petit jardin. Atmosphère tropicale garantie ! Les autres chambres, quoique convenables, sont plus ordinaires. Également un agréable resto donnant sur la rivière.

Wisma Leuser Sibayak *(plan B1, **11**)* : à 200 m de l'*Eco Forest Lodge,* du même côté de la rivière que celui-ci. Hébergement simple mais propre, dans un long bâtiment en béton. Les chambres sont équipées de douche ou *mandi*. Rien de très excitant, mais pas cher. Fait aussi resto sur les quelques tables face à la rivière. De temps en temps une *chicken party*.

Yusman Guesthouse *(plan B1, **12**)* : derrière le *Wisma Leuser Sibayak*. Propose 20 chambres bon marché dans 2 petites maisons. Malheureusement, elles sentent un peu le renfermé. Quelques tables pour manger. Plutôt pour dépanner.

Bukit Lawang Indah *(plan B1, **13**)* : ☎ 882-86-43. Derrière la *Yusman Guesthouse,* le dernier *losmen* de Bukit Lawang à avoir survécu au déluge de 2003. Guère différent des 2 précédents. Chambres avec douche ou *mandi,* mais choisissez les plus chères car les autres sont assez défraîchies. Terrasse couverte pour manger.

Tony's *(hors plan par B1, **14**)* : sur la place du village, située à 15 mn à pied de la rivière (possibilité de prendre un *becak* à moteur), là où s'arrêtent les bus de Medan. Une heureuse découverte dans ce village où il ne reste plus grand-chose ! On s'installe sur une terrasse couverte avec des sièges en rotin, garnie de petites lanternes. La patronne est charmante, parle bien l'anglais et, surtout, est une excellente cuisinière, à l'aise aussi bien dans la préparation de fettucine aux tomates que celle du *nasi goreng* ou, même, de tacos ! Grand choix de petits déjeuners aussi, de crêpes, milk-shakes et glaces, le tout à prix doux. Vraiment, on aurait grand tort de se priver !

À voir. À faire

➢ ***Trek dans la jungle*** : Bukit Lawang, en bordure du parc national du Gunung Leuser, est une base idéale pour explorer un peu la jungle. La randonnée se fait obligatoirement avec un guide, que vous trouverez soit dans votre *losmen,* soit en vous promenant dans le village, soit encore en vous rendant à l'office de tourisme (voir « Adresses utiles »). Où que vous le trouviez cela dit, allez régler le coût du trek à l'office de tourisme (qui n'est autre que le bureau de l'association des guides de Bukit Lawang), histoire d'être sûr que vous avez bien affaire à un guide officiel (en principe, ils le sont). Les prix sont fixes : compter 15 US$ pour une demi-journée, 25 US$ la journée, 45 US$ pour 2 jours et 65 US$ pour 3 jours, tout compris, sur base de 3 personnes. Cela inclut le retour en « rafting » (en fait des chambres à air) par la rivière, mais celui-ci est facultatif et si vous n'y tenez pas, vous bénéficierez d'une petite remise.

La plupart des treks commencent par la visite, tôt le matin, du ***centre d'observation des orangs-outangs*** *(plan A1, **20**)*, auquel on accède après avoir traversé en bateau la rivière Bohorok. Il s'agit de quelques cages qui servent à isoler les singes nouvellement recueillis ou malades, avant de leur apprendre à vivre... en liberté. De là, on poursuit jusqu'à la ***plate-forme d'alimentation des orangs-outangs*** *(plan A1, **21**)*, située à 10 mn des cages mais déjà bien dans la forêt. Cette plate-forme constitue en fait la dernière étape du processus de remise en liberté des singes, qui viennent y manger dans les mains des hommes. Malheureusement, le but de toute cette entreprise n'est pas toujours atteint car certains singes, les plus paresseux, ont tendance à ne plus s'éloigner vraiment de la plate-forme... D'autres, en revanche, retrouveront plus rapidement le chemin de la vie sauvage, celle où ils en viendront même à fuir la présence de l'homme.

S'ensuit alors la randonnée en forêt, à la recherche d'orangs-outangs bien sûr, mais aussi d'autres animaux (gibbons, macaques, oiseaux...). Attention, vos jambes seront mises à rude épreuve car le terrain monte et descend tout le temps, parfois de façon très abrupte ! La plupart des treks ne durent qu'une journée ou même moins, mais il est possible de partir pour deux ou plusieurs jours, en bivouaquant, ce qui augmente la probabilité d'apercevoir des espèces rares. Quoi qu'il en soit, pensez à prendre un K-way car il pleut très souvent en forêt tropicale, y compris durant la saison sèche.

Pour les plus intrépides, il est également possible de rejoindre *Berastagi* en 5 jours à travers la jungle. Ambiance « Tarzan » garantie, mais on vous déconseille de partir sans guide, même après avoir appris par cœur le *Manuel des castors juniors* !

Et puis, sachez encore que vous pouvez, pour sortir un peu des sentiers battus, aller en jeep ou à moto jusqu'au village de *Tangkahan,* situé à l'autre bout du parc national, et, de là, organiser une excursion dans la forêt (de 1 à plusieurs jours) à pied... ou à dos d'éléphant (avec un guide local). Possibilité de logement sur place. Se renseigner, pour le transport, à l'office de tourisme de Bukit Lawang.

La grotte aux chauves-souris *(plan B2, **23**)* **:** pour un petit avant-goût de jungle sans guide ni permis de visite. Le départ se situe derrière l'*Eco Forest Lodge,* de l'autre côté de la rivière. En route, on traverse une plantation d'hévéas. Compter 20 mn de marche pour arriver à une grotte pleine de chauves-souris. Attention, il faut escalader des rochers glissants et salissants pour accéder à la grotte même. Pensez à vous munir d'une lampe-torche, faute de quoi vous ne verrez pas grand-chose. Entrée très modique.

Le centre d'information du WWF *(plan B1, **22**)* **:** tout près de la rivière, en face des *losmen.* Ouvert tous les jours sauf le dimanche de 7 h à 15 h. Quelques explications sur la vie des orangs-outangs et sur la faune du parc national du Gunung Leuser. Projection d'un film en anglais sur l'histoire du centre de réhabilitation des orangs-outangs les lundi, mercredi et vendredi à 20 h.

QUITTER BUKIT LAWANG

➢ ***Pour Medan :*** bus ou minibus locaux toute la journée depuis la place du village, située 1 bon kilomètre avant la rivière. Compter 2 h 30 en minibus et 3 h en bus normal.

➢ ***Pour Brastagi et le lac Toba (Prapat) :*** pas de bus locaux directs, il faut passer par Medan. Attention, si les bus pour Brastagi de Medan partent de la même gare routière (Pinang Baris) que celle où arrivent les bus de Bukit Lawang, il faut en revanche, pour Prapat, se rendre au terminal d'Amplas, situé de l'autre côté de Medan (les bus pour Prapat ne passent pas par Brastagi). Sinon, il existe aussi un bus touristique mis en service par *Tobali Tour,* qui relie (en principe) tous les jours Bukit Lawang à Parapat via Brastagi. Départ le matin vers 8 h 30, arrivée à Parapat 8 à 9 h plus tard. Cela vous coûtera évidemment plus cher que par les bus locaux, mais si vous voulez faire d'une traite Bukit Lawang-Parapat, cela vous évitera aussi de devoir prendre un taxi entre les deux terminaux de Medan, soit une course d'environ 15 km ! Vous pouvez réserver votre place (de préférence la veille) pour ce bus spécial dans les *losmen* ou à l'agence de voyage *Valentine,* située non loin de la place principale de Bukit Lawang, sur la route de Medan.

LE NORD ET LE GUNUNG LEUSER NATIONAL PARK

C'est le plus grand parc national d'Asie du Sud-Est. Attention, il se trouve en partie dans la province d'Aceh, dévastée par le tsunami du 26 décembre 2004 et toujours en proie à des tensions entre mouvements séparatistes et forces gouvernementales. Renseignez-vous donc bien à Medan pour connaître l'état de la situation, et savoir si une autorisation doit être obtenue ou non.

Comment y aller ?

➢ ***De Prapat et de Medan :*** bus pour *Kabanjahe* (ville située à 15 km au sud de Brastagi). À Kabanjahe, un autre bus vous conduit à *Kutucane* qui marque l'entrée du parc. Compter 4 h de route, et ça tourne (environ 20 000 Rps, soit 1,6 €). De là, vous pouvez prendre un *samlor* (minibus) au marché central qui vous conduit au ***Ketambe Research Center*** (30 km). Prévoir 1 h de route.

KETAMBE

Où dormir ?

- Plusieurs *losmen* à Ketambe, le plus sympa étant le ***losmen Sadar Wisata,*** pas cher, à la sortie du village vers Kutucane.
- Sinon, le ***Gurah Bungalows,*** à environ 2 km après l'entrée de la Recreation Forest, est situé en pleine jungle. Plus chic (à partir de 50 000 Rps, soit 4 €, la chambre, facilement négociable), mais vous serez bercé par le bruissement de la rivière et vous apercevrez même des singes. Repas sur place, à la demande.

À voir. À faire

Gurah Recreation Forest : aux alentours de ***Ketambe.*** Entrée payante. Étendue sur une dizaine de kilomètres carrés, elle est parcourue par un réseau de chemins en assez bon état mais non balisés. Une carte des sentiers est disponible à l'entrée, auprès d'un guide qui, lui, n'est pas nécessaire, contrairement à tout ce que l'on pourra vous raconter. On y observe des orangs-outangs, des langurs (singes arboricoles) et différentes espèces de calaos (un drôle d'oiseau doté d'un énorme bec surmonté d'une espèce de casque étrange). Côté fleurs, nombreuses espèces très colorées comme les zingibéracées. Attention aux sangsues qui pullulent sur les chemins.

➢ ***Randonnées dans la forêt :*** il est possible de faire des *jungle treks* à partir de Ketambe, mais guide obligatoire et tarifs élevés (environ 25 € par personne et par jour). Savoir aussi qu'on n'y voit pas plus d'animaux que dans la *Gurah Recreation Forest.* Pour les inconditionnels de Tarzan, nous conseillons plutôt de partir en randonnée de Blankjeren car les excursions dans la jungle y coûtent 2 à 3 fois moins cher qu'à Ketambe. En outre, les randonneurs y voient plus d'animaux qu'ailleurs.

Les fleurs de rafflesia : à 1 h de marche environ de Ketambe, on peut (à condition de bien choisir son époque et son guide) avoir la chance de voir la *rafflesia,* la plus grande fleur du monde par sa taille. Officiellement, le site est interdit aux non-scientifiques, mais il est en principe possible d'obtenir une « dérogation ». La *rafflesia* pousse en parasite sur les troncs ou sur les racines des arbres (voir aussi le site de Batang Pallupuh, dans les environs de Bukittinggi) et peut atteindre un diamètre de près d'1 m ! Elle dégage une odeur nauséabonde. Sa floraison étant très capricieuse (tantôt septembre, tantôt octobre), il est indispensable de se faire préciser à l'avance par le guide ce que vous verrez, à savoir une fleur déjà un peu fanée, une fleur bien ouverte, un simple bouton floral (de la taille d'un ballon de football quand même !) ou... pire, une flétrissure noire. Bref, une superbe balade en perspective, surtout pour les amateurs d'extravagances végétales. Prévoir un guide costaud car pour atteindre le site d'observation de la *rafflesia,* il faut traverser la rivière Alas à gué.

DE KETAMBE À BLANKJEREN

De Ketambe, prendre le bus vers ***Blankjeren*** (compter 4 h). Une grande partie de la route traverse le parc. S'asseoir sur le toit du bus. La végétation et les paysages sont superbes. Le passage du col est intéressant. Malheureusement, de l'autre côté, la déforestation a fait des ravages. Belles rivières avant d'arriver à Blankjeren, ainsi que dans la plaine aux alentours de ce gros village. Possibilité de loger au :

Hôtel Rahmat Guesthouse : jl. Besar, une grande bâtisse sur la gauche, en venant du terminal de bus. Compter 15000 Rps (1,2 €) la chambre double avec bains privés, un peu bruyant mais le restaurant en dessous (cuisine padang, pas chère) ferme vers minuit. Accueil très sympathique, en indonésien.

DE BLANKJEREN À LA MER

De Blankjeren, environ une fois par jour, part un bus direct pour ***Takenon.*** Prix assez élevé car c'est de la piste. Il y a cependant mieux à faire : on peut aller en *samlor* ou en camion jusqu'à *Gudang,* et de là continuer à pied. Le trajet jusqu'à *Wag* est certes long et pénible (50 km), mais on peut le faire en différentes étapes. Il y a trois petites cases le long du chemin, où l'on peut passer la nuit. Penser à prendre eau et nourriture. Éviter de partir avant 9 h et de continuer après 16 h, car le tigre existe encore dans ces contrées et il chasse le matin et le soir. L'effort en vaut vraiment la peine, l'expérience est inoubliable. La piste est bonne, sans croisement en chemin, aucun risque de se perdre.
De Wag, *samlor* pour Takenon, ville assez chère bien que peu touristique : les hôtels pour vacanciers du coin y pullulent. Le lac mérite un arrêt. Très beau paysage, location de barques.

À Takenon, bus pour Birouen, puis Medan. Marchandez, car les chauffeurs tentent d'arnaquer les touristes.
Dans le nord, en général, plus on approche de Banda Aceh, plus les réactions de la population semblent obéir aux règles d'un islam beaucoup plus strict que dans le reste du pays (fondamentalisme). *Conseil :* pas de tenue négligée ou provocante dans ce secteur.

PEMATANGSIANTAR

IND. TÉL. : 0622

La plupart des touristes vont d'une traite de Medan à Prapat, ce qui est une erreur, car il y a quelques endroits intéressants à visiter avant d'arriver au lac Toba (Brastagi, Sipisopiso...). Pematangsiantar, à 3 h 30 de voyage, est un nœud routier, et vous y passerez nécessairement si vous faites la route par les bus publics. Nombreux bus pour toutes les directions au terminal, donc vous ne devriez pas y rester coincé.

À voir

Le Musée batak : ouvert de 8 h 30 à 12 h et de 14 h à 17 h. Le plus complet sur la culture Batak. Dommage qu'il n'y ait aucune explication en anglais.

BRASTAGI (OU BERASTAGI)

IND. TÉL. : 0628

À 68 km au sud de Medan et à 1 400 m d'altitude s'élève Brastagi, station climatique où l'on vient respirer l'air doux et tonique tout à la fois, quand la côte devient insupportable. Brastagi est à Medan ce que Dalat est à Hô Chi Minh-Ville, pour ceux qui connaissent le sud du Vietnam (avec beaucoup moins de maisons coloniales). La partie haute de la ville, avec ses jardins fleuris et ses prés aérés, ne manque pas de charme, mais on s'arrête ici surtout pour les alentours qui offrent de merveilleuses balades : treks parmi les pics volcaniques, villages karos, etc. Brastagi devient alors un très utile « camp de base ». C'est dans la région que pousse la *marquisa,* un fruit de la passion donnant une boisson délicieuse dont raffolent les Indonésiens. Goûter la variante locale, le jus de marquisa chaud, c'est extra quand la fraîcheur du soir vous fait frissonner.

Comment y aller ?

➢ ***De Medan :*** kyrielle de bus et minibus reliant les deux villes en 2 h environ. On les prend au terminal Pinang Baris.
➢ ***De Prapat :*** bus fréquents mais attention, 2 changements si vous choisissez les *public buses* qui passent par Pematangsiantar et Kabanjahe. Possibilité aussi d'y aller en *tourist coach* avec *Bagus Wisata* (voir « Quitter Prapat »), mais il faut être minimum 4 pour que cela soit abordable. Ceux-ci ont toutefois l'avantage d'être directs et de prendre la belle route de la rive nord du lac Toba.

Adresses utiles

Office de tourisme : 1 jl. Gudaling, sur le grand rond-point dominé par le mémorial de l'Indépendance. Horaires d'ouverture très capricieux, mieux vaut aller directement au *losmen Sibayak,* qui vous donnera les dernières infos sur ce qu'il y a à voir et à faire dans la région.

Poste : située à deux pas de l'office de tourisme et du marché aux fruits, sur le grand rond-point. Ouvert de 7 h 30 à 15 h du lundi au jeudi, jusqu'à 12 h le vendredi et 13 h le samedi.

Téléphone : plusieurs *Wartel* sur jl. Veteran (la rue qui descend du grand rond-point), généralement ouverts de 8 h à minuit.

Argent : plusieurs distributeurs automatiques *(BNI, BRI...)* sur jl. Veteran, mais seule la banque *BPDSU* (toujours sur jl. Veteran, à mi-hauteur) fait le change. Elle est ouverte de 8 h à 15 h du lundi au vendredi. Sinon, vous pouvez aussi changer cash et *travellers' cheques* à un bon taux à l'agence de voyage du *losmen Sibayak* (voir la rubrique « Où dormir ? »).

Gare routière : les bus locaux partent du bas de jalan Veteran, au niveau du marché, juste après le cinéma Ria. Pour les *tourist buses,* s'adresser à *Sibayak Trans Travel* (au *losmen Sibayak*), pour ainsi dire la seule agence à en mettre encore en service.

Centre médical « Puskesma's » : 34 jl. Veteran, presque en face du *losmen Sibayak.*

Où dormir ?

Pas un énorme choix, surtout dans la catégorie bon marché.

Bon marché (de 15 000 à 30 000 Rps, soit 1,2 à 2,4 €)

Losmen Sibayak : au milieu de jl. Veteran. ☎ 91-122 ou 91-095. La meilleure adresse dans cette catégorie. Un petit dortoir très bon marché et une vingtaine de chambres soignées de 2 ou 3 lits, avec ou sans *mandi* et w.-c. Les moins chères, avec matelas traditionnels, donnent toutefois sur la rue principale et peuvent être bruyantes. Demandez-en plutôt une qui fait face aux jardins et à la campagne, vous y dormirez bien au calme. La maison possède aussi un restaurant très sympa où l'on sert de la cuisine batak, européenne et chinoise (voir, plus loin, « Où manger ? »), ainsi qu'une agence de voyages, dont s'occupe la dynamique Anita. Celle-ci propose des randonnées de 1 à plusieurs jours autour de Brastagi pour minimum 4 personnes, sous la conduite de Maria ou de Ramli, tous deux fort sympathiques. On peut aussi y changer de l'argent (dollars ou euros) à un taux correct, louer une moto, une voiture ou un minibus (notamment pour Prapat, par la rive nord du lac Toba), ou simplement y demander un plan de la région et des infos sur tout ce qu'il y a à voir ou à faire dans le coin. Pas mal, non ? Ah oui, on allait oublier la petite bibliothèque mise à la disposition des hôtes, pour ceux qui sont en panne de lecture.

Guesthouse Ginsata : 21 jl. Veteran. ☎ 91-441. À ce n° 21, vous trouverez un hôtel ordinaire donnant sur le grand rond-point mais, 30 m derrière, par une ruelle, se cache une petite pension familiale et propre, nettement plus calme et meilleur marché que l'hôtel. Une simple demeure en bois autour d'une cour, tenue par des musulmans pieux et gentils. Chambres avec ou sans *mandi.* Sert aussi des repas sur demande.

De bon marché à prix moyens (de 15 000 à 75 000 Rps, soit 1,2 à 6 €)

🏠 🍽 ***Wisma Sibayak :*** 1 jl. Udara. ☎ 91-104. Appartient à la famille Pelawi, qui possède aussi le *losmen Sibayak* et le *Sibayak Multinational.* Propose des chambres toute simples, sans salle de bains, au même prix que les chambres les moins chères du *losmen,* et d'autres plus confortables (carrelage, douche et w.-c.) à prix moyens. Celles-ci sont toutefois bruyantes le matin. Là encore, plein d'infos sur les balades à faire dans la région. Fait aussi resto mais bon, on préfère celui du *losmen Sibayak.*

🏠 🍽 ***Sibayak Multinational :*** 93 jl. Pendidikan. ☎ 91-031. À environ 2 km du centre, sur la route du mont Sibayak (un peu après le *Sibayak International Hotel*). Le troisième et dernier établissement de la famille Pelawi. À la mort du *pater familias,* dont la tombe trône dans le parc, la mère a repris avec ferveur la gestion de cette villa à l'écart du brouhaha de jalan Veteran. Chambres à prix moyens. Les plus chères sont plus nettes, plus spacieuses et ont une salle de bains en meilleur état que les autres. On conseille plutôt celles-là. Elles possèdent aussi un balcon. Eau chaude partout. Minibus très fréquents pour le centre de Brastagi. Restaurant.

Très chic (plus de 300 000 Rps, soit 24,3 €)

🏠 🍽 ***Mikie Holiday Resort & Hotel :*** sur la route de Medan, à environ 3 km du centre. ☎ 91-650. Assez cher le week-end (prix d'un petit deux-étoiles en France) mais plus abordable en semaine. Vaste complexe hôtelier pour Indonésiens en villégiature. Pas énormément de caractère en fait (il s'agit surtout de satisfaire les exigences du tourisme de masse), mais chambres impeccables. On a un faible pour les nouvelles, équipées de mobilier moderne. Belle piscine aussi (uniquement pour les résidents), et resto très classe.

🏠 🍽 ***Sibayak International Hotel :*** jl. Merdeka, sur la colline Gundaling. ☎ 91-301. Ensemble de petits bâtiments de style indonésien avec pas mal de verdure. Là encore, chambres confortables, quoique plus classiques qu'au *Mikie Holiday Resort,* avec mobilier en bois et lits jumeaux ou *kingsize.* Discothèque, piscine accessible aux non-résidents, massage, bref, tout ce qu'on peut attendre d'un hôtel de cette catégorie. Prix assez élevés le week-end mais réduction de 30 % en semaine. Petit déjeuner inclus.

Où manger ?

Les restaurants situés dans le haut de jalan Veteran, proches du rond-point central (avec la statue), sont pour la plupart mieux tenus qu'en bas de la rue. À noter aussi, toujours dans le haut de la rue, de nombreux *warungs* servant toutes sortes de plats à prix évidemment imbattables. Profitez-en pour goûter aux *krangs,* de bons gros coquillages bouillis et servis dans une assiette... pour une croûte de pain.

🍽 ***Restaurant du losmen Sibayak :*** 119 jl. Veteran. À l'image de l'hôtel (voir « Où dormir ? »), restaurant sympathique, pas très cher et où, surtout, on mange bien. On s'installe dans la salle à manger du rez-de-chaussée. La carte est longue, mais il serait dommage de passer à côté de la soupe au potiron et noix de coco, une des spécialités de la maison ! Au rang des plats de résistance, on vous conseille le bœuf *rendang* (piquant) ou le *chicken potato curry,* tous deux très bons aussi. Sinon, il y a des steaks, des macaronis, des tacos et pas mal de plats végétariens. Beaucoup de petits déjeuners aussi (toasts, omelettes, *pancakes,* corn-flakes...) et de desserts, comme les bananes grillées et le pudding au chocolat. Ambiance familiale et décontractée.

Eropah : 178 jl. Veteran, presque en face du *losmen Sibayak.* Ouvert jusqu'à 20 h. Si vous êtes las de la *Padang food,* une quarantaine de plats chinois plutôt bien réalisés, comme ces nouilles au porc et légumes. Quelques plats européens aussi (steak, pommes de terre et légumes). Prix moyens.

Rumah Makan Bundo Kandung : 12 jl. Veteran, non loin du grand rond-point. ☎ 91-012. Cuisine de Padang soignée et assez bon marché. Service sympa.

Restaurant Famili Baru : sur jl. Veteran, tout en haut de la rue, côté pair, dans les premières maisons en partant du rond-point. Un petit restaurant surtout fréquenté par les Indonésiens mais où s'égarent parfois quelques touristes. Bonne cuisine bon marché et servie avec le sourire.

Raymond Steak House : 49 jl. Veteran. ☎ 91-160. Si vous avez une envie soudaine et irrépressible de *New Zealand Sirloin Steak...* Sinon, on ne voit pas bien l'intérêt.

À voir

Le grand marché : au bout de la ruelle partant de jalan Veteran, en face du terminal des bus locaux. Le plus grand du coin, vivant et coloré. Les jours de pluie, bain de boue assuré. Fruits trois fois moins chers qu'au marché aux fruits pour touristes à côté du grand rond-point.

Grimper tout en haut de la ***colline Gundaling*** (à environ 2 km) **:** par soir de beau temps, magnifique vue d'ensemble sur la région. Plus proche de Brastagi, piscine et discothèque pour les plus sportifs au *Sibayak International Hotel.*

➤ DANS LES ENVIRONS DE BRASTAGI

Peceren : village karo batak à environ 2 km du centre de Brastagi, sur la route de Medan. Environ 300 m après le *Rose Garden Hotel,* prendre un chemin à droite. Quelques maisons traditionnelles pas mal préservées et encore habitées... par 8 familles chacune. On peut y entrer, à condition de se déchausser et de laisser un petit quelque chose aux occupants. Voir aussi le tombeau d'un chef karo batak protestant.

Le mont Sibayak : c'est un volcan encore en activité, qui culmine à 2095 m d'altitude. Ascension ne posant pas de problèmes majeurs. Jungle et singes garantis si vous savez lever le nez au bon moment. Dans le cratère, paysage lunaire impressionnant, extraction et gisement de soufre. Demandez au *losmen Sibayak* le petit plan qui vous aidera à trouver le chemin jusqu'au sommet. Sinon, ce n'est pas très compliqué : de Brastagi, passez le mémorial sur votre droite, prenez ensuite à droite juste avant l'hôtel *Sibayak International* puis, environ 1 km plus loin, le chemin sur la gauche. Après, c'est « tout droit ». Ascension en 2 à 3 h. Prévoir un vêtement de pluie et de bonnes chaussures imperméables car les chemins sont souvent boueux. Partir de très bonne heure aussi, la météo se gâtant souvent en début d'après-midi. Et emporter une bonne provision d'eau potable. Là-haut, beaucoup de fumée et d'odeurs de

soufre. Le week-end, c'est presque un boulevard avec l'arrivée de tous les sportifs de Medan.
Retour par le même chemin, ou à travers la forêt en descendant les nombreuses marches jusqu'au village de ***Semangat Gunung,*** au pied du volcan. Là, plusieurs piscines, avec eau soufrée pour se détendre (petite entrée payante), certaines très simples et locales, d'autres un peu plus luxueuses. Bus locaux, ensuite, pour retourner à Brastagi.

■ ***Hôtel-restaurant Alam Sibayak :*** à Semangat Gunung. L'hôtel n'a aucun intérêt, mais il possède plusieurs piscines accessibles au public pour un prix dérisoire. Elles sont alimentées par les sources chaudes et sulfureuses du coin. Les bassins sont de différentes températures. Les bains sont très relaxants et bons pour la peau. Voilà une heureuse surprise après l'ascension du volcan !

– Pour les plus aventureux, possibilité aussi de faire l'ascension du volcan par un sentier plus sauvage, au départ de la route de Medan. Attention, un guide est nécessaire. Le *losmen Sibayak* organise cette excursion, avec transport en véhicule depuis Brastagi jusqu'au début du chemin. Compter environ 150 000 Rps (12,1 €) pour 3 personnes.

Le volcan Sinabung : plus haut que le Sibayak (2 417 m). Assez dangereux d'accès d'ailleurs, à cause de la raideur des versants. Prendre un bus pour le *Lake Kawar* (1 h). Ensuite, 4 h de marche, dont 2 h de bonne grimpette. Conseillé d'avoir un guide (pas si cher que ça si l'on est plusieurs). On peut en principe en trouver un sur place. Sinon, le *losmen Sibayak* peut vous arranger ça. Possibilité de camper (location de tentes au *losmen Sibayak*) ou de loger à la *coffee-house* (très simple, on dort à même le sol). En revenant, on peut éventuellement se baigner dans le lac *Kawar,* mais l'eau est plutôt froide et, surtout, pas très propre.

Lingga : c'est le village karo le plus caractéristique de la région. Le plus touristique aussi, mais ça vaut encore la peine d'y aller. Pas de bus direct depuis Brastagi, mais c'est très facile de s'y rendre. Prendre un bus jusqu'à Kabanjahe (à 12 km), puis un minibus (ou faire 4 km à pied) pour Lingga. On vous demandera sûrement une petite participation financière pour la visite (ou pour les bonnes œuvres du village). Les guides officiels Tersek et Darusalam proposeront probablement leurs services. Ils parlent l'anglais et un peu le français. Explications intéressantes. C'est touristique au sens où beaucoup de visiteurs déboulent, mais les autochtones n'ont pas vraiment modifié, pour autant, leurs habitudes de vie. On se sent même un peu gêné de faire irruption, comme ça, juste pour regarder. Pour la photo d'ailleurs, ne pas oublier de toujours demander l'autorisation avant de la prendre. Petite boutique d'artisanat.
Dans le village, vous visiterez la ***King's House,*** qui date d'au moins 300 ans. Habitée par le roi karo batak jusqu'en 1938. Ce genre de maison, à l'architecture extraordinaire, abrite jusqu'à 8 familles sous un immense toit de chaume aux allures de cornes de buffle. Intérieur noirci par la fumée des foyers. Pas question de laver, cela évite (en préservant de l'humidité) que la maison ne s'écroule ! À l'extérieur, belles décorations peintes. Pour les édifier, pas un clou, rien que des chevilles en bois. Voir aussi la « maison des célibataires », qui accueille les « vieux garçons » d'au moins 17 ans. Également, de-ci, de-là, des tombeaux où l'on mettait les corps des notables.

➢ Si vous souhaitez voir d'autres villages karos dans la région, moins pittoresques peut-être mais aussi moins touristiques, lire ci-dessous « La route de Brastagi à Prapat ».

Au sud de Brastagi

De Merek, à 25 km de Kabanjahe, rejoindre Sittungaling sur la route de Tongging. De là, encore 3 km à faire en *angkot* (minibus) ou à pied pour admirer la ***cascade de Sipisopiso*** (120 m de haut). Beau panorama sur le village de Tongging (1 chouette hôtel, voir ci-dessous, pour ceux qui souhaitent y loger) et les rizières alentour. Pour plus de détails, se reporter à la rubrique « La route de Brastagi à Prapat ».

Wisma Sibayak : au bout du village de Tongging, ensemble de petites maisons sises dans un très bel environnement, non loin de la rive du lac. Chambres très convenables, avec ou sans salle de bains, à prix doux. Idéal pour une petite retraite loin de tout ! On peut aussi y prendre ses repas.

Harrangaol : sur la berge nord-est du lac Toba ; possibilité, de Brastagi, d'y aller en minibus en changeant à Kabanjahe. La descente sur le bourg est très belle, avec vue sur le lac, Samosir et les rizières en terrasses. Un ferry relie le village à Tuk-Tuk tous les lundis. Harrangaol est très peu connu des touristes, et pourtant les prix y sont assez élevés. Mieux vaut donc l'éviter si vous êtes fauché. Très belle plage sur le lac Toba. Pittoresque marché le lundi.

QUITTER BRASTAGI

➢ ***Pour Medan :*** nombreux bus et minibus entre 6 h et 20 h. De 1 h 30 à 2 h de trajet. Plusieurs compagnies : *Sinabung Jaya, Serasi Borneo, Sutra,* etc. Petit tuyau : pour vous rendre au centre-ville de Medan, demandez à descendre à la jonction *Universitas,* plus proche du centre que la gare routière de Pinang Baris, où tous les bus locaux terminent leur course.

➢ ***Pour Bukit Lawang :*** le plus simple et le moins cher est de prendre un bus local jusqu'à la gare routière de Pinang Baris de Medan puis, de là, un autre bus ou minibus pour Bukit Lawang (voir la rubrique « Quitter Medan »). Compter au moins 5 h de trajet en tout. Sinon, il est toujours possible d'y aller en bus touristique avec *Sibayak Trans Travel* (l'agence de voyage du *losmen*) mais bien sûr, c'est nettement plus cher. Départ le matin... quand il y en a un.

➢ ***Pour Prapat*** (port d'embarquement pour Samosir) ***:*** pas de liaison directe en bus public, transit par Kabanjahe et Pematangsiantar (3 bus, 2 correspondances). Mais ne pas s'inquiéter, tout s'articule parfaitement. D'abord, bus ou minibus pour Kabanjahe, à une demi-heure de Brastagi, puis bus *Simas, Sepadan* ou *Permosi* pour Pematangsiantar (4 à 5 h de route). Enfin, de là, il reste 1 h 30 jusqu'à Prapat. Très peu d'attente entre les correspondances mais tout de même 6 à 7 h de route en tout. Une autre solution, la plus chère, consiste à prendre, s'il y a suffisamment de passagers, le bus touristique de *Sibayak Trans Travel* qui, lui, longe la rive nord du lac Toba (lire aussi, plus bas, « La route de Brastagi à Prapat »). Compter alors 4 h de voyage, arrêts aux cascades de Sipisopiso et au palais de Simalungun (prévus) non compris.

LA ROUTE DE BRASTAGI À PRAPAT

Bonne à certains endroits, mauvaise à d'autres, elle a au moins le mérite de relier Brastagi à Prapat en 4 h, sans passer par Pematangsiantar. Belle descente après ***Merek.***

Le bus pour touristes de *Sibayak Trans Travel* s'arrête en route pour permettre de voir la *cascade de Sipisopiso*, près de Tongging, et de visiter le *palais batak de Simalungun* (lire ci-dessous).
Les versants des montagnes, peu boisés (hormis quelques bosquets plantés de pins) offrent une alternance de champs (cultures) et de jardinets (choux notamment). Beaucoup d'églises et de chapelles (protestantes) en bois, couvertes de tôles ondulées, ponctuent la campagne de ce pays peuplé de Bataks convertis au christianisme au XIXe siècle. C'est dans les vingt derniers kilomètres avant Prapat, sur la rive est du lac Toba, que l'on trouve les plus belles échappées et les paysages les plus intéressants. Bref, ouvrez tout grand les yeux !

La cascade de Sipisopiso : à l'extrémité nord du lac Toba, sur la route entre Merek et Tongging. Escale intéressante pour la vue plongeante (et vertigineuse) sur la cascade, très haute (120 m) et mince, jaillissant d'une cassure rocheuse. Site superbe, comme une sorte de balcon naturel, d'où l'on surplombe une grande partie du lac Toba et ses flancs bordés de monts arides et dénudés. Inévitables boutiques de souvenirs. On aperçoit aussi, au-delà de la cascade, un morceau de campagne fertile et cultivée.

Le palais batak de Simalungun : un peu avant Pematang Purba. Petite entrée payante. Là aussi, escale sympa, dans un site vert et entouré d'arbres sur une sorte de plateau. Construit sur une vingtaine de colonnes peintes en noir, rouge et blanc, orné à l'extrémité de sa toiture d'un buffle symbolisant la culture batak, le palais était naguère la demeure du Raja Purba, notable local qui régnait sur la région du lac Toba. À l'intérieur, on peut voir la liste des quatorze Raja Purba qui se sont succédé entre 1624 et 1947 (année de l'indépendance de l'Indonésie). Le roi avait 24 femmes qui, toutes, vivaient dans le palais. Plusieurs autres maisons tout autour, celle du général, celle des soldats, celle où l'on écossait le riz, celle des invités. Voir, dans celle qui porte le n° 11, la version batak du char d'assaut moderne ! Un peu plus loin, une tombe porte un buste doré. C'est celui de Mogang Purba, le dernier roi.

PRAPAT (OU PARAPAT)

IND. TÉL. : 0625

Gros bourg au bord du lac Toba, divisé en « ville haute » et « ville basse », et port d'embarquement pour Samosir. Le samedi, marché local intéressant qui attire des habitants des villages avoisinants et de l'île de Samosir. À notre avis, Prapat présente vraiment peu d'intérêt pour passer une nuit, et encore moins pour y séjourner. Il vaut cent fois mieux se rendre à Samosir tout de suite.

Adresses utiles

■ Plus d'office de tourisme. Pour tous types d'infos, se rendre à l'agence ***PT. Bagus Wisata Holiday's*** (☎ 41-747), face au port de Tigaraja, d'où partent les bateaux pour Tuk-Tuk. Fait aussi le change (taux pas extra), vend des tickets de bus locaux, et propose un *tourist bus* quotidien (le même que celui de *Tobali Tour*) à destination de Bukit Lawang (via Medan) et de Sibolga.

■ ***Téléphone :*** *Wartels* sur jalan Sisingamangaraja, notamment en face de l'agence *Dolok Silau*.

Où dormir ?

– Nombreux ***hôtels*** d'un certain standing en bordure du lac, ainsi que sur jalan Samosir et son prolongement, mais prix beaucoup trop élevés par rapport à ceux pratiqués sur l'île d'en face ! Voici toutefois deux ou trois adresses acceptables, au cas où vous auriez raté le dernier bateau ou, pire, où votre bus vous déposerait sur le trottoir à 3 h du matin.

Bon marché (de 20 000 à 30 000 Rps, soit 1,6 à 2,4 €)

Andilo Losmen : à la gare routière, derrière l'agence *Andilo Nancy*. ☎ 41-548 ou 41-276. Pratique pour ceux qui arrivent dans la nuit ou qui repartent tôt le lendemain. Chambres simples et propres à 1 ou 2 lits ; *mandi* à l'extérieur. Situées à l'arrière, elles sont calmes.

Charlie : au port de Tigaraja, situé à environ 2,5 km de la gare routière. ☎ 41-277. Une poignée de chambres convenables, sans plus, avec *mandi* très sommaire. Pratique pour ceux qui veulent prendre le premier bateau pour Tuk-Tuk.

Plus chic (de 125 000 à 200 000 Rps, soit 10,1 à 16,2 €)

Danau Toba International Cottages : jl. Nelson Purba, à deux pas du port de Tigaraja. ☎ 41-172. Chambres avec bons matelas, TV et salle de bains équipée de douche et lavabo. Leur prix varie en fonction de leur taille et de leur orientation. Petit déjeuner inclus.

LE NORD DE SUMATRA

Où manger ?

La plupart des restos se concentrent sur jalan Sisingamangaraja, la route principale, celle qui relie Medan à Bukittinggi. Ils proposent de la cuisine minang, batak, chinoise et même javanaise.

Restaurant Istana Minang : 68 jl. Sisingamangaraja. À côté de l'agence de voyages *Dolok Silau*. Cuisine minang. Comme d'hab', on apporte tous les plats à table et vous ne payez que ce que vous prenez. *Krang* (coquillages), *udang* (crevettes), *hati* (foie), *mujahir* (poisson), *ikan teris* (poissons microscopiques qu'on mange à la cuillère, pas mauvais) et très bon *kari kamping* (mouton).

Restoran Sehat : 45 jl. Sisingamangaraja. Excellente cuisine chinoise. Goûtez à la *fish-hot-plate* et au *shrimp-steak*.

Restoran Asia : 65-67 jl. Sisingamangaraja. Installé là depuis plus de 25 ans. Bon et copieux *nasi goreng*.

QUITTER PRAPAT

En bateau

➢ ***Pour l'île de Samosir :*** les bateaux pour *Tuk-Tuk*, le village le plus fréquenté et le plus plaisant de Samosir, partent du port de *Tigaraja*, situé à environ 2,5 km de la gare routière. En principe, les bus locaux en provenance de Medan ou du sud peuvent vous y déposer. S'ils vous déposent plutôt à la gare routière ou au début de jalan Pulau Samosir, prenez alors un minibus jusqu'au port. Dans tous les cas, assurez-vous que vous êtes à Tigaraja et *non* à Ajibata, autre point d'embarquement pour l'île de Samosir mais qui ne dessert pas Tuk-Tuk. De Tigaraja donc, bateaux toutes les heures pour Tuk-Tuk. Le premier part à 8 h 30, le dernier à 19 h 30. Achat du billet (pas cher du tout) sur le bateau, ce qui est bien pratique. Arrivés à Tuk-Tuk, les bateaux cabotent tout autour de la presqu'île et peuvent vous déposer devant votre hôtel.

En bus

Attention, si curieux que cela puisse paraître, les bus locaux qui passent par Prapat et continuent vers Medan ou le sud (Sibolga, Bukittingi) ne s'arrêtent pas toujours à la gare routière. Parfois, si aucune réservation n'a été faite au départ de Prapat, ils se contentent de déposer des passagers à l'un des 2 ports de la ville ou simplement au début de jalan Pulau Samosir, à environ 2 km du port de Tigaraja. Bref, on vous conseille vivement de réserver votre billet dans une agence de voyages de Prapat. Justement, elles proposent toutes ce service. Bien sûr, elles prennent une commission au passage mais c'est pour vous la seule manière d'être sûr de pouvoir monter dans le bus de votre choix.

L'agence de voyages ***PT. Bagus Wisata Holiday's,*** face au port de Tigaraja (voir plus haut « Adresses utiles »), est celle qui nous a paru la plus sérieuse. Elle travaille d'ailleurs avec *Tobali Tour,* qui propose un *tourist bus* par jour à destination de Medan et Bukit Lawang. Sinon, il y a aussi l'agence ***Dolok Silau,*** au 56 jl. Sisingamangaraja (☎ 41-467), qui vend surtout des billets de bus *ANS,* et l'agence ***Andilo Nancy,*** située à la gare routière (☎ 41-548), qui vend des billets de bus *ALS.*

➢ ***Pour Medan :*** 176 km. Environ 1 départ par heure, entre 10 h et 17 h. Compter 5 h de trajet. Également 1 bus touristique par jour, le matin vers 10 h 30, avec *PT. Bagus Wisata Holiday's.*

➢ ***Pour Brastagi :*** pas de bus locaux directs, il faut passer par Pematangsiantar (départs fréquents de la gare routière) et Kebanjahe. Compter 6 à 7 h de voyage en tout. Malheureusement, il n'y a plus de *tourist bus* régulier non plus. *PT. Bagus Holiday's* peut en affréter un, mais il faut au minimum 8 personnes. Il passe alors par la rive nord du lac Toba, le palais batak de Simalungun et la cascade de Sipisoposo (voir, plus haut, « La route de Brastagi à Prapat »).

➢ ***Pour Sibolga :*** 173 km. Plusieurs compagnies mais les départs les plus intéressants pour ceux qui veulent se rendre à Nias ont lieu vers 13 h avec *Sempati* et *Prima Jaya.* Demandez au chauffeur de vous déposer au port de Sibolga, où vous arrivez, en principe, vers 19 h, juste à temps donc pour le bateau de Teluk Dalam.

➢ ***Pour Bukittinggi, Padang et Jakarta :*** tous les jours, 4 bus avec *ALS* et 1 bus avec *ANS,* entre 13 h et 21 h. On vous conseille vivement de réserver votre place ! La classe varie selon le bus que vous prenez (le moins cher est celui de 13 h). Quoi qu'il en soit, comptez minimum 16 h de voyage jusqu'à Bukittingi, 18 h jusqu'à Padang et 42 h jusqu'à Jakarta. Vous pouvez toujours aussi vous informer auprès de *PT. Bagus Wisata Holiday's* pour savoir s'il y a un *tourist coach* (à peine plus cher que les bus publics climatisés), mais, lors de notre dernier passage, il n'y avait aucun départ régulier.

LE LAC TOBA (ÎLE DE SAMOSIR) IND. TÉL. : 0625

Le lac Toba est né, il y a plus de 100 000 ans, d'une super-éruption volcanique. Voilà pourquoi ses paysages sont d'une beauté presque mystérieuse. Il est, dit-on, le centre de la culture du peuple batak, dont la majorité est pro-

testante. D'aucuns diront que leur chrétienté est toute relative, car ils pratiquaient encore des sacrifices humains il n'y a pas si longtemps. Ils sont néanmoins très croyants et le dimanche matin est l'occasion de sortir le costume et la belle robe à volants pour aller à la messe. Les hippies avaient eux aussi, en leur temps, découvert le lac Toba. Depuis cette époque, peu de choses ont changé, et c'est bien son grand avantage. La plupart des *losmen* possèdent l'architecture batak traditionnelle. Même les nouvelles constructions ont le bon goût de s'y conformer. Il n'est pas nécessaire d'aller très loin pour découvrir les villages de l'intérieur, le naturel de leurs habitants, l'authenticité de leur mode de vie. C'est donc encore le moment d'en profiter !
Vivre à Samosir, c'est le retour à la vie simple. Pourquoi avoir de l'eau courante puisque le lac (magnifique) est là ? La température reste suffisamment élevée pour permettre les baignades à tout moment de la journée. Les Bataks parlent leur propre langue. En guise de « bonjour », on dit *horas* plutôt que *selamat pagi*.
Cependant, comme le reste de l'Indonésie, l'île doit faire face depuis quelques années à une grosse baisse de fréquentation touristique. Le bon côté, c'est que, du coup, vous n'aurez aucune difficulté à trouver un logement : il y a des *losmen* bon marché et rarement pleins un peu partout, surtout à Tuk-Tuk, le seul village à vivre essentiellement du tourisme. C'est dans ce village, d'ailleurs, que nous vous conseillons de séjourner. Pour son infrastructure, mais aussi parce que, occupant une petite presqu'île, c'est l'endroit le plus sympa où se poser. Pour y aller, nombreux bateaux depuis le petit port de Tigaraja, à Prapat (voir « Quitter Prapat »).
Enfin, vous trouverez deux ou trois choses intéressantes à acheter sur l'île. Marchander n'est pas conseillé : c'est obligatoire. Location de motos à petit prix, mais il est plus charmant de se déplacer à vélo. À noter que le niveau du lac baisse constamment. Les plages en souffrent quelque peu. Vous verrez aussi que l'île de Samosir n'est devenue île que par la main de l'homme. Un petit canal à l'ouest la sépare en effet du reste des terres de Sumatra.

Distances entre les villages les plus fréquentés

– De Tomok à Tuk-Tuk, 4 km.
– De Tuk-Tuk à Ambarita, 4 km.
– D'Ambarita à Simanindo, 15 km.
– De Simanindo à Pangururan, 20 km.
– De Pangururan aux sources chaudes, 4 km.
– De Pangururan à Ronggurnihuta (au centre de l'île), 15 km.
Quant au tour de l'île, il fait environ 130 km, par la route (mais piste en mauvais état entre Nainggolan et Sungkean).

Visite de l'île de Samosir

Samosir se révèle, bien sûr, l'occasion de belles balades dans une nature assez sauvage.
➢ Nombreuses ***randonnées*** possibles à pied ou à vélo... même si la ***moto*** est devenue le moyen de transport le plus utilisé. Attention : la location d'un tel engin, si elle vous garantit l'indépendance, présente cependant le risque d'avoir à subir seul les pannes et les frais de réparation en cas d'accident. Tâchez donc de vous mettre d'accord, par écrit, sur ce qu'il vous incombe de payer si une mésaventure se produit. Pour le reste la location est très bon marché puisqu'elle tourne autour des 50 000 Rps (4 €) pour la journée. On peut faire le tour de l'île de Samosir à moto en une journée, en partant tôt le

LE LAC TOBA ET L'ÎLE DE SAMOSIR

matin pour être de retour avant la nuit. Compter environ 130 km au total. La route est bitumée et, hormis quelques nids-de-poule, en assez bon état, sauf dans la partie sud, entre Nainggolan et Sungkean, où elle devient une piste de terre et de pierres (affreuse par temps de pluie !).

➢ Une fois par semaine, le jeudi matin, un ***bateau*** touristique avec orchestre à bord va de Tuk-Tuk à Sigapiton, un village traditionnel batak situé sur la rive sud-est du lac. Il s'arrête aussi aux chutes de Binangalom, où l'on peut se baigner. Cela dure une journée en tout, mais le départ ne se fait que s'il y a au moins 15 participants. Sinon, il est toujours possible de louer à Tuk-Tuk (notamment au *Lake Toba Promotion & Event Organiser*) une barque à moteur, et d'aller où on veut. Pas si cher si vous êtes plusieurs.

TUK-TUK

Le village le plus sympa pour séjourner, même si l'ambiance n'y est plus tout à fait la même depuis que le tourisme a commencé à décroître, en 1997. Beaucoup de *losmen,* en effet, ont tendance à rester inoccupés, quand ils ne tombent pas carrément en ruine, faute de clients et donc de moyens pour être entretenus. D'autres, souvent les meilleurs, ont su en revanche garder la tête hors de l'eau, pour le plus grand plaisir de ceux qui passent encore par ici. La plupart sont construits dans le style du pays et plongent directement dans le lac, avec des petits pontons aménagés. Ils pratiquent des tarifs très bas, parmi les plus bas, en fait, de toute l'île de Sumatra, au regard de la qualité proposée.

Adresses et infos utiles

– Pas d'office de tourisme du gouvernement, seulement des agences privées, disséminées dans le village et qui, en plus de vendre des billets de transport, louer des véhicules, organiser des excursions guidées et changer de l'argent, vous donneront toutes les infos que vous souhaitez sur ce qu'il y a à voir et à faire sur l'île. Les *losmen* et hôtels pourront aussi généralement vous renseigner... quand ils n'offrent pas carrément les mêmes services que les agences privées.

– ***Transports :*** pas de *becak*, ni même de *bemos* à Tuk-Tuk même. Solution la plus économique, la marche ; ensuite, bien sûr, le vélo, puis le cyclomoteur ou la moto. Des minibus relient toutefois, au moins une fois par heure, Tomok à Pangururan, mais ils passent par la route principale, sans traverser le village de Tuk-Tuk.

■ ***Location de vélos et scooters :*** la plupart des *losmen*, hôtels et « agences de voyages » en mettent à la disposition de qui veut. Les prix sont bas et les mêmes partout, inutile de marchander. Le scooter est bien pratique pour découvrir l'île de Samosir en une journée. C'est aussi une bonne formule pour aller jusqu'à Ambarita, Simanindo et Pangururan (voir plus loin). En revanche, inutile d'en louer pour faire seulement le tour de la presqu'île de Tuk-Tuk. En 1 h 30, les bons marcheurs peuvent réaliser cette modeste boucle, au demeurant belle et sympathique.

■ ***Bibliothèque et soirée-vidéo :*** au *Bagus Bay Restaurant* (voir « Où manger ? »).

Où dormir ?

Si un certain nombre de *losmen* ont fermé ces dernières années, et que d'autres sont en voie de décomposition (parfois avancée !), il en reste tout de même un bon nombre, en tous cas largement de quoi trouver à se loger sans trop chercher. Beaucoup, cela dit, se résument à une ou deux petites maisons (traditionnelles ou pas) abritant une modeste poignée de chambres. La plupart disposent d'un ou plusieurs ordinateurs pour surfer sur Internet (mais attention, c'est beaucoup plus cher qu'à Medan !), possèdent un restaurant (où vos hôtes espéreront vous voir le soir) et proposent vélos et motos à la location. Les meilleures adresses se situent dans la moitié sud de la presqu'île.

Dans la partie sud de la presqu'île de Tuk-Tuk

Bon marché (de 10000 à 30000 Rps, soit 0,8 à 2,4 €)

🏠 ***Romlan*** *(plan, **10**)* **:** face à la rive est du lac. ☎ 41-557. Pas d'enseigne, prendre à droite directement après le *Marroan* ; c'est la maison située derrière. Chambres impeccables et charmantes, équipées de salle de bains complète (douche, w.-c. et lavabo) et donnant sur le lac. Accueil sympa. Excellent rapport qualité-prix ! De plus, son resto est l'un des meilleurs du coin (voir « Où manger ? »). On peut aussi y louer des bateaux.

🏠 ***Merlyn Guesthouse*** *(plan, **11**)* **:** avant le *Romlan* en venant de Tomok. ☎ 451-057. Géré par Rio, un

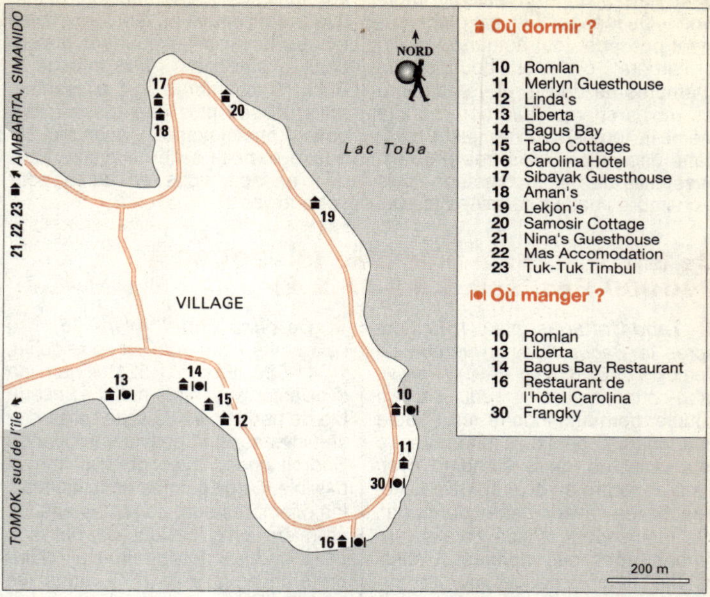

LA PRESQU'ÎLE DE TUK-TUK

jeune sympa, chouette petit *losmen* d'à peine 4 chambres (dont 2 bataks), très convenables, avec salle de bains privée et eau chaude. Resto convivial à l'avant comprenant un coin TV où l'on peut suivre les grands événements sportifs ! Dans ce même resto, Internet un peu moins cher qu'ailleurs et, tous les jours, le *Jakarta Post* à portée de main.

Linda's *(plan,* ***12****)* **:** après le *Tobo Cottages* en venant de Tomok. ☎ 45-12-23. Quatre chambres simples mais plutôt bien tenues, dans un petit bâtiment en contrebas du resto, sur le bord du lac. Toutes ont douche (avec eau chaude) et w.-c. Le restaurant, au bord de la route, en haut, propose une bonne cuisine locale, que vous pourrez déguster en terrasse.

De bon marché à prix moyens (de 25 000 à 50 000 Rps, soit 2 à 4 €)

Liberta *(plan,* ***13****)* **:** le premier en venant de Tomok. ☎ 451-035. Un petit peu à l'écart de la route principale, mais n'hésitez vraiment pas à parcourir le chemin qui y mène ! Vous y découvrirez, dans un beau jardin verdoyant, 5 maisons bataks traditionnelles abritant 9 chambres tout en bois et, surtout, très agréablement arrangées, avec salle de bains hyper-soignée et un petit balcon pour se la couler douce. Après tout, on est là un peu pour ça aussi, non ? Vous serez reçu par « Mr. Moon » qui, en plus d'être charmant, cuisine superbement ! Possibilité aussi de se baigner dans le lac et, dans un tout autre registre, de regarder TV5 dans le très agréable salon TV installé sous le toit pentu de la grande maison batak de la réception, là même où l'on mange... le soir venu. Notre coup de cœur à Tuk-Tuk !

Bagus Bay *(plan,* ***14****)* **:** après le précédent, en venant de Tomok.

☎ 451-287. Outre un resto agréable (voir « Où manger ? »), cet établissement possède, tout autour du jardin à l'arrière, un gros bouquet de chambres de qualité. Il y a d'abord les moins chères (très bon marché même !), toutes simples (juste un lit dans une pièce) mais très propres, avec salle de bains commune ; puis 3 chambres bataks carrelées (ce qui est rare dans une maison batak) avec sanitaires privés, très bien tenues là aussi et pourtant encore dans la catégorie « bon marché ». Enfin, 3 chambres fort plaisantes, mais un peu plus onéreuses (catégorie « prix moyens »), avec moustiquaire et belle salle de bains. Quoi qu'il en soit, vous en aurez pour votre argent !

De bon marché à plus chic (de 20000 à 200000 Rps, soit 1,6 à 16,2 €)

Tabo Cottages *(plan,* **15***)* **:** juste après le *Bagus Bay,* en venant de Tomok. ☎ 451-318 ou 41-614. • www.tabo-cottages.com • Tenu par un couple germano-indonésien. Toute une gamme de jolies chambres à prix variables, de la standard avec lits à armature en bois aux *De Luxe,* très belles, avec *jungle bathroom.* Y'a même deux suites bataks, superbes mais pas données... ainsi qu'une chambre *budget* pour les fauchés, s'ils ont la chance de la trouver inoccupée. Au resto, tous types de *breakfasts* (suisse, anglais, scandinave...), d'excellents yaourts et du pain allemand fait maison, des soufflés, hamburgers végétariens, aubergines, brochettes de tofu... Profitez-en pour goûter à l'*Aloe Vera,* une boisson énergisante, aux vertus curatives, composée de 200 ingrédients.

Carolina Hotel *(plan,* **16***)* **:** à l'extrémité sud de la presqu'île. ☎ 41-520. Fax : 41-521. • carolina @psiantar.wasantara.net.id • Ensemble de bungalows de style batak disséminés sur une colline verdoyante. Endroit conçu avec goût, calme et paisible. Large gamme de tarifs, mais les chambres sont correctes dès les premiers prix, ce qui permet aux petits budgets de s'y retrouver. Notre préférence va à la n° 7, sous les toits. On peut aussi louer une chambre donnant sur le lac, au rez-de-chaussée ou au 1er étage d'une grande maison batak, avec un balcon et une belle salle de bains carrelée. Les plus chères sont pour 4 personnes. Clientèle plutôt familiale, personnel accueillant et serviable. Restaurant (voir la rubrique « Où manger ? ») et location de scooters et de petits bateaux à moteur.

Dans la partie nord du village

Très bon marché (de 10000 à 20000 Rps, soit 0,8 à 1,6 €)

Sibayak Guesthouse *(plan,* **17***)* **:** ☎ 451-186. Chambres à 1 ou 2 lits, avec douche, w.-c., lavabo et eau chaude. Elles ont toutes une vue sur le lac. Possibilité de prendre le petit dej' à de grosses tables, dans un salon-terrasse « garni » d'ours empaillés, face au lac. Vélos et cyclos à louer. Bon accueil du patron, qui aime jouer aux échecs.

Aman's *(plan,* **18***)* **:** juste après la *Sibayak Guesthouse,* en allant vers Ambarita. ☎ 451-179. L'une des adresses les moins chères de Tuk-Tuk. L'une des plus sommaires aussi : 5 chambres bataks aux lits durs, avec une *kamar mandi* réduite à sa plus simple expression. Bien sûr, pas d'eau chaude. Et propreté limite. Plutôt pour les fauchés. En revanche, bon *guacamole* au « resto », qui sert aussi des *banana tacos, Bratkartoffeln,* goulash, etc.

Bon marché (de 20000 à 45000 Rps, soit 1,6 à 3,6 €)

Lekjon's *(plan, 19)* **:** chambres très correctes, avec ou sans eau chaude, d'un bon rapport qualité-prix, avec vue sur le lac. Salle de restaurant de l'autre côté de la route, à l'étage d'une grande maison. On y sert des pizzas et une honnête cuisine indonésienne. Personnel enjoué.

Samosir Cottage *(plan, 20)* **:** un peu avant l'hôtel *Toledo* (chic). ☎ 41-050. Tenu par Esron, un Indonésien fort sympathique et accueillant. Les chambres les plus chères (quoique encore très abordables) sont impeccables, équipées de sanitaires complets, et donnent toutes sur le lac. Les autres n'ont pas d'eau chaude, sont plus simples et ne donnent pas sur le lac. Vous pourrez également vous détendre, pourquoi pas un verre de rouge (plus cher qu'en France) à la main, dans les sièges en rotin d'une très agréable salle à la déco batak. Salon TV aussi, où passe parfois TV5, et bon restaurant à prix plutôt sages.

Sur la route d'Ambarita

De très bon marché à bon marché (de 10000 à 40000 Rps, soit 0,8 à 2,5 €)

Nina's Guesthouse *(hors plan, 21)* **:** à la sortie de Tuk-Tuk vers Ambarita. ☎ 451-150. Donnant sur le lac, deux maisons bataks vieilles de 150 ans et 4 chambres (pour 2 ou 4 personnes) fort bien tenues, avec moustiquaire et salle de bains. Resto végétarien aussi, en haut, au bord de la route. Bien pour ceux qui veulent se tenir un peu à l'écart du village. Très bon accueil.

Mas Accomodation *(hors plan, 22)* **:** à deux pas du précédent, un peu après. ☎ 451-051. Là encore, deux maisons bataks au bord de l'eau, bon marché et agréables, avec cocotiers et petit perron en pierre. Les autres chambres, propres et équipées de bons matelas, sont très correctes elles aussi. Celles avec eau chaude sont plus chères.

Tuk-Tuk Timbul *(hors plan, 23)* **:** sur une petite presqu'île à 3 km de Tuk-Tuk. ☎ 41-374. Maisonnettes bataks, pour vous tout seul, dans un cadre agréable. Simple mais pas cher du tout. Tenu par une Hollandaise qui prépare une bonne cuisine, végétarienne ou non.

Où manger ?

Sur Samosir, c'est à Tuk-Tuk que vous trouverez les meilleurs restos. La plupart proposent, outre une cuisine indonésienne, des plats occidentaux légèrement adaptés. Cela peut être très réussi. Petit conseil : pour que votre proprio de *losmen* ne vous fasse pas trop la tête, mangez chez lui au moins une fois (ou deux).

Liberta *(plan, 13)* **:** voir plus haut la rubrique « Où dormir ? ». Oui, en plus de proposer un super hébergement, le *Liberta* gratifie ses hôtes d'une exquise cuisine. Et qui trouve-t-on aux fourneaux ? Mr. Moon bien sûr ! Il fait venir ses fruits et légumes de Brastagi, où il était autrefois paysan. Bref, la qualité des produits, ça le connaît ! Vous verrez, la carte est courte, mais les mets réalisés avec le plus grand soin. De plus, les prix sont très raisonnables. On vous conseille vivement le « poisson du lac Toba » ! Sinon, il y a la *banana pancake,* énorme et succulente, ou encore les *mixed fruit juices* !

|●| ***Romlan*** *(plan,* ***10****)* ***:*** voir plus haut la rubrique « Où dormir ? ». Avec le *Liberta,* notre meilleure expérience culinaire à Tuk-Tuk. La patronne (qui s'affaire en cuisine quand elle est là) est allemande, ce qui donne un menu assez éclectique où se côtoient allègrement *gado-gado, Bratkartoffeln,* macaroni au jambon, *tacos* et *Wiener Schnitzel* ! Superbes *Rösti* aussi, très copieux. Sinon, poisson grillé et *rijsttafel* sur commande. L'accueil est sympa et les quelques tables en terrasse donnant sur le lac très agréables. Assez bon marché.

|●| ***Restaurant du Carolina Hotel*** *(plan,* ***16****)* ***:*** voir aussi la rubrique « Où dormir ? ». Restaurant jouissant surtout d'une situation panoramique exceptionnelle au-dessus du lac, avec sa grande salle ouverte entourée de bougainvillées et surmontée d'un beau toit traditionnel. Joli mobilier, belle décoration de motifs bataks. Clientèle inévitablement touristique. Bonne cuisine indonésienne ou occidentale, à prix normaux. Service attentionné.

|●| ***Bagus Bay Restaurant*** *(plan,* ***14****)* ***:*** déjà repris dans la rubrique « Où dormir ? ». Vaste choix à la carte et cuisine tout à fait correcte, quoiqu'un peu plus chère qu'ailleurs. On s'installe dans un cadre agréable et spacieux, tout en bois, avec une pelouse bien verte au bord de l'eau. Fait aussi librairie d'occasion et organise des spectacles de danse et des projections de films vidéo certains soirs.

|●| ***Frangky*** *(plan,* ***30****)* ***:*** entre le *Carolina Hotel* et la *Merlyn Guesthouse.* Bar sympa avec un bon restaurant. On peut y siroter un whisky sur d'agréables coussins. Goûtez au *gado gado* et aux délicieux plats à l'avocat.

TOMOK

À 1 h de marche au sud de Tuk-Tuk, 15 mn à vélo. Moins touristique que Tuk-Tuk. Un peu le début de l'aventure. À la sortie de Tuk-Tuk, à droite en allant vers Tomok, arrêtez-vous à une petite bicoque ; la *Cafétéria Véronica,* tenue par un retraité qui se fera un plaisir de vous chanter *Aline* à la guitare ! Peu après l'entrée de Tomok, on peut voir la ***tombe du roi Sidabuta,*** roi batak, sous un banian géant dont l'une des résurgences possède déjà la taille d'un arbre ! Vieilles tombes, statues de pierre. La plus grande représente une proue en forme de tête de femme portant une coupe. Pour y aller, suivre l'alignement de boutiques de vêtements, armes, objets sculptés, et instruments de musique à l'attention des touristes... qui monte vers la droite en venant de Tuk-Tuk.

– Si des groupes de touristes passent par là, des danses, à la fois de danseurs et de *sigale-gale* (grandes marionnettes), sont organisées ; cela perd un peu de son charme mais bon, si vous vous trouvez justement là, autant ouvrir l'œil...

AMBARITA

À 5 km de Tuk-Tuk, vers le nord. Un but d'excursion agréable. Chaises et tables en pierre où, il y a 250 ans, le roi et sa cour venaient couper la tête du plus mauvais guerrier de la tribu. Ensuite, ils jetaient la tête dans le lac et mangeaient le corps ! Il y a aussi quelques belles maisons bien décorées tout autour. Un peu plus loin, un autre groupe de pierres intéressant (vers les boutiques de souvenirs). C'est là que se tenaient le tribunal du roi et les exécutions. Se méfier des personnes qui vous proposent une visite guidée.

Les Bataks sont protestants. À Ambarita, les villageois montrent une grande fierté d'appartenir au groupe *HKBP (Huria Krister Batak Protestant).*

Où dormir ? Où manger ?

🏠 🍽 ***Barbara Guesthouse :*** environ 1 km après Ambarita, vers Simanindo. ☎ 41-230. Possibilité de s'y rendre avec les minibus qui relient Tomok et Pangururan (au moins 1 par heure). Sur la rive du lac, chambres carrelées avec *mandi* dans de petits bâtiments. Petite plage de sable pour faire trempette. Restaurant, location de véhicules (vélos, motos...) et accueil très sympathique !

🏠 🍽 ***Shangri La :*** à 6 km au nord d'Ambarita, sur le côté droit de la route de Simanindo, un lieu d'hébergement admirablement situé pour ceux qui veulent oublier le reste du monde. En revanche, ceux qui cherchent un peu d'ambiance feront mieux de s'abstenir ! Plusieurs bungalows plus ou moins bien arrangés, avec vue sur les eaux du lac. Bon marché. Pas d'eau chaude. Fait aussi restaurant, mais le choix à la carte varie selon la fréquentation du lieu.

SIMANINDO

Situé à environ 15 km d'Ambarita. La partie ancienne du village a brûlé en 2001. Il ne reste que le ***musée batak,*** qui consiste en quelques maisons bataks typiques, parmi lesquelles la plus belle de l'île (ancienne résidence du roi). Elle daterait d'au moins 250 ans. Quelques collections ethnographiques (outils, objets domestiques, instruments de musique...) à voir, mais venez-y surtout pour les danses bataks organisées sur la petite place à 10 h 30 et 11 h 45 tous les jours (uniquement à 11 h 45 le dimanche). Entrée : 20000 Rps (1,8 €). Inévitablement touristique (surtout lorsqu'il y a des groupes), mais le spectacle est de qualité. Demander le petit texte (disponible en français) qui décrit chacune des danses, même s'il est très difficile de savoir à laquelle des danses on a affaire. Celles-ci, cependant, expriment le plus souvent les coutumes locales.

PANGURURAN

À 20 km de Simanindo. À l'endroit où seul un canal creusé par les hommes accorde à Samosir le statut d'île. Marché très coloré le mercredi. Traverser le pont qui enjambe le canal et continuer environ 4 km pour atteindre des sources sulfureuses d'eau chaude. Rien de bien spectaculaire cela dit, d'autant que l'endroit est mal tenu, jonché de bouteilles en plastique. Néanmoins, ce peut être l'occasion de prendre un bon bain à 35-40 °C dans des vasques. Attention, près de la source, l'eau est quasiment bouillante. Sur place, *Edy's,* un petit resto pas cher où l'on est sûr de trouver des boissons fraîches et de pouvoir grignoter des *ikans teris* (tout petits poissons salés).

🍽 ***Restaurant Edy's :*** sur la place où, en gros, la route s'arrête. Petit resto sans prétention mais doté d'une piscine remplie d'eau sulfureuse. Accès gratuit pour les clients, ce qui rend l'endroit nettement plus intéressant. Cuisine bon marché.

L'ASCENSION DE LA MONTAGNE DE SAMOSIR

Nombreuses et intéressantes balades à effectuer sur le plateau central de l'île. Pas de difficultés majeures, si ce n'est la grimpette du début. Possibilité, par exemple, de relier à pied *Tomok* à *Pangururan* en coupant par le centre de l'île. Départ du tombeau royal. Accueil sympa dans les villages.

Peu ou pas de pensions en route, mais on peut trouver le gîte et le couvert chez l'habitant, sensiblement aux prix des *losmen* les moins chers de Tuk-Tuk. Conditions évidemment spartiates. À *Partukkoan,* sur le plateau (non loin de *Dolok*), la ***M. Jenny's Guesthouse*** vous réservera un accueil très chaleureux et simple pour 3 fois rien.

Un peu plus loin, rien ne vous empêche d'essayer aussi la ***John's Guesthouse,*** maison qui, dit-on, date de 400 ans et où vivait le roi (du coin, bien entendu !).

Prévoir un vêtement imperméable car il pleut parfois là-haut.
Attention, pendant la saison des pluies, l'ascension de la montagne peut se révéler quasi impossible. Il faut impérativement prendre un guide, à moins que votre proprio de *losmen,* très ferré sur la question, ne vous ait dressé un plan avec toutes les bifurcations. Bonnes chaussures, également imperméables, pour les chemins boueux.
Il est possible de partir soit d'Ambarita (et de passer par le village de *Partungkoan*), soit de Tomok, et de dormir à *Ronggurnihuta.* Prévoir 2 jours pour la balade. À Ronggurnihuta, donc, nécessité de loger chez l'habitant si l'on arrive tard dans l'après-midi. Le lendemain, pour rejoindre Pangururan, possibilité de marcher (15 km) ou de prendre un minibus de Ronggurnihuta (pas très nombreux, se renseigner sur place). De Pangururan, nombreux minibus (enfin, au moins 1 par heure) pour Tuk-Tuk et Tomok.
Cette balade peut aussi se faire dans l'autre sens : prendre un bus pour Pangururan puis revenir vers Ambarita : il paraît que comme ça on se fatigue moins !

SIBOLGA

75 000 hab. IND. TÉL. : 0631

Située au fond d'une baie, au pied d'une chaîne de montagnes couvertes de végétation tropicale, Sibolga est une bonne ville portuaire de taille moyenne, connue des routards car elle est le point d'embarquement pour l'île de Nias (en partie dévastée par le tsunami du 26 décembre 2004). On ne peut pas dire qu'il s'agisse d'une ville touristique. En revanche, on trouve quelques vieilles maisons d'époque coloniale dans le centre-ville, ce qui donnera, aux yeux de certains, un certain charme à l'endroit. Une vingtaine de *losmen* et d'hôtels à tous les prix.

Avertissement

Si le reste de la ville n'appelle aucune remarque particulière, soyez vigilant sur le port et aux alentours, car vous serez sollicité par des rabatteurs qui se présentent comme des employés d'agences de voyages ayant pignon sur rue. Ils trouveront tous les prétextes pour vous vendre des billets de bateau pour Nias deux fois plus cher, au nez et à la barbe des autorités portuaires. Par exemple, ils vous diront que tous les billets ont été vendus, mais qu'il leur en reste quelques-uns. En fait, ils iront les acheter à l'entrée du port pour vous les revendre. Vous voilà donc prévenu !

Adresses utiles

✉ ***Poste :*** sur jl. FL Tobing (dans le centre). Ouvert du lundi au samedi de 8 h à 16 h.

■ ***Banques :*** plusieurs dans le centre-ville, notamment la *BNI* (excellent taux pour les *travellers cheques*), 34 jl. S. Parman (près de l'hôtel *Wisata Indah*). Pour le cash cela dit, mieux vaut aller à la *Bank Mandiri,* à l'angle de Katamso et A. Yani. Enfin, comme celui de la *BNI,* le distributeur de la *Bank Danamon,* sur Imam Bonjol, accepte les principales cartes de paiement.

■ ***Téléphone Wartel :*** un peu partout, notamment en face de la *BNI* et à côté de la poste.

@ ***Internet :*** au *wartel Horas,* 63 jl. A. Yani. De 2000 à 6000 Rps (0,15 à 0,5 €) pour une heure, selon le nombre d'usagers.

Où dormir ? Où manger ?

Hébergement pas folichon, nettement plus cher qu'au lac Toba (ceux qui en viennent noteront de suite la différence). Mais bon, on ne reste pas plus d'une nuit à Sibolga.

Bon marché (autour de 20000 Rps, soit 1,6 €)

Losmen Bundo Kandong : 152 jl. Horas. ☎ 21-149. À 50 m de la porte d'entrée du port de Sibolga. Bien situé, et pratique, si l'on débarque tard le soir sur les quais du port. Chambres sommaires cela dit, la plupart à 2 lits, avec *mandi* sur le palier. Bon marché. Fait aussi resto... si vous n'en voyez pas de plus engageant dans les parages immédiats.

Prix moyens (de 50000 à 100000 Rps, soit 4 à 8 €)

Hôtel Pasar Baru : 41 jl. R. Soepraptо. ☎ 22-167. Central, propre, tenu par un Chinois, il abrite des chambres avec salle de bains. Évitez celles qui donnent sur la rue, bruyantes. Les plus chères ont en prime un lavabo et l'AC. Au rez-de-chaussée, resto et bar ouvrant sur la rue.

Chic (plus de 300000 Rps, soit 24,3 €)

Hôtel Wisata Indah : 51 jl. Brig. Katamso. ☎ 23-688. Fax : 23-988. Hôtel confortable mais à prix un peu surévalués. Autant demander une chambre qui donne sur la mer évidemment. Petit dej' indonésien inclus. Piscine. Service prévenant. L'hôtel possède un autre établissement, un peu moins cher, sur l'île de *Poncan,* à 15 mn en zodiaque au large de Sibolga. Transport assuré par l'hôtel. Là, vous pourrez faire de la planche à voile, du canoë et de la plongée sous-marine.

➤ *DANS LES ENVIRONS DE SIBOLGA*

Les chutes d'eau : celles de ***Lubuk Sihopik*** se situent à Mela, à 3 km de Sibolga. De ce village, 30 mn de marche avant d'atteindre les chutes. Au sommet, il y a une sorte de piscine naturelle. Au village de Gotting, à 15 km de Sibolga, les chutes de ***Sampuran Silak,*** où l'on peut prendre une douche naturelle.

Les plages : au village de ***Pandan,*** à 14 km de Sibolga, sur la route de Bukittinggi, 3 plages différentes se suivent le long de la côte. Sur celle de *Pantai Pandan* (Pandan Beach), plus tranquille (sauf le week-end) et plus propre que les autres, on vend de magnifiques coraux et coquillages. Minibus depuis la gare routière ou en face de la banque *BNI.*

QUITTER SIBOLGA

En bus

La ***gare routière*** se trouve en plein centre-ville. Nombreux conducteurs de *becak* à proximité.

➢ ***Pour Prapat :*** 2 possibilités. En bus public (30 à 40 places), avec les compagnies *Makmur, Bintang Utara, Pan Baru* et *PMTT.* Tâchez de prendre l'un des 2 bus qui partent en début de matinée ou dans l'après-midi (les autres partent en début de soirée), faute de quoi vous arriverez à Prapat dans la nuit. Sinon, un peu plus cher mais plus confortable, les minibus privés de 8 places *(tourist coach),* avec les compagnies *Sempati, Sibuluan Indah* (22 et 62 jl. Diponegoro) et *Martabe* (sur jl. Suprato). Plusieurs départs quotidiens (le matin et le soir) mais, comme toujours avec cette formule, il faut qu'il y ait assez de passagers. Compter environ 6 h de trajet (173 km).

➢ ***Pour Medan :*** mêmes bus que pour Prapat. Distance : 350 km, compter 12 h.

➢ ***Pour Bukittinggi :*** 2 bus locaux par jour (de classe *ekonomi*), vers 16 h, avec *PO Terang* et *Satumusa.* Compter 12 h de route. Autre possibilité : les minibus privés mis en service par les compagnies *Bukittinggi Wisata Express* (bureau à la gare routière) et *Citra Nasional* (95 jl. Horas, la rue à droite du port ; ☎ 23-466). Départs vers 8 h, 17 h et 20 h. Le voyage (environ 380 km) se fait par la Trans-Sumatra, qui n'est plus du tout la route infernale que les routards ont connue dans les années 1960-1970. Après la ville de Padangsidempuan, la route serpente entre des cols successifs. Une pause-repas est en principe prévue. Le voyage de nuit pour Bukittinggi est un peu plus rapide que celui de jour, mais, alors, le bus ne s'arrête pas à Bonjol, le village où passe l'équateur.

Pour ceux que ce trajet d'une seule traite rebute, et qui souhaitent faire une escale en route, on conseille de dormir à Penjabungan Tonga ou à Kota Nopan. Pour aller à Penjabungan (environ 170 km au sud de Sibolga), un bus toutes les heures, entre 7 h et 20 h, avec plusieurs compagnies locales.

➢ ***Pour Padang :*** mêmes bus, exactement, que pour Bukittinggi.

➢ ***Pour Jakarta :*** uniquement avec la compagnie *ALS* (100 jl. Mesjid, ☎ 21-715). Départ en fin de matinée. Durée : pas loin de 2 jours. Bon courage à ceux qui font ce trajet d'un seul coup !

En bateau

Le ***port*** *(pelabuhan)* se trouve au bout de jl. Horas, à environ 2 km du centre. Y aller en *becak.* C'est de là que partent les bateaux pour l'île de Nias, qui, on le rappelle, a été ravagée par le tsunami, et où l'on vous déconseille de vous rendre pour le moment. Sachez toutefois qu'il y a deux ports d'embarquements : Gunungsitoli (côte nord) ou Teluk Dalam (au sud). L'arrivée à Teluk Dalam vous évite la longue traversée en bus de l'île.

Prenez garde aux rabatteurs (voir plus haut « Avertissement »).

L'ÎLE DE NIAS

IND. TÉL. : 0639

Située à l'ouest de Sumatra, l'île de Nias (environ 4500 km²) connaît trois civilisations distinctes et plusieurs dialectes. C'est certainement l'une des plus intéressantes d'Indonésie, d'une part pour ses extraordinaires mégalithes, dont on ne connaît pas l'origine, et de l'autre, pour un art de construction unique : d'immenses maisons au toit pentu, sur pilotis, rectangulaires ou ovoïdes, s'alignant dans de grandes clairières autour d'une place recouverte d'un dallage grossier. Les belles plages du sud, appréciées des surfeurs du monde entier, faisaient elles aussi partie du patrimoine de Nias, mais elles ont été dévastées par le tsunami de la fin décembre 2004, comme une grande partie de l'île d'ailleurs. Pour cette raison, nous avons décidé de supprimer le texte concernant l'île de Nias sur ce guide, bouclé juste après la catastrophe.
Nous espérons vous donner des renseignements et des conseils réactualisés sur l'île dès notre prochaine édition.

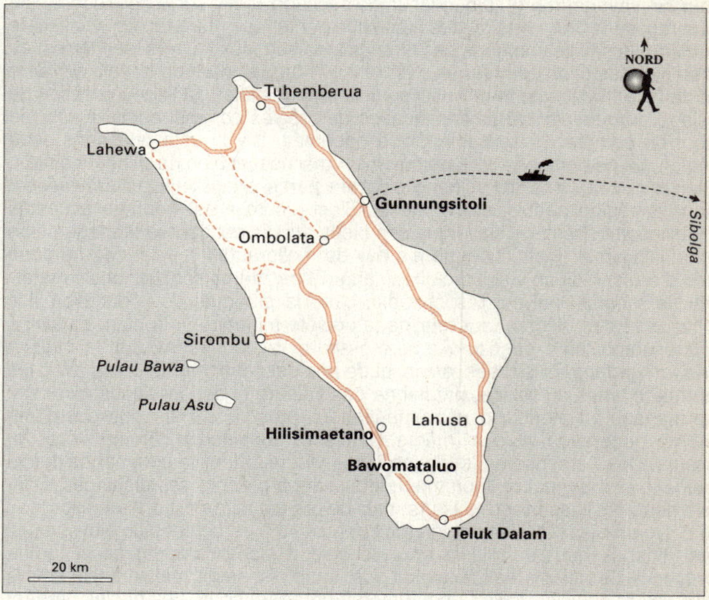

L'ÎLE DE NIAS

LE CENTRE ET LE PAYS MINANGKABAU

Au nord de Padang, une très belle région à découvrir. Un mode de vie quasiment inchangé, une culture presque intacte et d'élégantes demeures traditionnelles, reconnaissables aux flèches recourbées de leurs toitures rappelant les cornes de buffle. Au centre, Bukittinggi, à près de 1 000 m d'altitude, constitue la base idéale pour rayonner dans la campagne environnante.

LES MINANGKABAUS : LA PLUS GRANDE SOCIÉTÉ MATRILINÉAIRE DU MONDE

Habitants des régions vallonnées des environs de Bukittinggi, les Minangkabaus fondent, depuis des siècles, l'organisation de leur société sur l'*Adat*. Cette tradition ancestrale privilégie l'ascendance maternelle et donne plus d'importance aux femmes qu'aux hommes, du moins dans la structure familiale. Une chose étonnante dans une société aussi musulmane, où les femmes sont souvent considérées comme inférieures. Chose encore plus rare dans cette partie du monde, et dans le tiers monde en général : la naissance d'une fille est toujours vécue avec allégresse. Au Vietnam, selon un vieux dicton macho, « un garçon vaut dix filles »... Chez les Minangkabaus, une fille vaut dix garçons !

Pour résumer la tradition minang, du moins ce qu'elle était jusqu'au XXe siècle : la femme est souveraine, sédentaire, propriétaire et héritière principale, tandis que l'homme s'apparente à son invité, un gestionnaire, un administrateur, un voyageur, bref, à quelqu'un de passage. C'est sur la lignée féminine que repose la transmission des biens. On hérite « de mère en fille ». La mère transmet à sa fille son nom, ses titres, sa maison, ses rizières, ses terres, et, bien sûr, ses bijoux de famille... et c'est à l'homme, par son travail, de gérer et de faire fructifier le tout. Aussi sont-ils responsables de l'administration du village au quotidien et de l'application des règles communautaires. Oh, au bout du compte, ils sont loin d'être opprimés. Il y a juste que dans cette région, on ne parle pas de « patrimoine » mais bel et bien de « matrimoine ». Bien sûr, cette tradition minang s'est en partie adaptée à l'islam, présent dans la région depuis le XVe siècle. S'est ajouté à cet héritage ancestral matrilinéaire l'héritage classique des biens acquis pendant le mariage selon la loi islamique. Mais l'homme n'a pas de réelle autorité. « Le coq ne pond pas d'œufs », dit un vieux dicton minang. Et ce, même si c'est l'oncle maternel (le *mamak*) qui est responsable, dans la pratique, de l'éducation des neveux et des nièces. Le cœur de la société minang est le clan, constitué d'une grand-mère ou d'une arrière-grand-mère, qui règne sur la maison *(rumah gadang)* et sur ses terres, et de ses descendants. Elle est, avec les autres femmes du village, gardienne des valeurs et des traditions minangs. Le mariage à l'intérieur d'un même clan est proscrit, car les individus d'une même génération et d'un même clan sont considérés comme frères et sœurs. Cette emprise de la femme sur la vie de la famille commence dès le berceau et marginalise l'homme, le poussant à prendre ses distances. Difficile de dire s'il les prend toujours mais ce qui est sûr, c'est que le divorce et la polygamie – officiellement interdite depuis 1974 – restent plus élevés chez les Minangkabaus qu'ailleurs en Indonésie. Avec le modernisme et l'omniprésence de l'islam, les Minangkabaus, toutefois, se normalisent. Dès qu'ils s'installent en ville, la vieille coutume en prend un coup. Les oncles perdent de leur pouvoir car ils n'habitent plus sous le même toit que leurs neveux et nièces, comme dans les villages. Les jeunes filles étudient plus longtemps et se marient plus tard, acceptant de moins en moins les mariages arrangés par leur mère.

De plus, les hommes, qui autrefois quittaient le foyer conjugal pour aller chercher du travail à Jakarta, en Australie ou aux États-Unis, partent désormais avec femmes et enfants. Ce peuple à la fois enraciné et migrateur a en effet produit une « diaspora » de près de 3,5 millions d'individus éparpillés entre l'Indonésie, l'Australie et l'Amérique. Mais bon, même « en exil », la femme minang reste le pivot central de la famille et continue de transmettre nom et biens à ses enfants...

BUKITTINGGI

IND. TÉL. : 0752

Petite ville agréable située sur une colline entre deux volcans. Son nom signifie d'ailleurs « haute colline ». Après la région du lac Toba, il s'agit sans conteste de la destination la plus prisée de Sumatra. À juste titre. Bien sûr, elle est victime elle aussi, depuis 1997, de la baisse du tourisme qui touche le pays tout entier (d'autant qu'elle se trouvait non loin des feux de forêts qui ont ravagé une partie de l'île cette année-là), mais elle reste la capitale culturelle du Pays minang, le point de départ pour les excursions dans la région. La ville inspire une certaine nonchalance, avec sa place de l'Horloge envahie par les jeunes dès la tombée du jour. Hélas, comme toutes les villes d'Indonésie, elle est polluée et bruyante. En revanche, le climat y est plaisant (surtout par contraste avec « l'étuve » de Padang), et ce, malgré la fréquence des pluies équatoriales. Et puis, bien sûr, on y trouve de nombreux hôtels à tous les prix, ce qui en fait un endroit de choix pour une escale de quelques jours.

Comment y aller ?

➢ ***De Prapat :*** pas de *tourist coach* régulier. En bus public, 4 départs avec la compagnie *ALS* et 1 avec *ANS,* tous les jours entre 13 h et 21 h. Trajet fatigant (compter au moins 16 h) mais paysages inoubliables. Pensez à réserver !
➢ ***De Padang :*** bus très fréquents depuis le terminal de *Bingkuang,* situé à environ 8 km au nord-est du centre-ville. Arrivée 2 h 30 plus tard à la gare routière d'*Aur Kuning,* à 2 km au sud-est du centre de Bukittinggi.

Adresses utiles

Infos touristiques

ℹ ***Office de tourisme*** *(plan B2)* **:** sur la place de l'horloge, en face de la *Bank Rakyat Indonesia.* Ouvert tous les jours, sauf le dimanche, de 8 h à 16 h. Infos générales sur ce qu'il y a à voir et à faire dans la région. Pour toute question concernant les transports ou l'organisation d'excursions, cela dit, mieux vaut s'adresser à une des agences de voyage citées plus bas.

Poste, télécommunications

✉ ***Poste*** *(plan B3)* **:** 75 jl. Jend Sudirman. Ouvert du lundi au samedi de 8 h à 16 h. Poste restante fiable.
■ ***Téléphone :*** nombreux *Wartels* un peu partout en ville. Ils sont généralement ouverts de 8 h à 23 h. Vous en trouverez également un, ouvert 24 h/24, non loin de la poste, dans une rue parallèle à jl. Sudirman *(plan B3,* ***1****).*

@ ***Internet :*** au *Harau Internet Café,* 134 jl. Yani, entre le *losmen Rajawali* et le pont. Ouvert tous les jours de 8 h à 1 h. Central mais pas très bon marché : 12000 Rps (1 €) de l'heure. Les fauchés iront plutôt à celui qui jouxte la poste *(plan B2-3,* ***2****),* deux fois moins cher. Attention, il ferme à 21 h.

Argent

Plusieurs ***distributeurs automatiques*** en ville, notamment à la *BNI,* sur jl. Yani *(plan B1,* ***3****),* la *BRI,* sur la place de l'horloge *(plan B2,* ***50****)* ou encore à la *BCA,* 51 jl. Yani.

BUKITTINGGI

Possibilité de ***changer*** liquide et *travellers' cheques* dans la plupart de ces banques (ouvertes du lundi au vendredi de 8 h ou 9 h à 15 h ou 16 h), mais aussi dans les nombreux *Toko Mas* (bijouteries) de jl. Minangkabau *(plan B1)*, ouverts plus tard que les banques. Taux plus ou moins bon selon l'âge (et l'état) des billets, et la quantité changée. Ne pas hésiter à faire deux ou trois boutiques avant d'en choisir une. À noter que le *Money changer Toko Eka (plan B1-2, **4**)*, toujours sur jl. Minangkabau, est sûr et offre un taux tout à fait correct. Enfin, on peut aussi changer dans la plupart des hôtels et agences de voyage mais, là, bien se renseigner sur le taux (assez variable d'un endroit à l'autre) avant de changer.

Santé

■ ***Rumah Sakit (hôpital) Ahmad Mochtar :*** jl. A. Rivai, presque en face de l'hôtel Denai. ☎ 921-322. Service spécial pour les étrangers aux urgences, ouvertes 24 h/24.

Loisirs

■ ***Agences de voyages :*** elles proposent en général des excursions avec un guide, vendent des billets de bus locaux et touristiques, changent les dollars et louent des motos. La plupart se trouvent sur jl. Yani *(plan B1)*. Quelques adresses : *Jogja Tour,* 85 jl. Yani (☎ 627-549) ; *Raun Sumatra,* 99 jl. Yani (☎ 21-133) ; *PT. Travina Inti,* 105 jl. Yani (☎ 21-281) ; et *Indowisata,* 136 jl. Yani (☎ 22-967). À signaler aussi, l'agence *PT Maju Indosari Tour and Travel (plan B2, **5**)*, située sur la place de l'Horloge (☎ 21-671 ou 32-094), qui, en plus de la gamme habituelle des services proposés, est de bon conseil (demandez Arman).

■ ***Location de motos :*** dans les agences de voyages (voir ci-dessus), ainsi qu'à la librairie d'occasion *Tilas Book Shop,* 85 jl. Yani. Compter 65000 Rps (5,2 €) pour une journée, moins si vous gardez la moto plusieurs jours.

■ ***Presse :*** on peut trouver le *Jakarta Post* du jour (entre 12 h et 17 h 30), à la *Jaya Agency (plan B2, **6**)*.

■ ***Piscine :*** au *Novotel Bukittinggi (plan A2, **28**)*. Prix d'entrée inférieur à celui d'une piscine municipale en France. Dans un superbe décor arabisant et un jardin agréable, avec transats.

Où dormir ?

Comme on l'a dit, Bukittinggi n'est pas épargnée par la baisse de fréquentation touristique qui touche tout le pays depuis 1997. Du coup, la ville se retrouve suréquipée en matière d'hébergement.

Il y en a pour tous les goûts et à tous les prix, de la petite pension poussiéreuse au grand hôtel de luxe, en passant par le petit établissement pas très cher mais agréable et bien tenu, malgré la carence... chronique de visiteurs. Bref, vous n'aurez en principe pas de difficultés à trouver un lit !

Bon marché (autour de 20000 Rps, soit 1,6 €)

***Rajawali Homestay** (plan B1, **10**) :* 152 jl. Yani. ☎ 31-905. Sympathique façade rouge et noire. Propose 8 chambres simples mais rénovées, avec *mandi*. Le proprio, un Allemand marié à une Indonésienne, explore régulièrement la région et pourra vous donner plein d'infos sur les choses à voir. Il peut même se renseigner pour savoir s'il y a un mariage dans le coin et, le cas échéant, vous y emmener !

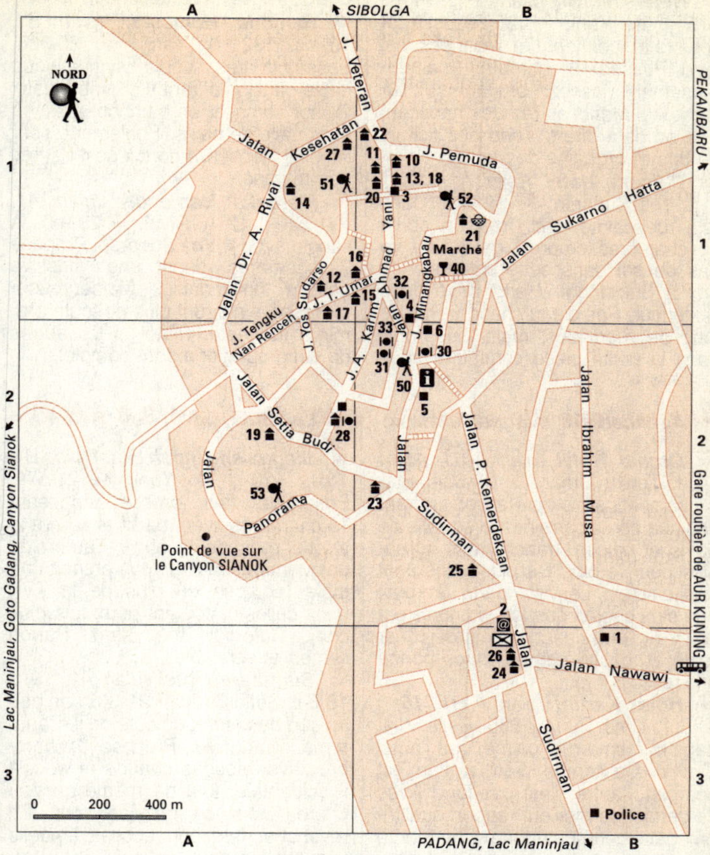

BUKITTINGGI

Adresses utiles

- Office de tourisme
- Poste
- 1 Téléphone 24 h/24
- 2 Internet
- 3 BNI
- 4 Money changer Toko Eka
- 5 PT Maju Indosari Tours and Travel
- 6 Jaya Agency
- 28 Piscine du Novotel Bukittinggi

Où dormir ?

- 10 Rajawali Homestay
- 11 Hôtel Murni
- 12 D'Enam Hotel
- 13 Bamboo Homestay
- 14 Merdeka Homestay
- 15 Orchid Hotel
- 16 Hôtel Kartini
- 17 Asean Hotel
- 18 Singgalang Indah Hotel
- 19 Sumatera Hotel
- 20 Wisma Srikandi
- 21 Cindua Mato Hotel
- 22 Hôtel Asia
- 23 Hôtel Ambun Suri
- 24 Hôtel Nikita
- 25 Hôtel Yuriko
- 26 Hôtel Kharisma
- 27 Hôtel Lima's
- 28 Novotel Bukittinggi

Où manger ?

- 28 Restaurant du Novotel
- 30 Restaurant Simpang Raya
- 31 Selecta
- 32 Mona Lisa
- 33 Selamat

Où boire un verre ?

- 40 Pondok Bakso

Achats

- 21 Minang Art Shop

À voir

- 50 Tour de l'Horloge
- 51 Fort de Kock
- 52 Zoo et Musée
- 53 Musée militaire

Hôtel Murni *(plan B1, **11**) :* 115 jl. A. Yani. ☎ 35-569. Plutôt vétuste et rudimentaire, mais pas mal tenu. Possède 9 chambres (malheureusement assez bruyantes) sur 2 étages. *Mandi* au rez-de-chaussée. Thé ou café offert. Vend des tickets de bus et organise des tours.

D'Enam Hotel *(plan A1, **12**) :* 4 jl. Yos Sudarso. ☎ 32-240. Dans une rue calme, cette maison abrite 10 chambres propres, ce qui ne va pas de soi dans cette catégorie de prix à Bukittinggi. *Mandi* privé ou à l'extérieur. Pas d'eau chaude. Pas de petit dej' non plus, mais thé gratuit dans la petite pièce commune équipée de sièges en bambou. Bon accueil.

Bamboo Homestay *(plan B1, **13**) :* 132 jl. Yani. ☎ 23-388. Ensemble très simple, sympathique petite pension offrant 8 chambres aux lits sur sommier en bambou, avec ou sans salle de bains. Également, pour les plus fauchés, 1 dortoir de 4 lits très bon marché.

Merdeka Homestay *(plan A1, **14**) :* 20 jl. Dr A. Rivai. ☎ 23-937. À l'angle avec jl. Yos Sudarso. Propose 7 chambres dans une massive bâtisse hollandaise. Malheureusement, elles ne sont plus de toute première fraîcheur. Plutôt si les autres de cette catégorie sont complets.

Prix moyens (de 45 000 à 75 000 Rps, soit 3,6 à 6 €)

BUKITTINGGI

Orchid Hotel *(plan A-B1, **15**) :* 11 jl. Teuku Umar. ☎ 32-634. Établissement sans prétention offrant des chambres carrelées avec salle de bains et balcon, franchement agréables pour le prix. De plus, elles sont très calmes. Les *standard,* un petit peu plus chères que les *ekonomi,* ont la TV et l'eau chaude. Petit déjeuner (café et toasts) compris. Une bonne affaire !

Hôtel Kartini *(plan A-B1, **16**) :* 6 jl. T. Umar. ☎ 22-885. Belle villa, dans la même rue, calme, que l'hôtel *Orchid.* Ça tombe bien, si l'un est complet, l'autre n'est pas loin ! Avec ce dernier, le meilleur rapport qualité-prix dans cette catégorie. Charmante maison en effet, avec un coin canapés très plaisant et, à l'étage, une chouette petite terrasse couverte pour se relaxer, le soir venu. Les chambres sont très propres et bien équipées, avec lavabo et douche chaude. Bon accueil, d'un homme discret, petit déjeuner (avec œufs et fruits !) inclus... Ah, que n'y a-t-il pas plus d'endroits comme celui-là !

Asean Hotel *(plan A1, **17**) :* 13 B jl. Teuku Umar. ☎ 21-492. Toujours dans cette rue calme. Chambres très bien tenues, avec eau chaude pour celles qui sont dotées de sanitaires privés. Il y a aussi des chambres *Asean,* plus spacieuses, avec TV. Petit déjeuner inclus. Mieux que beaucoup d'autres hôtels de Bukittinggi.

Singgalang Indah Hotel *(plan B1, **18**) :* 130 jl. A. Yani. ☎ 21-576. Ensemble très propre proposant 15 chambres avec *mandi* et w.-c. à la turque (pas de lavabo). Eau froide uniquement, sauf si vous prenez une triple (équipée en plus de la TV), mais celles-ci coûtent deux fois plus cher. Café ou thé offert. Patron sympa et serviable.

Sumatera Hotel *(plan A2, **19**) :* 16 E jl. Setia Budi. ☎ 21-309. Un peu au sud du centre, du côté de jl. Panorama. Tranquille. Propose 9 chambres avec douche chaude et w.-c. à l'occidentale, tout de même un peu chères pour ce qu'elles sont. En revanche, très bon accueil et belle vue sur les deux volcans de la terrasse sur le toit. Petit dej' inclus.

Wisma Srikandi *(plan B1, **20**) :* 117 jl. A. Yani. ☎ 22-984. Le moins cher, mais aussi le plus sommaire, de cette catégorie. Toutes les chambres, cela dit, sont équipées de sanitaires (douche ou *mandi*) avec w.-c. à l'occidentale. Bon, plutôt si les autres sont complets.

Cindua Mato Hotel *(plan B1, **21**) :* 96 jl. Cindua Mato. ☎ 21-346. Petit hôtel propret à deux pas du marché. Calme, sauf que la mosquée n'est pas loin. Chambres avec salle de bains, pas particulièrement bon marché mais, au moins, pas poussiéreuses. Pas d'eau chaude ni de petit dej'.

Plus chic (de 90 000 à 175 000 Rps, soit 7,3 à 14,2 €)

Hôtel Asia *(plan B1,* ***22****)* **:** 38 jl. Kesehatan. ☎ 625-277. Fax : 625-278. Grande réception carrelée avec des miroirs. Hôtel récent de 30 chambres... *standard* ou plus luxueuses. Quoi qu'il en soit, elles sont toutes très convenables, plutôt bien arrangées et agréables. Évitez quand même le côté rue, bruyant. Petit déjeuner compris.

Hôtel Ambun Suri *(plan B2,* ***23****)* **:** 21 jl. W.R. Supratman. ☎ 227-66. Entre la place de l'horloge et la poste, une adresse assez fréquentée, offrant des chambres pas trop mal fichues, avec salle de bains complète, TV et eau potable en Thermos. Bien tenu et assez agréable. Le petit déjeuner (indonésien) est compris dans le prix.

Hôtel Nikita *(plan B3,* ***24****)* **:** 55 jl. J. Sudirman. ☎ 31-629. Fax : 31-177. Bâtiment vert à côté de l'hôtel *Kharisma* (voir ci-dessous), après la poste en venant du centre. Rien à redire sur les chambres, classiques mais impeccables, avec sanitaires complets et TV.

Hôtel Yuriko *(plan B2,* ***25****)* **:** 7 jl. J. Sudirman. ☎ 22-412. Dans le même coin que l'hôtel *Nikita.* Pas beaucoup d'ambiance mais confort suffisant et bonne tenue générale. Demandez à être à l'arrière.

Chic (autour de 200 000 Rps, soit 16,2 €)

Hôtel Kharisma *(plan B3,* ***26****)* **:** 57 jl. Sudirman. ☎ 626-900. Fax : 320-25. • kharismahotel@hotmail.com • Le meilleur choix que vous puissiez faire dans cette gamme de prix. Un hôtel tout récent, presque de charme (plutôt rare ici !), qui propose de belles chambres réalisées dans les tons chauds, avec mobilier en bois et lavabo en marbre dans les salles de bains. Vraiment agréable ! Petit dej' inclus. En haut, terrasse panoramique avec vue sur les volcans.

Hôtel Lima's *(plan A1,* ***27****)* **:** 34 jl. Kesehatan. ☎ 22-641. Fax : 32-570. Agréable réception ouverte, un peu en retrait de la route. Offre ce qu'on peut attendre, ni plus ni moins, d'un établissement de cette catégorie. Petit déjeuner compris.

Très chic (autour de 500 000 Rps, soit environ 40,5 €)

Novotel Bukittinggi *(plan A2,* ***28****)* **:** jl. Laras Datuk Bandaro. ☎ 35-000. Fax : 23-800. • www.accorhotels.com/asia • Domine le centre-ville. Architecture qui ne s'inspire pas du style minangkabau, mais plutôt des palais marocains. Grand luxe pour le prix d'un tout petit 2 étoiles en France. Piscine somptueuse (tarif d'accès modique pour les non-clients) et *donuts* (*donat* en Indonésien, les habitants de Bukittinggi en sont friands) succulents à un prix dérisoire.

Où dormir dans les environs ?

Echo Café et Homestay **:** dans la vallée d'Harau, à Payakumbuh. ☎ 50-306. Fax : 91-500. À une cinquantaine de kilomètres au nord-est de Bukittinggi. Quelques bungalows et chambres à l'étage de la maison principale. Seul hôtel à l'intérieur de la vallée d'Harau (petit parc naturel protégé), il a été monté par un Allemand qui a respecté le style du pays. Ce sont des bungalows traditionnels, aux toitures élégantes en forme de cornes de buffle relevées vers le ciel, avec le confort minimum à l'intérieur. Une bonne adresse, d'autant que la nourriture est très correcte.

Où manger ?

Ville ne présentant pas de gastronomie exceptionnelle (aucune adresse incontournable), malgré l'omniprésence de la cuisine padang. Petite particularité : on y trouve des *coffee-shops,* cafés aux couleurs locales, où l'on peut manger des plats d'inspiration occidentale... et, bien sûr, descendre une bonne bière bien fraîche. Si vous cherchez un guide pour une excursion, c'est aussi là que vous en rencontrerez.
– Goûtez quand même peut-être à la ***spécialité culinaire*** du coin, le *dadiah campur,* une mixture sucrée, énergétique en diable, à base de céréales, de yaourt et d'une sorte de sirop. Vous la trouverez surtout au marché, mais aussi dans l'un ou l'autre resto de la ville, comme le *Simpang Raya* de jl. Minangkabau (qui se trouve près du marché justement).

De bon marché à prix moyens (de 10 000 à 20 000 Rps, soit 0,8 à 1,6 €)

- ***Restaurant Simpang Raya*** *(plan B2, **30**) :* sur la place centrale, face à la tour de l'Horloge. Ouvert jusqu'à 20 h 30. Cuisine indonésienne padang traditionnelle et service rapide. Bon et pas cher, pour résumer l'endroit. Attention, pas de bière. D'autres adresses en ville, notamment sur jl. Minangkabau, en face du marché.
- ***Selecta*** *(plan B2, **31**) :* 3 jl. A. Yani. ☎ 23-320. Quasiment sur la place de l'Horloge, à côté du *KFC.* Pas toujours très fréquenté, mais charmant accueil et bonne cuisine chinoise, à prix moyens.
- ***Mona Lisa*** *(plan B1, **32**) :* 74 jl. A. Yani. ☎ 22-644. Drôle de nom pour un resto chinois ! En fait, il s'appelle comme ça depuis... 1965, année du coup d'État (communiste) manqué, où il valait mieux ne pas trop montrer qu'on était chinois. C'est dire si ça fait un bout de temps qu'il est ouvert ! Et ça continue, toujours avec la même constance. Spécialité de raviolis, et très bonne salade de fruits.
- ***Selamat*** *(plan B2, **33**) :* 19 jl. A. Yani. À 100 mètres de l'horloge. Resto indonésien faisant dans la... *padang food.* Demandez des couverts !

Plus chic (plats entre 20 000 et 40 000 Rps, soit 1,6 et 3,2 €)

- ***Le restaurant du Novotel*** *(plan A2, **28**) :* voir la rubrique « Où dormir ? ». Évidemment plus cher que les précédents mais bonne cuisine, plus sophistiquée. On y sert de l'indonésien, du japonais, de l'italien, des plats occidentaux, des fruits de mer, bref, un peu de tout, en bordure du jardin qui donne sur la superbe piscine, ou dans le jardin lui-même. Tous les samedis soir, buffet *barbecue* (grillades) rehaussé de danses traditionnelles... sur des bris d'assiettes (à pieds nus !), tandis que d'autres « artistes » font joujou avec des torches. Excellent accueil.

Où boire un verre ?

Dans les ***coffee-shops*** dont on vous parlait plus haut. Grosso modo, ce sont des bars-restos en bambou et à l'atmosphère un peu sombre, des lieux de rencontres à l'intention des routards et des touristes. On y sert des plats à l'occidentale... pas particulièrement réussis. Bref, venez-y plutôt pour prendre un pot le soir. Vous y trouverez généralement aussi l'un ou l'autre guide, si vous en cherchez un pour une excursion. Demandez alors, avant de conclure quoi que ce soit, à voir sa licence (une carte jaune ou verte) car il peut y avoir, dans ce lot, des amateurs.

Lors de notre dernier passage cependant, il ne restait, dans toute la ville, que 5 *coffee-shops,* les autres ayant fermé à cause de la baisse du tourisme. Il s'agit du ***Bedudal*** (le plus sympa selon nous), du ***Rendez-vous Coffee-House*** et du ***Coffee-Shop*** (le plus ancien), tous trois sur jl. Yani, à un jet de pierre les uns des autres, et des ***Canyon Coffee-Shop*** et ***Clock Café,*** situés l'un en face de l'autre sur jl. T. Umar, là où se trouvent 3 bons hôtels à prix moyens (voir plus haut). Ils sont tous ouverts toute la journée, jusqu'à minuit ou 1 h.
– Si vous passez près du marché en journée, vous pouvez aussi vous arrêter au ***Pondok Bakso*** *(plan B1, **40**),* pour sa terrasse dominant la ville basse. Prendre le petit chemin sur la gauche juste après le cinéma *Gloria.* Possibilité aussi d'y boulotter un plat simplissime.

Où voir un spectacle de danses ?

À côté de l'hôtel *Jogya,* jl. Lenggo Geni, en contrebas de la place de l'horloge. Normalement, danses minangkabaus, au rythme de la flûte, des tambours et du *talempong* (sorte de gamelan), tous les soirs dès 20 h 30. Entrée payante.

Achats

Minang Art Shop *(plan B1, **21**) :* 98 A jl. Cindua Mato. ☎ 35-662. Presque en face de l'accès au zoo, magasin de vieilleries indonésiennes, mais pas seulement. Pour ceux qui chercheraient un truc un peu rare.

À voir

Tout ce qu'il y a à voir en ville est accessible à pied depuis le centre. Si vous devez aller un peu plus loin, préférez les minibus aux taxis, qui forcent un peu sur les prix.

Ne pas manquer de grimper au ***fort de Kock*** *(plan A1, **51**)* pour le panorama sur la ville. En fait, il n'y a plus vraiment de fort, mais des sentiers entourés de pelouses et bordés de cages à oiseaux. Accès payant (5000 Rps ou 0,4 €). De là on peut rejoindre, en traversant le pont sur la droite, l'autre partie du parc *(plan B1, **52**)* qui comprend un ***zoo*** et une grande maison traditionnelle Minangkabau, convertie en ***musée*** (ouvert tous les jours de 8 h 30 à 17 h 30). Il expose de l'artisanat local, des objets domestiques et des vêtements traditionnels, ainsi que des animaux... bicéphales et autres monstres de la nature empaillés. Le zoo, lui, n'offre qu'un spectacle pitoyable d'éléphants enchaînés dans leur enclos, de singes au regard triste, d'échassiers immobiles... Les âmes sensibles s'abstiendront.

Le marché *(plan B1)* **:** immense, très coloré. Les mercredi et samedi sont les jours les plus importants. On y trouve évidemment de tout. Un peu plus loin, la place principale est dominée par la ***tour de l'Horloge*** *(plan B2, **50**),* construite en 1926. Faites-vous tailler des sarongs sur mesure dans de magnifiques tissus.

Le Musée militaire *(plan A2, **53**) :* sur jl. Panorama. Ouvert tous les jours, sauf le dimanche, de 8 h à 15 h. Collection de vieilles photos sur la guerre d'Indépendance face aux Hollandais, et sur les héros de la « révolution » de 1965. Uniquement si vous avez une heure à tuer.

Sianok : canyon situé en bordure de la ville. Excellente vue d'ensemble sur ce dernier depuis la (bien nommée) jalan Panorama *(plan A2),* accessible à pied du centre-ville. De là, si vous voulez voir le canyon d'en bas, possibilité de rejoindre, au prix d'une bonne heure de marche, le petit centre d'orfèvrerie de Koto Gadang (voir plus bas). Emprunter le petit chemin qui part sur la droite et qui mène à des escaliers ; descendre les marches jusqu'à la route puis, plus loin, à la première maison, prendre un autre petit chemin de terre sur la gauche et continuer sur 500 m environ, jusqu'au pont qui enjambe la rivière. À partir de là, suivre le chemin jusqu'à Koto Gadang.

➤ DANS LES ENVIRONS DE BUKITTINGGI

Pour découvrir les curiosités des environs de Bukittinggi, utilisez les bus ou minibus locaux, ou, mieux, louez un scooter ou une moto. Ce n'est pas trop cher (voir plus haut « location de motos » dans la rubrique « Adresses utiles ») et c'est de loin le moyen le plus pratique (outre la voiture bien sûr) pour explorer le Pays minang comme on le souhaite.

Koto Gadang : petit village réputé pour ses boutiques d'objets en argent finement ouvragés, à quelques kilomètres au sud-ouest de Bukittinggi. Possibilité d'y aller à pied (voir ci-dessus la rubrique « À voir »), ou par la route, en minibus notamment. Une excursion intéressante... si vous avez un cadeau à faire (ou si vous aimez l'argent), mais les articles proposés sont un peu trop travaillés pour le goût occidental. Cela dit, c'est beaucoup moins cher qu'en Europe. Voir également dans le village les quelques ateliers de broderie. Le magasin *Amai Setia,* à l'entrée, vous donnera un bon aperçu de la richesse de l'artisanat local.

Batang Palupuh : à 13 km de Bukittinggi, sur la route de Medan. C'est ici que vous aurez une chance de contempler la *rafflesia* (la plus grande fleur du monde) dans son milieu naturel, c'est-à-dire la forêt humide. Pour y aller, prendre, du marché, un minibus affichant *Batang Palupuh.* On vous dépose à l'entrée du village où, s'il y a des fleurs à observer, il y aura inévitablement quelqu'un qui se proposera comme guide... En effet, la *rafflesia* s'épanouit à des moments peu prévisibles. Elle pousse en parasite sur les racines des arbres et sa floraison (un processus qui dure 9 mois !) dépend, entre autres, de l'abondance des pluies. En tout état de cause, elle n'est visible dans toute sa beauté que durant quelques jours... entre août et décembre surtout. Bref, renseignez-vous bien dans les agences de voyages de Bukittinggi pour savoir s'il y a des *rafflesia* en fleur (et non simplement en bouton) avant de faire la route, faute de quoi vous risquez d'être déçu.

– ***Combats de buffles (adu kerbau) :*** à voir à tout prix. Ils ont lieu en principe le jeudi à 16 h, à ***Kota Baru,*** sur la route de Padang Panjang, mais demandez confirmation à l'office de tourisme de Bukittinggi car cela peut varier. En gros, deux buffles s'affrontent jusqu'à la fuite de l'un d'eux. Paris à gogo, ambiance bon enfant, mais faites tout de même gaffe aux pickpockets ! Pour y aller, *oplets* (minibus) jaunes n° 4 devant l'hôtel *Jogya,* en contrebas de la place de l'Horloge.

La vallée d'Harau : à une cinquantaine de kilomètres à l'est. Allez d'abord, en bus depuis la gare routière principale de Bukittinggi, jusqu'au terminal de Payakumbuh ; là, prenez un *oplet* (minibus) jusqu'au marché *(pasar),* puis un autre pour Sari Lamak, d'où il reste 3 km à parcourir (possibilité de prendre un *becak*)... avant d'atteindre la vallée, entourée d'immenses falaises et parsemée de chutes d'eau. Une nature sauvage et une ambiance de bout du monde, qui invitent à la promenade à pied. Attention, le dimanche, grosse affluence indonésienne. Quelques sentiers ont été aménagés dans la jungle, sympa. En levant la tête, on aperçoit d'étranges champignons géants accrochés aux parois. Il est possible de passer la nuit au beau milieu du canyon dans des bungalows en bambou à l'*Echo Café et Homestay.* ☎ 50-306 (Voir plus haut la rubrique « Où dormir dans les environs ? »).

Le volcan Merapi : l'un des sommets dominant Bukittinggi. Ce volcan actif et parfois dangereux (se renseigner) est accessible à pied. La randonnée démarre de Kota Baru et dure environ 6 h. Il est très vivement conseillé de prendre un guide, car le chemin est truffé de pièges et souvent difficile à trouver, d'autant plus qu'il faut marcher de nuit pour être au sommet à l'aube, avant l'amoncellement des nuages. La majeure partie de la grimpette s'effectue dans la forêt de bambous, puis l'on débouche sur les scories. Là-haut, à 2890 m, il fait froid. Magnifiques dépôts de soufre. Se méfier des abords du cratère : éboulis, émanations gazeuses. Panorama évidemment saisissant. À la descente, on se rend compte combien le sentier était raide... et jonché de détritus. Il faut dire qu'il constitue une destination populaire le week-end pour les jeunes Indonésiens.

Pandai Sikat : petit village à 10 km au sud de Bukittinggi, après *Koto Baru.* Prendre le minibus jaune n° 4 affichant « P. Sikek » devant l'hôtel *Jogya* (en contrebas de la place de l'Horloge). Au centre artisanal, nombreux ateliers de sculpture sur bois. Visiter surtout *Pusako,* une entreprise de tissage traditionnel installée dans une magnifique maison minang. Production remarquable, évidemment chère en regard du niveau de vie local, mais pas tant que ça pour ceux qui veulent vraiment se faire plaisir...

➢ **Excursions à l'île de Siberut :** cela peut sembler bizarre au départ de Bukittinggi, mais il se fait que la plupart des agences de voyages et guides de la ville proposent des virées de 6 à 10 jours sur cette île, par groupes de 6 à 7 personnes minimum. Pas cher (compter 100 à 150 US$ tout compris), en tout cas nettement moins que de Padang, mais les circuits organisés depuis Bukittinggi aborderaient Siberut de façon plus superficielle que ceux proposés à Padang (voir, plus loin, le chapitre consacré à Siberut).

– Et puis, bien sûr, la ***région de Batusangkar,*** où l'on trouve les plus beaux exemples d'architecture minang de Sumatra. Là encore, plus de détails dans le chapitre qui lui est consacré plus bas.

QUITTER BUKITTINGGI

En bus

La gare routière *(hors plan par B3)* d'***Aur Kuning*** se trouve à environ 2 km au sud-est du centre-ville. Pour y aller, prendre un taxi ou un minibus sur jl. Yani *(plan B1),* au marché, ou encore devant l'hôtel *Indria,* jl. Setia Budi (*plan B2,* à côté du ***23***).
➢ ***Pour Batusangkar :*** départs très fréquents. Durée : 1 h 30 à 2 h.
➢ ***Pour le lac Maninjau :*** départs très fréquents. Durée : 2 h. Voir aussi ci-dessous, au chapitre « Le lac Maninjau », la rubrique « Comment y aller de Bukittinggi ? ».
➢ ***Pour Padang :*** nombreux bus, notamment avec *ANS* et *NPM,* entre 6 h et 18 h. Trajet : 90 km. Durée : environ 2 h 30.
➢ ***Pour Sibolga :*** 2 bus publics par jour, partant normalement vers 17 h. Compagnies : *Satumusa* et *PO Terang.* Il existe aussi, en principe, des bus pour touristes mis en service par certaines agences de voyages, *Raun Sumatra* notamment, qui propose 2 départs quotidiens. Bien se renseigner car cette formule dépend éminemment de la demande. Trajet : 380 km. Durée : environ 12 h.
➢ ***Pour Prapat et Medan :*** 3 bus avec la compagnie *ALS* et 1 avec *ANS,* tous les jours à partir de 12 h. La classe varie selon le bus. Compter au moins 16 h jusqu'à Prapat et 21 h jusqu'à Medan. Long voyage donc, plutôt fatigant, mais pas aussi épouvantable que par le passé, les routes et les véhicules s'étant quelque peu améliorés. Acheter son billet au moins 1 jour avant le départ, c'est plus sûr.

➢ ***Pour Pekanbaru, Dumai et Singapour :*** plusieurs départs quotidiens pour Pekanbaru (le matin, l'après-midi et le soir) assurés par différentes compagnies, dont *Sinar Riau* et *Gumarang.* Trajet : 222 km. Durée : 6 h. Le bus du matin de *Sinar Riau* continue vers Dumai, à 6 h de route de Pekanbaru. De là, ferry jusqu'à Batam (île en face de Singapour). À Batam, prendre un autre bateau (départs fréquents) pour Singapour. Il est également possible de prendre directement un bateau depuis Pekanbaru, mais le voyage, par la rivière Siak jusqu'au détroit de Malacca, est très long. Toutefois, ce voyage sur le fleuve puis sur la mer, en bateau et en ferry, est non seulement une vraie balade hors des sentiers battus, mais constitue aussi la plus belle façon qui soit d'arriver à Singapour, cité-État née du mariage du commerce et de la mer.

➢ ***Pour Jakarta :*** plusieurs bus par jour, notamment avec *ANS, Gumarang Jaya, Bintang Kejora* et *NPM.* Durée : 30 h (pour environ 1 500 bornes). On vous recommande la compagnie *ANS,* qui propose au moins 2 départs quotidiens, le matin. On prend le ferry à Bandar Lampung, à l'extrême sud de Sumatra. Comme d'habitude pour les destinations un peu lointaines, mieux vaut acheter son billet 1 ou 2 jours à l'avance.

LE LAC MANINJAU

IND. TÉL. : 0752

Un des plus beaux lacs de Sumatra. Un de nos endroits préférés. Plus petit que le lac Toba, le lac Maninjau, bordé de versants encaissés et de montagnes couvertes de végétation tropicale, mérite vraiment plus qu'une nuit de passage. Il faut y rester, à notre avis, au moins quelques jours si vous avez le temps (entendu, les routards qui font le tour du monde ?).

En venant de Bukittinggi, la route descend du sommet de la montagne et plonge subitement vers le lac, en décrivant 44 virages en épingle à cheveux dans la dernière dizaine de kilomètres. Vue extraordinaire avec une ribambelle de maisons minangs enfouies dans les fleurs et les arbustes, et les dômes brillants des mosquées émergeant de leurs bouquets de cocotiers. Plus bas, dans la plaine lacustre, commencent les rizières d'un vert éclatant pendant la saison des pluies. Elles s'étendent sur les rives plates, jusqu'au bord de l'eau, profitant de la douceur du microclimat de Maninjau. On le voit tout de suite : le tourisme reste une activité secondaire, même s'il tente de se développer. Il y a ici une vie locale, authentique, autour de ce lac long de 16 km et large de 8 km. Pour s'en rendre compte, il suffit d'en faire le tour à pied ou à VTT (70 km).

Comment y aller de Bukittinggi ?

➢ ***En bus :*** 36 km, mais 2 h de route. Départs très fréquents de la gare routière de Bukittinggi. Les 10 derniers kilomètres de la descente vers le lac sont spectaculaires. À Maninjau, les bus s'arrêtent à côté du marché (dans le centre), mais longent ensuite le lac vers le nord, jusqu'à Bayur où se trouvent des hébergements que nous vous recommandons plus bas. Inutile, donc, de descendre à Maninjau si c'est là que vous voulez séjourner.

➢ ***À pied :*** prendre d'abord le bus jusqu'à Lawang (changement à Matur, compter 2 h en tout). De là, monter jusqu'au Puncak (qui veut dire « sommet ») Lawang, à 1 h 30 de marche... pour le panorama et pour pouvoir redescendre vers le lac (400 m de dénivelé) à travers les arbres de la forêt sauvage et les jardins tropicaux. Superbe ! Prévoir de très bonnes chaussures car le sentier est raide et glissant, et surtout parce qu'il y a des sangsues (éviter le short). Compter environ 3 h de descente jusqu'au lac. Il est possible de passer la nuit à mi-chemin aux *Anas Cottages,* au milieu de la

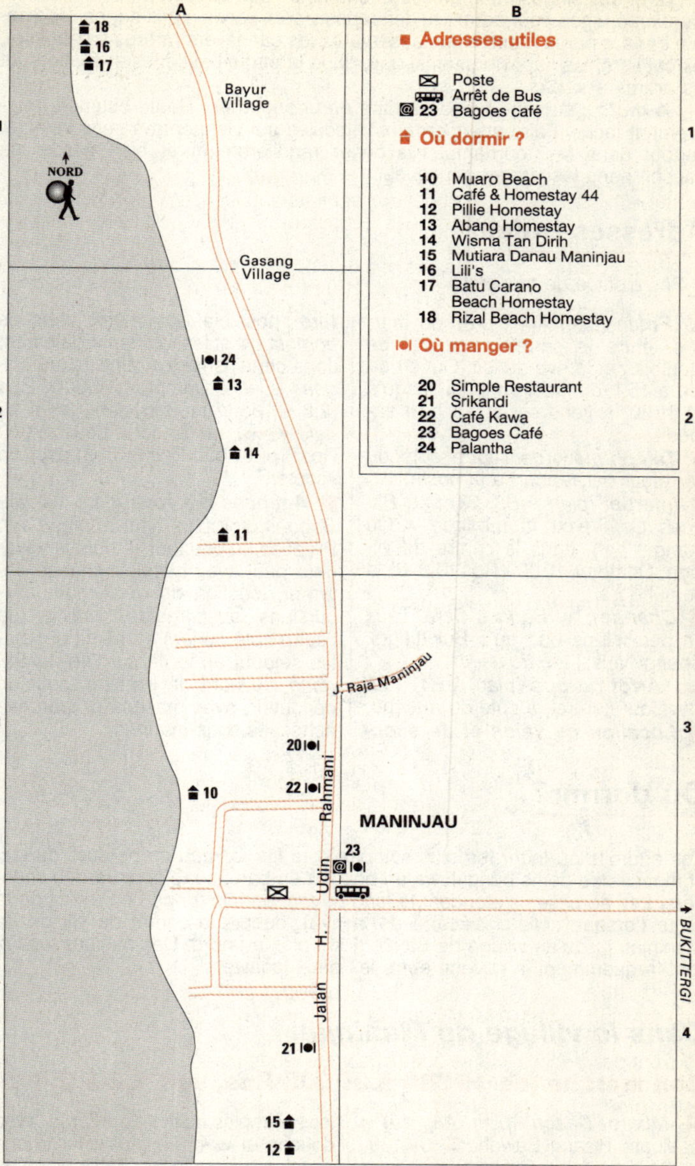

LE LAC MANINJAU

jungle et des singes dans un site enchanteur. Ces bungalows sont parfaitement aménagés pour dormir et des repas y sont servis à prix sages. En chemin dans la partie haute, vous observerez les canneliers (arbres à cannelle), les caféiers, les kapokiers, ainsi que, dans la partie basse les avocatiers, et les arbres à *salaks.*

➢ ***À moto :*** superbe balade à faire en une journée. Route bitumée, relativement facile. Faire attention aux véhicules qui viennent en sens inverse, surtout dans les tournants. Klaxonner régulièrement et bien garder sa gauche dans les virages brusques.

Adresses utiles

– Pas d'office de tourisme.

✉ ***Poste*** *(plan A4)* ***:*** près du marché, entre le carrefour central de Maninjau et la rive du lac. Ouvert de 8 h à 15 h du lundi au jeudi, jusqu'à 11 h 30 le vendredi et 13 h le samedi.

■ ***Téléphone :*** de l'autre côté du carrefour par rapport à la poste.

@ ***Internet*** *(plan A-B3,* ***23****)* ***:*** au *Bagoes Café* (voir la rubrique « Où manger ? »), dans le centre du village. Compter 10 000 Rps (0,8 €) la demi-heure.

■ ***Change :*** au *Bagoes Café.* Taux un peu moins bon qu'à Bukittinggi. Change aussi les *travellers.*

Arrêt de bus *(plan A-B4)* ***:*** au carrefour central, à côté du marché.

■ ***Location de vélos et de scooters :*** possible, en général, dans les *homestays* et les *losmen.* Également dans certains restos, ainsi qu'au *Bagoes Café.* Compter 35 000 Rps (2,8 €) pour une bicyclette (sauf au *café Kawa,* qui en loue pour 25 000 Rps !) et 60 000 Rps (4,8 €) pour un scooter.

■ ***Agences de voyages :*** au café *Bagoes* (voir plus haut et plus bas). Propose un peu tout ce dont le voyageur peut avoir besoin : change, Internet, location de deux-roues, excursions avec guide, *rafting* (de l'autre côté du lac) et même des petits séjours en tente sur l'île de *Bagang,* au nord de Padang, pour en découvrir, avec masque et tuba, les richesses sous-marines.

Où dormir ?

Les endroits où loger les plus sympas sont les *losmen* en bordure du lac, composés de petits bungalows en bois ou en bambou, à l'ombre des cocotiers. Les adresses s'étendent le long du lac, parfois un peu en retrait de la route (lorsque celle-ci s'écarte de la rive), depuis le centre du village de Maninjau jusqu'au village de Bayur, 4 km plus au nord. Des minibus locaux font fréquemment la navette entre les deux localités.

Dans le village de Maninjau

Bon marché (de 15 000 à 30 000 Rps, soit 1,2 à 2,4 €)

Muaro Beach *(plan A3,* ***10****)* ***:*** jl. Muaro Pisang Bawah. ☎ 61-189. Au bord de l'eau. Prendre le chemin sur la gauche juste après la banque *BRI* ; c'est à 200 m. La meilleure adresse dans le centre de Maninjau. Attention, c'est petit : à peine 5 bungalows, simples mais très propres, avec douche et w.-c. Le plus cher donne directement sur le lac. Petite plage de galets très calme. Idéal pour une retraite de quelques jours, d'autant qu'il y a 2 hamacs et un bon resto. Prêt de canoës et location de motos.

Café & Homestay 44 *(plan A2, 11)* **:** à environ 500 m au nord du carrefour central, sur la gauche. Propose 8 chambres donnant sur le lac, dans de petites maisons en bois. Hébergement simplissime (quatre cloisons autour d'un matelas traditionnel posé par terre !), mais pas poussiéreux et vraiment pas cher. *Mandi* (sans lavabo) commun. Fait aussi resto.

Pillie Homestay *(plan A4, 12)* **:** 91 jl. H. Udin Rahmani. ☎ 61-048. Sur la route principale, à 350 m du carrefour central en allant vers le sud, peu avant la mosquée. Maison aux chambres propres. Sympathique et frais carrelage couleur lie-de-vin. *Mandi* à l'extérieur. Terrasse agréable avec vue sur le lac et accès à l'eau pour la baignade du soir. Bon rapport qualité-prix. Petit dej' en sus. Propriétaires accueillants.

Abang Homestay *(plan A2, 13)* **:** 62 Pasir Panjang. ☎ 61-073. À environ 1 km au nord du centre, après l'hôtel *Pasir Panjang Permai,* une maison traditionnelle en bois avec une terrasse sur pilotis et un toit en tôles ondulées. Chambres doubles avec douche et w.-c. turc. Rudimentaire. Pas de petit dej' mais resto à côté.

Un peu plus chic (autour de 80 000 Rps, soit 6,5 €)

Wisma Tan Dirih *(plan A2, 14)* **:** ☎ 61-263. À 800 m environ du carrefour central, vers le nord. Grande villa blanche, récente, dans un style néo-minang, tenue avec beaucoup de soin. Dispose de 9 chambres à 1 ou 2 lits, avec bains, w.-c. et lavabo. Certaines ont la TV et un balcon donnant sur le lac. Calme et impeccable. Pas de petit dej'. Location de canoës. Une excellente adresse dans cette catégorie.

Mutiara Danau Maninjau *(plan A4, 15)* **:** 96 jl. H. Udin Rahmani. ☎ 61-049. À côté du *Pillie Homestay.* Dans un bâtiment cossu. Chambres carrelées et bien tenues, avec salle de bains complète. Pas d'eau chaude. Quelques-unes donnent sur le lac. Pas de petit dej' mais thé ou café offert. Attention, la mosquée est à côté.

À Bayur *(environ 4 km au nord de Maninjau)*

Bon marché (de 15 000 à 40 000 Rps, soit 1,2 à 3,2 €)

Lili's *(plan A1, 16)* **:** sur la rive du lac, après le *Batu Carano Beach Homestay,* en venant de Maninjau. Petite marche à travers les rizières pour y accéder depuis la route. Le plus sympathique du coin. Vous y trouverez 4 bungalows sous les arbres, autour d'une petite mare. Tranquillité assurée ! *Mandi* à partager. En prime, 4 chambres encore moins chères, simples, bien sûr, mais bien tenues et presque coquettes. Petit dej' au resto.

Batu Carano Beach Homestay *(plan A1, 17)* **:** juste avant *Lili's.* Cette autre pension, coincée là aussi entre lac et rizières, propose trois chambres à petits prix ou, mieux, un bungalow sur pilotis, plus pittoresque, même si le ressac le rend bruyant. *Mandi* à l'extérieur. Possibilité d'y manger.

Rizal Beach Homestay *(plan A1, 18)* **:** après *Lili's.* ☎ 61-404. Le dernier de la série... et le plus rudimentaire. Également en bordure de lac. Logement en bungalow ou en chambre, *mandi* à l'extérieur. Petit dej' en sus. Canoë. Agréable salle de restaurant sur pilotis.

Où manger ?

Le **Simple Restaurant** *(plan A3, 20)* en bordure de route porte bien son nom : une cuisine sans histoire, indonésienne et padang, plus tout ce qu'il faut pour le petit dej' (pancakes, omelettes...). Loue aussi des vélos, des motos et des canots. Ouvert dès 7 h le matin.

|●| ***Srikandi*** *(plan A4,* ***21****)* **:** 79 jl. H. Udin Rahmani. ☎ 61-108. Au sud du carrefour, en direction de la mosquée. Quelques tables dans une cour suffisent pour savourer une excellente cuisine familiale à base de poisson grillé, à prix très corrects. L'une des meilleures adresses de Maninjau.

|●| ***Café Kawa*** *(plan A3,* ***22****)* **:** dans la rue principale, sur la gauche en allant vers Bayur. Une bonne cuisine familiale là encore, du poisson, des steaks, des plats indonésiens et chinois mitonnés, sans oublier les succulents pancakes. Seulement quelques tables dans ce petit resto qui ne paie pas de mine, mais nos papilles n'oublieront pas. Fait aussi location de vélos.

|●| ***Bagoes Café*** *(plan A-B3,* ***23****)* **:** à 100 m du carrefour central, vers le nord. Déco sympa et atmosphère chaleureuse. En plus d'être une agence de voyages, le *Bagoes Café* propose une petite cuisine bien réalisée et pas chère. Bon bœuf *rendang* et copieux *nasi goreng.* Tofu frit aussi et curry de légumes ; à moins bien sûr que vous ne préfériez le poisson du lac, un rien plus coûteux que le reste. Grand choix pour le petit dej'. On peut aussi simplement y boire un verre.

|●| ***Palantha*** *(plan A2,* ***24****)* **:** à 1 km au nord du carrefour, à côté du *Abang Homestay.* ☎ 61-020. Terrasse couverte donnant sur le lac. Quelques spécialités chinoises, comme le *fuyunghai,* une sorte d'omelette aux légumes. Mais on y sert aussi des *tacos,* des pommes de terre au four, des sandwichs et, bien sûr, des plats indonésiens.

À faire

– ***Baignade :*** l'eau du lac est chaude et propre.

➢ ***Tour du lac :*** 70 km. Une très belle balade. À pied, compter 2 jours. À bicyclette (VTT), 1 petite journée. À cyclomoteur, entre 2 et 3 h. La route est désormais entièrement bitumée. Possibilité aussi de descendre, en bus local, du lac jusqu'au bord de l'océan Indien. Compter 60 km de Maninjau à Tiku. Ensuite, de Tiku, on peut rejoindre Padang par Pariaman (70 km environ).

➢ ***Trekking et autres activités :*** le sympathique Zal, surnommé *Mister Porcupine,* est l'un des guides officiels de Maninjau. Il organise sur demande des excursions hors des sentiers battus, de 1 à 4 jours et pour minimum 3 personnes. ☎ 61-266. En une journée, vous avez juste le temps de monter en bus jusqu'au virage n° 44 et de redescendre en randonnée jusqu'aux cascades. À partir de 2 jours, vous pouvez partir dans la jungle et dormir sous une hutte. Pendant la saison sèche (de janvier à août), il est également possible d'assister (et de participer) aux grandes battues (avec chiens) organisées les mercredi, samedi et dimanche pour chasser les sangliers. On peut bien sûr remettre en question la méthode, mais la chasse elle-même est une nécessité car les sangliers dévastent les rizières.
Enfin, l'agence de voyages du *Bagoes Café* organise, outre des treks dans la jungle de l'autre côté du lac, des descentes de rivières en rafting (d'une demi-journée) et des petits séjours sur l'île de Bagang, au nord de Padang.

QUITTER LE LAC MANINJAU

➢ ***Pour Bukittinggi :*** nombreux bus tous les jours entre 6 h et 18 h, du carrefour central de Maninjau, de Bayur, ou de n'importe quel endroit de la route principale qui relie les deux villages.
➢ ***Pour Padang :*** bus pour Lubuk Basung d'abord, à trois quarts d'heure de Maninjau, puis pour Padang. La fréquence des départs dépend de la demande. Compter bien 3 h en tout.

BATUSANGKAR

À 37 km au sud-est de Bukittinggi, Batusangkar est la porte d'entrée du Tanah Datar, petite région montagneuse et verdoyante, considérée depuis toujours comme le berceau historique de Sumatra. Les plus vieilles familles nobles de l'île et les dynasties princières (les sultans) y ont leurs racines (profondes). Deux superbes palais minangkabaus, l'*Istano Siliduang Bulan* et surtout l'*Istano Basa Pagaruyung,* reflètent merveilleusement bien l'éclat et le raffinement de la culture minang. À voir absolument. En outre, même si la ville elle-même ne présente pas d'intérêt, la campagne vallonnée aux alentours vaut qu'on s'y promène, particulièrement après les pluies. Bref, une très chouette balade à faire au départ de Bukittinggi, en bus ou, mieux, à moto. Prévoir la journée.

Comment y aller de Bukittinggi ?

➢ ***En bus :*** nombreux départs depuis la gare routière d'*Aur Kuning.* Durée : 1 h 30. Attention, il y a 3 terminaux à Batusangkar ; le plus grand, celui de Dobok, se situe à quelques kilomètres du centre-ville. Minibus fréquents entre ce terminal et la petite station de bus du centre (qui s'appelle Jati).

➢ ***À moto :*** plus onéreux que le bus, bien sûr, mais tellement plus sympa ! Voici notre itinéraire préféré : de Bukittinggi, prendre à l'est la route de Payakumbuh jusqu'à Baso. Après ce village, prendre à droite une route de campagne sur le flanc nord du mont Merapi (ascension à pied possible avec autorisation de la police). Continuer jusqu'à Tabatpatah, puis Salimpaung. Très belle route traversant des paysages verts de montagnes (douces) et de rizières en terrasses, dans une végétation tropicale luxuriante.

À voir

👣 ***Le palais Siliduang Bulan :*** vieux manoir minangkabau, tout en bois, situé dans un vallon, à environ 4 km à l'est de Batusangkar. À droite de la route menant au palais Basa Pagaruyung. Superbe maison dont les extrémités de la toiture, typique de l'architecture minang, forment des ailerons lancés vers le ciel. Elle appartient à une vieille famille de la noblesse locale qui vit à Jakarta. Les membres s'y retrouvent pour certaines grandes occasions comme les mariages ou les fêtes traditionnelles. Possibilité de voir l'intérieur... si quelqu'un est de garde. On passe alors par la véranda puis on entre dans une seule et unique grande pièce couverte de tentures grenat et or, chamarrées et brodées avec raffinement. Cinq alcôves se suivent jusqu'à une sorte de dais abritant un trône, sous des parures dorées pendues au plafond.

👣 ***Le palais Basa Pagaruyung :*** un peu après le palais précédent, sur la même route. Ouvert tous les jours de 8 h à 18 h. Entrée : 5 000 Rps (0,4 €), plus 1 500 Rps si vous voulez voir les salles à l'étage.

Il s'agit de la réplique, fidèle et spectaculaire, du palais des rois minangs du XIVe siècle. Celui-ci disparut dans un incendie en 1804, lors d'affrontements avec les Hollandais. Après quoi (enfin, 172 ans plus tard) il fut reconstruit. C'est bel et bien là le symbole de la puissance des sultans de Sumatra et la plus belle illustration de la culture minangkabau. Étrange et grand manoir en bois, copie conforme, mais en plus grand et plus luxueux, des maisons traditionnelles de ce pays. Noter les 8 hautes fenêtres en façade, surmontées de 8 flèches courbes s'élançant du toit vers le ciel. La toiture, en chaume épais, rappelle les origines terriennes de la culture minang.

Intérieur très coloré, formé d'une suite d'alcôves couvertes de tissus chamarrés, de dorures, de minuscules miroirs insérés dans les tissus. De hautes colonnes de bois soutiennent l'ensemble. Leur écartement correspond à la longueur d'un saut de cheval, au cas où vous ne vous en seriez pas aperçu. Dans les vitrines, quelques objets minangs. On peut encore voir d'autres pièces à l'arrière, ainsi qu'à l'étage, auquel on accède par un petit escalier en bois. Bref, voilà sans doute l'une des maisons les plus extraordinaires de Sumatra par son volume, son style caractéristique et cette espèce de luxe rustique, de raffinement campagnard. La classe quoi ! Petite précision : le meilleur moment pour y venir est l'heure du chant du muezzin (il y a une mosquée non loin de là), avant le crépuscule. Après la pluie de la journée aussi, mais ça, c'est évidemment plus difficile à prévoir.

➤ DANS LES ENVIRONS DE BATUSANGKAR

Belimbing : petit village entouré de rizières entre Batusangkar et le lac Singkarak. On peut y visiter la plus vieille maison minang de la région, qui aurait 350 ans. Ouvert de 9 h à 17 h. Laisser un billet au gardien. D'autres maisons traditionnelles au toit de chaume dans le village. Leurs longues silhouettes basses rappellent des navires. Certaines sont dans un piètre état.

Le lac Singkarak : nettement moins touristique que le lac Maninjau (il est d'ailleurs assez difficile d'y loger) mais mérite le coup d'œil si vous êtes dans le coin. Nombreux bus depuis la gare routière de Bukittinggi (compter 2 h 30 de route). Évitez de vous baigner dans le lac près des herbes, car il y a des poissons (appelés *jabus* en indonésien) qui mordent ; sinon, l'eau est merveilleuse. À Singkarak même, un petit *losmen* sommaire avec des propriétaires très gentils (sur la gauche, au bout du village, quand on vient de Solok), et un hôtel chic. On n'est pas loin de la route qui mène à *Sulit Air,* dans la montagne. Au total, 15 km de balade qui valent la peine !

Padang Panjang : petite ville située à 19 km au sud de Bukittinggi, sur la route de Padang. Si vous avez le temps, arrêtez-vous-y pour visiter le « centre de documentation et d'information sur la culture minangkabau » (en indonésien, *Pusat Dokumentasi dan Informasi Kebudayaan Minangkabau, PDIKM*), installé dans une maison minang traditionnelle rénovée. ☎ (0752) 82-852. Ouvert tous les jours de 9 h à 16 h. Tout petit droit d'entrée.
Le nom est assez pompeux car, en fait de documentation, il n'y a qu'une collection de photos sépia ou couleurs, montrant des maisons traditionnelles et l'une ou l'autre importante famille indonésienne. Bref, pas de quoi déplacer les foules. Derrière, en revanche, village minang reconstitué montrant les différentes constructions et leur utilité. La maison minang abritait traditionnellement 3 ou 4 générations d'une même famille, qui vivaient pour ainsi dire en collectivité. L'architecture minang est l'un des plus beaux héritages de cette culture : la *rumah gadang* (qui signifie littéralement « maison traditionnelle ») est de forme rectangulaire et surmontée d'un toit recouvert de chaume aux extrémités pointées vers le ciel appelées *gonjong.* Elles représentent des cornes de buffle. Leur nombre dépend de la taille de la maison et de sa fonction dans le village : les plus simples en ont deux tandis que les grandes demeures aristocratiques en ont 6. Celles-là, évidemment plus vastes, comportent en général aussi plus d'un étage.

PADANG

IND. TÉL. : 0751

Certains routards trouvent Padang plate, fiévreuse, fatigante ; d'autres, au contraire, sans avoir le coup de foudre, la jugent plus aimablement. Bâtie horizontalement à partir d'un centre ancien (autour du vieux port, le long de

PADANG

Adresses utiles

- Offices de tourisme
- Poste
- Gare routière de Bingkuang
- 1 Téléphone
- 2 Téléphone
- 3 BNI
- 4 Banques Mandiri
- 5 BRI
- 6 Mandala Airlines
- 7 Garuda Airlines
- 8 ANS
- 9 NPM
- 10 Nusa Mentawai Tours
- 11 Hôpital central
- 12 Librairie Gramedia
- 29 Piscine de l'hôtel Bumi Minang

Où dormir ?

- 20 Hôtel Mutiara
- 21 Hôtel Benyamin
- 22 Hôtel Tiga Tiga
- 23 Hôtel Sriwijaya
- 24 Hôtel Femina
- 25 Hôtel Djakarta
- 26 Hôtel Hayam Wuruk
- 27 Hôtel Pangeran City
- 28 Hôtel Dipo
- 29 Hôtel Bumi Minang

Où manger ?

- 29 Resto de l'hôtel Bumi Minang
- 40 Kubang
- 41 Luwes
- 42 Octavia
- 43 Simpang Raya
- 44 Apollo Mandarin Restaurant
- 45 Restaurant Tanpa Nama
- 46 Simpang Enam

À voir

- 50 Musée Adityawarman
- 51 Masjid Muhammadan
- 52 Cimetière chinois

la rivière Muara), cette bonne grosse ville de province en plein développement est une ville-étape par excellence. Dans le centre, ne pas manquer de voir l'estuaire de la rivière Muara et ses quais, ainsi que le vieux quartier chinois. Padang peut être un point de départ pour la visite de Sumatra, pour ceux qui viennent de Jakarta en bateau.
L'extension et l'ouverture de l'aéroport de Tabing (à 8,5 km de la ville) aux lignes internationales font désormais de Padang un nouveau port d'entrée en Indonésie. Tout reste à découvrir et notamment, dans les environs proches de Padang, les belles plages d'Air Manis, le site de Bungus Bay et les îles au large (sites de plongée, de surf...). Enfin, Padang est également le point de départ pour les îles Mentawai (Siberut).

Se déplacer dans la ville

Curieusement, il n'y a pas de *becaks* à Padang. Juste un système de *bemos*-camionnettes à trois roues et de minibus sillonnant la ville en tous sens. Faites signe, ils s'arrêtent. Pas cher du tout, mais la difficulté est de savoir où ils vont. Le plus simple est de les prendre sur les grands axes, d'abord parce qu'il y en a beaucoup plus, ensuite parce que cela permet immédiatement de se faire une idée de leur direction. Si votre destination est un lieu important, vous trouverez sans difficulté un minibus qui s'y rend ; en revanche, si c'est un endroit plus spécifique, mieux vaut alors borner vos ambitions à simplement vous en rapprocher. Sinon, pour le *fun* (comme disent nos amis québécois) et les petites distances, il y a des petites carrioles à cheval, les *bendis* (négocier fermement les prix). Et bien sûr, les taxis. Tâchez de prendre ceux dont le compteur fonctionne... et que le chauffeur est d'accord d'utiliser ! Autrement, vous paierez presque toujours plus cher.

Adresses utiles

Infos touristiques

Office de tourisme *(Kantor Parawisita ; plan A3)* **:** 51 jl. Hayam Wuruk. ☎ 34-186. Ouvert tous les jours sauf le dimanche, de 7 h 30 à 14 h 30 (11 h 30 le vendredi). Inutile de vous y rendre, le personnel ne parle que quelques mots d'anglais et, de toute façon, ne sait presque rien.
– Il existe un autre bureau d'information, soi-disant pour toute la province, mais celui-ci se situe au nord de la ville, loin du centre, sur jl. Khatib Sulaiman (n° 42). Vous pouvez néanmoins, si vous avez une question précise, toujours tenter votre chance par téléphone, au ☎ 55-711.

Kantor Unit Taman Nasional Siberut : jl. Khatib Sulaiman. ☎ 446-281. Au nord de la ville. Ouvert du lundi au vendredi de 7 h 30 à 14 h 30. Infos et documentation sur Siberut. Celle-ci est orientée dans un sens écologique de protection du site et de ses habitants.

Services

Poste *(plan B2)* **:** 7 jl. Bagindo Azis Chan, en plein centre.

Téléphone : nombreux *Wartel* en ville, notamment au 117 jl. Pulau Karam *(plan A3, **1**)*, ouvert de 7 h 30 à 22 h 30, et au 20 jl. Hayam Wuruk *(plan A3, **2**)*, presque à côté de l'hôtel *Hayam Wuruk*. Ouvert de 8 h à minuit.

Internet : à côté de la poste. Ouvert de 8 h à minuit. Compter 5000 Rps (0,4 €) pour une heure. Également quelques ordinateurs à l'hôtel Dipo (voir plus bas).

Argent, change

■ ***Banque Negara Indonesia*** *(plan A2,* ***3****)* **:** 1 jl. Dobi. ☎ 31-948 ou 31-949. Change l'argent liquide et les chèques de voyage.

■ ***Banques Mandiri*** *(plan B2,* ***4****)* **:** 2 A jl. Jend. Sudirman et 21 jl. Bagindo Azis Chan. ☎ 33-840 ou 33-339. Deux adresses, de part et d'autre du carrefour de jl. Sudirman et jl. Agus Salim. Propose un très bon taux (tant pour le cash que les *travellers*) mais il faut changer minimum 100 US$.

■ ***Banque Rakyat Indonesia*** *(plan B2,* ***5****)* **:** 30 jl. Bagindo Azis Chan. ☎ 31-966. À côté des deux précédentes. Ne change pas les chèques de voyage.

Compagnies aériennes et maritime

Outre un bureau en ville, toutes les compagnies aériennes ont une représentation à l'aéroport.

■ ***Mandala Airlines*** *(plan A2,* ***6****)* **:** 29 A jl. Pemuda. ☎ 38-767 ou 38-768. À l'aéroport : ☎ 54-179.

■ ***Garuda Airlines*** *(plan B2,* ***7****)* **:** 2 jl. Jend. Sudirman. ☎ 307-37. À l'aéroport de Padang : ☎ 58-627.

■ ***Merpati Airlines*** *(hors plan par A1)* **:** à l'hôtel *Pangeran Beach,* 79 jl. Juanda (à quelques kilomètres au nord du centre). ☎ 32-010 et 32-011.

■ ***Jatayu Airlines*** **:** également à l'hôtel *Pangeran Beach* (voir ci-dessus). ☎ 446-888 ou 443-799.

■ ***SilkAir*** **:** au 2e étage de l'hôtel *Bumi Minang,* 20-28 jl. Bundo Kandung *(plan A2).* ☎ 38-120 ou 38-121.

■ ***Malaysia Airlines*** **:** comme *SilkAir,* au 2e étage de l'hôtel *Bumi Minang.* ☎ 35-888.

■ ***Pelni Line*** **:** jl. Tanjung Periok T2, au port de Teluk Bayur, à environ 6 km au sud du centre. ☎ 61-624 et 62-718. Liaisons avec Jakarta et Sibolga.

Agences de voyages

■ ***Nusa Mentawai Tours*** *(plan A3,* ***10****)* **:** 66 E jl. Batang Arau, près du départ des bateaux pour Siberut. ☎ et fax : 23-235 ou 23-321. • kinabela@yahoo.com • Spécialisée dans les excursions à Siberut, cette agence est assez chère mais très professionnelle. Difficile, même, de trouver plus sérieux. Comptez environ 40 US$ par jour, tout compris, pour des séjours de 7 à 10 jours (à partir de 5 personnes). Demandez Aurelius Napitupulu.

■ ***INA Tour*** **:** 13 jl. Diponegoro, à côté de l'hôtel *Dipo.* ☎ 34-261. Fax : 34-265. Ouvert tous les jours de 8 h à 17 h. Vend des billets d'avion et organise des séjours et des excursions.

Urgences

■ ***Police*** **:** 1 jl. M. Yamin. ☎ 110.

■ ***Hôpital central*** *(plan B2,* ***11****)* **:** jl. Perintis Kemerdekaan. ☎ 32-373.

Loisirs

■ ***Alliance française*** **:** 77 jl. Perintis Kemerdekaan.

■ ***Librairie Gramedia*** *(plan A2,* ***12****)* **:** 63 jl. Damar. ☎ 37-003. Ouvert tous les jours de 9 h 30 à 21 h. Quelques livres en anglais.

■ ***Piscines*** **:** à l'hôtel *Bumi Minang* *(plan A2-3,* ***29****)*, dans le centre, ainsi qu'au *Pangeran Beach,* 79 jl. Juanda *(hors plan par A1).*

Où dormir ?

Moins de choix qu'à Bukittinggi, on s'en serait douté. De plus, les hôtels sont un peu plus chers ici. Cela dit, les routards qui voyagent en solo paieront un peu moins pour leur chambre que le traditionnel tarif pour deux personnes.

Bon marché (autour de 10 000 Rps par personne, soit moins de 0,8 €)

■ ***Hôtel Mutiara*** *(plan B3, **20**)* : 30 jl. Pulau Air. ☎ 25-264. Dans le vieux quartier chinois, près de la rivière Muara, voici l'hôtel le moins cher de Padang. Chambres doubles à l'étage, ultra-simples et sombres ; *mandi* au rez-de-chaussée. Propreté limite. Accueil inexistant. Atmosphère des auberges à matelots, sauf qu'ici il y a plus d'ouvriers de passage que de marins en goguette. Bien situé, et idéal pour flâner le soir dans les rues typiques.

De bon marché à prix moyens (de 35 000 à 75 000 Rps, soit 2,8 à 6 €)

■ ***Hôtel Benyamin*** *(plan A2, **21**)* : 19 jl. Badingo Azis Chan. ☎ 22-324 et 24-220. Au bout de la petite rue qui part à côté de l'hôtel *Femina*. La meilleure adresse de Padang dans cette catégorie... à condition d'éviter les chambres *ekonomi*, à l'arrière, très bruyantes dès potron-minet car donnant sur la rue du marché. Les autres, à peine plus chères, sont en revanche suffisamment isolées du bruit et presque luxueuses. Toutes, cela dit, sont bien tenues et équipées de sanitaires (sans lavabo) et de TV. Pas d'eau chaude. Petit dej' (léger) inclus.

■ ***Hôtel Tiga Tiga*** *(plan A1, **22**)* : 33 jl. Veteran. ☎ 22-173. Un peu excentré. Chambres bien tenues mais vieillottes et sans charme, comme l'ensemble du lieu d'ailleurs. Les plus chères ont la TV et l'air conditionné. Accueil sympa et petit déjeuner inclus.

■ ***Hôtel Sriwijaya*** *(plan B2, **23**)* : 15 jl. Alang Lawas 1. ☎ 23-577. Pas loin du centre. Calme, dans une petite rue, mais un peu décati. Accueil convenable. Propose 20 chambres assez bon marché avec, pour la plupart, une petite terrasse privative avec un ou deux sièges. Attention, les moins chères ne sont pas fort engageantes. Comptez plutôt sur les autres, un peu mieux. Pas de petit dej'.

Plus cher (de 45 000 à 150 000 Rps, soit 3,6 à 12,1 €)

■ ***Hôtel Femina*** *(plan B2, **24**)* : 15 jl. Badingo Azis Chan. ☎ 34-309. Fax : 34-388. Bâtisse de 1992 à la décoration intérieure un peu chargée. Accueil pro. On vous recommande les chambres *ekonomi*, pas extraordinaires mais acceptables pour le prix et, surtout, deux fois moins chères que les *standard*. Petit dej' inclus.

■ ***Hotel Djakarta*** *(plan A2, **25**)* : 57 jl. Belakang Olo. ☎ 23-331. Dans le centre, sur une grand axe, mais toutes les chambres sont à l'arrière du bâtiment et, donc, calmes. Deux catégories là encore : les *ekonomi*, plutôt sommaires mais propres, et les *AC*, avec AC donc, carrelage, TV et *mandi* plus soigné. Dommage que dans un cas comme dans l'autre, cela reste assez cher. Petit dej' compris.

Chic (autour de 200 000 Rps, soit 16,2 €)

■ ***Hôtel Hayam Wuruk*** *(plan A3, **26**)* : 16 jl. Hayam Wuruk. ☎ 21-726 ou 32-395. Fax : 38-123. Bien situé, à 500 m environ au nord de la rivière et du vieux port, voici un hôtel récent doté d'une piscine, d'une salle de gym et de 29 chambres confortables et équipées de belles salles de bains. Sans conteste la meilleure affaire dans cette gamme de prix ! Également un agréable resto orné d'une fausse paroi rocheuse. Bon accueil et petit déjeuner inclus.

Hôtel Pangeran City *(plan A2-3, **27**)* **:** 3 jl. Dobi. ☎ 31-233. Fax : 27-180. Très central. C'est la version un peu plus abordable de l'hôtel *Pangeran Beach,* situé à plusieurs kilomètres au nord du centre. Les chambres y sont un peu moins luxueuses mais tout à fait honnêtes pour le prix. Une adresse recommandable.

Hôtel Dipo *(plan A2, **28**)* **:** 25 jl. Diponegoro. ☎ 34-261. Fax : 34-265. Un deux étoiles aux tarifs quelque peu surévalués. Les moins chères, pourtant pas données, n'ont même pas l'eau chaude. Ce qui sauve l'ensemble, ce sont les fréquentes ristournes qu'ils octroient aux clients potentiels, lorsque l'hôtel n'est pas complet. Cela peut valoir la peine d'aller demander, mais si vous n'obtenez rien, passez votre chemin ! En dehors de ça, nombreux services : restaurant correct ouvert 24 h/24, change (taux pas terrible mais peut dépanner si vous n'avez qu'une petite somme à changer car les banques refusent les montants trop petits), coin Internet, agence de voyages (à côté), massages *shiatsu* très sérieux et, le soir, pub avec karaoké, orchestre et entraîneuses !

Très chic (à partir de 450 000 Rps, soit 36,4 €)

Hôtel Bumi Minang *(plan A2-3, **29**)* **:** 20-28 jl. Bundo Kandung. ☎ 37-555. Fax : 37-567. • www.bumiminang.com • Le seul 4 étoiles de Padang, dans un grand bâtiment de style minangkabau. Chambres pimpantes et bien arrangées, avec AC, parquet et salle de bains. Les prix officiels sont élevés mais l'hôtel applique en permanence 30 % de réduction ! Belle piscine, accessible aux non-résidents, bar avec écran géant et très bon resto, évidemment assez chic (voir la rubrique « Où manger ? »).

Où manger ?

Padang est réputée pour sa cuisine très épicée. Celle-ci se présente sous la forme d'une quinzaine de plats (viande, poisson, légumes, sauces), que l'on place en général devant le client. Le plat le plus connu est le *rendang* (bœuf aux épices, à la citronnelle et à la noix de coco). On ne paie, bien sûr, que ce que l'on a mangé. Les restos padangs se repèrent aisément, dans toute l'Indonésie, à l'amoncellement pyramidal d'assiettes blanches et pleines trônant en vitrine.

Très bon marché (moins de 10 000 Rps, soit 0,8 €)

– Vaste éventail de *warungs,* gargotes et petits restos pas chers autour de ***jalan Moh Yamin,*** la grande voie commerciale de la ville.

Kubang *(plan A2, **40**)* **:** 138 jl. M. Yamin. Pour manger (mais pas avant 14 h !) des *martabaks,* crêpes à la viande et aux épices de tradition indienne, cuites sur de grandes plaques chaudes à l'extérieur. Serveurs très sympas.

Luwes *(plan A2, **41**)* **:** 5 jl. Imam Bonjol. Dans une salle avec ventilos, quelques plats corrects et, surtout, très bon marché : *soto, nasi goreng, miehun rebus* (nouilles bouillies), *bakso* et *sate.* Bon, vu les prix, rien à redire.

De bon marché à prix moyens (de 10 000 à 25 000 Rps, soit 0,8 à 2 €)

Octavia *(plan A3, **42**)* **:** 137 jl. Pondok. ☎ 24-226. Bon resto servant de la cuisine chinoise ; grande variété de plats pas trop chers. Pensez à goûter leurs délicieuses crevettes. Quelques toiles aux murs, réalisées par le patron lui-même.

Simpang Raya *(plan B2, **43**)* **:** 24 jl. Badingo Azis Chan. ☎ 35-540. Pour les fans de cuisine padang particulièrement épicée. Service longuet. Autre restaurant du même groupe au 3-5 jl. Bundo Kandung, juste à côté de la mosquée *(plan B3, **51**)*.

De prix moyens à plus chic (autour de 30 000 Rps, soit 2,4 €)

Apollo Mandarin Restaurant *(plan A3, **44**)* **:** 36 A jl. Hos. Cokroaminoto. ☎ 26-355. Excellente cuisine chinoise (viandes et fruits de mer). Il est amusant d'aller voir ses plats mijoter sur le trottoir. Si vous voulez plus de classe, montez au 1er étage. Salle d'un grand standing avec AC.

Restaurant Tanpa Nama *(plan A2, **45**)* **:** 87 jl. Rohana Kudus. ☎ 26-687. Situé au nord du centre, entre jl. A. Yani et Belakang Olo. Un peu excentré donc, mais mérite le détour, car on y sert une bonne cuisine traditionnelle de Padang : poisson grillé à la sauce noix de coco, poulet sauce cacahuète, *dendeng, pecal.* Selon l'usage, tous les plats sont apportés à table et on ne paie que ce qu'on mange. Au dessert, un assortiment de fruits découpés en tranches ou une petite crème délicieuse servie avec du riz collant. Resto bon et très propre.

Simpang Enam *(plan A3, **46**)* **:** 44 jl. Hos. Cokroaminoto. ☎ 25-044. Ouvert jusqu'à 22 h. Bonne cuisine chinoise, uniquement à base de produits de la mer, servie dans une salle climatisée. Les fourneaux sont, eux, sur le trottoir. Plats copieux et service affable. Thé à volonté.

Chic (de 30 000 à 60 000 Rps, soit 2,4 à 4,8 €)

Resto de l'hôtel Bumi Minang *(plan A2-3, **29**)* **:** voir la rubrique « Où dormir ? ». Salle chic et climatisée, mais possibilité de manger à l'extérieur, à côté de la piscine. Service agréable. Évidemment plus onéreux que les adresses précédentes mais cuisine fort bien réalisée, proposant aussi bien des plats indonésiens ou japonais que des pizzas, macaroni, grillades ou hamburgers végétariens. Excellent *Tom Yam Goog,* une soupe thaï piquante aux grosses crevettes. Attention, le service et la taxe ne sont pas compris.

À voir. À faire

Le musée Adityawarman *(plan A3, **50**)* **:** sur jalan Diponegoro. Mêmes horaires d'ouverture que l'office de tourisme. Dans un bel édifice d'architecture minangkabau. Collections ethnographiques relativement intéressantes. Son calme et son jardin permettent aussi (enfin !) de s'échapper un peu du bruit et de la pollution de la ville.

Le grand marché *(Pasar Raya ; plan A2)* **:** en plein centre, près du terminal des *oplets* (minibus). Évidemment très coloré et très animé. L'endroit idéal pour faire le plein de fruits, notamment si vous partez ensuite sur les plages.

La plage de Padang : c'est ce long cordon presque rectiligne qui longe la ville à l'ouest, de l'estuaire de la rivière Muara jusqu'à la rivière Bandar Bekali (enjambée par un pont routier). Pour se baigner, mieux vaut le faire dans la partie la plus au nord car au sud, au niveau de jalan Arau (près de l'estuaire de la rivière Muara), la plage est jonchée de débris en tout genre.

L'estuaire de la rivière Muara *(plan A3)* **:** voici la partie de la ville la plus authentique et la plus intéressante. D'ailleurs, l'histoire de Padang a commencé là : c'est son noyau dur, en somme. À cet endroit, la rivière Muara, que certaines cartes nomment aussi *Batang Arau River,* décrit une sorte de virage à droite avant de se jeter dans l'océan Indien. En se promenant dans jalan Arau, c'est-à-dire dans la rue longeant la rivière (rive droite), on est sur le petit port bigarré de Padang, bercé par le rythme lent et tropical du va-et-vient des bateaux de pêche. Sur la rive gauche, une grosse colline, le *Bukit Gado Gado,* barre l'horizon. De nombreuses familles indonésiennes y vivent dans des maisons accrochées sur ses flancs ou construites au bord de la rivière. Voir, toujours sur le versant de la colline, le grand ***cimetière chinois*** *(plan A3, **52**),* aux tombes éparpillées. Tout à fait à l'extrémité de l'estuaire se dresse une autre colline couverte de végétation luxuriante, c'est le *Gunung Padang* (colline de Padang) dont le sommet porte un vieux blockhaus de la Seconde Guerre mondiale, et, sur le versant nord (au bord de la rivière), un canon de la même époque. Le site est protégé par le parc Siti Nurbaya, de dimensions très modestes.

➢ *Pour traverser la rivière :* il y a désormais un gros pont suspendu au bout de jalan Nipah, pour véhicules et piétons. En fin de journée, il se couvre d'échoppes et de *kaki lima* permettant à ceux qui s'y arrêtent pour boire ou manger quelque chose de profiter de la vue sur le port. Un peu plus loin, une passerelle sur jalan Pulau Air permet aussi de rejoindre l'autre rive. Enfin, on peut encore emprunter, pour quelques roupies, l'une des barques qui font la navette d'une berge à l'autre.

➢ *Balade à pied jusqu'au cimetière chinois :* un sentier fort sympathique et facile y monte de la rive gauche de la rivière Muara. Jolie vue sur Padang.

➢ *Le sentier d'Air Manis (plan A3) :* part de la rivière Muara, rive sud. Il grimpe entre la colline *Gado Gado* (cimetière chinois) et celle de Padang, puis descend au sud vers Air Manis (voir détails plus loin). Superbe balade !

Le vieux quartier chinois *(Kampung Cina ; plan B3)* **:** le plus vieux quartier de Padang, né de l'activité commerciale et portuaire de la ville aux XVIIIe et XIXe siècles. Pour y aller de l'estuaire de la rivière Muara, marcher dans jalan Arau, puis prendre toujours tout droit jalan Pulau Air. Bordée d'une multitude de modestes maisons coloniales, d'échoppes et de commerces, cette rue débouche alors sur jalan Batipuh, où l'on remarque immédiatement la mosquée (belle et peu connue) ***Masjid Muhammadan*** *(plan B3, **51**).* Partout autour, ce ne sont qu'enfilades de vieilles maisons de la fin du XIXe siècle, d'entrepôts fatigués mais toujours actifs, de boutiques, d'habitations gardées par des pagodons aux esprits, chers aux familles chinoises. Un coin intact, sobrement conservé, sans fard ni artifice, où il fait bon flâner soit le matin très tôt, soit au crépuscule quand les premières lumières s'allument. Il y a là une certaine poésie, celle d'un quartier hors du temps, au cœur d'une ville en voie d'urbanisation accélérée. Mais à Kampung Cina, on se moque du paraître : peu d'enseignes racoleuses, peu de publicités tapageuses. Ce n'est ni le Chinatown de Penang – plus grand, plus commercial –, ni celui de San Francisco, mais un vieux décor de roman à la Joseph Conrad.

Le port de Teluk Bayur : à 6 km au sud de Padang. Il a pris le relais du vieux port niché dans la boucle de la rivière Muara. De Teluk Bayur, premier port dorénavant de la côte ouest de Sumatra, partent des cargos chargés de café, thé, cannelle, muscade, rotin, caoutchouc, ciment et même du charbon extrait à Ombilin (Pays minang).

➤ DANS LES ENVIRONS DE PADANG

Air Manis : un village de pêcheurs (et non une nouvelle compagnie aérienne...) situé à environ 3 km à vol d'oiseau (au sud) de Padang. Un but de promenade vraiment sympathique et une belle plage de sable gris bordée de cocotiers. Pour y aller, il y a une route contournant la ville par l'est (7 km), mais la solution la plus agréable consiste à s'y rendre à pied, en traversant de charmants paysages avant d'arriver au village, face à la mer. C'est la promenade favorite des habitants de Padang le dimanche. Gagner d'abord la rivière Muara, au sud de Padang. La traverser par le grand pont au bout de jalan Nipah, ou par la passerelle. Le sentier part de l'autre côté de la rivière, monte entre le cimetière chinois et la colline de Padang, là où la crête est la plus basse, puis continue sur l'autre versant au sud. On peut l'attraper, à son début, presque à l'embouchure de la rivière Muara après avoir pris la navette des barques, sans prendre l'un des ponts. En surplomb de la mer, le chemin serpente dans une végétation luxuriante, offrant une ombre bien rafraîchissante. Compter environ 1 h de marche. À Air Manis, il est possible de prolonger la balade jusqu'au port de Teluk Bayur, puis de revenir sur Padang en minibus.

L'île de Pulau Pisang : en face de la plage d'Air Manis. En fait, il y a 2 îles, une grande et une petite, couvertes chacune de végétation tropicale et bordées de petites plages. Pour y aller, il faut marcher à basses eaux, selon les marées, de la plage d'Air Manis. D'autres routards choisissent de s'y rendre en bateau au départ de Padang. Sur place, aucune maison, pas d'hébergement. On peut se dorer au soleil, plonger, ramasser des coquillages sur le sable.

Bungus Beach : à 20 km au sud de Padang. Sable fin, cocotiers et tout et tout. L'eau est agréable mais malheureusement, la vue est en partie gâchée par une usine de contre-plaqué. Bus du terminal des *oplets* sur jalan Moh Yamin. Pour dormir, *losmen* et hôtels plus sympathiques qu'à Padang. Possibilité de se rendre en bateau sur l'île Sironjong et de faire de la plongée (fonds sous-marins intéressants même si les coraux sont maintenant morts, poissons colorés, et parfois des tortues ou des dauphins). À 1,5 km de la plage, belle cascade où l'on peut se baigner. Suivre la route vers le sud (500 m) et prendre le chemin à gauche, à travers les rizières.

Losmen Carlos et Coffee-House : 20 Pasir Putih. ☎ 75-11-53. Sur la plage, la pension la plus connue du coin, tenue par l'accueillant Carlos. Il parle parfaitement l'anglais et connaît quelques mots de français. Difficile de croire que ce jeune homme était, il n'y a pas si longtemps, banquier à Genève ! Ce qui ne l'empêche pas d'ailleurs de se tromper en faisant les comptes (toujours en sa faveur !). Chambres de différents types, avec ou sans salle de bains, moustiquaire ou petite courette individuelle. Les moins chères, assez sommaires, s'enlèvent pour le prix d'un café-crème en France. Les plus luxueuses, elles, sont vraiment charmantes, ornées de peintures aux couleurs éclatantes et équipées de sanitaires très soignés. Chacune possède même une belle porte en bois gravée provenant des ateliers de Pandai Sikat. Possibilité de manger face à la mer, dans une cabane sous les cocotiers. Cuisine moyenne et raï, reggae ou *gamelan* en fond sonore. Enfin, Carlos organise des excursions vers le large, sur les îles de Pagang, Sirandam, Sironjong (pour la plongée), Persumpahan, Mitangur et Sikoai, accessibles en 1 h de bateau. Départ tous les jours à 9 h et retour vers 17 h. Prix corrects (100 000 Rps, soit 8 €), nourriture comprise. Possibilité de séjourner dans l'île de Pagang (bungalows rudimentaires).

Persona Beach : sur la route principale, un peu après le *losmen* Carlos. ☎ 751-192. Toujours sur la plage, petite pension familiale de

LE CENTRE DE SUMATRA ET LE PAYS MINANGKABAU

5 chambres convenables à prix moyens avec douche et w.-c. Une seule donne sur la mer. Le restaurant propose une cuisine simple mais bonne.

Restaurant « GM Tanpa Nama » : entre les *losmen Carlos* et *Persona Beach*. Un vrai petit restaurant local, avec sa cuisine padang et ses excellents jus de fruits, l'ensemble à prix doux. Attention, n'ouvre qu'à partir de 15 h.

Hôtel Carolina Indah : Pantai Carolina. ☎ 75-11-64. Toujours sur Bungus Beach mais plus proche de l'usine. Chambres spacieuses et agréables avec douche et w.-c., donnant toutes sur la plage. Prix moyens à un peu plus chic. Bon accueil. Possibilité de petit dej'.

Pasir Jambak *(plage de Jambak)* **:** à une quinzaine de kilomètres au nord de Padang, une belle plage de sable, aux eaux claires, où de nombreux pêcheurs continuent leurs activités traditionnelles. Pour y accéder, minibus n° 423 à prendre du terminal des minibus de Padang, sur jl. M. H. Yamin. Bon endroit pour routards souhaitant passer une journée ou plus au bord de l'eau en cours de voyage. Possibilité de se rendre (en 20 mn de bateau) sur une île aux eaux transparentes pour y admirer de magnifiques poissons. Se renseigner au *Uncle Jack Homestay*.

Uncle Jack Homestay : à Muara Anai, sur la plage plantée de cocotiers de Pasir Jambak. ☎ 39-739. Demandez au chauffeur du minibus de vous y déposer. Bon accueil et endroit vraiment chouette, à l'écart de tout tohu-bohu. Propose une dizaine de chambres simples mais propres, équipées d'une moustiquaire, de w.-c. et d'une douche dans une courette attenante, ce qui est bien agréable. Dîners copieux pris avec Uncle Jack et sa famille. Formule pension complète, compter à peine 50 000 Rps (4 €) par jour et par personne pour l'hébergement et les 3 repas ! Palmes, masques et tubas disponibles. Uncle Jack vous organisera aussi une excursion sur l'île d'en face et peut vous servir de taxi pour l'aéroport.

QUITTER PADANG

En bus

La **gare routière principale (Bingkuang)** se trouve à environ 8 km au nord-est du centre, à *Air Pacah*. Pour y aller, prendre un minibus près du grand marché, sur jl. Moh Yamin, ou un taxi (compter alors 20 000 Rps, soit 1,6 €).

➢ **Pour Bukittinggi :** nombreuses liaisons de 7 h à 18 h, assurées par plusieurs compagnies de bus (*ANS* et *Merah Sari*, entres autres). Trajet : environ 90 km. Durée : 2 h 30.

➢ **Pour Jakarta :** plusieurs compagnies, parmi lesquelles *ANS* (*plan A2*, ***8*** ; ☎ 26-214), *NPM* (*plan A1*, ***9*** ; ☎ 442-192), *Gumarang Jaya* et *Transport Express Company* (bureaux à la gare routière), assurent 1 ou 2 départs quotidiens, entre 9 h et 14 h. Compter environ 30 h de route. Une alternative sympathique, quoique plus longue, consiste à faire le voyage en bus et en train. Prendre alors un bus de Padang à *Lubuklinggau* (11 h de trajet) et, de là, un train pour *Perabumulih* (en principe, 1 départ quotidien, le matin) où vous devez changer pour *Tanjukarang* (compter environ 18 h de voyage). Là, vous n'avez plus qu'à prendre un ferry (6 h) pour Java, puis un bus (3 h) pour Jakarta. Si vous avez le temps à Perabumulih, il y a, à la gare, un marchand de soupe qui parle le français (demandez M. Bontet) !

➢ **Pour Prapat et Medan :** 3 bus par jour avec *ALS*, 1 avec *ANS* et 1 avec *PMTOH*, tous avant 15 h. Trajet : 820 km. Durée : environ 19 h pour Prapat et 24 h pour Medan.

➢ ***Pour Pekanbaru :*** au moins 3 départs par jour, avec *ANS* (le soir), *BKL Group* (le matin) et *Merah Sari.* Trajet : 312 km. Durée : 9 ou 10 h.
➢ ***Pour Dumai :*** plusieurs départs tous les jours autour de 15 h, avec *ANS, BKL Group, Danau Wisata* et *PO Gumarang.* Compter au moins 12 h de route.
➢ ***Pour Palembang :*** avec *NPM* et *Yoanda Prima,* le matin. Trajet : environ 730 km. Durée : 24 h.
➢ ***Pour Jambi :*** plusieurs bus tous les jours, notamment avec *Famili Raya* (départs le matin) et *PO Jatra* (départs l'après-midi). Trajet : environ 500 km. Durée : 14 h.

En bateau

Outre l'île de ***Siberut*** (voir plus loin le chapitre qui lui est consacré), seules les villes de ***Jakarta*** et ***Sibolga*** sont desservies directement au départ de Padang, et encore, à peine une fois par mois. Le bateau qui monte va à Sibolga, celui qui descend à Jakarta. Compter 36 h jusqu'à *Tanjung Priok* (le port de Jakarta). La liaison est assurée par la compagnie *Pelni Line,* 32 jl. Tanjung Periuk au port de Teluk Bayur (à 6 km au sud du centre). ☎ 61-624 et 62-718. • www.pelni.co.id • Pour y aller, prendre un minibus du terminal des *oplets* sur jl. Moh Yamin. En taxi, compter à peu près 15000 Rps (1,2 €). Mieux vaut réserver son billet à l'avance mais, attention, le bureau de la compagnie n'ouvre ses portes qu'une semaine avant le départ du bateau (tous les jours de 8 h à 12 h et de 13 h à 15 h 30).
3 classes à bord : l'*ekonomi* (matelas sur le pont, sanitaires communs, casiers de sécurité, vidéo toute la nuit), la 2e (cabines de 4 et salle de bains à l'extérieur) et, enfin, la 1re (cabines de 2 avec salle de bains et TV). Quelle que soit la classe, cela dit, la nourriture est comprise dans le prix de la traversée.

En avion

✈ L'***aéroport de Tabing*** est à une dizaine de kilomètres au nord du centre. Compter 25000 Rps (2 €) pour vous y rendre en taxi. Sinon, minibus du terminal des minibus, sur jl. Moh Yamin. La taxe de sortie est de 15000 Rps (1,2 €) pour les vols intérieurs et de 60000 Rps (4,8 €) pour les vols internationaux.
➢ ***Pour Jakarta :*** une bonne dizaine de vols quotidiens, avec *Garuda, Mandala, Jatayu, Lion Air* et *Batavia.* Durée : 1 h 20.
➢ ***Pour Singapour :*** 2 vols hebdomadaires directs avec *SilkAir* et 4 vols par semaine, via Pekanbaru, avec Garuda. Durée du vol direct : 1 h.
➢ ***Pour Kuala Lumpur :*** 3 vols par semaine avec *Malaysia Airlines.*
➢ ***Pour Malacca (Malaisie) :*** 3 vols par semaine, avec *Berjaya.*
➢ ***Pour Medan :*** 3 vols quotidiens, avec *Jatayu* et *Mandala.*
➢ ***Pour Pekanbaru :*** 4 vols par semaine avec *Garuda.* Durée : 30 mn. C'est évidemment plus rapide que le bus, qui met 9 à 10 h.
➢ ***Pour Jambi :*** 1 vol quotidien avec *Jatayu.*
➢ ***Pour Palembang :*** 1 vol quotidien avec *Jatayu.*
➢ ***Pour Batam :*** 4 vols hebdomadaires avec *Merpati.*

L'ÎLE DE SIBERUT

30000 hab.

Les ***îles Mentawai,*** à l'ouest de Padang, comprennent les îles Sipora, Pagai et Siberut. Siberut est la plus grande, la plus peuplée et la plus intéressante. Les Indonésiens l'appellent « l'île aux Rats », mais il y a certainement plus de serpents que de rats. Siberut est l'un des seuls endroits de Sumatra dont les habitants ont conservé leur mode de vie ancestral. Se dépêcher quand même d'y aller, car les tribus sont en passe d'être assimilées par le gouvernement. Mais, pour l'heure, c'est toujours l'aventure, un lieu hors du temps et, surtout, hors des sentiers battus. À condition d'y aller avec le plus grand respect pour la nature et pour ceux qui y vivent.

Les « hommes-fleurs »

Siberut est la patrie des « hommes-fleurs ». On les surnomme ainsi en raison de leur habitude ancestrale qui consiste à décorer et à embellir leur corps à l'aide de fleurs et de végétaux, de bijoux et de tatouages. Ces « hommes-fleurs » sont aussi connus pour leur jovialité et leur accueil souriant. Ils vivent sur ces terres isolées du reste de l'Indonésie depuis des millénaires.
Les populations des îles Mentawai sont restées coupées du monde extérieur jusqu'à la fin du XIXe siècle. Aujourd'hui cependant, tout change très vite. Le tourisme y participe évidemment, au même titre que les compagnies d'exploitation à l'origine de la destruction de la forêt. Les deux tiers de Siberut sont encore recouverts de forêt vierge. Autre facteur aggravant : la politique de transmigration imposée par le gouvernement, qui pousse des « colons » indonésiens à s'implanter au pays des « hommes-fleurs ».

Comment y aller ?

En bateau

➢ Deux départs hebdomadaires (les lundi et mercredi) du vieux port de Padang avec la compagnie *PT Asimi,* qui fait partie de l'agence *Nusa Mentawai Tours* (voir, pour les coordonnées de celle-ci, la rubrique « Adresses utiles » dans le chapitre consacré à Padang). Départ vers 19 h. Il s'agit d'un bateau en bois, le *Sumber Rezeki Baru,* qui fait la traversée en 10 à 12 h. Billet « pont » ou « cabine », au choix (pas une énorme différence de prix entre les deux), nourriture non incluse (pas grand-chose à bord cela dit, mieux vaut acheter quelques vivres avant le départ). Bien sûr, il est plus prudent de réserver sa place à l'avance. On vous recommande de prendre le bateau du lundi car, contrairement à celui du mercredi, il arrive d'abord à Muarasiberut, le village principal au sud de l'île, celui d'où s'organisent les excursions. Avec l'autre bateau, on accoste d'abord à Muarasikabaluan, où il faut attendre 4 h pour seulement reprendre la mer vers Muarasiberut.
Les bateaux retournent à Padang le lendemain, par conséquent les mardi et jeudi. À noter que ces trajets s'effectuent normalement en toute sécurité car si la mer est agitée, le départ est retardé.

➢ Une liaison est également assurée, en principe, tous les vendredis soir par le *Beriloga,* un bateau gouvernemental en bois. Départ du vieux port, comme pour le *Sumber Rezeki Baru.*

Par une agence de voyages locale

Pour vous déplacer à l'intérieur de l'île, il vous faudra un guide. Une bonne solution consiste à confier toute la logistique de votre séjour à un intermédiaire, à savoir une agence de Padang ou de Bukittinggi. Il s'agit d'excursions de 7 à 10 jours en groupe de 5 à 9 personnes. Curieusement, les séjours proposés à Bukittinggi sont beaucoup moins chers que ceux vendus à Padang : environ 150 US$ pour les premiers, et 300 à 400 US$ pour les seconds, pour 10 jours. Mais bon, la prestation n'est probablement pas la même non plus. En fait, les agences de Padang, en particulier *Nusa Menta-*

wai Tours (voir la rubrique « Adresses utiles » dans le chapitre consacré à Padang) travaillent davantage dans le respect des peuples autochtones, leur faisant même profiter d'une partie des revenus générés, et proposent des circuits qui permettent de découvrir l'île plus en profondeur. De plus, elles prévoient des porteurs, contrairement aux agences de Bukittinggi ! Enfin, donc, à vous de choisir. Quoi qu'il en soit, le forfait inclut les transports, l'hébergement sur place, les repas et le(s) guide(s).

Démarches

Une autorisation officielle est nécessaire pour voyager à l'intérieur de Siberut, mais ne vous tracassez pas, c'est votre guide (ou l'agence) qui se chargera de l'obtenir. Prévoir juste une photocopie de votre passeport et environ 3 US$.

Infos et recommandations

– ***Y aller seul ou par une agence de voyages ?*** Bien documenté, bien organisé, il est tout à fait possible d'entreprendre un voyage seul sans l'intermédiaire d'un agent. Cela dit, une fois à Siberut, il vous faudra de toute manière trouver un guide local, car il n'y a presque pas de routes ni de chemins sur l'île. Les dangers réels sont nombreux et l'obstacle de la langue insurmontable, même si vous avez quelques bases de *bahasa indonesia*. Une bonne journée à Muarasiberut suffit à trouver un guide et établir avec lui un itinéraire. Vous pouvez, par exemple, contacter *Tuppak Hendrikus* (☎ 0759-21-118), guide-artiste originaire de l'archipel mais marié à une Mentawaise depuis 25 ans. Compter environ 150 à 200 US$ pour 7 jours, tout compris (logement chez l'habitant, nourriture et équipement).

– ***Respect des autochtones :*** attention, le tourisme peut nuire aux populations locales. Il convient donc de les respecter. Ne vous présentez pas face à des Mentawais l'appareil photographique devant le visage. Si vous le pouvez, abstenez-vous de prendre des photos et écrivez des notes dans votre journal de bord. Dans tous les cas, demandez toujours l'autorisation avant de les photographier. Enfin, habillez-vous correctement.

– ***Argent, troc :*** si vous ne passez pas par une agence de voyages, vos dépenses sur place se limiteront, en gros, au coût du séjour que vous mettrez sur pied avec votre guide local. D'abord parce qu'il n'y a pas grand-chose à acheter dans la brousse, ensuite parce que les indigènes de l'île pratiquent encore un peu le troc. À ce propos, n'hésitez pas à faire le plein de cigarettes indonésiennes à Padang, car si les Mentawais fument (et comme des cheminées !) leur propre tabac (roulé dans des feuilles de bananier), ils raffolent aussi des *kreteks* ! Bref, c'est une très bonne monnaie d'échange. Les stylos, crayons et blocs de papier sont également assez appréciés.

– ***Meilleure période :*** il y pleut toute l'année, un peu moins en mai, un peu plus de juillet à décembre. En août et septembre, la mer peut être démontée et la traversée devient alors impossible.

– ***Conseils pratiques :*** il est indispensable de prendre un maximum de précautions pour sa santé. Avoir ses médicaments antipaludiques, sa pierre noire à serpents (et même un aspi-venin, efficace) et une très bonne pharmacie. Ne pas oublier non plus les pastilles de Katadyn, même si l'on trouve maintenant sur l'île de l'eau en bouteille, la moustiquaire, une lotion contre les insectes, des sacs en plastique pour garder vos affaires à l'abri de l'humidité, une lampe torche.

– ***Vêtements à emporter :*** en raison des marches dans l'eau et la boue, prévoir de bonnes chaussures ou des bottes en caoutchouc, et bien sûr une cape de pluie.

Se déplacer

Il est difficile de se déplacer dans l'île (peu de routes ou de chemins) mais c'est, entre autres, ce qui rend intéressant le voyage à Siberut. Les déplacements se font à pied, ou en pirogue. Quoi qu'il en soit, soyez conscient que physiquement l'expérience sera éprouvante (marches dans l'eau, dans la boue, pluies, chaleur et bestioles).

Adresses utiles

i ***National Park Visitors Center :*** à Maileppet, à 5 km de Muarasiberut. Outre un petit dortoir, vous y trouverez des informations sur les itinéraires, les coutumes spéciales à respecter, les tabous à connaître. En effet, les tribus ne peuvent être approchées qu'en dehors de leurs périodes de « tabou », pendant lesquelles, en raison d'événements particuliers, elles s'abstiennent de pratiquer certaines activités. Se renseigner aussi auprès des guides.

✉ Il existe un petit ***bureau de poste*** et un ***Wartel*** à Muarasiberut, village où l'on peut acheter de la nourriture et des produits de première nécessité. Attention, c'est plus cher qu'à Padang.

Où dormir ?

Pas d'hôtel, à part, à Muarasiberut, le ***Syahruddin's Homestay,*** qui propose 6 chambres pas chères.

Ailleurs sur l'île, vous dormirez ***chez l'habitant,*** à même le sol.

Où manger ?

Sur l'île, vous ne pourrez pas vous procurer grand-chose, mais les guides se chargent de la nourriture pour toute la durée de votre séjour. Peut-être voudrez-vous quand même goûter au *sagu,* le plat principal des habitants de l'île. Ils le font avec de la sciure d'arbre, cuite à l'étouffée dans de grandes feuilles. Ce n'est pas mauvais en soi. Cela a un peu le goût du fromage de chèvre, en plus sec et plus aigre. Le *sagu* possède 98 % de protéines, d'où la robustesse des « hommes-fleurs ».

À voir. À faire

Autour de Muarasiberut, la plupart des villages sont le résultat de la politique gouvernementale de sédentarisation forcée des peuples de la jungle dans des villages de la côte. Seul ***Puro,*** situé à 3 km de Muarasiberut, est relativement authentique.
Plus loin, on trouve les localités de ***Rogdog, Madobak, Tiop*** et, la plus traditionnelle, celle de ***Sakudai.***
De toute façon, c'est pour s'enfoncer dans l'île qu'on vient à Siberut. Là, vous passerez une bonne partie de votre temps à observer le mode de vie des autochtones et à participer à certaines de leurs activités quotidiennes : préparation du *sagu,* pêche, construction de canoës, fabrication du *baiko* (pagne végétal que portent les hommes), élaboration du poison destiné à la chasse aux singes, application des tatouages rituels. Vous découvrirez aussi leur médecine naturelle (à base de plantes), leurs cérémonies et, bien entendu, au niveau faune et flore, l'étonnante richesse de l'île en espèces endémiques.

PEKANBARU

IND. TÉL. : 0761

Ville sans grand intérêt. Les bus qui arrivent du port de Dumaï (à 158 km de Pekanbaru) vous déposent à la gare routière (et le coin n'a rien d'emballant). En principe, liaisons fréquentes pour Bukittinggi (6 h), le lac Toba (au moins 24 h de voyage), Medan ou Padang. Si vous arrivez en bateau à Pekanbaru, le port étant très éloigné de la gare routière, prenez un *oplet* (minibus) pour vous rendre au centre-ville.

➢ ***Pour Singapour en bateau :*** 2 journées et 1 nuit de voyage jusqu'à Tanjung Pinang. Repas compris. Paysages remarquables. En tout, 160 km de descente sur le fleuve, puis la mer, les petites îles... Attention, le port de Tanjung Pinang est moyennement sûr (beaucoup de vols). Tanjung Pinang-Singapour : environ 4 h de traversée. Réduction étudiants. Pas mal d'agences, à vous de dégoter la moins chère.

Où dormir ?

Poppies Homestay : 20 jl. Cempedak. ☎ 33-863. Pas bien loin de la gare routière. Adresse très sympa, propre et pas chère. Idéal pour faire le plein d'informations.

LE SUD DE SUMATRA

LE PARC NATIONAL DE KERINCI

Avec ses 15000 km² répartis entre les 3 provinces de Padang, Jambi et Bengkulu, c'est le plus vaste parc naturel de Sumatra. De profondes vallées, de ravissants lacs de montagne, le point culminant de Sumatra et, bien sûr, une flore et une faune particulièrement riches constituent ses principaux attraits. La petite ville de Sungaipenuh, au cœur de la superbe vallée de Kerinci, constitue un bon point de chute pour découvrir la région. Attention, un permis est nécessaire pour toute balade dans le parc.

LES KUBUS

Les Kubus (en indonésien, *Suku Anak Dalam*) sont la dernière tribu primitive de Sumatra. Aujourd'hui réduits à une population d'un petit millier d'individus, les Kubus furent pourtant les premiers habitants de la province de Jambi et du sud de Sumatra. Nomades, vêtus seulement d'un cache-sexe, ils parcouraient la jungle, vivant de chasse et de cueillette, s'abritant sous des huttes construites à la hâte. Mais dans les années 1970, la civilisation a rattrapé les nomades kubus. L'exploitation intensive de la forêt, la construction de la Trans-Sumatra, les maladies infectieuses transmises par les nouvelles populations installées dans le cadre du programme de transmigration ont décimé ce peuple.

Comment y aller ?

Le parc est facilement accessible depuis Padang. Bus direct de Padang à Sungaipenuh. Deux itinéraires : les routards pressés choisiront la route de la côte (246 km en 6 h). Ceux qui veulent faire le plein de paysages sublimes prendront la route de l'intérieur (via Kayuaro). De la gare routière de Sungaipenuh, des minibus partent vers la plupart des villages de la vallée, dont Kersik Tua. Voir également, plus bas, la rubrique « Quitter Jambi ».

Adresse utile

■ ***Kantor Taman Nasional Kerinci Seblat :*** 11 jl. Arga Selebar Daun, à Sungaipenuh. ☎ 21-692. C'est le bureau du parc. Délivre les permis de visite. Propose également des guides pour l'ascension du mont Kerinci.

Où dormir ? Où manger ?

À Sungaipenuh, 3 hôtels propres à prix raisonnables : ***Mata Hari Losmen,*** sur jalan Sudirman Rahmat, où vous trouverez en outre plein d'infos sur le parc, ***Anah Gunung*** et ***Jaya.***

Pour se restaurer, nombreux petits restos sur la route principale. Il faut absolument goûter au *dening batotok,* spécialité de viande grillée.

À voir. À faire

L'ascension du mont Kerinci : avec ses 3805 m d'altitude, c'est la plus haute montagne de Sumatra et la deuxième d'Indonésie (après le Puncak Jaya). D'origine volcanique et toujours actif (enfin, sa dernière colère remonte à 1934), mais il est tout à fait possible de grimper jusqu'au sommet. L'ascension se fait depuis le village de Kersik Tua (à 43 km environ de Sungaipenuh). Quelques *guesthouses* au village, où l'on trouvera aussi guides et porteurs. Compter 2 jours et 10 à 12 h de marche au total pour atteindre le sommet. Emporter tente, sac de couchage (les nuits sont très fraîches là-haut !) et eau. Il faut d'abord grimper (en un après-midi) jusqu'au camp de base, d'où l'on repartira tôt le lendemain matin pour le sommet. Du haut du cratère (empli d'un lac aux eaux vertes), on découvre toute l'île par temps clair. Magnifique !
Au pied du mont Kerinci, autour de Kayo Aro, s'étend la plus grande plantation de thé indonésienne (6000 ha).

Le lac de Kerinci : lac de montagne vers le village de Sanggar Agung (à une vingtaine de kilomètres de Sungaipenuh).

Le mont Tujuh : encore un volcan, et encore un lac de cratère, immense, comme posé entre ciel et terre à 2751 m d'altitude. Accès (difficile !) depuis le village de Pelompek (à 51 km de Sungaipenuh). Mais belles balades possibles en forêt au pied du volcan. La région abonde en espèces de primates (langurs, siamangs, gibbons) et en oiseaux multicolores.
Pourtant, les Kubus gênent encore le gouvernement indonésien qui a tenté de les sédentariser. Depuis 1985, le peuple kubu occupe Bukit 12, ce qu'il faut bien appeler une « réserve » : 287 km² de forêts à l'est de Bangko, à la lisière du parc de Kerinci. Vivant toujours en groupes d'une petite dizaine de personnes placées sous l'autorité d'un chef *(temenggung),* les Kubus n'ont pas renoncé pour autant à leur nomadisme, même s'ils s'essaient désormais un peu à l'agriculture, et survivent tant bien que mal. On en rencontre même parfois, le long de la Trans-Sumatra, mendiant aux arrêts de bus...

JAMBI

300 000 hab. IND. TÉL. : 0741

Les routards (sinon les touristes en général) se font rares à Jambi ! D'abord, même si elle est aujourd'hui assez facile d'accès, Jambi a longtemps été enclavée. Ensuite, cette ville reste loin de tous les pôles d'intérêt de l'île.

Pourtant, la vieille ville, qui s'est développée autour d'un port sur la Batang Hari, n'est pas déplaisante. Elle serait même plutôt pimpante (pour Sumatra !).

Incendies de forêt

Au cœur d'une province couverte à 60 % de forêts, Jambi a été, avec Pekanbaru et Palembang, l'une des villes les plus touchées par la pollution née des gigantesques incendies de 1997. À Jambi, respirer revenait, certains jours, à inhaler la fumée de plusieurs paquets de cigarettes. Et les enfants n'avaient souvent pour se protéger des particules de dioxyde de carbone et de soufre qu'un simple mouchoir à se plaquer sur le visage ! Les médecins locaux envisagent donc une multiplication des cancers du poumon dans les années à venir...

Comment se déplacer à Jambi ?

– Pas de *becaks* à Jambi.

➢ On peut facilement parcourir le centre ***à pied.*** Il y a même une petite zone piétonne (à l'extrémité de jalan Mr Assa'at), où se retrouvent les jeunes de la ville.

➢ ***En oplet :*** le terminus se trouve en plein centre, sur une grande place derrière jalan Dr. Sam Ratu Langi (vers le marché aux fruits).

➢ ***En sados :*** des calèches à chevaux. Toujours dans le centre, au pied de la grande tour métallique des *Telkom* (un des points de repère de la ville). Juste pour le folklore.

Adresses utiles

i ***Office de tourisme*** *(hors plan par A2)* ***:*** 11 jl. Bakusi Rahmat. ☎ 44-330. Dans le nouveau quartier de Kota Baru, donc assez loin du centre (décidément, c'est une manie à Sumatra !). Un *oplet* (de couleur verte, direction Kota Baru) vous y conduira. Honnête documentation sur Jambi et sa région. Et les responsables sont ravis quand, de temps en temps, des touristes poussent la porte de leur bureau.

✉ ***Poste*** *(plan A1)* ***:*** 9 jl. Sultan Thaha.

■ ***Téléphone Wartel*** *(plan A2, **20**)* ***:*** pour appeler l'étranger, sur jl. Dr Mattaher *(plan B1)*. Un autre à côté du *Novotel (plan A2, **5**)*.

Où dormir ?

Bon marché (de 15 000 à 40 000 Rps, soit 1,2 à 3,2 €)

■ ***Losmen Penang*** *(plan B1, **1**)* ***:*** 9 jl. Dr Sutomo. ☎ 22-324. Une des adresses les moins chères de la ville. Mais c'est un peu décrépit, et l'accueil n'est pas des plus sympathiques.

■ Plusieurs autres ***hôtels*** dans le même ton, toujours sur jl. Dr Sutomo.

Prix moyens (de 40 000 à 70 000 Rps, soit 3,2 à 5,7 €)

■ ***Sederhana Hotel*** *(plan B2, **2**)* ***:*** 55 jl. Dr Sutomo. ☎ 22-786. Géré par une équipe jeune et décontractée. Chambres avec ventilateur ou climatisation plutôt agréables, bien tenues et au calme, donnant sur une

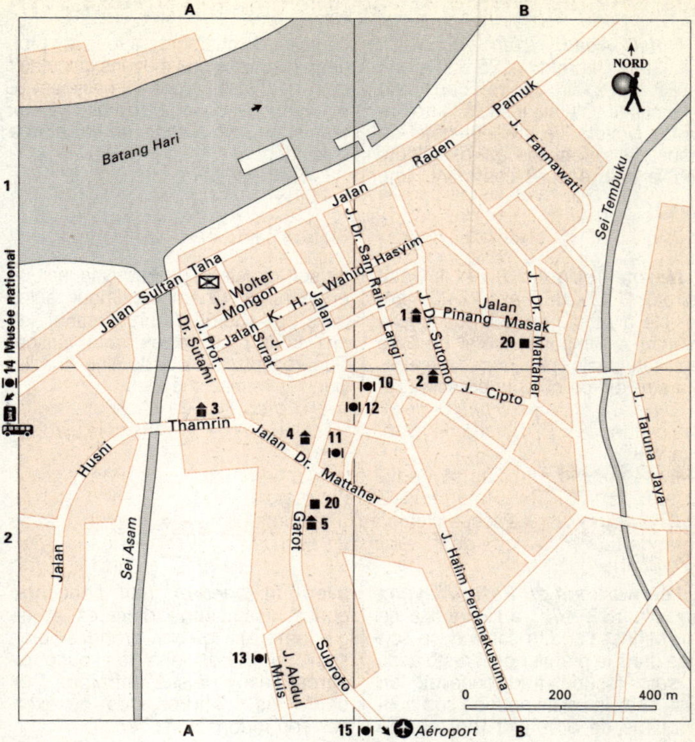

JAMBI

Adresses utiles

- Office de tourisme
- Poste
- Gare routière
- Aéroport Sultan Taha
- 20 Wartel (téléphone)

Où dormir ?

1 Losmen Penang
2 Sederhana Hotel
3 Hôtel Surya
4 Hôtel Abadi
5 Novotel

Où manger ?

10 Warungs du Pasar Mayang Sari
11 International
12 Terkenal
13 Ayam Yoga
14 Sari Nandé
15 Sari Wangi

cour intérieure. Propreté des salles de bains à revoir toutefois. Grands salons communs.

Hôtel Surya *(plan A2,* ***3****)* : 48 jl. Husni Thamrin. ☎ 26-558. On croit entrer dans un garage puis on passe devant une discothèque-karaoké et une salle de jeux vidéo. Mais il s'agit bien d'un hôtel ! Et celui-ci propose des chambres plus grandes qu'à l'habitude, avec salle de bains et AC. Certaines donnent sur une petite rivière. Bon rapport qualité-prix.

Plus chic (de 70000 à 120000 Rps, soit 5,7 à 9,7 €)

🏠 ***Hôtel Abadi*** *(plan A2, **4**)* **:** 92 jl. Gatot Subroto. ☎ 25-600. Fax : 23-065. En plein centre, dans une ruelle calme. C'était, jusqu'à l'installation du *Novotel,* le meilleur hôtel de Jambi. Petite fontaine qui glougloute dans le hall. Accueil charmant. Une centaine de chambres à tous les prix, des *standard* à prix moyens jusqu'aux *deluxe.* Toutes sont climatisées et équipées de douche ou bains. Deux restos, un *coffee-shop,* un bar et une discothèque.

Très chic (à partir de 250000 Rps, soit 20,2 €)

🏠 ***Novotel*** *(plan A2, **5**)* **:** 44 jl. Gatot Subroto. ☎ 27-208. Fax : 27-209. Impossible à rater : en plein centre, le bâtiment en impose ! Hôtel de luxe bien sûr, mais pas trop aseptisé. Peut-être est-ce dû à la personnalité de son directeur, un Français, soit dit en passant. Chambres impeccables mais très chères. Heureusement, les prix sont négociables hors saison. Superbe piscine qui domine la ville. Bar, resto, discothèque.

Où manger ?

Bon marché (de 10000 à 20000 Rps, soit 0,8 à 1,6 €)

🍽 ***Les warungs du Pasar Mayang Sari*** *(plan B2, **10**)* **:** à l'extrémité de jalan Mr Assa'at. On commence son repas dans le premier petit resto avec un *soto* (soupe traditionnelle), on passe chez le voisin pour un *sup buntut* (queue de bœuf) et l'on termine avec un *bandrek* (lait concentré chaud assaisonné d'épices et de gingembre), qu'on prendra bien soin de boire dans la soucoupe après l'avoir laissé refroidir. Prix dérisoires. L'endroit idéal où exercer son indonésien !

De prix moyens à plus chic (à partir de 20000 Rps, soit 1,6 €)

🍽 Deux restos chinois sur jalan Mr Assa'at : l'***International*** *(plan A2, **11**)* au n° 34. ☎ 24-897. Honnête cuisine. La salle du rez-de-chaussée est tristounette, grimpez à l'étage comme les habitués. Accueil et service un peu contrits. Et le ***Terkenal*** *(plan A-B2, **12**)* au n° 124. ☎ 22-931. Carte plus étoffée et bon accueil.

🍽 ***Ayam Yoga*** *(plan A2, **13**)* **:** 58 jl. Abdul Muis. Comme son enseigne l'indique (pour ceux qui lisent l'indonésien), la grande spécialité maison est le poulet frit à la javanaise, servi en plein air dans la bonne humeur.

🍽 ***Sari Nandé*** *(hors plan par A2, **14**)* **:** jl. Prop S. Brojonegoro. Un peu excentré mais très sympa. Excellente cuisine indonésienne servie en terrasse ou dans une salle animée. Plusieurs recettes à base de poisson de rivière. À arroser d'une bière proposée par des hôtesses vêtues aux couleurs des marques de bières locales ou étrangères. Étant payées aux bouteilles vendues, elles ont tendance à se précipiter sur le client !

🍽 ***Sari Wangi*** *(hors plan par B2, **15**)* **:** 3 jl. Sultan Syahrir. ☎ 25-071. Sur la route de l'aéroport, une des bonnes tables de la ville, justement réputée pour ses fruits de mer *(kankung cah udang,* épinards chinois aux crevettes), ses poissons au court-bouillon *(pindang patin)* ou grillés aux épices et à l'ail *(gurame bakar).*

À voir

Le Musée national *(hors plan par A2)* **:** à l'angle de jl. Urip Sumohar Jo et de jl. Prof. Dr Sri Sudewi, soit assez loin du centre. Ouvert de 8 h à 14 h. Fermé les lundi et vendredi. Entrée payante. Pas incontournable mais intéressant. Évocation de l'histoire de la province de Jambi : monumentales statues bouddhiques provenant des temples de Muara Jambi. Porcelaines chinoises des dynasties Ming et Jung. Section consacrée aux arts et traditions populaires (tapis de Kerinci, costumes traditionnels...) et à la vie quotidienne des Kubus. Et un peu au hasard des vastes salles, des animaux naturalisés, tel le crocodile local *(sinyulang),* des morceaux de bois fossilisés de 15 millions d'années, et des pièces de *pacet* (ce bois avec lequel sont construites les maisons de Kerinci et qui les protège des mauvais esprits).

➤ DANS LES ENVIRONS DE JAMBI

Les temples de Muara Jambi : rien de moins que le plus important site archéologique de Sumatra ! Vestiges d'un port vraisemblablement rasé vers 1377, capitale du royaume local de Malayu. Au bord de la rivière Batang Hari, à 25 km en aval de Jambi. On s'y rend en une demi-heure depuis le port de Jambi, dans de petits bateaux à moteur (*kepot* ou *speedboat*). Belle balade le long de la rivière. Précisez bien au pilote que vous désirez faire l'aller-retour. On débarque dans un village de campagne typique (avec sa sirène qui rappelle aux femmes l'heure de la pilule...). Le site (bien fléché) est contigu au village. Sept temples bouddhiques *(candis),* un *stûpa,* des canaux *(menapos),* la salle de bains du roi *(kocamtelagorajo)* ou encore un étang boueux autour duquel flirtent encore les jeunes du village. Trois des temples construits entre les XIe et XIIIe siècles *(Tinggi, Gumpung et Kedaton)* ont été bien restaurés. À la différence des temples de Java ou de Bali, ils ont été construits en briques rouges (à base de terre locale). Chaque brique du temple Gumpung porte une inscription en sanscrit. Remarquez également l'utilisation de galets trouvés dans la rivière sur les murs du temple Kedaton. Petit musée à l'entrée du site, qui abrite quelques statues trouvées sur place : admirable et élégante déesse *Pradnyaparamita* du XIIIe siècle (sans tête !), *Ganesh,* le dieu éléphant... et des objets usuels (*kettle,* chaudron pour puiser l'eau dans le fleuve), etc.

QUITTER JAMBI

En bus

La gare routière *(hors plan par A2)* de Simpang Kawat se trouve sur jalan Prof. Dr M. Yamin (dans le prolongement de jalan Sultan Agung).

➢ *ACC* (60 jalan Mr Assa'at ; ☎ 25-593 ou 25-889) propose 5 bus quotidiens (toutes les 2 h, de 8 h à 16 h) pour ***Palembang,*** 2 bus pour ***Pekanbaru*** (à 10 h et 16 h), 2 bus pour ***Muara Bungo*** (où l'on prendra une correspondance pour le parc de Kerinci) et 1 bus pour ***Jakarta*** (30 h de voyage !).

➢ Un bus quotidien pour ***Medan*** (par *ALS*) à 13 h. Également des bus pour ***Padang.***

En avion

✈ L'***aéroport Sultan Taha*** *(hors plan par B2)* est à un petit quart d'heure du centre en taxi ou en *oplet* (de couleur rouge).

➢ *Merpati* (agences groupées *Merpati, Garuda* et *Mandala Airlines :* 172 jl. Gatot Subroto, face au *Novotel*; ☎ 23-926 ou 25-331) propose 2 vols quotidiens pour ***Jakarta*** (à 8 h 15 et 14 h 40) et 2 vols hebdomadaires (les vendredi et samedi) pour ***Batam.*** Également des vols pour ***Palembang.***
➢ *SMAC* (26 jl. Orang Kayo Hitam ; ☎ 22-804) propose 3 vols par semaine pour ***Batam*** et des vols pour ***Pekanbaru*** et ***Tanjung Pinang.*** Également des liaisons avec ***Palembang.***

En bateau

➢ 1 bateau par semaine entre Jambi et ***Tanjung Pinang,*** sur l'île de Bintan. Départ le vendredi vers 9 h ; retour de Tanjung Pinang le mardi vers 9 h. Compter 2 bonnes journées de voyage. De Pinang, ferry pour Singapour.

PALEMBANG

1 400 000 hab. IND. TÉL. : 0711

Deuxième ville de Sumatra après Medan (la population croît de près de 3 % par an...) et premier centre pétrochimique d'Indonésie. Autant dire que Palembang n'est pas un petit coin de paradis pour routards en quête de nature et de solitude ! En outre, cette ville, l'une des plus anciennes de l'île (son existence est attestée dès 683), n'a conservé aucun vestige d'un passé pourtant prestigieux : c'est autour de Palembang qu'a prospéré, jusqu'au XIIe siècle, l'empire bouddhique de Srivijaya. La ville s'est développée autour du fleuve Musi, franchi par l'imposant pont Ampera. La plupart des adresses utiles et des centres d'intérêt se trouvent sur la rive nord *(ilir),* les gares routière et ferroviaire sur la rive sud *(ulu).*

Comment se déplacer dans Palembang ?

➢ ***En becak :*** pas très pratique dans la mesure où ils sont interdits sur les grands axes. Mais vu l'intense pollution du centre-ville (on suffoque littéralement sur jalan Jend. Sudirman, l'artère principale), c'est peut-être un avantage. Pratique pour des parcours sinueux dans de pittoresques ruelles.
➢ ***En oplet :*** ils partent de l'imposant rond-point, face au pont Ampera.
➢ ***En taxi :*** on en trouve un peu partout dans le centre, notamment sur jalan Jend. Sudirman. Ceux de la compagnie *Trans Ampera* ont un compteur.

Adresses utiles

■ ***Office de tourisme*** *(plan B2)* ***:*** 1 jl. Sultan Mahmud Badaruddin II. ☎ 35-84-50. Au rez-de-chaussée du musée. Ouvert tous les jours sauf le vendredi, de 8 h à 14 h. Si l'employé préposé à l'accueil (en uniforme !) essaie de monnayer ses services (ça s'est vu), demandez à rencontrer le directeur, Toni K. Panggarbesi. Il se fait une image très glamour de la France (pour ce qui est de la Belgique, du Québec ou de la Suisse, on est moins sûr...). Ne le décevez pas ! Petit guide pratique et plan (sommaire) de la ville.

✉ ■ ***Poste*** *(plan B2)* ***et téléphone :*** on trouve côte à côte, sur jl. Merdeka, la poste principale et un bureau *Telkom (plan B2,* ***4****)* d'où l'on peut appeler vers l'étranger.
■ ***Bank of Central Asia*** *(BCA ; plan A1,* ***1****)* ***:*** 22 jl. Kapitan A. Rivai. ☎ 35-82-44.
■ ***Bank Rakyat Indonesia*** *(plan A1,* ***2****)* ***:*** 15 jl. Kapitan A. Rivai. ☎ 35-60-62.
■ ***Alliance française*** *(plan A2,* ***3****)* ***:*** 3 jl. Joho Talang Semut. ☎ 36-06-06.

PALEMBANG

Adresses utiles

- Office de tourisme
- Poste
- Gares routières
- Gare ferroviaire
- 1 Bank of Central Asia
- 2 Bank Rakyat Indonesia
- 3 Alliance française
- 4 Téléphone

Où dormir ?

- 10 Asiana Hotel
- 11 Segaran Hotel
- 12 Hôtel Nusantara
- 13 Kemenangan Hotel
- 14 Hôtel Sari
- 15 Hôtel Permata
- 16 Swarna Dwipa

Où manger ?

- 14 Sari Bundo
- 20 Makikota Indam
- 21 Sarinande
- 22 Pagi Sore
- 23 Har
- 24 Selatan Indah

À voir

- 30 Pasar 16 Ilir
- 31 Marché aux fruits
- 32 Pasar Kecil
- 33 Ateliers de laque
- 34 Mosquée Agung
- 35 Monpera
- 36 Musée Sultan Mahmud Badaruddin II
- 37 Musée Balaputradewa

Où dormir ?

Ville d'affaires oblige, dormir à Palembang coûte plutôt cher. Qui plus est, les adresses bon marché ne sont pas franchement emballantes. Comme Palembang est une ville épuisante et que, vraisemblablement, vous n'y resterez pas très longtemps, n'hésitez pas à dépenser quelques roupies de plus.

Bon marché (de 15 000 à 40 000 Rps, soit 1,2 à 3,2 €)

Asiana Hotel *(plan A1, **10**) :* 45 E jl. Jend. Sudirman. Correct, sans plus. Chambres propres dans l'ensemble. Éviter celles qui donnent sur jl. Sudirman, elles sont bruyantes.

Segaran Hotel *(plan B1, **11**) :* 157 jl. Segaran. Petit immeuble moderne, mais l'intérieur a bien mal vieilli. Assez bien tenu tout de même.

Prix moyens (de 40 000 à 70 000 Rps, soit 3,2 à 5,7 €)

Hôtel Nusantara *(plan B1, **12**) :* 563/17 jl. Let. Kol. Iskandar. ☎ 35-33-06 ou 35-15-14. Dans une ruelle, à côté du Pasamaya Jan (centre commercial). Un peu vieillot, mais propre et satisfaisant. Les chambres premier prix sont équipées de ventilo. Les plus chères sont dotées de la clim', d'un salon et de la TV.

Kemenangan Hotel *(plan B1, **13**) :* 369-370 jl. Lemantang. ☎ 37-31-31. À deux pas du centre névralgique mais dans une rue tranquille. Derrière une pimpante façade blanche et bleue, des chambres toutes climatisées, avec douche, téléphone et TV par satellite (voilà pourquoi les Indonésiens chantonnent Madonna et Bon Jovi !). Contentez-vous d'une chambre *standard*, les *superior* sont d'un rapport qualité-prix moyen. Accueil enthousiaste.

Plus chic (de 70 000 à 120 000 Rps, soit 5,7 à 9,7 €)

Hôtel Sari *(plan A1, **14**) :* 1301 jl. Jend. Sudirman. ☎ 31-33-20. Hôtel familial à l'extrémité de la rue. Des chambres au confort variable et à tous les prix, de la *standard* à la *superluxe*, avec AC, TV, douche ou bains. Ambiance familiale. Fait également resto (voir « Où manger ? »).

Hôtel Permata *(plan B1, **15**) :* 792-793 jl. Jend. Sudirman. ☎ 35-45-65. Fax : 35-14-78. AC dans toutes les chambres (et ce n'est pas du luxe à Palembang). Les *standard* sont banales. En revanche, jolies chambres *deluxe* au 1er étage (pour qui aime le kitsch oriental). Elles sont également plus calmes. Petit dej' inclus dans le prix de la chambre. Accueil très professionnel.

Très chic (plus de 250 000 Rps, soit 20,2 €)

Swarna Dwipa *(plan A2, **16**) :* 2 jl. Tasik. ☎ 31-33-22. Fax : 36-29-92. Dans un quartier résidentiel, à l'écart du centre. Enfin, des arbres et de l'air ! Et un calme à peine troublé par les joggeurs qui font le tour d'un petit étang. Chambres standard au prix d'un 2 étoiles en France. Mais les prix grimpent sérieusement si vous voulez goûter au charme colonial des plus belles d'entre elles. Le resto ***Seguntang*** est plus accessible. Salon et bar cosy. Petite piscine. Centre de remise en forme et sauna. Bien mieux en tout cas que le tristounet *King's* sur jl. Lom. Atmo.

Où manger ?

Comme à Padang, il existe à Palembang une cuisine typiquement locale, et on se sent un peu perdu face à une multitude de petits plats (tous très épicés !). Mais on ne paie que ce que l'on mange. Large choix d'accompagnements. Essayez les plats de poisson : *pidang baung* ou *ikan belika.* Deux adresses de restos de cuisine palembang fréquentés par les locaux :

Makikota Indam *(plan B1, **20**)* **:** 203 jl. Iskandar.

Sarinande *(plan B1, **21**)* **:** 32 jl. Veteran.

De bon marché à prix moyens (de 15000 à 70000 Rps, soit 1,2 à 5,7 €)

Pour ceux qui restent, malgré tout, fidèles à la cuisine de Padang, quelques bonnes adresses :

Pagi Sore *(plan A-B1, **22**)* **:** 96 jl. Jend. Sudirman. Vaste et animé.

Sari Bundo *(plan A1, **14**)* **:** 1301 jl. Jend. Sudirman. Le resto de l'hôtel *Sari.*

Har *(plan B2, **23**)* **:** jl. Kol. Atmo. Petit resto carrelé de blanc et de bleu, quelques chaises en bois et des plats indiens musulmans, comme le martabak, le *roti prata* ou la soupe de mouton.

Selatan Indah *(plan B1, **24**)* **:** 434 jl. Let. Kol. Iskandar. ☎ 35-18-01. Deux salles contemporaines avec AC. Un brin chic (et les serveuses en tailleur ont bien du mal à se tenir sur leurs talons hauts !). Bonne cuisine chinoise et quelques spécialités de Palembang à prix moyens.

À voir

Le pont Ampera *(plan B2)* **:** autrefois mobile, construit par les Japonais dans le cadre des réparations de guerre. C'était, lors de son inauguration en 1964, le plus grand pont d'Asie du Sud-Est. Il a encore fière allure avec ses deux tours centrales. Belle vue sur la rivière (surtout au coucher du soleil), un peu gâchée par l'incessante circulation automobile.

Les marchés : au pied du pont, le long de jalan Pasar Baru se tient **Pasar 16 Ilir** *(plan B2, **30**),* le grand marché de Palembang. En plein air ou dans un bâtiment colonial, tout ou presque s'achète et se vend dans une atmosphère fiévreuse. **Marché aux fruits** *(plan B2, **31**),* toujours au pied du pont, sur jalan Kedaton. Et sur l'autre rive, **Pasar Kecil** *(plan B2, **32**),* petit marché secondaire, très pittoresque. On l'atteint en traversant à pied le pont Ampera ou en prenant une barque à moteur (s'adresser aux maraîchers pour négocier le prix). Pour ceux qui en voudraient encore, une foule d'échoppes envahit les ruelles populaires qui relient jalan Sayangan à jalan Kol. Atmo. Le soir, on peut y manger *satay* et petits plats chinois.

Les ateliers de laque *(plan B2, **33**)* **:** derrière l'office de tourisme, dans une ruelle qui part de jalan Kedaton. La fabrication de meubles ou d'objets en bois laqué existe, paraît-il, dans la région depuis la fin du Ier siècle. Des artisans locaux se seraient inspirés de cadeaux offerts au souverain de Srivijaya par des représentants de l'empereur de Chine. On décèle quelques influences bouddhiques et chinoises dans les motifs délicatement ciselés ou peints sur ces tables basses, ces fauteuils ou ces armoires : fleurs de jasmin ou de lotus, représentations animales... Mais l'intérêt réside dans le travail d'application de la laque (fabriquée en laissant tremper des nids de fourmis dans de l'alcool à brûler pendant 3 jours !). D'un rouge très foncé, presque noir (couleur fourmi, quoi !), elle est posée au pinceau en cinq couches successives qui, avant d'être poncées, doivent sécher au soleil. On voit les artisans (souvent des femmes) travailler à même la chaussée. Captivant !

La mosquée Agung *(plan B2, **34**)* **:** facile à repérer, son minaret culmine à 45 m de haut. Édifiée au XVIIIe siècle par le sultan Mahmud Badaruddin, elle a subi pas mal d'ajouts au fil des années. Vaut surtout le coup d'œil pour ses dimensions : elle peut accueillir près de 8 000 fidèles.

Monpera *(plan B2, **35**)* **:** abréviation de Monument Pejuagan Rakyat. Colossal bloc de béton biscornu qui symbolise la lutte pour l'indépendance. À l'intérieur, collection d'armes et de documents sur la guerre d'Indépendance.

Les musées

Le musée Sultan Mahmud Badaruddin II *(plan B2, **36**)* **:** à l'étage de l'office de tourisme. Ouvert tous les jours sauf le vendredi, de 8 h à 14 h. Dans le jardin (où il fait bon se poser pour échapper quelques instants à la perpétuelle activité du centre), statues bouddhiques du XIIe siècle : *Ganesh, Bouddha* de 2 m de haut. Dans la maison (construite par les Hollandais en 1863), trois salles consacrées aux arts et traditions populaires : mobilier (*kuade,* sièges pour les futurs époux), reconstitution d'une chambre nuptiale, armes de chasse, objets de la vie quotidienne. Et divers documents qui rappellent la glorieuse époque du sultanat de Palembang.

Le musée Balaputradewa ou ***musée de Sumatra Sud*** *(hors plan par A1, **37**)* **:** 1 jl. Sriwijaya. Plus intéressant mais à 5 km environ du centre. L'*oplet* n° 5 (ou KM 5, de couleur verte) vous arrête à une centaine de mètres du musée. Ouvert du mardi au samedi de 9 h à 14 h et le dimanche de 8 h à 14 h. Fermé le lundi. Mérite une visite, ne serait-ce que pour ses énigmatiques vestiges mégalithiques provenant du plateau de Pasemah, dont le fameux *Batu Gajah* (la Pierre à l'Éléphant). Belle collection (près de 2 000 pièces) de costumes cérémoniels, d'objets usuels, etc. Également des reconstitutions (modèles réduits) d'habitats traditionnels. Une *rumah limas,* maison séculaire de Palembang (grandeur nature, celle-là !) se visite à deux pas du musée.

Fête

– ***Course de bateaux de Bidar :*** tous les ans, du 17 au 20 juin (anniversaire de la ville) et le 17 août (fête de l'Indépendance), de longs et étroits bateaux (24 m x 75 cm !) propulsés par une cinquantaine de rameurs s'affrontent sur un kilomètre sous le pont Musi II. Une course connue dans tout Sumatra.

➤ *DANS LES ENVIRONS DE PALEMBANG*

L'île de Bangka : la plus importante des îles de l'archipel de l'Étain, entre Sumatra et la Malaisie. Peu fréquentée, elle possède quelques plages parmi les plus belles de la région, notamment celles de Matras (une vraie carte postale !) au nord-est de l'île, dans les environs de Pangkalpinang. Pour s'y rendre : bateau entre Palembang et Muntok. Deux services d'hydroglisseur à 7 h 30 et 9 h 30 (environ 3 h de traversée). Un autre bateau plus lent et moins cher : compagnie *Adiyasa*; départ à 20 h 30; une nuit de

voyage. À Muntok, on trouvera des bus pour traverser l'île jusqu'à Pangkalpinang.
Dans *Jeunesse,* Joseph Conrad évoque Muntok. Son bateau ayant pris feu (c'était son premier voyage en Asie), il fut contraint de plonger dans la mer pour échapper aux flammes. Il nagea, et débarqua sur le rivage de Muntok, sous le regard ahuri des villageois. Ce souvenir de naufrage et ce premier contact, dangereux et merveilleux, avec l'Extrême-Orient, hanteront l'écrivain tout au long de son existence.

QUITTER PALEMBANG

En bus

Deux gares routières : la principale *(plan B2)* se trouve au croisement de jalan Pangeran Ratu et de jalan Kirronggo Wiro Sentiko, sur la rive sud *(ulu),* de l'autre côté du pont Ampera. Les bus pour Jambi partent d'une autre gare routière *(plan A1),* à l'extrémité nord de jalan Jend. Sudirman.
La plupart des compagnies de bus ont leurs bureaux dans le centre-ville, le long de jalan Kol. Atmo.

➢ *ANS,* au nº 100 (☎ 36-48-14), a des bus quotidiens climatisés (à 12 h) pour ***Padang*** et ***Bukittinggi,*** et à 13 h pour ***Jakarta*** (24 h de voyage). Propose également des liaisons avec Pekanbaru, Dumai, Medan et, pour les courageux, Banda Aceh.
➢ La compagnie *Putra Sulung,* au nº 587, assure une dizaine de liaisons quotidiennes avec ***Jambi*** (bus avec AC ou non).

En train

Gare de Kertapati *(hors plan par B3)* ***:*** à 8 km du centre-ville, sur la rive sud. Pour s'y rendre : *oplet* (jaune) ou plusieurs bus de ville (le « Kertapati KM 12 » orange, le « Kertapati via Musi II » orange ou jaune...). Attention, le quartier de la gare est moyennement sûr le soir (pickpockets). Si vous voyagez en 1re classe, réfugiez-vous dans la salle d'attente (un havre de paix...).

➢ Eh oui, on peut prendre le train à Palembang, mais uniquement pour se rendre à ***Bandar Lampung*** (Tanjung Karang est annoncé comme terminus ; il s'agit bien de Bandar Lampung). Deux trains par jour. Le *Raja Basa 1* part à 10 h : classes économique et *business* (au confort très sommaire malgré son intitulé ronflant), horaires élastiques et beaux paysages. Le *Sriwajaya 1* part à 21 h : classes *business* et 1re (climatisée et confortable, repas compris) ; arrivée le lendemain matin à 6 h.

En avion

✈ ***Aéroport Sultan Mahmud Badaruddin II*** *(hors plan par A1)* ***:*** à 13 km (soit à une vingtaine de minutes) du centre-ville. Attention, les *oplets* s'arrêtent à 2 km de l'aéroport ; le reste du chemin se fait à pied. Prenez plutôt un taxi.

Palembang dessert toutes les grandes destinations du pays.
➢ *Merpati, Garuda* et *Mandala Airways* (bureaux dans l'hôtel *Sandjaja,* sur jl. Kapt Rivai ; ☎ 31-21-31, 31-21-32 ou 31-06-75) proposent chaque jour une dizaine de vols directs pour ***Jakarta,*** ainsi que des avions pour ***Bandar Lampung, Bengkulu, Padang, Medan, Bandung à Java, l'île de Batam, Singapour...***

BANDAR LAMPUNG

IND. TÉL. : 0721

Deux villes en une : le port de Teluk Betung dans la baie de Lampung, et, posée sur une colline, la ville haute, Tanjung Karang. Enfin, pas pour tout le monde... les locaux continuent à tourner le dos à la dénomination officielle de leur ville, faisant toujours la différence entre Karang et Teluk. Quand on se rend d'une ville à l'autre, la séparation est d'ailleurs clairement matérialisée par un gigantesque rond-point cerné d'une fresque qui reprend les motifs des tapis *kains,* un produit de l'artisanat local. Adresses utiles, hôtels et restos sont situés, dans leur grande majorité, à Tanjung Karang.
Porte d'entrée (ou de sortie) entre Sumatra et Java, Bandar Lampung se traverse plus qu'elle ne se visite. De toute façon, il n'y a pas grand-chose à voir.

Comment se déplacer ?

➢ ***En oplet (ou angkot) :*** à Tanjung Karang, les *oplets* marquent les mêmes arrêts que les bus de ville. Le mieux situé est sur jalan Raden Intan.
➢ ***En taxi :*** non banalisés, on en trouve un peu partout en ville. Ceux de la compagnie *Herodiza* (☎ 27-01-39 ou 27-07-44), bleu ciel, sont plutôt fiables.
➢ ***En becak :*** on en trouve à Tanjung Karang et Teluk Betung, mais ils n'assurent pas la liaison entre les deux villes (ça grimpe !).

Adresses utiles

ℹ ***Office de tourisme*** *(plan B2)* **:** 21 jl. Kha. Dahlam. ☎ 26-50-84 ou 25-19-00. Fax : 26-504. Ouvert de 8 h à 13 h 30. Fermé le week-end. Excentré et, pour ne rien arranger, pas indiqué du tout (le bureau se trouve au 1er étage de la poste principale). Et un déménagement est annoncé pour jalan Basuki Rahmat, une rue encore plus excentrée... Équipe jeune, qui parle bien l'anglais et fait preuve de compétence, malgré un manque évident de moyens. Petite brochure *(Lampung, The Land Of Krakatau)* pas mal faite, avec un plan de la ville.
✉ ***Poste*** *(plan B2)* **:** 21 jl. Kha. Dahlam. ☎ 26-70-49 ou 25-30-04. Excentrée. Mais il existe une petite succursale sur jalan Kotaraja, près de la gare ferroviaire.
■ ***Téléphone*** *(plan A1,* ***30****)* **:** on peut appeler l'étranger du bureau *Telkom* sur jalan Mojopahit Engall. ☎ 26-70-00.

■ **Adresses utiles**
- ℹ Office de tourisme
- ✉ Poste
- Gare routière
- Gare ferroviaire
- **30** Téléphone

Où dormir ?
- **1** Hôtel Cimalaya
- **2** Hôtel Gunungsari
- **3** Hôtel Ria
- **4** Hôtel Kurnia Perdana
- **5** Guesthouse Srikandi Prima Sejati
- **6** Hôtel Arinas

Où manger ?
- **10** Sari Bundo
- **11** Pondok 12
- **12** Bukit Ranga
- **13** Kebun Raya

À voir
- **20** Monument du Krakatau
- **21** Musée provincial

BANDAR LAMPUNG

Où dormir ?

Bon marché (de 15 000 à 40 000 Rps, soit 1,2 à 3,2 €)

Hôtel Cimalaya (*plan A1,* ***1***) **:** jl. Imam Bonjol. Petite maison en bois. Ambiance familiale. Un certain charme, même si le patron estime que son établissement n'est pas assez convenable pour les routards occidentaux. Chambres avec *mandi* commun (et ventilateur) pour les moins chères. *Mandi* dans la chambre (mais pas de ventilateur, on ne peut pas tout avoir !) pour quelques roupies de plus. Évitez les chambres qui donnent sur la petite rivière (odeurs parfois un peu éprouvantes...).

Hôtel Gunungsari (*plan A1,* ***2***) **:** 21 jl. Kota Raja. À 50 m de la gare ferroviaire. Intéressant si vous vous apprêtez à prendre le train pour Palembang. De toute façon, on n'a pas envie d'y rester : chambres très bon marché mais aussi très fatiguées, accueil inexistant.

Prix moyens (de 40 000 à 70 000 Rps, soit 3,2 à 5,7 €)

Hôtel Ria (*plan A1,* ***3***) **:** 79 jl. Kartini. ☎ 25-39-74. À côté du *Golden Plaza*. Les chambres 1er prix (avec douche mais sans ventilo) sont vraiment très petites. Les prix grimpent logiquement avec le confort : ventilateur, AC... Chambres VIP d'un bon rapport qualité-prix. Accueil affable.

Hôtel Kurnia Perdana (*plan A1,* ***4***) **:** 114 jl. Raden Intan. ☎ 26-20-30. Fax : 26-29-24. Central mais pas trop. Excellent accueil. Chambres plaisantes, bien tenues, avec AC : toute une gamme de prix, de la *standard* avec *mandi* à la *superior* avec salle de bains.

Guesthouse Srikandi Prima Sejati (*plan A2,* ***5***) **:** 54 jl. Diponegoro. ☎ 25-31-18. Entre Tanjung Karang et Teluk Betung, dans un quartier résidentiel plutôt paisible. Sorte d'auberge de jeunesse gérée par l'administration des Eaux et Forêts. Chambres de plain-pied autour d'une esplanade au gazon rabougri, toutes avec climatisation et *mandi*. Souvent complet.

Plus chic (de 70 000 à 120 000 Rps, soit 5,7 à 9,7 €)

Hôtel Arinas (*plan A1,* ***6***) **:** 35 A jl. Raden Intan. ☎ 26-67-78. Fax : 25-86-45. En retrait de la rue, donc au calme, un petit hôtel de 3 étages. La façade carrelée donne une impression de propreté. Ça se confirme à l'intérieur. Chambres à la déco contemporaine passe-partout : toutes, de la *standard* avec douche à la *deluxe* avec bains, sont climatisées. Accueil souriant. Carte *Visa* acceptée.

Où manger ?

Bon marché (de 15 000 à 40 000 Rps, soit 1,2 à 3,2 €)

Sari Bundo (*plan A1,* ***10***) **:** 28 jl. Imam Bonjol. ☎ 51-866. Dans l'une des rues les plus animées de la ville haute. Ambiance populaire et cuisine de Padang à tout petits prix.

Pondok 12 (*plan B2,* ***11***) **:** jl. Kha. Dahlam (près de la poste). Petit resto un peu excentré, mérite néanmoins le détour. Sa cuisine palembang fait l'unanimité à Bandar Lampung. Salle agréable et sympathique petite terrasse sur un bout de pelouse. Non loin, une femme agent de police règle la circulation, jour et nuit, imperturbable. Et pour cause, c'est une statue !

De prix moyens à plus chic (de 40 000 à 120 000 Rps, soit 3,2 à 9,7 €)

Bukit Ranga *(plan A1, **12**)* **:** 112 jl. Kamboja. ☎ 25-66-80 ou 83. Voilà un resto qui se mérite : le plus haut de la ville, et la côte qui y mène est plutôt raide ! Assez touristique mais on y mange une bonne cuisine indonésienne. Dans de petites huttes en plein air ou dans une grande salle vitrée. Parce qu'ici, ce qui compte avant tout, c'est le panorama (superbe) sur la baie de Lampung. On peut aussi simplement passer y boire un verre.

Kebun Raya *(plan A2, **13**)* **:** 175 jl. Wolter Monginsidi. ☎ 46-666. Resto du *Sheraton Inn.* Même si l'hôtel est très séduisant (et finalement pas si cher que ça !), c'est le resto qui nous a franchement emballés. Surtout, n'imitez pas les expatriés qui ont fait du bar leur QG et préfèrent les plats européens. Essayez, par exemple, leurs excellents *satays.* Cadre exquis, service courtois et prix tout à fait décents.

À voir

Le monument du Krakatau *(plan A3, **20**)* **:** dans un petit square, une sphère de métal qui n'a, en elle-même, aucun intérêt, sinon que c'est le gigantesque raz de marée déclenché par l'éruption du Krakatau (en 1863) qui a charrié, depuis la baie, cette bouée métallique. On imagine alors, avec quelques frissons dans le dos (très rétrospectifs), la puissance de cette vague (30 m de haut) qui a ravagé Teluk Betung, causant la mort de 36 000 personnes.
Puisqu'on évoque ce volcan de sinistre mémoire, sachez que le Krakatau (voir, plus loin, le chapitre « Java ») est accessible en bateau depuis Bandar Lampung et certains villages de la baie, mais si vous voulez tenter l'aventure, il est plus prudent de le faire depuis Java.

Le Musée provincial *(hors plan par A1, **21**)* **:** sur jl. Teuku Umar, à 3 km du centre. Collections ethnologiques (*kains,* tapis, costumes cérémoniels...) et archéologiques (tambours en bronze de Dongson...) pas inintéressantes. Aurait toutefois besoin d'un petit coup de jeune.

QUITTER BANDAR LAMPUNG

En bus

La **gare routière de Rajabasa** *(hors plan par A1)* est tentaculaire, bruissante d'activité et, pour compléter le tableau, très loin du centre (11 km au nord).

➢ Nombreux bus pour ***Jakarta*** (le ticket comprend la traversée du détroit en ferry entre Bakauhani et Merak). Compter 7 h de voyage. Les plus confortables sont ceux de *Damri* (62 jl. Kartini ; ☎ 26-30-28).

➢ Bus quotidiens également pour ***Palembang*** (10 h), ***Bengkulu, Bukittinggi*** (très long : 22 h), voire ***Medan*** (pour ceux qui seraient tombés amoureux des traversées de Sumatra en bus). Des *oplets* relient la gare routière à la gare ferroviaire.

En train

➢ Deux trains quotidiens pour ***Palembang.*** Voir la rubrique « Quitter Palembang. En train », les horaires sont les mêmes.

En taxi collectif

➢ Les taxis collectifs font la navette entre Bandar Lampung et ***Jakarta*** ou ***Palembang.*** *Dinasty,* 53 jl. Kha Dalan. ☎ 48-56-74 ou 48-60-11.

En avion

✈ L'***aéroport*** *(hors plan par A1)* est à 24 km au nord de la ville. Taxi obligatoire, donc.

➢ *Merpati* (90 jl. Kartini ; ☎ 63-226 ou 63-041) propose 7 vols quotidiens pour ***Jakarta*** (le dernier part à 16 h 30) et 2 vols par semaine pour ***Palembang*** (à 8 h).

LE PARC NATIONAL DE WAY KAMBAS

Créée en 1937, c'est l'une des plus anciennes réserves naturelles indonésiennes. Au total, 13000 ha à 110 km à l'est de Bandar Lampung. Accès malaisé : des bus relient parfois Bandar Lampung à Way Jepara et s'arrêtent à Tridatu, devant l'entrée du parc. Sinon, il faut prendre un bus pour Metro puis un second bus pour Tridatu. De l'entrée, les gardiens vous conduisent au bureau du parc en moto (ou, avec un peu de chance, en jeep) : une quinzaine de kilomètres sur une route tout juste carrossable... Les agences de voyages de Bandar Lampung proposent également des visites du parc.
Si vous ne parvenez pas à faire l'aller-retour dans la journée (ça arrive !), quelques *guesthouses* – chères pour un confort sommaire – vous attendent dans le parc. Prévoir sa nourriture.

À voir. À faire

Le centre de dressage des éléphants *(Pusat Latihan Gajat)* **:** le parc abrite des troupeaux d'éléphants sauvages, mais soyons francs, vous avez plus de chance d'en voir au centre de dressage. On y apprend aux éléphants à aider au bûcheronnage en forêt. On leur apprend aussi à jouer au football et à promener les touristes. Artificiel, nous direz-vous ! Effectivement, mais pour ces éléphants indonésiens, c'était ça ou la mort.

– ***Way Kanan Resort :*** sur les rives de la rivière du même nom. Activités (payantes) proposées par le parc : randonnées-safaris dans la jungle et descente de la rivière en bateau. Quelques tigres se baladent encore dans le coin, mais ils se font très discrets. En revanche, multitude d'oiseaux tropicaux (plus de 300 espèces), de singes (macaques, simiangs ou gibbons) et même de varans.

JAVA

Java, l'île la plus peuplée d'Indonésie, compte déjà 120 millions d'habitants. Elle s'étire d'ouest en est sur un bon millier de kilomètres. Même si elle est grande, aucun risque de s'y sentir seul. Elle possède une des plus importantes densités de population de la planète (850 habitants au km²).
Java offre le pire et le meilleur. À Jakarta, l'explosion économique a défiguré la ville, et les laissés-pour-compte vivent dans des taudis au pied des buildings de verre. À Yogyakarta, on continue à cultiver l'art de vivre à la javanaise, souvenir de l'époque des sultans. La région de Yogyakarta possède des temples époustouflants.
Mais on vient aussi à Java pour les volcans (on en compte 120, dont 17 en activité). Une chaîne de montagnes volcaniques coupe l'île d'ouest en est. Les paysages extraordinaires qu'offrent les excursions vers les volcans constituent une expérience unique. Aucune autre île ne propose une telle beauté sauvage.
On ne vient pas à Java pour bronzer sur les plages – il n'y en a quasiment pas –, mais pour découvrir une nature exceptionnelle. La forêt tropicale occupe d'ailleurs 30 % de l'île.
Sur le plan humain, vous serez gâté et croiserez des gens très différents. Le groupe ethnique le plus important reste les Javanais. Ils occupent l'est, le centre, les côtes ouest de l'île. Les Sundanais vivent dans la région sud-ouest. Quant aux Madurais, on les trouve à l'est de Java, ainsi que sur l'île de Madura, ce que vous auriez deviné tout seul.

Comment y aller ?

D'Europe

Voir au début du guide le chapitre « Comment y aller ? ».

De Singapour

➢ ***En bateau :*** il relie directement Singapour à Jakarta, mais c'est cher et le service est irrégulier. Renseignements à la *Pelni Line* : Asie Insurance Bldg, près de Clifford Pier, 15e étage, Singapour. Compter 3 à 4 jours de traversée. Départ tous les 10 jours et, très souvent, le bateau est plein en été. Liste d'attente de plusieurs semaines. Autre adresse pour prendre les billets de la *Pelni Line* : *German Asian Travels Ltd,* Straits Trading Bldg, 9 Battery Rd, 14-03/4, Singapour I. ☎ 91-51-16 ou 17.
On conseille d'acheter à boire et à manger avant de s'embarquer sur le bateau. Discothèque le soir.
Sinon, il faut prendre un bateau Singapour-Tanjung Pinang. Durée : 5 h. Tâchez de rallier Tanjung Pinang par vos propres moyens, car le billet vendu par *German Asian Travels* est très cher. Bateau qui assure la liaison tous les jours sauf le dimanche, et ensuite prendre le bateau de la *Pelni* qui vient de Medan. Attention aux transbordements à Tanjung Pinang, les pickpockets pullulent. Tanjung Pinang-Jakarta : 36 h de voyage. *Pelni Line* accorde des réductions aux étudiants sur présentation de leur carte.

D'Inde

➢ ***En avion :*** les lignes les plus intéressantes passent par Bangkok, puis descendre en Malaisie ou à Singapour.

De Sumatra

Nous déconseillons de prendre le bus de Padang à Palembang : 26 h de voyage. Puis train. Il faut au moins 38 h pour rejoindre Jakarta. Voici des solutions plus convenables :

➢ ***Bateau Medan-Jakarta :*** un départ par semaine. Durée : 3 jours. En 3e classe, apporter sa nourriture et sa boisson (il y en a à bord, mais ce n'est vraiment pas terrible). Essayez de trouver une place sur le pont de la 1re classe : beaucoup moins de monde.

Renseignements : *Pelni Line,* 18 jl. Angkasa, Kemayoran, Jakarta. ☎ 021-421-19-21 ou 021-424-19-63. Fax : 021-421-19-26. Ouvert du lundi au vendredi de 8 h à 11 h 30 et de 13 h à 14 h 30. Se renseigner d'abord dans n'importe quelle agence de voyages ou au bureau *Pelni,* à Medan. La *Pelni* assure aussi la liaison maritime Jakarta-Singapour-Tanjung Pinang, toutes les 2 semaines.

➢ ***Avion Medan-Jakarta :*** liaisons quotidiennes assurées par *Garuda, Mandala* et *Bouraq* (la moins chère).

➢ ***Avion Padang-Jakarta :*** 950 km. Propose 2 vols quotidiens avec *Merpati,* 1 vol quotidien avec *Mandala,* 1 vol le matin avec *Garuda.* Durée : 1 h 45.

De Bali

➢ ***En bus :*** à Kuta, de nombreuses agences de voyages font les réservations pour Surabaya. Il faut acheter les billets au moins 48 h à l'avance. Si vous êtes pressé, allez directement aux compagnies de bus à Denpasar. La plupart se trouvent à *Suci Station.*

JAVA

CLIMAT

Java se situe à environ 800 km de l'équateur. Son climat est chaud et humide. La température moyenne annuelle de Java est comparable à celle de Bali, environ 26 °C. Reste qu'on peut trouver des endroits assez frais, comme au col de Puncak, entre Bogor et Bandung, par exemple, et en montagne en général ; *a fortiori* près des volcans. Si vous allez au Bromo, pensez à prendre une petite laine (voire deux) ! Il fait vraiment froid au lever du soleil sur le célèbre volcan. Malgré la constance du climat, on distingue deux saisons.

– ***Saison sèche :*** de mai à septembre et principalement à partir de juillet. C'est la meilleure saison pour visiter l'île, bien sûr ! La température maximum peut atteindre 35 °C. C'est chaud, mais les nuits sont très douces, voire chaudes aussi (autour de 22 °C) ! Tout cela n'empêche pas qu'il pleuve l'après-midi...

– ***Saison humide et pluvieuse :*** d'octobre à avril-mai, avec une pointe durant la fameuse mousson de janvier-février. Le centre de Java détient presque un record mondial de pluviosité ! Il est donc prudent de se munir d'un vêtement imperméable.

DÉCALAGE HORAIRE

Par rapport à la France, il y a 5 h de plus à Java en été et 6 h de plus en hiver. Attention, si vous venez de Bali, pensez à retarder votre montre de 1 h, et inversement si vous en prenez le chemin.

GÉOGRAPHIE

Java s'intègre dans une chaîne volcanique qui traverse Sumatra et se poursuit vers Bali, avant de remonter vers les Moluques... L'île, tout en longueur, s'étend sur 1 000 km et représente 7 % du territoire, soit un quart de la

France, sur lequel s'entassent 70 % de la population totale ! La chaîne volcanique de Java est l'une des plus actives du monde et l'une des attractions majeures de l'île. Sur la bonne centaine de volcans que compte Java, une trentaine menacent toujours de se réveiller ! À Java Est, le volcan le plus connu est le mont *Bromo* car il est très facilement accessible. Il crache sa fumée continuellement, tandis que le *Gunung Semeru,* le deuxième plus haut volcan de Java (3676 m), bat la mesure en arrière-plan ! Encore plus à l'est, le *Kawah Ijen* offre un spectacle extraordinaire : un paysage lunaire, et, au fond de son cratère sulfureux, un lac couleur turquoise et des porteurs de soufre d'un autre âge... Près de Yogyakarta, le mont *Merapi* est toujours l'objet d'une continuelle surveillance et de nombreuses croyances mystiques. Quant au *Krakatau,* entre Java et Sumatra, il a définitivement assuré sa célébrité en provoquant un raz de marée en 1883, faisant d'un coup plus de 36000 morts ! Enfin, le *Galunggung,* à Java Ouest, faillit envoyer au plancher quelques avions de ligne un siècle plus tard... C'est vous dire si les volcans de Java n'ont pas grand-chose à voir avec ceux de l'Auvergne !

Qu'on se le dise enfin une bonne fois : ce n'est pas parce que Java est surpeuplée et qu'elle abrite les plus gros centres industriels du pays qu'on ne trouve rien à y faire ! Certes, elle compte 4 villes polluées de plus d'un million d'habitants. Mais la mer et la montagne ne sont jamais loin des villes ! Si Jakarta est une capitale assez monstrueuse, on peut facilement s'en échapper et faire, par exemple, d'agréables haltes à Bogor et Bandung. Ces villes cachent elles-mêmes d'autres merveilles, comme le célèbre jardin botanique de Bogor et, vers Bandung, le parc de Cibodas, juste après le magnifique col de Puncak, dont les flancs sont recouverts de plantations de thé... De là, plein d'autres excursions sont encore possibles. Vous l'avez compris, à Java, il faut savoir s'enfoncer à l'intérieur des terres...

Cette terre volcanique est une des plus fertiles de la planète, et du même coup l'île nous offre des paysages de rizières parmi les plus beaux du pays ! Plus beaux qu'à Bali, affirment même certains... On leur laisse la responsabilité de cette affirmation ! Plus de 20 % de la surface de l'île sont en effet cultivés à cette fin ; ou « à cette faim » pourrait-on dire, car dans certains endroits de Java on cultive le riz depuis plus de 2000 ans... Et les paysans javanais vivent toujours au rythme des 2 ou 3 récoltes annuelles, pratiquant pour cela la méthode de la *sawah* (riziculture irriguée), et aidés par les traditionnels buffles de rizière.

L'île compte également une demi-douzaine de parcs et de réserves naturelles, lieux de balades et de randonnées parfaits pour découvrir une faune et une flore très riches. Allez observer, dans le parc national d'Ujung Kulon, au sud-ouest de Jakarta, les derniers léopards et rhinocéros unicornes, que même Sumatra n'a pas su conserver.

Bon, côté plage, la seule vraie station balnéaire de l'île s'appelle Pangandaran. Elle est située en bordure de l'océan Indien. C'est une halte idéale avant de rejoindre l'incontournable capitale culturelle de l'île, la ville royale de Yogyakarta, située au pied du volcan Merapi.

HISTOIRE

L'homme de Java

La star de la préhistoire de Java s'appelle tout simplement... l'« homme de Java » ! C'est l'un des plus vieux ancêtres de l'humanité. Eugène Dubois l'a découvert il y a un siècle. Mais les scientifiques affirment comme un seul homme (de Java) qu'il n'a pas pu peupler l'île tout seul (il aurait dû laisser Lucy faire...). Quoi qu'il en soit, le peuplement de l'île semble être un savant cocktail de migrations venues d'Asie du Sud-Est et du groupe australoïde dont on retrouve des traces jusqu'en Malaisie, aux Philippines et même des cousins éloignés dans la grande île de Madagascar...

Terre d'éruptions et sols extrêmement fertiles, telles sont les deux ficelles que tirent les dieux sur l'île de Java. La richesse du sol volcanique est probablement à l'origine de celle, non moins exceptionnelle, de la culture du riz et de la naissance de cette flopée de royaumes, empires et autres sultanats, qui ont fait la grande réputation historique et culturelle de l'île.

Les royaumes javanais

Quand le bouddhisme rencontre l'hindouisme...

Deux dynasties se partagent les honneurs de l'histoire pendant un peu plus de deux siècles. Période extraordinaire pour l'architecture javanaise ! Borobudur, le plus grand monument bouddhique au monde, voit le jour sous la brillante dynastie Sailendra (VIIIe-Xe siècle). Enrichie par son agriculture, elle domina l'autre dynastie de l'île, celle de Sanjaya l'hindouiste. Sanjaya construisit entre autres les temples de Prambanan, rien que ça ! Elle maîtrise alors le commerce des épices des îles Moluques avec la Chine et les pays arabes, ce qui ne manque pas de l'opposer au puissant royaume de Srivijaya, à Sumatra, pour le contrôle stratégique du détroit de Malacca... En 1006, Srivijaya assomme Sanjaya ! Sanjaya ne récupère son intégrité qu'en 1020, grâce à l'accession au trône du roi Airlangga. Celui-ci était le fils d'un prince de Bali. C'est peut-être l'influence de l'île voisine qui lui donna la sagesse d'apaiser les relations avec Srivijaya. Il se marie même avec l'une de ses princesses... Apôtre de la sagesse, il fait coexister hindouisme et bouddhisme et termine sa vie comme moine bouddhiste tout en se prenant pour Vishnu ! Une erreur, tout de même, dans son *karma* : il coupa son royaume en deux avant de mourir...

Une époque moins zen...

Les deux fils héritiers d'Airlangga se fâchent alors bêtement. C'est ainsi que naissent les royaumes de Kediri et de Janggala. Kediri a alors récupéré le fameux commerce des épices, car sa situation géographique est jugée meilleure par les commerçants indiens par rapport à celle de Srivijaya, l'éternel rival de Sumatra ! Le royaume de Jangalla, quant à lui, eh bien, il vivote. Faiblesse dont profite un certain Ken Angrok, de Kediri, puisqu'il s'empare du royaume de Janggala et tue dans la foulée le souverain de son propre royaume. Il crée alors le royaume réunifié de Singasari en 1222...

La légende de Ken Angrok et l'erreur de Kertanagara

Une belle et noire légende naît à cette période à propos de Ken Angrok. Fou amoureux d'une jolie reine de Tumapel, il commande à son artisan un *kriss* (un poignard) aux pouvoirs magiques, destiné à tuer le mari de l'élue de son cœur. Excédé par les délais de livraison, il finit par égorger le pauvre artisan avec le *kriss* inachevé ! Ce dernier, à l'agonie (et un peu écœuré !) lui jure que lui et ses descendants finiront assassinés par l'objet en question. Effectivement, Angrok sera égorgé par son beau-fils, qui lui-même voit sa vie abrégée par la lame du fameux couteau... Moralité, le travail d'un artisan, ça se respecte !

Le royaume de Singasari voit également sa vie raccourcie par la confiance excessive de son dernier roi, le grand Kertanagara. Très en verve, celui-ci donne à Java sa revanche sur l'empire de Srivijaya (lutte incessante, vous l'avez remarqué !), mais il prend un peu à la légère la menace de l'empereur chinois, Kublai Khan, qui ne réclame rien d'autre que la souveraineté et l'usufruit du royaume... Peu impressionné, Kertanagara fait allègrement torturer les envoyés spéciaux de l'empereur, et envoie sa réponse à celui-ci sous forme de message fiché dans la tête du chef de la délégation ! La réponse ne se fait pas attendre longtemps. L'empereur envoie une armée pour attaquer Singasari. Mais un ancien rival du temps de Kediri en profite pour tuer Kertanagara et s'empare du royaume. Dans l'histoire, il y en a toujours un pour profiter de la situation, vous avez remarqué ?

L'âge d'or de Majapahit (1292-1478)

C'est le plus puissant des royaumes javanais. Après la chute de Singasari, il contrôle tout le commerce maritime de la région, et sa capitale est l'une des plus grandes d'Asie. Cette prospérité, le royaume la doit à deux hommes. Gajah Mada, dont le nom se retrouve dans beaucoup d'endroits en Indonésie, était un militaire et un Premier ministre de grande envergure. Ce n'est pas pour rien qu'il le resta pendant 35 ans ! Vous nous direz que la démocratie, à l'époque... Bon. Et puis, le plus grand roi de Majapahit s'appelle Hayam Wuruk. Sous le règne de ces deux figures politiques, les arts connaissent une véritable embellie, ce qui est toujours bon signe, et cela, grâce à une véritable ouverture sur l'extérieur (sur toute l'Asie du Sud-Est, même).
À cette époque, le bouddhisme cohabite toujours avec l'hindouisme. Mais l'islam commence à frapper à la porte du royaume. Y a quelqu'un ? Avec la perte du détroit de Malacca (commercialement stratégique, on vous le rappelle) et la mort du roi, l'empire connaît le goût amer du déclin. Il se fait avaler par un État islamique en 1478, Demak. Du XVe au XVIIe siècle, Java connaît une succession de batailles entre petits royaumes et sultanats commerçants du Nord. Au XVIIe siècle, Java vit, sans le savoir, l'heure de son dernier grand royaume javanais, Mataram...

Mataram, le dernier royaume javanais

Cette fois, l'islam a fait son entrée en force. Mataram est donc musulman, mais hindouisme et bouddhisme subsistent encore sur cette terre qui deviendra, comme chacun sait, l'une des plus tolérantes en matière de religion. Le sultan Agung, le plus grand souverain de Mataram, prêche alors la parole d'Allah avec l'aide des Hollandais, nouveaux venus qui voient là l'occasion de s'établir au carrefour de la fameuse route aux épices des îles Moluques... Aussi, quand le sultan tenta d'unifier Java pour s'assurer de son pouvoir, il se heurta à ses anciens alliés qui détenaient Batavia (l'actuelle Jakarta) et avaient bien l'intention de la garder ! Voire plus, si affinités... Et affinités il y avait, chez ces diables de Hollandais ! Mais elles étaient plutôt commerciales, bien sûr... Au milieu du XVIIIe siècle, la VOC, compagnie commerciale hollandaise et déjà État dans l'État, ne laissa au royaume de Mataram que les principautés de Yogyakarta et Solo, pour traces de ce passé glorieux. Entités d'ailleurs toujours bien vivaces aujourd'hui. L'influence hollandaise ne fit alors que grandir et s'étendre sur Java, et, dans une moindre mesure, sur le reste du pays... À partir de ce moment de l'histoire, Java et Jakarta devinrent le centre névralgique du pays, et le destin politique et économique de la nation commença à se décider ici. On peut lire la suite de ces événements dans la rubrique « Histoire » des « Généralités » du guide, à partir du paragraphe « L'Empire hollandais ».

Java depuis l'indépendance

Bon, depuis le départ des Hollandais, les décisions se prennent encore à Java, et à Jakarta... Les plus hauts dirigeants et les deux premiers partis politiques du pays sont « nés » dans l'île. Le PKI, parti communiste indonésien, y est fondé en 1920 et Sukarno crée le parti nationaliste indonésien (PNI) en 1929 à Bandung, ville fameuse pour avoir accueilli la célèbre Conférence des Non-Alignés (en 1955), chère à l'ancien président. Avec le coup d'État anticommuniste de 1965, c'est un autre Javanais qui prend la direction du pays, le général Suharto. L'armée entre en force dans la sphère du pouvoir, et elle est essentiellement composée de... Javanais. D'ailleurs,

par la suite, on comparera volontiers Suharto à un roi javanais, et par extension, la suprématie de Java à celle d'un royaume javanais ! Histoire de bien cimenter tout ça, c'est la religion musulmane qui est majoritaire dans l'île.
Une communauté, en particulier, connaît des relations très douloureuses avec les Javanais, et ce, depuis la nuit des temps. Ce sont les Chinois. Suite au coup d'État, le PKI pro-Chinois est interdit et des centaines de milliers de leurs sympathisants sont massacrés... Toutes les inscriptions en caractères chinois sont interdites. Tout cela n'empêche pas Suharto de faire des affaires avec l'élite des *businessmen* chinois d'Indonésie... Avec l'ouverture de l'économie de l'ère Suharto, les Chinois, qui représentent 3 % de la population, finissent par contrôler autour de 70 % de l'économie. À chaque crise, politique ou économique, ils sont tenus pour responsables de la situation ; ils sont massacrés et leurs magasins sont pillés car ils assurent toute la distribution alimentaire, et particulièrement celle du riz. Pour preuve, les événements qui ont abouti à la chute du général Suharto en 1998...
Alors, finalement, quel est le bilan de l'« ère javanaise » et de ce règne autocrate de 32 années ? D'un côté, l'arrivée des capitaux étrangers, dont le pays, et particulièrement Java, ont profité. Java, c'est l'île la plus développée sur le plan industriel, et il faut voir comment Jakarta s'est couverte de buildings, gratte-ciel de béton ou de verre, sièges de sociétés ou de banques plus « florissantes » les unes que les autres. Pour schématiser, Java, c'était un peu l'Île-de-France d'Indonésie ! Mais voilà, la crise asiatique a donné un très violent coup de frein au « bolide » du pays, qui roulait trop vite et mal, et les 120 millions d'habitants massés sur le siège arrière se retrouvent soudainement en première ligne mais projetés dans le pare-brise... Le problème criant de la surpopulation de l'île, que n'ont résolu ni la politique de « transmigration » du pouvoir central ni le meilleur planning familial du monde, risque d'enfoncer un peu plus dans la misère une population qui souffrait déjà de l'injuste répartition de l'ancienne croissance et de l'économie parallèle de la corruption.
Face à cette mainmise de Java sur le reste du pays, plusieurs provinces ont déjà manifesté de fortes pulsions d'autonomie ou d'indépendance, comme le Timor Oriental qui l'a obtenue en 2002. Avec la chute de l'ancien régime et le bilan de la répression intérieure, les revendications apparaissent maintenant au grand jour... Mais si son image de « modèle » a pris un sérieux coup dans l'aile, Java reste encore le centre économique et politique du pays. Carrefour universitaire, intellectuel et technologique (avec Bandung), centre culturel et architectural prestigieux (autour de Yogyakarta), port suractif de Surabaya... Mais plus que tout, l'île possède une seule richesse véritablement inépuisable : son sens de la « mystique » vers lequel elle devrait se tourner encore plus par les temps qui courent.

RELIGION, SPIRITUALITÉ, ARTS ET CULTURE

Les Javanais sont à 90 % musulmans et forment, avec 120 millions d'habitants, la majorité religieuse du pays. Mais cet islam, le plus répandu et l'un des plus tolérants de la planète, se mélange bien souvent avec des croyances mystiques et animistes assez variées. Aussi, vous aurez bien du mal, en un court séjour, à saisir toute la complexité de cet univers spirituel bien gardé. Non que les Javanais soient méfiants, au contraire, mais pour comprendre ces sujets sensibles il faut rentrer dans une intimité et une culture qui se vit tous les jours, et qui n'est pas facile à découvrir, sauf à s'y plonger vraiment. Les Javanais sont très réservés, excepté lorsqu'ils deviennent *amoks,* c'est-à-dire quand la goutte d'eau fait déborder le vase et qu'ils pètent les plombs ! Ce syncrétisme religieux prend ses racines dans le bouddhisme et l'hindouisme qui ont influencé jusqu'aux représentations architecturales et théâtrales de la culture javanaise. Enfin, l'étendue de cette culture se niche jusque dans le recours à une médecine traditionnelle à base de plantes, le *jamu,* et la pratique très usuelle du massage. C'est dire qu'il y a beaucoup de domaines culturels à explorer à Java ! Et qu'il va falloir que vous bûchiez un peu !

En ce qui concerne l'aspect « visible » des manifestations d'art javanais, sachez que l'île est la plus riche du pays du point de vue architectural. La période dite de « Java Centre » (VIIIe-Xe siècle) est tout bonnement extraordinaire ! Des sites bouddhiques, comme Borobudur, ou hindouistes, comme les temples de Prambanan, tous autour de Yogyakarta, sont uniques et font partie du patrimoine de l'humanité. La période dite de « Java Est » (Xe-XVIe siècle) offre également des temples à visiter, mais de moindre éclat, sans doute à cause de l'éruption exceptionnelle du volcan Merapi à la fin du Xe siècle qui provoqua le déménagement de l'Empire vers l'est de l'île. La période islamique, à partir du XVIe siècle, outre les mosquées, a laissé des réalisations d'importance, comme les *kratons* (palais des sultans), entités politiques et spirituelles toujours extrêmement vivantes à Yogyakarta et Solo (Surakarta). Le sultan de Yogyakarta est toujours une figure politique et spirituelle majeure. Côté ouest, peu de choses à signaler, si ce n'est, à une tout autre époque et à titre de curiosité, l'étonnante architecture Art déco tropicale de Bandung, 2e ville d'importance en ce domaine après... Miami (en Floride) !

Enfin, évidemment, Java, et plus particulièrement Yogyakarta, offrent une gamme de spectacles très intéressante : du *wayang,* bien sûr, mais aussi des danses traditionnelles, accompagnées de l'inévitable orchestre de *gamelan* (se reporter aux « Généralités », en début d'ouvrage, à la rubrique « Wayang », et on consacre également une rubrique spéciale « Spectacles » à Yogyakarta). Pas besoin de vous dire également que vous pourrez y faire de nombreux achats ! Marionnettes, *batiks* et autres artisanats se trouvent principalement à Yogyakarta.

TRANSPORTS

Bus

Les bus *patas* (express) et les routes sont en bon état à Java. De nombreuses compagnies sillonnent l'île.

Il est préférable de passer par les agences de voyages pour acheter ses billets. ***Majo Java Express*** et ***Raya Apollo*** sont de bonnes compagnies. Si vous ne voulez pas réserver et que vous n'êtes pas trop exigeant sur le confort, vous serez encore plus libre en allant à la gare routière (il y en a dans toutes les villes). Vous y trouverez toujours un départ pour la destination que vous désirez. Départs assez fréquents, surtout dans les grandes villes, et pour toutes les destinations.

Trains

Il y a plusieurs types de trains qui utilisent le réseau :

– trains de ***très grand luxe*** 1re ou 2e classe, AC, comme l'*Agro Bromo,* le plus moderne, ou le *Bima* ;

– trains de ***luxe*** ; classe unique, AC, comme le *Sembrani* ;

– trains ***express*** pour Yogyakarta et Solo, avec des sièges inclinables avec ou sans AC, comme le *Senja Utama*;

– trains ***très économiques*** 3e classe, comme le *Gayabura.* Beaucoup de monde, pas d'AC et peu de confort en général. C'est notre préféré, bien sûr.

JAKARTA

IND. TÉL. : 021

L'or et la poussière, le tiers monde et le XXIe siècle ! La capitale de l'Indonésie est la première agglomération d'Asie du Sud-Est par son nombre d'habitants (environ 9,1 millions). Mais pour l'ensemble de la mégalopole

– banlieues incluses –, ce que les technocrates appellent la conurbation Jabotabek (Jakarta-Bogor-Tangerand-Bekasi), les experts prévoient une population avoisinant les 21 millions d'habitants en l'an 2015! À ce rythme de croissance effréné, elle deviendrait alors la cinquième mégalopole la plus peuplée du monde après Tokyo (Japon), Bombay (Inde), Lagos (Nigeria) et Shanghai (Chine). Ça promet!

Située à l'extrémité nord-ouest de Java, curieusement excentrée par rapport au reste de l'île (elle est née de Batavia, le premier comptoir aux épices fondé par les Hollandais, voir plus loin : « Petite histoire de Jakarta »), étalée dans une plaine marécageuse et alluviale, elle se termine face à la mer sur un étrange réseau de canaux inondables datant de l'époque coloniale. Deux ports la bordent au nord. Celui de *Sunda Kelapa* réservé aux bateaux traditionnels *bugis,* et *Tanjung Priok* où se retrouvent les cargos et les ferries modernes.

UNE JUNGLE MODERNE À L'AVENIR INCERTAIN

Voici une ville gigantesque, née du commerce des épices, devenue aujourd'hui un très grand centre commercial, administratif et financier. Elle compte parmi les cités les plus encombrées et polluées d'Asie. À l'image du pays, Jakarta a grandi trop vite et très mal. Il faut s'y faire. Ici, contrairement à Singapour, naguère son modèle de développement, on n'a pas encore pris le temps de soigner les détails du paysage urbain. Ce n'est pas non plus la très *british* Kuala Lumpur, capitale aérée de la Malaisie. La ville, comme d'autres mégalopoles d'Asie, est un immense puzzle ethnique constitué de toutes les migrations humaines de l'archipel indonésien.

Des gamins de la rue, souvent pieds nus, postés aux feux rouges, vendent des bouteilles d'eau, des bonbons, des cacahuètes grillées, des journaux ou des cigarettes. Parfois, une boîte à cirage en bandoulière, ils tentent de cirer des chaussures pour gagner quelques roupies. « Je retrouvais l'Asie... la foule, l'impression d'une grande ville encombrée – toits de tuile rouge, arbres innombrables, s'étendant au pied des gratte-ciel éparpillés, une fumée épaisse montant des grandes artères... », écrit V. S. Naipaul dans son *Islamic Journey.* Ici, les bureaux des banques les plus modernes côtoient les taudis et les canaux fétides. Dans cette capitale bourdonnante, les images du tiers monde se superposent avec celles de la prospérité, le luxe côtoie la misère, même si une classe moyenne est apparue depuis les années 1970. Un immense réseau de grands axes et d'autoroutes urbaines (au niveau du sol ou aériennes) quadrille tant bien que mal cette immense mégalopole, bouleversant chaque jour davantage son ancien visage. Mais que vont devenir tous ces buildings, sièges de sociétés et de banques décimées par la crise économique ? Plus grave : que va devenir cette population livrée à elle-même, en quête de quoi subsister dans les rues de Jakarta ? Ces questions-là restent en suspens.

Pour le touriste, peu de lieux réellement intéressants hormis quelques vestiges de l'époque coloniale dans le vieux Jakarta (autour de la place Fatahillah, dans le nord, et près du port de Sunda Kelapa) ou le quartier « routard », la petite jalan Jaksa, un peu plus humaine que le reste de la ville...

PETITE HISTOIRE DE JAKARTA

Tout a commencé au début du XVIe siècle avec l'arrivée dans l'archipel des premiers navigateurs européens, des Portugais, à la recherche des îles aux Épices, les fameuses Moluques, îles que l'on disait « Fortunées » en raison de l'abondance des poivriers, des girofliers et des muscadiers qui y poussaient. Basés à Malacca (côte ouest de la Malaisie péninsulaire), les Portugais avaient besoin d'une escale technique à mi-chemin entre Malacca et les Moluques. Ils tentèrent ainsi d'établir une coopération avec le sultan de Sunda Pajajaran, le vrai maître du port de Sunda Kelapa. En 1526, ils signèrent avec lui un traité gravé sur une pierre historique nommée Padrao. Grâce à cette alliance militaire (une des premières jamais réalisées dans l'histoire entre une puissance européenne et un pays asiatique), ils devaient combattre ensemble les bandes armées islamiques de Demak et de Cirebon. Mais les Portugais perdirent la bataille et durent s'en retourner dans leur base de Malacca. Le 22 juin 1527, le chef des musulmans vainqueurs, un certain Fatahillah, changea le nom de Sunda Kelapa en Jayakarta, mot inspiré d'un verset du Coran qui signifie « Victoire totale ».

Premiers marins européens à découvrir cette partie du monde, les Portugais avaient fait main basse sur les îles aux Épices (les Moluques). Les Hollandais, jaloux, voulurent les chasser et prendre leur place pour profiter au maximum de ce commerce très lucratif. C'est ce qu'ils firent, grâce à une force de frappe navale supérieure. Venus d'Amsterdam et de Rotterdam, ils opérèrent à partir du petit port de Banten, sur la côte nord de Java, à l'ouest de Jakarta. Vers 1618, ils construisirent un fort au débouché de la rivière Ciliwung (à côté de l'actuel Musée maritime) afin de contrecarrer les Anglais désireux eux aussi de jeter l'ancre sur la côte nord de Java. En 1619, une flotte hollandaise conduite par le sémillant (et non moins violent) Jan Pieterszoon Coen parvient à chasser les Anglais.

La place libre, le fort s'agrandit d'un port. Coen fonde Batavia et en devient le premier gouverneur. Les Bataves étaient les habitants de la Hollande méridionale actuelle avant les Romains. Du coup, pour baptiser leur nouveau point d'ancrage sur la côte javanaise, on pense à Batavia. La Compagnie hollandaise des Indes orientales *(Dutch East India Company)* s'y installe. On l'appelle aussi la VOC, en néerlandais ; son siège historique existe toujours sur le quai principal d'Amsterdam. Dans d'énormes entrepôts, les Hollandais stockent leurs trésors : des tonnes de poivre, de clous de girofle et de noix de muscade provenant des Moluques. La seule chose qui les intéresse, c'est le négoce. Le poivre, par exemple, vaut de l'or sur les tables d'Europe. Le reste n'est que secondaire. Ils ne songent pas encore à la conquête territoriale de l'arrière-pays.

Au XVIIIe siècle, des canaux déjà nauséabonds

À cette époque, surnommée « Reine de l'Extrême-Orient », Batavia n'en souffre pas moins d'une horrible réputation : climat équatorial malsain, mauvaises conditions d'hygiène, moustiques, maladies. Pour l'homme blanc, c'est un exil éprouvant, un « tombeau vivant ». Pour assainir le comptoir, les Hollandais creusent des canaux, élèvent des digues, bâtissent des ponts, comme dans leur pays natal trop souvent inondé. Un des vestiges les plus marquants de cette « hollandisation » du paysage urbain est sans conteste ce vieux pont-levis hollandais fort bien conservé qui enjambe le canal Kali Besar, entre la place Fatahillah et le port de Sunda Kelapa. Un pont tellement batave qu'on le dirait sorti d'un tableau de Vincent Van Gogh ! Croyant bien faire, ils commettent une erreur car ces grands travaux à l'européenne ont un effet pervers sur l'environnement. Au lieu d'assainir la ville, ils favorisent la création de poches d'eau stagnante, de bassins boueux aux odeurs putrides que la mer n'arrive ni à pénétrer vraiment, ni à renouveler par sa fraîcheur. Bref, le plus ancien grand égout en plein air de la capitale est probablement né à Batavia au Siècle des lumières...

« L'entrepôt du plus riche commerce de l'univers »

Parti de Brest (Bretagne) pour un tour du monde comme commandant de la frégate *La Boudeuse* et de la flûte *L'Étoile,* Louis Antoine de Bougainville (qui a donné son nom à la bougainvillée) fait escale à Batavia du 28 septembre au 16 octobre 1768. Il est ébahi par le luxe intérieur des maisons et par ce qu'il appelle « l'entrepôt du plus riche commerce de l'univers ». Il note que les maisons sont commodes et agréables, et les rues larges, mais il reconnaît que « ces canaux entretiennent une humidité malsaine qui rend le séjour à Batavia pernicieux aux Européens ». Les riches ne buvaient alors que de l'eau de Seltz importée de Hollande à grands frais...

Batavia devient Jakarta

En 1799 : faillite et dissolution de la célèbre VOC dont le monopole est repris par le gouvernement hollandais. À Paris, Napoléon règne sur l'Europe et donc sur la Hollande. Résultat : c'est un Français, Herman W. Daendels, qui devient le gouverneur général de Batavia entre 1808 et 1811. Exit les *Frenchies*, les *British* prennent leur place pendant 5 années (de 1811 à 1816) avec à leur tête le célèbre Raffles, fondateur de Singapour. Puis les Hollandais reviennent en 1816 dans leurs possessions. La tragi-comédie coloniale durera ainsi jusqu'à la Seconde Guerre mondiale. Batavia change à nouveau de nom et devient Jakarta, proche de son nom d'origine. Les Japonais occupent la ville pendant trois ans et demi. Le hollandais est interdit, ainsi que toutes les inscriptions rédigées dans cette langue. Sukarno déclare l'indépendance de l'Indonésie en 1945, peu après le bombardement d'Hiroshima. Et Jakarta devient la capitale du pays.
Noyau dur historique de Jakarta, Batavia, à 5 km du centre, vit aujourd'hui repliée sur sa splendeur passée, comme un quartier hors du temps, excentré, sale, défavorisé, à la lisière d'une cité tentaculaire, toujours en travaux, qui s'étend chaque année davantage, dans toutes les directions sauf vers le nord car elle est bloquée par la mer de Java.

Topographie

Il est bien difficile de se repérer dans cette ville tentaculaire. Quelques indications toutefois :
– L'axe principal est composé de *jalan Thamrin* et de *jalan Sudirman* ; c'est une immense artère qui coupe la ville en deux, du nord au sud. De chaque côté de cette vaste saignée se dressent les buildings flamboyants des banques et sociétés d'investissements.

Adresses utiles

- Office de tourisme
- 1 Ambassade de France
- 2 BII Plaza Tower
- 3 Garuda Indonesia (hôtel Indonesia)
- 4 Sarinah Department Store
- 5 Hôpital RS PGI Cikini

Où dormir ?

- 10 Wisma Ise
- 11 Yannie International Guesthouse
- 12 Menteng Hotel I
- 13 Menteng Hotel II
- 14 Hôtel Indra International
- 15 Marco Polo Hotel

Où manger ?

- 40 Restaurant Sederhana
- 41 Modern Bakery Sakura Anpan
- 42 Sabang Bakery
- 43 Miranda
- 44 Restos de jalan Kendal
- 45 Restaurant Pertemuan
- 46 Natrabu
- 47 Oasis
- 48 Hazara
- 49 Lân Nâ Thai
- 50 Zigolini

Où sortir ? Où danser ?

- 90 TIM
- 91 Le JJ's et Tanamur

À voir

- 110 Marché aux antiquités

Achats

- 4 Sarinah Department Store

– Le centre-ville proprement dit se caractérise par la *place Merdeka,* où se dresse la colonne de Monas. On ne peut pas la louper, celle-là. Elle vous servira de point de repère. La jalan Jaksa, rue des hôtels pas chers, n'est pas très loin, et la gare de Gambir non plus.

– La *vieille ville,* qui a bien usurpé son nom, se situe au nord du centre en remontant jalan Thamrin, puis jalan Pintu Besar Selatan. On y trouve Glodok (l'ancien quartier chinois) et la place Fatahillah, le coin le plus ancien de la ville. Plus au nord, le port.

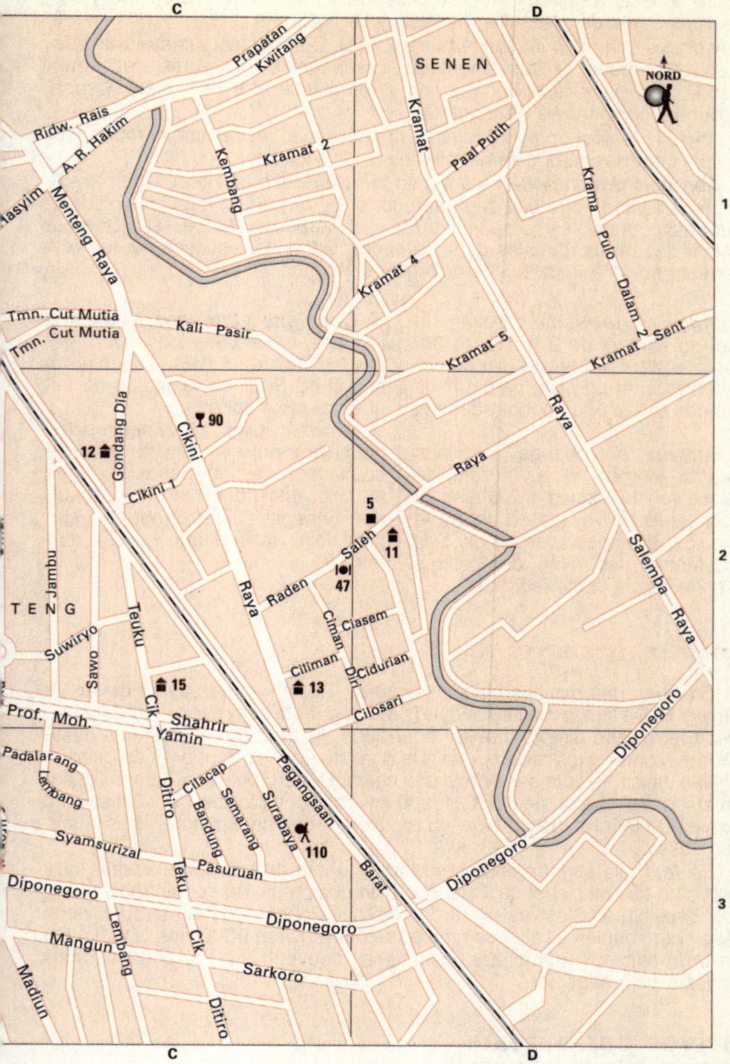

JAKARTA – LE SUD DE LA PLACE MERDEKA (PLAN GÉNÉRAL I)

Arrivée à l'aéroport

✈ ***Soekarno Hatta Airport :*** l'aéroport international récent (que l'on doit à des Français) se situe à environ 30 km de Jakarta. Les vols intérieurs de *Garuda* y atterrissent généralement. Avec ses allures de pagode chinoise et l'atmosphère calme et sereine qui y règne, l'aéroport vous offre un super

accueil à Jakarta. Il vous prépare cependant très mal à la première vision que vous aurez de cette ville, ne vous y fiez pas.
On y trouve 6 terminaux : les terminaux A, B, C sont réservés aux vols intérieurs et presque exclusivement aux compagnies intérieures; les terminaux D, E, F sont réservés aux vols internationaux (E et F pour *Garuda,* D pour les compagnies étrangères).
Un conseil : toujours prévoir de l'argent pour régler les taxes d'aéroport (sur les vols internationaux comme intérieurs).
✈ ***Aéroport domestique :*** à 5 mn en bus de Soekarno Hatta. Une navette assure la liaison entre ces deux aéroports. De là partent tous les vols intérieurs assurés par les compagnies *Merpati, Mandala, Bouraq,* etc. On peut acheter des billets dans les deux aéroports. 25 % de réduction sur les vols intérieurs grâce à la carte internationale d'étudiant.

■ ***Office de tourisme :*** ouvert du lundi au samedi de 9 h à 21 h 30. Rien à en tirer, à part un peu de documentation et un plan, ce qui n'est déjà pas si mal pour plonger dans la ville.
■ ***Bureaux de change :*** ouverts toute la journée et à l'arrivée de chaque vol, théoriquement. Changent les chèques de voyage en dollars et le liquide. Taux peu avantageux. S'ils sont fermés, les *ATM* (distributeurs 24 h/24) offrent le meilleur taux.
■ ***Consigne à bagages :*** terminal A (départs et arrivées des vols intérieurs). Ouvert 24 h/24. Très bien et pas cher. Pratique lorsqu'on ne fait que passer à Jakarta.
■ ***Dormir près de l'aéroport :*** pour ceux qui sont en transit et ne souhaitent vraiment pas aller dormir en ville, entre deux avions, demander l'*Anugrah Transit Hotel* (voir, plus loin, la rubrique « Où dormir? »).

Comment gagner la ville?

➢ ***En bus :*** des minibus blancs marqués « Damri » se trouvent devant le terminal E. De loin le meilleur moyen pour gagner le centre, en attendant une liaison ferroviaire directe, prévue pour 2008. Ils desservent plusieurs destinations. Monter dans celui qui va à la gare de Gambir, tout près du quartier de jalan Jaksa, le coin des hôtels pas chers. Départ toutes les 15 mn (attention aux pickpockets), de 6 h à 21 h 30 environ. Compter de 1 h à 2 h suivant le trafic. De là, prendre un *bajaj* ou un taxi pour la rue des hôtels pas chers, jalan Jaksa.
➢ ***En taxi :*** ils sont très nombreux à l'extérieur de l'aéroport. Vérifier qu'il s'agit d'un taxi officiel et qu'il dispose d'un compteur. Une compagnie sûre : *Blue Bird* (bleu). C'est au client de régler les péages de l'autoroute, donc prévoir des roupies à l'aller comme au retour (environ 5000 Rps, soit 0,4 €). Les taxis officieux (nombreux également!) peuvent être intéressants, mais pensez à bien négocier.

Arrivée par bateau

Les *ferries* assurant les liaisons entre Jakarta et les îles de l'archipel indonésien partent et arrivent toujours au port de Tanjung Priok, situé à 13 km au nord-est de la capitale. Renseignements à la société Pelni, 18 jl. Angkasa.
Prendre le *mikrolet* n° 15 jusqu'à Kota, puis le bus *P1* jusqu'au grand magasin Sarinah. Ou alors, prendre le bus *PPD* n° 60 jusqu'à Senen, puis le bus n° 10 jusqu'à jalan Thamrin. Enfin, *bajaj* ou taxi jusqu'à jalan Jaksa, toute proche.

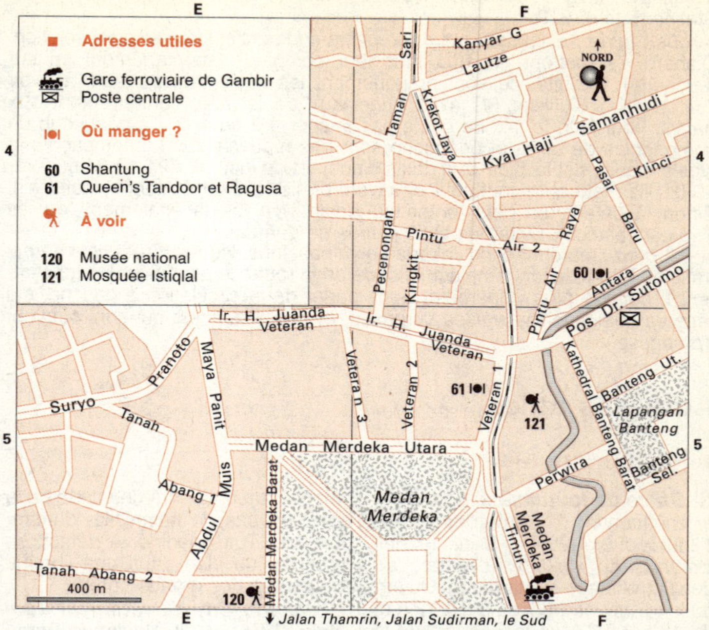

JAKARTA – LE NORD DE LA PLACE MERKEDA (PLAN GÉNÉRAL II)

Comment se déplacer à Jakarta ?

Pas facile, il faut l'avouer. Jakarta est en permanence engluée dans des embouteillages dantesques. Les habitants peuvent passer plusieurs heures par jour dans leur voiture, certains n'hésitant pas à retraverser la ville d'ouest en est pour rentrer déjeuner chez eux.

➢ ***Les ojek :*** motos légères (113 cm^3), pratiques quand on est seul et qu'on ne craint pas les sensations fortes ni l'overdose de dioxyde de carbone.

➢ ***Les bajajs :*** petits tricycles à moteur, de couleur orange, qui se caractérisent par leur état de décrépitude avancée et leur contribution démesurée à la pollution ambiante. Prix à négocier avant de monter. Enlever 30 à 50 % du prix annoncé pour aboutir à un tarif « normal ». Pour une distance ridiculement courte sur le plan, votre chauffeur n'hésitera pas à se faufiler dans d'infernales ruelles et à faire d'impossibles détours. Les *bajajs* sont interdits sur certains axes principaux de la ville jusqu'à 22 h, ce qui transforme une petite course en un parcours du combattant. C'est pourtant le meilleur moyen (avec le taxi) de circuler à Jakarta sans perdre un temps fou.

➢ ***Les mikrolets (ou colts) :*** minibus de 10 à 12 personnes qui, comme les *bajajs,* sont interdits sur les axes centraux, on se demande bien pourquoi. Pas pratique pour le centre.

➢ ***Les bus :*** dans Jakarta même, c'est l'enfer ! Le système est difficile à comprendre, les bus sont lents et certaines lignes sont carrément dangereuses, surtout le soir. Attention aux pickpockets. Sinon, une bonne source de « spectacle » avec vendeurs en tout genre, chanteurs, etc. Quelques lignes pour les aventuriers : de Kampung Rambutan à Gambir Station, bus nº 40. De Pologadun à Gambir Station, bus nº 55. De Kalideres à Gambir Station, bus nº 913.

➢ ***Les taxis :*** à Jakarta, pour une petite course c'est la meilleure solution. D'abord, ils mettent presque tous leur compteur (spontanément ou sur demande) ; ensuite, ce sont pratiquement les seuls transporteurs à avoir l'autorisation d'utiliser les axes principaux de la ville, contrairement aux *bajajs*. Pour finir, le taxi ne coûte pas si cher à 3 ou 4. Il y a beaucoup de compagnies de taxis, et beaucoup sont très mauvaises... La compagnie la plus sérieuse est la *Blue Bird* (taxis bleus), et de loin ! ☎ 794-12-34 ou 798-10-01. Ils mettent le compteur et savent où ils vont (et ils sont climatisés !). Sinon, à défaut, on peut tenter les *Kosti Jaya* (bleus également) ou les *Express* (blancs). Éviter les taxis jaunes en général.

➢ ***À pied :*** marcher dans Jakarta ne va pas sans risques. Dans cet infernal trafic où l'intimidation remplace le code de la route, le piéton est le plus inoffensif, donc le plus vulnérable. Sans parler de la circulation à gauche, qui réserve quelques mauvaises surprises, et des distances, qui sont souvent trompeuses.

Adresses utiles

Infos touristiques

Office de tourisme *(plan I, A1)* **:** 9 jl. Thamrin. ☎ 315-40-94, 316-12-93 ou 314-20-67. Dans le hall d'entrée du Jakarta Theatre, au deuxième étage sur la droite. Ouvert du lundi au vendredi de 9 h à 12 h et de 13 h à 16 h, et théoriquement le samedi de 8 h à 12 h 30. Local exigu et triste, personnel très gentil, mais pas très efficace. Avec un peu de chance, on obtiendra une carte de la ville. En cas de nécessité, demandez Mrs Tuti Soedino. À défaut, se procurer un plan dans une librairie ou auprès des grands hôtels.

Jakarta City Government Tourism Office : 2 jl. Kuningan Barat. ☎ 520-54-55, 520-96-71, 525-07-38 ou 525-10-73. Fax : 520-96-77. • www.jakarta.go.id •

Poste, téléphone, télégrammes et Internet

✉ ***Poste centrale*** *(plan II, F5)* **:** 2 jl. Pos Utara. À 300 m de la gare Banteng. Bus nº 12 de jl. Thamrin. Grande poste récente et énorme, face au pasar Baru. Ouvert tous les jours de 8 h à 20 h (14 h le dimanche). *ATM*, poste Internet, *Wartel*, expéditions de colis, bref, tout ce qu'il faut. La poste restante fonctionne bien (ne pas hésiter à indiquer votre prénom, les classements ne sont pas très rigoureux).

■ ***Téléphone, fax et télégrammes :*** vous pouvez appeler de tous les *Wartel* de la ville (ils sont nombreux), notamment sur jl. Jaksa. Idem pour les fax et télégrammes, beaucoup moins chers et plus pratiques que les téléphones publics.

@ On voit aussi fleurir désomais des *Warnet*, points de connexion Internet. Compter en moyenne 4000 Rps (0,3 €) l'heure de connexion.

Représentations diplomatiques

■ ***Ambassade de France*** *(plan I, A2, 1)* **:** 20 jl. Thamrin. ☎ 314-28-07. Fax : 314-33-38. • www.ambafrance-id.org • Ouvert du lundi au jeudi de 8 h à 13 h et de 14 h à 16 h et le vendredi de 8 h à 12 h 30. Permanence téléphonique.

■ ***Ambassade de Belgique :*** *wisma BCA*, 22-23 jl. Jend. Sudirman. ☎ 316-20-30. Fax : 510-06-76. Au 15e étage. Ouvert du lundi au vendredi de 7 h 30 à 14 h.

■ ***Ambassade de Suisse :*** Block X 3/2, jl. Rasuna Said. ☎ 525-60-

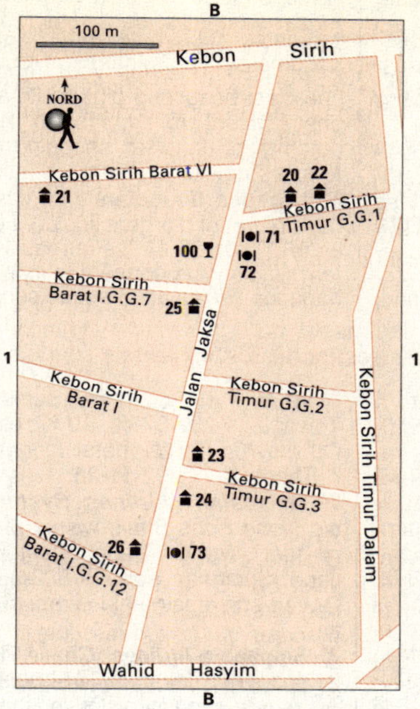

Où dormir ?

- **20** Bloem Steen Hostel
- **21** Yusran Hostel
- **22** Kresna Hostel
- **23** Djody Hostel n° 35
- **24** International Tator
- **25** Nick's Corner Hostel
- **26** Hôtel Karya Bahana

Où manger ?

- **71** Margot Café
- **72** Memories Café
- **73** Pappa Café

Où boire un verre ?

- **100** Kafe BFC

JAKARTA – JALAN JAKSA (ZOOM)

61. Fax : 520-22-99. Ouvert du mardi au vendredi de 7 h 15 à 14 h (17 h 30 le lundi).

■ ***Ambassade du Canada :*** *wisma Metropolitan I,* 29 jl. Jend. Sudirman. ☎ 525-07-09. Fax : 571-22-51. Au 5e étage. Ouvert du lundi au jeudi de 7 h 30 à 16 h 15 (13 h le vendredi).

■ ***Ambassade de Malaisie :*** Block X, 6 jl. Rasuna Said. ☎ 522-49-47. Fax : 522-49-74. Ouvert du lundi au vendredi de 8 h 30 à 16 h (11 h le vendredi) et de 14 h 30 à 15 h 30.

Argent, banques, change

Banques généralement ouvertes du lundi au vendredi de 8 h (ou 8 h 30) à 14 h 30. Fermées le week-end. On trouve également de nombreux *ATM* (distributeurs), au taux international, mais se renseigner sur le montant de la commission qu'applique votre banque. À Jakarta, on change ses chèques de voyage ou ses billets sans problème dans de nombreuses banques ou *money changers.* Quelques adresses :

■ ***Bureaux de change de jalan Jaksa :*** dans la rue des routards. Voir plus bas « Adresse utile dans jalan Jaksa ». Plusieurs *money changers,* qui changent les chèques de voyage et les euros mais à un taux inférieur à celui que vous aurez avec votre carte de paiement dans les *ATM.* Cela dit, très très pratiques. Bien situés. Éviter ceux des restos.

■ ***Valutanusa Inti prima :*** 31 A Gunung Sahari Raya. ☎ 600-89-30. Une bonne adresse pour changer les euros. Demandez Hisyam, un Indonésien francophone.

■ ***American Express :*** jl. Rasuna Said, Block X-1 KAV 03, Kuningan.

☎ 521-61-06. Aller à l'agence *Pacto Travel,* au 2e étage.

■ ***BNP :*** c/o *Manara Lippo,* jl. Rasuna Said ; 2e étage. ☎ 252-62-66. Ouvert du lundi au vendredi de 9 h à 17 h.

■ ***Distributeurs de billets :*** possibilité de retirer des billets indonésiens avec la *MasterCard* ou la *Visa* dans tous les distributeurs *(ATM)* des *BII (Bank International Indonesia).* Notamment à la *Bii Plaza Tower (plan I, A2,* ***2****),* 52-53 jl. Thamrin, après le grand magasin Sarinah ; au *Plaza Indonesia* de l'hôtel *Grand Hyatt* ou encore jl. Agus Salim *(plan I, B1),* etc. On vous rappelle que c'est beaucoup plus facile avec une *MasterCard* : nombreux *ATM,* notamment dans les *shopping centers,* les hôtels, la poste...

■ ***Urgence financière :*** en cas de besoin urgent d'argent liquide, appeler le ☎ 601-55-60. Le bureau *Western Union* vous donnera la liste des banques *BII* qui assurent ce service.

Compagnies aériennes et agences de voyages

■ ***Garuda Indonesia :*** présente à l'aéroport international (☎ 550-66-55, 550-66-95 ou 624-81-18 ; reconfirmation de vols : ☎ 550-07-47 ou 550-60-85) et en de nombreux endroits en ville, dont le bureau principal se situe au 13 jl. Merdeka Selatan. ☎ 231-00-82 ou 231-18-01 (24 h/24). Le plus pratique : à l'hôtel *Indonesia (plan I, A2,* ***3****),* jl. Thamrin, sur la place des grands hôtels. ☎ 230-04-68. Fax : 230-08-70. Ouvert du lundi au vendredi de 8 h à 16 h 30 et le week-end de 9 h à 13 h.

■ ***Gulf Air :*** *wisma Danamon,* Aetna Life Tower II, 25th Floor, Suite 2503, 45-46 jl. Jend. Sudirman Kav. ☎ 577-07-89. Fax : 577-06-06.

■ ***Merpati (Nusantara Airlines) :*** 2 jl. Angkasa. ☎ 654-44-44 (24 h/24). Ouvert de 8 h à 18 h (12 h le week-end).

■ ***Mandala :*** 76 jl. Garuda. ☎ 424-61-00 ou 420-66-46.

■ ***Bouraq :*** 1 jl. Angkasa. ☎ 628-88-27.

■ ***Thai International :*** BDN Building, 5 jl. Thamrin. ☎ 314-06-07 ou 33-08-16.

■ ***KLM :*** jl. Sudirman, Sumitmas Tower II. ☎ 252-67-40. Au 17e étage. Ou c/o *Kia Travel,* hôtel *Indonesia,* jl. Thamrin. ☎ 392-51-28.

■ ***Malaysian (Airlines System) :*** c/o *Hong Kong Bank, wisma Metropolitan,* World Trade Center, j. Jend. Sudirman Kav. ☎ 522-96-82. Ouvert en semaine et le samedi matin.

■ ***Singapore Airlines :*** Chase Plaza, 21 jl. Jend. Sudirman. ☎ 570-38-28. Au rez-de-chaussée. Ouvert en semaine et le samedi matin.

■ ***Qantas :*** BDN Building, 5 jl. Thamrin. ☎ 230-06-55 ou 230-02-77.

■ ***Air France :*** Sumitmas Tower I (9e étage), 5 jl. Jend. Sudirman 61. ☎ 520-22-62. Ouvert du lundi au samedi matin.

■ ***Agences de voyages :*** sur jl. Jaksa. Fermé la plupart du temps le dimanche. Réductions sur les vols intérieurs (en particulier *Bouraq* et *Mandala*) et pour les vols vers Nusa Tenggara, Sulawesi, Sumatra et Bali. On obtient parfois jusqu'à 25 % de réduction. Se renseigner sur place.

Loisirs

■ ***Centre culturel français :*** 25 jl. Salemba Raya, Jakarta Pusat. ☎ 390-85-80 ou 85 ou 390-70-16. Fax : 390-85-86. Très actif, notamment pour les concerts et le théâtre. Bibliothèque ouverte les lundi et samedi de 9 h 30 à 18 h et du mardi au vendredi de 8 h à 18 h. Grand choix d'ouvrages en français.

■ ***Sarinah Department Store*** *(plan I, A1,* ***4****)* **:** 11 jl. Thamrin. À l'angle de jalan Wahid Hasyim. Grand magasin du style Printemps et point de repère du quartier. Pratique, car, sur 5 étages, on y trouve presque tout et il ferme à 21 h. Distributeurs d'argent au rez-de-chaussée. Au 5e, une librairie (plans, guides et cartes postales),

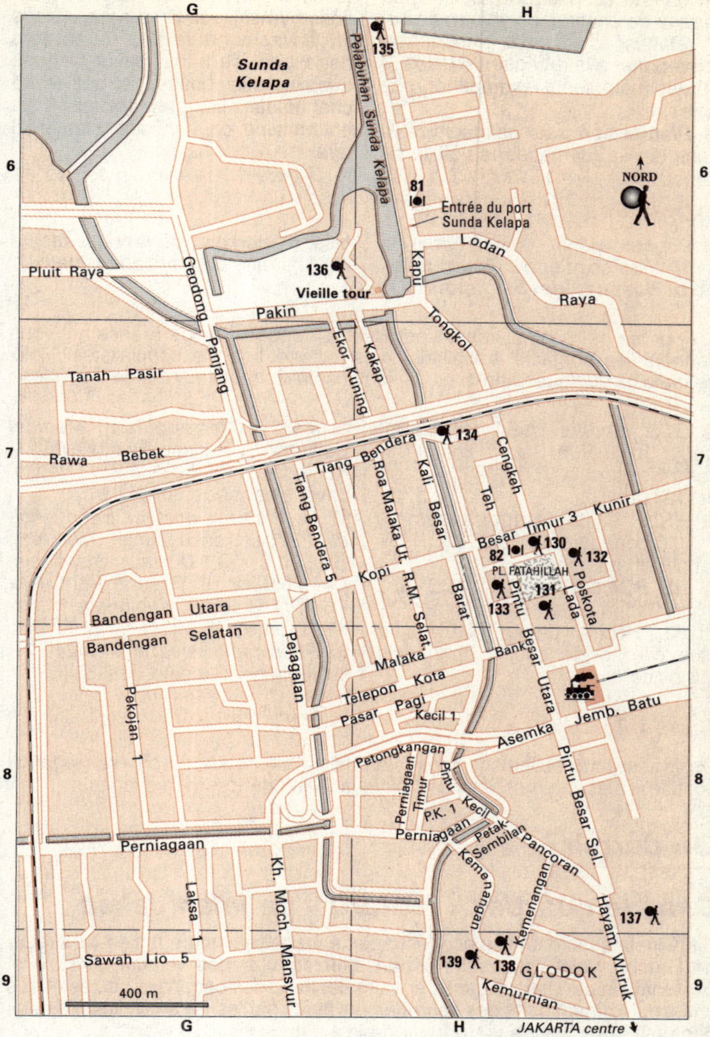

JAKARTA – LE VIEUX JAKARTA (PLAN GÉNÉRAL III)

Adresse utile

- Gare ferroviaire de Kota

Où manger ?

- **81** Ratu Bundo
- **82** Café Batavia

À voir

- **130** Canon Si Jagur
- **131** Musée de Jakarta
- **132** Musée des Céramiques
- **133** Musée des Marionnettes
- **134** Vieux pont-levis hollandais
- **135** Bateaux bugis
- **136** Musée maritime
- **137** Pasar Glodok
- **138** Temple chinois Dharma Jaya Bakti
- **139** Petit temple et mosquée

un bureau de poste. Également un bureau de change, un supermarché, 2 étages d'artisanat indonésien (se reporter à la rubrique « Achats ») et des vêtements sympas et pas chers.

■ ***Piscines :*** 4 piscines municipales dans la ville (demander à l'office de tourisme) et une au parc d'attractions d'Ancol (voir la rubrique « Dans les environs de Jakarta »), au nord de la ville, où il faut payer l'entrée. Sinon, vous pouvez tenter votre chance dans les grands hôtels, mais en principe on ne vous y autorise pas.

Urgences

■ Pour tout pépin sérieux, l'idéal est de se faire soigner au ***Mount Elizabeth Hospital de Singapour.*** Un billet d'avion est vite rentable face à une infirmité ou un risque sérieux.

– Pour les petits problèmes, s'adresser à l'ambassade de France qui vous donnera les contacts actualisés, ainsi qu'une liste de spécialistes. Voici néanmoins quelques adresses de *rumahs sakits* (hôpitaux) et de dentistes :

■ ***SOS Medika (AEA International) :*** 10 jl. Puri Sakti, Cipete, Jakarta Celatan. ☎ 750-59-73. Au sud de Jakarta.

■ ***RSUP Cipto Mangunkusumo :*** 71 jl. Diponegoro. ☎ 33-08-08. Hôpital d'État, pas cher.

■ ***RS PGI Cikini*** *(plan I, D2,* ***5****)* **:** 40 jl. Raden Saleh Raya. ☎ 23-55-01-82. Hôpital privé, relativement plus cher évidemment. Pharmacie sur place.

■ ***MMC (Metropolitan Medical Center) :*** jl. Rasuna Said, Kav C21, Kuningan. ☎ 527-34-73. Hôpital privé. Pharmacie sur place.

■ ***Dentistes :*** *docteur Benny Abidin,* 22 jl. Teuku Umar, Menteng. ☎ 390-97-29. *Docteur Stephanie, Dental Clinic,* jl. Rasuna Saïd, Kav B3, Tira Building, Kuningan. ☎ 51-58-70 ou 51-25-79.

■ ***Pharmacie ouverte 24 h/24 :*** 71, jl Diponegoro, à côté du RSUP.

Dans jalan Jaksa

On trouve tout facilement dans jalan Jaksa : bureaux de change, agence postale, cafés Internet, services de laverie et agences de voyages.

Où dormir ?

Dans le quartier « routard » de jalan Jaksa

Situé juste au sud de la place Merdeka, à un quart d'heure à pied de la gare de Gambir, voici un quartier à part, horizontal et non vertical, paisible et convivial, un quartier villageois en somme, avec des coqs, des poules et des chats qui traînent dans des courettes envahies par les herbes folles... à deux pas des gratte-ciel de verre fumé de la « City ».

Une sacrée surprise : ici, l'immeuble le plus haut ne dépasse pas 3 étages. Le quartier est donc à taille humaine et s'étend autour d'une rue étroite, de 500 m de long, sur laquelle débouchent à droite et à gauche plusieurs ruelles si étroites que les voitures ne peuvent y passer. Un endroit pour les piétons et les sacs à dos. Partout, des maisonnettes de bric et de broc, d'autres plus costaudes, des maisons très basses entourées de jardinets, et quelques immeubles en béton plus visibles comme le *Margot* ou le *Karya Hotel.*

Comme dans les quartiers « routards » de Kao San Road à Bangkok ou de Pham Ngu Lao à Hô Chi Minh-Ville, la plupart des pensions bon marché sont concentrées dans cet unique périmètre où se retrouvent les routards du monde entier avant ou après une traversée de Java. Dans une telle enclave, on pourrait se croire loin des embouteillages, à des années-lumière des orgueilleuses tours de verre et de leurs bureaux climatisés. Apparence trompeuse ! À peine sorti de jalan Jaksa, sur Wahid Hasyim ou sur le boulevard Kebon Sirih, on retrouve la circulation intense, l'agitation, le bruit et la pollution. C'est que jalan Jaksa est resté au stade du *kampung,* au ras du sol, dans un monde urbain où les tours montent à l'assaut du ciel.

Le carrefour le plus important de la capitale, l'intersection entre jalan Thamrin et Kebon Sirih, est à 10 mn à pied de jalan Jaksa, tout comme les principaux fast-foods, les cinoches, le *Hard Rock Café,* les grands magasins, etc. Très pratique donc, le soir, pour sortir. Outre une ribambelle de pensions, on trouve dans jalan Jaksa des cafés-restos, plusieurs petits commerces et des agences de voyages, au moins trois bureaux de change, une mini-mosquée (le réveille-matin gratuit), bref, l'essentiel pour un routard de passage.

Cela dit, la qualité de l'hôtellerie ayant vraiment baissé à jalan Jaksa, on vous conseille de prendre un hôtel dans la catégorie « Bon marché ». En « Prix moyens » vous paierez plus pour... rien de plus, voire moins bien !

Bon marché (de 25 000 à 50 000 Rps, soit 2 à 4 €)

■ ***Bloem Steen Hostel*** *(zoom B1, **20**)* **:** 174 jl. Kebon Sirih Timur I. ☎ 319-25-389. Dans une ruelle étroite donnant sur jl. Jaksa, juste à côté du *Margot Café.* Facile d'accès. Ruelle à l'abri de l'agitation des voitures. Calme, donc, si l'on excepte la prière du matin ! Petit hôtel très simple, sans fioritures d'aucune sorte, mais propre et vraiment pas cher. Ventilateurs dans chaque chambre. Pas la peine d'aller mettre plus ailleurs pour obtenir moins bien... Évidemment, à ce prix-là, pas de petit dej' mais les cafés-restos de jalan Jaksa vous tendent les bras. Service de laverie impeccable et pas cher. *Mandi* commun.

■ ***Lia's Hostel* :** 47 jl. Kebon Sirih Barat VIII. ☎ 316-27-08. Pas fastoche à trouver ! Demandez votre chemin, c'est dans la partie proche de Wahid Hasyim, dans un dédale de ruelles... et suivez les panneaux. Si vous restez plusieurs jours, ce pâté de maisons offre une ambiance sympa de village populaire. Tout comme les deux jeunes frères (dont l'un se fait appeler *Rio Anarchy* !) qui tiennent cette maisonnette adorablement retapée. Petit jardin étudié. Propose 12 chambres (petites) avec ou sans *mandi,* tableaux de Balinaises dévêtues aux murs et armoires dans les chambres. Bon accueil. Rio parle l'anglais. Pas de petit dej', mais thé et café à volonté. Infos pour routards. Si vous arrivez tard et chargé, allez à la *Bloem Steen Hostel* (ci-dessus) et cherchez l'adresse le lendemain.

■ ***Pondok Wisata* :** 8 jl. Kebon Sirih Barat IX. ☎ 314-02-60. Dans une ruelle face à la *Borneo Hostel,* jl. Kebon Sirih Barat I, puis 1re ruelle à droite. Pas de panneau : demander le nom de la propriétaire, Rose Marla. Dans une ruelle sympa, quelques chambres avec ou sans *mandi,* dont certaines donnent sur une petite cour. Pas cher. Pas mal de routards ici. Thé ou café le matin. Bonne petite adresse.

■ ***Yusran Hostel*** *(zoom B1, **21**)* **:** 9 jl. Kebon Sirih Barat VI. ☎ 314-03-73. Une petite maison basse située à gauche au fond d'une ruelle presque campagnarde, un peu à l'écart de jalan Jaksa. Au bord du chemin, des fleurs, des arbustes, des plantes tropicales débordent des murs et des grilles. C'est simple, vraiment modeste, mais très propre. Chambres sans *mandi,* avec ou sans fenêtre. Chambres avec *mandi* à prix moyen à l'étage. L'une des adresses les moins chères du quartier et l'une des plus séduisantes. Attention toutefois, on nous a rapporté plusieurs cas de vols à l'hôtel.

Prix moyens (de 50 000 à 90 000 Rps, soit 4 à 7,3 €)

Kresna Hostel *(zoom B1, 22)* **:** 175 jl. Kebon Sirih Timur I. ☎ 319-25-403. Juste à côté de la *Bloem Steen Hostel*. Genre de pension familiale amusante dans une ruelle calme (si l'on oublie la mosquée). Accueil très sympa. Grandes ou petites chambres, avec ou sans *mandi*. Pas de petit dej' là non plus. Petite adresse sympathique de quartier.

Djody Hostel n° 35 *(zoom B1, 23)* **:** 35 jl. Jaksa. À ne pas confondre avec le *Djody* du n° 27, beaucoup moins bien et sale. Petite pension en bon état et propre. Accueil correct, sans plus. Patio assez agréable à l'intérieur. Il y a 2 types de chambres : celles sans AC et *mandi* à l'extérieur, et les autres, plus confortables mais plus chères aussi, avec AC et *mandi* dans la chambre. Petit dej' inclus.

International Tator *(zoom B1, 24)* **:** 37 jl. Jaksa. ☎ 319-23-940. Fax : 319-25-124. Hôtel moderne de 3 étages abritant une quinzaine de petites chambres. Accueil familial et jovial. Chambres économiques *standard* (avec *mandi* et ventilateur) et chambres pompeusement appelées « Toraja » ou « Sulawesi » (avec AC ou eau chaude). Vue sur les jardins et les toits de tuile des maisons du quartier. Calme la nuit. Petit dej' et taxes inclus.

Nick's Corner Hostel *(zoom B1, 25)* **:** 16 jl. Jaksa. ☎ 310-78-14. Petit hôtel remarquable par sa repoussante façade extérieure en béton. Dedans, c'est presque pire, avec des chambres quasi carcérales, au mobilier en fin de course (avec ou sans *mandi*). Le seul intérêt, ce sont les dortoirs de 8 à 12 lits, mais claustrophobes, passez votre chemin !. C'est une adresse qui pourrait être améliorée si l'accueil était moins négligé et la réception mieux organisée. Petit dej' non compris.

Chic (de 150 000 à 300 000 Rps, soit 12,1 à 24,2 €)

Dans les hôtels « chic » de jalan Jaksa, les nuits sont parfois à payer en dollars, mais c'est négociable. Il est possible, au cas par cas, de demander une réduction sur les chambres ou bien d'inclure le petit dej' dans le prix total.

Hôtel Karya Bahana *(zoom B1, 26)* **:** 32 et 34 jl. Jaksa. ☎ 314-04-84. Réservations : ☎ 315-05-19. Fax : 314-27-81. • www.indo.com/hotels/karyabahana • Abrite 85 chambres coquettes, ce qui est assez rare à Jakarta. AC, salle de bains de type occidental et service prévenant pour le standard de confort d'un 2 étoiles en France. Petit dej' et taxes inclus. Une très bonne adresse dans cette catégorie.

Autour de jalan Jaksa, dans le centre de Jakarta

Prix moyens (de 50 000 à 90 000 Rps, soit 4 à 7,3 €)

Wisma Ise *(plan I, A1, 10)* **:** 168 jl. Wahid Hasyim. ☎ 314-34-63. À 400 m environ de l'intersection avec jalan Thamrin, donc à deux pas du cœur du centre de la capitale mais un peu « perdu » en ville... Réception de 5 h à 23 h. Bien si jalan Jaksa est envahie de touristes. Propose 20 chambres simples mais propres sur 2 étages et une terrasse d'où l'on domine des toits de tuile, des maisons basses et une mosquée à l'ombre des tours de la « City ». Il y a des chambres avec AC mais elles sont un peu chères. Possibilité d'ajouter des lits dans les chambres doubles, pour 10 000 Rps. Petit dej' non compris. Sinon, c'est très correct.

JAKARTA

Plus chic, au sud-est du centre-ville (de 90 000 à 150 000 Rps, soit 7,3 à 12,1 €)

☗ ***Yannie International Guesthouse*** *(plan I, D2, **11**)* **:** 35 jl. Raden Saleh Raya. ☎ 314-00-12 ou 310-27-56. Fax : 32-70-05. • ygh@cbn.net.id • Attention, pas de panneau. Dans une rue excentrée mais quand même fréquentée aux heures de pointe, voici un gentil petit hôtel très calme et reposant à l'intérieur. Les chambres, ordonnées autour d'un patio plein de plantes tropicales, ont toutes l'air conditionné et une douche avec eau chaude. Qu'elles aient ou non une fenêtre, elles sont propres et tranquilles, décorées sobrement mais avec goût. Petit dej' inclus et bien servi. Dépliants touristiques. Un de nos meilleurs rapports qualité-prix dans cette catégorie.

☗ ***Menteng Hotel I*** *(plan I, C2, **12**)* **:** 28 jl. Gondang Dia Lama. ☎ 314-41-50. Fax : 310-41-51. Derrière le restaurant *Godila.* Nettement moins tristoune que le *Menteng II.* Plusieurs catégories de chambres, plus chères, pour certaines, que le *Menteng II,* mais on est mieux ici, on le répète. Petit dej' à régler en plus, mais taxes incluses.

☗ ***Menteng Hotel II*** *(plan I, C2, **13**)* **:** 105 jl. Cikini Raya. ☎ 33-08-42. Fax : 32-63-11. Même maison que le *Menteng I* mais plus triste. Bâtiment moderne de 3 étages, sans âme mais avec piscine. Deux types de chambres, toutes avec AC et salle de bains. Si les autres sont complets...

Chic (de 150 000 à 300 000 Rps, soit 12,1 à 24,2 €)

☗ ***Hôtel Indra Internasional*** *(plan I, B1, **14**)* **:** 63 jl. Wahid Hasyim. ☎ 315-28-58. Fax : 3192-3465. En plein centre, dans une rue perpendiculaire à jalan Thamrin et à jalan Jaksa (quartier routard). Niveau 2 étoiles, avec des chambres climatisées impeccables (salle de bains privée, TV couleur, minibar, etc.). Baignoire dans les plus chères. Petit dej' continental inclus. Bon hôtel mais plus cher que le *Karya Bahana* (dans jalan Jaksa)... qu'on lui préfère au bout du compte.

Très chic (plus de 300 000 Rps, soit 24,2 €)

☗ ***Marco Polo Hotel*** *(plan I, C2, **15**)* **:** 19 jl. T. Cik Ditiro. ☎ 32-66-79. Fax : 310-71-38. • mcopolojkt@telkom.net • À 100 m du Cikini Market. Grand immeuble récemment rénové. Excellent buffet au petit dej'. AC, piscine, coffre, fax... Bonne structure d'accueil à Jakarta.

☗ ***Hôtel Ibis Arcadia :*** 114 jl. Wahid Hasyim. ☎ 230-00-50. Fax : 230-09-95. ***Tamarin :*** 77 jl. Wahid Hasyim. ☎ 391-23-23. Fax : 315-77-07. Ces deux-là sont près de jalan Jaksa. ***Kemayoran :*** 79-81 jl. Bungur Besar. ☎ 421-01-11. Au nord-est de la place Merdeka, dans une rue parallèle à Gunung Sahari, non loin de l'aéroport de Kemayoran (différent de l'aéroport international Soekarno Hatta). Apparemment, la greffe hôtelière de la célèbre chaîne française en terre indonésienne a bien pris, la preuve, ces 3 établissements. À recommander aux hommes d'affaires souhaitant ne pas dilapider inutilement leur budget dans les palaces 5 étoiles.

JAKARTA

Près de l'aéroport

☗ ***Anugrah Transit Hotel :*** 72 jl. Husen Sastra Negara. ☎ et fax : 555-08-47. À 5 km de l'aéroport Soekarno Hatta. Une adresse potable pour tous ceux qui doivent passer une nuit à Jakarta à l'occasion d'un transit entre 2 avions. Si on lui téléphone de l'aéroport, le patron de l'hôtel vient chercher ses hôtes puis il les reconduit le lendemain à l'aéroport. Et tout cela gratuitement. Propose 12 chambres très correctes et propres à prix « un peu plus chic » ; ça tourne quand même autour de 100 000 Rps et plus (8 €). Ventilateurs, *mandi* et petit dej' inclus. Certaines chambres avec AC. *Rumah makan Mata Air* à côté pour se nourrir de cuisine padang. Dormir là plutôt que dans le centre-ville, car on évite ainsi les embouteillages du retour (de la ville vers l'aéroport) où beaucoup de gens restent parfois bloqués des heures. Pendant ce temps-là, l'avion décolle...

Où manger ?

Les petits restos de la « krismon »

La *krismon* désigne la crise monétaire qui frappe durement l'Indonésie depuis 1998. D'anciens ingénieurs, des employés, des cadres, des artistes au chômage, jetés à la rue du jour au lendemain, ont monté des étals de nourriture sur un terrain vague au centre de la capitale. Histoire de survivre. Au pied des tours de verre et des chantiers immobiliers inachevés faute d'argent, ces gargotes provisoires en plein air sont devenues des petits restos populaires où l'on mange bien et pour pas cher. Devant leur succès auprès des locaux, ils ont pris racine : le terrain s'est peu à peu équipé, puis aménagé. Du coup, l'endroit a attiré d'autres commerçants et artisans et est devenu un lieu très attractif. Les restos de la *krismon,* une cinquantaine environ, se trouvent sur jalan Sudirman, en face du stade de Senayan, assez loin du centre-ville.

Dans le quartier de jalan Jaksa

Bon marché (de 10 000 à 25 000 Rps, soit 0,8 à 2 €)

|●| ***Margot Café*** *(zoom B1,* ***71****)* **:** 15 C jl. Jaksa. C'est le café de l'hôtel *Margot.* Plutôt très animé, la plupart du temps, derrière ses canisses. Le café propose une grosse carte avec plein de soupes, des entrées et des plats occidentalisés à prix doux, ainsi qu'une petite carte indonésienne et chinoise. Les pizzas sont moyennes et la bière un poil plus chère qu'ailleurs, mais dans la rue, c'est un lieu de rencontres.

|●| ***Memories Café*** *(zoom B1,* ***72****)* **:** 17 jl. Jaksa. Tables en terrasse, plantes vertes et musique américaine. Bon petit dej' et plats traditionnels indonésiens *(noodles, nasi goreng).* Mais la fréquentation est en baisse, et la concurrence est là. On espère que sa rénovation va empêcher que le *Memories* ne subisse le même sort que son éternel rival, le *Angie's Café,* qui fut longtemps le rendez-vous des routards du monde entier et qui n'est plus, aujourd'hui, qu'un vieux souvenir...

Prix moyens (de 20 000 à 35 000 Rps, soit 1,6 à 2,8 €)

|●| ***Pappa Café*** *(zoom B1,* ***73****)* **:** 41 jl. Jaksa. On vous met cet endroit ici parce qu'il est un poil plus cher que les autres, mais ça reste vraiment très abordable. Petits déjeuners bien faits. Bons *pancakes.* La carte ressemble aux autres, pas de surprises donc. Mais il y a du stock ici, plus souvent qu'ailleurs, et les plats sont bien réalisés. L'accueil est aussi un petit cran au-dessus. Évitez les *milk-shakes,* en revanche, pleins d'eau. Petite terrasse avec des parasols pour se protéger des rayons du soleil...

Au sud de la place Merdeka et de la gare de Gambir

Bon marché (de 10 000 à 25 000 Rps, soit 0,8 à 2 €)

🍴 ***Restaurant Sederhana*** *(plan I, B1,* ***40****)* **:** 35 jl. Agus Salim. ☎ 32-49-62. Très central, non loin de jalan Jaksa. Rempli à midi par les employés en chemise blanche du quartier des affaires. Le cadre n'a rien de particulier, mais la *Padang food* y est bonne, copieuse et pas chère. Pas de couteaux, mais on trouve des fourchettes. Dans la tradition padang (Sumatra), on mange avec les mains. Un serveur pose sur la table une douzaine de petits plats, dont certains très épicés. Il apporte automatiquement un thé. Choisir selon son appétit et ne pas avoir les yeux plus gros que le ventre. Quoi qu'il en soit, on ne paie que ce que l'on a mangé. Essayer de se fondre dans la masse, même si c'est difficile pour un Européen, et ne pas jouer au vilain touriste.

🍴 ***Modern Bakery Sakura Anpan*** et ***Sabang Bakery*** *(plan I, B1,* ***41*** *et* ***42****)* **:** respectivement 25 et 51 A jl. Agus Salim. Dans une rue commerçante et animée, en plein centre, derrière la rangée de hautes tours de jalan Thamrin. Rien de grandiose certes, mais ce sont quand même de bonnes et sympathiques escales pour croquer un biscuit du pays ou une pâtisserie maison. Le tout sur le pouce, comme ça, en passant, rien que pour le plaisir ! Jeter un coup d'œil aussi sur les gâteaux d'anniversaire, totalement kitsch.

Prix moyens (de 25 000 à 40 000 Rps, soit 2 à 3,2 €)

🍴 ***Miranda*** *(plan I, B3,* ***43****)* **:** 1 A jl. Besuki, Menteng. ☎ 33-78-20 ou 314-08-29. Derrière Menteng Kuring et à 100 m de la galerie Keris. À 5 mn de jalan Jaksa en taxi. Ouvert tous les jours midi et soir. Dans un quartier résidentiel, sans tours, sans bureaux. Enfin un resto quasiment en plein air (une partie est couverte, pour les jours de pluie), spacieux, verdoyant, aéré ; bref, agréable. C'est une bonne adresse, un peu plus chic que la moyenne, bien sûr, un endroit à recommander pour oublier le tumulte et la torpeur de la capitale. Dîner accompagné tous les soirs par un petit orchestre. Goûter au *sate ayam,* ou mieux, au *kangkung* : épinards locaux, crevettes, poisson, *cumi-cumi* (pieuvre) dans une sauce à base de tomates et de piments frais, le tout servi dans un marmiton brûlant : excellent. Accueil et service agréables. Addition raisonnable. Une adresse pour dîner de préférence.

🍴 Les petits ***restos de jalan Kendal*** *(plan I, A-B3,* ***44****)* **:** au sud et assez loin du centre-ville à pied (environ 2,5 km de la place Merdeka). Y aller en taxi. Relativement à l'écart de l'agitation du centre, voici une drôle de ribambelle : rien que des petits restos, d'un étage, tous semblables et pourtant tous différents. Le long d'une rue de quartier résidentiel petit-bourgeois, on en dénombre une bonne douzaine au total, avec leurs noms inscrits sur des auvents en toile cirée surmontés du drapeau indonésien. Cuisine traditionnelle d'Indonésie et du Sud-Est asiatique. Simple, bon, authentique, pas touristique et pas cher !

🍴 ***Restaurant Pertemuan*** *(plan I, B1,* ***45****)* **:** 2 B-C jl. Johar. ☎ 32-34-68 ou 32-37-84. À quelques centaines de mètres de jalan Jaksa (10 mn à pied maximum). Ouvert jusqu'à 22 h. Un resto chinois de quartier, climatisé, à prix sages, sans le folklore habituel des restos chinois mais avec les habitués du coin. Pas de quoi crier au génie, et inutile de songer y trouver l'ambiance et le cadre suffisamment intimes pour y faire une déclaration romantique à la personne de votre cœur. Non, ici les tables sont recouvertes d'une nappe en plastique transparent. Pas de chichis. On y sert une bonne cuisine familiale dans un cadre quelconque, mais au moins ce n'est pas le coup de bambou.

Natrabu *(plan I, B1,* ***46****)* : 29 A jl. Agus Salim. ☎ 31-93-56-68. À 5 mn de jalan Jaksa. Ouvert tous les jours jusqu'à 22 h. Fermé le vendredi midi. Cadre et service soignés, en costume traditionnel. On vous apporte une quantité de plats d'office. Pas d'affolement ! C'est de la cuisine padang. On prend ce qu'on désire et on ne paie que ce qu'on a mangé. Une bonne idée qui permet de goûter à tout dans l'arrière-salle au look « Sumatra Ouest », où les serveurs en costume vous bichonnent et vous apportent le drapeau de votre pays ! Sinon, d'autres plats classiques, comme le *rendang* (bœuf en sauce) ou le *gulai otak* (cervelle de bœuf aux épices). Qualité parfois moyenne. Quoi qu'il en soit, si vous mangez avec les doigts, n'oubliez pas que seule la main droite peut être portée à la bouche (islam oblige). Danses de Sumatra les mardi, jeudi et samedi.

Chic (plus de 35 000 Rps, soit 2,8 €)

On vous indique pas mal de restos chic pour deux raisons. D'abord, avec la crise de la roupie, ceux-ci deviennent vraiment très très accessibles... Ensuite, séjourner à Jakarta n'est pas forcément l'idée qu'on se fait des « vacances de rêve » ; alors, autant en profiter, d'autant que sur le plan de la gastronomie internationale la capitale ne se défend pas trop mal !

Oasis *(plan I, C2,* ***47****)* : 47 jl. Raden Saleh Raya. ☎ 315-06-46. Ouvert tous les jours ; du lundi au samedi, de 12 h à 15 h et de 19 h à minuit ; le dimanche, de 19 h à 22 h (uniquement de la cuisine de Jakarta, de l'ethnie betawi, contrairement au reste de la semaine où il sert aussi de la cuisine européenne, en plus des plats asiatiques). Vénérable demeure de l'époque coloniale – l'une des mieux conservées du centre-ville – construite en 1928 comme résidence privée pour le millionnaire F. Brandenburg Van Olstende, qui possédait d'immenses plantations de thé et d'hévéas. Pendant la Seconde Guerre mondiale, et jusqu'à l'indépendance, elle servit aussi de résidence officieuse au dernier gouverneur général des Indes hollandaises. Nostalgie et exotisme ! Un gong retentit dès l'entrée. Des boiseries en teck couvrent les murs, des antiquités garnissent les coins et les recoins. Un grand vitrail moderne représente l'humaniste hollandais Érasme de Rotterdam à cheval. Et des jeunes filles en costume traditionnel glissent sur les parquets lustrés de l'immense salle à manger tandis que les notes de *As Time Goes By,* célèbre refrain du film *Casablanca,* se détachent de temps en temps dans la nuit tropicale. Cuisine indonésienne raffinée et exquise. Y venir particulièrement pour la spécialité de la maison : la *rijsttafel* (voir la rubrique « Cuisine » en début de guide). Tenue correcte et propre exigée. Réservation conseillée.

Hazara *(plan I, B1,* ***48****)* : 112 jl. Wahid Hasyim. ☎ 315-04-24. Près de jalan Jaksa. Ouvert de 12 h à 14 h 30 et de 18 h 30 à 22 h 30. Réservation conseillée. Si vous cherchez un décor authentique et raffiné, vous l'avez trouvé. Ce restaurant, spécialisé dans la cuisine d'Inde du Nord, offre de magnifiques boiseries, avec un zeste de design, grâce à la lumière tamisée des petits halogènes suspendus au-dessus des tables. Si l'on n'était pas au milieu de Jakarta, on se croirait presque au *Khyber* de Bombay, pour ceux qui connaissent ! Ce resto porte le nom d'une tribu du nord de la frontière indo-afghane. Le menu sur papier recyclé vous explique tout ça. La spécialité (et le plat le plus cher) est le *raan e hazara,* une cuisse de jeune agneau minutieusement laminée et... judicieusement épicée ! Très fin. Vous pouvez aussi choisir de la cuisine végétarienne ou *tandoori,* et les classiques plats de mouton, poulet ou agneau. Sans oublier les riz (*biryani,* etc.). Produits garantis frais et sans colorants. Clientèle chic d'expatriés en goguette, joliment accompagnés, ou d'Indonésiens des classes aisées, que l'on retrouve également au bar du 1er étage, et dans la petite alcôve, idéale pour boire un thé entre amis ou grignoter un snack indien !

🍽 ***Lân Nâ Thai*** *(plan I, A3,* ***49****) :* 85 jl. Kusuma Atmaja, Menteng. ☎ 32-50-37. À l'angle de jalan Pame Kasan, derrière la place des grands hôtels. Même maison que le précédent. Comme son nom l'indique, c'est de la cuisine thaïlandaise. Et de premier choix. Dans cet élégant décor boisé, on vous conseille particulièrement de goûter au poisson ! Mais l'ensemble de la carte est de bonne facture. On peut aussi y venir pour siroter un verre, dans l'un des nombreux petits coins intimes.

Très chic (plus de 50 000 Rps, soit 4 €)

🍽 Si vous souhaitez savoir à quoi ressemble la haute cuisine française à l'étranger, rendez-vous au ***Margaux*** ! C'est le restaurant de l'hôtel *Shangri-La,* Kota BNI, jl. Jendral Sudirman Kav. 1. ☎ 574-84-62. Si le chef est français ? Quelle question ! Même la carte est écrite dans la langue de Molière !

🍽 ***Zigolini*** *(plan I, A2,* ***50****) :* à l'hôtel *Mandarin Oriental,* jl. Thamrin. ☎ 314-85-76. Sur la place des grands hôtels. Fermé les samedi et dimanche midi. C'est LE restaurant italien de la ville. Souvent plein, on y discute entre expatriés, les manches relevées et la cravate desserrée, avec beaucoup d'animation et autour d'un bon *chianti.* Tout cela sent quand même furieusement les gros dollars.

Au nord de la place Merdeka et de la gare de Gambir

De prix moyens à plus chic (de 20 000 à plus de 35 000 Rps, soit 1,6 à 2,8 € et plus)

🍽 ***Shantung*** *(plan II, F4,* ***60****) :* 31 jl. Antara. ☎ 381-14-06. Face à la poste de Jakarta, de l'autre côté du quai du canal Kali Besar, et près du pasar Baru. Ouvert de 11 h à 15 h et de 18 h à minuit. Resto chinois sans prétention, d'ailleurs, la façade ne porte aucun nom. Clientèle d'habitués et de quelques expatriés au nez fin qui s'y retrouvent de temps à autre, mais pas de touristes. Le dimanche midi, des familles chinoises s'y restaurent tranquillement. Autrefois, le resto s'appelait *The Baron,* mais celui-ci semble être parti avec l'argenterie... En tout cas, on y mange une cuisine simple et bonne, rafraîchie par la climatisation. La carte n'affiche aucun prix mais on s'en sort bien. Prendre une *hot plate* pour deux, poêlon de légumes, de viande et de crevettes très honnête. Après le déjeuner, on peut gagner le pasar Baru, plein d'animation, à deux pas, ou envoyer ses cartes à la poste toute proche, ou encore visiter la mosquée, surtout si l'on y est un vendredi midi.

🍽 ***Queen's Tandoor*** *(plan II, F5,* ***61****) :* 6 jl. Veteran Satu. ☎ 344-72-45 et 345-54-31. Ouvert de 10 h 30 à 15 h et de 18 h à minuit. À l'écart du centre-ville et de l'agitation, non loin de la mosquée et du pasar Baru. Grande salle récente et un peu froide... tout comme la climatisation poussée à fond (attention à l'angine en sortant !). Mais la cuisine indienne servie est bonne et fraîche, bien que sans fioritures, et cela permet une bonne halte au calme avant de se livrer à nouveau à Mata Hari, déesse du soleil qui nous fait tant transpirer, n'est-ce pas ?

🍽 ***Ragusa*** *(plan II, F5,* ***61****) :* juste à côté du *Queen's Tandoor.* Ouvert tous les jours de 9 h à 22 h 30. C'est ici qu'il faut venir prendre le dessert ! La maison *Ragusa,* spécialiste de la glace italienne depuis 1932, a un petit cachet rétro très marrant, confirmé par les photos sur les murs.

Drôle d'endroit que ce salon de thé vaguement « vieille Europe » perdu en plein Jakarta... Prendre une glace maison, ou alors un café espagnol ! Les audacieux essaieront la glace au durian (bon courage !). Quelquefois, spectacles de rue devant le *Ragusa,* ce qui ne manque pas de renforcer l'anachronisme de ce bout de rue qui se situe à proximité des bâtiments officiels.

Dans le quartier de Sunda Kelapa

Bon marché (de 10000 à 25000 Rps, soit 0,8 à 2 €)

|●| ***Ratu Bundo*** *(plan III, H6,* ***81****)* **:** 1 jl. Ir. Jayusman. Sur le port de Sunda Kelapa. Ouvert tous les jours de 7 h à 21 h. Le seul endroit où l'on peut déjeuner dans le vieux port de Jakarta, face aux bateaux et aux ouvriers qui chargent et déchargent inlassablement... Peu de touristes, et c'est l'occasion de goûter à une bonne petite cuisine padang où l'on ne paie que ce que l'on a mangé. Les gros appétits passeront donc en « prix moyens » ! Endroit tranquille et populaire, où l'on confectionne les plats à emporter des ouvriers ou des marins en partance, et devant lequel défilent parfois des militaires à l'entraînement, le crâne rasé, sur des airs très martiaux... On peut aussi boire un verre au très joli *Phinisi Café,* un peu plus loin (coque de bateau encastrée dans la façade). Attention, l'entrée du port est payante (2000 Rps, soit 0,20 €).

Très chic (plus de 50 000 Rps, soit 4 €)

|●| ***Café Batavia*** *(plan III, H7,* ***82****)* **:** taman Fatahillah, Jakarta Kota. ☎ 691-55-31 ou 34. Ouvert théoriquement 24 h/24, en réalité c'est plus de 10 h à 2 h du matin. *Batavia !* Un nom qui a fait rêver des capitaines, des marins, des aventuriers et... des ménagères à la recherche de la meilleure salade ! On est ici précisément à Batavia, le vieux Jakarta, naguère cœur et moteur de la puissance hollandaise sur cette immense colonie. S'il était placé ailleurs, à quelques mètres à l'écart de cette rue polluée et bruyante, vers le milieu de la place Fatahillah, ce serait encore mieux. Mais tel quel, le *Café Batavia* reste quand même une adresse un peu magique. Il s'agit d'une vieille maison de 1937, d'époque coloniale, soigneusement restaurée (c'est rare), abritant au rez-de-chaussée un sympathique café-restaurant à l'européenne où se retrouvent les jeunes gens chic et un peu choc de la capitale (les « très choc » vont dans des boîtes du genre *Hard Rock Café* sur jl. Thamrin). En Europe, ce genre d'adresse passerait un peu plus inaperçu ; à Jakarta, c'est exceptionnel. Plus cher que la moyenne, ambiance plus intellectuelle et artiste que populaire : ça plaît. À ne pas manquer. Pour un verre, un petit dej' ou un dîner fastueux, un bon choix. Juste un bémol : la cuisine n'est pas encore tout à fait à la hauteur du lieu et de ses prétentions. Mais assurément, le *Batavia* vaut le détour qu'ont fait les Hollandais jusqu'ici ! Orchestre à partir de 19 h (style latino ou reggae). Peut être une bonne escale après la visite du port de Sunda Kelapa et du Musée maritime.

Où boire un verre ?

Dans le quartier de jalan Jaksa

– On peut évidemment boire un verre dans les restos tranquilles de jalan Jaksa, en bons routards que nous sommes ! Lire la rubrique « Où manger ? ».

Kafe BFC *(zoom B1, 100)* **:** 5 jl. Jaksa. Au bout de la rue. Ouvert tous les jours de 19 h à 5 h environ. Petit bar à l'atmosphère sympathique. « Drogues et armes non admises ici », avertit un petit panneau. Ça vous pose tout de suite l'ambiance bon enfant du lieu. Attention, les bières y sont bien plus chères que dans le reste de la rue, mais la pratique de plus en plus étendue des *happy hours,* elles-mêmes très élastiques, vous sauvera au moins pour l'après-midi. On peut s'y rassasier de quelques snacks copieux. Bar pour le soir, plutôt intime avec ses multiples recoins, sa déco en bois, sa volière et ses jolis cendriers sculptés à Yogya.

Au sud de la place Merdeka

De plus chic à très chic

Là encore, on vous indique des adresses « chic », voire « très chic », parce qu'il fallait bien donner à ces lieux des catégories de prix et des indications sur leur « standing »... Mais, franchement, une adresse chic en Indonésie ne vous ruinera pas. Alors, profitez-en, et vous ferez marcher le commerce !

Mels *(plan I, B1)* **:** 21 A jl. Agus Salim. Ouvert tous les jours de 7 h à minuit. Petit bar à l'américaine, avec sa climatisation bienvenue, son juke-box et sa carte typiquement US. Tarifs (presque) américains eux aussi ! Mais c'est une bonne pause rafraîchissante dans le quartier pour boire un verre dans la journée. *Milk-shakes,* glaces, cafés de toutes sortes et une carte de petits déjeuners, de *burgers* et de sandwichs. Bon, aux États-Unis, il y a en a un comme ça tous les 10 m, mais à Agus Salim, c'est plutôt rare.

Fashion Café, Planet Hollywood et Hard Rock Café : respectivement, Kota BNI, Wisma 46, jl. Jend. Sudirman Kav.1 ; jl. Gatot Subroto Kav. 16 ; et jl. Thamrin, à côté du grand magasin Sarinah. On vous les indique ensemble car ces trois lieux forment le « triangle des Bermudes » de l'occidentalisation dans son versant le plus commercial... Des endroits pour voir et être vu. Quand on ne connaît pas encore, oui, ça peut être amusant. Surtout qu'à Jakarta, c'est beaucoup moins cher qu'à Paris ou à Londres... Le *Fashion Café* est peut-être le plus original... parce que le plus récent. Il se trouve dans l'immeuble en verre bleu de la *BNI,* qui ressemble à un gigantesque stylo-plume (d'ailleurs construit par des Français). Pas mal vu pour un café à la mode, et consacré à la mode, où l'on entre à travers un gros objectif photographique pour se retrouver face à un gigantesque talon aiguille, fantasme des Naomi et autres Claudia qui ont lancé à leur tour cette chaîne de cafés de par le monde. Détail amusant (ou impitoyablement capitaliste) : des employés ouvrent les robinets du lavabo et vous essuieraient presque les mains. On peut aussi s'y repoudrer le nez avec les produits de beauté à disposition... Le *Planet Hollywood* est moins glacé (du point de vue de la déco et aussi de la clim'...), et on peut à loisir y contempler les « reliques » des tournages cinématographiques dont l'établissement s'est fait une spécialité. Le *Hard Rock Café,* enfin, est le plus ancien et le plus « canaille » des trois, mais la qualité du service a vécu, et après les deux autres on finit par se lasser un peu... Spectacles de temps à autre dans les trois cafés.

Les bars des grands hôtels : nous sommes effroyablement néo-libéraux, n'est-ce pas ? Mais on est à Jakarta, ville de tous les contrastes et (ex-?) Mecque du capitalisme indonésien, au beau milieu du tiers monde... Ici tout se mélange, sauf les catégories sociales. Un *drink* dans un palace de Jakarta vous coûtera 5 à 10 fois moins cher qu'en Europe, et c'est un bon moyen d'observer... la réalité. Hommes d'affaires et expatriés en goguette fréquentent encore ces hauts lieux du temps où Jakarta était la vitrine du boom économique indonésien. Pour cela, vous pouvez aller au ***Grand Hyatt,*** sur jalan Thamrin, à l'étage de sa superbe piscine au milieu des arbres... Dans le salon en demi-lune de l'hôtel ***Borobudur Inter-Continental,*** jalan Lapangan Banteng Selatan, le dimanche, harpe et petits fours confectionnent une atmosphère feutrée de salon de thé à l'européenne. Au ***Khudus,*** le bar du *Hilton,* jalan Jend. Gatot Subroto, vous pourrez admirer le superbe plafond en sirotant un dernier *drink* en amoureux dans une ambiance très intime... À moins que vous ne souhaitiez vous rendre à l'***hôtel Indonesia,*** jalan Thamrin, face au *Grand Hyatt,* devant lequel ont été tournées quelques scènes du film *L'Année de tous les dangers...* D'une manière générale, les palaces de Jakarta offrent des lieux et des services d'une qualité internationale.

Où sortir ? Où danser ?

TIM *(Taman Ismail Mazurki ; plan I, C2,* ***90****) :* jl. Cikini Raya. ☎ 33-73-25. Le *TIM* est un complexe culturel, populaire et étudiant, offrant un cinéma, un planétarium et des restaurants. C'est un lieu sympa et vivant qui, depuis la *Reformasi* et les manifestations étudiantes, continue d'être un lieu de rencontres, de débats et de spectacles. Mais, comme partout ailleurs, le couvre-feu intervient assez tôt, bien avant minuit. Les noctambules devront se rabattre sur nos autres adresses.

Le JJ'S *(plan I, A1,* ***91****) :* jl. Tanah Abang Timur. Dans une rue chic située entre l'avenue Medan Merdeka Barat et Abdul Muis. C'est l'antichambre du *Tanamur* juste à côté. Ici on vient boire un verre, en terrasse ou à l'intérieur, au beau milieu des jolies filles et des serveuses déguisées en Maya l'Abeille ! Décoration au look branché et musique à fond. Clientèle d'expatriés essentiellement, que l'on retrouve ensuite sur la piste du *Tanamur.* Mais quand ce dernier ferme ses portes à 2 h du matin, alors tout le monde revient finir la nuit ici.

Tanamur *(plan I, A1,* ***91****) :* 14 jl. Tanah Abang Timur. ☎ 35-39-47. Mitoyen du *JJ's.* Ouvert jusqu'à 2 h. C'est la plus ancienne discothèque de Jakarta, où beaucoup de filles exercent le plus vieux métier du monde. Une scène d'un roman de *SAS* s'y déroule, c'est vous dire. Les jeunes filles se pavanent sur le devant de la scène, tandis que les anciennes restent en retrait. Le 1er étage est réservé aux homos. Alors, lieu de perdition et de débauche, ou lieu incontournable des nuits de Jakarta ? Nous, on pense qu'il faut voir ça au moins une fois. En tout cas, il y a de l'ambiance ! Et le lieu est connu partout en Indonésie (enfin, peut-être pas en Irian Jaya ou à Bornéo, remarquez). Musique essentiellement house et techno (il faut se mettre au goût du jour !) et, le dimanche soir, soirée *Ladie's night,* synonyme d'entrée gratuite pour les filles. Sinon, le prix d'entrée est élevé et les serveurs assez tenaces, car probablement intéressés au chiffre d'affaires...

Bengkel : au *SCBD (Sudirman Centra Business District),* 52-53 jl. Sudirman Kav. ☎ 515-50-08. Boîte ouverte les vendredi et samedi jusqu'à 6 h du matin. Karaoké (sport national en Asie) de 13 h à 3 h. Sinon, 2 cafés sur les côtés, ouverts de 11 h à 1 h. Concerts de temps en temps. Immense hangar (d'où son nom, « Le Garage ») et temple de la musique techno. Venir le plus tard possible car c'est long à se remplir en début de soirée. Endroit de *rave,* donc, mais renseignez-vous sur le programme avant.

À voir

À vrai dire, peu de choses intéressantes à voir, au sens « touristique » du terme. Il n'y a pas de pagodes étincelantes à chaque carrefour, ni de monuments anciens particulièrement exceptionnels. En revanche, disséminés aux

quatre coins de la ville, souvent aux intersections importantes, de nombreux monuments et statues révolutionnaires rappellent le combat du peuple indonésien pour la liberté et l'indépendance. L'exemple le plus connu, c'est cet obélisque national de la place Merdeka (voir détails plus loin). Mais il y en a bien d'autres, comme cette immense statue « bodybuildée » et hurlante, au bout de jalan Sudirman, portant une flamme sur un plateau et surnommée « Pizza Man » par les habitants !
S'il faut retenir trois lieux à ne pas manquer au cours d'un bref séjour, ce sont en priorité le Musée national, la mosquée Istiqlal un jour de prière et le port de Sunda Kelapa pour ses bateaux *bugis*.

Dans le centre

Le Musée national *(Musium Gajah ; plan II, E5,* ***120****)* **:** 12 jl. Merdeka Barat. ☎ 36-05-11 ou 36-09-76. Ouvert du mardi au jeudi de 9 h à 15 h, les vendredi et samedi de 9 h à 11 h, et le dimanche de 9 h à 11 h. Fermé le lundi. Visites guidées : en français le mercredi à 9 h ; en anglais les mardi, mercredi et jeudi à 9 h 30, mais il vaut mieux vérifier avant par téléphone ! Le dimanche matin, théoriquement de 9 h 30 à 10 h 30, des petits concerts de musique traditionnelle javanaise *(gamelan)* se tiennent dans l'enceinte du musée. Le trésor, avec ses collections exceptionnelles, n'est ouvert au public que le dimanche matin. Donc, la solution d'une visite du musée un dimanche matin ne présente que des avantages.
De taille moyenne, ce musée expose de manière étonnante la richesse et la diversité de l'histoire, de la géographie, de l'art et des traditions populaires dans l'archipel indonésien. Car il faut rappeler qu'on trouve encore en Indonésie, dans la forêt tropicale (à Bornéo, à Sumatra et sur de nombreuses petites îles isolées), des tribus qui sont parmi les moins touchées par la civilisation industrielle. Mais, curieusement, elles sont aussi les plus menacées par les dangers du développement anarchique et du progrès aveugle.

Au rez-de-chaussée

– Autour du péristyle néo-classique, une foule de *sculptures* de pierre du VIIe au XVe siècle provenant de Java. Beaucoup de ces superbes pièces sont consacrées aux dieux hindous : Vishnu, Çiva et Ganesh.
Vishnu, dieu solaire, surnommé « l'Agissant » dans le Rig-Veda, représente l'une des principales divinités de l'hindouisme. Selon le *Dictionnaire de la sagesse orientale* (Robert Laffont), « il incarne le conservateur aux côtés du Brahma, le créateur, et de Çiva, le destructeur... Gardien du Dharma, il chevauche l'oiseau Garuda, et accourt chaque fois que le monde se dérègle. » Il faudrait qu'il intervienne plus souvent ! « Et s'incarne en Avatâra (avatar) pour montrer à l'humanité de nouvelles voies pour son développement. » Bref, un dieu hautement salutaire et bénéfique.
Çiva : le troisième dieu de la Trinité hindoue. « Surnommé le Bon, le Gentil, il est le dieu de la destruction et de la dissolution. Mais il peut aussi être une divinité bienfaitrice dans la mesure où il anéantit Avidya, l'ignorance. » Son symbole est le lingam, pierre phallique, symbole de fertilité, dont s'inspire d'ailleurs la colonne de Monas, sur la place Merdeka, juste en face du musée. Un beau clin d'œil de l'histoire indonésienne à la vieille religion hindouiste. Dans l'iconographie et dans les sculptures, il est souvent représenté dans des situations d'union sexuelle avec ses diverses divinités féminines (Shakti, Pârvati, Kâli ou Durgâ).
Ganesh : une tête d'éléphant et quatre mains sur un petit corps au ventre rebondi, c'est ainsi qu'il est représenté. Fils de Çiva et de Pârvati, il est « celui qui enlève les obstacles et garantit le succès dans l'existence terrestre comme dans la vie spirituelle ». Bref, un dieu sage, bienveillant et magnanime.

– *Les tambours de Dong Son :* situés après le patio intérieur (péristyle à colonnes blanches), ils s'appellent les *Nekara Perunggu (Bronze Kettle Drums).* C'est une collection assez étonnante de tambours en bronze, finement sculptés, et de taille variable. Certains peuvent avoir un diamètre excédant 1 m. Ils ont probablement été fabriqués il y a 2500 ans au Vietnam (culture de Dong Son), d'où ils auraient été transportés par la mer jusqu'en Indonésie. Découverts sur les îles Moluques, sur l'île de Java, ainsi que dans les îles de Nusa Tenggara, considérés comme des tambours magiques, ils servaient autrefois à appeler la pluie sur les champs et les rizières ainsi qu'à scander des hymnes guerriers *(war drums).* On peut en voir dans les musées vietnamiens.

– *Les crânes de l'homme de Java :* dans la même pièce, à gauche des tambours de bronze *(Dong Son),* il y a une vitrine renfermant 6 calottes crâniennes du célèbre homme de Java, plus connu sous son nom de code, *Homo erectus* ou encore *Pithécanthrope.* Sacré bonhomme ! Voici les restes de l'un des plus vieux habitants de la planète Terre. Il y en a beaucoup plus dans les musées européens et américains. Mais ici, malgré la présentation quelconque, ça fait quelque chose. Et puis, curieusement, il y a un crâne français venant de la Chapelle-aux-Saints... Petit et trapu, comme c'était souvent le cas à l'époque, l'homme de Java devait mesurer environ 1,60 m. Il pesait environ 80 kg. Toujours selon les experts, il possédait un gros cerveau et une dentition importante. Ces ossements vieux de 350000 ans furent découverts à la fin du XIXe siècle par Eugène Dubois, un jeune docteur néerlandais au nom bien français. Désireux de prouver la théorie de Darwin sur l'évolution des espèces, thèse qui révolutionnait les milieux scientifiques de l'époque, Dubois quitta son labo, vint sur le terrain et mena de longues recherches à Sumatra puis à Java (1889-1890), près de Tulungagung. C'est à Java qu'il a découvert les restes d'*Homo erectus,* plus connu aujourd'hui sous le nom d'homme de Java. Les plus beaux spécimens viennent d'un coin nommé Sangiran. Depuis la trouvaille du docteur Dubois, les experts du monde entier considèrent l'île de Java comme l'un des berceaux possibles de l'humanité.

– *Habitat traditionnel indonésien :* dans la longue aile droite du musée, série très bien faite de maquettes représentant les maisons traditionnelles des principaux groupes ethniques du pays. Maisons de Java, de Sumatra, de Kalimantan (Bornéo), etc. Puis une salle des céramiques.

– *Instruments de musique :* gongs, tambours... Dans la même pièce, un grand lit à baldaquin couvert de tissus mauves. Il s'agit du Pasren, la chambre à coucher (une reconstitution) de Dewi Sri, la déesse du Riz. Autrefois, dans les demeures royales, il y avait une chambre spéciale pour Dewi Sri.

– *Grands plans en relief de Java et de Sumatra :* tout à fait en fin de visite, au bout de la longue salle de l'aile droite. Outre ces plans, on y voit aussi une énorme carte des minorités ethniques encadrée par une foule de visages peints représentant chacun une personne appartenant à cette communauté ethnique. Intéressant de noter deux choses : premièrement, Java, la plus peuplée des îles de l'archipel, ne compte que 3 groupes ethniques ; deuxièmement, les Célèbes (Sulawesi), île la moins homogène sur le plan ethnique, comptent plus de 35 ethnies différentes !

Au 1er étage

– *Le trésor :* ne pas l'oublier. Ouvert uniquement le dimanche matin. Farouchement gardé, il contient des bronzes, des pièces en or et en argent, taillées sous toutes leurs formes au cours des siècles. Superbes *kriss* royaux sertis de rubis, d'opales et d'émeraudes. Lunettes de soleil conseillées, tellement le trésor brille !

Le Monument national *(ou colonne de Monas ; plan II, F5)* **:** jl. Silang Monas. Ouvert du mardi au jeudi, et le dimanche, de 8 h 30 à 14 h 30, le vendredi jusqu'à 11 h 30 et le samedi jusqu'à 13 h 30. Fermé le lundi. C'est la grande colonne qui se dresse au centre de la place Merdeka, cette immense place au cœur de Jakarta, qui a la particularité de n'être ni carrée, ni rectangulaire, ni ronde, mais trapézoïdale. « La traversant à pied vous pestez contre son "n'en finit plus". On se croirait aux États-Unis. Les ruelles bondées, les bidonvilles, la populace aux dix mille sourires vous manquent. Vous avez hâte de fuir cette oasis de calme et de fraîcheur... », écrit Jacques Thieuloy dans *La Passion indonésienne.*
La place Merdeka a été agrandie après l'Indépendance (*merdeka* signifie « indépendance ») de l'Indonésie, en 1945. La colonne de Monas est considérée par tous comme l'emblème omniprésent du combat du peuple indonésien pour sa liberté. Haute de 137 m, elle rappelle la silhouette d'un obélisque et se termine par une grande flamme couverte de 35 kg d'or fin. Colonne, obélisque, flamme : le Monument national s'inspire en fait d'un très vieux symbole issu de la religion hindouiste, le *lingam,* emblème de forme phallique rattaché au culte de Çiva. Associé au *yoni* (symbole féminin), il représente la vie et la fertilité. Par ironie, certains Indonésiens l'ont surnommé « la dernière érection de Sukarno ». Bon, il faut aimer... Elle a surtout une signification symbolique et sert de point de repère aux touristes égarés !
Un ascenseur monte jusqu'au sommet d'où l'on a une vue étendue sur le centre de Jakarta. Par beau temps, on voit la mer au nord et les volcans du Punlak au sud de la ville.
Mais le *Musée historique,* au sous-sol, est plus intéressant. Ce sont des dioramas amusants représentant toute l'histoire du pays. Ludique et instructif.

La mosquée Istiqlal *(plan II, F5,* ***121****)* **:** à l'angle nord-est de la place Merdeka. Demander « Masjid Istiqlal » au chauffeur de taxi. Le vendredi, jour de la prière, l'entrée n'est théoriquement pas interdite aux visiteurs à condition qu'ils soient déchaussés, correctement vêtus (pas de jambes ni d'épaules dénudées) et le plus discrets possible. C'est le meilleur moment pour la visite, au milieu des croyants (venir à midi). Le reste de la semaine, visite possible en compagnie de l'un des gardes officiels qui se trouvent à l'entrée de la mosquée à longueur de journée. Leur laisser un pourboire après la visite, mais se méfier des gourmands. Coiffé d'une chéchia noire, le vigile ne parle qu'un vague *broken English* très sommaire. Toutefois, c'est la seule solution pour faire le tour de ce monument, à moins de rencontrer l'interprète de la mosquée, mais là aussi, se méfier des pourboires trop gourmands demandés en fin de visite !
Construite entre 1958 et 1961 sur les ruines d'un fort néerlandais, la mosquée fut baptisée Istiqlal, ce qui signifie « liberté », alors qu'islam signifie « soumission à Dieu ». Un drôle de paradoxe mais qui illustre bien l'état d'esprit moderniste de l'islam en Indonésie. Une preuve de la souplesse et de la tolérance religieuse du pays : sa réalisation fut confiée à un architecte chrétien, Frederick Silaban. Elle peut recevoir jusqu'à 20 000 personnes (le guide officiel nous a assuré que 120 000 personnes pouvaient s'y entasser, cela paraît beaucoup). Le premier pays musulman du monde (près de 170 millions de fidèles) méritait bien un tel monument. Avec son minaret-fusée, ses 12 immenses colonnes intérieures en aluminium, ses 4 tribunes et ses cours extérieures bordées d'arcades, elle conserve malgré tout la sobriété de l'art musulman. Et elle est truffée de symboles : son minaret serait haut de 6 666 cm, soit le nombre de pages du Coran ! La salle des prières s'élève sur 5 étages (le nombre de prières quotidiennes). Les piliers mesurent 17 m, l'espace entre chacun d'eux, 8 m, et le diamètre de la coupole 45 m : soit les chiffres 17-8-45, la date de l'indépendance... Une très célèbre photo du *National Geographic* a immortalisé une foule en prière au pied de ces immenses colonnes.

– Possibilité de sortir par les sous-sols de l'esplanade, puis de traverser le boulevard Kathedral Banteng Barat et d'atteindre la cathédrale catholique de Jakarta, reconnaissable à son étrange clocher coiffé de deux pylônes métalliques.

La cathédrale : jl. Kathedral Banteng Barat. Connue aussi sous son nom officiel, Saint Mary's Cathedral. À ne pas confondre avec l'église protestante Imanuel, non loin de là. Grande église moderne sans intérêt, curieusement surmontée de deux flèches dignes d'une station radiophonique russe des années 1930 ! Chez les catholiques (et les chrétiens indonésiens en général), le mot Allah désigne Dieu, comme chez les musulmans. Un beau clin d'œil entre deux religions différentes. Un fidèle agenouillé dans la cathédrale de Jakarta peut joindre sa prière au chant mélodieux du muezzin voisin. Et vice versa, les oreilles d'un musulman prosterné sur le parvis de la mosquée Istiqlal captent quotidiennement le son insolite et mélodieux des cloches chrétiennes.

Le marché aux antiquités *(plan I, C3, **110**)* **:** jl. Surabaya, dans le centre. Voir la rubrique « Achats ». Ouvert tous les jours de 9 h à 17 h 30. Sur au moins 300 m, d'un seul côté de la rue, des dizaines de boutiques bien rangées, bien proprettes. Quelques jolis objets pas toujours bon marché : cuivres, marionnettes anciennes, porcelaines chinoises, sculptures sur bois de Bornéo, masques, quelques *batiks* anciens, boîtes à bétel, lustres hollandais, etc. Si vous n'allez pas à Cirebon, marionnettes intéressantes ici. Qualité assez élevée, les prix s'en ressentent. Négociez-les en les divisant par deux.

Le marché aux oiseaux *(pasar Burung)* **:** jl. Pramuka. Dans la partie sud du centre. Assez intéressant : quelques oiseaux rares et des petits singes. Les Indonésiens adorent les oiseaux et en possèdent souvent. Leur oiseau préféré est la tourterelle à col bleu *(perkukut)*. C'est effectivement plus sympa que le pigeon de Paris.

Le vieux Jakarta *(ex-Batavia)*

Batavia ! C'est d'abord le nom d'une délicieuse variété de salade verte à feuilles croquantes. Mais pour des générations de marins venus d'Europe, ces syllabes exotiques étaient la promesse d'une escale lointaine que l'on atteignait au terme d'un interminable périple sur la mer. Combien d'aventuriers, de baroudeurs et de navigateurs n'ont-ils pas attendu longtemps avant de passer le détroit de la Sonde, d'obliquer vers l'est, puis de faire escale dans ce recoin de la carte d'Asie du Sud-Est ? En 1876, un jeune poète révolté et inconnu, engagé dans l'armée coloniale néerlandaise, débarqua à Batavia. Il avait pour nom Arthur Rimbaud. Même lui est venu jusqu'ici ! Il n'y resta que quelques jours, déserta et revint en France. Peut-être n'aimait-il pas les salades locales...
Pendant des siècles l'histoire de Jakarta s'est confondue avec celle de Batavia et de son port de Sunda Kelapa, où ont débarqué les premiers marins portugais puis néerlandais, où tout a commencé, où son destin s'est forgé. Pour en savoir plus, se reporter en introduction au topo historique sur Jakarta.

Comment y aller ?

➢ ***À pied :*** à déconseiller. La place Fatahillah, cœur du vieux Jakarta (Batavia), se trouve à 4 km au nord de la place Merdeka. L'avenue Hayam Wuruk qui y mène, polluée et encombrée (avec deux rues adjacentes boueuses remplies de salons de massage miteux), n'offre aucun intérêt, à moins de vouloir s'arrêter à mi-chemin dans le quartier de Glodok, le vieux quartier chinois, dévasté lors des émeutes de mai 1998.
➢ ***En bajaj :*** la moins mauvaise solution.

➢ ***En bus :*** le moyen le moins cher, mais long et fatigant. Prendre les bus n[os] P1, P11, P15 ou P17 (climatisé) devant le magasin Sarinah. Compter, selon les embouteillages, une bonne demi-heure. Descendre sur jalan Pintu Besar Utara, au niveau de la place Fatahillah.

➢ ***En taxi :*** une bonne solution, à prix raisonnable, surtout si l'on est à plusieurs.

La place Fatahillah *(plan III, H7)* ***:*** ancienne place du gros village de Batavia du temps des Néerlandais. C'était le cœur de Batavia, le centre administratif et politique de la puissance coloniale batave en Indonésie. Située près de la gare de Kota, elle est bordée d'un côté par une longue rue bruyante et polluée. Notez le *Café Batavia,* endroit superbe et chic (voir « Où manger? »), et un peu plus loin, à une cinquantaine de mètres à peine, le canon Si Jagur.

Le canon Si Jagur *(plan III, H7,* ***130****)* ***:*** dans l'entrée du musée de Jakarta (voir ci-dessous). Un engin unique en son genre. Il s'agit d'un rescapé de l'artillerie navale portugaise du temps où celle-ci dominait les mers d'Asie. Un gros canon en bronze, horriblement lourd. Il porte une inscription latine qui signifie : « hors de moi, je renais ». C'est en somme ce que pense le canon quand il lance ses boulets sur l'ennemi. L'extrémité par laquelle on mettait les boulets dans le tube est très curieuse. Elle représente une forte main (en bronze) refermée comme un poing de boxeur avec un bout de pouce dépassant entre deux doigts (l'index et le médium), un signe pour illustrer la force triomphante de la flotte portugaise d'alors. Or, en Indonésie, un poing replié laissant dépasser uniquement un pouce est un symbole sexuel sans détours. Résultat : pendant des années, les femmes venaient se frotter le ventre contre cette extrémité afin d'être sûres d'avoir des enfants, de retrouver la santé, ou bien de s'enrichir. Cette pratique superstitieuse fut interdite par les autorités, mais le canon n'a pas changé de place!

Le musée de Jakarta *(Jakarta Museum; plan III, H7,* ***131****)* ***:*** 1 jl. Taman Fatahillah. ☎ 692-91-01. Ouvert du mardi au jeudi de 9 h à 15 h, le vendredi de 9 h à 14 h, le samedi de 9 h à 13 h et le dimanche de 9 h à 15 h. Fermé le lundi. Entrée : 2000 Rps (0,1 €). Ne vaut pas vraiment le détour car il est vide et mal foutu. En revanche, mérite un coup d'œil rapide si l'on veut en savoir plus sur les origines de la ville ou faire une pause dans l'agréable cour à l'arrière. Installé dans un grand bâtiment de 1627, construit donc en pleine époque coloniale et dans un style qui rappelle bien les Pays-Bas, avec de hautes fenêtres, une longue véranda et un clocheton abritant un carillon. À l'intérieur, aucune brochure en anglais, toutes les explications sont en indonésien. Grandes pièces aux vieux planchers. Nombreux meubles de style assez lourd. Tableaux mal éclairés (dont le fameux Coen, premier gouverneur de Batavia). Quelques cartes anciennes mal présentées. Au 1er étage, jolie vue du balcon sur la place Fatahillah. Dans la cour, à l'arrière, juste après le petit escalier, sur la droite en entrant, deux caves voûtées abritent de vieux boulets de canon. Au fond de la cour, à droite d'une porte rouge, sur un mur blanc, des plaques de pierre sculptées; l'une d'elles représente un très beau trois-mâts néerlandais hérissé de canons, preuve que les navires de commerce bataves étaient bel et bien des vaisseaux de guerre!

Le musée des Céramiques *(plan III, H7,* ***132****)* ***:*** installé dans l'ancien bâtiment de la cour de justice. Ouvert de 9 h à 15 h (13 h le week-end). Fermé le lundi. Assez décevant malgré quelques pièces intéressantes en céramique chinoise. Sculptures en bois dans les jardins.

Wayang Museum *(musée des Marionnettes; plan III, H7,* ***133****)* ***:*** 27 jl. Pintu Besar Utara. ☎ 692-95-60. Ouvert tous les jours de 9 h à 15 h. Fermé le lundi. Installé dans une ancienne église de l'époque néerlandaise, transformée ensuite en entrepôt. Collection intéressante de tous les types de marionnettes. Bon témoignage de cet art dont les Indonésiens se sont fait une spécialité. Dommage que les vitrines soient si mal organisées. Tiens! Un guignol offert par Mitterrand en 1995. Mais un classique, celui-là... Le 1er étage est intéressant, plus varié et mieux fait. Spectacles de *wayang* de temps à autre.

Les vieilles maisons néerlandaises : il en reste encore quelques-unes sur les quais bordant le canal (glauque et puant) de Kali Besar, qui se jette dans la mer de Java. Beaucoup de ces bâtiments plus ou moins décrépits aujourd'hui abritaient naguère les bureaux des sociétés commerciales et des agents maritimes néerlandais. Possibilité de longer ce canal nauséabond jusqu'au fameux pont-levis, l'un des témoins les plus insolites de la présence néerlandaise à Jakarta.

Le vieux pont-levis néerlandais *(plan III, H7,* ***134****)* ***:*** il enjambe le canal Kali Besar (qui ressemble plus à un égout qu'à une voie d'eau), à mi-chemin environ entre la place Fatahillah et le port de Sunda Kelapa, près d'un pont routier moderne et fréquenté. Ce pont-levis est la copie conforme de ces innombrables ponts éparpillés que l'on croise partout dans la campagne des Pays-Bas, encore de nos jours. Classé Monument historique, il a été interdit à la circulation. Tout près se dresse la silhouette clinquante d'un luxueux hôtel *(Omni),* qui jure avec l'environnement.

Le port de Sunda Kelapa et le Musée maritime

Le port de Sunda Kelapa *(plan III, G-H6)* ***:*** 2 jl. Raya Baruna. Ouvert tous les jours de 8 h à 18 h. Entrée payante pour les visiteurs et pour les voitures. Voilà le seul endroit de Jakarta où l'histoire maritime de l'archipel indonésien continue sa vie comme par le passé, à quelques nuances près bien sûr. À ne pas confondre avec le grand port moderne de Tanjung Priok, réservé exclusivement aux cargos à coques métalliques et aux ferries assurant la liaison entre les différentes îles de l'archipel. À Sunda Kelapa, il n'y a que de belles coques de navires en bois, élégamment incurvées, à la proue relevée comme les caravelles d'autrefois.

Tout a commencé au XIVe siècle par un tout petit port fréquenté par des pêcheurs javanais. Puis de grands diables au long nez, barbus et chevelus, débarquèrent un beau jour de la planète Europe, à la recherche des îles Fortunées, riches en épices : les Moluques. Aucun port dans l'histoire de l'humanité n'a vu autant d'épices passer sur ses quais que Sunda Kelapa. Curieusement, on s'attend à trouver un énorme port : non, c'est petit, pas très beau, aussi quelconque qu'un estuaire boueux de village. Ce qui est spectaculaire ici, ce sont les ***bateaux bugis*** *(plan III, H6,* ***135****),* une ribambelle incroyable des plus vieux bateaux de l'Indonésie, tous amarrés les uns à côté des autres, le long d'un seul et unique quai débouchant dans la mer de Java. Ces merveilleux bateaux sont construits selon une très ancienne tradition de charpentiers-marins où l'on travaille sans plan dessiné, et où les clous sont bannis! Autant vous dire qu'ils sont parmi les plus robustes, et tiennent très bien la mer. Aujourd'hui, ils transportent moins d'épices qu'autrefois, et plus de bois précieux (le teck et le meranti de Sulawesi ou de Bornéo). Les capitaines sont tous *bugis,* des « vagabonds de la mer » originaires du sud de Sulawesi. Autrefois pirates, les voilà aujourd'hui bien assagis, enrichis par le commerce maritime certes, mais toujours aussi farouchement attachés à la liberté de la mer. Des ouvriers maigres et musclés chargent et déchargent à longueur de journée des sacs de ciment et d'engrais, des fruits, des produits de consommation courante, et même parfois des vélomoteurs à destination des îles reculées. Des tonnes et des tonnes de marchandises variées transitent sur les épaules de cette main-d'œuvre bon marché qui ne prête guère attention à la présence de visiteurs. Sunda Kelapa est un monde laborieux, mais clos, et séparé du reste de la capitale : on y regarde le large plus que la terre.

Là où sont les matelots, il y a toujours des femmes à matelots, et des vendeurs de pacotille et d'aphrodisiaques que les marins accueillent de temps en temps dans leur cabine, le temps d'une courte escale.
– *Visite du port et d'un bateau bugis :* on est autorisé, moyennant rétribution d'un guide, à faire des petites balades en barque le long du quai et même à monter à bord d'un bateau. Le pont des bateaux *bugis* n'est jamais plat mais très incurvé, comme une énorme banane. La vie des marins se concentre sur le château arrière. La poupe, moins relevée que la proue, se termine par une sorte de véranda basse (en bois toujours) où se tient l'équipage même quand il est au repos, à fumer, palabrer, écouter la radio ou regarder la télé. Pour que la visite d'un bateau *bugis* vous apporte quelque chose de nouveau, mieux vaut être accompagné d'un Indonésien pouvant servir d'interprète.
Théoriquement, les capitaines des bateaux ne peuvent pas accepter de passagers en voyage, pour des raisons d'assurance. Dans la pratique, ils le font. Un routard peut ainsi embarquer à Sunda Kelapa sur l'un de ces bateaux traditionnels, et faire une longue traversée jusqu'aux ports retirés de Sumatra, Sulawesi ou de la côte est de Bornéo (Kalimantan). Pour cela, il faut obtenir une permission du capitaine du port (le Komodore), puis contacter un équipage, négocier sa traversée. Si ça marche, ne pas oublier un sac de couchage, et des cadeaux en nature pour le capitaine et les marins (des cartouches de cigarettes, ça plaît toujours).

🎭🎭 ***Le Musée maritime*** *(Museum Bahari; plan III, G6, **136**) :* 1 jl. Pasar Ikan. ☎ 669-05-18 ou 669-34-06. Ouvert du mardi au jeudi de 9 h à 15 h, le vendredi de 9 h à 11 h, le samedi de 9 h à 13 h 30 et le dimanche de 9 h à 15 h. Fermé le lundi. Situé dans le plus ancien entrepôt aux épices d'Asie (sinon du monde !), datant de l'époque où la Compagnie hollandaise des Indes orientales (la VOC) avait la main haute sur l'archipel indonésien. Occupé par les Japonais pendant la Seconde Guerre mondiale, il abrite aujourd'hui des pièces intéressantes malheureusement mal présentées et sans explications vraiment détaillées (mais en anglais, quand même). Essayez d'avoir quelqu'un (du musée ou pas) capable de vous donner des renseignements sur les objets présentés. Collection impressionnante de maquettes de bateaux indonésiens. Plans, maquettes, cartes retraçant l'histoire du port et de Batavia. La partie la mieux faite concerne l'histoire particulière de la *Dutch East Indies Company* (la Compagnie hollandaise des Indes orientales), où les explications sont données en anglais. Au 1er étage, il y a une superbe collection de photos du début du XXe siècle relatant le voyage en mer de Marseille jusqu'à Batavia, avec les souvenirs des escales à Port-Saïd (on songe à Tintin), Aden (on songe à Rimbaud), Colombo (on songe à l'inspecteur), Padang (on songe à la cuisine la plus épicée de l'Indonésie), et enfin Batavia, terminus d'un voyage maritime qui durait près d'un mois dans les années 1920. Voir aussi le superbe bateau d'Irian Jaya dans le bâtiment du fond.

Le quartier de Glodok *(vieux quartier chinois)*

Situé environ à mi-chemin entre la place Merdeka (centre de Jakarta) et la place Fatahillah (centre du vieux Batavia), sur la gauche de deux grandes avenues accolées et parallèles, à savoir : jalan Gajah Mada et jalan Hayam Wuruk. Des artères encombrées, bruyantes, polluées. Balade en partie historique car le marché couvert du ***pasar Glodok*** *(plan III, H8, **137**),* considéré comme un symbole du pouvoir des Chinois sur l'économie indonésienne, fut totalement brûlé et dévasté pendant les troubles de mai 1998 précédant la chute de Suharto. Quand le pays va mal, les Chinois n'ont qu'à bien se tenir... Il a été reconstruit depuis à proximité sous forme d'un centre commercial flambant neuf de neuf étages.
En se dirigeant vers le nord et l'aéroport international, entre l'ex-pasar Glodok et l'intersection avec le boulevard Mangga Besar, plusieurs petites rues

partent de jalan Gajah Mada et s'enfoncent dans le quartier de Glodok. Prendre par exemple la tangente Kemurnian V ou la Kemurnian VI, puis flâner à pied au fil des ruelles. Une balade agréable à faire de préférence tôt le matin ou au crépuscule.
On se retrouve dans le vieux quartier de Glodok, longtemps (et aujourd'hui encore) habité par les Chinois. Au milieu du XVIIIe siècle, ceux-ci furent interdits de résidence à l'intérieur de l'enceinte de la ville, et ce mini-ghetto leur fut assigné. À vrai dire, il reste peu de choses de la trépidante activité d'antan. Ici, pas d'enseignes criardes, pas de néons étincelants, rien que de modestes ruelles propres et verdoyantes, bordées de maisons basses respirant une certaine aisance. Presque aucun idéogramme chinois en vue, depuis que le gouvernement les a interdits (suite aux massacres de Chinois de 1965). De temps en temps, on distingue de petits caractères discrets sur une façade, sur le seuil d'entrée d'une maison ou sur un mur intérieur : un signe du zodiaque, un octogone porte-bonheur, les lueurs rouges d'un pagodon abritant les esprits des génies protecteurs. Mais rien d'ostentatoire. On se croirait partout sauf dans un Chinatown de capitale asiatique.

***Le temple chinois Dharma Jaya Bakti** (plan III, H9, **138**) :* le plus authentique des temples chinois de Jakarta. Bien conservé et très fréquenté. Curieusement, il y a un poste de police à gauche de l'entrée principale. À l'intérieur, 2 temples. Celui du fond de la cour est le plus animé. Dès 9 h, les fidèles s'y bousculent, faisant des prières et des offrandes, allumant des centaines de bâtonnets d'encens tandis que d'énormes bougies coniques marquées du signe du dragon brillent dans un épais brouillard de fumée d'encens, parfois irrespirable.

***Le petit temple et la mosquée** (plan III, H9, **139**) :* suivre la rue Kemenangan V. Il s'agit d'un modeste croisement entre deux ruelles à peine plus larges que des chemins, avec face à face le temple chinois Rumah Abu Loe (minuscule et mignon) et la mosquée Musholla al-Muhajirin. Les deux religions, islam et bouddhisme, se retrouvent ici côte à côte, au cœur d'un quartier populaire habité en majorité par des Chinois. Un signe de la tolérance de ce pays en matière de cohabitation religieuse. À différencier des problèmes liés à la crise économique.

JAKARTA

Achats

***Pasar Baru** (plan II, F4) :* jl. Pasar Baru. Rue et quartier du « marché nouveau », très commerçant et animé. On y trouve même une rue piétonne ! Beaucoup de boutiques, donc, mais pas forcément d'affaires sensationnelles. On vous le met là parce que c'est plutôt sympa de s'y balader, avec le petit côté « Sentier » de jalan Pintu Air Raya...

***Jalan Surabaya** (plan I, C3) :* rue où l'on vend de tout dans le domaine « antiquités » (vraies ou fausses). Plus d'une centaine de petites boutiques les unes à côté des autres. Ne pas se précipiter pour acheter si l'on fait le tour de l'Indonésie. Idéal pour se rendre compte. Si vous craquez, pensez cependant à bien négocier.

***Sarinah Department Store** (plan I, A1, 4) :* 11 jl. Thamrin. Grand magasin, dont 2 étages consacrés à l'artisanat indonésien de série. Assez cher, prix fixes, mais unique en son genre. À voir.

Block M et magasin Pasar Raya : respectivement jl. Panglima Polim et jl. Iskandarysah. Dans le quartier de Kebayoran Baru, au sud-ouest de la ville, assez loin du centre. Les taxis connaissent. Ouvert tous les jours de 9 h à 21 h. Le Pasar Raya est une sorte de vaste centre commercial sur 9 étages, l'équivalent des Galeries Lafayette, version indonésienne. Regroupe un nombre incroyable de rayons et de boutiques. Au 5e étage, immense rayon d'artisanat (avec des meubles en teck à prix intéressants) bien mieux fourni que le Sarinah. Faire tout de même attention à ses affaires dans ce quartier.

➤ DANS LES ENVIRONS DE JAKARTA

Taman Mini Indonesia : à 20 km du centre et à 6 km au sud de l'ancien aéroport d'Halim, sur la route de Bogor. Ouvert tous les jours de 8 h à 17 h. Depuis jalan Thamrin, devant le magasin Sarinah, bus nos P11 ou P16 jusqu'à Cililitan Station; puis prendre un petit bus rouge (n° T15) ou les nos T01 ou T02 jusqu'à Taman Mini. Compter une bonne heure en tout. À partir de 3 personnes, on a intérêt à y aller en taxi : bien moins long et pas si cher. Éviter le week-end : des kilomètres d'embouteillages dans les deux sens.
Il s'agit d'un vaste parc de plus de 100 ha, dans lequel on a reconstruit les habitations traditionnelles des 27 provinces indonésiennes. Précisons que cet habitat n'était pas celui de monsieur Tout-le-Monde. Il était réservé à la noblesse des XVIIe et XVIIIe siècles. Tout y passe : temple de Bali, constructions d'Iran Jaya, habitations de Sulawesi... et même un château genre Walt Disney (on se demande bien ce qu'il fait là). Bon, c'est plutôt décevant dans l'ensemble. Certains bâtiments sont régulièrement fermés et le parc fait un peu figure de parent pauvre des parcs d'attractions modernes, même si ça n'en est pas vraiment un, théoriquement.
Si vous y allez malgré tout, voyez l'un des 3 films très patriotiques *Indonesia Indah,* qui présentent les merveilles de l'Indonésie et qui furent initiés par la femme de Suharto pour la gloire du pays! Pour le souvenir d'une autre époque.

Le centre d'attractions d'Ancol : au nord de la ville. Depuis jalan Thamrin, prendre le bus n° 10 jusqu'à Senen Station, puis le bus n° 60 jusqu'à Ancol. Ou prendre un *bajaj* à la gare de Gambir. Compter 45 mn pour y aller. Pas très pratique. Le plus grand parc d'attractions d'Asie du Sud-Est. Le prix d'entrée du parc est dérisoire, mais chaque attraction est payante. Grand 8, bowling, location de barques, toboggan géant, océanorium, cinéma *drive-in,* salon de massages... Le week-end, spectacles et danses indonésiennes. À part les piscines et *Seaworld,* c'est un peu ringard, mais révélateur des habitudes et des loisirs locaux.

QUITTER JAKARTA

Pour l'aéroport

➢ Prendre l'un des minibus blancs « Damri » qui partent toutes les 15 mn de la Gambir Station ou du block M. Fonctionnent 24 h/24. Billet : 6000 Rps (0,5 €) par personne. Durée du trajet : au moins 1 h.
Attention : taxe d'aéroport à régler en *rupiahs.* Gardez 100000 Rps (8,1 €) dans votre poche pour payer la taxe obligatoire pour les vols internationaux et 25000 Rps (2 €) pour les vols domestiques. En raison de la chute du cours de la roupie, les tarifs sont mentionnés à titre indicatif et susceptibles d'évoluer fortement. Nous comptons sur votre légendaire indulgence.
– *Un conseil :* la route entre le centre-ville et l'aéroport est très souvent bouchée par de monstrueux embouteillages, dans les deux sens. On risque de rater son avion! Prévoir, dans le meilleur des cas, 1 h pour y aller. Partir de Jakarta longtemps à l'avance. Pour y être à midi par exemple, quitter le centre-ville vers 10 h 30-11 h. Les pires embouteillages ont lieu dans les tranches horaires 7 h-9 h et 17 h-20 h.

En train

Plusieurs gares ferroviaires à Jakarta. La principale est *Gambir Station (plan II, F5).* Curieusement, on peut laisser ses bagages dans la consigne du

resto *LA Green* au 1er étage : 1 000 Rps l'heure pour un casier (5 grands casiers et quelques autres plus petits). Une autre consigne, « officielle » celle-là, est disponible à côté du bureau d'informations. Même tarif. Les trains qui partent de Gambir proposent des 2e et 1re classes. On peut aussi partir de *Kota (plan III, H8),* au nord du centre (vers Sunda Kelapa), pour les villes de Bogor, Bandung ou Surabaya. La gare de *Senen,* à 3 km du centre, est réservée aux 3e classes, dites *ekonomi,* toujours bondées. Pour les horaires des trains, il est préférable de s'adresser à l'office de tourisme, à moins de trouver le *Station Master* à la gare et d'avoir la chance qu'il parle 3 mots d'anglais (sauf si votre *bahasa indonesia* est déjà au point !).
On peut acheter ses billets à la gare de Gambir (ou passer par une agence de voyages). Quelques heures avant le départ suffisent. Si c'est complet, allez voir le *Station Master* sur le quai. Peut-être pourra-t-il faire quelque chose pour vous. Pour les longues distances (Yogya, Surabaya...), mieux vaut réserver 2 jours avant. En cas d'annulation, vous perdez 25 %, ou 50 % le jour même. Ne faites pas la queue aux guichets *ekonomi* où l'on vous vendra un billet ordinaire marqué « debout ». Pour Bandung et Bogor, pas besoin de réserver, achetez votre billet au dernier moment, car il y a beaucoup de trains.

➢ ***Pour Yogyakarta :*** compter 9 à 12 h de voyage. Les départs se répartissent sur 3 gares : *Gambir Station* (pour la 2e et la 1re classe), *Pasar Senen Station* (pour la 3e) ; on peut partir de *Kota Station* mais c'est plus cher car le train est un *Bima.* L'office de tourisme distribue une brochure avec tous les horaires. Voyage épique mais fabuleux. À signaler que cette ligne est la favorite des pickpockets, vu que c'est la préférée des touristes. Les voyageurs dépouillés sont légion sur ce parcours, principalement la nuit. Se montrer vigilant. Certains pickpockets travaillent en bande et rançonnent les voyageurs. Cela fera (sans doute) plaisir aux nostalgiques des bandits de grands chemins. Un tuyau donné par un de nos lecteurs : si vous voulez réserver un train *eksekutif* au départ de Gambir, allez jusqu'à la gare de Juanda (c'est la station juste avant Gambir en venant de Kota, au nord de la place Merdeka), vous trouverez tous les horaires informatisés et affichés sur panneaux. Ils vous indiquent les disponibilités pour les 7 jours suivants. Le seul inconvénient, c'est qu'il faut payer uniquement par carte bancaire.

– *De Gambir Station :* le meilleur train selon nous est le *Fajar Utama.* Le *Gaya Baru Malam Selatan* est peu commode. Le dernier train, en début de soirée est assez pratique. Les deux autres (*Senjar Utama Solo* et *Senjar Utama Yogya*) arrivent au milieu de la nuit. Pas conseillés. Toutefois, possibilité quand même de voyager en couchette (avec AC) sur le *Senja Utama Solo,* avec départ le soir de Jakarta et arrivée à Yogyakarta à l'aube.

➢ ***Pour Bogor :*** 45 mn à 1 h 30 de trajet.
– *De Pasar Senen Station :* avec le *Cepat Solo.* Déconseillé, car assez lent. *Attention* : les trains économiques ne sont pas affichés et il y en a presque toutes les heures de 11 h à 14 h. Délivrance des billets 1 h avant le départ au guichet « Tourist ». Pour les couchettes, réservez les billets au plus vite auprès du chef de gare *(kepala stasiun).*
– Trains toutes les heures environ de *Gambir Station* et *Kota Station.* Préférer les *pakuan* (presque directs) aux *ekonomi,* plus fréquents mais bondés !

➢ ***Pour Bandung :*** 10 trains *Parahiyangan* par jour, qui partent tous de *Gambir Station.* Compter 3 h. Départs relativement réguliers de 5 h 30 à 20 h 30. Pour les horaires précis, voir à la gare même. On peut prendre son billet 1 h avant le départ, c'est suffisant. Le trajet est absolument sensationnel et plein d'émotions. Escalade de la montagne, précipices, pont suspendu sans parapets. Parfois des vides de 50 à 100 m... Panorama extraordinaire.

➢ ***Pour Surakarta (Solo) :*** la plupart des trains vers Yogyakarta poursuivent leur route vers Surakarta. Compter 1 h de plus que pour Yogya.

➢ ***Pour Surabaya :*** compter 15 à 16 h de voyage. Fréquence : 4 trains par jour. Le *Bima* qui part de *Kota Station* est le plus pratique. Le *Gaya Baru*

Malam Selatan part de *Gambir Station.* L'*Argo Bromo* est un nouveau train, ultramoderne (repas, téléphone, fax, e-mail !...), mais il est bien plus cher évidemment, quoique environ 2 fois moins que l'avion. Il met 8 h, soit 2 fois moins que les autres trains. Départ dans la soirée.

En bateau

Arriver à Jakarta en bateau, c'est bien. Quitter Jakarta en bateau, c'est encore mieux. On met le cap vers des destinations lointaines, qui firent rêver des générations de marins : Macassar (Sulawesi), Ternate (une des îles principales des Moluques), Sumatra ou des ports de la côte orientale de Bornéo (aujourd'hui Kalimantan), cette côte « plate et ténébreuse » qui a tant inspiré Joseph Conrad. Pour Bali, il n'y a pas de liaison maritime au départ de Jakarta. Il faut d'abord traverser Java par la terre, puis prendre un bateau à Banyuwangi pour Gilimanuk. Lire aussi à ce sujet la rubrique « Bateau » dans les « Transports intérieurs » des « Généralités » en début de guide.

■ ***Bureau de la Pelni Line :*** 18 jl. Angkasa. ☎ 421-74-06. Mieux vaut se renseigner d'abord dans une agence de voyages (il y en a dans le quartier routard de jalan Jaksa), étudier et vérifier les horaires, qui peuvent changer. Réserver et acheter sa place dans une agence si l'on est pressé. C'est plus simple, plus pratique, même si elle prend sa commission au passage. Sinon, obligation de se rendre en *bajaj* ou en taxi au bureau de vente de la *Pelni Line* qui se trouve dans le quartier de Kemayoran...

Voici quelques dates et horaires à titre indicatif (à vérifier sur place).

➢ ***Pour Surabaya :*** 4 bateaux assurent normalement cette liaison. Le *Lambelu* et le *Kambuna* partent le lundi à 19 h ; arrivée le lendemain à 16 h. Toutes les 2 semaines, le *Bukit Siguntang* part le mardi à 17 h et arrive le lendemain à 14 h ; l'*Umsini* part le mercredi à 17 h et arrive le lendemain à 16 h.

➢ ***Pour Padang*** (ouest de Sumatra) ***:*** cette liaison est assurée le jeudi par le *Lambelu* ou le *Kambuna*; départ à 10 h et arrivée le lendemain à 15 h.

➢ ***Pour Medan*** (nord de Sumatra) ***:*** départ le samedi à 13 h ; arrivée le lundi à 9 h au port de Belawan. Fonctionne en général toutes les semaines.

➢ ***Pour Macassar*** (sud de Sulawesi) ***:*** pas moins de 6 bateaux s'y rendent, ce qui permet de ne jamais attendre une liaison plus de 4 ou 5 jours ! Le *Lambelu* et le *Kambuna* qui vont à Surabaya le lundi (lire plus haut) en repartent le mardi à 18 h et arrivent à Macassar le mercredi à 20 h. Même principe pour le *Bukit Siguntang* et l'*Umsini,* toutes les 2 semaines : le premier repart de Surabaya le mercredi à 17 h et arrive le lendemain à la même heure ; le deuxième repart de Surabaya le jeudi à 19 h et arrive le vendredi à 19 h également. Le *Ciremai* part un vendredi sur deux à 14 h de Jakarta ; il fait escale à Semarang (Java Centre) le samedi, et repart à 7 h pour arriver à Macassar le dimanche à 13 h. Le *Sirimau,* tous les 15 jours également, met 3 jours et 3 nuits : il part le samedi à 11 h, arrive à Semarang le dimanche à 6 h, en repart 2 h plus tard, fait à nouveau escale le lundi à Bertulicin (Bornéo), d'où il repart à 14 h, et arrive enfin le mardi à Macassar à 8 h. Ouf !

➢ ***Pour Singapour :*** départ 2 fois par mois, le lundi ; arrivée à Tanjung Pinang le mercredi. De là, plusieurs *ferries* assurent la liaison vers Singapour.

➢ ***Pour les îles de Ternate et Ambon :*** deux des îles principales des lointaines Moluques ! Pour Ternate, prendre le *Ciremai* qui va à Macassar (lire plus haut). Il en repart le dimanche à 18 h et arrive à Ternate le mardi à 21 h, en ayant fait escale à Bau Bau, Banggai et Bitung (Sulawesi Nord, près de Manado). Bref, 5 jours et 4 nuits de bateau ! Le *Lambelu* qui va à Macassar (lire plus haut également) en repart le mercredi à 22 h. Il s'arrête le lendemain à Bau Bau et repart à 12 h. Il atteint Ambon le vendredi à 6 h du matin. Puis il part pour l'île de Namlea et (pas de chance) passe d'abord par Bitung où il arrive le samedi à 8 h. Il repart enfin pour Ternate à 11 h et y arrive le même jour à 19 h. Soit 5 jours et 5 nuits... Ce périple a lieu toutes les 2 semaines.

➢ ***Pour Pontianak*** (sud-ouest de Kalimantan) **:** départ tous les 15 jours le lundi à 8 h; arrivée à Pontianak le mardi à 20 h. Trajet direct, sans escale.

➢ ***Pour Balikpapan*** (est de Kalimantan) **:** départ tous les 15 jours. Prendre le *Kambuna* pour Macassar (lire plus haut) qui repart le mercredi à 22 h et arrive à Balikpapan le lendemain à 16 h. Ou prendre l'*Umsini* pour Macassar qui repart le vendredi à 22 h et arrive le lendemain à 14 h.

➢ ***Pour l'Irian Jaya :*** le périple des périples! Prendre le *Ciremai* qui va à Ternate, tout au nord des Moluques (lire plus haut). Il repart de Ternate le mardi à 23 h et touche enfin les terres d'Irian Jaya le lendemain à 15 h, mais à Sorong (nord-ouest). Si vous allez plus loin, repartir à 19 h le jour même. Escales à Manokwari le jeudi à 7 h et à Biak à 16 h. Arrivée à la ville principale de Jayapura le vendredi à 10 h! Soit 6 jours et 7 nuits sur le bateau. Sinon, il vous faut aller à Macassar et attraper le *Rinjani* ou le *Tatamailau* qui vont sur la côte sud d'Irian Jaya.

En bus

Le bus est un moyen de transport très prisé à Java, car il est plus rapide que le train. Pour être rapide, il l'est, et souvent même un peu trop. Tous les conducteurs sont persuadés d'être des as du volant! À dire vrai, le bus est assez dangereux. Des dizaines d'accidents sont à déplorer tous les ans. Pas étonnant quand on voit la conduite des Indonésiens. Reste qu'il est plus fiable au niveau des horaires et que, dans certains endroits peu touristiques, c'est une expérience folklorique.

Plusieurs stations de bus à Jakarta

Pour se rendre aux stations de bus, le plus facile est de gagner Gambir Station. De là, nombreux bus pour Kampung Rambutan, Pulogadung et Kalideres. On peut acheter, et c'est bon à savoir, n'importe quel ticket dans tous les terminaux de bus.

Kampung Rambutan Bus Station : loin du centre-ville. De la gare de Gambir, prendre le bus n° 41. Compter 1 h de trajet, voire le double s'il y a beaucoup de circulation. Départs toute la journée pour Bogor, Bandung et Banjar, soit l'est de Jakarta. Pas besoin de réservation. Achat des billets directement au terminal.

Pulogadung Bus Station : départs pour Bandung, tout le centre et l'est de Java (Semarang, Surakarta et Yogyakarta), la côte nord et Bali. Il n'y a que des bus de nuit. Les agences du pasar Baru vendent toutes des billets, ainsi que les terminaux, on vous le répète.

Kalideres Bus Station : départs pour Sumatra et toutes les destinations situées à l'ouest de Jakarta, notamment Rangkasbitung et Labuhan. Bus de jour comme de nuit. On peut acheter les billets au dernier moment, au terminal des bus.

PULAU SERIBU (LES MILLE ÎLES)

Au nord de Jakarta, en pleine mer de Java, une myriade d'îles, jusqu'à présent oubliées, qui attirent de plus en plus de touristes et d'habitants de Jakarta. La plus développée (et, pour le coup, la plus polluée) est sans doute

Pulau Bidadari, où se donnent rendez-vous les bourgeois de la capitale le week-end. On peut y loger, mais c'est de plus en plus cher. Les îles les plus proches, comme Pulau Putri, Sepa et Pelangi sont plus propres et font sans difficulté l'objet d'une excursion à la journée.
Attention : ce coin n'est pas aussi paradisiaque que sur les photos. Le transport et l'hébergement sont chers. Compter 300000 Rps (24,2 €) au moins (aller-retour) par personne pour ne passer que 5 h sur place ! Est-ce vraiment intéressant d'y aller ? À notre avis, seulement pour les expatriés vivant et travaillant à Jakarta et n'ayant pas d'autre solution pour se dépayser le temps d'un week-end. Les routards de passage peuvent aller plus loin, dans des coins beaucoup plus sauvages.

À L'OUEST DE JAKARTA

La région à l'ouest de Jakarta ne fait pas encore réellement partie du parcours classique des routards peu aventureux. Elle réserve pourtant son lot de surprises : elle abrite les farouches Baduis qui vivent en autarcie depuis bien longtemps, sa pointe sud-ouest est le cadre d'une réserve naturelle d'animaux exceptionnels, et, pour finir, on y trouve de jolies plages, points de départ éventuels vers le volcan Krakatau, qui tient une place à part dans le cœur des Javanais.

LES TRIBUS BADUIS

Ce sont des tribus sundanaises vivant plus ou moins retirées du monde depuis plusieurs siècles. Villages difficiles d'accès sans guide. De religion animiste, les Sundas-Witans croient en Adam et Mahomet ! Ils refusent toute forme de modernisation quelle qu'elle soit, et ne veulent pas participer à la vie politique du pays. Ils ont voté pour la première fois en 1988. Ils ne parlent ni l'anglais ni l'indonésien. Il y a deux sortes de Baduis :
– Les *Baduis blancs* ou *Baduis Dalams :* tout de blanc vêtus, ils vivent dans des villages entourés de murs, retirés totalement du monde extérieur. Les étrangers n'y sont pas admis ; les Baduis blancs n'ont envie de voir personne. Aucun permis accordé aux touristes pour les visiter. Leurs principaux villages sont : *Cibeo, Cikeusik* et *Cikertawana.* Il est parfois possible d'apercevoir un Badui blanc se promenant dans la jungle, mais c'est rare. De toute façon, dans de telles conditions il est tout à fait inintéressant de tenter quoi que ce soit pour s'en approcher.
– Les *Baduis noirs* ou *Baduis Luars :* ceux-là sont accessibles avec un permis car ils gardent quelques contacts commerciaux avec l'extérieur. Ils sont vêtus tout de noir et de bleu marine.

Comment y aller ?

➢ ***De Jakarta :*** aller d'abord à ***Rangkasbitung.*** Le trajet Jakarta-Rangkasbitung en train est plus rapide et moins cher qu'en bus (compter 3 h), mais nettement moins confortable car le train est bondé. On le prend à la gare Tanah Abang.
Du terminal des bus de Rangkasbitung, prendre un *bemo* pour le *Dinas Pariwisata Daerah (Diparda),* 13 jl. Patih Derus. ☎ 252-216-21. Il s'agit de l'office de tourisme régional, qui vous délivrera l'autorisation nécessaire pour aller voir les Baduis. S'obtient d'ailleurs sans trop de problèmes. Marchandez dur pour le tarif du laissez-passer : l'argent va dans leurs poches. Prévoyez des photocopies de vos passeports. N'oubliez pas de demander un papier signé et tamponné spécifiant que vous avez payé.

Où dormir à Rangkasbitung ?

🏠 ***Wisma Jaya :*** très propre et bon accueil. Assez cher. Petit dej' compris et riz frit.

🏠 ***Hôtel Terminal :*** petit dej' compris. À peine moins cher que le précédent. Possibilité de manger au marché, vraiment pas cher et excellent *warung.*

🏠 ***Ksatrya Hotel :*** situé à côté du Kantor Kabupaten. En sortant de la gare, prendre à gauche, puis encore à gauche ; traverser le passage à niveau ; tout droit jusqu'au petit lac. Moitié prix des deux précédents mais pas très sympa.

Votre itinéraire

Nous conseillons de prendre un guide à partir de ***Rangkasbitung*** (marchandez dur encore une fois), à moins de maîtriser le *bahasa indonesia,* car les officiels locaux ne parlent pas l'anglais et ne se montrent guère coopératifs. Le guide présente l'avantage de régler pour vous les problèmes administratifs, et il connaît les endroits intéressants en Pays badui.

➢ De Rangkasbitung, se rendre au terminal de *bemo.* Prendre un minibus pour ***Lewidamar.*** Aller voir le *Lamat Kepala Wilayah Kecamatan.* Il vous faudra auparavant vous acquitter d'un droit de passage à l'entrée de Lewidamar. Le *Lamat Kepala* est le grand chef administratif des Baduis. Il vous donnera deux lettres pour le *Kepala Desa* du village de Kaduketug (village principal où vit le chef réel des Baduis).

➢ Ensuite, de Lewidamar, prendre un minibus pour ***Cisimeut.*** La route est épouvantable, mais c'est sans doute l'un des plus beaux paysages de Java. Cisimeut, par lui-même, est un village très agréable et les gens y sont très gentils. L'islam est plutôt cool dans le coin. Possibilité d'y rester une semaine.

🏠 À Cisimeut, on peut loger chez *Sudirman.* À votre demande, il vous procurera un guide.

➢ De Cisimeut à ***Kaduketug,*** environ 2 h de marche. Un autre village intéressant, ***Cadu Jankung,*** est à 30 mn de ce dernier. On ne peut pas dormir dans les villages baduis sauf accord du chef (d'où l'importance des « cadeaux »). Plus facile dans le village à côté de Kaduketug.

Vers les autres villages, la route est beaucoup plus longue et difficile. La jungle est superbe. Les rizières sont peut-être plus belles qu'à Bali et les gens d'une gentillesse qui n'a d'égal que leur étonnement de voir des touristes. Les villages baduis surgissent tout d'un coup dans un virage, très bien camouflés. Leurs maisons sont en bambou tressé, sur pilotis ou sur pierre, avec de grandes avancées style auvents pour se reposer à l'ombre du soleil. Cependant, quelques Baduis ayant des contacts avec l'extérieur demandent de l'argent. Dans ce cas, montrez le papier signé. Ces quelques jours loin de tout resteront pour vous un souvenir inoubliable. Loin de la cohue des touristes, les paysages vous paraîtront oniriques et vous serez étonné de rencontrer des gens sans aucune agressivité. D'après les registres, à Rangkasbitung il y a à peu près un touriste par mois !

N'offrez pas d'argent, mais plutôt du sel, du pain et des cigarettes (*kretek* de préférence). Ces produits ont une grande valeur pour les autochtones.

➢ Pour revenir, nous conseillons le retour direct en bus du village à côté de Kaduketug jusqu'à Rangkasbitung. Route très éprouvante, mais paysages absolument magnifiques. C'est principalement là que l'on traverse les si belles rizières.

La balade chez les Baduis restera l'un de vos grands souvenirs, mais elle peut facilement se transformer en galère car ces tribus restent difficiles d'accès.

LA PLAGE DE CARITA

Plage de sable à environ 8 km au nord du village de Labuhan et lieu de villégiature des Indonésiens aisés. Autrefois peu développé, cet endroit est devenu plutôt moche et très bétonné... Bungalows assez chers, étant donné la qualité des prestations. Cela dit, c'est un point de départ idéal pour aller au Krakatau et au parc national d'Ujung Kulon.

LE KRAKATAU

Déjà son nom effraie. De cette répétition de consonnes dures et cassantes, on ne s'étonne pas que l'enfer puisse jaillir. Cette île terrible, au beau milieu du détroit de la Sonde, vivait jusqu'au XIXe siècle dans une sereine tranquillité. Le cratère ronronnait doucement, preuve de son bon fonctionnement. Mais le 26 août 1883, le Krakatau se réveilla en sursaut... et ce fut le cauchemar. Durant 19 h, des explosions apocalyptiques dévastèrent l'île, emportant dans cet enfer de lave et de fumées toxiques plus de 36 000 personnes. L'île, précédemment composée de trois cratères volcaniques, explosa littéralement. Le Krakatau disparut en partie à l'intérieur de son propre abîme. Les populations assistèrent à un véritable suicide d'une terre qui s'engouffrait au fond d'elle-même. La formidable colère du volcan créa des lames de fond d'une force démente, qui ravagèrent les côtes sud de Sumatra et les rives ouest de Java. La légende avance que le bruit de tonnerre parvint jusqu'aux oreilles des Australiens et des Philippins.
Puis, à partir de 1927, des explosions sous-marines furent signalées. Petit à petit, sur les restes de feu Krakatau se développa une nouvelle île qui grandit au cours des décennies ! *Anak Krakatau,* « le fils de Krakatau », tel fut le nom que prit l'île toute nouvelle. Krakatau, un volcan à suivre pour de nouvelles aventures... explosives.

Comment y aller ?

Située à 50 km des côtes, l'île est accessible en louant un bateau au port de Labuhan ou en s'inscrivant aux excursions proposées par les hôtels de Carita. Cela revient assez cher. L'excursion n'est pas aisée car la mer est souvent agitée et le vent souffle violemment. Il faut savoir que la traversée est particulièrement longue, 4 ou 5 h aller et autant pour le retour. L'ascension du volcan est possible lorsque son activité est faible.

LE PARC NATIONAL D'UJUNG KULON

Ça, c'est pour les amoureux de la vraie nature sauvage. Située dans la presqu'île de *Panaitan,* à l'extrémité sud-ouest de Java, cette réserve abrite crocos, panthères, iguanes, une multitude de serpents et surtout les derniers rhinocéros blancs unicornes de l'île. Ceux qui s'effraient à la vue d'un orvet iront directement de Jakarta à Yogyakarta. Les autres devront réunir un certain nombre de qualités : avoir pas mal d'argent (mais est-ce bien une qualité ?), pas mal de temps et surtout une bonne forme physique.

Comment y aller ?

Comme pour le Krakatau, possibilité de louer un bateau en individuel ou de se joindre à un petit groupe (environ 6 personnes) pour une excursion organisée au départ de Carita. Si vous optez pour la solution individuelle, le permis de visite s'obtient au *PPA* de Labuhan, 42 jl. Caringin. Ouvert uniquement le matin. Même en louant un bateau à plusieurs, cela revient prodigieusement cher et la balade est particulièrement ardue. Bref, le site reste assez difficile d'accès. Dans le cadre d'une excursion organisée, le guide s'occupe de tous les aspects matériels, ce qui vous permet de profiter au maximum de la nature. Il n'est pas certain que cela revienne plus cher. Sur place, le parc se visite à pied et en bateau. On dort dans une sorte de campement forestier ou sur l'île de Peucang.

Infos utiles

– Bien préparer son excursion depuis Labuhan.
– Meilleure période : d'avril à juillet, pendant la saison sèche.
– La petite île de *Peucang* possède quelques bungalows pour se loger.
– Apporter sa nourriture pour tout le séjour. Faire ses provisions à Labuhan avant de partir.
– Prévoir de bonnes chaussures, un chapeau et une paire de jumelles pour observer les animaux.

AU SUD ET À L'EST DE JAKARTA

BOGOR

IND. TÉL. : 0251

Cité résidentielle au climat agréable, lieu de villégiature édifié par les Néerlandais, Bogor est située à 60 km de Jakarta, la capitale étant déjà invivable à l'époque... Bogor ne constituerait en rien une étape obligatoire s'il n'y avait cet extraordinaire parc botanique, l'un des plus importants du monde. Bonne surprise : il y en a un autre, encore plus charmant, dans les environs, à Cibodas. Stamford Raffles venait à Bogor de temps à autre, car il trouvait le coin charmant, et les Néerlandais l'ont dénommée *Buitenzorg,* c'est-à-dire « Sans Souci ». Ça a pas mal changé depuis mais l'ambiance bon enfant reste d'actualité ! Bogor peut donc être un bon point de chute, si l'on souhaite éviter Jakarta, d'autant plus qu'une navette relie directement la ville à l'aéroport international. La ville possède une structure hôtelière de qualité, et une très belle nature environnante. Le coût de la vie y est légèrement plus élevé car les bourgeois de Jakarta aiment y séjourner en fin de semaine, notamment dans ses hauteurs, au col de Puncak.

Comment y aller ?

➢ Depuis Jakarta, bus *(Kampung Rambutan Station)* ou train (*Gambir Station* ou *Kota Station*). Si vous aimez le folklore, en train vous serez servi. Plusieurs liaisons quotidiennes.

➢ Depuis peu, la navette aéroport dessert Bogor. Elle se prend à deux pas de la gare des bus. En principe, un départ toutes les demi-heures, de 6 h à 17 h. Le trajet à 12000 Rps (1 €). Compter entre une heure et deux heures de trajet, selon le trafic.

Circuler à Bogor

Il y a en gros deux Bogor : le quartier, verdoyant et aéré, qui s'étale autour du jardin botanique, et le centre-ville, très commerçant, qui s'agite pratiquement le long d'une seule rue. Le trafic y est très dense à toute heure de la journée. Les voitures, minibus, vélos et *becaks* semblent faire une ronde interminable en sens unique autour du jardin botanique. Le réseau public de minibus (verts ou bleus), appelés en indonésien l'*angkutan kota* (transport public) ou encore l'*angkot,* est efficace et très bon marché. On fait signe au chauffeur pour monter et l'on descend où l'on veut. Les détours sont parfois longs avant d'arriver à destination, mais cela permet au chauffeur de rentabiliser ses parcours. Encore faut-il s'y retrouver dans les lignes ! Pour aller au terminal des bus, prendre l'*angkot* n° 6 ou le n° 13. De la gare, pour se rendre au jardin botanique, l'*angkot* n° 2. Pour relier le terminal des bus à la gare, prendre le n° 3 (après le terminal, vers le jardin). Pour les trajets plus courts, emprunter un *becak*. La couronne autour du jardin botanique leur est interdite. Il y a très peu de taxis à Bogor, en dehors des motos.

Adresses utiles

– ***Informations touristiques :*** il n'y a pas d'office de tourisme à Bogor ; du coup, les hôtels sont une bonne source d'informations, même s'ils essaient de vous vendre une excursion.

✉ ***Poste et téléphone*** *(plan A2)* **:** jl. I.R.H. Juanda. Au début de la rue, près du palais présidentiel. Ouvert du lundi au samedi de 8 h à 13 h et de 14 h à 19 h. Poste Internet ouvert de 8 h à 15 h (13 h le samedi). Expéditions de colis également. Il y a aussi un *Wartel* (téléphone) sur la placette face à la gare.

■ ***Change :*** distributeur automatique pour cartes *Visa et MasterCard* à la *BII (plan A2,* ***1****),* face à la gare mais derrière le marché ; la *MasterCard* est également acceptée au distributeur *BNI (plan A2,* ***2****),* 46 jl. I.R.H. Juanda. Change également possible au 15 jl. Mayor Oking *(plan A2).* ☎ 33-84-35.

■ ***Alliance française*** *(plan A2,* ***3****)* **:** 38 jl. Paledang. ☎ 38-33-59. Fax : 31-55-67. Uniquement si vous séjournez longtemps sur place.

Où dormir ?

On vous l'a dit, les hôtels de Bogor sont plutôt agréables et verdoyants, mais ils sont un poil plus chers qu'ailleurs. Vous trouverez la plupart des points de chute sympas autour du jardin botanique.

De bon marché à prix moyens (de 25000 à 90000 Rps, soit 2 à 7,3 €)

🏠 ***Homestay Puri Bali*** *(plan A2,* ***10****)* **:** 30-50 jl. Paledang. ☎ 38-76-07. Tout près du jardin botanique, dans une rue sur la gauche après la *BNI* de jalan Juanda. Le plus vieux *losmen* de Bogor, ouvert en 1977, est une belle maison ancienne avec un jardin. Trois catégories de chambres (en dortoir bon marché de 4 à 6 lits, en chambre simple ou double à prix moyens avec douche et w.-c., petit dej' compris). Bon rapport qualité-prix. Accueil sympa de Ratna, qui parle bien l'anglais. Propose tickets de bus et excursions dans toute l'île de Java, voire à Bali... Bien étudier les prix en composant son programme. Petit resto en dépannage et billard. Bar ouvert jusqu'à minuit. Adresse agréable, mais attention : capacité d'accueil limitée.

Wisma Ramayana *(plan A2, **11**)* **:** 54 jl. I.R.H. Juanda. ☎ 32-03-64. Adresse délicieuse dans l'enceinte d'une maison particulière, juste à côté de la banque *BNI,* très bien tenue. Jony et sa famille sont adorables, parlent un peu l'anglais et proposent une vingtaine de chambres spacieuses et tranquilles, avec terrasses rappelant les décors balinais en retrait dans un jardin. Thermos de thé en permanence. Douze chambres en tout (dont certaines sans fenêtre), avec ou sans douche et w.-c. Les premières chambres sont belles, mais si un groupe est attendu, vous risquez d'avoir du bruit la nuit ! Dans ce cas, prendre une chambre à l'arrière (mais loin de la cuisine...), moins belles mais aussi moins chères. Petit dej' sommaire inclus. Ils organisent aussi des excursions d'une journée dans la région pour visiter les chutes d'eau et une fabrique de gongs (valable si l'on est plusieurs à partager les frais).

Abu Pensione *(plan A2, **12**)* **:** 15 jl. Mayor Oking. ☎ 32-28-93. Fax : 33-56-34. Derrière la gare ferroviaire, dans le quartier commercial. Ne vous fiez pas à l'apparence de l'immeuble : vous croyez entrer chez des particuliers, mais il s'agit bien d'un hôtel. Les chambres se trouvent dans une partie distincte de la maison, et certaines donnent sur la rivière et la végétation (et malheureusement sur quelques poubelles). Cela va du dortoir à la chambre avec salle de bains. Les chambres doubles les moins chères sont un peu spartiates mais propres ; certaines avec AC. Attention, le petit dej' et les taxes ne sont pas inclus. Tout est fait pour qu'on s'y sente comme chez soi. Thé et eau à volonté. Attention, l'hôtel a été repéré par les tour-opérateurs ; il est donc prudent de réserver.

Wisma Karunia *(plan A1, **13**)* **:** 35-37 jl. Sempur. ☎ 32-34-11. Au calme, dans le quartier résidentiel, en contrebas du jardin botanique. L'endroit est un peu excentré, mais un sentier conduit directement en ville. Chambres propres mais vieillottes. Qui se dévoue pour refaire le papier peint ? Accueil attentionné et familial, même si on ne communique que par gestes et sourires. Le choix va de la chambre économique à la supérieure. Il y a 6 types de chambres à des prix différents. Adresse très correcte. Possibilité de prendre le petit dej'.

Elsana Transit Hotel *(plan A1, **14**)* **:** 36 jl. Sawojajar. ☎ 32-25-52. Dans un quartier résidentiel au nord du jardin botanique, hôtel sur un seul niveau, assez tranquille mais un peu tristounet. Chambres sobres avec ventilo, TV, douche et w.-c., autour

Adresses utiles

- ✉ Poste
- Terminal des bus de Baranang Siang
- **1** BII
- **2** BNI
- **3** Alliance française

Où dormir ?

- **10** Homestay Puri Bali
- **11** Wisma Ramayana
- **12** Abu Pensione
- **13** Wisma Karunia
- **14** Elsana Transit Hotel
- **15** Wisma Pakuan
- **16** Wisma Sartika Homestay et hôtel Mirah Sartika
- **17** Efita Hotel
- **18** Wisma Bogor Permai

Où manger ?

- **31** Trio
- **32** Rumah Makan Sikabayan
- **33** Salak Sunset Café
- **34** Trio Permai

Où boire un verre ?

- **33** Salak Sunset Café

À voir

- **40** Jardin botanique (Kebun Raya)
- **41** Musée zoologique

Achats

- **42** Atelier de wayang Golek Pak Dase

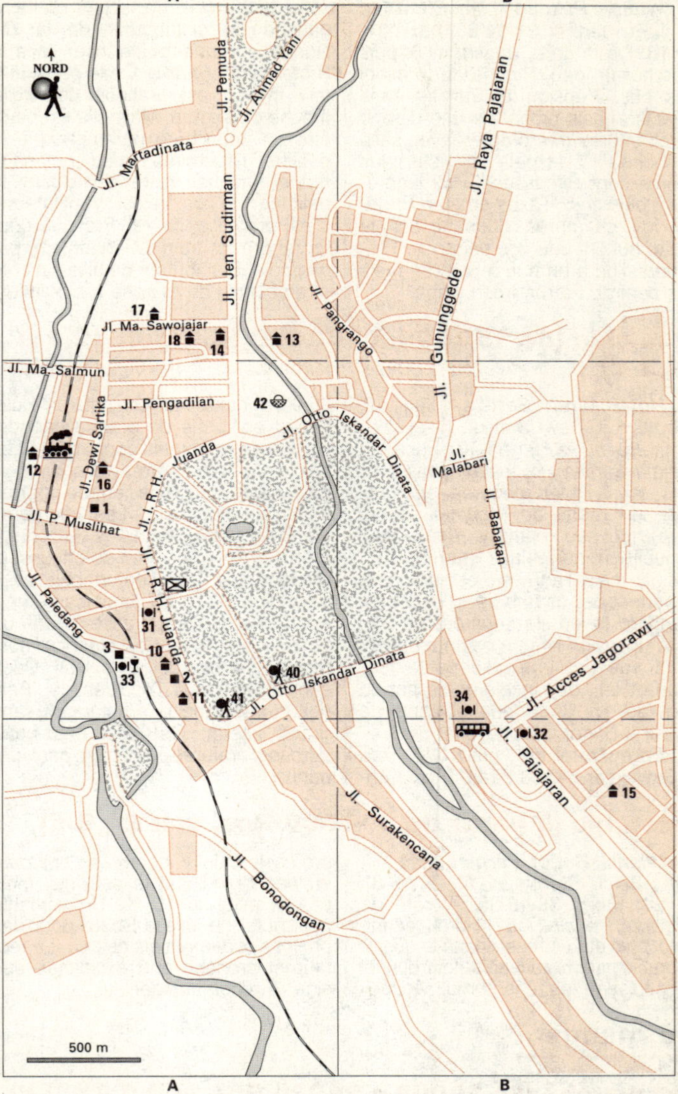
A
B
NORD
1
2
3
Jl. Pemuda
Jl. Ahmad Yani
Jl. Raya Pajajaran
Jl. Martadinata
Jl. Jen Sudirman
Jl. Pangrango
Jl. Gununggede
17
Jl. Ma. Sawojajar
18
14
13
Jl. Ma. Salmun
Jl. Dewi Sartika
Jl. Pengadilan
42
Jl. Otto Iskandar Dinata
Juanda
Jl. Malabari
12
16
1
Jl. I. R. H.
Jl. P. Muslihat
Jl. Babakan
Jl. I. R. H. Juanda
Jl. Paledang
31
3
10
33
2
40
11
41
Jl. Otto Iskandar Dinata
Jl. Acces Jagorawi
34
Jl. Pajajaran
32
15
Jl. Surakencana
Jl. Bonodongan
500 m

BOGOR

d'un patio verdoyant. Petit dej' inclus dans le prix. Venir ici si les autres sont complets.

Wisma Pakuan *(plan B3, **15**) :* 12 jl. Pakuan. ☎ 31-94-30. Fax : 31-39-18. De la gare, *angkot* n° 3, puis marcher un peu. Proche du terminal des bus. Pension de famille sans caractère mais proposant une dizaine de chambres très propres avec salle de bains, TV et petit dej'. Les plus chères sont climatisées. Prix légèrement plus chic. Taxes en sus. Préférer les chambres donnant sur la route, qui ont une vue dégagée. Pratique si l'on a un bus à prendre mais pas central. Patron très sympa.

Wisma Sartika Homestay *(plan A2, **16**) :* 40 jl. Dewi Sartika. ☎ 32-37-47. Face à la gare, mais de l'autre côté du marché. Dans une ruelle, à gauche du distributeur de la *Bii.* Donne sur une petite cour face à l'hôtel *Mirah Sartika.* Cette pension à prix moyen est pratique car toute proche de la gare. Mais elle est peut-être un peu chère par rapport à la qualité. Chambres avec ou sans *mandi* (moins chères), incluant le petit dej' et les taxes. Ventilateurs. C'est propre et calme. Pratique pour reprendre un train le lendemain, par exemple. Distributeur de billets à côté et ambiance du marché à proximité.

Plus chic (de 150 000 à 300 000 Rps, soit 12,1 à 24,2 €)

Hôtel Mirah Sartika *(plan A2, **16**) :* 6 A jl. Dewi Sartika. ☎ et fax : 31-51-88 ou ☎ 31-23-43. Face au *Wisma Sartika Homestay,* mais bien plus chic ! Hôtel moderne et agréable, en retrait de l'agitation de la gare, tout en étant à deux pas. Accueil un rien blasé (ah, le succès...), mais l'adresse est pratique. 3 sortes de chambres : *ekonomi, standard* (avec lits séparés) ou *VIP* avec un grand lit, une baignoire, l'AC et la vue sur une jolie petite fontaine... Petit dej' inclus, mais pas la taxe de 15 %. Bonne solution de transit à Bogor.

Efita Hotel *(plan A1, **17**) :* 5 jl. Sawojajar. ☎ 33-34-00. Fax : 33-36-00. • hotelefita@cbn.net.id • Hôtel récent en forme de grande pagode, un peu énorme mais confortable. Les prix sont loin d'être aussi inabordables que le luxe de l'entrée pourrait le laisser supposer. Les chambres *standard* sont préférables aux chambres *VIP,* au rez-de-chaussée, modernes et très confortables avec baignoire, AC, TV, minibar, mais avec une petite terrasse ayant un faux air de geôle ! Les *standard* sont moins chères, qui plus est. Déco sans surprise, à l'occidentale. Petit dej' et taxes inclus. Restaurant sans grand intérêt. Ce n'est pas notre adresse préférée, mais ça peut dépanner.

Très chic (à partir de 300 000 Rps, soit 24,3 €)

Wisma Bogor Permai *(plan A1, **18**) :* 38 jl. Sawojajar. ☎ 38-16-33 ou 34. Fax : 38-16-35. À côté de l'*Elsana Transit Hotel.* Hôtel récent, plutôt chic et très réussi dans le genre. Adorable jardin intérieur, autour duquel s'organisent les chambres. Accueil professionnel. Chambres *standard* ou *deluxe* incluant le petit dej' mais pas la taxe de 15 %. Un véritable petit hôtel de luxe à Bogor pour des prix pas si démentiels que ça. Le restaurant propose une excellente cuisine. À recommander !

Où manger ?

Bon marché (de 10 000 à 25 000 Rps, soit 0,8 à 2 €)

Trio *(plan A2, **31**) :* 42 jl. I.R.H. Juanda. ☎ 32-23-43. À deux pas du *wisma Ramayana.* Une façon de se restaurer très prisée en ville. On dispose devant vous une bonne dizaine de plats typiques de la région et vous mangez ce que vous désirez, sur des tables en bois ; vous payez en conséquence. On aime bien ce côté cantine pour employés. Simple et pas cher du tout.

Rumah Makan Sikabayan *(plan B3,* ***32****)* **:** 2 jl. Bina Marga I. ☎ 31-18-49. Après le terminal des bus, passer le rond-point d'accès à l'autoroute et prendre la 1re à gauche ; c'est plus loin à droite. Ouvert jusqu'à 21 h. Joli décor de cabanes en bambou. Spécialités sundanaises : viande et légumes cuits à l'étouffée dans des feuilles de bananier *(pepes).* Quand vous avez choisi, tapez sur le bambou ! Cuisine assez particulière ; goûts sensibles ou conventionnels, s'abstenir. Pas cher du tout, sauf si vous prenez du poisson *gurame.*

Prix moyens (de 25 000 à 35 000 Rps, soit 2 à 2,8 €)

Salak Sunset Café *(plan A2,* ***33****)* **:** 38 jl. Paledang. ☎ 35-60-45. Attenant à l'Alliance française, à proximité du jardin botanique. Ouvert du lundi au samedi de 12 h à 23 h et le dimanche à partir de 17 h. Une très bonne idée que ce petit café-resto, tranquille et judicieusement situé. La salle est une terrasse abritée surplombant la ville et les toits, et décorée de plantes. Tenu par Marc, un Anglais de pure souche marié à une Timorienne, l'endroit est devenu un point de ralliement pour les routards. La carte est également un mariage de l'Indonésie et de l'Occident : les pizzas ou le poulet rôti côtoient le *mie goreng.* On peut aussi y boire un verre à n'importe quelle heure. Musique et ambiance très sympas.

Trio Permai *(plan B2,* ***34****)* **:** 23 jl. Raya Pajajaran. ☎ 32-22-86. Près du terminal des bus. Ouvert 24 h/24. Quartier animé et bruyant à cause du terminal des bus, mais l'endroit est connu. Le propriétaire gère également les autres *Trio Permai* de la ville, mais la cuisine est ici la meilleure et le cadre plus sympa. Spécialités de Padang, comme le *rendang,* bœuf cuit dans une sauce épicée, ou les calamars farcis. On vous sert tous les plats exposés en vitrine, mais vous ne payez que ce que vous mangez. Populaire.

Chic (plus de 35 000 Rps, soit 2,8 €)

Novotel de Bogor : Golf Estat Bogor Raya. ☎ 21-15-55. Après le terminal des bus et l'entrée d'autoroute, longer cette dernière sur sa droite pendant 2 ou 3 km. C'est dans le quartier moderne et résidentiel de Bogor. L'hôtel de la fameuse chaîne française se situe dans un beau cadre de verdure et son architecture s'inspire du Japon. Aménagé avec goût, un vrai régal. On est content de le constater ! Les buffets proposés sont frais et excellents. Une fois n'est pas coutume, cela permet aussi à l'estomac de se retrouver un peu.

Où boire un verre ?

Café Botanicus *(plan A2)* **:** au beau milieu du jardin botanique, au-dessus des *Victoria Amazonia.* Ouvert tous les jours, de 8 h à 17 h seulement. Très bonne idée que ce café au milieu du parc, donc au calme. Petite carte suffisante pour grignoter, prendre un yaourt aux fruits frais ou un verre, en admirant cette nature en plein centre-ville... C'est aussi un (modeste !) cybercafé. Peut-être le seul cybercafé au monde situé dans un jardin botanique ! Comme quoi, nature et technologie peuvent faire bon ménage.

Le **Salak Sunset Café** *(plan A2,* ***33****)* est un autre endroit idéal pour boire un verre (voir « Où manger ? »). Venir plutôt pour le coucher du soleil (comme son nom l'indique !), quand le *Café Botanicus* a déjà fermé ses portes, en même temps que celles du jardin.

À voir

Le jardin botanique *(ou Kebun Raya; plan A2,* ***40****)* **:** jl. I.R.H. Juanda. Ouvert tous les jours de 8 h à 17 h. Entrée à moitié prix le dimanche. Mauvaise photocopie du plan du parc à l'entrée. Guide en français, cher mais épais.
Le jardin occupe tout le centre-ville, sur plus de 100 ha, et il est traversé par la rivière de Bogor. Il fut ouvert au début du XIXe siècle sur une idée de Raffles, le fondateur de Singapour. D'ailleurs, à l'entrée, une stèle sous une rotonde est dédiée à sa femme. À cette époque, Raffles était alors gouverneur de Java « et de ses dépendances »... Le terme de jardin est en fait assez peu approprié. Il s'agit plutôt d'un véritable parc aménagé, où l'on trouve le plus grand rassemblement d'essences d'arbres rares et de plantes tropicales jamais réalisé ailleurs (12000, paraît-il !). On se balade au milieu de ces immenses espèces végétales pendant 1 h ou 2 h avec plaisir. Un petit bémol : le parc n'est pas toujours super bien entretenu.
On peut boire un verre au *Café Botanicus* (lire « Où boire un verre ? »), surplombant des *Victoria Amazonia,* ces nénuphars pouvant mesurer 1,50 m de diamètre et supporter, paraît-il, jusqu'à 12 kg ! Leur fleur est appelée « Queen of the night » car elle ne fleurit que le temps d'une nuit. Les passionnés se régaleront...
Les amateurs de très grands espaces se rendront à Cibodas, l'autre parc botanique de la région (lire « Dans les environs de Bogor »).

Le Musée zoologique *(plan A2,* ***41****)* **:** à l'ouest du jardin botanique. Ouvert tous les jours de 8 h à 16 h. Entrée pas chère. Petit musée d'histoire naturelle avec animaux empaillés de toutes sortes (mammifères et oiseaux, dont le très curieux *Kasnari,* qui n'a rien à voir avec un canari !) et présentés sous forme de dioramas. Quelques explications en anglais. Bien pour tuer le temps en attendant un bus ou un train ou pour se replonger dans les musées d'histoire naturelle de notre enfance.

***Le palais présidentiel d'été de Sukarno* :** ne se visite que par groupes d'au moins 10 personnes (prière de s'habiller correctement SVP !), en réservant une semaine à l'avance ; visites du lundi au jeudi de 8 h à 13 h et le vendredi de 8 h à 10 h. Bon courage ! En fait, il s'avère plus simple de passer par un hôtel, comme l'*Abu Pensione,* mais il faut pouvoir sortir quelques dollars... Bon, qu'y voit-on au juste ? L'ancienne résidence des gouverneurs néerlandais, devenue palais d'été de Sukarno après l'indépendance, abrite une partie de la collection du premier président du pays. On peut notamment y voir des peintures, des sculptures, un lit de 3 m ayant appartenu à un roi d'Arabie Saoudite, un portrait de sa baby-sitter (peint par Sukarno lui-même !), et puis de jolies biches qui gambadent dans le parc et qui ne font plus l'objet des somptueux banquets de l'ancien président.

***L'atelier de fabrication de gong Pak Sukarna* :** 17 jl. Pancasan. Le matin seulement. À 1 km du centre. Les derniers artisans de Java-Ouest pour la fabrication de *gamelans.* La fabrication de ceux-ci dans des fours incandescents est très belle à voir. À découvrir aussi, des palettes de sons... inouïes !

Achats

Atelier de wayang Golek Pak Dase *(plan A2,* ***42****)* **:** Lebak Kantin Rt. 02/06. ☎ 38-37-58. Face au palais de Sukarno, aller à gauche en longeant l'enceinte ; au pont sur la rivière, descendre les premières marches avant le pont ; là, demander votre chemin, Pak Dase est connu.

Voici l'un des derniers fabricants de marionnettes pour le *wayang Golek*, si ce n'est le dernier de Java-Ouest... Très sympa. Sa famille travaille depuis 5 générations ! Belles marionnettes en bois sculpté et peintes. Parfois quelques pièces anciennes. Expéditions possibles et généralement sans surprise. Si vous désirez acheter, évitez d'y aller avec un hôtel, car ça ne ferait qu'augmenter les prix de 30 % (commission oblige !).

➤ DANS LES ENVIRONS DE BOGOR

Le jardin botanique de Cibodas : à mi-chemin entre Bogor et Bandung, on passe par le très beau col de Puncak, puis c'est à 5 km de la route principale. Pour y aller : se rendre au terminal des bus (*angkots* n°s 6 ou 13) et trouver les minibus derrière le terminal. En prendre un qui se rend à *Cianjur* ou à *Cibodas* directement. Descendre à *Cimacan* et reprendre un *bemo* pour Cibodas. Éviter les bus pour Bandung car vous paieriez la totalité du trajet. Le parc est ouvert de 7 h à 18 h. Entrée peu chère.
C'est un parc très vallonné, qui paraît bien plus étendu que celui de Bogor, et qui donne un prétexte à de très belles balades... et à beaucoup de fraîcheur ! On peut déjeuner dans l'unique restaurant qui se trouve au milieu du parc, ouvert aux mêmes horaires que celui-ci. Le parc est le paradis des petits singes, plus adorables les uns que les autres, qui grouillent dans les arbres environnants. Possibilité également de louer des poneys pour faire un tour dans le parc. Un sentier qui part derrière le resto conduit à une jolie petite chute d'eau. On peut également dormir à Cibodas. Calme total garanti.

Pondok Wisata 145 : 145 jl. Kebun Raya, Cibodas. ☎ (0263) 51-15-12 ou 13. À 400 m avant l'entrée du parc, sur la gauche. Adresse familiale, simple et tranquille. La meilleure du coin. Bonnes chambres au rez-de-chaussée avec *mandi* (les moins chères) et chambres familiales à l'étage, très grandes (presque de petits appartements...). Prix moyens. Possibilité de commander pour le soir des petits plats très simples, du style *nasi goreng* ou omelettes. Petit dej' inclus. Bon accueil. Idéal comme camp de base pour une balade le lendemain.

Freddy Homestay : 100 m plus bas. C'est une moins bonne solution. Il y a 4 chambres assez petites au 1er étage et quelques autres au rez-de-chaussée mais peu lumineuses. *Mandi* commun. Pas de petit dej'. En dépannage.

➢ Cibodas est aussi le point de départ d'une excursion en montagne (pour les spécialistes du genre) vers le **Gunung Gede** qui culmine à 2 958 m. Pour cela, il faut demander un permis au bureau du *PHPA*, à l'entrée du jardin (fermé le dimanche). La randonnée peut s'effectuer en une journée (environ 13 h aller-retour – on vous l'avait bien dit : c'est pour les spécialistes). Partir tôt le matin. Au bureau du *PHPA*, carte gratuite mais droit d'entrée. D'autres routes sont possibles pour l'ascension du Gunung Gede. Ne pas l'entreprendre pendant la saison des pluies. Marches plus courtes également, sur le trajet du Gunung Gede : le *Tilaga Biru* (un lac) et *Cibeurum* (des chutes d'eau). Pas besoin de guide, mais il y a un droit d'entrée.

Le col de Puncak : sur la route de Bogor à Bandung. Si vous souhaitez vous y arrêter, prenez un minibus pour *Cisarua* depuis le terminal. C'est le point de passage le plus haut, d'où l'on bénéficie d'un étonnant panorama sur les collines verdoyantes. Stands de nourriture et de fruits. La route de montagne qu'emprunte le bus pour Bandung est tout bonnement superbe. Collines et montagnes couvertes d'une belle végétation et de plantations de thé. Fraîcheur assurée. On peut visiter gratuitement une fabrique de thé à *Gunung Mas Tea Estate.*

Les chutes d'eau de Curug Cigamea : pas facile d'accès, mais c'est un endroit frais et reposant. De Bogor, prendre un minibus bleu n° 5 en direction de Leuwiliang et descendre à *Cibatok* (arrêt : *Pasar Jumat*). Reprendre un minibus directement pour les chutes *(Lokapurna).* Et pensez à réserver le retour ! Arrivé là-bas, vous avez encore 15 mn de marche... et de marches. Éviter de s'y baigner à la saison des pluies : l'endroit est alors très dangereux.

Taman Safari Indonesia : 601 jl. Raya Puncak, à Cisarua. ☎ (0251) 25-32-25. Toujours sur la route de Bandung, mais s'arrêter avant le col de Puncak. Prendre l'*angkot* n° 01 ou le n° 02, directs du terminal des bus. Ou alors prendre un minibus pour *Cisarua,* et descendre à l'intersection de la route pour le *Taman Safari.* De là, prendre un *bemo* ou une moto-taxi ! Ouvert tous les jours de 9 h à 17 h et le samedi en plus de 19 h à 21 h (visite nocturne). Prix d'entrée assez peu élevé.
Voilà une belle occasion de voir des animaux (pour l'instant) bien traités d'Indonésie... et d'ailleurs. En effet, on y voit même des lions (!) qui, jusqu'à preuve du contraire, viennent d'Afrique ! Quoi qu'il en soit, on peut visiter ce Thoiry local (en plus petit) en bus ou en voiture. Si vous avez la chance d'en avoir une. Tigres, orangs-outangs, girafes, rhinocéros et autruches (entre autres...) vivent dans de grands enclos séparés par des portes grillagées automatiques. Sympa et plutôt bien conçu. Bon, les détracteurs des zoos ne se réconcilieront pas, cette fois encore, avec ce genre d'attraction.

Cipanas : encore plus loin, sur la route de Leuwiliang. On y trouve un palais présidentiel d'été datant du milieu du XVIIIe siècle. Arrêt pas franchement utile.

QUITTER BOGOR

En train

– Pas de train direct pour Bandung.
➢ **Pour Jakarta :** départ toutes les 20 mn environ pour les gares de Gambir ou Kota. Durée : 1 h environ. Éviter les trains *ekonomi,* bondés et qui, de plus, ne s'arrêtent pas à Gambir. Prendre les express *(pakuan)* du matin ou du début de l'après-midi, bien meilleurs.

En bus

Terminal des bus de Baranang Siang *(plan B3)* **:** jl. Pajajaran, à un petit quart d'heure à pied du jardin botanique. De nombreux minibus publics (*angkots* verts) s'y rendent, notamment les nos 3, 6 et 13.
➢ **Pour l'aéroport international de Jakarta :** très pratique ! Bus *Damri* direct pour l'aéroport théoriquement toutes les demi-heures de 6 h à 17 h. À prendre en face du terminal des bus.
➢ **Pour Jakarta :** prendre les bus vers le terminal des bus de Kampung Rambutan de Jakarta, à 40 km de Bogor. Départs très fréquents toute la journée et la nuit. Compter une demi-heure de trajet, mais il faut ensuite au moins 1 h 30 pour rallier le centre de Jakarta en bus public, et le double s'il y a de la circulation (c'est-à-dire à peu près tout le temps). Les bus *Jakarta Plus* vont jusqu'à Tanjung Priok et Kalideres. Pour aller à jalan Jaksa, le mieux est de descendre à Cempaka Putih.
➢ **Pour Bandung :** trajet superbe passant par le col de Puncak *(Puncak Pass)* et longeant les plantations de thé en altitude. Bus toutes les heures,

toute la journée. Durée : 6 h sans trafic. Les bus *patas* AC (express) mettent 2 h 30 environ. Attention, les bus réguliers n'empruntent pas le col de Puncak le week-end et les jours de gros trafic, mais ils passent par Sukabumi ; compter alors 5 h de trajet. Si par malchance vous y êtes en fin de semaine, des minibus passent tout de même par Puncak, mais c'est bien plus cher. Autre solution également plus chère mais plus pratique : les transports « porte à porte » proposés par les hôtels : un minibus vous conduit de votre hôtel à Bogor à un autre de votre choix à Bandung.

➢ ***Pour Yogyakarta :*** une douzaine de bus tous les jours partent en début d'après-midi. Le bus se prend non pas au terminal, mais devant le centre commercial situé au sud de la ville sur jalan Siliwangi *(plan B3)*. Pour y aller, prendre du terminal des bus l'*angkot* n° 1 jusqu'à jalan Sukosari, puis remonter la rue jusqu'à jalan Siliwangi. Voyage très long (12 h). Là encore, les hôtels de Bogor proposent du « porte à porte » : départ vers 18 h ou 19 h et arrivée le lendemain vers 6 h du matin à Yogyakarta, à l'hôtel de votre choix.

➢ ***Pour Pangandaran :*** bus vers 6 h (11 h de trajet). Sinon, l'*Abu Pensione* relie cette station balnéaire en minibus pratiquement tous les 2 jours. Durée : 10 à 12 h, avec un arrêt-déjeuner au col de Puncak et un arrêt-dîner.

BANDUNG

3 000 000 hab. IND. TÉL. : 022

Bandung est la ville de la célèbre conférence des Non-Alignés de 1955, chère à Sukarno. C'est ici aussi que le dauphin de Suharto, Habibie, tenta de lancer un « avion national » à grands coups de milliards. Un projet qui fut finalement un fiasco... La 3e ville du pays (on appelle les habitants de Bandung les Sundanais) est aujourd'hui un pôle étudiant, intellectuel et technologique renommé que même les militaires redoutent ; la preuve, ils n'ont pas osé se dresser contre les 62 universités et les 600 000 étudiants de la ville pendant les événements de mai 1998 qui ont abouti à la démission de Suharto... Voilà pour l'histoire !

Géographiquement, la ville est très étendue. Elle se divise en deux : au sud de la ligne de chemin de fer, la partie industrielle, et au nord, les beaux quartiers. Derrière les façades grisâtres et érodées des immeubles se cache un patrimoine insoupçonné : une architecture Art déco tropicale, mal en point mais aussi importante dans ce domaine que... Miami (en Floride) ! Bon, ça n'empêche pas la ville d'être une grosse métropole encombrée et bruyante. Dans ce cas, on peut partir dans ses environs : aux volcans Tangkuban Prahu et Papandayan, ou dans des coins moins fréquentés au milieu des plantations de thé et des paysages de rizières parmi les plus beaux de l'île.

Adresses utiles

Infos touristiques et diplomatiques

Office de tourisme *(plan B3)* **:** 2 pl. Alun Alun. ☎ 420-66-44. En plein centre. Ouvert tous les jours de 9 h à 17 h (14 h le dimanche). Cartes. Annexe à la gare *(plan A2)*, ouverte aux mêmes horaires. Si les infos ne sont pas suffisantes, on peut aller chez *Medi Tours*, c/o hôtel *Savoy Homann (plan B3, **17**)*, 112 jl. Asia Afrika. ☎ 420-57-39 ou 43-61-01. Fax : 43-44-15.

■ ***Centre consulaire et culturel français*** *(Pusat Kebudayaan Perancis ; plan B1, **1**)* **:** 32 jl. Purnawarman. ☎ 421-24-17 ou 18. Fax : 421-78-77. Fait aussi centre consulaire en cas de problème. Pour la bibliothèque, ouvert du lundi au vendredi de 8 h 30 à 19 h 30 et le samedi de 9 h à 14 h. Journaux, revues et bouquins. Grande activité culturelle. Le CCF possède aussi son café, *Le Terminus,* lieu de rencontres très sympa (voir « Où manger ? » et « Où boire un verre ? Où sortir ? »).

■ ***Immigration Office :*** jl. Mustopha (Suci). ☎ 77-20-81.

Communications

✉ ***Poste*** *(plan B3)* ***:*** pl. Alun Alun. Ouvert tous les jours de 8 h à 21 h. Poste Internet pour lire son courrier électronique.

■ ***Téléphones Wartel*** *(plan B3, **4**)* ***:*** 64 jl. Lembong. Appel téléphonique 24 h/24. Autres *Wartel* à l'angle de jalan Asia Africa et de jalan Braga *(plan B3, **4**)* et à l'angle de jalan Tamblong et de jalan Naripan *(plan B3, **4**).*

Argent, change

■ ***Change :*** *Golden Money Changer (plan A3, **2**),* 180 jl. Otto Iskandar. Ouvert du lundi au samedi de 9 h à 16 h (15 h le samedi). Bons taux. Autre *money changer* à l'angle de jalan Tamblong et de jalan Naripan *(plan B3).*

■ ***Distributeurs de billets BII*** *(MasterCard et Visa)* ***:*** à l'angle de jalan Asia Africa et de jalan Tamblong *(plan B3, **3**),* et jalan Cibadak *(plan A3, **3**).*

■ ***Urgence financière :*** en cas de besoin urgent d'argent, contacter l'agence de voyages *Pacto LTD,* c/o hôtel *Horison,* 45 jl. Pelajar Pejuang. ☎ 305-00. Ouvert de 8 h 30 à 17 h (12 h 30 le samedi). Fermé le dimanche. L'agence représente *Money Gram (Thomas Cook)* pour les transferts d'argent liquide et *American Express* pour les chèques de voyage (émission ou perte). Informations touristiques également.

Transports

■ ***Taxis :*** les meilleures compagnies sont *Gemaripah* (de couleur bleu-gris), ☎ 421-70-70 ; et *Citra* (taxis bleus), ☎ 732-00-00. Elles mettent théoriquement l'*argometer* (compteur), mais il faut parfois le réclamer. On peut aussi louer les taxis à l'heure.

■ Adresses utiles

- ℹ Office de tourisme
- ✉ Poste
- Gare ferroviaire
- 1 Centre consulaire et culturel français
- 2 Golden Money Changer
- 3 Distributeurs de billets BII
- 4 Téléphones *Wartel*

Où dormir ?

- 10 By Moritz
- 11 Sakadarna Losmen
- 12 Yossie Home Stay
- 13 Mawar Hotel
- 14 Surabaya Hotel
- 15 Patradissa II Hotel
- 16 Guntur Hotel
- 17 Hôtel Savoy Homann

Où manger ?

- 1 Terminus Café
- 17 Garden Café (hôtel Savoy Homann)
- 20 Mandarin Restaurant
- 21 Trio Restaurant
- 22 Rumah Makan Khas Sunda
- 23 Canary Bakery
- 25 Sindang Reret
- 26 Braga Permai

Où boire un verre ? Où sortir ?

- 1 Terminus Café

À voir

- 17 Hôtel Savoy Homann
- 30 Gedung Merdeka
- 31 Jalan Cihampelas

■ Spectacles

- 32 Théâtre Rumentang Siang

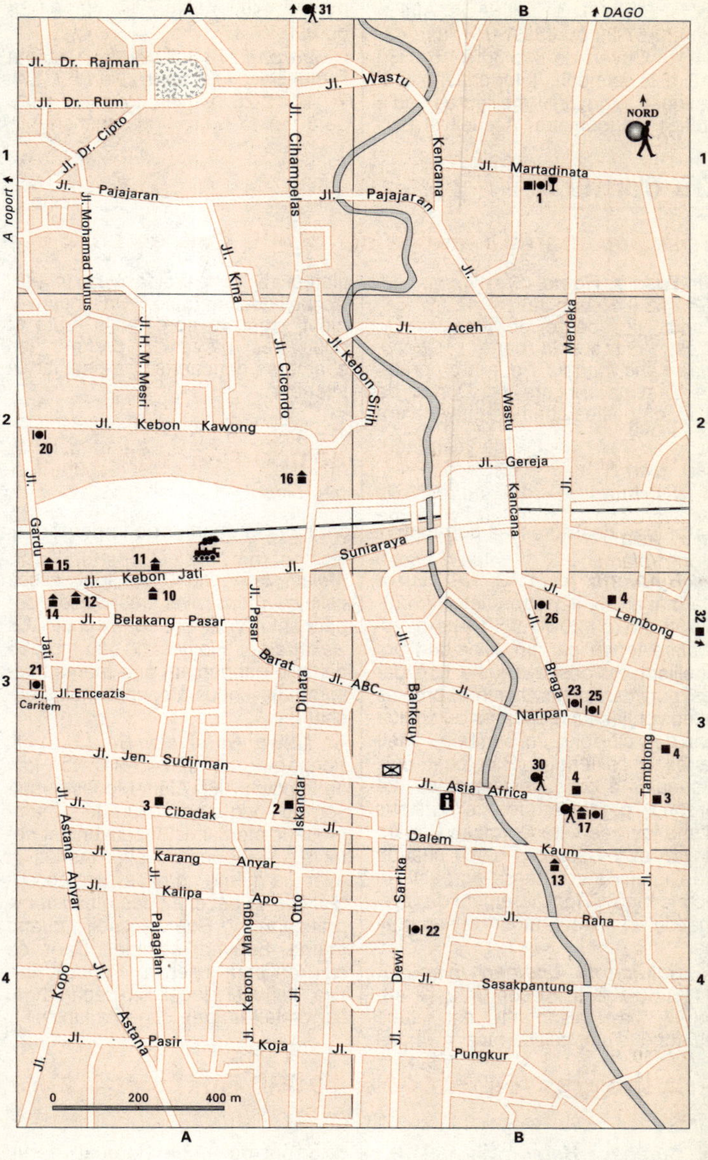
A
31
B
DAGO
Jl. Dr. Rajman
Jl. Wastu
Jl. Dr. Rum
Jl. Cihampelas
Kencana
NORD
Jl. Dr. Cipto
Jl. Martadinata
1
A roport
Jl. Pajajaran
Jl. Pajajaran
Jl. Mohamad Yunus
Jl. Kina
Jl.
Jl. Aceh
Merdeka
Jl. H. M. Mesri
Jl. Cicendo
Jl. Kebon Sirih
Wastu
2
Jl. Kebon Kawong
20
Jl. Gereja
16
Jl.
Kancana
Jl. Gardu
15
11
Jl. Suniaraya
Jl. Kebon Jati
Jl.
10
12
14
Jl. Belakang Pasar
Jl. Pasar Barat
4
26
Jl. Lembong
32
Jl. Braga
Jati
Jl.
21
3
Jl. Caritem
Jl. Enceazis
Dinata
Jl. ABC.
Bankeuy
Jl. Naripan
23
25
3
Jl. Jen. Sudirman
Tamblong
4
30
4
Jl. Asia Africa
3
Jl.
Jl. Cibadak
2
Iskandar
17
Astana Anyar
Jl.
Dalem
Kaum
Jl. Karang Anyar
13
Jl.
Jl. Kalipa
Apo
Otto
Sartika
Pajagalan
Kebon Manggu
Jl. Raha
22
4
Kopo
Jl.
Dewi
Jl. Sasakpantung
4
Jl.
Astana
Jl. Pasir
Jl. Koja
Jl.
Pungkur
Jl.
0
200
400 m
A
B

BANDUNG

■ ***Agence de voyages :*** *Medi Tours,* c/o hôtel *Savoy Homann (plan B3,* ***17****),* 112 jl. Asia Afrika. ☎ 420-57-39 ou 43-61-01. Fax : 43-44-15. Ouvert de 8 h 30 à 16 h 30 (13 h le samedi). Informations touristiques souvent meilleures qu'à l'office de tourisme. Accueil et personnel compétents.

■ ***Garuda :*** *Grand Preanger Hotel,* 81 jl. Asia Afrika. ☎ 420-94-68 ou 420-77-47.

■ ***Merpati :*** 73 jl. Asia Afrika, face à l'hôtel *Savoy Homann (plan B3,* ***17****).* ☎ 44-12-26. Ouvert tous les jours de 8 h à 17 h (15 h le dimanche).

Où dormir ?

Très bon marché (moins de 15000 Rps, soit 1,2 €)

⌂ ***Yossie Home Stay*** *(plan A3,* ***12****)* **:** 53 jl. Kebon Jati. ☎ 420-97-58. Esprit « auberge de jeunesse ». C'est écrit sur la porte : *Cheap, clean and friendly.* Pour la propreté, ce n'est pas encore ça ! Dortoir de 4 lits ou petites chambres avec ventilateur. Douche froide à l'extérieur. Accueil décontracté. Un inconvénient, c'est au bord de la route et donc très bruyant : préférer les chambres donnant sur le petit jardin intérieur.

Bon marché (de 15000 à 40000 Rps, soit 1,2 à 3,2 €)

La plupart des adresses bon marché sont dans le quartier de la gare.

⌂ ***By Moritz*** *(plan A3,* ***10****)* **:** Luxor Permai n° 35, jl. Kebon Jati. ☎ 420-57-88. Fax : 420-74-95. Cette *guesthouse* tenue par un Allemand accueillant est prisée à juste titre par les routards. Petites chambres propres avec ventilateur, séparées du couloir par des cloisons en bambou. Sanitaires à l'extérieur. Bon petit dej'. Bouquins à consulter sur place. Le proprio organise des excursions d'une journée vers le volcan Papandayan et les sources d'eau chaude de Ciater. Une adresse agréable et économique. Régulièrement de l'animation en soirée autour de son petit bar.

⌂ ***Sakadarna Losmen*** *(plan A2,* ***11****)* **:** 50/7 B jl. Kebon Jati. ☎ 43-98-97. La maisonnette est située au fond d'une allée, face à l'hôtel *Melati.* Les chambres font assez cellules monacales, mais elles dépannent. Vraiment pas cher. Le *Sakadarna Homestay,* au n° 55 de l'allée appartient à la même maison mais il nous a encore moins enchantés.

⌂ ***Mawar Hotel*** *(plan B4,* ***13****)* **:** 14 jl. Pangarang. ☎ 420-49-34. Non loin de la place Alun Alun. Modeste maison au fond d'une courette. Chambres rudimentaires. Inconvénient notable : seuls les couples mariés et ayant la même adresse sont acceptés, car on est chez des musulmans pratiquants ! Bon accueil quand même. Souvent complet. Dans ce cas, on peut loger au *Pondok Sartika,* juste en face. En dépannage, car ça fait un peu cages à lapins !

Prix moyens (de 40000 à 70000 Rps, soit 3,2 à 5,7 €)

⌂ ***Surabaya Hotel*** *(plan A3,* ***14****)* **:** 71 jl. Kebon Jati. ☎ 423-67-91. Beaucoup de caractère pour cet hôtel, puisqu'il s'agit d'une demeure coloniale de 1884. Parquet, tissus anciens, mais chambres bien rénovées quand même. Elles donnent toutes sur une cour ou une terrasse agréable, mais préférer les chambres à l'arrière à cause du bruit de la rue. Les *standard,* sans AC ni ventilateur, ne valent pas mieux que les *ekonomi.* Préférez donc celles-ci, moins chères évidemment. Sinon, il existe quelques chambres (2 fois plus chères) répondant aux doux noms de « Shangri La », « Henriette », « Octogone »... Lits à baldaquin, coiffeuses rétro, mobilier personnalisé. Mieux vaut prévenir : l'eau est coupée de temps en temps et le réveille-matin est assuré à 4 h 30 par la prière. Propreté moyenne.

☗ ***Patradissa II Hotel*** *(plan A2,* ***15****)* **:** Block 12, jl. Pasirkaliki. ☎ 420-26-45. Fax : 421-12-94. À 5 mn à pied de la gare, en retrait au fond d'une ruelle. Chambres petites et simples mais propres, avec salle de bains et eau chaude. Petit dej' inclus. Évitez certaines chambres bruyantes ou d'autres sombres. Bien que l'accueil soit chaleureux et les lieux communs conviviaux, cette adresse convient uniquement pour une nuit. Propose des tours intéressants dans la région.

Chic (de 120 000 à 250 000 Rps, soit 9,7 à 20,2 €)

☗ ***Guntur Hotel*** *(plan A2,* ***16****)* **:** 20 jl. Otto Iskandar Dinata. ☎ 420-37-63. Près du centre et à 5 mn de la gare. Hôtel des années 1970, calme, sur un étage, avec un jardinet central. Chambres avec terrasse et salle de bains. Également des chambres avec AC, eau chaude et une petite TV. Taxe et petit dej' inclus. Bon confort, mais sans grand charme.

Très chic (à partir de 250 000 Rps, soit 20,2 €)

☗ ***Hôtel Sawunggaling*** *(hors plan par B1)* **:** 13 jl. Sawunggaling. ☎ 421-82-54 ou 421-20-43 ou 44. Fax : 421-82-53. Dans une ancienne maison coloniale néerlandaise rénovée, hôtel plein de classe et de sobriété. C'est comme une grande maison de famille, avec un bel escalier en bois. Très belles chambres dans le style Art déco (celui de la ville, à la grande époque...) et joli mobilier bien étudié. Même le rapport des couleurs est ton sur ton ! Toutes sortes de chambres et de prix, de la *standard* à la suite. Prix très convenables pour cette catégorie, incluant les taxes, le service et le petit dej'.

On vous indique deux autres adresses dans cette catégorie. L'une est un vestige de l'époque Art déco et un témoignage historique, où l'on peut aller juste pour boire un verre, l'autre bénéficie d'un emplacement exceptionnel.

☗ ***Hôtel Savoy Homann*** *(plan B3,* ***17****)* **:** 112 jl. Asia Afrika. ☎ 423-22-44. Fax : 43-61-87. L'hôtel historique de la ville. D'abord parce qu'il symbolise le mieux l'architecture Art déco de Bandung. Mais figurez-vous qu'au départ (en 1871), c'était une maison en bambou ! Appartenant à la famille Homann, il fut construit et ouvert, en tant qu'hôtel, en 1897. Sa façade date de l'année suivante et le nouveau bâtiment a été construit en 1936. Son architecture prestigieuse, aujourd'hui surannée, était destinée à accueillir les grands de ce monde. En 1927, Charlie Chaplin et Mary Pickford y séjournèrent. Mais c'est en 1955 qu'il connut son heure de gloire, en accueillant les chefs d'État de la conférence des Non-Alignés. Nehru, Chou En-lai, Nasser, Sukarno (entre autres) s'allongèrent ici, tandis que dans le bâtiment de la conférence, à deux pas, ils refusèrent de s'aligner... L'hôtel est ornementé de jolis balcons et de vitraux néerlandais. Chambres « déco » ou « classiques », élégantes et nostalgiques, donnant sur une cour intérieure qui abrite le restaurant de l'hôtel. Taxes et petit dej' non inclus. On aime bien cet hôtel pour son côté nostalgique.

☗ ***Nalya Hotel*** **:** 56-58 jl. Renca Bentang, à Ciumbuleuit, au nord de la ville. ☎ 23-03-33. Fax : 23-06-33.

Magnifique hôtel de construction récente. Il offre une vue imprenable sur une piscine tendance design et sur une nature de toute beauté, spécialement au coucher du soleil. Il y a même une cheminée... où l'on fait vraiment du feu ! Les chambres sont aussi assez réussies. Mais on vous laisse les découvrir vous-même... Jolies balades possibles autour de l'hôtel. D'ailleurs, on y loue des vélos. Tarifs élevés, bien sûr. Moins chers en semaine. Taxes et petit dej' inclus. Transferts gratuits pour l'aéroport ou la gare. Adresse superbe.

Où manger ?

Près de la gare

Bon marché (de 10000 à 20000 Rps, soit 0,8 à 1,6 €)

– ***Le marché de nuit*** *(pasar malam)* **:** jl. Jati. Où l'on peut manger pour 3 fois rien dans les *warungs.* C'est à voir de toute façon. Y aller tard si possible. On y trouve même, en cherchant bien, de la dégustation de serpents et de libellules !

Prix moyens (de 20000 à 35000 Rps, soit 1,6 à 2,8 €)

Beaucoup de restos chinois à Bandung. C'est l'occasion de manger des grenouilles *(kodoks)* ou des escargots quand il y en a.

|●| ***Mandarin Restaurant*** *(plan A2,* ***20****)* **:** 45-46-47 jl. Kebon Kawong. ☎ 420-77-09. Large choix de plats chinois et indonésiens délicieux, servis dans un cadre simple. Également des spécialités de la mer. Les prix sont corrects. Il faut tout de même préciser qu'il y a deux cartes, dont une faite pour les touristes.

|●| ***Trio Restaurant*** *(plan A3,* ***21****)* **:** 55 jl. Gardu Jati. ☎ 61-50-55. À côté de l'hôtel *Trio.* Spécialités chinoises dans un cadre moderne mais confortable. AC, service impeccable. Vaste choix et bonne qualité.

Près de la place Alun Alun

Bon marché (de 10000 à 20000 Rps, soit 0,8 à 1,6 €)

|●| Le soir, à côté du *PLN Complex,* sur le côté gauche de celui-ci (sur jl. Asia Afrika), des dizaines de ***warungs*** dans une petite rue perpendiculaire. Surtout de la cuisine sundanaise et des soupes, *goreng, seafood, satay...* L'endroit le plus populaire pour manger le soir. C'est un peu la sortie des jeunes de Bandung. Les stands commencent à remballer vers minuit. Même chose sur la grande jalan Buah Batu, au sud-est de la place Alun Alun.

|●| ***Rumah Makan Khas Sunda*** *(plan B4,* ***22****)* **:** 7 A jl. Dewi Sartika, à l'angle de jalan Kepatihan. Tout petit resto sans prétention, servant de bons plats sundanais sur des nappes en plastique. Service souriant.

|●| ***Pâtisseries de jalan Braga : Canary Bakery*** *(plan B3,* ***23****),* 16 jl. Braga. Ouvert tous les jours de 6 h à 21 h (21 h 30 le dimanche). Friands à la viande, au poulet ou aux crevettes, tourtes, gâteaux, quiches... Pas la qualité de *Dalloyau,* mais bon quand

même ! Presque en face, la ***French Bakery*** (avec sa tour Eiffel), au n° 35, fait à peu près la même chose. On peut prendre un café, en lisant le *Jakarta Post,* au *London Kafe* à côté. Jalan Braga, avec ses deux librairies, possède une jolie atmosphère, un peu à l'européenne.

Prix moyens (de 20 000 à 35 000 Rps, soit 1,6 à 2,8 €)

Kafe Pendopo : 12 jl. Sumatera. ☎ 43-67-50. Ouvert tous les jours de 10 h à 22 h (minuit le week-end). Une des plus jolies adresses de la ville pour déjeuner, dîner ou prendre un verre. À midi, c'est plein de jeunes. Jolies poteries à l'entrée, petite galerie d'art et tables dans une cour intérieure. Exposition de tableaux, masques ou d'autres œuvres. Musique douce en fond. La cuisine n'est pas à tomber à la renverse, mais il est très agréable de venir passer un moment ici. Choix entre un buffet et 2 cartes différentes. L'une propose des assiettes indonésiennes et végétariennes, l'autre des poissons et quelques salades. Prévoir un repas assez léger ! Meilleur choix de glaces et de boissons. Petits concerts les vendredi et samedi. Ambiance zen.

Sindang Reret *(plan B3, **25**)* ***:*** 9 jl. Naripan. ☎ 420-34-40. Très bonne cuisine sundanaise servie dans une grande salle agréable et joliment décorée. Spectacles de *wayang Golek* le samedi soir, de 19 h à 22 h.

Braga Permai *(plan B3, **26**)* ***:*** 58 jl. Braga. ☎ 43-37-78. Ouvert jusqu'à 22 h. Plus chic, ce resto, avec ses nappes blanches, ses serviettes en tissu, ses bougies et ses serveurs en tenue (un peu blasés), dans un cadre un poil trop moderne. On y trouve quelques plats orientaux et pas mal de plats européens (ça fait du bien, de temps en temps). Médaillon de bœuf, fondue, bœuf Strogonoff... Glaces, jus de fruits, et *pancakes* également. Un peu cher pour ce que c'est malgré tout !

Chic (plus de 35 000 Rps, soit 2,8 €)

Garden Café *(plan B3, **17**)* ***:*** c'est le restaurant du prestigieux hôtel *Savoy Homann* (lire « Où dormir ? »). Désuet, parfait pour passer une soirée un brin décadente en goûtant à la *rijsttafel* de la maison, qui n'est d'ailleurs pas chère du tout ! Et puis, le décor, la musique, le service sont tout un poème. Si les Années Folles sont derrière nous, il est tout à fait raisonnable de venir s'offrir une petite folie ici.

Au nord de la ville

Prix moyens (de 20 000 à 35 000 Rps, soit 1,6 à 2,8 €)

Terminus Café *(plan B1, **1**)* ***:*** au centre culturel français, 32 jl. Purnawarman. ☎ 420-58-64. Ouvert de 10 h à 22 h (minimum). Fermé le dimanche. Le café du CCF de Bandung est un lieu de rencontres très animé et très prisé des étudiants. De plus, on peut y manger. Et bien de surcroît ! Brochettes de *kebab,* salades, steaks, crêpes... Bonnes portions. On peut aussi y boire une bière et parler un peu français avec ses voisins, après avoir lu son journal préféré au centre. Adresse sympa et très vivante.

Plus chic (plus de 35 000 Rps, soit 2,8 €)

Babakar Siliwangi : 7 jl. Siliwangi. ☎ 250-13-94. Y aller en taxi, c'est plus simple. Situé dans un cadre de verdure. Sans doute le resto le plus chic de la ville, là où les notables viennent déjeuner. On mange sous des structures en bambou typiques de Sumatra. Cadre folklorique pour déguster des spécialités sundanaises. Excellents poissons grillés, frits ou cuits à la vapeur. Goûter à l'*ikan mas pepes, poisson* cuit dans une feuille de bananier. Très fin. Le poisson est vendu au kilo. Y aller si possible le dimanche midi pour voir les familles javanaises aisées y débarquer et y déjeuner.

Où boire un verre? Où sortir?

Au nord de la ville

🍸 ***Dago Tea House :*** Taman Budaya, jalan Bukit Dago Utara. C'est en haut de jalan Juanda (prolongement de jalan Merdeka), au nord de la ville, dans le quartier de Dago. On peut facilement attraper un *angkot* « Dago » de Kebon Kelapa, le terminal des bus au sud, ou directement sur jalan Juanda. Sinon, prendre un taxi. Petit droit d'entrée dérisoire. C'est la cafétéria du théâtre en plein air. Vue sur la ville, sur les *gunungs* et les volcans au loin... Venir au coucher du soleil (pas après 17 h ou 18 h). Plein de tables un peu partout et cabanes en bambou à la sundanaise. Beaucoup de jeunes. Commander au bar, puis s'installer pour admirer la vue. Idéal pour finir la journée, après avoir visité quelques bâtiments Art déco du nord de la ville.

🍸 ***Terminus Café*** *(plan B1, **1**)* **:** café du centre culturel français, c'est un lieu parfait pour boire un verre, lire les journaux et rencontrer les étudiants sundanais apprenant le français... Et aussi pour améliorer son *bahasa indonesia*! Lire également « Où manger? ».

🍸 ***Chedi Hotel :*** hôtel chic au nord de la ville, qui dispose d'un emplacement superbe. On peut venir y boire un verre en fin de journée, au coucher du soleil, et même regarder (parfois) le feu dans la cheminée, comme c'est la coutume! Panorama magnifique et grand chic garanti.

🍸 ***Copacabana :*** 79 jl. Ciumbuleuit. ☎ 230-45-17. Ouvert tous les jours de 16 h à 23 h. Franky et Lala tiennent ce petit bar en bambou, assez chic, qui passe de la musique à un bon niveau sonore et abrite quelques expatriés amateurs de cocktails à l'européenne. Ambiance occidentale, donc, pour finir la soirée. Carte de plats européens également.

Près de la place Alun Alun

🍸 ♪ ***North Sea Bar*** *(plan B3)* **:** 82 jl. Braga. ☎ 420-89-04. Après le resto *Braga Permai*. Ouvert de 17 h à 1 h (minimum). Évidemment, on est loin de la mer du Nord. Mais pas tant que ça... D'abord, un système ingénieux en vitrine donne l'impression qu'il pleut en permanence! Ensuite, il n'y a rien à dire, on est vraiment dans un pub. Le bar est animé, même en semaine. Beaucoup d'expatriés, amateurs de bière et de rires gras, à qui des filles lancent des œillades bien appuyées... Musique, billard, écran TV, tout est là. Adresse populaire.

🍸 ♫ ***Fame Station :*** dans la tour du *wisma Lippo,* 2 jl. Gatot Subroto. ☎ 30-78-58 ou 68. Au 11ᵉ étage. Ouvert tous les soirs sauf le dimanche, de 22 h à 2 h (3 h ou 4 h le samedi). Entrée plus élevée les vendredi et samedi (incluant une boisson), parfois gratuite en semaine. La particularité de cette boîte est qu'elle possède une vue très chouette sur la ville. Il y a des concerts tous les soirs à 22 h 30 et on peut y danser et y boire un verre en compagnie d'Indonésiens assez chauds! Possibilité également d'y boire un verre dans la journée (à partir de 11 h) pour profiter de la vue. Une boîte qui tourne bien à Bandung.

À voir

Itinéraire des bâtiments Art déco de la ville : en introduction, sachez que Bandung était une ville de villégiature pour les colons néerlandais. À 800 m d'altitude, elle était, et est toujours, un lieu de fraîcheur (on ne met pas souvent la climatisation ici !) qui fut le déclencheur de toute cette architecture. Il a même été sérieusement question, à une époque, d'en faire la capitale du pays ! Pour nous, c'est l'occasion de visiter ses quartiers résidentiels et universitaires et ses immeubles Art déco, un peu dispersés et moins bien entretenus qu'à Miami mais tout aussi nombreux.
Vous pouvez d'abord aller voir le ***Gedung Merdeka*** (comprenez le « bâtiment de la Liberté » ; *plan B3,* ***30***), avec sa façade blanche Art déco, sur jalan Asia Afrika, à 100 m de la place Alun Alun. Ouvert de 8 h à 16 h. Fermé le week-end. En avril 1955 se tint la célèbre conférence de Bandung, sans laquelle la ville n'aurait aucune raison d'être connue dans le monde entier, du moins par ceux qui ont travaillé leurs cours d'histoire-géo. Pour la première fois dans l'histoire, les représentants de 29 pays du tiers monde et d'Asie avaient décidé de se réunir pour essayer de mettre en œuvre une politique commune en confrontant leurs situations. Salle de conférence et petit musée commémoratif retraçant en photos le séjour des chefs d'État. Pour les fans de Sukarno.
Presque en face, de l'autre côté de jalan Asia Afrika, l'***hôtel Savoy Homann*** *(plan B3,* ***17****)*, où tous les chefs d'État furent logés, possède une architecture intéressante. Lire le texte s'y rapportant dans la rubrique « Où dormir ? ».
Le ***Grand Hôtel Preanger,*** en face, n'est pas mal non plus. ***Jalan Braga*** *(plan B3)*, à l'angle de Gedung Merdeka, comporte des immeubles également intéressants, ainsi que 2 librairies et de nombreux salons de thé, dont la *Canary Bakery (plan B3,* ***23****)*, dans un joli édifice.
La suite de la visite nous fait quitter le centre pour le nord de la ville. Prenez un taxi, si possible, et suivez le guide ! Le ***Gedung Sate,*** jalan Diponegoro, date des années 1920. C'est un bel édifice, actuel siège du gouverneur. On peut visiter son hall (avec sa statue de rhinocéros) et les salles attenantes. Il faut faire ensuite un saut à l'***ITB,*** sur jalan Sari, institut des Technologies et des Beaux-Arts, le plus important d'Asie du Sud-Est. On peut se balader dans son campus verdoyant et admirer la forme des toits de ses bâtiments. De là, on peut finir la journée en allant prendre un pot à la *Dago Tea House* (voir « Où boire un verre ? Où sortir ? »).
Mais les courageux seraient bien inspirés de prendre un taxi et d'aller jeter un œil à la ***Villa Isola,*** à 6 km du centre-ville. Cette surprenante maison, à l'origine au milieu des rizières, est l'œuvre d'un milliardaire italien. Tout en rondeurs, avec sa « tourelle de navire », elle rayonne sur de jolis jardins et sur la ville. C'est aujourd'hui l'École normale.
Voilà, il y a encore beaucoup d'autres immeubles de cette période architecturale à Bandung, ainsi que de belles villas néerlandaises dans les quartiers nord de Bandung. Mais il faut sillonner la ville longuement... Bon, si c'est l'heure de l'apéro, offrez-vous un verre chic à l'hôtel *Chedi* (lire « Où boire un verre ? Où sortir ? »), vous l'avez bien mérité !

Pasar Jatayu : sur jalan Arjuna, près du terminal de Ciroyom. C'est un marché pittoresque, plein d'échoppes vendant des pièces d'occasion et toute sorte de bric-à-brac ! Balade sympa.

Si vous avez vraiment du temps à tuer, allez donc sur ***jalan Cihampelas*** *(hors plan par A1,* ***31****)*, où l'on trouve une suite extraordinaire de **boutiques de jeans** extravagantes. On se croirait à Las Vegas ! Toutes les façades font penser à des stands de fête. Bandung est en effet un important centre de textile et exporte une bonne partie de sa production.

Artisanat de marionnettes Pa Ruhiyat : derrière le 22 jl. Pangarang. Il y a des panneaux. Ouvert de 9 h à 18 h pour voir l'atelier. Fermé le dimanche. L'un des meilleurs artisans de la ville. Également *Cupu Manik* : jl. Kebon Kawung, Pais Street. À 10 mn à pied de la gare. Belles marionnettes pas chères. Bandung est un bon endroit pour acheter des *wayangs Golek.*

Spectacles

■ ***Ram Fights :*** combats de béliers, mais aussi de coqs, de chiens, de cochons et de pigeons ! Ils ont lieu le dimanche matin, en alternance dans des villages des environs de Bandung : à *Cihanjuang,* à 10 km à l'ouest de la ville ; prendre un *angkot* en direction de Cimahi, puis un minibus jusqu'à Cihanjuang. Également à *Cilimus,* à une douzaine de kilomètres au nord de Bandung ; prendre un *angkot* jusqu'à Ledeng, puis un 2e *angkot* jusqu'à Cilimus. À *Bojong Koneng,* combats de chiens contre des cochons sauvages ! De *Cicaheum* (terminal des bus), aller vers jalan Pahlawan (cimetière) et marcher 15 mn.

■ ***Wayang Golek*** *(théâtre de marionnettes)* **:** au théâtre *Rumentang Siang (hors plan par B3,* ***32****),* 1 jl. Baranangsiang. ☎ 43-35-62. À l'est du centre-ville. Les 1er et 3e samedis du mois, à 16 h 30 et 21 h 30. Également au restaurant *Sindang Reret,* 9 jl. Naripan. ☎ 420-34-40. Le samedi, de 19 h à 22 h. Au *Saung Angklung Paujo,* jl. A. Yani (à Pada Suka), spectacles de *wayang* et de *gamelan* tous les jours à 15 h 30.

■ ***Danses classiques sundanaises :*** au théâtre *Rumentang Siang (hors plan par B3,* ***32****)* et au centre culturel *Padepokan Seni,* 209 jl. Peta (jl. Lingkar Selatan), Kopo Plaza, au sud-ouest de la ville.

➤ DANS LES ENVIRONS DE BANDUNG

Le volcan Tangkuban Prahu : situé à 35 km de la ville. Comme c'est le seul volcan de Java accessible par la route, c'est devenu une sacrée entreprise commerciale (parkings, restos...). Pour y aller, prendre un minibus au terminal des bus situé près de la gare ferroviaire *(Station Hall).* Petit droit d'entrée. Le cratère principal est à 4 km à pied. Au bout de 2 km, vous trouverez un embranchement qui vous mènera au premier cratère actif. Puis on rebrousse chemin pour trouver une série d'escaliers conduisant au cratère principal, non actif. Montée fatigante mais réalisable. Il existe un chemin qui évite la remontée des marches lorsque l'on est au cratère secondaire, en bas. Monter seulement une dizaine de marches jusqu'au poste IV. S'engager sur le petit chemin à gauche. Après 1 500 m, on retrouve la route à 1 300 m de la route principale. Des guides vous proposeront leur aide ; c'est inutile. Des minibus peuvent vous conduire jusqu'au pied du volcan. Pour rentrer, dernier minibus tard le soir, ou bus venant de Subang jusqu'à 21 h.

Les sources d'eau chaude de Ciater : 8 km après le volcan, sur la route de Subang. Bien joli petit endroit dans un coin de plantations de thé. Possibilité de s'y baigner. Accès payant. Très propre et bien agencé. Un bassin à 39 °C, un autre à 42 °C. Escapade agréable, mais c'est bondé le week-end.

Papandayan : volcan situé à 90 km au sud de Bandung. On peut faire l'excursion avec l'hôtel *By Moritz* (voir « Où dormir ? »). Sinon, prendre un bus à la gare routière de Cicaheum jusqu'à *Garut,* puis un minibus pour *Disurupan.* Indiquez que vous voulez voir le Papadayan, on vous arrêtera à un carrefour où des motos vous feront parcourir les 10 km restants. Jusqu'à présent peu fréquenté par les touristes, c'est un cratère encore actif, avec de hautes cheminées recouvertes de cristaux de soufre. Plusieurs de nos lecteurs ont adoré. Certains d'entre eux nous ont même signalé la possibilité de se baigner dans le torrent du volcan dans une eau soufrée à 40 °C. C'est le paradis paraît-il ! On peut loger soit à Garut, soit dans les villages aux alentours, comme Cipanas (6 km de Garut), où il y a plusieurs hôtels.

Plein d'excursions possibles autour de Bandung. La nature y est superbe... et on a l'embarras du choix ! On vous conseille d'aller à ***Pangalengan*** pour sa belle campagne et ses plantations de thé (entre autres). Bus de Kebon Kelapa (durée : environ 3 h).
Vous pouvez ensuite aller à ***Malabar*** où l'on peut voir la vieille maison de Boscha, planteur célèbre dans la région, qui cultivait la *quinina,* plante de laquelle on extrait... la quinine. Il y a d'ailleurs une *guesthouse* où l'on peut loger. Jeter un œil au cimetière également. De Pangalengan, prendre un *oplet* (durée : 1 h environ).
Et puis, si vous demandez autour de vous (à l'office de tourisme ou dans une agence de voyages), on vous indiquera des tas de balades vous permettant de voir des rizières, des plantations, des sources, des lacs et des chutes ! Essayer de combiner cela avec d'autres buts de balades, comme les volcans, par exemple.

QUITTER BANDUNG

En train

La ***gare ferroviaire*** *(plan A2)* de Bandung se divise en deux. Un bâtiment récent a été construit ; c'est de là que partent les trains pour Jakarta. L'ancienne gare, en face, a conservé le trafic des trains pour Yogyakarta. Le buffet de la gare propose de bonnes pâtisseries.
➢ ***Pour Jakarta :*** départ toutes les heures de 5 h à 18 h par le *Parahyangan* en 1re, 2e et 3e classes ; jusqu'à 19 h ou 20 h le week-end. Compter 3 h de trajet.
➢ ***Pour Yogyakarta :*** le train le plus rapide est le *Turangga* qui part à 19 h (7 h de trajet). Plus cher et climatisé. Les autres mettent de 9 à 10 h. Le *Pajajaran* part à 7 h 30 ; il possède des classes *bisnis* et *eksekutif,* donc confortables. Le *Mutiara Selatan* (sans clim') part à 17 h. Le *Cisadane* part à 8 h 50. Enfin, le *Kahuripan* est à déconseiller : c'est un *ekonomi,* donc il est bondé et s'arrête partout (12 à 15 h de trajet !). Ceux qui voudraient quand même vivre cette aventure doivent le prendre à 21 h 30.
➢ ***Pour Solo :*** tous les trains pour Yogya vont à Solo, sauf le *Cisadane.*
➢ ***Pour Surabaya :*** ce sont les mêmes trains que ceux qui vont à Yogyakarta et Solo. 1 journée de voyage.
D'une manière générale, il est préférable d'acheter son billet le matin pour le soir ou la veille pour le matin.

En bus

➢ ***Pour Jakarta :*** départ pour la gare routière de *Kampung Rambutan* à Jakarta toutes les demi-heures, jour et nuit, du terminal des bus de *Lewi Panjang* situé à 3 km du terminal de *Kebon Kelapa.* Compter 3 h 30 à 4 h de voyage en express (avec AC) et 5 h en *ekonomi.*
➢ ***Pour Yogyakarta :*** compter 9 à 10 h de voyage. Départs du terminal des bus de *Cicaheum* (prononcer « Tchitchaoum », à vos souhaits !) à l'est de la ville, à 19 h. Ce sont tous des bus de nuit. Plusieurs compagnies : *Krawat Jati, Bandung Express, Yogya Express,* entre autres. Pour se rendre à *Cicaheum,* prendre un bus *Damri* sur jalan A. Yani.

➢ ***Pour Pangandaran :*** nombreux bus (climatisés). Toutes les 2 h environ, du terminal de *Cicaheum.* Compter 6 h de trajet. Pour aller à *Cicaheum,* lire « Pour Yogyakarta », ci-dessus.
➢ ***Pour Denpasar :*** un seul départ à 15 h du terminal de *Cicaheum* dans un bus tout confort (AC, w.-c. et repas). Compter 23 h de voyage.

En avion

Les vols sont assurés par la compagnie *Merpati.*
➢ ***Pour Jakarta :*** 5 vols quotidiens.
➢ ***Pour Yogyakarta :*** 3 vols par semaine.
➢ ***Pour Surabaya :*** 3 vols quotidiens.
➢ ***Pour Denpasar (Bali) :*** vols via Surabaya.
Pensez à vérifier tout ça sur place, car ça peut changer !

CIREBON

IND. TÉL. : 0231

À 200 km à l'est de Jakarta. Ancien sultanat, c'est aujourd'hui la ville de la crevette. Très peu de touristes. Dans cette ville repose Sunun Gunung Jati, l'un des neuf sages qui introduisirent la religion musulmane à Java. De nombreux pèlerins viennent à Cirebon se recueillir. La ville est assez agréable. Les bateaux dans le port sont superbes. Il faut visiter le *Kese Puhan,* avec sa belle mosquée. Pour y aller, 2 express par jour depuis Jakarta. Ou bus direct depuis Bandung toutes les demi-heures.

Où dormir ?

Nombreux petits ***hôtels*** près de la gare.

➢ DANS LES ENVIRONS DE CIREBON

À ***Trusmi,*** à 5 km au nord, coopérative de *batiks* à visiter (prix intéressants). Y aller en *becak.*

PANGANDARAN

IND. TÉL. : 0265

Petite station balnéaire qui se trouve à 50 km au sud de Banjar, sur la route entre Bandung et Yogyakarta. Bonne halte de *farniente* dans votre tour express de Java ! Pangandaran se situe sur un isthme étroit et c'est l'un des rares endroits de Java où l'on trouve de belles plages, à l'est comme à l'ouest, mais aussi une réserve naturelle et un parc national. Même si la station est fréquentée par les touristes, l'atmosphère reste très agréable. En effet, la journée est rythmée par l'activité des pêcheurs et, le soir, les odeurs de poisson grillé abondent.
De plus, comme les touristes argentés n'y viennent pas encore, une certaine authenticité est préservée. Question logement et nourriture, c'est typiquement le genre d'endroit où l'on passe d'une adresse à l'autre, à l'humeur, selon l'ambiance du moment et du lieu. Sachez tout de même qu'en haute saison (de juin à août) et lors des fêtes indonésiennes, les prix y sont multipliés par deux, voire par trois...

Comment y aller ?

De Bandung, le trajet dure environ 6 h. Les bus sont relativement confortables et les paysages somptueux. Le plus embêtant est de se rendre au terminal des bus *(Cicaheum)* : compter 30 mn avec les grands bus blancs *Damri.* Six bus chaque jour, mais il est préférable de partir le matin, car les départs sont plus fréquents et le choix des chambres est plus grand à l'arrivée. L'office de tourisme de Bandung propose des réservations pour des minibus directs (pas besoin d'aller à Cicaheum, ils passent vous chercher à votre hôtel). Pratiques, mais plus chers. Certains lecteurs ont cependant eu quelques mauvaises surprises (arrêts fréquents, trajet trop long...). Pensez à réserver la veille si vous décidez de le faire. Dernier conseil : changez de l'argent avant de partir car les taux de Pangandaran ne sont pas intéressants.
Le terminal des bus de Pangandaran est situé à 1 km des premiers hôtels. Des *becaks* proposeront de vous conduire. Bien négocier la course avant, surtout si vous ne savez pas bien où vous allez... Leurs tarifs flambent assez vite mais c'est normal, pour eux, vous êtes définitivement des touristes ! Il faut payer un droit d'entrée aux postes situés sur les routes menant au village.

Comment circuler à Pangandaran ?

Le vélo est le moyen le plus sympa pour se déplacer. Les distances sont courtes et les routes plates. Il est possible de louer des VTT à la journée pour pas cher, un peu partout dans le village. Pratique pour visiter les alentours. Attention, à la nuit tombée, ne comptez ni sur l'éclairage public, ni sur des phares pour vous éclairer. Il y a aussi quelques motos à louer dans les *losmen* ou au marché, près du terminal des bus. Pas besoin de vous rappeler d'être prudent, casqué et assuré ! Sinon, il reste les indispensables *becaks.*

Adresses utiles

- ***Office de tourisme*** *(plan B4)* **:** jl. Kidang Pananjung. ☎ 63-90-86. En face du restaurant *Chez Mama Cilacap.* C'est la rue principale, qui coupe l'isthme en deux. Ouvert tous les jours de 8 h à 21 h (voire plus en haute saison). S'il n'y a personne, allez voir *Chez Mama Cilacap (plan B4,* ***24****)* ou au bureau de *Mangkubumi (plan A4).* Il s'agit en fait du bureau de l'association locale des guides officiels indonésiens. Très sympathiques, ceux-ci fournissent un tas d'informations précieuses et organisent des visites du parc national et des alentours du village. Excursion pour le Green Canyon avec découverte de l'artisanat et des industries locales (atelier de marionnettes, fabriques de *krupuk* et de sucre). Ils proposent également des billets pour aller à Yogyakarta en bus et en bateau (voir la rubrique « Quitter Pangandaran »).
- ✉ ***Poste*** *(plan B3)* **:** jl. Kidang Pananjung.
- ***Centre téléphonique*** *(plan B2,* ***2****)* **:** jl. Kidang Pananjung.
- ***Change :*** il existe une banque et plusieurs bureaux de change, mais les taux sont dissuasifs. Prévoyez donc de changer votre argent de votre lieu de départ.
- ***Hôpital*** *(plan B1,* ***1****).*

Où dormir ?

Nombreux *losmen,* donc pas de problème. Ils sont tous situés dans l'isthme et par conséquent assez loin du terminal des bus. Sauf si vous êtes courageux (et pas trop chargé), il est préférable de prendre un *becak* pour y aller, d'autant que les chauffeurs connaissent tous les *losmen.* Même si vous ne savez pas exactement quel *losmen* vous voulez, donnez un nom et ne vous laissez pas influencer, car certains chauffeurs essaieront de vous conduire là où ils touchent la plus grosse commission. Ne pas hésiter à essayer les nouveaux *losmen,* aux prix souvent compétitifs ; il s'en ouvre un par mois. Voici néanmoins quelques points de repère.

Très bon marché (moins de 15 000 Rps, soit 1,2 €)

Rawamangun Hostel *(plan B4, 10)* **:** 1 jl. Pasanggrahan. ☎ 63-90-86. Situé juste derrière l'office de tourisme, il appartient d'ailleurs à l'un de ses guides. Le *losmen* le moins cher du village. Chambres spartiates. Sanitaires à l'extérieur. Le petit dej' n'est pas inclus dans le prix. Propreté douteuse, donc uniquement pour les fauchés.

Bon marché (de 15 000 à 40 000 Rps, soit 1,2 à 3,2 €)

Mini Tiga Homestay *(plan A1, 11)* **:** jl. Pamugaran Bulak Laut. ☎ 63-94-36. *Losmen* tenu par un couple franco-javanais, Catherine et Maja. Cinq chambres dans une maison et 2 bungalows au milieu d'un joli petit jardin. La mer est à deux pas. C'est très propre et bien tenu. Petit dej' compris. Petit bar-restaurant, où l'on peut vous préparer, à la demande, des barbecues de poissons notamment. Chouette ambiance, et bonnes informations sur les balades à faire dans la région. Un poil plus cher que l'adresse suivante mais cela vaut la différence.

Losmen Mini *(plan B4, 12)* **:** 207 jl. Kidang Pananjung. ☎ 37-92-96. Très central. Une des adresses les moins chères. Une grande maison sur 2 niveaux autour d'une cour. Chambres doubles vieillottes, avec salle de bains. Petit dej' compris. Accueil familial et sympathique.

De prix moyens à plus chic [selon la saison] (de 40 000 à 120 000 Rps, soit 3,2 à 9,7 €)

Panorama Losmen *(plan B3, 13)* **:** 197 jl. Kidang Pananjung. ☎ 63-92-18. Au fond d'une impasse donnant sur la plage est. Architecture typique, vue sur la mer pour les chambres les plus chères (il y en a une petite vingtaine en tout). Certaines disposent d'une douche, sinon salle de bains extérieure assez sommaire. Petit dej' copieux et inclus dans le prix. Bon rapport qualité-prix. Tenu par une Indonésienne (mariée à un Français) qui loue aussi une maison. Enfin, l'hôtel propose des excursions dans le parc national et peut vous réserver des billets de bus.

Adresses utiles

- Office de tourisme
- Poste
- Terminal des bus
- 1 Hôpital
- 2 Centre téléphonique

Où dormir ?

- 10 Rawamangun Hostel
- 11 Mini Tiga Homestay
- 12 Losmen Mini
- 13 Panorama Losmen
- 14 Sunset
- 15 Sandaan Hotel
- 16 Bulak Laut I
- 17 Adam's Homestay

Où manger ?

- 17 Café Boole-Boole
- 20 Marché aux poissons
- 21 Restaurant Inti Laut I
- 22 Bamboe Café
- 23 Bamboe & Brothers
- 24 Chez Mama Cilacap
- 25 Scandinavia Restaurant
- 26 Restaurant n° 1

À voir

- 20 Marché aux poissons

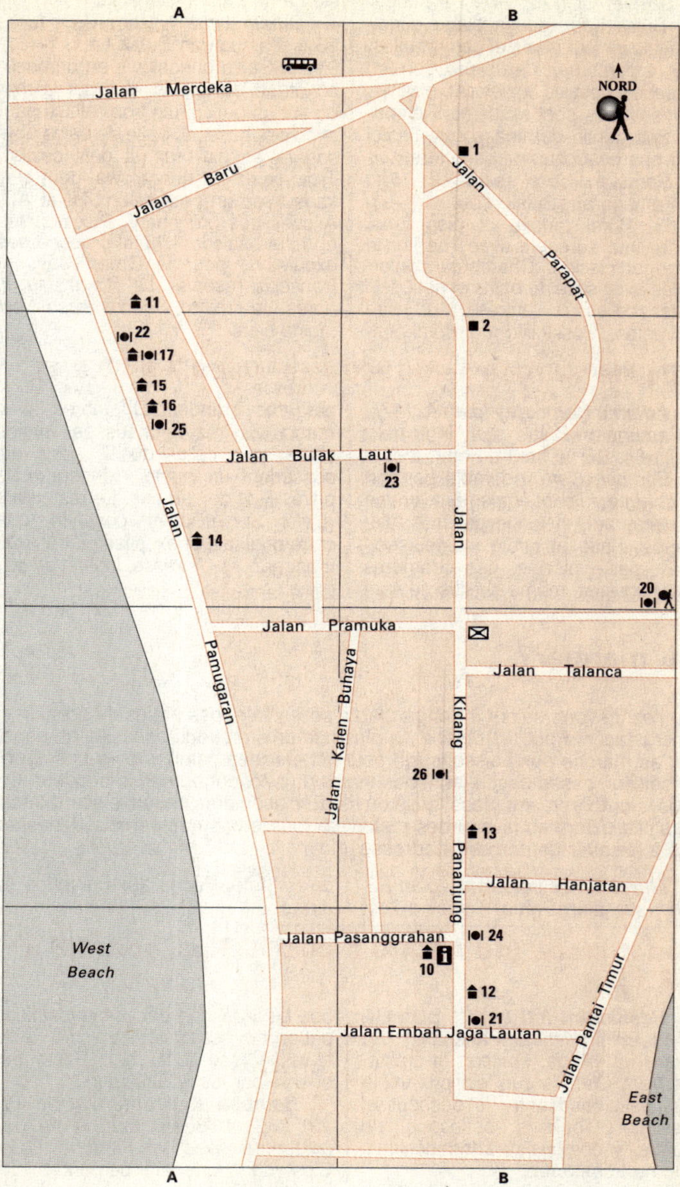

PANGANDARAN

Sunset *(plan A2, **14**)* **:** jl. Pamugaran Bulak Laut, sur la plage ouest. Bungalows tout neufs et confortables, pour 4 personnes, à un prix correct. Chambres doubles également, mais les moins chères sont militaires. Personnel très gentil, dommage que l'hôtel n'ait pas beaucoup de caractère.

Sandaan Hotel *(plan A2, **15**)* **:** jl. Pamugaran Bulak Laut. ☎ 63-91-65. Hôtel rénové et bien tenu. Cadre très agréable avec vue sur la plage et piscine. Chambres confortables avec salle de bains et petit dej'. Éviter celles à l'entrée : un peu bruyantes. Possibilité de demi-pension à un prix raisonnable.

Bulak Laut I *(plan A2, **16**)* **:** 86 jl. Pamugaran Bulak Laut. ☎ 63-91-71. Seize bungalows en bambou, construits sur pilotis. Vue sur la mer ou sur un petit jardin tropical luxuriant avec des bassins. Salle de bains paysagère en plein air et petit balcon. Trois types de bungalows, dont certains avec un petit salon, TV et AC. Accueil très prévenant. Prix doublés en haute saison. L'hôtel propose des excursions pour le Green Canyon. Penser à réserver. Le *Bukat Laut II,* après le resto *Scandinavian,* est moins bien.

Chic (de 120 000 à 250 000 Rps, soit 9,7 à 20,2 €)

Adam's Homestay *(plan A2, **17**)* **:** jl. Pamugaran Bulak Laut. ☎ et fax : 63-91-64. Sur le front de mer, à côté du *Bamboe Café.* Adorable pension de charme, faisant également librairie et restaurant, et tenue par une Allemande. Patio et jardin intérieur soignés, petite piscine. Les chambres sont exquises, même si elles ne sont pas très grandes. Chambres avec *mandi* au rez-de-chaussée, moins chères que celles du 1er étage qui possèdent un *mandi* extérieur mais privé. Petit dej' en sus. Le restaurant *(Café Boole-Boole)* possède une carte originale et excellente (lire « Où manger? »). Adresse intime et soignée.

Où manger?

Profitez de votre séjour à Pangandaran pour y faire des orgies de poisson et de crustacés. Pour les obtenir au plus bas prix, on vous conseille de négocier au marché aux poissons (on peut acheter des gambas pour pas cher). Le poisson passe directement des mains du pêcheur au consommateur. On vous le préparera sur place, grillé ou frit. Et c'est même ouvert le soir. Simple et familial. Bon, au niveau des restos, ça tourne pas mal par ici... N'hésitez pas à essayer de nouvelles adresses.

Marché aux poissons *(plan B2, **20**)* **:** sur jalan Pantal Timur, à l'est de l'isthme. Pêche aux crevettes en direct.

Bon marché (de 10 000 à 20 000 Rps, soit 0,8 à 1,6 €)

Restaurant Inti Laut I *(plan B4, **21**)* **:** 28 jl. Kidang Pananjung. Au centre du village. Poisson et crustacés frais. C'est là que leur prix fait le plus petit bond entre le pêcheur et l'assiette. Toujours beaucoup de monde, y compris des Indonésiens, cela ne trompe pas.

Bamboe Café *(plan A2, **22**)* **:** jl. Pamugaran, sur le front de mer. Ouvert tous les jours de 8 h à 1 h du matin. Toute petite cabane de bambou bien animée par le sympathique patron qui est aussi le cuistot. Petite terrasse face à la mer. Resto fréquenté par les Australiens.

Bamboe & Brothers *(plan B2, **23**)* **:** 62 jl. Bulak Laut. À ne pas confondre avec le *Bamboe Café*! C'est dans une rue perpendiculaire au front de mer. Très bonne petite cuisine, originale, et service super-sympa.

Prix moyens (de 20 000 à 35 000 Rps, soit 1,6 à 2,8 €)

Chez Mama Cilacap *(plan B4, 24)* : 197 jl. Kidang Pananjung. ☎ 63-90-98. Le rendez-vous des routards. Tout le monde y passe à un moment ou à un autre, depuis longtemps. Comme tous ces endroits devenus un peu une « institution », il peut arriver que cela déçoive un peu question cuisine. Mais on continue à le fréquenter, comme une bonne vieille habitude ! Vous dégusterez sur la terrasse couverte des poissons, crabes, crevettes et jus de fruits, agréablement bercé par les tubes que l'on entendait l'été dernier sur les plages de la Côte d'Azur. Assez cher. Le poisson s'achète au kilo. On peut également prendre un petit dej' à l'occidentale (thé, omelette, *pancakes*...). Un vrai lieu de rendez-vous.

Scandinavian Restaurant *(plan A2, 25)* : 8 jl. Pamugaran Bulak Laut. ☎ 63-93-92. Une adresse sympa et agréable en face de la mer, qui n'a de scandinave que quelques lignes sur la carte. Bon poisson à la sauce aigre-douce.

Restaurant nº 1 *(plan B3, 26)* : jl. Kidang Pananjung. À ne pas confondre avec celui de jalan Bulak Laut. L'un des rares à afficher ses prix à l'extérieur. Cadre déjà un peu plus recherché et ambiance confortable.

Un peu plus chic (plus de 35 000 Rps, soit 2,8 €)

Café Boole-Boole *(plan A2, 17)* : à l'*Adam's Homestay* (voir « Où dormir ? »). Dans un *losmen* très mignon, avec son petit patio et son jardin. Carte à dominante italienne, originale et bien réalisée. Gaspacho, tomate-mozzarella ou pizzas (à commander 1 h avant). Yaourt et gâteaux maison. On peut consulter un bouquin dans la librairie tout en se restaurant avec plaisir.

Où dormir dans les environs ?

Losmen Delta Gecko Village *(hors plan par A1)* : ☎ 63-08-86. À 1,5 km du centre-ville, en suivant la West Beach Road. Arrêt de bus : jalan Pamugaran Cikembulan. Les taxis connaissent. Seule adresse encore en activité dans le delta, recommandée par nos lecteurs. Des bungalows à prix moyens, avec vue sur l'océan Indien et dans un cadre d'artiste : le propriétaire, Agus, est un grand amateur de peinture. Délicieuse cuisine mitonnée par sa sœur. Location de vélos et de motos, petite épicerie en dépannage.

À voir. À faire

Les plages : sur le côté ouest de la presqu'île, il existe, au-delà de la réserve naturelle du parc national (ouverte de 7 h à 17 h ; faible droit d'entrée), une magnifique plage de sable blanc où la baignade est peu dangereuse, mais qui est désormais inaccessible par la terre. Malheureusement, l'eau n'est pas très claire et les coraux sont détruits à 70 %. Sinon, du même côté, plus on s'éloigne du parc national, plus c'est calme. Grande plage avec des vagues superbes. Eau très propre, mais mer dangereuse (la zone de baignade, grosso modo au sud de jalan Pramuka, est délimitée par des bouées). Du côté est, plus fréquenté, c'est moins propre, plus bruyant mais plus typique car c'est là que se réalise l'essentiel de la pêche. Attention, se méfier des singes venant de la réserve, qui se promènent sur les plages, à marée basse : ils ont tendance à être agressifs. On peut aussi aller à Batu Karas (lire « Dans les environs de Pangandaran »).

⚲⚲ ***Le marché aux poissons*** *(plan B2,* ***20****)* **:** en fin d'après-midi, sur la plage est, à près de 1 km du centre. C'est animé, coloré et... bon! Auparavant, il est possible d'assister à la pêche au filet, tiré de la plage par toute la famille. Le tri et le partage des poissons entre les membres de la famille est passionnant. Outre les méduses, on y voit des *fugus,* poissons très prisés par les Japonais (mais trop petits ici), dont les entrailles contiennent un poison mortel. Ce poisson est donc abandonné sur la plage et, avant de succomber, il se gonfle comme un ballon; c'est son seul moyen de défense. Ne pas s'amuser à mettre son doigt dans sa gueule car il vous le couperait très facilement.

⚲ ***La réserve naturelle :*** au bout de jalan Kidang Pananjung. Ouvert de 7 h à 17 h. Petit droit d'entrée. La végétation y est très dense, mais on n'y trouve que peu d'animaux. Elle constitue la première partie du parc national qui occupe le reste de la presqu'île. Prévoir une lampe de poche pour visiter des caves.

⚲ ***Le parc national :*** entrée au sud du village; l'accès en est officiellement interdit au-delà de la réserve depuis 1994. Mais l'office de tourisme organise des petits treks le matin pour y découvrir la faune et la flore.

➤ DANS LES ENVIRONS DE PANGANDARAN

Pangandaran est le point de départ idéal pour 2 excursions mémorables. Étant donné l'absence de transports en commun, elles reviennent un peu cher.

⚲⚲⚲ ***Green Canyon :*** à quelque 30 km de Pangandaran. Des excursions en bateau y sont organisées pour la journée. Il s'agit d'une gorge étroite et profonde, dont l'eau est vert émeraude lors de la saison sèche. On y serpente en bateau, on s'y baigne (à condition d'être un bon nageur), les paysages de mangrove sont magnifiques. Vraiment exceptionnel.

⚲ ***La ponte des tortues géantes :*** vers la fin de la saison sèche, entre fin août et fin septembre, à ***Cipatujah,*** il est possible d'assister à la ponte de tortues de plus de 80 kg qui viennent pendant la nuit creuser leur trou et y déposer une centaine d'œufs. C'est assez loin (plus de 80 km) et le spectacle n'est pas garanti puisque les tortues viennent avec la régularité d'une horloge tous les 11 jours. Mais si vous voulez prendre le risque...

Batu Karas : belle plage et spot idéal pour le surf. À 40 km environ. Prendre un bus pour Cijulang (toutes les 30 mn environ entre 9 h et 17 h ou 18 h) puis un *bemo* jaune ou une moto-taxi *(ojek).* Logements sur place bon marché.

QUITTER PANGANDARAN

Vers Yogyakarta

➢ ***En bus :*** prendre un 1er bus jusqu'à Banjar. Départ tous les quarts d'heure entre 5 h et 17 h. Compter 2 h de trajet. Puis prendre un 2e bus pour Yogyakarta. Départ toutes les heures. Compter 7 h à 8 h de trajet supplémentaires. Voyage interminable mais très beau. Vous pourrez également trouver des bus directs pour Yogyakarta, affrétés par des agences de voyages.

➢ ***En bus et en train :*** de Banjar, plusieurs trains vont à Yogyakarta, dont 2 trains de nuit express partant à 21 h et 1 h. Le voyage dure 5 h en express et de 6 à 7 h en *ekonomi* (3 trains entre 9 h et 12 h).

➢ ***En bus et bateau :*** bus directs pour Cilacap, toutes les heures entre 6 h et 15 h environ. Durée : 4 h. Sinon, c'est plus compliqué : prendre un bus tôt le matin en direction de Banjar et s'arrêter à *Kalipucang* (30 à 45 mn). De là, on rejoint la rivière à quelques centaines de mètres jusqu'au bateau (*kapal* en indonésien). Départs à 7 h, 8 h, 12 h et 13 h. Environ 4 h de trajet ; 7 escales et nombreux échanges avec les Indonésiens qui vont au marché, mais il y a de plus en plus de touristes... On traverse des cités lacustres, dans un bras de mer longeant l'île de *Nusa Kambangan.* Pittoresque... ou insupportable, selon les avis !
Arrivé à *Cilacap,* il faut se rendre au terminal des bus soit directement en *becak* (en 30 mn), soit en *becak* jusqu'à la route principale, puis en *bemo.* Bus toutes les heures pour Yogyakarta, 4 à 5 h de trajet. Cette solution est la plus sympa, mais aussi la plus longue. Pour vous faciliter la tâche, vous pouvez acheter auprès de l'office de tourisme ou dans de nombreux hôtels un billet forfaitaire comprenant les trajets en bus et en bateau. C'est plus cher, mais l'intérêt est qu'un bus vous attendra au débarcadère de Cilacap et vous conduira directement à l'hôtel de votre choix à Yogyakarta. Réservez la veille du départ. Toutes les agences pratiquent des prix identiques.
➢ ***En avion :*** l'aéroport récent, situé à 14 km au nord-ouest de Pangandaran, est censé desservir, entre autres, Jakarta, Bandung et Yogyakarta. En réalité, il ne fonctionne pratiquement pas ! Situation à suivre.

LE CENTRE DE JAVA

YOGYAKARTA (YOGYA)

IND. TÉL. : 0274

Yogya pour les intimes – prononcez « Jogja ». Qu'est-ce qui fait la richesse et le prestige de Yogya ? Il y a beaucoup de réponses et on ne peut toutes les citer ! Parmi celles-ci, la proximité du volcan Merapi, empreinte d'une puissante signification mystique pour les Javanais. La trace de ses anciens royaumes : le plus grand monument bouddhique du monde, Borobudur, et les temples hindouistes de Prambanan, jaillissant vers le ciel. Les agriculteurs et les terres d'une province parmi les plus fertiles du globe, depuis plus de 2000 ans... Sa densité humaine (plus de 1000 hab./km^2) et un million d'habitants au bas mot pour la seule agglomération) et sa densité d'humanité. Des milliers de conducteurs de cyclo-pousse qui sillonnent la ville... Enfin, des arts multiples : danses, *wayang, batiks* et artisanats de tous les styles. Et puis, Yogya, ne l'oublions pas, est une ville royale ! Son *kraton* (palais) abrite l'héritier d'une lignée de sultans vers qui tous les regards se tournent dans les moments importants... (Cf. les événements de mai 1998 ayant abouti à la démission de Suharto !) Yogya, c'est aussi le berceau de la mystique javanaise, une spiritualité complexe et particulière, mélangée au *tempo doeloe,* cette nostalgie du « bon vieux temps des Néerlandais ». Yogya, c'est le charme de tous ces paradoxes. Mais qu'on ne s'y trompe pas : elle est une cité bien vivante, jeune (pas moins de 55 universités)... En un mot, créative !
La ville possède de vrais quartiers « routards » : l'agréable Sosro, en haut de la célèbre avenue Malioboro (celle-ci mène au *kraton,* un peu comme les Champs-Élysées mènent à l'Arc de Triomphe, mais version couleur locale !) ; et puis le quartier de Prawirotaman, truffé de restaurants, de *losmen* et de boutiques d'art et d'artisanat très variés. Voilà, maintenant vous savez (presque) pourquoi Yogya est la ville la plus visitée de Java ! Il vous reste à la découvrir.

UN PEU D'HISTOIRE

Et quelle histoire ! Ou : « Pourquoi le *kraton* de Yogyakarta est toujours une force politique et spirituelle importante... »

La naissance de Yogyakarta

La région de Yogya est le cœur géographique et culturel de l'île. C'est ici que régnèrent les royaumes hindouistes et bouddhiques de Sanjaya et de Sailendra, qui donnèrent naissance aux extraordinaires monuments de Borobudur et Prambanan, entre le VIIIe et le Xe siècle. Puis la région entra dans une période de déclin. Les monuments furent abandonnés.
Sa renaissance politique se situe à la fin du XVIe siècle avec l'avènement d'un royaume islamique très puissant, *Mataram.* Son principal souverain s'appelle le sultan Agung. Le royaume change fréquemment de centre, mais un de ses petits-fils, Pakubuwono Ier, achève d'édifier une capitale. Il lui donne alors le de nom de *Ngayogya,* tiré de l'épopée mythique du *Rāmāyana* et signifiant « paix et prospérité ». La cité s'enrichit effectivement du commerce florissant, mais les guerres de succession entament sa puissance... Son successeur, Pakubuwono II, règne alors à Solo (Surakarta) et s'appuie sur le soutien des Néerlandais. Farouchement opposé à cette ingérence, le prince rebelle Mangkubumi obtient la dislocation du royaume à la force du poignet et fait tomber l'ancien territoire royal de Yogya dans son escarcelle. Il y bâtit un *kraton* (palais) et en fait la 2e ville royale de Mataram. Mangkubumi devient alors le sultan de Yogya et prend le nom de Hamengkubuwono Ier (il est à l'origine de la lignée dont le sultan actuel est toujours l'héritier direct). Sous son règne, le royaume devient extraordinairement actif. Mais les guerres de succession reprennent de plus belle, après sa mort en 1792. Les occupants (cette fois, les Anglais, par intérim !) placent le prince Notokusumo sur le trône. Ça n'arrête pas les rivalités pour autant ! Celles-ci culminent au moment de la guerre de Java, entre 1825 et 1830. La lutte contre les Néerlandais est menée dans la région de Yogya par le prince Diponegoro. Après 15 000 morts et 200 000 victimes de la famine et de la maladie, Diponegoro tombe dans un piège des Néerlandais. Il est exilé dans des îles lointaines d'Indonésie. À partir de cette époque, Yogyakarta devient le centre spirituel de la rébellion et des arts ! Des mouvements sociaux et religieux s'y enracinent, comme la *Muhammadiyah,* organisation islamiste toujours active aujourd'hui.

Une dynastie prestigieuse...

En 1940 a lieu le couronnement de Hamengkubuwono IX, alors âgé de 27 ans. C'est une figure marquante. Le père de l'actuel sultan soutient la lutte pour l'indépendance. Il approuve la nouvelle république proclamée par Sukarno en 1945 et abrite dans son *kraton* le gouvernement des rebelles, et un certain Suharto... De fait, Yogyakarta devient la véritable capitale politique et morale du pays. Figure mystique, extrêmement populaire, le sultan inquiète les Néerlandais qui n'osent pas envahir son palais, par crainte de

Adresses utiles

Poste
1 Terminal des bus Umbulharjo
2 Terminal Terban
200 Piscine du Jogja Village Inn

Où dormir ?

200 Jogja Village Inn

Où manger ?

220 Cirebon
222 Kedai Kebun

Où boire un verre ?

200 Jogja Village Inn
230 Etnik Kafe

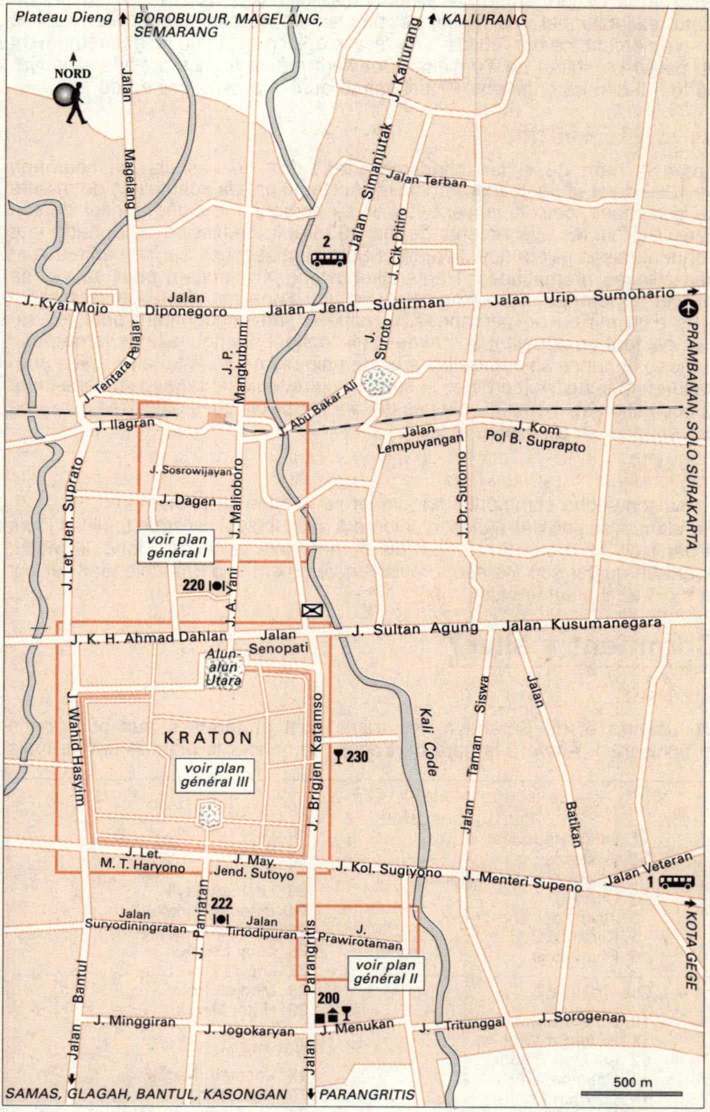

YOGYAKARTA – PLAN D'ENSEMBLE

cet attachement viscéral du petit peuple de Java à son leader ! Celui-ci refuse même de se laisser soudoyer. Le sultanat de Yogyakarta devient l'emblème et le symbole de la lutte contre l'occupant. Du coup, après la libération et la victoire contre les Néerlandais en 1949, Yogyakarta obtient un statut exceptionnel : sa région est proclamée « province spéciale » par le gouvernement, ce qui l'oblige à ne rendre des comptes qu'au gouvernement du pays ! Le sultan de Yogyakarta devient même le vice-président de Suharto... Il démissionne en 1978. Comme quoi, il a peut-être eu du nez.

Le mythe continue !

Après la mort du sultan charismatique, l'aîné de ses fils est couronné en 1989 dans un faste extraordinaire. Acclamé par des centaines de milliers de personnes, ceux-ci veulent voir en sa personne le digne héritier de son père. De fait, les événements de mai 1998 et la démission de Suharto leur donnent raison. Alors que Jakarta et Solo sont secoués par des émeutes et des pillages dramatiques, Hamengkubuwono X intervient pour sauver sa ville et la communauté chinoise. Au cours d'une manifestation réunissant près d'un million de personnes, il rappelle son engagement pour les réformes, tout en appelant au calme. Et il l'obtient. La nouvelle ne tarde pas : Suharto annonce sa démission le lendemain même. L'Histoire se met à nouveau en marche. Aujourd'hui, le sultan inspire toujours le respect dans toute la population et, même s'il n'a pas de fonctions politiques officielles, il exerce un réel pouvoir au niveau local.

CLIMAT

La saison sèche commence fin avril et se termine fin septembre.
Pendant la saison des pluies, d'octobre à avril, il pleut presque tous les jours à partir de 15 h ou 16 h, et parfois durant toute la soirée. Donc, le matin, avant de quitter son *losmen,* prévoir un vêtement imperméable. Janvier est le mois où il pleut le plus.

Comment y aller ?

En train

De Jakarta et de Surabaya, les trains sont préférables aux bus (longs et épuisants). Arrivé à la gare de Yogya, demander le plan de la ville mais

Adresses utiles

- Office de tourisme
- Poste
- 1 Téléphone international
- 2 Change
- 3 Jaya Tour and Travel
- 5 Pacto LTD
- 6 Pharmacie

Où dormir ?

- 10 Hôtel Karunia
- 11 Hôtel Sri Wibowo
- 12 Losmen Bladok
- 13 Penginapan Kunthi
- 14 Losmen Famili
- 15 Hôtel Kota
- 16 Peti Mas Guesthouse
- 17 Kombokarno
- 18 Hôtel Batik Yogyakarta II
- 19 Oryza Hotel
- 20 Hôtel Selekta
- 21 Bagus
- 22 Rejeki Homestay
- 23 Losmen Jaya
- 24 Indonesia Hotel
- 25 105 Homestay
- 26 Lucy Losmen
- 27 Dewi Home Stay I
- 28 Monica Hotel
- 29 Hôtel Mendut

Où manger ?

- 12 Losmen Bladok
- 70 Chaterina
- 71 FM Resto et FM Café
- 72 Old Superman
- 73 Murni Restaurant
- 74 New Superman

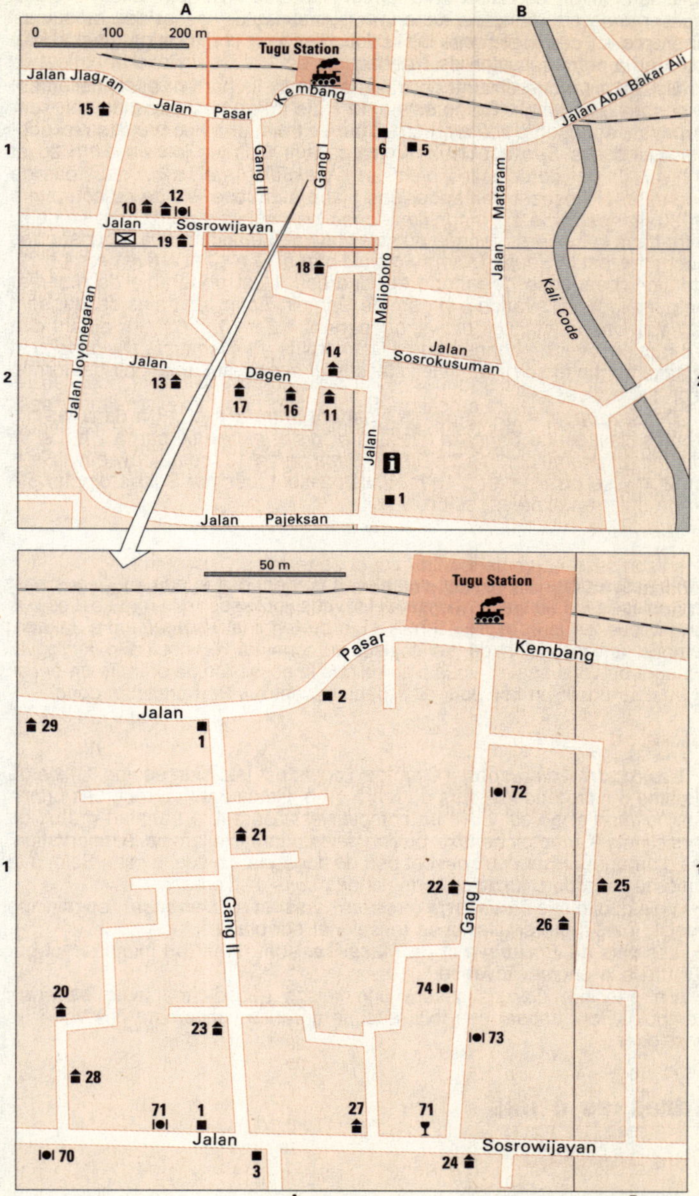

YOGYAKARTA – CENTRE-VILLE (PLAN GÉNÉRAL I)

éviter de changer de l'argent : le taux n'y est pas favorable. Essayer plutôt d'utiliser une carte bancaire dans un distributeur. Se méfier des rabatteurs qui proposent des logements où ils touchent leur commission. Mieux vaut s'en tenir à notre sélection d'adresses.

➢ ***De Jakarta,*** une dizaine de trains par jour. Ils partent essentiellement de la gare de Gambir. Compter 9 à 12 h de trajet. Les trains de nuit sont bien, mais attention à vos affaires ! C'est un trajet archi-connu des pickpockets. Les trains *Senjar Utama Yogya* partent tous les jours à 19 h 20 et 20 h 40. Ils ont des classes *bisnis* et *eksekutif (Argo Lawu)* mais pas de couchettes. Pensez à demander une place à gauche. Vu de ce côté, vers 5 h 30, le spectacle est magnifique avec les enfilades de rizières se détachant dans la lumière orangée du soleil levant. Le seul train à proposer des couchettes est le *Senjar Utama Solo* qui part à 19 h 40 et arrive vers 4 h 20. Attention, beaucoup de monde le vendredi. Il est préférable de réserver quelques jours à l'avance à la gare de Gambir. Enfin, les trains de jour sont les *Fajar Utama* (classes *bisnis*) qui partent à 6 h 10 et 6 h 30 ; autant dire qu'il faut se lever de bonne heure ! Deux trains en *eksekutif* : *Dwipangga* et *Tatsaka* (matin et soir). Dans les classes *ekonomi,* aucun espoir de dormir, qu'on se le dise !

➢ ***De Surabaya,*** 4 trains par jour partant entre 7 h et 18 h dans les différentes classes. Le *Sancaka* (classes *bisnis* et *eksekutif*) part à 7 h. Le *Sri Tanjung (ekonomi)* part à 13 h 30. Le *Bima* part à 18 h et le *Jayabaya Selatan* (2e classe *bisnis*) part à 15 h 45. Ils passent tous par Solo. Compter 5 à 6 h de trajet en express ; sinon, 8 h.

En bus

Bien s'assurer que les bus ont des places numérotées et que les sièges sont inclinables : c'est un élément essentiel si vous voulez dormir en route. Les bus partent tous les jours entre 16 h et 17 h du terminal *Pulogadung* à Jakarta. Compter environ 12 h de trajet jusqu'au terminal d'Umbulharjo à Yogya. À l'heure où vous arrivez, vous n'aurez que la possibilité de prendre un *becak* ou de chartériser un taxi pour aller dans le centre... Peu pratique, donc.

En avion

✈ L'***aéroport Adisucipto,*** à 8 km de Yogya, est très bien équipé. Office de tourisme ouvert tous les jours de 8 h à 17 h. Restaurant correct. Les principaux *losmen* et hôtels y ont un comptoir et assurent le transfert gratuit de leurs clients. Comptoir de taxis où l'on paie un tarif fixe lors de la réservation. Pas d'arnaque. Pour ceux qui ont peu de bagages, *colt* de la jalan Solo, à la sortie de l'aéroport, jusqu'au terminal des *colts* de Terbang.

➢ Vols quotidiens de ***Jakarta*** (environ 7 vols) et de ***Denpasar*** (en principe 3 vols), mais il préférable de se renseigner sur place.

➢ Les vols de ***Surabaya*** et de ***Macassar*** sont rares (au mieux 1 vol par jour) mais là encore, à vérifier...

➢ En principe, *Garuda* assure une liaison quotidienne avec ***Mataram*** (Lombok). Bon, encore une fois, aucune garantie concernant ces vols ! Se renseigner.

Adresses utiles

Infos touristiques

ℹ ***Office de tourisme*** *(plan I, B2)* **:** 16 jl. Malioboro. ☎ 56-60-00 ou 56-28-11. Ouvert du lundi au jeudi de 8 h à 19 h, le vendredi de 8 h à 11 h 30 et de 13 h 30 à 18 h 30, et le samedi de 8 h à 18 h 30. Fermé le dimanche.

Très sympa et compétent ; on y donne de nombreux renseignements, ainsi qu'une carte de la ville, le programme des spectacles et plein de brochures... Demandez Anti, la patronne, qui parle le français. Les horaires des trains et des bus sont affichés et on peut vous réserver n'importe quel ticket pour un voyage, une excursion ou un spectacle. Fait aussi police touristique en cas de problème (de 7 h à 20 h). Bonne organisation. Une annexe est ouverte à la gare tous les jours de 8 h à 15 h. On y parle également le français. Liste d'hôtels, possibilité de consigne et *Wartel* pour téléphoner.

Représentation diplomatique et immigration

■ ***Agence consulaire française :*** c/o *Azimuth Adventure Travel Ltd,* 1 jl. Seruni, Karangasem Baru. ☎ 54-28-12. Fax : 58-28-47. • consulat@azimuth-travel.com • Ouvert du lundi au vendredi de 8 h à 12 h et de 14 h à 17 h. À partir de septembre 2005, le téléphone change : ☎ 0812-269-06-59. Très efficace. Demander M. Dominique Clarisse.

■ ***Bureau de l'immigration :*** jl. Adisucipto, près de l'aéroport. ☎ 56-61-65 ou 51-49-48.

Poste, téléphone

✉ ***Poste centrale*** *(plan III, F5)* **:** jl. Senopati, en bas de Malioboro. Ouvert de 7 h à 21 h. On y trouve un téléphone international. Salle Internet ouverte de 8 h à 21 h (de 9 h à 20 h le samedi). *Money changer* dans la poste et distributeurs de billets en face. Les expéditions de colis se font au 8 jl. Suryotomo *(plan I, A2).*

■ ***Téléphone international*** *(plan I, B2,* ***1****)* **:** *Warpostel Micota,* 2 jl. Malioboro. Nombreux endroits où l'on peut téléphoner 24 h/24. Nous en avons localisé certains sur les différents plans *(plan I, A1 ; plan II, C4 et D3 ; plan III, F5).* Vous trouverez aussi deux cabines à l'office de tourisme et des cabines à carte à l'intérieur de l'hôtel *Natour Garuda,* sur Malioboro. Il existe aussi une cabine en étage dans le bas de Malioboro, bien signalée par un panneau. C'est la plus importante et la plus moderne de la ville.

Argent, banques, change

■ ***Change :*** très nombreux *ATM* (distributeurs) en ville. Ceux des *BII* délivrent de l'argent aux porteurs de cartes *Visa* et *MasterCard.* Les *BNI,* seulement aux *MasterCard.* On vous en indique sur les différents plans *(plan I, A1,* ***2****; plan II, C3,* ***2****).* Très pratique. Sinon, vous avez un *money changer* à la poste, par exemple, mais vous en trouverez aussi beaucoup dans les quartiers routards de Sosro et de Prawirotaman (surveiller les cours néanmoins). Les banques acceptant les chèques de voyage sont la *BNI* et la *Bali Bank.*

■ ***American Express :*** à l'agence de voyages *Pacto* (fermée le dimanche), située dans l'hôtel *Natour Garuda.* Lire aussi la rubrique suivante. On trouve un autre représentant à l'hôtel *Sheraton.*

Compagnies aériennes et agences de voyages

■ ***Garuda :*** 52 jl. P. Mangkubuli. ☎ 51-79-83 ou 56-66-21. Elle a également un bureau à l'aéroport : ☎ 54-38-88.

■ ***Merpati :*** 31 jl. Diponegoro. ☎ 58-93-98. Ouvert du lundi au vendredi de 8 h à 16 h et le samedi de 9 h à 14 h.

■ ***Pacto LTD*** *(plan I, B1,* ***5****)* **:** à l'hôtel *Natour Garuda,* en haut de jl. Malioboro. Également un bureau au *Sheraton Mustika.* ☎ 56-29-06. Ouvert du lundi au vendredi de 8 h 30 à 16 h et le samedi jusqu'à 13 h. Cette agence de voyages peut confirmer ou modifier vos billets d'avion internationaux. C'est aussi un représentant d'*Air France* et, pour vos problèmes de sous, d'*American Express.* Personnel compétent.

■ ***Intras :*** 177 jl. Malioboro. ☎ 56-19-72. S'occupe de tous les vols domestiques.

■ ***Azimuth Adventure Travel :*** 1 jl. Seruni, Karangasem Baru. ☎ 54-28-12. Fax : 58-28-47. • www.azimuth-travel.com • À partir de septembre 2005, le téléphone change : ☎ 0812-269-06-59. Une agence très sérieuse, tenue par un Français, Dominique Clarisse (le même qu'au consulat), amoureux du pays et spécialisé dans les excursions et les trips « aventure » sur Java. Peut aussi vous organiser des tours sur Bali et Lombok.

Loisirs

■ ***Centre culturel français*** (se dit *LIP*) **:** 3 jl. Sagan. ☎ et fax : 56-65-20. Ouvert du lundi au vendredi de 9 h à 19 h et le samedi de 12 h à 16 h. Fermé le dimanche. Dans un joli quartier très verdoyant. Édite un bulletin tous les 3 mois, *La Revue,* distribué à l'office de tourisme. Très bien fait. Expositions. Bibliothèque. Projections de films et possibilité de surfer gratuitement sur Internet. Renseignements par téléphone. C'est aussi l'un des rares endroits en Indonésie où l'on peut consulter la presse française.

■ ***Piscines :*** au *Jogja Village Inn (plan d'ensemble,* ***200****),* au sud de Prawirotaman (voir « Où dormir ? ») ou à l'hôtel *Garuda,* jl. Malioboro. Entrée payante.

■ ***Photo :*** *Duta Foto,* 42 jl. Solo. Ou *Fuji Image Plaza,* 159 jl. Malioboro. Ou encore *Artha,* dans le Malioboro Shopping Mall, jl. Malioboro.

■ ***Journaux et magazines :*** publications françaises uniquement au Centre culturel. Ailleurs, des revues en anglais, comme *Newsweek* ou *Djakarta Post,* sous les arcades de jalan Malioboro, face au centre commercial Mata Hari.

Transports

Terminal des bus Umbulharjo *(plan d'ensemble,* ***1****)* **:** à 5 km du centre, au sud-est de la ville, jalan Veteran, sur la route de Kota Gede et Imogiri. Toutes destinations. Pour y aller : de jalan Mataram (à la hauteur de l'office de tourisme), prendre le *city bus* n° 2. De Prawirotaman, prendre un *becak.* Un tout nouveau terminal de bus doit théoriquement entrer en service en juillet 2005, dans le complexe commercial flambant neuf, construit au bord du « périph' » sud-est. À vérifier à l'office de tourisme.

Urgences

■ ***Assistance médicale aux voyageurs :*** service téléphonique 24 h/24. ☎ 62-00-91 ou 62-03-73. Le personnel parle l'anglais et le français.

■ ***Médecin :*** Dr Marda, 19 jl. Supadi. ☎ 51-32-76. Dans le quartier de Kota Baru. Reçoit du lundi au jeudi de 15 h à 19 h. Parle l'anglais... et trois mots de français.

■ ***Hôpital Panti Rapih :*** jl. Cikditiro. Service d'urgence 24 h/24. ☎ 56-33-33 ou 51-57-09 ou 51-40-04. En cas de gros pépin, aller à l'***hôpital Bethesda,*** le meilleur de la ville : 70 jl. Sudirman. ☎ 58-66-88 ou 85. Sinon, une ***Tourist Clinic :*** ☎ 38-77-75.

■ ***Pharmacie*** *(plan I, B1,* ***6****)* **:** *P.T. Kimia Farma,* 179 jl. Malioboro, face à l'hôtel *Garuda.* ☎ 56-21-21. Ouvert du lundi au samedi de 8 h à 22 h et le dimanche de 11 h à 23 h.

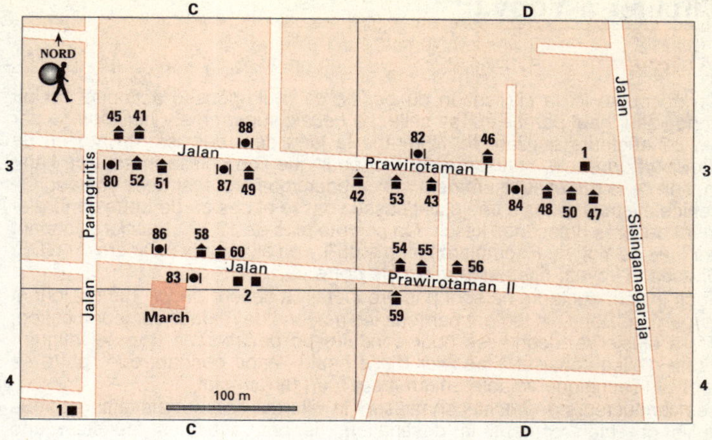

YOGYAKARTA – LE QUARTIER DE PRAWIROTAMAN (PLAN GÉNÉRAL II)

Adresses utiles

1 Téléphone
2 Change

Où dormir ?

41 Puri Pertiwi
42 Hôtel Sumaryo
43 Rose Guesthouse
45 Indraprashta
46 Perwita Sari Guesthouse
47 Sartika Home Stay
48 Galunggung Guesthouse
49 Prambanan Guesthouse
50 Hôtel Kirana
51 Airlangga
52 Wisma Gajah
53 Duta Guesthouse
54 Muria Guesthouse
55 Metro Guesthouse
56 Agung Guesthouse
58 Mercury Guesthouse
59 Makuta Guesthouse
60 Delta Home Stay

Où manger ?

80 Tante Lies
82 Renzo Café Tonga
83 Bamboo House
84 Via Via
86 Free't
87 Palma House
88 Hanoman's Forest

Avertissement

Si Yogya est un terrain de prédilection pour les faux guides locaux qui se prétendent étudiants et pour les pickpockets, ne tombons pas pour autant dans la paranoïa ! Disons qu'on vous informe, c'est tout. Ils ont tendance à exercer leurs activités coupables aux gares, au marché (leur lieu favori), sur Malioboro, ainsi que dans les transports en commun. Un peu de prudence et de discernement vous éviteront bien des ennuis. Sous prétexte de *practice english* ou de vous indiquer le chemin, ils vous conduiront inévitablement dans leur école de *batik,* perdue dans un dédale de ruelles. Que vous achetiez ou non, ils ne vous raccompagneront pas mais essaieront de vous extorquer le maximum de *rupiahs.*
Il y a aussi de vrais étudiants qui ont envie de parler le français et sont totalement sympathiques ! On peut les rencontrer notamment au centre culturel français (LIP).

Circuler à Yogya

En *becak*

On découvre ici la civilisation du *becak,* ce cyclo-pousse actionné par un conducteur haut perché sur sa selle. Le *becak,* surnommé « *helikopter* » par les conducteurs qui font de la retape le long des rues, est un moyen de transport agréable, suffisamment lent pour que l'on puisse profiter de l'animation de la rue et suffisamment rapide pour vous protéger de la chaleur. Ce véhicule à trois roues a une caisse assez basse et des garde-boue généralement décorés de scènes kitsch. On compte plus de 12000 *becaks* sillonnant les rues de Yogya. Il semblerait même qu'il y en ait un aux couleurs du *GDR.* Si vous le voyez, dites-lui bonjour de notre part!

Tous les conducteurs ne sont pas propriétaires de leur *becak,* qui est loué à la journée. Donc, ils tentent par tous les moyens de rentabiliser leur location. Il y a plusieurs techniques pour conduire un *becak* sans trop se fatiguer. L'une d'elles consiste à pédaler d'une seule jambe pendant que l'autre se repose. Technique valable uniquement... en terrain plat.

Les conducteurs de *becak* connaissent la ville par cœur, mais assurez-vous qu'ils ont bien compris la destination. Ils ont, avec les touristes, une fâcheuse tendance à s'arrêter devant des boutiques. Ne jamais prendre un *becak* devant un *losmen.* Le prix annoncé peut paraître bas dans certains cas, mais le conducteur espère bien vous faire effectuer des achats sur lesquels il gagnera beaucoup plus qu'avec la course. Vous aurez beaucoup de mal à vous en débarrasser. Certains conducteurs sont assez collants et n'hésitent pas à vous poursuivre sur plusieurs dizaines de mètres. Restez calme et souriant en leur disant *jalan jalan,* « je marche », formule magique pour qu'ils vous laissent tranquille. Plutôt que de payer à la course, on recommande de louer à l'heure, c'est plus intéressant (se baser sur un prix moyen de 1500 Rps l'heure, mais ça peut changer avec la crise...). Sachez que les chauffeurs touchent 5 % de commission sur les *batiks* et les bijoux, 10 % sur les chambres et jusqu'à 25 % dans des hôtels comme la *Rose Guesthouse* ou la *Metro Guesthouse.*

Attention à une certaine technique qui semble se dessiner avec des conducteurs malhonnêtes : ils donnent le prix en centaines de *rupiahs* et le transforment en milliers à l'arrivée. Le mieux est alors, au moment de la négociation, de tendre un stylo au chauffeur qui écrit la somme dans la paume de sa main. Les conducteurs essayent de fidéliser leur clientèle et peuvent alors donner mille tuyaux sur leur ville, dont ils ont seuls le secret. Ils sauront vous reconnaître dans la foule et vous attendre. Possibilité de rendez-vous. Le *becak* est le meilleur moyen pour parcourir la ville.

En taxi

Le nouveau luxe de Yogya, car jusqu'en 1990 seuls les *becaks* faisaient la loi dans la rue. Maintenant, plusieurs compagnies de taxis équipés de compteur et de radio permettent de circuler plus vite et à l'abri des intempéries. En théorie, les chauffeurs doivent mettre l'*argometer* (compteur). Mais en pratique, il faut souvent l'exiger, par téléphone et/ou dans le taxi!

Trois compagnies censées jouer le jeu selon les règles : *Pandawa* (☎ 56-31-11) et *Ria* (☎ 58-61-66). La meilleure compagnie : *JAS* (☎ 37-37-37).

En *andong*

Calèche à quatre grandes roues peintes en jaune. Les chauffeurs ont gardé le costume traditionnel avec le turban. Il ne faut pas être pressé, mais c'est une manière agréable de se déplacer, si l'on est plusieurs.

À bicyclette

Nombreux loueurs. S'adresser à son *losmen.* Bon marché. Attention, pas d'assurance et vols possibles.

À moto

Les *losmen* connaissent les meilleurs loueurs. Aucun intérêt pour circuler en ville. Intéressant seulement pour découvrir la région.

En voiture

Comme pour la moto, la location d'une voiture est surtout intéressante pour visiter les environs de Yogyakarta. Ne pas hésiter à comparer les prix et, surtout, à poser la question de la couverture de l'assurance.

■ ***Star Car Rental :*** 22 jl. Laks, Adisucipto. ☎ 56-24-03. Ouvert de 8 h à 17 h. Horaires rallongés pendant les vacances. Recommandé par l'office de tourisme.

En bus

Bon réseau desservant toute la ville. Les bus *Bis Kota* sont orange, blancs ou rayés bleus, et portent des numéros. Leur utilisation est très simple et très économique. Ils fonctionnent de 6 h à 17 h. Tous les *Bis Kota* desservent le terminal des bus Umbulharjo *(plan d'ensemble,* ***1****),* jalan Veteran, au sud de la ville.

Où dormir ?

Les hôtels sont regroupés dans deux quartiers principaux : à Sosro, entre la gare et le centre (pour les adresses les plus économiques), et à Prawirotaman, dans le sud de la ville. C'est dans ce dernier qu'on trouve l'essentiel des adresses pour touristes. Elles se succèdent sans interruption tout au long de deux rues parallèles : Prawirotaman I et II. Plus calmes, plus confortables (souvent avec piscine), mais assez loin du centre. On ne peut pas tout avoir ! Nous, on préfère Prawirotaman, qu'on juge plus reposant avec son petit côté « villageois », mais les goûts et les couleurs...

Dans le quartier de Sosro

On l'appelle couramment Sosro, du nom de jalan Sosrowijayan, l'une des rues principales du secteur. C'est un quartier formé par un réseau de ruelles et de venelles, très étroites, bordées de petites maisons basses, avec plein de pensions bon marché et de restos à prix doux. Pour y aller (voir le plan d'ensemble de la ville et celui, plus détaillé, du centre ville – Plan général I) en sortant de la gare ferroviaire, après le passage à niveau, tourner à droite, on tombe sur jalan Pasar Kembang ; une petite ruelle sur la gauche permet d'entrer dans ce quartier très routard. La plupart des adresses se situent dans un périmètre délimité par Pasar Kembang, Malioboro et Sosrowijayan. Par rapport au quartier de Prawirotaman, excentré, au sud de la ville, le quartier de Sosro offre un éventail moins large d'hébergements (moins confortables) mais il a l'avantage d'être très central, tout près de jalan Malioboro, et un peu plus abordable.

Bon marché (de 25 000 à 50 000 Rps, soit 2 à 4 €)

🏠 ***Dewi Home Stay I*** *(plan I, A1, 27)* ***:*** jl. Sosrowijayan GT 1/115. ☎ 51-60-14. Fax : 622-82. *Losmen* familial, un peu à l'écart des autres pensions mais où l'accueil est vraiment très chaleureux. La décoration intérieure est inhabituelle : antiquités, statues, objets rares, artisanat indonésien. À l'entrée, comme dans les chambres, on sent la patte et le style d'une bonne maison. De plus, il a été rénové récemment. Chambres avec douche, ventilo et moustiquaire. Il y a même une chambre équipée d'un lit à baldaquin, et une autre avec un lit rétro, style Art déco sous les tropiques... Seul bémol : le calme relatif, pour cause d'aéroport et mosquée à proximité. Petit dej' non inclus et un peu cher, cela dit. Mais ça reste notre meilleure adresse dans cette catégorie.

Hôtel Selekta *(plan I, A1, **20**) :* jl. Sosrowijayan Wetan GT 1/150. ☎ 56-64-67. À l'écart des autres *losmen* du quartier, à proximité de la mosquée (réveil matinal en perspective...). C'est plus facile de l'atteindre par jalan Sosro (1er gang à droite après le gang II). Une bonne petite adresse disposant de plusieurs chambres propres et spacieuses avec fenêtres ouvrant sur un agréable patio intérieur, calme et verdoyant. Les chambres sont grandes et équipées de ventilateurs, avec un ou deux lits et *mandi*. Sert le petit dej'. Bref, un bon rapport qualité-prix. Ferry, le jeune gérant, vous réservera un accueil souriant. Il propose aussi des chambres dans la *Ella Homestay* (très rudimentaire).

Bagus *(plan I, A1, **21**) :* 57 gang II. ☎ 51-50-87. Dans une ruelle entre Pasar Kembang et Sosrowijayan. *Bagus* veut dire « super » en indonésien. C'est un peu exagéré. Chambres sombres et passablement négligées, avec douches communes, mais avec un éventail de prix très large, dortoir compris. Thé ou café à volonté et possibilité de faire laver son linge pour presque rien. Ventilo. Documentation intéressante également.

Rejeki Homestay *(plan I, A1, **22**) :* 70 gang I. ☎ 51-40-84. Chambres doubles, pas chères, avec *mandi* et ventilo, mais un peu petites. C'est propre et sympa. Thé non inclus (c'est rare).

Losmen Jaya *(plan I, A1, **23**) :* 9 Sosrowijayan W. gang II GT 1/79. Accolé au resto *Heru Jaya*. Appartient à l'agence Jaya. Le *losmen* le moins cher de tout le quartier, mais aussi le plus miteux. Chambres sommaires avec *mandi* extérieur. Pas de petit dej' mais thé gratuit. Pour ceux qui sont à 1 000 Rps près. Bon accueil.

Indonesia Hotel *(plan I, A1, **24**) :* 9 jl. Sosrowijayan. ☎ 58-76-59. Derrière une entrée peu engageante, un petit hôtel tout simple et assez sommaire. Chambres avec salle d'eau et ventilo, disposées autour d'un patio décoré de plantes et d'oiseaux (en cage). Accueil prévenant. Entretien négligé, dommage. Beaucoup d'Indonésiens.

105 Homestay *(plan I, B1, **25**) :* 105 gang I. ☎ 58-28-96. Dans une ruelle donnant sur le gang I. Très joli *losmen* rénové et plein de couleurs ! Déco originale. Propose 10 chambres avec *mandi*. Belle lumière naturelle dans les chambres, presque du luxe ! Pas de petit dej'. Problème : les copains du patron qui regardent la télé volume à fond dans le hall.

Lucy Losmen *(plan I, A1, **26**) :* jl. Sosrowijayan GT 1/94. ☎ 51-34-29. Adresse sans prétention, bien située, dépendant d'une petite galerie d'artisanat exposant aussi quelques *batiks*. Souvent plein. Accueil désinvolte.

Prix moyens (de 50 000 à 90 000 Rps, soit 4 à 7,3 €)

Hôtel Karunia *(plan I, A1, **10**) :* 78 jl. Sosrowijayan. ☎ 56-50-57. Plusieurs types de chambres refaites récemment, plutôt agréables et aérées, de la simple avec *mandi* sur le palier à la double avec ventilateur et *mandi* à l'intérieur (plus chère). Éviter celles avec balcon donnant sur le côté rue, à cause du bruit. Petit dej' en terrasse. Bon accueil. Moins cher que les adresses de la même catégorie.

Losmen Bladok *(plan I, A1, **12**) :* 76 jl. Sosrowijayan. ☎ et fax : 52-38-32. • bladok@yogya.wasantara.net.id • Un *losmen*-restaurant dans une maison neuve, tenu par un Indonésien marié à une Allemande (Britta). Accueil jeune et sympa. Carte *Visa* acceptée. Quatre catégories de chambres, propres et coquettes, mais seules les *standard* ou *deluxe* entrent dans notre catégorie de prix. Elles suffisent bien ! Les moins chères ont juste un *mandi*. Pour un peu plus, balcon et eau froide. Les plus chères ont la clim'. L'hôtel est joliment décoré dans un design traditionnel, et il est lumineux. Petit dej' copieux, thé à volonté (thermos à chaque étage). Restaurant servant une bonne cuisine européenne et quelques plats indonésiens. Un peu plus cher qu'ailleurs mais ça le vaut. Joli dessin au fond de la piscine. Propose des excursions. Mieux que la plupart des pseudo-hôtels chic du coin. C'est dire si c'est véritablement une excellente adresse !

■ ***Oryza Hotel** (plan I, A1, **19**) :* 49-61 jl. Sosrowijayan. ☎ 51-24-95. Face au *Losmen Bladok*. Hôtel très propre proposant des chambres avec ou sans *mandi* (bien sûr, dans ce cas, les prix ne sont pas les mêmes). Les chambres avec *mandi* sont également plus grandes. Accueil très moyen. À part trois petits mots d'anglais, on n'y parle que l'indonésien.

■ ***Monica Hotel** (plan I, A1, **28**) :* jl. Sosrowijayan GT 1/192. ☎ 58-05-98. Près du *Selekta*. Propose des chambres dépouillées mais propres. Prix raisonnables. Accueil aimable.

Plus chic (de 90 000 à 150 000 Rps, soit 7,3 à 12,1 €)

■ ***Hôtel Mendut** (plan I, A1, **29**) :* 49 jl. Pasar Kembang. ☎ 56-34-35. Fax : 56-47-53. • mendutyogya@hotmail.com • Dans la rue de la gare. Hôtel qui a dû avoir quelque charme, avec ses faux airs de pavillon colonial, furieusement décati aujourd'hui. Il répond aux critères de confort qu'on attend de sa catégorie, rien de plus. Équivalent d'un 2 étoiles en France. Cela va de la chambre *standard* à la *suite*, et toutes ont l'eau chaude et l'air climatisé. Piscine, service de laverie, etc. Le petit dej' est inclus, mais pas les taxes de 21 %. Adresse fonctionnelle, pratique pour sa proximité avec la gare. Cartes de paiement acceptées.

Autour de Sosro et de Malioboro

Bon marché (de 30 000 à 50 000 Rps, soit 2,4 à 4 €)

■ ***Penginapan Kunthi** (plan I, A2, **13**) :* 81 jl. Dagen. ☎ 58-06-12. Adresse sobre à l'atmosphère dépouillée. Propose de grandes chambres, simples mais claires et aérées. La moins chère est bon marché mais sombre et sans *mandi* ; à éviter. Sinon, le prix est un peu plus élevé si vous prenez un ventilateur. Il y a une très grande chambre pour 3 personnes, la demander en priorité. Pas de petit dej', mais du thé ou du café. Le personnel ne parle pas l'anglais.

■ ***Losmen Famili** (plan I, A2, **14**) :* 14 jl. Dagen. ☎ 51-27-74. Immeuble récent abritant une vingtaine de chambres à la déco banale mais bien tenues. Celles avec *mandi* sont plus chères mais plus correctes que les autres. Pas de petit dej' ici. Dommage, l'endroit n'est pas vilain. Un peu cher pour sa catégorie quand même.

– Les hôtels de *jalan Sosrokusuman*, de l'autre côté de Malioboro, sont assez moches, sales et pas vraiment bon marché. On est franchement mieux du côté de jalan Dagen, en face ! Donc, n'y aller qu'en cas d'urgence, si des cars entiers de touristes ont envahi toutes les bonnes adresses.

Prix moyens (de 50 000 à 90 000 Rps, soit 4 à 7,3 €)

■ ***Hôtel Sri Wibowo** (plan I, A2, **11**) :* 23 jl. Dagen. ☎ 56-30-84. Face au *losmen Famili*. Oui, on sait, cet hôtel a tout d'un hôtel chic ! C'en est un, mais ce qui peut être intéressant ici, ce sont les chambres dites *eko-*

nomi, qu'on peut négocier pour moins de 50 000 Rps (5 €). Elles sont avec *mandi* extérieur mais incluent le petit dej' et les taxes. Elles sont bien pour le prix (quoique étroites) et permettent de bénéficier d'un environnement d'hôtel chic.

Plus chic (de 90 000 à 150 000 Rps, soit 7,3 à 12,1 €)

Hôtel Kota *(plan I, A1, **15**)* **:** 1 jl. Jlagran. ☎ 51-58-44 ou 45. • hotel kota@eudoramail.com • À l'angle de jalan Pasar Kembang et de jalan Joyonegaran. Transfert gratuit pour l'aéroport pour les chambres les plus chères. Vieil hôtel d'époque coloniale (c'est un euphémisme), avec un magnifique carrelage et un mobilier ancien (re-euphémisme), qui date officiellement de 1918. Il a gardé un certain charme, disons suranné. Chambres *ekonomi* très petites, avec eau froide. Les *standard* et *moderate* sont petites aussi mais ont de l'eau chaude. Les *superior* sont plus grandes, très hautes de plafond et climatisées, mais à prix chic. Petite TV dans toutes les chambres. Petit dej' inclus. Un poil bruyant (prendre les chambres du fond), mais c'est assurément l'une des plus belles adresses de la ville. Discount hors saison. Cartes de paiement acceptées.

Peti Mas Guesthouse *(plan I, A2, **16**)* **:** 27 jl. Dagen. ☎ 56-19-38. Fax : 58-01-88. • petimas@yahoo.com • Hôtel de charme doté d'une belle architecture. Non, ce n'est pas un petit mas... à la provençale. Mais le cadre est à la hauteur du nom : joli jardin agrémenté d'un bassin avec poissons et d'une piscine (sans poissons). Chambres au calme, très bien tenues, avec ventilateur ou AC. Plusieurs niveaux de confort et de prix (ils varient de 1 à 8). Les moins chères valent le déplacement. Une très belle adresse.

Kombokarno *(plan I, A2, **17**)* **:** 49 jl. Dagen. ☎ 51-50-32. Hôtel neuf, mais sans piscine ni jardin. Lustre impressionnant en façade, et il y en a d'autres à l'intérieur. Bien tenu. La chambre simple comprend petit balcon et ventilo ; la supérieure, l'AC et un lit *king size.* Petit dej' inclus, mais ajouter la taxe de 10 %. Pour 1 ou 2 nuits, ça va.

Chic (de 150 000 à 250 000 Rps, soit 12,1 à 20,2 €)

Hôtel Batik Yogyakarta II *(plan I, A2, **18**)* **:** Taman Yuwono Complex. ☎ 56-18-28. Fax : 56-18-23. • batik cottage@yahoo.com • Accès par jalan Dagen ou jalan Sosrowijayan : il faut s'enfoncer un peu dans une allée (suivre le panneau). Adresse originale, en pleine ville mais en retrait. Jolis cottages autour d'une piscine dans une enceinte. Surprenant ! Et agréable. Tarifs en dollars, mais on peut les convertir en roupies. Un peu cher par rapport au confort proposé. Mais l'originalité, ça se paie, non ?

Dans le sud, à Prawirotaman

À la sortie sud de la ville, sur la route de Parangtritis. Malheureusement, quartier un peu excentré. Pour y aller, prendre le *Bis Kota* n° 2, sur jalan Mataram (derrière Malioboro), et pour revenir au centre-ville, reprendre le même bus sur jalan Parangtritis. Prawirotaman I et II sont des rues parallèles qui donnent dans jalan Parangtritis et jalan Sisingamangaraja (*plan général II* et *plan d'ensemble, C-D3-4*). Dans l'ensemble, les hôtels proposent tous le même genre de services à des prix assez similaires dans leurs catégories. L'accueil et la déco font la différence. Tout cela fait évidemment beaucoup moins routard que Sosro, mais ceux qui cherchent à se poser pour quelques jours de détente trouveront ici un peu plus de confort. Ils affichent presque tous plusieurs catégories de chambres. Tous les gros *losmen* ont théoriquement une navette gratuite de l'aéroport : vous leur téléphonez et ils vous envoient une voiture.

Il est impossible de citer les différents hôtels de Prawirotaman sans vous informer sur les ***Metro*** et ***Rose Guesthouses,*** véritables institutions du quartier. Dopées par leur succès, elles sont devenues de véritables usines à touristes : 4 implantations différentes pour la *Metro.* Aujourd'hui, elles proposent TOUT : chambres à tous les prix et tous les services possibles et imaginables. Qualité détestable... Attention à ceux qui veulent vous y emmener à tout prix (c'est le cas de le dire), car ils sont commissionnés.

Dans Prawirotaman I

Bon marché (de 25 000 à 50 000 Rps, soit 2 à 4 €)

De moins en moins d'adresses bon marché dans le quartier. Les derniers *losmen* de la grande époque hippie ont fermé leurs portes avec la crise...

🏠 ***Puri Pertiwi*** *(plan II, C3,* ***41****) :* 171 MG III jl. Prawirotaman I. ☎ 37-42-15. Entrée face à l'hôtel *Indraprashta.* C'est en retrait, au bout d'une allée. Bonne petite adresse au calme, propre et bon marché. Chambres un peu sombres, à la peinture écaillée, mais le petit dej' est inclus.

🏠 ***Indraprashta*** *(plan II, C3,* ***45****) :* 169 MG III jl. Prawirotaman I. ☎ 37-40-87. Un peu en retrait de la rue, au fond d'une petite allée. Un hôtel récent composé de 2 bâtiments face à face, séparés par un jardin adorable. Chambres très propres et calmes avec salle de bains (eau froide, douche), assez sommaire. Deux tarifs : avec ventilo ou AC. Petit dej' compris. Tenu par des jeunes prodiguant un accueil sympathique. Prix très corrects. Belle adresse. Accepte la carte *Visa.*

Prix moyens (de 50 000 à 90 000 Rps, soit 4 à 7,3 €)

Dans cette catégorie, on trouve des adresses proposant plusieurs gammes de prix, d'assez bon marché à presque chic. Commencez par celles-là, vous y trouverez peut-être votre bonheur (à votre budget) !

🏠 ***Perwita Sari Guesthouse*** *(plan II, D3,* ***46****) :* 31 jl. Prawirotaman I. ☎ 37-75-92. Fax : 45-04-17. • perwitasariguesthouse@yahoo.com • Un des meilleurs accueils du quartier merci à monsieur Suhartono, le patron de cette pension très bien tenue. À l'entrée, un panneau indique « *no commission* », un bon signe. Chambres sans charme particulier, hormis les hauts lits en bambou, mais calmes, propres et fraîches, avec salle de bains et petit dej'. Les chambres économiques n'ont que l'eau froide mais disposent d'un ventilateur. En demander une au 1er étage, car elles sont plus claires. La plupart donnent sur la petite piscine intérieure.

🏠 ***Hôtel Sumaryo*** *(plan II, C-D3,* ***42****) :* 22 jl. Prawirotaman I. ☎ 37-75-52. Fax : 37-78-18. En tout, 40 chambres pour 4 niveaux de confort. De la plus simple avec ventilateur et eau froide à la plus chic avec AC et eau chaude. Chambres assez spacieuses mais pas toutes récentes, et assez sombres. Éviter les catégories *top,* leur prix est vraiment exagéré. L'avantage est qu'elles sont au calme. Demander la n° 19 ou la n° 20, près de la piscine, ou celles qui s'ouvrent sur une petite terrasse bien aérée. Petit dej' et goûter inclus. Accueil agréable. Discount possible d'environ 25 %. Également une annexe juste en face où les chambres ne sont vraiment pas chères (avec *mandi*).

Sartika Home Stay *(plan II, D3, 47)* **:** 44 A jl. Prawirotaman I. ☎ 37-26-69. Deux catégories de chambres, toutes avec salle de bains (baignoire dans les plus chères, et eau froide). Fraîches et propres. Petit dej' compris. Mais pour être francs, on a trouvé l'endroit tristounet.

Rose Guesthouse *(plan II, D3, 43)* **:** 22 et 28 jl. Prawirotaman I. ☎ 37-79-91 ou 38-00-11. Très grande *guesthouse* proposant un éventail de prix variés. Les chambres économiques au rez-de-chaussée sont plus sombres que celles équipées de l'air conditionné et n'offrent que de l'eau froide. En outre, par rapport aux concurrents, elles ne sont pas si économiques... Entretien négligé.

Plus chic (de 90 000 à 150 000 Rps, soit 7,3 à 12,1 €)

Plein de belles adresses dans cette catégorie. Exotisme, confort, propreté, jardin et piscines pour des prix encore très raisonnables...

Hôtel Kirana *(plan II, D3, **50**)* **:** 30-38 jl. Prawirotaman I. ☎ 37-66-00. Fax : 37-22-62. On est bien accueilli dans le hall kitsch et rétro de cette grosse maison. Mobilier à l'ancienne et dorures à profusion. Les chambres sont grandes et propres, avec ventilateur ou AC et salle de bains (avec eau chaude). Petit dej' (et goûter !) inclus. Quelques chambres moins chères, autour d'un jardin intérieur, dans l'annexe en face. Bonne pension de style un peu (trop) bourgeois.

Galunggung Guesthouse *(plan II, D3, 48)* **:** 36 jl. Prawirotaman I. ☎ 37-69-15. Connu aussi sous le nom d'hôtel Tilamas. Statues d'un kitsch total à l'entrée ! L'intérieur fait un peu dispensaire de campagne, mais l'accueil est très souriant. Très propre (toujours la touche clinique), avec une petite piscine dans la maison d'en face. Deux catégories de chambres, les plus simples équipées de ventilateur, les plus chères disposant de l'eau chaude et de l'air climatisé. Petit dej' copieux inclus.

Prambanan Guesthouse *(plan II, C3, 49)* **:** 14 jl. Prawirotaman I. ☎ 37-61-67. Fax : 38-42-56. Notre préférée dans ce quartier ! Accueil à la fois affable et professionnel. Chambres vastes, propres, calmes, avec ventilateur ou AC (plus chères). Une déco soignée et originale, qui ne se contente pas des habituels meubles de récup'. Petite piscine dans le jardin peuplé d'oiseaux et de poissons. Remarquable rapport qualité-prix dans cette catégorie plus confortable. Copieux petit dej' inclus dans le prix. Bonne documentation sur la ville en anglais. Personnel très motivé. Ouf, n'en jetez plus ! Paiement en chèques de voyage ou en dollars possible.

Airlangga *(plan II, C3, **51**)* **:** 6-8 jl. Prawirotaman I. ☎ 37-80-44. Fax : 37-14-27. • airlangga_hotel@yahoo.com • Probablement la *guesthouse* la plus *select* de la rue, et qui ressemble plutôt à un hôtel de par ses dimensions. On aime bien la décoration des lieux, avec des statues partout. Deux piscines, dont une pour enfants, restaurant, jardin agréable. Discothèque fréquentée le samedi, donc assez bruyant ce soir-là. Chambres avec tout le confort (digne d'un bon 2 étoiles chez nous), mais préférer celles en étage, plus claires qu'au rez-de-chaussée. Personnel sympa.

Wisma Gajah *(plan II, C3, **52**)* **:** 4 jl. Prawirotaman I. ☎ 37-56-59. Fax : 37-20-37. C'est la même maison que l'excellent *Mercury* (lire plus loin). Grande *guesthouse* fonctionnelle et bien entretenue, autour d'une petite piscine. Chambres très propres avec ventilateur ou AC. Petit dej' inclus. Accueil sympa.

Chic (de 150 000 à 250 000 Rps, soit 12,1 à 20,2 €)

Duta Guesthouse *(plan II, D3, 53)* **:** 26 jl. Prawirotaman I. ☎ et fax : 37-20-64. • dutagh@indo.net.id • Beaucoup de charme. Chambres disposées autour d'une très belle piscine ou d'un agréable jardin intérieur avec des plantes grimpantes. Pour éviter le réveil matinal de la mosquée, prendre une chambre au fond. Plusieurs types de chambres, avec ventilateur ou AC (quelques économiques sans salle de bains). Les plus chères ont une salle de bains ouverte sur l'extérieur et un mobilier ancien. Tout cela est très bien, très cosy, mais quand même, c'est un poil cher ! Bon accueil souriant. Salle de musculation près de la piscine pour les adeptes. Cartes de paiement et chèques de voyage acceptés. Discount négociable.

Dans Prawirotaman II

Prix moyens (de 50 000 à 90 Rps, soit 4 à 7,3 €)

Delta Home Stay *(plan II, C3, 60)* **:** 597 A MG III jl. Prawirotaman II. ☎ 38-83-78. Fax : 37-20-64. Belle adresse proposant des chambres très propres, avec salle de bains et ventilateur ou AC. Également des chambres économiques, sans salle de bains. Petit dej' et snack le soir. Très belle architecture (mélange de bois, pierre et carrelage) et d'amusantes statuettes disposées dans le jardin. Jolie piscine. Un bon rapport qualité-prix.

Agung Guesthouse *(plan II, D3, 56)* **:** 68 jl. Prawirotaman II. ☎ 37-55-12. À côté de la *Metro Guesthouse.* Trois catégories de chambres bien tenues, mais un rien pompeuses, avec ventilateur, plus des chambres avec l'AC (plus chic). Petit dej' devant la piscine dont le mur paysager fait penser à un décor de Tarzan. Accueil charmant. Réductions possibles. Une adresse agréable.

Muria Guesthouse *(plan II, D3, 54)* **:** jl. Prawirotaman II, près de la *Metro Guesthouse.* ☎ 37-72-11. Une seule catégorie de chambres à prix coûtant. Disposées autour d'un petit patio. Atmosphère familiale et sympathique. Petit dej' inclus. Vu le prix, c'est très bien.

Metro Guesthouse *(plan II, D3, 55)* **:** 71 jl. Prawirotaman II. ☎ 37-23-64. Fax : 37-20-04. • cafeyg2@dola.net.id • La plus grande pension du quartier, avec plein d'annexes différentes. Petite usine à touristes, en effet, qui a ses qualités et ses défauts. Parmi les qualités : le nombre de chambres, les innombrables services proposés, le restaurant, la piscine, la laverie, le bureau de change, la librairie, la connexion à Internet, la possibilité de louer des voitures, les excursions à Borobudur et à Prambanan, etc. Une adresse à tous les prix, mais tellement grande que l'accueil et le cadre sont assez impersonnels.

Makuta Guesthouse *(plan II, D4, 59)* **:** 72 jl. Prawirotaman II. ☎ 37-10-04. Chambres assez vastes, avec salle de bains (certaines avec eau chaude). Petit dej' compris. Bonne literie. Petit jardin pas terrible. Attention, les 10 % de taxe gouvernementale ne sont pas inclus. Honnête, sans plus. Clientèle surtout composée de jeunes Indonésiens.

Hôtel Sumaryo : également une entrée dans cette rue. Lire plus haut.

Plus chic (de 90 000 à 150 000 Rps, soit 7,3 à 12,1 €)

Mercury Guesthouse *(plan II, C3, 58)* **:** 595 MG III jl. Prawirotaman II. ☎ 37-08-46 et 37-23-20. Fax : 37-20-37. Belle maison privée en bois peint, de couleur verte et jaune pâle, reconvertie en *guesthouse* et donnant sur un jardin. La salle à manger vaut le coup d'œil... On peut venir vous chercher à l'aéroport ou à la gare pour le même prix. Et ce n'est pas si cher ! Les chambres sont belles et spacieuses, toutes avec eau chaude. Celles qui donnent sur le jardin, un peu plus bruyantes et plus petites, sont moins chères. Accès gratuit à la piscine du *Wisma Gajah* (lire plus haut). Taxes et petit dej' inclus. Fait aussi resto. Un endroit où l'on se sent bien.

Près de Prawirotaman

Très très chic (300 000 Rps et plus, soit 24,2 €)

Jogja Village Inn *(plan d'ensemble, **200**)* **:** 5 jl. Menukan. ☎ 37-30-31 ou 38-44-38. Fax : 38-22-02. • jvigecko@indo.net.id • Très bel hôtel de luxe, à l'atmosphère intime, autour d'une grande piscine et d'un jardin luxuriant. Il a gagné un prix pour sa décoration. Paul, le patron, est un original... Il rêve de danser à Broadway et passe la moitié de sa vie aux États-Unis ! Cela dit, l'endroit est plutôt calme et il est rare que le patron danse dans les couloirs ! Les chambres sont superbes, décorées avec le meilleur goût : azulejos, couleurs chaudes, lits à baldaquin, meubles sculptés, rideaux... Comble du raffinement, on y trouve même des lampes de poche et des parapluies à disposition. Bien sûr, c'est cher, mais ça le vaut. Fait également resto. C'est le seul grand hôtel de charme de Yogya. On peut se contenter de venir y prendre un café.

Où manger ?

Si l'on préfère Prawirotaman pour se loger, on préfère peut-être la qualité des restaurants de Sosro. De toute façon, c'est sympa de changer de quartier de temps en temps, non ? Cela dit, le choix est large et on trouve tout de même quelques bonnes adresses à Prawirotaman, surtout le soir, quand les restos sont animés. La spécialité de Yogya est le *nasi gudeg,* un mélange de salé et de sucré composé de riz et de morceaux de fruits du jaquier liés avec du lait de coco. L'*ayam goreng,* petit poulet frit, est une autre spécialité locale. Allez plutôt les essayer dans les *warungs.* Dans les restaurants, on trouve surtout les plats classiques indonésiens et un grand choix de plats occidentalisés.

À Sosro et dans le quartier de Malioboro

Le soir, il est possible de dîner pour trois fois rien dans les *warungs* qui s'installent sur Malioboro une fois les magasins fermés. On y mange dans de petites « tentes », assis sur des tapis. Cela permet de rencontrer beaucoup d'Indonésiens.

Bon marché (de 10 000 à 25 000 Rps, soit 0,8 à 2 €)

À Sosro, on trouve beaucoup de petits restos simples et pas chers, comme le **Heru Jaya** (adossé au *losmen Jaya*; *plan I, A1, **23***), l'***Old Superman*** *(plan I, A1, **72**)*, le ***Murni Restaurant*** *(plan I, A1, **73**)*, qui propose une cuisine typique (mais le service est lent) ; et bien d'autres... Ils sont tous dans les *gangs* (allées) I ou II. On y va à l'humeur, on passe devant et on se fait sa petite idée. Seuls les soucis du cuistot, la bonne volonté de son commis, l'approvisionnement du jour et l'âge du capitaine font varier la qualité ! Mais tous se valent à peu près dans cette catégorie.

Cirebon *(plan d'ensemble, **220**)* **:** 15 jl. Jend. A. Yani ; en bas de Malioboro et en face du *Beringharjo* (marché couvert). ☎ 51-22-27. Ouvert tous les jours de 7 h à 21 h. Décor du style garage ! Une adresse qui ne paie pas de mine mais chaudement recommandée. On aime bien ce dépouillement authentique et cette atmosphère tranquille. Pour savourer à la fraîche, sous d'antiques ventilateurs, d'excellentes brochettes de poulet, un classique *nasi goreng* ou des *kodoks* (grenouilles), et terminer par un yaourt maison. C'est bon et les prix sont modiques.

De prix moyens à plus chic (de 25 000 à 40 000 Rps, soit 2 à 3,2 €)

🍴 ***Kobra :*** 19 jl. Hayam Wuruk. ☎ 51-57-67. Ouvert de 10 h à 14 h 30 et de 17 h 30 à 22 h 30. Salle impersonnelle, pour ne pas dire ringarde et froide, qui cache une adresse très réputée de la bourgeoisie chinoise. Ne pas se fier aux apparences : c'est probablement l'un des meilleurs rapports qualité-quantité-prix de la ville ! On y sert du cobra, bien sûr, préparé de dix façons différentes. Délicieux. Également des grenouilles, de la pieuvre, de la tortue. Service efficace. Prendre des *small* portions, largement suffisantes pour deux personnes ! Accepte la carte *Visa.*

🍴 🍷 ***FM Resto*** *(plan I, A1, **71**) :* 54 jl. Sosrowijayan. ☎ 51-34-24. *« Probably » the best café in Yogya,* dit leur slogan... C'est un poil exagéré mais pas totalement faux non plus. Déco originale à base de peintures et de bambous. On y sert de bons plats indonésiens et européens. Spécialité de grillades et spaghetti. Bourré de routards, on s'en doute. Également un ***FM Café,*** au n° 8 de la même rue *(plan I, A1, **71**).* Mais le resto est plus agréable.

🍴 ***Chaterina*** *(plan I, A1, **70**) :* 41 jl. Sosrowijayan. Le routier de la rue ! *Rijsttafel* maison pour 2 personnes. Bon, ne demandez pas une *rijsttafel* d'Amsterdam non plus ! Propose aussi des pizzas. Café et thé inclus dans le menu. Très propre. Cybercafé juste à côté, qui, en raison de son succès, a un peu trop tendance à manger l'espace.

🍴 ***New Superman*** *(plan I, A1, **74**) :* gang Sosrowijayan I ; dans une ruelle donnant sur Pasar Kembang. L'un des plus vieux restos de la ville : il était déjà dans le *Routard* en 1973 ! Vaste salle assez impersonnelle. Bonne musique occidentale et indonésienne. Grand choix, entre des plats européens et indonésiens, à tous les prix. Pas très dépaysant, mais cuisine fraîche et bon lieu de rendez-vous. Ne pas oublier les 10 % en plus. Autre avantage : sert tard le soir (jusqu'à environ 23 h). Accueil très moyen. Un peu plus loin dans la rue, le ***Old Superman,*** qui, paradoxalement, n'a pas l'air beaucoup plus vieux !

🍴 ***Losmen Bladok*** *(plan I, A1, **12**) :* voir « Où dormir ? ». Ouvert jusqu'à 22 h. Bonne réputation pour la cuisine de cet élégant hôtel, tenu par un couple germano-indonésien. Cuisine variée : canard, steaks, pizzas... On ne peut pas vous réciter la carte entière. Adresse de qualité mais un peu plus chère que la précédente. Dispose d'une belle piscine. Évitez toutefois le petit dej', cher ; allez le prendre au *Superman* pour moitié prix.

Dans le quartier de Prawirotaman

Bon marché (de 10 000 à 25 000 Rps, soit 0,8 à 2 €)

🍴 ***Tante Lies*** *(plan II, C3, **80**) :* 75 jl. Parangtritis. À l'angle de Prawirotaman I. Une gargote où l'on mange un bon *nasi goreng* autour des tables qui envahissent le trottoir. Très simple et bon marché. Animation et bruits de la rue garantis.

🍴 ***Bamboo House*** *(plan II, C3, **83**) :* dans jl. Prawirotaman II. ☎ 37-29-17. Maison au toit en bambou (non, sans rire ?), proposant des plats modestes et agréables. Comme un peu partout, cuisine indonésienne, chinoise et européenne. Bon *nasi goreng.* Bien pour boire un verre aussi. Bonne musique. Pas cher et plus calme que ses voisins.

Prix moyens (de 20 000 à 35 000 Rps, soit 1,6 à 2,8 €)

🍴 ***Renzo Café Tonga*** *(plan II, D3, **82**) :* 27 jl. Prawirotaman I. Ouvert de 10 h à 23 h environ. Adresse occidentalisée proposant burgers et jus de fruits sans surprise. Bons steaks servis sur plaques chauffantes et cuisson à la demande (ce qui est rare !). Plats indonésiens également. Excellents *pancakes.* Adresse sympathique. *Happy hours.*

🍽 ***Via Via** (plan II, D3, **84**) :* 24 B jl. Prawirotaman I. Petit resto adorable avec de faux airs de salon de thé. Tous les jours, 3 plats indonésiens différents. Sandwichs et plats européens également. *Rijsttafel* sur commande (excellent). Le café est aussi un lieu de rendez-vous pour les routards. On peut y consulter des cahiers remplis de tuyaux de voyageurs ! Un très bon point de départ pour préparer la suite des festivités. Le resto fait aussi poste restante et propose des excursions intéressantes, voire originales, comme un tour à vélo dans les rizières. Suzy s'y connaît en *batik.*

🍽 ***Free't** (plan II, C3, **86**) :* 593 B MG III jl. Prawirotaman II. Ouvert le soir seulement, de 17 h à 23 h. Café-restaurant proposant de délicieux casse-croûte au thon, jambon-beurre, frites, crêpes, steaks, grenouilles et « french burger » ! On y vient aussi pour boire un verre : rosé balinais, pastis, bière à la pression, *black rice wine* (vin de riz brun) servi en bouteille ou au verre. Concert tous les lundi et vendredi soirs, super ambiance. Les serveurs apprennent le français. Petite adresse très sympa.

🍽 ***Palma House** (plan II, C3, **87**) :* 12 jl. Prawirotaman I. Cadre banal mais agréable et cuisine de qualité : bœuf Strogonoff, porc à la hawaïenne, excellents jus de fruits. Bonne adresse sans prétention. Un poil plus cher que les précédents.

🍽 ***Cemerlang** (ou New Oriental ; plan III, F6, **90**) :* 300 jl. Brigjen Katamso. À 10 mn à pied de jalan Prawirotaman, en remontant vers Malioboro. Décor nul et bruyant. C'est pourtant l'un des meilleurs restos chinois de la ville. Excellente soupe au crabe, légumes croquants à souhait, pigeon, nouilles, sauces aigres-douces très réussies. Commander les plats les uns après les autres, sinon ils apportent tout en même temps. Bien pour déjeuner près du *kraton.*

Plus chic (plus de 45 000 Rps, soit 3,6 €)

🍽 ***Kedai Kebun** (ex-Baleanda ; plan d'ensemble, **222**) :* 3 jl. Tirtodipuran. ☎ 37-61-14. Fermé le mardi. Dans une rue qui part de jalan Parangtritis, pratiquement face à jalan Prawirotaman I. À côté de la résidence d'été du sultan. C'est assez loin dans la rue, mais ça vaut franchement la petite marche de 5 mn ! C'est simple : pour nous, c'est l'une des meilleures cuisines de Yogya. D'abord, le resto est dans un adorable petit jardin (*Kebun* veut dire « Jardin »), et il y a une hutte sous laquelle on peut s'asseoir en tailleur. Avec la musique douce, c'est parfait. La cuisine est d'une grande finesse. Plats indonésiens, chinois et italiens. Belles entrées, du style concombre au yaourt ou tomates-mozzarella. Très bon choix de plats indonésiens, et spécialités typiques de Java que l'on vous recommande spécialement. En dessert, yaourts maison, glaces... Sélection de cafés pour finir. Service adorable, lui aussi, et soigné. En un mot : une adresse qu'on aime énormément. Et pas si chère que ça.

🍽 ***Hanoman's Forest** (plan II, C3, **88**) :* 9 jl. Prawirotaman I. Cadre très agréable, en retrait de la rue. Dîner-spectacle à partir de 19 h 30. *Wayang Golek* les lundi et jeudi, danses javanaises les mardi et samedi, *wayang Kulit* les mercredi, vendredi et dimanche. Cuisine correcte, à prix raisonnables. Supplément pour le spectacle (15 000 Rps, soit 1,5 €), franchement pas terrible. Service très long. Les plats européens sont deux fois plus chers que les indonésiens.

Au nord de la ville

On vous a déniché deux adresses formidables, assez chic mais proposant un cadre et une délicieuse cuisine traditionnelle. Un peu loin du centre, donc à découvrir en taxi.

Gadjah Wong *(Garden Restaurant)* **:** jl. Gejayan. ☎ 58-82-94. Au nord-est de la ville, sur la route de l'aéroport, pas évident à trouver. Un superbe lieu assez récent, réparti sur plusieurs niveaux. Armée de charmantes serveuses vêtues de bleu, avec des fleurs dans les cheveux. Orchestre de *gamelan.* Tables de marbre et lampes à pétrole. Dommage qu'il y ait le bruit de la route... On y sert des plats javanais, indiens et italiens. Spécialités de canard et de poulet fumé. Bonnes soupes (notamment celle au crabe). Cela dit, on vient surtout pour le cadre et l'atmosphère, vraiment réussis. À noter, le rosé de Bali, servi au verre.

Joglo Mlati : 170 jl. Kebon Agung, Mlati, Sleman. ☎ 86-67-00. En pleine campagne, après le terminal de Jombor. Ouvert de 9 h à 23 h. Très belle maison en bois, sur pilotis, au milieu des rizières. Cadre vraiment très agréable, loin de l'agitation de la ville. Personnel en costume traditionnel. On y sert une cuisine javanaise à l'ancienne, très parfumée et d'une grande finesse. Sans doute la meilleure adresse de Yogya. Spectacles de danse le soir. Le rendez-vous préféré des hommes d'affaires et des touristes fortunés.

Où boire un verre ?

Vous vous apercevrez vite par vous-même que tous les restos qu'on a indiqués sont souvent des lieux parfaits pour boire un verre au calme et à n'importe quelle heure de la journée. La plupart ont adopté la pratique des *Happy hours,* (réduction d'au moins 20 %) en général de 14 h à 18 ou 19 h. On vous conseille néanmoins quelques endroits plus spécifiques pour la journée ou pour le soir.

Jogja Village Inn *(plan d'ensemble,* ***200****)* **:** voir « Où dormir ? ». Hôtel de luxe, idéal pour boire un verre plus chic en fin d'après-midi, autour de sa piscine, après un joli plongeon ! On peut aussi y lire le *Jakarta Post* tout en sirotant une bière. Pour boire un verre dans le calme et la volupté.

Laba-Laba Café *(plan II, C3)* **:** au tout début de jl. Prawirotaman. Ferme à minuit. Bar tenu par un Français (Michel). Sympa pour boire l'apéro avec quelques collègues de comptoir. Pas mal de Français ici, depuis qu'un tour-opérateur y emmène ses clients. Fait aussi resto (les steaks-frites sont excellents !). Bonne musique. Par moments, on se croirait presque revenu dans un bistrot de Paris, là-bas, là-bas.

Etnik Kafe *(plan d'ensemble,* ***230****)* **:** au théâtre Purawisata, jl. Brigjen Katamso. ☎ 37-40-89. Ouvert tous les jours de 18 h à 1 h (2 h le samedi). Spectacles de *Rāmāyana,* tous les soirs à partir de 22 h. Situé dans une grande enceinte verdoyante et aérée, où l'on trouve, outre le théâtre, quelques restos chic et touristiques. Une sorte de complexe touristico-culturel en plein air, si l'on veut ! Agréable pour boire un cocktail. Tarif chic. Il y a également un billard.

Made et **Bingo Bistra** *(plan II, C3)* **:** jl. Parangtritis, entre Prawirotaman I et II. Deux cafés récents, l'un en face de l'autre. Bondés le soir. Très bien pour les rencontres. Le *Bistra,* plus tranquille, sert aussi de bons plats.

Java Kafe : 163 jl. Magelang. ☎ 62-41-90. Ouvert jusqu'à 1 h. Assez excentré, au nord de la ville, face à l'immeuble de la télé. Le nouvel endroit à la mode. Deux grandes paillotes reliées par un charmant patio. Palmiers, fontaine et tables en bois. Groupes de rock le soir, à partir de 22 h. On y sert cocktails et snacks. Également un ***New Java Kafe,*** un kilomètre plus loin.

Où danser ?

♫ ***Djogja Kafe*** *(hors plan d'ensemble, vers nord-ouest)* **:** 57 jl. Kyai Mojo. ☎ 56-01-24. Au nord-ouest de la gare. Ouvre à partir de 19 h. Concerts tous les soirs de 22 h à 1 h (2 h le samedi). Y aller en taxi. Dans une grande baraque en bois et en bambou, plein de jolies filles branchées et de beaux gars se dandinent ou éclusent des bières... Loin du *Rāmāyana,* on y pratique plutôt le culte de la « reggaemania » ! Il y en a pratiquement un jour sur deux. On peut aussi y manger tard le soir (salades, *burgers...*) avant de se mettre au diapason de la musique et de l'ambiance. Pour ceux qui veulent faire un peu bande à part, il y a un billard, totalement enfumé, et un écran géant. Pour rentrer à votre hôtel, des taxis attendent à la sortie. Évidemment, à cette heure-là vous n'aurez pas le choix du tarif.

♫ ***Model Kafe* :** jl. Laksda Adisucipto. Bar du *Saphir Hotel,* au nord de la ville (demander aux taxis, ils connaissent). Entrée gratuite. Musique live vers 22 h. Chaude ambiance certains soirs. Clientèle branchée, beaucoup de jolies personnes. Juste à côté, le ***Goedang*** (prononcer « goudangue »), discothèque bruyante et sombre à la clientèle très jeune.

♫ ***Papillon* :** jl. Brigjen Katamso. Au sud de Malioboro, à la hauteur du *kraton.* Tous les *bemos* connaissent. Prononcer « Babylone ». C'est LA boîte de Yogya. Entrée payante (cher). Immense, ultramoderne et top tendance. Techno à fond, coins sombres et boissons chères. Pas grand-chose d'indonésien mais idéal pour les rencontres.

À voir

– PETIT AVERTISSEMENT : avant de pénétrer dans le quartier du *kraton,* sachez que vous serez très souvent sollicité pour aller voir des ateliers de *batik,* très nombreux ici. Lire à ce propos l'introduction de la rubrique « Achats ».

★★ ***Le palais du Sultan*** *(keraton ou kraton ; plan III, F5-6,* ***100****)* **:** ouvert de 8 h 30 à 14 h (13 h le vendredi). Une fois arrivé sur la place Alun Alun Utara, prendre la jalan Rotowijayan sur la droite, puis continuer tout droit sur 150 m. Entrée payante. Supplément de 1 000 Rps (0,8 €) pour un « permis photo ». Short interdit. L'après-midi, le palais est à la disposition du sultan et de sa famille. Attention, ne pas confondre l'enceinte du village « royal » et le palais lui-même. Visite possible avec un gardien parlant votre langue (c'est compris dans le billet d'entrée). Sans guide, la visite n'offre pas grand intérêt. Faire attention à ne pas se tromper d'entrée ! Tous les dimanches (sauf pendant le ramadan), de 11 h à 12 h, on peut assister à des danses royales au son du grand *gamelan.* Les lundi, mardi et jeudi, de 10 h à 12 h, répétition de *gamelan. Wayang Golek* le mercredi de 9 h 30 à 12 h 30 ; poèmes javanais le vendredi de 9 h 30 à 11 h 30 ; *wayang Kulit* le samedi de 9 h à 12 h 30. Vérifier ces horaires, ça peut changer !

Le *kraton* est le nom donné au palais du sultan de Yogyakarta (le 10e de la dynastie). Considéré avec beaucoup de respect par le gouvernement et le peuple de l'Indonésie (lire « Un peu d'histoire » sur Yogya), l'actuel sultan de Yogyakarta (Sri Sultan Hamengkubuwono X) est le gouverneur de Java-Centre, mais son prestige dépasse largement ce simple titre. Il incarne à lui seul l'histoire de Java (il est en pratique l'héritier des rois de Java), ainsi que l'évolution récente du pays. Marié, il n'a qu'une femme, contrairement à ses ancêtres qui les collectionnaient, et 5 enfants, des filles uniquement. Selon la coutume, l'héritier du trône doit être le fils du sultan. Or il n'en a pas. Donc, le

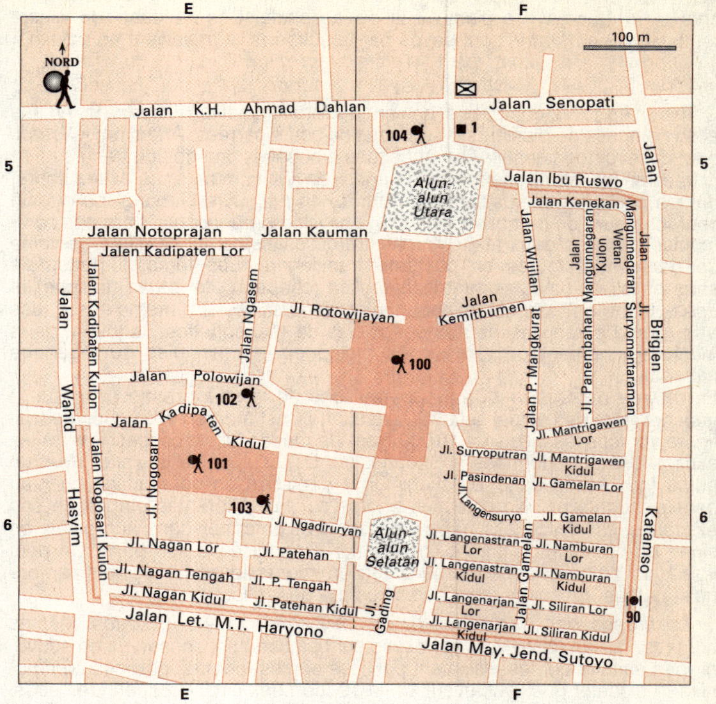

YOGYAKARTA – LE KRATON (PLAN GÉNÉRAL III)

Adresses utiles

- Poste centrale
- 1 Téléphone

Où manger ?

- 90 Cemerlang (ou *New Oriental*)

À voir

- 100 Palais du Sultan (*keraton* ou *kraton*) et musée des Carrosses
- 101 Taman Sari *(Water Castel)*
- 102 Marché aux oiseaux
- 103 Mosquée souterraine *(Masjid Soko Tunggal)*
- 104 Sono-Budoyo Museum

futur souverain sera le jeune frère du sultan. Côté pratique, le sultan de Yogya est également un homme d'affaires avisé, d'où son immense fortune qu'il gère à l'américaine.

Autour du palais s'étend une sorte de village « royal » *(the kraton area)*, entouré d'une très longue enceinte qui le ferme comme un monde à part, le séparant du reste de Yogya. On songe ici aux vieux palais impériaux – mais en beaucoup plus modeste ! – de Pékin, de Tokyo ou de Hué, cachés derrière les murs d'une cité interdite au commun des mortels... Là, entre la ville ordinaire et le palais du Sultan, dans ce dédale de maisonnettes et de jardinets, vivent près de 5000 personnes. D'une façon directe ou indirecte, beaucoup de ces familles travaillent pour le palais comme gardes, guides, artisans, préposés à l'entretien, au ménage... On peut voir là les vestiges d'une organisation sociale remontant à la nuit des temps ! Y demeurent également de nombreux artisans indépendants que les visiteurs du palais peuvent avoir la chance de découvrir à pied, au fil de la balade. Ces habitants du village « intérieur » au *kraton* sont payés par le sultan (s'ils travaillent au palais).

Visite

Construit en 1756, donc pas si ancien, le *kraton* fut bâti en l'espace de 40 ans et se compose de plusieurs pavillons et de cours carrées. Attention, le *kraton* peut décevoir certains visiteurs habitués aux palais chargés de trésors et de richesses. Ici, on ne montre qu'un cadre de vie somme toute assez sobre, qui n'a rien de grandiose. Après l'entrée, on découvre d'abord une grande cour intérieure où se trouvent de longs pavillons *(pendopos).* Lors des cérémonies, l'un des deux abrite l'orchestre du palais composé d'une trentaine de personnes, toutes en costume traditionnel. Les femmes portent le sarong ; les hommes portent le *blangkon* (chapeau), le *surjan* (tunique) et une ceinture en tissu qui retient un superbe *kriss.* Assis à même le sol, face à un grand écran destiné aux spectacles de marionnettes, ils jouent de la musique, chantent ou récitent les mélopées interminables du répertoire national.
Le ***musée du Sultan IX*** est situé au fond de la plus grande cour, sur la gauche. Père de l'actuel sultan X, le sultan IX est mort en 1988. Son portrait figure sur tous les billets de 10 000 Rps. Ce musée lui est consacré, mais les explications sont données en indonésien. D'où l'utilité de le visiter avec un guide (prix inclus dans le ticket). On y découvre un personnage cher au peuple indonésien. Nombreuses photos sur les différentes étapes de son existence. En 1945, le sultan IX décida de s'enfermer dans son palais en signe de protestation contre l'occupation japonaise de son pays. On peut voir aussi sa garde-robe et une collection impressionnante d'objets personnels, parfois dérisoires, conservés comme des reliques.

Le musée des Carrosses *(museum Kereta)* **:** dans le *kraton.* Mêmes horaires. Intérêt limité. Les carrosses sont pieusement conservés en souvenir des sultans qui les utilisaient pour les sorties lors des grandes cérémonies. À signaler que l'actuel sultan, le 10e du nom, circule, lui, en Mercedes. C'est plus confortable que le palanquin qui mobilisait 30 personnes et n'avait pas l'air conditionné. L'ex-conducteur des carrosses royaux travaille aujourd'hui en tant que gardien du musée !

Taman Sari *(ou Water Castle ; plan III, E6,* ***101****)* **:** le château d'eau. Ouvert tous les jours de 9 h à 15 h. Entrée payante. Accès mal indiqué ; se faire guider. Il s'agit de trois vieux bassins en plein air, entourés par un mur d'enceinte et dominés par une sorte de pavillon à 2 étages. Assez surprenant. Surtout si l'on imagine que, naguère, le sultan venait s'y baigner en compagnie de sa Cour. Un des bassins était réservé à sa femme légitime et à ses enfants. Les concubines avaient droit à un autre bassin. Les membres de la Cour devaient garder leurs distances... Après le bain, le sultan prenait un peu de repos au rez-de-chaussée du petit pavillon. Du 2e étage de ce même pavillon, à travers une petite fenêtre à barreaux de bois, il pouvait suivre discrètement les ébats aquatiques de ses concubines.

Le marché aux oiseaux *(plan III, E6,* ***102****)* **:** à l'entrée du *Water Castle.* Ouvert tous les jours de 8 h à 16 h. Particulièrement animé le dimanche matin. Il y a un agréable café, le *Water Castle,* au fond du marché. Faites-vous montrer les oiseaux rares. Les oiseaux chanteurs sont accrochés en haut de mâts gigantesques : en effet, ils chantent mieux quand ils sont éloignés du vacarme des hommes. Avec un peu de chance, vous verrez (au fond à droite par rapport à l'entrée principale) des singes, des serpents, des écureuils volants (mais en cage ils ne volent pas !), ainsi que ces chiens que les Javanais adorent... dans leur assiette. Aussi quelques vampires. Combat de coqs (normalement interdits) certains matins derrière le café. Se méfier des fourmis rouges : il y en a partout. Normalement, c'est la nourriture de

certains oiseaux, mais la nourriture des fourmis, ce pourrait bien être vos jambes. On y voit aussi parfois un varan et un garuda qui, à chaque photo, rapportent 5000 Rps (0,5 €) à leur propriétaire. Mais il faut savoir que le garuda, comme notre dahu, est un animal mythique qui, selon la légende, transportait Vishnu. Les seuls « garudas » que vous pourrez voir en Indonésie sont dans les aéroports.
Pour quelques roupies, possibilité d'acheter de petits oiseaux pour les libérer. N'oubliez pas de faire un vœu. Pour les Asiatiques, ça porte bonheur. Les futurs mariés viennent souvent en acheter...

À deux pas du marché aux oiseaux, en remontant la rue commerçante (jalan Prowolijan), vous trouverez le ***marché aux poissons,*** également intéressant. Nombreuses espèces tropicales, tortues, parfois des requins. Une explosion de couleurs.

La mosquée souterraine *(Masjid Soko Tunggal ; plan III, E6,* ***103****)* **:** entrée par le marché aux oiseaux (lire plus haut), gratuite mais laisser une pièce à la sortie dans le tronc spécial. Pour y aller, mieux vaut être guidé par quelqu'un du quartier (pourboire). On traverse un dédale de ruelles campagnardes puis, après un bref passage souterrain, le chemin mène à l'entrée de la mosquée. Il s'agit en fait d'un bâtiment en partie ruiné, construit avec des pierres aujourd'hui couvertes de mousse. Seule la partie basse de cette mosquée est souterraine, le haut formant une sorte de voûte circulaire de 2 étages, percée de petites ouvertures. Un endroit curieux et étrange.

Sono-Budoyo Museum *(plan III, F5,* ***104****)* **:** en bas de Malioboro, pas loin du *kraton.* Ouvert de 8 h 30 à 14 h, les vendredi et samedi jusqu'à 11 h. Fermé les lundi et jours de fête. Entrée payante. Un endroit plein de charme, où sont rassemblés des objets de qualité. Belles collections des produits de l'art local, en particulier des anciens *gamelans,* des poupées *wayangs,* des masques en bois sculpté. Portes et armoires balinaises sublimes. Tous les soirs, de 20 h à 22 h, spectacles d'ombres indonésiennes, accompagnés de musiciens traditionnels. Petit atelier de *wayang Kulit* à l'entrée.

Paku Alaman : jalan Sultan Agung. Ouvert au public tous les jours sauf le lundi, de 8 h à 11 h. Payant. L'autre *kraton* de Yogya. Actuelle demeure du prince Paku Alam VIII. Joli exemple d'architecture royale javanaise, sans cohorte de touristes. On ne peut y entendre le *gamelan* que pendant les cérémonies du prince.

Museum Affandi : 167 jl. Solo. ☎ 56-25-93. À 6 km du centre. Y aller en taxi. Ouvert tous les jours sauf le lundi, de 9 h à 13 h. Entrée payante (quelques euros, mais cher pour le pays). Attention, lieu particulier ! Affandi était un peintre et un sculpteur un peu excentrique, connu dans le monde entier. On peut voir la cabane qu'il s'était construite dans un arbre, surplombant la rivière, et une piscine où il lui arrivait de se baigner tout habillé, ainsi que la roulotte destinée à sa femme, devant laquelle on peut boire un verre tranquillement en lisant la brochure du musée en anglais. C'est également Affandi qui a conçu et réalisé (sans architecte !) le bâtiment en béton qui abrite ses œuvres, avec son toit en forme de feuille de bananier... On y trouve ses peintures contemporaines, ainsi que la fameuse *colt* Mitsubishi jaune, redessinée par ses soins, et qu'il a refusé de vendre au constructeur du même nom, alors bougrement intéressé par ce design très personnel ! Dans l'autre bâtiment, on peut voir les œuvres d'autres artistes et celles de sa fille, Kartika. Affandi est enterré avec sa femme entre les deux galeries afin, selon son désir, de « pouvoir continuer à voir ses œuvres »... Visite sympa et originale.

Jalan Malioboro : le spectacle, surtout le soir, est permanent. Cette large avenue, sorte de Champs-Élysées locaux, est très animée. Nombreux vendeurs sur le côté droit en descendant de la gare et restaurants sous les arcades de l'autre côté. Couleur locale et ambiance garanties. Bien sûr extrêmement bruyant, avec toutes ces motos, moyen de transport favori des habitants. Les *bemos* ont droit à un couloir à eux. Attention à ne pas vous faire renverser !

Le marché Beringharjo : sur la gauche en descendant Malioboro. Gigantesque marché couvert, très animé. Extrêmement intéressant. Prendre garde aux pickpockets et aux faux guides. Même les alentours du marché sont intéressants. Malheureusement, les commerçants ont pris possession du nouveau bâtiment voisin, ultra- moderne et mieux adapté. Avec ce transfert dans un grand cube de béton, le marché a perdu beaucoup de son âme. Il reste quand même de nombreuses échoppes de vêtements, où l'on peut réaliser des affaires.

Le zoo : à Gembira Loka, à 4 km du centre-ville. Prendre le bus n° 4 devant l'office de tourisme. Ouvert tous les jours de 8 h à 16 h. Payant. Les conditions dans lesquelles vivent les animaux sont assez déplorables. Seul intérêt, les cinq varans de Komodo, s'ils ne font pas la sieste sous les buissons.

Spectacles

Yogya est le centre culturel de Java, véritable conservatoire des traditions. Les spectacles y sont de qualité. Sa réputation avait même dépassé les frontières puisque Yogya avait produit au festival d'Avignon un épisode du *Rāmāyana,* le *Langen Mandra Wanara,* créé à la fin du XIXe siècle par un Premier ministre du sultan. Ce spectacle de théâtre chanté et dansé était interprété par des acteurs qui évoluaient pendant des heures à genoux ! On donne ci-dessous les meilleures manifestations, ainsi que leur fréquence. L'office de tourisme diffuse un dépliant et fournit tous les renseignements complémentaires, les horaires pouvant être modifiés ainsi que les lieux. Il vaut mieux le consulter avant d'aller les yeux fermés à un spectacle (ce qui est de toute façon rarement une bonne idée !).

Spectacles de *Rāmāyana*

– ***Dalem Pujokusuman :*** jl. Brigjen Katamso. Les lundi et vendredi de 20 h à 22 h. Le meilleur spectacle de Yogya, et de loin, selon les spécialistes du genre. Assez cher toutefois.
– ***Le Rāmāyana de Prambanan :*** c'est le plus beau mais le plus touristique. Il faut dire qu'en toile de fond de ce spectacle, il y a les temples hindouistes. Le spectacle a lieu tous les jours de 19 h à 21 h de mai à octobre, dans un théâtre construit en plein air; le théâtre est couvert pour les spectacles (moins nombreux) de la saison des pluies. Il n'a pas lieu pendant le ramadan et il est plus intéressant les soirs de pleine lune. Danses traditionnelles et chorégraphie moderne. Vous aurez le choix entre une version résumée ou entre des « épisodes » tirés de la célèbre épopée. On vous conseille plutôt d'aller voir le 2e épisode, plus cohérent (encore faut-il y comprendre quelque chose !) et surtout plus spectaculaire : plus de danseurs, feu déclenché sur la scène, etc. Le transport est assuré. Se renseigner à l'office de tourisme et dans les agences. Entrée payante : entre 45 000 et 130 000 Rps (3,6 à 12 €) selon les sièges. On peut prendre les places les moins chères, qui se trouvent sur les côtés et près de la scène (très bien pour les photos). Les plus chères, de face, coûtent 3 à 4 fois plus. Supplément si on a un appareil photo ou un camescope. Spectacle haut en couleur, à ne pas rater.
– ***Théâtre Purawisata :*** jl. Brigjen Katamso. Spectacle de *Rāmāyana* tous les jours de 20 h à 22 h. Les conducteurs de *becak* vous proposeront souvent de vous y conduire. Mais il est cher (beau buffet inclus) et surtout conçu pour les groupes des agences de voyages. On peut aussi dîner en plein air.

Autres spectacles

– ***Sono-Budoyo Museum :*** en bas de Malioboro, près du *kraton.* C'est le meilleur endroit pour voir un spectacle de *wayang Kulit* (théâtre d'ombres). Les représentations ont lieu tous les soirs de 20 h à 22 h (à vérifier tout de même).
– ***Sasana Hinggil :*** sur l'Alun Alun Selatan. Spectacle de *wayang Kulit* également, un samedi sur deux de 21 h à... 5 h 30 ! On peut partir avant, bien sûr.
– Certains restaurants de Prawirotaman comme le *Hanoman's Forest* organisent des ***dîners-spectacles*** qui n'ont pas la prétention de rivaliser avec ceux donnés par des troupes professionnelles. Voir « Où manger ? ».
– Pas mal de cinémas passent des ***films en version anglaise.*** Pour les films en français, aller au centre culturel français (LIP).

Achats

Yogyakarta est le meilleur endroit de Java pour les achats. Même à Bali, on ne trouve pas toujours un aussi bon rapport qualité-prix. Les grands maîtres du *batik* indonésien travaillent à Yogya. Évidemment, ils sont chers. On vous en indique quand même, ne serait-ce que pour le plaisir des yeux... Les ateliers situés dans le quartier du *kraton* sont nombreux, mais on vous proposera d'en visiter un peu partout ! À éviter car les guides et autres rabatteurs sont rémunérés par les vendeurs. Vous trouverez également la possibilité de suivre des cours de fabrication de *batiks,* notamment dans les hôtels et restaurants des quartiers « routards ». Franchement, ça n'est pas d'un grand intérêt, d'autant plus que les artisans essayent de plus en plus de se plier aux (mauvais) goûts occidentaux : dauphins très kitsch, décors de science-fiction, affiches de films américains et autres horreurs.

Petit avertissement

La vente de *batiks* aux touristes est devenue un véritable sport local. Les rabatteurs sont très forts ! Ils vous abordent dans la rue, tout naturellement, très gentiment, et vous donnent des conseils très avisés... Mais comme dit un vieil adage, « Les conseilleurs ne sont pas les payeurs ». Fortement commissionnés, les intermédiaires trouveront tous les arguments imaginables pour vous pousser à acheter, jusqu'à des histoires cousues... de fil blanc ! Des exemples ? Quelqu'un vous aborde dans la rue et, pour vous guider dans votre recherche, propose de vous emmener à « l'unique coopérative de *batiks* de Yogya »... alors que tous, absolument tous les ateliers sont privés ! Ou alors quelqu'un vous conseille vivement de vous rendre à une exposition qui ferme ses portes aujourd'hui même... et qui, bien sûr, n'a rien à vendre. Arrivé sur place, vous vous apercevez vite qu'ici on prend les cartes de paiement et que les prix sont en dollars. Et puis on vous met gentiment la pression, car l'exposition ne rouvrira ses portes que dans un an... Bon, vous avez compris le système ? Le problème, c'est qu'il est devenu difficile d'acheter sans être accompagné. Alors, ayez beaucoup de tact pour faire comprendre à votre interlocuteur que ça ne vous intéresse pas, et essayez d'aller voir ailleurs par vous-même. Si, malgré tout, vous ne résistez pas au charme du jeune homme qui vous a pris en affection, et que vous voulez vraiment vous offrir le superbe *batik* qui est là sous vos yeux, alors négociez très fermement les prix annoncés ! Mais restez courtois : vous possédez infiniment plus de richesses qu'eux. Et puis c'est toujours agréable de se faire plaisir, même si finalement, en rentrant, vous décidez de l'offrir à votre belle-mère !

Antiquités

Yogya Art Curio & Antique : 49 jl. Parangtritis (Prawirotaman). On aime bien cette boutique pleine de bric-à-brac. En cherchant bien, il y a toujours moyen d'y trouver une curiosité...

Casa Casinta : 25 jl. Tirtodipuran. Dans le même quartier. C'est une très jolie maison où l'on vous offrira le thé si vous prenez le temps de la visiter. Bon signe : affichée en vitrine, la mention « Désolé, pas de commission » ! Il y a de belles pièces, des meubles, des masques anciens, jusqu'à des poteries d'Irian Jaya, et plein d'autres choses. Carlos et Sinta sont très sympas et savent de quoi ils parlent. Ça se paie un peu plus cher qu'ailleurs, forcément.

Batiks et ikats

Amri Yaya : 67 jl. Gampingan. C'est le top, un artiste de renommée internationale qui a remis à l'honneur la technique du *batik*; ses œuvres sont originales, très chères pour l'Indonésie (prix en dollars, de 500 à 5000 !). Avis aux amateurs fortunés. Possibilité de marchander dans tout le magasin, même pour les toiles du maître.

Ardiyanto : jl. Magelang, à une dizaine de kilomètres du centre sur la route de Borobudur. ☎ 56-27-77. Même renommée internationale. La visite vaut le déplacement, ne serait-ce que pour voir la très belle maison du « maître » et l'atelier de fabrication des *batiks* où les femmes travaillent encore à la main. Sachez qu'il faut plusieurs semaines pour confectionner de A à Z le meilleur *batik* ! Hillary Clinton, elle, n'a eu besoin que de quelques heures pour s'en offrir tout un tas il y a quelques années...

Apip Syakur : 37 A jl. Pandega Marta, à Pogung. ☎ 58-99-14. C'est au-dessus de l'université Gajah Mada, au nord de la ville. Apip est spécialisé dans les *batiks* de Pekalongan (nord de Java), très colorés, en soie ou coton. Pour acheter des *batiks* vraiment moins chers.

Jadin : 70 B jl. Modang. ☎ 41-51-76. Pour les amoureux des *ikats.* Sa boutique se situe dans un pâté de maisons derrière la jalan Parangtritis, à Prawirotaman. Il y a quelques panneaux mais c'est plus simple d'y aller en *becak.* Boutique d'un vrai créateur d'*ikats,* mais aussi de vêtements, donc un peu cher.

Pour les *batiks* économiques, voir au ***marché Beringharjo,*** ce sont les moins chers et il y a du choix. Mais il faut savoir parler quelques mots d'indonésien... Marchander avec un papier et un stylo. Pour le linge de maison et les chemises en *batik,* aller chez ***Keris,*** dans le bas de Malioboro, sur la gauche en suivant cette avenue dans le sens de la circulation. Choix considérable sur deux étages. Les prix sont très intéressants mais fixes. Cartes de paiement acceptées. Le magasin ***Terangbulan,*** non loin de là, vend les mêmes produits.

Autres achats

– ***Bijoux en argent :*** à ***Kota Gede,*** faubourg de Yogya, à 3 km à l'est du centre. Bus n° 4 de jalan Malioboro. On peut aussi y aller en *becak*; la route est jolie par endroits. Ce village d'artisans spécialisé dans le travail de l'argent était, il y a bien longtemps, la capitale du royaume de Mataram. Plusieurs boutiques sur la rue principale. Surtout des bagues, bracelets et petites chaînettes. Mais aussi, par exemple, des *becaks* miniatures, kitschissimes à mourir ! Marchandage possible mais limité ; de toute façon, les prix sont assez accessibles. Bien comparer entre les boutiques pour ne pas se faire avoir comme un touriste !

– ***Cuir :*** nombreuses boutiques mais la qualité est inégale. Aller voir dans jalan Tirtodipuran, dans le quartier de Prawirotaman. Ce sera de toute façon l'occasion de visiter des galeries tout autour.
– ***Kriss :*** c'est aussi à Yogya que vous trouverez le plus facilement ces poignards javanais à la lame sculptée et ondulée. Les acheter derrière le marché Beringharjo. Les fourreaux doivent se composer d'un seul morceau de bois et non de deux parties collées. Assez difficile de faire baisser les prix.
– ***Librairie : The Lucy Boomerang Bookshop*** est une petite librairie très mignonne dans le gang I de jalan Sosrowijayan. Outre des tas de guides et de publications, neufs ou d'occasion, on y trouve des petites idées de cadeaux couleur locale, comme des appeaux pour oiseaux et des tee-shirts à l'effigie d'un héros de bande dessinée bien connu chez nous, mais « javanisé » ! Très chouette.
– ***Marionnettes :*** *wayang Kulit* et *wayang Golek*. Une seule chose à savoir : la peau de buffle est bien plus souple que la peau de vache. Aller chez ***Tansen Art Shop,*** Kadipaten Kulon K P I/308, pour ses magnifiques marionnettes de *wayang Golek*. Ou, dans un tout autre genre, chez ***Novi Trading,*** 27 jalan Jend. A. Yani, en bas de Malioboro. Vieille boutique fourre-tout, animée par Johanes Bosco, personnage quelque peu excentrique issu d'une famille de *dalang* depuis 4 générations. Il se fera un plaisir de vous faire une petite démonstration avec ses marionnettes ! Vous pouvez cependant attendre d'aller à Bali (Legian) où elles sont parfois moins chères. Les marionnettes du *wayang Klitik* (rarement joué) sont en bois peint mais elles sont plates. On en trouve, par exemple, chez ***Gong,*** petite boutique sympa au 56 jl. Tirtodipuran (Prawirotaman). Pas de commission ici.
– ***Musique :*** le meilleur choix de disques compacts et de K7 se trouve chez ***Popeye,*** jalan Mataram ; sinon aller au ***Kota Mas,*** dans le haut de Malioboro, et au ***New Pomodoro Music Center,*** 32 jl. Malioboro. Prix vraiment très intéressants.
– ***Tampons en caoutchouc :*** dans Malioboro, de nombreux artisans peuvent réaliser en quelques heures des cachets originaux. Vous pouvez choisir un modèle sur leur catalogue et le faire personnaliser. Une idée de cadeau très originale et qui ne vous ruinera pas. Observer la minutie de ces graveurs est déjà une chose intéressante ; leur habileté est stupéfiante.
– ***Décorations et cadeaux : Going Bananas,*** 48 jl. Prawirotaman. Jolie boutique proposant des objets de cuisine, bibelots élégants, bougies, un peu chers mais qui feront de beaux cadeaux.

➤ DANS LES ENVIRONS DE YOGYAKARTA

Pour les excursions autour de Yogya, grand choix de tours organisés par tous les *losmen* et les agences de voyages, ainsi que par l'office de tourisme. Les prix sont raisonnables, mais le chauffeur trouvera toujours le moyen de vous arrêter à un moment quelconque devant une fabrique de *batiks* ou un magasin de souvenirs. Pour des excursions un peu sportives et les ascensions de volcans, on vous a déniché une agence de pros, dirigée par un Français.

■ ***Azimuth Adventure Travel :*** 1 jl. Seruni, Karangasem Baru. ☎ 54-28-12. Fax : 58-28-47. • www.azimuth-travel.com • Notre copain Dominique Clarisse, véritable professionnel du sport, spécialisé dans les excursions et les trips « aventure », propose toutes sortes de balades très sympas aux environs de Yogya ou ailleurs : marche à Borobudur ou à Solo, vélo jusqu'à Prembanan, rando dans la forêt du Merapi ou au pic Garuda, plage de Parangtritis, etc. Excursions de 1 à 3 jours. Fait également de l'escalade et des ascensions de volcans (Semeru, Bromo, Kawa Ijen et autres) dans tout l'est de l'île. Ça vous coûtera un peu plus cher qu'une agence indonésienne, mais vous serez en toute sécurité et Dominique travaille dans le respect de la nature.

■ ***Jaya Tours and Travel*** *(plan I, A1, 3)* **:** 29 jl. Sosrowijayan. ☎ 58-67-35 ou 58-49-53. Une agence de voyages locale qui semble plus sérieuse que les autres. Propose des tours à Borobudur, Prembanan et au Bromo. Les prix sont partout les mêmes ; les bus viennent vous chercher à votre hôtel. Sympa, non ?

Il n'est pas pensable de séjourner à Yogya sans aller à ***Borobudur*** et à ***Prambanan*** (lire plus loin les chapitres qui leur sont consacrés), deux excursions très facilement réalisables par les moyens de transport locaux. À plusieurs, la meilleure solution consiste à partager les frais de location d'une voiture ou d'un minibus avec chauffeur, voire d'un simple taxi en s'entendant bien sur le montant de la course et l'attente sur place. Décider d'un prix à l'heure est plus simple. Mais la solution la plus pratique et la plus économique consiste à acheter dans un *losmen* ou à l'office de tourisme un billet combiné (transport + visite de Borobudur + Prambanan) un ou plusieurs jours à l'avance. Enfin, vous pouvez aussi y aller par vous-même, en bus. Dans ce cas, lire la rubrique « Quitter Yogyakarta ».

Imogiri : l'un des plus importants lieux de pèlerinage du centre de Java, à 20 km au sud de Yogya. Beaucoup de bus spéciaux du terminal d'Umbulharjo. Sinon, prendre un bus *Jatayu* n° 1 de jalan Veteran en direction de Parangtritis, mais c'est plus long. Ouvert seulement le lundi de 10 h à 13 h, le vendredi de 13 h 30 à 16 h 30 et le dimanche de 10 h à 13 h. On peut aussi aller voir le village de Pucung, spécialisé dans le *batik* traditionnel, à 1,5 km d'Imogiri, ou combiner l'excursion avec celle de Parangtritis.
Ce mausolée royal, perché en haut d'une colline, fut construit par le sultan Agung en 1645. C'est là que repose le premier sultan de Java, à qui l'on attribue toujours des pouvoirs magiques. Il abrite aussi les tombes de tous ses successeurs. Après avoir grimpé 345 marches, vous pouvez continuer jusqu'en haut de la colline et admirer la vue superbe sur le volcan Merapi (par temps clair). Pour pénétrer dans le sanctuaire, il faut revêtir le costume traditionnel porté dans les *kratons* (on le loue sur place) et faire une petite donation. Éviter de prendre des photos à l'intérieur du sanctuaire, c'est en principe interdit. La chapelle ardente où repose le sultan Agung est la plus impressionnante. Au milieu des Javanais, vous marcherez accroupi sur le sol de marbre jonché de pétales de roses dans des vapeurs d'encens. Beaufs, s'abstenir.

Le village de potiers de Kasongan : à 7 km de Yogya. Prendre un bus pour Bantul et demander à descendre à l'intersection de la route pour Kasongan. Ensuite, il faut marcher. La poterie est ici une activité complètement traditionnelle et très réputée. À voir. De là, vous pouvez aussi prolonger la balade dans les environs verdoyants de Yogya, notamment à *Nitiprayan,* à 2 km au nord. Beaucoup d'artistes s'y sont installés.

QUITTER YOGYAKARTA

En train

Les horaires exacts des trains et des bus sont affichés dans certains *losmen,* qui se chargent aussi des réservations. Attention, les horaires peuvent changer. Conseillé de réserver et d'acheter ses tickets de train à l'avance (entre 1 jour et 1 semaine avant, selon la période et la destination). Il peut arriver qu'il n'y ait plus, pendant plusieurs jours, de places disponibles. La seule solution est alors d'acheter son billet au noir à des revendeurs qui les cèdent avec des bénéfices de 50 à 70 %. Fréquent surtout au moment des fêtes et des vacances scolaires.

À la gare, ce n'est pas parce qu'on est en début de queue dès 8 h devant un guichet qui n'ouvrira qu'à 10 h qu'on obtiendra des billets pour Jakarta. Restent bien sûr les 3e classes pour les amateurs de voyages éveillés et de sudation intense.

➢ ***Pour Jakarta :*** compter une dizaine d'heures de trajet (selon la classe du train, donc son prix).

– Le train *Bima* part vers 22 h 55 et arrive vers 6 h 30. Sièges inclinables en 1re classe. Réserver dès la veille au guichet spécial n° 4. N'hésitez pas à faire jouer le fait que vous devez être dans la capitale pour prendre un avion. Restaurant à bord.

– L'*Argolawu* part vers 8 h 45 et arrive à 15 h 30 environ à Gambir (1re classe uniquement, très cher).

– Le *Fajar Utama* part à 7 h pour arriver à 15 h environ (2e classe *bisnis* confortable). Il faut réserver la veille.

– Le *Senja Utama Yogya* part à 18 h (2e classe) et arrive vers 2 h 45.

– Le *Taksaka I* part à 20 h et arrive à 3 h 20 *(eksekutif).*

À Jakarta, s'arrêter aux gares de Gambir ou Kota, les plus centrales.

➢ ***Pour Surabaya :*** 6 trains par jour, dont 4 départs la nuit, la plupart en *eksekutif* mais billets 3 à 4 fois plus chers. Le *Bima Express* part à 1 h 40 et arrive à 6 h environ (classe *eksekutif* sans couchette). Le *Mutiara Selatan* part à 0 h 50 et arrive à 5 h 30 (classe *bisnis* sans couchette). Le *Sancaka* part à 15 h 45 et arrive à 20 h 40 (1re classe et *bisnis* – c'est le moins cher). Le *Jayabaya* part à 22 h 55 et arrive à 3 h 50 (*bisnis* pas cher du tout). L'*Argowilis* part vers 13 h 35 et arrive à 17 h 50 mais il est cher.

➢ ***Pour Solo :*** 5 trains *Prameks* par jour. Départs à 6 h 50, 9 h 35, 13 h, 16 h et 19 h 15. Durée : 1 h 10. 2e classe *bisnis.*

➢ ***Pour Bandung :*** il y a 4 trains. L'*Argowilis* part à 11 h 25 et arrive à 18 h (le plus cher). Les 3 autres trains partent le soir : le *Lodaya* part vers 21 h et arrive à 4 h 10 (2e classe et *eksekutif*) ; le *Mutiara Selatan* part à 22 h et arrive à 5 h 15 (2e classe) ; le *Turangga* part à 23 h 35 et arrive à 8 h 35 *(eksekutif).*

En bus

Le ***terminal des bus Umbulharjo*** *(plan d'ensemble, **1**)* se trouve à 4 km au sud-est du centre-ville. Pour y aller, prendre le bus n° 4 sur jalan Malioboro. Compter 30 mn environ. Ou plus rapide : le n° 2 sur Mataram (10 mn seulement).

➢ ***Pour Borobudur :*** se placer sur jalan Jojoynegaran et prendre le bus n° 5 pour le terminal Jombor. De là, prendre le bus pour Borobudur. Mais il est souvent plein. Le mieux est de prendre le bus directement au terminal. Tous les jours de 6 h à 17 h. Durée : environ 1 heure. Billets à acheter dans le bus. Arrivé sur le site du temple, il faut marcher une vingtaine de minutes jusqu'au temple lui-même. On vous fera croire que c'est très loin pour vous obliger à prendre une carriole... Si l'on veut se simplifier la vie, on peut toujours prendre un tour organisé.

➢ ***Pour Prambanan :*** si vous partez de Sosro, allez au terminal des bus de Terban *(plan d'ensemble, **2**)* et prenez un minibus direct. Il y en a toutes les 15 mn de 5 h à 18 h. Si vous partez de Prawirotaman, allez à Umbulharjo et prenez un bus pour Solo. Demandez qu'on vous arrête à Prambanan. Il y en a toutes les 10 mn de 5 h à 19 h. Durée du trajet : environ 30 mn. Sinon, on peut aussi prendre un tour organisé avec l'office de tourisme ou *Jaya Tour and Travel* (voir la rubrique « Dans les environs de Yogyakarta »).

➢ ***Pour le volcan Bromo :*** attention, risque d'arnaque ! On vous le dit clairement : ne prenez pas les bus de *Yogya Rental,* qu'on vous proposera notamment dans le quartier de Prawirotaman : non seulement les bus ne sont pas fiables, mais les chauffeurs ont une fâcheuse tendance à s'endormir au volant !

Départ le soir et arrivée en pleine nuit, soit à Probolinggo, soit à Ngadisari.
– 1er cas : à Probolinggo, à cette heure-là, pas le choix. Si vous voulez aller au volcan directement, des transporteurs vous proposent tout simplement... de vous racketter ! Méfiez-vous-en, surtout si c'est le pseudo-office de tourisme de Probolinggo qui vous le propose.
– 2e cas : le bus (pourri) vous dépose à l'hôtel *Bromo,* un hôtel minable à Ngadisari, plusieurs kilomètres avant le volcan. Vérifiez que vous n'avez pas déjà payé la nuit avec le ticket de bus, et si ce n'est pas trop tard, allez vous installer chez *Yoshi's,* un peu plus haut, le meilleur *losmen* du coin. Ou alors, renoncez à ce transport, ce qu'on vous conseille.
Alors, quoi faire ? Il existe un bus public qui part vers 19 h et arrive à 2 h à Probolinggo. Même problème à l'arrivée, à moins de dormir sur place. On peut aussi prendre un bus vers 6 h d'Umbulharjo en changeant à Surabaya. On repart vers 12 h ; arrivée à Probolinggo vers 17 h 30. De là, prendre un *bemo* pour le volcan. Dans le style compliqué et fatigant, il y a aussi les trains avec changement à Surabaya ! Bon, sérieusement, on vous recommande plutôt l'agence *Azimuth* (voir la rubrique « Dans les environs de Yogyakarta »). Voyez aussi avec l'office de tourisme.

➢ ***Pour Pangandaran :*** 5 h de bus d'abord (jusqu'à Cilacap), puis 4 h de voyage dans un bateau bondé de monde (mais pittoresque si l'on cherche le dépaysement !). Puis 1 h de minibus. Autre solution, à déconseiller : le train enfumé et surchauffé jusqu'à Banjar puis le minibus jusqu'à Pangandaran. La gare routière de Pangandaran se trouve à 1 km du centre. Il faut donc marcher ou prendre un *becak* pour se rendre aux *losmen* du centre. Péage à l'entrée de la station.

➢ ***Pour Solo :*** départ toutes les 10 mn du terminal des bus Umbulharjo. Compter 1 h 30 de bus pour Solo.

➢ ***Pour Denpasar*** *(Bali)* ***:*** plusieurs compagnies de bus semblent s'être donné le mot pour renouveler leur matériel. La climatisation fonctionne, la télé (!) aussi, et les toilettes annoncées font bien partie du voyage. Compter 15 h de trajet. Les billets doivent être pris de préférence la veille pour être sûr d'avoir de la place. Certains *losmen* s'occupent de la réservation et le bus passera même vous prendre à domicile (pas partout non plus...). Toutes les compagnies pratiquent des tarifs à peu près identiques.

■ ***Puspasari :*** jl. Sosrowijayan, à Sosro. Une compagnie qui a les faveurs de l'office de tourisme.

■ ***Bima Tours :*** 68 jl. Mangkubumi. ☎ 51-01-56. Fax : 56-44-74.

➢ ***Pour Bandung :*** 2 départs par jour à 17 h et 19 h ; arrivées respectives à 4 h et 5 h du matin en *Jetliner* avec AC. Attention, les départs se font soit d'Umbulharjo *(plan d'ensemble,* ***1****),* soit de Terban *(plan d'ensemble,* ***2****),* selon la compagnie de bus !

En avion

✈ Prendre un taxi pour aller à l'aéroport qui se trouve à 8 km de Yogya.
– ***Taxe d'aéroport :*** prévoir la somme de 10 000 Rps (0,8 €) par personne pour payer la taxe des vols intérieurs (méfiance toutefois : selon les fluctuations de la roupie, le montant peut évoluer).

➢ ***Pour Jakarta :*** 6 à 8 vols par jour, avec *Garuda.* Également des vols avec *Petita Air* (le week-end seulement).

➢ ***Pour Denpasar*** *(Bali)* ***:*** 5 vols quotidiens avec *Garuda,* 1 avec *Merpati.*

➢ ***Pour Surabaya :*** 3 départs par jour, avec *Merpati, Pelita* et *Garuda...* jusqu'à nouvel ordre ! La crise ayant frappé de plein fouet les transports aériens, renseignez-vous sur place pour savoir si d'autres vols auraient été rétablis (Bandung, Surabaya...).

➢ ***Pour Mataram*** *(Lombok)* ***:*** avec *Garuda, Merpati* et *Petita Air.*

➢ ***Pour Macassar :*** avec *Merpati* et *Petita Air.*

Distances au départ de Yogyakarta (du plus proche au plus lointain)

- Kota Gede : 5 km.
- Aéroport de Yogya : 8 km.
- Prambanan : 17 km.
- Imogiri : 20 km.
- Kaliurang : 25 km.
- Parangtritis : 29 km.
- Borobudur : 42 km.
- Surakarta (Solo) : 64 km.
- Semarang : 120 km.
- Plateau de Dieng : 137 km.
- Cilacap : 219 km.
- Cirebon : 311 km.
- Surabaya : 349 km.
- Malang : 350 km.
- Bandung : 423 km.
- Jakarta : 603 km.
- Bali : 692 km.

PRAMBANAN

À 17 km au nord-est de Yogyakarta sur la route de Surakarta (Solo), une plaine extrêmement fertile s'étend au pied du volcan Merapi. Autour de la ville de Prambanan, une myriade de temples hindouistes et quelques temples bouddhiques constellent la campagne. La plupart sont encore en ruine, seuls les plus remarquables ont été restaurés. S'il y a un groupe de temples à visiter, c'est le *candi Prambanan* (voir plus bas) et en particulier le *candi Çiva,* le plus imposant de tous. Ces temples sont reconnaissables à leurs tours en forme d'épi de maïs, dressées vers le ciel. Elles rappellent en fait la symbolique silhouette du mont Merou, montagne sacrée des croyants, située dans la chaîne de l'Himalaya, au nord de l'Inde.
À Prambanan, on retrouve la splendeur et l'étrangeté du monde hindouiste avec ses grandes divinités – Çiva, Vishnu, Brahma et Ganesh –, sa cohorte de sous-divinités et ses ribambelles joyeuses et féroces de personnages mythiques de l'épopée du *Rāmāyana.* Il s'agit là du plus grand centre religieux hindouiste en Indonésie.

UN PEU D'HISTOIRE

À l'origine, près de 273 temples se dressaient ainsi dans la plaine, formant un fer de lance spirituel destiné à rivaliser et à combattre la dynastie Sailendra, celle qui a donné les bâtisseurs de Borobudur... Hindouisme contre bouddhisme, tel était le bras de fer politico-religieux à Java au IXe siècle de l'ère chrétienne. L'islam n'était pas encore arrivé jusque-là. Les deux religions conquérantes, venues de l'Inde par la mer, fixèrent leur base autour de Yogya, où la terre était fertile et l'eau abondante. Ayant assis leur puissance et construit leurs « forteresses » sacrées, elles s'affrontèrent pour avoir la mainmise sur l'île de Java et, au-delà, sur le reste de l'archipel indonésien. Vishnu renversa Bouddha. L'hindouisme vainqueur, Java fut « hindouisée ». Mais l'arrivée de l'islam au XVe siècle et son expansion foudroyante mirent très vite un terme à la prépondérance de l'hindouisme à Java. Ce ne fut pas le cas à Bali.
Ceux qui connaissent déjà l'Inde ou les temples d'Angkor au Cambodge retrouveront ici les croyances et les légendes de la religion hindouiste, finement sculptées sur des pierres basaltiques issues des entrailles de la terre. C'est l'occasion de découvrir un ensemble archéologique unique, qui rapporte chaque année des millions de *rupiahs.* Il aura fallu des décennies de labeur patient et des sommes considérables pour mener à bien les travaux de restauration. Commencé dans les années 1950, sous le règne de Sukarno, le chantier continue encore aujourd'hui. Étape par étape ! Certains

visiteurs trouvent que tout ça manque d'authenticité. Mieux vaut admirer des temples reconstitués, comme ils se présentaient sans doute à l'origine, que des ruines à terre, sous forme d'amoncellements de cailloux. Aujourd'hui, même si la plupart des temples reconstruits ne portent pas la vraie patine du temps et des siècles, ils parviennent à ressusciter à merveille les dieux de la Sagesse venus de l'Inde. En outre, ils rappellent la contribution essentielle de l'hindouisme à l'histoire de l'Indonésie. Petit clin d'œil étymologique : le mot « Inde » a accouché du mot « Indonésie ». Ce n'est pas par hasard !

LES DIEUX DE PRAMBANAN

– ***Brahma :*** dieu créateur de l'univers, au premier rang de la Trinité (Trimûrti) hindoue. Souvent représenté avec quatre têtes et quatre bras.
– ***Vishnu :*** dieu solaire, surnommé « l'Agissant » dans le Rig-Veda, représente l'une des principales divinités de l'hindouisme. Dans la sagesse orientale, « il incarne le conservateur aux côtés de Brahma, le créateur, et de Çiva, le destructeur. Gardien du Dharma, il chevauche l'oiseau Garuda et accourt chaque fois que le monde se dérègle ». Vishnu s'incarne en *avatâra* (avatar) pour montrer à l'humanité de nouvelles voies pour son développement. Bref, un dieu hautement salutaire et bénéfique.
– ***Çiva :*** le troisième dieu de la Trinité hindoue. Surnommé le Bon, le Gentil, il est pourtant le dieu de la Destruction et de la Dissolution. Mais il peut aussi être une divinité bienfaitrice dans la mesure où il anéantit Avidya, l'Ignorance. Son symbole est le *lingam,* pierre phallique, symbole de fertilité, dont s'inspire d'ailleurs la colonne de Monas, sur la place Merdeka à Jakarta. Dans l'iconographie et dans les sculptures, il est souvent représenté dans des situations d'union sexuelle avec ses diverses divinités féminines (Shakti, Pârvati, Kâli ou Durgâ). À Prambanan, Çiva a choisi l'abstinence.
– ***Ganesh :*** une tête d'éléphant et quatre mains sur un petit (ou gros) corps au ventre rebondi, c'est ainsi qu'il est représenté. Ganesh est le fils de Çiva et de Pârvati. N'ayant pas reconnu son grand fiston à son retour de voyage, Çiva le prit pour l'amant de sa femme et lui trancha la tête ! Bon, pour se faire pardonner, il lui donna le visage du premier venu... C'était un éléphant ! Cela n'empêcha pas Ganesh de devenir « celui qui enlève les obstacles et garantit le succès dans l'existence terrestre comme dans la vie spirituelle ». Bref, un dieu sage, bienveillant et magnanime.

Comment y aller ?

➢ ***De Yogya :*** si vous partez de Sosro, allez à Terban et prenez un minibus direct. Il y en a toutes les 15 mn de 5 h à 18 h. Si vous partez de Prawirotaman, allez à Umbulharjo et prenez un bus pour Solo. Demandez qu'on vous arrête à Prambanan. Il y en a toutes les 10 mn de 5 h à 19 h. Durée du trajet : environ 30 mn. L'arrêt de bus se trouve à 500 m de l'entrée du parc archéologique. Enfin, il faut savoir que la plupart des visiteurs de Prambanan achètent un billet forfaitaire auprès de l'office de tourisme de Yogya ou d'agences de voyages locales (voir la rubrique « Dans les environs de Yogyakarta »). Avec ce billet, on peut visiter Borobudur et Prambanan dans la même journée et circuler dans des minibus de 6 à 10 passagers. C'est la solution la moins économique, mais sans doute la plus intéressante quand on n'a pas trop de temps. Sinon, l'agence *Azimuth* (voir la rubrique « Dans les environs de Yogyakarta ») propose des promenades à vélo d'une journée, au départ de Yogya, incluant la visite des temples. Pas si fatigant que ça et leur itinéraire offre de beaux points de vue.

LES ENVIRONS DE YOGYAKARTA

Horaires et visite

Site ouvert tous les jours de 6 h à 17 h 30 (17 h pour les derniers tickets). Y aller le plus tôt possible dans la journée, afin d'éviter les cohortes de « pèlerins ». Entrée : 10 US$ ou 90 000 Rps (7,3 €) ; petite réduction pour les étudiants avec carte. Pour une somme modique, des guides officiels proposent à l'entrée une visite guidée d'une heure qui permet de mieux comprendre ces monuments. Certains guides parlent un peu le français. Ne pas confondre avec les faux guides, qui peuvent être parfois très sympathiques mais ne savent pas grand-chose.
Danses du *Rāmāyana* de mai à octobre ; y aller si possible les jours de pleine lune : un spectacle superbe et plein de mystère. Les billets s'achètent à l'office de tourisme de Yogya. Un orchestre d'une quarantaine de musiciens rythme les danses, au son d'un gigantesque *gamelan.*

Où dormir ?

Ceux qui ont du temps peuvent passer une nuit sur place. Ça repose du bruit de Yogya et ça permet de (re)découvrir les temples en dehors des flots touristiques... Il y a 5 hôtels à proximité du site. On vous a sélectionné les deux plus intéressants.

Hôtel Puri Jonggrang : jl. Candi Sewu. ☎ (0274) 49-67-08. Jolie cour avec fleurs et palmiers. Dommage, les chambres sont assez vétustes. Deux tarifs, de 50 000 à 70 000 Rps environ (5 à 7 €). Les plus chères ont une petite terrasse, la clim' et la TV. Sinon, salle de bains et ventilo. *Breakfast* non inclus.

Prambanan Indah : jl. Candi Sewu. ☎ (0274) 49-73-53. Le plus proche des temples. Autrefois luxueux mais mériterait un coup de peinture. Avantage : la piscine. Accueil pro.

Chambres tout confort, avec clim' et TV (mais *mandi* dans la salle de bains). Compter au minimum 100000 Rps (8 €) tout de même (avec petit dej').

À voir

Candi Prambanan : c'est le principal groupe de temples de la plaine de Prambanan. Entouré d'une sorte de grand parc verdoyant que l'on traverse à pied, ce groupe, construit entre 900 et 930 apr. J.-C., se compose de 6 temples réunissant l'essentiel des divinités de l'hindouisme. Sur une même ligne : le *candi Çiva* (le plus important) entouré à droite et à gauche du *candi Vishnu* et du *candi Brahma.* En face d'eux, on trouve 3 autres temples plus petits, consacrés aux montures des dieux : le *candi Nandi* (en face du *candi Çiva*), le *candi Garuda* (en face du *candi Vishnu*) et le *candi Angsa* (cygne) en face du *candi Brahma.*

– *Candi Çiva :* également connu sous le nom de *Rorojongrang.* Détruit par un tremblement de terre au XVIe siècle, reconstruit par les Néerlandais, ce temple repose sur une balustrade accessible par 4 escaliers et ornée d'une série de bas-reliefs relatant l'épopée du *Rāmāyana.* À l'intérieur de la chapelle principale (sombre, se munir d'une lampe de poche) se dresse une imposante statue de Çiva. Haute de 3 m, elle représente un homme debout, en méditation. La base de la statue a la forme d'un lotus sacré. Noter le troisième œil (la conscience divine) sur son front, et les quatre bras. À l'étage supérieur, une belle statue de Ganesh, vénérée par les fidèles. Caresser sa trompe apporte la connaissance et son ventre la richesse ! Quant aux pieds, ils donnent la force de poursuivre son voyage. Les routards les toucheront en premier...

– *Candi Brahma :* au sud du *candi Çiva,* plus petit, il abrite une statue (endommagée) de Brahma en homme à quatre têtes. Les bas-reliefs racontent la guerre de *Rāmāyana* et de Laçmana contre Ravana. Les lions et l'arbre de vie symbolisent l'équilibre entre la puissance et la connaissance. Quant aux femmes oiseaux, elles représentent des anges du paradis. Au pied du temple, sur la façade de droite, on trouve des singes sculptés. Celui du fond se trouve dans une curieuse posture érotique...

– *Candi Vishnu :* l'autre temple flanquant le *candi Çiva.* Abrite une statue de Vishnu en homme à 4 mains portant une massue *(gada),* le *chakra* (arme sacrée) et un bourgeon de lotus sacré.

– *Candi Nandi :* dans la rangée en face des trois temples précédents. La chambre abrite une statue de la vache Nandi, la monture de Çiva. D'où les vaches sacrées en Inde...

– *Candi Angsa :* en face du *candi Brahma.* Consacré à un cygne sacré *(angsa)* qui fut l'une des montures de Brahma. Pas de statue.

– *Candi Garuda :* en face du *candi Vishnu.* Petit temple consacré à Garuda, aigle sacré et monture que chevauche Vishnu. Ce drôle d'oiseau est souvent représenté avec un visage humain terminé par un bec, deux ailes, et deux ergots aux pieds. À l'intérieur, une statue de Çiva.

Les autres temples : le *candi Sewu,* à 1 km au nord du groupe du *candi Prambanan,* fait partie d'un ensemble de 250 temples qui vient d'être restauré et que l'on visite souvent seul. Il y a aussi le *candi Plaosan,* à 2 km au nord-est du groupe de Prambanan (en restauration mais visitable), ainsi que le *candi Lumbung,* dont la restauration est en panne par manque de fonds. À 20 mn de route du site de Prambanan, ne manquez pas le *temple Sambi Sari,* construction carrée très harmonieuse, et ceux qui l'entourent. Le *palais du Ratu Boko,* lui, est situé sur une colline d'où l'on a une très belle vue sur le *grand temple de Prambanan* et la région environnante. Valable surtout pour le coup d'œil, car il ne reste que des ruines. Ces monuments sont facilement accessibles à pied, mais pas toujours évidents à trouver.

BOROBUDUR

IND. TÉL : 0293

Le plus grand monument bouddhique du monde est construit à une cinquantaine de kilomètres de l'océan Indien, non loin du volcan Merapi (d'où provient la terre volcanique très fertile), à la croisée de deux vallées arrosées par les rivières Progo et Elo. Cette confluence de cours d'eau n'est pas sans rappeler la confluence sacrée du Gange et du Yumna, deux fleuves sacrés de l'Inde. Les bâtisseurs de Borobudur n'ont pas choisi le site à la légère. Leurs yeux regardaient les étoiles, mais ils gardaient la tête sur les épaules. Fertile, bien arrosée, facile d'accès tout en étant protégée, la région de Borobudur est un merveilleux écrin (pour une fois, le mot n'est pas trop fort) de rizières et de palmiers.
L'origine du nom de Borobudur? Plusieurs hypothèses. La plus probable serait le mot *Bharabhudara,* qui signifie « montagne des vertus des 10 sages du Bodhisattva ».
Ses dimensions? C'est un fabuleux monument, de proportions parfaites, mesurant 123 m de côté et haut de 34,50 m. Une curieuse pyramide basse, composée de 9 étages différents. Le temple est construit avec près de 1 600 000 blocs de pierre volcanique. On a compté 5 km de bas-reliefs, dont 1,5 km orné de près de 500 statues représentant Bouddha (mais il n'en reste que 300) ! Pas besoin de vous dire qu'il est donc formellement interdit de s'allonger benoîtement sur les pierres de ce monument du patrimoine de l'humanité, comme le font certains ! Même si Borobudur, il est vrai, invite à une profonde méditation.

UN IMMENSE « *MANDALA* DE PIERRE »

Sa construction

Elle a duré 75 ans. Les bâtisseurs appartenaient à une puissante dynastie – les Sailendra – qui régnait alors sur Java. C'est ce que l'on appelle un grand chantier historique entre la fin du VIIIe siècle de l'ère chrétienne et le milieu du IXe siècle. Quand Borobudur a été construit, aucune cathédrale ne se dressait encore sur la terre de France ! Les Khmers n'avaient pas entamé la construction de la ville d'Angkor et l'Empire maya était déjà sur le déclin en Amérique centrale. La pierre utilisée est de l'andésite, une pierre volcanique facile à sculpter mais fragile. Aucun mortier n'a été utilisé par les maçons de l'époque pour maintenir les blocs de pierre entre eux...
Dans la région, les pluies sont diluviennes (1 800 mm, soit 1,80 m d'eau par an). Pour s'en protéger, les bâtisseurs imaginèrent un ingénieux système d'écoulement des eaux, qui s'est dégradé au fil des siècles, provoquant des infiltrations au cœur du monument. Petit à petit, les pierres ont été disjointes puis déstabilisées.

Dégradation et renaissance

À cause des guerres et des menaces du volcan, Borobudur fut abandonné peu de temps après sa construction au IXe siècle, à une époque où, semble-t-il, les activités religieuses de l'île furent transférées plus à l'est. Après son abandon, Borobudur fut livré aux tremblements de terre, aux moussons et à l'invasion de la végétation. Ce n'est qu'au début du XVIIIe siècle que les colonisateurs, ayant entendu parler de l'édifice, envoyèrent des spécialistes sur les lieux. Borobudur connaissait alors de graves problèmes d'affaissement car le tout repose sur des roches volcaniques extrêmement poreuses qui retiennent l'eau. Soumis depuis onze siècles au régime de la mousson et à cause de son poids énorme, Borobudur perdit toute solidité. L'ensemble de l'édifice s'enfonça de 80 cm. En 1814, Sir Raffles, le fondateur de Singapour,

demanda à un dénommé Cornelis de commencer des travaux. Mais il faudra attendre 1907 pour qu'un vrai programme d'envergure soit entamé sous la direction du Néerlandais Theo Van Erp.
En 1955, avec l'aide de 27 pays, l'Unesco, maître d'œuvre de cette gigantesque restauration, utilisa les méthodes les plus modernes de l'architecture, sous la direction d'un restaurateur français. Chaque pierre fut démontée dans un ordre précis, enregistré sur ordinateur. Puis des drains furent creusés et une dalle de béton coulée dans le soubassement de chacune des terrasses. Les travaux s'achevèrent en 1983. C'est donc un Borobudur tout neuf qui s'offre désormais à vous, même si, en 1985, des extrémistes musulmans ont stupidement fait exploser 9 stûpas.
Pour compléter la visite du temple, se rendre au petit *musée* du centre d'infos qui retrace l'histoire de cette restauration hors du commun et fournit des explications sur les bas-reliefs.

Son symbolisme spirituel et cosmique

Borobudur n'est, à vrai dire, ni un temple ni un sanctuaire. Personne n'a encore découvert la signification exacte de cet incroyable monument. De nombreux experts comparent Borobudur à un « *mandala* de pierre », c'est-à-dire un monument sacré destiné à favoriser l'ascension spirituelle du croyant. Des archéologues pensent que c'était une université, les scènes des bas-reliefs servant à enseigner la lecture et l'histoire de Bouddha. Borobodur est un édifice d'autant plus « stûpéfiant » (on a osé !) que le bouddhisme enseigne l'aspect éphémère des choses... Conçu sur une base carrée dans laquelle vient s'inscrire un cercle, et orienté aux points cardinaux, Borobudur symbolise la terre et le ciel ainsi que le rapport de l'individu au cosmos. Il offre une ascension physique et spirituelle d'abord labyrinthique, puis un accès de plus en plus facile, une fois que l'être gravit les terrasses et que, spirituellement, il se débarrasse de ses obstacles personnels. Jusqu'à l'élévation ultime, l'Éveil, symbolisé par le stûpa central tout en haut. C'est donc bien à un parcours à la fois physique et spirituel que vous invite cette architecture unique.
Selon la tradition bouddhique, il faut commencer la visite du monument par l'escalier est puis parcourir les terrasses dans le sens des aiguilles d'une montre. La base est composée d'un empilement de 6 terrasses carrées abondamment sculptées : cela représente la sphère des Désirs *(Kamadathu)*, qui sont la cause de toutes les souffrances humaines. Puis, au-dessus, 3 terrasses circulaires représentent la sphère des Apparences *(Rupadhatu)*. Enfin, le dernier niveau est censé représenter la sphère du Vide, du Rien, du *Nirvāna*. Au sommet se dresse donc l'immense stûpa creux, réplique symbolique du mont Merou (montagne sacrée commune aux bouddhistes et aux hindouistes et située dans l'Himalaya). Borobudur illustre donc les 10 degrés de transmutation humaine nécessaires pour passer de la réalité au *Nirvāna* (l'Éveil spirituel). En gravissant les différents niveaux, le croyant franchit, une à une, ces 10 étapes cruciales de son voyage vers l'essentiel. Il s'agit donc, encore une fois, d'un périple autant physique que mental (le *pradaksina*), une déambulation sacrée destinée à élever spirituellement le pèlerin à mesure qu'il se détache du monde des désirs et des apparences.
L'autre symbolique de Borobudur est numérologique et amuse beaucoup les mathématiciens et autres architectes francs-maçons : on y dénombre 9 terrasses, 504 statues (5 + 4 = 9), 72 stûpas (7 + 2 = 9), 108 niches (1 + 8 = 9) de chaque côté (4 x 108 = 432 ; 4 + 3 + 2 = 9), etc. En observant le plan du site, on tombe sur le nombre 9 à chaque fois. Aucun hasard là-dedans. Selon le *Dictionnaire des symboles* (éd. Robert Laffont) : « Neuf est un des nombres des sphères célestes. C'est la raison des neuf degrés du trône impérial chinois, et des neuf portes qui le séparent du monde extérieur, car le microcosme est à l'image du ciel. Aux neuf Cieux s'opposent les neuf

Sources, qui sont le séjour des morts. Les cieux bouddhiques sont neuf également. [...] Le ciel chinois a 9 plaines et 9999 coins. [...] Neuf est le nombre de la plénitude : 9 est le nombre du yang. »

Comment y aller ?

➢ ***De Yogyakarta :*** 42 km d'une bonne route qui traverse un paysage de rizières et de champs prospères. Pour y aller, prendre le bus public n° 5 sur jalan Jojoynegaran, pour le terminal Jombor. De là, prendre le bus pour Borobudur. Sinon, on peut s'arrêter au Mendut Temple et prendre un *becak,* ou marcher. Durée : environ 1 h. Billets à acheter dans le bus. Arrivé sur le site du temple, il faut marcher une vingtaine de minutes jusqu'au temple lui-même. On vous fera croire que c'est très loin pour vous obliger à prendre une carriole.

Billet forfaitaire : une autre solution (à notre avis une bonne formule) consiste à acheter dans les *losmen* ou auprès d'une agence un billet permettant de visiter en une journée les temples de Borobudur et de Prambanan (demandez conseil à l'office de tourisme). Le billet inclut la visite d'un atelier de *batik* (sur la route), une escale au kiosque-belvédère de Kaliurang, au pied du volcan Merapi, et une étape aux ateliers d'orfèvrerie de Kota Gede (faubourg proche de Yogya). Les repas et les boissons sont à la charge du passager. Les transports se font dans des bus climatisés et confortables de 21 places. Il faut réserver sa place au moins un jour à l'avance. Le bus passe vous chercher directement à votre *losmen* vers 7 h ou 8 h, parfois plus tôt. Sur place, un guide de l'agence, ayant embarqué dans le minibus, vous accompagne jusqu'à l'entrée du temple et donne les explications générales sur le monument mais n'assure pas la visite détaillée des sites. Bref, on est libre de visiter seul les temples, dans le temps qui est fixé (il est suffisant). Le retour à Yogya se fait vers 17 h. Une solution plus chère que le bus public mais plus pratique pour ceux qui disposent d'un temps limité et qui souhaitent voir le maximum en une journée. Vrais mordus, allez-y toutefois en solo : la montée jusqu'au sommet du temple pourra vous prendre la journée entière.

Où dormir ?

Certains routards n'hésitent pas à passer une nuit ou deux sur place. Ça permet de profiter du paysage dès le lever du soleil, de se promener dans la campagne environnante (superbe) et surtout de visiter le temple avant l'arrivée en nombre des touristes. Les amateurs de rafting, de plus en plus nombreux dans le coin, y trouveront aussi un bon point de chute (et de chutes). Une dizaine d'hôtels dans le charmant village situé au pied du site.

Lotus Guesthouse : 2 jl. Medang Kamulan. ☎ 78-82-81. À 500 m du temple, dans la rue qui longe le site sur la droite. Petite pension sans prétention mais bien tenue. Chambres avec ventilo, *mandi* et moustiquaire. Ne pas hésiter à prendre la plus chère (pour quelques roupies de plus, soit environ 70000 Rps ou 7 €). Accueil familial et très prévenant. Le soir, on peut y goûter la savoureuse cuisine des grands-parents adorables. Petit dej' inclus. Le meilleur rapport qualité-prix du village. Juniqar, l'un des fils de la maison, peut vous organiser des sorties de rafting.

Pondok Tingal Hotel : 32 jl. Balaputradewa. ☎ 78-81-45. Fax : 78-81-66. • sales@pondoktingal.ourfamily.com • pondoktingal@magelang.wasantara.net.id • À 15 mn du temple. Immense *resort* à la belle architecture de brique et de bambou. Chambres réparties autour d'un grand jardin, à tous les prix, de bon marché à chic. Pour les fauchés, un dortoir très bon marché (mais assez étouffant, sans ventilo). Sinon, chambres *standard* avec ventilo, bains et petite terrasse. Petit dej' en sus.

Manohara Hotel : Kompong Taman Wisata. ☎ 78-81-31. • manohara@magelang.wasantara.net.id • Hôtel chic à la belle architecture récente, au pied du temple, dans un cadre vraiment agréable : jardins, fontaines, calme absolu. Chambres tout confort, avec moquette, AC et terrasse donnant sur le jardin. Prix en dollars (autour de 40), incluant la visite du temple, dès 4 h 30 le matin. Les *twins* sont plus spacieuses que les doubles. Le resto propose un buffet (soupe, pâtes, riz, poulet, fruits et gâteaux).

Où manger ?

Borobudur Restaurant : 30 jl. Balaputradewa. ☎ 78-81-09. À 15 mn du temple, à pied. Grande paillote bien ventilée. Venir tôt (avant 13 h) pour éviter les cars de touristes que les agences amènent ici. Beau et bon buffet proposant soupe, satés, légumes, viandes, fruits et gâteaux (entre autres). Goûter au *salak,* un fruit à peau de serpent, considéré comme l'équivalent du Viagra par les Javanais ! Bref, une halte idéale après la visite du site. Si on fait abstraction des vendeurs de souvenirs qui attendent à l'entrée...

Horaires de visite

Le temple de Borobudur est ouvert tous les jours de 6 h à 17 h (le site ferme à 17 h 30). Entrée : 9 € (mais ça augmente chaque année). Y aller le plus tôt possible le matin pour bénéficier du lever du soleil, de la plus belle lumière et échapper au flot de touristes qui débarquent vers 10 h, parfois bien avant en haute saison. Éviter le dimanche.

À voir

Les bas-reliefs : les bas-reliefs de la balustrade du 1er niveau doivent être vus de gauche à droite, tandis que ceux du mur principal sont faits pour être vus de droite à gauche. Ils racontent la vie de Bouddha, de sa naissance jusqu'au sermon de Bénarès, ainsi que ses vies précédentes. Au 2e niveau, 128 sculptures illustrant la vie de Sudhana à la recherche de la sagesse suprême. Au 4e niveau, on peut admirer 72 sculptures relatant le vœu fait par Sudhana de suivre et d'appliquer correctement les préceptes du bouddhisme.

Les terrasses circulaires : ornées respectivement de 32, 24 et 16 stûpas ajourés (en forme de cloche, mais symboles du mont Merou). Chaque stûpa est percé d'une série de petites ouvertures en forme de losange et abrite une statue de Bouddha dont la position des mains varie d'un stûpa à l'autre selon l'orientation. À l'est, Bouddha a la main droite dirigée vers la terre *(Bhumisparcamudra),* ce qui signifie qu'il prend celle-ci comme témoin. Vers l'ouest, Bouddha médite *(Dhyanamudra)* avec les mains jointes. Vers le sud, il est dans l'attitude de la charité *(Varamudra),* la main droite sur le genou. Enfin, tourné vers le nord, il est *Abhayamudra,* c'est-à-dire dans l'attitude de celui qui dissipe la peur.

Le stûpa du dernier niveau : vue superbe sur un paysage plein de paix et de sérénité. Au loin, la silhouette du volcan Merapi.

– Pour photographier le temple, le meilleur spot se situe sur la droite après l'entrée, là où se trouve le gros caillou.

Où boire un verre ultra chic avec vue sur Borobudur ?

Hôtel Amanjiwo : à 10 mn en voiture et 20 mn à pied, sur les hauteurs d'une colline. Demander le chemin aux habitants du village. ☎ (0361) 77-12-67. Cet hôtel *jet-set* pour hommes politiques et personnalités du showbiz possède une architecture et un emplacement à la hauteur du monument que vous êtes venu admirer. Construit sur la forme d'un demi-Borobudur, il est cependant totalement dépouillé, presque monastique par rapport au premier ! Bien sûr, la comparaison architecturale s'arrête là ! Mais les matériaux employés sont magnifiques et l'on se régale en parcourant ce lieu saint du tourisme chic et international. Les chambres sont réparties dans les jardins en escalier et certaines possèdent leur propre piscine, deux salles de bains (pour homme et femme !), une chaîne hi-fi et même du matériel de peinture... Décoration d'un raffinement exquis, avec des orchidées partout. On ne vous donnera pas les prix des suites (on ne voudrait pas se fâcher !), mais on vous conseille d'aller voir ce panorama sur la vallée et sur Borobudur, au loin, littéralement au cœur d'un écrin... On peut boire un verre ici, ce qui vous coûtera évidemment bien plus cher qu'ailleurs (disons le prix d'une chambre bon marché à Jogya pour un soda !), mais quel cadre ! Exceptionnel. C'est tout simplement le plus bel hôtel de Java, et peut-être même d'Indonésie. Tenue correcte de rigueur.

LE VOLCAN MERAPI

Il existe plusieurs volcans Merapi en Indonésie, *merapi* signifiant « lieu du feu ». Celui-ci, situé à 29 km de Yogya, est le plus violent de tous. C'est aussi le plus dangereux d'Indonésie. Altitude : 2911 m. En activité permanente. C'est un énorme dôme d'éboulis dans un cratère, qui ne cesse de gonfler sous l'action de la pression et de la chaleur. Ses éruptions se caractérisent par des nuées ardentes, nuages de cendres brûlantes qui dévalent ses flancs. Au sommet, côté sud, un énorme chenal est creusé sur son flanc, dans lequel dévalent parfois des énormes blocs chauffés au rouge, visibles uniquement la nuit.

ATTENTION ! L'escalade du Merapi a été interdite par le gouvernement après l'éruption du 22 novembre 1994 qui fit 66 morts et des centaines de blessés. En 1998, il y a encore eu des alertes sérieuses. ***Donc, avant de partir, se renseigner impérativement à l'office de tourisme de Yogya.*** De toute façon, se méfier des faux guides ; les accidents sont dus, pour la plupart, à ces prétendus guides qui connaissent mal les chemins et vous font emprunter des passages à risques.

– ***1re solution :*** la plus rapide en venant de Yogya, mais pas de possibilité d'escalade du volcan, ce côté étant trop dangereux. En revanche, vous pourrez observer le spectacle de l'observatoire de *Kaliurang*. Les dégâts provoqués par l'éruption de novembre 1994 sont encore bien visibles : blocs de lave dans le lit des rivières, arbres calcinés, restes d'habitations détruites par la coulée de lave...

Prendre un bus pour Kaliurang au départ du terminal de Terban, ou chartériser un *bemo* quand on est plusieurs. La balade de jour pour atteindre l'observatoire en traversant la forêt est très agréable (450 m de dénivelé). On peut aussi assister au lever du soleil (l'office de tourisme de Yogya propose une excursion en bus pour aller voir le lever du soleil ; départ à 22 h). Pour revenir à l'hôtel *Vogels* de Kaliurang, le soir, apporter une lampe de

poche à cause des ravins (ce n'est pas un conseil, c'est une obligation). Le patron de l'hôtel fournit des plans détaillés de l'endroit.
– 2nde ***solution :*** pour ceux qui veulent quand même faire la grimpette, malgré nos recommandations plutôt dissuasives. De Yogya, prendre un bus ou un *bemo* en direction de Selo. Le parcours est superbe... Il dure 2 h. L'agence *Jaya Tours and Travel* (jalan Sosrowijatan, en haut de Malioboro, à Yogyakarta) assure une liaison directe en minibus, aller-retour, pour Selo. Départ à 22 h de Yogya. Arrivée à Selo à minuit.
Il faut prendre des forces avant l'effort. Petit dej' et départ à 1 h. Non-sportifs, petites natures et peureux, s'abstenir. L'ascension, qui dure 4 h en tout, il faut l'avouer, est pénible : c'est une escalade parmi les éboulis et les ravins dans une odeur de soufre. La dernière heure est particulièrement difficile : la montée, parmi les roches de lave, est extrêmement raide et la température avoisine 0 °C. Beaucoup s'arrêtent en cours de route. Il est donc préférable d'avoir un bon guide. La difficulté de la grimpette est récompensée par le spectacle hallucinant à l'arrivée... Il faut encore ensuite trouver la force de redescendre pendant 3 h 30. Prévoir une grande bouteille d'eau, de la nourriture (du sucre, notamment) et une petite laine pour le sommet.

Où dormir ? Où manger ?

À Selo : 5 hôtels, dont 2 corrects et confortables.

Le ***losmen Park Auto*** ressemble plus à un refuge. L'auberge, on ne peut plus rustique, est tenue par le premier guide de l'histoire du Merapi. Il a conduit, jadis, Haroun Tazieff au sommet. Il ne guide plus, mais son fils a pris la relève. Si le *losmen* est modeste, l'accueil y est chaleureux. Ceux qui ne supportent pas le riz très pimenté devront manger à l'extérieur.

Plus loin, dans le village : ***Home Stay Melasti.*** Moins cher que le précédent. Négocier avec Yudi, le jeune guide qui vous accompagnera. En face de chez lui, petits restos très simples.

PARANGTRITIS

À 29 km au sud de Yogyakarta. Le plus agréable est d'y aller à moto. Sinon, très nombreux bus *Jatayu* n°s 1 et 2 dans le sud de la ville, sur jalan Parangtritis, au croisement de jalan Prawirotaman. Les bus partent du terminal des bus de jalan Veteran.
Longue plage de sable et de dunes grises au pied des falaises, battues par les vents : attention, baignade dangereuse. Parangtritis est un haut lieu de magie et de superstition. Royaume de Nyai Roro Kidul, reine des mers du Sud, épouse des rois javanais depuis le XVIe siècle et à qui les sultans de Yogya continuent de rendre hommage une fois l'an, le jour anniversaire du sultan, lors de la fête royale du Labuhan. Un cortège de Mercedes noires quitte le *kraton.* À leur bord, la Cour en costume d'apparat se rend en procession sur la plage où elle abandonne à la reine maquillages, parfums, *batiks* précieux, cigarettes, pétales de roses et de jasmin. La belle rend ce qu'elle ne veut pas et l'on assiste alors à une mêlée incroyable à l'assaut des vagues. Toute offrande récupérée sera enterrée dans la rizière car elle assure une bonne récolte, ou gardée comme talisman. Une autre partie des offrandes est portée solennellement au volcan Merapi, le volcan sacré.
Tous les 35 jours, lors du *kliwon* – renseignez-vous auprès de votre logeur –, des centaines de Javanais passent la nuit à méditer à *Parang Kusumo,* hameau juste avant Parangtritis. Dans un minuscule enclos, deux rochers

sont entièrement couverts de pétales de roses et entourés de fumée d'encens. C'est là que se seraient assis la reine et Senopati, premier roi de la dynastie de Mataram, lors de leur première rencontre. Chaque pèlerin confie au « Juru Kunci », gardien des lieux appointé par le *kraton* de Yogya, son vœu : réussir son examen, retrouver sa bicyclette ou gagner à la loterie. Éviter de porter du vert, c'est la couleur de la reine. Les vagues immenses et les courants violents entraînent régulièrement les nageurs à leur perte ; enlevés par Ratu Kidul, dit-on. La plage est bondée le week-end mais déserte en semaine.

Où dormir ? Où manger ?

Nombreux ***losmen*** rudimentaires et bon marché. Visitez les chambres avant de faire votre choix.

Hôtel Queen of the South : sur les falaises, dominant l'océan, à l'extrémité sud de la plage. ☎ 671-96. Fax : 671-97. Un hôtel chic avec des prix en rapport. Tenu par un Néerlandais et une chanteuse javanaise qui a connu son heure de gloire. Chambres impeccables avec superbe vue. Petit dej' compris. Fait aussi resto. Cuisine excellente. Très belle piscine.

Café de Paris : petite baraque sur le côté gauche de la route venant de Yogya, à l'entrée de Parangtritis.

➤ *DANS LES ENVIRONS DE PARANGTRITIS*

Les grottes de Cerme *(Cerme Gua)* **:** à 10 km de Parangtritis. Elles servaient autrefois de lieu de méditation et de réunion pour l'enseignement de l'islam. De Parangtritis, prendre un bus *Jatayu* n° 1 (celui qui va à Imogiri) et descendre à Seloparmino, à 10 km. Marcher 2,5 km jusqu'aux grottes.
Attention, les derniers bus de Parangtritis ou d'Imogiri pour Yogya partent vers 17 h.

GEDONG SONGO

À 90 km de Yogya. Compter 3 h pour y aller. Prendre le bus de Yogyakarta à Semarang. Demander un billet jusqu'à Ambarawa. Là, un minibus vous conduit à Gedong Songo. De là, monter à pied (1 h de marche) ou à moto (discuter le prix). Vous découvrirez 5 temples, accessibles depuis 1984, en pleine montagne, dans un cadre inoubliable. Architecture hindoue un peu plus récente que Prambanan. À combiner avec Borobudur, car il se trouve sur la même route.

LE PLATEAU DE DIENG

À 137 km au nord-ouest de Yogya. Généralement, on couple cette excursion avec la visite de Borobudur mais c'est à éviter, car crevant en une journée, et cela oblige à bâcler Borobudur.
Bon nombre de routards sont déçus par Dieng. C'est loin et pas vraiment extraordinaire. Les 5 temples hindous sont tout petits et ne valent guère tripette. Quant au bouillonnement de certains petits lacs, cela n'a rien d'exceptionnel.

La route qui conduit à Dieng est peut-être la seule chose intéressante. On y voit de jolies terrasses où tabac, pommes de terre et fèves se partagent le terrain.

Comment y aller ?

➢ ***Avec Yogya Rentals :*** 85 jl. Pasar Kembang. Près de la gare. Excursion en minibus couplant Dieng et Borobudur. Ils viennent vous chercher à votre hôtel vers 7 h. Retour vers 17 h. 10 % de réduction accordés à nos lecteurs sur présentation du *GDR.*

➢ ***En bus :*** pour Magelang et, de là, un autre pour Wonosobo. Enfin, *bemo* ou minibus jusqu'à Dieng (les derniers kilomètres sont complètement défoncés). L'excursion peut se faire à partir de Wonosobo. Quelques *losmen.*

➢ ***À moto :*** intéressant mais la route est mal indiquée.

Où dormir ? Où manger ?

Évitez de dormir à Dieng, les quelques rares *losmen,* comme le *Gunung Mas,* sont sales, les nuits très fraîches et on vous attend de pied ferme pour les prix. En revanche, pas de problème pour trouver un hébergement correct à ***Wonosobo.***

Wisma Arjuna : jl. Sindaro. Au nord de la ville. Tout neuf. Chambres un peu chères, mais les *economy rooms* sont très correctes.

Nirwana Hotel : jl. Tanggung. En face du marché. Les *economy rooms* sont moins chères que dans le *Wisma Arjuna*, mais moins de classe.

Signalons 2 bons restaurants dans jalan Kawedanan, à côté du marché : ***Dieng*** et ***Asia.***

AMBARAWA

Petite ville qui abrite un étonnant musée du Chemin de fer, le *Museum Kereta Api,* littéralement « musée du Cheval de feu ». Une vingtaine de locomotives à vapeur de fabrication néerlandaise, construites au début du XXe siècle. Pour amateur, possibilité de « chartériser » le seul train à crémaillère de l'île, pour un trajet d'une vingtaine de kilomètres jusqu'au village de Bedono. L'aller-retour prend une journée, pour un prix modique incluant le pique-nique. Seul inconvénient, il faut être 80 pour remplir le train. Vous pouvez toujours vous joindre à un groupe de Javanais. Renseignements dans les gares de Yogya et Semarang, ou au bureau d'exploitation des Chemins de fer de Java de Semarang. ☎ 245-00. Pour les réservations, s'y prendre une semaine à l'avance.

SEMARANG

IND. TÉL. : 024

Ville portuaire importante du centre de Java. Industrieuse et polluée. Inutile de s'y arrêter.

Si, par malchance, vous êtes contraint d'y passer une nuit, allez au moins voir la représentation de *wayang Orang* qui a lieu au théâtre situé au 116 jalan Pemuda, tous les soirs à 19 h. Spectacles de *ketropak* également.

SOLO (SURAKARTA)

500 000 hab. IND. TÉL. : 0271

Solo est une grosse ville de province, à 65 km de Yogya. Elle abrite l'autre *kraton,* l'autre « palais royal » de Java. Beaucoup de Javanais considèrent, à rebours des touristes, que Solo est l'authentique réservoir culturel de leurs traditions. Cette fierté affichée (n'a-t-on pas aussi découvert l'« homme de Java » dans la région de Solo ?) repose surtout sur le fait que le premier *kraton* du royaume de Mataram fut édifié ici, à la fin du XVIIe siècle, et que Solo fut la capitale du royaume avant que Yogya ne voie le jour. La rivalité entre ces 2 *kratons* ne date pas d'hier... et se poursuit encore de nos jours ! Ce qui est d'ailleurs très intéressant pour notre regard extérieur, curieux que nous sommes.

En effet, si l'emplacement de Solo fut choisi à l'origine pour des raisons mystiques (afin de retrouver la prospérité et pour tenter d'apaiser les guerres de succession au sein du royaume), le sultan Pakubuwono II (mal lui en a pris !) assura son pouvoir en passant un accord avec la VOC néerlandaise, ce qui facilita l'expansion coloniale et déclencha la fureur des rebelles du royaume, les princes Mangkubumi et Mas Said ! Au milieu du XVIIIe siècle, la guerre débouche alors sur un partage de Mataram : Mangkubumi crée le *kraton* rebelle de Yogya, et Mas Said prend la tête d'un 2e *kraton* à Solo, baptisé Mangkunegara. Par la suite, Solo fait souvent les mauvais choix... toujours sous l'occupation néerlandaise. Après la victoire contre les Pays-Bas, c'est Yogya qui sortit grandi politiquement de son soutien actif à la lutte pour l'indépendance. Au grand dam de Solo, le *kraton* rival devint aussi la capitale touristique de Java, aidé en cela, il est vrai, par sa proximité avec les fabuleux monuments de Borobudur et de Prambanan.

Il y a quelques années, l'héritier de la branche des Pakubuwono tenta de transformer une partie de son palais en... palace pour touristes fortunés ! Héritage des guerres de succession, peut-être, l'une de ses filles, issue de l'une de ses nombreuses femmes (et perdue au milieu d'une bonne trentaine

Adresses utiles

- Offices de tourisme
- Poste
- Gare Balapan
- **1** Distributeurs *MasterCard*
- **2** Golden Money Changer
- **3** Intra Money Changer
- **4** Natratour
- **5** Garuda et piscine de l'hôtel Cakra
- **6** Pharmacie
- **7** *Money changer* du Novotel
- **8** *Wartel* (centres téléphoniques)
- **21** *Money changer* et piscine de l'hôtel Sahid Kusuma

Où dormir ?

- **10** The Westerners
- **11** Warung Baru Home Stay
- **12** Hôtel Jayakarta
- **13** Mama Homestay
- **14** Central Hotel
- **15** Paradiso Homestay
- **16** Istana Griya Homestay
- **18** Putri Ayu Hotel
- **19** Sanashtri Hotel
- **20** Mulia Hotel Solo
- **21** Hôtel Sahid Kusuma

Où manger ? Où boire un verre ?

- **16** Resto de l'Istana griya Homestay
- **30** Marché de nuit
- **31** Warung Baru
- **32** Kusuma Sari
- **33** Bima
- **34** Tio Ciu 99
- **35** Adem Ayem
- **37** Roti Holland et New Holland Bakery
- **38** Boga Restaurant
- **39** Kafe Solo

À voir

- **50** Mangkunegaran Palace
- **51** Kraton Surakarta (Kasunanan)
- **52** Radya Puspaka Museum
- **53** Marché aux puces et aux antiquités (Pasar Triwindu)
- **54** Pasar Klewer (Hanging Market)
- **55** Parc d'attractions Sriwedari
- **56** Batik Keris Factory

A
B
1
2
3
4
Jl. Hasanudin
Jl. Hasanudin
Jl. R. M. Said
Jl. Yosodipuro
Jalan Dr. Muwardi
Jalan Dr. Cipto Mangunkusumo
Jalan Prof. Dr. Supomo
Jl. Wora Wari
Jalan Brig. Jen. Slamet Riyadi
Jalan Gajah Mada
Jl. Dr. Wahadin
Jl. Sutrowijoyo
Jl. K. H. Samanhudi
Jl. Kenari
Jl. Kebangkitan Nasional
Jalan Dr. Radjiman
Jalan Dr. Rajiman
Jl. Sri Narendro
Jalan Bayangkara
Jalan Rajamanggala
Jalan Honggowongso
Jalan Moh. Yamin
Jalan Jen. Gatut
Jalan Cilik
Jalan Baron
Jalan Veteran
Jl. Yudistira
18
19
35
1
8
8
52
55
38
4
7
34
5
39
56
A
B

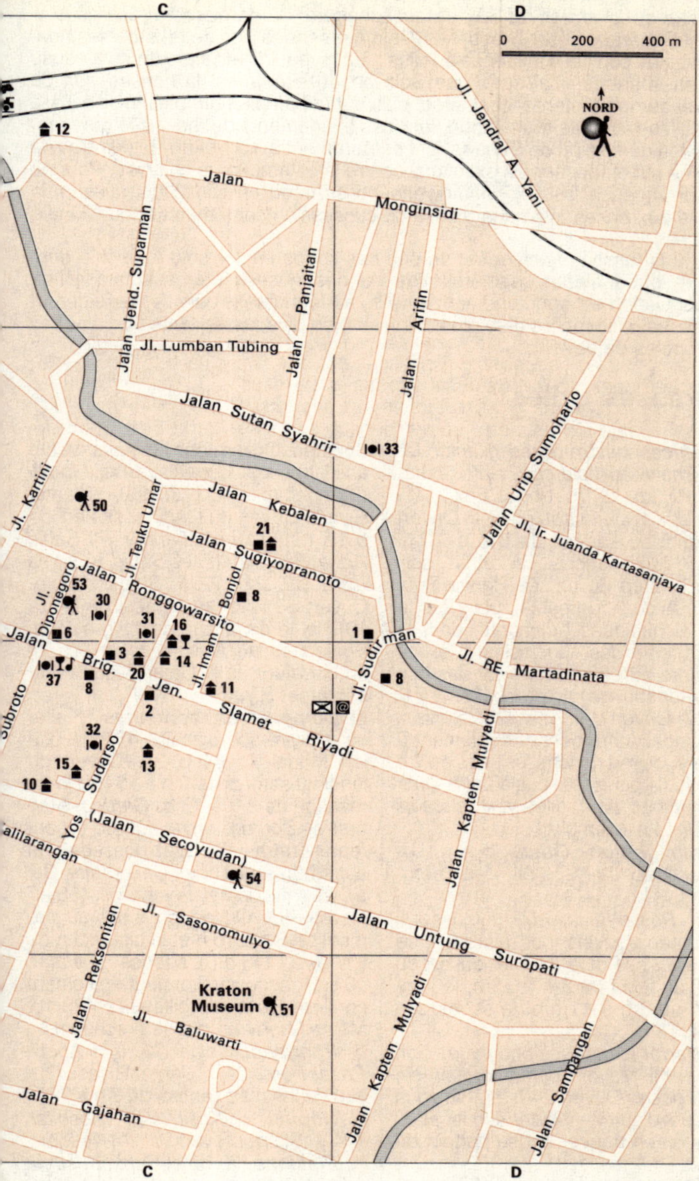

SOLO (SURAKARTA)

d'enfants), se rebella à son tour et obtint l'annulation du projet! Quant à la branche du 2e *kraton* de Solo (Mangkunegara), la dernière épouse du président Suharto en était l'héritière... Cela ne manqua pas de relancer les hostilités et les conflits d'influence au plus haut niveau. C'est sans doute à cause de cette parenté, d'ailleurs, que Solo obtint récemment la construction du nouvel aéroport international, alors qu'il eût été amplement plus justifié de le faire à Yogya! Plus dramatique, lors des événements de mai 1998 qui amenèrent la démission de Suharto (et contrairement à Yogyakarta), le *kraton* de Solo ne sut empêcher les exactions contre la communauté chinoise. Pour ne rien arranger, le sultan Pakunowono XII est mort en juin 2004, laissant la famille aux prises avec une guerre de succession sans merci et quasi inextricable.

Bon, si la famille princière fait un peu ses coups en... « solo », la ville offre malgré tout quelques quartiers animés et des musées intéressants à visiter. Sa population est spontanément ouverte au tourisme, et la ville ne se départ pas d'une atmosphère bien plus calme et bien plus accueillante que d'autres métropoles de Java.

Adresses utiles

Offices de tourisme *(Kantor Dinas Pariwisata ; plan B2)* **:** 275 jl. Slamet Riyadi. ☎ 71-14-35. Fax : 71-65-01. • www.touroff.go.id • Ouvert du lundi au samedi de 8 h à 17 h. Fermé le dimanche. En retrait, derrière l'entrée du musée Raoya Pustaka. Accueil agréable, plan de la ville et quelques brochures, dont le programme des spectacles. Il existe un autre bureau au terminal des bus de Tirtonadi, au nord de la ville. ☎ 71-72-97. Ouvert de 8 h à 22 h. Sérieux et sympa. Autre bureau également à la gare, ouvert de tous les jours de 7 h à 18 h. Ils pourront vous aider à louer un minibus pour aller voir le *candi Sukuh,* par exemple.

Immigration Office : jl. L.U. Adisu Cipto. ☎ 71-56-04. Vers l'aéroport.

Poste *(plan C-D3)* **:** jl. Jendral Sudirman. Ouvert tous les jours de 7 h à 20 h. Poste Internet ouvert du lundi au jeudi de 8 h à 15 h, le vendredi de 8 h à 11 h et le samedi de 8 h à 13 h.

Wartel *(centre téléphonique ; plan D3,* ***8****)* **:** jl. Mayor Kusmanto, non loin de la poste. Ouvert 24 h/24. On vous indique d'autres *Wartel* sur le plan, mais on en trouve un peu partout en ville.

Change : nombreux distributeurs automatiques pour la carte *MasterCard (plan A2 et D2,* ***1****). Golden Money Changer (plan C3,* ***2****),* 1 jl. Yos Sudarso. Ouvert tous les jours de 8 h à 20 h. Taux corrects. *Intra Money Changer (plan C3,* ***3****),* 96 jl. Slamet Riyadi. Ouvert du lundi au samedi de 8 h à 16 h. *Money changer (PT Sahid Artha Sari),* à l'hôtel *Sahid Kusuma (plan C2,* ***21****),* 22 jl. Sugyopranoto. Ouvert du lundi au samedi de 8 h à 19 h et le dimanche de 11 h à 19 h. Également au *Novotel (plan B2,* ***7****),* au carrefour de jl. Gajah Mada et de jl. Slamet Riyadi.

Compagnies aériennes : aller chez *Natratour (plan B2,* ***4****),* 86 jl. Gajah Mada. ☎ 64-10-81. Ouvert du lundi au samedi de 8 h à 16 h et le dimanche de 8 h à 13 h. *Garuda, Merpati* et *Bouraq,* entre autres, y sont représentés. *Garuda* possède un autre bureau à l'hôtel *Cakra (plan B2,* ***5****),* 201 jl. Slamet Riyadi. ☎ 458-47 ou 450-86. Ouvert du lundi au samedi de 8 h à 16 h et le dimanche de 11 h à 14 h. L'agence *Equator,* 10 jl. Ronggowarsito, peut également confirmer tous vos billets. ☎ 423-10. Mêmes horaires que le précédent.

Pharmacie *(plan C2,* ***6****)* **:** *Apotik Pasar Pon,* 124 jl. Slamet Riyadi. Ouvert du lundi au samedi de 8 h à 20 h.

Hôpital : *Kasih Ibu Hospital,* 404 jl. Slamet Riyadi. ☎ 74-44-22.

Piscines : à l'hôtel *Sahid Kusuma (plan C2,* ***21****).* Ouvert de 7 h à 20 h. Payant. Grand bassin de 25 m. Également à l'hôtel *Cakra (plan B2,* ***5****),* 201 jl. Slamet Riyadi. Payant.

Topographie et transports

Rues principales de la ville : *Slamet Riyadi* et *Gatot Subroto*. La plupart des commerces y sont réunis.
Le meilleur moyen de se déplacer à Solo est d'emprunter les tricycles à pédales *(becaks)*. Pas cher, et on en trouve partout. On n'est pas harcelé comme à Yogya, ce qui est agréable. Sinon, vous pourrez louer des vélos dans les hôtels (beaucoup d'excursions y sont d'ailleurs proposées). Vous trouverez également des taxis, qui, en général, mettent le compteur *(argometer)*. Compagnie *Kosti* : ☎ 561-00. *Solo Sentral Taxi* : ☎ 73-00-00.

Où dormir ?

À part jalan Ahmad Dahlan, la rue des routards, les bonnes adresses se situent au sud de jalan Riyadi, dans le quartier délimité par jalan Gatot Subroto et jalan Yos Sudarso. Le *Paradiso Homestay* et *The Westerners* sont de bonnes, voire de très bonnes adresses dans des petites ruelles très calmes, interdites aux voitures. Des enfants jouent dans les ruelles, l'atmosphère est reposante et agréable.
Les hôtels bon marché proposent généralement des circuits d'une journée à vélo. Au cours de ces randonnées, vous pourrez voir les artisans indonésiens travailler dans des conditions peu enviables et d'un autre temps (fabrications de *batiks*, de *tofu*, d'instruments de *gamelan*, etc.). Prévoir une casquette ou un chapeau contre le soleil.

Bon marché (de 25 000 à 50 000 Rps, soit 2 à 4 €)

🏠 ***The Westerners*** *(plan C3, **10**)* **:** 11 Kemlayan Kidul. ☎ 63-31-06. C'est une allée minuscule qui donne dans une plus grande artère, jalan Yos Sudarso. Tous les taxis connaissent la maison de Pak Mawardi. L'entrée est une grosse porte blanche qui s'ouvre sur une maison particulière agréable. Elle propose un dortoir très bon marché et une dizaine de petites chambres simples, avec douche extérieure. Il y a aussi une chambre avec *mandi*, un peu plus chère. Eau et thé à volonté. Un des meilleurs rapports accueil-qualité-prix de la ville, et le rendez-vous des routards de tout poil. Location de vélos, petite bibliothèque. Réservation de tickets de bus. Souvent complet. Plan de Solo à votre disposition et plein d'infos pour routards. Ne pas confondre avec le *Paradiso Homestay* qui affiche « Westerner's Accomodation » juste avant !

🏠 ***Paradiso Homestay*** *(plan C3, **15**)* **:** bon hôtel. Quelques chambres entrent dans la catégorie « Bon marché ». Lire le commentaire sur cet hôtel dans la rubrique « Prix moyens ».

🏠 ***Warung Baru Home Stay*** *(plan C3, **11**)* **:** réservation et réception au restaurant du même nom, mais qui n'est pas au même endroit (voir « Où manger ? »). Voici une maison récemment rénovée, située non loin du restaurant, dans un dédale de ruelles, difficile à trouver par soi-même. Adressez-vous directement au restaurant, on vous y accompagnera. Vous logerez chez l'habitant dans l'une des chambres mises à la disposition des touristes pour pas cher. Le patron et la patronne sont très sympas et vous donneront de bons conseils pour visiter leur île. Petit dej' au restaurant et thé à volonté inclus dans le prix. Une adresse comme on les aime !

🏠 ***Hôtel Jayakarta*** *(plan C1, **12**)* **:** 106 jl. Monginsidi. ☎ 64-60-13. Tout près de la gare. Pratique pour ceux qui ne restent qu'une nuit à Solo. Hôtel très propre, spacieux et très bien tenu. Très connu des Indonésiens, donc (malheureusement) souvent complet. Les prix vont de bon marché à prix moyens, mais pour la qualité, ce n'est vraiment pas cher. Chambres avec ventilateur et *mandi,* ou avec AC. Quelques-unes ont la TV en plus. Pas de petit dej' ici. Taxes et tasses (de thé) incluses. Bien pour voyageurs en transit.

☗ ***Mama Homestay*** *(plan C3,* ***13****)* ***:*** 49 jl. Kauman, gang III. ☎ 65-22-48. C'est dans une ruelle donnant sur jalan Yos Sudarso et qui fait l'angle avec la boutique Bunga Mas ; juste après la grosse grille noire et dorée, sur la droite. Chambres sommaires sans *mandi,* mais le petit dej' et les taxes sont inclus. Thé gratuit. Six chambres en tout, mais pas une fenêtre ! Pas de quoi sauter au plafond, pour ne pas dire plus, mais ce n'est pas cher. L'accueil est à la hauteur du confort, c'est-à-dire un peu bas ! Consigne et service de laverie. Uniquement en dépannage. On peut vous brancher sur des cours de *batik* et sur les massages d'un certain « Cevin Cosner »... Adresse à prendre décidément avec humour.

☗ ***Central Hotel*** *(plan C3,* ***14****)* ***:*** 32 jl. Ahmad Dahlan. ☎ 64-28-14. Dans la rue « routarde » de Solo. Bâtisse de style colonial où rien ne semble avoir changé depuis le départ des Néerlandais, qui ont dû partir en emportant les draps et les stocks de Monsieur Propre... Très grand... et du coup, fait un peu vide. Les chambres, spartiates et dont la propreté reste douteuse, donnent sur un large couloir. Matelas un peu défoncés. Sanitaires pas très propres à l'extérieur. Central, comme son nom l'indique, à des prix défiant toute concurrence ! C'est tout ce qu'il offre. Pour les fauchés !

Prix moyens (de 50 000 à 90 000 Rps, soit 4 à 7,3 €)

☗ ***Paradiso Homestay*** *(plan C3,* ***15****)* ***:*** 1/3 Kemlayan Kidul. ☎ 54-111. Fax : 52-960. Tout près du *Westerners,* et à ne pas confondre avec lui malgré le panneau « Westerner's Accomodation ». Excellent hôtel, en dépit de la concurrence avec son voisin. Il y a de tout à tous les prix ! Chambres agréables autour d'un patio. À voir la ruelle et cette porte d'entrée, on se croirait (presque) dans une hacienda. Mais ni Zorro ni le sergent Garcia n'ont mis les pieds ici. Les prix varient selon le confort fourni : avec ou sans ventilateur, avec ou sans moustiquaire aux fenêtres, etc. Eau chaude à l'énergie solaire. En tout, 34 chambres. Les plus chères (un peu plus chic) ont l'AC mais mériteraient un coup de peinture. La taxe de 10 % n'est pas incluse, ni le petit dej', copieux, mais un peu cher. Bonne adresse tout de même et bon accueil. Seul défaut : la propreté des salles d'eau.

☗ ***Hôtel Jayakarta*** *(plan C1,* ***12****)* ***:*** lire aussi la rubrique « Bon marché ». Excellent hôtel près de la gare, proposant quelques chambres avec *mandi,* AC et TV, le tout pour pas cher. Parfait pour un transit mais souvent complet.

☗ ***Istana Griya Homestay*** *(plan C2-3,* ***16****)* ***:*** 22 jl. Ahmad Dahlan. ☎ 63-26-67. Dans une petite allée perpendiculaire. Adresse récente, bien située, dans la rue « routarde », et proposant 18 chambres en tout. Huit d'entre elles sont sans *mandi* mais correctes. Sinon, il y en a aussi avec ventilateur et eau froide, dites *deluxe,* et d'autres avec TV en plus. Il y a aussi ce qu'ils appellent une « suite », avec de l'eau chaude ! Dans l'ensemble, le confort et l'accueil sont un peu surévalués, mais ça reste honnête. Taxes et petit dej' inclus.

☗ ***Putri Ayu Hotel*** *(plan A2,* ***18****)* ***:*** 331 (ex-293) jl. Slamet Riyadi. ☎ et fax : 71-18-12. Hôtel assez classique mais très vieillot. Chambres disposées autour d'un jardinet, bien équipées, AC pour certaines, TV et salle de bains (pas d'eau chaude). Pourrait être mieux tenu. Prix un chouia trop élevés, même s'ils incluent les taxes et le petit dej'. Service avenant, mais juste valable en dépannage.

Plus chic (de 90 000 à 150 000 Rps, soit 7,3 à 12,1 €)

Les hôtels de cette catégorie sont honnêtes au niveau confort, mais on ne leur a pas trouvé beaucoup de charme.

Sanashtri Hotel *(plan A2, **19**)* **:** 45 jl. Sutrowijoyo. ☎ et fax : 71-58-07. Dans une ruelle donnant sur jalan Slamet Riyadi. Hôtel moderne proposant une quarantaine de chambres bien tenues autour de petits jardins intérieurs. Si les moins chères sont un peu militaires, la catégorie au-dessus est, en revanche, d'un bon rapport qualité-prix : chambres propres et confortables avec douche, eau chaude, AC et TV. Bon service, mais rien de plus.

Mulia Hotel Solo *(plan C3, **20**)* **:** 7 jl. Ahmad Dahlan. ☎ 66-18-84. Fax : 63-72-04. Structure moderne donnant sur une cour. Sans charme ni caractère particulier mais bien placé et fonctionnel. Les chambres du 3e étage sont les moins chères, les plus lumineuses et les plus sympas. Mais les autres proposent de l'eau chaude et l'air conditionné. Il y a aussi une « suite », avec baignoire et TV. Petit dej' léger et taxes inclus. Service mollasson.

Très chic (de 150 000 à 250 000 Rps, soit 12,1 à 20,2 €)

Hôtel Sahid Kusuma *(plan C2, **21**)* **:** 20 jl. Sugiyopranoto. ☎ 46-356. Fax : 44-788. En plein centre. Un hôtel effectivement princier puisqu'il a été construit autour d'un ancien petit palais javanais, qui abrite quelques suites invraisemblablement kitsch où ont dormi, entre autres, la reine Juliana et le sultan de Brunei. Joli jardin avec des parterres fleuris et des fontaines qui glougloutent. Grande piscine. Les chambres les moins chères, mais malgré tout confortables, sont dans l'aile moderne. Tarifs en dollars, convertibles en *rupiahs.* Service digne d'un hôtel de luxe.

Où manger ?

Le *nasi liwet* constitue la spécialité culinaire de Solo : blancs de poulet marinés dans de la crème de coco, accompagnés de riz et légumes, le tout pimenté comme il se doit. Pour le dessert, essayez le *srabi,* fameux gâteau au coco. Les meilleurs se trouvent dans les *warungs,* c'est-à-dire dans la rue ! Attention, les restaurants servent rarement après 21 h.

Bon marché (de 10 000 à 25 000 Rps, soit 0,8 à 2 €)

Marché de nuit *(pasar malam ; plan C2, **30**)* **:** jl. Teuku Umar. Une petite rue bordée le soir de stands de cuisine indonésienne *(warungs).* Plats épicés, soupes, gâteaux à la noix de coco. Souvent, il n'y a qu'une table ou deux et quatre chaises. Les habitants de Solo aiment venir ici. Évidemment, on y mange pour trois fois rien.

Warung Baru *(plan C2, **31**)* **:** 23 jl. Ahmad Dahlan. ☎ 65-63-69. L'adresse où tous les routards passent. Façade rigolote et patronne adorable. Carte « dantesque » à prix très doux. Cuisine comme à la maison, sauf que les plats sont indonésiens et, plus largement, occidentaux. Curries sympas, *chili* bien préparé (mais ne pas confondre les haricots et les piments !) et excellent pain (noir ou brun) fait maison. Petit dej' occidental. Le menu comprend également toutes les informations touristiques sur la ville et les alentours. Également un *traveller's book* dont la lecture peut vous aider à préparer la suite de votre voyage. Tours en vélo, cours de *batik*, etc. Parfait quand on arrive en ville. Possibilité de dormir chez le patron (voir « Où dormir ? »).

Kusuma Sari *(plan C3, 32)* : 81 jl. Yos Sudarso. ☎ 65-64-06. Ouvert tous les jours de 10 h à 21 h 30. C'est souvent plein d'Indonésiens, surtout le soir. Climatisée (un peu trop !), c'est une sorte de cantine animée avec un choix de plats vraiment bon marché. Bon, les portions sont un peu chiches, cela dit. Mais, même si le service est un peu rapide (c'est rare !), l'ambiance est bonne. Grand choix de glaces également. Adresse sympa, à ne pas confondre avec sa petite sœur du même nom, à quelques maisons de là, toute petite et sans réel intérêt.

De bon marché à prix moyens (de 25 000 à 45 000 Rps, soit 2 à 3,6 €)

Bima *(plan D2, 33)* : 128 jl. Slamet Riyadi. ☎ 63-30-54. Au nord du centre-ville. Ouvert tous les jours de 9 h à 21 h 30. À l'angle de jalan Diponegoro. Pour partager une soirée avec les représentants de la nouvelle classe moyenne de Solo, qui viennent dîner en famille ou en bande. Et profiter d'une cuisine locale pleine de caractère. Personnel pléthorique et charmant. Le tout pour une addition moins lourde que dans les points de ralliement des touristes.

Tio Ciu 99 *(plan B2, 34)* : 244 jl. Slamet Riyadi. ☎ 44-361. Restaurant chinois proposant de nombreux plats de poissons et crustacés à des prix corrects, ainsi que du pigeon ! Simple et bon.

Adem Ayem *(plan A2, 35)* : 342 jl. Slamet Riyadi. ☎ 71-28-91. Plats indonésiens classiques dans ce resto au décor sans importance, une grande salle éclairée au néon donnant sur le boulevard. Connu également pour sa cuisine de Solo. Poisson, soupes, crevettes, etc.

Café Gamelan *(plan C3)* : 60 jl. Slamet Riyadi. Dans le même style que le *warung Baru*, dans un décor en bambou aux lumières tamisées. Des bottes de foin et un vélo sont suspendus au plafond. Quelques plats typiques ou occidentaux, qui feront la joie de ceux que le piment lasse. Petit dej' à l'occidentale. Possibilité de louer des vélos et d'organiser des excursions. Mais bien vérifier ce qu'on vous donne pour le prix : temps passé, type de véhicule, état de celui-ci, coût du carburant en sus... Et bien comparer pour négocier le tarif !

Roti Holland *(plan C3, 37)* : 151 jl. Slamet Riyadi. ☎ 63-24-52. Surtout pour les pâtisseries, particulièrement riches en saccharose. Quelques plats chauds sont également servis. Idéal pour prendre un moment de repos au frais en dégustant une brioche ou une glace. Au 1er étage, salle de restaurant ouverte tard avec orchestre de musique pop certains soirs. Accueil plus que moyen.

Plus chic (plus de 45 000 Rps, soit 3,6 €)

Boga Restaurant *(plan B2, 38)* : 1 jl. Musium. ☎ 71-43-84 ou 71-44-01. Ouvert tous les jours de 10 h à 23 h. Musique tous les soirs de 18 h à 21 h. Situé derrière le parc d'attractions Sriwedari, dans le centre-ville. Vaste salle en terrasse où se retrouvent les familles le dimanche. Clientèle aisée. Grand choix : cuisine indonésienne classique et très nombreux plats chinois. Pigeon et crustacés au kilo, à prix élevés. D'autres plats, plus raisonnables. Assez cher, mais bonne ambiance. Service de qualité.

Kafe Solo *(plan B3, 39)* : 261 jl. Dr. Radjiman. ☎ 63-29-35. Ce restaurant, au cadre un peu glacé, attire une clientèle d'Indonésiens aisés ou d'expatriés de passage. Tenue correcte recommandée. Le cadre, avec ses peintures aux murs et sa musique classique en fond sonore, fait de cette adresse une bulle d'Occident, un peu anachronique ici. La carte propose quelques spécialités indonésiennes à des prix moyens et surtout des plats occidentaux nettement plus chers (notamment les steaks). Carte des vins très onéreuse. Service guindé, malheureusement. Une curiosité à Solo. On peut aussi n'y venir que pour boire un verre chic.

Où boire un verre?

***Kafe Lumba Lumba** (plan B2) :* en sortant de l'office de tourisme, à droite, sous les affiches du cinéma Solo. Ouvert tous les jours uniquement le soir, de 19 h à 23 h 30. Tout petit café qui ne paie pas de mine. Mais il est bien situé, près du ciné de la ville, du parc d'attractions Sriwedari et des restos animés. Jolies petites lumières rouges le soir. Musique techno en journée. Histoire de traîner un peu dans le quartier.

***New Holland Bakery** (plan C3, **37**) :* voir le *Roti Holland* dans « Où manger? ». Orchestre certains soirs à partir de 21 h.

***Resto de l'Istana Griya Homestay** (plan C2-3, **16**) :* jl. Ahmad Dahlan, face au *warung Baru.* Joli petit bar à la lumière tamisée. On vient y boire un verre le soir. Petite carte également pour se dépanner d'une petite faim.

***Boga Restaurant** (plan B2, **38**) :* voir « Où manger? ». Orchestre tous les soirs de 18 h à 21 h. Un peu plus chic.

***Kafe Solo** (plan B3, **39**) :* voir « Où manger, plus chic ».

À voir. À faire

Fort logiquement, la ville royale de Solo possède pas mal de curiosités intéressantes.

***Mangkunegaran Palace** (plan C2, **50**) :* jl. Teuku Umar. Dans une rue perpendiculaire à jalan Slamet Riyadi. Entrée sur jalan Ronggowarsito, au bout de jalan Diponegoro. Ouvert de 9 h à 14 h (13 h le dimanche). La visite se fait avec un guide parlant votre langue et dure entre 45 mn et 1 h (un pourboire de 15000 Rps pour le guide est de rigueur). Tenue correcte exigée. Danses traditionnelles le mercredi de 10 h à 12 h.

Beau palais dans lequel réside encore une partie de la famille royale. Fondé au milieu du XVIIIe siècle, il témoigne assez bien du style architectural javanais de l'époque. On ne visite pas toute la demeure mais uniquement quelques pavillons, puisque les héritiers princiers y vivent toujours. On passe d'abord sous le grand pavillon ouvert aux quatre vents qui servait de salle d'audience *(Pendopo Agung).* On dénombre 140 piliers en marbre italien. Ce vaste hall possède un plafond orné de sept panneaux aux couleurs différentes. Chacune d'elles est censée exorciser les huit défauts principaux, un peu comme nos sept péchés capitaux à nous, plus un, mais mâtinés de mystique javanaise... Le *jaune* symbolise le sommeil. Le *noir* : la faim et la soif. Le *vert* : la frustration. Le *blanc* : les désirs sexuels. L'*orange* : la peur. Le *rouge* : le diable et le mal. Et le *pourpre* : les pensées négatives. Tout autour, on peut observer les 12 signes du zodiaque. On entre ensuite dans une salle servant aux représentations de *wayang Kulit (Paringgitan),* puis dans un autre pavillon aménagé en musée, qui tenait lieu autrefois de salle des couronnements *(Dalem Agung).* Vous devez vous déchausser pour y entrer. Le prince y présente une foule d'objets de toutes sortes, représentatifs de l'art indonésien ou cadeaux offerts au prince : vitrines de bijoux et de parures étonnantes (dont des ceintures de chasteté pour femmes et... hommes en or 18 carats), instruments de circoncision, série de petits bouddhas, objets d'origine arabe, objets en verre de Murano, anneaux de nez portés pendant la période hindouiste au IXe siècle... On se dirige ensuite vers quelques pièces de la demeure proprement dite, tout autour du petit jardin, pour finir par les dépendances où sont entreposés une série d'attelages néerlandais. L'ensemble de la visite vaut le déplacement. On peut également rencontrer des vendeuses de *jamu,* la médecine traditionnelle javanaise à base de plantes, et jeter un œil à la petite boutique.

Kraton Surakarta *(Kasunanan ; plan C4,* ***51****)* **:** il s'agit du *kraton* d'origine de Solo, le premier à avoir été construit (lire l'introduction de la ville). Il est agréable de se promener entre ces bâtiments qui constituent pratiquement un pâté de maisons, non loin de l'Alun Alun (très animé). Le *musée* (ouvert de 8 h 30 à 14 h, jusqu'à 15 h le samedi, fermé le vendredi ; tenue correcte recommandée) se situe dans des anciens pavillons royaux, vastes et certainement somptueux à l'époque. Mais aujourd'hui, la visite de ces lieux s'avère un peu fadasse. Le musée y a été installé, histoire de combler le vide de quelques salles. Quelques éléments intéressants, comme une série d'armes, un peu de mobilier, de la vaisselle, de beaux attelages et un quatuor d'instruments de musique et folkloriques. On y passe une petite heure sans réel déplaisir, mais rien de véritablement palpitant.

Radya Puspaka Museum *(plan B2,* ***52****)* **:** à côté de l'office de tourisme. Ouvert de 8 h 30 à 13 h (11 h les vendredi et samedi). Fermé le lundi. Un peu le contraire du précédent. Il s'agit ici d'un petit musée rempli d'objets pas excessivement beaux mais dont l'ensemble mérite qu'on s'y arrête. Un peu de mobilier, quelques marionnettes, des armes, des services de vaisselle, une vitrine de chapeaux et divers objets quotidiens. Un gentil poème à la Prévert, quoi ! Autour de ce musée, petit quartier animé, avec plusieurs cantines de rues *(warungs),* plein de restos et le ciné Solo, ainsi que le parc Sriwedari (mais on en parle plus loin).

Le marché aux puces et aux antiquités *(Pasar Triwindu ; plan C2,* ***53****)* **:** près de jalan Diponegoro. Ouvert tous les jours de 8 h à 16 h. Grand marché de pièces détachées. Seule une petite partie (quelques ruelles) de ce marché est consacrée aux antiquités. Bien fouiner. En cherchant vraiment, on y trouve porcelaine, *batiks,* vaisselle, lustres, grosses potiches, marionnettes. Tout est à négocier ferme.

Autre ***petit marché*** à l'air libre, jalan Samsurijal, sur une petite place. Rien de spécial à acheter, mais vraies puces...

Pasar Klewer *(Hanging Market ; plan C3,* ***54****)* **:** jalan Secoduyan. Ouvert tous les jours de 8 h à 16 h. Dans un grand bâtiment en dur, sur 2 étages, des centaines de stands colorés vendant principalement des tissus, *batiks* industriels, chaussures, vêtements... En fouillant bien, on peut y trouver son bonheur. C'est un peu le Tati local, tout le monde s'y précipite. Prix compétitifs (à négocier, bien sûr) et beaucoup d'articles de bonne qualité. Peu de touristes. Pour ceux que ça intéresse, il y a aussi un marché de nuit *(pasar malam)* ainsi que d'autres marchés. Tous sont intéressants. Chacun a sa spécialité : le *pasar Simgasaren* pour les jouets, le *pasar Widuran* pour les oiseaux...

Le parc d'attractions Sriwedari *(plan B2,* ***55****)* **:** en plein centre-ville. Accès par jalan Slamet Riyadi. Entrée du parc payante le samedi. Comme tous les parcs qui sont ouverts à l'année, celui-ci est toujours à moitié plein ou plutôt aux trois quarts vide. Si vous n'y venez pas lors d'une manifestation quelconque, il semble bien triste. Seul intérêt, tous les soirs sauf le dimanche, spectacle de *wayang Orang* de 20 h à 22 h (voir aussi la rubrique « Spectacles »). De temps en temps, concerts d'artistes indonésiens.

Batik Keris Factory *(plan A3,* ***56****)* **:** Cemani Selatan. Ouvert de 7 h à 16 h. Fermé le dimanche. Visite d'une usine de *batiks.* Bonne qualité générale. Prix fixes.

Cinémas

Nombreux sur l'artère principale. La plupart des films sont du genre violent. On passe de temps à autre un vieux *Rambo* des familles doublé en indonésien. La crise de rire ! Ouvrir l'œil et tendre l'oreille. On vous conseille le ciné *Solo 1.2.3.4.,* à côté du parc d'attractions Sriwedari.

Spectacles

Bien vérifier les jours et les horaires dans le programme de l'office de tourisme.
– ***Wayang Orang :*** dans le parc d'attractions Sriwedari, tous les soirs sauf le dimanche, de 20 h à 22 h. Payant. Demandez où se trouve la salle de représentations une fois à l'intérieur du parc. Des acteurs masqués dansent et miment des scènes du *Rāmāyana.* Le spectacle est particulièrement intéressant pour la qualité de la mise en scène, les costumes colorés et les masques des personnages. Au cas où la patience vous ferait défaut, il est possible de partir avant la fin. Il y a également des spectacles le premier mardi du mois à 20 h, au *RRI,* la station de radio publique indonésienne, 51 jalan Abdul Rahman Saleh (près de la gare ferroviaire).
– ***Wayang Kulit :*** spectacle de marionnettes en ombres chinoises au *RRI* (lire plus haut), tous les jeudi et samedi à 20 h. Spectacle payant. Également au *STSI* (académie des arts de Solo), jalan Ir. Sutami Solo, le 1er dimanche du mois à 20 h.
– ***Danses traditionnelles :*** au *Mangkunegaran Palace,* le mercredi de 10 h à 12 h. Également au *kraton Surakarta,* le dimanche de 9 h à 11 h ; orchestre de *gamelan* le jeudi à 20 h.

Achats

– ***Antiquités :*** Iskandar, au *pasar Triwindu.* Très beaux *kriss* parfois restaurés et nombreux objets moins chers qu'à Yogya.
– ***Bijoux :*** sur jalan Secoyudan, à l'est de jalan Yos Sudarso, plusieurs magasins de bijoux en or de 20 et 22 carats à des prix intéressants.
– ***Lunettes :*** à l'est de la place Alun Alun, proche du *pasar Klewer,* succession de magasins vendant des imitations de montures que l'on trouve en Europe, à des prix dérisoires. La qualité est à l'avenant...
– ***Boutiques du kraton Mangkunegaran :*** bon rapport qualité-prix. Une référence : la directrice est la princesse elle-même !

➤ DANS LES ENVIRONS DE SOLO

Candi Sukuh : situé à environ 35 km de Solo, en pleine montagne, sur les pentes du volcan Lawu.
Pour y aller : deux solutions, l'une simple mais chère ; l'autre, carrément compliquée, permet d'économiser des sous mais fait perdre un temps fou. Première solution : aller au terminal des bus Tirtonadi au nord de la ville et négocier avec quelqu'un qui possède un van ou un minibus le trajet aller-retour et l'attente sur place. Quels que soient vos talents de négociateur, l'aller-retour vous reviendra cher, car les chauffeurs savent que les transports en commun sont loin d'être la meilleure solution. Vous pouvez demander à un employé de l'office de tourisme de servir d'intermédiaire. Seconde solution : de la Tirtonadi Bus Station, prendre un bus en direction de Tawangmangu. S'arrêter à *Karangpandan,* à 28 km de Solo (si vous pouvez, faites un petit détour par le marché, très dépaysant). De là, prendre un minibus ou un *colt* qui soit vous conduira directement au candi Sukuh, soit vous laissera en bas de la montée, à *Kemuning.* Dans ce cas, il vous restera à effectuer 1,5 km à pied

sur une route abrupte et sinueuse. Compter 2 bonnes heures en tout pour s'y rendre. Pour le retour, manœuvre inverse. Bon, l'endroit est intéressant, certes, mais la difficulté pour y accéder n'est pas vraiment proportionnelle à sa beauté. D'autant plus que la manière de s'y rendre par les transports en commun reste toute théorique, car parfois vous arrivez à Karangpandan et il n'y a pas de minibus ! Sinon, des agences de voyages organisent l'excursion, mais mieux vaut encore négocier un véhicule par soi-même près du terminal des bus. Si vous avez le courage d'y aller et qu'il fait beau, pourquoi ne pas apporter votre pique-nique et casser une petite croûte dans le coin ? Ça tombe sous le sens, mais pensez à ramasser vos reliefs derrière vous !
Que voit-on au juste ? Déjà, la route escarpée (sur la fin) qui y mène est splendide. Un raidillon aboutit, à 1 100 m d'altitude, à un temple pyramidal en terrasses, entouré par un groupe de bas-reliefs assez curieux. Ce temple hindou daterait du XIIIe siècle. Il est censé représenter une allégorie de la fertilité et occupe une place particulière dans l'esprit des jeunes de Java. Ceux qui n'ont pas encore rencontré l'amour viennent déposer des fleurs au pied des bas-reliefs les plus érotiques. La ressemblance est frappante avec les temples mexicains. Sur les bas-reliefs, on distingue des animaux ainsi que des scènes où apparaissent des divinités. On note aussi la présence de vilains monstres aux yeux exorbités, de grosses tortues aux dos tout plats (une réincarnation de Vishnu, paraît-il !) et même un personnage qui se masturbe. Pas de doute, l'architecte était un obsédé. Le site en lui-même est petit et en 15 mn la visite est terminée. Reste que ce lieu dégage une atmosphère particulière.

On peut également combiner l'excursion avec la visite du ***candi Ceto,*** à 7 km du *candi Sukuh.* De *Karangpandan,* prendre un minibus pour Ceto, puis un *ojek* (moto-taxi) pour faire les 2,5 km restants. Route superbe, à couper le souffle : plantations de thé, rizières en terrasses... Le temple lui-même est une sorte de grande pyramide, moins ornementé que le *candi Sukuh,* mais toujours vénéré. C'est la dernière construction du royaume de Majapahit, ni plus ni moins !

Sangiran : à 18 km au nord-est de Solo. Il s'agit d'un centre archéologique important où fut découverte la boîte crânienne de l'homme de Java (voir « Le Musée national » à Jakarta). À part quelques centaines d'ossements (dont certains de mammouths), pas grand-chose à voir. Petit *musée,* ouvert tous les jours de 8 h à 16 h. Pour ceux qui insistent, le moyen le plus sympa de s'y rendre c'est le vélo. En bus, prendre la direction de Purwodadi et descendre à Kalijambe ; ensuite, utiliser un minibus ou les motos qui attendent.

Tawangmangu : à 43 km de Solo. C'est un grand parc plein d'arbres répertoriés, avec des singes en liberté, une grande cascade et une piscine en plein air. On peut y faire du cheval et pique-niquer avec des Indonésiens. Parfait pour se mettre un peu au vert. Pour s'y rendre, bus à partir de Solo (1 h 30), ensuite marcher 1 km en montée ou prendre un *colt.* La route est jolie.

QUITTER SOLO

En train

Départs de la ***gare Balapan*** *(plan C1),* située au nord de la ville.
➢ ***Pour Jakarta :*** à peu près 10 trains par jour, dont 3 en classe *bisnis* (2e classe), 3 en *eksekutif* (plus cher) et 1 train *spesial* (encore plus cher et plus luxueux). Les meilleurs sont ceux qui partent en fin d'après-midi ou le soir et arrivent dans la capitale le lendemain. Demander les horaires sur place.
➢ ***Pour Yogyakarta :*** 6 *bisnis* par jour avec 1 *eksekutif* le matin. Durée : 1 h. Attention, l'*Ekon Plus (ekonomi)* de 18 h va à Jakarta mais il faut payer le trajet entier pour aller à Yogya.

➢ ***Pour Bandung :*** 3 *bisnis* par jour, 1 *Ekon Plus* le matin et 2 *eksekutif* le soir. Éviter les trains *ekonomi*. Durée : 9 h.
➢ ***Pour Surabaya :*** 3 *bisnis* et 3 *eksekutif* de nuit. Il y a aussi 6 trains *ekonomi*, dont 1 *Ekon Plus* pour Banyuwanggi, à éviter puisqu'il vous faudrait payer le trajet entier. Durée : 5 h environ. S'informer des horaires sur place.

En bus

Tous les départs s'effectuent de la ***Tirtonadi Bus Station,*** sur jl. A. Yani, au nord de la ville. Bus pour toutes les directions. À l'exception de Denpasar, tous les billets s'achètent directement auprès du contrôleur dans le bus.
➢ ***Pour Jakarta :*** les *night buses* restent le meilleur choix. Les bus passent par Semarang. Tous les départs ont lieu entre 16 h et 17 h. Plusieurs compagnies assurent le trajet. S'adresser à une agence de voyages ou se rendre directement au terminal pour acheter les billets. Arrivée vers 5 h (au plus tôt !) le lendemain matin. Bus avec air conditionné (AC) ou alors *ekonomi*. Préférer les AC, même si c'est 2 fois plus cher. Il y a aussi des bus *eksekutif* plus chers, mais avec vidéo, toilettes, etc.
➢ ***Pour Bandung et Bogor :*** les bus passent par Semarang. Plusieurs départs en fin d'après-midi. Arrivée le lendemain matin.
➢ ***Pour Semarang :*** départ toutes les 5 mn environ. Durée : environ 2 h. Plusieurs compagnies effectuent la liaison.
➢ ***Pour Yogyakarta :*** départ toutes les 5 mn dans la journée mais jusqu'à 22 h seulement. Ce sont des bus avec AC (en provenance de Surabaya) ou *ekonomi*. Durée : 1 h 30.
➢ ***Pour Surabaya :*** bus avec AC ou *ekonomi*. Compter 5 à 6 h de trajet en *ekonomi* et 4 h en bus avec AC, qui sont également express *(patas)*. Pour les 2e classes, départ toutes les heures, 24 h/24.
➢ ***Pour Probolinggo :*** les bus passent par Surabaya. Compter 7 à 8 h de trajet. Départs toutes les heures de 5 h à 22 h. Probolinggo est le point de départ traditionnel pour faire l'ascension du volcan Bromo.
➢ ***Pour Malang :*** 2 trajets possibles. Soit en bus direct via Blitar en 7 à 8 h, soit en changeant à Madiun (direction Surabaya).
➢ ***Pour Denpasar*** (capitale de Bali) ***:*** bus de nuit avec parfois air conditionné. Là aussi, plusieurs compagnies se battront pour vous avoir comme client. Tous les départs ont généralement lieu entre 16 h et 17 h. Vérifier sur place. Arrivée vers 7 h le lendemain matin. Les billets s'achètent dans les agences de voyages en ville.
➢ ***Pour Tawangmangu :*** bus toute la journée, environ toutes les 15 mn. Durée : 1 h 30.

En avion

➢ Théoriquement, la *Garuda* assure des liaisons quotidiennes avec ***Surabaya*** et ***Jakarta.*** Mais avec la crise, il vaut mieux le vérifier sur place, dans les agences de voyages ou à l'aéroport. ☎ 78-07-15.

L'EST DE JAVA

MALANG

IND. TÉL. : 0341

Elle fut longtemps une bourgade coquette et plaisante située à 90 km au sud de Surabaya. Aujourd'hui, elle est entraînée dans le développement de Surabaya et s'est transformée en une grosse ville de province, affairée et industrieuse, avec ses centres commerciaux, ses embouteillages et sa jeunesse occidentalisée. Coincée à 450 m d'altitude entre deux massifs volcaniques, le mont Butak à l'ouest et le Bromo à l'est, Malang a été fondée au XVIIIe siècle par des colons néerlandais que les plantations de café attirèrent. À l'instar de Bandung, elle a gardé de l'époque coloniale quelques beaux exemples architecturaux et même une église protestante. Malang n'offre pas un grand intérêt touristique et le coût de la vie y est un peu plus élevé qu'à l'ouest de l'île, mais elle peut être une base de départ pour faire l'ascension du Bromo, plus agréable que Surabaya. Les férus des temples bouddhiques pourront se faire plaisir en visitant les alentours, riches des héritages de la dynastie royale de Singosari (XIIIe siècle). Même si ces temples sont loin d'égaler Borobudur ou Prambanan, ils sont quand même intéressants.

Adresses utiles

Tourism Information Service : 6 jl. Basuki Rachmad. ☎ 32-39-66. Ouvert en principe tous les jours de 8 h à 14 h, mais les horaires peuvent varier, car le service est assuré par des bénévoles, jeunes et déterminés à se lancer à tout prix dans le *business*. Accueil très sympa et plus compétent qu'à l'office de tourisme municipal. Il pourra vous servir d'intermédiaire pour louer une voiture ou un guide.

– Si vous vous cassez le nez, adressez-vous en face, au resto *Toko Oen* qui possède un petit bureau touristique bien organisé, ouvert de 8 h à 21 h. Voir « Où manger? ». Demander Anshory, qui a les dents encore plus longues que ses petits copains d'en face. Très efficace, mais aussi crampon qu'un vendeur de sèche-linge.

Transports : il y a des *becaks* un peu partout, parfaits pour les petits déplacements. L'air de rien, la ville est très étendue : il peut s'avérer utile de prendre un taxi de temps en temps. Pour rejoindre les différents terminaux de bus, on peut emprunter les lignes de minibus urbains. Pour *Arjosari* et *Gadang,* prendre les minibus marqués AG, GA ou AJG. Pour le terminal de *Landungsari,* prendre les minibus bleus GL, LG, LDG ou AL. Bon à savoir : les initiales indiquent les noms des terminaux de départ et d'arrivée – et de transit quand il y en a 3.

✉ ***Poste :*** sur jl. Kauman Merdeka.

Centre téléphonique : sur jl. Basuki Rachmad, près du *Toko Oen.*

Change : *BCA,* 70-74 jl. Basuki Rachmad. Banque *Lippo,* 4 jl. Merdeka Timur.

Où dormir?

Bon marché (de 30000 à 60000 Rps, soit 2,4 à 4,8 €)

Hôtel Helios : 37 jl. Pattimura. ☎ 36-27-41. Au nord du rond-point formé par jl. Tugu. Petit hôtel très bien tenu, avec une jolie cour intérieure, qui protège du bruit extérieur. Chambres simples, doubles ou triples, avec ou sans *mandi.* Chacune a sa terrasse. Contrairement aux adresses habituelles, les chambres sont ici très correctes dès les premiers prix. Petit dej' inclus.

Prix moyens (de 60000 à 110000 Rps, soit 4,8 à 9 €)

Hôtel Menara : 5 jl. Pajajaran. ☎ 36-28-71 ou 36-87-10. À pied, c'est le plus proche de la gare. Hôtel très propre. Chambres avec *mandi,* petit dej' inclus. Cela dit, c'est un peu sombre et relativement cher.

Plus chic (de 110 000 à 170 000 Rps, soit 9 à 13,8 €)

Splendid Inn Hotel : 4 jl. Mojopahit. ☎ 36-68-60. Fax : 36-36-18. Belle villa datant de l'époque coloniale, dans un parc agrémenté de parterres de fleurs et de nains de jardin, en plein centre-ville. On y trouve même un singe ! Bien que l'Indonésie ait gagné son indépendance depuis longtemps, vous y côtoierez bon nombre de Néerlandais. Chambres joliment démodées avec salle de bains, eau chaude, TV et téléphone. Certaines sont climatisées. Petit dej' inclus. Piscine. Excellent accueil.

Bien plus chic (de 90 à 200 €)

Graha Cakra : 16 jl. Cerme. ☎ 32-49-89. Fax : 36-78-56. • grhcakra@indo.net.id • Hôtel de charme très bien tenu. Hall d'entrée et salons décorés de fleurs et de mobilier colonial. Agréable piscine bordée de palmiers, (bon) resto et bar. Personnel stylé. Chambres un peu petites pour un hôtel de ce standing mais tout confort, avec salle de bains, TV, minibar et AC. Excellent petit dej'. Concerts le soir au resto.

Où manger ?

Prix moyens (de 20 000 à 45 000 Rps, soit 1,6 à 3,6 €)

Rumah Makan Cahyaningrat : 18 jl. Soekarno Hatta. ☎ 47-14-72. À 5 km au nord du centre-ville. Si vous êtes à Malang, cela vaut la peine de prendre un *bemo* (ABG, direct) ou un taxi pour découvrir ce restaurant superbe, récemment construit dans un beau style javanais et agrémenté d'antiquités, telles que des tableaux, sculptures et manuscrits, prouvant la richesse des arts locaux. *Cahyaningrat* est issu du *wayang,* le théâtre traditionnel de Java. Il exprime à la fois la beauté, la propreté et la politesse transmises par le royaume des dieux. La réalité est aussi poétique : de belles cabanes sont disposées autour d'un plan d'eau, tandis qu'une scène décorée de la réplique réduite du temple de Singosari donne une touche finale à cet espace savamment organisé pour le plaisir des convives. Très bonnes spécialités de l'est de Java, dont quelques plats de poisson. Le service est digne d'un palais princier. Et, si étonnant soit-il, les prix sont tout à fait raisonnables. Vous l'aurez compris, c'est une très belle adresse !

Kantri : 169 jl. Raya Singosari. ☎ 45-87-57. À 5 km de Malang, sur la route de Surabaya. Cadre très agréable dans un jardin avec des oiseaux (il y a même un aigle en cage). C'est en fait une *steak house,* très chic, où se retrouve la bourgeoisie locale. On y sert notamment des barbecues individuels, ou encore une soupe de queue de bœuf originale *(sup bantut).* Cher pour le pays, bien sûr.

De prix moyens à plus chic (plus de 45 000 Rps, soit 3,6 €)

Toko Oen *(prononcer « oune » !)* **:** 5 jl. Basuki Rachmad. ☎ 36-40-52. En plein centre-ville, face au *McDo* de la plaza Sarinah, vous ne pourrez pas manquer cette institution vieille de plus de 60 ans, qui a survécu à l'invasion japonaise, à l'indépendance... et au nucléaire. L'architecture Art déco est d'origine. Carte occidentale, néerlandaise et indonésienne, bonnes pâtisseries et glaces. Tout cela est assez cher, mais on trouve des plats à un peu tous les prix. L'ambiance de ce restaurant-salon de thé est vraiment délicieuse et surprenante pour l'Indonésie... Ah, ce piano qui vous fredonne des airs surannés! *Toko Oen,* toutes proportions gardées, ça vous a des faux airs de « Chez Rick », la boîte de Bogart dans *Casablanca...* où l'on écouterait *As Time Goes By* version indonésienne! Lieu incontournable, donc, d'autant plus qu'on y trouve une petite agence touristique, ainsi que des journaux, des guides et des cartes.

Où boire un verre? Où danser?

Pour ceux qui veulent profiter du luxe sans en faire les frais, nous conseillons de prendre un verre au bar du joli ***Tugu Park Hotel,*** 3 jl. Tugu (juste à côté de l'hôtel *Splendid Inn*), dans un espace verdoyant. Ou encore au bord de la piscine du ***Graha Cakra*** (voir plus haut).

Laguna : la disco à la mode. Pas évident à trouver, le mieux est de s'y rendre en taxi. Immense, avec 2 cafés et 2 bars. Entrée payante. House et techno. Bruyant et bondé, comme il se doit. Rencontres faciles.

À voir. À faire

Assurément, pas grand-chose à voir. Le centre-ville est peu étendu et se visite à pied.

Une balade dans le centre à partir de jalan Majapahit surplombant la rivière Brantas et ses abords verdoyants vous emmènera au rond-point de ***jalan Tugu.*** Au nord, quartier résidentiel des anciens colons, où les rues bordées d'arbres et de belles villas ont du cachet.

Le marché et les centres commerciaux sont concentrés sur ***jalan Pasar Besar,*** au sud du centre-ville. Très nombreux étals vendant de tout et de rien. Pittoresque.

Senaputra Park : jalan Kahuripan, au nord de jalan Basuki Rachmad. Parc de loisirs proposant tous les dimanches matin, de 9 h à 13 h, un spectacle de danses étonnantes appelées *jaran kepang* en javanais et traduit en anglais par *crazy horse,* où des danseurs entrent en transe à l'issue d'un simulacre de course à cheval. On est loin du cabaret parisien!

➤ DANS LES ENVIRONS DE MALANG

Candi Singosari : situé à 7 km de Malang, à 500 m de la route menant à Surabaya. Ouvert de 7 h à 17 h. Entrée payante. Pour s'y rendre, du terminal des bus d'Arjosari, prendre un minibus LA qui vous laissera sur la route principale avant la ville de Singosari. Poursuivre à pied ou en *becak* jusqu'au temple, à 500 m environ de la route. On peut aussi prendre un tour organisé et inclure ce temple dans un parcours plus complet. Le resto *Toko Oen* le fait. Ce temple funéraire dédié à un roi de la dynastie de Singosari est l'une des splendeurs héritées du royaume tout puissant de Mojopahit, qui régna sur l'est de Java à la fin du XIIIe et au XIVe siècle. Mélange d'hindouisme et de bouddhisme, il est décoré de sculptures dont certaines sont restées inachevées. À l'emplacement de ce qui devait être autrefois l'entrée monumentale d'un grand palais trônent deux énormes statues hideuses, représentant les gardiens du palais, des *dwarapalas,* agrémentés de crânes humains et de serpents. Ils durent dissuader nombre d'ennemis du royaume.

Taman Safari : à 20 km de Malang, sur la route de Surabaya. On y voit des animaux en liberté dans un parc : tigres blancs, lions, loups, autruches, lamas... Entrée chère. La visite s'effectue en bus. Touristique, bien sûr.

QUITTER MALANG

En train

La gare de Kota Baru est à l'est du centre-ville, proche du rond-point en ellipse formé par jalan Tugu.

➢ Le train est intéressant uniquement pour aller à ***Surabaya.*** Une douzaine de départs par jour. Durée : 2 h. On vous déconseille le train pour aller à Probolinggo (il faut changer à Bangil), ou pour aller à Yogya, car il est très lent.

En bus

➢ ***Pour Probolinggo :*** départ tous les quarts d'heure du terminal des bus d'Arjosari, situé à environ 5 km au nord de la ville. Le 1er bus part à 8 h et le dernier à 15 h. Compter 2 h de voyage en bus express *patas* et 3 h en bus *ekonomi*. Les bus *patas* (les mieux) partent toutes les heures jusqu'à 15 h environ.

➢ ***Pour Surabaya :*** bus très fréquents toute la journée à partir du terminal d'Arjosari. Compter 1 h 30 de transport en bus *patas* et 2 h en bus *ekonomi.*

➢ ***Pour Banyuwangi :*** de ce même terminal, les bus passent soit par Probolinggo et Situbondo, soit par Jember. Pour le second itinéraire, il faut savoir qu'il y a moins de *patas* (bus rapides), surtout après 15 h. Plusieurs départs entre 9 h et 22 h. Compter 6 h de voyage en bus *patas* et 8 h ou plus en bus *ekonomi.*

➢ ***Pour Denpasar :*** 2 bus de nuit seulement avec des départs à 17 h et 19 h. Ferry, dîner et AC inclus ! Durée : 12 h, en comptant le trajet en ferry puis en bus jusqu'à Denpasar. Il y a aussi des minibus qui passent vous prendre à votre hôtel et vous déposent au terminal de Denpasar. Voir avec les hôtels.

➢ ***Pour Yogyakarta et Solo :*** départs du terminal de *Landungsari,* au nord-ouest de la ville. Pour y aller, prendre un minibus de la ligne GL. Les bus publics mettent 10 h. Les bus les plus rapides sont les *shuttle buses* (7 h de trajet) : il y en a 2 le matin et 2 le soir. C'est plus cher, mais ils peuvent passer vous prendre à votre hôtel.

SURABAYA

4 000 000 hab. IND. TÉL. : 031

Deuxième ville et deuxième port du pays après Jakarta. Cela suffit-il à vous faire une petite idée du genre de ville qu'est Surabaya ? Une mégalopole, assurément.
Surabaya est surtout le point de départ pour se rendre aux Célèbes en bateau. C'est aussi une ville-étape sur la route de Jakarta à Bali, ainsi que pour une excursion au Bromo. Et même si elle n'offre pas d'intérêt touristique évident, Surabaya, plus encore que Jakarta, est une fascinante vitrine des métamorphoses asiatiques actuelles, où une modernité clinquante et fulgurante s'entrechoque avec une misère crue, au-delà de l'imaginable. Ici, pas de nuances : les pauvres survivent littéralement au milieu des poubelles abandonnées par les riches. Surabaya, c'est aussi un port qui rappelle l'atmosphère des romans de Conrad, la rauque mélancolie de Kurt Weil ou encore le quartier le plus chaud du pays. Enfin, on peut entamer d'ici la route de l'achitecture sacrée javanaise, qui longe la côte nord jusqu'à Semarang.
D'un point de vue historique, Surabaya est donc un port important, et ce, depuis le XVIe siècle. La ville fut conquise au siècle suivant par le puissant souverain de Mataram, le sultan Agung, qui envoya 80 000 hommes

(énorme pour l'époque) dévaster les richesses de la région. Puis la VOC néerlandaise hissa Surabaya au rang de premier port du pays. La ville fut le lieu d'une bataille symbolique, en 1945, quand les Anglais, après avoir chassé les Japonais, écrasèrent aussi la résistance indonésienne, faisant ainsi des milliers de morts. Depuis cette date, Surabaya, ville monumentale et tentaculaire (en un mot, ingrate !), est surtout la « ville des héros » dans le cœur des Indonésiens.
Il y a en réalité deux Surabaya. La première se déploie le long des canaux qui drainent toute la ville, avec ses étonnants quartiers arabe et chinois (Surabaya connaît la plus forte concentration chinoise des villes indonésiennes), ou l'incroyable quartier de *Dolly,* transformé en bordel cosmopolite et international d'Asie du Sud-Est (on est dans un port, on vous le rappelle !). La seconde se concentre dans le *Downtown,* avec ses gigantesques centres commerciaux, parmi les plus vastes du monde Pour un séjour de plusieurs jours, c'est au nord de la ville qu'on trouvera le coin le plus sympa, dans le quartier autour de jalan Peneleh.

Arrivée à l'aéroport

✈ L'***aéroport de Juanda*** se trouve à 16 km de la ville.
– On y trouve un *office de tourisme* inefficace, des *money changers,* des distributeurs de billets, un *centre de téléphone international* et un *bureau de poste.*
➢ Pour gagner la ville, bus *Damri* en sortant de l'aéroport. Dessert plusieurs endroits dans le centre. Il part quand il est plein ! Sinon, taxi à prix fixe (la compagnie Prima ne possède pas de compteur). Sinon, en marchant 300 m environ (si vos bagages vous le permettent), après le poste de péage du parking, d'autres taxis, avec compteur, vous conduiront en ville. Acheter le ticket à l'aéroport.

Circuler en ville

Ne minimisez pas les distances ! La ville est très étendue et l'échelle du plan de ville peut être trompeuse. Si étonnant que cela puisse paraître, la circulation dans le centre-ville, quoique intense, est toujours fluide. Les *becaks* sont rares dans le centre, et pour certains trajets vous serez obligé de marcher. Les artères sont larges et les feux rouges sont rares et plutôt symboliques.

■ Adresses utiles

- Gares ferroviaires
- ✉ Poste
- **1** Consulat de France et centre culturel français et de coopération linguistique
- **2** Centre commercial Tunjungan Plaza et patinoire
- **3** BII
- **4** Garuda
- **5** Mandala
- **6** Pelni Line
- **7** *Wartel* (centres téléphoniques)

Où dormir ?

- **11** Hôtel Singaraja Indah et hôtel Bali
- **13** Hôtel Paviljoen
- **14** Wisma Kalibokor
- **15** Hôtel Gubeng

Où manger ?

- **2** Fast-foods et restos du Tunjungan Plaza
- **20** Pasar Keputran
- **23** Ria Cendana
- **24** Puri Garden Restaurant
- **25** Café Venezia
- **26** Sarkies
- **27** Jendela

Où boire un verre ?

- **1** Centre culturel français
- **2** Bars et cafés du Tunjungan Plaza
- **26** Hôtel Majapahit
- **27** Jendela

A
B
500 m
NORD
1
2
3
4
Jl. Veteran
Jl. Kema Yoran Baru
Jl. Setasiun Kota
Kota Station
Jl. Bunguran
Jl. Gembong
Jl. Kapasan
Jl. Pahlawan
Jl. Dupak
Jl. Pasar Turi
Jl. Johar Sem.
Pasar Turi Station
Jl. Tembaan
Jl. Pasar
Semarang
Jl. Kramat Gantung
Jl. Jagalan
Jl. Ngaglik
Jl. Bubutan
Jl. Peneleh
Jl. Undaan Kulon
Jl. Undaan Wetan
Jl. Raya Agung Suprapto
Jl. Kusuma Bangsa
Jl. Baliwerti
Jl. Gemblongan
Jl. Akmad Jais
Jl. Kranggan
Jl. Praban
Jl. Ambengan
Jl. Tidar
Jl. Genteng
Jl. E. Malang
Jl. Tunjungan
Jl. W. Mustajab
Jl. Anggrek
Kedungdoro
Jl. K. Rukem 4
Jl. K. Pompa
Jl. Gubeng Polok
Jl. Raya Arjuno
Jl. Pemuda
Jl. Kedungsari
Jl. E. Wungu
Gubeng Station
Jend. B. Rakhmad
Jl. P. Sudirman
Jl. Kayun
Jl. Wono. 3
Jl. Kedonong
Jl. Pasar Kembang
Jl. K. Malang Wetan
Jl. Karimun Jawa
Jl. Raya Gubeng
Nias
Jl. Gubeng Jaya 1
Jl. Urip Sumoharjo
Jl. Gubeng Kertajaya
Jl. Pandegeling
Jl. Sulawesi
Jl. Kertajaya
Jl. Ra. Kartini
Damo
Jl. Pucang Anom Timur
Jl. W. R. Supratman
Jl. Raya Dr. Sutomo
Jl. Raya Diponegoro
Raya
Jl. Kalibokor Selatan
Jl. Bintoro
Dinoyo
Ngagel
Jl. Kempang
Indragiri
Jl. Bogowonto
Jl. Kalibokor
Jl. Serayu
Jl. Kencana
1
3
4
5
6
7
11
13
14
15
2
20
23
24
25
26
27

SURABAYA

Comme à Jakarta, circuler à pied *Downtown* relève de l'exploit, pour ne pas dire, à certains endroits, de l'inconscience. Soyez très prudent en traversant. N'hésitez pas à faire quelques mètres de plus pour traverser sur les passages piétons (s'il y en a!) ou pour emprunter les passerelles. Il faut faire signe en tendant le bras devant soi. Mais cela ne vous garantira pas contre les sueurs froides.

– ***Les bus :*** le système est trop compliqué. Ils assurent les liaisons nord-sud. Pas utile vu que vous ne séjournerez pas longtemps ici. Seule exception : pour aller au port, prendre un *city bus P1* qui part du terminal de Bungurasih. On peut le prendre sur jalan Tunjungan ou devant l'hôtel *Natour Simpang,* 1-3 jalan Pemuda. Il peut également vous arrêter devant le bureau de la compagnie maritime *Pelni Line (plan A1, **6**),* au nord de la ville.

– ***Les bemos :*** pas chers et assez pratiques car ils suivent des itinéraires fixes d'est en ouest. Une trentaine de lignes désignées par des lettres de l'alphabet. Les lignes M et V partent de la station de *bemos* de Joyoboyo et traversent la ville.

– ***Les taxis :*** pour ceux qui restent peu de temps et ne veulent pas en perdre. Ils possèdent des compteurs *(argometers)* qui fonctionnent, et la plupart sont climatisés! Une bonne compagnie : *Zebra Taxi* (taxis blancs), ☎ 841-66-66 ou 841-11-11.

Adresses utiles

Infos touristiques

– Révélateur : il n'y a pas du tout d'*office de tourisme*! Ville de commerce et d'industrie, Surabaya ne compte pas sur les touristes (et inversement). Seuls les hôtels pourront vous renseigner...

Représentations diplomatiques

■ ***Consulat de France et centre culturel français et de coopération linguistique** (plan A4, **1**) :* 10 jl. Darmokali. ☎ 561-52-46. Fax : 567-65-29. • javanet1@indo.net.id • Services consulaires ouverts au public du lundi au vendredi de 9 h 30 à 13 h et de 14 h à 17 h. Bibliothèque, journaux français et un coin Internet.

■ ***Consulat de Belgique :*** 24 jl. Raya Kupang Indah. ☎ 731-50-62.

■ ***Consulat du Canada :*** ☎ 354-43-30.

■ ***Immigration Office :*** 58 A jl. S. Parman. ☎ 843-88-06 ou 841-55-15.

Poste et télécommunications

✉ ***Poste** (plan A1) :* 10 jl. Kebon Rojo. Ouvert de 8 h à 18 h (20 h pour la poste Internet). Fermé le dimanche, sauf pour la poste restante et l'Internet (ouvert de 8 h à 15 h). Téléphone *(Wartel)* à côté. Autres bureaux de poste sur jalan Pemuda et sur jalan Taman Aspari.

■ ***Wartel** (centres téléphoniques) :* plusieurs adresses en plus du *Wartel* ci-dessus. *Darmo (plan A4, **7**) :* jl. Raya Diponegoro, à l'angle du 51 jl. Kapuas. Autre centre à l'ouest de la ville *(plan A2, **7**)* : 1-3 jl. Margoyso. Tous deux ouverts 24 h/24.

Consigne

■ ***À la gare ferroviaire de Gubeng** (plan B3) :* jl. Gubeng Masjid (au bout de jalan Pemuda). *Transit room* ouverte de 7 h à 18 h.

Change

Les banques et les distributeurs automatiques *(ATM)* sont nombreux en ville. On en trouve, à coup sûr, dans tous les centres commerciaux (et Dieu sait s'il y en a !). Par exemple, dans le plus grand centre commercial de la ville (et l'un des plus grands de toute l'Asie), le *Tunjungan Plaza (plan A2,* ***2****),* à l'angle de jalan Pemuda et de jalan Basuki Rakhmad. Autre adresse très pratique pour changer de l'argent :

■ ***BII*** *(plan B3,* ***3****)* **:** 60-70 jl. Pemuda. Ouvert du lundi au vendredi de 10 h à 13 h 30 pour le change. Distributeur automatique 24 h/24 à l'extérieur (cartes *Visa* et *MasterCard* acceptées).

Urgences

■ ***Ambulances :*** ☎ 118.
■ ***Hôpitaux :*** il existe un hôpital récent pratiquant des prix abordables et d'une qualité comparable aux hôpitaux français, c'est le *Rumah Sakit Surabaya International,* Jalan Nginden Intan, Block B. ☎ 599-32-11. Fax : 399-32-14. Également l'*Hospital Dr Soetomo,* 6-8 jl. Dharmahusada. ☎ 550-11-11 ou 12. En cas de gros pépin, demander conseil au consulat de France. ☎ 567-86-39.
■ ***Soins dentaires :*** *Dental Clinic,* 16, jl. Sedap Malam. ☎ 534-32-99.

Compagnies aériennes et maritimes

■ ***Garuda*** *(plan A3,* ***4****)* ***:*** au rez-de-chaussée de l'*hôtel Hyatt Regency,* 106-124 jl. Basuki Rakhmad. ☎ 545-77-47. Ouvert du lundi au vendredi de 7 h 30 à 16 h 45 et le week-end de 9 h à 15 h. Autre bureau au 29 jl. Tunjungan. ☎ 534-58-86. Et à l'aéroport : ☎ 866-64-64.
■ ***Merpati :*** 111 jl. Raya Darmo. ☎ 568-81-11. À l'aéroport : ☎ 866-77-42.
■ ***Bouraq :*** 70 jl. Panglima Sudirman. ☎ 545-29-18.
■ ***Mandala*** *(plan A4,* ***5****)* ***:*** 136 A, jl. Raya Arjuno. ☎ 535-11-11.
■ ***Pelni Line*** *(plan A1,* ***6****)* ***:*** voir la rubrique « Quitter Surabaya. En bateau ».
■ ***Port :*** Pelabunan Tanjung Perak. ☎ 329-19-96.

Loisirs

■ ***Piscines :*** bassins publics *(Prentas)* sur jalan Sulawesi, dans le centre, et jalan Marjogero Indah, dans le sud de la ville. Pas très propres. Piscine payante à l'hôtel *Natour Simpang,* 1-3 jl. Pemuda.
■ ***Patinoire :*** non, vous ne rêvez pas ! Elle se trouve au rez-de-chaussée du centre commercial *Tunjungan Plaza (plan A2,* ***2****).*

Où dormir ?

De bon marché à prix moyens (de 30000 à 70000 Rps, soit 2,4 à 5,7 €)

🏠 ***Hôtel Singaraja Indah*** *(plan B1,* ***11****)* **:** 60-62 jl. Peneleh. ☎ 535-47-52. Fax : 532-20-99 Au nord du centre-ville, dans une rue animée, le long de la rivière, et pleine de *warungs* le soir. Sans conteste, le quartier le plus sympa si l'on a l'intention de se poser quelques jours. Très populaire, ce qui peut avoir un inconvénient : c'est souvent un poil bruyant et surtout souvent complet... Mais les chambres sont propres, et ça vaut le coup d'aller s'installer là-bas. Les moins chères ont un *mandi* extérieur, un ventilo et la TV. Les autres ont le même équipement, mais avec l'AC à la place du ventilateur. Petit dej' (thé et gâteau) et taxes inclus. Chouette adresse populaire. *Wartel* à côté et plusieurs autres adresses comparables dans les ruelles voisines.

🏠 ***Wisma Ganesha*** *(hors plan par A-B4)* **:** 42 jl. Taman Prapen Indah, block B. ☎ 849-15-85. Téléphoner avant pour savoir s'il y a de la place, car c'est loin. Situé au sud de la ville, entre le terminal des gros bus et le centre-ville. Prendre un *bemo* GS de Gubeng (la gare) et descendre à jalan Prapen Indah (durée du trajet : environ 30 mn pour 5 km). Le plus simple est quand même de prendre un taxi, et, contrairement à ce que pourront dire les chauffeurs, l'endroit existe ! Il ne s'agit pas d'un hôtel mais d'une jolie maison particulière située dans un quartier résidentiel à l'extérieur du centre-ville. Jardinet soigné et calme parfait. Intérieur plein de plantes et décoration un rien chargée, un peu bourgeoise. Propose 4 chambres vraiment bien, toutes avec *mandi,* eau froide et ventilo. Sanitaires impeccables. Petit dej' (léger) inclus et thé 2 fois par jour. Service de laverie. Adresse très recommandable pour à peine plus cher que les adresses bon marché. Valable uniquement pour ceux qui se fichent d'être loin du centre-ville. Pas de commerces aux alentours. Bonne adresse au calme.

🏠 ***Hôtel Gubeng*** *(plan B3,* ***15****)* **:** 18 jl. Sumatera. Juste à côté de la gare de Gubeng, ce qui peut être pratique, mais on vous prévient : c'est avant tout un hôtel de passe, surtout fréquenté par les locaux. Accueil très moyen. Chambres basiques avec ou sans *mandi.* Ventilo seulement. Cher pour ce que c'est.

De prix moyens à plus chic (de 70000 à 130000 Rps, soit 5,7 à 10,5 €)

🏠 ***Hôtel Bali*** *(plan B1,* ***11****)* **:** 77 jl. Peneleh. ☎ 545-01-55. Fax : 534-53-53. À deux pas du *Singaraja Indah,* une grosse bâtisse farouchement attachée à ses racines coloniales, donc bien décatie. Mobilier d'époque, lui aussi, dans de grandes chambres à la propreté approximative, mais l'accueil est souriant. Un peu cher quand même par rapport aux autres adresses du quartier.

🏠 ***Gringo Mulyo*** *(plan A2)* **:** 5 jl. Achmad Djais. ☎ 535-18-06. Fax : 547-83-78. Un peu plus au sud que l'hôtel *Bali,* le long du même canal, donc dans un environnement très vivant. Une grande maison claire, récemment restaurée. Les prix sont un plus peu élevés, mais ici on se sent bien : chambres équipées correctement, coins ombragés, patio aménagé avec goût. Avec un personnel qui se pliera en quatre pour faciliter votre séjour à Surabaya. Bref, une « maison » capable de fournir un service du niveau des enseignes internationales sans pour autant être impersonnel.

🏠 ***Hôtel Paviljoen*** *(plan A2,* ***13****)* **:** 94-98 jl. Genteng Besar. ☎ 534-34-49. Dans une rue très animée, proche du centre, avec des marchands de fruits et de légumes. Maison coloniale entièrement restaurée, qui possède un certain charme, ce qui n'est pas si fréquent à Surabaya. Chambres propres et fraîches, avec ventilateur et *mandi* (faut y aller au seau !) pour les moins chères ; ou avec AC et eau froide ; plus chères avec eau chaude. Petit dej' compris (mais léger). Petit jardin et salon-terrasse devant chaque chambre.

🏠 ***Wisma Kalibokor*** *(plan B4,* ***14****)* **:** 178 jl. Kalibokor Selatan. ☎ 502-78-07 ou 504-03-40. Au sud du centre-ville. Prendre un *bemo* de la ligne N à partir de Gubeng (gare). Descendre sur jalan Manyar, au niveau du supermarché *Presiden.* Repère pour les taxis : dans la même rue que l'hôtel *Dinasty.* Pension très agréable tenue par une famille chrétienne, près d'un canal et dans un quartier socialement mixte de baraquements populaires et de maisons plus bourgeoises. Pension d'une propreté exemplaire. Sept chambres en tout, spacieuses, avec ventilateur ou AC. Petit dej' en supplément (pas cher) et repas possibles, souvent excellents. Quelques restos dans le coin également. On peut tenter de négocier un peu le tarif. Endroit calme et sympathique. En gros, une adresse originale et assez formidable, mais qui se mérite, vu son éloignement.

Istan Permata **:** 4 jl. Ngagel Jaya Indah. ☎ 501-26-66. Fax : 501-69-95. Hôtel moderne, un poil plus cher que les précédents mais d'un bon rapport qualité-prix dans sa catégorie. Grandes chambres luxueuses et confortables à la décoration kitsch. Elles donnent toutes sur la piscine couverte du patio. Belles salles de bains.

Très chic (plus de 250 000 Rps, soit 20,2 €)

Hôtel Ibis Rajawali *(au nord de jalan Veteran ; hors plan par A1)* **:** 9-11 jl. Rajawali. ☎ 353-99-94 ou 33-90-90. Fax : 353-99-95. • ibisraja@accorsub.co.id • Réception 24 h/24. Au nord de la ville, près du fameux jembatan Merah, le « pont Rouge » (lire « À voir ») au cœur de la vieille ville. Bon, faut-il vous décrire un *Ibis* ? Celui-ci n'a pas plus de charme qu'ailleurs, mais il est bien situé. Disons que dans la catégorie confort, cet hôtel offre un rapport qualité-prix intéressant. Petit dej' copieux (buffet).

Où manger ?

Très bon marché (moins de 10 000 Rps, soit 0,8 €)

Pasar Keputran *(plan B3,* ***20****)* **:** le long de jalan Keputran. C'est le marché de nuit *(pasar malam)*, un marché gigantesque avec des centaines d'échoppes. Bon endroit pour se balader et manger pour un prix dérisoire. Atmosphère authentique et populaire, pour ne pas dire dantesque. À voir même si on n'a pas faim.

Il y a beaucoup d'autres endroits à Surabaya où l'on peut trouver des **warungs** le soir, comme sur *jalan Kayoon (plan B3)*, dans le prolongement du pasar Keputran, ou sur *jalan Pasar Genteng (plan A-B2)*, ou encore sur *jalan Tunjungan (plan A2)*, autour du centre commercial. La cuisine maduraise (de l'île de Madura, en face) est très répandue ici. Elle est essentiellement à base de poulet *(ayam)*.

Bon marché (de 10 000 à 25 000 Rps, soit 0,8 à 2 €)

Puri Garden Restaurant *(plan B2,* ***24****)* **:** 33-37 jl. Pemuda. ☎ 531-50-88. Au rez-de-chaussée du centre commercial Surabaya Plaza. Spécialités à base de riz. Les prix sont un peu plus élevés que dans les autres restaurants de cette catégorie mais ils restent abordables, et la nourriture est correcte. Cadre sans charme, bien sûr. Bien pour déjeuner entre un achat et une averse !

Les nombreux centres commerciaux hyper-modernes de la ville possèdent tous leur lot de fast-foods et restos aussi bien américains (*Pizza Hut*, « Machin Burger »...) qu'indonésiens (Dieu merci...). Ils présentent l'avantage d'être climatisés, ce qui est bien agréable à Surabaya. Essayez, par exemple, ceux du ***Tunjungan Plaza*** *(plan A2,* ***2****)*, jl. Basuki Rakhmad ; aller au 5e étage, près du cinéma Tunjungan 21.

Prix moyens (de 25 000 à 45 000 Rps, soit 2 à 3,6 €)

Ria Cendana *(plan A3, **23**)* **:** 7 jl. Kombes M. Doeryat. ☎ 534-31-30. Les taxis connaissent. Pratique, parce qu'il ne ferme qu'à 23 h. Très bonne cuisine chinoise servie dans une maison rénovée et chic. Souvent plein de monde. Clientèle de classe moyenne et d'habitués. Service impeccable. Grand choix à la carte. Spécialisé dans les fruits de mer. Poisson *gurame* plus cher mais vraiment copieux. Bonne présentation des plats. Chaises bébé si vous êtes venu avec votre progéniture ! Excellente adresse, très prisée des Indonésiens et des Chinois notamment.

Jendela *(plan B3, **27**)* **:** 4 Sonokembang. ☎ 531-40-73. Près du *pasar Keputran.* Ouvert tous les jours jusqu'à 23 h. Chouette maison coloniale haute de plafond, très bien restaurée dans un style branché chicos et dotée d'un jardin élégant. Une petite oasis dans cette ville bruyante. On y sert soupes, salades, sandwichs et *pasta.* Spécialité de steaks (dont un à base de viande australienne), assez chers. Accepte la carte *Visa.* Sympa aussi pour boire un verre après une balade dans le *pasar malam,* jalan Keputran, juste à côté.

Chic et très chic (plus de 45 000 Rps, soit 3,6 €)

Café Venezia *(plan B2, **25**)* **:** 16 jl. Ambengan. ☎ 532-54-00. À l'angle de jl. Raya Agung Suprapto. Dans une maison coloniale néerlandaise, avec jardin et salles décorées à l'ancienne. Valable s'il fait beau, car on peut déjeuner sous des cabanes en bambou. Tenter un barbecue coréen, la spécialité du lieu. Choix de plats japonais ou de steaks également. Glaces italiennes en dessert. Bref, une véritable auberge espagnole ! Pour le cadre, plus que pour la cuisine.

Sea Master *(Seafood Market & Restaurant)* **:** jl. May. Jend. Sungkono. ☎ 72-17-21. Dans le quartier de Bundaran, à l'ouest de la ville. Taxi obligatoire, car c'est excentré. Sorte d'immense « temple » aux fruits de mer, où l'on choisit d'abord son poisson, ou sa langouste, comme dans une poissonnerie, avec un chariot roulant, avant de donner le tout à frire ou à cuire selon ses désirs ! Amusant, mais très cher... (pour l'Indonésie). Ne vous y trompez pas : les prix se calculent à l'*ons,* soit par 100 g, et non au kilo... Cadre archimoderne et très vaste, mais il y a souvent du monde, dont une forte communauté chinoise. Grande activité derrière les baies vitrées de la cuisine. Expérience pittoresque.

Sarkies *(hôtel Majapahit ; plan A2, **26**)* **:** 65 jl. Tunjungan. ☎ 545-43-33. L'hôtel *Majapahit* est le plus beau palace de la ville. Il fut fondé par la famille Sarkies, d'origine arménienne, qui a également construit le *Raffles* de Singapour et le *E&O* de Penang, entre autres lieux mythiques d'Asie ! Magnifique hôtel colonial chargé d'histoire, notamment pendant l'occupation japonaise et la lutte pour l'indépendance. Rénové récemment, il a retrouvé tout son éclat. On y mange des spécialités de fruits de mer et des plats chinois. Également un buffet de cuisine cantonaise à la vapeur, très prisé le dimanche. Dommage, le service laisse à désirer et la cuisine n'est pas à la hauteur du cadre et du prestige des lieux. Tout fout le camp...

Où boire un verre ?

Centre culturel français *(Konsulat Perancis ; plan A4, **1**)* **:** 10 jl. Darmokali. Au sud de la ville. Ouvert du lundi au vendredi de 9 h 30 à 13 h 30 et de 14 h à 17 h. Très jolie maison coloniale néerlandaise de 1914. Il y a un café donnant sur un jardin intérieur. Boissons et pâtisseries, parfait pour une pause dans la journée. On peut également consulter son courrier électronique dans le coin réservé aux adeptes d'Internet, ainsi que les journaux et la bibliothèque, la plus fournie des centres culturels français de Java ! Très belle maison, vraiment... Expos, projections de films. Consulter *Le Journal* du centre sur place.

Jendela *(plan B3, **27**)* **:** voir « Où manger ? ». Sympa pour boire un verre dans la végétation, loin de l'agitation. On y sert des « mocktails », cocktails aux noms amusants : Capucine, Shirley Temple, etc. Concert vers 20 h.

Dans les centres commerciaux, on trouve plein de bars et de cafés. Au ***Tunjungan Plaza*** *(plan A2, **2**)*, on peut notamment déguster une vraie sélection de cafés, par exemple à l'*Exelso* ou au *Toscana.*

Hôtel Majapahit *(plan A2, **26**)* **:** superbe palace, idéal pour boire un verre très chic, dans un espace totalement protégé du bruit de la ville et un peu hors du temps... Lire le commentaire à propos du restaurant de l'hôtel, le *Sarkies,* dans la rubrique « Où manger ? ».

À voir

Si Surabaya est une ville très industrielle, on y trouve malgré tout quelques curiosités à découvrir.

La vieille ville *(hors plan par A-B1)* **:** à faire en taxi ou, si possible, accompagné par quelqu'un qui connaît le quartier. Aller d'abord au *jembatan Merah,* ou le « pont Rouge », car beaucoup de sang a coulé ici durant la bataille de Surabaya en 1945 (lire l'introduction sur la ville). Le pont n'a vraiment rien d'extraordinaire en soi, si ce n'est qu'il a été peint en rouge pour rappeler qu'il l'était déjà à l'époque, mais avec du sang véritable... La grande place de Jembatan Merah a un certain cachet... malgré le centre commercial !

De là, rejoignez le ***quartier chinois*** par jalan Kembang Jepun. Prenez à gauche, la jalan Dukuh. Au 23 I, le *temple chinois Hok Tik Hian,* ou *Klenteng Dukuh.* À l'entrée, de superbes statues anciennes vous accueillent, et d'énormes bougies offertes par des familles chinoises se consument très lentement... Plein d'encens partout. Vous verrez les Chinois jeter des pierres au sol pour obtenir des réponses à leurs questions. Sachez que les Chinois de Surabaya, la plus forte communauté chinoise urbaine du pays, ont moins souffert directement que dans d'autres villes de Java des troubles de mai 1998 qui ont amené la démission de Suharto. Une chose à savoir sur le *Chinatown* : les commerçants chinois gardent toujours la boutique qui les a rendus prospères, comme un porte-bonheur. Bon, vous pourrez même rapporter un souvenir de ce temple en achetant une fleur de lotus en papier plié ! Spectacles de marionnettes également, presque tous les jours, en particulier les soirs de pleine lune.

Pour trouver le ***quartier arabe,*** continuez dans le prolongement de jalan Dukuh vers jalan Nyampungan, le long du canal. C'est un endroit assez étonnant. Non qu'il soit différent des autres quartiers arabes d'autres villes du monde, mais c'est bien le seul qu'on ait trouvé à Java d'aussi typique et d'aussi replié sur lui-même. Il possède évidemment une mosquée : la *Masjid Ampel,* avec ses élégants piliers en bois. Y aller au coucher de soleil, souvent magnifique, à l'heure de la prière. Vous ne pourrez pas entrer dans cette mosquée, très protégée. C'est la plus ancienne de Java-Est et elle porte le nom d'un très grand serviteur de l'islam javanais, enterré sur place. Beaucoup d'animation, notamment dans le *souk d'Ampel Kesumba Pasar,* jalan Ampel Suci. Balade sympa. Si vous voulez rapporter un souvenir kitschissime, achetez une de ces pendules avec un visage qui oscille à chaque seconde ! Attention quand même à ne pas trop jouer au touriste, c'est mal vu ici, et ça risquerait d'être mal interprété.

Voilà pour la vieille ville. Vous pouvez prolonger la balade en allant au port de Surabaya, un peu plus au nord.

Le port de Tanjung Perak : prendre un *citybus P1* sur jalan Tunjungan. Sur place, trouver la jalan Kalimas Baru. Si vous êtes à pied, attention aux distances ! Le quai en lui-même (1 km) est plus long que celui de Jakarta, c'est dire... On peut y voir de beaux *voiliers bugis,* pour ceux qui ne vont pas aux îles Célèbes. Entrée juste avant le péage du port. Au bout du chenal, c'est l'embarquement dans les bateaux de la *Pelni Line,* ou sur les ferries qui se rendent à l'île de Madura, juste en face. Aller voir, derrière la capitainerie *(Kantor Administrator Pelabuhan),* l'immense statue d'un amiral de la marine indonésienne qui scrute l'horizon... Monumentale, vraiment, et, pour une fois, pas si moche ! En repartant, on peut apercevoir le grand chantier naval de Surabaya, lancé par le dauphin de Suharto, un certain Habibie.

Dolly : l'un des plus grands bordels d'Asie du Sud-Est. À l'ouest de la ville. Tous les taxis connaissent. C'est du voyeurisme, bien sûr, mais c'est sociologiquement passionnant. Le quartier est comme une sorte de gigantesque *saloon,* sur plusieurs pâtés de maisons. Les pauvres filles, en vitrine, assises sur des canapés comme des marchandises, se marrent évidemment moins que les apprentis cow-boys de toutes nationalités qui viennent se vider les bourses et la bourse... À voir pour le gigantisme de cet incroyable quartier, unique au monde. À côté, le Pat Pong de Bangkok est un mouchoir de poche. Pervers, s'abstenir.

La ville arbore fièrement une bonne dizaine de superbes ***centres commerciaux*** flambant neufs, plaqués de marbre pour certains. Un luxe qui rappelle plus Singapour ou Hong Kong que l'Indonésie. On peut y trouver certaines marques internationales à des prix vraiment intéressants. Le *Tunjungan Plaza (plan A2,* ***2****)* compte parmi les plus grands d'Asie. Il possède même une patinoire au rez-de-chaussée !

Le marché aux fleurs : jalan Kayoon, après le pont en venant de la gare. Un coin de fraîcheur dans cette ville trop polluée. Plantes, orchidées et aquariums... *Warungs* très agréables pour manger un morceau.

On peut aussi tuer le temps en visitant un énorme ***sous-marin,*** le *Pasopati* au bout de jalan Pemuda, près de la rivière.

– ***Le zoo*** *(Kebun Binatang)* ***:*** au bout de jalan Darmo (au sud de la ville). Ouvert tous les jours de 8 h 30 à 17 h. Entrée chère. Des progrès viennent d'être réalisés sur le plan de l'environnement du site et du choix des animaux. Pas mal de varans. La signalisation et les indications laissent encore à désirer... Éviter absolument le week-end car il y a foule.

QUITTER SURABAYA

En train

Les trains pour Semarang et pour Jakarta via Semarang partent de la ***gare de Pasar Turi*** *(plan A1),* au nord-ouest de la ville. Les autres trains partent des ***gares de Kota*** *(plan B1)* ***et de Gubeng*** *(plan B3).* Préférer Gubeng, qui est centrale. Vérifier les horaires, susceptibles de changer. Renseignements : ☎ 503-31-15 (Gubeng), ☎ 534-50-22 (Pasar Turi) et ☎ 532-14-65 (Kota).

➢ ***Pour Jakarta via Semarang :*** au moins 6 trains de la gare de Pasar Turi, dont 2 directement pour la gare centrale de Jakarta, à 17 h 30 et 18 h 30. Arrivée 10 h plus tard. Les autres arrivent à Gambir et mettent 9 h. Départs à 7 h 20, 9 h, 19 h 40 et 21 h. Également 3 trains pour Jakarta via Solo, au départ de Gubeng.

➢ ***Pour Jakarta via Solo et Yogyakarta :*** le *Jayabaya Selatan* part tous les jours à 16 h. Le *Bima* part à 18 h 15. Le premier ne propose que des classes *bisnis,* tandis que le second est confortable et deux fois plus cher (compter au moins 190 000 Rps, soit 15,4 €, avec AC, repas du soir et petit dej'). Il est le seul à proposer des sièges inclinables. Durée : 11 à 12 h. Le *Sancaka* (2e classe *bisnis* et *eksekutif,* via Solo) part vers 7 h et arrive à 12 h.
➢ ***Pour Solo :*** prendre à la gare de Gubeng le train à destination de Jakarta ou de Yogya. Le *Sancaka* (*bisnis* et *eksekutif*) part vers 7 h. Le *Sri Tanjung (ekonomi)* part à 13 h 05. On peut aussi prendre le *Jayabaya Selatan* et le *Bima* qui vont à Jakarta via Solo (lire plus haut).
➢ ***Pour Yogyakarta :*** tous les trains pour Solo vont jusqu'à Yogyakarta. Compter 5 à 6 h de trajet en express ; sinon, 8 h.
➢ ***Pour Probolinggo :*** 3 trains par jour au départ de Gubeng, le *Mutiara Timur Siang* qui part à 8 h 15 (*bisnis* et *eksekutif*), le *Mutiara Timur Malam* qui part à 22 h 15 (*bisnis* et *eksekutif*) et le *Sri Tanjung* qui part à 13 h 55. Compter environ 2 h de trajet en *bisnis* et 3 h en *ekonomi.*
➢ ***Pour Banyuwangi :*** même train que pour Probolinggo. Voir, plus loin, « Quitter Surabaya pour Bali (Denpasar) ».
➢ ***Pour Malang :*** un enfer car il y a seulement un train en classe *ekonomi* ! 6 départs par jour, à partir de 4 h 45. Trajet : 2 h. Prendre plutôt le bus.

En bus

Les bus partent de jour comme de nuit de ***Bungurasih*** (appelé aussi ***Purabaya***), situé à une dizaine de kilomètres au sud du centre-ville. Des bus *Damri* passent par le centre et vont jusqu'au terminal mais tous les bus publics *(Bis Kota)* y vont également. Toutes les compagnies sont représentées et se font une concurrence acharnée. Il en existe en tout une quinzaine.
➢ ***Pour Jakarta :*** les bus passent tous par Semarang et Cirebon. Le trajet dure environ 15 h. Plusieurs départs par jour entre 13 h et 18 h avec 5 compagnies différentes. Tous les bus ont des sièges inclinables, des toilettes et la climatisation. On préfère malgré tout le train.
➢ ***Pour Bandung :*** 13 h de voyage en passant par Semarang et Cirebon. Départ l'après-midi vers 16 h.
➢ ***Pour Yogyakarta :*** des bus *ekonomi,* qui ne sont pas climatisés (à part quelques exceptions), partent toutes les 10 mn. Durée : 8 h. Sinon, il y a des bus avec AC *(patas express)* qui partent toutes les 2 h environ. Durée : 5 à 6 h. *Rasa Sayong* propose 4 départs à partir de 14 h.
➢ ***Pour Probolinggo :*** départ également toutes les 10 mn en bus *ekonomi* (certains sont même climatisés !).
➢ ***Pour Malang :*** départs très fréquents en bus climatisés ou non.
➢ ***Pour Banyuwangi :*** départs très fréquents en bus *ekonomi* (8 h de trajet) via Probolinggo, et départ toutes les demi-heures en bus direct *patas* (5 h de trajet).
Il existe également des compagnies privées de minibus *(tourist coaches)* qui s'occupent des transferts d'un hôtel à un autre. Cela évite d'aller jusqu'au terminal des bus. L'inconvénient est qu'il faut passer par une agence de voyages qui prend une commission au passage. Les billets s'achètent à l'office de tourisme ou dans les nombreuses agences de la ville.

En bateau

– ***La Pelni Line*** *(Kantor Pelni)* ***:*** presque tous les bateaux qui partent de Surabaya vont vers Kalimantan, Sulawesi (Macassar) et Sumatra. Lire aussi la rubrique « Bateau » du chapitre « Transports intérieurs » dans les « Généralités » en début de guide. Pour acheter les billets, s'adresser au bureau situé 512 jalan Perak Timur, block G5. ☎ 329-44-44 ou 352-10-42. Près de la gare de Kota, au nord du centre-ville. Pour les dates des départs et les fréquences, se renseigner au bureau. Pour les Célèbes (Sulawesi), prendre une place en 4e classe plutôt qu'en classe *ekonomi.* À peine plus cher et douches à volonté, ainsi que dortoirs à 8 au lieu du pont.

– ***Des bateaux-cargos*** sillonnent régulièrement les eaux de l'océan Indien et de la mer de Java vers toutes les îles. Se renseigner au port de *Tanjung Perak* sur la fréquence des liaisons.

En avion

✈ L'***aéroport de Juanda*** est à 16 km de la ville. ☎ 866-75-13 ou 14. Compter près d'une heure en taxi. Curieusement, il y a des bus de l'aéroport vers la ville, mais pas de service dans l'autre sens ! Ne pas chercher à comprendre... Le taxi ne revient pas très cher dès qu'on est trois. Sinon, il est possible de prendre un bus jusqu'à Purabaya, puis un taxi jusqu'à l'aéroport, si vous voulez économiser un petit quelque chose. Plus long et bien compliqué... Pour les vols nationaux, il faut également acquitter une taxe d'aéroport, qui s'élève aux alentours de 15 000 Rps (encore une fois, attention aux fluctuations de la roupie). Voir les coordonnées des compagnies aériennes dans « Adresses utiles ».

➢ ***Pour Jakarta :*** 7 vols par jour avec la compagnie *Garuda* et 1 vol quotidien avec *Merpati.* Durée : 1 h 20. Généralement, les vols de la *Garuda* arrivent à l'aéroport international, ce qui facilite le transit pour ceux qui rentrent en Europe.

➢ ***Pour Yogyakarta :*** 2 à 3 vols quotidiens avec *Merpati* entre autres.

➢ ***Pour Bandung :*** 3 vols quotidiens avec *Merpati.*

➢ ***Pour Macassar :*** 4 vols quotidiens avec différentes compagnies.

➢ ***Pour Manado :*** théoriquement, 1 vol quotidien (tôt le matin). Sinon, vols avec escale.

➢ ***Pour Medan :*** plusieurs vols quotidiens via Jakarta avec *Garuda* et un vol avec *Mandala.*

➢ Également des liaisons directes pour ***Singapour, Kuala Lumpur, Taipeh*** et ***l'Australie.***

Quitter Surabaya pour Bali (Denpasar)

➢ ***En train :*** 3 trains quotidiens pour Banyuwangi, à 8 h 15, 13 h 55 (plus long mais moins cher) et 22 h 15, partant de la gare de Gubeng. Compter 6 à 7 h de train (en classes *bisnis* et *eksekutif*) et 4 h supplémentaires de ferry et bus pour arriver jusqu'à Denpasar. Acheter un billet complet à la gare incluant le ferry et le bus.

➢ ***En bus ou minibus :*** départ vers 18 h en bus de nuit du terminal de Bungurasih. Arrivée le lendemain matin à 6 h. Il est possible de prolonger jusqu'à Sanur ou Kuta. Le prix inclut le dîner. Préférer les bus climatisés, à peine plus chers. Par exemple, celui de la compagnie *Rasa Sayang* (départ à 16 h, arrivée vers 3 h 30). Les billets s'achètent directement au terminal des bus ou à un guichet situé sur jalan Peneleh.

Il y a une bonne vingtaine de compagnies. Comparer les prix et les prestations des compagnies privées. En basse saison, on peut essayer de négocier les tarifs quand les bus ne sont pas pleins... L'office de tourisme vend également des billets pour des trajets de jour et le minibus vous prend à votre hôtel. Parcours assez fatigant dans tous les cas.

➢ ***En avion :*** théoriquement, plusieurs vols par jour pour Denpasar avec *Garuda* ou *Merpati.* Réservez les billets au moins une semaine à l'avance pendant la saison touristique ou pendant les congés locaux.

PROBOLINGGO

IND. TÉL. : 0335

Il n'y a pas vraiment de raison de dormir à Probolinggo, ville principale d'accès au volcan Bromo, à 45 km au nord-est de celui-ci, à moins de se casser le nez en haute saison dans tous les hôtels de Ngadisari et de Cemoro Lawang, ou d'arriver après le dernier *bemo* pour le volcan. De plus, les adresses les moins chères ne sont pas folichonnes. Néanmoins, vous serez peut-être contraint d'y passer ou de vous y arrêter. Il est préférable de s'y prendre à l'avance, car le Bromo attire de plus en plus de touristes.

Adresses utiles

Informations et excursions au Bromo : se méfier du pseudo « office de tourisme » de Probolinggo au terminal des bus de Bayuangga (lire « Quitter Probolinggo. En bus »), mais aussi de tous les « Tourist Information » affichés ici et là... Le succès du Bromo est devenu un bon moyen de raconter n'importe quoi et de soutirer de l'argent aux touristes. Pas de parano non plus. Si, par malchance, vous êtes obligé de dormir à Probolinggo et que vous n'avez qu'une nuit pour aller assister au lever du soleil sur le volcan, il vous faudra bien organiser votre transport dans la nuit... Dans ce cas, bien comparer, et négocier toutes les propositions des hôtels et des « agences de voyages » en ville ou au terminal, et prendre un tour organisé qui part à 2 h du matin. On ne vous recommande personne en particulier, après ce qu'on vient de vous dire !

Poste : 33 jl. Suroyo. Ouvert de 7 h à 20 h ; le dimanche, de 9 h à 13 h et de 16 h à 20 h. Poste Internet tous les jours de 7 h à 20 h.

Wartel *(téléphone)* **:** à côté de la poste, au n° 37. Ouvert de 5 h à minuit. Appels internationaux. Également à l'hôtel *Victoria,* à l'angle de jl. Suroyo et de jl. Sudirman, dans la rue de l'hôtel *Tampiarto* (ouvert 24 h/24).

Change : le change local n'est pas bon ici. On vous conseille de retirer de l'argent avec une carte de paiement dans les distributeurs automatiques, ou bien d'avoir changé vos devises à Surabaya auparavant... Banque *BII,* 141 jl. Dr Sutomo. ☎ 42-23-84. Ouvert du lundi au vendredi de 8 h 30 à 15 h. Distributeur de billets 24 h/24 *(ATM)* pour les cartes *Visa* et *MasterCard* ; autre *ATM* de la *BII* au *Toko Sinar,* jl. Sudirman, entre l'hôtel *Ratna* et jl. Suroyo. *ATM BNI* (carte *MasterCard*) : pratiquement en face de la poste.

Terminal des bus : pour se rendre à Bayuangga, prendre un *becak* jusqu'au carrefour de jl. Suprapto et de jl. Sudirman (avant la mosquée). Les *bemos* pour le terminal attendent là.

Magasin de photo : *Fuji,* juste avant le restaurant *Malang* (voir « Où manger ? »).

Où dormir ?

Bromo Permai : 327 jl. Raya Panglima Sudirman. ☎ et fax : 42-22-56. Hôtel pour routards avec une jolie cour. Chambres correctes, avec ou sans salle de bains, certaines avec TV et AC. Quelques chambres plus grandes pour 4 personnes. Prix de bon marché à prix moyens. Téléphone public *(Wartel).*

Hôtel Ratna : 16 jl. Raya Panglima Sudirman. ☎ 42-15-97 ou 42-78-86. Fax : 42-22-26. Maison bien décorée et agréable dotée d'un amusant jardin décoré de cygnes et de champignons en plâtre. Les chambres avec AC ont été récemment rénovées, les autres sont un peu vieillottes mais néanmoins propres. Si les chambres les moins chères sont un peu tristes et sans *mandi*, les chambres *standard*, avec ventilateur, douche et eau froide sont spacieuses et d'un très bon rapport qualité-prix. Il y a aussi des chambres dites *VIP*, avec eau chaude et TV. Service de laverie. Petit dej' inclus, mais ajouter 10 % pour les chambres de catégorie supérieure. Prix allant de bon marché à un peu plus chic. Une bonne adresse. Accueil moyen, dommage.

Hôtel Tampiarto Plaza : 15 jl. Suroyo. ☎ 42-12-88. Fax : 42-21-03. Dans une rue à 800 m du *Ratna*, sur la gauche. Si le *Ratna* est complet, se rabattre sur cette adresse un peu plus chère et plus sobre. La façade est moche, mais les chambres sont grandes et bien équipées, quoique vieillottes. Très bon accueil. Petit dej' inclus. Piscine pour se consoler.

En dernier recours, le *Victoria Hotel*, jl. Suroyo. Hors de prix et pas terrible mais moins cher que le *Plaza*.

Où manger ?

Rumah Makan Sumber Hidup : 2 jl. Dr Moch. Saleh. ☎ 42-14-13. À côté de l'hôtel *Ratna* (à l'angle de la rue). On vous sert, dans une grande salle éclairée au néon, des plats indonésiens ou chinois copieux. À l'arrière, cour aérée avec des animaux en plâtre ! Les spécialités chinoises sont un peu plus chères. Mais c'est bon. Prix moyens. Bon accueil et service sympa.

Restaurant Malang : 48 jl. Raya Panglima Sudirman. ☎ 42-16-01. Restaurant très simple, donnant sur la rue. Néanmoins une institution : les descendants des colons y viennent depuis 1928 ! Bonnes spécialités indonésiennes *(satay, nasi campur...)*. Assez bon marché.

QUITTER PROBOLINGGO

En train

➢ **Pour Surabaya :** 3 trains par jour. Durée : 2 h en *bisnis*, 3 h en *ekonomi*.

➢ **Pour Banyuwangi :** 2 trains *bisnis* et *ekonomi* matin et soir. Durée : 7 h. Préférer le bus, plus rapide. Possibilité d'achat d'un forfait bus pour Denpasar combiné avec le train, mais s'en méfier ! (Lire plus loin la rubrique concernant Denpasar.)

En bus

Attention, au terminal de Bayuangga, on a tendance à vous vendre des tickets de bus trop chers par rapport au confort réel du véhicule.

– Méfiance envers le pseudo-office de tourisme de Probolinggo, situé juste en face du terminal des bus (et qui arbore une peinture représentant le *Routard* !). Certains lecteurs se sont plaints d'arnaques. Sous prétexte de vous montrer le bon bus ou de vous faire gagner du temps, il vous propose des billets deux fois plus chers. Rappelez-vous que les billets s'achètent dans le bus, auprès du contrôleur.

➢ **Pour le Bromo :** quelques bus *Harapankita* (compagnie *Akas*) qui partent quand ils sont pleins. Le plus pratique est de prendre un *bemo* entre 6 h et 18 h. Après, il faut chartériser (plus cher !)... Durée : 2 h.

➢ **Pour Surabaya :** départ toutes les 15 mn environ en bus public ou privé climatisé *(patas)*, 24 h/24.

➢ **Pour Bondowoso :** seulement 5 bus express directs *(patas)* par jour, de 10 h à 18 h. Durée : 2 h. Le plus simple est encore de changer à Situbondo. C'est plus long (3 h), mais les départs en minibus sont plus fréquents.

➢ ***Pour Banyuwangi :*** départ toutes les heures, de bus faisant le trajet en 6 h en passant par Situbondo. Départ également toutes les heures de bus directs *(patas)* avec AC, faisant le trajet en 5 h.

➢ ***Pour Denpasar :*** éviter les tickets combinés train-ferry-bus. En effet, le train arrive bondé et il n'y a qu'un seul bus pour charger les passagers. Alors panique, ruée, resquille. Le ferry ne démarre que lorsque son parc à voitures est complet ; cela demande parfois des heures, et on arrive très tard à Denpasar. Prendre un train pour *Banyuwangi,* puis le ferry pour *Gilimanuk* et enfin un bus pour *Denpasar,* tout cela séparément.
De Probolinggo, il existe des bus publics allant à Denpasar via Jember. Mais il faut compter de 12 à 13 h de trajet dans un bus bondé... Les bus express privés (comme *Mahameru*) voyagent de nuit au départ de Surabaya ou Malang et sont climatisés. Ils passent à Probolinggo entre 19 h et 22 h. Deux fois plus chers que les précédents, mais seulement 9 h de trajet environ.

LE VOLCAN BROMO

IND. TÉL. : 0335

Volcan sacré pour les Javanais, situé au sud-ouest de Probolinggo. Culminant à 2392 m d'altitude, le Bromo appartient à un massif volcanique d'un périmètre d'une quarantaine de kilomètres. C'est un cratère de 800 m de diamètre et de 200 m de profondeur, situé avec d'autres dans un cratère encore plus grand de 11 km de diamètre appelé caldeira. Le site est absolument unique, mais il a connu un développement touristique effréné. Sa simplicité d'accès en a fait un but d'excursion de masse. L'excursion n'est pas exténuante et tout le monde peut la réaliser sans problème. Attention, les amateurs de sensations fortes seront (peut-être) un peu déçus. Pour ceux-là, mieux vaut aller voir le Kawah Ijen et le Semeru. Le Bromo n'est pas l'Etna, mais il incite à la contemplation... Il n'est plus, à proprement parler, en activité depuis environ 20 ans, mais il fume continuellement, avec en arrière-plan le mont Semeru qui « explose » toutes les demi-heures !
L'excursion du Bromo restera quand même l'un des grands souvenirs de votre passage à Java. Pour le lever du soleil, il y a foule. On peut aussi y aller le soir pour le coucher de soleil qui est également très beau, mais moins spectaculaire, donc moins couru. L'excursion en pleine journée recueille encore moins de suffrages, le site se révèle donc beaucoup plus calme et facile d'accès. La traversée de la mer de sable est moins pénible le soir, même si elle n'a rien d'insurmontable le matin.
Nous rappelons que la balade peut être dangereuse en cas d'activité soudaine du volcan ; le souvenir en sera évidemment proportionnel. Certains routards ont eu droit à des explosions éruptives : spectacle inoubliable et impressionnant.
Les habitants de la région sont les *Tenggers.* Selon la légende, ils descendent d'un prince indien qui aurait sacrifié ses enfants au dieu-volcan pour apaiser sa colère... Ils se distinguent fortement des gens de la vallée par leurs rites ancestraux. Le moment le plus marquant est la ***fête du Kosodo,*** pendant laquelle ils rendent hommage au volcan. Cette fête a lieu lors de la pleine lune du 12e mois de leur calendrier, généralement entre septembre et décembre, mais ça change tous les ans. Des offrandes sont alors jetées dans le cratère (poulets, fruits, denrées diverses...). Si vous passez par là à cette époque, ne ratez pas cet événement.

Comment y aller ?

Deux formules au choix selon le temps dont on dispose : excursion en une journée et demie ou en une seule journée.

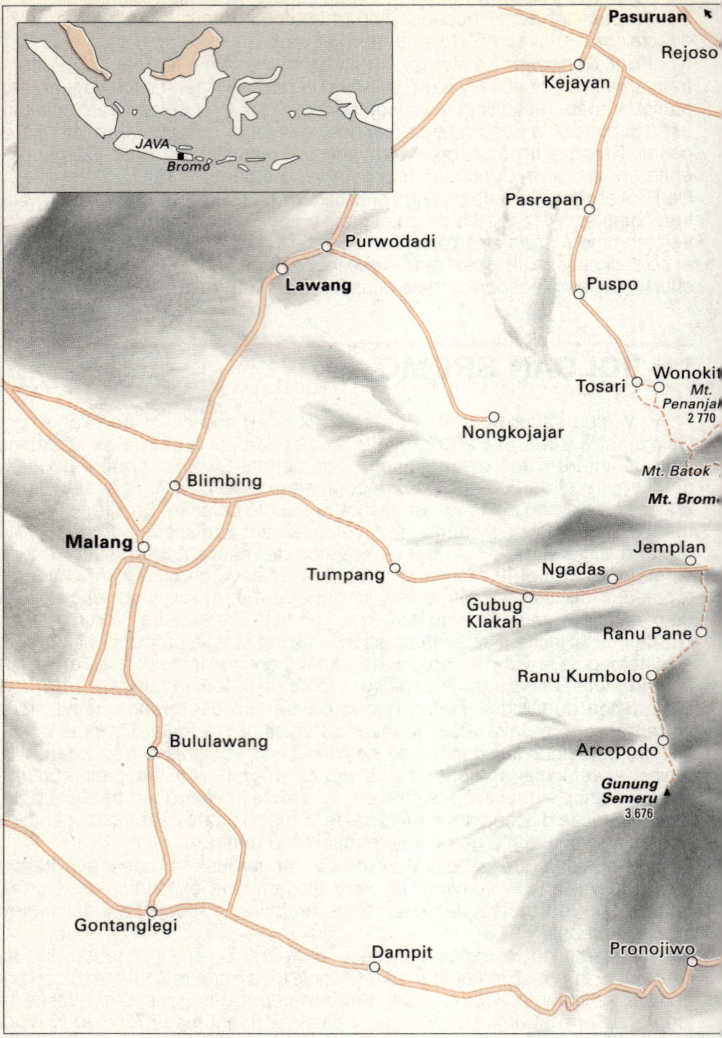

➢ ***1re solution*** *(on dort sur place)* **:** prendre le bus au terminal des bus de Bungurasih (à Surabaya) en fin de matinée pour *Probolinggo* (environ 100 km ; 1 h 30). Puis prendre un *bemo* pour *Ngadisari* ou *Cemoro Lawang,* situé au bord du cratère Tengger. Départ théoriquement toutes les heures (en réalité quand il est plein) de 5 h à 18 h. Il y a aussi quelques bus *Harapankita* (compagnie *Akas*), qui partent aussi quand ils sont pleins. Si l'on arrive trop tard, il y a toujours la possibilité de chartériser un *bemo,* mais c'est plus cher. La route est particulièrement escarpée et on met 1 h 30 à 2 h pour parcourir 45 km. Elle serpente dans la montagne et le panorama est

LES VOLCANS BROMO ET SEMERU

magnifique. Ngadisari est un petit village sur la route du Bromo. Possibilité d'y dormir. Jeep à prix fixe pour monter en 20 mn. On conseille plutôt d'aller directement jusqu'à *Cemoro Lawang* en *bemo.* Sinon, vous pouvez faire le chemin à pied (1 h de grimpette !).

Le lendemain matin, départ à 4 h de *Cemoro Lawang* (vers 3 h de *Ngadisari*) pour aller jusqu'au cratère, ou au mont Penanjakan, le plus beau point de vue, mais à vous de voir (lire la rubrique « À voir »). Quoi qu'il en soit, il faut arriver vers 5 h, à l'heure du fantastique lever de soleil. Cette formule prend plus de temps mais est moins fatigante et on profite mieux du site. Nous, on pense qu'il peut même être très agréable de passer plus d'une nuit ici...

➢ ***2e solution** (on ne dort pas sur place) :* prendre le bus à Surabaya vers 23 h dans le cadre d'une excursion organisée. Arrivée vers 3 h à *Cemoro Lawang,* plus 1 h de marche jusqu'au cratère. Fatigant, mais on économise une nuit d'hôtel. On préfère la première solution, cool et tranquille.

– AVERTISSEMENT : on vous rappelle qu'il faut éviter l'agence de voyages *Yogya Rental* qui propose des forfaits bus-hôtel pas fiables du tout depuis Yogyakarta (lire aussi « Quitter Yogyakarta »).

Formalités et infos utiles

– En principe, il est possible de laisser ses bagages à la gare de Probolinggo. Mais vérifier si c'est toujours le cas. En tout cas, on peut les déposer à la gare de Surabaya *(Gubeng Station). Transit room* ouverte de 7 h à 18 h.

– Il fait souvent très froid la nuit et au petit matin. Prendre une couverture. On peut aussi louer une veste chaude (eh oui !) au *Lava View Lodge* de Cemoro Lawang. Se munir aussi d'un foulard en raison du sable et des vapeurs parfois suffocantes, et d'une lampe de poche pour éviter les foulures sur le sentier abrupt descendant vers la mer de sable. À part ça, aucun problème.

– À Ngadisari, il faut signer le livre de police et payer un petit droit d'entrée (pas plus de 1 000 Rps ou 0,8 €).

Où dormir ? Où manger près du Bromo ?

Plus on approche du volcan, plus il devient impératif en haute saison de réserver sa chambre à l'avance, à moins d'arriver en milieu de journée, avant que les hôtels n'aient fait le plein. Les 2 meilleures adresses sont incontestablement le *Yoschi's* à Ngadisari et le *Lava View Lodge* à Cemoro Lawang. Allez là en priorité sans vous poser de questions. Sinon, vous devrez vous rabattre sur les adresses les moins prisées. Apportez une couverture si vous êtes du genre frileux (des Indonésiens, à votre arrivée, vont d'ailleurs tenter de vous vendre des bonnets et écharpes...). Tous les hôtels vous proposent de vous conduire au cratère ainsi qu'au mont Penanjakan et vous ramènent après l'excursion.

À Ngadisari

Avant-dernier village avant le volcan, à 3 km de Cemoro Lawang. Les hôtels mentionnés offrent une palette de prix très large (de bon marché à plus chic).

🏠 🍽 ***Yoschi's Bromo :*** 1 jl. Wonokerto, au village de Mekto Wono. ☎ 54-10-18. Fax : 54-10-46. ● yoschibromo@telkom.net ● À 2 km avant Ngadisari (donc à 5 km de Cemoro Lawang). Une excellente adresse, aussi bien pour le logement qu'au point de vue des repas. Tenu par une Allemande. Il y a tous les prix, des jolies chambres pas chères (au confort et aux sanitaires un peu spartiates et douche chaude extérieure payante) jusqu'aux très beaux cottages avec *mandi* et eau chaude (mais très chers), en passant par la chambre avec salle de bains privée mais eau froide. Très joli jardin. Nourriture délicieuse et variée à prix moyens, dans un cadre très étudié et prisé des voyageurs. Les desserts sont alléchants, ce qui est rare en Indonésie. Musique occidentale et douce. Parfait également pour passer le temps pendant un après-midi pluvieux... Musique le soir. Organise des excursions vers le volcan. Service et accueil charmants. On nous a signalé néanmoins quelques problèmes sur les ventes de tickets de bus (vérifier la qualité de la prestation vendue).

🏠 ***Hôtel Bromo :*** sur la route de Ngadisari, avant le *Yoschi's*. Uniquement si celui-ci est complet. Et encore, mieux vaut dans ce cas monter à Cemoro Lawang. En dépannage, donc. Chambres très bruyantes, avec *mandi* ou douche. Pas d'eau chaude. Petit dej' frugal. Évitez les chambres dans l'annexe qui sent le moisi. Cher au regard de la qualité. De plus, l'hôtel est de mèche avec les tour-opérateurs véreux de Yogya.

À Cemoro Lawang

Village surplombant la caldeira et le volcan, le plus proche du Bromo. Le meilleur emplacement près du volcan. D'un point de vue pratique : il y a une boîte aux lettres à la réception du *Bromo Permai Hotel* et un téléphone public *(Wartel)* sur la place du village, ouvert de 6 h à 21 h. Pour attraper un *bemo* pour Probolinggo, aller au carrefour en contrebas du village et du *Venus Kafe*. Départ toutes les 30 mn environ de 8 h à 16 h.

🏠 🍽 ***Hôtel Lava View Lodge :*** arrivé sur la place du village, aller à gauche sur quelques centaines de mètres en suivant le chemin. ☎ 54-10-09. Fax : 54-10-20. La meilleure adresse du village, et, avec *Yoschi's*, la meilleure autour du site du Bromo. Vue imprenable sur la caldeira et le volcan. Plusieurs types de logement : 6 chambres à prix moyens ; 8 autres, à peine plus chic ; et 3 cottages plus chic avec vue privilégiée sur le volcan. Eau chaude dans toutes les chambres. Inclus : petit dej' et thé et café à volonté dans la journée. Accueil sympa et assez professionnel, informations plutôt fiables sur les excursions. Bon restaurant proposant une carte variée et de qualité. Tout cela se paie un peu, bien sûr.

🏠 🍽 ***Café Lava :*** même propriétaire que le précédent. Ici, pas de vue, c'est sur la route principale ; mais c'est moins cher. Propose 31 chambres en tout, de bon marché à prix moyens. Chambres sans *mandi*, économiques mais petites et très sommaires. Celles avec *mandi* sont plus agréables et propres. Petit dej' non inclus, à prendre sur place puisque c'est aussi un restaurant. Même carte que le *Lava View Lodge*. Bon, à moins d'être vraiment fauché, on vous conseille d'aller au *Lava View* pour la vue ! Ici aussi, prévoir la petite laine. Nuits fraîches, même en plein été.

De prix moyens à un peu plus chic (de 50 000 à 90 000 Rps, soit 4 à 7,3 €)

🏠 ***Cemara Indah :*** ☎ 54-10-19. Face au *Café Lava*, aller à droite jusqu'à la statue représentant un cheval. En dépannage, si c'est plein aux adresses précédentes. Valable pour les chambres de 4 personnes uniquement. Éviter les moins chères, très moches, et les très chères, sans intérêt et irrespirables (un comble !). Vue sur la caldeira, mais ça ne vaut pas le *Lava View Lodge*.

– On ne conseille pas le *Bromo Permai Hotel*, cher pour la qualité proposée. Seules les chambres les moins chères, mais néanmoins propres, avec des lits superposés, sont intéressantes. Sanitaires douteux. Eau froide seulement.

À Tosari

Avant-dernier village par l'autre route d'accès au volcan, en venant de Malang ou de Pasuruan.

Bon marché (moins de 70 000 Rps, soit 5,7 €)

Penginapan Rizky : quelques centaines de mètres juste avant le *Bromo Cottages.* ☎ 57-12-88. Petit hôtel sans prétention tenu par des jeunes sympas. Belle vue sur les montagnes. Chambres sommaires avec *mandi* et w.-c.

De prix moyens à chic (de 90 000 à 250 000 Rps, soit 7,3 à 20,2 €)

Penginapan Wulan Ayu : sur la route descendant au *Bromo Cottages.* ☎ 57-10-11. Six chambres correctes chez l'habitant. La famille est accueillante. Chambres avec *mandi* et w.-c. Sans petit dej' (juste du thé). Excessivement cher pour ce que c'est en haute saison, mais négociable selon l'affluence touristique.

Penginapan Mekar Sari : 6 jl. Tosari. ☎ 57-13-87. La grosse maison (sans enseigne) à l'angle de la place du marché, sur la route principale du village. Une autre pension de famille proposant 5 chambres à l'étage, avec salle de bains commune et sans le petit dej'. Plus cher que *Wulan Ayu,* mais dans le village.

Bromo Cottages : au fond du village, en descendant. ☎ 57-12-22. Fax : 57-13-33. • info@bromocottages.com • Le meilleur hôtel du village et l'un des plus réputés de la région. La plupart des agences de voyages y envoient leurs clients (mais il n'y a pas toujours foule pour autant). Superbe vue sur les montagnes. Les bungalows sont répartis dans des jardins en escaliers. Chambres spacieuses et propres, avec AC et salle de bains. Compter dans les 250 000 Rps (20,2 €) tout de même. Restaurant dans une grande salle aux airs de chalet. Propose des jeeps jusqu'au volcan (intéressant si on est 3 ou 4). Petite boutique de souvenirs sur place.

Pas grand-chose pour se restaurer : quelques ***warungs*** et plusieurs épiceries dans le village, ou le resto du ***Bromo Cottages*** (mais il ferme tôt).

L'ascension du volcan Bromo

La vision qui s'offre à vous est l'une des plus spectaculaires qui soient. On a rarement l'occasion d'observer une terre aussi désolée. Tout aussi surprenantes : la vie et la densité de population qu'on rencontre partout, pratiquement jusqu'au sommet. On peut arpenter les ruelles des villages à la nuit tombée en se croyant encore dans les quartiers surpeuplés de Yogya ou Jakarta.

La voie la plus empruntée pour le Bromo

C'est l'excursion au départ de Ngadisari et de Cemoro Lawang. Pour la réaliser, il y a plusieurs solutions.

➢ ***La 1re solution*** consiste à jouer les purs et durs. C'est la marche jusqu'au cratère pour le lever du soleil. Compter 1 h. La marche s'effectue sans grands efforts, ce qui n'est pas le cas du Merapi ou du Kawah Ijen. Un trek très accessible à tous. Vous pouvez vous passer de guide, le volcan étant fléché dès le départ. Bornes blanches dans la caldeira. On rappelle que si vous partez de Ngadisari, il faut démarrer la balade à 3 h et de Cemoro Lawang à 4 h pour assister au lever du soleil. Bien se couvrir car il fait froid. Pour les paresseux et les grands enfants, les habitants du village louent des petits « chevaux » (bardots) qui peuvent vous conduire depuis votre hôtel (mais seulement à partir de Cemoro Lawang) jusqu'au pied du

cratère actif. Le propriétaire (du bardot, pas de l'hôtel) marche à côté de vous et ne se lasse pas de faire avancer votre monture à coups de pied ou de bâton.
On descend au fond de la caldeira en marchant dans un incroyable univers de sable, puis on gravit 250 marches pour atteindre le sommet du Bromo. Le but de la promenade est de parvenir au sommet lorsque le soleil pointe. Vous ne serez pas seul, évidemment (on se croirait à la station Auber, à Paris, un vendredi à 18 h), mais l'impression reste forte, très forte. Et comme depuis quelques années, le tourisme en Indonésie est un peu au creux de la vague, on a des chances de jouir d'un certain calme.

➢ ***La 2e solution,*** la plus spectaculaire selon nous, est de se rendre au mont Penanjakan (2770 m, sacrément frisquet !), toujours pour le lever du soleil. Évidemment, il risque d'y avoir foule ! Seuls les intrépides auront le courage de s'y rendre à pied, car il y a 2 à 3 h de marche dans la nuit, avec un guide. Mais la majorité des visiteurs partagent une jeep (tous les hôtels le proposent), ce qui ne revient pas si cher. Compter une heure de route. Le lever de soleil, malgré la foule tout en haut (et les jeeps garées partout...), est vraiment fantastique ! Ce paysage qui apparaît par petites touches successives... Bon, on ne vous en dit pas plus. Toutes les photos du Bromo (et du Semeru derrière, qui crache sa fumée chaque demi-heure) sont prises d'ici. Notre point de vue préféré, mais on n'est pas les seuls. À signaler : là-haut, les *warungs* proposent café, thé et soupe au coin du feu. Ça permet d'attendre le lever du soleil au chaud ! Ensuite, les jeeps vous conduisent au cratère du Bromo, où les conducteurs de chevaux se battent pour vous louer leur monture... Puis, retour à l'hôtel pour le petit dej'. On peut évidemment revenir au cratère dans la journée, au calme, voire le lendemain matin pour ceux qui ont le temps.

Autres possibilités plus originales mais plus coûteuses

Ces itinéraires ne sont pas très fréquentés. Ils sont plus compliqués que l'itinéraire traditionnel par Ngadisari. Pour le premier, vous croiserez malgré tout des groupes de Taïwanais descendus à l'hôtel de luxe *Bromo Cottages* qui font le trajet en jeep.
➢ De Surabaya, s'arrêter en train ou en bus à Pasuruan, sur la route menant à Probolinggo. Prendre un *bemo* jusqu'au village de Pasrepan, situé à 17 km. De là, faire les 24 km jusqu'à Tosari en moto-taxi *(ojek)* ou en chartérisant une camionnette du marché. Bien négocier. Il faut ensuite rejoindre Cemoro Lawang en passant par le mont Batok et le Bromo. Cette dernière partie du trajet se fait en jeep. Le plus pratique est de dormir à Tosari et de poursuivre l'ascension tôt le lendemain matin. L'hôtel *Bromo Cottages,* situé en contrebas de Tosari, sur une crête, propose des excursions en 4x4 ou en minibus, suivant le nombre de personnes. Vous complétez un groupe de touristes. Départ à 4 h du matin et retour vers 8 h. Entendons-nous bien : cette excursion offre les mêmes objectifs de balade que la première voie d'accès, à savoir le mont Penanjakan et le cratère du Bromo. La différence, c'est la route d'accès, plus longue mais très jolie, et proposant 1 ou 2 points de vue supplémentaires sur le Bromo (à condition de la faire de jour, bien sûr !). Autre avantage : le peu de monde qui l'emprunte... sauf à l'arrivée au mont Penanjakan et au cratère, bien sûr, puisque tout le monde souhaite y aller au lever du soleil !
– Autre solution, pour les plus fortunés : partir de *Malang* en louant une voiture avec chauffeur... On peut parfois trouver des touristes pour partager les frais. Cela revient à prendre l'itinéraire final décrit précédemment.
➢ Le deuxième itinéraire possible passe par *Ngadas,* au sud du Bromo. Mais il est très compliqué, plus cher, et nécessite des capacités de marcheur non négligeables. Depuis Malang, prendre un *bemo* jusqu'à Tumpang (environ 30 mn), puis louer ou partager (si l'on a de la chance) une jeep jusqu'à

Ngadas (compter 1 h). C'est cher et vous n'aurez pas grande possibilité de négocier... Ou alors, si vous le pouvez, louez depuis Malang. À Ngadas, il y a une possibilité de dormir dans le dortoir du *PHPA,* mais c'est très sommaire, voire limite, et il faut prévoir de quoi manger. De là, il faut marcher jusqu'au bord de la caldeira sur environ 2 km et la balade commence, c'est-à-dire rien moins que 12 km de marche jusqu'au Bromo. Mais ce peut être magnifique et très gratifiant si l'on a bien préparé son coup. Bon courage !

LE VOLCAN SEMERU

À 17 km au sud du Bromo, culminant à 3676 m au-dessus du niveau de la mer, le Gunung Semeru est le point le plus élevé de l'île de Java. Avec son cône parfait de cendres couleur gris clair, empanaché par des fumées toutes les 30 mn environ, il domine de vastes paysages, qui ressemblent à ceux de Bali mais se distinguent du reste de Java par leur impétuosité. Fleuron du parc national Bromo-Tengger-Semeru, le Semeru (appelé aussi le Mahameru, c'est-à-dire « la Grande Montagne ») est considéré par les hindouistes comme une montagne sacrée, le « père » de tous les autres monts.
Les difficultés de l'ascension et le temps nécessaire pour atteindre le sommet (3 à 4 jours en tout) obligent les randonneurs à emporter un minimum d'équipement. Pour ces raisons, le Semeru est moins fréquenté que les volcans voisins. Néanmoins, si l'on s'organise bien, il reste à la portée de chacun, constituant une excursion unique en son genre. Les étudiants indonésiens aiment particulièrement le Semeru.
Atteindre le sommet du Semeru permet de jouir d'une vue époustouflante. De là-haut, on peut aussi observer de très près les explosions de ce volcan, qui est à l'activité volcanique ce qu'un métronome est à la musique.

Comment y aller ?

➢ ***De Surabaya :*** prendre un bus jusqu'à Blimbing, village à quelques kilomètres au nord de Malang. De Blimbing ou Malang, trouver un *mikrolet (bemo)* pour Tumpang puis un autre jusqu'à Gubug Klakah. Là, soit marcher vers Ngadas (12 km), Jemplung (2 km), puis Ranu Pane (6 km), marche assez pénible, il faut le dire, sur une route de montagne, soit louer une jeep à Tumpang (ou Gubug Klakah ou Ngadas) jusqu'à Ranu Pane, point de départ de l'ascension proprement dite. Au 4x4, on peut aussi préférer la moto *(ojek),* nettement moins chère.
➢ ***Du volcan Bromo :*** il faut traverser la mer de sable, ce qui peut se faire à pied (environ 7 h de marche) avec pour seule réelle difficulté la montée finale, un peu raide, pour sortir de la caldeira du Tengger. On peut aussi aller en jeep jusqu'à Jemplang puis Ranu Pane, petit village de montagne au bord d'un lac, et étape incontournable.

Où dormir ?

Pak Tasrip Family Homestay : à Ranu Pane. Compter 15500 Rps (1,2 €) par personne. Une seule adresse, qui propose un hébergement de base avec de petites chambres simples à 2 lits ; *mandi* (douche froide à la casserole) à l'extérieur. C'est également là qu'il faut prévoir de se nourrir et de s'équiper pour l'ascension : provisions, boissons, sacs de couchage, tentes, porteurs. On peut y laisser ses bagages en toute sécurité.

L'ascension du volcan Semeru

➢ Après une nuit passée au village de ***Ranu Pane,*** le lendemain matin, à la sortie de cette localité, arrêt obligatoire au poste du *PHPA* pour se faire enregistrer, payer le très faible droit de passage et glaner les dernières informations. À partir de là, 2 à 3 km de route que l'on peut, éventuellement, effectuer en 4x4 ou en moto. Puis commence une journée de 7 h de marche à travers une forêt d'altitude riche en superbes fougères arborescentes. Ce trajet est sans difficulté particulière, sinon durant la dernière heure, où la montée est plus soutenue. À mi-parcours, les rives du ***lac Ranu Kumbolo*** permettent une agréable halte.

➢ La seconde nuit se passe à ***Arcopodo,*** au pied du cône volcanique. Près des vestiges d'un refuge, une zone dégagée en bord de forêt invite au camping. Pour l'ascension, prévoir de partir vers 1 h du matin afin de profiter, une fois au sommet, de la vue et du lever du soleil. Celle-ci peut être gâtée par l'arrivée des nuages. Après un peu plus d'une heure de chemin abrupt, on sort de la forêt. Reste alors la dernière partie du trajet : le cône de cendres et d'éboulis. Passage très difficile car le sol se dérobe sous chaque pas et la pente est très accentuée. Ce final, qui n'est pas spécialement dangereux, demande 2 à 4 h de marche, selon votre forme physique. Cet ultime tronçon de l'ascension peut être rendu encore plus pénible par le froid (autour de -5 °C au petit matin) et le vent violent qui souffle lorsqu'on n'est plus à l'abri des arbres.

➢ ***Au sommet du Semeru :*** vous aurez la récompense de vos efforts ! Vous découvrirez un panorama grandiose. Le Bromo et sa caldeira, si proches. À l'est, le massif du Kawah Ijen. Plus loin, le Gunung Agung et le Batur, fameux volcans balinais. Au nord et au sud se dessinent les côtes de Java. Toutes les 30 mn environ, le Semeru explose. Il crache de la vapeur d'eau qui fut mêlée à du gaz (dégazage). De son cratère jaillissent des panaches de fumées parfois blanches, mais plus souvent foncées. Plus ces fumées sont foncées, plus elles contiennent de gaz toxiques, de cendres et de pierres.

➢ ***La redescente :*** au retour, une journée suffit largement pour redescendre à Ranu Pane.

Recommandations et infos utiles

– ***À quelle époque faire l'ascension ?*** L'ascension ne peut être entreprise durant la saison des pluies, car alors les cendres se transforment en boues et le terrain devient glissant et donc dangereux. N'envisagez cette randonnée qu'entre mai et octobre.

– ***Vêtements, équipement :*** à partir de Ranu Pane, la nuit, le froid est très vif. Il faut s'équiper en vêtements chauds, emporter un coupe-vent et un sac de couchage. Il n'y a pas d'escalade réelle à effectuer, de bonnes chaussures de marche suffisent donc. Prévoir aussi une lampe de poche. Passé Ranu Pane, il n'y a aucun endroit pour s'approvisionner en nourriture et en boissons, hormis le lac Ranu Kumbolo où il vous faudra de toute manière purifier l'eau avec des pilules spéciales.

– ***Guide ou pas ?*** Un guide n'est pas indispensable car le sentier est toujours assez facile à repérer et à suivre. En chemin, vous rencontrerez sûrement de nombreux Indonésiens ou des randonneurs étrangers. Si vous voulez être pleinement rassuré, n'hésitez pas à demander un guide soit chez *Pak* (« Monsieur ») *Tasrip,* soit au bureau du *PHPA.* Nécessaires pour emporter la nourriture et le matériel de camping, les porteurs peuvent éventuellement vous servir de guide.

– ***Les prix :*** un porteur coûte autour de 50 000 Rps (4 €) par jour. Un guide, entre 100 000 et 150 000 Rps (8 à 12,1 €) par jour. C'est comme le CAC 40, les cours fluctuent en fonction de la demande. La location d'un 4x4 pour aller à Ranu Pane doit se marchander âprement. Prévoir entre 100 000 et 200 000 Rps (8 à 16 €) pour 2 h, à l'aller comme au retour.
– ***À l'arrivée au sommet :*** il est conseillé de ne pas s'approcher du cratère éruptif. Prendre le temps d'observer les limites de l'aire de projection de pierres. Notez que la montée s'effectue, en toute sécurité, le long de la pente diamétralement opposée à la zone dangereuse. Malgré cela, les marcheurs sont souvent saupoudrés de cendres grises dans les minutes qui suivent chaque explosion du « monstre » en activité.

Où se reposer après le Bromo et le Semeru ?

Après l'effort d'une escapade volcanique, voici le réconfort de la ***plage de Pasir Putih,*** située sur la route longeant la côte à l'est de Probolinggo. Pour y aller, bus de Probolinggo en direction de Situbondo ou Banyuwangi. Durée : 2 h. Se faire arrêter à la plage. Précision : *pasir putih* veut dire « sable blanc », mais ici le sable est noir... On est loin des plages calmes et sauvages de Pangandaran. Ici, rien à faire, sinon récupérer sous un palétuvier en regardant les *prahus* à balancier et aux voiles colorées. Promenades en mer avec les pêcheurs très agréables, mais les coraux sont décevants. À éviter le week-end, car les hôtels et la plage sont pris d'assaut par les Indonésiens en villégiature. De plus, ils sont chers.

Pour dormir, plusieurs hôtels, mais rien d'enthousiasmant. Notre préférence va au ***Sido Muncul,*** juste sur la mer, à la sortie du village. ☎ (0335) 91-352. Différentes catégories de chambres avec terrasse et même air conditionné. Celles avec ventilo, les moins chères, sont refusées aux touristes ! Éviter celles sur rue, bruyantes. Reste les plus chères, avec air conditionné et vue sur mer...

On peut manger au ***Papin,*** le long de la plage, à l'entrée du village. Immense salle couverte. Fruits de mer et plats de Sumatra. Un autre *Papin* un peu plus loin dans le village, mais moins agréable.

LE VOLCAN KAWAH IJEN

Au cœur d'une caldeira de 134 km, le massif de l'Idjen Merapi est formé de trois volcans : le *Raung,* le *Merapi* (qui n'a rien à voir avec celui de Yogya !) et le *Kawah Ijen,* le cratère vert, qui culmine à 2 400 m. Le Kawah Ijen, bien qu'en repos pour l'instant, connaît quelques soubresauts depuis 2003. Rien de bien méchant, mais il peut cracher suffisamment de fumée pour empêcher l'accès de ses pentes aux touristes. Donc, toujours vérifier auprès des offices de tourisme que la zone est bien ouverte.
Ce volcan est le principal centre d'exploitation de soufre de toute l'Indonésie. Celui-ci sert entre autres, au raffinage du sucre. Sur ses pentes, vous croiserez des hommes qui, pour quelques milliers de roupies parcourent 20 km par jour avec 80 kg de soufre sur le dos. Du Zola, mais à Java !
Le Kawah Ijen est surtout connu des touristes français, car il a été médiatisé par Nicolas Hulot et les époux Kraft. Il n'est pas encore exploité comme le Bromo, bien que ce soit la « balade du dimanche » de beaucoup d'Indonésiens. On est heureusement loin des files continues de touristes s'acheminant vers le cratère ou des 4x4 de Japonais habillés en cosmonautes. C'est pourquoi l'infrastructure touristique est limitée au strict minimum, et les

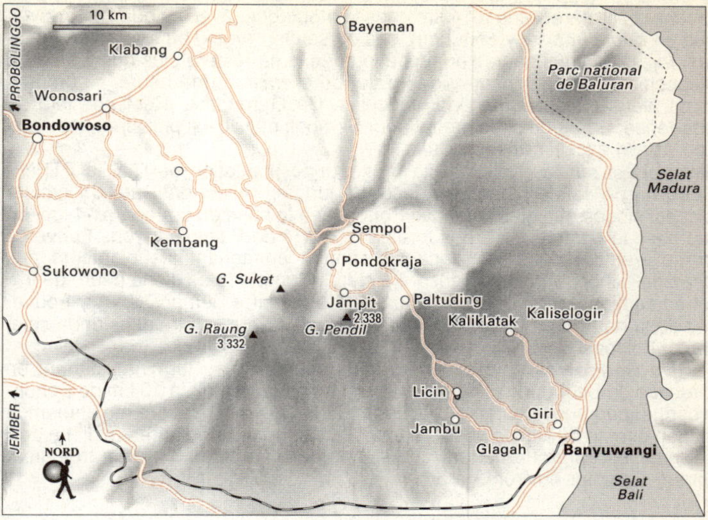

LE VOLCAN KAWAH IJEN

moyens de transport pour y accéder restent folkloriques. Pourtant, il vaut la peine d'être découvert. Espérons que les autorités indonésiennes auront la sagesse de l'épargner du tourisme de masse.
Il faut prévoir une nuit sur place pour faire le volcan le lendemain, à moins que vous ayez les moyens de chartériser une voiture qui vous attende pendant l'ascension.

Comment y aller ?

L'ascension peut s'effectuer soit par l'ouest en venant de Probolinggo, soit par l'est à partir de Banyuwangi, mais c'est bien plus difficile. Le départ de l'excursion elle-même se fait à partir de Paltuding, au pied du volcan, mais les logements dignes de ce nom se trouvent dans des plantations de café, à Sempol, côté ouest. Conséquence du nombre relativement faible de touristes abordant le Kawah Ijen, vous ne trouverez pas beaucoup de liaisons directes en bus ou minibus jusqu'à Sempol. À moins d'employer les grands moyens en louant un véhicule ou en chartérisant un *bemo* (ou une moto-taxi !), il faut s'armer de patience et faire feu de tout bois pour accéder au cratère. Vos efforts seront récompensés.

Par l'ouest

Les liaisons par Situbondo sont plus faciles et plus nombreuses que par Bondowoso, même si, sur la carte, ça paraît plus long ! Si vous passez par Bondowoso, jetez un œil au village de *Wringin,* spécialisé dans la culture et le séchage du tabac.

➢ ***De Probolinggo :*** prendre un bus pour *Situbondo,* situé à 100 km à l'est de Probolinggo, puis un second bus en direction de *Bondowoso* et descendre 20 km plus loin sur la route principale, à ***Garduatak,*** la bifurcation menant au cratère. De là, prendre un *bemo* qui vous conduira en une demi-heure jusqu'au village de ***Sukosari.*** Comme d'habitude, il faut attendre que

le *bemo* se remplisse. De Sukosari, on accède à ***Sempol,*** le village le plus proche du cratère, situé à 14 km dans la montagne, avec ce que l'on trouve : soit en *bemo* (mais il y en a peu), soit en camion *(truck)* ou encore en moto-taxi *(ojek).* Si vous arrivez en fin de journée, il ne restera plus que les *ojeks.* Négociez le prix, sachant que le trajet dure environ une heure. Heureusement, vous croiserez peu de véhicules. De Garduatak, il est possible de chartériser un *bemo* directement pour Sempol, mais c'est plus cher, même si l'on est un excellent négociateur.
Sempol est sur les terres de la plus grande plantation de l'île, la PTPN : 3000 ha de caféiers dans un décor de jungle. Il n'est pas rare d'y croiser biches, singes et aigles javanais. Pour aller à la base du cratère, à 14 km, où est basé le poste des gardes forestiers *PHPA* de Paltuding, vous trouverez irrégulièrement dans le village un camion emmenant les planteurs aux champs. Sinon, en *ojek* ou encore à pied... Compter plus d'une heure de trajet en camion. La meilleure solution est de dormir à Sempol. Vous y trouverez de la nourriture, un hébergement correct, et ferez ce trajet le lendemain, frais et dispos.

➢ ***De Bondowoso :*** des *bemos* (plus nombreux au terminal) partent en direction de Situbondo. Il faut donc s'arrêter à Garduatak, à 10 km de Bondowoso, et poursuivre comme précédemment. Des minibus font maintenant la liaison directe de Bondowoso à Sempol jusqu'en milieu d'après-midi. Le problème, c'est qu'ils ne partent que s'il y a des clients, et ça, c'est très aléatoire... Compter environ 2 à 3 h.

Par l'est

➢ Il est possible de partir de ***Banyuwangi,*** mais c'est vraiment compliqué sans véhicule 4x4. Cette solution concerne ceux qui viendraient de *Bali* par ferry. Encore moins pratique que le premier, cet accès est plus risqué car, une fois dans la montagne, les moyens de transport pour arriver à Paltuding sont rares. Néanmoins, si vous insistez, prenez un *bemo* à partir de la station de *Sasakperot* jusqu'au village de ***Jambu,*** situé à 17 km de Banyuwangi, puis un *ojek* jusqu'à ***Sodong,*** ou directement jusqu'à ***Paltuding*** si vous en trouvez. Il faut savoir que Sodong est à 2 h à pied de Paltuding. Essayez de prendre un guide à partir de Banyuwangi, car l'itinéraire n'est pas balisé.
Il est possible de chartériser un *bemo* pour aller à Paltuding depuis Banyuwangi, mais se pose alors le problème du retour. Si vous payez l'aller-retour, vous pouvez trouver un chauffeur malhonnête qui ne vous attendra pas. Si vous ne payez que l'aller, il ne vous attendra sûrement pas. De plus, la dernière partie de la route est franchement mauvaise (trous, pierres...), même si des travaux sont entrepris. Vous risquez de faire 5 km à pied si le chauffeur décide de renoncer ! L'office de tourisme du terminal des ferries à *Ketapang* propose des excursions en voiture à un prix forfaitaire intéressant si vous êtes plusieurs. Départ vers 17 h et retour le lendemain après-midi. Réserver un jour avant en allant directement au terminal. Possibilité de louer un 4x4 avec un chauffeur (expérimenté), mais c'est plus cher. Des lecteurs ont essayé sans chauffeur : ils ont dû rebrousser chemin 7 km avant le sommet, tellement les virages sont durs à négocier...

Recommandations et infos utiles

– L'ascension est déconseillée pendant la saison des pluies, de novembre à avril, car le chemin est glissant et le ciel couvert. De plus, les porteurs de soufre prennent des vacances méritées.
– Prévoir de bonnes chaussures et un pull (10 °C à 16 °C entre avril et octobre), de la nourriture et des boissons avant de partir. L'ascension n'est pas

très dure, mais il est néanmoins nécessaire d'être physiquement préparé. Elle se fait sans guide, il suffit de suivre le chemin qui grimpe.
– Si vous êtes particulièrement fragile des bronches, vous pouvez aller jusqu'au bord du cratère mais ne descendez pas dans celui-ci. Les émanations peuvent être suffocantes, voire dangereuses pour la santé. On recense chaque année des accidents (graves). Les porteurs de soufre en savent quelque chose. Prévoir un foulard ou une serviette à mettre devant son nez.
– Attention à vos appareils photo : certains peuvent se bloquer.
– On paie un droit d'entrée au poste *PHPA* situé à Paltuding. Supplément pour les appareils photo et les caméras (très cher, autant ne pas les montrer). Également un supplément si on a un vélo et/ou une tente. On trouve un petit musée au poste, présentant la faune, la flore et des photos de Nicolas Hulot lors de son passage ! De là, il reste 3 km de marche jusqu'au volcan.
– Pendant l'ascension et dans le cratère, vous croiserez des porteurs de soufre. N'oubliez pas que vous êtes sur leur lieu de travail et que le site n'a pas été conçu pour vous accueillir. Lorsque le chemin est étroit, pensez à leur faciliter le passage. Pensez à leur offrir de l'eau et des biscuits, ça leur fait vraiment plaisir.

Où dormir ? Où manger ?

À Bondowoso

Bondowoso est une bourgade agréable, propre et aérée. On croise beaucoup de buffles dans la rue car la ville est réputée pour ses combats de taureaux, comme l'île de Madura, d'où sont originaires la plupart de ses habitants. On peut voir des courses de taureaux le samedi après-midi, sur le terrain de l'Alun Alun. À part ça, sur la route de Sempol vous verrez des maisons sans fenêtres, protégées par de hauts murs, des barbelés et des tessons de bouteilles ! Ce ne sont pas des prisons mais des élevages d'hirondelles : leurs nids, très recherchés, sont revendus une petite fortune à Taiwan ou Hong Kong...

Palm Hotel : 32 jl. A. Yani. ☎ (0332) 4215-05. Fax : (0332) 229-53. • palmhotel@telkom.net • C'est le meilleur hôtel de la ville, à un prix très abordable. Belle architecture coloniale et joli jardin avec bassin. Chambres économiques sans *mandi* un peu spartiates, à partir de 40 000 Rps (3,2 €) ou chambres avec eau froide. Il y en a avec eau chaude, AC et TV, sans cachet et à prix nettement plus chic. Plutôt propre. Piscine. Fait aussi restaurant. Petit dej' et taxes inclus. Distributeurs d'argent à proximité *(ATM)*. Propose des excursions pour le Kawah Ijen en une journée (départ à 4 h du matin). Cher (autour de 300 000 Rps, soit 24,2 €), mais c'est une solution simple.

Warung Depot Remaja : au début de jl. Letnan Soediono, près de l'Alun Alun et face à la caserne de pompiers. Petit resto sans prétention mais agréable. Spécialité d'*ayam goreng*. En dessert, prendre du *tape,* fait avec des racines de *casava* (manioc) et spécialité de la ville. Bon marché.

Nusa Indah : 71 jl. Kolonel Sugiono. Resto agréable et bon marché servant de bonnes brochettes et des crevettes grillées.

À Sempol

Arabica Home Stay : ☎ (0331) 48-68-61 à Kalisat Jampit, près de Sempol. Pour y aller, petit bus fréquent du terminal de Bondowoso (curieusement, le retour est moins cher). Pour réserver, appeler à Jember.

On est accueilli par un « Manneken-Pis » dans le jardin. Pension de la *PTPN* (plantations de café) dans une villa agréable et bien tenue, avec un charmant jardin et deux grandes piscines en contrebas. En tout, 20 chambres, c'est peu. Trois catégories de chambres plus chic, avec salle de bains et eau chaude. Un peu cher, mais on n'a pas le choix. Possibilité de manger à la table commune un *nasi* ou *mie goreng*. Pour un repas plus élaboré, commander la veille avant 17 h. Tennis (raquettes à louer), équitation possible et danses le soir en été. Si c'est complet, essayez d'insister pour avoir au moins un matelas (négociez le prix à la baisse !), ou alors essayez d'aller à l'autre adresse.

🏠 🍽 ***Catimor Homestay :*** à Blawan, à 5 km de l'*Arabica,* sur la route de Paltuding. Réserver à Surabaya au même numéro que l'*Arabica*. Soit vous avez un véhicule, soit il faut y aller en *ojek,* ou alors... essayer de chartériser un véhicule du coin ! C'est une autre pension de la plantation de café, dans un cadre paradisiaque. Très jolie (quelques singes sur le chemin qui y mène), elle est installée dans les dépendances d'une maison coloniale en bois. On loge dans la plantation elle-même. Cela dit, l'entretien est particulièrement négligé et le service assez lamentable, voire dédaigneux. Surtout que ce n'est pas vraiment bon marché : on s'en sort pour 100 000 Rps (10 €) avec un dîner (à commander à l'avance). Apporter son insecticide et ne pas avoir peur des souris. Autre inconvénient : on est réveillé par le muezzin à 3 h du matin ! Chambres doubles ou triples à prix moyens avec *mandi* et eau chaude. Vieille piscine. Petit dej' servi sur place. Café de la plantation. Organise des excursions en 4x4 pour le volcan. Compter environ 150 000 Rps (12,1 €) pour 5 personnes, avec chauffeur (sans l'entrée au parc).

– On peut aussi visiter gratuitement la plantation (celle de l'usine, elle, est payante) et prendre un bain chaud (un peu douteux néanmoins) grâce aux sources naturelles d'eau chaude qui arrivent jusqu'ici. Aller voir aussi la belle chute d'eau à 5 mn à pied. Un inconvénient : le week-end et pendant les congés, des familles indonésiennes envahissent le lieu et le rendent assez bruyant.

À Paltuding

Quelques baraquements au point de départ pour l'excursion du Kawah Ijen.

🏠 🍽 Possibilité de louer une chambre spartiate et bon marché ou un lit en dortoir au poste ***PHPA.*** Le dortoir est plutôt de fortune. Il y a aussi 3 chambres avec *mandi* (mais eau froide) dans une baraque récente, bien mieux. Pas de repas possible, sauf quelques maigres vivres en vente sur place à la *kantin* (épicerie). Le week-end, 2 ***warungs*** ouvrent spécialement, mais c'est tout. Pour être sûr d'avoir une place, réservez auprès du *Taman Nasional Baluran* à Banyuwangi, ☎ (0333) 42-41-19. Ou à *Baluran,* au : ☎ 46-16-50. On peut aussi commencer l'ascension et dormir au campement des porteurs de soufre, à mi-chemin sur les flancs du volcan (petite épicerie sur place qui propose eau et biscuits). Accueil chaleureux.

À Randu Agung

🏠 🍽 ***Ijen Resorts & Villas :*** ☎ et fax (0333) 42-90-00. Un nouveau complexe hôtelier de grand confort isolé à flanc de colline en surplomb d'un village entouré de sublimes rizières où travaillent les paysans et les buffles. L'accès est difficile (3 km de piste avec ornières ; prévoir une voiture haute), mais le panorama est à couper le souffle ! Sérénité assurée dans de jolies chambres en pavillon dotées d'une terrasse où se prélasser en regardant se coucher le soleil. Restaurant de très bon niveau et piscine idéalement intégrée dans le paysage. Organisent également des randos à cheval dans la forêt et l'approche en 4x4 au pied du Kawah Ijen.

À voir. À faire

✪✪✪ ***L'ascension du Kawah Ijen :*** il n'est pas nécessaire de se lever très tôt pour partir. À la différence du Bromo, le lever de soleil n'a rien de spectaculaire. Mais il vaut mieux ne pas se mettre en route trop tard, car les porteurs sont plus nombreux avant 10 h et le ciel se couvre souvent dès la fin de la matinée. Compter 1 h 30 pour accéder au cratère à partir de Paltuding. Une marche de plus de 45 mn dans la forêt mène au campement des porteurs de soufre, près d'un ancien poste d'observation en vulcanologie. Puis on arrive en 40 mn au cratère par un chemin splendide finissant à flanc de montagne.
Le spectacle est fascinant : au fond du cratère, on découvre un grand lac aux eaux turquoise, dont la surface est parfois crevée par des bulles d'acides chlorhydrique et sulfurique. Il est possible d'aller au fond du cratère pour voir les porteurs de soufre ramasser les blocs jaunes cristallisés au bout des tuyaux de récupération. Mais la descente dans le cratère s'avère assez pénible en raison des éboulis de blocs de pierre et des vapeurs sulfureuses (1 h 30 pour descendre et remonter). Bien se renseigner avant de descendre dans le cratère, car les émanations sont parfois suffocantes, ou carrément mortelles.
ATTENTION : EN RAISON DES ÉMANATIONS DE GAZ, INTERDICTION FORMELLE DE FUMER AU FOND DU CRATÈRE! DESCENTE FORTEMENT DÉCONSEILLÉE AUX JEUNES ENFANTS ET AUX PERSONNES SOUFFRANT DE PROBLÈMES RESPIRATOIRES.
On vous conseille d'être muni, en plus de bonnes chaussures, d'un foulard ample pour se couvrir les yeux et même le visage, et d'une bouteille d'eau pour humecter celui-ci en cas de difficultés à respirer. Si le vent vous enveloppe d'un nuage soufré, tachez de trouver une poche d'air respirable au ras du sol entre deux rochers. Le nuage toxique monte du cratère vers les crêtes et souvent le bord du lac est préservé. Autant se réfugier là, le temps que les choses se calment. Bon, il n'empêche que c'est magnifique. Les porteurs de soufre *(pencari)* sont là, à charger dans des paniers à balancier 60 à 80 kg de soufre qui a jailli à l'état liquide à 120 °C, puis s'est refroidi. Les collecteurs de soufre, partis tôt le matin, font deux voyages (soit 15 km) et retournent à leur campement en fin de matinée. Sinon, leur village est à 11 km! Leurs paniers sont pesés au campement. Le soufre est vendu à une coopérative et servira ensuite au raffinement du sucre. Ils reçoivent 250 Rps par kilo. Ils peuvent ainsi espérer gagner 30 à 40 000 Rps (2,4 à 3,2 €) en une journée ; ce qui est très bien payé par rapport aux salaires moyens, mais à quel prix! Pas besoin d'être médecin pour estimer leur espérance de vie, réduite par la respiration de ces émanations. Le travail est tellement épuisant qu'ils ne travaillent qu'un jour sur deux, et cela jusqu'à l'âge de 50 ans en moyenne. En 2003, l'un d'entre eux avait atteint l'âge de 60 ans et faisait quasiment figure d'extra-terrestre. On ne l'a pas revu l'année suivante... Ce sont vraiment des « travailleurs de la terre » d'un autre âge... Vous remarquerez qu'ils travaillent pieds nus ou en tongs. Certains ont les épaules couvertes d'abcès. Vous pouvez leur acheter un morceau de soufre (naturellement sculpté), ce qui est toujours ça de pris pour eux. Offrez-leur à boire ou à manger, mais pas de cigarettes, par pitié ! Le comble, c'est que ce sont eux qui vous en réclameront... On pense que cette balade restera gravée longtemps dans votre mémoire.

QUITTER LE VOLCAN KAWAH IJEN

Bon, on le répète, le mieux est d'avoir un véhicule ! Sinon, plusieurs camions partent tous les jours de Sempol pour ramener les planteurs de café et leurs cargaisons dans la vallée jusqu'à Sukosari ou Bondowoso. Il suffit de se faire une place entre les paniers, les vélos et les fagots de bois. Pittoresque.

LE PARC NATIONAL DE BALURAN

Flanqué dans une boursouflure à l'extrême nord-est de Java, son intérêt réside dans la diversité de ses paysages et donc de sa faune. La savane laisse place, lorsqu'on s'approche de la mer, à des marais humides jusqu'aux plages de sable blanc. Certaines parties du parc sont même recouvertes de conifères. Au menu : sangliers, buffles, cerfs, tigres, singes, paons, coqs sauvages et piverts, entre autres. La route nationale reliant Surabaya à Banyuwangi via Probolinggo contourne le parc par l'ouest. Bien qu'il soit facilement accessible, il n'est pas très visité, car les touristes venant de Surabaya courent vers les plages balinaises sans s'arrêter.

Comment y aller ?

Les nombreux bus reliant Probolinggo ou Situbondo à Banyuwangi passent par le village de *Batangan,* à l'entrée du parc. Demandez au chauffeur de vous y arrêter. Compter 3 h de trajet depuis Probolinggo (150 km) ou une demi-heure depuis Banyuwangi, qui n'est qu'à une trentaine de kilomètres. À l'entrée du parc, poste des gardes forestiers *PHPA,* où vous paierez un petit droit d'entrée. De là, il faut chartériser un *bemo* ou trouver une moto et son chauffeur pour relier *Bekol* à 12 km à l'intérieur du parc, ou pour aller sur la plage de Bama, 3 km plus loin. Les gardes forestiers pourront vous aider à trouver un *bemo* ou un *ojek.*
Pour repartir du parc, il suffit de faire signe aux nombreux bus ou minibus sur la nationale.

Infos utiles

– Le parc est ouvert tous les jours de 5 h à 17 h. Si vous n'y passez pas la nuit, il est possible de laisser vos bagages à l'entrée au poste *PHPA* durant la visite.
– Meilleure période : d'avril à septembre, pendant la saison sèche.
– Il est possible de louer un 4x4, mais vous verrez moins d'animaux, car le bruit les effraiera. Mieux vaut le visiter à pied, de préférence avec un guide, qui vous montrera les points d'eau et autres endroits habituellement fréquentés par les animaux. Le plus simple est de s'arrêter à Bekol et de s'adresser aux gardes forestiers.
– N'oubliez pas de faire vos provisions d'eau et de nourriture avant d'entrer dans le parc, car il n'y a pas de restaurant à l'intérieur. En revanche, il est possible de faire sa cuisine sur les lieux d'hébergement. Prévoir également de bonnes chaussures et des jumelles.

Où dormir ?

On peut dormir pour pas cher en chambre individuelle ou collective dans un ***chalet*** à Bekol ou dans une ***guesthouse*** à Bama. Pendant la saison touristique, mieux vaut réserver auprès du *Taman Nasional Baluran,* 108 jl. A. Yani, Banyuwangi. ☎ (0333) 42-41-19.

BANYUWANGI

IND. TÉL. : 0333

Banyuwangi, à l'extrême est de Java, est un point de passage pour aller à Bali et une base de départ pour faire l'ascension du Kawah Ijen. Comme de nombreux lieux de transit, son intérêt est très limité. Voici cependant quelques infos, si jamais vous deviez vous y attarder, voire y dormir.

Arrivée à Banyuwangi

Que ce soit en train, en bus ou en ferry, on arrive dans tous les cas à *Ketapang,* à 8 km au nord de Banyuwangi. La gare ferroviaire est à quelques centaines de mètres au nord du terminal des ferries, de l'autre côté de la route. Le terminal des bus de *Sritanjung* se trouve 3 km plus au nord sur cette même route. L'un des nombreux *bemos* passant sur la nationale vous conduira au centre-ville.

Adresses utiles

Tourist Information Office : 2 jl. Diponegoro. ☎ 24-282. Dans le centre-ville. Ouvert seulement le matin. Fermé les week-ends et jours fériés.

East Java Government Tourist Information : au terminal de ferry à Ketapang. Ouvert tous les jours de 8 h à 19 h. Accueil très sympa et infos utiles pour visiter le parc national de Baluran ou pour faire l'ascension du Kawah Ijen. Propose des excursions en voiture ou en jeep pour découvrir le volcan. Veiller à fixer les prix au départ. Sinon, risque d'inflationnite aiguë au retour !

Poste : 1 jl. Diponegoro, en face de l'office de tourisme. Ouvert du lundi au jeudi de 8 h à 15 h, 11 h le vendredi et 13 h le samedi. Poste Internet.

Téléphone *(Telkom)* **:** 71 jl. Dr Sutomo. À l'angle de la poste. Ouvert 24 h/24.

Change : *Bank Exim,* jl. Wahidin Sudirohusoto. Accepte les chèques de voyage en euros. *Bank BNI,* jl. Banterang.

Distributeurs (ATM) BCA : 87 jl. Sudirman et au *Wijaya Dept Store,* 17-21 jl. Thamrin.

Où dormir ?

Bon marché (de 25000 à 50000 Rps, soit 2 à 4 €)

Hôtel Baru : 82-84 jl. M.T. Hariyono. ☎ 42-13-69. Bon rapport qualité-prix pour une adresse sans surprise. Plus de 40 chambres avec ou sans AC, avec ou sans TV. Ne pas prendre les moins chères, pour avoir une chambre correcte. Toutes ont un *mandi,* mais pas de douche. Propre. Bon accueil. *Wartel* (téléphone) en face.

Hôtel Anda : 34 jl. Basuki Rachmat. ☎ 42-44-41. Central. Bon accueil. Chambres avec ou sans *mandi.* Pas cher. Café ou thé inclus. Correct pour les fauchés.

De prix moyens à plus chic (de 50000 à 150000 Rps, soit 4 à 12,1 €)

Hôtel Pinang Sari : 116 jl. Basuki Rachmat. ☎ 42-32-66. Près du centre-ville, sur la nationale menant à Ketapang. Une belle adresse recommandable par ses abords sympathiques et ses prix doux. Dommage que le service se soit un peu relâché avec l'afflux du tourisme ! Plusieurs catégories de prix, de la chambre bon marché la plus sobre avec *mandi* et ventilateur (pas terrible), à la plus confortable (AC, eau chaude, réfrigérateur). Les plus jolies sont dans des bungalows au fond. Petit dej' et taxes inclus. Restaurant ouvert 24 h/24, pratique, à prix moyens. Karaoké tous les soirs : à éviter, si vous avez les oreilles sensibles.

Hôtel Kumala : ☎ 42-32-87. Fax : 42-35-33. Accès par le 21 B jl. A. Yani. Prendre la ruelle. Tous les prix, de la chambre économique avec *mandi* et ventilo à la *VIP,* avec eau chaude, AC et TV (plus chic), en passant par les *standard,* avec eau froide et AC. Petit dej' et taxes inclus. Très bon accueil. Service de laverie. Restaurant.

Chic (de 150 000 à 250 000 Rps, soit 12,1 à 20,2 €)

Manyar Garden Hotel : 74 jl. Gatot Subroto. ☎ 42-47-41. Fax : 42-47-42. À 1 km au sud du terminal des ferries, sur la route nationale. Les chambres, toutes avec AC, spacieuses et confortables, sont réparties dans des pavillons en béton qui permettent de dater la construction de l'hôtel dans les années 1970. Mais les allées entretenues minutieusement adoucissent le cadre et le rendent plus agréable. Accès à la plage. Ne pas oublier la taxe de 30 % ! Petit dej' compris. Restaurant.

Où manger ?

Nombreux ***warungs*** ouverts le soir sur jl. Basuki Rachmat, la route allant à Ketapang. Ils proposent tous, pour quelques centaines de roupies, du *satay madurais* à l'agneau et du *gule,* sorte de soupe parfumée à la noix de coco dans laquelle ont cuit des morceaux d'agneau.

Rumah Makan Surya : 72 jl. Haryiono. ☎ 42-16-50. À côté de l'hôtel *Selamet.* Ouvert jusqu'à 23 h. Restaurant simple avec ses tables en formica et son carrelage blanc. Le choix est limité à quelques spécialités chinoises. Bonne cuisine bon marché.

À voir

Presque rien à voir ou à faire, sinon flâner entre les échoppes du ***marché couvert*** situé en plein centre. Des dizaines et des dizaines de marchands de vêtements, de *batiks* industriels et de bric-à-brac.
Possibilité de promenades en pousse-pousse. Visite du temple bouddhiste de la communauté chinoise.

QUITTER BANYUWANGI

En train

La ***gare*** se trouve 500 m après le port des ferries.
➢ ***Pour Surabaya :*** 2 trains quotidiens partent normalement à 9 h 30 et 22 h (2e classe). Durée : 7 h.
➢ ***Pour Probolinggo :*** le train de 9 h 30 pour Surabaya fait une halte à Probolinggo. Durée : 5 h.
➢ ***Pour Yogyakarta :*** le seul train direct part à 6 h et passe par Surabaya. Compter 12 h de trajet. Sinon, prendre le train de 22 h et changer à Surabaya, mais c'est plus long.
➢ ***Pour Jakarta :*** via Surabaya et Yogya. Prendre le train de 9 h 30 pour Surabaya. Durée : 32 h !

En bus

➢ ***Pour Probolinggo via Situbondo :*** des bus *ekonomi* partent toutes les demi-heures et font le trajet en 5 h, tandis que les bus directs *patas* (avec AC) partent toutes les heures et mettent 3 h seulement.
➢ ***Pour Surabaya via Situbondo :*** les bus *patas* en direction de Situbondo continuent jusqu'à Surabaya. Durée : 5 h. Bus *ekonomi* toutes les 15 mn. Durée : 8 h.
➢ ***Pour Probolinggo via Jember :*** départ du terminal des bus de *Brawijaya,* situé à 4 km au sud du centre-ville de Banyuwangi. Compter 3 h 30 en bus *patas.* Ils poursuivent également jusqu'à Surabaya. Bus *ekonomi* toutes les 20 mn. Durée : 5 h.
➢ ***Pour Bondowoso :*** prendre un bus *patas* jusqu'à Situbondo (1 h 30), puis un bus en direction de Jember. De Situbondo, situé à 35 km de Bondowoso, départ toutes les demi-heures.
➢ ***Pour Yogyakarta et Jakarta :*** il faut théoriquement passer par Surabaya. Quelques bus directs cependant, et des bons, puisque ce sont des *patas* (express). Se renseigner sur place.

En ferry pour Bali

Le terminal de Ketapang a été agrandi, afin d'éviter les encombrements de ferries revenant de Bali pendant les périodes des congés locaux. Distributeur *BNI (MasterCard)* à l'entrée. Téléphones *(Wartel)* également.
➢ ***Pour Gilimanuk** (Bali) **:*** les départs ont lieu toutes les 45 mn sans interruption. Au total, 4 compagnies, qui ont chacune 2 ferries, se partagent le trafic. Durée de la traversée : 30 mn, enfin en principe, quand ils ne se font pas la course entre eux pour être les premiers à arriver au débarcadère. On peut acheter des tickets combinés ferry-bus pour Denpasar. Vérifier le prix normal au guichet, car on essaie parfois de vous faire payer le double à la sauvette ! Dans ce cas, acheter les tickets séparément tout en vérifiant le tarif. Compter 3 h 30 en tout jusqu'à Denpasar, mais n'oubliez pas d'ajouter 1 h à votre montre en arrivant !

L'ÎLE DE MADURA

Située en face de Surabaya, Madura est une île connue pour ses courses de bovins *Kerapan sapi.* Un soc en bois pend entre les deux bestiaux auxquels un homme s'agrippe. Pour aiguillonner les taureaux, on les fouette avec des branches épineuses. Il arrive souvent que l'attelage ne puisse pas s'arrêter après la ligne d'arrivée et fonce dans la foule...
Madura est encore à l'écart des sentiers touristiques et les habitants, dans certains coins, sont surpris de voir des visiteurs blancs. La circulation dans les villes se fait de préférence en *becak.* Il est très difficile et onéreux de louer un véhicule à Madura. On peut y acheter de l'or, 2 ou 3 fois moins cher qu'en France à condition de marchander.

Comment y aller ?

➢ ***De Surabaya :*** prendre le ferry vers 6 h 30 ou 7 h au plus tard car les courses de bovins débutent à 9 h. À 12 h, tout est terminé. Vous pouvez aussi vous y rendre dès la veille mais vous risquez d'avoir des problèmes pour vous loger. De toute façon, c'est la fête toute la nuit. Laissez vos

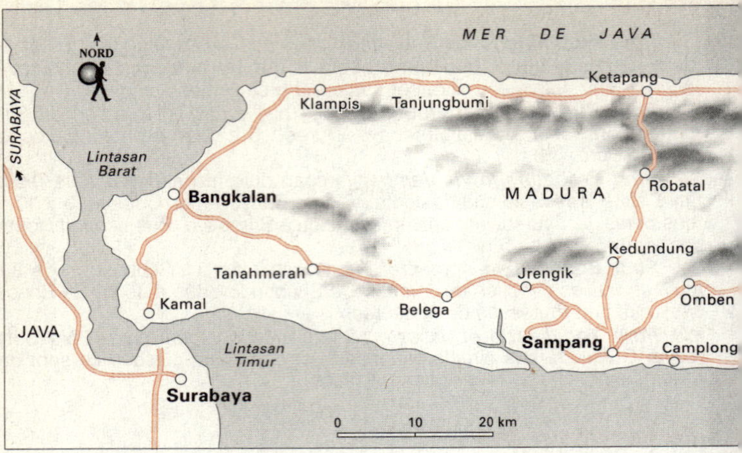

bagages à Surabaya si vous n'y allez que pour les courses, vous ne le regretterez pas.

➢ Trois compagnies de bus desservent les principales villes de Madura. Le bus se prend soit au terminal de ***Bungurasih,*** soit directement au port de ***Tanjung Perak,*** où se trouve l'embarcadère des ferries pour *Kamal* (durée de la traversée : 30 mn). Si vous êtes dans le centre-ville, mieux vaut prendre le bus à l'embarcadère, c'est plus rapide. Départ toutes les heures 24 h/24 en bus *ekonomi.* Également 5 bus avec AC *(patas)* partant entre 13 h et 19 h et allant jusqu'à Sumenep. Ils prennent tous la route méridionale de l'île en passant par *Bangkalan, Sampang* (en 2 h), *Pamekasan* (2 h 30), et enfin *Sumenep* (3 h 30 à 4 h). Pour la route côtière longeant le nord de l'île, prendre un minibus à Kamal (attention : il n'y a pas d'hôtel à Kamal).

➢ Il existe des bateaux locaux reliant l'est de Java à l'extrême est de Madura. Cela évite d'aller à Surabaya si l'on arrive de Bali ou si l'on redescend du volcan Kawah Ijen. Un départ quotidien à 13 h 30 de l'embarcadère de ***Jangkar.*** Pour y aller, un bus reliant Probolinggo à Banuywangi vous arrêtera à *Asembagus,* situé sur la route principale à 20 km à l'est de Situbondo. Prendre un *becak* pour aller à l'embarcadère. Durée de la traversée : 5 h. Économique.

Renseignements utiles

Les courses de bovins *(Kerapan sapi)* se déroulent en principe les week-ends entre fin août et mi-octobre, et quelquefois en semaine. Mais les dates changent tous les ans. Se renseigner sur place. Les éliminatoires se répartissent principalement entre Pamekasan, Sumenep, Bangkalan et Sampang. Auparavant, on peut assister à des entraînements un peu partout dans l'île. La grande finale, précédée d'une fête traditionnelle qui commence la veille et dure toute la nuit, a lieu à Pamekasan autour de la mi-octobre. Les courses de Pamekasan, la capitale, sont les plus spectaculaires et les plus colorées.
Pour connaître les dates et lieux des courses, se procurer auprès d'un office de tourisme le calendrier annuel des événements culturels de Java est, édité par l'*East Java Government Tourism Service.*

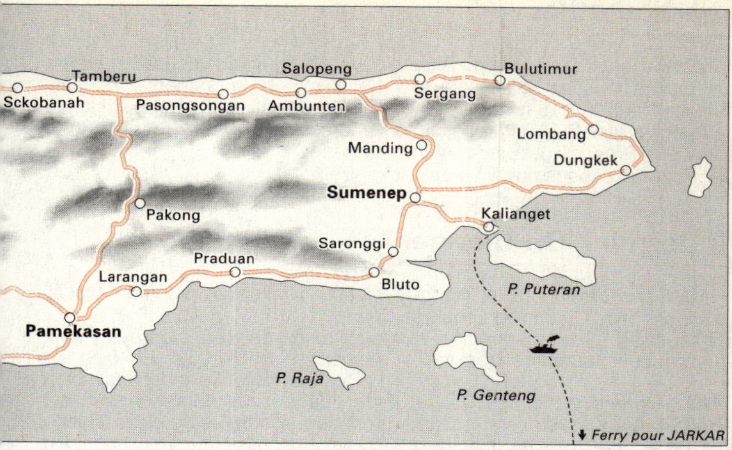

L'ÎLE DE MADURA

Où dormir ? Où manger pour voir les courses de bovins ?

Hôtel Ningrat : 113 jl. K.H. MO Kholil. ☎ 309-53-88. Très bel hôtel proposant un choix qui va de la chambre la plus simple sans *mandi* ni ventilateur à la chambre *VIP* à la décoration carrément luxueuse, avec AC, TV, salle de bains et eau chaude. Paradoxalement, les chambres les plus chères offrent un meilleur rapport qualité-prix. Mobilier de style javanais et salle de cérémonies digne d'un *kraton.* Petit dej' inclus.

Depot Mirasa : 75 jl. Trunojoyo. ☎ 95-459. Le mot « dépôt » est bien modeste, vu la qualité de la cuisine chinoise et indonésienne servie dans une salle toute simple. Patron très accueillant. Goûter aux nouilles sautées accompagnées de légumes et de morceaux de poulet.

À Sampang *(ind. tél. : 0323)*

Hôtel PKP-RI Trunojoyo : 9 jl. Rajawali. ☎ 21-166. Dans la même rue que le terminal des bus. Tenu par une coopérative gérée par l'État. Les chambres *ekonomi,* très bon marché, sont sombres et tristes le long d'un couloir. Préférer celles avec ou sans air conditionné autour d'une cour intérieure et à un prix très raisonnable.

Hôtel Rahmat : 31 jl. Agussalim. ☎ 21-302. Hôtel récent, très bien tenu, proposant des chambres correctes dès les premiers prix. Elles donnent sur un grand patio. Certaines avec AC.

Rumah Makan Citra Rasa : 16 A jl. KH. Asyim. Petit resto très simple. Bon marché.

PAMEKASAN

IND. TÉL. : 0324

Bien qu'elle soit administrativement le cœur de l'île, la ville n'offre, en dehors de la période des courses, que peu d'intérêt.

Adresses utiles

Poste : près de la place Alun Alun. Ouvert tous les jours sauf le dimanche, de 8 h à 15 h.

Change : *Bank BCA,* 4 jl. Jokotole. ☎ 21-090. Près de la place Alun Alun. Pour les chèques de voyages, ouvert du lundi au vendredi de 8 h à 13 h (11 h le samedi) ; pour le change en liquide, ouvert du lundi au vendredi de 8 h à 14 h (11 h 30 le samedi).

Où dormir ? Où manger ?

Hôtel Trunojoyo : 28 jl. Trunojoyo. ☎ 22-181. Chambres propres mais sombres, avec ou sans *mandi.* Dans une cour tranquille. Bon marché.

Hôtel Ramayana : 55-57 jl. Niaga. ☎ 22-406. À 200 m du centre. L'adresse est récente, mais les chambres les moins chères sont déjà décrépites. Préférer les chambres avec *mandi,* simples et propres. Accueil sympa.

Rumah Makan Telomoyo : 19 jl. Trunojoyo. ☎ 81-036. En face de l'hôtel *Trunojoyo.* Salle donnant sur la rue, dans une demeure qui dut connaître son heure de gloire. Bonne cuisine indonésienne (*nasi campur, cap cay goreng,* crevettes et grenouilles...). Prix moyens.

Où dormir chic dans les environs ?

Pondok Wisata Pantai Camplong : jl. Raya Camplong. ☎ (0323) 21-586. Fax : (031) 531-68-63. Sans doute l'adresse la plus chic de Madura, mais tout est relatif ! Bungalows typiques et confortables avec AC, salle de bains, TV. Une quinzaine de chambres en tout. Le service est prévenant. Belle vue sur la mer. La plage de Camplong, en face de l'hôtel, est agréable, mais c'est dommage que les réservoirs de la compagnie de pétrole Pertamina soient si proches ! En revanche, on ne vous conseille pas le restaurant de l'hôtel : cher pour la qualité proposée.

QUITTER PAMEKASAN

➢ **Pour Sumenep :** départ tous les quarts d'heure en bus *ekonomi* et toutes les demi-heures en bus express climatisé. Durée : 1 h.

➢ **Pour Kamal :** des bus express climatisés *(patas)* partent toutes les 2 h du terminal pour le port de Kamal. Sinon, départ toutes les 5 mn de bus *ekonomi* (omnibus sans AC) ou de *bemos.*

SUMENEP

IND. TÉL. : 0328

Située à l'est, c'est la ville la plus grande de l'île et aussi la plus intéressante. Le centre-ville, peu étendu, se visite à pied ou en *becak.* La ville est plutôt calme et plaisante. On vous conseille de visiter le reste de l'île à partir de là. Pendant les courses de taureaux, vous aurez tout le loisir de vous partager entre les spectacles et les plages des environs.
Du terminal des bus, prendre un *becak* pour aller dans le centre-ville, où se trouvent la plupart des hébergements.

Adresses utiles

✉ ***Poste :*** à l'est du centre-ville, sur la route menant à Kalianget.
■ ***Change :*** *Bank BCA* sur jl. Trunojoyo, avant l'hôtel *Wijaya I.* ☎ 62-207. Ouvert du lundi au vendredi de 8 h à 15 h (12 h le samedi).

Où dormir ?

Contrairement à l'habitude, les hôtels de Sumenep n'incluent pas le petit dej' dans le prix de la chambre. Pour le reste, la qualité des prestations et les prix se situent dans un mouchoir de poche.

Wisma Sumekar : 53 jl. Trunojoyo. ☎ 62-502. Hôtel offrant le meilleur rapport qualité-prix de la ville. Bâtisse bien tenue, cour intérieure agréable. L'hôtel étant récent, les chambres, de la plus simple à la plus chère, sont plus avenantes qu'ailleurs.
Hôtel Wijaya I : 45-47 jl. Trunojoyo. ☎ 21-433. Hôtel propre et compétitif, proposant des chambres avec ou sans *mandi,* avec ou sans AC. Les parties communes sont agréables. Son frère, le *Wijaya II,* a tout à lui envier. Les chambres y sont sombres et tristes. Le lieu est moins agréable. Bref, en dépannage uniquement.
Hôtel Safari Jaya : 90 jl. Trunojoyo. ☎ 62-989. À l'entrée de la ville en venant de Pamekasan, à 2 km du centre. On remarque sa façade blanche en arrivant, mais elle est trompeuse. Les chambres auraient besoin d'un bon coup de peinture. Celles climatisées sont les plus compétitives. Bon marché.

Où manger ?

Nombreux restaurants bon marché mais, contrairement à Java, il est assez difficile d'y trouver des fruits de mer.

Depot Anugerah : 32 jl. Jendral Sudirman. ☎ 62-950. Épicerie et petite salle de restaurant donnant sur la rue. L'affaire est familiale. Bonne cuisine indonésienne.
Rumah Makan 17 Augustus : 34 jl. Jendral Sudirman. ☎ 21-255. Près du *Depot Anugerah.* Le choix est restreint, mais la nourriture est correcte. Simple.
Rumah Makan Mawar : 105 jl. Diponegro. Plats indonésiens classiques et copieux. Une bonne adresse.
Rumah Makan Bimba Jaya : 20 B jl. Trunojoyo. ☎ 61-797. Sur l'artère principale, au sud du centre-ville. Bonne cuisine traditionnelle de Padang : beignets de crevettes, poisson à la noix de coco et au curry... On ne paie que ce que l'on mange.

À voir. À faire

Le kraton et le musée Daerah : visites guidées d'un musée en trois parties, du *kraton* et de son jardin d'agrément, tous les jours de 8 h à 16 h. Le *kraton* fut construit dans la deuxième moitié du XVIIIe siècle par le premier roi de Sumenep. Le plafond en bois richement décoré et le sol en marbre sont d'origine. Mobilier d'époque provenant du *kraton,* antiquités diverses dans les anciens bureaux du roi (bijoux, armes blanches, céramiques, instruments de musique). La dernière partie du musée est un bric-à-brac d'objets hétéroclites, dont le squelette d'une baleine échouée dans le port de Kalianget en 1977 ! La visite se termine par le *taman sari,* les jardins d'agrément du palais. Plaisants.

La mosquée Jamik : édifice du XVIIIe siècle ressemblant à une pièce montée avec son porche de style pseudo-baroque et ses céramiques chinoises. Elle a été repeinte, mais la charpente est d'origine.

Pasar Anom Baru : entrée sur jl. Trunojoyo, avant le centre-ville en arrivant de Pamekesan. Vaste marché de vêtements, *batiks,* sarongs et de fruits et légumes. Sinon, vous trouverez sur jalan Trunojoyo de nombreux magasins vendant des sarongs bon marché.

➤ DANS LES ENVIRONS DE SUMENEP

La plage de Salopeng : à 20 km au nord-ouest de Sumenep. Du centre-ville, demandez à un *becak* de vous conduire au terminal des *bemos* à l'ouest pour aller à Salopeng. Puis le *bemo* vous déposera en face de la plage, sur la route principale. Le trajet ne coûte pas cher, car le *bemo* ne fait aucun détour. Grande étendue quasi déserte de dunes et de sable blanc piqué de palmiers. Attention, lorsqu'il y a du vent, la mer est dangereuse, avec de forts courants.

La plage de Lombang : à 30 km au nord-est de Sumenep, en 1 h 15 en *bemo.* Les *bemos* vont rarement jusque-là donc bien négocier le prix au départ pour qu'il vous conduise jusqu'à la plage. Petit droit de passage sur le chemin menant à la longue plage de sable blanc bordée de petits conifères. Là aussi, vous croiserez peu de monde.

L'île de Pulau Genteng : petite île au large de Madura. Prendre un *bemo* du terminal situé au sud de la ville jusqu'à Bluto, à 15 km. À l'entrée du village, prendre un second *bemo* qui vous conduira à l'embarcadère de Pagar Batu, à 13 km. Prendre le bateau-taxi qui fait la traversée en un quart d'heure. Un 1er départ à 9 h et dernier départ à 16 h. Le bateau attend d'avoir une douzaine de passagers pour partir. Arrivé sur l'île, il faut chevaucher l'arrière d'une moto pour aller de l'autre côté, sur la plage de *Gedugan.* Demandez qu'on vienne vous chercher pour repartir. Baie paradisiaque aux eaux turquoise, barrière de corail et sable blanc... La nature n'est pas ingrate, elle vous récompense de vos efforts.

BALI

Pour la carte générale de Bali se reporter au cahier couleur.

Bali, l'« île des dieux », respire encore le charme et la beauté. L'île est l'une des plus petites d'Indonésie, mais c'est de loin la plus convoitée par les touristes. Ce petit paradis rassemble tous les éléments indispensables à des vacances réussies. De longues et superbes plages dans le sud, des montagnes extraordinaires couvertes de forêts, des collines riantes sur lesquelles les rizières étagées dessinent de jolies courbes où danse la lumière, une culture vivante et authentique et surtout, l'essentiel, une population d'une étonnante gentillesse, d'une douceur de tous les instants.
Face à l'invasion touristique des plages du sud et à leur tendance concentrationnaire, les Balinais conservent leur calme et leurs coutumes. Quel plaisir de voir, au petit matin, hommes et femmes déposer leurs offrandes devant leur demeure et faire leur prière comme si rien d'autre n'importait. Sûrement est-ce cette perception de l'essentiel, commune à tous les Balinais, qui les rend si affables. Bali est certainement l'une des dernières îles au monde qui, malgré le boom touristique, n'ont pas complètement vendu leur âme... même si les Balinais ont toujours quelque chose à vous vendre.

Comment y aller ?

En avion

➢ ***De Paris :*** *Air France* assure 1 vol quotidien pour Singapour et 1 vol par jour pour Jakarta (via Amsterdam) au départ de Roissy-Charles-de-Gaulle. Ensuite, prévoir un Jakarta-Denpasar sur une autre compagnie.
➢ ***Du reste de l'Indonésie :*** très nombreuses liaisons au départ des îles voisines et lointaines. Les compagnies *Merpati* et *Garuda* assurent des vols pour Sumatra, Lombok, Flores, les Célèbes et Java. Cette dernière est connectée avec Bali à partir de Surabaya, Yogyakarta et Jakarta.

En bus et bateau

➢ ***De Java :*** un trajet classique consiste à débuter son voyage à Jakarta, à traverser l'île en bus ou en train et, une fois à Surabaya, à prendre un bus plus un ferry qui traverse le détroit, puis un autre bus pour poursuivre le voyage jusqu'à Denpasar. Les agences vendent en général un forfait tout compris. La traversée du détroit se fait en moins de 30 mn et l'arrivée a lieu à Gilimanuk.
– On peut également acheter un billet Yogyakarta-Denpasar incluant le ferry, et cela même depuis Jakarta. Mais là, le trajet est bien long, et si vous n'avez pas beaucoup de temps, l'avion est à envisager.
– Il existe d'autres liaisons, moins fréquentes, entre les autres îles et Bali. Se renseigner dans les ports car certains trajets n'ont lieu que toutes les 2 ou 3 semaines.
➢ ***De Yogyakarta :*** de très nombreuses compagnies de bus se disputent le marché. Elles n'offrent pas toutes le même confort ni les mêmes garanties en ce qui concerne la sécurité et le respect des horaires.

– *Kembang Express :* 116 jl. Diponegoro Jaya. Un repas et un petit dej' sont servis dans le bus (compris dans le prix). Pas très cher, et cela évite Surabaya qui n'a, après tout, guère d'intérêt. Départ à 18 h, arrivée à 11 h le lendemain.
– *Cakrawala :* voyage plus confortable mais plus cher (dîner et petit dej' compris). Deux catégories de prix : avec ou sans AC, mais dans les deux cas les sièges sont inclinables. Départ vers 16 h et arrivée à Denpasar le lendemain vers 6 h. À Yogya, les billets peuvent s'acheter dans toutes les agences de voyages.
– *Una Tours and Travel Agency :* 79 jl. Gerilya, Prawirotaman, Yogya. ☎ (0274) 37-71-57. Fax : (0274) 37-11-75. Voyage Yogya-Bromo-Bali. Départ de Yogya vers 8 h, arrivée à Ngadisari à 22 h. Nuit courte dans un hôtel quelconque (sale). Puis départ en 4x4 à 3 h 30 pour le lever du soleil sur le volcan Bromo. Départ en bus pour Bali à 9 h 30. Traversée en ferry puis bus pour aller aux principales villes de Bali (dont Denpasar).

Arrivée en avion

✈ ***L'aéroport de Ngurah Rai,*** à 13 km de Denpasar et à 3 km seulement de Kuta, est récent et bien équipé. C'est le seul aéroport de Bali. On y trouve un bureau de réservation d'hôtels (pas très utile) et, à la sortie, un petit bureau du tourisme (souvent vide), un bureau de change, un distributeur de billets acceptant les cartes *Visa* et *MasterCard* et un comptoir de réservation de taxis. Pour quitter l'aéroport :
➢ ***Le taxi :*** pour se rendre de l'aéroport à sa destination, le plus simple est évidemment le taxi. Les prix sont affichés distinctement et il n'y a pas d'embrouille possible. On paie la course au comptoir, avant de monter à bord. Après 20 h de vol, ce n'est pas vraiment un luxe.
➢ Ceux qui trouvent ça trop cher sortiront de l'aéroport, longeront le terminal national sur la droite, puis continueront jusqu'au croisement de la route (quelques centaines de mètres). Des ***bemos*** qui passent par là pourront les conduire à Kuta ou Legian.
➢ ***À pied :*** Kuta n'est finalement qu'à 3 km de l'aéroport. Mais attention, la ville s'étire sur plusieurs kilomètres et ça peut être bien fatigant après le voyage. Legian est à environ 6 km de l'aéroport.

Agences de voyages

■ ***Perkasa Tours :*** ☎ (0361) 71-07-33. Fax : 71-07-36. • wluckyfr@indosat.net.id • Une agence indonésienne qui organise tous types de séjours en Indonésie et donc à Bali, aussi bien pour les individuels que pour les petits groupes. Un vrai spécialiste du voyage sur mesure. Le secteur francophone de l'agence est dirigé par Yves, un Breton d'origine, mais qui a posé ses valises voilà plus de 10 ans sur l'« île bénie des dieux ». Prestations de grande qualité, efficacité et sympathie au rendez-vous. Une très bonne adresse.
■ ***Bali Autrement :*** • www.baliautrement.com • info@baliautrement.com • ☎ 0812-36-81-2-65 (portable). Fax : (62) 361-735-957. Grégory, Sandrine et Jérôme vivent à Bali et vous concoctent des circuits et séjours entièrement privés et sur mesure, sur Bali, Sulawesi, Java et Lombok, par le biais de leur site Internet. Mieux vaut réserver bien à l'avance. Ils ont dans leur besace toute une gamme d'hébergements correspondant à différents budgets et envies, de la chambre chez l'habitant à l'hôtel de charme. Plusieurs guides exclusifs francophones et anglophones. Ils ont aussi des contacts dans d'autres îles et peuvent vous organiser de belles découvertes des petites îles de la Sonde jusqu'à la Papouasie, Sumatra, Bornéo... Et pour ceux qui le souhaiteraient, également des excursions à VTT.

ARGENT, BANQUES, CHANGE

– On ***change*** toutes les monnaies dans tous les endroits touristiques. Inutile d'aller à la banque, sauf opération spéciale. Les *money changers* ont l'avantage d'être ouverts en permanence. Leur taux de change est toujours affiché à l'extérieur. Bien les comparer, car on voit parfois des écarts de plus de 10 %. Pour ceux qui proposent des taux intéressants, changez si possible le matin car, passé une certaine heure, ils n'ont plus de devises.
Si vous avez des dollars en liquide, préférez les grosses coupures aux petites et emportez des billets récents, postérieurs à l'an 2000. En effet, les *money changers* proposent toujours un taux légèrement supérieur pour les gros billets. Au bout du compte, ça fait des petites sommes rondelettes économisées. Cela dit, pour des raisons de sécurité, on conseille quand même de prendre des chèques de voyage en euros. Ils sont acceptés partout.
ATTENTION : de nombreux lecteurs nous ont signalé des arnaques chez les *money changers,* et changer de l'argent dans les endroits très touristiques relève presque de la loterie. En gros, le guichetier compte l'argent avec vous en faisant des petites liasses sur le comptoir, mais au moment de les regrouper pour vous les donner, une bonne partie reste sous son bureau... D'autres margoulins ont deux calculettes dont une « bricolée » qui calcule plus qu'avantageusement pour eux. Donc, une fois en main, toujours bien recompter une dernière fois la somme d'argent devant le guichetier. Ne vous dites pas « ça n'arrive qu'aux autres », ce sont des arnaques extrêmement répandues et vous y serez sûrement confronté. On vous conseille le réseau de *money changers PT Central Kuta,* présents à Kuta, Legian, Seminyak, mais aussi à Sanur, Nusa Dua et Ubud. Ils sont fiables.
– On peut retirer de l'argent avec une ***carte de paiement*** dans de nombreuses banques des lieux très touristiques. On les indique ville par ville quand c'est le cas. Une commission, variable, est perçue à chaque retrait. À Bali, on peut tout à fait utiliser uniquement sa carte de paiement, à condition de faire le plein d'argent quand on sort des sentiers battus (c'est vrai que ça fait beaucoup de billets dans les poches) et d'avoir quelques dollars en plus par sécurité. C'est bien aussi d'avoir une carte de paiement pour dépanner ou pour régler les gros achats. Elle est acceptée dans les grands hôtels, les boutiques et les compagnies aériennes. Toujours bien vérifier les sommes inscrites et récupérer le carbone de la facture. Des lecteurs signalent régulièrement des arnaques dans les magasins, les hôtels, les restos mais aussi après un retrait dans un distributeur.

BALI : MODE DE VIE, TOURISME, RELIGION...

Les Balinais

Bali est un paradis. Ça, tout le monde le sait. Le pays respire la douceur de vivre, non seulement par son climat merveilleux et ses paysages somptueux, mais aussi par la gentillesse extraordinaire de ses habitants. Parfois curieux (ils regarderont par-dessus votre épaule pour voir ce que vous lisez ou ce que vous écrivez, même en français), souvent bruyants (et ils se lèvent tôt !), mais toujours aimables et souriants.
L'intérêt principal de Bali réside dans la vie de tous les jours. Une erreur à ne pas commettre, c'est de visiter tous les sites en un temps record. À Bali, plus qu'ailleurs, il faut savoir perdre et prendre son temps.
Il faut développer toute occasion de contact avec les Balinais si l'on veut découvrir le Bali des rites, des cérémonies nocturnes, des danses de transes. Il n'y a pas de recette. Avec beaucoup de gentillesse, du savoir-

vivre, quelques rudiments de *bahasa indonesia* et quelques nuits blanches, on découvre facilement un autre monde, insoupçonné par les touristes qui se rendent par vague à des spectacles de transes « bidon » ou à des crémations largement annoncées.
Pour participer à cette vie active et originale de l'île, il suffit d'être disponible, de savoir observer pour prévoir une future fête, une future cérémonie. En voyageant ainsi, vous approcherez vraiment le pays et vous aurez peut-être la chance d'être invité dans de nombreux villages qui parsèment l'île et qui ne figurent sur aucun dépliant touristique, sur aucun guide, même pas le nôtre...

L'hindouisme à la balinaise

Bali est le centre principal de la religion hindouiste en Indonésie. Cependant, l'hindouisme de Bali est très différent de celui pratiqué en Inde. C'est une religion revue et corrigée par les Balinais, qui se rapproche fort d'une religion animiste. En effet, les Balinais sont très proches de la nature et consacrent beaucoup de temps à leur religion. Chaque jour, les dieux reçoivent leurs offrandes. Il y a les fêtes aux temples de quartier, de village, les rites de purification, les processions, les danses, les crémations. Les Balinais ont un calendrier des fêtes très chargé. Un jour, c'est la *fête des Cocotiers,* deux jours plus tard celle des *Cochons de lait* ou encore la *fête des Jeunes Filles.* L'hindouisme est d'abord pour les Balinais un excellent moyen d'organiser des fêtes toute l'année. Il ne se passe pas une journée sans que l'on rencontre une cérémonie ou une sanctification. Ici, la religion se vit dans la plus parfaite décontraction.
L'hindouisme a été remodelé par la mentalité de ses habitants. Bien sûr, ses grands principes (système des castes, crémation...) existent aussi à Bali, mais adaptés et bien souvent moins contraignants qu'ailleurs. Ainsi verra-t-on des brahmanes (caste la plus élevée) travailler dans les rizières.
Il y a trois castes à Bali, héritage de la religion hindoue. Ce système n'a pas la rigidité de celui de l'Inde. Mais la plupart des Balinais appartiennent à une... quatrième catégorie, celle des sans-castes, les *sudras,* qui correspondent un peu aux intouchables. On reconnaît la caste d'après le nom de son interlocuteur : *Ida Bagus* pour les brahmanes (les prêtres), *Agung* ou *Dewa* pour les *satrias* (les rois), *Gusti* pour les *wesias* (les guerriers). Chez les *sudras,* il est même facile de connaître l'ordre de naissance et le nombre éventuel des enfants. Le premier se nomme toujours Wayan, le second Made, le troisième Nyoman et le quatrième Ketut. Quand le cycle est fini, on recommence avec Wayan pour le cinquième et ainsi de suite, qu'il s'agisse d'un garçon ou d'une fille.
Chaque caste a son langage. Les membres des castes supérieures parlent l'*alus,* raffiné, assez proche du javanais. Les *sudras* parlent le *kasar,* d'origine malayo-polynésienne. Entre ces deux langues très différentes, il existe le *madya,* un dialecte que l'on utilise quand on ignore la caste à laquelle appartient son interlocuteur. Les prêtres et les érudits utilisent le *kawi,* qui est une langue littéraire. Heureusement que le *bahasa indonesia,* enseigné à l'école, permet aujourd'hui à tout le monde de se comprendre. Ajoutons que l'anglais est parlé par tous les jeunes un peu instruits et par la plupart des commerçants en contact avec les étrangers.

Le village

Le village balinais est avant tout une grande communauté sociale d'inspiration religieuse. L'unité est faite par le *krama desa,* conseil composé d'hommes mariés qui choisissent un chef de village. Celui-ci, chargé du res-

pect de la tradition *(adat),* organise les fêtes, contrôle les biens collectifs et joue à la fois le rôle de juge, de conseiller et de médiateur.
Dans les villages importants, il existe des associations appelées *bandjars* qui regroupent les occupants de maisons voisines. Ces communautés sont constituées de plusieurs dizaines de familles chargées de s'entraider pour la réparation d'un temple, la construction d'une maison, l'entretien d'une route ou la participation à un *gamelan.*
Chaque propriétaire de rizière appartient en plus à un *subak,* coopérative agricole qui réunit dans un travail collectif tous ceux dont les terres bénéficient de la même source d'irrigation.
La vie sociale ne laisse aucune place à l'individualisme. C'est pourquoi les bâtiments publics, principalement les temples, tiennent une place aussi importante dans la structure du village :
– le *pura desa :* temple des cérémonies officielles ;
– le *pura puseh :* temple consacré au culte des ancêtres ;
– le *pura dalem :* temple réservé au culte des morts.
Ajoutons le *kulkul* pour sonner le tocsin, le *wantilan* pour les combats de coqs et le *bale* pour se réunir, faire de la musique ou répéter un spectacle après le travail. Enfin, n'oublions pas le traditionnel *banian,* l'arbre sacré, très majestueux.

Bali et le tourisme

Avant, on partait à Bali avec une idée en tête : « Je vais dans un paradis terrestre » et, comme il convient de dire, dans une « île bénie des dieux ». Le langage schématique des agences de voyages et des dépliants touristiques s'accorde assez mal avec une réalité plus complexe. Aujourd'hui, pour ceux qui ont connu Bali dans les années 1970 et 1980, il est fréquent de revenir déçu et de résumer ses impressions par un définitif « Bali, c'est comme Capri, c'est fini ! ».
Entre ceux qui pensent que le tourisme a tout foutu en l'air et que Bali fout le camp et ceux qui considèrent que, malgré les dommages collatéraux causés par la venue annuelle d'environ un million et demi de visiteurs, l'île a su garder sa capacité à émouvoir tout en développant une économie saine, le dialogue est difficile. Bali provoque une telle réaction affective que les avis sur sa population sont souvent très tranchés : corrompus, hypocrites, roublards et intéressés pour les uns ; ouverts, curieux, accueillants, ayant le sens du commerce pour les autres. Comme d'habitude dans pareil débat, la vérité se compose d'un subtil mélange de tous ces ingrédients.
Ce qui est certain, c'est qu'on connaît assez peu de régions dans le monde qui cumulent autant de qualités visuelles, gustatives, auditives, de lieux possédant un tel pouvoir d'évocation. Personne ne revient de Bali sans avoir gravé pour toujours dans son esprit le son d'un *gamelan,* l'odeur des bâtons d'encens, le goût des embruns, l'ondulation d'un champ de riz sous la caresse du vent. Et ce qu'il y a d'unique ici, c'est que cela existait déjà avant l'arrivée des colonisateurs et existera après le grand boom touristique.
Bali possède une étonnante capacité à intégrer la demande de l'« homo touristicus » tout en conservant presque intacte la structure de sa société. Tout se fait en douceur. Plutôt que de se battre sans armes contre l'invasion, les Balinais ont décidé de l'accepter et d'en profiter. En quelques dizaines d'années, le niveau de vie des habitants s'est accru, sans pour autant que se soit diluée la culture propre à l'île. Leur prospérité n'est pas sans provoquer d'ailleurs quelques jalousies dans l'archipel indonésien et les Balinais eux-mêmes se plaignent d'être envahis par leurs voisins javanais venus profiter indûment de la manne touristique.
Une prospérité et un flot touristique qui ont récemment fait de Bali une cible... Si les coupables de l'attentat d'octobre 2002 ont été montrés du doigt, les Balinais, fidèles à leur tradition pacifiste, n'ont pourtant crié ni ven-

geance ni revanche. Au contraire, il semble qu'ils aient entamé une réflexion de fond sur la situation de leur île, sur le tourisme, sur leurs traditions... Et si leurs dieux à eux étaient fâchés, délaissés sur l'autel du dieu dollar ? Depuis cet événement, les cérémonies se succèdent et la pratique cultuelle semble avoir été revitalisée. L'île tente d'exorciser ses démons, au sens propre comme au figuré. Imprégnés de traditions hindouistes (mêlées à des croyances animistes), les Balinais se préoccupent de calmer leurs dieux, de chasser les mauvais esprits et de nettoyer leur île des âmes errantes qui pouvaient la hanter.

Cette force de caractère, cette manière d'intégrer les réalités extérieures à leur quotidien de manière si naturelle, étonne. Et cela est vrai dans tous les domaines. En cuisine par exemple, si les tables sont garnies de recettes ancestrales, cela n'empêche en rien les Balinais de cuisiner des pâtes *carbonara* superbement. Les sculpteurs du village Mas, qui cisèlent les bois précieux, savent aussi produire dans leurs ateliers des centaines de masques, de mobiles et de fruits en bois dont les touristes raffolent. La qualité du travail du bois a fait aussi, par extension, exploser l'industrie du meuble de jardin en teck dont la production s'exporte dans le monde entier. En peinture, y a-t-il quelque chose de choquant à ce qu'un artiste, utilisant d'anciennes techniques, intègre à sa toile, comme c'est parfois le cas, un touriste avec son camescope ? C'est une réalité d'aujourd'hui, alors il la peint.

Dans bien des cas, les Balinais nous donnent des leçons de modernité bien comprise, et il n'y a que des voyageurs un peu passéistes pour râler parce que les jeunes des villages dansent sur de la techno et portent un *Levi's*. Serions-nous les seuls à pouvoir avoir accès à une autre culture ? Les jeunes ados devraient-ils circuler uniquement en charrette à bœufs, ne manger que du riz et ne porter que le sarong pour plaire aux visiteurs qui n'ont de cesse de faire coller une image idyllique préconçue à une réalité concrète ? Les Balinais ont compris les besoins et les attentes des touristes, ont su y répondre comme nulle part ailleurs, sans concéder un iota de ce qu'ils sont profondément. Tenir une boutique de fringues sur Kuta et aller surfer n'empêche en rien le jeune Balinais de placer ses offrandes devant son échoppe au petit matin, de croire aux esprits et d'assister à la crémation du grand-père.

Bali a sans cesse ouvert ses portes au vent du large. Walter Spies, né en Russie en 1895, fut une figure emblématique de Bali. Musicien mais surtout peintre, il développa un style pictural si nouveau à la fin des années 1920 que celui-ci fit école, et aujourd'hui certains peintres d'Ubud se réfèrent à sa technique, qualifiée de naïve et surréaliste.

Les touristes des années 1970 et 1980 ont donné du tonus à l'économie et un coup de fouet à la création en ouvrant de nouveaux marchés. Qui viendra s'en plaindre ? Bali a besoin du tourisme mais les touristes ont besoin de Bali. Bien sûr, Kuta est envahi et Ubud se développe. Mais l'île conserve, malgré tout, et au-delà de l'imagerie traditionnelle, un vrai parfum d'Éden. Et si ce n'est pas le paradis, ça y ressemble...

BUDGET

Attention, en raison de la crise financière qui secoue le pays depuis quelques années, les tarifs sont largement susceptibles de fluctuer.

Bali n'est pas une île chère. On peut vraiment se débrouiller avec trois fois rien si l'on y vient hors saison, vu que tout est négociable. Il est bien difficile de donner des prix précis puisque dans un même établissement que nous aurons classé dans la catégorie « Bon marché », on pourra malgré tout trouver des chambres équivalentes à des « Prix moyens ». Évidemment, quand vous déboulez à l'adresse indiquée, il ne reste justement que ces cham-

bres-là de disponibles. On n'y peut rien. Les tarifs ont quand même augmenté en quelques années et ne sont toujours pas très stables ; nos prix doivent donc être considérés comme des indications générales, ni plus ni moins.
Les tarifs des chambres s'entendent pour 2 personnes. Les hôtels les plus chers affichent leurs prix en dollars. En haute saison, on vous fera payer en plus une taxe de 10 % et le petit dej'. En basse saison, ça peut se négocier, de même que le tarif journalier si vous restez plusieurs jours. En fait, le problème, c'est qu'il n'y a pas de règle !

Hébergement

– ***Bon marché :*** moins de 60000 Rps (moins de 4,8 €) environ.
– ***Prix modérés :*** de 60000 à 100000 Rps (4,8 à 8,1 €) environ.
– ***Prix moyens :*** de 100000 à 250000 Rps (8,1 à 20,2 €) environ.
– ***Chic :*** de 250 000 à 400000 Rps (20,2 à 32,4 €) environ.
– ***Plus chic :*** plus de 400000 Rps (plus de 32,4 €).

Nourriture

Plus que pour l'hébergement, les tarifs des repas sont très variables. Les prix sont calculés sur la base d'un menu par personne. À l'exception des *warung* très bon marché, il faut généralement ajouter 21 % de taxe aux prix indiqués.
– ***De bon marché à prix modérés :*** de 10000 à 25000 Rps (0,8 à 2 €) pour un bon repas.
– ***Prix moyens :*** de 25000 à 50000 Rps (2 à 4 €) pour un repas complet.
– ***Plus chic :*** plus de 50000 Rps (plus de 4 €).

Transports

– Le ***bemo*** reste le mode de transport le moins cher, à condition qu'on paie le vrai prix. D'une manière générale, les tarifs des *bemos* sont dérisoires, du genre 500 ou 1000 Rps pour une toute petite course et 5000 Rps (0,4 €) pour un grand trajet reliant la capitale. Le mieux pour vous est de tenter de connaître le prix payé par les Balinais.
– Pour les grands trajets, il vaut mieux prendre un ***bus*** de compagnie privée (exemple : *Perama,* la plus fiable et loin d'être la plus chère) ; ça coûte 3 fois plus cher, mais en quelques heures on est à destination. Un bon plan : à Kuta, un bureau délivre gratuitement une carte membre (du club) donnant droit à 15 % de réduction sur toutes leurs lignes.
– Il est très facile de ***louer une moto ou une voiture*** (permis international nécessaire). Compter autour de 3 € pour une petite moto et de 8 à 12 € par jour pour une voiture. Si vous vous arrêtez pour visiter un temple, un marché, etc., quelqu'un vous demandera de 500 à 1000 Rps (0,8 €) pour le parking. Ne vous étonnez pas, c'est normal !

Taxes d'aéroport

– ***Taxe internationale :*** garder environ 100000 Rps (8,1 €).
– ***Taxe nationale :*** garder environ 20000 Rps (1,6 €). C'est un peu moins cher, mais ça peut changer d'un jour à l'autre, alors mieux vaut compter large.

CÉRÉMONIES, RITES ET FÊTES

Ils ont une importance considérable. Tous les jours, il se passe quelque chose ! Sachez qu'au moment de la pleine lune, les activités redoublent. Certaines cérémonies (notamment les crémations en masse) sont un peu trop claironnées et deviennent des foires à touristes ; mais en vous baladant dans l'île, vous tomberez sur des fêtes de village extraordinaires et authentiques. Il faut savoir que les Balinais, hindouistes, croient aux esprits et à la réincarnation. Le pire est de se réincarner en chien (ce qui explique leur attitude envers ces bêtes). Remarquez, vu l'apparence galeuse des clébards dans le coin, on les comprend !
Parmi les principales cérémonies :

Le limage des dents

Cette cérémonie marque l'entrée de l'adolescent dans le monde adulte. Elle consiste à égaliser six dents correspondant à six défauts. Les deux canines supérieures et les quatre incisives sont livrées à la lime et au marteau d'un prêtre, sans aucune anesthésie. Pour cette cérémonie assez cruelle, les patients revêtent leurs plus beaux vêtements. Le tout se déroule dans une atmosphère de fête et au son du *gamelan.* Chaque limage dure une quinzaine de minutes et la bouche du patient est maintenue ouverte par une tige de canne à sucre. Un limage de dents n'est pas facile à trouver, car c'est un événement familial, donc intime. Cette coutume a une telle importance qu'il n'est pas concevable de se marier avec ses dents de chien, et si l'on meurt jeune, on procède au limage avant la crémation.

Le mariage

Il est généralement célébré bien après sa consommation. Les Balinais sont très libres. Ils n'ignorent rien des « choses de la vie » dès leur plus jeune âge, ce qui leur permet de vivre pleinement leur adolescence. Mais le mariage est toujours la conclusion attendue par les familles. Dans le mariage *ngro rod,* le fiancé enlève la jeune fille consentante, dépose des offrandes aux dieux et passe à l'action. Le couple revient chez les parents qui ont fait semblant de les chercher. On fixe alors la date de célébration de la cérémonie publique qui va officialiser les choses. Dans le mariage *mapadik,* ce sont les parents qui organisent l'union, mais avec le consentement des deux protagonistes.
La polygamie n'existe plus, principalement pour des raisons économiques. Si une femme veut divorcer et qu'elle peut en justifier les raisons, il lui suffit de quitter le domicile conjugal. Si un homme veut faire de même, il prend une autre épouse après en avoir averti le chef de village, mais conserve la première au foyer.

Les jours fériés

Tous les 210 jours, c'est *Galungan,* une fête importante du calendrier balinais qui dure 3 jours. À cette occasion, tout le monde retourne dans son village familial pour honorer les dieux et les ancêtres. Dix jours plus tard c'est *Kuningan,* qui est aussi férié mais ne dure qu'une journée. Pendant cette période, la vie s'arrête en partie : service réduit dans les hôtels et restaurants, banques et magasins fermés. Il en va de même pour le Nouvel An hindou *(Nyepi Day).* Dans ce cas, prévoir un bon bouquin (il n'y a rien d'autre à faire) et un casse-croûte car il est difficile de s'approvisionner. Mais pourquoi tout le monde se terre-t-il chez soi ? Parce que c'est le jour où le mauvais esprit descend sur la terre, et seule l'absence de vie le fait repartir. À cette occasion, il est parfois interdit de quitter son hôtel pendant 24 h, même pour aller sur la plage.

Les crémations

Les cérémonies les plus surprenantes. Pour les trouver, il suffit de se balader. Les préparatifs sont bien souvent visibles de la route. Le plus simple est toutefois d'aller dans les hôtels, à l'office de tourisme ou dans les agences de voyages. La plupart disposent d'un tableau indiquant les dates des crémations et les danses. Les rabatteurs des hôtels sont au courant de tous les événements intéressants. Contrairement à une idée reçue, il n'y a pas de crémation secrète. Toutes les crémations sont prévues et annoncées longtemps à l'avance. Les touristes sont bien les seuls à être gênés par leur propre présence (ce qui est finalement un comble), les Balinais acceptant avec décontraction et respect cette « intrusion ».
Lorsqu'un Balinais meurt, son grand voyage commence. L'âme immortelle, enfin libérée de son enveloppe charnelle, peut renaître sous une nouvelle forme.
La crémation doit avoir lieu 42 jours après le décès pour que le cycle de la vie accomplisse sa boucle parfaite. En réalité, il est rare de pouvoir en si peu de temps rassembler l'argent nécessaire à cette cérémonie très onéreuse. La famille du défunt doit non seulement couvrir tous les frais de la crémation, mais aussi nourrir les invités, venus parfois de loin, pendant la durée des festivités. Certaines crémations coûtent le prix d'une voiture ou d'une maison. Mais personne ne s'y dérobe, car tant que le corps d'un défunt n'a pas été brûlé, son âme erre et peut faire du mal. L'incinération est donc un devoir sacré. La date est choisie par les astrologues. Le corps (ou ce qu'il en reste quand on a trop tardé à rassembler les sous) est alors brûlé dans un sarcophage qui a toujours la forme d'un animal. Si le mort est dans un taureau, il s'agissait d'un brahmane ; s'il est dans un lion, c'était un *satria* ; s'il se contente d'un poisson-éléphant, ce n'était qu'un *sudra*.
La tour sur laquelle on transporte le corps symbolise le cosmos reposant sur la fondation du monde. Le tout est recouvert d'étoffes et de papiers de couleur. Certaines tours sont de véritables œuvres d'art. Le corps est installé dans la tour, et le cortège la tourne dans tous les sens en dansant autour... afin d'éviter que l'esprit ne retrouve le chemin du village.
L'âme n'est pas contenue dans le corps. Elle est partout et c'est elle qui contient le corps. Aussi faut-il que le corps soit complètement brûlé. L'incinération est le moment où l'âme prisonnière du corps s'évade, d'où la joie.
Lorsque le bûcher est éteint, la famille recueille les cendres dans des noix de coco et les disperse dans la mer ou dans les eaux d'une rivière.

Quelques petits trucs à savoir

Les touristes, même armés d'appareils photo, sont toujours les bienvenus dans une crémation. Au pire, ils sont ignorés. Une attitude de retenue et de respect est toutefois recommandée. Certains comportements sont à éviter :
– Ne pas monter sur des chaises ou autre chose, la tête du prêtre doit dominer tout le monde.
– Ne pas applaudir ! On n'est pas au spectacle.
– Il n'y a pas de quête !
Enfin, les pickpockets adorent les crémations, qui sont de grandes occasions pour exercer sans aucune difficulté leur talent.

CLIMAT

Étant située près de l'équateur, dans une région tropicale, Bali n'a que deux saisons qui s'harmonisent et s'équilibrent.
– ***Saison sèche :*** de mai à novembre-décembre. Évitez les hordes de touristes en préférant Bali en mai, septembre ou octobre.
– ***Saison pluvieuse :*** de janvier à avril.

En général, le mois de juillet est le plus frais et le plus sec de l'année, alors qu'en janvier la pluviosité atteint son maximum (attention, il pleut deux fois plus au nord qu'au sud de l'île). Même en saison sèche il peut pleuvoir, mais plutôt en fin de journée ou la nuit. Sinon, les rizières ne seraient pas aussi belles !

La température moyenne est de 26 °C. Bali dispose vraiment d'un climat idéal : il fait suffisamment chaud pour rester au bistrot toute la journée et il fait suffisamment frais pour avoir le courage d'aller d'un bistrot à l'autre. Bon, plus sérieusement, la température est agréable quasiment tout le temps. Il peut faire très chaud mais ce n'est jamais insupportable. Se méfier des coups de soleil : même quand la température est supportable, on brûle en moins de 1 h ! Les jours gardent toujours la même amplitude. Le soleil se lève, quelle que soit la saison, vers 6 h et se couche au plus tard à 18 h.

COMBATS DE COQS

Les combats de coqs sont officiellement interdits depuis 2002, de nombreux Indonésiens s'étant ruinés au cours de paris insensés. Officiellement seulement, car on peut encore en voir dans les villages comme Amed, dans certains temples ou au cours de cérémonies religieuses (ils sont alors autorisés). Dans presque tous les villages, vous verrez des hommes de tous âges se balader avec leurs coqs, caressant fièrement leur plumage. Souvent, les coqs sont aussi protégés dans de beaux paniers de feuilles de palmes, tressées de manière élégante (il y en a de beaux au musée de Denpasar). Ceux destinés au combat sont nourris de manière particulière. La foule des parieurs se presse autour d'une petite arène.

Avant le combat, les propriétaires de chaque combattant garnissent l'une des pattes du coq (la gauche en général) d'un ergot métallique coupant comme un rasoir. Puis la lutte commence. Pas de quartier : l'un doit vaincre, l'autre doit mourir. Le combat dépasse rarement les trente secondes. Brutal et cruel, tout comme l'atmosphère qui règne autour de la piste. Pour le touriste-voyeur (on l'est toujours un peu), il est intéressant d'observer le comportement des Balinais qui trouvent là une occasion de se défouler, de véhiculer une certaine agressivité et d'assouvir leur passion du jeu. Les cérémonies officielles sont alors une occasion rêvée. Si vous assistez à un combat de coqs, restez discret. N'oubliez pas que les parieurs jouent parfois un mois de salaire sur un seul combat.

DANSES

« À Bali, on ne danse pas la java » (dicton local).

Sur cette terre sacrée, les dieux empruntent les corps des danseurs pour conter leurs aventures : notamment l'épopée hindoue du *Rāmāyana*. Chaque jour, le bouche-à-oreille indique quelque part dans l'île un ou deux temples où une cérémonie devient prétexte à ces représentations de théâtre dansé. Offrez sans rechigner votre obole à l'entrée : elle finance les offrandes et les costumes chamarrés. Si quelques corps de ballet ont acquis, au fil des tournées, une réputation internationale, l'immense majorité des 2000 troupes dispersées dans l'île – chaque village, ou presque, a la sienne – est formée de quidams ordinaires, passés ou non par les écoles, et qui, au jour de la fête, endossent masques, tiares et autres habits de lumière.

Invariablement rythmée par un ensemble de *gamelans,* la danse peut filer durant des heures une communion parfaite avec le spectateur... et les divinités qu'elle honore. Rien à voir avec Pina Bausch ! Comme montés sur roulements à bille, les danseurs font valser leurs yeux écarquillés, tordent gracieusement les poignets, agitent les doigts... La beauté des couleurs, la profondeur des chœurs, la tension joviale de la foule et l'ambiance à la fois champêtre et sacrée tissent un envoûtement qui ne vous lâche pas.

Bien plus qu'à Java la musulmane, les quelque cinquante danses de Bali font partie du sol – tout particulièrement celles où interviennent des démons. Certaines, comme le *legong,* furent élaborées dans les palais de la grande île. D'autres paraissent issues du fond des âges. Ne vous y fiez pas. La plupart des danses qui réjouissent les villageois sont nées entre 1850 et 1900, pendant le dernier âge d'or des rajas de Bali. Le *kecak* lui-même, morceau de bravoure où le touriste pressent la révélation des plus profonds mystères de l'âme balinaise, fut créé par Walter Spies. Ce musicien et chef d'orchestre allemand s'installa à Bali dans les années 1920, pour les besoins d'un film ! Il y resta définitivement. Malgré cet enrichissement permanent, force est de constater que les Balinais d'aujourd'hui, encouragés par leurs touristes-mécènes, privilégient l'éclectique, et parfois le spectaculaire. Et inutile de vous dire que vous serez rarement seul à assister à ces cérémonies et spectacles, mais cela c'est la rançon du succès.

Les danses les plus importantes

– ***Le legong :*** une danse divine, puisqu'elle fut créée pour des nymphes par le dieu Indra. La plus courante est le *legong kraton* (*legong* du palais), jadis interprétée à la cour des rajas. De très jeunes filles, vêtues de brocarts, couronnées d'une tiare d'or et de fleurs de jasmin ou de frangipanier, tournicotent avec une irrésistible grâce pour décrire les adieux d'un prince à sa bien-aimée, pendant qu'un oiseau de malheur avertit le jeune homme de sa prochaine mort au combat. Les danseuses changent de rôle, passant d'un personnage à l'autre. On est vite perdu. Restent la beauté des gestes et les sortilèges des *gamelans,* dont les frémissements font onduler et balancer les corps. Le *legong* de Peliatan est l'un des plus courus.
– ***Le kecak :*** spectacle le plus impressionnant, avec son chœur de 150 chanteurs – souvent tous du même village – chargé d'incarner l'armée des singes du *Rāmāyana,* et qui, disposé en cercle, ondule en imitant les *gamelans* absents – ou le cri des singes, comme on veut. Cette intensité sonore (destinée à chasser les mauvais esprits), les torches qui font danser aussi les ombres nocturnes, les masques bariolés d'êtres effrayants (le démon Rāvana, le singe Hanuman...) et la volonté affichée de susciter la transe, font du *kecak* un spectacle exceptionnel et envoûtant.
– ***Barong et Rangda :*** ou le combat entre une énorme peluche à crocs (le Barong, censé représenter le Bien), tout droit sortie du *Muppet Show,* et Rangda, l'horrible reine-veuve des sorcières qui hante les nuits de Bali. L'intrigue est assez compliquée, d'autant qu'il faut déjà surmonter ce déluge de couleurs et de sons. Tension maximum, au point que les danseurs chargés d'escorter le Barong, envoûtés par la magie noire de Rangda, entrent en transe et retournent le *kriss* contre leurs poitrines. Rassurez-vous, tout est prévu pour finir bien. Cette sorte de thérapie de groupe est très courue par les touristes. Il s'en donne trois représentations en plein air chaque matin à Batubulan, où les étrangers se voient distribuer un résumé de cette longue pièce, ce qui est bien pratique pour suivre les événements.
– ***Le kebyar :*** sous sa forme actuelle, ce duo entre un orchestre et un danseur a été mis au point il y a un demi-siècle seulement, par le chorégraphe Mario. Le bon danseur y exprime tous les états d'âme d'un adolescent, passant de la crainte à la joie suivant les nuances de la musique, sans oublier de manier l'éventail avec des grâces un peu efféminées. Le danseur dispose lui aussi, comme l'orchestre, d'un *terompong* (tambour).

Les autres danses

– ***Le baris :*** aux antipodes du *legong,* cette danse figure les humeurs d'un jeune guerrier avant et pendant le combat. Tout en gardant – c'est le but du jeu – la pointe des pieds tournée vers l'extérieur. Comme c'est très complexe, rares sont les danseurs qui assurent. Mais nous laissons aux spécialistes le soin d'apprécier !

– ***Le janger :*** né dans les années 1920 sur les bases d'une danse plus ancienne, il se pratique assis et met aux prises douze jeunes filles et douze garçons pour un spectacle puissant et gracieux. On en voit certains soirs à Denpasar.

– ***Le pendet :*** cette ancienne danse de procession sert aujourd'hui à précéder (ou conclure) de plus grands spectacles. Ce n'est pas l'une des danses les plus intéressantes, quoique les danseurs se déhanchent en guise de bienvenue et lancent des pétales de fleurs avant de quitter la scène.

– ***Le sanghyang :*** une danse de transe pour chasser les mauvais esprits. Ça va si loin qu'il faut l'intervention d'un prêtre pour « réveiller » les danseurs qui, ayant repris leurs esprits, ne se souviennent plus de rien. Le *sanghyang legong* est interprété par des femmes ; le *sanghyang djaran* par un homme en transe qui, à califourchon sur un cheval de bois, marche et danse pieds nus sur un tapis de braises. Aucune odeur de chair grillée, rassurez-vous : les dieux protègent le médium.

– ***Le jauk :*** un solo de danseur masqué. Celui-ci joue un démon frénétique, assoiffé de sang, qui agite ses ongles démesurément longs avant de bondir sur sa proie.

– ***Oleg Tambulilingan :*** ce flirt dansé, exécuté à deux, fut mis au point en 1952 par le fameux Mario (toujours lui !).

– ***Ballet Rāmāyana :*** une version moderne, allégée et comique du vieux *wayang Wong,* danse qui reprenait, sur plusieurs jours, certains épisodes du *Rāmāyana.*

– ***Ardja :*** ces opérettes sentimentales, héritées de la Java médiévale, durent parfois toute la nuit.

– ***Topeng :*** épisodes de l'illustre vie des rajas d'autrefois, dansés avec toute une collection de masques et le concours d'une panoplie de clowns.

– ***Les danses d'offrandes*** sont utilisées comme exorcisme contre les mauvais esprits. Elles mettent en contact avec l'au-delà, c'est pourquoi elles se déroulent avec la participation d'un prêtre *(pemangku).* On peut assister, lors de certaines fêtes, à un *sanghyang dedari,* ou « danse des anges vénérés » : deux fillettes endormies par des forces magiques vont obéir aux voix qui les feront danser dans une parfaite harmonie. Spectacle troublant : lorsque les voix s'arrêtent, les danseuses évanouies doivent être réanimées par le prêtre qui les asperge d'eau.

DÉCALAGE HORAIRE

L'Indonésie a 5 h d'avance sur la France en été et 6 h en hiver. Mais il y a 1 h de décalage entre Java et Bali, ce qui fait donc + 6 h (+ 7 h en hiver) si l'on arrive directement à Bali.

DROGUE

Attention, on ne plaisante plus avec la drogue ! Se reporter à la rubrique « Dangers et enquiquinements » dans le chapitre « Généralités » au début du guide. On vous proposera parfois des *magic mushrooms* à Kuta et à Lovina Beach. Refusez poliment : soit ils sont faux, soit les dealers sont TOUJOURS de mèche avec la police. Il y a régulièrement une paire de Français qui signent un bail plus ou moins long dans les prisons balinaises (celle de Denpasar est particulièrement réputée). Ça coûte cher à leurs parents, et ça fait flipper les mômes qui ne savent jamais pour combien de temps ils en ont. Alors c'est tout simple : n'y touchez pas ! L'affaire Michaël Blanc qui a secoué la France lors de sa condamnation à la prison à vie le 16 novembre 2000 en est la preuve. Arrêté à l'aéroport de Bali avec 3,8 kg de haschich en décembre 1999, le jeune Michaël croupit dans une geôle de Denpasar. La police indonésienne, connue pour sa corruption et son inefficacité, a fait du Français un exemple pour des Occidentaux. Son comité de soutien : • www.michael-blanc.com • Alors, on ne vous le répétera jamais assez : refusez quoi que ce soit de tout individu, n'acceptez en aucun cas de lui rendre service, si petit soit-il.

GÉOGRAPHIE

Île minuscule, surtout comparativement à sa notoriété, Bali se résume à environ 5600 km^2 ; c'est l'une des plus petites des 13500 îles et îlots qui composent l'Indonésie. Connue pour sa douceur de vivre et pour sa particularité religieuse (c'est la seule hindouiste dans un pays musulman), elle l'est moins pour les caractéristiques de sa géographie, pourtant d'une grande diversité. Elle a grosso modo la forme d'un losange couché, avec une petite presqu'île dans sa partie sud, ou la forme d'une poule qui pond un œuf ! L'ensemble couvre 140 km d'est en ouest, et 80 km du nord au sud.
Si la mer est omniprésente, Bali doit tout à ses montagnes et à ses volcans, dont le plus célèbre, celui qui force l'admiration et le respect (il sait d'ailleurs se faire respecter), s'élève à 3142 m. Et si Bali est aujourd'hui si prospère, si riche, c'est grâce à l'eau. Oh non ! pas l'eau de mer, mais l'eau qui tombe du ciel, et si elle tombe du ciel c'est parce que les nuages sont crevés dans leur course folle par cette barrière de volcans qui provoque des précipitations régulières et en quantité suffisante pour nourrir cette terre fertile, fertile car volcanique. Bali est un volcan qui donne la vie, et c'est pourquoi les Balinais le craignent et lui vouent un culte sincère et profond. La chaîne montagneuse s'étend au nord et au nord-est de l'île, où s'égrènent, au nord du mont Agung, le mont Abang (2152 m), puis le mont Batur (1717 m), le mont Catur et le mont Batukau.
Pour résumer, on pourra dire qu'au sud les plages et les touristes règnent en maîtres absolus. À l'intérieur, c'est le royaume des volcans, des lacs et des rizières. La bande côtière au nord, beaucoup moins touristique, offre de belles plages tranquilles qui s'adossent à l'arrière des volcans. L'ouest, région de moyenne montagne plutôt désertique, est la moins peuplée de l'île, la plus méconnue également. La partie est (Tulamben, Amed et l'arrière du mont Seraya) révèle quelques bijoux de plages de sable noir bien camouflées et sauvages. Mais chut !... ne le dites à personne.

Agriculture

Bali est bénie des dieux parce qu'ils ont béni ses sols. Sa richesse est la résultante d'une équation à trois paramètres : fertilité des terres, climat idéal et travail de l'homme. Il est rare que la main humaine ait su redessiner la terre pour qu'elle donne le meilleur d'elle-même avec un tel doigté, une telle dextérité. On ne cesse de s'extasier devant les formes voluptueuses, féminines et gourmandes de ces terrasses qui composent le paysage. Elles semblent avoir toujours été là. C'est la terre apprivoisée, jamais violée. Les terrasses fournissent aux touristes leurs plus belles photos, et le riz qu'on y cultive fournit à la population sa nourriture de base : plus de 200 g sont dévorés par personne quotidiennement. Plus de 20 % de la surface cultivable est consacrée au riz. C'est également un poste d'exportation non négligeable.
Grâce à un système d'irrigation et de production parfaitement maîtrisé, les agriculteurs réalisent deux récoltes par an, pour le riz balinais. Le riz japonais, également cultivé, a un plus grand rendement encore : récolte tous les 3 mois.
La productivité des parcelles, si rustiques que semblent être les exploitations, est pourtant parmi les plus élevées du monde. Ce sont les récoltes qui

scandent le temps qui passe. Chaque jour, les offrandes aux dieux se composent tout naturellement d'une base de riz, agrémenté de noix de coco, fruits ou fleurs. À Bali, on sait dire merci.
N'y pousse pas que du riz, d'ailleurs, mais aussi une très grande variété de fruits, du maïs, du cacao, du café, des clous de girofle...

HÉBERGEMENT

Bali possède bien des facettes, et il ne faut pas se tromper. Bien choisir votre lieu de résidence sera votre tâche la plus importante. La plupart des routards optent pour la mer. On les comprend. Cela dit, le panachage constitue une bonne formule. Si vous disposez de 10 ou 15 jours de plus, n'hésitez pas à goûter aux plaisirs de la montagne. Beaucoup de gens qui montent à Ubud pour une journée regrettent de ne pas avoir prévu d'y séjourner quelques jours de plus. D'une manière générale, on loue un véhicule et on rayonne à partir de son lieu de résidence.
En dehors des hôtels (assez chers), il existe des établissements baptisés *losmen, wisma* ou tout simplement *guesthouse*. Ce sont généralement de petits établissements de quelques chambres, tenus par une famille, et où l'on retrouve un peu l'ambiance d'une maison balinaise. Normalement, la *guesthouse* serait un *losmen* amélioré, et le *wisma* une pension de famille ! Pour simplifier les choses, on a donné l'appellation de *losmen* à tous les établissements conseillés. Depuis quelques années, le niveau de confort s'étant nettement amélioré, il n'y a plus guère de différence entre les établissements précités, si ce n'est le prix.
Les prix dépendent de la saison, de la proximité de la plage et des sanitaires individuels ou collectifs. Entre la haute et la basse saison, on peut enregistrer des écarts de prix considérables.
La recherche d'un *losmen* n'a rien de compliqué, vu le nombre. Un « bon » *losmen* est en revanche plus difficile à dénicher, surtout en haute saison, mais vous pouvez tomber sur de véritables palais, dans des endroits magnifiques et à des prix extrêmement raisonnables.
Ici, tout se détériore très vite. Ne pas foncer les yeux fermés aux adresses indiquées par tous les guides (même les mieux informés !). Il peut arriver que l'état des lieux ait totalement changé. Fiez-vous à votre flair ! N'hésitez pas à demander aux voyageurs que vous rencontrez où ils ont logé. On fait ainsi d'excellentes découvertes. En haute saison, il est préférable de chercher un *losmen* le matin. Plus on avance dans la journée et plus les places se font rares. Attention à l'environnement (route, night-club, basse-cour, etc.). Demander si le petit dej' est compris. Le thé est-il à discrétion dans la journée ? Eau chaude ? Ventilo ? Ne pas oublier tous les détails qui peuvent rendre le séjour beaucoup plus agréable.
Voici en quelques mots un tour d'horizon des différents lieux de résidence possibles en partant du sud et en remontant vers l'est, le centre puis le nord.
– ***Kuta, Legian et Seminyak*** sont trois villages autrefois distincts au bord de la même plage, la plus belle de l'île, bien que très dangereuse à certains endroits. C'est là que se concentre la faune fêtarde des boîtes et des bars. À choisir, Legian et Seminyak sont moins envahies que Kuta, qui est devenue insupportable.
– ***Nusa Dua*** est l'endroit le plus cher de l'île. En fait, c'est un ghetto pour riches.
– ***Sanur :*** chic mais pas snob, diurne plus que nocturne, calme bien que très fréquentée. Une halte qu'aimaient à fréquenter les artistes des années 1930. Pas grand-chose à faire, les plus dynamiques d'entre vous s'y ennuieront peut-être. La plage est un peu décevante du fait de la faible profondeur de l'eau à cet endroit.

– ***Candi Dasa,*** au sud-est de l'île, était une plage encore désirable il y a quelques années. Celle-ci n'existe plus, et Candi Dasa a perdu de son charme. On ne conseille pas d'y faire halte, ou alors pas longtemps.
– ***La région d'Amed et Tulamben :*** superbe, unique, différente. Plages de sable noir au pied du mont Agung, uniquement colorées par la gentillesse des gens et la myriade de *prahus.* Un coin à découvrir, encore en équilibre instable par rapport au tourisme car son « exploitation » est toute nouvelle. Ici plus qu'ailleurs, il convient de se faire discret.
– ***Lovina Beach :*** plage de sable noir, assez paisible (même peut-être un peu trop ?) et moins de touristes qu'à Kuta. Un sympathique petit côté familial. On s'y arrête volontiers, surtout pour les possibilités de *snorkelling,* la plongée et l'incontournable tour en bateau à la poursuite des dauphins...
– ***La région d'Ubud :*** le grand rendez-vous de l'intérieur de l'île. Un vrai plaisir. La capitale de la danse, de la peinture, de la musique attire les artistes et les touristes dans un étrange mélange. Ne pas séjourner quelques jours à Ubud durant un voyage à Bali relève pour nous de la faute grave, d'autant qu'Ubud est aussi la capitale gastronomique de l'île !
– ***Le lac Batur :*** une nuit autour du lac est indispensable pour pouvoir faire l'ascension du mont Batur tôt le matin, mais on ne s'attarde pas dans la région.
– ***L'ouest de l'île :*** très peu fréquenté et quasiment pas exploité d'un point de vue touristique. On y trouve encore des plages quasi désertes et quelques possibilités de logement à prix modique.

HISTOIRE

Pour les grincheux, Bali n'est plus Bali. Pour les réalistes, Bali sera toujours Bali. Et pour les historiens, qui l'eût cru, Bali sera toujours Java. Dans ces conditions, il n'est pas inutile de remonter au déluge. La métaphysique locale dit que ce paradis fut créé par le dieu des Enfers, Kala, et ses habitants par le dieu Brahma, qui les façonna dans de l'argile. Deuxième interprétation : il existe un être primordial qui, pour meubler sa solitude, extrait une déesse de sa cheville. Avec laquelle il crée l'univers... Une chose est sûre : jamais les Balinais n'avaient pensé venir du sud de la Chine, d'où les Han (Chinois) les expulsèrent sur l'Indochine, une brassée de siècles avant le Christ.

Déjà au paléolithique

Leur diversité raciale montre qu'ils ont voyagé... et, qu'à leur venue, Bali n'était en rien déserte : depuis le Paléolithique, des neveux de l'homme de Java chassaient dans ses jungles. Brûlant la forêt, étageant des rizières, les immigrants, eux, vont changer l'île en jardin. Les forgerons retroussant leurs sarongs pour couler dans le bronze des outils, des timbales... Si bien qu'au VIe siècle, un moine chinois peut s'extasier sur ce royaume de Po-Li, dont le « sol fertile, couvert d'une végétation luxuriante, donne deux récoltes de riz par an » ; il ajoute que l'île compte 136 villages, dirigés par un hindou qui prétend descendre du père de Bouddha.
Les marchands du sous-continent ont indianisé le Sud-Est asiatique. Leur religion gagne Java, ainsi que Bali l'animiste, où l'on adorait jusque-là les pierres et les volcans. Et c'est ainsi qu'au VIe siècle l'île écrit en sanscrit, dresse des temples et révère un raja divin, dont le *kraton* (palais) se veut un reflet du paradis. Malgré l'importation de brahmanes indiens, cette vague de fond tire sa vigueur du voisinage de Java la grande. Même race, même langue, même religion. Les rapports entre les deux îles sont empreints de familiarité. Vers l'an mille, le roi balinais Udayana dépêche même son fils auprès du souverain de Java-Est, afin qu'il en épouse la fille. Ce jeune homme, nommé Erlangga (« Celui qui a franchi les eaux »), devient roi sur Java et Bali. Adoptant l'écriture et les coutumes javanaises, la petite île se

fait longtemps conduire par la grande. Mais il y a des limites : si Java succombe aux troubles, Bali vole de ses propres ailes.

Un roi à tête de cochon

Ainsi les Pendjeng, puissante dynastie du Sud balinais, reçoivent-ils un jour Gajah Mada, le général de l'empire javanais Majapahit. Le roi de Pendjeng, Beda Ulu, est un magicien si fortiche qu'il peut se couper la tête et se la remettre – même David Copperfield ne fait pas ça. Il ignore que ces petits tours, qui le rendent si populaire, agacent fort Çiva. Un jour qu'il le surprend en pleine action, le dieu saisit la tête au vol et la jette dans un torrent... Un roi sans tête ? Mieux vaut encore un roi à tête de cochon, pensent les Balinais, qui décapitent aussitôt un porc. Ainsi promu Mister Piggy, Beda Ulu n'est pas peu fier. Tête de lard, il oblige tout le monde à baisser la tête. Seul le général refuse. Outré par cette curiosité discourtoise, mais impuissant contre un hôte, le roi rage si fort que son courroux le réduit en cendres (non, ce n'est pas de la B.D.). Les Javanais n'ont plus qu'à placer l'un des leurs, Kapakisan, à la tête de l'île. Ce fut un bon roi, même s'il se prit pour une « Grande Divinité » (*Dewa Agung,* c'était son titre).

Exode culturel

En attendant, la prédication de Mahomet poursuit sa route. Des marchands arabes gagnent à l'islam les seigneurs de Java. Un jour vient où le roi Majapahit s'entend prédire la ruine de son trône. Traumatisé, il se fait brûler vif. Nous sommes en 1478. Sans drapeau ni fanfare, une immense cohorte franchit le détroit de Bali. Prêtres, nobles, capitaines, les élites Majapahit partents – comme plus tard Tchang Kaï-chek à Taiwan – ériger l'île en forteresse hindoue. Jamais l'islam ne prendra Bali : ses habitants passent pour des fous intrépides. Avec les Majapahit arrivent le théâtre d'ombres, les danses *(legongs),* les *gamelans...* : cinq siècles de délicatesses, la fine fleur d'un empire éblouissant. Non contente de jouer les irréductibles, Bali s'offre le luxe d'annexer Lombok, Sumbawa, l'est de Java...

L'arrivée des Blancs

En 1588, les premiers hommes blancs font entrer l'île dans l'histoire contemporaine. Ces *Orangs Putihs* sont des marins portugais, rescapés d'un naufrage. Puis un marchand d'Amsterdam, Cornelis De Houtman, qui vante la beauté des Balinaises et les vertus guerrières de leurs maris. Dans ses bagages, il ramène la somptueuse évocation de la cour de Gelgel, avec son harem de deux cents femmes, ses cinquante nains estropiés, ses nuées de bannières et de porteurs de lance... Tous dévoués au Dewa Agung, souverain fastueux, respecté et aimé, intimidés, les Néerlandais conquièrent l'Indonésie sans toucher à Bali.

À la fin du XVIIIe siècle, pourtant, la puissance du Dewa Agung s'est dissoute en une douzaine de principautés. La petite Gyaniar défie Klungkung, centre officiel du pouvoir. Au XIXe siècle, elle administre l'État le plus puissant de l'île, en concurrence avec les deux États de Karangasem (est) et Bulegeng (nord). Ces divisions excitent les Bataves lorsque, en 1841, les Balinais pillent – en vertu du droit sur les épaves – un navire néerlandais échoué sur leurs côtes. Trois expéditions vont déployer une artillerie puissante, des milliers de soldats indonésiens, des centaines de mercenaires européens... Costumés comme à la parade, les guerriers balinais sont cloués par la puissance de feu. Et les Néerlandais s'emparent du nord de l'île. Cinquante ans de répit peuvent suivre.

Vient 1894. Les Pays-Bas se heurte aux rajas balinais de Lombok, qui leur infligent une déculottée sanglante. L'honneur batave est en jeu. Une nouvelle expédition, plus puissante, va provoquer un suicide en masse : le *puputan.* L'asservissement de Bali est tout proche.

Le XXe siècle : résistance à l'envahisseur

En 1906, les Néerlandais débarquent dans l'île infanterie, cavalerie, artillerie. Le roi de Badung n'y résistera pas. Mais le *puputan* lui permet une digne sortie. Vêtu de l'habit blanc des guerriers, le raja sort du palais avec ses gardes, sa Cour, ses prêtres, et plonge son *kriss* dans sa poitrine, imité par tous. La soldatesque batave n'a plus qu'à détrousser les cadavres... La scène se reproduit à Tabanan, à Klungkung... Le 18 avril 1908, Majapahit vit sa seconde mort.

En Europe, pourtant, on s'émeut. Que les Néerlandais se rachètent ! Filant doux, ceux-ci ne dépouillent pas les rajas, mais développent l'île en la protégeant des missionnaires et du capitalisme occidental. Étudiant enfin ce qu'ils avaient détruit, ils favorisent la renaissance des arts. Dans les années 1920, archéologues, ethnologues et esthètes de tout poil – des musiciens, des peintres et la grande Margaret Mead elle-même – viennent s'initier aux délices de l'île, promue porte-drapeau culturel de la Sonde. Ces jours tranquilles s'achèvent en 1942, avec l'invasion japonaise. Cette fois, l'Occident perd la face. La résistance aux Néerlandais couve à Java. Elle éclate à Bali, où les milices de Ngurah Rai, après quelques escarmouches, se font massacrer par les coloniaux.

Mais on n'arrête pas l'Histoire. En 1949, les Pays-Bas reconnaissent enfin l'indépendance de l'Indonésie. Si Bali apprécie le premier président, Sukarno, grand amateur de culture locale, elle n'en affronte pas moins deux désastres : l'éruption du volcan Agung qui fait, en 1963, des milliers de victimes ; et deux ans plus tard, la répression du coup d'État communiste où périssent, pour le moins, 100 000 Balinais. Aujourd'hui, même si la manne touristique est plus importante que sur les autres îles, le prix du riz augmente pour tout le monde, et les conséquences de la crise économique qui a frappé l'Indonésie se font aussi sentir à Bali.

LANGUE

Voici quelques mots et expressions en balinais, une langue bien différente du *bahasa indonesia*. Il y a plusieurs manières de dire bonjour, selon le moment de la journée, comme en indonésien.

Bonjour (le matin)	*Rahajeng semeng*
Bonjour (du déjeuner jusqu'à 15 h)	*Rahajeng tengai*
Bonjour (jusqu'à 18 h)	*Rahajeng sore*
Bonsoir (après 18 h)	*Rahajeng wengi*
Comment allez vous ?	*Sapunapi gatrane ?*
Ça va	*Becik-becik kemanten*
Combien ça coûte ?	*Aji kuda ajine ?*
Merci	*Matur suksma*
De rien	*Suksma mewali*

Voilà, c'est déjà un début !

MARCHANDAGE

Le marchandage est une règle d'or. Tout, mais vraiment tout marchander. À commencer par sa chambre si l'on reste plusieurs jours dans le même *losmen*. Les Balinais sont habitués au marchandage. Sur les plages, diviser les prix au moins par 2, voire 3... et souvent même plus. Ayant bien intégré la donnée touristique, les Balinais font des propositions incessantes et les prix initialement proposés sont souvent délirants. Pas de panique, vous emporterez peut-être l'objet 5 fois moins cher ou simplement avec une réduction de 10 %. Impossible à savoir. Jouez le jeu de la négociation, ce qui vous permettra de voir venir le vendeur. Vous vous habituerez vite à ce rituel. La ten-

tation sera permanente, et après 2 ou 3 trucs achetés « plein pot », vous comprendrez le principe.
Renseignez-vous sur les prix pratiqués dans plusieurs boutiques et auprès d'autres routards. N'annoncez jamais un prix le premier. Quand vous le ferez, choisissez une somme au moins trois fois inférieure à la somme demandée par le marchand. Le prix que vous indiquerez devra en tout état de cause être inférieur de 50 % à la somme que finalement vous allez être prêt à dépenser. Il faut toujours se laisser une marge de manœuvre pour montrer à l'interlocuteur qu'on fait un effort. Vous trouverez une quantité de jolies choses à Bali, et le plaisir d'acheter sera permanent.
Une autre règle est de ne pas avoir l'air trop intéressé par l'objet convoité. Mais si ce jeu de l'ambiguïté doit être permanent extérieurement, vous, intérieurement, devez être sûr que l'objet vous intéresse vraiment. Ne faites pas perdre leur temps aux vendeurs si, dans le fond de vous-même, vous savez que vous n'achèterez rien. N'oubliez pas que c'est leur gagne-pain.

MUSIQUE

L'Irlande a la harpe, l'Afrique a le tambour; le xylophone est l'instrument fétiche de l'Indonésie. Et non pas un seul xylophone, mais tout un orchestre. Du nom *gamelan,* les Javanais désignent à la fois la partie et le tout. Si cet instrument de Cour s'est raréfié sur la grande île, ses notes aiguës retentissent à chaque instant dans la campagne balinaise, trahissant le voisinage d'une fête ou d'une crémation. Ses mélodies de pluie s'inscrivent à merveille dans le paysage de rizières, tout en respectant nos fragiles esgourdes d'Occidentaux – sauf envolées hystériques dans les aigus, ce qui n'est pas rare. Parfois hypnotiques, souvent délicieux, mais toujours étranges, ces serpentins de sons métalliques surprennent par leurs rythmes binaires et syncopés.
Comme tout orchestre, ces ensembles de percussions associent différents groupes d'instruments. Les *gangsus,* métallophones à lames de bronze amplifiés par des résonateurs en bambou, peuvent jouer en graves (phrases longues) ou en aigus (phrases courtes). Dès qu'ils ont frappé une note, les musiciens en étouffent la vibration en posant la main sur la lame. En renfort, l'orchestre mobilise deux tambours, des cymbales ainsi qu'un petit gong – plus rarement la flûte en bambou *(suling)* et la vielle *(rebab).* Bref, ces orchestres qui rassemblent jusqu'à cinquante musiciens offrent un spectacle complet, dont les performances peuvent durer toute la nuit.
L'assistance est d'autant plus fervente que les prestataires sont des hommes du village – les orchestres féminins restent rares –, âgés de huit à soixante ans, et regroupés dans le club de musique local. Chaque *banjar* – ou presque – possède un tel orphéon, où l'on apprend évidemment les morceaux à l'oreille.
Comme on aime le son du *gamelan* et qu'on respecte les esprits naturels, les Balinais ont chargé le vent de jouer à leur place. Généralement composés de bâtonnets de bambou, frappés par les lattes d'un moulin à vent (ce dernier surmonté de petits automates tels qu'un pêcheur tirant son poisson ou un homme promenant son chien), les *gamelans* éoliens sonorisent les temples et l'entrée des maisons : il en existe un de plus de 3 mètres à Ubud ! Dans le même esprit, un « orchestre » de flûtes éoliennes jouxte le temple de Besakith, sur les flancs du volcan.

PEINTURE

La peinture balinaise tire ses racines des anciens panneaux de sanctuaires et des calendriers astrologiques illustrés. Ceux-ci partageaient l'esthétique du théâtre d'ombres *wayang,* qui présentait les personnages des épopées

traditionnelles de profil ou de trois quarts, dans un décor schématique dépourvu de perspective. Le bourg de Kalamasan continue de produire ces œuvres très décoratives, réalisées avec des pigments naturels, et peu chères. Quant aux tableaux naïfs qui fournissent la quasi-totalité des galeries de peinture, ils ont pris leur essor dans les années 1930, sous l'impulsion d'artistes occidentaux venus s'installer dans l'île. Cette peinture de chevalet abandonna les motifs de toujours pour décrire, telle une carte postale, les scènes de la vie quotidienne : combats de coqs, offrandes, circulation routière...
Les musées Neka et Puri Lukisan, à Ubud, vous permettront d'admirer la qualité de ces premières œuvres, qui s'attelaient à réinventer la peinture balinaise. Cet aperçu donne une échelle de valeurs utile pour se repérer dans la jungle des galeries. À Ubud, capitale de la peinture, vous vous extasierez sur la première, vous vous intéresserez à la deuxième, et vous décrocherez à la troisième, en pestant que tout est plat et que tout se ressemble. Pour quelques toiles, habilement dessinées et seulement coloriées de noir et de gris, qui restent dignes de l'ancienne école d'Ubud ou de celle de Penestanan, combien de croûtes réalisées dans l'unique but de flatter le goût facile des touristes ! Après tout, pourquoi pas ! Les ateliers d'Ubud regorgent de fleurs et d'oiseaux géants qui rappellent certains motifs de papiers peints.
Le style naïf balinais semble fixé une fois pour toutes : un fouillis de végétation (chaque feuille est dessinée !), d'animaux (un vrai zoo !) et de personnages plus ou moins indolents, saisis dans leurs actions quotidiennes (marché, bain, danses...) et actualisés avec humour par des détails modernes (un bus, un vélo...). Se glissant dans cette configuration foisonnante, l'artiste se garde de rien ajouter. À moins de tomber sur un dangereux anarchiste (dont les œuvres vont d'ailleurs coûter une fortune !), attendez-vous à une créativité limitée. Partout les mêmes scènes se répètent, plaquées sans ombres ni perspective sur le même paysage de rizières ou de volcans.
Les peintres balinais ne sont pas comme les Occidentaux, qui cherchent à toute force à se distinguer. Ils se contentent d'enluminer leurs miniatures avec minutie, sans se casser la tête à chercher des variations de tons ou des expressions de visage. Moyennant quoi, c'est à la fois charmant, habile... et facilement aimable. Avec un peu de patience, beaucoup de chance et de discernement, vous trouverez certainement une œuvre authentique – ou plus simplement très belle – à un prix raisonnable. Se contenter d'un petit dessin bien exécuté plutôt que d'investir dans une ample croûte qui, accrochée dans la chambre des enfants, finira vite par vous désoler. D'autant qu'un joli tableau, bénéficiant d'une finition correcte, vaut au moins 150 €, ce qui n'est déjà pas rien...

PLONGÉE

On se doute que Bali est un paradis pour les amateurs de plongée. Mais pas seulement pour les titulaires du brevet ! Le *snorkelling* (avec palmes et masque seulement) est à la portée de tous... Ça tombe bien : les coraux ne sont pas profonds. On conseille d'apporter au moins son masque et son tuba de France, sinon il vous faudra en louer à chaque fois.

Quelques spots intéressants

- ***Sanur :*** plongée à la hauteur de la barrière de corail, à 200 m du rivage. Plongée de 2 à 12 m. Poissons de corail et même quelques petits requins. Eau un peu trouble si la mer est agitée.
- ***Nusa Penida et Nusa Lembongan :*** îles à 20 km à l'est de Sanur. Compter 90 mn pour Nusa Penida et un peu plus d'une heure pour Nusa Lembongan, depuis Padang Bai, en bateau à moteur. Fonds sablonneux et eau limpide. Plongée de 5 à 40 m. On y croise régulièrement des tortues,

poissons-lune, raies manta, mérous, etc., sans compter les coraux, mous et durs. Les courants y sont forts et froids et ces sites sont plutôt réservés aux plongeurs expérimentés.

Padang Bai : au nord-est de Sanur. Plongée de 3 à 20 m. Jolie barrière de corail. Anse assez abritée, protégée par de belles falaises ; cependant, le courant peut être assez fort et froid.

Amed : sur la côte nord-est. Plongée de 5 à 40 m. Jolis fonds peuplés notamment d'éponges et d'anémones. On y accède à bord d'une *jukung,* embarcation traditionnelle.

Tulamben : à quelques kilomètres au nord-ouest d'Amed. On peut y voir tout au bord de l'eau l'épave du *Liberty,* navire américain coulé par les Japonais durant la Seconde Guerre mondiale. L'épave est envahie par les anémones, coraux et toutes sortes de poissons. L'un des spots les plus intéressants de Bali. Plongée de 3 à 30 m. Tout à fait recommandé pour une première plongée à Bali.

Menjangan Island : au nord-ouest de Bali. L'île est à 30 mn en bateau de Bali. Le spot le plus éloigné, mais évidemment l'un des plus beaux. Au cœur d'un parc national, c'est l'un des sites les plus protégés, avec une excellente visibilité, de 5 à 40 m, tout au long de l'année. On peut y explorer une vieille épave en bois, l'*Angker,* ou plonger sur un tombant de corail où l'on évolue au milieu des raies mantas et des mérous, entre autres.

Candi Dasa : restent encore de beaux coraux et d'étonnants poissons, au large, sur les îlots. Les pêcheurs vous y conduisent pour un prix raisonnable.

Lovina Beach : coraux pas très loin de la plage. On y fait halte en général après être allé voir les dauphins, mais on peut très bien y aller tout seul, en nageant du bord.

Pour la plongée avec bouteille, les sites de *Tulamben, Menjangan Island, Nusa Penida* et *Sanur.*

Quelques adresses

■ ***Atlantis International :*** jl. By Pass Ngurah Rai n° 350, Sanur. ☎ (361) 28-43-12 et 081-23-80-57-67 (portable). • http://balidiveaction.com • De la simple plongée sur l'un ou l'autre des sites balinais jusqu'aux cours les plus divers (débutants, confirmés et certificats professionnels) en passant par la location de matériel et les plongées de nuit. Pour une instruction en français, contacter Jérôme Perrussel. Une adresse qui nous a été chaudement recommandée à plusieurs reprises.

■ ***Euro Dive :*** à Amed. ☎ (363) 23-469. Fax : (363) 23-469. • www.eurodivebali.com • Le patron, hollandais, parle couramment le français. Son équipe est plutôt anglophone. Plongées essentiellement sur la côte est, et au nord de Bali.

■ ***Eco Dive :*** à Amed. ☎ (363) 23-482. • www.ecodivebali.com/profile.html • Boss canadien (trilingue anglais-français-indonésien) ; quasiment tous les instructeurs parlent bien le français. Mêmes types de prestations que *Euro Dive.*

SAVOIR-VIVRE

– La plupart du temps, on vous demandera de porter une ceinture *(sash)* pour pénétrer dans les temples ou assister à une cérémonie. Mettez un sarong si on le demande pour couvrir les jambes nues. Achetez-en un dès votre arrivée pour ne pas avoir à en louer un à chaque fois.
– Ne jamais désigner quelqu'un du doigt et ne pas toucher la tête des enfants, siège de l'âme.
– Se servir de la main droite, surtout pour recevoir quelque chose, la main gauche étant considérée comme impure.

– Ne pas se mettre au-dessus du prêtre qui officie dans une cérémonie religieuse.
– Ne pas photographier les Balinais prenant leur bain en fin de journée au bord de la route.
– Ne jamais donner d'argent à ceux qui tendent la main. La mendicité à Bali est un produit du tourisme. Ne pas l'encourager.
– Retirer ses chaussures et les laisser à l'extérieur avant d'entrer dans une maison.
– Donner une obole lorsque celle-ci est demandée à l'entrée d'un temple. Cela permet d'entretenir les temples.
– En toute situation, garder le sourire. Ce qui apparaît bizarre ou illogique et qui pourrait provoquer un certain énervement est considéré comme une situation normale du point de vue des Balinais. Un seul dénominateur commun parfois dans certaines situations entre notre culture et celle des Balinais : le sourire et le rire. Alors essayez de rire, ça détend immédiatement l'atmosphère.

SÉCURITÉ, VOLS ET PROSTITUTION

Vols

Les Balinais ne sont pas voleurs et Bali est une île très sûre. Mais son côté très cool, relax, et la gentillesse de la population font que les touristes venant de pays plus durs baissent la garde et ne font plus attention à rien. Certains ont alors quelques mauvaises surprises. Par ailleurs, le succès de leur île a attiré pas mal de Javanais qui voudraient bien avoir, eux aussi, leur part de gâteau. Résultat, les vols à la tire peuvent arriver, sans toutefois être fréquents. Certains lecteurs signalent de temps à autre des vols dans les *losmen,* mais ça reste rare.
De manière générale, mettez vos valeurs au coffre de l'hôtel ou du *losmen,* qui en possèdent un la plupart du temps. N'emportez jamais de choses précieuses sur les plages... ou n'allez pas vous baigner sans les surveiller. En fait, c'est dans les transports ou en attendant les transports en commun que surviennent les problèmes. Plusieurs cas nous ont été signalés : vous attendez un *bemo* avec votre sac posé par terre ; une moto passe et vous prend le sac. On nous a indiqué également quelques vols dans les *bemos.* Coup classique : le chauffeur qui démarre sans vous, une fois vos bagages chargés ! Autre cas banal et bête à mourir : vous prenez un verre dans un troquet, sans faire gaffe à votre petite musette. Et hop ! elle n'est plus là !
Dernier truc : lorsque vous louez un vélo équipé d'un petit panier devant, n'y placez pas votre sac. Vous facilitez par trop le travail des voleurs à la tire. Et ne riez pas, ça arrive vraiment ! De manière générale, ne jamais mettre son argent et ses papiers dans un sac que l'on porte en bandoulière. Placer plutôt les vraies valeurs dans une petite pochette plate que l'on glisse dans le pantalon. Autre solution : louer un coffre dans une banque pour y déposer billet d'avion, argent, passeport. Cela ne coûte pas trop cher et évite bien des ennuis.
Lieux de vols les plus fréquents : Kuta, Lovina Beach, Candi Dasa et les environs de Batur. Dans les *bemos,* entre Kuta et Denpasar et vers Ubud. Le terminal des bus venant de Java est également un haut lieu pour les pickpockets. Cela dit, pas de parano, si l'on vous parle de tout ça c'est parce qu'on est dans la rubrique concernée mais, on le répète, en suivant nos quelques conseils de bon sens, vous éviterez les petits pépins.
Si l'on vous vole, la déclaration à la police sera payante et ne servira à rien, sauf pour votre assurance en France. Si vous perdez votre passeport, une déclaration est indispensable pour obtenir une autorisation de sortie des services d'immigration. Le mieux est de mettre votre passeport dans un lieu sûr et de vous balader avec une photocopie.

Prostitution

On vous proposera des *Balinese girls,* surtout à Kuta et à Legian. En fait, il s'agit de prostituées javanaises qui préfèrent le sable des plages balinaises aux trottoirs de Jakarta où elles exercent hors saison. L'intermédiaire n'est autre qu'un proxénète local, même s'il se prétend le frère ou le cousin. On ne saurait trop vous conseiller la plus grande prudence dans ce type de rapport. Les touristes seraient les premiers à râler si Bali devenait comme Phuket, en Thaïlande. Sans demande, il n'y a pas d'offre !

SOINS MÉDICAUX

– On rappelle tout d'abord qu'on conseille vivement une ***assurance rapatriement.*** Ce n'est pas de l'argent fichu en l'air.
– ***Les hôpitaux*** de Bali sont à éviter pour les interventions sérieuses. De manière générale, évitez tous les hôpitaux privés, dont le principal objectif est de vous retenir le plus longtemps possible pour alourdir la facture. Beaucoup plus grave, ils sont tout simplement nuls. Bonnes vacances quand même !
– Si une hospitalisation s'avère indispensable, on recommande le ***BIMC,*** à Kuta, jl. By Pass Ngurah Rai. ☎ 76-12-63. • www.bimcbali.com • Service d'urgences 24 h/24. En cas de pépin sérieux, l'idéal est de se faire soigner au ***Mount Elizabeth Hospital de Singapour,*** le nec plus ultra d'Asie du Sud-Est. On peut également choisir de remonter sur Bangkok. Après tout, un billet d'avion est une petite dépense face à une infirmité ou un risque sérieux.
– On indique par ailleurs un médecin compétent à Sanur et un autre à Ubud, tous deux parlant bien l'anglais.

Comment se faire évacuer vers Singapour ?

– Téléphonez à votre compagnie d'assistance pour lui expliquer le problème.
– ***Agent consulaire de France à Bali :*** gang Mertasari II, n° 68. ☎ 28-54-85. Ouvert du lundi au vendredi de 14 h à 17 h. • consul@dps.centrin.net.id • Le consul Raphaël Devianne, compétent, donne de bons conseils. En cas de gros pépins, il saura vous diriger.

SPORTS ET LOISIRS

Bateau

Envie de quitter Bali pour d'autres horizons ? Vers Lombok, Sulawesi ou d'autres îles de l'archipel ? Si vous constituez un petit groupe, il est possible de chartériser un beau bateau bugis, le *Sama-Sama* et de partir sur les flots avec l'équipage : Laura, Xavier et leurs deux acolytes originaires du pays Bugis, à Sulawesi. Ils organisent tous types de *trips* : plongée, *snorkelling,* surf, pêche, etc. Le bateau est non seulement beau, mais aussi très bien équipé, et peut accueillir une équipe d'une petite dizaine de personnes.

■ ***Yacht Sama-Sama, Laura et Xavier :*** ☎ 081-23-64-56-08. • www.samasama.free.fr • samasama@voila.fr • Pour tout renseignement, les contacter via leur site Web ou par e-mail.

Plongée sous-marine

On y consacre plus haut une rubrique entière intitulée « Plongée ».

Randonnée

Bien que Bali ne soit pas « l'île de la randonnée », il existe tout de même un certain nombre de possibilités. Les randos les plus connues sont celles qui conduisent au sommet du mont Batur (au départ du village de Kedisan, près de Kintamani) et du mont Agung (un trek réservé aux marcheurs confirmés, étant donné l'importance de la dénivelée). On peut aussi envisager une balade dans le parc national, à l'ouest de l'île. Mais il existe d'autres options, un peu plus en dehors des sentiers battus et qui devraient intéresser les amoureux de nature et de marche. On signale notamment les treks à la journée qu'il est possible de réaliser dans les environs de Sidemen et de Munduk (voir nos chapitres consacrés à ces deux villages) et également dans les environs de Bedugul et des lacs du Centre-Nord. Nous vous indiquons ci-dessous l'adresse d'un randonneur chevronné (il accompagne notamment les groupes de *Terres d'Aventure*), qui a eu le temps, depuis plus d'une dizaine d'années passées à Bali, de débusquer de bons petits plans randos, d'une journée à 15 jours.

■ ***Organisation de treks :*** Stéphane Levasseur, jl. Tanah Barak, à Canggu. ☎ 73-18-29 et 081-868-58-35. • nocomment@indo.net.id •

Surf

Les Australiens le savent bien, Bali est un petit paradis pour le surf. La plupart des Français se contenteront d'admirer ces beaux gaillards, fiers comme des soleils, bravant les flots. Ça a l'air facile mais ça ne l'est pas. Ami néophyte, vous pouvez très bien vous jeter à l'eau (il faut bien commencer un jour), mais respectez quelques règles. Il est tout d'abord indispensable d'être un excellent nageur.
Pour débuter, les vagues de Kuta et Legian sont parfaites. D'abord tout simplement parce qu'on y loue des surfs sur la plage, parce que les vagues à certains endroits sont accessibles à un débutant, parce qu'il y a du sable et non du corail et que ça fait moins mal en tombant, et enfin parce que certaines portions de plage sont surveillées. Il est indispensable de rester dans un coin où il y a déjà du monde et de se renseigner auprès des « collègues surfeurs » pour savoir si le secteur n'est pas dangereux. En effet, en fonction des marées et de l'époque de l'année, les coins propices au surf et les coins dangereux varient sans cesse. Outre Kuta et Legian, le tour de l'île propose de superbes *breaks,* mais là, il faut être un vrai pro. Ceux qui veulent voir les surfeurs dans de chouettes conditions iront sur la falaise d'Uluwatu, où les déferlantes sont extraordinaires. À Bali, on trouve de la littérature sur le surf, mais le mieux pour quelqu'un de déjà confirmé est de se brancher avec ces monstres d'Australiens. Sinon, voici quelques adresses :

■ ***Tubes Surf Bar & Restaurant :*** Poppies Lane II, à Kuta. Une référence dans le milieu du surf. Un endroit où on peut trouver informations et matériel.

■ ***School of Surf :*** Blue Ocean Beach, Jalan Double Six, à Legian. ☎ et fax : 73-58-58. • www.schoolofsurf.com • On peut voir devant le centre, leurs clients s'entraîner sur la plage et dans les vagues.

Raft

Le point de départ se situe à quelques kilomètres au nord de Sangeh. L'*Ayung River* (dans les environs d'Ubud) est accessible depuis peu au rafting. Sans danger, on traverse une forêt tropicale parfois encaissée dans des gorges.

Le prix des agences comprend le transfert de votre hôtel, l'équipement (y compris gilet de sauvetage), l'assurance et un repas. Bon, comme c'est assez nouveau, c'est encore très cher. Généralement, 2 départs par jour. Compter 6 h en tout, aller-retour.

■ ***Sobek :*** ☎ 28-70-59. L'agence la plus réputée à Bali pour le rafting. Propose aussi de nombreuses autres activités (randonnée, VTT, etc.).

■ ***Bali International Rafting :*** ☎ 75-70-52 ou 75-70-53. Fax : 75-29-56.

■ ***Ayung River Rafting :*** ☎ 23-87-59. Fax : 22-42-36.

Vélo

C'est un excellent moyen d'explorer l'île, petit bout par petit bout. Bien sûr, il ne s'agit pas de se coltiner Kuta-Lovina en une journée, mais quand vous faites halte dans un secteur, le vélo est idéal pour circuler. On en loue partout, à prix dérisoires.

VTT

■ ***Régis Requis :*** ☎ 81-23-85-05-17. • chasyre@indo.net.id • Un spécialiste du VTT, qui connaît de magnifiques itinéraires (chemins de montagnes et petites routes) que personne n'emprunte. Très bon matériel. De la balade familiale à la rando sportive, c'est selon vos souhaits.

TRANSPORTS LOCAUX

Le *bemo*

En débarquant à Bali, on découvre la civilisation du *bemo,* ce minibus moderne qui tisse une toile à travers le pays, reliant tous les villages entre eux. Le *bemo* est l'enfant bâtard entre les anciens *becaks* (à pédales ou à moteur) et les véhicules motorisés. Pour l'utiliser, il faut connaître un certain nombre de règles :
– Son parcours est toujours fixe.
– Le *bemo* est un transport en commun qui n'exclut pas, éventuellement, les animaux.
– Le prix dépend de la distance. Seuls les locaux paient le prix réel. On vous fera payer 2 ou 3 fois plus cher. Regarder ce que les autres donnent et faire comme eux. Toujours avoir de la monnaie sur soi pour payer le *harga biasa,* c'est-à-dire le prix indonésien. Ne vous en faites pas, on met quelques jours avant de comprendre vraiment la somme qu'il convient de donner.
– Le *bemo* s'arrête sur un simple signe de la main (sauf s'il est complet).
– Un *bemo* n'appartient pas à son conducteur. Il est loué par un propriétaire, comme la plupart des véhicules en Indonésie. Le chauffeur et le receveur *(kernet)* ont tout intérêt à augmenter la recette pour rentabiliser leur affaire.
– Ne pas s'étonner si les receveurs de *bemos* crient « Badung Badung ». Cela signifie Denpasar. Ils utilisent encore l'ancien nom du royaume pour désigner la capitale.
– Les *bemos* circulent uniquement le jour. Ils commencent tôt le matin, vers 5 h, et s'arrêtent en fin d'après-midi. Les derniers *bemos* partent généralement vers 16 h pour être au garage avant la tombée de la nuit. Les *bemos* qui circulent la nuit sont des *bemos* chartérisés qui demandent des prix plus élevés. Habile transition.

Tableau des distances kilométriques à Bali

Distances en km	Amlapura	Bangli	Batubulan	Batukau	Bedugul	Bedulu	Benoa	Besakih	Celuk	Denpasar	Gelgel	Gianyar	Gilimanuk	Goa Gajah	Goa Lawa	Nusa Dua	Kintamani	Klungkung	Kuta	Mas	Mengwi	Padangbay	Penelokan	Sanur	Sangeh	Sempidi	Singaraja	Tabanan	Tampaksiring	Tanah Lot	Ubud
Amlapura	—	—	70	—	126	—	89	—	67	78	—	51	206	—	30	—	79	38	—	62	94	24	78	81	99	85	137	99	65	109	—
Denpasar	78	40	8	45	48	25	11	61	11	—	43	27	128	24	48	23	68	40	9	22	16	56	60	7	21	7	78	21	37	31	25
Gianyar	51	13	35	72	75	7	39	34	16	27	15	—	155	7	21	30	41	13	36	11	43	29	33	30	48	34	92	48	15	58	10
Gilimanuk	206	168	136	173	148	153	139	189	139	128	176	—	—	172	—	131	—	168	137	—	116	184	188	135	—	—	85	107	—	—	153
Klungkung	38	18	40	—	88	—	51	21	29	40	3	13	168	8	—	37	—	—	49	24	56	16	40	43	61	47	98	61	27	71	28
Kuta	88	49	17	55	57	3	7	—	—	9	—	36	137	—	57	—	70	49	—	31	—	—	—	16	—	—	—	30	46	40	—
Sanur	81	43	—	—	55	—	18	64	14	7	46	30	135	27	51	7	72	43	16	25	23	59	—	—	28	14	85	28	40	38	28
Singaraja	137	—	—	—	30	—	89	119 139	69	28	—	92	85	—	107	—	52	98	—	—	—	—	60	85	99	71	—	92	107 117	81	103
Tabanan	99	61	—	—	43	—	32	82	32	21	—	48	107	69	—	24	89	61	30	43	9	77	81	28	42	14	92	—	48	16	46

Le *bemo* chartérisé

Si l'on ne veut pas être tributaire de *bemos* publics pour visiter certains sites et pour conserver son indépendance, on peut chartériser un *bemo* en se mettant d'accord avec le chauffeur sur le tarif, la durée de la location et l'itinéraire emprunté. Le chauffeur augmentera encore sa rentabilité en vous demandant de prendre quelques passagers si l'occasion se présente dans le courant de la journée. Il les fera payer, bien entendu, et empochera l'argent. C'est de bonne guerre.
Les *bemos* chartérisés sont toujours des minibus japonais confortables. Les chauffeurs sont assez intrépides. Ils sont généralement protégés par des offrandes qui ornent leur tableau de bord. On ne sait pas si la garantie divine couvre aussi les passagers...

Le taxi

Si l'on en a les moyens, c'est la formule la plus confortable et la plus sûre. Il y a désormais des taxis avec compteur. Le prix de la course dépend de l'itinéraire, de l'heure et des encombrements de la circulation.

La location de voitures

Une bonne formule si l'on est plusieurs à partager les frais. La location se généralise de plus en plus à Bali, avec l'apparition d'un parc automobile adapté à la demande (petites voitures ouvertes). Les prix sont raisonnables. Compter environ 100 000 Rps (8,1 €) par jour.
Rappelons quelques détails non négligeables avant de prendre le volant :
– ***Permis de conduire international*** exigé.
– ***Conduite à gauche,*** en théorie. En pratique, on fait n'importe quoi, comme les autres...
– On conseille quand même vivement de ***respecter le code de la route*** et d'être prudent. Prudent car il y a plein de monde sur la route, et respectueux du code de la route (bien que les Balinais ne le soient pas) parce que les flics adorent verbaliser (racketter serait plus exact) les touristes puisqu'ils sont plus solvables que les locaux. De plus, pris dans la panique du sentiment de culpabilité, on est souvent prêt à payer n'importe quelle somme pour se sortir d'affaire. En cas d'infraction de votre part et de tentative de racket ou disons « d'arrangement à l'amiable » de la part de la police, la meilleure solution est de garder son calme (facile à dire !), sourire... et négocier. Dites-vous bien que de manière générale les flics préféreront avoir quelques milliers (dizaines de milliers) de roupies dans leurs poches que le double dans la poche de l'État. Ça, c'est un principe de base. On a vu des *Frenchies* exiger une facture après un paiement « à l'amiable ». Faut pas pousser, les mecs ! Si l'infraction est trop grave, il y a retrait du permis, convocation à la police et tout plein de tracasseries qu'on vous laisse découvrir.
– ***Attention aux embrouilles :*** certains Balinais voient arriver les touristes de loin dans leurs 4x4 pimpants. Beaucoup de lecteurs nous ont signalé des arnaques dont les loueurs sérieux vous préviendront aussi. Un exemple, parmi d'autres. Sur la route, des individus vous font signe que votre véhicule a un problème. Vous vous arrêtez et, par un tour de passe-passe, ils retirent une pièce de la voiture ou mettent hors d'usage le filtre à essence par exemple. Vous ne pouvez plus redémarrer. Comme par hasard, un autre Balinais arrive dans les deux minutes avec, comme par hasard encore, la pièce qu'il vous faut dans son coffre, évidemment pas gratuite. Donc, lorsqu'on vous fait signe, 9 fois sur 10, c'est du pipeau !
– ***Assurances :*** quand un loueur affirme que l'assurance est incluse, sachez que seule la voiture est couverte, pas les passagers ! De plus, l'assu-

rance au tiers n'est pas obligatoire. Il est donc important de la demander *(third party insurance)*, d'autant plus que le supplément est modique. Cependant, sachez que l'assurance aux tiers est toujours limitée à un montant des dommages inférieur à 1 000 000 Rps (81 €), ce qui est peu. Le reste des dégâts causés doit par conséquent être payé par le conducteur en tort.

– ***Évitez absolument de conduire la nuit.*** C'est dingue le nombre de vélos non éclairés. Prévoyez vos balades de façon à pouvoir rentrer avant le coucher du soleil.

– Il n'est ***pas possible de louer une décapotable,*** car elles incitent à rouler torse nu, ce qui peut être perçu par les Balinais comme un manque de respect.

– ***Ne pas louer la voiture dans la première boutique venue.*** Certains loueurs refilent aux touristes des voitures un peu pourries. Faire un tour des loueurs pour avoir une idée des prix. Si vous voulez passer partout, louez de préférence un véhicule 4x4. Un peu plus cher mais ça vaut la peine.

– ***Attention à vos bagages*** lorsque vous vous arrêtez pour visiter. Évitez tout simplement d'avoir des choses de valeur dans la voiture. Méfiez-vous aussi des singes, qui adorent examiner les bagages et sont de grands voleurs.

– Il n'y a ***pas de points de vente d'essence partout.*** Le tarif, très bas, est presque toujours affiché dans les stations-service. Le litre d'essence est fixé par le gouvernement à 500 Rps (0,04 €). Méfiez-vous des petits kiosques : l'essence est souvent mélangée.

– ***Les routes sont encombrées, parfois dangereuses,*** et la signalisation mal faite, même assez rare dans certains coins. N'hésitez pas à utiliser le klaxon pour vous annoncer.

– ***Ne jamais se garer sous un cocotier!*** Ça a l'air bête, mais sur l'île les cocotiers sont nombreux, et une noix de 5 kg fait de sacrés trous dans la carrosserie quand elle tombe de 10 m de haut...

Location de voitures avec chauffeur

C'est une formule très intéressante et sécurisante quand on n'a pas envie de s'embêter la vie avec des assurances, les problèmes de conduite, de recherche de route, etc. La plupart des agences de voyages proposent ce service. En général, le travail du chauffeur s'entend pour une durée de 8 h, mais on peut toujours s'arranger directement avec lui pour qu'il fasse des heures supplémentaires moyennant finances. Ce mode de locomotion intéressera surtout les gens qui ont les moyens ou qui restent peu de temps dans l'île (une semaine). D'ailleurs, ce sont souvent les mêmes. Compter environ 150 000 Rps (12,1 €) par personne et par jour, essence comprise.

La location de bicyclettes

Les Hollandais ont laissé quelques bons et solides vélos increvables, de plus en plus souvent remplacés par de modernes VTT. On peut les louer à l'heure ou à la journée dans tous les endroits touristiques. Pas cher. C'est un moyen génial d'explorer les environs de votre point de chute. Autour d'Ubud notamment, c'est un régal. Pour Lovina ou Sanur, c'est l'idéal. Mais rien ne vous empêche, pour avoir un rayon d'action plus large, de louer une moto.

La location de motos

Le meilleur moyen pour aller partout, mais aussi le plus dangereux. Avec le développement du tourisme, les jeunes Balinais ont découvert leur nouvelle idole : la moto japonaise. Pour eux, la civilisation de la moto a remplacé celle du *bemo* de papa. Indépendance et vitesse garanties. On voit de jeunes Balinais remonter leur sarong jusqu'à la taille, ajuster leur coiffure de céré-

monie et enfourcher leur Kawasaki pour foncer à une cérémonie au temple, le casque sur le porte-bagages comme un objet inutile.
Le casque est obligatoire. On peut pratiquement porter une casserole en guise de casque. On en voit de tous les genres, allant du casque de soldat à l'intégral, mais il est trop souvent considéré comme un accessoire ornemental. Nous, on conseille vivement d'avoir un casque, un bon casque, un vrai casque.
On trouve des motos à louer partout, pour une somme assez modique : à partir de 30000 Rps environ (soit 2,4 €). Bien vérifier l'éclairage, les pneus et les freins.

Conseils judicieux et avisés sur la conduite à moto

C'est incroyable le nombre de touristes avec des bandages et badigeonnés de teinture rouge à Kuta. Rien n'est plus facile, lors d'un périple à moto, que de jouer à la tamponneuse avec l'objet de votre choix : chien, camion, *bemo*...
– ***Assurance :*** attention, elle n'est pas comprise, mais absolument nécessaire (bien demander le contrat). Déjà, ce n'est pas drôle de subir ou de provoquer un accident, mais si en plus vous n'êtes pas assuré, c'est une catastrophe.
– Pensez à demander un ***antivol.***
– ***Attention aux tas de gravillons*** situés au bord de la route mais que les voitures ont souvent dispersés jusqu'au milieu de la route.
– Vérifiez bien que vous avez ***de bons freins, de bons pneus, un bon klaxon et de la lumière.***
– De toute façon, les poules et les chiens vous empêcheront d'aller vite. Si un camion arrive en face, même si vous avez la priorité, rangez-vous. Ah ! On est censé rouler à gauche.
– ***Équipement :*** pour toute excursion à moto, emportez un foulard et des lunettes (beaucoup de poussière), un K-way et, si vous faites un périple dans la montagne, n'oubliez pas une petite laine.
– ***Essence :*** on trouve des pompes dans les grandes villes ou de petites échoppes dans les villages arborant une pancarte « Premium ». On les distingue par de gros fûts devant la porte. Et puis, n'hésitez pas à vérifier le niveau de temps en temps.
– Il est particulièrement ***dangereux de rouler de nuit.*** N'oubliez pas qu'à Bali, le jour commence à 6 h et la nuit tombe entre 17 h 30 et 17 h 45.
– ***Posséder quelques notions de mécanique*** rend bien des services. Si vous êtes capable de rebrancher un fil ou une durite, vous gagnerez du temps.
– Enfin, si vous ne vous sentez pas en sécurité sur une moto, rendez-la. En effet, on peut très bien visiter Bali en *bemo* (il y en a presque partout).

Le permis moto à Bali

Pour louer une moto à Bali, 2 solutions :
– ***Soit vous avez déjà votre permis A ou B,*** et il vous est possible de louer une moto. Il vous suffit de vous faire établir un permis international à la préfecture de police de votre lieu de résidence en France. Celui-ci est reconnu à Bali.
– ***Soit vous n'avez pas votre permis,*** mais il vous est possible de le passer. On le dit tout net, on déconseille vivement cette solution. Le passage du permis est une formalité quasiment uniquement administrative, et surtout une opération financière juteuse pour la police qui l'organise. Ce n'est pas en passant entre 3 plots et en donnant un coup de frein (c'est grosso modo le principe de l'épreuve) que l'on sait conduire une moto, et surtout à Bali. Bien sûr, le document qu'on vous remet donne le droit de conduire mais ça

n'est pas du tout raisonnable. On n'en parle pas beaucoup dans l'île, mais, chaque année, il y a une poignée de touristes tués à moto. Sans parler évidemment des petits et gros bobos. Alors, soit vous avez votre permis et vous savez conduire, soit vous ne savez pas et il vaut mieux trouver un autre moyen de locomotion.

VÊTEMENTS

N'emporter que le strict minimum. On trouve à Bali des vêtements appropriés au climat et destinés aux étrangers à des prix ridiculement bas. Se reporter à la rubrique « Bagages et vêtements » dans le chapitre « Généralités » au début du guide.

VISITES

Il n'y a pas beaucoup de musées à Bali. Ce sont surtout les temples qu'on visite. Pour y pénétrer, il faut porter un sarong. En fait, il suffit généralement que les jambes soient couvertes. Cela dit, le port du sarong est préférable. Dans certains temples, il vous faudra de plus mettre une petite ceinture de tissu. Évidemment, il y a toujours un loueur de sarongs et de ceintures à l'entrée. C'est de bonne guerre après tout. Le plus simple est d'acheter un sarong dès votre arrivée (de toute manière, ils sont superbes) et de l'avoir toujours à portée de main. Acheter également une petite ceinture, même si elle ne vous sera pas toujours utile. En effet, certains temples doivent être visités avec une ceinture de couleur précise.
Outre la location d'une ceinture et éventuellement d'un sarong, une donation est attendue. Il y a quelques années, elle était facultative. Elle s'assimile aujourd'hui à un droit d'entrée, tout simplement. C'est une somme modique qui permet d'entretenir le temple et de faire vivre des gens. Bien veiller simplement à ce qu'on ne vous fasse pas payer plus que le prix normal (en général affiché).
Si vous êtes véhiculé, et même si ça n'en a pas l'air, le parking est payant. C'est ainsi. Au moment de partir, un caissier viendra vous demander de régler une petite somme. Demandez-lui un ticket, car certains abusent et en profitent pour demander une somme souvent plus élevée.
On voit des touristes crier au scandale chaque fois qu'ils doivent dépenser quelques pièces. Bien sûr, il y a un côté religioso-commercial (ou commercialo-religieux), mais franchement, pas de quoi fouetter un chat non plus.

DENPASAR

300 000 hab. IND. TÉL. : 0361

Ancienne capitale du royaume de Badung, Denpasar, dont le nom signifie « Au nord du marché », est une grosse ville provinciale qui n'a pas cessé de grossir et de s'étendre depuis plus de 20 ans, à savoir depuis l'explosion touristique. Denpasar, dénuée de charme, risque de décevoir un peu les visiteurs. C'est avant tout la capitale économique et administrative de l'île, ainsi que le chef-lieu de la région de Badung. Plutôt bruyante, la circulation y est intense et peu cohérente. Il ne reste pas grand-chose de la pittoresque cité dessinée par les Hollandais au début du XXe siècle, si ce n'est le grand marché, le *pasar Badung,* et un beau musée.
Si les banques, agences de voyages et autres services destinés aux vacanciers se situent plutôt à Sanur, Kuta, Legian et Nusa Dua, Denpasar reste malgré tout le lieu de passage obligé des *bemos* et des bus venant du sud. Vous devrez donc obligatoirement la traverser pour atteindre les différents

centres d'intérêt de l'île. Profitez-en pour y faire halte une heure ou deux, ne serait-ce que pour le marché et le musée, et respirer l'ambiance d'une certaine réalité balinaise, au-delà des plages et des stations balnéaires.

Adresses utiles

Infos touristiques

Tourist Indonesia *(office de tourisme ; plan B2)* **:** jl. Surapati 7. ☎ 23-45-69. À proximité du Bali Museum. Ouvert du lundi au jeudi de 7 h 30 à 15 h 30 et le vendredi de 8 h à 13 h. Fermé le week-end. Demander toute la documentation disponible : carte, plans et calendrier des fêtes *(Calendar of Events)*. Il existe également un journal mensuel, *Bali Tourist Indonesia Guide,* distribué gratuitement. Réclamez-le, il est très utile.

Également un ***bureau d'informations touristiques privé*** à l'aéroport de Ngurah Rai. ☎ 22-27-88 ou 22-78-25. Ouvert en principe en permanence, mais en réalité très rarement.

Immigration, consulat

■ ***Immigration*** *(plan B4,* ***5****)* ***:*** *Kantor Imigrasi,* jl. Panjaitan 4, Niti Mandala Renon, proche de Sanur. ☎ 22-78-28. Mêmes horaires que l'office de tourisme. Pour ceux qui habitent Sanur et Denpasar. Ceux qui résident à Kuta auront intérêt à aller à l'office d'immigration devant l'aéroport de Ngurah Rai.

■ ***Consulat du Canada :*** dans les locaux du consulat d'Australie, jl. Prof. Yamin 4. ☎ 23-50-92. Fax : 23-19-90. Ouvert de 8 h 30 à 13 h du lundi au samedi.

Poste, téléphone et accès Internet

✉ ***Poste centrale*** *(Sentral Kantor Post ; plan B4)* **:** jl. Raya Puputan Renon. ☎ 22-35-66. À 3 km du centre, sur la route de Sanur. Ouvert tous les jours ; du lundi au vendredi, de 8 h à 21 h ; le week-end, services limités. Fait poste restante. Si vous séjournez à Sanur, à Kuta ou à Ubud, faites-vous envoyer votre courrier là-bas.

■ ***Wartel Telkom*** *(plan B2,* ***9****)* **:** jl. Kaliasen 10. Ouvert de 6 h à minuit. Téléphone, fax, télégramme, poste restante.

■ ***Kantor Telpon*** *(centre téléphonique ; plan A4,* ***8****)* ***:*** jl. Teuku Umar 6. Ouvert 24 h/24.

■ **Adresses utiles**

- Tourist Indonesia (office de tourisme)
- ✉ Poste centrale (Sentral Kantor Post)
- **1** Gare routière de Kreneng
- **2** Gare routière d'Ubung
- **3** Gare routière de Tegal
- **5** Immigration
- **6** Garuda
- **7** Merpati
- **8** Kantor Telpon (centre téléphonique)
- **9** Wartel Telkom
- **10** Alliance Française
- **11** IALF

Où manger ?

- **20** Marché de nuit
- **21** Warung Satria
- **22** Warungs de jalan Teuku Umar
- **24** Hong-Kong

À voir

- **30** Bali Museum (Museum Negeri Propinsi Bali)
- **32** Pasar Badung (marché de jour)
- **33** National Art Center (Taman Budaya)

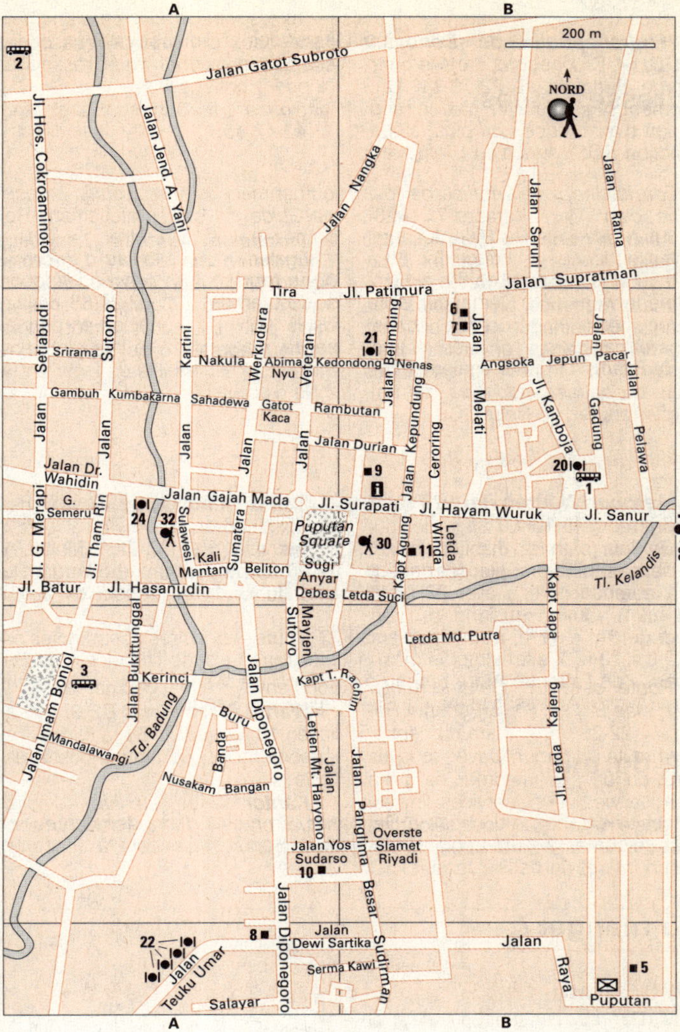

DENPASAR

■ ***Téléphones à cartes :*** on trouve des cabines un peu partout. Très pratique.

@ ***Internet café :*** au carrefour de jl. Diponegro et de jl. Raya Puputan. Ouvert de 8 h à 23 h du lundi au vendredi et de 14 h à 23 h le week-end. Tarifs de connexion intéressants.

Argent, banques, change

Les banques sont nombreuses, ainsi que les *money changers* et les distributeurs *ATM*.

Urgences

■ ***Hôpital public de Denpasar (UGD) :*** jl. Diponegoro, dans le quartier de Sanglah. ☎ 22-79-11. Uniquement si vous n'avez pas un rond, et pas d'assurance non plus, sinon, direction *SOS Mekica* ou *BIMC,* vers Kuta, deux cliniques privées certes chères, mais dont vous ressortirez (a priori) entier.

■ ***Police :*** jl. Gunung Sanghyang. ☎ 42-42-45.

Loisirs

■ ***Alliance française*** *(plan A3,* ***10****)* ***:*** jl. Patih Jelantik 3. ☎ et fax : 22-41-23. • afdpsbali@yahoo.com • Journaux et revues, pas toujours très récents. Bibliothèque. Possibilité de regarder certaines émissions françaises (TV5). On peut y prendre des cours de *bahasa indonesia.* Se renseigner auprès de Putuh.

■ ***Indonesia Australia Language Foundation*** *(plan B2,* ***11****)* ***:*** jl. Kapten Agung 17. ☎ 22-17-82 ou 22-52-43. • www.ialf.edu • Cours d'indonésien, mais pour un public plutôt anglophone. Laboratoire de langue et bibliothèque. Possibilité de loger en famille d'accueil.

Compagnies aériennes

✈ ***Aéroport Ngurah Rai :*** à Tuban, à 13 km. ☎ 75-10-11.

■ ***Garuda*** *(plan B2,* ***6****)* ***:*** jl. Melati 61. En face du stadium. Reconfirmation et réservation : ☎ 22-78-25 (24 h/24). Ouvert du lundi au vendredi de 8 h à 17 h, et le week-end de 9 h à 13 h. Y aller plutôt le matin, à cause de l'attente. Autre bureau à Sanur (voir « Adresses utiles » à Sanur) et à l'aéroport de Ngurah Rai. ☎ 75-10-26 ou 75-11-77.

■ ***Merpati*** *(plan B2,* ***7****)* ***:*** jl. Melati 51. ☎ 23-53-58. À 50 m de *Garuda.* Ouvert du lundi au samedi de 8 h à 17 h.

■ Toutes les autres compagnies ont leur bureau dans l'hôtel *Grand Bali Beach* de Sanur (voir « Adresses utiles » à Sanur).

Où dormir ?

Franchement, on ne dort pas à Denpasar. En moins d'une demi-heure, on peut séjourner à Kuta-Legian-Seminyak, à Sanur, ou encore à Jimbaran. Aucun intérêt de passer la nuit ici.

Où manger ?

De bon marché à prix modérés (de 10 000 à 25 000 Rps, soit 0,8 à 2 €)

Ceux qui n'ont que quelques billets de 1 000 Rps dans les poches seront ravis d'apprendre qu'il existe une rue, la ***jalan Teuku Umar*** *(plan A4,* ***22****),* où s'alignent sur 2 ou 3 km une succession de *warungs* où l'on mange copieusement, et varié, pour un prix modique. Une bonne manière aussi de s'initier à la vraie cuisine locale.

|●| ***Marché de nuit*** *(pasar Kreneng ; plan B2,* ***20****)* ***:*** sur jl. Rijasa, à l'angle de jalan Kamboja, à partir de 17 h et jusqu'à 22 h environ. Petites échoppes éclairées par des lampes à acétylène qui proposent notamment du *babi guling* (cochon grillé) et du gâteau à la noix de coco.

Warung Satria *(plan B2, **21**)* **:** jl. Kedondong 111. *Warung* populaire, tout blanc, avec TV au fond et tables en formica. Petite adresse authentique et nickel, où l'on vous sert de bons *nasis campurs* (assiettes complètes de riz, légumes, *satays* et œuf) pour trois fois rien. Accueil tout sourire.

Nang Lecir Warung Ikan Laut *(plan B2)* **:** jl. Cok Agung Tresna, à Renon. Poisson grillé ou poulet accompagné de riz. Uniquement des plats locaux. Cuisine simple mais bien préparée. La clientèle est, elle aussi, locale.

Prix moyens (de 25 000 à 50 000 Rps, soit 2 à 4 €)

Hong-Kong *(plan A2, **24**)* **:** jl. Gajah Mada 99. Bonne cuisine internationale à dominante chinoise. Pas mal de poissons et fruits de mer. Évitez les desserts. Salle vraiment tristounette et service indifférent. Près du marché de jour, pratique si vous allez faire quelques emplettes.

À voir

Bali Museum *(Museum Negeri Propinsi Bali ; plan B2, **30**)* **:** jl. Mayor Wisnu. ☎ 22-26-80 et 23-50-59. Ouvert du lundi au mercredi, ainsi que le dimanche de 8 h à 15 h, le vendredi de 8 h à 13 h. Fermé le jeudi, le samedi et pendant les vacances « officielles ». Entrée : 7 500 Rps (0,6 €), réduction étudiants.
Construit en 1932 par les Hollandais, qui ont voulu présenter dans un espace restreint des répliques des principaux monuments de l'île, il constitue ainsi une excellente initiation à l'architecture locale. On y trouve des pavillons copiés sur ceux des palais. D'autres s'inspirent des temples de l'île, comme la porte d'entrée monumentale de l'enceinte du musée ou cette haute tour de *kulkul* (tambour d'alarme). Chaque pavillon abrite des collections particulières. Dans des bâtiments évoquant les palais de Tabanan, Karangasem et Singaradja ont été rassemblés des poupées *wayangs,* des collections de *kriss,* des masques de bois, des lances et des costumes de cérémonie, des marionnettes. Vitrine d'instruments servant à chasser les démons (objets amusants). Le grand temple face à l'entrée abrite au rez-de-chaussée des pierres sculptées de la période néolithique, des tombes de l'âge du bronze, des bijoux et tout un tas d'outils usuels. Au 1er étage, présentation de tout ce qui équipe la maison : instruments de cuisine, nasses à poissons, outils agricoles, cages à coqs de combat. Un des pavillons abrite également une belle collection de tissus et étoffes variés provenant de toute l'île. L'ensemble est un peu poussiéreux, mais certaines pièces sont de toute beauté. De-ci, de-là, quelques commentaires en anglais donnent un sens plus concret à ce que l'on voit.

Pasar Badung *(marché de jour ; plan A2, **32**)* **:** au niveau de la rivière, en retrait de la jalan Gajah Mada. C'est le plus grand marché de la ville et l'un des plus grands de l'île. Il est en deux parties, de part et d'autre de la rivière, et sur trois niveaux. De l'autre côté de la rivière, il prend le nom de *Pasar Kumbasari.* On y vend de tout, dans une chouette animation trépidante. Des femmes proposent dans d'immenses paniers des fleurs et des accessoires qui composent les offrandes. Au rez-de-chaussée, les rayons d'alimentation. Bonjour les odeurs vers les stands de viande et de poisson ! Tout en haut, les vêtements, les tissus et la vannerie. Quand vous arriverez dans le marché, on vous prendra gentiment la main pour vous faire visiter. Bien entendu, on vous dirigera non moins gentiment vers une boutique particulière en vue d'une commission sur vos achats. Tout cela est fait avec beaucoup de douceur, mais ne soyez pas dupe, rien n'est vraiment gratuit et si vous ne tenez pas à être guidé, dites-le, mais gentiment.

National Art Center *(Taman Budaya; hors plan par B2,* ***33****)* **:** jl. Jusa Indah. Entre jalan Abiankapas et jalan Palawa Pagan. Ouvert tous les jours de 8 h à 14 h. Entrée payante.
Expositions d'art contemporain (peinture balinaise et sculpture sur bois) et d'artisanat dans le pavillon principal de ce grand centre d'art. Chaque soir de l'année, à 18 h 30, spectacle de *kecak* par une troupe d'étudiants parfois survoltés dans un théâtre en plein air. Durée : 1 h. Et de mi-juin à mi-juillet, festival consacré à l'art traditionnel balinais.
– Sur le terrain situé au centre de la ville *(plan A2)*, en face du palais du gouverneur, qui sert de nos jours de stade de football, eut lieu l'ultime combat entre les envahisseurs hollandais et les guerriers balinais au début du XXe siècle. Les Balinais, plutôt que de tomber vivants entre les mains de leurs ennemis et de connaître le déshonneur de la défaite, préférèrent se suicider jusqu'au dernier. En juillet 1975 est mort à Bangli le descendant d'un des derniers rois de Bali.

Le marché aux oiseaux **:** jl. Veteran. Non loin du centre, à environ 300 m de Puputan Square. Quotidien. Pas bien grand. Les oiseaux sont beaux, et les cages de bambous encore plus belles. Elles sont tressées de manière très variée. On y trouve aussi quelques vieux masseurs « traditionnels » qui utilisent des sortes de morceaux de bois agrémentés de pointes de bois émoussées. On avoue ne pas avoir essayé. Malheureusement, on y voit aussi des chiens entassés dans des cages dans des conditions un peu limite.

QUITTER DENPASAR

Il existe ***plusieurs gares routières.*** Chacune dessert des villes bien précises (voir tableau en page ci-contre). La première de ces gares, celle de *Kreneng*, n'est qu'une gare intermédiaire qui permet de se rendre en *bemo* à une autre grande gare routière à plusieurs kilomètres de Denpasar, à *Batubulan*. Donc, si vous allez vers une destination dont les bus partent de Batubulan, rendez-vous d'abord à la gare de Kreneng.
Les différentes stations de Denpasar sont :
Batubulan, en partant de ***Kreneng*** *(plan B2,* ***1****)* **:** pour l'est de Bali (Amlapura, Semarapura, Bangli, Gianyar, Padangbai (ferry pour Lombok), Candi Dasa pour le nord (Ubud, Kintamani, Selat, Lovina, Singaraja). Pour Besakih, rendez-vous d'abord à Semarapura (Klungklung), pour Tirtagangga et Amed-Tulamben, rendez-vous d'abord à Amlapura.
Tegal *(plan A3,* ***3****)* **:** pour le sud de l'île (Kuta, Nusa Dua, Sanur, Jimbaran, aéroport).
Ubung *(plan A1,* ***2****)* **:** pour le nord et l'ouest, et pour Java via Gilimanuk. Pour Tanah Lot, prendre le *bemo* pour *Kediri.* Un *bemo* pour Singaraja via Bedugul ou Pupuan.
Sangah **:** pour Benoa-port.
Ces stations sont reliées entre elles par des petits *bemos* de ville.

Pour Java et les autres îles

On achète ses billets directement à la gare routière. Le prix du trajet inclut le bus et la traversée en ferry entre les deux îles, et de nouveau le trajet en bus sur l'île de Java.
Départs quotidiens de la ***gare routière d'Ubung*** *(plan A1,* ***2****)*.
➢ ***Pour Surabaya*** **:** 2 à 3 départs en moyenne par jour. Durée : 10 h environ.
➢ ***Pour Malang*** **:** 2 départs en fin de journée. Durée : 10 h environ.
➢ ***Pour Yogya et Solo*** **:** départ à 15 h. Durée : 15 h.

Stations de *bemos* au départ de Denpasar pour toute l'île		
Destinations	*Stations*	*Via*
Aéroport	Tegal	Kuta
Amlapura	Batubulan	Klungkung
Bangli	Batubulan	Gianyar
Besakih	Batubulan	Klungkung
Banjar	Ubung	Singaraja
Benoa (village de)	Tegal	–
Benoa (port de)	Sangah	–
Bedugul	Ubung	–
Bedulu	Batubulan	Gianyar
Batubulan	Kreneng	–
Celuk	Batubulan	–
Candi Dasa	Kreneng	–
Gianyar	Batubulan	Celuk et Kutri
Goa Lawah	Kreneng	–
Goah Gajah	Kreneng	Gianyar
Gunung Kawi	Batubulan	Gianyar
Gilimanuk	Ubung	–
Kehen (temple de)	Batubulan	Bangli
Kusamba	Kreneng	–
Kerambitan	Ubung	Tabanan
Klungkung	Batubulan	Bangli
Kuta	Tegal	–
Lovina Beach	Ubung	Singaraja
Mas	Batubulan	–
Mengwi	Kreneng	–
Mont Agung	Batubulan	Klungkung
Mont Batur	Batubulan	–
Mont Batukau	Ubung	Tabanan
Nusa Dua	Tegal	Kuta
Peliatan	Batubulan	–
Pedangbai	Kreneng	–
Putung	Kreneng	Amlapura
Penelokan	Kreneng	Klungkung
Penulisan	Kreneng	–
Pejeng	Batubulan	Gianyar
Singaraja	Ubung	Bedugul ou Pepuan
Sukawati	Batubulan	–
Sangeh	Wangaya	–
Sangsit	Ubung	Singaraja
Sanur	Batubulan	–
Tabanan	Ubung	–
Tampaksiring	Batubulan	Gianyar
Tenganan	Batubulan	–
Tirta Gangga	Batubulan	Amlapura
Trunyan	Batubulan	Bangli
Tanah Lot	Ubung	Kediri
Ubud	Batubulan	–
Uluwatu	Tegal	Pecatu

➢ ***Pour Semarang :*** départ le matin. Durée : 15 h.
➢ ***Pour Jakarta :*** le matin tôt. Durée : plus de 24 h.
➢ ***Pour Bandung :*** le matin tôt. Durée : 25 h.
➢ ***Pour Bogor :*** le matin tôt. Durée : 24 h.

Pour ***Yogya,*** voir les compagnies conseillées dans le chapitre consacré à cette ville. Se renseigner dans les agences pour les réservations et les heures exactes de départ.

Bateaux

➢ ***Pour Lombok :*** départ de Kreneng et bateau à Padangbai.
➢ ***Pour Java :*** départ d'Ubung et bateau à Gilimanuk.

SANUR

IND. TÉL. : 0361

À 5 km de Denpasar, sur la côte est, Sanur est une importante station touristique, une sorte de version chic de Kuta qui s'étend sur quelques kilomètres le long de la plage. Les Occidentaux découvrirent Sanur dans les années 1930 lorsque quelques artistes, comme le peintre belge Le Mayeur, vinrent s'y installer. À cette époque, la plage était belle et l'endroit désert, les Balinais croyant cette île hantée par le monstre marin de Nusa Penida, l'îlot voisin.
La station prit véritablement son essor une quinzaine d'années après la Seconde Guerre mondiale, lorsque les architectes dressèrent, avec l'argent des dommages de guerre versé par les Japonais, cet abominable bloc de béton du *Grand Bali Beach Hotel* destiné à recevoir les touristes américains fortunés. L'hôtel ouvrit en 1966. Ce fut le premier d'une longue lignée d'hôtels plus ou moins réussis mais tous assez luxueux.
Sanur fut longtemps réputé comme l'endroit le plus chic de l'île. Mais depuis la création de la zone touristique de Nusa Dua, véritable ghetto du tourisme de luxe, la station a été détrônée. Plus calme et plus reposante que Kuta, Sanur accueille une clientèle plus familiale, plus âgée que ses voisines du Sud. Certains s'y ennuient un peu, d'autres y trouvent une tranquillité que n'offre plus Kuta.
Ici, pas d'Australiens ni de surfeurs. Pourquoi ? Tout simplement parce qu'il n'y a pas de vagues. La plage est protégée à environ 200 m par une barrière de corail qui rend les eaux particulièrement calmes. Revers de la médaille, Sanur possède une plage un peu curieuse : à marée basse, il est impossible de se baigner, vu le peu d'eau qu'il y a (en fait, la mer se retire carrément au loin !), et à marée haute on ne peut guère faire autre chose que de barboter dans 30 ou 50 cm d'eau. Pour la baignade, on conseille de porter des sandales en plastique à cause des bouts de coraux et des quelques familles d'oursins qui s'y promènent.

Transports

➢ ***Vélo :*** à Sanur, le mieux est de circuler à bicyclette. À pied, c'est rapidement un peu crevant, vu que le centre du patelin s'étire sur 3 ou 4 km. En voiture, c'est ridicule. Vraiment, la petite reine est idéale. Vérifier freins et pneus, et demander un antivol. Se munir d'une lampe électrique pour se signaler la nuit.
➢ ***Bemo :*** des *bemos* circulent le long de jalan Danau Tamblingan. On peut les héler, mais il faut négocier ferme le prix, car ils ont tendance à demander des sommes trop élevées.

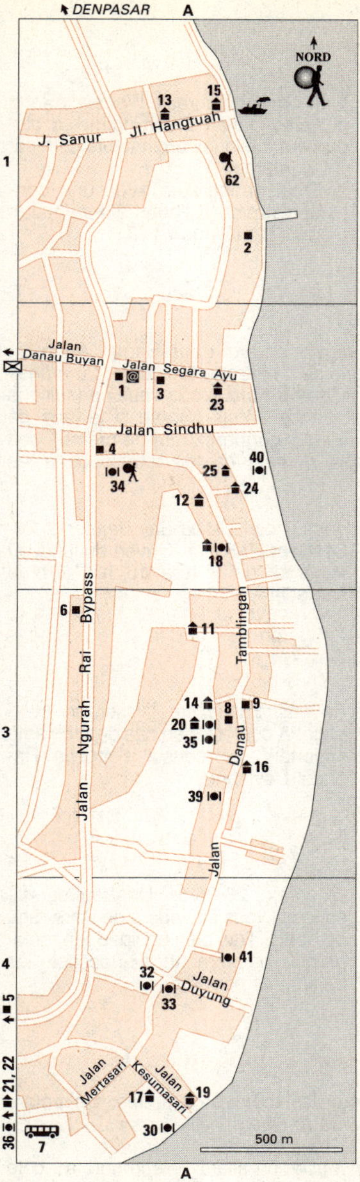

Adresses utiles

- Poste
- Bateau pour Nusa Lembogan
- 1 Wartels et Internet
- 2 American Express, Thai International, Air France et Singapore Airlines
- 3 Pharmacie
- 4 Dentiste
- 5 Agence consulaire de France
- 6 André Sewatama Rent a Car
- 7 Station de *bemos*
- 8 Supermarché
- 9 Distributeurs ATM

Où dormir ?

- 11 Keke Home Stay
- 12 Coco & Yulia Home Stay
- 13 Watering Hole I
- 14 Hôtel Bali Wirasana
- 15 Ananda Hotel
- 16 Taman Agung Beach Inn
- 17 Stana Puri Gopa Hotel
- 18 Kalpatharu Hotel
- 19 Kesumasari Beach Homestay
- 20 Hôtel Santai
- 21 Raddin
- 22 Santrian Puri
- 23 Segara Village
- 24 La Taverna
- 25 Sari Sanur Resort

Où manger ?

- 18 Kalpatharu
- 20 Café Tali Jiwa
- 30 Cemara Beach Cafés Bobby's & Donald
- 31 Warung Sriyana
- 32 Casa Luna & Orchid Café
- 33 Restaurant Ming
- 34 Marché de nuit
- 35 Lumut
- 36 Mezzanine
- 39 Penjor Café
- 40 Bonzaï Café
- 41 Bali Hyatt

À voir

- 34 Marché de nuit
- 62 Mayeur Museum

SANUR

Adresses utiles

Poste et télécommunications

✉ ***Poste*** *(hors plan par A2)* : jl. Danau Buyan. Plusieurs *postal agent* le long de jalan Danau Tamblingan.

■ @ ***Téléphone et Internet*** *(plan A2, **1**)* : nombreux offices *Wartel* un peu partout. Un très central, jalan Segara, plusieurs autres le long de jalan Hangtuah et de nombreux *Wartels* le long de jalan Danau Tamblingan. La plupart ont quelques ordinateurs connectés à Internet.

@ Trois ordinateurs avec une connexion rapide à l'hôtel *Santai,* jalan Danau Tamblingan 148.

Argent, change

Pour le change, nombreux *money changers* partout dans Sanur. Attention aux arnaques, ce sont des professionnels de « l'attrape-touriste ». Le *money changer* le plus fiable est le réseau *PT Central Kuta.* Nous vous conseillons de changer votre argent soit dans les grands hôtels (même si le taux de change vous paraît moins avantageux, vous y gagnerez tout de même), soit dans les banques. Le mieux est encore d'effectuer des retraits dans les nombreux distributeurs *ATM.*

■ ***Distributeur ATM*** *(plan A3, **9**)* : jl. Danau Tamblingan, juste à côté du supermarché. Accepte les cartes *Visa* et *MasterCard.*

■ ***American Express*** *(plan A1, **2**)* : dans l'hôtel *Grand Bali Beach.* ☎ 28-84-49 et 28-85-11. Ouvert du lundi au vendredi de 8 h à 16 h (12 h le samedi).

Représentation diplomatique

■ ***Agence consulaire de France*** *(hors plan par A4, **5**)* : gang Mertasari II, 68. ☎ 28-54-85. Ouvert du lundi au vendredi de 14 h à 17 h. Fermé les week-ends et jours fériés. En cas d'absence, laisser un message. À contacter en cas de problème important. Le consul s'appelle Raphaël Devianne.

Santé

■ ***Pharmacie*** *(plan A2, **3**)* : à l'angle de jl. Ngurah Rai Bypass et jl. Segara, près du carrefour. Ouvert de 8 h à 22 h.

■ ***Dentiste*** *(plan A2, **4**)* : Dr Retno W. Agung, jl. Ngurah Rai Bypass 4A. ☎ et fax : 28-85-01. Une femme efficace qui vous soulagera de votre rage de dents. Très bien équipée (en radiographie notamment), elle accepte les paiements par carte.

Location de voitures, agences et compagnies aériennes

Nombreux loueurs. Ils n'offrent pas tous les mêmes garanties. On trouve leurs coordonnées dans le *Visitor's Guide to Bali.*

■ ***André Sewatama Rent a Car*** *(plan A3, **6**)* : jl. Ngurah Rai Bypass 330. ☎ 28-83-59 et 28-81-26 et 28-97-44. Fax : 28-87-78. • andre reich@telkom.net • À 800 m du *McDo,* en allant vers le sud, du côté droit de la route. Tenu par André Reich, un Allemand très sympa qui parle couramment le français, installé depuis une vingtaine d'années à Bali.

Propose des tarifs intéressants avec des forfaits pour 4, 7 ou 10 jours de location. C'est l'un des seuls loueurs à offrir une assurance tous risques (couvrant la voiture et les passagers au tiers). Propose également des voitures *one-way* de Bali à Yogyakarta (ou l'inverse). On laisse la voiture à l'arrivée à Yogyarkarta. Au prix de la location, il faut ajouter un *drop off* (frais d'abandon) de 100 € environ. Une formule vraiment intéressante. Également, location de minibus avec chauffeur à la journée à des tarifs avantageux.

■ ***Agence de voyages Golden Kriss :*** jl. Ngurah Rai Bypass 87. ☎ 28-92-25. Fax : 28-92-28. Réputée pour son sérieux.

■ ***Compagnies aériennes :*** les compagnies suivantes ont leur bureau à l'hôtel *Grand Bali Beach (plan A1, **2**)* :

– *Thai International :* appeler l'hôtel au ☎ 28-85-11, et on vous connectera.

– *Air France :* ☎ 28-77-34 (n° direct).

– *Singapore Airlines :* ☎ 76-83-89.

Loisirs

■ ***Blue Oasis Beach Club** (hors plan par A4) :* sur la plage, à Semawang, derrière le *Sanur Beach Hotel.* ☎ 28-80-11. Nombreux « sports d'eau » et aussi le seul endroit à Bali où louer du matériel de *kite surf.* On peut aussi y prendre des cours. Location de planches à voile, de kayak des mers, de *funboard,* etc.

Divers

■ ***Supermarché Hardy's Grosir** (plan A3, **8**) :* jl. Danau Tamblingan. C'est en fait un centre commercial. On y trouve de tout. Également un petit supermarché à côté de la pharmacie *(plan A2, **3**).*

■ ***Stations-service :*** sur la route de Denpasar et sur celle de l'aéroport.

Où dormir ?

Contrairement à Kuta, il y a peu d'adresses bon marché par ici, et la plupart des établissements se situent dans les rubriques « Prix moyens à un peu plus chic » et « Chic ». Tous les prix indiqués ci-dessous incluent le petit dej' (sauf mention contraire).

De bon marché à prix modérés (de 45000 à 80000 Rps, soit 3,6 à 6,5 €)

Parmi les adresses les moins chères de la ville, en voici quelques-unes, non loin les unes des autres. Certaines sont situées derrière des boutiques de souvenirs. Prix plus élevés qu'à Kuta pour les mêmes prestations.

***Coco Home Stay** (plan A2, **12**) :* jl. Danau Tamblingan 42. ☎ 28-73-91. • ketutcoco@hotmail.com • Douche froide, w.-c. et ventilo. Nickel et tout blanc. Avis aux amoureux, toutes les chambres ne proposent que des lits jumeaux. Rien à redire sinon. Le moins cher de cette catégorie.

***Yulia Home Stay** (plan A2, **12**) :* jl. Danau Tamblingan 38. ☎ 28-80-89. Chambres dans l'arrière-cour de la boutique du proprio, dans un beau petit jardin de style balinais. Deux catégories de prix. Bonne tenue générale. Terrasse et sièges en bambou, ventilo et douche (froide).

***Keke Home Stay** (plan A3, **11**) :* jl. Danau Tamblingan 96, gang Keke. ☎ 28-72-82. Juste en face de l'hôtel *Santian Cottages,* prendre le chemin de terre sur 100 m ; c'est au fond. Dispose de quelques chambres, avec ventilo et douche froide. Très propre et parfaitement calme. Accueil gentil. Une adresse basique, correcte mais sans plus. Un peu plus cher que les autres.

De prix moyens à un peu plus chic (de 70 000 à 250 000 Rps, soit 5,7 à 20 €)

Ananda Hotel *(plan A1,* ***15****)* **:** jl. Hangtuah 43. ☎ et fax : 28-83-27. Au bout de la rue, sur la gauche, juste avant la plage. Cet établissement, qui ne paie pas de mine de l'extérieur, se révèle finalement à la fois joli et tranquille. Propose des chambres de confort variable avec salle de bains (eau froide), ventilo ou AC. Préférer les chambres du 1er étage, elles sont plus agréables et plus lumineuses, notamment celles du bord de mer. La mer (plage de sable noir) est en effet à quelques mètres en traversant la route. Le petit dej' n'est pas inclus dans le prix de la chambre. Bar, restaurant et livres à emprunter à la réception. Le moins cher de cette catégorie.

Hôtel Santai *(plan A3,* ***20****)* **:** jl. Danau Tamblingan 148. ☎ et fax : 28-73-14. Derrière le *Café Tali Jiwa,* quelques chambres autour d'une piscine suffisamment grande pour que l'on puisse y nager. Très propre et agréable. Le « plus » de cette adresse, c'est son côté écolo, puisque l'argent récolté grâce à l'activité d'hôtellerie et de restauration est réinvesti dans une association de protection de l'environnement. Belle bibliothèque et ordinateurs connectés à Internet. Une bonne adresse aussi pour rencontrer les jeunes Balinais qui fréquentent le centre de recherche.

Kesumasari Beach Homestay *(plan A4,* ***19****)* **:** jl. Kesumasari 6. ☎ 28-78-24. Fax : 28-88-76. Petit village de bungalows en bord de mer. Confort de type *losmen,* en un peu mieux. Environnement agréable, plein de petits temples tout autour. À deux pas de plusieurs *warungs* bon marché et les pieds dans l'eau. Deux catégories de prix : 120 000 Rps avec ventilo et 180 000 Rps avec clim'. Accueil indifférent.

Watering Hole I *(Agung & Sue Home Stay; plan A1,* ***13****)* **:** jl. Hangtuah 37. ☎ et fax : 28-82-89. • agungsuewateringhole@yahoo.com • Au nord de la place et à l'entrée de Sanur quand on arrive de Denpasar. Les chambres, réparties dans une cour intérieure, derrière le restaurant de l'hôtel, ont toutes une douche, un ventilo ou l'AC selon le prix (entre 60 000 et 100 000 Rps). Propre. Accueil moyen. Seul problème, la proximité de la mosquée (les prières commencent tôt !). Resto bon marché.

Hôtel Bali Wirasana *(plan A3,* ***14****)* **:** jl. Danau Tamblingan 126. ☎ 28-86-32. Fax : 28-23-56. • wirasana@indosat.net.id • En retrait de la route, à côté des *Swastika Bungalows.* On loge dans des bungalows disséminés dans un grand jardin ou dans un bâtiment d'un étage. Chambres avec salle de bains, ventilo ou AC, de 165 000 à 260 000 Rps. Réduction si vous restez plusieurs nuits. Attention aux moins chères, elles ne sont franchement pas formidables. Possibilité d'utiliser la piscine de l'hôtel voisin. Supermarché juste à côté.

Kalpatharu Hotel *(plan A2,* ***18****)* **:** jl. Danau Tamblingan 80. ☎ 28-84-57. Face au *Tanjung Sari Hotel.* Prix raisonnables. Propose 8 chambres dans une cour derrière le restaurant du même nom. Les chambres sont bien tenues et disposent toutes de l'AC. Sanitaires pas très propres ! Petite piscine tout en longueur, malheureusement pas limpide... Accueil très pro. N'accepte pas la carte *Visa.*

Chic (de 300 000 à 700 000 Rps, soit 24,3 à 56,7 €)

Sari Sanur Resort *(plan A2,* ***25****)* **:** jl. Danau Tamblingan 27. ☎ 28-15-55. Fax : 28-83-72. • saribali@indo.net.id • Quelques beaux bungalows tout récents qui entourent un joli espace vert et une petite piscine de forme ronde. Confort impeccable, tranquillité garantie et intimité respectée, car les maisonnettes sont bien séparées les unes des autres.

Taman Agung Beach Inn *(plan A3, **16**)* **:** jl. Danau Tamblingan 146. ☎ 28-85-49. Fax : 28-91-61. • tamanagunu@yahoo.com • Grand village de bungalows construit dans un très beau jardin, dans lequel sont dispersées des statues de pierre. Piscine fort agréable, où l'on peut tranquillement esquisser quelques brasses. Plusieurs catégories de prix : chambres avec AC, ventilateur et eau chaude ou encore ventilateur et eau froide. L'ensemble est bien entretenu et le retrait de la route assure un calme parfait. Connexion à Internet à la réception et chouette resto. Une belle adresse.

Stana Puri Gopa Hotel *(plan A4, **17**)* **:** jl. Kesumari 4. ☎ 28-99-48. Fax : 28-73-55. • www.purigopabali.com • Propose 14 bungalows aux allures de temples balinais dispersés dans un joli petit jardin très bien entretenu. Les chambres sont spacieuses et propres. Toutes disposent de l'AC et de l'eau chaude. Pour une fois, le prix n'inclut pas le petit dej'. Jolie piscine entourée de statuettes balinaises et agréable salon de lecture. Accueil absolument charmant. La plage est à 50 m.

Segara Village *(plan A2, **23**)* **:** jl. Segara Ayu 6. ☎ 28-84-07. Fax : 28-72-42. • segara1@denpasar.wasantara.net.id • Complexe hôtelier comprenant plusieurs bâtiments à l'architecture traditionnelle éparpillés dans un jardin. Dans les chambres, isolement et confort garantis (eau chaude, AC). Deux piscines et une plage privée. Billards, ping-pong, accès Internet (beaucoup plus cher que dans les *Wartels*) et même des cours de cuisine balinaise. Deux restos et un bar-jacuzzi. Animations et jeux pour les enfants. Échoppes, bureau de poste.

La Taverna *(plan A2, **24**)* **:** jl. Danau Tamblingan 29. ☎ 28-84-97. Fax : 28-71-26. • www.latavernahotel.com • À côté du *Gazebo Cottages.* Architecture plus « campagnarde » que les autres hôtels chic de Sanur. Chambres confortables, rénovées mais avec de vieux meubles et des collections d'objets balinais. Chacune des pièces possède un style différent. La plupart des chambres disposent de jolies petites terrasses individuelles. Très belle piscine qui surplombe la mer. Une adresse de rêve pour ceux qui en ont les moyens. Bien préférable aux usines à touristes qui l'entourent. Accès direct à la mer. Accueil très aimable, avec quelques mots de français.

Très chic (plus de 700 000 Rps, soit 56,7 €)

Raddin *(hors plan par A4, **21**)* **:** jl. Mertasari. ☎ 28-88-33. Fax : 28-73-03. Immense hôtel constitué d'un ensemble de cottages de style balinais. Chambres très confortables, avec minibar, climatisation, etc., sans oublier le petit déjeuner-buffet (gargantuesque) compris. Possibilité d'obtenir des chambres communicantes pour les familles. Plusieurs bars-restaurants et plusieurs belles piscines, dont une pour les enfants. Ils organisent également des activités, nautiques par exemple. Accueil et service très souriants.

Santrian Puri *(hors plan par A4, **22**)* **:** jl. Danau Tamblingan 63, à Semawang. ☎ 28-80-09. Fax : 28-71-01. • www.santrian.com • Très grand complexe hôtelier offrant différents types de chambres, dans des bungalows ou dans des bâtiments à étage. Toutes sont très bien équipées. Les prix sont élevés, mais le cadre est assez exceptionnel : jardin luxuriant, plusieurs petits salons et restaurants et pas moins de 3 piscines. Plage aménagée avec des transats. Il y en a même dans la mer !

Où manger ?

Bon marché (de 10 000 à 25 000 Rps, soit 0,8 à 2 €)

– Du côté de jalan Hangtuah, plusieurs petits ***warungs,*** ces restaurants ambulants qui servent pour quelques roupies des soupes et des plats de cuisine locale.

– Au bout de jalan Kesumasari, plusieurs petits restos de plage, côte à côte. Cuisine honnête et prix modestes. Un coin sympa pour faire une pause l'après-midi ou dîner en toute tranquillité.

Marché de nuit *(plan A2, 34)* : de 17 h à 21 h ou 22 h. Petit et animé. Au milieu des stands de soutiens-gorge, culottes, barrettes, jouets, portefeuilles, on trouve quelques *warungs* fumants, encadrés de petites tables éclairées au néon où l'on prendra un modeste repas pour trois fois rien. Avec de la chance, vous pourrez assister à des combats endiablés de coqs. Épatant et à ne pas rater.

Prix moyens (de 25000 à 50000 Rps, soit 2 à 4 €)

Les restaurants se succèdent tout le long de jalan Danau Tamblingan.

Café Tali Jiwa *(plan A3, **20**)* : jl. Danau Tamblingan 148. ☎ 28-73-14. Le café-resto de l'hôtel *Santai*. Carte assez longue et plutôt originale, avec de nombreuses options végétariennes. En dessert, des glaces maison.

Cemara Beach Cafés Bobby's & Donald *(plan A4, **30**)* : jl. Cemara, à Semawang. ☎ 28-76-10. Au bout de jalan Mertasari, prendre la rue à gauche jusqu'à la plage. En bord de mer. Cuisine internationale et fruits de mer à l'honneur.

Casa Luna & Orchid Café *(plan A4, **32**)* : jl. Danau Tamblingan. Entre le *Sanur Beach Hotel* et le *Bali Hyatt*. Pas de numéro. ☎ 28-82-63. Cuisine de tous les pays, avec d'intéressantes propositions de plats balinais : *bebek betutu* (canard fumé), *sate babi manis* (brochettes de porc), etc. On vient vous chercher sur simple appel téléphonique et on vous reconduit, royal ! Spectacle de danse 3 soirs par semaine.

Kalpatharu *(plan A2, **18**)* : jl. Danau Tamblingan 80. ☎ 28-84-57. Face au *Tanjung Sari Hotel*. Ouvert midi et soir. C'est le resto de l'hôtel du même nom. Le décor est agréable. Plusieurs *bale*, mobilier en bambou et tables joliment dressées. Côté cuisine, grand choix de spécialités indonésiennes, notamment une soupe à la viande et à la noix de coco *(jejeruk bali)* et la fameuse *rijsttafel*, que l'on propose ici sous le nom de *magibung*. Accueil sympa. Danse balinaise le mercredi à 20 h.

Bonsai Café *(plan A2, **40**)* : jl. Danau Tamblingan 27. Indiqué depuis la route, à côté du *Sari Sanur Cottages*. Restaurant constitué de plusieurs petites paillotes installées directement sur la plage. Carte variée et bon rapport qualité-prix. Le cadre est enchanteur, on dîne face à la mer, les pieds dans le sable et loin du brouhaha de la rue principale. Il vous est aussi possible de prendre juste un verre le soir, le bar du restaurant étant ouvert jusqu'à 2 h. Avis aux routards fanas de botanique : avant de partir, n'oubliez pas d'admirer la superbe collection de bonsaïs installée à l'entrée du resto.

De chic à très chic (plus de 50000 Rps, soit 4 €)

Restaurant Ming *(plan A4, **33**)* : jl. Danau Tamblingan 105. ☎ 28-19-48. À 200 m du *Bali Hyatt Hotel*. Transport gratuit sur simple appel téléphonique. Ouvert le soir seulement. Un lieu superbe, raffiné et intime. L'art qu'on maîtrise ici, c'est avant tout l'art culinaire. Outre la carte, on trouve une pléthore de propositions agrafées sur les murs. Il y a des plats à tous les prix, et tous sont traités sur un pied d'égalité. Poisson, viande, légumes, épicés ou sucrés, à la vapeur ou grillés, européens, chinois ou indonésiens, la diversité des plats ne dilue en rien la qualité, constante et étonnante. Essayer notamment le *fisherman basket*, avec ou sans homard ! Le patron et ses filles parlent un français impeccable et tous les serveurs baragouinent un petit peu. L'adresse qui a le vent en poupe.

Lumut *(plan A3, **35**)* : jl. Danau Tamblingan 166. ☎ 27-00-09. Rien que pour le cadre, on y dînerait tous les soirs ! Trois salles, dont une à l'étage (notre favorite) à la déco à la fois classe et sobre. Service super impeccable, et avec le sourire. Au menu, que de choix ! Cuisine asiatique essentiellement, oscillant entre la Thaïlande, le Japon et le Vietnam, sans oublier la *balinese touch.* Les portions sont plutôt petites, mais les mets originaux et fins. Bref, on a beaucoup aimé.

|●| ***Mezzanine*** *(hors plan par A4, **36**)* **:** jl. Danau Tamblingan 63, à Semawang. ☎ 27-06-24. Un des restos de l'hôtel *Santrian Puri.* Cadre superbe. Terrasse éclairée de guirlandes. Salle à la déco épurée (pas grand-chose de balinais, en fait). Très bonne cuisine indonésienne et thaïlandaise. Les desserts, notamment, sont succulents. En prime, un pianiste adoucit les mœurs !

|●| ***Penjor Café*** *(plan A3, **39**)* **:** jl. Danau Tamblingan 135. À 500 m avant le *Bali Hyatt,* quand on se dirige vers le sud. Ouvert midi et soir. Service impeccable et souriant. Propose une très bonne carte. Vous pourrez ainsi goûter avec plaisir aux spécialités indonésiennes, balinaises, chinoises, japonaises ou coréennes. Absolument exquis ! Spectacle de danse plusieurs fois par semaine, à partir de 20 h 15. Un peu touristique.

Plus chic

|●| ***Buffet du Bali Hyatt*** *(plan A4, **41**)* **:** à l'hôtel *Bali Hyatt,* évidemment. ☎ 28-12-34 ou 28-82-71. De l'avis d'Européens établis à Bali, c'est bon mais surtout très très cher (une trentaine d'euros). Le buffet se tient uniquement le jeudi, de 19 h 30 à 22 h. On dîne sur une esplanade dans un beau jardin tropical, tout éclairé. Somptueux spectacles de danses balinaises au cours du repas. Comme le buffet est à volonté, vous aurez un aperçu de toute la cuisine balinaise, notamment des plats assez difficiles à trouver dans les restos modestes (le fameux *babi guling,* entre autres). Éviter de prendre du vin car celui-ci augmente l'alcoolémie mais surtout l'addition.

Où boire un verre ? Où sortir ?

🍸 ***Bars :*** tous les restos font aussi bars. Ceux du bord de plage, de plus en plus nombreux, sont évidemment les plus agréables, surtout à la tombée du soir. Cela dit, Sanur est plutôt du genre à se coucher avec les poules. La plupart des établissements proposent les *happy hours ;* certains les pratiquent de 17 h à 19 h, d'autres de 18 h à 20 h et parfois de 19 h à 21 h.

– Nombreux ***spectacles de danse*** organisés par les hôtels ou par certains restos.

À voir. À faire

⛱ ***La plage :*** immense et peu profonde, elle est entièrement artificielle. De longs mois de travaux, financés par des capitaux japonais, ont eu pour but de réhabiliter une plage détruite, grignotée petit à petit par des vagues qui n'étaient plus arrêtées par la barrière de corail, en partie détruite par l'homme. Le résultat n'est pas mal, la plage est plus large, régulière, mais le sable qui vient du large n'a plus la finesse d'antan. Absolument aucun danger pour les enfants, mais quasiment impossible de nager, surtout à marée basse. En effet, la mer se retire alors assez loin au large. Attention, à certains endroits de la plage, il y a des tapis d'herbes marines avec oursins et morceaux de corail ; prévoir des sandales. Très jolies barques de pêcheurs à balancier, les *prahus,* à bord desquelles il est possible d'effectuer des promenades en mer (mais c'est plus sympa de faire ça à Lovina). Ce sont d'anciens pêcheurs qui ont trouvé plus lucratif de balader les touristes. Admirez les cerfs-volants. Certains, de la taille d'un aigle, sont de véritables œuvres d'art. Sinon, en déroulant votre serviette, vous aurez droit au traditionnel défilé des vendeurs ambulants : lunettes, montres, sarongs, boissons et massages. Tout cela dans une ambiance bon enfant. Tiens, des tables de massage ont été dressées au bord de la plage, au niveau du petit marché, ce qui permet aux masseuses de moins s'éreinter. C'est ça, l'amélioration des conditions de travail !

Museum Le Mayeur *(plan A1, **62**)* **:** au bord de la plage. ☎ 28-62-01. Suivre jalan Hang Tuah jusqu'à la mer puis prendre à droite et longer la plage à pied. Ouvert les lundi, mardi, mercredi et dimanche de 8 h à 15 h (12 h 30 le vendredi). Fermé le samedi. Entrée à prix dérisoire.
Pour bien s'imprégner de l'atmosphère dans laquelle baignait Sanur dans l'entre-deux-guerres, il faut vraiment rendre une petite visite à la maison du peintre belge Le Mayeur, qui se fit bâtir en bord de plage cette ravissante maison dans un style très balinais, au milieu d'un petit jardin où l'on est de toutes parts surveillé par des statues de pierre. En passant la porte sculptée, on pénètre dans de petites pièces peintes en rouge. On découvrira de nombreuses œuvres du maître, dont la plupart mériteraient une intense restauration. Pour celles sur rafia qui tombent en lambeaux, c'est hélas déjà trop tard ! Ses femmes au torse nu sont superbes, dessinées avec peu de traits, et toujours celui de la grâce. *Five Women Playing in the Pond Side, Two Women Dancing* ne sont que des exemples. Touchante scène champêtre, genre *Déjeuner sur l'herbe.*
La peinture du Mayeur nous a beaucoup plu, malgré, on le répète, le mauvais état des œuvres. On verra aussi des huiles sur toile qui évoquent les pays qu'il a traversés : l'Inde, l'Italie, la côte française. Mais ses plus belles œuvres, les plus inspirées, viennent de Bali et plus précisément des femmes de Bali. Il devait les aimer fort pour les peindre si bien. D'ailleurs, il était marié à Ni Polok, une danseuse balinaise superbe (ici, pléonasme), spécialisée dans la danse du *legong,* et qui s'occupa de la maison jusqu'à sa mort, en 1985, avant de céder le site et les œuvres de son mari au gouvernement – qui a visiblement choisi d'investir le minimum du minimum dans cette entreprise. Dommage, trois fois dommage !

Le marché de nuit *(plan A2, **34**)* **:** petit et sympathique pour casser une petite graine. Authentique en diable (voir plus haut, dans la rubrique « Où manger ? »).

Balades

➢ ***Balades en bateau* :** entre l'hôtel *Bali Beach (plan A1, **2**)* et l'hôtel *Diwangkara,* le long de la promenade piétonne, une petite baraque (à 150 m environ de l'hôtel *Diwangkara*) propose des balades en mer sur des bateaux à moteur. Prix et durée affichés. Pour une balade de 2 h pour 2, compter environ 20 € (prix à négocier).
Cette excursion comprend une escale sur l'île de Serangan (appelée aussi île aux Tortues par les locaux), une visite du bassin aux Tortues, une balade à pied jusqu'à un petit temple hindouiste. Sur le trajet du retour, possibilité de plonger avec un masque et un tuba (fournis par le pilote) et d'observer les fonds coralliens peuplés de quelques beaux poissons. Le bateau possède une petite trappe transparente qui permet aux passagers qui ne plongent pas de goûter un peu à la vue des fonds sous-marins. À notre avis, le bassin aux Tortues de l'île de Serangan est peu intéressant. Les tortues sont entassées dans un bassin sans lumière, à l'intérieur d'un grand bâtiment en béton sans charme qui ressemble à un entrepôt. Elles pataugent dans des eaux sombres et fétides.

➢ Nombreuses ***balades à vélo*** possibles dans la campagne environnante.

QUITTER SANUR

En *bemo*

Station de bemos *(plan A4, 7)* **:** dans la partie sud de Sanur.
➢ ***Pour Denpasar :*** il en existe de 2 couleurs ; les verts s'arrêtent à la gare routière de Kreneng tandis que les bleus s'arrêtent à celle de Tegal.
➢ ***Pour Kuta :*** prendre les *bemos* bleus jusqu'à jalan Imam Bonjol, au carrefour de jalan Teuku Umar, puis prendre un autre *bemo* pour Kuta.

En avion

➢ ***Pour l'aéroport :*** pas de *bemo* direct pour l'aéroport. Il faut en chartériser un ou prendre un taxi.

En bateau

➢ ***Pour Nusa Lembogan :*** départ devant l'*Ananda Hotel,* au bout de jalan Hangtuah *(plan A1),* soit avec le bateau public à 8 h (le moins cher), soit à 10 h 30 avec la compagnie *Perama.* Un peu plus cher mais nettement plus confortable. Compter un peu plus d'une heure de traversée. Pour le retour, bateau le lendemain.
➢ ***Pour Nusa Penida :*** départ le matin, à 8 h et arrivée à 10 h. Guichet au même endroit que pour Nusa Lembogan.

KUTA, LEGIAN ET SEMINYAK

IND. TÉL. : 0361

Au début des années 1960, Kuta, à 9 km au sud de Denpasar, était un endroit désert où l'on trouvait difficilement à se restaurer. Ceux qui voulaient y séjourner devaient se contenter de modestes chambres louées par les quelques habitants du village. Kuta était l'un des « trois K » mythiques des routards, avec Katmandou et Kabul. Quant à Legian, ce n'était qu'un petit hameau, à l'autre extrémité de cette plage, la plus belle de l'île, et que les Balinais connaissaient bien pour les couchers de soleil. Ils y venaient aussi parfois en procession, pour disperser dans la mer les cendres d'un défunt.
Aujourd'hui, Kuta, Legian et, plus au nord, Seminyak ne forment plus qu'une seule et même ville qui s'étend sur plus de 7 km, et la route qui les relie est bordée de magasins, de restaurants et de bars. Les premiers hippies qui découvrirent les lieux ne reconnaîtraient plus rien. Les agences de voyages leur ont succédé avec beaucoup d'efficacité, car c'est devenu la plus grande station balnéaire de l'île. Le piéton qui rentre de la plage devra slalomer jusqu'à son losmen entre les vendeurs de montres, de bracelets, de bijoux, les magasins de fringues... et les voitures qui encombrent la rue. Les sorties de plage à Kuta, c'est Saint-Trop' le 15 août à 18 h !
Chaque année, cette Babel du tourisme ne cesse de s'étendre. Les arbres qui en faisaient tout le charme et procuraient un peu d'ombre ont été arrachés. On a rasé les anciennes maisons et les jardins. Le terrain vaut cher. Il faut le rentabiliser. Alors, on a construit n'importe quoi et n'importe comment. C'est pourquoi on trouve de tout en matière de logements. Du plus modeste au plus luxueux. Toutes les monnaies sont acceptées et les cartes de paiement deviennent une formule magique permettant de tout s'offrir.

ALORS, ON Y VA OU ON N'Y VA PAS ?

Kuta et Legian ne vivent plus que du tourisme. Ce n'est plus Bali mais une station où les vacanciers du monde entier se retrouvent pour célébrer ensemble la grande kermesse des vacances. En cherchant bien, on y trouvera encore quelques Balinais (tous commerçants), des offrandes avec des bâtonnets d'encens (devant les portes des boutiques), et on y entendra le son discret d'un *gamelan* vite couvert par les pétarades des motos et les hurlements de la stéréo. Malgré tous ces désagréments, Kuta plaît. Tout le monde se plaint (sauf les Australiens et les Balinais) qu'il y ait trop de monde, trop de boutiques, trop de bruit, trop de ceci et cela... trop de tout. Pourtant, il faut bien le constater, la plupart des touristes restent là longtemps... tout en râlant. L'ambiance décontractée, simple, sympathique, les bars ouverts tard, la chouette plage, les prix bas... Un étrange mélange d'attirance et de répulsion, tels sont les sentiments qu'inspirent Kuta et Legian.

C'est certainement là qu'on trouve la plus grande concentration de jeunes Australiens hors d'Australie. C'est un peu leur Côte d'Azur, en moins cher évidemment.

S'il faut avoir vu Kuta, il faut aussi savoir quitter à temps cette foire de l'exotisme si l'on veut vraiment connaître Bali. Ceux qui préfèrent un séjour plus tranquille iront à Seminyak, ou encore à Sanur ou Lovina. Mais Kuta et Legian possèdent la plus longue et la plus belle plage de l'île, assurément. Elle s'étire sur plusieurs kilomètres, très large, rythmée par de grosses vagues (danger, on se répète ; plusieurs morts chaque année !) qui font la joie des surfeurs, et ressemble étrangement aux plages de l'Atlantique en France.

Kuta est le meilleur endroit de l'île pour apprendre à surfer. De belles vagues pas trop puissantes pour débuter et pas de barrière de corail, donc pas de danger de se faire mal. Cela dit, seuls ceux qui sont de très bons nageurs s'adonneront à ce sport. On repère bien vite là où le danger est limité : les surfeurs ont l'habitude de se regrouper dans un même secteur. Joignez-vous à eux, et à vos planches !

Difficile de savoir quelles seront, à long terme, les conséquences de l'attentat tragique du 12 octobre 2002. En provoquant la mort de 210 personnes, l'explosion de la voiture piégée qui a ravagé tout le centre où se concentraient les boîtes de nuit et les bars a évidemment eu des répercussions sur la vie nocturne de la station. Mais, malgré le choc moral et économique, les Balinais sont bien décidés à reconstruire leur île, à panser ses plaies et à accueillir tout le monde, sans considération de race ou de religion. D'ailleurs, les voyageurs reviennent. Le « centre d'attraction » nocturne s'est en effet déplacé, de Kuta à Seminyak, qui a vu pousser de nouveaux bars et de nouveaux restos bien agréables. Quant aux Australiens, durement touchés par cet atroce acte de barbarie aveugle, ils ont vite réinvesti les bars (qui restent encore) de Kuta !

VOLS, BRIGANDAGE

Rien de bien méchant, mais soyez prudent, principalement le soir. On nous a signalé des vols dans certains *losmen*. Quelques agressions aussi sur la plage la nuit et dans les endroits déserts. Pas de parano toutefois, ce n'est pas Chicago.

Mettez vos affaires de valeur et vos papiers dans un coffre, à l'hôtel, vous serez plus tranquille. À la plage, ne prenez que l'argent nécessaire à votre petit massage et votre boisson favorite. Comme ça, vous ne risquez pas de vous faire voler grand-chose.

Orientation

Pas évident de trouver une adresse à Kuta, Legian et Seminyak, vu l'anarchie de la topographie et le fouillis labyrinthique de ses ruelles. Vous aurez à faire preuve de patience. Peu ou pas de numéros dans les rues, rues sans

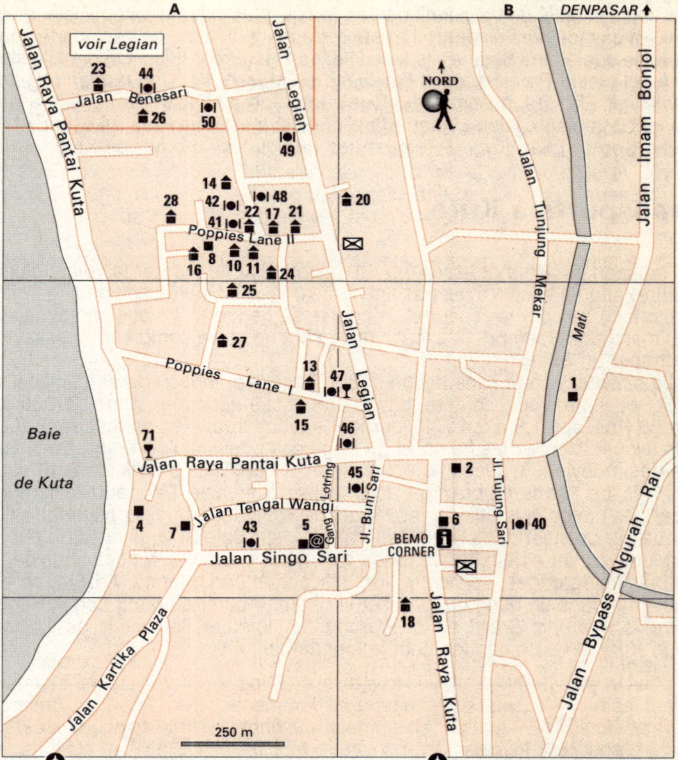

KUTA

Adresses utiles

- Tourist Information
- Postes restantes
- 1 Bank Duta
- 2 BCA
- 4 Garuda Office (Natour Kuta Beach Hotel)
- 5 Wartel (téléphone)
- 6 Police
- 7 BII
- 8 Bank Bali

Où dormir ?

- 10 Cempaka II
- 11 Losmen Arthawan
- 13 Komala Indah I
- 14 Suka Beach Inn
- 15 Poppies Lane Cottages
- 16 Balisandy Cottages
- 17 Gora Beach Inn
- 18 Jesen's Inn II
- 20 Matahari Bungalows
- 21 Taman Sari Cottages
- 22 Poppies Inn
- 23 Komala Indah II Cottages
- 24 Ronta Bungalows
- 25 Hôtel Sorga Cottages
- 26 Un's Hotel
- 27 Mimpi Bungalows
- 28 Hôtel Bounty

Où manger ?

- 40 Marché de nuit
- 41 Bali Corner
- 42 Warung 96
- 43 Dayu I
- 44 Captain Haddock
- 45 Dayu II
- 46 Made's Warung
- 47 Poppies
- 48 Warung Linggar
- 49 Aroma's Café
- 50 Warung Brasil-Bali

Où boire un verre ?

- 71 Hard Rock Café

nom ou inconnues des chauffeurs de *bemos,* etc. Les distances n'arrangent rien. On a essayé de vous indiquer les lieux le plus clairement possible, mais ce n'est pas toujours évident ! Il existe cependant un atlas de très bonne qualité (utile également pour le reste de l'île), le *Bali Street Atlas.* On peut l'acheter à la librairie *Periplus,* dans l'enceinte du *Made's Warung II (plan Legian-Seminyak, B1,* ***59****),* à Seminyak. Quelques repères : jalan Pantai est la rue menant à la plage, jalan Legian (parallèle à la mer) relie Kuta à Legian, et le Bemo Corner *(plan Kuta, B2),* gare des *bemos,* est le cœur de Kuta.

Transports à Kuta

« Transport ? » Un mot associé à un geste (celui de tourner le volant d'une voiture) auquel vous n'avez pas fini de faire face... Que ce soit pour les *ojek* (moto-taxi) ou pour les voitures, la course se négocie. Si vous ne souhaitez pas marchander, empruntez tout simplement un taxi à compteur ou essayez d'attraper un *bemo* !

– ***Le scooter :*** c'est sans aucun doute le meilleur moyen de se déplacer à Kuta, et il ne vous coûtera pas grand-chose (compter entre 20000 et 30000 Rps, soit 1,6 à 2,4 € la journée) et vous trouverez partout des scooters à louer. Vérifiez les freins, le gonflage des pneus et l'éclairage. La majorité des mobylettes louées, affectueusement baptisées *bebek* (canard) sont des 125 cm^3 sans embrayage, très faciles à manier. On peut également louer des motos plus puissantes. Avant de vous décider, lisez bien notre rubrique sur ce sujet dans les « Généralités » sur Bali. Si vous avez un pépin mineur avec votre deux-roues (pneu crevé, par exemple), rendez-vous dans un *bengkel* (garage). Service rapide, efficace et bon marché. À Kuta, on en trouve un dans un gang qui part sur la droite, à partir du gang Lebak Bene, entre le *Warung Brasil* et le *Warung 96,* lorsque l'on vient de Legian *(plan Kuta, A1).* Demandez, tout le monde connaît.

■ Adresse utile

59 Librairie Periplus

Où dormir ?

23 Adus Beach Inn
24 Senen Beach Inn
25 The Legian Mas Beach Inn
26 Bali Coconut Hotel
27 Suri Wathi Beach House
28 Ned's Hideway
29 Alam Kulkul
30 Bruna Beach Hotel
31 Ananda Resort & Spa
32 Villa Kresna
33 Baleka Beach Hotel
34 Puri Agung Village
35 Panca Jaya
36 Hôtel Lumbung Sari

Où manger ?

29 Papa's
48 Zanzibar
50 Copa Café
51 Tekor Bali
52 Taman Legian
53 Gateway of India
54 Warung Batavia
55 Swiss Restaurant
56 Warung Gossip
57 Zula-Vegetarian Paradise
58 Café Moka
59 Made's Warung II
60 Hana
61 Mykonos
62 La Trattoria
63 Khaïma
64 Barakuda
65 Rumours
66 Bintang Lima
67 Ryoshi
68 Pantarei
69 Warung Bamboo

Où boire un verre ? Où sortir ? Où danser ?

80 Double Six
81 Le Bounty
82 Peanuts
83 JP'S
84 'A' Bar
85 Bali Globe
86 Santa Fe
88 Warung Music
89 Ku-De-Ta

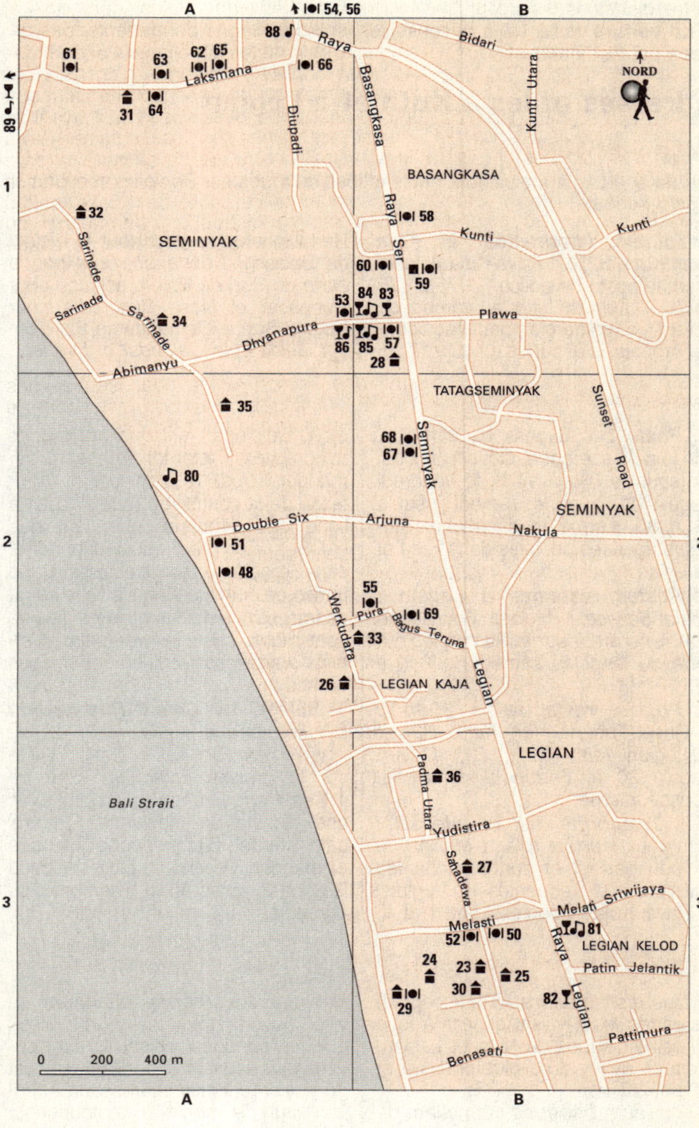

LEGIAN-SEMINYAK

– ***Le vélo :*** il est maintenant devenu rare de louer des vélos. Ça vous permet de vous arrêter partout, d'être très mobile. À pied, vous serez vite limité, vu les distances à parcourir.
– ***La voiture :*** elle est à déconseiller (embouteillages permanents, pas de place pour se garer...).

Adresses utiles à Kuta et à Legian

Infos touristiques

À Kuta et à Legian, plusieurs petits offices de tourisme. En voici un qui nous a paru sérieux.

Tourist Information à Kuta *(plan Kuta, B2)* **:** jl. Raya Kuta 2, juste avant le poste de police. ☎ 75-61-75 ou 76. Ouvert du lundi au samedi de 7 h à 14 h (un gardien peut vous donner brochures et cartes jusqu'à 17 h). Renseignements pour tout le district de Badung. Donne une très bonne carte du Sud de Bali, précieuse pour Denpasar et Nusa Dua, utile pour Kuta et Sanur. Demander le *Bali Tourist Guide* et le *Calendar of Events.*

Poste et télécommunications

Poste : jl. Bypass Ngurah Rai, non loin de l'aéroport. Ouvert du lundi au jeudi de 8 h à 14 h, le vendredi jusqu'à 11 h et le samedi jusqu'à 12 h 30. Fermé le dimanche. Plusieurs agences postales dans Kuta et à Legian.

Postes restantes à Legian : *Postal Service,* jl. Melasti. Fonctionne bien. Une autre sur jl. Seminyak, ouverte du lundi au samedi de 8 h à 16 h.

Postes restantes à Kuta : jl. Raya Tuban *(plan Kuta, B2)* et jl. Legian *(plan Kuta, B1).* Ouvert jusqu'à 20 h. Fermé le dimanche. Service Internet.

■ @ ***Téléphone, fax et Internet :*** nombreux ***wartels*** *(plan Kuta, A2,* ***5****)* un peu partout et surtout dans les quartiers très fréquentés (jl. Legian ; jl. Raya Kuta ; Poppies Lane I et II, etc.). La plupart ont des ordinateurs avec accès à Internet. Pensez à demander le prix à la minute et la vitesse de la connexion (*biasa* = par la ligne de téléphone, plus lent que l'ADSL). On peut aussi téléphoner sans problème et directement. Le temps de conversation s'affiche sur le cadran. On rappelle que les appels sont moins chers le week-end. Certains *wartels* sont également équipés de fax.

@ ***Bali@Cyber Café & Restaurant :*** jl. Werkudara, à Legian. ☎ 76-13-26. • www.balicyber.net • Dans l'angle sur la gauche, lorsqu'on vient de jl. Seminyak. Grande salle claire avec une dizaine de machines. Un vrai café Internet, où l'on peut aussi boire et manger. Un chouia plus cher que les autres, mais aussi tellement plus agréable.

Argent, banques, change

■ Des ***distributeurs ATM*** acceptent les cartes *MasterCard* et *Visa* à tous les coins de rues de Kuta et Legian. C'est ce qu'il y a de plus pratique et de plus sûr !

■ Plusieurs ***banques*** permettent de retirer de l'argent avec la carte *Visa* : ***Bank Duta*** *(plan Kuta, B2,* ***1****),* jl. Raya Kuta ; ***BCA*** *(plan Kuta, B2,* ***2****),* jl. Legian ; ***BII*** *(plan Kuta, A2,* ***7****)* et ***Bank Bali*** *(plan Kuta, A1,* ***8****).*

■ Nombreux ***money changers*** en ville, ouverts tous les jours. Mieux que les banques, puisqu'ils sont ouverts plus souvent et que leur taux est généralement plus intéressant. Attention tout de même à l'entourloupe. Comparez les taux de change, qui peuvent varier d'un point à un autre. Recalculez le résultat de l'opération avec *votre* calculatrice (certaines sont trafiquées) et prenez le temps de recompter soigneusement les billets. Les plus fiables sont ceux de la société *PT Central Kuta* (présents aussi à Sanur, Ubud et Nusa Dua), facilement repérables grâce à leur grande enseigne bleue. On en trouve un notamment près du *Bemo Corner.*

Urgences

■ ***Police :*** jl. Bypass Ngurah Rai (route de l'aéroport) et jl. Raya Kuta *(plan Kuta, B2,* ***6****).* ☎ 75-15-98. En cas de vol ou d'accident.

■ ***Médecins :*** renseignez-vous dans les grands hôtels. Les consultations de ces médecins sont plus chères, mais ils parlent l'anglais et prescrivent des médicaments connus. La plupart des médecins ne consultent qu'en fin d'après-midi.

■ ***Bali International Medical Center*** *(BIMC)* ***:*** jl. Bypass Ngurah Rai. ☎ 76-12-63. Fax : 76-43-45. • www.bimcbali.com • Ouvert 24 h/24. Le *BIMC* est une clinique privée très bien équipée, avec des médecins compétents, souvent formés à l'étranger et qui parlent tous un excellent anglais. Il y a même des ambulances. Cela dit, soyez prévenu : les soins sont chers, et même extrêmement onéreux. Réservés à ceux qui n'ont pas oublié de prendre une bonne assurance (type *Routard Assistance*). Ils ont reçu un titre de mérite, pour s'être montré particulièrement rapides, efficaces et volontaires lors de l'attentat d'octobre 2002.

■ ***SOS Medika Clinic :*** jl. Bypass Ngurah Rai. ☎ 71-05-05. Fax : 71-05-15. Clinique privée ouverte 24 h/24. Personnel anglophone. Un peu moins cher que le BIMC.

■ ***Pharmacies :*** 2 ou 3 officines dans le centre.

Compagnies aériennes et agences de voyages

La plupart des compagnies aériennes ont leur bureau à l'hôtel *Bali Beach,* à Sanur.

■ ***Garuda Office*** *(plan Kuta, A2,* ***4****)* ***:*** au *Natour Kuta Beach Hotel,* au bout de jl. Pantai Kuta (en allant vers la mer). ☎ 75-11-79. Ouvert du lundi au vendredi de 7 h 30 à 16 h 45 et les week-ends et fêtes de 9 h à 13 h. L'agence principale se trouve jl. Bypass Ngurah Rai, pas loin de l'office de tourisme.

■ Plusieurs dizaines d'***agences de voyages*** à Kuta et Legian proposent toutes une multitude de services : location de mobs, de vélos, excursions, confirmations de billets, tickets de bus, soirées crémations... On trouve de tout. Des sérieuses et des je-m'en-foutistes. Vous avez le choix, il y en a une bonne cinquantaine dans le secteur.

Loisirs

■ ***Librairies :*** nombreux *bookshops* dans toutes les rues. On y trouve des bouquins dans toutes les langues, en général rangés par pays. Au menu, *SAS, Brigade Mondaine,* parfois un Agatha Christie ou un Stephen King. Des lectures de vacances... Pour des ouvrages de qualité supérieure (art, artisanat, littérature), rendez-vous à la librairie *Periplus (plan Legian-Seminyak, B1,* ***59****).*

■ Certains hôtels possédant une ***piscine*** acceptent que des non-résidents l'utilisent, moyennant un droit d'entrée.

Où dormir ?

Les ***losmen*** sont innombrables à Kuta et à Legian. Difficile de donner la préférence à l'un ou à l'autre. Les critères qui nous semblent essentiels sont le calme, la propreté, le prix et la proximité de la plage.

Si nous avons un conseil à vous donner, allez dormir le plus loin possible dans Legian (voire carrément à Seminyak). Vous serez plus au calme ! À Kuta, on trouve plutôt les Australiens bruyants qui viennent en bande pour s'éclater, tandis que Legian et Seminyak sont à la fois plus européens et plus tranquilles (si tant est que l'on puisse associer ces deux adjectifs !).
Les *losmen,* même les plus modestes, ont généralement des w.-c. pour chaque chambre et une douche froide (parfois un simple tuyau ou un *mandi,* bac en faïence qui contient de l'eau. Pour se laver, on s'asperge grâce à une sorte de grosse louche en plastique). Il s'agit la plupart du temps de quelques bungalows accolés les uns aux autres autour d'un bout de jardin, agrémentés d'une petite terrasse avec deux sièges et une table basse. À peu près toutes les chambres sont équipées d'un ventilo. Celles avec AC sont beaucoup plus chères, évidemment.
La plupart du temps, aucun problème pour trouver un logement. En juillet et août, ça se corse un peu et les meilleures adresses sont souvent complètes. Si vous n'arrivez pas trop tard, voici une solution : ne cherchez pas un *losmen* avec vos bagages ; si vous êtes deux, la meilleure solution consiste à ce que l'un des deux se pose dans un café avec tous les sacs, tandis que l'autre part à l'affût de l'adresse rare. Si vous êtes seul, déposez votre sac en consigne dans un *losmen* qui affiche complet. Puis partez à la recherche de l'hébergement de vos rêves.
Derniers tuyaux : méfiez-vous, les hôtels, bungalows et autres logements ont parfois des noms très voisins. Donc, ne confondez pas les adresses que nous conseillons avec des petits malins qui ont un nom quasiment identique (par exemple, *Mama Beach Inn* et *Mama Beach Garden Inn* !). Enfin, sachez que les prix indiqués par les hôteliers varient pas mal selon la saison. En basse saison, ils se négocient (ferme). La taxe, le petit dej' et les charges sont presque toujours inclus, mais vérifiez tout de même. À vous de jouer !

À Kuta

Bon marché (de 25 000 à 50 000 Rps, soit 2 à 4 €)

Même dans cette catégorie et en basse saison, difficile de trouver une piaule correcte à moins de 40 000 Rps (3,2 €).

Ronta Bungalows *(plan Kuta, A1, **24**) :* Poppies Lane II. ☎ 75-42-46. Dans une ruelle qui va de Poppies II à Poppies I, tout près de l'« action » mais en même temps à l'abri du bruit. Situation idéale et petits prix. Dans 2 maisons à étage, alignées le long d'un jardinet, des chambres toutes propres. Accueil indifférent, mais un bon plan tout de même. Si c'est plein ici, évitez l'adresse d'en face, que l'on nous a signalée plusieurs fois comme étant craignos.

Cempaka II *(plan Kuta, A1, **10**) :* dans une petite ruelle qui donne sur Poppies Lane II. ☎ 75-77-50. Bungalows un peu rustiques dans une cour intérieure. Chambres très simples avec ventilo, w.-c. et douche (eau froide). Ensemble bien tenu. Accueil sympathique.

Losmen Arthawan *(plan Kuta, A1, **11**) :* Poppies Lane II. ☎ 75-29-13. Deux catégories de prix qui ne se justifient pas. Pension tenue par de jeunes Balinais très cool. Un repaire de routards. Normal, c'est vraiment pas cher. Chambres avec ventilo et douche (eau froide), autour d'un petit jardin. Lits pas franchement confortables et propreté assez aléatoire. Petit dej' compris servi sous une agréable paillote. Atmosphère détendue bien qu'on soit un peu les uns sur les autres. Accueil vraiment pas terrible et attention au bruit, le *losmen* donne directement sur Poppies II.

Komala Indah I *(plan Kuta, A2, **13**) :* Poppies Lane I. ☎ 75-14-22. Chambres propres dans des bungalows simples autour d'un jardin, au calme. Très bien situé. Un peu plus cher que le *Cempaka II* ou le *Losmen Artahawan.* Pour le petit dej', on se contente de bananes et de thé, un peu maigre... !

☗ ***Suka Beach Inn*** *(plan Kuta, A1,* ***14****)* **:** Poppies Lane II. ☎ 75-27-93. Grand *losmen* récent, bien tenu. Jardin central agréable. Chambres propres, avec douche et ventilo. Les dernières en date sont plus grandes, mieux aménagées... et plus chères. Propose de nombreux services pour aider les routards : laverie, location de motos, billets de bus, etc. Un peu bruyant, c'est son seul défaut.

Prix modérés (de 50 000 à 100 000 Rps, soit 4 à 8 €)

☗ ***Gora Beach Inn*** *(plan Kuta, A1,* ***17****)* **:** Poppies Lane II. ☎ 75-25-78. Propre mais un peu bruyant. Deux styles de chambres : soit dans une structure en dur assez austère (prendre celles du 1er étage car elles sont plus claires), soit dans des bungalows, dans un jardin rocaille bien agréable, avec des lits jumeaux. À vous de choisir. Toutes disposent d'un ventilo et d'une douche froide. Bon accueil. Le moins cher de cette catégorie.

☗ ***Poppies Inn*** *(plan Kuta, A1,* ***22****)* **:** Poppies Lane II, gang Mangga. ☎ 75-16-94. Peu de chambres, dans un jardin aéré. Le prix n'inclut pas le petit dej', mais thé et café à volonté. Petite piscine assez opaque, mais pour ce prix-là, c'est déjà pas mal.

☗ ***Komala Indah II Cottages*** *(plan Kuta, A1,* ***23****)* **:** jl. Benesari. ☎ 76-57-83. Après avoir dépassé le *Komala Indah I,* l'hôtel est en retrait de la rue, avant d'arriver à la plage. Deux catégories de chambres, avec ou sans eau chaude, simples et propres, avec ventilateur et salle de bains. Accueil sympathique, pour une clientèle jeune. Petit dej' inclus. Location de voitures et de motos.

Prix moyens (de 100 000 à 250 000 Rps, soit 8 à 20,2 €)

☗ ***Balisandy Cottages*** *(plan Kuta, A1,* ***16****)* **:** Poppies Lane II, dans une ruelle qui part du gang. ☎ 75-33-44. Fax : 75-07-91. Bien situé, à seulement 200 m de la plage. AC et eau chaude. Chambres assez spacieuses, simples et propres, dans deux petits bâtiments d'un étage. Grande pelouse plantée au milieu. Très calme, bien aéré et belle piscine. Plusieurs catégories de prix. Notre adresse préférée dans cette catégorie.

☗ ***Jesen's Inn II*** *(plan Kuta, B2-3,* ***18****)* **:** jl. Singosari (anciennement *Bakung Sari*), gang Kresek. ☎ et fax : 75-26-47. Végétation tropicale et édifice sur 2 étages. Proposent plusieurs catégories de prix en fonction des facilités : ventilo ou AC et eau froide ou chaude. Calme. Chambres propres avec salle de bains intérieure. Petit dej' inclus. Sans charme particulier.

☗ ***Mimpi Bungalows*** *(plan Kuta, A2,* ***27****)* **:** Poppies Lane I. ☎ 75-18-48. Fax : 75-90-00. • kumimpi@yahoo.com.sg • Dans un gang sur la droite, en allant vers la plage. Quelques bungalows dans un jardin, au calme. Piscine assez chouette.

☗ ***Matahari Bungalows*** *(plan Kuta, B1,* ***20****)* **:** jl. Legian 105. ☎ 75-16-16 et 75-44-17. Fax : 75-17-61. • www.indo.com/hotels/matahari • *Matahari* signifie soleil, donc, bienvenue aux « bungalows du soleil » ! Vaste jardin tout en longueur, qui s'achève par une piscine magnifique et une grande pelouse. Sur les côtés, des bungalows, bien tenus, à plusieurs prix. Les moins chers ont une douche et un ventilo, les plus chers sont avec eau chaude et AC (certaines sont vraiment très chères !). Étonnamment silencieux malgré la proximité de la bruyante jalan Legian, mais il faut impérativement choisir une chambre au fond du jardin : beaucoup plus joli, agréable et calme. Celles sur le devant sont sinistres et bruyantes. Accueil indifférent.

Hôtel Sorga Cottages *(plan Kuta, A2, **25**)* **:** dans une ruelle située exactement entre Poppies Lane I et II. ☎ 75-18-97. Fax : 75-24-17. • sorga@idola.net.id • En retrait de la vaine agitation des Poppies Lanes, cet hôtel propose des chambres avec ou sans AC, confortables et impeccables, même si le tout est un peu vieillot. On vous le recommande surtout pour son agréable petit jardin balinais soigneusement entretenu, avec un joli autel en plein milieu. Bon accueil. Petit dej' et taxes inclus. Piscine.

Un's Hotel *(plan Kuta, A1, **26**)* **:** 16 jl. Benesari. ☎ 75-74-09. Fax : 75-84-14. • unshotel@denpasar.wasantara.net.id • Bel établissement typique construit autour d'une piscine centrale et d'un magnifique jardin, dont le standing et le calme témoignent de l'ambiance générale. Les chambres, spacieuses et confortables, sont décorées avec d'authentiques meubles balinais. Deux catégories de prix : avec ou sans AC. Clientèle plutôt familiale. Et même si les tarifs sont en dollars, ce n'est pas si cher.

Taman Sari Cottages *(plan Kuta, A1, **21**)* **:** Poppies Lane II. ☎ 75-18-92. Fax : 76-44-29. Dans une rue perpendiculaire à jl. Legian. Petit hôtel construit autour d'une cour intérieure avec piscine. Pas très aéré. Chambres avec douche (eau chaude), w.-c., AC et balcon. Murs recouverts de bambous. Fait aussi resto. Les *safety boxes* étant en mauvais état, il est préférable de ne rien laisser de valeur (des lecteurs ont été délestés de leur argent). Accueil nonchalant.

Beaucoup plus chic (plus de 400 000 Rps, soit 32,4 €)

Poppies Lane Cottages *(plan Kuta, A2, **15**)* **:** Poppies Lane I. ☎ 75-10-59. Fax : 75-23-64. • www.poppiesbali.com • Le proprio du restaurant du même nom a construit de superbes cottages dans un grand jardin au calme. Pas franchement routard, mais vraiment beau. Piscine divine, avec webcam branchée dessus en permanence (de quoi faire rêver les collègues de bureau !). Petites mares à nénuphars. Bungalows bien séparés les uns des autres, à l'ameublement de style et à la décoration raffinée : jolis tissus et tentures, très belle salle de bains extérieure, ventilo, peignoirs, chaîne stéréo et AC... Ce lieu n'est que calme et bon goût. Tout ceci se paie très cher (à partir de 80 €), évidemment.

Hôtel Bounty *(plan Kuta, A1, **28**)* **:** jl. Segara Batu Bolong 18. ☎ 75-30-30. Fax : 75-21-21. • www.balibountygroup.com • Grand complexe hôtelier spécial jeunes, au cœur des Poppies, tout près de la plage. Chambres tout confort à partir de 90 €, bien aménagées, au fond du jardin. Celles situées à l'étage sont les plus agréables. Deux piscines, TV câblée, billard, bars, etc. Un hôtel animé au sein duquel sont organisés des événements festifs. Bonne ambiance et prix sacrifiés sur les bières ! Plus cher en haute saison.

À Legian

Coincé entre la plage (Legian Beach) et la route (jalan Legian), le village est essentiellement composé de quelques rues parallèles, qui se dirigent vers la mer : jalan Melasti, où se concentrent la majorité des *losmen* et hôtels, jalan Padma, jalan Padma Utara et jalan Pura Bagus Taruna. Les activités sont moins nombreuses qu'à Kuta, mais c'est aussi beaucoup plus calme, même si l'on a de plus en plus tendance à confondre les deux.

Bon marché (de 25 000 à 50 000 Rps, soit 2 à 4 €)

The Legian Mas Beach Inn *(plan Legian-Seminyak, B3, **25**)* **:** gang Lebak Bene. ☎ 75-53-34. Au début du gang depuis jl. Melasti, sur la gauche. Bungalows accolés les uns aux autres, avec terrasse et jardin. Nickel. Lits confortables, ventilo et douche (eau froide). Accueil adorable. Un *losmen* familial à l'ambiance toute tranquille. L'autel trône au milieu du jardin dans lequel courent quelques poules. Une charmante petite adresse que l'on recommande chaudement.

Senen Beach Inn *(plan Legian-Seminyak, B3, **24**)* **:** Camplung Mas Lane, à droite depuis le gang Lebak Bene. ☎ 75-54-70. À côté de l'*Adus Beach Inn.* Chambres propres, *mandi* dans les salles de bains (pas de douche). Sert du thé à volonté toute la journée, à défaut d'un petit dej' !

Prix modérés (de 50 000 à 85 000 Rps, soit 4 à 6,9 €)

Suri Wathi Beach House *(plan Legian-Seminyak, B3, **27**)* **:** jl. Sahadewa 12. ☎ 75-31-62. Fax : 75-83-93. Chambres simples, à prix raisonnables. Salles de bains avec baignoire, mais sans eau chaude. Les chambres les moins chères sont aussi finalement les plus agréables. Elles sont situées à l'étage, au fond du jardin. Piscine. Fait aussi resto. Bon accueil.

BALI

Prix moyens (de 85 000 à 200 000 Rps, soit 6,9 à 16,2 €)

Adus Beach Inn *(plan Legian-Seminyak, B3, **23**)* **:** gang Lebak Bene. ☎ 75-53-26. Fax : 75-12-02. Après le *Legian Garden,* c'est à 300 m à droite. À 5 mn de la mer. Assez calme. On est seulement réveillé par le chant des coqs. Bungalows éparpillés dans un jardin bien entretenu agrémenté d'une petite piscine carrelée. Chambres spacieuses et propres, avec ou sans AC selon le prix, salle de bains avec douche (eau chaude) mais sans lavabo, et petite terrasse. Accueil absolument charmant, comme souvent à Bali. Petit dej' copieux. Location de motos et voitures.

Hôtel Lumbung Sari *(plan Legian-Seminyak, B3, **36**)* **:** Three Brothers Street. ☎ et fax : 75-20-09. • lumbungsari@yahoo.com • Prendre la ruelle à gauche avant le *Three Brothers Inn,* l'hôtel se trouve au fond d'une impasse à gauche, ce qui lui assure beaucoup de calme. Une vingtaine de chambres confortables, avec ou sans AC. Également quelques chambres en bungalow sur deux ou trois niveaux, plus chères. Même si l'accueil est agréable, la gestion semble toutefois un peu nonchalante. Petite piscine. Petit dej' compris.

Bruna Beach Hotel *(plan Legian-Seminyak, B3, **30**)* **:** gang Lebak Bene. ☎ 75-15-65. Fax : 75-32-01. Très bien situé. Bungalows, plus ou moins bien tenus, éparpillés dans un jardin soigné et fleuri. Les chambres sont assez simples et fonctionnelles avec ventilo ou AC et salles de bains avec douche. Malheureusement, les moins chères ne sont pas formidables pour le prix. Piscine, laverie et resto correct. Accueil indifférent. Enfin, possibilité de location de voitures avec ou sans chauffeur.

Baleka Beach Hotel *(plan Legian-Seminyak, B2, **33**)* **:** jl. Werkudara. ☎ 75-19-31. Fax : 75-39-76. Au nord de Legian, au bout de la plage. Bel établissement récent, à 100 m de la plage et à l'écart de l'agitation. Bungalows de style balinais traditionnel, serrés les uns contre les autres dans un jardin tout en longueur. Chambres élégamment décorées de panneaux de bois. Très

propre. Jolie piscine et allées bordées d'arbustes fleuris. Une bonne adresse, à prix encore raisonnables.
☗ ***Bali Coconut Hotel*** *(plan Legian-Seminyak, A2,* ***26****)* **:** jl. Padma Utara. ☎ 75-41-22. Fax : 75-41-21. Pas un charme exceptionnel, mais hôtel très correct avec des chambres propres et confortables. AC et douche chaude pour toutes. Pas vraiment de jardin. Jolie piscine et plage à deux pas. Bon accueil. Un des plus chers de cette catégorie. Deux petits restaurants juste en face.

Plus chic

☗ ***Alam Kulkul*** *(plan Legian-Seminyak, B3,* ***29****)* **:** jl. Pantai Kuta. ☎ 75-25-20. Fax : 75-25-19. • www.alamkulkul.com • À partir de 75 € la chambre double, mais suppléments en haute saison. Les villas, à 150 € sont tout simplement exquises : lits à baldaquins, petits objets de déco en osier, magnifiques salles de bains à ciel ouvert. Deux piscines : une pour barboter et l'autre pour nager vraiment ! Un bel endroit.

À Seminyak

Prix modérés (de 50 000 à 100 000 Rps, soit 4 à 8 €)

☗ ***Ned's Hideway*** *(plan Legian-Seminyak, B1,* ***28****)* **:** gang Bima 3. ☎ et fax : 73-12-10. • nedshide@dps.centrin.net.id • Dans jalan Seminyak, en venant de Kuta-Legian, tourner à gauche au niveau du *banjar Seminyak.* Chouettes chambres doubles confortables, à prix doux. Bâtiment sur 2 étages, le long d'un jardinet, avec un petit resto au bout. Une adresse très tranquille, au calme puisque sur un gang qui part de jalan Raya Seminyak. Accueil très gentil. Notre coup de cœur à Seminyak.
☗ ***Panca Jaya*** *(plan Legian-Seminyak, A2,* ***35****)* **:** jl. Dhyana Pura. ☎ 73-73-73. Entrée discrète, juste à côté du *Café Bunga.* Petits bungalows mignons comme tout, dans un jardin paisible, à 5 mn de la plage. Les chambres les moins chères sont assez spartiates (murs en bambou de guingois et sol en pente !), mais ne manquent pas de charme. Les autres sont nettement mieux, certaines disposent même de salles de bains extérieures très sympa. Ambiance tranquille, tout comme l'accueil. Petit dej' possible au *Café Bunga* (même proprio). Excellent rapport qualité-prix.

Prix moyens (de 100 000 à 300 000 Rps, soit 8 à 24,3 €)

☗ ***Ananda Resort & Spa*** *(plan Legian-Seminyak, A1,* ***31****)* **:** jl. Oberoi (Laksmana) 1001. ☎ 73-05-26. Fax : 73-39-58. • aps@indo.net.id • Dans la rue des restos. Chambres dans un bâtiment à étage, ou bungalows. Les chambres sont assez chouettes et disposent d'espaces communs où l'on peut cuisiner (salle à manger et salon). Quant aux bungalows, ce sont de véritables petites maisons, avec kitchenette, jardin privé, belle chambre, terrasse, etc. Piscine.

Plus chic

☗ ***Villa Kresna*** *(plan Legian-Seminyak, A1,* ***32****)* **:** jl. Sarinade 19. ☎ 73-03-17. Fax : 72-28-47. • www.villakresna.com • Dans une ruelle qui mène à la plage, à 100 m. Accès par jl. Dhyana Pura. Chambre standard *(Cempaka)* à 55 € et suite à 70 €. Les prix baissent en basse saison.

Récent, ce petit complexe hôtelier a un charme fou. Petite piscine de forme amusante. Chambres et villas arrangées avec beaucoup de goût, lits équipés de moustiquaires. Toutes les pièces disposent d'une belle terrasse. Un petit havre de paix, pour ceux qui peuvent se l'offrir.

🏠 ***Puri Agung Village*** *(plan Legian-Seminyak, A1, **34**)* **:** jl. Dhyana Pura. ☎ 73-03-67. Fax : 73-04-69. • www.bali-agung.com • Presque au bout de la rue, accès sur la gauche, en suivant les indications. Chouette hôtel, au calme, qui propose des chambres avec différents niveaux de confort et de prix. Compter environ 70 € à deux. Piscine. Malheureusement, pas mal de groupes. De la terrasse et de certaines chambres, on aperçoit les rizières, juste derrière.

Où manger ?

Comme dans les hôtels, il y a une taxe.

À Kuta

Les restaurants sont nombreux à Kuta. Il est possible que certaines de nos adresses soient déjà périmées car ici tout évolue très rapidement. Il suffit que le patron change (ou le cuisinier), et tout peut se casser la figure. Sinon, on mange bien à Kuta et encore mieux à Legian et à Seminyak. De la cuisine indonésienne ou européenne, car la plupart des restos proposent de tout.

Bon marché (de 10 000 à 25 000 Rps, soit 0,8 à 2 €)

– Le soir, une multitude de ***kalis limas*** (petites charrettes éclairées à l'acétylène) s'installent le long de la plage et proposent les basiques de la cuisine indonésienne : *bakso* (soupe avec des boulettes de viande), *satés* (brochettes avec sauce arachide), *nasi goreng* (riz frit). On y mange pour quelques milliers de roupies. Rien à voir avec les prix proposés, même dans les restos les moins chers. Souvent l'occasion de discuter tranquillement avec les gens du coin, et puis le cadre contraste avec les restos luxueux de l'autre côté de la rue, comme l'énorme *Hard Rock Café.*

🍽 ***Marché de nuit*** *(pasar malam ; plan Kuta, B2, **40**)* **:** dans jalan Tujung Sari, à l'est de la ville. Suivre les indications du grand panneau situé avant la route de Denpasar. À 5 mn à pied du centre. Ouvert seulement le soir, de 18 h à 22 h environ. Le marché n'existe plus, mais il reste plusieurs restos particulièrement bon marché. On est certain d'y manger des plats indonésiens (*gado gado, babi guling, cap cay,* poisson et pourquoi pas des cuisses de grenouilles !). Très agréable de dîner dans cette ambiance, à la lumière des lampes à acétylène.

🍽 ***Warung 96*** *(plan Kuta, A1, **42**)* **:** jl. Benesari, Poppies Lane II. ☎ 75-05-97. Face au *losmen Cempaka.* Carte essentiellement occidentale et four à pizza. Un resto qui fait le plein midi et soir, les routards de tous pays s'y rassemblent autour de plats copieux, dans une ambiance *roots.* Prix modérés et qualité très correcte. Petit parking à motos juste devant.

🍽 ***Captain Haddock*** *(plan Kuta, A1, **44**)* **:** jl. Benesari n° 17. Mini-resto ouvert par un couple franco-balinais, tout près du gang Lebak Bene mais suffisamment à l'écart pour être tranquille. Toute petite salle et *tree house* dans laquelle on grimpe pour être à l'abri de tout regard ! Cuisine française : filet de poisson au citron et à l'estragon, filet de bœuf sauce au poivre, sandwichs baguette et crêpes (au Nutella !). Également des options indonésiennes, thaïlandaises et italiennes.

🍽 ***Warung Brasil-Bali*** *(plan Kuta, A1, **50**)* **:** jl. Benasari, à l'angle avec le gang Lebak Bene. À 100 m de jl. Legian, côté gauche. Petit resto discret, ouvert sur la ruelle, tout de bambou revêtu, routard comme tout, avec un rien de nonchalance. Il faut dire que l'amitié Brésil-Bali n'est pas faite pour dynamiser des natures par essence sympathiquement indolentes. Des plats chinois, des soupes, des *satays,* et même 27 sortes de *jaffles.* Côté brésilien, on vous propose le plat national, la *feijoada* (queue de bœuf en sauce). Cuisine de qualité pour un prix raisonnable. Accueil et service moyens.

Bali Corner *(plan Kuta, A1, **41**) :* Poppies Lane II, à l'angle de la 1re ruelle qui part à droite quand on vient de jl. Legian. Paillote ouverte sur la ruelle (vive le bruit !). Salle simple toute décorée de bambou. Cuisine variée à prix dérisoires. Outre le petit dej', on y prépare des plats de tous les horizons. Plein de routards. Service peu souriant et nonchalant.

Warung Linggar *(plan Kuta, A1, **48**) :* Poppies Lane II. ☎ 77-29-54. Le four à pizzas trône en bonne place devant la terrasse ouverte sur la rue. Il faut dire que les pizzas sont bonnes et pas chères.

Prix modérés (de 25 000 à 50 000 Rps, soit 2 à 4 €)

Aroma's Café *(plan Kuta, A1, **49**) :* jl. Legian. ☎ 75-10-03. Pas très loin de *Legian Arcade.* Accès par la jalan Legian ou par le gang Lebak Bene. Quelques tables sur une plate-forme hexagonale entourée d'un cours d'eau et d'une belle végétation tropicale. Carte végétarienne exclusivement. Choix de petits déjeuners (chaussons aux pommes, croissants...), très belles salades, sandwichs originaux et, pour les plus grosses faims, assiettes de délices grecs, *gado gado, nachos,* etc.

Dayu I *(plan Kuta, A2, **43**) :* jl. Singosari (ex-Bakung Sari) 62. ☎ 75-14-98. Cuisine simple et bon marché. Un peu moins cher que le *Dayu II,* dont on parle plus loin. Cadre assez agréable, surtout dans le fond quand on s'éloigne de la rue. On passe devant la cuisine ouverte, où opèrent de sympathiques cuisinières, avant de gagner la salle. On affectionne particulièrement ce petit resto qui prépare du bon poisson frais. *Prawn chili sauce, seafood basket,* ou tout simplement poisson grillé. Également de nombreuses soupes et des plats de snack. Service agréable mais un peu lent.

Plus chic (plus de 50 000 Rps, soit 4 €)

Dayu II *(plan Kuta, B2, **45**) :* jl. Bunisari. ☎ 75-22-62. Dans une rue coincée entre jalan Singosari et jalan Pantai, à 200 m du Bemo Corner. Grande salle agréable au décor de bambou. Copieux plats indonésiens, comme le canard grillé *(bebek goreng),* une de leurs spécialités. Bon poisson également.

Made's Warung *(plan Kuta, B2, **46**) :* jl. Pantai Kuta. ☎ 75-52-97. Sert jusqu'à 23 h. Certainement l'un des plus anciens restos de Kuta. Comme dans de nombreux restaurants, on vous propose de faire un tour du monde culinaire. Il fut un temps où tout y était succulent. Malheureusement, la qualité est en baisse et le service totalement indifférent. Si on ajoute à cela le bruit de la rue... mieux vaut aller au *Made's Warung II,* à Seminyak, où l'on retrouve à la fois l'ambiance et la qualité qui s'est perdue ici avec les années.

Encore plus chic (plus de 70 000 Rps, soit 5,7 €)

Poppies *(plan Kuta, A-B2, **47**) :* Poppies Lane I. ☎ 75-10-59. Dans une ruelle piétonne très étroite, donnant sur jalan Pantai Kuta, pas très loin du Bemo Corner. Ouvert de 8 h à 23 h. *Poppies,* le 1er resto (et cottage) de Kuta est une véritable institution à Bali. Bien agréable pour y dîner même s'il est très fréquenté et souvent complet (mieux vaut réserver). On vous sert dans un jardin envahi par les plantes tropicales. Une pièce d'eau égaie le tout. En entrée, goûtez au poisson cru *(sashimi)*. Sinon, plats indonésiens ou américains (hamburgers, *spare-ribs*). Pour terminer, d'excellents yaourts. Essayez aussi la *piña colada*, servie dans une noix de coco sculptée.

À Legian

Bon marché (de 10 000 à 25 000 Rps, soit 0,8 à 2 €)

Copa Café *(plan Legian-Seminyak, B3, **50**)* **:** jl. Melasti, à l'entrée du gang Lebak Bene. ☎ 76-73-12. Face au *Taman Legian* mais beaucoup plus stylé. Salle ouverte sur jalan Melasti et gang Lebak Bene. Écran géant et musique tonitruante. Formules petit déjeuner à prix intéressants. Cuisine plutôt copieuse et à petits prix. Un bon plan.

Taman Legian *(plan Legian-Seminyak, B3, **52**)* **:** jl. Melasti. ☎ 75-15-44. Sert jusqu'à 22 h. Paillote ouverte sur la rue, à l'angle avec le gang Lebak Bene, face au *Copa Café*. Le seul intérêt de cette adresse est le buffet du petit dej', très compétitif (environ 2 €). Les Australiens, qui ont envahi les lieux, l'ont bien compris. Il est servi jusqu'à 11 h 30, ce qui contentera les lève-tard. Sinon, cuisine locale, orientale et occidentale, comme partout. La TV est branchée sur la chaîne de sport en quasi-permanence. Service assez désagréable et nonchalant.

Warung Bamboo *(plan Legian-Seminyak, B2, **69**)* **:** jl. Pura Bagus Taruna. ☎ 75-21-92. En bas, les femmes s'agitent aux fourneaux, dans une cuisine ouverte. En haut, une terrasse tranquille, tapissée de bambou tressé, où l'on mange des plats chinois, européens ou balinais. Tout est généreusement servi et plutôt bon, à des prix très raisonnables pour le coin. Service plein de gentillesse.

Prix moyens (de 25 000 à 50 000 Rps, soit 2 à 4 €)

Zanzibar *(plan Legian-Seminyak, A2, **48**)* **:** jl. Pantai Blue Ocean (ou Pantai Arjuna). ☎ 73-35-27. Jolies tables sur une belle terrasse devant la mer. À quelques mètres près, on aurait les pieds dans l'eau ! Cuisine occidentale essentiellement avec grand choix de pâtes et de pizzas.

Tekor Bali *(plan Legian-Seminyak, A2, **51**)* **:** terrasse et salle de resto sous une paillotte, les yeux presque dans le bleu (la mer est de l'autre côté de cette rue calme en journée et follement animée le week-end). Murs colorés et décoration fleurie. À la carte, un peu de tout, mais un « tout » un peu plus raffiné qu'ailleurs. Salade d'avocat et de saumon fumé au vinaigre balsamique, couscous aux légumes, sardines grillées, etc. La carte indonésienne est intéressante (on vous y indique le degré de piment des plats !) et les *today's special* sont souvent excellents. À l'heure du déjeuner, musique douce et ambiance tranquille. Le soir, choix de cocktails pour se mettre dans l'ambiance avant d'aller chauffer la piste au *Double 6*.

Swiss Restaurant *(plan Legian-Seminyak, B2, **55**)* **:** jl. Werkudara (Rum Jungle Rd.). ☎ 76-15-11. Ouvert de 9 h à 23 h. Un des plus vieux restos de Legian (il a plus de 25 ans !). Cuisine excellente et service impeccable. Juste pour le plaisir de savourer une fondue à... Bali ! Un petit schnaps vous sera offert à la fin du repas. Le proprio, un Suisse de Saint-Moritz, connaît tout sur Bali et sera ravi de répondre à vos questions. De nombreuses photos accrochées aux murs vous expliqueront l'histoire du resto et par là-même l'évolution de Legian. À peine croyable, quand on voit ce qu'est devenue la ville. Le soir, musique live ou danse balinaise. Juste à côté du consulat suisse, impossible de louper l'entrée, gardée par une vache en polyester peinte, qui fait partie d'une collection réalisée par différents artistes balinais.

Plus chic (plus de 50 000 Rps, soit 4 €)

Papa's *(plan Legian-Seminyak, B3, **29**)* : jl. Pantai Kuta. ☎ 75-50-55. Quasiment uniquement de la cuisine européenne, à tendance très italianisante : une quinzaine de différents plats de pâtes, servies avec parmesan. Également des viandes : steak au poivre, poulet aux champignons, etc. Belles salades à prix assez doux. La terrasse surplombe jalan Pantai Kuta et l'on voit la mer, pas si loin. Clientèle plutôt au-dessus de 30 ans.

À Seminyak

Une multitude de *warungs* et restaurants, pour tous les budgets. Le long de jalan Dhyanapura, mais surtout le long de jalan Oberoi (la « rue de la faim », également connue sous le nom de jalan Laksmana), restos de toutes sortes, pour faire un tour du monde culinaire, tout en restant à Bali !

Bon marché (de 10 000 à 25 000 Rps, soit 0,8 à 2 €)

Warung Batavia *(hors plan Legian-Seminyak par A1, **54**)* : jl. Raya Kerobokan. ☎ 73-16-41. Un peu bruyant, car en bord de route, mais bon et pas cher. Nombreux plats de Java, car le *staff* en est originaire. Bien pour une petite halte réparatrice.

Warung Gossip *(hors plan Legian-Seminyak par A1, **56**)* : jl. Pengubengan Kauh. ☎ 081-79-70-32-09 (portable). Dans le quartier des usines de meubles, non loin du magasin *Paul Ropp*. Prenez les éléments d'un *warung* traditionnel : on choisit son riz (blanc ou jaune) et ce que l'on va manger avec (légumes, *tempé,* poulet, œufs, etc., sans oublier le *sambal,* sans quoi la cuisine indonésienne ne serait pas ce qu'elle est) et posez-les dans un décor simple, mais convivial avec un joli petit jardin et une vue sur les rizières, vous êtes au *Warung Gossip,* l'une des adresses préférées des expats. Cuisine indonésienne excellente et garantie sans MSG (ou glutamate, un agent de saveur utilisé dans de nombreux restos) pour des prix tout petits. Une affaire qui roule et loin de la foule. Pour rejoindre le tout nouveau *Gossip Lounge* (crêperie, saladerie, cave à vins), il suffit de traverser le jardin !

Zula-Vegetarian Paradise *(plan Legian-Seminyak, B1, **57**)* : jl. Abimanyu 5. ☎ 73-27-23. Au début de la rue, en face du bar-resto *JP'S.* Un mini-*warung* végétarien, comme son nom l'indique. Sandwichs falafels, soupe miso, riz frit, lentilles, etc. Le choix n'est pas énorme, mais on y mange bien et sain, dans une toute petite salle aux murs jaune et orange.

Prix moyens (de 25 000 à 50 000 Rps, soit 2 à 4 €)

Gateway of India *(plan Legian-Seminyak, A1, **53**)* : jl. Abimanyu 10. ☎ 73-29-40. Un resto qui ne paie pas de mine de l'extérieur, mais qui fait pourtant salle comble à l'heure du dîner. Très bonne cuisine indienne à la fois copieuse et savoureuse. Buffet le dimanche soir. La carte est longue, longue...

Café Moka *(plan Legian-Seminyak, B1, **58**)* : jl. Seminyak. ☎ 73-14-24. Ouvert de 7 h à 23 h. Boulangerie-pâtisserie française avec viennoiseries, du bon café et des petits plats bien de chez nous. Génial après un long séjour en Indonésie. Fréquenté aussi par les expats, qui viennent y chercher leur baguette le matin et y consulter les annonces sur les maisons à louer, les voitures à vendre, les cours de yoga, etc.

|●| ***Made's Warung II*** *(plan Legian-Seminyak, B1,* ***59****)* **:** jl. Seminyak. ☎ 73-21-30. Les proprios du fameux *Made's Warung* de Kuta lui ont fait un petit frère à Legian. Si le temps n'y a pas encore déposé sa patine, le cadre est néanmoins réussi. Grande terrasse, mezzanine, photos du Bali d'autrefois... Carte longue comme le bras. On signale notamment le *shabu-shabu,* pour 4 personnes, où l'on mange, au choix, poissons et fruits de mer ou viandes accompagnés de légumes frais et de nouilles. Le tout est à cuisiner soi-même, suivant le principe de la fondue coréenne. Sinon, cuisine *western* et indonésienne. Très bon en général. Dans la cour, magasins d'artisanat chic et librairie *Periplus.*

|●| ***Hana*** *(plan Legian-Seminyak, B1,* ***60****)* **:** jl. Seminyak. ☎ 73-27-78. Petit resto japonais, déco épurée et très bonne cuisine. Poulet mariné au citron et à la sauce soja, *sushis, sashimis,* etc. Les photos vous aideront à faire votre choix et à goûter des plats, tous plus raffinés les uns que les autres.

|●| ***Mykonos*** *(plan Legian-Seminyak, A1,* ***61****)* **:** jl. Oberoi 52. ☎ 73-32-53. Fax : 73-67-79. Ouvert de 17 h 30 à minuit. Comme son nom l'indique, un resto grec. Au programme, tarama, moussaka, agneau grillé. Salle blanche et bleue, comme il se doit. Sélection de vins grecs, chiliens et français. Si l'envie vous en prend, vous pourrez même briser quelques assiettes au rythme d'une musique grecque endiablée.

|●| ***La Trattoria*** *(plan Legian-Seminyak, A1,* ***62****)* **:** jl. Oberoi. « Ciao bella ! ». *Antipasti,* plats de pâtes qui changent tous les jours, risotto et vin au pichet. Cuisine très honnête et plutôt copieuse à des prix défiant toute concurrence. L'adresse est courue, mieux vaut y passer pour réserver si vous souhaitez y dîner.

BALI

Plus chic (plus de 50 000 Rps, soit 4 €)

|●| ***Khaïma*** *(plan Legian-Seminyak, A1,* ***63****)* **:** jl. Oberoi. ☎ 742-39-25. Déco marocaine très réussie. Même les serveurs sont sapés « comme là-bas, dis ! » Musique et cuisine du Maghreb. Les couscous sont excellents, mais les tajines ne nous ont pas laissé un souvenir impérissable. Très bonnes pâtisseries. Danse orientale de temps en temps.

|●| ***Barakuda*** *(plan Legian-Seminyak, A1,* ***64****)* **:** jl. Oberoi 50B. ☎ 73-62-70. Spécialités de fruits de mer et de poissons, préparés un peu dans le style de Jimbaran, c'est-à-dire accompagnés de riz et de légumes et de diverses sauces. En entrée, bonne salade de crabe, tartare de *snapper* et calamars à la romaine.

|●| ***Rumours*** *(plan Legian-Seminyak, A1,* ***65****)* **:** jl. Oberoi. ☎ 73-87-20. Ouvert à partir de 18 h. Patrons australiens. Un menu qui tourne autour des grillades. Bon, pour le nom, on les soupçonne de s'être largement inspiré du *Warung Gossip...* Espérons pour eux qu'ils rencontrent le même succès !

|●| ***Bintang Lima*** *(plan Legian-Seminyak, A1,* ***66****)* **:** jl. Oberoi. ☎ 73-01-82. Ouvert le soir seulement. Cadre intime et sympa, entre bois et brique. Quelques tables disposées autour d'une mare à poissons rouges. Cuisine indonésienne de qualité, avec de bons poissons notamment.

|●| ***Ryoshi*** *(plan Legian-Seminyak, B2,* ***67****)* **:** jl. Seminyak 17. ☎ 73-11-52. Ouvert de midi à minuit. Petit restaurant japonais très fréquenté. Accueil et service excellents. Cadre luxueux. Plats très bien présentés et cuisine raffinée. À vos baguettes, vous allez vous régaler ! Si c'est complet, rendez-vous chez *Hana,* face au *Made's Warung II,* un autre resto japonais, au cadre plus intime et qui propose une très bonne cuisine.

|●| ***Pantarei*** *(plan Legian-Seminyak, B2,* ***68****)* **:** jl. Seminyak 17. ☎ 73-25-67. Juste avant le *McDo* de Seminyak, en venant de Legian. Cuisine

plus soignée qu'ailleurs et service attentionné. Grand choix d'entrées *(spanakopita, tarama, bourek...)*, de plats de viandes et de poissons grillés. La décoration, elle, suit la mode zen : bassins aux poissons, bois peint, pierre noire et lumière tamisée.

Où boire un verre ? Où sortir ? Où danser ?

Ce ne sont pas les endroits qui manquent, mais dans ce domaine aussi, les adresses changent vite. La plupart des bars proposent des *happy hours* aux heures creuses, soit entre 17 h et 18 h ou 18 h et 19 h, c'est variable. Certains bars, particulièrement dans les Poppies Lane, à Kuta, projettent le soir des ***films vidéo*** américains pour attirer la clientèle. Le programme est parfois inscrit sur un tableau noir à l'entrée. Bon, si c'est pour mater des vidéos tous les soirs, ce n'était peut-être pas la peine de faire tant de kilomètres. Pour tout savoir sur la vie nocturne, se procurer le petit magazine *The Beat.*

À Kuta

On y trouve surtout des bars où les Australiens viennent se saouler en bande. L'ambiance y est surfaite, flirtant souvent avec le vulgaire. Pour vous, petits Français, se rendre dans ces bars sera avant tout une plongée ethnologique dans un monde de beuverie où l'égalité entre hommes et femmes est scrupuleusement respectée. Certains bars organisent des *beer contests,* concours de bière, où ce breuvage s'ingurgite à l'entonnoir. Bonjour l'élégance ! Si ça vous tente, cela se passe entre autres au *Bounty* et au *Peanuts,* tous les deux le long de jalan Legian (voir « Où boire un verre ? Où sortir ? Où danser ? À Legian »).

🍷 Pour ceux qui font la collection des tee-shirts ***Hard Rock Café*** *(plan Kuta, A2, **71**)*, celui de Kuta se trouve au sud de la route qui longe la plage. Énorme complexe hôtel-resto-bar-piscine. C'est cher et prétentieux. Bref, franchement pas notre tasse de thé !

À Legian

🍷 Quelques bar sympas et cool sur jalan Pura Bagus Taruna *(plan Legian-Seminyak, B2)*, comme le *Bamboo Palace* avec sa cabane en bois perchée en hauteur ou le *Rum Jungle* juste à côté, qui passe des films vidéos.

🍷 Pas mal d'endroits sympas aussi sur ou devant la plage de Legian. Plus calme que sur la plage de Kuta, car pas de grande route passante. Certains bars font aussi resto (voir « Où manger ? »).

♫ ***Double Six*** *(plan Legian-Seminyak, A2, **80**)* **:** sur la plage de Legian, côté nord, au bout d'un chemin de terre (après jalan Pura Bagus). Ouvert uniquement les lundi, jeudi et samedi. Entrée très chère. La « boîte » la plus connue du secteur. Elle tourne à fond depuis de nombreuses années, sur des rythmes plutôt électroniques. Clientèle étrangère mais aussi locale. Souvent beaucoup de monde. Cadre exotique amusant. Pour trouver l'ambiance, y aller à partir de 1 h du matin. Bien surveiller son verre : les serveurs ont tendance à tout ramasser, même si vous n'avez pas terminé votre consommation.

🍷 ♫ ***Le Bounty*** *(plan Legian-Seminyak, B3, **81**)* **:** jl. Legian ; un peu avant jalan Melasti (donc à la limite de Legian et Kuta). Le galion se remarque de loin ! Étonnante déco sur 3 ponts, qui pourrait faire croire qu'on a largué les amarres. D'ailleurs, c'est le cas pour la plupart des clients australiens qui tanguent sur leurs jambes et chavirent, imbibés qu'ils sont d'alcools divers. Comble de la beauferie, ce lieu est devenu une curiosité, une sorte de musée vivant des attitudes humaines des Blancs de l'hémisphère Sud. Fait boîte (entrée payante).

🍸 ***Peanuts** (plan Legian-Seminyak, B3, **82**) :* sur jl. Melasti (près du coin de jl. Legian). Un autre rendez-vous d'Australiens. Groupes rock. Régulièrement sont organisés des *beer contests,* des concours de bière où 2 types (ou 2 filles) doivent descendre le plus rapidement possible un litre de bière qu'on leur fait avaler par le biais d'un entonnoir. Après tout, on gave bien les oies...

À Seminyak

Alors que depuis longtemps, le « centre » de l'animation nocturne se situait à Kuta, depuis peu, il s'est déplacé vers Seminyak. De nombreux bars ont poussé le long de la rue Dhyanapura (ou Abimanyu), autrement connue sous le nom de « rue de la soif » ! Il y en a pour tous les goûts : musique latine, R'n'B, hip-hop, pop et rock... traquez les *flyers* pour savoir où se déroulent les soirées ! Voici les bars où nous avons passé nos soirées :

🍸 ***JP'S** (plan Legian-Seminyak, B1, **83**) :* jl. Abimanyu 6. ☎ 73-16-22. Au tout début de jl. Abimanyu, sur la droite en venant de jl. Raya Seminyak. Un resto-bar qui propose une longue liste de cocktails, dans une salle colorée. *Happy hour* en début de soirée, vers 19 h.

🍸 ♫ ***'A' Bar** (plan Legian-Seminyak B1, **84**) :* jl. Abimanyu. Devanture en métal-bronze. Un bar qui s'éveille tard dans la nuit, plutôt pour aller danser.

🍸 ♫ ***Bali Globe** (plan Legian-Seminyak B1, **85**) :* jl. Abimanyu. ☎ 73-03-28. Lumières rouges et musique tonitruante, à fond les basses ! Fauteuils en skaï jaune et rouge et même une piscine à côté du bar. Fait aussi boîte de nuit.

🍸 ♪ ***Santa Fe** (plan Legian-Seminyak A1, **86**) :* jl. Dhyana Pura (Abimanyu). ☎ 73-11-47. Décor se situant entre le bar du Nouveau-Mexique et le pub. Grande salle. Clientèle hétéroclite. Décontracté. Groupes de temps en temps. On peut aussi y manger (un peu cher).

♪ ***Warung Music** (plan Legian-Seminyak, A1, **88**) :* au début de jl. Oberoi. Musique live, entre rock et pop indonésienne et internationale, clientèle indonésienne essentiellement.

🍸 ♪ ***Ku-De-Ta** (hors plan Legian-Seminyak par A1, **89**) :* le bar-resto-*lounge* des *beautiful people* ! Localisation absolument parfaite : devant la plage de Seminyak, au bout de la rue Oberoi (la « rue de la faim »). Immense espace devant les vagues : transats pour l'après-midi, tables pour l'apéro ou le dîner (c'est cher !). Le mieux est d'y aller pour le coucher du soleil, puisqu'on y a un magnifique point de vue sur la boule orangée qui descend dans les flots. Bons cocktails, à des prix assez européens... Tous les soirs, un DJ mixe en direct. Excellente qualité musicale. Mais, comme on l'a dit plus haut, vraiment pas routard pour un sou. Clientèle plutôt anglo-saxonne.

À voir. À faire

⛱ ***La plage :*** magnifique, mais la mer est dangereuse. Pour limiter les risques, se baigner dans les zones surveillées et jamais seul. En dehors de ces zones, se contenter de faire trempette en restant au bord. Les rouleaux sont traîtres et les lames de fond imprévisibles. Noyades trop fréquentes. Ne vous fiez pas aux exploits des surfeurs australiens qui, eux, ont l'habitude. On repère bien vite les morceaux de plage où se concentrent les baigneurs. C'est là qu'il faut aller.

– ***Les vendeurs de plage :*** plus qu'ailleurs, c'est à Kuta et à Legian que se concentre le grand ballet incessant des vendeurs de tout poil (montres, chouchous, Coca, surf, journaux, sculptures, sarongs... et inévitables massages). Au mieux, on vous proposera quelque chose toutes les minutes, au pire toutes les 20 secondes. Il y a quelques années, c'était toutes les 10 secondes, mais la situation s'est améliorée et les vendeurs sont censés respecter une zone de bord de mer où ils ne doivent pas solliciter le chaland. Donc, si vous êtes proche de l'eau, en théorie vous êtes tranquille. Chacun gère cette situation comme il peut. Certains passent leur temps à s'énerver contre les vendeurs. Pas très malin et peu efficace. Un « non » ferme et souriant suffit à faire comprendre au vendeur qu'il perd son temps. À l'inverse, ne faites pas déballer toute la marchandise du vendeur si, au fond de vous-même, vous n'avez aucune intention d'acheter. Cela dit, ceux qui râlent contre le mercantilisme de la plage sont les premiers à grogner quand ils ont soif et que personne ne leur propose un Coca glacé dans les 2 mn. Ah, quand les routards se prennent pour les rois du pétrole ! Quoi que vous achetiez, négociation obligatoire, et sourire de mise, ça va sans dire.

– ***Les masseuses :*** elles se reconnaissent à leurs chapeaux coniques. La municipalité a dû en limiter le nombre en leur donnant des numéros peints en bleu sur leurs couvre-chefs. Souvent, le même chapeau sert à plusieurs ! Un massage à l'huile de coco, quand le soleil descend, reste un grand moment et fait partie intégrante de la culture de Kuta. Négocier le temps et le prix et ajouter un bon 10 % si vous avez été content. La masseuse essaiera de vous fidéliser. D'ailleurs, on y prend vite goût, surtout que les femmes qui font ça sont adorables. C'est aussi un bon moyen de papoter un peu avec elles et d'en savoir plus sur Bali. Pendant qu'on vous masse, la cousine ou la sœur déboule pour essayer de vous fourguer un autre article.

– Le spectacle du ***soleil couchant*** commence vers 17 h et dure 40 mn environ. C'est presque une cérémonie ! Forcément sublime (certains soirs !). Le soleil couché, la plage se vide au profit des bars et des boutiques. Les moustiques, eux, envahissent la plage et dévorent tous les retardataires.

– Parfois, ***spectacles de danse*** en fin de soirée. Impossible de les ignorer. Les billets vous seront proposés sur la plage et dans la rue.

La seule curiosité de Kuta est la ***pagode chinoise*** entourée d'un mur couvert de statuettes peinturlurées et de masques. Dans la rue derrière le marché.

Achats

Kuta et Legian sont la Mecque du commerce. On y trouve pratiquement de tout. Il faut absolument marchander. Si vous y allez trop fort, les commerçants vous diront *bankrut,* ce qui a le mérite d'être explicite. Ne croyez pas que sous prétexte que ce coin est touristique, les prix sont élevés. Le débit est tel qu'en négociant bien, on obtient des tarifs tout à fait intéressants. Faire ses courses est ici une activité comme aller à la plage ou dîner au resto. C'est quasi incontournable. Il y a tellement de chouettes petites choses à prix incroyables qu'on craque à un moment ou à un autre. Et puis ça fait des petits cadeaux sympas à rapporter aux copains...

– ***Artisanat :*** masques, marionnettes, objets en bois, mobiles, *batiks...* Tout cela abonde dans les boutiques, à des prix pas forcément plus élevés que dans les villages si vous savez négocier. En revanche, les prix annoncés au départ sont parfaitement délirants.

– ***Chemises et tee-shirts :*** choix incroyable. Très bon marché. Faire plusieurs boutiques avant d'acheter : les prix varient du simple au triple selon les prétentions des vendeurs, même si la qualité est la même ! Plus intéressant dans les marchés que le long des rues commerçantes.

– ***Autres vêtements :*** mesdames, vous serez surprises par les 3 ou 4 couturiers qui ont pignon sur rue à Kuta. Des tailleurs, jupes, chemises très mode, à des prix Tati. Des affaires à faire, le tout très mettable au retour.
Remarque : si vous leur achetez du tissu, la plupart des boutiques peuvent exécuter des vêtements sur mesure. Pensez à apporter un modèle.
– ***CD & cassettes :*** plusieurs magasins vendent des tubes anglo-saxons. Très bon marché, mais faites attention à la qualité (demandez à écouter avant d'acheter).
– ***Développement des pellicules :*** plusieurs magasins proposent ce service en 21 mn ou... 24 h. Bien moins cher qu'en Europe, d'autant plus que la concurrence est acharnée, mais la qualité est parfois moyenne. On trouve aussi de plus en plus de magasins proposant de mettre vos photos numériques sur CD-Rom, ou d'en faire des tirages papier.

QUITTER KUTA, LEGIAN ET SEMINYAK

En *bemo*

Ballet permanent des *bemos* dans les rues. Le point de ralliement est au ***Bemo Corner*** (jl. Legian, à Kuta). Pour les autres villes, on change à Denpasar (voir les différentes gares routières et les destinations dans la rubrique « Quitter Denpasar »).

➢ ***Pour Denpasar :*** c'est la principale destination. Il y en a tout le temps.
➢ *Bemos* directs également ***pour l'aéroport, Ulu Watu, Nusa Dua.***
➢ ***Pour Benoa :*** changer à Nusa Dua.

En bus

Il existe plusieurs compagnies privées qui desservent plusieurs villes de l'île, mais la plus ancienne, la plus fiable et la plus sérieuse est sans contexte *Perama.* Même si ce n'est pas la moins chère, c'est celle qu'on conseille.

🚌 ***Perama :*** jl. Legian 39. ☎ 75-15-51. Fax : 75-11-70.
➢ Principales liaisons et fréquences moyennes : pour ***Sanur*** et ***Ubud,*** 4 départs par jour, à 6 h, 10 h, 13 h 30 et 16 h 30. Pour ***Kintamani*** et ***Lovina,*** bus à 10 h ; pour ***Padangbai*** et ***Candi Dasa,*** 3 bus quotidiens, à 9 h, 10 h et 13 h 30. Enfin, pour ***Tirtatangga*** et ***Tulamben-Amed,*** 1 bus à 10 h. Également une liaison pour ***Lombok, Nusa Lembongan*** et plusieurs pour ***Java*** (ferry compris). Ils proposent également plusieurs tours à la journée dans l'île. On conseille de réserver ses places au moins la veille.

LA PRESQU'ÎLE DE BUKIT

IND. TÉL. : 0361

Ce grand morceau de terre est rattaché au reste de l'île par un isthme étroit qui abrite l'aéroport. Vue d'avion, la presqu'île apparaît comme un autre monde, avec son sol calcaire, ses grandes plages et ses falaises. Un autre monde, c'en est un puisque cette péninsule que personne ne visitait auparavant est en voie de devenir un centre de vacances de luxe.
Tout a commencé vers les années 1980, avec le projet d'aménagement de Nusa Dua qui ne prévoyait que des palaces regroupés dans cette région pour limiter les dégâts causés par un tourisme de masse. L'opération a réussi. Les milliers de touristes de luxe restent parqués dans les 5 étoiles construits à leur intention. Vous l'aurez compris, on oublie ce ghetto à fric situé à l'est de la péninsule, et on se dirige tranquillement vers Uluwatu qui vaut vraiment le coup.

Pour y aller, on traverse de jolis paysages arides. La balade n'est pas déplaisante et, le coin étant calme, elle est idéale pour s'habituer à la moto avant d'affronter la circulation balinaise.

JIMBARAN *(plan « Le sud de Bali »)*

À quelques kilomètres de l'aéroport, dans le prolongement de la plage de Kuta, se trouve Jimbaran. Une immense plage de sable blond en anse de panier, aux eaux relativement tranquilles et frangée de cocotiers, où l'on peut nager sans danger. Bien sûr, il y a des vagues, mais beaucoup moins fortes qu'à Kuta, ce qui permet une baignade plus sereine. Quelques bateaux de pêche, des cahutes où l'on vous grille un poisson fraîchement pêché, un marché aux poissons sur le sable à l'arrivée des barcasses en fin d'après-midi... Pour accéder à la plage de la rue principale, jalan Uluwatu, il faut prendre à droite au milieu du village, jalan Pemilisan. La plage est 200 m plus loin.
Si vous séjournez à Kuta, Jimbaran est une petite excursion vraiment chouette, à seulement quelques kilomètres. Quasiment pas de vendeurs de plage et encore peu de monde. Le rêve. Mais cela ne va pas durer éternellement !

Où dormir ?

Même s'il existe des projets hôteliers, aujourd'hui, il n'y a que quelques hôtels de luxe. Mais l'engorgement de Kuta va sans doute accélérer son développement.

De prix moyens à plus chic (de 70 000 à 180 000 Rps, soit 5,7 à 14,6 €)

☗ ***Puri Indra Prastha*** *(plan, **9**)* **:** dans la rue principale, jl. Uluwatu 28. ☎ et fax : 70-15-25. Le moins cher de Jimbaran. Deux types de confort proposés : avec eau froide et ventilo, ou eau chaude et AC. Chambres disposées autour d'un jardin et d'une grande piscine. Propre. Accueil familial.

☗ ***Villa Batu*** *(plan, **10**)* **:** jl. Pemelisan Agung 21 A. ☎ et fax : 70-31-86. Sur la route reliant l'aéroport à la presqu'île de Bukit, prendre la rue à droite au niveau du marché de Jimbaran. Géré par une famille de Sulawesi, un hôtel d'une quinzaine de chambres et deux « villas » très spacieuses sur deux niveaux, aux murs ocre et à la salle de bains bleue, peints à l'éponge. L'ensemble a beaucoup de charme et offre un bon rapport qualité-prix. Piscine.

Beaucoup plus chic (plus de 400 000 Rps, soit 32,4 €)

☗ ***Hôtel Puri Bambu*** *(plan, **14**)* **:** jl. Pengeracikan, à Kedonganan. ☎ 70-14-68 et 70-13-77. Fax : 70-14-40. • www.puribambu.com • Compter de 65 à 120 US$ la chambre double. Établissement agréable construit autour d'un jardin très fleuri, proposant une cinquantaine de chambres confortables (TV, minibar, AC, etc.) mais inégales côté déco et charme. Belle piscine. Plage à 30 m. On peut négocier un peu les tarifs.

☗ ***Villa Balquisse*** *(plan, **15**)* **:** jl. Uluwatu 18 X. ☎ et fax : 70-16-95. • www.balquisse.com • Avec ses 3 chambres doubles et ses villas pouvant accueillir de 3 à 9 personnes, son adorable piscine, son salon et son restaurant ouvert aux quatre vents, la *Villa Balquisse* joue définitivement la carte du charme. Les propriétaires, Zohra et Blaise,

LE SUD DE BALI

Où dormir ?

- **9** Puri Indra Prastha
- **10** Villa Batu
- **11** Hasan Home Stay
- **12** Tanjung Mekar
- **14** Hôtel Puri Bambu
- **15** Villa Balquisse
- **16** Rocky Bungalows
- **17** Flower Bud Bungalows et La Joya

Où manger ?

- **21** Miti Restaurant
- **23** Yeye's Warung

francophones, sont des fans de déco. Pour routards tendance bobo, avec les poches bien pleines. Les amoureux en lune de miel devraient également apprécier cette maison d'hôtes de charme. Plage de l'autre côté de la route.

Où manger ?

Sur la plage de Jimbaran, du côté sud comme du côté nord, une longue brochette de paillotes pratiquent toutes le même système et les mêmes prix. Allez-y au feeling mais on a une préférence pour celles du côté nord (vers l'aéroport) car le marché au poisson s'y trouve. C'est donc plus frais ! Si vous pouvez, choisissez un resto qui dispose d'un vivier. On choisit son poisson et ses fruits de mer, puis on va s'asseoir à l'une des nombreuses tables, les pieds dans le sable. Essayer d'y arriver assez tôt pour profiter du coucher de soleil. Faites-vous préciser les prix dès la pesée car ils diffèrent parfois beaucoup selon les espèces. Aussi, gardez un œil vigilant sur la balance ! Beaucoup de monde, mais vraiment une chouette atmosphère, unique à Bali. Le poisson est cuit sur d'énormes barbecues, utilisant comme seul combustible les écorces de noix de coco... ça fume énormément mais le résultat est fabuleux. Les plats sont toujours servis avec du riz, des légumes et 2 ou 3 sauces délicieuses. Un peu cher pour Bali, mais c'est l'occasion de vous offrir un festin inoubliable avec langouste, crabe et autres merveilles, comme il est rare de pouvoir le faire en Europe... Bon appétit !

ULUWATU

Temple à la pointe sud de Bali, à l'ouest de la presqu'île, connu surtout pour son emplacement exceptionnel en haut d'une falaise et, non loin de là, pour son spot de surf vraiment dément. Le temple en lui-même n'a qu'un intérêt mineur, mais la vue est magnifique et considérée comme l'une des plus belles de Bali.

Comment y aller ?

Uluwatu est bien fléché, à 15 km de Jimbaran, par une bonne route.

➢ De Kuta, on peut théoriquement y aller en *bemo* (changement à Jimbaran). Mais pour le retour, plus de *bemo* après 15 h-15 h 30. Ce service n'étant pas régulier, le plus sûr est d'avoir son propre véhicule (moto ou voiture) ou sinon de chartériser un *bemo* à plusieurs.

À voir

Le temple : au bout de la falaise. Ouvert de 7 h au coucher du soleil. Entrée payante (pas chère). Location de sarongs pour ceux qui n'ont pas les jambes couvertes. Ce temple n'a rien de bien folichon mais il est considéré comme l'un des plus importants de l'île avec Tanah Lot, car il est dédié aux dieux de la mer. La vue est tout simplement démente. C'est également la résidence principale de dizaines de singes « pickpockets » qui dérobent tout ce qu'ils peuvent. Des lunettes sur votre nez ? Hop, plus de lunettes ! (On l'a vécu !) Une banane dans votre poche ? Hop, plus de banane ! En général, il y a un charmant monsieur ou une dame qui, dès qu'un singe a commis un larcin, apparaît avec des bananes pour lui faire lâcher prise. Le singe obtempère, mais il faut remercier le bonhomme. C'est de bonne guerre après tout ! Du bout du temple, panorama extraordinaire surplombant l'océan et les gros rouleaux. Les couchers de soleil d'ici comptent parmi les plus beaux spectacles de l'île et ça peut être une raison suffisante pour y venir l'après-midi et y rester jusqu'en fin de journée.
Tous les jours, vers 17 h 45, représentation de *kecak* particulièrement belle et intéressante, organisée par les communautés du village de Pecatu. En enfilade, la silhouette du temple en haut de la falaise, les danseurs et le feu... grandiose !

Pantai Uluwatu : un des plus fameux sites de surf de l'île. À 200 m avant d'arriver au temple, prendre la route sur la droite (en direction de *Pantai Suluban*). Le site est assez exceptionnel : une falaise offrant un point de vue étourdissant, bordée de petits *warungs* ouverts aux quatre vents, où les surfeurs viennent boire un verre et se faire masser après l'effort (certains y passent même la nuit). C'est de là que vous pourrez admirer les vrais surfeurs, les pros, ceux qui affrontent les vagues immenses, perchés sur leur petit bout de résine. Il n'y a pas moins de 7 *breaks* sur ce site de surf. N'oubliez pas votre appareil photo, ni votre téléobjectif. Atmosphère étrange car le site est étroit et la mer sévère. Pour accéder à la mer, redescendre un petit peu et pénétrer dans la faille qui donne accès à un minuscule bout de plage. À marée basse, possibilité de passer sous la roche (côté gauche) et de gagner une petite plage de l'autre côté. À marée haute, ne cherchez pas, il n'y a pas de plage. Les surfeurs, quant à eux, se mettent à l'eau dans la faille et rament pour sortir de l'étroit goulet et aller chercher leur destinée, une montagne de flotte qui s'enroule dans un tonnerre d'écume, et qu'ils parviennent à narguer insolemment. On admire vraiment ces types, forces de la nature, sportifs en diable, courageux et téméraires. Car combien de gamelles, combien de dizaines de brassées, combien de centaines de tasses ont-ils avalées avant de parvenir au nirvana : marcher sur l'eau, danser avec les éléments l'espace de quelques secondes... et recommencer. Vraiment, chapeau les mecs ! Amis débutants, ne vous y frottez pas ; participer avec les yeux, ce n'est pas mal non plus.

Padang-Padang Beach : un autre spot excellent à quelques kilomètres au nord d'Uluwatu. Facile à rejoindre par la route côtière. Pour les pros, là encore. Un *break* également très impressionnant à admirer depuis la falaise.

Où dormir ?

Rocky Bungalows *(plan, **16**)* **:** jl. Pantai Suluban 313. ☎ 081-734-62-09 (mobile). Situé en fait entre la plage d'Uluwatu et celle de Padang-Padang. Une dizaine de bungalows accrochés à la pente d'une colline. Eau froide et propreté au rendez-vous. À deux, compter environ 100 000 Rps (8 €). Assez abordable, car pas d'accès direct à la mer. Vue plongeante dans la Grande Bleue et mini-resto où grignoter quelques plats simples, et le petit dej'. Piscine.

Où manger ?

Yeye's Warung *(plan, **23**)* **:** jl. Labuansait, à Pecatu. ☎ 081-23-80-78-92 (portable). À quelques kilomètres au nord de *Rocky Bungalows.* Ouvert jusqu'à 23 h. Salle de resto de couleur pêche, ouverte aux quatre vents. Jolie palette de plats indonésiens et occidentaux. Musique et atmosphère bien plaisante.

Balangan et Dreamland : on accède à ce site en traversant *Pecatu Indah Resort,* un délire mégalomaniaque de l'ancien président Suharto. Celui-ci, après avoir exproprié les paysans qui y vivaient et y travaillaient, a bouclé tout un périmètre derrière des barrières pour en faire un terrain privé... Il y a fait construire une route majestueuse (aujourd'hui largement défoncée). À part les clôtures, le poste de contrôle à l'entrée et cette route complètement démesurée pour le coin, Suharto n'a pu poursuivre son délire, pour cause de destitution... Aujourd'hui, ce sont les surfeurs qui profitent de ce magnifique site et c'est tant mieux. Les non-surfeurs devraient également apprécier la beauté de ce petit bout de paradis. Le *break* de Balangan est abordable par les débutants à marée haute. Même les nageurs pourront un peu barboter. À marée basse, il est réservé aux surfeurs aguerris. Considéré, tout de même, comme l'une des plus belles vagues d'Indonésie ! L'idéal pour les amoureux de la tranquillité.
En venant de Jimbaran, suivre la route d'Uluwatu (ne surtout pas prendre à droite au premier carrefour, en direction de Balangan, c'est un piège !). Juste après un poste de police, une sorte de mur s'élève sur la droite, puis on aperçoit une statue et un poste de contrôle. Droit d'entrée de 5 000 Rps

(0,4 €) par personne. Suivre ensuite la route goudronnée (attention aux nids-de-poule !). Après quelques kilomètres, Dreamland est indiqué sur la gauche et Balangan sur la droite.

Où dormir ? Où manger à Balangan ?

Flower Bud Bungalows *(plan, 17)* : jl. Balangan Beach, à Pecatu. ☎ 081-64-72-23-10 (portable). • wellehnick@yahoo.com • Indiqué avant la plage de Balangan. Seulement 4 bungalows, réalisés en matières naturelles (bambou essentiellement). Architecture d'inspiration traditionnelle. À l'intérieur, deux étages, et depuis le supérieur vue stupéfiante sur la baie. Salle de bains à ciel ouvert avec eau froide. Propose 2 lits doubles dans chacun des 3 « petits » bungalows. Le 4e, le plus grand, peut loger jusqu'à 6 personnes. Compter 150 000 Rps (12,1 €) pour les maisonnettes les plus petites et 200 000 Rps (16,2 €) pour la grande. Pas d'électricité, mais des lampes à pétrole. Petit resto à l'entrée où l'on vous prépare un dîner bien copieux (car les surfeurs ont faim, c'est connu !). Vélos à disposition des hôtes, pour aller explorer les vergers de manguiers, par exemple. On a adoré cette petite adresse charmante, avec son côté Robinson. Sans compter que l'accueil familial balinais est absolument adorable. Penser à contacter Welleh pour réserver, car c'est souvent plein !

La Joya *(plan, 17)* : Juste à côté de *Flower Bud Bungalows,* mais dans un style bien différent et aussi plus onéreux : bungalows à 40 € ! Cela dit, ils sont jolis, très bien arrangés, meublés avec beaucoup de goût et offrent un confort impeccable. Tous ont une mini-terrasse avec vue sur la baie (à couper le souffle). Deux piscines dont une à débordement. Groupe électrogène. Dîner sur commande uniquement.

NUSA DUA

Nouveau village créé de toutes pièces sur la côte est de la presqu'île dans les années 1970-1980. Tous les grands hôtels récemment construits sont regroupés ici, à côté du *Club Med* qui n'a pas, suivant sa tradition, choisi la plus mauvaise place. Certains établissements peuvent être visités. D'autres sont très surveillés comme le *Beach Hotel* qui accueille les chefs d'État en visite officielle et où séjourna Ronald Reagan. Ici on peut pratiquer tous les sports nautiques démocratiques (parachute ascensionnel, jet ski, ski nautique). Spot de surf.

TANJUNG BENOA (plan « Le sud de Bali »)

Ne pas confondre avec Port Benoa juste en face. Tanjung Benoa, c'est le village lui-même, situé à la pointe nord-est de la presqu'île. Le coin n'est pas débordant d'intérêt puisqu'il subit l'influence de Nusa Dua sa voisine, mais il conserve un brin d'authenticité. La plage de sable blond est belle certes, sans vague, et donc facilement abordable. Il y a un côté station balnéaire avec toutes les activités qui vont avec : parachute ascensionnel, jet ski, balade sur gros boudins tirés par un bateau, etc. Rien que des activités intellectuelles, donc ! Le village s'étire de part et d'autre de l'unique rue.

Où dormir ?

Pas de logements très bon marché. D'ailleurs, peu d'établissements et pas grand intérêt de passer ses nuits ici.

BALI

Hasan Home Stay *(plan, 11)* **:** juste avant l'entrée du village, sur la gauche de la grande route (jl. Pratama) du bord de plage, dans une ruelle. ☎ 77-24-56. Fax : 77-33-64. • hasanhomestay@lycos.com • Quelques chambres confortables et bien tenues, avec salle de bains. Celles avec eau froide et ventilo se louent 60 000 Rps (4,8 €) et les plus confortables, avec AC et eau chaude, sont à 100 000 Rps (8 €). Impeccable et calme. Bon rapport qualité-prix.

Tanjung Mekar *(plan, 12)* **:** jl. Pratama, la rue centrale qui longe la plage. ☎ 77-20-63. Propose 4 chambres dans une maison genre résidence secondaire, avec ventilo et salle de bains. Compter 60 000 Rps (4,8 €) à deux, réduction au-delà de deux nuits. Jardinet devant. La plage est en face. Bon accueil.

Où manger ?

Les restos de la plage sont bien décevants. Chers et pas formidables.

Miti Restaurant *(plan, 21)* **:** sur la route principale, côté route (pas côté plage, donc). ☎ 77-25-12. Presque en face de l'hôtel *Grand Mirage.* Peut-être le meilleur rapport qualité-prix du secteur. Honnête, sans plus. Service très gentil. Danses le vendredi et le lundi soir.

À voir. À faire

La plage, évidemment, et les activités qui y sont liées. Possibilité de balade en *prahus* avec les pêcheurs, mais c'est très cher.

Le spectacle des ***pêcheurs*** rentrant de la pêche chargés de thons que les femmes portent sur leur tête dans de grands paniers reste sans doute l'un des moments les plus sympathiques.

LES ROUTES DU CENTRE ET DU NORD

BATUBULAN

À seulement 8 km de Denpasar, Batubulan est l'un des plus grands villages de sculpteurs de pierre de l'île. On s'en aperçoit très vite puisque la rue principale est bordée d'ateliers et boutiques qui présentent de chaque côté des centaines de sculptures d'animaux fantastiques, de démons, de divinités rangées sagement. Ce sont tous des dieux protecteurs, des autels familiaux que les Balinais achètent pour orner leur temple personnel. La pierre de la région est idéale pour la sculpture : résistante et tendre à la fois. En visitant quelques boutiques, vous aurez l'occasion de voir les jeunes garçons manier le ciseau, parfois dès leur plus jeune âge, avec une habileté surprenante. Souvent, plusieurs sculpteurs travaillent ensemble à la même œuvre ; ils se relaient comme s'il s'agissait d'un travail à la chaîne.

Terminal des bemos : pour l'est et le nord de Bali ; Amlapura, Semarapura, Bangli, Gianyar, Padangbai (ferry pour Lombok), Candi Dasa, Ubud, Kintamani, Selat, Lovina, Singaraja.

À voir

Quelques beaux temples dont le ***Pura Puseh,*** à 150 m de l'entrée du village. Porte principale magnifique avec tout un panthéon de divinités hindoues voisinant avec un *Bouddha en méditation*.

Spectacles de danses

Batubulan est surtout connue pour ses spectacles de danse *barong* qui se déroulent chaque matin à 9 h 30, dans des endroits différents. Durée : 1 h. Prix identiques. Deux lieux proposent aussi tous les jours à 18 h 30 des danses *kecak* et *fire dance,* mais on a préféré le *barong* du matin.
Il s'agit de spectacles destinés aux étrangers et qui n'ont pas, bien entendu, l'authenticité de ceux que l'on pourrait voir (avec un peu de chance) dans un village, lors d'une fête de temple. En contrepartie, vous serez confortablement installé et vous pourrez photographier un spectacle donné par des habitants qui troquent pendant une heure leur vêtement de travail pour se transformer en sorcière, princesse, clown ou singe, dissimulant leur véritable visage derrière des masques. Il est recommandé d'arriver une petite demi-heure avant pour avoir une bonne place. Les billets sont vendus à l'entrée. On vous délivre un feuillet d'explication sur le déroulement de la danse, dans toutes les langues. Deux scènes se trouvent sur la route principale (bien indiquées).
Après le spectacle, vous pourrez aller jeter un œil à l'école de danse juste à côté (SMSR-SMKI-SMIK). S'il y a des cours, demandez si vous pouvez entrer.

CELUK ET SINGAPADU

La route, 2 km après Batubulan, passe par Celuk (prononcer « Tjeluk »), village d'orfèvres connu pour les bijoux en argent réalisés selon de très anciennes techniques. Les jeunes orfèvres travaillent le métal précieux avec des outils on ne peut plus sommaires.
Les bijoux en filigrane surchargés, très prisés des Balinais, risquent de vous décevoir. Certains artistes réalisent cependant des pièces correspondant davantage à nos goûts. Les échoppes des petites rues sont plus intéressantes que celles de la rue principale. Il faut discuter les prix (qui sont très élevés). La tradition se transmet de père en fils depuis des générations. Presque tout le village travaille ou vend de l'orfèvrerie. Nombreuses boutiques tout le long de la route principale, dont *Bandem* (à Singapadu) où les prix sont plus raisonnables. Tous les cars s'y arrêtent après le spectacle de danse de Batubulan. À part les orfèvres, le village ne présente pas beaucoup d'intérêt.

Dede's : jl. Gianyar 18. ☎ 29-81-84. Atelier dans la cour et grande boutique avec pas mal de choix. Intéressant pour se faire une idée de l'artisanat. Assortiment de bagues et de bracelets tout à fait dans le goût européen.

➢ De Celuk, possibilité de gagner la côte, à travers les rizières, en passant par Tebune, Telabah, Pinda et Saba.

SUKAWATI, BATUAN, MAS, BONO, GIANYAR ET BANGLI

SUKAWATI

Un petit arrêt s'impose dans ce village pour son marché (le matin surtout), très prisé des Balinais eux-mêmes. Sukawati est également connu pour son école de danse, son école de *wayang Gulit,* son tressage de paniers et ses fabriques de petits objets en bois. Le marché se situe dans des constructions en dur de chaque côté de la route. On ne peut pas le louper, il y a plein de monde. Des montagnes de textiles (chemises, shorts, tee-shirts), peintures, sculptures sur bois... Animé et sympathique. Montez aussi au dernier étage du bâtiment à droite de la route en venant du sud : fruits et légumes, pas de touristes, vraiment à voir.

BATUAN

À 2 km après Sukawati, ce village est spécialisé dans le tissage, mais possède aussi des écoles de danse et une école de peinture importante. Il existe un vrai style Batuan, qui se caractérise par une certaine modernité et un réalisme parfois cocasse et plein d'humour. Cela explique le nombre de boutiques tout au long de cette route. Beau temple avec enfilade de cours et *merus* à 3 niveaux avec toit de paille. Portail couvert de monstres.

Après Sakak, la route franchit une rivière maudite. D'après la légende, l'eau avait été empoisonnée par les dieux et, jusqu'au début du XXe siècle, on se gardait de l'utiliser, même pour l'irrigation des rizières. Toute la région est marquée par les forces secrètes de la magie, puisque le *temple de Blahbatuh* abrite une monstrueuse tête de pierre, celle de Kebo Iwa, un géant qui aurait construit de nombreux temples dans l'île avant d'être exécuté par les troupes javanaises lors de la conquête de l'île en 1343.

MAS

Sur la route d'Ubud. À l'entrée du village, un énorme bébé de pierre au carrefour. Les habitants de Mas sont des descendants directs des brahmanes venus de l'île de Java au XVe siècle et dont les ancêtres ont influencé l'hindouisme balinais. Ils travaillent tous le bois. Beaucoup de masques mais aussi de très grosses pièces. Au départ, leurs sculptures avaient une fonction religieuse. La totalité de leur production est désormais réservée aux touristes et aux boutiques de Kuta, Sanur et Ubud. Il est intéressant de voir les sculpteurs œuvrer sous le contrôle du maître, en faisant sauter les copeaux avec de petits burins, après que la masse de teck ou d'ébène a été dégrossie à la hache. Les plus beaux bois, notamment l'ébène, viennent des Célèbes. Certaines pièces sont magnifiques et leurs prix raisonnables, compte tenu de la finesse de leur exécution. Les prix sont aussi fonction de la notoriété de l'artiste. Les plus cotées sont probablement celles d'Ida Bagus Njana et de son fils Tilem, tous les deux aujourd'hui décédés. Ce dernier avait même travaillé pour Peter Brooks. C'est désormais le petit-fils qui a repris l'affaire. Certains artistes se consacrent uniquement à la réalisation de masques de théâtre peints destinés aux spectacles de *topeng* ou de *barong.* À Mas, c'est assez simple, plus les boutiques sont fastueuses, plus elles sont chères. Chaque côté de l'unique rue est bordé de dizaines d'ateliers-boutiques.

➢ Si vous voulez vous rendre directement à ***Ubud,*** poursuivez la route au nord de Mas. Sinon, possibilité de faire un détour par Bono, Gianyar... et Bangli pour ceux qui veulent poursuivre vers le lac Batur.

BONO

Entre Blahbatuh et Gianyar, juste à mi-chemin, un centre important de vannerie et de tressage de paniers et du travail du bambou en général. C'est ici qu'on fabrique une bonne partie du mobilier de terrasse des hôtels et *guesthouses.*

GIANYAR

Ville sans grand intérêt, propre et très fleurie. C'est surtout un nœud routier et un lieu de passage très fréquenté. En fait, ne passent par ici que ceux qui veulent aller visiter l'école de sculpture.

À voir

Le Puri : sur la place centrale. Bel exemple d'architecture traditionnelle.

Tissage Cap. Togog : jl. Astina Utara 11. ☎ 94-30-46. En entrant dans la ville en venant de Denpasar, c'est sur la droite. L'une des plus grandes filatures de l'île. Ouvert de 8 h à 15 h. Plus de 150 personnes travaillent, sous un hangar, utilisant des métiers à tisser archaïques. Vous y verrez comment on fabrique les *batiks* : tissage, teinture, séchage... Très beaux *ikats,* mais les conditions de travail nous ont laissés pantois. Vente de tissus dans la boutique au-dessus des ateliers.

Le marché vaut vraiment le coup. On y vend un tas de fruits et un tas d'aliments. Avec un peu de chance, vous rencontrerez l'étal du sorcier qui vend des fioles au mélange appétissant (crapauds, lézards...).
En face du marché, traversez la rue principale. Là, quelques échoppes en plein air où l'on vend les meilleurs *babis gulings* (cochons grillés) de l'île. Seulement à midi.

BANGLI

De Gianyar, on peut reprendre la route vers l'ouest pour Bedulu et Ubud. On peut aussi poursuivre au nord vers Bangli et, de là, continuer vers le lac Batur.
La route passe par Sidan où ceux qui n'ont pas encore leur indigestion de temples peuvent s'arrêter au *Pura Dalem,* c'est-à-dire au « temple des Morts ». La tour du Kulkul possède un bas-relief représentant des malfaiteurs punis par des géants.
10 km plus au nord apparaît Bangli, ancienne capitale de la puissante dynastie des Gelgel. La ville en soi n'est pas du tout excitante (routard, passe ton chemin si tes jours sont comptés), et comme on est déjà en altitude, il commence à faire plus frais.

Terminal des bus qui desservent tous les villages de la région, Ubud, Gianyar, Kintamani...

À voir

Le temple Pura Kehen : à la sortie nord de la ville, sur la route de Kintamani. Entrée payante. Location de sarongs pour ceux qui n'ont pas les jambes couvertes. Grand sanctuaire en terrasses, l'un des plus vénérés de Bali. Monumental escalier orné de sculptures en pierre volcanique, donnant accès à une porte splendide dominée par une tête de démon. Ses mains terrifiantes sont prêtes à saisir les mauvais esprits qui tenteraient de franchir le

seuil. Des assiettes chinoises sont incrustées sur les murs. Vendeurs ambulants aux abords du temple, comme d'habitude. Si vous avez besoin d'explications, le « gardien du temple » sera ravi, moyennant une obole (la fameuse donation au temple), de vous renseigner en anglais et avec quelques mots de français.
La route, après Bangli, conduit en 20 km au site de Penelokan, au bord du lac Batur en passant par Bangklet et Pengotan.

UBUD

8 000 hab. IND. TÉL. : 0361

Pour le plan général et le zoom d'Ubud, se reporter au cahier couleur.

Village de peintres et d'artisans, Ubud est le noyau de l'art balinais et le conservatoire des traditions. De nombreux peintres et sculpteurs continuent d'y exercer. Le *legong* y est né. Depuis quelques années, les routards ont découvert à leur tour les charmes indiscutables de ce gros bourg, entouré de rizières, qui a l'avantage d'être à un carrefour à partir duquel on peut rayonner dans toute l'île.
Si vous voulez observer la vie des Balinais, assister à des cérémonies, voir des spectacles de qualité, observer le travail des peintres et des sculpteurs, c'est ici qu'il vous faudra passer quelques jours, à l'écart des plages surpeuplées. Ne vous imaginez pas cependant que vous serez seul. De plus en plus de touristes y séjournent longtemps. Les plus fortunés ont acheté des résidences secondaires, renouant ainsi avec la tradition des artistes occidentaux qui, depuis le début du XXe siècle, ont choisi de planter leur chevalet à Ubud. On les comprend : il est difficile de résister au charme de ce lieu magique, malgré les innombrables boutiques qui se sont ouvertes ces dernières années.
Ceux qui se contentent de passer en vitesse n'auront qu'une impression faussée : la petite ville n'est pas spécialement belle au sens où on l'entend habituellement, mais toute la région est superbe. Il faut prendre le temps de voir ses temples, de sillonner ses rizières, de se laisser aller selon le rythme propre aux Balinais. C'est aussi à Ubud que vous mangerez le mieux et que vous trouverez les *losmen* les plus agréables.

Adresses utiles

Infos touristiques

i *Ubud Tourist Information* *(zoom couleur C3)* **:** dans la rue principale, jl. Raya Ubud, en plein centre. ☎ 97-32-85. Ouvert tous les jours, sauf certains jours de fêtes balinaises, de 8 h à 20 h. Ce n'est qu'un petit comptoir face à l'*Ary Temple,* à proximité du marché. Dès votre arrivée, achetez le plan de la ville et de la région, le *Bali Pathfinder*. L'office de tourisme fournit le programme et vend les billets pour les spectacles à Ubud et dans les environs. Fêtes, crémations, danses... On vous indiquera aussi les tarifs des *bemos* publics et les horaires des *shuttle bus*. Propose également de nombreuses excursions à la journée. Moins cher que dans la plupart des agences privées. Personnel pas toujours très aimable ni très efficace.

Poste et télécommunications

✉ ***Poste*** *(Pos Giro ; zoom couleur D4)* **:** petit bureau avec poste restante, à l'entrée de jalan Jembawan, rue à droite dans jalan Raya Ubud en venant du centre d'Ubud. Ouvert de 8 h à 17 h tous les jours, du lundi au vendredi et jusqu'à 12 h 30 le samedi. Fermé les dimanche et fêtes. Fait aussi office de bureau de change, avec des taux intéressants. Également plusieurs *postal agent* dans différents coins d'Ubud.

■ ***Téléphone*** *(Wartel ; plan couleur général D5,* **1** et *zoom couleur C3 et C4,* ***1****)* **:** plusieurs petites agences dans toute la ville, certaines ouvertes jusqu'à 22 h. On rappelle que les appels sont moins chers le week-end.

@ ***Internet :*** plusieurs cybercafés le long de Monkey Forest Road, tous bien indiqués. Prix raisonnables et services corrects. Évidemment, certains disposent d'une connexion plus rapide que les autres, à vous de trouver le meilleur !

■ ***Expédition de colis :*** on achète tellement de belles choses ici qu'il faut bien les envoyer au pays. De nombreuses agences se chargent de ce service. Elles sont pour la plupart sérieuses et efficaces. Comparez les prix avant d'en choisir une. Le tarif est basé sur un calcul poids-volume.

Banques, change

On trouve partout des ***money changers.*** Mais attention aux escroqueries. Le plus fiable est le *PT Central Kuta,* mais il est préférable de changer votre argent soit dans les petites agences de tourisme, soit dans les banques, même si leurs taux de change sont moins avantageux. La *MasterCard* et la *Visa* sont acceptées dans de nombreux endroits.

■ ***Danamon Bank*** *(zoom couleur C4,* ***2****)* **:** jl. Raya Ubud. ☎ 97-59-46. Ouvert du lundi au vendredi de 8 h 30 à 13 h (11 h le samedi). Possibilité de retirer de l'argent avec les cartes *Visa* et *MasterCard.*

■ ***Bank Lippo*** *(zoom couleur D4,* ***3****)* et ***Bali Bank*** *(zoom couleur C3,* ***4****)* **:** retrait d'argent avec les cartes *Visa* et *MasterCard.*

Santé, urgences

■ ***Médecin :*** Dr I. Wayan Darwata, jl. Sriwedari 6, BR Taman Ubud. ☎ 97-46-91. Consulte de 17 h à 20 h. Vous pouvez aussi l'appeler chez lui, en cas d'urgence : ☎ 29-84-07. Avant 17 h, on peut inscrire son nom sur une liste d'attente près de son bureau. Une adresse de confiance, confirmée régulièrement par vous-mêmes, amis lecteurs. Parle bien l'anglais. Fournit les médicaments et le reçu pour le remboursement éventuel.

■ ***Ubud Clinic*** *(plan couleur général B3,* ***8****)* **:** jl. Raya, à Campuhan. ☎ 97-49-11. Ouvert 24 h/24. Presque en face de *Murni's Warung.* Probablement le meilleur centre médical dans la région. Médecins et infirmiers parlant couramment l'anglais. La consultation de base coûte environ 20 €.

■ ***Pharmacies*** *(Apotik ; plan couleur général D3-4,* ***5****)* **:** jl. Andong, sur la route de Tegallalang et Kintamani, sur la gauche à 800 m du carrefour d'Ubud. ☎ 97-54-65. Ouvert tous les jours de 7 h à 21 h. Si c'est fermé, sonner. Deux autres pharmacies plus petites dans le centre *(zoom couleur C4,* ***5****).*

■ ***Poste de police*** *(plan couleur général E3,* ***6****)* **:** jl. Andong, sur la route de Tegallalang et Kintamani.

Divers

■ ***Confirmation de vols :*** on trouve plusieurs agences de voyages, représentant la plupart des compagnies aériennes, sur Monkey Forest Road et jl. Raya Ubud. Ne pas attendre le week-end. Compter 10000 Rps (0,8 €).

■ ***Station-service :*** à la sortie d'Ubud sur la route de Denpasar, sur la gauche.

■ ***Supermarchés :*** à la sortie d'Ubud, sur la route qui mène à Kintamani et Pujung, le *Delta Dewata Supermarket (plan couleur général D3,* ***9****)* est assez bien approvisionné. Également un mini-supermarché le long de jl. Monkey Forest, presque en face de *Wayan's Café.*

■ ***Ubud Music :*** jl. Raya Ubud, face au *Lotus Café.* Grand choix de musique indonésienne en K7 et CD. Également un bon choix de bouquins. On y trouve notamment des mini-livres pour apprendre des rudiments de *bahasa indonesia,* indispensable pour qui prévoit un long séjour !

■ ***Librairies :*** nombreux petits *bookshops* un peu partout, notamment sur Monkey Forest Road. On achète des bouquins et on les revend après lecture à moitié prix.

– *Ary's Bookshop (zoom couleur C3,* ***10****) :* jl. Raya Ubud, face au temple Pura Desa. Cartes, doc et guides sur la région. Cartes postales humoristiques, ça change des éternels paysages de rizières !

– Au *Ganesha Bookshop (zoom couleur D4,* ***11****),* à l'angle de jl. Raya Ubud et de jl. Jembawan, pas mal de bouquins intéressants sur l'indonésien et quelques romans en français.

■ ***Protection de l'environnement :*** devant l'ampleur des dégâts causés par le trop grand nombre de bouteilles en plastique, plusieurs hôtels et restos proposent de remplir vos bouteilles d'eau filtrée. Cela évite le gaspillage. Renseignez-vous à l'office de tourisme ou auprès de *Arie's Warung* (*zoom couleur C4,* ***73*** ; voir « Où manger ? »).

Transports

La ville s'étend sur plusieurs kilomètres. À pied, on ne va pas bien loin...
– ***Le vélo :*** comme partout, c'est la petite reine qui reste le moyen idéal pour explorer Ubud et sa région. On se sent vraiment libre, on s'arrête où l'on veut et ça ne coûte pas cher. Tout le monde en loue.
– ***La moto :*** bonne solution pour rayonner dans la région au sens large. Là encore, on en trouve partout. Bien vérifier les freins, les pneus, l'éclairage... et si le plein est fait.

Où dormir ?

On compte plusieurs centaines de *losmen* et d'hôtels à Ubud. La plupart se succèdent le long de la rue principale, jalan Raya Ubud, sur Monkey Forest Road, sa perpendiculaire, et jalan Hanoman, parallèle à cette dernière. Cette rue décrit en fait une boucle et revient vers la grande route. Ubud est à la montagne ce que Kuta est à la mer. Les *losmen* changent terriblement vite.
En haute saison (juillet-août et décembre-janvier), il sera plus difficile de trouver une chambre dans une bonne adresse, évidemment, mais on trouve toujours quelque chose. En basse saison, vous avez les cartes en main et tout se négocie. Vous découvrirez ici quelques hôtels absolument merveilleux, enfouis au fond d'un jardin, avec vue sur les rizières, dans un calme absolu. Les prix s'entendent presque toujours avec le petit dej' inclus.
Si vous rentrez de nuit à votre hôtel, emportez une lampe de poche, les chemins n'étant pas éclairés. Et ne comptez que sur vos jambes : il n'y a pas de *bemos* le soir.

La plupart des *losmen* vendent des tickets pour les différents spectacles d'Ubud ou des environs. Certains organisent même le transport aller-retour. Ils peuvent souvent s'occuper de faire laver votre linge et vous louer moto ou vélo.

Bon marché (moins de 50 000 Rps, soit 4 €)

***Donald Homestay** (zoom couleur C4, **20**) :* jl. Gootama, banjar Padang Tegal. ☎ 97-71-56. Après avoir traversé une cour habitée par plusieurs familles, on atteint un petit jardin autour duquel se trouvent 4 chambres simples et propres, avec salles de bains extérieures. Au calme. Également un *warung* du même nom juste à côté, cuisine copieuse et bon marché.

***Kabera Bungalows** (zoom couleur C4, **21**) :* ☎ 97-07-97. Dans une ruelle qui part à gauche du gang Arjuna, lorsque l'on vient de jl. Monkey Forest. De charmants petits bungalows en bambou avec terrasses individuelles. Chambres assez simples, avec ventilateur, moustiquaire et salle de bains (eau froide). Très bien tenu. Accueil adorable. Thé à volonté toute la journée.

***Arjuna House** (zoom couleur C4, **22**) :* gang Arjuna, perpendiculaire à jl. Monkey Forest. Même style que le *Kabera Bungalows*. Chambres et salles de bains simples, mais le tout est nickel. Petites terrasses devant les chambres. Accueil familial très gentil. Une bonne adresse pour les petits budgets.

***Pelangi Bungalows** (zoom couleur C3, **23**) :* gang Arjuna. ☎ 97-07-92. Juste à côté du *Puji Bungalows*. Un des *losmen* les meilleur marché d'Ubud. Familial et agréable, parfaitement au calme et pourtant tout proche de l'animation. Plusieurs types de bungalows en brique et bambou hébergeant 4 petites chambres au confort modeste, avec ventilo, moustiquaire et salle de bains (eau froide). Accueil chaleureux.

***Arjana Accommodation** (zoom couleur C3, **26**) :* jl. Kajeng 6. ☎ 97-55-83. Fax : 97-73-37. À 200 m de la rue principale, en allant vers la maison du peintre Han Snel's. À ne pas confondre avec *Arjana I Bungalows*. Propose 11 chambres avec salle de bains (eau froide) dans un jardin calme. Tout petit ventilo. Un peu sombre mais bien tenu. Patrons très sympathiques. Accès gratuit à la piscine de l'*Arjana Bungalows* qui est à moins de 400 m.

Prix modérés (de 60 000 à 100 000 Rps, soit 4,8 à 8 €)

***Sania's House** (zoom couleur C4, **27**) :* jl. Karna 7. ☎ 97-55-35. • sania_house@yahoo.com • Juste derrière le marché. Petit complexe hôtelier assez charmant. Les chemins qui mènent aux chambres forment une sorte de labyrinthe autour d'elles, préservant l'intimité de chacune. Dans les chambres les plus chères, eau chaude. Petite piscine. Thé à volonté et petit dej' inclus. Bon rapport qualité-prix, mais les tarifs risquent d'augmenter avec les travaux effectués et, attention, légère augmentation en haute saison.

***Canderi Homestay** (zoom couleur C4, **29**) :* Monkey Forest Road. ☎ 97-50-54 Fax : 97-14-60. • www.canderirest.com • À 100 m du marché. Chambres plus ou moins grandes, avec salles de bains correctes. Pour y accéder, on traverse la cour où vit la famille. Au calme, car à l'écart de la rue. Fait également resto. N'oubliez pas de prévenir si vous avez l'intention de rentrer tard... des lecteurs se sont retrouvés à la porte et ont mis un petit moment avant de retrouver leurs lits douillets !

***Wahyu Bungalows** (zoom couleur C4, **30**) :* dans la ruelle qui longe le stade, juste derrière celui-ci. ☎ 97-53-08. • alit@indo.net.id • Belles chambres dans un bâtiment à étages, tout récent, au fond du jardin. Au calme, très propre et accueil gentil comme tout. Resto assez plaisant à l'entrée.

Yuni's House *(zoom couleur C4, **41**) :* jl. Karna 4. ☎ 97-57-01. Derrière le marché. Petits bungalows aux allures de temple entourés de végétation. Moustiquaire, ventilo et terrasse dans chaque chambre. Propre, accueil familial.

Jati Home Stay *(zoom couleur C4, **31**) :* jl. Hanoman, au fond d'un passage perpendiculaire à la rue principale. ☎ 97-77-01. • bantuya @yahoo.com • Petit *losmen* d'une dizaine de chambres installées dans des maisons balinaises. Vous êtes ici dans l'atelier en plein air du propriétaire, le peintre Made Jati, dont les œuvres sèchent dans la cour. Toutes les chambres sont au même prix (80 000 Rps, soit 6,5 €). Intérieur en bambou tressé, salles de bains correctes et petite terrasse donnant sur une rizière. Très bon accueil. Petits déjeuners différents tous les jours. Réservation de billets de spectacle et de transport. La propreté n'est pas impeccable mais la gentillesse et la bonne humeur du personnel rendent indulgent...

Gerhana Sari II *(zoom couleur C4, **32**) :* ☎ 97-12-78. Au fond d'un sentier qui part de Monkey Forest Road. C'est à 50 m. Seulement 2 chambres, toutes décorées de bambou et bourrées de charme. Salles de bains originales, on prend sa douche en compagnie de charmants poissons rouges qui vous observent depuis leur aquarium ! Rizières en face. Calme et serein. Excellent petit dej'.

Jati Home Stay n° 3 *(zoom couleur C4, **34**) :* Monkey Forest Road. ☎ 97-32-49. À proximité du *Wayan's Café*. Un peu à l'écart de la route, tout au bout d'un chemin où seuls les vélos passent. Calme et central. Beaux bungalows isolés qui donnent sur les rizières. Chambres agréables mais attention aux moins chères, car elles sont beaucoup moins bien tenues que les autres. Bon confort et assez propre en général.

Prix moyens (de 100 000 à 250 000 Rps, soit 8 à 20,2 €)

Artini Cottages *(zoom couleur C4, **33**) :* jl. Hanoman. ☎ 97-84-25. Fax : 97-53-48. Plusieurs bungalows aux allures de temples balinais. Les chambres, avec ventilo et salle de bains, sont propres et disposent d'une terrasse. Possibilité de vous rafraîchir dans la piscine de l'*Artini 2*, presque en face. Calme, bon accueil et ambiance très balinaise. Voir aussi plus loin *Artini 3*, pour une catégorie nettement supérieure.

Gusti's Garden Bungalows *(zoom couleur C3, **35**) :* jl. Kajeng 27. ☎ 97-33-11. Fax : 97-21-59. • gustigarden@yahoo.com • Chambre double à partir de 130 000 Rps (10,5 €), petit dej' et taxes compris. Eau chaude dans toutes les chambres. Celles-ci s'étagent de haut en bas, suivant le relief de la colline. Celles du haut surplombent la (modeste) piscine, un étang et les rizières. Dans une rue toute calme et pourtant à deux pas du centre. Un de nos coups de cœur à Ubud. Bon rapport qualité-prix.

Nirvana *(zoom couleur C4, **36**) :* jl. Gootama 10. Banjar Padangtegal Kaja. ☎ 97-54-15. Quatre chambres uniquement, confortables et plaisantes, avec petite terrasse décorée de jolis meubles peints. Agréable jardin plein de cages d'oiseaux... ça roucoule dans tous les coins ! Au fond, l'atelier de l'artiste I Nyoman Suradnya. On peut aussi prendre ici des cours de batik (même principe qu'à Yogyakarta), voir un peu plus loin la rubrique « À faire ». Beau choix de livres à emprunter dans la bibliothèque. Ambiance paisible et familiale.

Puri Garden I *(zoom couleur C4, **38**) :* Monkey Forest Road, en face du *Wayan's Café*. ☎ 97-53-95. • purigarden1@yahoo.com • L'entrée, à elle seule, vaut le coup d'œil, avec son pont enjambant des bassins. Les chambres sont bien tenues et très agréables. Ventilo et douche avec eau chaude. Il vous est possible d'aller vous rafraîchir à la jolie piscine du *Puri Garden II* qui est à 10 mn de marche... Assez cher tout de même.

Dewa Bharata Bungalows *(plan couleur général B3, **52**)* **:** à Penestanan. ☎ et fax : 97-70-86. Établissement récent proposant des chambres confortables avec salle de bains, baignoire et AC. Les chambres à l'étage ont un balcon. Jardin, piscine.

Chic (de 250 000 à 400000 Rps, soit de 20,2 à 32,4 €)

Matahari Cottage *(zoom couleur D4, **40**)* **:** jl. Jembawan. ☎ 97-54-59. • www.mataharíubud.com • Une adresse vraiment charmante. Peu de chambres, mais elles sont toutes personnalisées selon un thème : chambres primitive, japonaise, etc. La *Barong,* la plus chère, est spacieuse et admirablement décorée. Belle salle de bains à ciel ouvert. Chambres de 20 à 50 €, comprenant un copieux petit dej'. L'après-midi, on peut savourer le *Victorian afternoon tea,* servi dans les règles de l'art, avec scones, crème, etc. Petit *jungle*-jacuzzi, où se détendre en fin d'après-midi devant une luxuriante végétation tropicale. On a beaucoup aimé le côté un peu planqué de cette adresse, qui en fait un petit havre de paix. Très chouette.

Honeymoon Guesthouse *(zoom couleur C3-4, **42**)* **:** jl. Bisma. ☎ 97-07-08. Fax : 97-32-82. • www.casalunabali.com • La *guesthouse* des proprios de *Casa Luna.* Comme ça marche, ils essaiment, et plutôt avec succès. La maison est belle, tout comme le jardin qui accueille une multitude de statues hindoues. Jolie piscine à l'entrée. Chambres tout confort, avec moustiquaires, certaines avec salle de bains à ciel ouvert, toutes avec terrasse. On y trouve aussi un spa où l'on peut profiter de différents types de massages. Excellent petit dej' avec pain maison. En effet, *Honeymoon* fut la boulangerie de *Casa Luna* avant d'être transformée en hôtel. S'y déroulent aussi des cours de cuisine balinaise (voir plus loin la rubrique « À faire »). Tout cela fait que l'adresse est assez fréquentée. Bien pour rencontrer du monde, mais pas pour ceux qui rêvent de s'isoler en amoureux, malgré le nom donné à l'hôtel !

Munut Bungalows *(plan couleur général B3, **43**)* **:** dans le quartier de Campuhan, à l'ouest du centre. ☎ 97-50-39. Fax : 97-71-52. • munutb@indo.net.id • De la rue principale, prendre à gauche après le pont et monter la petite route. Chambres avec salle de bains, dans des petits bâtiments avec vue sur les rizières. Les chambres au fond du jardin sont les mieux (les plus chères aussi). Ventilo et douche (eau chaude). Ses plus : le jardin, la piscine et le calme. Petit dej' non inclus dans le prix.

Artini 3 Cottages *(plan couleur général C6, **44**)* **:** jl. Raya Pengosekan. ☎ 97-41-47. Fax : 97-53-48. • www.artinicottage.com • À 1 km du centre-ville, sur la route de Denpasar. Au milieu des rizières, sous les cocotiers, un ensemble de bungalows flambant neufs et très confortables (climatisation dans certaines chambres, eau chaude, mini-terrasse privative). Jolie piscine en contrebas, entourée de végétation. Accueil chaleureux et atmosphère très calme. Location de bicyclettes, motos et voitures. De l'hôtel, *shuttle* qui mène au centre-ville. Un autre *Artini,* situé jl. Hanoman (le n° 2), propose des prestations équivalentes.

Abangan Bungalows *(plan couleur général B3, **50**)* **:** dans la rue principale (jl. Raya Ubud), sur la droite en allant vers le pont. Fléché. ☎ 97-59-77. Fax : 97-50-82. Une quinzaine de bungalows en bambou, alignés entre rizières et forêt. Beau jardin tropical. On dort sous un toit de paille (le *balé* traditionnel) dans certains bungalows. Salle de bains en bas (avec eau chaude), et en haut, chambres claires avec vue sur les rizières. Pas d'AC, mais la ventilation naturelle permet de profiter de la fraîcheur de la nuit et des bruits de la forêt. Terrasse et piscine riquiqui. Le tout pour un prix raisonnable. Vend des tickets pour les spectacles de danse et autres.

Très chic

Melati Cottages *(plan couleur général A3, **53**) :* dans le quartier de Campuhan. ☎ 97-46-50. Fax : 97-50-88. Compter de 45 à 60 US$ la chambre double. On y accède par un chemin qui part juste après la maison d'Antonio Blanco. En haut des marches, prendre le petit chemin sur la gauche, c'est au bout. Un bel établissement, très calme, au milieu des rizières. Petites constructions d'un étage dans le style balinais, certaines avec des beaux toits de chaume, éparpillées dans un superbe jardin. Grandes chambres bien décorées avec ventilo ou AC (ou même les deux !), la plupart avec terrasse. Préférez celles du haut, bien sûr, pour avoir une vue plus dégagée. Jolie piscine entourée de végétation.

Ananda Cottages *(plan couleur général B2, **51**) :* dans le quartier de Campuhan. ☎ 97-53-76. Fax : 97-53-75. Compter de 35 à 75 US$ la chambre double. Assez excentré. En laissant Ubud derrière vous, passez la maison d'Antonio Blanco et franchissez le pont ; c'est à 200 m environ après le sommet de la montée, sur votre gauche, à côté d'un petit supermarché. Ensemble de bungalows aux belles portes sculptées, astucieusement répartis de façon à donner l'impression d'être dans un petit hôtel alors que l'établissement dispose d'une soixantaine de chambres. Bel aménagement intérieur personnalisé, et pour certaines chambres, salle de bains extérieure. Deux jolies piscines. Balade sympa par les rizières pour rejoindre Ubud sans avoir à passer par la route (super-polluée). Prévoir sa lampe électrique pour rentrer le soir. Cours de cuisine, de danse, de gamelan et même de confection d'offrandes ! Location de vélos, motos et voitures.

Ubud Village Hotel *(zoom couleur C4, **39**) :* Monkey Forest Road, un peu avant le *Wayan Café*. ☎ 97-55-71 ou 97-47-01. Fax : 97-50-69. • www.ubud-village.com • Compter de 70 à 150 US$ la chambre double. Spacieux bungalows luxueusement décorés et confortablement équipés, avec TV. Belles salles de bains extérieures. Le jardin, soigné, est doté d'une belle piscine avec bar. Accueil prévenant et chouette resto à l'entrée.

Encore plus chic

Waka di Ume *(plan couleur général C-D2, **54**) :* jl. Suweta, banjar Sambahan. ☎ 97-31-78. Fax : 97-31-79. • www.wakaexperience.com • Chambres doubles à partir de 130 US$. À quelques kilomètres du centre d'Ubud, vers le nord. Niché au milieu des rizières, un splendide petit ensemble de bungalows et de villas (certaines avec piscine privée !). Confort princier, décoration impeccable, services nombreux et attentionnés : assiette de fruits frais tous les jours, eau minérale à disposition, *afternoon tea* accompagné de sucreries balinaises et navette gratuite jusqu'à Ubud. Intimité et calme au rendez-vous. Très jolie piscine sise en pleine nature et vue plongeante sur les rizières depuis presque tous les bungalows. Si vous voulez vous payer une folie, c'est ici ! Un peu plus près d'Ubud, du côté de Campuhan, on peut aussi se loger au *Waka Padma* (jl. Raya Penestanan ; ☎ 97-57-19). Chambres dans le même style, très belle piscine et beaucoup de charme. Un peu moins cher que le *Waka di Ume.*

Où manger ?

Ubud est aussi, à Bali, la capitale de la gastronomie. Ce ne sont pas les bonnes adresses qui manquent, et c'est ici qu'on s'est le plus régalé ! Aussi bien en « Bon marché » qu'en « Plus chic », elles sont en général d'un excellent rapport qualité-prix. Et, ce qui ne gâche rien, la déco y est généralement de très bon goût. Raffinement dans l'assiette, profitez-en et bon appétit ! L'une des spécialités du coin est le canard, qu'il faut généralement commander à l'avance.

Bon marché (de 10000 à 20000 Rps, soit 0,8 à 1,6 €)

À Ubud, les petits restaurants bon marché se bousculent. Dans cette catégorie de restos, vous ressortirez le ventre plein pour moins de 20000 Rps (1,6 €).

Nuri's Warung *(plan couleur général B1, **70**)* **:** Tromol Pos 219. ☎ 97-75-47. Juste en face du musée Neka, un *warung* javanais où savourer un bon *nasi campur* pour quelques milliers de roupies.

Warung Biah-Biah *(zoom couleur C4, **71**)* **:** jl. Gootama 13. ☎ 97-82-49. Plein de petits plats balinais joliment présentés dans des feuilles de bananier. Succulentes crêpes à la noix de coco en dessert. Prix tout petits !

Dian *(zoom couleur C4, **72**)* **:** Monkey Forest Road. ☎ 97-55-87. Un peu après le terrain de foot en descendant, sur la droite. Cadre contemporain et chaleureux. Beaucoup de monde le soir. Carte variée proposant de bons plats indonésiens. La sélection européenne est nettement moins réussie. En dessert, le *crumble* à la sauce gingembre et caramel nous a fait fondre ! Prix sages.

Arie's Warung *(zoom couleur C4, **73**)* **:** jl. Bima, en bordure du terrain de football. ☎ 97-75-80. À ne pas confondre avec le *Ary's Warung*, qui se trouve sur la route principale. Cuisine locale simple et bonne, servie dans une salle ouverte sur l'extérieur : canard fumé (à commander un jour à l'avance), *cap-cay*... Patron accueillant. Fait partie du programme écolo qui consiste à remplir vos bouteilles en plastique d'eau potable, afin d'éviter d'avoir à en racheter.

Dewa Warung *(zoom couleur C4, **74**)* **:** jl. Gootama. Ouvert jusqu'à 23 h. On mange sur une terrasse couverte par des tôles ondulées sur de grandes tables qui facilitent les rencontres. Vous trouverez toujours un routard du monde à qui parler. Prix très doux pour une cuisine roborative.

Warung Wes-Wes *(zoom couleur C4, **85**)* **:** jl. Gootama. Une minuscule gargote ni très nette, ni très avenante... bref, le genre de lieu qui a priori ne donne pas envie de s'arrêter. On en parle parce que les plats sont strictement végétariens et que, chose rare, l'adorable patronne vous accueille volontiers dans sa modeste cuisine pour vous montrer les rudiments de la cuisine balinaise. Une adresse pour routards curieux.

Prix moyens (de 25000 à 50000 Rps, soit 2 à 4 €)

Bali Buddha Café *(zoom couleur D4, **75**)* **:** jl. Jembawan 1. ☎ 97-63-24. En face de la poste. Au rez-de-chaussée, une boutique de produits bio (bananes séchées, pain, gâteaux, etc.) et à l'étage, un très joli café orange et violet. Peinture contemporaine aux murs. Peu de tables. Atmosphère relaxante. Au menu, superbes salades, sandwichs bien copieux, très bonnes lasagnes et quelques plats indonésiens. On peut aussi y boire plusieurs sortes de *jamu*, ces fameuses boissons « médicales ». Il y en a pour tout : pour rendre les femmes plus jolies, les hommes plus forts, pour soulager l'estomac... Il suffit d'y croire ! En tout cas, cela ne coûte presque rien d'essayer !

Tropical View Café *(plan couleur général C5, **76**)* **:** à l'extrémité de Monkey Forest Road. En face du *Darimana*. ☎ 97-40-40. Vous serez accueilli par un bel oiseau. Avec une vue à l'infini sur les superbes rizières, une atmosphère de salon de thé colonial ouvert de toutes parts, juste protégé par une paillote, cette adresse est tout aussi recommandable pour un vrai repas que pour une halte goûter. Ils confectionnent de bons gâteaux qui feraient rougir de jalousie une vieille Anglaise. *Lemon cake, chocolate cake, lemon crumble...* sont en vitrine et n'attendent que vous.

🍽 ***Ibu Rai** (zoom couleur C4, **77**) :* Monkey Forest Road 72. ☎ 97-50-66. Resto-terrasse complètement ouvert sur la rue. Accueil et service sympathiques et souriants. La nourriture est excellente. Spécialités balinaises (goûtez le poulet !) et internationales. Bonne atmosphère.

Plus chic (plus de 50 000 Rps, soit 4 €)

🍽 ***Wayan's Café** (zoom couleur C4, **78**) :* Monkey Forest Road. ☎ 97-54-47. Nous recommandons cette adresse depuis plusieurs éditions et les lecteurs sont presque à chaque fois emballés. On dit presque, car est l'accueil parfois lunatique et le service un peu expédié quand le resto est plein. Il faudrait pouvoir goûter à tout ce que prépare la patronne qui est aux fourneaux, assistée par toute sa famille. Son mari s'occupe de la pâtisserie et du pain qu'il prépare dans un petit village des environs. La cuisine est savoureuse et le cadre enchanteur. Les tables, disposées sous des paillotes, sont éparpillées dans un jardin qui n'en finit pas. Buffet balinais traditionnel le dimanche soir. Réservez dès votre arrivée à Ubud si vous venez en haute saison et si vous êtes nombreux, ou encore si vous désirez manger sur une table basse sous un *bale* du jardin. Pour la *rijsttafel*, mieux vaut commander la veille. Carte *Visa* acceptée.

🍽 ***Casa Luna** (zoom couleur C3, **79**) :* jl. Raya Ubud. ☎ 97-74-09. • www.casalunabali.com • Un des restos très en vue à Ubud. Cadre chouette sur plusieurs étages : on mange en terrasse ou dans une salle en dessous. Beau mobilier, éclairage savamment tamisé le soir. Carte très variée et originale (paella à la balinaise par exemple), cuisine fine et assiettes joliment présentées, mais portions un peu chiches et prix à la hausse. Fait également boulangerie, pâtisserie, salon de thé (goûtez au cappuccino glacé, mais pas à l'espresso ni au tiramisu !), et sert d'excellents petits déjeuners. Propose aussi des cours de cuisine (voir plus bas la rubrique « À faire »).

🍽 ***Indus** (plan couleur général B2, **80**) :* jl. Raya Sanggingan, à Campuhan. ☎ 97-76-84. Grande salle ouverte aux quatre vents d'où l'on bénéficie d'une vue panoramique sur les rizières et les cocotiers. Également une salle en bas, belle vue aussi et c'est là que sont présentés les gâteaux. Belle carte, qui fait le tour du monde : *samosas, mezze* du Moyen-Orient, salade de papaye verte, mais aussi *nasi campur,* curry de poisson à la balinaise. Pour les bambins, *chicken nuggets* ou pizza tomate-fromage. Côté boissons, on se délecte d'un *lassi* ou d'une boisson ayurvédique. Service de pick-up gratuit depuis le restaurant *Casa Luna* (mêmes proprios). Cours de yoga dispensés dans la salle du bas plusieurs fois par semaine (voir la rubrique « À faire »).

🍽 ***Kafe Batan Waru** (zoom couleur C4, **81**) :* jl. Dewi Sita. Une palette de plats indonésiens plutôt originaux et alléchants, inspirés de plusieurs îles de l'archipel. Goûtez notamment aux *otak-otak*, des gâteaux de poisson cuit dans une feuille de bananier ou à l'*ayam panggang Bali,* poulet grillé et mariné au citron et à l'ail. Attention ! certains plats sont très pimentés. Le soir, salle souvent pleine : c'est bon signe !

🍽 ***Tutmak** (zoom couleur C4, **82**) :* jl. Dewi Sita. Voici une adresse qui recueille tous les suffrages en ce moment à Ubud et c'est vrai qu'on y mange bien. Entre le restaurant et le *warung.* Sur un tableau noir vous seront proposés les « plats du jour ». À la carte, un mélange de plats nationaux et internationaux. Eau minérale servie au verre gratuitement, c'est plutôt une bonne idée !

🍽 ***Café des Artistes** (zoom couleur C3, **83**) :* jl. Bisma. ☎ 97-27-06. Jolie salle et agréable terrasse donnant sur un chemin bien calme. Cuisine indonésienne et occidentale. Formule à midi à moins de 50000 Rps (5 €).

|●| ***Murni's Warung*** *(plan couleur général B3, **84**) :* sur jl. Raya Ubud, juste avant le pont, à Campuhan. ☎ 97-52-33. Bien indiqué de la route. Plusieurs niveaux, une boutique (assez chère d'ailleurs), un bar-salon, et pour atteindre le resto, il faut redescendre tout en bas, jusqu'à cette terrasse dominant la rivière et l'épaisse végétation. Superbe adresse où curries, poisson, viande et desserts sont réalisés avec brio. Également cuisses de grenouilles, gaspacho et d'autres mets originaux et raffinés. Le patron peut à leur demande et jusqu'à 19 h aller chercher et raccompagner ses clients en voiture, car son établissement est un peu excentré.

|●| ***Bebek Bengil*** *(Dirty Duck Diner; plan couleur général C5, **86**) :* jl. Hanoman. ☎ 97-54-89. Juste avant la fin de la rue (en venant du centre). Grande terrasse couverte, posée sur un étang, au milieu des rizières. Cadre vraiment agréable et jolie déco. Dirigé par une jeune Anglaise, mais la cuisine reste balinaise. Spécialité de canard. Bons gâteaux (celui à la noix de coco nous a bien plu). Une bonne adresse, au calme. Un petit peu plus cher que les précédents. Il existe un second *Bebek Bengil,* en plein centre celui-ci, le long de jl. Monkey Forest. Cadre agréable également et cuisine du même acabit, très bonne !

|●| ***Laka-Leke*** *(plan couleur général B5, **87**) :* à Nyuh Kuning. ☎ 97-75-65. Presque au bout d'un cul-de-sac qui mène à la Sacred Monkey Forest par le sud. Assez excentré mais transport gratuit sur demande. Même propriétaire que le célèbre *Wayang Café.* Très calme, loin de l'agitation de la ville. Paillotes *(bale)* avec des tables basses ou hautes, disséminées dans les rizières. Nous vous recommandons celles du fond, où l'on peut dîner en compagnie de quelques lucioles et du coassement des grenouilles. Décor charmant et cuisine vraiment raffinée. Excellente recette du fameux canard d'Ubud, à commander la veille. Le prix, à juste titre élevé, comprend un délicieux cocktail et un dessert délicat.

|●| ***Pradha Café*** *(zoom couleur C3, **88**) :* jl. Kajeng. On mange au choix sur des tables hautes ou basses. Ces dernières surplombent jalan Kajeng et l'on aperçoit les spectacles de danse du temple d'en face, certains soirs. Essentiellement de la cuisine indonésienne : porc caramélisé à la balinaise *(babi kecap),* riz au safran avec légumes, poulet et crevettes, etc.

|●| ***Terazo*** *(zoom couleur C3, **89**) :* jl. Suweta. ☎ 97-89-41. Cadre plutôt chic, deux salles en duplex aux murs jaune et vert, décorés d'anciennes affiches publicitaires. Fauteuils en rotin bien confortables et tables joliment dressées. Au programme culinaire, un tour du monde des saveurs : gaspacho, *soto ayam* (soupe au poulet), soufflé au fromage de chèvre, agneau braisé à la marocaine, canard grillé à la sauce de Lombok... On se régale en profitant de la douce musique et de charmants bouquets de fleurs disposés çà et là.

Très, très chic

|●| ***Mozaic*** *(plan couleur général B2, **90**) :* jl. Raya Sanggingan, à Capuhan, non loin du *musée Neka.* ☎ 97-57-68. ● www.mozaic-bali.com ● Service de 11 h à 22 h. Embarquement pour un voyage culinaire, mené par le chef franco-américain Chris Salans, qui a fait ses armes dans plusieurs restaurants gastronomiques aux États-Unis et en Europe. Nous ne conseillons aucun plat en particulier, car la carte change régulièrement, en fonction du marché et de l'inspiration du chef. De toute façon, garantie d'un véritable festival pour le palais, du début à la fin du repas. Deux menus, à 200000 et à 240000 Rps (16,2 et 19,4 €). À la carte, on ne s'en tire pas à moins de 150000 Rps (12,1 €). Le service est parfait, ni trop long, ni trop rapide. Certes, comparée aux autres restaurants, l'addition est plus salée, mais fran-

chement, si vous pouvez vous l'offrir, n'hésitez pas ! Soirée gastronomique d'une qualité rare, à des prix impossibles à trouver par chez nous !

Où faire une pause gourmande l'après-midi ?

Mumbul *(zoom couleur C3, **91**)* **:** jl. Raya, à 20 m du *Café Lotus.* ☎ 97-53-64. Ouvert de 7 h à 22 h 30. P'tit café à la déco agréable, avec 2 terrasses donnant sur la verdure. Bonnes glaces.

Puri Garden I *(zoom couleur C4, **38**)* **:** Monkey Forest Road. Le bar de cet hôtel, joliment décoré avec des meubles traditionnels, sert un excellent café préparé avec des graines des plantations balinaises (Pupuan et Groga). Et l'on vous servira un bâton de cannelle en guise de petite cuillère.

Café Mujer *(plan couleur général B5, **92**)* **:** à Nyuh Kuning, tout près du *Laka-Leke.* Ferme à 18 h. Tout petit café avec à peine 3 tables basses et quelques coussins. Vue sur une petite rizière, dans un coin tout calme. La jeune proprio japonaise croit fermement à la possibilité d'un monde sans guerre. Ambiance « *peace & love* ». Super pour faire une pause l'après-midi et grignoter un *samosa* en sirotant un thé.

– Sans oublier les incontournables ***Wayan's Café, Café Lotus, Tropical View, Indus*** et ***Casa Luna,*** qui proposent tous une belle palette de gâteaux et pâtisseries qui raviront les plus gourmands (voir « Où manger ? »).

Où boire un verre ? Où écouter de la musique ?

Jazz Café *(plan couleur général D4, **100**)* **:** jl. Sukma 2. ☎ 97-65-94. Concerts du mardi au samedi soir. Service de pick-up gratuit sur simple coup de fil. Juste à la limite de Peliatan, voici le lieu où sortir à Ubud. Le prix des cocktails est à peu près équivalent à ceux pratiqués en Europe. En revanche, la cuisine est bonne et à des tarifs convenables. Mais, surtout, les concerts sont d'excellente qualité et l'ambiance hautement sympathique. La foule qui s'y presse se compose de Balinais, d'expats et de touristes. Un chouette mélange. Tous les ingrédients pour passer une délicieuse soirée, en écoutant de la bonne musique.

Café Lotus *(zoom couleur C3, **101**)* **:** en plein centre-ville, dans la rue principale. ☎ 97-56-60. Ouvert tous les jours jusqu'à 22 h. Certains jours, musique entre 17 h et 19 h. Très touristique. La terrasse donne sur le bassin aux lotus du temple royal. Un endroit incontournable d'Ubud, connu pour son cadre exceptionnel. Présence vigilante du propriétaire. On peut aussi y manger, mais nous vous conseillons de n'y boire qu'un verre, pour la beauté du lieu.

Ary's Warung *(zoom couleur C3, **102**)* **:** jl. Raya, juste à côté du *Casa Luna.* ☎ 97-53-64. Ouvert tous les jours jusqu'à 1 h ! Déco totalement épurée (on est à Bali ou à New York ?). Restaurant au 1er étage (service jusqu'à 21 h 30). Le soir, on peut prendre un verre au rez-de-chaussée dans une petite salle complètement ouverte sur la rue. Bonne ambiance.

Sai Sai Bar *(zoom couleur C4, **103**)* **:** à 100 m au-dessus du *Wayan's Café (zoom couleur A2, **69**).* À droite de la rue en montant. Grand bar musical où se produisent des groupes locaux de pop-rock balinaise.

Putra Bar *(zoom couleur C4, **104**)* **:** jl. Monkey Forest, juste en face de *Frog Pond Inn.* Grande salle et terrasse vert-rouge-jaune. Le bar reggae de la ville. Concerts presque tous les soirs et ambiance cool-cool. On se demande s'ils ne dépasseraient pas légèrement les horaires légalement imposés à Ubud, mais bon, il faut bien que jeunesse se passe !

À voir

Agung Rai Museum of Art *(ARMA ; plan couleur général D6, **131**)* **:** jl. Raya Peliatan (au sud du centre d'Ubud). ☎ 97-66-59. Ouvert tous les jours de 9 h à 18 h. Fondation créée en 1996 dans le but de promouvoir la culture balinaise. Établie dans 2 grands et beaux pavillons dans le plus pur style balinais. Tableaux bien mis en valeur par des espaces agréables aux plafonds hauts et un éclairage très correct.

– Le 1er pavillon (le plus petit), le *Balé Dauh,* regroupe des œuvres du XXe siècle et fait également une petite place à l'art moderne. Artistes balinais et étrangers qu'on retrouve dans les autres musées d'art de Bali : Rudolf Bonnet, Le Mayeur, Gerard Hofker, Affandi, Walter Spies. Exposition assez disparate, pas vraiment de thème précis par salle.

– Le 2e pavillon, le *Balé Daja,* présente davantage de cohésion. Peintures naïves d'artistes balinais sur les thèmes de la vie quotidienne, les travaux des champs, le bain dans les rivières... Thèmes mythologiques, on peut notamment voir *Barong Dance Drama,* une toile représentant le *barong,* la danse que les touristes peuvent voir en spectacle à Bali et notamment à Ubud. Puis des peintures traditionnelles d'artistes balinais, comme Ida Bagus Made Nadera, Anak Agung Gde Sobrat, et une belle série de reproductions de tableaux de Walter Spies. Près de l'escalier, superbes peintures sur bois de style Kamasan. Quelques tissus sous cadre et costumes du *barong.* À l'étage de ce pavillon, œuvres d'Ida Bagus Nyoman Rai, quelques remarquables dessins de Lempad, et des peintures traditionnelles balinaises du XXe siècle. Une belle visite avec en plus une librairie, un café...

On peut aussi y voir des spectacles de danse d'un bon niveau, généralement de *kecak* et de *legong.* Se renseigner au *Tourist Information.*

Neka Museum *(plan couleur général B1, **121**)* **:** à l'extérieur de la ville, à environ 1 km après le pont de Campuhan. ☎ 97-50-74. • www.museum neka.com • Ouvert tous les jours de 9 h (midi le dimanche) à 17 h. Entrée payante. Ce musée ouvert en 1982 par le fils du fondateur de la Neka Gallery propose, dans de grandes salles réparties dans des pavillons au milieu d'un jardin, toute une collection d'œuvres peintes par des artistes locaux ou par des peintres étrangers de renom. L'ensemble constitue une excellente initiation à la peinture de l'île et un musée unique en son genre. Autant le *Puri Lukisan Museum* présente un panorama de la peinture « classique » balinaise, autant le Neka s'ouvre à toutes les formes picturales. Et le résultat est d'une qualité époustouflante. C'est tout bonnement incroyable qu'une île aussi petite puisse produire autant de peintres talentueux. Donc, un musée à ne manquer sous aucun prétexte.

– Le 1er pavillon, le *Balinese Painting Hall,* présente la peinture classique de la région : l'« Ubud Style » et le « Batuan Style » sont longuement évoqués.

– Le 2e pavillon abrite les œuvres d'Arie Smit qui réinterpréta la peinture balinaise avec beaucoup d'indépendance. On y verra aussi d'intéressants travaux de contemporains.

– Le 3e pavillon est consacré à la photographie, avec des œuvres en noir et blanc du photographe américain Robert Koke, réalisées dans les années 1930.

– Un petit pavillon est consacré à des dessins de Lempad.

– Voir tout particulièrement le *Contemporary Indonesian Art Hall,* où trônent de superbes portraits de femmes balinaises. D'Abdul Aziz, voir le touchant *Mutual Attraction* ou le *Mother With Her Children.* Les travaux de Dullah ne peuvent laisser insensibles.

– Le pavillon *East-West Art Annex* élargit le cercle pictural en montrant des artistes indonésiens en général et des peintres étrangers ayant été influencés par Bali. De Srihadi Sudarsono, on a été touché par *My Flower of My Adoration* et *Two Dancers*. Nasyah Jamin nous a aussi beaucoup plu. À l'étage, un fourmillement d'artistes étrangers : Arie Smit, Louise Garrett Koke, Rudolf Bonnet *(Temptation of Arjuna)*, Antonio Blanco et Chang Fee-Ming... Nombreux chefs-d'œuvre dans des styles très différents mais, à chaque fois, on sent le souffle d'amour qui est passé entre Bali et l'artiste. On termine la visite par des salles d'expositions temporaires.

Puri Lukisan Museum *(zoom couleur C3,* ***120****)* **:** dans la rue principale, au centre du village. ☎ 97-51-36. • www.mpl-ubud.com • Ouvert tous les jours de 8 h à 16 h. Entrée payante, mais gratuite pour le jardin. On y accède par un petit chemin. Le musée est réparti dans 3 bâtiments au cœur d'un beau jardin (on commence par celui de gauche).
Fondé en 1954, il regroupe des œuvres capitales de la peinture balinaise ainsi que de magnifiques sculptures en bois. Cette collection est en partie composée par une donation de Rudolf Bonnet, peintre néerlandais venu s'installer à Ubud en 1928 et dont l'influence fut très importante sur l'évolution de la peinture locale. Nombreux tableaux de Gusti Nyoman Lempad (1862-1978), célèbre peintre balinais qui peignit toute sa vie. Et ça doit conserver puisqu'il vécut jusqu'à 116 ans. Il s'inspirait essentiellement des légendes classiques de Bali. D'autres comme Ida Bagus Made, I. Wayan Gerudug ont également marqué la peinture balinaise. Ida Bagus Nadera, grand ami de Rudolf Bonnet, réalisa des œuvres au style naïf, souvent basées sur des histoires, légendes et contes de l'île, ce qui donne à ses toiles un air de famille avec celles de notre Douanier Rousseau. Beaucoup de scènes de cérémonies. On y expose également les œuvres de très jeunes artistes (certains ont moins de 20 ans). Ce qui frappe dans le style des toiles exposées, c'est le foisonnement humain et végétal. Il y en a partout. Travaux des champs, cérémonies, animaux de la forêt, pêche aux démons marins, les tableaux mettent souvent en scène, sur un fond de réalisme, des situations surréalistes d'où l'humour est rarement exempt, ainsi qu'une certaine naïveté.
Dans le 2e bâtiment, belles encres de I. Gusti Nyoman Lempad. Le 3e édifice abrite des expos-ventes temporaires d'artistes contemporains et vivants. Dommage tout de même que la présentation des œuvres soit si triste et l'éclairage si médiocre.

La maison-musée d'Antonio Blanco *(plan couleur général B3,* ***122****)* **:** juste après le pont suspendu de Campuhan, sur la gauche en venant du centre. ☎ 97-55-02. • www.blancobali.com • Ouvert tous les jours de 9 h à 17 h. Entrée : 20 000 Rps (soit 1,6 €).
Cette maison particulière du peintre philippin vaut déjà le déplacement pour sa situation et son architecture. Le maître est mort en juillet 1999, mais sa présence est intacte : tout est resté en l'état. Auparavant, vous auriez peut-être eu la chance de voir le maître dans son atelier. C'était une espèce de Dalí délirant, personnage superbe aux yeux bleu pâle. Regard lumineux, verbe haut, passion à fleur de peau, l'homme aimait les femmes et aimait la vie, ça se sentait. Mégalo certes, loufoque oui, mais talentueux ô combien ! Aujourd'hui, on peut rencontrer son fils, artiste peintre également, qui a installé son atelier dans l'une des pièces de la maison. La peinture d'Antonio Blanco, moderne et baroque, fougueuse et terriblement précise, nous a touchés. Nombreux portraits ainsi que des poèmes érotiques enluminés et des nus superbes. Pour lui, le sens de la vie se résumait à « croquer dans une mangue de la main droite, et promener sa main gauche sur le corps de son modèle ». Il ne se contentait pas de peindre, c'est lui également qui pensait tous ses cadres. Le musée en lui-même est plein de clins d'œil et d'anecdotes, qui rendent la visite passionnante.

Le marché *(zoom couleur C3,* ***124****)* **:** dans le centre. Il y a des commerçants tous les jours mais le vrai grand marché a lieu tous les 3 jours. Ferme vers 17 h. Pas mal de choses intéressantes (paniers, textiles, bois...). Pour faire de très bonnes affaires, mieux vaut y aller en fin d'après-midi, avant la fermeture, le marchandage est encore plus facile ! Le marché de nuit a été malheureusement fermé depuis quelques années. Il attirait tellement de touristes qui venaient y dîner que les restaurateurs râlaient. Les autorités en ont décidé la fermeture !

***Sacred Monkey Forest** (plan couleur général C5, **123**) :* au sud d'Ubud. Suivre, bien sûr, Monkey Forest Road jusqu'au bout. Entrée : 10 000 Rps (0,8 €), demi-tarif pour les enfants. Dans un vallon encaissé, la réserve consiste en un grand bois tropical à la végétation touffue et dense, traversé par des chemins dallés qui sont seulement accessibles aux marcheurs. On la désigne sous ce nom de forêt sacrée des Singes en raison de la communauté de macaques qui y habite. Or le singe est un animal vénéré dans la religion hindouiste (en Inde comme à Bali).
Ici, les macaques balinais évoluent en toute liberté, assis nonchalamment au bord des allées, accrochés aux branches, immobiles sur les murs de pierre, se disputant pour un rien. Beaucoup se bornent aujourd'hui à attendre les cacahuètes des touristes, ou mieux, à aller les chercher dans leurs poches. D'ailleurs, si vous avez quoi que ce soit à manger, ils viennent vous le piquer. On conseille donc de ne rien apporter car en fait, ces singes ne sont vraiment pas sympathiques et parfois même agressifs. Beaucoup de visiteurs leur donnent des bananes à manger, qu'ils achètent auprès de vendeurs à l'entrée du site. Dans ce cas, faites-le avec prudence car les macaques sont prompts à saisir la nourriture. Jeunes ou vieux, mâles ou femelles, ils peuvent être agressifs si on les provoque (il est arrivé à nos lecteurs d'être mordus alors qu'ils n'avaient rien fait pour les attirer. Danger !). Les mâles possèdent de redoutables canines. Faites attention, en particulier si des enfants vous accompagnent. Il est déconseillé d'y aller avec des bébés (ou même des enfants).
La réserve compte trois temples hindouistes datant du milieu du XIVe siècle. Il faut 20 mn pour faire le tour de la réserve.

***Jalan Kajeng** (zoom couleur C3, **125**) :* rue qui part juste à droite du *Café Lotus*. Il y a quelques années, les habitants ont eu une initiative rigolote pour financer les travaux de rénovation de la rue. Ils ont lancé une souscription. Compter 20 000 Rps (2,2 €) la plaque de béton (avec son nom ou ce qu'on veut gravé dessus) pour rendre la rue praticable. La dernière donation date de 1994.

À faire

– ***Massages :*** Ubud est réputée à Bali pour la qualité de ses *spas*. Nous en avons sélectionné deux :
– *Bodyworks (zoom couleur C-D4) :* jl. Hanoman 25. ☎ 97-57-20. • www.ubudbodyworkscentre.com • On peut y recevoir différents types de soins : massage balinais traditionnel, massage et exfoliation à la javanaise, suivis d'un bain de fleur *(mandi lulur)* ou d'algue *(mandi rumput laut)*, manucure, pédicure, etc. Environ moitié prix que le *Ubud Sari Health Resort*, mais le cadre y est aussi beaucoup moins agréable.
– *Ubud Sari Health Resort (hors zoom couleur par C3) :* jl. Kajeng 35. ☎ 97-43-93. • www.ubudsari.com • Au bout de jl. Kajeng. Un lieu serein comme on en rêve, très réussi. Toutes sortes de soins et de massages, dont certains thérapeutiques comme le shiatsu, la chiropraxe ou encore le reiki. On y pratique même l'hydrothérapie du colon, histoire de faire un nettoyage vraiment complet ! Sauna, bain de vapeur, de boue, de fleur, etc. Slip en papier offert à l'arrivée et hygiène plus soignée qu'ailleurs. Thé au gingembre après les soins, servi dans le jardin... un moment de pur bonheur. Également quelques bungalows très *feng shui* pour ceux qui souhaiteraient y passer quelques jours.

– ***Cours de danse balinaise :*** le plus simple est de se renseigner auprès de son *losmen* ou à l'office de tourisme. Les cours de danse sont souvent des cours particuliers. Sinon, cours dispensés à la Fondation *Pakudui* (☎ 90-12-34), à Tegallalang, à environ 30 mn de route d'Ubud. Ils dispensent aussi des cours de sculpture et de peinture.
– ***Cours de cuisine :*** • www.casalunabali.com • Renseignements auprès du restaurant *Casa Luna* et cours dispensés à *Honeymoon Guesthouse (zoom couleur C3-4, **42**).* Compter 150 000 Rps (12,1 €) par personne, pour une matinée de cours (qui inclut parfois un tour du marché) et le repas, puisqu'on déguste ce que l'on a cuisiné. De quoi épater vos amis au retour ! Cours différent chaque jour.
– ***Cours de batik :*** à la pension *Nirvana (zoom couleur C4, **36**),* jl. Gootama 10. Banjar Padangtegal Kaja. ☎ 97-54-15. • rodanet@denpasar.wasantara.net.id • Cours de batik, de 1 à 5 jours : techniques et pratique du batik. Réalisation de vêtements ou de toiles. I Nyoman Suradnya a longtemps travaillé à Yogyakarta (LA ville du batik, à Java). Il aborde le batik avec une formation classique et une inspiration toute balinaise. Son travail s'inspire de scènes de vie quotidienne à Bali.
– ***Cours de yoga et de danse :*** ☎ 97-09-92 et 97-33-61. • www.balispirit.com • Cours de hatha yoga, de taï chi, de danse africaine (si, si !) et d'ashtanga. Les cours sont dispensés dans plusieurs lieux : au restaurant *Indus* (jl. Sanggingan, à Campuhan), à la galerie *Tegun* (jl. Hanoman 40) et à l'*Ubud Sari* (jl. Kajeng 36).

Spectacles

Un séjour à Ubud est une occasion de sortir tous les soirs pour assister à divers spectacles, très différents mais tous merveilleux. Vente des billets à l'office de tourisme, dans les *losmen,* dans les agences, dans la rue et également sur place. Transport gratuit, compris dans le prix quand les spectacles sont en dehors d'Ubud. Tous les soirs, il y a plusieurs spectacles dans le village et aux alentours, notamment au palais d'Ubud, à l'ARMA et au *Pura Dalem Puri* de Peliatan (devenu très touristique). L'office de tourisme distribue le programme de toutes les manifestations et des lieux où elles se déroulent. *Legong, kecak, wayang kulit* (marionnettes en ombre chinoise), *barong, jegog* (*gamelan* de bambou), le choix est vaste. Tous les spectacles ne sont pas du même niveau. Ne ratez pas le *Kecak Fire Dance,* ni ceux de *legong dance* à l'Ubud Palace et de *barong dance* au même endroit. En revanche, le *kecak* de Bono n'a pas beaucoup d'authenticité.

Randonnées à vélo ou à pied

Vous pouvez vous procurer une carte à peu près correcte de la région à l'*Ary's Bookshop* dans jalan Raya Ubud. Sinon, la plupart de ces villages sont signalés sur notre carte. Il y a des dizaines, voire des centaines de balades à faire à pied ou à vélo. Voici quelques propositions mais le mieux est de suivre votre propre instinct. En voyant une belle lumière qui danse sur une rizière, en découvrant un petit chemin qui longe un cours d'eau, en se laissant aspirer par un sentier de forêt, c'est là que vous créerez vous-même vos plus belles balades.
Le mieux est vraiment de louer un vélo, ça permet de rayonner sur un axe plus grand et d'abandonner sa petite reine pour poursuivre la balade à pied, à son rythme. La sensation de pédaler au milieu des rizières est assez irréelle. Nous n'indiquons pas de parcours à pied particulier car les chemins entre les rizières se ressemblent et il n'y a aucune indication, pas de point de repère. Votre meilleur guide sera dans ce cas votre propre intuition.

Quelques circuits à pied ou à vélo

➢ ***Singakerta :*** partir par Campuhan et la maison d'Antonio Blanco et passer par les villages de Katik Langtang, Nyuh Kuning, Pengosekan (spécialisé dans la sculpture sur bois), Lodh Tunduh et Mas. Revenir à Ubud en *bemo*.
➢ ***Keliki :*** sortir d'Ubud toujours par le pont de Campuhan. Cet itinéraire traverse les villages de Bangkiang Sidem, Keliki, Sebali, après être passé par des rizières. Revenir par Payagan où vous prenez le *bemo* pour Ubud.
➢ ***Pejeng :*** très chouette balade en passant par les rizières. On peut y aller aussi par la route qui démarre en face du carrefour près du panneau « Pharmacy », sur la gauche quand on quitte Ubud pour Denpasar. Route étroite mais bonne. Ça monte par moments. Voir le texte consacré à Bedulu et Pejeng plus loin.

Achats

Au ***marché d'Ubud*** *(zoom couleur C3,* ***124****)*, on trouvera une jolie sélection d'objets d'artisanat, de plus ou moins bonne qualité. Ravissants paniers tressés, objets en bois de coco, mobiles colorés, etc. Sinon, à Ubud et dans les environs, les magasins sont tellement nombreux qu'il est difficile de les recenser. Mais il est certain qu'au gré de vos balades vous tomberez sur LA boutique qui vous fera craquer !

Threads of Life Indonesian Textile Arts Center : jl. Kajeng 24. ☎ 97-21-87. • www.threadsoflife.com • À la fois galerie et magasin, *Threads of Life* présente de très belles pièces de tissage en provenance de différentes îles de l'archipel.

➢ DANS LES ENVIRONS D'UBUD

La région juste à l'est d'Ubud compte plusieurs sites religieux dont on daterait l'origine entre les Xe et XIIIe siècles. Beaucoup de légendes et encore plus d'incertitudes flottent autour de ces lieux récemment découverts. C'est pourquoi les explications sont parfois un peu farfelues. Tout ce coin se visite idéalement à vélo.

PELIATAN

Peliatan est un village qui jouxte Ubud. Avec le développement du second, les deux patelins se confondent presque aujourd'hui. Peliatan n'a pas un charme fou, mais l'atmosphère y est tranquille. On peut y aller en *bemo*, à vélo ou à pied. Peliatan est surtout célèbre par sa troupe qui a parcouru le monde. Son *gamelan* passe pour être l'un des meilleurs de l'île. On peut, entre autres, assister à une représentation de *legong*, le vendredi soir. Très connu et donc très touristique.
On conseille à ceux qui séjournent ici de louer un vélo.

Où dormir ? Où manger ?

Desak Putu Putera *(plan couleur général D4,* ***46****)* ***:*** jl. Sukma 30, banjar Tebesaya. ☎ et fax : 97-32-04. Petit hôtel à 15 mn à pied du centre d'Ubud, non loin du bureau de poste. Deux catégories de chambres à prix moyens (compter environ 70000 Rps la double, soit 5,7 €),

avec ou sans eau chaude. Jardin agréable. Petit dej' et taxes compris.
Sari Bungalows *(plan couleur général D6, **45**) :* ☎ 97-55-41. Fléché du centre du village. Charmants bungalows abritant des chambres très simples. Ventilo, moustiquaire et douche particulière. Et pour 5 000 Rps (0,4 €) de plus, vous avez même de l'eau chaude ! Atmosphère très conviviale. Bon accueil. Spécialité de canard cuit dans la cendre, à commander la veille. Transport gratuit jusqu'à Ubud pour les spectacles de danse. Accès Internet.
Family Guesthouse *(plan couleur général D4, **47**) :* jl. Sukma 39, banjar Tebesaya. ☎ 97-40-54. Fax : 97-82-92. • familyhouse@telkom.net • Bungalows agréables, chambres assez simples qui portent toutes un nom différent. Accueil fort sympathique. Le patron fait son pain et ses gâteaux. Très bon confort général : chambres à 80 000 Rps (6,5 €) et très belle suite à 250 000 Rps (20,2 €). Calme. Bon accueil et beau petit dej'.
Ibu Arsa *(plan couleur général D5, **91**) :* dans la rue principale, jl. Tjok Gde Rai, près du marché. ☎ 97-58-17. Bon marché et très accueillant. Le service est un peu lent. Cela ne fait rien, vous êtes en vacances et à... Bali.

BEDULU

Elle fut la capitale d'un empire très puissant, ce qui explique les vestiges de son passé historique que l'on peut trouver dans le coin. Toute la région est riche en légendes. À Bedulu, le dernier roi de la dynastie, avant l'arrivée des armées javanaises, possédait des pouvoirs surnaturels, entre autres celui de se faire couper la tête et de se la replacer sans dommage (quelle bonne pub pour la colle machin !). Par malheur, un jour un serviteur fit tomber la tête dans le ruisseau et ne put la récupérer. Il se précipita alors sur un porc qui passait, le décapita et posa le groin sur les épaules royales. Le monarque ordonna aussitôt, par édit, de ne plus lever la tête vers son auguste personne. Un enfant ne put résister et clama partout que le roi était devenu *Beda Ulu,* c'est-à-dire celui qui change de tête, d'où le nom de la région.

À voir

Goa Gadja *(grotte de l'Éléphant; plan couleur général G6, **126**) :* on gagne sans problème ce site, bien signalé sur la droite de la route à quelques kilomètres d'Ubud. Entrée : 4 000 Rps (0,3 €). Vaste parking et des dizaines de boutiques de souvenirs à l'entrée. Le site a été mis au jour en 1923. Son nom reste une énigme puisqu'il n'y a jamais eu d'éléphant dans l'île. Situé en contrebas, on y accède par une volée de marches. Entrée et parking payants. Supplément pour les appareils photo et caméras. Prévoir un sarong pour la visite. Sinon, on peut en louer sur place. L'endroit a beaucoup de charme quand il n'y a pas de touristes (ce qui est rare !). Venir plutôt en fin d'après-midi.
Dans un bassin, 6 statues de femmes laissent échapper un mince filet d'eau de leur vasque. Cette partie-là ne fut mise au jour qu'en 1954. Cette eau est censée conserver votre jeunesse. N'hésitez pas à vous mouiller le visage comme tout le monde le fait... Nous avons essayé, ça marche ! À côté des bassins, la grotte de l'Éléphant, un ancien ermitage creusé à même la roche. L'entrée de cette grotte figure une monstrueuse tête sculptée représentant un démon dont la gueule ouverte est prête à avaler les visiteurs. Feuillages et têtes bizarres ornent la façade. À l'intérieur, de part et d'autre du passage, 2 autels dont l'un abrite une sculpture de Ganesh. On y voit aussi des *lingams* (symboles phalliques) et des petites niches. Ce bel exemple d'art balinais datant du XIe siècle a beaucoup influencé les artisans contemporains de

l'île, principalement les sculpteurs. En contrebas d'une volée de marches, on peut voir des restes de gros rochers sculptés et effondrés qui abritaient des statues de Bouddha. Ce qui est frappant ici, c'est le mélange des références bouddhiques et hindouistes.
On peut rejoindre le site de *Yeh Puluh* à pied, en suivant un petit chemin de terre. On y croise un petit vieux qui réclame une obole, car ce serait lui qui s'occuperait de l'entretien du chemin. « À vot' bon cœur ! ». Poursuivre le chemin et prendre les escaliers sculptés dans la terre. De là, traverser la route, poursuivre tout droit et suivre les indications (sur la gauche). Sinon, demandez votre chemin, tout le monde connaît.

***Yeh Puluh** (plan couleur général G7, **127**) :* on parvient à ce site depuis la grotte de l'Éléphant. On peut s'y rendre en reprenant la route principale (en s'éloignant d'Ubud) en prenant à droite au 1er carrefour. Yeh Puluh est indiqué un peu plus loin sur la gauche. Entrée payante : 4 000 Rps (0,3 €). Il s'agit d'une étrange fresque qui déroule sur plus de 25 m des scènes n'ayant rien d'épique ni de religieux mais qui évoquent la vie quotidienne. Les figures sont assez abîmées, mais la visite vaut vraiment le coup car ce type de fresques en bas-relief est particulièrement original. On y voit, par ordre d'entrée en scène, un homme portant des paniers, un guerrier à cheval, d'autres combattants, un animal féroce ; plus loin, une femme semble tirer la queue d'un cheval. Tout au bout, un Ganesh. Étonnant et situé dans un cadre de rizières paisible et beau.

Petit ***musée archéologique** (plan couleur général H5, **130**) :* côté droit de la route. Vestiges préhistoriques, sarcophages d'avant notre ère, etc. Modeste.

PEJENG

Juste au nord de Bedulu, dans ce minuscule village, allez voir le ***Pura Penataran Sasih*** *(plan couleur général H5, **128**)*. C'est dans ce temple qu'on trouve la plus grande pièce de métal fondu que l'on connaisse au monde. Elle aurait été fondue avec un morceau de météorite, au IIIe siècle avant notre ère. Ce gigantesque gong, appelé « Lune de Pejeng », est placé sur un autel à plusieurs mètres du sol, dans la dernière cour, sur la gauche. C'est une pièce unique remontant à l'âge du bronze, mais qu'on ne voit malheureusement pas très bien. On connaissait donc déjà, à cette époque, des techniques de pointe. Les Balinais ont une belle légende pour expliquer la présence de ce tambour insolite au milieu de leur village : ce serait la treizième lune (on en connaît douze), tombée un jour du ciel dans un arbre. Elle brillait tellement dans les branches que les voleurs s'enfuirent effrayés. Les pierres, rassemblées dans l'enclos du temple, seraient des étoiles mortes que la lune aurait entraînées dans sa chute. Bien belle histoire.

Le ***Pura Keboedan*** *(plan couleur général H5, **129**)* est un autre temple qui abrite une statue de près de 4 m de haut.

Les villages environnants possèdent plusieurs autres ***temples*** importants sur le plan historique, à défaut d'être notables sur le plan purement architectural et esthétique.

KEDEWATAN

À 5 km à l'ouest d'Ubud. Sur cette route qui mène d'Ubud à Kedewatan, nombreuses galeries de peinture. Franchir le pont de Campuhan, passer devant l'école d'art Sesri et devant le musée Neka et, au carrefour, tourner à droite en direction de Payangan, puis ensuite prendre le chemin de gauche. Vous surplombez la vallée d'or de la rivière Ayung. On se croirait dans une peinture balinaise avec la cascade de terrasses verdoyantes descendant vers le lit de la rivière. Avec un peu de chance, vous y verrez des paysans au travail. Et ce tableau s'animera.

QUITTER UBUD

En *bemo*

On les prend devant le marché *(zoom couleur C3, 7)*. Nombreuses liaisons le matin et beaucoup moins l'après-midi. Ils s'arrêtent partout. Principales destinations :

➢ ***Pour Gianyar, Klungkung et Candi Dasa :*** départ devant le marché.
➢ ***Pour Batubulan (Denpasar)*** puis continuation pour ***Kuta*** et ***Sanur :*** départ devant le marché.
➢ ***Pour Kintamani*** (changement à Kintamani pour Singaraja et Lovina) ***:*** départ devant le marché.
➢ ***Pour Tegallalang :*** départ devant le marché.

En bus

Toutes les petites agences de voyages, ainsi que l'office de tourisme, vendent des billets de bus des deux compagnies. Les prix sont les mêmes que si vous les achetez directement auprès de la compagnie. Les bus viennent vous chercher à votre hôtel, dans Ubud.

■ ***Perama :*** jl. Hanoman. ☎ 97-47-22 et 97-33-16. Dessert Sanur, l'aéroport et Kuta (4 départs quotidiens, de 8 h 30 à 18 h), Padang Bai et Candi Dasa (2 départs, à 11 h et 15 h), Lovina via Kintamani et Singaraja (1 départ à 11 h), Lovina via Bedugul (1 départ à 11 h), Tirtagangga (1 départ à 11 h), Amed et Tulambem (1 départ à 11 h) et Lembar, Senggigi et Mataram (2 départs).

LA ROUTE VERS LE NORD : D'UBUD AU LAC BATUR

Ce circuit part d'Ubud et peut se poursuivre au-delà du lac Batur pour Kintamini pour gagner ensuite la côte nord. Nous décrivons ici la route qui passe par les villages et sites les plus notables, les vues les plus belles. Ceux qui ne veulent pas aller jusqu'à Batur peuvent très bien réaliser simplement une partie du parcours et revenir à Ubud le soir. Le meilleur moyen de locomotion est encore la moto car certaines parties grimpent pas mal. Mais on en a vu faire ça à vélo. Si cela vous tente, bon courage !

D'UBUD À TAMPAKSIRING

Toute la route, d'Ubud à Tegallalang, et même au-delà, est bordée de magasins et de fabriques d'artisanat. Si vous avez le temps, cela peut être une bonne idée d'y faire vos achats.

Gentong : à environ 3 km d'Ubud, ce village est spécialisé dans les petits animaux de bois peint.

Le village de ***Sapat,*** 1 km plus loin, s'occupe à réaliser une bonne partie des fleurs peintes qu'on trouve dans toutes les boutiques.

Juste après, le village de ***Penusuan*** est spécialisé dans la sculpture de masques en bois et de statuettes. Dans les arrière-cours, on peut voir les jeunes sculpteurs à l'œuvre.

Au bout du village de ***Tegallalang,*** juste à la sortie, belle vision de rizières en terrasses, façon carte postale, sur la droite.

Kampung Café : peu après le centre du village, à droite en contrebas (c'est indiqué). ☎ 90-12-01. Fax : 90-12-02. • www.kampungcafe.com • Belle maison à flanc de coteau, avec une vue superbe sur les rizières en terrasses et les cocotiers. Terrasse en surplomb, décoration intérieure très élégante. Cuisine raffinée. Également plusieurs chambres, à la décoration du meilleur goût. Sobriété et raffinement. Mobilier en bois superbe. Chambre immense, salon, salle de bains magnifique avec baignoire de star... Le prix est évidemment très élevé, mais pas tellement pour la beauté des lieux. Compter au moins 125 € à deux, ce tarif incluant un petit dej' américain. Si vous voulez vous payer une grosse folie, c'est là !

The Blue Cafe : 2-3 km après le *Kampung Café* (en allant vers Batur), sur la gauche. ☎ 90-13-68. Bonne cuisine indonésienne servie sur une terrasse en surplomb de la route.

Après Tegallalang, prendre à droite vers ***Pakudui.*** Une petite route grimpe joyeusement sur un tout petit kilomètre. C'est dans ce village qu'on fabrique les gros *garudas* de bois. La route se poursuit jusqu'à Pujung, situé environ 3 km plus loin.

Pujung : c'est un peu après ce village, en allant vers Sebatu, que vous verrez un ensemble de bains publics, dans le même genre que ceux de Tampaksiring mais en moins fameux et moins populaires, donc moins visités. Il faut dire que ceux-ci ne sont pas liés à une légende. Entrée payante. Ensemble de bassins d'où coule une eau pure avec laquelle la population se lave. Ne pas photographier les habitants qui se baignent. Les hommes du village réservent le meilleur accueil aux Français, certains d'entre eux ayant séjourné dans notre capitale.

Sebatu, juste au-dessus de Pujung, est un modeste village de cultivateurs. Chaque foyer abrite au moins un artiste. S'ils vivent des produits de leur terre, les habitants de Sebatu consacrent une partie de leur temps à la production de statuettes à sujets phalliques et... à la musique. Leur *gamelan* a acquis une célébrité mondiale depuis que le musicologue français Jacques Brunet enregistra une série de disques pris sur le vif en 1972. Ce fut une révélation. Pour eux, la musique est une chose naturelle. Maintenant, leur troupe parcourt le monde, mais cela n'a changé en rien leur vie quotidienne lorsqu'ils reviennent au village.

TAMPAKSIRING

Au nord d'Ubud, à environ 30 mn de route. Cette petite ville tranquille et plutôt banale reçoit pourtant la visite de centaines de pèlerins qui viennent voir la source de Tirta Empul et le temple de Gunung Kawi.

À voir

La source de Tirta Empul : cette source sacrée, créée selon la légende par le dieu Indra, attire chaque jour des dizaines de cars de pèlerins qui viennent se purifier dans les eaux miraculeuses de ce Lourdes local. Entrée payante. Sarong et ceinture obligatoires. Location sur place. Parking payant également.

On pénètre dans un ensemble de temples disséminés dans des cours successives, agrémentées de bassins où coulent les eaux sacrées. C'est du fond du grand bassin que sourd la source par petits bouillonnements. C'est cette arrivée par le sol qui confère en quelque sorte la dimension divine à cette source. Et c'est vrai que l'effet est saisissant. L'eau sortant de l'eau ! Cette source aurait été utilisée à partir du Xe siècle. Depuis plusieurs centaines d'années, la tradition veut que les habitants de la région viennent ici nettoyer une pierre une fois par an avec l'eau de la source sacrée. Les différentes phases de cette cérémonie étaient décrites précisément sur une pierre qu'on retrouva récemment. Aujourd'hui, les habitants viennent se laver dans les bassins annexes d'où l'eau jaillit par des bouches. Quelques bassins accueillent des petits poissons.
Les eaux de Tirta Empul passent pour avoir des pouvoirs magiques de guérison et de survie. Après avoir déposé leurs offrandes sur les nombreux autels bariolés, les hommes et les femmes vont se baigner chacun de leur côté. On rappelle qu'il est interdit de prendre des photos, ce qui semble aller de soi d'ailleurs ! L'endroit est d'autant plus populaire que le président Sukarno y avait choisi le site d'une ancienne villa néerlandaise pour établir ici sa résidence secondaire. Cette bâtisse (années 1950), malheureusement sans aucun charme, a été construite en haut d'une volée d'escaliers, dans un cadre verdoyant, au-dessus de Tirta Empul.
En quittant le site, on ne peut pas repasser par l'entrée. Un petit circuit vous contraint de traverser un labyrinthe d'échoppes et de boutiques où vous serez sollicité par des marchands. Des marchands du temple en quelque sorte. C'est de bonne guerre, après tout.

Gunung Kawi : c'est le nom du très beau temple de Tampaksiring, situé dans la bourgade même, dans la rue principale. Le temple est indiqué, dans une petite rue, sur la gauche. Donation obligatoire un peu avant l'entrée, parking payant. Il est encastré dans une vallée tout au fond d'une dépression de rizières magnifiques. À ne pas confondre avec les sources de Tirta Empul, dont on parle plus haut. Une rangée d'échoppes de souvenirs permet de reconnaître l'endroit. Entrée payante. Pour accéder à ce temple unique, il faut descendre les 230 marches d'un escalier de galets pour atteindre le lieu de culte, composé de deux parties qui se font face de chaque côté de la rivière Pakrisan. Déconseillé aux cardiaques et par grosse chaleur, mais vues magnifiques assurées.
Ces grands mausolées de plusieurs mètres de haut, taillés dans le roc et encastrés dans des niches, rappellent les temples rupestres d'Ajanta en Inde. On ne sait s'il s'agit de monuments funéraires ou commémoratifs. Peu importe. Ils forment un ensemble assez impressionnant, auraient été taillés au Xe siècle et seraient les tombes du roi Udayana et de sa famille. Par ailleurs, la légende prétend que c'est le géant Kebo Iwa qui cisela ces *candis* avec ses ongles. Un escalier permettait d'accéder à chaque mausolée. Il y en a 4 avant le petit pont et 5 de l'autre côté. Ne pas rater le curieux monastère composé de cellules creusées dans le roc d'où s'écoule une eau sacrée. On y accède par une porte creusée dans la roche. On raconte que le roi Anak Wungsu vint ici finir ses jours au XIe siècle, loin des fastes de sa cour. Après la visite, avant de repasser le pont, on peut longer la rivière sur la droite, le long des rizières.

LE LAC BATUR

À 1 400 m d'altitude, l'arrivée au lac Batur se fait par le village de Penelokan qui n'est qu'un lieu-dit équipé de quelques hôtels, mais d'où l'on jouit d'un point de vue grandiose sur le volcan et le lac (par beau temps). Accès payant à l'entrée du village : 4000 Rps, soit 0,4 € par personne. On n'évite pas non plus les vendeurs de sarongs, divinités en os et autres jeux d'échecs. Pour autant, on ne se lasse pas de la vue de cette terrasse ouverte sur le volcan Batur (1717 m) et sur le volcan Abang (2152 m), avec le lac en contrebas. Une route sinueuse de 8 km descend à Kedisan, 500 m plus bas, au bord du lac dont les eaux changent avec le temps et la couleur du ciel. Ce lac de cratère aurait plus de 10 km de diamètre.

Le volcan Batur n'est pas de tout repos, et ses réveils sont parfois cruels. En 1917, la lave arriva jusqu'au village mais s'arrêta devant le temple. Il était temps car elle avait déjà fait plus d'un millier de victimes. En 1926, le volcan éternua de nouveau, mais moins fort. Les habitants décidèrent de s'établir sur les hauteurs des falaises de Kintamani et emportèrent avec eux les autels du temple Ulun Danu, devant lequel la lave avait stoppé miraculeusement (voir Kintamani). Ce serait Çiva lui-même qui aurait choisi Bali pour planter les deux volcans, Agung et Batur, en ces lieux divins. C'est pourquoi on dit que ce dernier abrite des dizaines de dieux et déesses.

Tout le secteur du lac Batur est très fréquenté, mais la plupart des cars de touristes se contentent d'admirer la vue de Penelokan et de déjeuner dans l'un des restos.

Quelques vols ont été signalés dans la région du lac : faire attention donc.

PENELOKAN

C'est le premier village qu'on aborde en arrivant dans la région du lac. *Penelokan* signifie « l'endroit d'où l'on regarde ». On ne s'est certes pas trop foulé les méninges pour trouver ce nom, mais au moins c'est explicite.

Où dormir ? Où manger ?

N'oubliez pas d'emporter votre petite laine : vous êtes à 1 450 m et les nuits peuvent être assez fraîches. On peut dormir soit à Penelokan, le village surplombant le lac, soit à Kedisan, le village au bord du lac sur la rive sud, ou encore à Air Panas (Hot Springs), le village sur le flanc ouest du lac. On ne conseille pas vraiment de dormir ni de manger ici, le village n'ayant aucun intérêt, à part la vue. On conseille plutôt les villages au bord du lac. Pour ceux qui insistent :

Lake View Restaurant & Hotel : à l'entrée de Penelokan en venant d'Ubud, sur la droite. ☎ 513-94. Fax : 514-64. • lakeview@indo.com • On atteint la réception de l'hôtel en descendant une pente abrupte, et le restaurant en grimpant quelques marches. Chambres de 30 à 50 € selon le standing. Pour ce prix-là, on a trouvé les salles de bains vraiment peu avenantes... En revanche, vue superbe sur le volcan et le lac Batur. Au resto, salades, soupes, sandwichs et plats chauds, la plupart d'inspiration indo-chinoise. Prix modérés. Plutôt copieux et appétissant. À midi, buffet assez cher. La terrasse est très agréable mais la salle immense et impersonnelle.

KEDISAN

C'est le village en contrebas de Penelokan, au bord du lac. Rien de bien particulier si ce n'est la présence du lac. C'est là qu'on trouve les meilleurs hôtels. De Penelokan, on peut descendre à Kedisan à pied en environ 1 h. En voiture, c'est évidemment plus rapide !

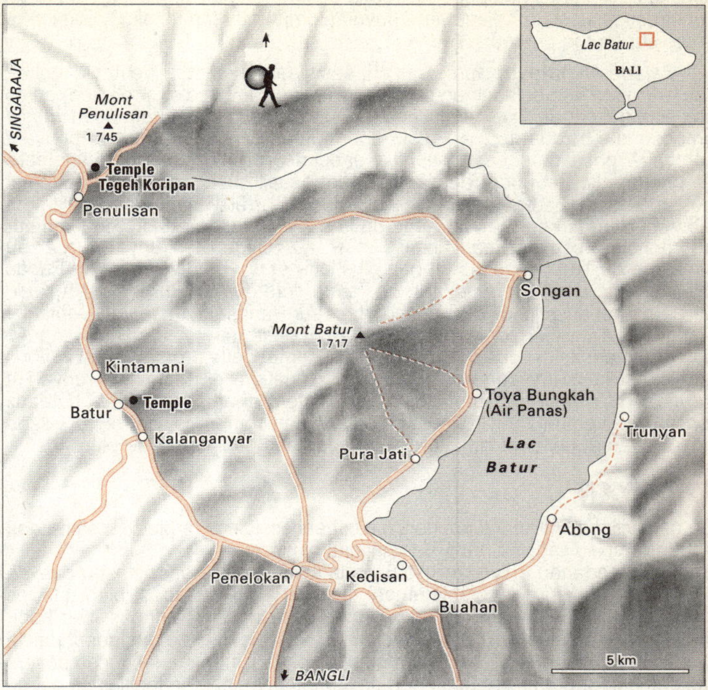

LA RÉGION DU LAC BATUR

Où dormir ? Où manger ?

Hôtel Segara : sur la gauche en allant vers Toya Bungkah. ☎ (0361) 511-36. Fax : 512-12. • hotelsegara@telkom.net • Chambres nickel et confortables pour environ 50 000 Rps (5,2 €), avec eau chaude et petit dej', mais les taxes sont en plus. Restaurant à l'entrée. Très bon rapport qualité-prix pour l'ensemble. Possibilité d'organiser l'ascension du mont Batur depuis ici. Les prix annoncés sont négociables, surtout si on est en groupe.

Hôtel Surya : en arrivant à Kedisan, prendre à gauche en direction de Hot Springs ; c'est juste après l'hôtel *Segara*. ☎ (0361) 511-39. Le concurrent direct du *Segara*, même prix. Sans charme, mais assez propre. Vue sur le lac depuis la balustrade, devant les chambres du haut. Celles du bas sont plus chères et la différence de prix ne se justifie pas. Nourriture correcte. Ils ont un service de « pick-up » gratuit et peuvent venir vous chercher à Ubud.

À faire

➢ ***Balade à pied ou à moto :*** de Kedisan, on peut aller soit à pied soit en véhicule jusqu'au village de Buahan et même d'Abong (compter 1 h à pied). Si vous êtes à moto, possibilité de pousser jusqu'à ce village. Abong est un minuscule village champêtre au bord du lac. Depuis ce point, route en construction jusqu'au village de Trunyan (compter 30 mn de plus). Elle longe le lac sur tout le parcours.

➢ ***Balade en bateau :*** après des années d'arnaques et de véritable racket, l'organisation des balades en bateau sur le lac semble s'être régulée, et les prix sont désormais fixes et affichés au kiosque de l'embarcadère. On vous y propose une balade de 2 à 3 h sur une frêle embarcation à moteur pouvant contenir 7 passagers. Le prix est fixé et est dégressif en fonction du nombre de personnes. Seul ou à deux, ça revient assez cher, mais à 5 ou 6, c'est très abordable. La balade comprend a priori 3 arrêts (mais même s'ils sont bien spécifiés au guichet, la durée de la balade peut dépendre de l'humeur du capitaine, souvent mauvaise) : un 1er au village de Trunyan, un 2e au cimetière de Trunyan (situé un peu plus loin) et un 3e au village d'Air Panas (Hot Springs ou Toya Bungkah), de l'autre côté du lac. Puis retour à Kedisan. On peut aussi choisir de descendre à Air Panas pour ceux qui veulent y séjourner et grimper sur le mont Batur. Bon, on le répète, vous ne manquez pas grand-chose si vous décidez de ne pas faire cette promenade. On vous la déconseille même carrément (voir les explications plus loin sur Trunyan et la visite du cimetière). Pour ceux qui insistent quand même, les bateaux fonctionnent entre 8 h et 16 h. Le prix du bateau comprend l'entrée au village de Trunyan et celle du cimetière. Ne payez pas une *rupiah* de plus !

TRUNYAN

Ce petit village sur la rive est du lac n'est accessible qu'à pied ou en bateau partant de Kedisan. Voir nos explications plus haut.
Comme Tenganan, Trunyan est un village de Balis Agas, c'est-à-dire de « Balinais d'origine », complètement isolé au bord du lac, si bien que les influences hindoues n'ont pu agir jusqu'à ces dernières années. Les habitants sont encore fidèles à leurs anciennes croyances et ne pratiquent pas la crémation. Les morts, déposés à même le sol du cimetière, se décomposent rapidement, protégés par une sorte de cage triangulaire en feuilles de palme tressées (pour empêcher les animaux de se servir ?). Les touristes se précipitent pour voir quelques ossements jonchant la terre de l'enclos. En fait, joli attrape-nigaud pour voyageurs morbides. On déconseille vivement la visite du cimetière.
On peut tout à fait venir voir le village, mais vraiment, laissez tomber le cimetière, même si le ticket du bateau comprend l'entrée au village et à celui-ci. C'est de plus un prétexte pour vous réclamer sans cesse de l'argent. Car autant vous le dire, les habitants sont peu accueillants et cherchent avant tout à tirer le profit maximum de leur notoriété. Si ce n'était que par la vente d'artisanat... Quand nous sommes passés, on voulait à tout prix nous pousser à venir jeter un œil à une mamie nonagénaire en état de décomposition. Non merci ! Les habitants gardent secrètement la plus grande statue de l'île qui aurait 4 m de hauteur et qui représenterait leur dieu protecteur. Dans le village même, il n'y a guère que le temple à se mettre sous les yeux, et encore, uniquement de l'extérieur. Bref, ne vous sentez pas obligé de venir par ici.

TOYA BUNGKAH *(Hot Springs ou Air Panas)*

Situé sur la rive ouest du lac, à 4 km de Kedisan environ. De Penelokan, vous pouvez trouver un *bemo* pour vous y conduire. De Kedisan, il n'y en a pas beaucoup, mais on peut y aller à pied (compter 1 h à 1 h 15) ou en stop. La route étroite, tout en virages, traverse un paysage curieux et triste, bordé de coulées de lave refroidies. On voit ici et là des fondations de maisons. Le gouvernement a interdit la poursuite de leur construction à cause des risques d'éruption du volcan. Elles n'ont jamais dépassé le rez-de-chaussée.

Le petit village d'Air Panas, somme toute fort banal, est très fréquenté car c'est le point de départ le plus pratique pour l'ascension du mont Batur. C'est à Kedisan, mais encore plus à Air Panas, que vous serez littéralement submergé par des propositions de guides qui voudront tous vous accompagner au sommet du Batur. C'est parfois un peu lourd, même très lourd, comme ne cessent de nous le faire remarquer nos lecteurs... À Air Panas, comme son nom l'indique, il y a des sources d'eau chaude d'origine volcanique. On peut s'y baigner avec les Balinais qui viennent faire leurs ablutions dans un bassin aménagé. Bon, le bassin est franchement dégueulasse. Petit droit d'entrée. Juste à côté a été construit un complexe avec une grande piscine et des baignoires individuelles, alimentées par les eaux des sources chaudes. Truc à touristes vraiment *too much*. Il n'y a d'ailleurs jamais grand monde. Les habitants d'Air Panas ne sont pas très accueillants (c'est un euphémisme), même si c'est un peu mieux qu'à Trunyan. Ça a tendance à s'arranger depuis quelque temps. Tant mieux pour tout le monde.

Où dormir ? Où manger ?

Pour ceux qui veulent faire l'ascension du mont Batur, c'est le meilleur endroit pour dormir. Quelques petits *losmen* simples et pas trop chers. Dans les restos, goûter le poisson du lac, servi avec de l'ail.

Arlinas Bungalows : presque en face de *Nyoman Pangus Bungalows*. ☎ 511-65. Un des mieux tenus du village. Chambres propres et simples à environ 50 000 Rps (4 €) avec eau chaude. Eau chaude ou eau froide. Fait aussi resto. Le meilleur rapport qualité-prix de Toya Bungkah. Ils peuvent vous organiser l'ascension du mont Batur, ainsi que d'autres excursions, sur le lac notamment.

Nyoman Pangus Bungalows & Restaurant : dans le centre. Propose 10 chambres avec salle de bains (eau froide). 2 catégories de prix : de 50 000 à 70 000 Rps (4 à 5,7 €). Simple et propre. Bon poisson du lac au resto, avec sauce soja et ail.

Under the Volcano I : dans le centre du village. ☎ 511-66. Une dizaine de chambres très économiques, avec salle de bains et eau froide. Compter 30 000 Rps (2,4 €) à deux. L'extérieur des maisonnettes est en pierre volcanique. Propreté moyenne. C'est aussi un bon resto, proposant une cuisine locale simple et réussie. Le *Under the Volcano II* possède des chambres plus chères avec vue sur le lac mais pas beaucoup plus chic.

Pour ceux qui veulent beaucoup plus de confort, ***Hôtel Puri Bening,*** vers la sortie du village. ☎ (0366) 512-34. Fax : (0366) 512-48. Dans un vaste bâtiment blanc. Très grandes chambres avec balcon et vue sur le lac, mais ça se paie cher. Rien en dessous de 250 000 Rps (20,2 €), c'est vraiment exagéré !

L'ASCENSION DU MONT BATUR

Les grimpettes les plus faciles se font d'Air Panas. Il y a plusieurs sentiers possibles. La montée dure environ 2 h ; prévoir un peu moins pour la descente. Des dizaines de guides vous aborderont pour vous conduire là-haut. SACHEZ QU'IL Y A UNE VÉRITABLE MAFIA LOCALE QUI N'HÉSITE PAS À VOUS AGRESSER OU À VOUS RACKETTER LORS DE L'ASCENSION. Nous n'arrêtons pas de recevoir des lettres de lecteurs se plaignant de ce harcèlement, donc mieux vaut être prévenu ! De plus, inutile de se plaindre à la police, elle est de mèche ! Il est souvent préférable de prendre un guide dans votre hôtel (au moins vous serez tranquille). Si on vous

demande un prix exorbitant, n'hésitez pas à négocier fermement. Il faut partir très tôt, vers 4 h, pour arriver en haut au moment du lever du soleil.
Le tarif pour la rando de base (facile à modéré) était de 200 000 Rps (16,2 €) en 2004 et montait à 350 000 Rps (28,3 €) pour l'exploration (un peu plus dure) du deuxième cratère. Grosso modo, la première rando dure 3 h, le trek intermédiaire se déroule de 4 h à 8 h et le dernier de 4 h à 9 h. Là-haut, on vous fera peut-être cuire des œufs ou des bananes sur les fumerolles du volcan, en guise de petit dej'. Tout le long du chemin, on vous proposera des boissons à prix élevés ; il faut dire que les gamins ont trimbalé leurs boissons jusque là-haut. Le mieux est d'apporter son petit en-cas et sa bouteille d'eau.
Il existe plusieurs sentiers mais nous n'en indiquerons que trois, puisque ce sont de toute façon ceux empruntés par les guides. Sur la fin de l'ascension, la grimpette est très raide. Là-haut, panorama admirable sur le lac. Pendant les quatre mois de la saison des pluies, le sommet est parfois encombré de nuages dès 9 h-9 h 30. Donc, si vous partez à la lumière du jour, tâchez tout de même de démarrer vers 6 h, à la fraîche.
Pour grimper tranquille, avoir de bonnes chaussures fermées, une petite laine, un K-way et éventuellement un pull de rechange si vous y êtes en saison des pluies, une lampe de poche et surtout de l'eau (ou du thé) et quelques fruits ou gâteaux secs. Sinon, aucune difficulté particulière. Simplement, une fois en haut, on peut se balader au bord du cratère principal et descendre vers les cratères secondaires. Là, il convient d'être très prudent, une glissade est vite arrivée. On peut grimper par un sentier et redescendre par un autre.

➢ ***Sentier partant d'Air Panas :*** l'étroit chemin démarre exactement en face de chez *Nyoman Pangus Bungalows,* dans le centre. Montée en 1 h 30 environ.
➢ ***Sentier partant du Pura Jati :*** le départ de ce sentier se situe à environ 200 m sur la droite après le petit temple de Pura Jati, lui-même situé à 2,5 km d'Air Panas en allant vers Kedisan. Un petit panneau indique « *Welcome to Mt. Batur, please climb from here* ». Buvette. Petit bureau avec les prix. De nombreux guides attendent les touristes au point de départ, impossible d'échapper au harcèlement. La montée s'effectue en 1 h 30 environ. Du Pura Jati, on peut aussi effectuer des grimpettes jusqu'aux cratères secondaires. Là comme ailleurs, aucun sentier balisé.
➢ ***Sentier de Songan :*** Songan est le village situé 3 km après Air Panas. Le chemin pour entamer la grimpette n'est pas facile à trouver. Bon, une fois dans le village, prendre à gauche au T. Faire encore 1,5 km. Un panneau indique « *Welcome to Mt. Batur, one hour climbing* ». Suivre le chemin carrossable sur la gauche. Le sentier démarre un peu plus loin sur la droite et monte tout droit sur le Batur. Pas évident de trouver le bon, mais il y aura toujours quelqu'un pour vous l'indiquer. C'est le parcours le plus long.
➢ Plein d'autres sentiers possibles. Sur la route d'Air Panas, on voit parfois des panneaux indiquant le démarrage d'un chemin. C'est surtout pour vous inciter à garer votre véhicule (payant) et à prendre un guide.

KINTAMANI

La route passe par Penelokan et par Batur-village où le *Pura Ulun Danu* fut transporté après la terrible éruption de 1926. Depuis, ce temple dédié à la déesse des eaux a été reconstruit. L'ensemble a de l'allure avec les deux grands portails qui ouvrent sur des cours spacieuses où s'élèvent des *merus* et un *Bale Gedong* contenant une cloche en or et quelques reliques. Ici aussi, harcèlement des vendeurs.

À voir

Le marché : dans le village de Batur, juste avant Kintamani. Il se déroule tous les 3 jours et est particulièrement intéressant. Il permet de voir les gens de la région, très différents de ceux du sud de l'île. Beaucoup de fruits, car ils poussent en nombre dans la région : fruits de la passion, *manggis, salak,* etc.

➤ DANS LES ENVIRONS DE KINTAMANI

Penulisan : à quelques kilomètres après Kintamani, sur la route de Singaraja. Ce lieu est surtout célèbre pour son temple, le plus élevé de l'île, le *Puri Tegeh Koripan,* perché à 1 750 m d'altitude. Les plus courageux pourront gravir l'escalier de 345 marches pour voir les statues des rois et des divinités de Bali. Certaines remontent au XIe siècle. Ce temple est parfois dans les nuages et, la végétation ayant envahi ses abords, la vue sur la région est limitée. Assez peu de *bemos* sur cette route, et ils sont souvent complets.

LES ROUTES DE L'EST

Un de nos parcours préférés.

KLUNGKUNG

IND. TÉL. : 0366

À 40 km de Denpasar, cette ancienne capitale royale, l'une des plus prestigieuses de l'île, est une ville très animée et bruyante, également connue sous le nom de Semarapura. C'est le passage obligé pour tous ceux qui se rendent vers Besakih et sur la côte est de l'île. On y fait aussi une halte pour visiter les différents monuments qui subsistent et appartiennent à la dynastie Gelgel.

Où dormir ?

On ne conseille guère Klungkung pour une étape de nuit, la ville est bruyante et les bonnes petites adresses inexistantes. Continuez la route jusqu'à Sidemen (voir un peu plus loin), tout près et nettement plus agréable.

Où manger ?

Deux petits restos façon cantine de quartier, avec TV sur le comptoir, clientèle indonésienne exclusivement :

Bali Indah : dans la rue à droite après celle du marché (jalan Nakula). Restaurant chinois.

Sumber Rasa : juste à côté du *Bali Indah*. Essayez le *mie goreng,* qui est bien cuisiné.

À voir

Le palais de justice, le pavillon flottant et le ***Klungkung Museum :*** ouvert de 7 h à 17 h. Ticket commun pour la visite de l'ensemble. Tarif : 5000 Rps (0,4 €). À côté du Semarajaya (le carrefour indiquant les 4 points cardinaux), près de l'arrêt des *bemos,* en plein centre-ville.

– ***Le palais de justice*** *(Kerta Gosa)* est situé dans l'angle, à droite. *Bale* ouvert aux quatre vents, construit au XVIIIe siècle pour arbitrer les conflits et rendre la justice. Le tribunal se composait de trois brahmanes qui devaient juger des cas un peu complexes qui n'avaient pas trouvé de solution au niveau de la juridiction locale. L'affaire remontait alors au niveau du district. Sur les plafonds, refaits il y a une cinquantaine d'années, des représentations superbes et réalistes des supplices que les coupables pouvaient subir. En revanche, les innocents pouvaient profiter des fresques représentant le paradis. Là, tout n'est que paix et bonheur. C'est le style de la peinture locale qui a été utilisé pour la restauration, et c'est très réussi.
– ***Le pavillon flottant*** *(Bale Kambang)* se trouve au milieu du jardin. Entouré d'eau sur laquelle flottent nénuphars et lotus. Pour y accéder, passerelle bordée de sculptures en pierre. Ce pavillon devait servir de salle de repos aux membres de la famille royale. Les peintures du plafond racontent l'histoire du prince Sutasoha, une émanation du Bouddha.
– Enfin, le ***Klungkung Museum,*** tout près du Bale Kambang, offre surtout de la peinture locale, mais aussi des photos de la famille royale au début du XXe siècle. Intéressante peinture représentant la dernière bataille de l'armée de Klungkung contre les troupes néerlandaises.

Le marché : sur le côté droit de jalan Diponegoro, à côté du palais de justice. Animé, plein de couleurs et d'odeurs.

➤ DANS LES ENVIRONS DE KLUNGKUNG

Kamasan est situé à 2 km de Klungkung, sur la route de Gelgel. C'est un village de peintres. Ils travaillent encore comme leurs ancêtres, les *sanggings,* qui étaient au service des souverains de Gelgel. Ce sont des artistes de Kamasan qui ont restauré les fresques du palais de justice. Ils utilisent une technique très ancienne, inspirée de l'art indo-javanais. Les visages sont toujours reproduits en demi-profil, de sorte que l'on voit les deux yeux, le torse de face mais les jambes et les pieds de profil, ce qui donne au personnage une impression de mouvement. Les peintures se composent d'épisodes racontés chronologiquement, comme dans une bande dessinée. On y voit les personnages évoluer d'une scène à l'autre, selon l'action. Chacune de ces scènes est cloisonnée par un décor de motifs (pierres, montagnes, flammes, nuages, etc.).
Après l'achat de sa toile, l'artiste la fait bouillir, l'amidonne avec de la farine de riz, puis il la polit. Son premier croquis est exécuté avec du charbon de bois et avec une plume de bambou trempée dans une encre de Chine. Les couleurs traditionnelles étaient toujours obtenues par de savants mélanges de plantes. De nos jours, la peinture chimique est souvent utilisée, mais on retrouve en permanence le jaune, le brun-jaune et surtout le vermillon qui donne tant d'éclat à la peinture wayang. Lors de la finition, et pour obtenir plus de réalisme, le peintre dessine avec une plume très fine le système pileux des personnages. Le pinceau n'est rien d'autre qu'un bambou écrasé dont on a séparé les fibres.
Kamasan est aussi un centre important de calendriers muraux astrologiques, les *palalintangans,* qui obéissent à des règles très strictes de composition et sont très décoratifs. Ne pas hésiter à en acheter, même si l'on ne sait pas les déchiffrer.

Gelgel : en poursuivant encore pendant 4 km, on atteint Gelgel, l'ancien chef-lieu de la région, dont le temple royal a échappé miraculeusement à l'éruption de 1963. Ses *merus,* les plus grands de l'île, semblent avoir poussé directement dans la lave.

Balade à moto

➢ Prendre la direction de Besakih et tourner à droite à Rendang en direction d'Amlapura. Cette portion de route traverse des rizières en terrasses à perte de vue. Grandiose. D'Amlapura, retour à Klungkung par la route côtière.

SIDEMEN

IND. TÉL. : 0366

Traverser Klungkung en suivant la rue principale (jl. Diponegoro) vers l'est. Après avoir passé la rivière, tourner à gauche vers Satria Pakse. Une fois atteint ce village, prendre la route sur la gauche jusqu'à Talibeng, passer le petit pont et poursuivre la route jusqu'à Sidemen. Compter une trentaine de minutes de route (de campagne) pour rejoindre ce village. Quelques *bemos* empruntent également ce trajet, renseignez-vous au terminal de Klungkung. La région de Sidemen est sans doute l'une des plus belles de Bali. Avec le majestueux mont Agung en arrière-plan et les flancs de montagnes sculptées de rizières étagées et de plantations de maïs, de piments et de clous de girofle. Les panoramas sont à couper le souffle. Un séjour dans les parages est aussi l'occasion de découvrir la vie rurale balinaise et de se promener à travers les rizières, en compagnie des canards et des gamins. Les peintres Walter Spies et Théo Meyer séjournèrent dans cette région dans les années 1930 et elle inspira à Spies ses plus beaux paysages balinais.

Où dormir ? Où manger ?

Depuis la route principale de Sidemen, en venant du sud, tourner à gauche au niveau des pancartes. La route fait ensuite une fourche. Prendre à droite pour *Lihat Sawah* et *Sacred Mountain* et à gauche pour *Kubu Tani*.

🏠 |●| ***Pondok Wisata Lihat Sawah :*** Banjar Tebola. ☎ 241-83. ● inyomankari_57@yahoo.com ● Une dizaine de chambres installées dans des maisons balinaises traditionnelles. Chacune est dotée d'une terrasse (de laquelle on profite d'une vue plongeante sur les rizières) et d'une jolie salle de bains. Propreté et confort au rendez-vous. Compter entre 150 000 et 200 000 Rps (12,1 à 16,2 €) la chambre double, petit dej' et taxes compris. Petit resto pour déjeuner ou dîner. Accueil chaleureux de la famille de I Nyoman Kari, le professeur d'anglais du village. Son fils peut vous balader dans les superbes rizières des environs. Notre adresse préférée dans le coin.

🏠 ***Kubu Tani Home Stay :*** Banjar Tebola. ☎ 241-83. Une seule chambre, mais quelle chambre ! La petite maison est aménagée de façon ravissante, avec une agréable terrasse devant les rizières et le mont Agung. Confort excellent. Chambre à l'étage avec balcon et salle de bains à ciel ouvert (digne d'un spa) au rez-de-chaussée. À deux, compter 250 000 Rps (20 €) avec le petit dej'. Pas de dîner prévu, mais quelques *warungs* au village et les restos du *Lihat Sawah* et de *Sacred Mountain* sont là pour vous accueillir.

🏠 |●| ***Sacred Mountain :*** Banjar Budamanis. ☎ 243-30. Fax : 234-56. Grand village de bungalows entièrement en bambou, répartis dans un jardin tropical. Certains surplombent la rivière (les plus beaux), d'autres une piscine, derrière laquelle se cache un jacuzzi. Les bungalows les moins chers sont annoncés à 80 €, mais on peut négocier le prix. Certains manquent un peu d'entretien, dommage. Dans le jardin, quelques *bale* avec coussins et table basse pour siroter un thé ou un jus de fruits en profitant de la nature, exubérante et humide. Le restaurant propose une liste très longue de spécialités thaïes (salade de poulet émincé du Nord-Est – *laap Issan kai* –, salade de papaye verte, *curries*, soupe poulet et noix de coco, soupe crevettes et citronnelle, etc.) plutôt réussies. Quelques plats indonésiens et occidentaux aussi, bien évidemment. Attention ! Plus de commande après 20 h 30 ! Sinon, grande salle de méditation (c'est à la mode dans le coin) et organisation de randonnées vers le mont Agung. Les prix décroissent plus on est nombreux et deviennent intéressants à partir de 3 personnes.

BESAKIH

À 62 km de Denpasar et à 22 km de Klungkung se dresse le plus grand temple de Bali et le plus vénéré, au pied du mont Agung. Malheureusement, le site est mal entretenu et il prend parfois des allures de dépotoir.
Si vous allez à Besakih à moto, prenez un pull et un imper, « au cazou ». On est tout de même à 950 m d'altitude. En été, il pleut assez souvent en fin de journée. Entre Klungkung et Besakih, s'arrêter à Bukit Jambul. Très peu de *bemos* y montent l'après-midi, sauf les jours de marché, c'est-à-dire un jour sur trois. Certains *bemos* déposent les Indonésiens au marché. Insistez pour descendre avec eux. Vous évitez ainsi l'entrée payante et la montée pénible le long des boutiques.
Si l'on a un peu de temps (c'est les vacances, oui ou non ?), on peut aussi aller de Klungkung à Besakih par une chouette route secondaire, moins fréquentée mais un peu plus longue. Du centre de Klungkung, prendre la direction Candi Dasa. Environ 1 km après le pont, prendre une petite route à gauche. À partir de là se succèdent de très beaux paysages de rizières et on est presque tout seul. À Duda, prendre à gauche vers Selat puis Muncan et Rendang. On retrouve la route principale à Pringalot. Prendre à droite, Besakih n'est plus très loin. Cet itinéraire est tout aussi agréable dans le sens Besakih-Klungkung.

Comment y aller ?

➢ ***De Denpasar :*** il faut changer de *bemo* à Klungkung. Attention pour le retour : pas de *bemo* après 13 h, sauf le jour du marché. Le mieux est de faire le trajet le matin et de revenir vers la fin de la matinée.

Où dormir ? Où manger ?

Arca Valley Inn-Lembah Arca : sur la droite de la route, 5 km avant Besakih, juste avant d'arriver au pont. Quelques chambres à environ 80 000 Rps (6,5 €) et un restaurant correct. C'est un peu chérot par rapport à la qualité, mais cette adresse peut intéresser ceux qui partiront tôt à l'attaque des pentes du mont Agung !

Échoppes avant la montée au temple.

À voir

Le temple de Besakih : au pied du mont Agung, que l'on peut voir par temps clair. Y aller tôt le matin pour éviter les touristes. Entrée payante : 7 000 Rps (0,6 €). Avoir les jambes couvertes. Sinon, on peut louer des sarongs sur place.
Bonne grimpette *ad pedibus* sur une allée bordée de boutiques de souvenirs. Si l'on veut éviter de fatiguer ses petons, une solution : grimper sur la

moto d'un des nombreux jeunes qui proposent aux touristes, moyennant quelques milliers de roupies, de les monter jusqu'au temple. Aujourd'hui, il est devenu difficile de se balader librement dans le temple. En effet, dès que l'on sort de la voiture, des pseudo-« gardiens du temple » vous expliquent qu'à cause de la cérémonie spéciale qui a lieu aujourd'hui (comme par hasard !), ils doivent impérativement vous guider... Ils demandent parfois des sommes importantes (jusqu'à 20 US$!). On peut louer leurs services, mais on peut aussi choisir de se passer d'eux car, contrairement à ce qu'ils prétendent, il est tout à fait autorisé de visiter le temple en se passant de leur compagnie.
Ce temple est dédié aux trois grandes divinités hindoues : Brahma (feu, créateur), Vishnu (eau, protecteur), Çiva (vent, destructeur), et à bien d'autres plus mineures. Le temple secondaire se compose d'une série de terrasses sur lesquelles s'élèvent plusieurs temples composés eux-mêmes de nombreux autels. À remarquer à l'entrée : le grand escalier avec, à droite, les esprits du Mal (aux figures patibulaires) et, à gauche, les esprits du Bien représentés par des statues au visage doux et serein. Les pagodes possèdent un certain nombre de *merus* (toits successifs) en chaume, dont le nombre varie en fonction des castes. Ainsi, une pagode à un *meru* est le lieu où vient prier la classe la plus basse, alors que les pagodes à onze *merus* sont réservées aux familles princières.
L'ensemble a été restauré après la terrible éruption de 1963 qui se produisit pendant la fête de l'Eka Dasa Rudra (voir ci-dessous le texte sur le mont Agung).

LE MONT AGUNG (GUNUNG AGUNG)

Culminant à 3 142 m, il domine tout le paysage de l'est de l'île. Sa forme parfaitement conique, coiffée d'un vaste cratère, en impose aux visiteurs comme aux locaux d'ailleurs, qui le respectent et le craignent. Et pour cause ! En 1963, le 8 mars, le jour précis de la célèbre fête de l'Eka Dasa Rudra, cérémonie qui n'a lieu qu'une fois par siècle, le mont Agung sortit de sa torpeur et entra dans une colère noire. Pendant la cérémonie du temple de Besakih, les premiers grondements se firent entendre, mais c'est une dizaine de jours plus tard que la catastrophe survint. Une phénoménale éruption ensevelit plus de 1 500 personnes dans un linceul de lave incandescente, tandis que des dizaines de milliers d'autres perdaient leur maison. L'éruption, suivie d'un tremblement de terre, plongea l'île dans un nuage de poussière et de lave qui s'étendait jusqu'à la ville javanaise de Surabaya.
Les habitants et les autorités religieuses interprétèrent cette catastrophe comme une manifestation divine destinée à les punir de leurs fautes et de leur chamaillerie. Les spécialistes s'interrogent encore aujourd'hui sur l'incroyable coïncidence qui fit exploser le volcan lors du déroulement de la fête. Mais était-ce vraiment une coïncidence ?

Comment grimper sur le mont Agung ?

Il existe deux voies principales pour le mont Agung, l'une part de Selat, l'autre du temple de Besakih. Dans un cas comme dans l'autre, il faut partir tôt, très tôt, avant le lever du jour. Ainsi, on arrive en haut avant que les brumes matinales ne bouchent la vue, ce qui ne manque pas d'être le cas vers 8 h 30-9 h, parfois même avant. Guide indispensable : ne pas s'aventurer seul car à certains endroits les sentiers sont invisibles (un Italien, pourtant habitué à la montagne, n'a jamais été retrouvé malgré les secours importants mis en œuvre). Prix à négocier fermement. Bien se faire préciser ce que le prix inclut.

Une bonne condition physique est nécessaire, car le dénivelé est important (environ 2000 m) et il est conseillé d'entreprendre l'ascension en saison sèche (plutôt entre juillet et octobre). Avoir de bonnes chaussures de marche avec des semelles antidérapantes, un pull chaud, un bonnet et un coupe-vent (il fait très froid à l'aube), une lampe de poche par personne, une gourde et des provisions.

➢ ***De Selat :*** c'est à notre avis le meilleur parcours. Se présenter au poste de police de Selat avant de partir. On peut également essayer d'y trouver un guide. De Selat, une route carrossable permet de grimper jusqu'à Sebudi et même de pousser jusqu'au temple de Pasar Agung. De là, l'ascension prend environ 3 h à 3 h 30, un peu moins pour les bons marcheurs. 4 h est un bon horaire de départ. Pour ceux qui n'ont pas de véhicule, on peut trouver des *bemos* de Selat pour Sebudi. Tâcher de louer un *bemo* à Selat, qui vous fera faire le trajet dans la nuit pour être prêt à démarrer avec votre guide à 4 h là-haut. La redescente du sommet jusqu'au temple peut prendre jusqu'à 3 h. Allez-y mollo pour la descente, c'est cette partie-là qui est la plus casse-margoulette.

■ ***Gung Bawa Trekking :*** ☎ (0366) 243-79. À Selat, un des guides propose un forfait tout compris avec une nuit sur place dans un *homestay* basique, le petit dej', la nourriture et les boissons au cours de la grimpette, et une partie de l'équipement (coupe-vent...). L'appeler au plus tard la veille, encore mieux 2 jours avant, avant 19 h. Tarifs à priori un peu élevés pour 2 personnes, mais beaucoup plus abordables si l'on est plus nombreux, et puis on peut tenter de négocier. Compter environ 300000 Rps, soit 24,3 €, par personne. Un peu dur pour les lève-tard, ce guide démarre en général vers 3 h du matin !

➢ ***De Besakih :*** c'est le parcours le plus long et le plus difficile. Compter au moins 5 h pour la montée et au moins 4 h pour la descente. Guide indispensable pour ne pas se perdre, surtout au début où le sentier n'est pas évident du tout. On peut dormir la veille au soir à Besakih. Chambres chez l'habitant. Il faut savoir qu'il y a quand même 2200 m de dénivellation entre Besakih et le sommet. Pas de la tarte, donc. Partir entre 4 h et 5 h mais pas plus tard. Des *warungs* sont ouverts le soir, où vous pourrez acheter eau, fruits secs et petits gâteaux. Ce parcours au départ de Besakih permet de grimper jusqu'au sommet du cratère (ce que ne permet pas le circuit depuis Selat). Mais le problème reste que, comme l'ascension est bien plus longue au départ de Besakih, même en démarrant très tôt, quand on arrive là-haut bien souvent la vue est bouchée. Sinon, évidemment, vue sublime, ce qui récompense quelque peu des durs efforts. Bien prévoir son emploi du temps pour être redescendu avant la tombée de la nuit. Voilà ! Allez, bon courage...

KUSAMBA

À 8 km de Klungkung, au bord de la mer. Village surtout connu pour sa récolte de sel qui est séparé de l'eau par évaporation dans des troncs de cocotiers creusés, posés tout le long de la plage. Dans les petites cahutes de chaume, les villageois raffinent ce sel selon une méthode qui n'a pas changé depuis des siècles. Sur la plage de sable noir, voir les embarcations effilées des pêcheurs, les *prahus,* minutieusement peintes, dotées de balanciers et d'une voile triangulaire.
Kusamba est un possible point de départ vers Nusa Penida et Nusa Lembongan. Compter environ 1 h de traversée en *prahu.* Aucun horaire fiable, la traversée se fait avec des pêcheurs qui apportent des marchandises vers ces îles. Le mieux est de se rendre tôt le matin sur la plage, et d'essayer de

négocier. Pas ou très peu de bateaux l'après-midi car la mer est plus agitée que le matin. Également un bateau public, mais seulement pour Nusa Penida. Il faut ensuite en prendre un autre pour Nusa Lembongan... un peu galère (c'est le cas de le dire !) et toujours bondé (un euphémisme !). On vous conseille plutôt de joindre ces îles par Sanur ou Padangbai. Au cours de cette traversée, on franchit la *ligne Wallace,* frontière imaginaire délimitant l'Asie et l'Océanie.

NUSA PENIDA

40 000 hab.

Cette grosse île de 20 km de long vit principalement de la pêche. Comme sa voisine Nusa Lembongan, l'île est spécialisée dans la culture des algues destinées à la fabrication de cosmétiques. On peut ainsi voir sur la côte nord des champs d'algues immergés, entre la plage et la barrière de corail, c'est assez joli. L'île n'a pas une bonne réputation car, d'après la légende, elle aurait servi de refuge à un monstre qui cherchait à détruire Bali. Ce qui est sûr, c'est que l'îlot, peu hospitalier, servit aux rois de Gelgel pour y déporter les sujets dont ils voulaient se débarrasser. Pratiquement pas de touristes. En revanche, certains Balinais s'y rendent quand ils ont des mauvais esprits à calmer ou à repousser. Certains temples sont dédiés à des démons et autres mauvais génies. La côte nord, celle où l'on débarque, est la seule à proposer de belles plages. Vers le sud, on trouve de hautes falaises, et entre certaines, des plages, mais pas toujours accessibles.
Pour y aller, le plus simple (et le moins cher) est de venir par le bateau public de Padangbai (voir plus bas le chapitre sur ce village). Compter environ 1 h de trajet. Pour se déplacer sur l'île, peu de moyens de transport. Les *bemos* sont irréguliers et ne desservent qu'une partie de l'île. Le plus simple est de carrément en louer un avec chauffeur pour la demi-journée ou la journée entière. Négociez sec et groupez-vous, ça coûtera moins cher ! Possible aussi de louer une moto, à condition d'être bon pilote car les routes et pistes sont souvent mauvaises.

Où dormir ? Où manger ?

Les seules adresses se situent à Sampalan.

Losmen Made : un *losmen* familial derrière une porte rouge dans une rue près du marché. Chambres petites à petit prix. Petit dej'. Bon accueil.

Losmen Made : sur la droite de la route principale, un peu plus loin que le précédent du même nom. Un tout petit peu plus cher pour des chambres plus grandes et confortables. Excellent rapport qualité-prix.

Kios Dewi : juste avant l'adresse précédente sur la gauche. Le seul endroit sur Nusa Penida qui peut faire office de restaurant. Nourriture padang.

À voir

Sampalan, le principal village, au nord, offre un marché pittoresque et les seuls hébergements possibles de l'île (voir « Où dormir ? Où manger ? »).

La ***grotte de Goa Karangsari*** est à une dizaine de kilomètres à l'est de Sampalan, entre Karangsari et Sewena. Une lampe de poche est indispensable. On vous proposera de vous accompagner, mais les prix sont à négocier âprement. À l'extrémité de la grotte qui fait plus de 300 m, on débouche sur un paysage de montagne après avoir traversé une zone tapissée de chauves-souris.

Quelques belles ***plages,*** principalement sur la côte sud découpée de falaises tombant à pic dans la mer. Ceux qui ne craignent pas le vertige peuvent emprunter l'escalier de bambou de *Sebuluh,* le plus spectaculaire, ou encore ceux de *Swean, Seganing* et *Ancen.*
C'est sur cette côte sud qu'on trouve ces très hautes échelles qui partent des falaises pour arriver tout en bas. Ces échelles aériennes n'ont pas été conçues pour la baignade des touristes mais pour le transport de l'eau que les femmes venaient puiser un peu au-dessus du niveau de la mer, avant de remonter avec leur seau en équilibre sur la tête jusqu'au sommet de la falaise. On comprend pourquoi le gouvernement a décidé de construire de vastes citernes destinées à recueillir les eaux de pluie. Cette partie de l'île pratiquement inhabitée est de loin la plus intéressante de Nusa Penida. Prendre garde aux requins qui peuvent, par distraction, s'approcher du rivage. On en trouve parfois au marché. Possibilité d'en acheter et de le faire préparer par un cuisinier de *warung.*

NUSA LEMBONGAN

Pour les Balinais, Nusa Lembongan et Nusa Penida sont les îles des démons. Ils n'y viennent que pour leur faire des offrandes... et encore, le plus vite possible pour ne pas avoir à y passer la nuit ! Pour les touristes, cette île de 4 km de long ressemble plutôt à un petit paradis. Sa principale activité est la culture d'algues destinées à la fabrication de gélules ou de cosmétiques. On y trouve quelques plages de sable magnifiques, des spots de plongée et de *snorkelling* particulièrement riches, la vie des villages et une superbe mangrove. Un lieu à la fois dépaysant et intéressant, encore peu fréquenté par les touristes.
Sur l'île, deux villages : ***Jungutbatu*** (où l'on trouve de nombreux *losmen*) et ***Lembongan,*** reliés par une petite route en assez mauvais état. À Jungutbatu, une plage de sable protégée par une barrière de corail vous attend. Non loin du village de Lembongan, un pont suspendu permet d'accéder à ***Nusa Ceningan,*** petite île située entre les deux autres. À ce niveau, on découvre un intéressant village de pêcheurs et des paysages d'une beauté à couper le souffle sur les champs d'algues, différents à chaque heure du jour en raison des marées.

➢ Bateaux au départ de Sanur, Padangbai ou Kusamba : en pirogue *(prahu)* à moteur ou, beaucoup plus cher (d'ailleurs payable en dollars !), en gros catamarans. Compter 1 h-1 h 30 de traversée. Pour plus de détails, voir les chapitres concernant ces 3 villages. Liaison aussi depuis Nusa Penida.

Adresses utiles

■ @ ***Téléphone et Internet :*** 4 *Wartel* sur la rue principale de Jungutbatu et accès Internet au *Main Ski Inn* et au *Bunga Bungalo.*

■ ***Banque et change :*** la *Bank Pembangunan Daerah Bali* change l'argent liquide et les chèques de voyage, mais les taux sont bien moins intéressants que sur Bali. Quelques *losmen* et hôtels pratiquent également le change.

■ On trouve aussi, à Jungutbatu, des ***clubs de plongée*** (notamment le réputé *World Diving*) et des bateaux à chartériser pour aller faire du *snorkelling.*

Où dormir ? Où manger ?

Se faire déposer à ***Jungutbatu,*** car c'est là que se trouvent les *losmen,* tous sur la plage. Plus au sud, à ***Mushroom Bay,*** des bungalows nettement plus luxueux. À la descente du bateau, n'écoutez pas les guides qui risquent de vous aborder, ils font leurs petites affaires au détriment de votre porte-monnaie. Toutes ces adresses font aussi restaurant.

À Jungutbatu

Prix modérés (de 40 000 à 100 000 Rps, soit 3,2 à 8 €)

Bunga Bungalo : sur la droite de la plage, dans le village. ☎ (0366) 24-529. • bunga-lembo@telkom.net • Chambres simples mais impeccables, dont certaines disposent d'un bénitier énorme en guise de lavabo. Surplombant la plage, plaisante terrasse avec quelques transats et le coin restaurant. On y mange de bonnes pizzas, des crêpes au *Nutella* (!), des plats indonésiens et un extraordinaire *jacket fish* pêché au harpon. Louis, qui a longtemps été barman en France, possède une large sélection d'alcools et prépare d'excellents cocktails. Il peut aussi mettre sur CD-Rom vos photos numériques. Une adresse très sympa.

Bungalow Number 7 : juste à côté du précédent. Propre. ☎ (0366) 24-495. • putuyasa7@hotmail.com • Chambres à différents prix dans un bâtiment en dur d'un étage, de part et d'autre d'un petit jardin. Aucune recherche esthétique et salles de bains rudimentaires, mais grande terrasse carrelée devant chaque chambre. Également une chambre pour 4 ou 5 personnes. Resto face à la plage et mini-épicerie de dépannage.

Pondok Baruna : au milieu de la plage. ☎ 081-239-00-686 (portable). • www.world-diving.com • Petit bâtiment de plain-pied sans charme particulier, mais les chambres sont très propres. Celles avec lits jumeaux sont assez exiguës. Toutes ont une terrasse face à la mer, idéale pour observer l'activité des ramasseurs d'algues. C'est aussi le siège du très sérieux club de plongée *World Diving*, parfaitement équipé. Cours PADI.

Ketut Bungalow : plus au nord de la plage. ☎ 081-239-54-725 (portable). Petits bungalows d'un étage, alignés sur un terrain étroit. Différents prix en fonction du confort. Certaines chambres sont assez chères, mais ce sont les seules sur cette plage à proposer l'eau chaude. Prix globalement un peu plus élevés que ses voisins, mais lits immenses et salles de bains d'une propreté irréprochable. Déco inexistante mais bon confort et accueil adorable. Réduction à partir de 3 nuits.

À Mushroom Bay

Plus chic

Villa Wayan : juste au-dessus de la plage de *Mushroom Bay*, dans une crique appelée *Celegim Bay*. ☎ et fax : (0361) 27-12-12 et 081-138-65-40. Compter autour de 37 US$ la chambre double. Bungalows bizarrement tarabiscotés, carrelés de partout et manquant un peu d'espace pour le prix. Cela dit, le coin est tranquille et beau.

Beaucoup plus chic

Waka Nusa Resort : ☎ (0361) 72-36-29. Fax : (0361) 72-20-77. • www.wakaexperience.com • Compter à partir de 130 US$, petit dej' continental compris. Un *resort* luxueux, à l'architecture inspirée des îles indonésienne de l'Est et de celles du Pacifique. Superbes chambres circulaires, sobrement et élégamment décorées. Les termites semblent bien apprécier aussi... espérons que quelque chose sera fait très rapidement ! Quelques soucis de plomberie également, mais l'ensemble reste charmant, malgré d'évidents problèmes de direction. Les chambres les plus chères ont l'AC (pas vraiment indispensable). Pas de TV ni de téléphone. Pour vous accueillir, un jus de fruits frais et, chaque après-midi, un *afternoon tea*. Petite piscine et possibilité de faire du *snorkelling* juste devant l'hôtel. Transfert depuis Sanur à bord d'un catamaran confortable, le *Waka Louka*. Compter de 1 h 30 à 2 h 30 de traversée.

Où manger ?

À Jungutbatu

|●| ***Two Thousand Café :*** vers le nord de la plage. Un restaurant les pieds dans le sable, face aux ramasseurs d'algues. Bonne sélection de plats, à prix raisonnables.

À Mushroom Bay

|●| ***Adi Mini Market :*** sur la route, en sortant du *Waka Nusa Resort*. Relativement peu de choix mais tout est frais et bon marché. Également quelques chambres rudimentaires et peu chères, mais ne donnant pas directement sur la plage et un peu tristounettes.

Sur la route menant à la mangrove...

|●| ***Nyoman's Warung :*** dans le village des ramasseurs d'algues (sans nom !), en allant dans la direction de la mangrove, au nord de l'île. En fait, très facile à trouver, tout le monde connaît le petit *warung* de Nyoman. Devant sa très modeste cabane en bambou, elle a installé 2 tables et propose un excellent menu de poisson, pour quelques roupies. On mange face aux champs d'algues qui dessinent des paysages magnifiques à marée basse. Accueil d'une grande gentillesse. Une vraie bonne adresse, de celles qui marquent un voyage.

À voir. À faire

L'endroit est simplement beau et reposant. On peut facilement faire le tour de l'île à bicyclette ou à moto.

Les amateurs de plongée ne seront pas déçus, mais une certaine expérience est souhaitable en raison des courants forts et froids. Il n'est pas rare de croiser de grosses tortues ou d'impressionnantes raies manta, dans un paysage aquatique magnifique. Le *snorkelling* (masque et tuba) est accessible à tous, avec de très beaux spots souvent juste devant votre hôtel. Les vagues se fracassant sur la barrière de corail font également le bonheur des surfeurs. Là aussi, on recommande une grande prudence. Les *breaks* sont praticables surtout en saison sèche et peuvent être dangereux.

Il ne faut pas quitter l'île sans avoir fait un tour vers la mangrove qui couvre un quart de l'île, au nord. Sur place, bon petit resto avec une vue superbe sur le mont Agung. Le spectacle peut devenir carrément grandiose au coucher du soleil. Devant le resto, possibilité de faire une balade en pirogue dans cet univers encore intact et superbe. On peut y voir de drôles de petits crabes rouge ou turquoise, dotés d'une pince démesurée par rapport à leur corps.

GOA LAWAH

À 3 km de Kusamba, sur le côté gauche de la route, un temple et une grotte qui abrite des milliers de chauves-souris. Entrée payante et location obligatoire d'une ceinture jaune. Elles s'entassent à quelques mètres des visiteurs. Leurs cris rappellent la descente d'Orphée aux Enfers. On raconte (mais on dit tant de choses) que la grotte communiquerait par des souterrains avec le mont Agung. On ne risque pas de manquer l'endroit. Tous les conducteurs de véhicules s'arrêtent pour déposer leur obole. Passez votre chemin, ce n'est pas une obligation pour vous.

PADANGBAI

IND. TÉL. : 0363

À 18 km de Klungkung, et à 2 km de la route principale Klungkung-Candi Dasa, c'est le port d'embarquement pour Lombok et un grand port tout court. Vaste plage de sable avec quelques beaux *prahus*. Pas désagréable de passer une soirée et une nuit ici, avant de prendre un bateau pour une île. Ambiance calme et agréable côté plage, dès qu'on s'éloigne un peu de l'embarcadère pour Lombok.
Pour ceux qui ont un peu de temps, jolie petite crique *(Pantai Kecil)*, sur la droite, de l'autre côté de la colline, en suivant la route qui passe devant la *post office*; à 10 mn de marche. La région est connue pour ses beaux fonds aux riches coraux. Malheureusement, assez peu accessibles.

Adresses utiles

✉ ***Poste :*** dans la rue à droite juste avant les barrières du port.
■ ***Téléphone :*** centre *Wartel,* sur la gauche près du port.
@ On peut se connecter à l'*Ozone Café* (voir « Où manger ? ») et au *Kerti Beach Inn* (voir « Où dormir ? »).
■ ***Change :*** plusieurs agences dans la rue principale.
Station de bemos : près de l'embarcadère. Les *bemos* desservent Candi Dasa et Klungkung (blanc et bleu), Karangasem (orange) et Denpasar (minibus de couleur blanche).
Bus Perama : guichet à l'entrée du *Dona Café,* tout près du port et du *Madhya Hotel.* ☎ 414-19. Assez nombreux *shuttle bus* pour presque toutes les destinations (surtout le sud de l'île et Ubud). Demander la feuille avec les horaires, qui varient en fonction des saisons.

Où dormir ?

De bon marché à prix modérés (de 40 000 à 60 000 Rps, soit 3,2 à 4,8 €)

Zen Inn : gang Segara 3, juste à l'entrée du port. Devanture rouge et déco style « bateau ». On entre directement dans les chambres depuis la rue. Votre cabine au *Zen Inn* : 2 lits doubles dans chaque chambre, exiguë mais avec mezzanine, une salle de bains intérieure (lavabo avec mosaïques blanc et bleu) et une douche à l'extérieur. Possibilité de se restaurer dans une petite salle, tout à fait à gauche du *losmen.*
Padangbai Beach Inn IV : face à la plage, jl. Silayukti. En arrivant à

Padangbai, prendre la rue à gauche avant le port. Au fond de la rue, après une rangée d'hôtels. Plusieurs sortes de bungalows, dont certains très corrects en bambou. Les moins chers sont spartiates, mais ceux qui ressemblent à des greniers à riz sont sympas.

Madya Hotel : à l'entrée du port, sur la droite avant les barrières (jl. Pelabuhan Padangbai). ☎ 413-93. • putuyogi@hotmail.com • Chambres sur la cour dans un bâtiment à étages. Hôtel sans charme mais bien tenu, le plus cher de cette catégorie.

Kerti Beach Inn : dans la rue bordant la plage, jl. Silayukti. ☎ 413-91. Les chambres du bas sont les plus économiques, les autres sont situées à l'étage de bungalows en forme de grenier à riz. Petit dej' inclus dans le prix. Salle de restaurant donnant sur la mer et accès Internet dans un local, à l'entrée sur lequel on pouvait lire, lors de notre passage, ce petit message : « Ne laissez pas les terroristes gagner, continuez à venir à Bali et à Lombok. »

Hôtel Pantai Ayu : derrière le cimetière, un tout petit peu en hauteur. ☎ 413-96. Belle villa blanche et fleurie. Propose 2 types de chambres bon marché avec une salle de bains rudimentaire (eau froide). Déco kitsch, surtout dans les chambres. Très propre et calme. Accueil familial et rigolo de la patronne. Petit dej' inclus. Près du resto, temple familial avec des statuettes colorées de divinités.

De prix moyens à plus chic (de 150 000 à 300 000 Rps, soit 12,1 à 24,2 €)

Hôtel Puri Rai : jl. Silayukhi 7. ☎ 413-85. Fax : 413-86. • puri rai_hotel@yahoo.com • Chambres confortables dans un bâtiment en dur. Salles de bains pas terribles pour le prix. En revanche, superbe piscine. Restaurant à l'entrée.

Où manger ? Où boire un verre ?

Pantai Ayu Restaurant : sur la plage. Bonne nourriture, poissons et fruits de mer notamment. Devant, la mer et les *prahus* hissés sur la plage. Cadre sympa. Très paisible. Prix doux. Plusieurs autres restos dans le même style le long de la plage.

Ozone Café : dans la rue principale du village qui mène à la plage. ☎ 414-80. Noms de plats amusants, tables basses colorées. Ambiance détendue de café de bord de mer. Snack, pizza, quelques plats internationaux. Connexion Internet.

Balades en bateau

➢ ***Pour Lombok :*** départ normalement toutes les 90 mn, 24 h/24. La durée de la traversée est variable en fonction de l'état de la mer. Compter 4 h 30 en moyenne. Restauration à bord, mais c'est cher et pas formidable. Apporter votre en-cas. On achète son billet à l'embarcadère. Aux dernières nouvelles, un bateau rapide a été mis en service.

➢ ***Pour Nusa Penida :*** sur la plage. Un bateau public part le matin dès qu'il est plein, vers 7 h en général. Il faut s'inscrire et payer à un petit guichet en bois, entre la plage et le cimetière (plus prudent de réserver sa place la veille). Autre solution (bien plus chère) : affréter un bateau grâce aux « agences » privées dans la rue qui longe la plage.

➢ ***Pour Nusa Lembongan :*** sur la plage. Pas de bateau public direct pour Nusa Lembongan. 2 solutions : on prend le bateau public vers Nusa Penida, puis un *bemo* de Buyuk à Toyapakeh (environ 20 mn), puis un autre bateau (prix à négocier) vers Nusa Lembongan... une expédition ! On peut aussi chartériser un *prahu* par l'intermédiaire d'un des « bureaux » situés devant la plage. Solution nettement plus simple, plus rapide, mais évidemment beaucoup plus chère. Compter environ 45 mn de traversée.

MANGGIS BEACH

IND. TÉL. : 0363

Ce lieu-dit se situe à 5 km avant Candi Dasa. Contrairement à Candi Dasa, ici la plage a été épargnée par les éléments naturels et on peut encore s'allonger sur le sable noir (et les galets !). Coin très tranquille, ambiance reposante. À ne pas confondre avec le petit village de montagne situé quelques kilomètres au nord.

Où dormir ?

🏠 🍽 ***Balina Beach Bungalows :*** ☎ et fax : 410-01. Ensemble de bungalows de style local rassemblés dans un jardin. Compter entre 150 000 et 200 000 Rps (12,1 à 16,2 €) la chambre double. La plus jolie chambre, la n° 22, surplombe une petite rizière et bénéficie d'une jolie vue sur la mer. Petit resto et piscine.

🏠 🍽 ***Puri Bagus Manggis :*** ☎ 413-04. Fax : 412-90. • www.bagus-discovery.com • Joli ensemble de bungalows traditionnels très confortables et donc assez chers : à partir de 115 €. Restaurant ouvert aux quatre vents servant une bonne cuisine de tous horizons. Belle piscine surplombant les rizières. Splendide temple hindou à l'entrée.

Où manger ?

Plusieurs *warungs* le long de la ruelle qui mène au *Balina Beach Bungalows.* Citons notamment le *Taman Sari,* le *Warung Nyoman* et le *Warung Made.*

CANDI DASA

(prononcer « Tchandi Dasa ») IND. TÉL. : 0363

À 13 km avant Amlapura. C'est une création assez récente du tourisme balinais, destinée à alléger un peu Kuta et Legian. Il y a une quinzaine d'années, il y avait ici une belle plage et pas un seul *losmen.* Aujourd'hui, il y en a tout le long de la route qui traverse le lieu, côté mer et côté terre. Et la plage n'est plus qu'un souvenir. En effet, le corail protecteur qui retenait le sable et surtout qui protégeait la côte des vagues a été cassé consciencieusement et utilisé pour fournir la chaux nécessaire à la construction des hôtels. Résultat : la mer a emporté la plage dans ses flots. Il a fallu construire des digues pour protéger la côte, à l'intérieur desquelles le sable recommence à s'accumuler. Les optimistes diront que ces endroits forment comme des petites plages privées, les autres proclameront qu'il n'y a plus de plage.

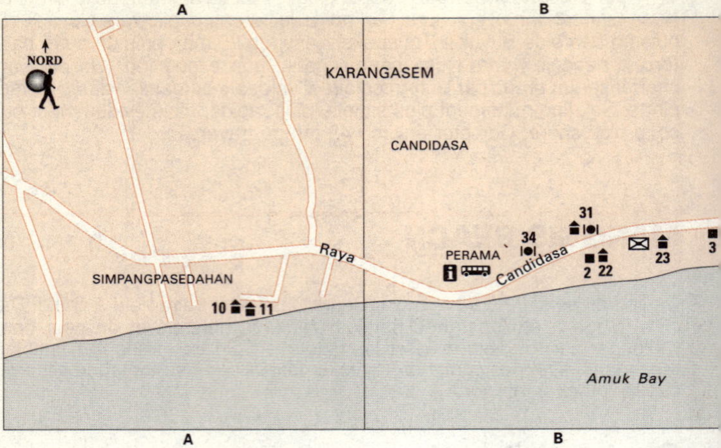

Adresses utiles
- Postes
- Perama Tourist Info et Bus Service
- 1 Téléphone (Wartel)
- 2 Money Changer
- 3 Banque Danamon
- 4 Agence de voyages

Où dormir ?
- 10 Flamboyant Bungalows
- 11 Bali Santi
- 13 Puri Bagus Villa Resort
- 14 Dewi Bungalows

Adresses utiles

Poste *(plan C1)* **:** plusieurs agences postales le long de la route et notamment dans le centre, à côté du resto *Kubu Bali,* ouvert de 9 h à 18 h 30 tous les jours.

Banques et bureaux de change : plusieurs *money changers (plan B1 et C1,* ***2****)* tout au long de la route qui traverse Candi Dasa. Banque *Danamon (plan B1,* ***3****)* entre l'hôtel *Candi Dasa* et *Homestay Lilaberata.*

Location de vélos et motos : un peu partout. Aucun problème pour en trouver.

Téléphone *(Wartel ; plan C1,* ***1****)* **:** juste à côté du resto *Kubu Bali.*

Bus et informations touristiques : *Perama Tourist Info et Bus Service (plan B1),* à l'entrée de la ville (lorsqu'on vient de l'ouest), sur le côté gauche. ☎ 411-14 ou 15. Quelques agences également, qui se chargent des réservations et proposent des excursions dans les environs. Signalons notamment *No Problem (plan C1,* ***4****).*

Où dormir ?

Bon marché (de 35 000 à 60 000 Rps, soit 2,8 à 4,8 €)

Barong Beach Inn *(plan C-D1,* ***15****)* **:** après avoir dépassé le lac de Candi Dasa, prendre la seconde rue à droite. ☎ 411-27. Quelques bungalows abritant des chambres sommaires, mais plutôt propres et vraiment bon marché. Les salles de bains sont un peu limite, mais pour le prix, on ferme les yeux !

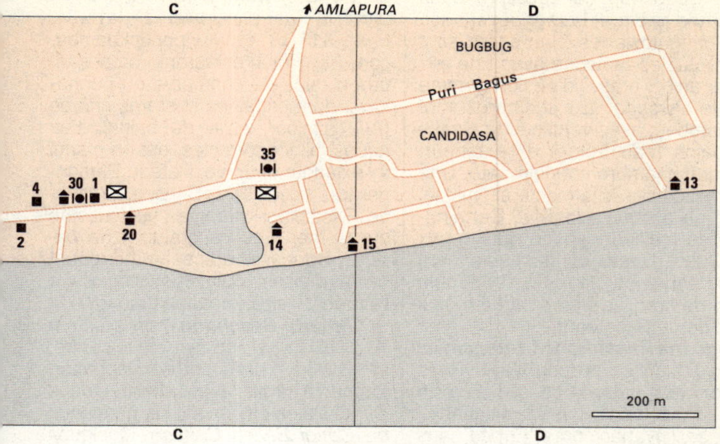

CANDI DASA

15 Barong Beach Inn		31 The Water Garden
16 Amarta Beach Inn		**Où manger ?**
20 Ida 's Home Stay		30 Kubu Bali
22 Iguana		31 The Water Garden
23 Pondok Bambu		34 Kedai
30 Kubu Bali		35 Vincent's

Prix modérés (de 60 000 à 100 000 Rps, soit 4,8 à 8 €)

Dewi Bungalows *(plan C1, **14**)* **:** dans la rue principale, proche du restaurant *Raja's.* ☎ 411-66. Fax : 411-77. • www.dewibungalows.net • Quelques bungalows en bambou en retrait de la route, donc calmes, dans un jardin bien entretenu. Bon rapport qualité-prix ; l'adresse la plus économique de cette catégorie.

Flamboyant Bungalows *(plan A1, **10**)* **:** sur la droite à l'entrée de Candi Dasa (avant le « portique »). ☎ et fax : 418-86. Jolis bungalows au bord de l'eau. Chambres très correctes avec ventilo et douche (froide). Les bungalows au bord de l'eau sont plus chers. Accès direct à la mer mais pas de plage, juste une plaque de béton ! Accueil sympathique, très balinais... Arrêt de bus, sur la rue principale, juste en face.

Bali Santi *(plan A1, **11**)* **:** juste à côté du *Flamboyant.* ☎ 416-11. • bali_santi@hotmail.com • Plusieurs petits bungalows éparpillés jusqu'au bord de la mer dans un jardin bien entretenu. Toutes les chambres possèdent un ventilateur et une douche (eau froide), elles sont très confortables même si les moins chères sont plus sommaires que les autres. Un peu moins cher que le *Flamboyant,* pour une qualité équivalente.

De prix moyens à plus chic (de 100 000 à 400 000 Rps, soit 8 à 32,4 €)

Ida's Home Stay *(plan C1, **20**)* **:** jl. Raya Candi Dasa, sur la droite, peu avant le lac. ☎ 410-96. Propose 8 charmants bungalows, agréablement conçus, au milieu d'un immense espace vert. Calme et reposant. Beaucoup de cocotiers dans un grand jardin et la mer devant soi. Les bungalows les plus chers sont de véritables maisons avec une terrasse au 1er étage, d'où l'on domine tout le paysage. Les chambres sont en bambou, avec ventilo et une salle de bains (eau froide) à l'extérieur. Chaque chambre est différente. Une bonne adresse, charmante et typique, avec un accueil adorable. Certainement le meilleur rapport qualité-prix de Candi Dasa, et le seul endroit pour lequel on ait eu un véritable coup de cœur. De surcroît, le moins cher de cette catégorie.

Iguana Restaurant & Bungalows *(plan B1, **22**) :* le long de jl. Raya Candi Dasa, presque en face du resto *TJ'S*. ☎ et fax : 419-73. • iguana_cafe_bali@yahoo.com • Entrée dans l'établissement par un chouette café-resto avec une fontaine et un iguane sculpté. Les bungalows sont éparpillés jusqu'à la mer dans un petit jardin, avec une petite piscine au fond bleu marine, au bout. Bon confort dans les chambres, pour des prix corrects, à peu près équivalents à ceux pratiqués chez *Ida's*. Au bar-resto, animation karaoké de temps en temps.

Pondok Bambu *(plan B1, **23**) :* dans la rue principale. ☎ 415-34. Fax : 418-18. • www.pondokbambu.com • Hôtel-restaurant proposant une dizaine de chambres en bungalows, dont certaines sont très chères (AC, minibar, salle de bains). Les autres, plutôt correctes, ont un *mandi* à l'extérieur et un ventilateur. Personnel très accueillant. Service de laverie. Restaurant cher, mais vue superbe sur la mer. Leçons gratuites de *bahasa indonesia* grâce au perroquet de la maison, qui vous accueille à l'entrée : « apa kabaaaaaaaaar ? » !

Amarta Beach Inn *(hors plan par A1, **16**) :* à 1,5 km du centre. ☎ 412-30. En venant de Denpasar, tourner à droite avant d'entrer dans Candi Dasa, en suivant les panneaux du *Candi Beach Cottage*. Quelques bungalows alignés, séparés de la plage par un jardin et une bande de pelouse pour installer son transat. Les chambres sont impeccables, avec ventilo et moustiquaire. Bon resto face à la mer, proposant des plats français, végétariens et indonésiens. Une adresse bien tranquille et très sympa.

Très chic (plus de 400 000 Rps, soit 32,4 €)

The Water Garden *(plan B1, **31**) :* jl. Raya (rue principale). ☎ 415-40. Fax : 411-64. • www.watergardenhotel.com • À partir de 70 US$ la double. Quatorze bungalows de qualité différente, entourés de bassins couverts de nénuphars et de plantes exotiques. Une véritable réussite que cet endroit noyé dans la végétation et le calme. Piscine d'eau de mer. Bon resto (voir plus loin « Où manger ? »).

Kubu Bali *(plan C1, **30**) :* dans la rue principale. ☎ 415-32 ou 412-56. Fax : 415-31. • info@kububali.com • Un véritable petit nid d'amour, mais il faut y mettre le prix ! Bungalows luxueux à flanc de montagne, dans un superbe jardin avec des petites mares à poissons. Très confortables. Tout est fait pour assurer l'intimité des clients de l'hôtel : les bungalows sont dispersés, préservant l'intimité des clients de tous regards indiscrets (tout au moins censés l'être !). Magnifique piscine avec vue sur la mer et Nusa Penida au large. Une seule surprise, le décalage entre le beau décor des chambres et le côté spartiate des salles de bains. Accueil charmant et service impeccable. Une des plus belles adresses de Candi Dasa. On conseille aussi le resto du même nom (voir « Où manger ? »).

Puri Bagus Villa Resort *(plan D1, **13**) :* après le lagon, poursuivre le chemin sur la gauche, c'est tout au bout. ☎ 411-31. Fax : 412-90. • www.bagus-discovery.com • Superbe complexe de bungalows éparpillés dans un jardin aéré et très bien entretenu, avec la mer au bout. Différents niveaux de confort proposés, mais toutes les chambres sont extrêmement confortables et installées dans des bungalows individuels. Belle décoration, sobre et de bon goût. Charmantes salles de bains à ciel ouvert. Piscine et 2 restaurants : un grill-bar et un restaurant plus classique. Très bonne cuisine.

Où manger ?

Kedai *(plan B1, **34**)* **:** jl. Raya Candi Dasa, à l'entrée de la ville, près du bureau des bus Perama. Sous un *bale* de forme conique, déco sobre et classe à la fois. Au menu, un certain nombre de délices : gaspacho, *sate ayam* au miel et à la moutarde, salade de calamars épicée, crabe frit et aussi assiette de fruits de mer. Cuisine vraiment réussie. Un restaurant qui pourrait rivaliser avec les bons restos d'Ubud, c'est dire ! Tentez aussi les boissons, notamment le *bali booster loloh,* cocktail pomme-betterave-carotte-gingembre, de quoi vous donner une pêche d'enfer. Prix tout de même relativement élevés.

Kubu Bali *(plan C1, **30**)* **:** dans la rue principale. Cuisine raffinée. Service impeccable. Vins australiens servis en carafe. Le décor est très réussi. On commence par passer devant les cuisines avant d'accéder au restaurant installé sous des *bales.* Évitez d'ailleurs la première salle à cause du bruit des cuisines. Le restaurant, très vaste, est décoré de meubles de bambou recouverts de jolis *batiks.* Une adresse qui pourtant divise nos lecteurs : certains en redemandent, d'autres n'aiment pas du tout. Il est préférable de passer à l'avance pour réserver. Fait aussi hôtel (voir « Où dormir ? »).

The Water Garden *(plan B1, **31**)* **:** toujours dans la rue principale, sur la gauche en venant de l'ouest. ☎ 415-40. Cadre agréable avec sa terrasse entourée d'eau. Bonne cuisine indonésienne. Très bon *satay* présenté sur un mini-barbecue. Salades et soupes à prix moyens. Ses desserts feront craquer les gourmands. Personnel sympa.

Vincent's *(plan C1, **35**)* **:** dans la rue principale, face à la poste. ☎ 413-68. Avec ce nom, on se doute que le patron est européen. De jolies peintures et photos aident à apprécier la cuisine balinaise et internationale. Goûteux et appétissant. Service souriant. Bar à l'entrée. Catégorie plus chic.

À voir

Les coraux et les poissons tropicaux : à quelques mètres de la rive, mais malheureusement le bord de mer est assez peu avenant, et les excursions sont chères. Il faut avoir un masque ou en louer un. Les coraux et les poissons sont très beaux, au moins autant qu'à Lovina Beach, et comme l'eau est très claire, on y voit parfaitement. Mais la mer est souvent agitée : attention aux courants. Pour les courageux, des pêcheurs vous proposeront également de vous emmener faire un tour de *snorkelling* (plongée avec tuba) près des îlots au large.

– Le *temple* n'a rien de formidable.

➤ DANS LES ENVIRONS DE CANDI DASA

Candi Dasa est le point de départ de nombreuses excursions dans des endroits très fréquentés comme Tenganan mais aussi vers d'autres sites comme celui de Putung, à ne pas rater.

Tenganan *(hors plan par A1)* **:** l'excursion la plus facile à réaliser est celle du village animiste de Tenganan. À 500 m du centre de Candi Dasa en allant vers l'ouest, prendre à droite juste avant le petit pont ; c'est environ 2 km plus loin. Sans véhicule, on s'y rend à pied ou en *ojek* (moto-taxi, négocier le prix), du carrefour. On vous prévient, l'endroit est très touristique : boutiques d'artisanat un peu partout. À l'entrée, il faut faire une donation. Ne vous laissez pas influencer par les gros billets que le guichetier laisse dans sa cagnotte.

Ce village isolé dans un cul-de-sac est protégé par un mur de pierre et par d'étroites entrées. Dans les deux rues principales, les habitations s'étagent en terrasses successives.

Tenganan est surtout célèbre pour son système communautaire : les biens appartiennent à tout le monde. Le village possède 1 000 ha d'excellente terre. Bizarrement, les habitants ne l'ont jamais cultivée eux-mêmes, préférant laisser ces pénibles tâches à des métayers du voisinage. Le produit de ces fermages est distribué à l'ensemble de la communauté, puis réparti par le conseil du village en fonction des besoins de chacun. Voici un véritable communisme qui fonctionne harmonieusement depuis des siècles. Mais le partage des biens se fait uniquement sur la production agricole.

Le village lui-même est construit selon une architecture très particulière. Les maisons, toutes semblables, sont édifiées le long de rues en paliers successifs. Au milieu, à l'instar des *kibboutzim,* sont érigés les bâtiments communs : grange, salle du conseil...

Les avis sont très partagés sur ce village victime du tourisme. Rien à voir avec le Tenganan des années 1970, où quelques Balis Agas (population originelle de Bali) vivaient encore protégés derrière le mur de pierre. L'authenticité de Tenganan disparaît progressivement, les 300 habitants ayant vite compris le profit qu'ils pouvaient tirer de l'exploitation touristique.

Tenganan est réputé pour ses tissus de coton, *geringsings,* fabriqués selon le procédé du double *ikat* dans lequel les fils sont teintés à l'avance, suivant le dessin que l'on veut obtenir. Le résultat donne des pièces très coûteuses mais qui préservent du mauvais sort et éloignent les maladies. Un tissu magique ! On y trouve aussi de la belle vannerie, des fabriques de *gamelans* et également des ciseleurs de scènes du *Rāmāyana* sur feuilles de palmier séchées. Très délicat.

Très agréable balade surtout pour le retour vers Candi Dasa (la route descend légèrement).

Putung : rejoindre Subagan, juste avant d'arriver à Amlapura, et prendre la petite route sur la gauche qui monte à Putung, à 2 km de la route principale. Putung est à 25 km d'Amlapura.

Pondok Bukit Putung : ☎ (0366) 230-39. Assez bonne cuisine à prix modérés. Depuis la terrasse, la vue est probablement l'une des plus belles de toute l'île. On découvre le paysage marin en surplomb avec au loin Nusa Penida et Lombok. Superbe lorsque le ciel est bien dégagé (surtout le matin), ce qui, il faut l'avouer, n'est pas fréquent car il pleut beaucoup dans la région. Joli aussi le soir, avec toutes les loupiotes à l'horizon.

Après Putung, la route passe par Selat où il y a quelques belles rizières. Aller jusqu'à Rendang. Si l'on tourne à droite, on monte à Besakih, et à gauche on regagne Klungkung. Il est possible de faire la boucle et de revenir à Candi Dasa en longeant la côte par Goa Lawah et Padangbai.

Une très jolie ***plage*** de sable blanc, pas du tout touristique, à environ 7 km de Candi Dasa. Pour y accéder, il faut continuer la route d'Amlapura jusqu'au village de Prasi. Prendre la jalan Gilli Layu sur la droite qui vous mène jusqu'à la plage ; attention la fin de la route est assez cahoteuse. Le site est absolument superbe !

KARANGASEM (OU AMLAPURA)

À 80 km à l'est de Denpasar. Ancienne capitale du royaume de Gelgel, qui fut l'un des plus riches de l'île au XVIIIe siècle, et aujourd'hui cité la plus importante du district du même nom. Deux vieux palais sans intérêt particulier le rappellent. Marché couvert. Ville assez peu sympathique où l'on pourra passer sans s'éterniser. En revanche, les environs sont plus intéressants. Les *bemos* de couleur vert foncé se rendent à Selat et à Besakih.

➤ DANS LES ENVIRONS DE KARANGASEM

Les ruines du palais d'Ujung : vieux village, à quelques kilomètres au sud de Karangasem. On y trouve le palais d'été du dernier souverain de Karangasem, construit avec l'aide des Néerlandais vers les années 1920. Le palais eut son heure de gloire. Il était entouré de moult bassins et jets d'eau. La coulée de lave de 1963 a pratiquement tout anéanti. L'ensemble, très décevant, est désormais laissé à l'abandon. Il faut beaucoup d'imagination pour interpréter ces ruines envahies par la végétation des rizières.

En revanche, il faut à tout prix aller faire un tour sur la superbe **_plage_** de sable noir, complètement sauvage et inconnue des touristes, située à quelques centaines de mètres du palais. Sur la plage reposent des dizaines de *prahus* colorés, ornés de gueules de monstres. Lorsque tous les pêcheurs sortent leurs embarcations en même temps, le spectacle est étonnant.

TIRTAGANGGA

IND. TÉL. : 0363

À une dizaine de kilomètres au nord-ouest de Karangasem, sur la route de Culik. *Tirtagangga* signifie « Eau du Gange ». C'est une bourgade tranquille et plutôt agréable, entourée de fabuleuses rizières. L'endroit est réputé pour ses sources sacrées. Le rajah de Tamlapura y a fait édifier un *Water Palace* au milieu du XXe siècle, avec de nombreux bassins et une grande piscine, dans un site superbe, à flanc de colline. Les rizières autour du village sont parmi les plus belles de Bali.

Où dormir ?

Ici, les adresses bon marché semblent ne pas avoir survécu à la crise touristique et sont toutes dans un triste état. Une vraie désolation. En espérant des jours meilleurs, il faut donc s'attendre à un choix très restreint.

Prix moyens (de 100 000 à 200 000 Rps, soit 8 à 16 €)

Pondok Lembah Dukuh : à 1,5 km de Tirtagangga. ☎ 0812-361-82-53 (portable). Après Tirtagangga en direction d'Amed, prendre la première route à gauche, puis au niveau du temple, tourner à gauche au panneau « Batur Indah Homestay ». Il faut obligatoirement être motorisé pour y aller. La *guesthouse* est au milieu d'une bananeraie et surplombe un magnifique paysage de rizières. Calme et dépaysement assurés. Ni un klaxon de moto ni un coassement de crapaud ne perturberont vos nuits. Trois chambres seulement, simples et propres, avec une terrasse face aux rizières. *Mandi* à ciel ouvert. Petit dej' très copieux, ce qui ne gâche rien. De là, on peut rejoindre le « centre » de Tirtagangga par un petit chemin qui traverse les rizières. Si vous tentez l'expédition de nuit (pour aller dîner par exemple), faites un repérage durant la journée et munissez-vous d'une lampe de poche.

Chic (de 250 000 à 400 000 Rps, soit 20,2 à 32,4 €)

Tirta Ayu : à l'intérieur du site même. ☎ et fax : 216-97. Prendre le chemin de gauche en arrivant au village (panneaux). Un bien bel endroit donnant directement sur les bassins royaux. Chambres spacieuses et confortables, entourées d'une luxuriante végétation. Très belles salles de bains extérieures, décorées de statues et plantes vertes. Du resto, vue superbe jusqu'à la mer. Accès gratuit aux bassins du Palais Royal.

Où manger ?

Genta Bali Restaurant : en face du parking et du restaurant *Good Karma.* ☎ 224-36. À la carte, plats indonésiens, chinois et occidentaux. Notre préférence va au *fork spaghetti* (spaghetti à la fourchette...) et au crocodile grillé qui vous coûtera la modique somme de 165 800 Rps (environ 13,5 €) ! Bon, le patron a de l'humour, c'est déjà ça ! Boisson de bienvenue de couleur rouge, au goût amer. Accueil très gentil, avec quelques mots de français.

Good Karma Restaurant : juste au-dessus du parking. ☎ 224-45. Cadre agréable et cuisine de qualité. Bonne ambiance.

À voir

Water Palace : à gauche en arrivant au village. Ouvert de 7 h à 18 h. Parking. Accès payant : 3 100 Rps (0,2 €). Le site, endommagé par l'éruption de 1963, a retrouvé son charme après une rénovation soignée. Beaux bassins de nénuphars, avec promenade aquatique sur des dalles au milieu de l'eau. Au fond, la « piscine » royale, dans laquelle on peut se baigner. Prendre un pot au *Tirta Ayu* pour contempler le panorama sur la mer, au loin. Par beau temps, on aperçoit Lombok et d'autres îles.

Les rizières : on aperçoit déjà de petites terrasses dans les champs, en arrivant à Tirtagangga. Les plus belles (et les plus photographiées de Bali) sont plus loin, sur la route qui continue vers l'est de l'île, un peu après Abang, en direction de Culik, dans un grand virage. Pas évident que les *bemos* acceptent de s'arrêter. Mieux vaut louer une mobylette ou une voiture de Sanur ou de Candi Dasa. Très agréable aussi d'y faire de grandes balades à pied, évidemment. Les rizières en terrasses de cette route sont autant de bassins bordés de vert, dans lesquels se reflètent les nuages. Elles couvrent plusieurs collines. Spectacle vraiment étonnant. On peut voir les paysans balinais y travailler dans la journée.

LA NOUVELLE ROUTE CÔTIÈRE DE L'EST

Une route (étroite et sinueuse, il faut le préciser) fait le tour complet du Gunung Seraya, contourne les flancs du volcan voisin du mont Agung et longe les côtes du détroit de Lombok. Elle traverse une succession de paysages superbes où les palmiers et les bananiers découpent leurs silhouettes sur le bleu de la mer.

Exemple d'itinéraire

Un véhicule est indispensable pour cette balade qui peut très bien s'effectuer en une demi-journée, mais il est probable que vous ne résisterez pas à une halte dans des endroits encore préservés du tourisme de masse. Aucun service régulier de *bemos* sur ce parcours. Voici le circuit que nous conseillons, mais les variantes ne sont pas interdites.

➢ De ***Candi Dasa,*** monter à Karangasem par la route classique de Jasi ou, mieux, tourner à Perasi Tengah, à gauche (deux bornes de pierre à l'entrée de la route, de la largeur d'une voiture), pour passer par Bungaya, Papung et Bebandem, par des routes secondaires. En obliquant sur la gauche, vous iriez sur Putung, l'un des plus beaux points de vue de l'île ; en tournant à droite, au niveau de Desa Tengah, vous passez à *Tirtagangga* (voir plus haut). Après Tirtagangga, la route passe à *Abang,* traversant une succession de rizières en terrasses qui sont parmi les plus belles de cette partie de l'île.

➢ À ***Culik :*** 2 routes, celle de gauche pour Tulamben, et celle de droite pour Amed. Jolie route également, collines sculptées de rizières étagées et arrivée sur la mer. Pour ceux qui n'ont pas de voiture et qui veulent se rendre à Amed, à Culik, attention aux *bemos* qui demandent des prix exorbitants. Essayez au maximum d'en chartériser un à plusieurs et de négocier le tarif.

AMED

IND. TÉL. : 0363

À 50 m de Candi Dasa. À Culik, prendre à droite pour gagner la côte. Préférable d'avoir une voiture (ou une moto) dans la région d'Amed, car les *bemos* ne sont pas nombreux et circulent le matin uniquement en général. De surcroît, les hôtels s'étalent sur une dizaine de kilomètres, ce qui, à pied, vous fera perdre du temps. De plus, la route monte et descend sans arrêt, épousant les flancs capricieux du volcan.

Si Amed reste un village de pêcheurs, authentique et dépaysant pour ceux qui ne connaissent de Bali que la côte sud, le développement y va quand même bon train. Cependant, rien à voir avec l'industrie touristique de Kuta. Tout le long de la côte, les superbes petites plages de sable noir (quelques portions sont couvertes de galets) servent de port aux *prahus,* ces élégants bateaux à balancier. À certaines heures, ils sont plusieurs dizaines glissant sur l'eau avec leur voile triangulaire, comme un vol de libellules ; les pêcheurs ne sortent ici qu'en bandes. À côté d'Amed, salines où le sel est recueilli par évaporation dans des troncs de palmiers creusés.

L'entrée d'Amed est soumise à une taxe touristique, qui s'élève à environ 3000 Rps (0,2 €) par personne. On la paie à l'entrée du village.

Où dormir ?

Sur 10 km à l'est d'Amed, dans presque toutes les petites anses de la côte et à flanc de colline, on trouve des hôtels et *losmen.* C'est sûr, de plus en plus de touristes vont venir visiter ce coin magnifique. Raison de plus pour se dépêcher d'y aller tant que c'est encore assez tranquille. D'ouest en est, on peut dormir à *Amed,* à *Lipah Amed,* à *Jemeluk* ou à *Selang,* au choix ! On peut aussi manger dans quasiment toutes les adresses que nous indiquons. En général, les hôtels louent masques et tubas pour partir à la découverte des riches faune et flore sous-marines.

À Amed

De prix moyens à plus chic (de 100 000 à 400 000 Rps, soit 8 à 32,4 €)

Hôtel Uyah & Café Garam *(plan A1, **10**)* **:** jl. Pantai Timur. ☎ et fax : 234-62. • hoteluyah@naturebali.com • Devant les salines d'Amed. Très belles chambres récentes, meublées et décorées avec goût, de 250 à 320 000 Rps (20,2 à 26 €). Jolie petite piscine. Restaurant sous un grand *bale* avec quelques plantes au centre, arrosées par l'eau de pluie. Tables hautes et basses et 2 billards. Musique *genjek* les mercredi et samedi à partir de 20 h. Au menu, que des délices : soupe thaïe aux crevettes, aubergines farcies, salade de poulet à la balinaise, *sagar ayam* (curry de poulet à la noix de coco), bœuf à la mode sumatranaise et les classiques plats occidentaux : pâtes, pizzas, etc. La carte comporte quelques clins d'œil, notamment au niveau des petits déjeuners : un spécial fêtard comprenant 2 verres de jus d'orange, 2 cafés super-serrés et de l'aspirine !

À Jemeluk

Prix modérés (de 60 000 à 100 000 Rps, soit 4,8 à 8 €)

Bamboo Bali *(plan A1, **11**)* **:** ☎ 234-78. Propose 4 bungalows perchés dans la montagne. Panorama splendide sur la mer. Chambres simples mais plaisantes, avec ventilo, moustiquaire et eau froide. Bon resto. Accueil absolument charmant et prix parmi les plus économiques du secteur. Une excellente adresse.

Deddy's *(plan A1, **13**)* **:** ☎ 235-10. À flanc de colline, 3 petits bungalows disposant d'une belle vue sur les flots. Tout simple et plutôt économique. Au *warung,* menu joliment présenté offrant un honnête choix de plats indo-chinois, des salades et sandwichs. Accueil familial adorable.

Diver's Café & Bungalows *(plan A1, **12**)* **:** ☎ 234-79. Chambres simples avec eau froide ou chaude, entre 60 et 80 000 Rps (4,8 à 6,5 €). Également des chambres plus chères sur les hauteurs. En face, côté plage, un agréable café avec une vaste terrasse devant la mer. Bonne cuisine et ambiance relax, pas mal de plongeurs traînent par ici.

De prix moyens à plus chic (de 100 000 à 200 000 Rps, soit 8 à 16 €)

Kusuma Jaya Indha Bungalows *(plan A1, **14**)* **:** ☎ 234-88. Dans un jardin en pente, bungalows de style balinais avec petite terrasse individuelle. Au bout, plage de sable noir et de galets. Pas franchement évident de se baigner à cause des coraux. Calme. Propre, ventilo, moustiquaire et AC pour les plus chères. Compter de 100 à 200 000 Rps (8 à 16 €) selon le confort et votre habileté à négocier ! Superbe piscine entourée d'arbres fleuris. Bon rapport qualité-prix.

Chic (plus de 400 000 Rps, soit 32,4 €)

Santai *(plan A1, **15**)* **:** ☎ et fax : 234-87. • www.santaibali.com • Bungalows traditionnels en matériaux naturels, certains sont en duplex. Devant chacun, une terrasse-salon avec canapé et fauteuil. Piscine entourée de transats (denrée rare à Amed). Au restaurant, le menu varie tous les

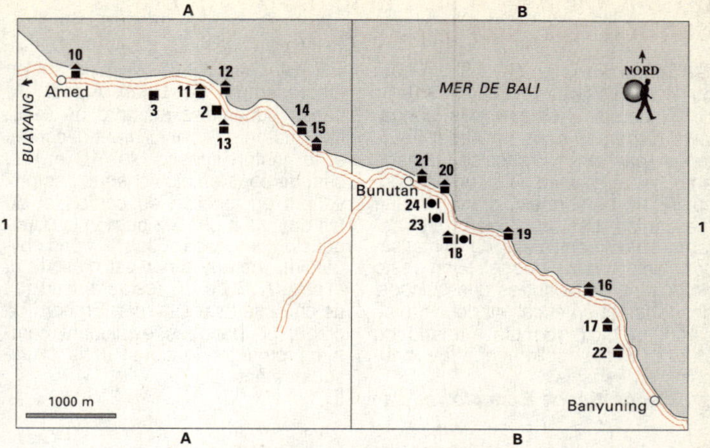

AMED

Où dormir ?	
10 Hôtel Uyah et Café Garam	**21** Dancing Dragon Cottages
11 Bamboo Bali	**22** Eka Purnama
12 Diver's Café & Bungalows	**Où manger ?**
13 Deddy's	**18** Tying Petung Café
14 Kusuma Jaya Indah Bungalows	**23** Warung Brith
15 Santai	**24** Restaurant Gede
16 Good Karma	**À faire**
17 Blue Moon Villas	**2** Eco Dive
18 Wawa Wewe I et Le Jardin	**3** Euro Dive
19 Vienna Beach Bungalows	
20 Indra Udhyana	

jours, en fonction de la pêche et du marché. En dessert, laissez-vous tenter par l'excellent *crumble* à la mangue. Tables hautes et basses (avec des coussins thaïs au dossier conique). Petit magasin où l'on trouve sarongs, journaux, etc. Une belle adresse, mais pas donnée : à partir de 600 000 Rps (48,6 €).

À Lipah Amed

Bon marché (moins de 60 000 Rps, soit 4,8 €)

Wawa Wewe I *(plan B1, 18)* : ☎ 220-74. • rodanet@denpasar.wasantara.net.id • Pas directement sur la plage, juste de l'autre côté de la route. Les chambres n'ont pas de charme particulier, mais elles sont récentes. Salles de bains correctes. Chouette resto avec musique reggae et nourriture convenable. Les prix sont petits, mais quel dommage que l'entretien des lieux soit complètement négligé. Musique *live* certains soirs.

De prix moyens à plus chic (de 100 000 à 400 000 Rps, soit 8 à 32,4 €)

■ ***Le Jardin*** *(plan B1, **18**)* **:** à côté du *Wawa Wewe.* ☎ 235-07. ● lejardin@indo.net ● Quatre jolis bungalows dispersés dans un jardin fleuri, tenus par une Française tombée amoureuse d'Amed. Chacun peut accueillir 4 personnes, grâce à une mezzanine très appréciée des enfants, avec ventilateur ou climatisation, selon votre budget. Bon resto proposant, entre autres des quiches, des tartes et un excellent poulet miel-citron. Le soir, formule « menu du jour ». Petite bibliothèque de bouquins en français.

■ ***Vienna Beach Bungalows*** *(plan B1, **19**)* **:** ☎ 218-83. Le plus ancien établissement de Lipah Amed. De beaux bungalows au bord de l'eau. Les chambres sont joliment décorées et le confort impeccable. AC et eau chaude pour les plus chères. Les prix varient en fonction du confort et du fait que vous preniez ou non la demi-pension proposée. Elle n'est pas obligatoire, mais le dîner est copieux et excellent. Salle de restaurant au toit de chaume face à la mer. En bord de plage, un panneau expliquant comment protéger le corail et la faune sous-marine.

Chic (plus de 400 000 Rps, soit 32,4 €)

■ ***Dancing Dragon Cottages*** *(plan B1, **21**)* **:** près du grand hôtel *Indra Udhyana.* ☎ et fax : 235-21. ● www.dancingdragoncottages.com ● Hôtel de bon standing proposant des chambres confortables donnant sur l'océan ou sur le jardin, avec AC, salle de bains en marbre. Bungalows de 40 à 65 €, mais comme partout, marchandez ! Le prix inclut le petit dej'. Petite piscine à débordement en bord de mer. D'après la publicité, l'ensemble a été construit selon les règles du *feng shui.* De quoi passer quelques jours *zen* !

■ ***Indra Udhyana*** *(plan B1, **20**)* **:** ☎ 223-48. Fax : 223-49. Assez grand complexe de bungalows plutôt chic. Si les chambres sont confortables, la déco, elle, n'a rien de formidable. Compter environ 50 € la double. Magnifique piscine à débordement, très grande et ensoleillée, juste devant la mer. Accueil et service impeccables.

À Selang

Cette anse se trouve à environ 8 km à l'est d'Amed, après le *Vienna Beach Bungalows* et Lipah Amed.

Prix modérés (de 60 000 à 100 000 Rps, soit 4,8 à 8 €)

■ ***Good Karma*** *(plan B1, **16**)* **:** ☎ 224-45. Bungalows de style traditionnel joliment conçus, en bord de plage. Différents types de chambres, certaines peuvent accueillir jusqu'à 6 personnes (plus chers). Ventilo et douche pour toutes, eau chaude pour certaines. Les prix varient en fonction des prestations, à partir de 100 000 Rps (8,1 €). Mini-terrasses devant les bungalows, idéal pour fainéanter allongé sur les coussins. Comité d'accueil à l'entrée : Baba (celui qui a les cheveux longs et l'allure un brin rasta) entouré de ses potes. On aime ou pas... Outre cela, chouette cadre et ambiance relax. Un peu cher pour le confort proposé, mais le *Good Karma* reste une adresse très sympa.

■ ***Eka Purnama*** *(plan B1, **22**)* **:** ☎ 210-44. À flanc de colline, avec vue plongeante sur la baie. Seulement 4 bungalows. Jolies chambres, lits équipés de moustiquaires. Juste à côté, le *Balikan Resort* est doté d'un bar et d'un restaurant avec animation et danses balinaises les mardi et vendredi.

Chic

Blue Moon Villas (plan B1, **17**) : ☎ 0812-362-25-97. • www.bluemoonvilla.com • Après le *Good Karma*. Compter 55 US$ pour les chambres les moins chères. Élégants bungalows accrochés sur une colline escarpée, dans un coin isolé et encore préservé. Les chambres sont très belles, circulaires, toutes avec moustiquaire, AC et eau chaude. Petite piscine à débordement plus pour se rafraîchir que pour faire des longueurs, mais quelle vue ! Bon resto, hyper-propre, avec terrasse surplombant la baie.

Où manger ?

La plupart des adresses citées dans « Où dormir ? » font aussi de la restauration.

Tiying Petung Café (plan B1, **18**) : à Lipah Amed. ☎ 215-08. Pas directement sur la plage, mais juste de l'autre côté de la route. Charmante paillote en bambou à l'atmosphère sympa. On y traîne volontiers après le repas. Carte variée et cuisine soignée, excellents yaourts maison notamment. Le patron, fou de musique (il aurait joué avec le guitariste du groupe *Scorpion*), organise parfois des spectacles de danse ou des petits concerts. En fond sonore, vous aurez droit à Cat Stevens, aux Gipsy Kings ou à Dire Straits... Bonne atmosphère.

Warung Brith (plan B1, **23**) : à Lipah Amed, avant le *Coral View Villas*, sur la droite. ☎ 235-27. Une de nos adresses préférées, pour l'accueil adorable de cette petite famille et la qualité constante de sa cuisine. Les poissons sont servis avec des sauces plus délicieuses les unes que les autres et le patron est toujours prêt à vous faire un petit brin de causette. Prix doux.

Restaurant Gede (plan B1, **24**) : à Lipah Amed, dans le virage, sur la droite. ☎ 235-17. Peut-être le meilleur resto d'Amed, offrant une grande variété de plats, plus élaborés qu'ailleurs. La carte est longue, des soupes aux *jaffles*, en passant par toutes sortes de salades composées et d'excellents poissons. Le *pepes ikan* est particulièrement savoureux, plus ou moins épicé selon votre goût (à commander à l'avance). Accueil chaleureux, même quand le resto est plein à craquer !

À faire

Plongée et snorkelling : la région d'Amed est un endroit magnifique pour faire de la plongée. Avec seulement un masque et un tuba, vous découvrirez déjà de très jolis poissons au milieu de coraux. Superbe ! Pour les routards plus courageux, il est également possible de plonger avec des bouteilles et de profiter ainsi au mieux de ce paradis sous-marin. Tous les hôtels d'Amed pratiquent ce genre d'excursions. La plupart d'entre eux sont associés à l'un ou l'autre des deux centres de plongée du coin : *Euro Dive* et *Eco Dive*. Les prix et la qualité des services sont équivalents : infrastructures modernes, équipement récent, instructeurs polyglottes. Ils organisent diverses excursions autour d'Amed, Gili Selang et Tulamben. Les prix débutent à 45 € pour une excursion avec 2 plongées.

Euro Dive (plan A1, **3**) : ☎ 234-69. Fax : 234-69. • www.eurodivebali.com • Le patron, un Néerlandais, parle couramment le français. Son équipe est plutôt anglophone. Très agréable café au sein du centre, nourriture reconstituante !

Eco Dive (plan A1, **2**) : ☎ 234-82.

Fax : 234-80. • www.ecodivebali.com/profile.html • Le boss, John, est canadien (trilingue anglais-français-indonésien) et quasiment tous les instructeurs parlent le français. Toute l'équipe est très impliquée dans la protection et le respect de l'environnement pour, entre autres, améliorer la qualité de vie des villageois. John y tient plus que tout et ne relâche pas ses efforts. Également quelques bungalows en bambou très simples et très bon marché.

Le retour de la pêche : tôt le matin, on peut assister au retour des pêcheurs sur la plage. Où que vous logiez, vous pourrez apercevoir ce spectacle. Aux environs de 7 h, les voiles colorées apparaissent à l'horizon. Jusqu'à 8 h, ballet de couleurs de tous les côtés. Les premières embarcations, frêles, aux voiles décousues, recousues, accostent. Les femmes arrivent avec leurs paniers d'osier ainsi que les chèvres, les poulets, les chiens... Après avoir chargé leurs paniers de poissons argentés, elles quittent la plage. Dans la matinée, on peut les croiser le long de l'unique route qui borde la côte. Les poissons ont été déchargés dans des camions et la vente commence.

TULAMBEN

IND. TÉL. : 0363

À 60 m au nord de Candi Dasa. Un endroit surtout connu des plongeurs. Même pas un village, tout au plus un site, un lieu-dit, à une quarantaine de kilomètres de Candi Dasa. Mais c'est ici que se cache une petite merveille. Sous la plage de gros galets noirs et un peu triste, nul ne pourrait imaginer qu'il existât des fonds marins d'une telle richesse. Distante d'à peine 30 m du bord, dans quelques mètres de fond, l'épave d'un cargo est devenue le paradis de myriades de poissons multicolores, de toutes les tailles, dont on peut observer l'incessant ballet au milieu de bouquets de coraux extraordinaires. Amis routards, chaussez vos palmes, embouchez vos tubas, ajustez vos masques et plongez à la découverte d'un monde merveilleux ! Pour les plongeurs avec bouteilles, le spectacle sera en trois dimensions (voir « Où plonger ? »).

UN PEU D'HISTOIRE

Le 11 janvier 1942, le monde est en guerre. Le Japon occupe l'Indonésie. Ce jour-là, le *Liberty,* un cargo américain de 120 m transportant du caoutchouc et des rails de chemin de fer, traverse le détroit de Lombok. Un sous-marin japonais vise le cargo 2 fois : boum ! boum ! Torpillé, celui-ci ne peut poursuivre sa route. Deux destroyers viennent alors lui porter secours et tentent de le tirer jusqu'à Singaraja. Mais le bateau montre des signes de faiblesse et on l'échoue sur la plage de Tulamben avant qu'il ne se brise. La cargaison est récupérée. Le bateau, pour sa part, commence sa vie d'épave. Mais elle ne devait pas s'arrêter là. En mars 1963, lors de l'éruption du mont Agung, de fantastiques coulées de lave dévalent du cratère principal jusqu'à la mer et repoussent le bateau dans l'eau. Incroyable ! Celui-ci s'immerge doucement et se couche sur le flanc, la proue à 3 m de fond, tandis que la poupe s'enfonce à 29 m. Sa carcasse se brise alors, fatiguée.
Vingt années passèrent sans que personne ne s'intéresse à lui. Les routards des années 1970 circulaient plus à la surface que sous l'eau, et il fallut attendre la fin des années 1980 pour que des clubs de plongée se préoccupent de l'épave. Pendant 20 ans, la ferraille en décomposition constitua un support extraordinaire aux coraux et algues qui se développèrent de manière étonnante. Des centaines de variétés de poissons prirent l'habitude de venir se servir dans ce garde-manger gigantesque. C'est ainsi qu'aujourd'hui, le *Liberty* n'a pas encore achevé sa destinée. Étonnant, non ?

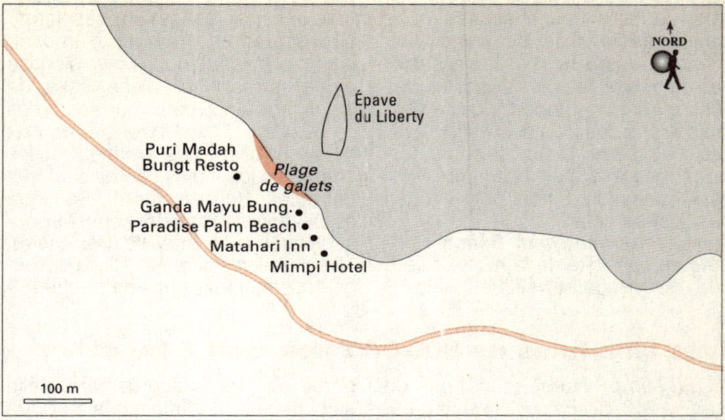

TULAMBEN

C'est devenu l'une des grandes attractions de l'île pour les plongeurs. L'idéal est toutefois de plonger du Touch Terminal. ☎ (0361) 77-45-04. Le centre de plongée est juste en face de l'épave. Le patron est allemand et le matériel correct. Gros avantage : on accède à l'épave par la plage, donc très progressivement. Plongeur débutant, ce sera pour vous l'occasion d'un baptême extra. Les clubs de plongée les plus importants de Kuta, Sanur, Nusa Dua et Candi Dasa emmènent leurs clients plonger ici tous les matins.

Où dormir ? Où manger ?

Depuis le développement et la notoriété du site de plongée, quelques hôtels se sont construits. Chaque hôtel a son petit club attenant. Tous proposent des plongées pour les débutants comme pour les confirmés, ainsi que la simple location de palmes, masques et tubas. Si vous voulez plonger et éviter la foule (surtout en haute saison), il peut être judicieux de dormir ici et de plonger sur l'épave tôt le matin. On recommande néanmoins de prendre contact avec l'un ou l'autre des centres de plongée d'Amed, plus réputés et sérieux que ceux de Tulamben.

Bon marché (moins de 60 000 Rps, soit 4,8 €)

Ganda Mayu Bungalows II : sur la route principale, à gauche quand on vient d'Amed. ☎ 229-12. Propose 4 petits bungalows, avec petit dej' inclus, offrant des chambres correctes. Propre. Ne donne pas sur la plage.

De prix modérés à prix moyens (de 60 000 à 250 000 Rps, soit 4,8 à 20,2 €)

Matahari Tulamben Resort : juste après le *Mimpi Hotel,* sur la droite. ☎ 229-16 et 229-07. • tulambenoka@yahoo.com • Simple et propre. Les chambres les plus économiques sont correctes, sans plus. Préférez celles situées au plus près de la plage, nettement plus agréables. Les plus « luxueuses », avec AC, ne valent pas le prix annoncé. Bon accueil. Piscine pas très entretenue... Également centre de plongée.

Bali Coral : au bord de la mer. Accès par une petite route qui descend vers la mer. ☎ 229-09. Prix selon la taille des chambres et le confort de la salle de bains (eau chaude ou eau froide). Impeccable. Les chambres les plus économiques sont d'un bon rapport qualité-prix, mais le prix des plus chic est surévalué. Fait aussi resto, sur une terrasse face à la mer. Nourriture honnête, sans plus. Sinon, petit *warung nasi* juste à côté.

Paradise Palm Beach Bungalows : à droite de la route, à l'entrée du village. ☎ 229-10. Fax : 229-17. Fléché. Propose 20 chambres dans des bungalows très agréables et propres, au milieu d'un beau jardin. Chaque bungalow dispose d'une terrasse et d'une salle de bains. Préférez ceux qui sont près de la plage. Les différences de prix ne se justifient pas vraiment et les chambres les moins chères sont très correctes. Bon restaurant. Boutique et location de matériel complet pour la plongée avec bouteille (très chère). Une excellente adresse. Club de plongée attenant, mais pas de piscine.

Très chic (plus de 800 000 Rps, soit 64,8 €)

Mimpi Hotel : en bord de mer. ☎ 216-42. Fax : (0363) 219-39. • www.mimpi.com • Charmants petits bungalows dans un jardin fleuri, certains avec petite terrasse surélevée. Bien décorés et simples à la fois et équipés de coffres-forts. Superbe piscine à débordement. Belle salle de resto ouverte sur la mer. Assez cher (de 80 à 150 €) mais beaucoup de charme. Bon accueil. Club de plongée attenant, avec un instructeur japonais mais anglophone (donc, bonne sécurité).

Où plonger ?

La grande attraction de Tulamben est évidemment le ***site de l'épave du cargo Liberty,*** qui fait l'unanimité parmi les plongeurs. Les coraux se sont fixés sur la coque du cargo et les poissons multicolores viennent s'y nourrir de plancton. Pour ceux qui se contentent de « snorkeller », allez-y avant 10 h, c'est à cette heure-là qu'arrivent tous les « plongeurs bouteille » et leurs instructeurs. Évitez l'après-midi, la visibilité est moins bonne. Le site se trouve vers la sortie de Tulamben en allant vers l'ouest. Descendre une route à droite. Les amateurs seront comblés.

LA CÔTE NORD

La route côtière entre Karangasem et Singaraja contraste avec tout ce qu'on peut voir dans le reste de l'île : paysages désertiques, arrière des volcans Agung et Batur. Dans la 2e partie de l'itinéraire, les arbres empêchent de voir d'un côté la mer, de l'autre la montagne.
Sur cette côte, quelques temples amusants. Vous remarquerez que les sculptures sont plus travaillées que dans le sud.

À Les, prendre à gauche sur 2 km. On laisse sa voiture pour se servir de ses petites jambes. Marcher 15 mn dans la nature pour arriver à une belle chute d'eau de 40 m. Enfin... pour les amateurs de chutes d'eau !

AIR SANIH

À 5 km à l'est de Kubutambahan, ce petit village en bord de route propose sur la gauche des *spring waters,* c'est-à-dire des bassins d'eau douce en plein air provenant d'une source de montagne. Ouvert de 7 h à 18 h. Entrée

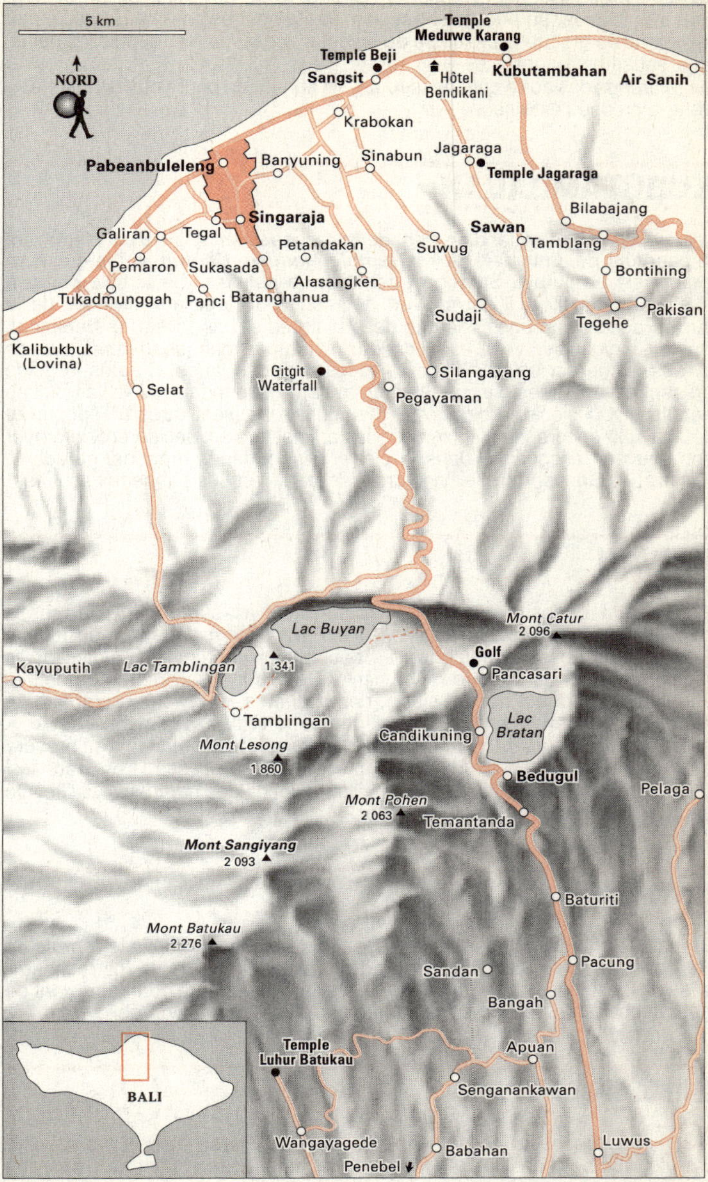

LE NORD DE BALI

payante (très modeste). Pensez à apporter votre serviette, ou un sarong. Eau très limpide, un peu fraîche mais parfaitement baignable. Endroit plutôt sympathique malgré la proximité de la route, vue sur la mer depuis les bains. Une pause bien agréable.

|●| *Warungs* de l'autre côté de la route, en surplomb, pour ceux dont la trempette a creusé l'estomac.

KUBUTAMBAHAN

À droite de la route quand on vient de Karangasem et d'Air Sanih, bien avant le carrefour de Kintamani, voir le ***temple Maduwe Karang,*** sur la droite en allant vers Singaraja. Sarong et donation obligatoires. Ce temple propose quelques curiosités. Il est couvert de scènes dédiées aux divinités de la terre. Façades et flancs chargés de sculptures et bas-reliefs, évidemment. Sur le flanc gauche, votre esprit curieux n'aura pas manqué de remarquer ce cycliste juché sur un vélo dont les roues sont des fleurs. D'après le guide présent devant le temple, ce serait un routard néerlandais qui visitait Bali au début du XXe siècle, à bicyclette. Les touristes étaient rares à l'époque et ceux à vélo encore plus, si bien que les artistes locaux décidèrent de graver son souvenir allégorique dans la pierre. Sinon, fleurs, dragons, garuda (à l'arrière) et Ganesh (sur le flanc droit) se partagent les panneaux sculptés.

SAWAN

Juste avant Sangsit, prendre une route allant au sud. À 3,5 km, sur la gauche, vous trouverez, bien fléché, le ***Pura Dalem Jagaraja,*** un temple étonnant qui possède peut-être les décorations les plus démentes de la région et datant du début du XXe siècle. Déjà, sur la façade, côté gauche, une voiture du début du XXe siècle, des pêcheurs, un avion qui s'abîme en mer... Toujours en façade, côté droit, une autre voiture. Vraiment le délire. À l'intérieur, en observant bien, on verra des gros démons marins s'en prendre à un bateau et une multitude de sculptures comme posées là en vrac.
C'est à Sawan que sont forgés les meilleurs gongs des *gamelans* de l'île. On peut se faire conduire dans un atelier.

SANGSIT

Prendre le chemin qui mène à la plage. Sur la droite, on trouve le ***temple de Beji*** dans le plus pur style « rococo des Années Folles ». Joli mais surchargé ! Il est indiqué sur un panneau, à droite de la route quand on vient de Kubutambahan. Location de ceintures sur place et donation obligatoire.

SINGARAJA

À 85 km de Denpasar. Ville animée, sans grand intérêt. C'est la grande cité-carrefour du nord de l'île. Les routards n'y restent pas et vont tous à Lovina Beach.
À l'époque néerlandaise, Singaraja était le port principal de Bali et une capitale administrative. Le port a toujours une certaine activité, et le marché reste important. Mais le trafic et le vacarme auront vite fait de vous chasser.

Les trois terminaux de bus sont reliés par des navettes. Celui de Banyuasri dessert l'ouest de Bali, celui de Penarukan (à l'est de la ville) dessert Ubud et l'est, et celui de Sangket dessert Denpasar et le sud. Départs de 6 h à 17 h. Les *bemos* partent quand ils sont pleins, et les plus gros bus à heure fixe. En descendant du bus, méfiez-vous de ceux qui prétendent vous conduire à Lovina. En fait, ils vous laissent à l'autre terminus. Marchandez en conséquence. De Singaraja, liaison par bus de nuit pour Surabaya et Yogyakarta à Java.
Singaraja produit un vin ressemblant vaguement à du porto, et sa bibliothèque historique, la *Gedong Kirtya,* contient des manuscrits anciens et des dessins.
Très peu d'hôtels à Singaraja, la ville n'étant pas touristique. Franchement, on ne dort pas ici.

➤ DANS LES ENVIRONS DE SINGARAJA

Les chutes d'eau de Gitgit : à 8 km de Singaraja environ, sur la route de Bedugul, sur la droite. C'est indiqué. Accès payant, prix modique. Petit chemin d'accès bordé d'échoppes. On y trouve le même artisanat que partout ailleurs, mais les prix sont plutôt intéressants, en marchandant. À la fin du chemin, on arrive au pied d'une cascade, la plus haute de l'île. Le cadre est agréable.

BEDUGUL

IND. TÉL. : 0368

Cette station d'altitude, au bord du lac Bratan, côté sud, est à 29 km au sud de Singaraja et à 51 km de Denpasar. On est ici en montagne et les écarts de plus de 10 °C avec la plaine sont fréquents. Cette région a plus de succès auprès des Indonésiens que des étrangers. Les prix sont aussi plus élevés. On trouve au bord du lac un petit parc de loisirs avec activités nautiques, etc. Mais l'endroit a quelque chose d'un peu triste et n'est pas toujours propre. La route entre Singaraja et Bedugul a été refaite à neuf, mais ça grimpe ! Compter 1 h de trajet au départ de Lovina Beach. Nombreuses familles de singes tout au long de la route.

Où dormir ? Où manger ?

Quelques *losmen* et plusieurs hôtels chers. Le niveau de prix général des établissements nous a semblé surestimé, vu l'état des chambres, et on ne voit pas trop l'intérêt de dormir ici. On vous conseille plutôt de poursuivre votre route jusqu'à Munduk tout près et nettement plus agréable. Voir un peu plus loin le chapitre consacré à ce village.

Perama Ulunadanu : à Candikuning. On y accède après avoir payé son entrée pour la visite du temple *Pura Dalun*. Sur le plan culinaire, vraiment rien à signaler. En revanche, belle terrasse avec vue sur le lac.

À voir

Le ***lac Bratan*** et 2 autres lacs de moindre importance occupent une partie de cet ancien cratère. L'endroit est touristique. L'accès aux bords du lac est payant : 3 300 Rps (0,3 €) par personne. Location de bateaux et activités nautiques. Joli paysage au pied d'une montagne.

Le marché aux fleurs de Bukit Mungsu : à Bedugul. Grand marché, réputé dans tout Bali, où l'on vend des orchidées parmi les légumes et les fruits. Goûtez, pendant la saison, au mangoustan, fruit absolument délicieux que l'on trouve dans assez peu d'endroits en Asie. On peut aussi y acheter toutes sortes d'épices, moins chères que chez nous, heureusement.

Le jardin botanique : après le marché, prendre la 1re rue à droite ; le parc (ouvert de 7 h à 18 h) se trouve à 1,5 km. Entrée payante, ainsi que le parking. Sur plus de 100 ha, des centaines de plantes et d'arbres. Nombreuses espèces européennes, parfois banales à nos yeux. Dommage que l'entretien laisse à désirer.

➤ DANS LES ENVIRONS DE BEDUGUL

Le temple Ulu Danu : à ***Candikuning,*** 3 km avant Bedugul, sur la gauche en venant de Singaraja. Ouvert de 8 h à 17 h. Parking et entrée payants. Avec son *meru* à 11 toits, ce temple est dédié à la déesse des Eaux. Calme et sérénité dans un joli paysage. Chose étonnante, un *stûpa*, un peu à l'écart de l'entrée sur la gauche, laisse supposer une influence bouddhique. Sur la colline, en arrière, vous apercevrez aussi une imposante mosquée ! Quand il n'y a personne, avec une belle lumière, l'ambiance est formidable. Avec des cars de touristes, c'est moins zen, c'est sûr.

Pour ceux qui veulent se rendre à Batukau de Bedugul, redescendre par Baturiti jusqu'à ***Pacung*** (prononcer « pachung »). De là, prendre une petite route à droite en direction de Penebel. 500 m après cette bifurcation, magnifiques paysages de rizières. On peut s'arrêter au grand restaurant à la terrasse en surplomb. Repas moyen (buffet), un peu cher, mais vue exceptionnelle, à condition qu'il n'y ait pas de brume.
Après Apuan, tourner à droite et suivre la petite route qui passe par Senganankanginan, Gunungsari, Jatilhuih et Wangayegede où l'on retrouve la route principale pour Batukau. Tout au long de cet itinéraire, nombreuses rizières et paysages magnifiques.

BATUKAU

Le temple de Batukau a été restauré et a perdu un peu de son charme romantique. Beaucoup de touristes. La route qui y mène a été refaite à neuf. De Bedugul, emprunter la route vers le sud. À Pacung, prendre à droite direction Penebel. Quelques kilomètres plus loin, de nouveau à droite vers Senganankanginan et Wangayagede. De là, prendre à droite pour Batukau. Beau parcours, mais scrutez bien le ciel avant tout : le mont Batukau, en forme de noix de coco, qui culmine à 2276 m, est souvent pris dans les brumes. Il fait alors plus frais et vous ne bénéficierez pas de la vue exceptionnelle sur l'ensemble de l'île.

MUNDUK

IND. TÉL. : 0362

Depuis Bedugul, repartir vers le nord, puis obliquer à l'ouest vers Gobleg, Mayong et Munduk. La route de crête surplombe les lacs Buyan et Tamblingan, offrant des vues plongeantes splendides sur la vallée et les lacs. Le village de Munduk en lui-même ne présente pas de particularités remarquables, si ce n'est les quelques maisons néerlandaises qui subsistent de l'époque coloniale. Mais la région tout autour fait l'objet d'un programme de protection de l'environnement et on peut y effectuer des randonnées très agréables à travers les rizières, villages, plantations de café, de cacao, de clous de girofle, etc. C'est une bonne occasion de découvrir un peu mieux le « Bali rural » et de se balader dans une jolie nature.

Où dormir ? Où manger ?

🏠 🍽 ***Guru Ratna Homestay :*** ☎ 92-812. Au cœur du village, dans une ancienne maison néerlandaise habitée par la famille de l'instituteur du coin. Chambres à partir de 60 000 Rps (4,8 €). Les plus chères sont adorablement arrangées et très confortables, mais les plus économiques sont également très correctes. Accueil familial adorable et petit dej' balinais inclus dans le prix des chambres. Possibilité d'y dîner également.

🏠 🍽 ***Puri Lumbung Cottages :*** ☎ 92-812. Fax : 92-514. • lumbung@indosat.net.id • Bungalows individuels construits sur le modèle des anciens greniers à riz balinais, en bois et en bambou. Chambre et terrasse à l'étage, salle de bains au rez-de-chaussée. Du balcon, belle vue sur les rizières et, par temps dégagé, sur la mer, au loin. Les prix annoncés sont assez élevés (à partir de 70 US$), mais on peut négocier et obtenir des tarifs plus doux. Restaurant servant une bonne cuisine. Au petit dej', on a le choix entre l'américain, le continental et le balinais, vers lequel va évidemment notre préférence. Ils organisent différentes randonnées (voir le guide, dans la chambre). Là encore, n'hésitez pas à marchander.

LOVINA BEACH

IND. TÉL. : 0362

Cette gigantesque plage de sable noir (hélas pas toujours très propre) s'étend à l'ouest de Singaraja. Ses grands plus par rapport aux plages du Sud résident dans le calme de ses eaux et sa fréquentation touristique moins importante. On peut se baigner en toute tranquillité, mais la mer n'est hélas pas aussi claire qu'ailleurs. La plage est très longue (7 km), agréable, et même si elle n'a pas la beauté de certaines autres, elle conserve une ambiance familiale. Cependant, comme à Sanur, une proposition de vente toutes les 30 secondes en moyenne... Certains le prennent de façon très cool, d'autres craquent un peu, c'est selon.

Lovina est par ailleurs le seul endroit d'où l'on peut voir à la fois le lever et le coucher du soleil, ce dernier faisant chaque jour l'objet d'une véritable cérémonie. Tout le monde y est ou presque. Alors, laissez-vous inviter ! Après, la plage se vide.

La grande attraction de Lovina Beach, ce sont les dauphins ! Dès votre arrivée, tout le monde vous proposera un *dolphin tour*. Avant, la concurrence était rude. Aujourd'hui, tous les pêcheurs vendent le même tour à un prix fixe, ce qui a pour effet de faire cesser les abus. Tant mieux. Évidemment, tous les pêcheurs se sont reconvertis dans l'exploitation des dauphins, et les pauvres bêtes ne montrent plus que le bout de leur queue. On les comprend : comment peuvent-elles manger leur plancton tranquillement avec toutes ces pirogues aux trousses ? Bon, on ne va pas râler puisque les responsables, c'est tout de même nous, les touristes !

L'autre grand truc à faire est l'observation des coraux et des bancs de poissons qui gravitent autour. Là au moins, on est sûr de voir quelque chose.

Adresses utiles

ℹ ***Office de tourisme*** *(plan B1)* **:** dans le bureau de la police *(polisi)*, dans la rue principale de Kalibukbuk (le principal quartier de Lovina Beach). Ouvert en principe du lundi au samedi de 8 h à 20 h. Fermé le dimanche. Malheureusement, peu d'infos.

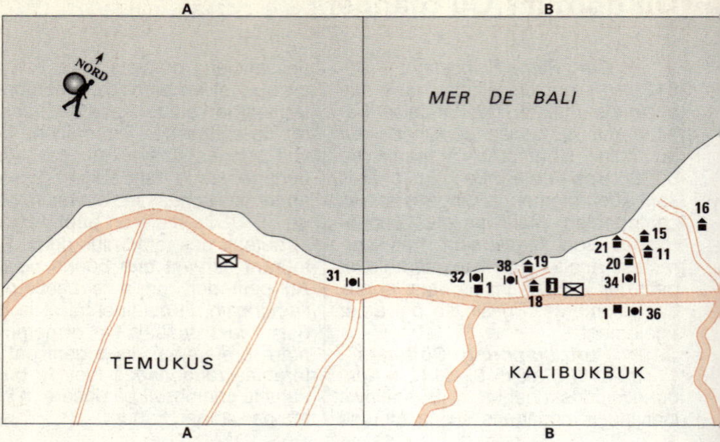

Adresses utiles

- Office de tourisme
- Postes
- 1 Téléphone Wartel

Où dormir ?

- 10 Kubu Lalang
- 11 Puri Bali Bungalows
- 13 Gede Homestay
- 14 Hôtel Yudha
- 15 Rini
- 16 Puri Bagus Lovina
- 17 Lupa-Lupa Lovina Cottages
- 18 Pulestis

– ***Banque et change :*** plusieurs *ATM* où l'on peut retirer de l'argent avec les cartes *Visa* ou *MasterCard,* notamment dans la rue principale de Kalibukbuk, le « centre » de Lovina, où se concentrent également les restos et hôtels. Plusieurs bureaux de change, le plus central étant situé non loin de l'office de tourisme, entre les deux rues les plus animées de Kalibukbuk.

Poste *(plan B1)* ***:*** dans la rue centrale, à la sortie de Lovina, en allant vers Gilimanuk. Plusieurs « bureaux postaux » dans le centre, pas de problème, donc, pour envoyer vos cartes !

Téléphone *(Wartel ; plan B1,* ***1****)* ***:*** sur la route principale. Ouvert tous les jours de 8 h à 23 h.

@ ***Internet :*** quelques *cybers* à Kalibukbuk, sur la gauche dans la rue principale qui conduit à la statue du Dauphin (plage). Connexion rapide et prix corrects. Un point de connexion seulement du côté d'Amturan.

Police *(plan B1)* ***:*** même lieu que l'office de tourisme.

Plongée : plusieurs centres de plongée, le plus recommandable étant le *Spice Dive (plan A1).* Sur la route principale, à l'ouest de Kalibukbuk. ☎ 41-512. • spicedive@hotmail.com • Propose tout type de plongées, pour débutants ou confirmés. On peut s'embarquer avec eux pour un *Rainbow Tour* qui vogue de l'un à l'autre des plus beaux spots de la côte nord.

Où dormir ?

Pas vraiment d'adresses bon marché à Lovina. Une chambre double, même dans un *losmen* crasseux, coûte au moins 40 000 Rps (3,2 €). Nous vous indiquons donc des adresses à prix modérés pour les moins coûteuses.

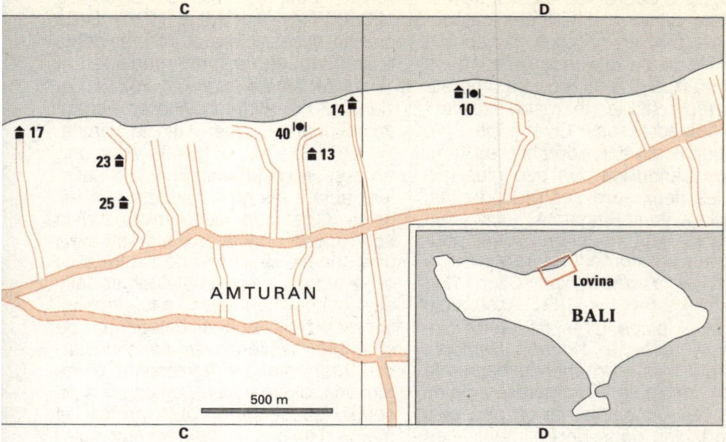

LOVINA BEACH

19 Nirwana Seaside Cottages
20 Taman Lily's
21 Astina Seaside Cottages
23 Suma
25 Hôtel Melka

Où manger ?
10 Kubu Lalang
31 Café Spice
32 Sea Breeze Café
34 Barakuda
36 Khi-Khi
38 Kakatua
40 Warung Rasta

À Amturan et Tukadmungga

À 3 km avant Lovina Beach, jolie plage de sable gris plus tranquille que celle de Lovina. Ambiance « village de pêcheur ». C'est notre coin préféré à Lovina.

De prix modérés à prix moyens (de 50 000 à 70 000 Rps, soit 4 à 5,7 €)

***Gede Homestay** (plan C1, **13**) :* ☎ 415-26. Deux rangées de bungalows simples et propres, de bon marché à prix moyens. Excellent accueil du *staff,* qui donne volontiers des infos sur le coin. Terrasse-restaurant juste devant la jolie plage et ses quelques bateaux de pêche hissés sur le sable. Une bonne adresse pour les petits budgets.

***Suma** (plan C1, **23**) :* jl. Laviana, à 2 km avant Lovina, dans une rue à droite qui va vers la mer. ☎ 415-66. À 50 m de la plage, petit hôtel-restaurant bien accueillant. À l'étage, chambres plaisantes et impeccablement tenues. Balcon. Excellent rapport qualité-prix.

De prix moyens à plus chic (de 70 000 à 180 000 Rps, soit 5,7 à 14,6 €)

***Kubu Lalang** (plan D1, **10**) :* à Tukadmungga, indiqué sur la droite depuis la route principale. ☎ 42-207. Chambres doubles dans quelques bungalows en bois et bambou, répartis dans un jardin. Décoration personnalisée dans chacun : tissus de couleur, jolies lampes, petits objets de déco, sans oublier les moustiquaires. Comme ailleurs, différentes catégories de prix en fonction du confort (eau froide ou chaude...), de 100 à 170 000 Rps (8 à 13,8 €). La propreté est irréprochable, le resto excellent (voir nos adresses « Où manger ? »), l'accueil vraiment adorable et l'ambiance tranquillou. Un peu plus loin que les deux adresses précédentes, en allant vers Singaraja, face à un agréable bout de plage. Idéal pour savourer un moment de tranquillité.

Hôtel Yudha *(plan C1,* ***14****)* **:** ☎ 411-83. Fax : 411-60. Accessible depuis la plage, près de *Gede Homestay,* après le *Warung Bambou.* Sinon, il existe un chemin depuis la route principale. Chambres simples dans des bungalows et un peu plus confortables dans un bâtiment « en dur » à étages. L'ensemble est un peu décrépit, mais le confort reste correct pour le prix (de 60 000 à 120 000 Rps, soit 4,8 à 9,7 €). Belle piscine accessible aux non-résidents moyennant une somme modique.

Hôtel Melka *(plan C1,* ***25****)* **:** jl. Laviana, 2 km avant Lovina en venant de Singaraja, rue sur la droite. ☎ 415-52. Fax : 415-43. Voilà une adresse « œcuménique » qui satisfera autant les gros budgets que les petits. Chambres économiques d'un bon rapport qualité-prix, situées dans une annexe de l'hôtel de l'autre côté de la route, avec ventilateur et salle de bains carrelée (eau froide). Suivent trois autres catégories de chambres disséminées dans un jardin très agréable agrémenté d'une fontaine, d'une volière, de cages à oiseaux suspendues aux arbres et même d'un bassin avec un crocodile ! Petit dej' inclus dans le prix des chambres. Restaurant. Belle piscine.

À Kalibukbuk

Le centre s'appelle Kalibukbuk. C'est là que se concentre toute l'activité et que l'on trouve les hébergements et les restos. Voici notre choix, par ordre de préférence, mais sachez qu'ici, comme à Kuta et à Legian, la qualité des adresses varie rapidement, donc demandez toujours à visiter les chambres avant de vous décider. En basse saison, prix négociables.

De prix modérés à prix moyens (de 50 000 à 70 000 Rps, soit 4 à 5,7 €)

Taman Lily's *(plan B1,* ***20****)* **:** à Kalibukbuk, dans une rue parallèle à celle du *Nirwana Seaside Cottages.* ☎ et fax : 413-07. • gervanleenen@hotmail.com • Une petite rangée de bungalows blanc et rose pâle. Mêmes couleurs à l'intérieur des grandes chambres de 2 à 3 personnes. Vastes salles de bains. Très agréable jardin. Accueil souriant. L'endroit fait aussi restaurant. Juste à côté, les proprios ont ouvert une annexe, le *Taman Lily's Family Hotel,* avec 2 chambres en bungalow. L'ensemble est extrêmement bien tenu, pour des prix peu élevés. Ambiance très familiale.

Puri Bali Bungalows *(plan B1,* ***11****)* **:** à Kalibukbuk, dans la même rue que le *Taman Lily's.* ☎ 414-85. • www.puribalilovina.com • Bien situé et calme. Les bungalows (AC, w.-c. et douche) s'ordonnent autour d'un grand jardin. Différentes catégories de prix. Les chambres les moins chères, à 50 000 Rps (4 €), sont très correctes. Bungalows individuels ou chambres dans des bâtiments à étage. Superbe piscine bleu marine (accessible aux non-résidents moyennant 15 000 Rps). Resto simple et plutôt pas mal, avec une petite bibliothèque. Bon rapport qualité-prix, très bien tenu et au calme.

Astina Seaside Cottages *(plan B1,* ***21****)* **:** à Kalibukbuk, dans la même rue que le *Taman Lily's,* face au *Rini.* ☎ 411-87. Agréable jardin en bord de plage. Accueil sympa et bon enfant. Chambres honnêtement tenues. Propose 3 catégories de prix. Les chambres les moins chères (50 000 Rps, soit 4 €) ne sont pas terribles, mais dans la gamme de prix modérés, le confort est plutôt bon pour le prix. Au resto, bonne cuisine locale.

Pulestis *(plan B1, **18**)* **:** à Kalibukbuk. ☎ 410-35. Non loin du *Nirwana Seaside Cottages,* dans la rue principale menant à la plage et à la statue du dauphin. Propose 14 chambres très colorées, accolées les unes aux autres et séparées par de petits arbres. Impeccables bien qu'un peu serrées. Chambres spacieuses et propres dans des bungalows de style balinais, avec salle de bains et w.-c. Différents types de confort : ventilo ou AC, eau froide ou eau chaude, etc. Piscine derrière le resto, accessible aux personnes qui viennent y manger. Personnel aimable.

De prix moyens à plus chic (de 70000 à 180000 Rps, soit 5,7 à 14,6 €)

Rini *(plan B1, **15**)* **:** à Kalibukbuk, même rue que *Taman Lily's,* sur la droite. ☎ 413-86. • rinihotel@telkom.net • Cadre agréable avec son jardin soigneusement entretenu et sa piscine. Géré par un Suisse allemand, c'est dire si c'est propre. Belles chambres avec AC à plusieurs prix, mais toujours compétitifs. Cela dit, il faut marchander, comme partout ! On nous a signalé aussi qu'ils avaient tendance à gonfler un peu la note...

Nirwana Seaside Cottages *(plan B1, **19**)* **:** à Kalibukbuk, sur la plage. ☎ 412-88. Fax : 410-90. • nirwana@singaraja.wasantara.net.id • Immense complexe touristique dans la végétation. Un vrai petit village. Mais bon, avec le succès (ce fut longtemps l'un des rares hôtels de Lovina), il a perdu en sérieux. Accueil nonchalant et manque d'entretien. Propose 3 types de bungalows, en fonction du confort. Les plus économiques (à 70000 Rps, soit 5,7 €) sont corrects. Les plus chers sont des bungalows à étages, très confortables. Pour les familles, signalons que les enfants de moins de 12 ans ne paient pas.

Lupa-Lupa Lovina Cottages *(plan C1, **17**)* **:** ☎ et fax : 416-98. À la sortie de Kalibukbuk, en allant vers Amturan, petite rue sur la droite entre le *Puri Bagus* et le *Sol Lovina.* Chambres doubles dans des bungalows de deux étages, celles du haut disposant d'une chouette terrasse. Également un bungalow familial. Juste devant la plage, dans un petit jardin.

Très chic

Puri Bagus Lovina *(plan B1, **16**)* **:** ☎ 21-430. Fax : 22-627. • www.bagus-discovery.com • Indiqué par un panneau le long de la route principale, en allant vers Amturan. Grand village de bungalows très luxueux. Chambres au confort impeccable, assez joliment décorées et meublées, dans des bungalows imitant l'architecture traditionnelle. Des *sakapat* (paillottes sur pilotis) surplombent la petite plage. Grande piscine à débordement et spa juste devant la mer. Également 2 suites disposant de piscines privées... Bonne cuisine internationale et indonésienne au restaurant ou au *grill bar.* Certainement le plus bel hôtel de Lovina, mais évidemment, ça se paie : 125 US$ la chambre double, sans le petit dej'...

Où manger ?

Contrairement à d'autres coins de Bali, ici la qualité générale n'est pas terrible. On vous a quand même dégoté quelques adresses qui sortent du lot !

À Amturan et Tukadmungga

Warung Rasta *(plan C1, **40**)* : dans la ruelle du *Gede Homestay.* Petite terrasse couverte en face des *prahus,* aux couleurs de la Jamaïque. Bob Marley devait avoir son restaurant commémoratif à Lovina, son fils Ketut Jemmy l'a fait (!). Il lui ressemble d'ailleurs « comme deux feuilles de cannabis ». Cuisine honnête à prix doux, avec pas mal d'options végétariennes.

Kubu Lalang *(plan D1, **10**)* : ☎ 42-207. Le restaurant de l'hôtel du même nom. Cuisine originale et ingénieuse (c'est rare dans le coin), savant mélange d'influences indiennes, indonésiennes et occidentales. On s'est régalé avec les sardines écrasées au beurre et au citron, des pâtes fraîches à l'encre de seiche avec tomates séchées et calamars, etc. Le soir, menus dîner à thèmes : *rijsttafel,* dîner indien ou plateau de fruits de mer accompagné d'une bouteille de vin. *Free Boat Transfer* si vous téléphonez 2 h à l'avance et à partir de 2 personnes, plutôt sympa !

À Kalibukbuk

Sea Breeze Café *(plan B1, **32**)* : ☎ 411-38. Tout au bout de la ruelle principale de Kalibukbuk, à gauche lorsqu'on arrive à la plage. Terrasse juste en bord de plage, ce qui donne une vue sublime. Le soir, éclairage délicatement tamisé. Le chef indonésien ayant été formé par le patron australien, la nourriture est plus européenne qu'indonésienne, mais goûtez quand même la spécialité, les *pepes,* ou le bon *gado gado.* Sinon, les lasagnes végétariennes et, en dessert, le crumble à la mangue, nous ont séduits. Vin au verre. Ambiance cool-cool, même pour une simple bière. Concerts tous les soirs du mardi au dimanche (groupes indonésiens reprenant les classiques que tout le monde connaît : *Hotel California* et les autres !)

Café Spice *(plan A1, **31**)* : un peu à l'ouest de Kalibukbuk, indiqué depuis la route principale. Très belles salades, gros sandwichs, *fish cakes,* délicieuses croquettes de pommes de terre, on en passe et des meilleures ! Bonne cuisine assez copieusement servie dans une salle à colonnade, ouverte sur un coin de plage tranquille. Cuisine ouverte. Accueil décontracté et souriant. C'est en fait le café du centre de plongée *Spice Dive.*

Kakatua *(plan B1, **38**)* : à 100 m de la plage, juste avant le *Nirwana Seaside Cottages.* ☎ 411-44. Du nom de l'oiseau qui se trouve à l'entrée du resto. Cadre plutôt agréable : une partie bar et une partie restaurant. Pas mal de gâteaux maison, de la bière au gingembre et une bonne nourriture locale à prix raisonnables.

Barakuda *(plan B1, **34**)* : ☎ 422-78. Au début d'une des ruelles menant à la plage (celle du *Taman Lily's*). Ce restaurant de poissons dans une salle en bois au toit de bambou est tenu par un gentil couple de Balinais ayant fait ses armes au fameux restaurant *Khi-Khi* de Lovina (ci-dessous). Poisson grillé servi avec un choix de sauces. Vous choisissez également votre poisson et payez en fonction du poids.

Un peu plus chic (plus de 50 000 Rps, soit 4 €)

Khi-Khi *(plan B1, **36**)* : ☎ 415-48. Dans le centre de Kalibukbuk, au bord de la route principale, à côté d'une sorte de terrain vague. A priori peu engageant, mais resto de *seafood* très connu à Lovina (la clientèle indonésienne ne s'y trompe pas). Grand choix à la carte : crabe, langouste, crevettes, etc. Également des plats chinois. Service un brin longuet.

À voir. À faire

➢ ***Aller à la rencontre des dauphins :*** difficile d'y échapper, donc vous irez les voir comme tout le monde, et vous trouverez ça touristique mais sympa quand même. Les prix sont fixes et c'est tant mieux. Compter 30 000 Rps par personne, soit un peu plus de 2,4 €. Allez directement auprès des pêcheurs qui poireautent sur la plage. Si vous passez par l'intermédiaire de votre hôtel, il ne vous en coûtera pas plus cher, mais le pêcheur touchera moins car l'hôtel prendra sa commission.
Les excursions sont toutes les mêmes : on vient vous chercher à l'aube, puis vous naviguez 1 h en assistant généralement à un superbe lever de soleil sur les environs, avec les volcans en toile de fond. Ensuite arrivent des dizaines et des dizaines de pirogues, chargées de touristes (une vingtaine en basse saison, plus de 50 en haute saison). Au début, ce rassemblement de *prahus* polychromes a une certaine allure. Mais quand apparaît au loin un banc de dauphins, le safari commence... On est presque certain d'apercevoir le bout de la queue de quelques mammifères, mais rarement plus. Ne pas s'attendre au numéro de cirque façon Flipper. Le bruit des moteurs doit être incompatible avec la vie de dauphin. C'est très touristique et vaguement frustrant, mais sachez quand même que la présence de dauphins a permis de relever le niveau de vie des pêcheurs. Tant mieux.
– On peut combiner le *dolphin tour* avec le *snorkelling* pour aller observer les coraux.

➢ ***Observer les coraux :*** justement, nous y voilà. Les pêcheurs vous proposeront tous du *snorkelling* (plongée avec masque et tuba) en plus du *dolphin tour*. Compter 30 000 Rps également, location de masque et tuba comprise. Dès que les dauphins sont partis, on quitte le site pour aller non loin de la côte, à environ 300 m, observer les fonds coralliens. Dans à peine 2 ou 3 m d'une eau très claire, on peut admirer des coraux très variés et des poissons multicolores. En général, on barbote pendant une heure, avant que le pêcheur ne nous ramène.

QUITTER LOVINA BEACH

➢ Pour regagner le sud de Bali, si vous êtes motorisé, 2 itinéraires possibles : passer par Singaraja et là, prendre la route sud qui passe par Bedugul et le lac Bratan, ou se rendre à Seririt (environ 10 km à l'ouest de Lovina) et prendre la route sud qui passe par Pupuan puis Tabanan (voir plus loin la rubrique « De Lovina à Gilimanuk »). Beaucoup moins de monde sur ce dernier itinéraire.

En *bemo*

On les arrête le long de la rue principale. Il en passe tout le temps pour Singaraja. Dans cette ville, il y a 3 *bemo stations* différentes, distantes de 1 à 3 km environ. Des navettes les relient entre elles (voir aussi le chapitre sur Singaraja pour plus de détails).

En bus *Perama*

Bureau situé à Kalibukbuk, dans la rue de l'hôtel *Rini*. Liaisons pour Kuta, Sanur, Ubud, Tulamben, Tirtagangga, Padangbai... Connexions pour Java également.

L'OUEST DE BALI

DE LOVINA BEACH À GILIMANUK

Pas franchement la côte la plus belle de Bali. Pas vraiment d'intérêt ni beaucoup de possibilités d'y séjourner ou de s'y arrêter. Route parcourue surtout par les gens venant du nord de Bali et voulant se rendre à Java, ou par ceux qui souhaitent visiter le parc national de Barat (et plonger à Menjangan). Donc, pour ceux-là, voici notre contribution.

Air Panas (Hot Springs) de Banjar : à environ 8 km à l'ouest de Lovina ; prendre à gauche à la pancarte « Air Panas » ; 2 km plus loin, dans le centre du village d'Ambengan, après avoir traversé un joli marché de village, prendre la petite route qui grimpe sur la gauche (pancarte « Holy Hot Springs, Permandian Air Panas ») ; aller tout au bout, jusqu'au parking. Ceux qui n'ont pas de véhicule peuvent toujours y aller en *bemo* de Lovina. Celui-ci les laissera sur la grande route à l'embranchement de la route pour Banjar. Après, on marche. On trouve parfois des motos-taxis. Ouvert de 8 h à 18 h. Entrée : 3000 Rps (0,2 €), demi-tarif pour les enfants, parkings payants, puis quelques boutiques de souvenirs avant d'atteindre les bassins. Il s'agit de bassins aménagés, encaissés dans le lit d'une source d'eau chaude, entourés de grands arbres et de beaux palmiers, dans une atmosphère détendue. Trois bassins de tailles différentes vous attendent, remplis d'une eau à 32 °C, légèrement soufrée, ce qui lui donne cette couleur bronze. Si elle n'est pas limpide, elle est pourtant propre. Dans le grand bassin, l'eau s'écoule en hauteur à la manière d'une douche. C'est d'ailleurs le seul bassin dans lequel il est possible de se laver et de se shampouiner. Pour ceux qui en ont envie, w.-c. sur l'arrière. Resto dans la maison au-dessus des bassins. En bref, un lieu bien agréable quand il n'y a pas trop de monde.

Le monastère bouddhique : même direction qu'Air Panas, mais prendre à gauche juste avant le marché, puis à droite en haut d'une côte et continuer sur environ 1,5 km. On vous l'indique surtout car c'est le seul monastère bouddhique de Bali. À part cela, la visite n'est pas vraiment indispensable.

➢ À ***Seririt,*** 2 solutions : continuer vers l'ouest (voir plus loin) ou regagner le sud de l'île en passant par la nouvelle route allant de Pengastulan à Tabanan. Cet itinéraire permet de découvrir au passage, principalement à Pupuan, les plus beaux paysages de rizières balinais. À faire sans se presser. L'itinéraire est encore peu connu, et donc à l'écart des circuits classiques. De plus, il est beaucoup plus carrossable qu'avant car la route vient d'être refaite.
En continuant vers l'ouest à partir de Seririt, la route longe la côte mais on ne voit que rarement la mer.

Le temple ***Pura Pulaki*** a été construit face à la mer dans les années 1980. Des touristes s'y arrêtent, peut-être pour voir les nombreux singes qui s'y promènent, car le temple en lui-même ne présente guère d'intérêt.

Où dormir dans le coin ?

Plutôt cher. On dort dans les parages seulement si l'on veut partir tôt le matin visiter le parc national de Barat. En effet, pas de possibilité d'hébergement à l'intérieur de la réserve. Les adresses sont citées d'est en ouest.

À Pura Pulaki

Matahari Beach Resort : près du temple Pura Pulaki. ☎ (0362) 923-12. Fait partie de *Relais et Châteaux*. Très cher (180 € ; prix surévalués selon nous), pour routards aux poches bien pleines. Bungalows chic, grand jardin, plage privée, piscine...

À Pemuteran

Homestay Reef Seen Dive Center : ☎ (0362) 92-339. Fax : 93-001. Quelques piaules toutes simples, au confort minimal (salle de bains commune) à un prix dérisoire et aussi des chambres un tout petit plus confortables (mais ce n'est pas non plus le grand luxe) à environ 200000 Rps (16,2 €). L'hébergement est réservé à ceux qui utilisent les services du centre : les plongeurs et les cavaliers, puisque le *Reef Seen* est aussi un club d'équitation. Le proprio, écolo dans l'âme, a établi dans les lieux un centre d'élevage de tortues, afin de tenter de repeupler un tout petit peu la mer de ces reptiles qui y sont de moins en moins nombreux. On aime cette adresse, pour l'accueil très gentil et pour cette chouette ambiance « nature et écologie ».

Taman Sari Hotel : ☎ (0362) 92-623. Le plus proche de la réserve de l'île Menjangan. Chambres agréables à partir de 350000 Rps (28,3 €) avec AC. Certaines ont vue sur la mer, comme le restaurant (bonne cuisine *western,* thaïe et indonésienne). Plage privée.

LE PARC NATIONAL DE BARAT

Deux centres d'accueil possibles dans le parc. Le principal se trouve à Cekik, à 3 km au sud de Gilimanuk. Il est ouvert de 7 h à 14 h. Un autre est situé au nord du parc, à Labuhan Lalang (ouvert de 7 h à 16 h), point d'embarcadère pour l'***île de Pulau Menjangan,*** qui fait aussi partie du parc. Pour la visite, les touristes sont obligatoirement accompagnés d'un guide (5 personnes maximum par guide). Elles doivent bien sûr payer ce dernier, le parking, un droit d'entrée et une assurance. Tout compris, le prix reste encore raisonnable. Il existe plusieurs options de randonnées et plusieurs prix, en fonction du nombre de participants. Grosso modo, il faut compter 120000 Rps (9,7 €) pour le trek le plus court (environ 2 h) et 290000 Rps (23,5 €) pour le plus long (environ 5 h). Les départs se font principalement tôt le matin, c'est à ce moment-là qu'on a le plus de chances de voir des animaux (singes gris et noirs, cerfs, iguanes, écureuils, sangliers, buffles, serpents...). La flore est assez diversifiée, de la mangrove de la côte nord à la végétation dense sur les versants sud des montagnes, en passant par une sorte de savane entre la côte et la montagne. On indique ce parc, mais ne pas faire la route exprès pour sa visite, qui s'avère souvent décevante. Guides pas toujours très compétents, et animaux moins visibles qu'on le laisse entendre.

En revanche, pour ceux aiment « patauger », l'***île de Pulau Menjangan,*** située sur la côte nord, est un spot réputé pour la plongée et le *snorkelling.* Pour y accéder, des bateaux font la navette à partir de Labuhan Lalang entre 7 h 30 et 15 h. Les conditions d'entrée sont les mêmes que pour le reste du parc, plus le prix de la traversée. Y aller le matin : la visibilité sous-marine est souvent meilleure, et on peut profiter du temps maximum autorisé sur l'île – à savoir 4 h. Pour 1 h de plus, il faudra payer un supplément. En prévenant la veille, le centre d'accueil de Labuhan Lalang peut organiser une journée plongée comprenant le bateau, 2 plongées, les boissons... mais les prix proposés sont assez élevés. On conseille plutôt de faire appel à l'un des centres de plongée que nous citons dans le chapitre des « Généralités » consacré à Bali, ou de plonger avec le *Reef Seen Dive Center* de Pemuteran. Le centre d'accueil du parc organise aussi des excursions de plongée de surface, mais là aussi, les prix sont élevés.

DE GILIMANUK AU SUD DE BALI

La route qui relie Gilimanuk au sud de Bali est l'axe principal entre Denpasar et Java. Vous l'aurez compris, vous ne serez pas seul à taquiner l'asphalte !

Pas grand-chose à voir au début de cet itinéraire, hormis les mosquées qui y ont poussé comme des champignons (proximité de Java oblige). La ville de ***Negara*** est surtout connue pour ses courses de buffles qui se déroulent en septembre et octobre. Ces grosses bêtes, parées de soie et de cloches en bois, tirent de légers attelages sur 2 km. Les conducteurs, perchés sur le char, leur tordent la queue pour les faire avancer. Si Brigitte savait ça !
La route devient beaucoup plus belle à partir du temple côtier ***Pura Rambut Siwi.*** Fondé au XVIe siècle, ce temple vaut surtout pour sa situation exceptionnelle, sur une falaise dominant une immense plage de sable noir. Après, de remarquables paysages se succèdent. Les endroits agréables pour faire une halte ou dormir se situent un peu au sud, à ***Medewi,*** célèbre aussi pour ses vagues auprès des surfeurs et à ***Suraberata,*** près de la plage de surf de *Balian* (voir ci-dessous « Où dormir sur cette côte ? »). Les vues sont superbes, les rizières avec les montagnes au loin, parfois des prés plantés de cocotiers et de magnifiques étendues de sable noir. Mais ATTENTION, ces plages sont aussi dangereuses que belles, et il est fortement déconseillé de s'y baigner. Ensuite, la route fait un coude vers l'intérieur pour rejoindre Tabanan.

Où dormir sur cette côte ?

Peu de possibilités d'hébergement entre Gilimanuk et Tabanan. Cette côte-là n'est pas très touristique. Les adresses sont citées du nord au sud.

Medewi Beach Cottages : à Medewi. ☎ (0365) 40-029. Fax : 41-555. Au bout d'un cul-de-sac à droite de la route principale, face à la mer. Chambres de 8 à 60 €, mais les plus économiques sont vraiment sinistres. Piscine. Très cher pour ce que c'est. Un peu au-dessus en rejoignant la route, un *losmen* basique qui fait aussi resto.

Gajah Mina Beach Resort : plage de Suraberata. ☎ 081-23-81-16-30 (portable). • www.gajahminaresort.com • En pleine nature, surplombant la mer et entouré de rizières et de champs où ruminent d'élégantes vaches balinaises, le *resort* dispose d'un petit nombre de très beaux bungalows, meublés et décorés avec goût (meubles « antiques » et clin d'œil à Walter Spies), disposant tous d'une jolie terrasse avec transat et d'une belle salle de douche à ciel ouvert. Eau chaude, AC, lits extra-confortables, etc. Grande piscine surveillée par un *Gajah Mina,* cet animal mythique qui orne aussi la paroi d'une roche sur la plage et qui a donné son nom au lieu. Restaurant proposant une cuisine excellente et raffinée (on s'est régalé d'un canard frit qui passa directement des chemins du village à la poêle, et de raviolis maison succulents). Évidemment, les prix correspondent à la qualité offerte, environ 80 US$ la chambre double, mais tentez toujours de négocier un peu, le patron, Dominique, est français et plutôt bien disposé envers les routards. Un endroit parfait pour profiter de l'aube comme du déclin du soleil dans la mer, ainsi que d'un calme rare et précieux !

Pondok Pisces : plage de Balian, à Suraberata. ☎ 081-23-97-07-33 (portable). Le « bassin aux poissons » dispose de 4 bungalows, tous différents, à partir de 150 000 Rps (12,1 €). Le moins cher d'entre eux, en panneaux de bois sculptés et toit en alang-alang, nous a ravis par son côté « primitif », tout en offrant un bon confort. Eau chaude et froide. Accueil sympathique de Tom Wilson, d'origine australienne, et de sa charmante épouse. On peut y manger, mais il faut commander. Sinon, quelques *warungs* dans le village voisin et également l'excellent resto du *Gajah Minah.* Entre la plage de Suraberata et le spot de surf de Balian.

TANAH LOT

Sur la côte, à environ 10 km de Tabanan et à une trentaine de kilomètres à l'ouest de Denpasar. L'un des sites les plus célèbres de Bali : les couchers de soleil y sont réputés. Cette excursion est l'une des plus vendues par les agences locales, mais le tourisme de masse n'est pas encore parvenu à détruire la beauté de ce site...

Comment y aller ?

➢ ***De Kuta,*** prendre un *bemo* pour Denpasar (gare routière Tegal), de là prendre un autre *bemo* qui va vous mener à la gare routière d'Ubung. Enfin, 3e *bemo* pour Tanah Lot. Pas pratique du tout et très long. De plus, il n'y a pas de *bemo* de retour après 16 h, donc vous loupez le coucher du soleil. Le mieux est de chartériser un *bemo* de Kuta ou de Legian à plusieurs (marchandage obligatoire) ou de louer un vélo ou une moto et de continuer la route de Legian en passant par Kerobokan et Sempidi. De là, prendre à gauche. On évite ainsi le vacarme de Denpasar et on traverse de paisibles villages et de jolies rizières.

À voir

Le temple : ouvert jusqu'à la tombée de la nuit. Entrée et parking payants : 3300 Rps, soit 0,3 €. C'est, comme tout le monde, un peu avant le coucher du soleil que vous viendrez ici. Et vous bénéficierez, comme tout le monde, de la plus belle des lumières. La forme harmonieuse du rocher, sa couleur sombre, les petits toits superposés du temple, les arbres qui le camouflent en partie, les vagues qui le battent à marée haute et cette lumière en clair-obscur confèrent à l'endroit quelque chose d'étrange et d'assez fascinant (si l'on fait abstraction de la masse touristique). On dit que le temple est habité par des serpents, dont on peut admirer un spécimen, sacré, bien entendu, moyennant un petit billet de 1 000 Rps... Le temple se situe sur un rocher noir isolé dans la mer. Il aurait été bâti au XVIe siècle sur l'ordre du prêtre Nirartha, qui venait méditer sur ce rocher. On construisit tout d'abord un autel, et petit à petit le temple s'agrandit et devint un lieu sacré pour la méditation. À Tanah Lot, on vénère surtout les esprits de la mer, ce qui n'a rien d'étonnant finalement !

Après avoir garé son véhicule, on traverse un dédale d'une centaine d'échoppes avant d'accéder à l'entrée principale proprement dite. Avant celle-ci, on trouve un *money changer,* un *Wartel* (téléphone) et des w.-c. Plus que son architecture, c'est le site du temple qui lui vaut sa renommée, doublé de son orientation qui le fait bénéficier des couchers de soleil parmi les plus beaux de l'île (selon les conditions météo, évidemment). Le temple, en contre-jour, a des faux airs de pagode chinoise. Il vient d'être habilement restauré après plusieurs années de travaux. À marée basse, il est possible d'accéder jusqu'à sa base et de pénétrer sous la grotte où coule l'eau sacrée, utilisée pour les cérémonies (ça aussi, c'est payant !). À marée haute, on l'observe de la falaise, et les vagues s'écrasant contre cet îlot désolé offrent un spectacle impressionnant.

Pour avoir la meilleure vue, obliquez à droite après l'entrée. Un sentier mène à une petite plate-forme aménagée. Sur la droite, belle plage sauvage où déferlent les rouleaux. On aperçoit même un rocher creusé évoquant Étretat ! On a aussi une très belle vue sur l'ensemble en allant vers la gauche après l'entrée, là où se trouvent les nombreuses buvettes en terrasse sur le haut du promontoire qui proposent des cocktails de fruits dans des noix de coco qu'on a trouvé bien chers et pas formidables. Une fois la nuit tombée, les moustiques attaquent. À noter enfin que ceux qui veulent être seuls sur le site viendront le matin.

MENGWI

Peu après Tabanan en direction de Denpasar, prendre à gauche à un embranchement.

Où manger ?

Possibilité de se restaurer au ***Royal Palace Garden Restaurant :*** très cher, mais le calme est total et le cadre exceptionnel.

À voir

Le temple Taman Ajun : au centre du village. Au grand carrefour, prenez à droite (panneau invisible) si vous venez du sud. Parking payant. Entouré d'eau, très vaste et d'une harmonie parfaite. À voir au coucher du soleil, lorsque la foule est repartie. Très belles tours à *merus* dans la dernière cour du temple, bâti au XVIIe siècle et restructuré. Mengwi fut, jusqu'à la fin du XIXe siècle, la capitale d'un puissant royaume, celui de Mengwi, ce qui explique l'importance de ce Pura Taman Ajun. Parfaitement entretenu.

SANGEH

À 30 km de Denpasar et à 12 km de Mengwi. Possibilité d'y accéder par Mengwi ou par Sempidi (voir plus loin). Si l'on vient de Bedugul, plutôt que de prendre le « raccourci », il vaut mieux faire le détour par Mengwi. À moto, route assez dangereuse.

Sangeh possède une forêt d'arbres gigantesques, habitée par une grande colonie de singes qui trouve son origine dans la grande histoire du *Rāmāyana.* Ils seraient venus ici pour tuer le méchant géant Rāvana. Ils y vivent encore. Attention, ils sont particulièrement agressifs et voleurs (ils adorent les lunettes). Ne pas les provoquer, ils peuvent mordre ou griffer. Accidents assez fréquents quand on les excite. C'est l'attraction à touristes du coin : vous devez passer devant des dizaines de boutiques sans grand intérêt. Le seul temple digne d'être visité est fermé ! Les étudiants qui vous proposent de vous accompagner pour bavarder sont en fait des guides qui attendent quelques roupies en retour.

Pour revenir vers Denpasar, prendre la route à droite du village ; elle est superbe.

KAPAL, SEMPIDI, LUKLUK

Ces trois villages les uns à la suite des autres, sur la route de Denpasar, sont intéressants pour leurs temples qui ne sont pas sans évoquer ceux du nord de l'île. Le plus intéressant est le ***Pura Sada*** de Kapal. Ce serait aussi l'un des plus anciens, puisqu'il aurait été fondé au XIIe siècle. Ceint de murs de brique et orné de décorations de pierre. Bucolique et agréable. Juste en face, à l'extérieur de l'enceinte, un énôôôrme banian. Le village de Kapal est par ailleurs un grand centre de fabrication de temples familiaux. La route principale est occupée par des dizaines de boutiques et artisans. On verra trois autres temples à Sempidi. À Lukluk, le *Pura Dalem* mérite une halte. Il se trouve à 300 m de la route principale. Architecture assez travaillée. Porte fendue et têtes de dragons en façade.

LOMBOK (NUSA TENGGARA)

Depuis quelques années, Lombok, qui signifie « piment » en javanais, et qui appartient à l'archipel des petites îles de la Sonde (Nusa Tenggara), attire ceux qui fuient l'invasion touristique de Bali. Mais si le tourisme s'y est développé plus lentement, c'est aussi parce que le charme de Lombok ne se livre pas aussi spontanément que celui de Bali. Lombok est plus pauvre, et si l'on mange à sa faim dans le Nord, ça n'a pas toujours été le cas dans le Sud où la famine de 1966 fit près de 50 000 victimes. L'île n'est autosuffisante en riz que depuis 1975 et l'exporte depuis lors principalement vers l'est de l'archipel, Flores et Sumba. Elle exporte également du tabac et, plus surprenant, de la pierre ponce et des ailerons de requin vers Singapour et Hong Kong.
Ces dernières années, les projets immobiliers se sont multipliés et Senggigi Beach est en passe de devenir la nouvelle riviera alternative à Bali. Les plages de la région de Kuta-Tanjung Aan, au sud, sont superbes et les Gili Islands attirent de plus en plus les amateurs de plongée et de *snorkelling*. En dehors de ces destinations maintenant très touristiques, de nombreux coins restent à découvrir, avec des paysages absolument magnifiques dans la région du volcan Rinjani. Enfin, signalons la richesse de l'artisanat de Lombok, très différent de celui de Bali.

Comment y aller ?

En avion

➢ ***De Denpasar pour Mataram :*** environ une dizaine de vols par jour, avec la compagnie *Merpati*. Le vol dure une vingtaine de minutes. Départ du terminal national. Taxe d'aéroport. C'est le moyen que l'on vous recommande car il fait gagner beaucoup de temps.
➢ ***De l'île de Java :*** *Garuda* assure une liaison quotidienne entre Surabaya et Mataram, ainsi qu'entre Jakarta et Mataram en passant par Yogyakarta.
➢ ***De Singapour :*** liaison Singapour-Mataram avec *Silk Air,* les lundi, mardi et samedi.
➢ ***De Kuala Lumpur :*** liaison avec *Merpati,* via Surabaya.

En bateau

➢ ***Ferry Padangbai (Bali)-Lembar*** (27 km de Cakranegara) ***:*** départ toutes les heures et demie en principe, 24 h/24. La traversée dure de 4 à 6 h selon le temps et l'âge du capitaine. Le ferry est intéressant pour ceux qui emportent leur moto. Deux classes : *ekonomi* et *VIP*.
Prenez votre passeport, il est parfois demandé lors de l'achat du billet.

POPULATION

Lombok compte 2,4 millions d'habitants, dont 90 % de Sasaks musulmans. Les 10 % restants se partagent entre les Balinais, les Chinois et même des Arabes immigrés à Lombok depuis la nuit des temps. Lombok dépend administrativement de la province de Nusa Tenggara Ouest *(Nusa Tenggara Barat)* découpée en 6 districts : 3 pour Lombok et 3 pour Sumbawa, qui, elle, est 3 fois plus grande que Lombok mais ne compte qu'un million et demi d'habitants.

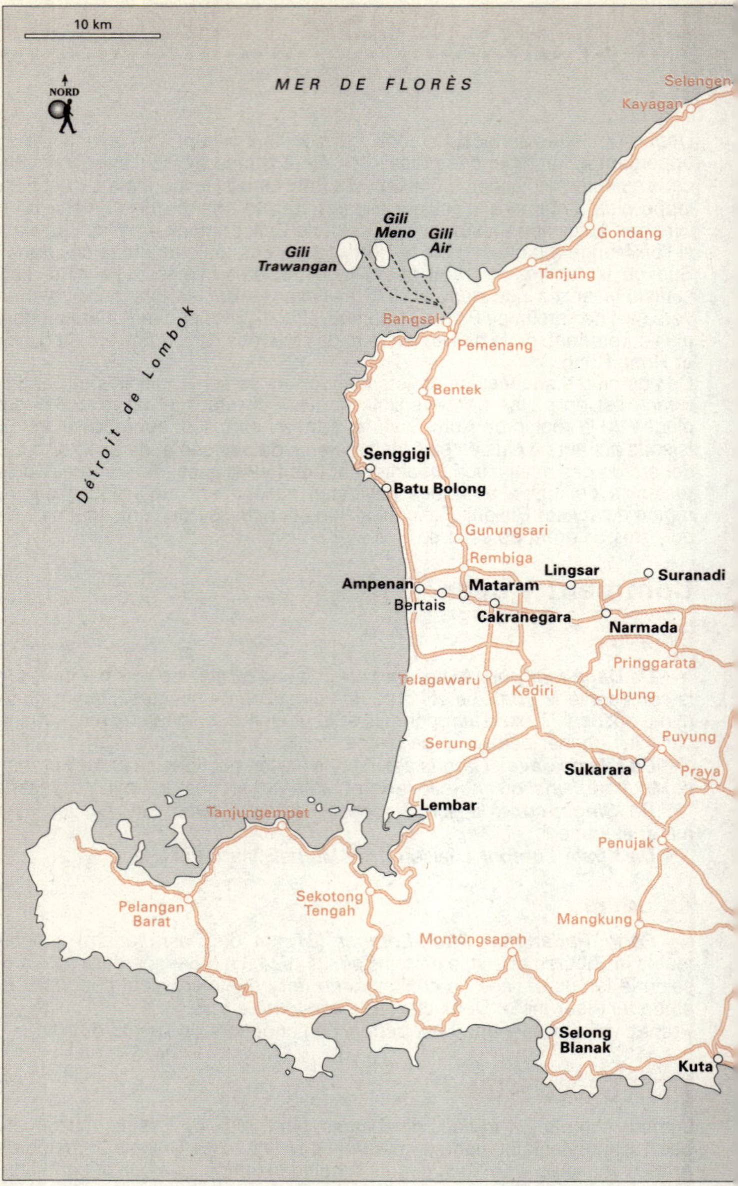
10 km
NORD
MER DE FLORÈS
Détroit de Lombok
Selengen
Kayagan
Gondang
Tanjung
Gili Meno
Gili Air
Gili Trawangan
Bangsal
Pemenang
Bentek
Senggigi
Batu Bolong
Gunungsari
Rembiga
Lingsar
Suranadi
Ampenan
Mataram
Bertais
Cakranegara
Narmada
Pringgarata
Telagawaru
Kediri
Ubung
Puyung
Serung
Sukarara
Praya
Lembar
Tanjungempet
Penujak
Pelangan Barat
Sekotong Tengah
Mangkung
Montongsapah
Selong Blanak
Kuta

voir carte détaillée du Mont Rinjani
Anyar
Bayan
Senaru
Lokokkuang
Obel-Obel
Gili Lawang
Belanting
Gili Sulat
Sugian
Sembalun Lawang
Sambelia
Maroak
Gili Pentangan
Danau Segara Anak
3726
Mont Rinjani
Labuhan Lombok
Suwela
Tetebatu
Wanasaba
Aikmel
Pringgabaya
Pringgasela
Kotaraja
Anjani
Mantang
Masbagik
Korleko
Kopang
Selong
Terara
Pancor
Labuhan Haji
Suwangi
Batunyale
Sepit
Mujur
Ganti
Keruak
Buntereng
Sengkol
Pemokong
Rembitan
Ekas
Awang
Tanjung Aan
Gerupuk

LOMBOK

Les Balinais, qui dans le passé ont eu beaucoup de mal à coloniser Lombok, vous feront un tableau sombre de cette île et de sa population qui se livre, d'après eux, à la magie noire. Peut-être aussi quelques craintes devant l'essor touristique grandissant de Lombok et un éventuel risque de concurrence...

HÉBERGEMENT

En moyenne, les *losmen* sont moins nombreux et donc plus chers qu'à Bali.

CIRCULER

Le réseau routier n'est pas mauvais, la circulation moins dense et les automobilistes plus calmes qu'à Bali. Mêmes moyens de transport que sur les autres îles : *bemo, cidomo, becak*. Très bon réseau de *bemos*.

À VOIR

L'île de Lombok présente cinq centres d'intérêt majeur :
– les plages de ***Senggigi,*** à l'ouest ;
– les plages de ***Kuta*** et de ***Tanjung Aan,*** au sud ;
– les îles de ***Gili Air, Gili Meno*** et ***Gili Trawangan,*** au nord-ouest ;
– le Pays sasak, notamment les villages de ***Kotaraja*** et ***Tetebatu,*** au nord-est ;
– le ***mont Rinjani*** dont l'ascension, qui demande 4 jours minimum avec un guide, est une expédition sportive réservée aux passionnés de randonnées pédestres en montagne.

QUELQUES CONSEILS

– Choisir son hébergement loin d'une mosquée si l'on tient à son sommeil.
– Les filles seules éviteront certains endroits peu fréquentés où la population n'a pas l'habitude de voir des femmes sortir sans être accompagnées. Cela dit, Lombok ne présente aucun danger particulier pour les voyageuses solitaires. Contrairement à Bali où les femmes se baladaient les seins nus avant la colonisation néerlandaise, nous sommes ici dans un pays musulman et une tenue respectueuse des habitudes locales est évidemment recommandée.
– Apporter avec soi tuba et masque pour l'observation sous-marine. Sinon, on en trouve sur place à louer à des prix très raisonnables.

LEMBAR

Port où débarquent les ferries venant de Padangbai ou de Benoa à Bali. Sitôt arrivé à Lembar, faites-vous confirmer les heures de départ du ferry ou du bateau, car elles peuvent varier. À Lembar, il n'y a strictement rien sinon quelques hangars, un *losmen* et un petit resto (sympa d'ailleurs). Vous n'aurez aucune difficulté (même si vous arrivez de nuit) pour trouver un *bemo* qui vous conduira à Cakranegara. Si vous arrivez de jour en bateau, vous remarquerez sur un îlot avant Lembar de petites cahutes de pêcheurs construites sur pilotis.

Adresse utile

Office de tourisme : sur le port, à proximité de l'embarcadère des ferries. Ouvert 24 h/24 à cause de l'arrivée des bateaux.

➤ DANS LES ENVIRONS DE LEMBAR

➢ Lembar est le point de départ d'une très belle excursion à ***Gili Nanggu,*** petite île située à 1 h. Si le bateau de l'île ne se trouve pas au port des destinations locales, à côté du débarcadère des bateaux en provenance de Bali, louer une embarcation à moteur. On effectue le tour de l'île en 20 mn. Ne pas y aller pendant la saison des pluies.

Il y a sur Gili Nanggu une ***plage*** où les tortues viennent pondre. C'est aussi un des plus beaux spots de *snorkelling* à Lombok.

– Autour de ce petit paradis, trois autres îles dont ***Gili Tangkong,*** la plus grande. L'une est si proche qu'on peut l'atteindre à la nage.

Où dormir ? Où manger à Gili Nanggu ?

Chic (de 120 000 à 250 000 Rps, soit 9,7 à 20 €)

Gili Nanggu Cottages & Restaurant : sur la plage. ☎ (0370) 62-37-83. Une dizaine de bungalows dans le style traditionnel de Lombok. Différents prix en fonction du confort, avec ou sans AC (pas indispensable), mais sans eau douce. Restaurant très médiocre... il n'y a que l'attente qui soit copieuse ! Location de matériel pour le *snorkelling.*

QUITTER LEMBAR

Liaisons maritimes

➢ ***Pour Surabaya :*** un seul départ par mois via Bali. Durée : 24 h.
➢ ***Pour Bima (Sumbawa) :*** départ tous les 15 jours. Durée : 14 h.
➢ ***Pour Macassar :*** départ tous les 15 jours sur le *T. Kabila* avec une escale à Bima. Durée : 2 jours.
➢ ***Pour Waingapu (Sumba) et Ende (Flores) :*** pas de liaison directe pour Flores, le bateau de la *Pelni* fait une escale à Waingapu sur l'île de Sumba. Départ tous les 15 jours sur l'*Awu*. Durée : 16 h pour Waingapu, puis 7 h de traversée jusqu'à Ende.

AMPENAN

IND. TÉL. : 0370

La capitale de l'île est formée de trois agglomérations qui se succèdent et forment un tout : *Ampenan,* le port, *Mataram,* la ville administrative, et *Cakranegara,* la ville commerçante. Il faudrait en ajouter une quatrième, peut-être la plus importante pour le routard, *Mandalika,* où se trouve la gare routière permettant de circuler à travers l'île. On peut repérer les limites de chaque ville par les arbres qui les bordent, comme le muscadier à Mataram ou le tamarinier à Cakranegara. Chaque ville est séparée de l'autre par une rivière.

Ampenan fut jadis la première ville de Lombok puis le port principal de l'île. Ce n'est plus maintenant qu'un petit port de pêche sans grand intérêt, mais on y voit encore de beaux *sampans* colorés. Étant donné son activité réduite, on peut se baigner sur la plage mais il faut savoir qu'elle sert de toilettes aux habitants et pêcheurs !
La population d'Ampenan est vraiment composite. Un cocktail fait de Balinais, de Sasaks et d'Arabes regroupés dans un quartier. Le commerce est, bien entendu, aux mains des Chinois.

Comment se déplacer ?

Bon réseau de bus et de *bemos*. Les *bemos* jaunes desservent l'aéroport, Ampenan, Mataram et Cakranegara jusqu'au terminal des bus de Mandalika. De l'aéroport, il n'y a pas de transport public direct pour le centre-ville. Il faut prendre un premier *bemo* en dehors de l'aéroport jusqu'au terminal de *bemos* d'Ampenan *(Kebun Roek)*. Ce terminal est proche du centre d'Ampenan. Si vous avez choisi de dormir à Mataram ou à Cakranegara, vous devrez prendre un second *bemo* en direction du terminal de Mandalika, qui vous déposera en passant dans le centre de Cakranegara ou de Mataram. Autre solution, plus pratique, mais plus chère : prendre un taxi, sans toutefois oublier de vérifier que le compteur *(argometer)* fonctionne.

Adresses utiles

✉ ***Poste :*** jl. Yos Sudarso. Ouvert de 8 h à 16 h. Pas de poste restante.
■ ***Compagnies de taxis :*** *Lombok Taksi* (ou *Blue Bird)*, ☎ 62-70-00 et *Lendang Karun*, ☎ 63-34-44.
■ ***Bidy Tour :*** 17 jl. Ragigenep. ☎ 63-21-27. Fax : 63-18-21. Agence de voyages sérieuse, qui représente toutes les compagnies aériennes indonésiennes mais aussi du Sud-Est asiatique. Certains de leurs guides parlent le français (demander Nanang).

Où dormir ?

Aucun intérêt de dormir à Ampenan. Nous vous donnons tout de même une adresse, sans grande conviction...

Chic (de 120 000 à 250 000 Rps, soit 9,7 à 20 €)

Nitour Hotel : 4 jl. Yos Sudarso. ☎ 62-37-80. Fax : 62-53-28. Hôtel proposant une vingtaine de chambres avec TV, AC et salle de bains. Propre mais franchement déprimant... on vous avait prévenu !

Où manger ?

Prix moyens (de 20 000 à 35 000 Rps, soit 1,6 à 2,8 €)

Pondok Ampenan : 194 jl. Yos Sudarso. ☎ 63-43-53. Sur le port d'Ampenan, au bout de jalan Yos Sudarso. Fermé le lundi. Un Néerlandais a eu l'idée d'ouvrir un bar-restaurant aux allures de pub dans l'ancienne banque du port d'Ampenan datant des colonies. Les anciennes grilles coulissantes sont encore en place. Clientèle mixte de touristes et de locaux. Carte réduite au minimum.
Mie Ayam Jakarta : 109 jl. Yos Sudarso. ☎ 62-39-65. Dans le centre.

Un resto chinois style cantine, proposant des plats classiques et d'excellentes soupes faites devant vous, dans une grande marmite de bouillon fumant. Bon marché, pas touristique du tout et délicieux.

À voir

Pas grand-chose en dehors du ***Segara Temple***, un temple balinais situé à la sortie de la ville sur la route de Batubulong, et du ***grand cimetière chinois*** aux tombes très décorées et colorées, au nord de la ville, vers Senggigi.

Le ***marché,*** très beau, où l'on trouve toute la nourriture typique de Lombok. Riche en couleurs... et en odeurs !

Le Musée ethnographique *(Museum NTB)* **:** jl. Panji Tilar Negar. Ouvert de 8 h à 16 h. Fermé le dimanche. Intéressant musée, même si la grande salle n'est pas bien éclairée. Petite section géologique d'abord. Puis objets funéraires, objets usuels pour les mariages. Bijoux, vieux corans. Superbe trésor derrière une grille (normal !) : objets d'art en or ciselé ou niellé, coiffe, ceinture, magnifique *kriss,* etc. Immenses cloches en bois pour bétail. Instruments de musique traditionnels, vannerie, sculpture sur bois, tissus très anciens, outils agricoles et de pêche, porcelaines, tambours de bronze, vieux manuscrits.

QUITTER AMPENAN

La gare routière d'Ampenan, *Kebun Roek,* est proche du centre-ville. Cette gare de *bemos* dessert les destinations au nord de l'île : Pemenang (pour aller dans les Gili), Gondang, Amor-Amor, Bayan, Senggigi. Attention, les *bemos* jaunes ne sortent pas de la ville. Il faut donc prendre un *bemo* d'une autre couleur.

➢ ***Pour Senggigi :*** départ en moyenne toutes les demi-heures, une fois le *bemo* complet.

MATARAM

IND. TÉL. : 0370

Capitale administrative de la province de Nusa Tenggara Barat (Ouest) qui comprend Lombok et Sumbawa. Aéroport de l'île. Ville aérée avec une artère principale bordée de buildings, rien que des bâtiments officiels et des banques. Cette rue, la *jalan Pejanggik,* est le prolongement de la jalan Langko d'Ampenan. Aucun intérêt d'y passer une nuit.

Adresses utiles

Office de tourisme : 2 jl. Singosari. ☎ 63-27-23 et 63-48-00. Très mal situé, car il est excentré au sud de Mataram. Ouvert du lundi au jeudi de 7 h à 14 h et le vendredi de 7 h à 11 h.

✉ ***Poste centrale :*** jl.Sriwijaya.

■ ***Bureau d'immigration :*** jl. Udayana, près de l'aéroport.

■ ***Garuda :*** dans l'hôtel *Lombok Raya,* 11 jl. Panca Usaha. ☎ 63-79-50.

■ ***Silk Air :*** également dans l'hôtel *Lombok Raya.* ☎ 62-82-54 ou 55.

QUITTER MATARAM

En avion

➢ ***Pour Denpasar :*** 6 vols par jour avec *Merpati.*
➢ ***Pour Bima (Sumbawa) :*** 2 vols par semaine le matin avec *Merpati.*
➢ ***Pour Labuhan Bajo (Flores) :*** 3 vols par semaine avec *Merpati,* via Denpasar ou il faut passer une nuit.
➢ ***Pour Maumere (Flores) :*** 3 vols par semaine avec *Merpati,* via Denpasar. Connection dans la même journée.
➢ ***Pour Ende (Flores) :*** pas de vol *Merpati* direct. Passer par Bima.
➢ ***Pour Jakarta :*** 2 vols quotidiens avec *Merpati* (via Surabaya), *Garuda City Link* (moins cher) et *Lion air.*
➢ ***Pour Yogyakarta et Surabaya :*** plusieurs vols quotidiens avec *Merpati, Garuda* et *Lion Air.*
➢ ***Pour Tambolaka et Waingapu (Sumba) :*** seulement depuis Denpasar.
➢ ***Pour Balikpapan (Kalimantan) :*** 3 vols par semaine le matin avec *Merpati,* via Surabaya.
➢ ***Pour Singapour :*** en principe, 1 vol tous les jours (sauf le jeudi) avec *Silk Air.*

CAKRANEGARA

IND. TÉL. : 0370

L'ancienne capitale de Lombok du temps des rajas balinais est maintenant une ville sans grand charme et assez bruyante. Succession de constructions uniformes bâties autour d'un carrefour comme on en rencontre tant en Inde. Cela dit, plus d'animation que dans les deux villes voisines car c'est ici que sont regroupés les commerces. Communauté chinoise importante.

Adresses utiles

Banques

Nombreuses banques, dont deux acceptent la carte *Visa* :

■ ***Banque Danamon :*** jalan Pejanggik.
■ ***Bank Central Asia (BCA) :*** jalan Pejanggik. Ouverte tous les jours sauf le week-end, de 8 h à 14 h 30. On peut y retirer de l'argent avec une carte *Visa* ou *MasterCard.*

Transports

■ ***Merpati :*** 69 jl. Pejanggik. ☎ 63-67-45 et 62-11-11. ☎ et fax : 63-22-26. • www.merpati.co.id •

À voir

Bien peu de choses...

Le palais Mayura : à la sortie de la ville, en direction de Narmada. Ouvert de 8 h à 17 h. Petit palais entouré d'eau. Il date de 1744 et faisait partie de l'ancien palais du royaume balinais de Lombok. On y voit encore le lac artificiel, quelques autels et fontaines en partie abandonnés dans le parc.

Pura Meru : juste en face du palais Mayura, c'est le plus grand temple de Lombok. Construit en 1720 sous le patronage d'un prince balinais pour la réunification de tous les petits royaumes de l'île. Ce temple, symbole de l'univers, est dédié à la trinité hindoue.

Le grand atelier de tissage : dans la ruelle en face de la banque *Pembangunam Daerah*. Très archaïque, mais intéressant. Point de vente mais prix assez élevés. Cakranegara est un centre artisanal réputé pour la vannerie, le tissage, la céramique et la réalisation d'animaux en terre cuite.

➤ *DANS LES ENVIRONS DE CAKRANEGARA*

Gunung Pengsong : temple balinais à 8 km de la ville, sur une colline. Une fois par an, en mars ou avril, on y sacrifie un buffle pour que la moisson soit bonne. On fête d'ailleurs la moisson lors du festival *Bersim Desa* pour honorer la déesse du riz, et cette festivité donne lieu à un grand nettoyage des maisons que l'on repeint à cette occasion.

MANDALIKA

À 10 km d'Ampenan, en direction de Narmada. Auparavant installés à Sweta, les terminaux de bus sont désormais ici. C'est donc le nouveau centre des transports de l'île, là où transitent tous les bus, *bemos* et minibus. De l'autre côté de la gare se trouve un vaste marché couvert, le plus grand de Lombok, ouvert tous les jours. On y trouve de tout à des prix imbattables. Surtout intéressant pour les fruits et les épices.
Les *bemos* sont dans la petite rue qui longe la gare, les bus longue distance sont regroupés dans la gare. Pas de bureau d'infos. Une vingtaine de compagnies affichent les destinations et les horaires à leurs guichets. Comparez les avantages avant de prendre vos billets. Attention aux faux guides qui tentent de vendre des billets pour des navettes rapides reliant Lombok à Sumbawa qui n'existent pas.

Transports routiers

Les *bemos* jaunes desservent uniquement la capitale (Mataram, Ampenan, Cakranegara) tandis que les *bemos* d'autres couleurs desservent la province de Lombok : Senggigi, Praya, etc.
➤ ***Pour Lembar :*** départ en moyenne toutes les demi-heures, une fois le *bemo* rempli. Durée : 1 h à 1 h 30.
➤ ***Pour Praya :*** également un départ toutes les demi-heures. Durée : 1 h 30.
➤ ***Pour Kuta :*** pas de *bemo* direct. Il faut changer à Praya et à Sengkol. Durée : 4 h sans compter les changements. Si vous êtes plusieurs et bon négociateur, une autre solution consiste à « chartériser » un *bemo* depuis Mandalika.
➤ ***Pour aller vers l'est*** (Jurusan Timor), les bus desservent : Narmada, Kopang, Terara, Selong Aikmel, Apitaik, Pringgbaya et Labuhan Lombok, ainsi que Sambelia et Tetebatu. Compter 2 h 30 jusqu'à Labuhan Lombok, après de nombreux arrêts. Départ environ toutes les heures.

Bus longues distances

➤ ***Pour Denpasar :*** pas de bus. Il faut prendre le ferry à Lembar.
➤ ***Pour Surabaya et Jakarta :*** plusieurs bus climatisés par jour. Durées approximatives : 24 h pour Surabaya et 40 h pour Jakarta.

➢ ***Pour Yogya :*** changer à Surabaya ou à Semarang.
➢ ***Pour Sumbawa Besar :*** 2 bus directs par jour. Départs le matin. Durée : 8 h.
➢ ***Pour Bima (Sumbawa) :*** 2 bus de jour et 1 bus de nuit. Durée : 12 h.

BATU LAYAR ET BATU BOLONG

IND. TÉL. : 0370

Longues plages, quelques kilomètres avant Senggigi. Il n'y a rien sinon une petite épicerie, un « restaurant » sous les cocotiers et une tranquillité réjouissante. Sympa de s'y arrêter quand on est motorisé mais, pour l'instant, rien de bien folichon pour y passer la nuit. Un joli projet de tourisme écologique est en cours... à suivre. À Batu Bolong, petit temple hindou très fréquenté par les locaux, bâti sur un rocher s'avançant dans la mer.

SENGGIGI

IND. TÉL. : 0370

Au nord de Mataram, Senggigi est LA station balnéaire de Lombok. Il faut dire que le site s'y prête. Sur une dizaine de kilomètres s'étendent d'adorables petites échancrures de sable avec leurs cocoteraies. Elles n'ont pas toutes été urbanisées, mais ça ne saurait tarder ! En quelques années, cette petite bourgade est devenue le lieu de villégiature favori des touristes lassés de Bali. Les vendeurs de montres et de sarongs ont évidemment suivi, et les boîtes de nuit attirent les jeunes filles de l'île en quête d'étrangers fortunés. Vous l'aurez compris, si vous chercher un coin tranquille, Senggigi n'est pas pour vous. En revanche, en s'éloignant un peu, on trouve encore quelques coins paradisiaques et préservés.
Possibilité d'aller à Senggigi sans passer par Mandalika. *Bemos* directs au départ d'Ampenan. Les prendre sur jalan Saleh Sungkar, au niveau du marché et du terminal des *bemos*.

Adresses utiles

■ ***Wartel et Internet :*** plusieurs magasins, dans la rue principale.
■ ***Change :*** banque *BNI (plan B1,* ***2****)*, après l'*Intan Laguna Hotel*. Plusieurs distributeurs automatiques dans la rue principale.
■ Nombreux ***loueurs de voitures et de motos*** dans la rue principale.
■ ***Supermarché Senggigi Jaya*** *(plan B2,* ***3****)* **:** en face du *Bambu Café*. On y trouve de tout : boissons fraîches, cartes postales, plans et guides du pays, dictionnaire d'indonésien, produits pharmaceutiques, piles, pellicules photo et l'incontournable miel de Lombok.

Où dormir ?

En saison, les hôtels sont souvent complets et les prix grimpent avec une rapidité déconcertante. Pas vraiment d'adresses bon marché intéressantes. Les moins chères se trouvent à environ 4 kilomètres vers le Nord, en suivant la côte. Ça tombe bien, c'est aussi plus sympa, mais l'animation nocturne y est inexistante. Les noctambules préféreront donc Senggigi.

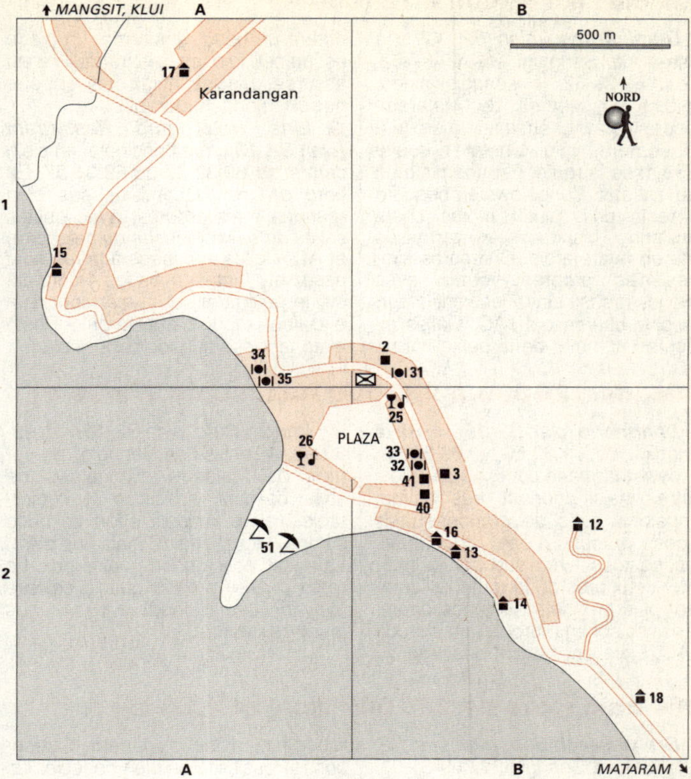

SENGGIGI

Adresses utiles

Poste
2 Banque BNI
3 Supermarché Senggigi Jaya

Où dormir ?

12 Bumi Aditya
13 Lina Hotel and Restaurant
14 Graha Beach Senggigi
15 Pacific Beach Cottages
16 Dharmarie
17 Bale Kampung
18 Wayan Café

Où manger ?

31 Restaurant Senang
32 Bumbu Restaurant
33 Matahari Café
34 Lotus Bayview
35 Coco Loco

Où sortir ? Où écouter de la musique ?

25 Happy Café
26 Sugar

À voir

51 La plage de Senggigi

À faire

41 Lombok Biking Tour

Où faire de la plongée ?

40 Dream Divers

Plus chic (de 80 000 à 120 000 Rps, soit 6,5 à 9,7 €)

Bumi Aditya *(plan B2,* ***12****)* **:** à l'entrée de Senggigi. ☎ 69-37-82. Fax : 69-38-62. • senggigi@indo.net.id • En venant de Mataram, prendre le petit chemin sur la droite à l'entrée de Singgigi. L'hôtel se trouve à 250 m de la route, par une piste en mauvais état. Bungalows en brique à différents prix, plutôt moins chers qu'ailleurs, disposés en terrasses dans un beau jardin. Chambres simples mais propres, toutes avec douche, moustiquaire et ventilateur. Les plus chères ont l'AC. Celles situées au sommet de la petite colline offrent un beau panorama. La plage est un peu loin, mais la tranquillité est assurée. Piscine hélas mal entretenue. Personnel adorable.

Lina Hotel and Restaurant *(plan B2,* ***13****)* **:** rue principale, en plein centre. ☎ 69-32-37 ou 69-31-57. En bord de mer. Chambres pas bien grandes mais propres, avec petites salles de bains (douche ou baignoire) et AC. Celles adossées à la rue sont assez bruyantes, mais les 4 donnant sur le petit jardin et la mer sont d'un excellent rapport qualité-prix. Resto avec terrasse surplombant la plage.

Chic (de 120 000 à 250 000 Rps, soit 9,7 à 20 €)

Dharmarie *(plan B2,* ***16****)* **:** jl. Raya Senggigi. ☎ 69-30-50 et 69-30-99. • www.dharmarie.com • En plein centre, mais pourtant très calme. Bungalows avec de grandes baies vitrées autour d'une cocoteraie, presque tous avec vue sur la mer. Éviter ceux près de la route, évidemment plus bruyants. Grandes chambres avec sol en marbre, eau chaude et AC. Excellent rapport qualité-prix.

Wayan Café *(plan B2,* ***18****)* **:** ☎ 69-30-98. À l'entrée de Senggigi, en venant de Mataram. Bungalows de style balinais, spacieux et confortables, avec un petit effort de déco sympa. Moustiquaire, mais pas d'AC. Là aussi, bon rapport qualité-prix. Le resto (même proprio que le célèbre *Wayan Café* d'Ubud) a connu des jours meilleurs.

Très chic (plus de 250 000 Rps, soit 20 €)

Graha Beach Senggigi *(plan B2,* ***14****)* **:** jl. Raya Senggigi. ☎ 69-31-01. Fax : 69-34-00. • www.grahasenggigi.com • À l'entrée de Singgigi, pas très loin du centre. Petit hôtel gentiment « luxueux » installé de part et d'autre de la route. Les bungalows côté plage sont moins plaisants et commencent à dater un peu. Ceux de l'autre côté de la route sont assez grands, dans un joli jardin. Belle piscine et petit bassin accueillant les arrivées précipitées d'un gigantesque toboggan, digne d'un parc d'attractions ! Possibilité de bien négocier les prix quand l'hôtel n'est pas plein.

Pacific Beach Cottages *(plan A1,* ***15****)* **:** jl. Raya Senggigi. ☎ 69-30-06. Fax : 69-30-27. À la sortie de la ville. Un hôtel qui périclite lentement mais sûrement, avec une déco bien défraîchie et un tantinet déprimante. Les prix ont eux aussi chuté, ce qui permet de profiter d'un confort de bon standing à prix doux.

LOMBOK

Où manger ?

Prix moyens (de 20 000 à 35 000 Rps, soit 1,6 à 2,8 €)

Restaurant Senang *(plan B1,* ***31****)* **:** jl. Raya Senggigi. À la sortie nord de la ville. Petit *rumah makan* classique, un des moins chers de Senggigi. Rien de bien particulier, mais très correct pour le prix, tout simplement.

Matahari Café *(plan B2,* ***33****)* **:** en face du supermarché *Senggigi Jaya*. Un des restos du centre, ouvert sur la rue. On y mange des plats indonésiens et mexicains, mais aussi de vrais steaks et de bons sandwichs.

|●| ***Bumbu Restaurant*** *(plan B2, **32**)* **:** à côté du *Matahari Café*. Même style que le précédent, dans un préau tout en longueur ouvert sur la rue. Ici, la cuisine est essentiellement thaïe, donc assez épicée, avec certains plats franchement *very hot* ! Mais le degré de piment est toujours signalé sur la carte, pour éviter de surprendre les papilles endormies. Également de bonnes salades et des plats indonésiens classiques.

|●| ***Coco Loco*** *(plan A1, **35**)* **:** au bord de la plage, mais entrée sur la rue principale, juste avant l'hôtel *Sheraton*. ☎ 69-33-96. Bonne cuisine ndonésienne et quelques plats mexicains assez réussis. En revanche, évitez les pizzas, pas vraiment enthousiasmantes. Service d'une grande gentillesse.

Plus chic (plus de 35 000 Rps, soit 2,8 €)

|●| ***Lotus Bayview*** *(plan A1, **34**)* **:** au bord de la plage, mais entrée sur la rue principale, juste avant l'hôtel *Sheraton*. ☎ 69-37-58. Un de nos restos préférés à Senggigi pour la qualité de sa cuisine et sa situation près de la plage. Si vous y mangez une seconde fois, une réduction de 20 % vous sera faite. De plus, si votre hôtel est un peu éloigné, il suffit de téléphoner pour qu'une voiture vienne vous chercher et vous raccompagne... royal ! Excellent *Ikan à la Jimbaran* et délicieux et rares *satés* de poisson. Les gourmands craqueront sûrement pour la mousse au chocolat. Également de bonnes pizzas. Un resto plus cher que les adresses précédentes, mais nettement mieux.

Où dormir ? Où manger dans les environs ?

Ne pas hésiter à pousser après Senggigi : les adresses sont moins chères et, à notre avis, bien plus sympas...

Bon marché (de 30 000 à 50 000 Rps, soit 2,4 à 4 €)

🏠 ***Bale Kampung*** *(plan A1, **17**)* **:** à Karandangan, entre Senggigi et la plage de Mangsit. Prendre la première à droite en sortant de Senggigi, dans la direction du *Puri Mas Village*. Adresse de routards tenue par Angela, une Néo-Zélandaise mariée à un peintre indonésien, qui a prolongé ici ses rêves de hippie. Chambres simplissimes dans un bungalow en brique, au milieu d'un petit jardin. Accueil chaleureux.

De prix moyens à plus chic (de 50 000 à 120 000 Rps, soit 4 à 9,7 €)

🏠 |●| ***Santai*** *(hors plan par A1)* **:** à Mangsit. ☎ et fax : 69-30-38. • www.santaibeachinn.com • À 4 km au nord de Senggigi. Une formidable petite adresse en bord de plage, tenue par une équipe de jeunes Lombokais. Certains bungalows sont construits dans le style des villages traditionnels sasaks, d'autres plutôt dans celui de Bali. Ils sont disséminés dans une végétation luxuriante, avec des fleurs magnifiques. Chambres simples, avec salles de bains extérieures et *mandi*. Repas végétarien pris en commun sur des coussins, sous le *bale*-salle à manger, et coin salon avec livres et musique. Une ambiance cool et conviviale vraiment très sympa. Un petit bémol cependant : les prix paraissent un peu excessifs au regard du confort assez limité.

Plus chic (de 80 000 à 120 000 Rps, soit 6,5 à 9,7 €)

🏠 🍽 ***Pondok Damai*** *(hors plan par A1)* **:** à Mangsit, à 4 km au nord de Senggigi. ☎ et fax : 69-30-19. Petits bungalows de style balinais dans un joli jardin, au bord de la plage. Ils sont plus ou moins confortables, certains avec simple *mandi,* d'autres avec douche chaude ou froide, selon le prix. Très bon resto, avec vue sur la mer. Accueil souriant et amical. Transport gratuit de l'aéroport en prévenant de votre arrivée.

🏠 🍽 ***Windy Beach Cottages*** *(hors plan par A1)* **:** à Mangsit, à 4 km au nord de Senggigi. ☎ 69-31-91. Fax : 69-31-93. • www.windybeach.com • Bungalows dans le style du pays, avec terrasse, ventilo, eau chaude ou froide en fonction du prix, disséminés dans une cocoteraie. Simple, un peu défraîchi (surtout les salles de bains), mais encore très agréable par sa situation au bout de la plage de Mangsit. Éviter le resto, vraiment pas terrible.

Très chic (à partir de 55 US$)

🏠 🍽 ***Hôtel Puri Mas*** *(hors plan par A1)* **:** à Mangsit, à côté du *Santai.* ☎ 69-38-31. Fax : 69-30-23. Chambres doubles à partir de 55 US$. Bel ensemble de bungalows dans un jardin très agréable. Jolies chambres dans le style balinais (toutes avec AC), impeccablement tenues et parfaitement confortables. Piscine.

🏠 🍽 ***Nusa Bunga*** *(hors plan par A1)* **:** à Klui, après Mangsit, sur la route côtière. ☎ 69-30-35. Fax : 69-30-36. • bunga@mataram.wasantara.ned.id • Compter à partir de 60 US$ pour une double. Hôtel isolé sur la côte, face au mont Agung de Bali superbe au coucher de soleil. Un petit paradis pour ceux qui recherchent le calme. Grand jardin fleuri, plage déserte et piscine. Chambres confortables et très spacieuses donnant toutes sur la mer, avec AC, eau chaude et mini-bar. Excellent accueil. Tout ça a évidemment un prix (d'ailleurs affiché en dollars), mais comme ailleurs, il faut essayer de négocier.

🏠 🍽 ***Qunci Villas*** *(hors plan par A1)* **:** à Mangsit, à 4 km au nord de Singgigi. ☎ 69-38-00. Fax : 69-38-02. • www.quncivillas.com • Compter à partir de 67 US$ la chambre double en basse saison, 90 US$ en haute saison. Une adresse d'exception. Les chambres, à la fois épurées et d'une élégance folle, pourraient sans problème figurer dans un magazine de déco. Les transats (en teck bien sûr !) de la piscine (dominant la plage évidemment) vous attendent avec les serviettes impeccablement roulées et décorées d'une fleur de frangipanier. Le service n'est que sourires et délicatesses... puis plein de menus détails qui ne sont que succession de petits plaisirs. Le rêve !

Où sortir ? Où écouter de la musique ?

🍸 ♪ ***Happy Café*** *(plan B2,* ***25****)* **:** à l'entrée de la Plaza, au milieu de la rue principale. ☎ 69-39-84. Ouvert de 20 h à minuit. Un des bars préférés des noctambules. Musique *live* tous les soirs.

🍸 ♪ ***Sugar*** *(plan A2,* ***26****)* **:** au fond de la Plaza (entrée au milieu de la rue principale). ☎ 0812-398-22-06 (portable). Ouvert de 21 h à 2 h. Un petit bar gay moderne et branché, avec une terrasse qui déborde de monde certains soirs. Rendez-vous de tous les fêtards du coin. Le samedi soir, cabaret à 23 h... on vous laisse la surprise et bonne soirée !

À voir

⛱ ***La plage de Senggigi*** *(plan A2,* ***51****)* de part et d'autre de la presqu'île occupée par le *Senggigi Beach Hotel,* ce qui permet à ceux qui veulent bronzer de changer de plage avec le soleil. Mais le Robinson solitaire qui sommeille en vous ne doit pas se faire trop d'illusions... la plage manque sérieusement de sérénité et les sollicitations en tout genre des vendeurs ambulants couvrent souvent le doux bruit des vagues !

On préfère la ***plage de Mangsit,*** plus au nord. Possibilité de faire des promenades en mer à bord d'un *prahu* et de pratiquer le *snorkelling.* Si vous avez oublié vos masque et tuba, location de matériel un peu partout. Attention aux coraux à marée basse, ils peuvent être dangereux. La plage est surtout connue pour ses couchers de soleil derrière le mont Agung de Bali. Spectacle magnifique.

À faire

■ ***Lombok Biking Tour*** *(plan B2,* ***41****)* **:** dans la rue principale, à côté du *Bumbu Restaurant.* ☎ 660-57-92. Une excellente idée pour découvrir Lombok, une sorte de visite guidée à vélo, en passant par des coins inconnus et superbes. Plusieurs itinéraires possibles, plus ou moins sportifs, tous passionnants.

Où faire de la plongée ?

■ ***Dream Divers*** *(plan B2,* ***40****)* **:** sur la rue principale, en plein centre, face au supermarché *Senggigi Jaya.* ☎ et fax : 69-37-38. • www.dreamdivers.com • Agence très sérieuse proposant des plongées diurnes et nocturnes au large des Gili (cours PADI), ainsi que des sorties *snorkelling.* Également un bureau à Gili Air (☎ 63-45-47) et Gili Trawangan (☎ 63-44-96).

QUITTER SENGGIGI

➢ ***Pour aller aux Gili Islands :*** prendre un *bemo* public jusqu'à *Gunungsari,* puis pour *Bangsal,* point de départ des bateaux pour les îles. En théorie, c'est le moyen le plus économique pour s'y rendre. Mais la négociation avec les propriétaires de bateaux et l'irrégularité des départs peuvent transformer ce voyage en véritable expédition et finalement revenir assez cher. Il est donc souvent préférable, autant pour gagner du temps que de l'argent, d'utiliser les services d'une des nombreuses agences de la rue principale de Singgigi. Possibilité également de chartériser un *prahu* directement sur les plages de Senggigi ou de Mangsit, si possible à plusieurs car les tarifs pratiqués (même en négociant avec talent !) sont assez élevés.

NARMADA

Colline à 10 km à l'est de Cakranegara, sur l'axe routier qui traverse l'île d'ouest en est. Son nom est celui d'une rivière sacrée de l'Inde. On s'y rend facilement en *bemo* de Mandalika.
Narmada est un grand parc construit par le roi de Mataram il y a deux siècles pour en faire une réplique en miniature du sommet du mont Rinjani avec son lac de cratère, le Segara Anak. Accès payant. Petit pavillon bien conservé à l'entrée. Le roi s'y reposait, paraît-il, en contemplant les princesses en train de se baigner dans le grand bassin (coquin !). Autour de celui-ci, très joli jardin en terrasses. Au *Pura Kalasa,* temple balinais, se déroule chaque année une fête en l'honneur du dieu qui règne sur le mont Rinjani. Le parc est agrémenté d'une piscine de dimensions olympiques, équipée de vestiaires et de douches.

LINGSAR

À quelques kilomètres de Narmada. Pour s'y rendre de Mandalika, changer de *bemo* à Narmada.
Le grand temple construit en 1714 était œcuménique avant que ce ne soit à la mode. Chacun pouvait y prier de son côté le dieu de sa religion. À vrai dire, l'ensemble ne présente pas un très grand intérêt. Ce lieu est surtout chargé d'histoire. Nombreux autels consacrés à des divinités complexes.

SURANADI

IND. TÉL. : 0364

À 16 km au nord de Narmada. Encore un temple, mais c'est l'un des plus vénérés de Lombok et probablement le plus vieux de l'île (1708). À l'entrée, ne pas oublier de louer la ceinture obligatoire pour pénétrer dans l'enceinte. Les morceaux d'œuf que l'on jette chaque vendredi dans le bassin sont destinés à nourrir un serpent sacré, qui normalement doit sortir de sa cachette lorsque l'on frappe dans ses mains. En fait, il s'agit d'une murène (*tuna* en indonésien), longue de 1,50 m. Pas évident de sortir la bête de sa sieste.
En continuant encore pendant 5 km vers le nord, on arrive à *Seajot,* petite ville où se trouve un marché.

Où dormir ? Où manger ?

Suranadi Hotel **:** à côté du temple. ☎ (0370) 63-36-86. Fax : 63-56-30. • www.suranadihotel.com • Compter de 15 à 35 US$ la chambre double. Ceux qui auraient l'idée de séjourner ici apprécieront cette ancienne *guesthouse* néerlandaise qui a conservé son charme, avec son grand jardin et ses nombreux bassins pleins de poissons. Plusieurs catégories de prix et de confort, allant de la chambre toute simple avec ventilo au bungalow spacieux et très confortable, en haut de la colline. Agréable restaurant entourant une grande piscine d'eau de source bien fraîche. Accueil avenant.

SUKARARA

À 24 km au sud de Mataram. *Bemo* de Mandalika à Puyung, puis prendre un *cidomo.* Ce centre traditionnel de tissage est devenu un piège à touristes, mais si l'on se contente de regarder les femmes travailler suivant des techniques très particulières, on ne regrettera pas de s'y être arrêté. Marché le samedi. Plusieurs villages alentour sont aussi spécialisés dans cet artisanat.

SENGKOL

Il faut passer à Sengkol le jeudi matin (avant 10 h), jour du marché, l'un des plus intéressants de l'île. Il attire une foule importante, et c'est l'occasion de rencontrer des Sasaks, ces anciens habitants qui ont conservé fidèlement leurs traditions. Ils représentent encore près de 90 % de la population de Lombok.

REMBITAN

Village traditionnel sasak à 12 km au nord de Kuta sur la route principale menant à Praya. Il comprend 150 maisons abritant plus de 700 personnes vivant toutes du tissage et du tourisme. Les maisons ont conservé leur aspect traditionnel et n'ont eu l'électricité qu'en 1999. L'organisation du village est admirable. Il y a bien sûr une mosquée, en bois et bambou recouvert de chaume. Un jeune homme parlant l'anglais fait office de guide et vous fait découvrir son univers, qui semble remonter au Moyen Âge. Très intéressant, même si les touristes sont de plus en plus nombreux. La visite se termine dans un inévitable magasin de productions locales (écharpes et sarongs tissés suivant des méthodes séculaires).

KUTA

IND. TÉL. : 0370

Plage du sud de Lombok, à 70 km de Cakranegara. Pour s'y rendre, *bemo* de Mandalika à Praya, puis minibus pour Sengkol et enfin un dernier pour Kuta.
La plage forme un demi-cercle parfait. De chaque côté, de grands rochers que l'on croirait sortis d'une estampe chinoise. Au large, une barrière de corail. Le site est encore préservé. C'est un peu le Kuta de Bali d'il y a 50 ans. Ceux qui rêvent d'une plage de sable blanc quasi déserte iront sur celle située à gauche du *Novotel,* derrière le rocher. Les *losmen* sont globalement moins chers qu'ailleurs, surtout en basse saison. Pour le moment, les constructions ne dépassent pas l'étage et le bourg possède encore son aspect de village de pêcheurs. Un vaste projet hôtelier comprenant une vingtaine d'hôtels de grand standing, le *Mandalika Resort,* a été initié par les fils Suharto alors que leur père était encore au pouvoir. La première étape consista à expulser 2000 pêcheurs de leurs terres en les leur rachetant pour une bouchée de pain (30000 Rps l'are, soit 2,4 €) et à les revendre juste après à un consortium de capitaux étrangers au prix de 5 millions de roupies l'are. Quel sens des affaires et quelle belle leçon de corruption ! Ensuite, il fallut démolir l'école publique située entre Kuta et Tanjung Aan pour un projet de terrain de golf, en promettant à la population locale qu'elle serait vite remplacée. Elle attend encore. Après la crise économique de 1998 et la déroute du clan Suharto, les investisseurs étrangers se sont retirés du projet et seul le groupe français Accor a pu mener à terme la construction d'un *Novotel* en 1997, avant que les choses ne se gâtent. Aujourd'hui, une route superbe jalonnée de bornes en pierre mène à de magnifiques ronds-points, qui, eux, ne mènent à rien... en attendant que la stabilité économique et les investisseurs reviennent. Ce projet immobilier s'accompagnait de la construction d'un aéroport international au milieu des rizières au sud de Praya, qui devait à terme remplacer celui d'Ampenan « en absorbant l'augmentation des flux touristiques mondiaux en direction de l'Asie du Sud-Est », comme dirait notre ami technocrate. Ce projet est également suspendu... à suivre.
– ***Marché :*** les mercredi et dimanche, dans le village.

Adresses utiles

✉ ***Poste et change :*** à l'hôtel *Segare Anak.*

@ **Internet :** à côté du *Matahari,* au *Anda* et au *Segare Anak.*

Où dormir ? Où manger ?

Pas encore d'adresses vraiment charmantes ou éminemment sympathiques dans le centre de Kuta. Attention, les prix peuvent s'envoler en haute saison.

Bon marché (de 30 000 à 50 000 Rps, soit 2,4 à 4 €)

Lamancha Homestay : du centre, prendre la rue menant à la plage. Le *losmen* se trouve sur la droite, avant le virage. ☎ et fax : 65-51-86. De loin la meilleure adresse dans cette catégorie. Quelques bungalows en bambou, proprets et plus grands qu'ailleurs, avec petite terrasse. Dans le jardin, aussi soigné que les chambres, poussent mangues, papayes, oranges, bananes, noix de coco. Une véritable leçon de botanique ! Très calme et accueil adorable.

Segare Anak : vers le milieu de la route qui longe la plage. ☎ 65-48-35. Bungalows très simples mais propres dans un jardin, avec douche, ventilateur et moustiquaire. Plusieurs catégories de prix. Les chambres les plus chères sont dans des constructions en dur. Bon petit dej'. Fait aussi change, laverie, location de masques et tubas, et accès Internet. Réduction intéressante pour les séjours prolongés.

Ketapang Homestay : à l'angle de la route longeant la plage et de la route de Praya. ☎ 65-51-94. Quelques bungalows modestes mais corrects, en enfilade, avec *mandi,* ventilateur et moustiquaire. Petit resto en terrasse.

Anda : vers le milieu de la route qui longe la plage, après le *Segare Anak.* ☎ 65-48-36. Petits bungalows alignés dans un jardin de papayers. Les chambres les moins chères sont à éviter, particulièrement fatiguées. Les autres sont correctes, sans plus. Bon accueil. Du resto, jolie vue sur la mer.

Plus chic (de 80 000 à 120 000 Rps, soit 6,5 à 9,7 €)

Kuta Indah Hotel : à l'écart des autres hôtels, après le *Matahari Inn Hotel.* ☎ 65-37-81. Fax : 65-46-28. Un hôtel se réclamant de « classe internationale », avec piscine. Les bungalows sont effectivement spacieux, dans un grand et beau jardin planté de palmiers. Les chambres les moins chères sont d'une propreté douteuse. Les autres sont mieux, mais un laisser-aller certain semble gagner l'ensemble de l'établissement. Dommage.

Chic (de 120 000 à 250 000 Rps, soit 9,7 à 20,2 €)

Matahari Inn Hotel : en plein centre. ☎ 65-50-00 et 65-48-32. Fax : 65-49-09. • www.matahariinn.com • Un peu en retrait par rapport à la plage. Bungalows de style plutôt balinais, cachés dans la végétation. Là encore, les chambres les moins chères sont vraiment pauvrettes. Ensuite, plusieurs catégories de prix, en fonction du confort (avec ou sans AC, avec ou sans eau chaude). Petite piscine. Tout de même bien cher pour ce que c'est. Éviter le resto, vraiment pas terrible.

Très chic

Tastura Beach Resort : jl. Raya Pantai Kuta. ☎ et fax : 65-55-40. • tastura@mataram.wasantara.net.id • Compter entre 200 000 et 450 000 Rps (16,2 à 36,4 €) la chambre double. L'hôtel le plus luxueux du centre de Kuta, dans une vaste cocoteraie, face à la plage. Toutes les chambres disposent de la climatisation, d'un mini-bar et d'une belle salle de bains extérieure. Ici, que des lits doubles, pas de lits jumeaux ! Piscine. Bon resto proposant une cuisine indonésienne et internationale. Si vous souhaitez y manger sans résider dans l'hôtel, transport gratuit sur simple demande.

Encore plus chic

Novotel Lombok Coralia : dans le *Mandalika Resort,* sur la plage de *Putri Nyale,* qui se situe derrière le rocher après les *losmen* de bord de mer, à 3 km environ de Kuta. ☎ 65-33-33. Fax : 65-35-55. • www.novotel-lombok.com • Compter de 70 à 110 US$ la chambre double. Magnifiquement situé dans une baie délimitée par de hauts rochers. Les chambres les plus chères sont installées dans de superbes bungalows de style sasak. Les autres se situent dans un immense bâtiment de 2 étages sans grand charme. Ambiance un tantinet *Club Med,* avec des tas d'activités du matin au soir... on aime ou pas, c'est selon. Les 2 piscines pourraient être plus nettes compte tenu des prix pratiqués. D'autre part, l'absence de terrasse pour les chambres les moins chères (déjà hors de prix !) nous a laissés perplexes. En revanche, très beau spa, évidemment pas donné. Bref, un petit ghetto de luxe loin du monde, dans un site d'une grande beauté.

Où manger ?

Riviera Café : en face du *Matahari Inn Hotel.* Un grand resto ouvert où l'on peut manger du poisson grillé et des langoustes à des prix encore abordables. Pour les langoustes en particulier, mieux vaut passer sa commande la veille. Aussi, plats indonésiens, pizzas et spaghettis. Les mercredi et samedi soirs, musique *live.* Équipe de jeunes serveurs très sympa.

Family Café : à côté du *Matahari Inn Hotel.* Très semblable au précédent, avec quelques spécialités sasaks en plus. Là aussi, poissons grillés et langoustes, pizzas et spaghettis (il y a beaucoup d'Italiens à Kuta !).

TANJUNG AAN

Prendre un *cidomo* ou un *bemo* pour continuer après Kuta, le long de la côte vers l'est, pendant 5 km environ. La route aboutit à deux plages de rêve, séparées par des rochers. Sable blanc, mer turquoise, quelques touristes et les vendeurs de sarongs qui vont avec ! Pas d'ombre, donc difficile d'y passer toute la journée. Soyez vigilants, plusieurs vols nous ont été signalés.

GERUPUK

Au delà de la plage de Tanjung Aan vers l'est, à environ 15 km de Kuta. Possibilité d'y aller en *bemo* (passages assez irréguliers). Un petit village du bout du monde tourné depuis longtemps vers la culture d'algues et depuis peu vers les surfeurs. Les 4 spots intéressants, dont le meilleur est celui de *Inside Gerupuk,* se situent à 15 mn de bateau. Une petite pause s'impose au *Gerupuk Café Surf* où l'on peut manger des plats simples pour quelques roupies, en compagnie d'une poignée de surfeurs, face à l'activité des ramasseurs d'algues sur la plage.

SELONG BLANAK

Une baie superbe de sable blanc, à l'ouest de Kuta, abritant un petit village de pêcheurs. Pour l'instant, cette plage est essentiellement fréquentée par quelques surfeurs, tout comme celles de ***Mawi*** et de ***Mawun*** situées entre Selong Blanak et Kuta. Cette côte est absolument magnifique, encore préservée, avec des promontoires rocheux encadrant les criques. L'idéal est d'avoir son propre véhicule car les transports publics sont très limités.

KOTARAJA

Sur la route de Tetebatu, à 32 km de Mataram. Aller en *bemo* jusqu'à *Pao Motong,* puis prendre un *cidomo.* Kotaraja est spécialisé dans la ***vannerie.*** C'est là que l'on trouve les plus beaux paniers tressés de toute l'île.

Achats

Zabda Arts : dans le centre. Les artisans proposent un grand choix de vannerie d'une finesse extraordinaire : boîtes, trousses, plateaux, paniers, etc. On négocie sur un bout de papier et on repart avec plein de petits cadeaux pour les copains !

TETEBATU

Juste au-dessus de Kotaraja. Paysages de rizières et de plantations de tabac magnifiques, sur les flancs fertiles du mont Rinjani. Idéal pour randonner, prendre le frais (on est un peu en altitude) et découvrir la vie rurale de Lombok. Des gamins vous proposeront sûrement de vous « accompagner » dans les environs. N'hésitez pas à accepter, c'est un moyen très agréable d'accéder à de beaux coins, comme la cascade de *Jeruk Manis* ou celle de *Joben* (moins spectaculaire) ou encore la forêt peuplée de singes noirs. Négocier tout de même le prix avant de partir pour ne garder de votre balade que de bons souvenirs. Il est aussi possible de se promener sans être guidé, en suivant les panneaux ou en demandant son chemin. Mais dans ce cas, mieux vaut connaître quelques mots d'indonésien !

LES COMBATS SASAKS

L'est de Lombok vit pendant 2 semaines par an, en août (se renseigner à l'office de tourisme de Mataram sur les lieux et dates exacts), au rythme des combats sasaks. Des groupes de guerriers des districts de Lombok s'affrontent torse nu, armés d'un bouclier, avec des bâtons de bois recouverts de chanvre au son d'une musique lancinante. Le public est exalté. Les combats sont extrêmement violents et s'arrêtent lorsque l'un des guerriers saigne de la tête. Petites natures, s'abstenir.
Les combats se déroulent dans toute la région, mais les plus célèbres ont lieu à ***Masbagik,*** sur la route de Mataram à Labuhan Lombok, à une dizaine de kilomètres de Tetebatu (reprendre une moto ou chartériser un *bemo*), entre 16 h et 18 h. Droit d'entrée symbolique. Aucun touriste, spectacle et ambiance garantis.

Comment y aller ?

➢ **_De Mandalika :_** prendre un *bemo* en direction de Labuhan jusqu'à *Pao Motong,* puis une moto qui vous attend au carrefour. Pour une somme raisonnable, vous ferez une balade sympa de 15 km à travers les rizières, les champs de tabac et les villages sasaks.
➢ **_De Kuta :_** prendre un *bemo* jusqu'à *Sengkol,* puis un autre jusqu'à *Praya,* un autre jusqu'à *Kopang,* et enfin un dernier jusqu'à *Pao Motong.* Ça paraît bien compliqué, mais les bus sont très fréquents, et le trajet dure environ 2 h.

Où dormir ? Où manger ?

Bon marché (de 30 000 à 50 000 Rps, soit 2,4 à 4 €)

Cendrawasih : tourner à droite au milieu du village et continuer sur environ 300 m. Bien indiqué. ☎ 0812-374-66-94. Petits bungalows de style sasak très simples mais parfaitement propres, dans un jardin coquet. Du resto, sympa comme tout et perché en hauteur, magnifique vue sur les plantations de tabac et le mont Rinjani. Ambiance décontractée et amicale.

Hakiki Bungalows : à Kembang Kuning. Au milieu du village, tourner à droite et continuer la petite route sinueuse sur environ 1 km. Quelques petits bungalows au toit de chaume au milieu des champs de tabac, avec une superbe vue sur le Rinjani. Confort minimum mais accueil merveilleux et tranquillité absolue.

Prix moyens (de 50 000 à 80 000 Rps, soit 4 à 6,5 €)

Soedjono Hotel : très bien situé, à la sortie du village. ☎ et fax : (0376) 62-13-09. Plusieurs prix et plusieurs catégories d'hébergement. Hélas, tout semble aller à vau-l'eau depuis quelques années, mais le lieu reste intéressant pour sa superbe situation dominante. C'est aussi le seul à proposer un pseudo-confort à Tetebatu. Le resto reste très correct. Toutefois, l'attente peut être interminable quand il y a des groupes...

LABUHAN LOMBOK

Point de départ des ferries pour l'île de Sumbawa. *Bemos* directs au départ de Mandalika. La route pour y aller permet d'avoir de beaux points de vue sur le mont Rinjani. Peu de touristes et peu de choses à voir. Prendre un *cidomo* pour faire les 3 km entre le terminal des *bemos* et le port. Départ des ferries toutes les heures et demie, 24 h/24, en direction du port de Poto Tano à Sumbawa.

LE NORD DE LOMBOK ET LES ÎLES DU NORD

GILI ISLANDS

IND. TÉL. : 0370

Ces 3 petits atolls coralliens sont situés au nord-ouest de Lombok. Malgré les constructions croissantes d'hôtels, ces îles sont encore paisibles car aucun véhicule motorisé n'y est autorisé. Pour se déplacer, les *cidomos*

(petites carrioles à cheval) vous éviteront de marcher sous le soleil. Magnifiques plages de sable blanc, coraux, poissons tropicaux multicolores, tortues et requins (impressionnants mais parfaitement inoffensifs !), dans une eau translucide... un vrai paradis pour l'observation sous-marine. Toutefois, l'état des coraux se dégrade à une vitesse vertigineuse. Entre le dynamitage des pêcheurs et l'inconscience de certains touristes face à la fragilité de l'écosystème, il y a de quoi s'inquiéter pour l'avenir des Gili.
Plusieurs centres de plongée mais aussi, à quelques brasses du bord et accessible à tous, le *snorkelling* (masque et tuba). Attention aux coraux ! La consigne est simple : on regarde, on ne touche pas !

Comment y aller ?

Le ***port d'embarquement*** pour Gili Air, Gili Meno et Gili Trawangan se trouve à Bangsal.
➢ ***De Mandalika :*** prendre un *bemo* pour Pemenang, à 25 km de Cakranegara, puis un *cidomo,* ou marcher jusqu'au port de Bangsal.
➢ ***De Senggigi :*** la solution théoriquement la plus économique consiste à prendre un *bemo* public jusqu'à Gunungsari (une demi-heure), puis un autre jusqu'à Pemenang (une heure). Le kilomètre séparant Pemenang du port de Bangsal se fait soit à pied soit en *cidomo.* Une fois à Bangsal, on peut prendre le bateau public (en principe à 7 h 30 et 16 h 30). Mais il faut attendre qu'il y ait 20 personnes, et ça peut durer ! On peut aussi emprunter la navette *(Islands Hopping).* L'attente est moins longue, mais c'est 3 fois plus cher. Enfin, possibilité de chartériser un bateau, parfait mais 10 fois plus cher ! Dans tous les cas, les durées de traversée à partir de Bangsal sont identiques : 25 mn pour Gili Air, 45 mn pour Gili Meno et 1 h pour Gili Trawangan.
Bref, tout ça est très long, bien compliqué et risque finalement de vous revenir plus cher qu'en passant par une des petites agences de Senggigi. La solution la plus simple consiste à chartériser un *prahu* (si possible à plusieurs), directement sur la plage de Senggigi ou de Mangsit en fonction du lieu où se trouve votre hôtel. Ça permet aussi beaucoup plus de souplesse pour l'heure du retour si vous ne souhaitez pas passer la nuit sur les Gili.

Liaisons inter-îles

Les bateaux publics, de la compagnie *Islands Hopping,* desservent les 3 îles. Départ à 9 h 30 de Gili Trawangan (l'île la plus éloignée), arrêt rapide à Gili Meno puis continuation vers Gili Air. Le retour se fait à 15 h 30, via Gili Meno également. La solution de loin la plus économique mais peu adaptée quand on veut faire un peu de *snorkelling* sur chaque île. Sinon, possibilité de partir sur des petites embarcations d'un peu partout, mais les tarifs sont assez élevés.

GILI AIR

L'île la plus proche de Lombok. Verdoyante et paisible, couverte de cocotiers. On peut facilement en faire le tour à pied, en une heure environ.

Où dormir ? Où manger ?

Partout, les prix diffèrent selon la saison, avec parfois de grandes variations.

Prix moyens (de 50 000 à 80 000 Rps, soit 4 à 6,5 €)

🏠 🍽 ***Corner Café & Cottage :*** à droite du port. Bungalows à différents prix, selon le confort. Certains ont un hamac sur la terrasse. Ambiance cabane-bambou et bon resto.

🏠 🍽 ***Safari Cottages :*** sur la côte ouest de l'île, à 15 mn à pied du débarcadère, vers la gauche. • vwolterbeek@yahoo.com • Bungalows au confort spartiate, avec *mandi* ou douche, moustiquaire et ventilateur. Rudimentaire et bon marché.

🍽 Pas loin du débarcadère, sur la côte est, des gargotes se succèdent sur la plage, comme le ***Santi Han's Restaurant*** avec ses agréables cabanons dans le sable, face à la mer.

Plus chic (de 80 000 à 120 000 Rps, soit 6,5 à 9,7 €)

🏠 🍽 ***Coconut :*** sur la côte est, face à Lombok, à environ 10 mn du débarcadère en *cidomo*. ☎ et fax : 63-53-65. • www.coconuts-giliair.com • *Losmen* agréable et calme, dans un joli jardin, tenu par une Écossaise et un Indonésien. Différents types de chambres, allant du bungalow tout simple en bambou à la chambre tout confort pour le double du prix, avec carrelage, douche chaude et terrasse. Toutes ont un ventilateur. Une adresse très agréable. Transport possible de l'aéroport ou de Senggigi (payant).

🏠 ***Abdi Fantastik Bungalows :*** juste après le *Coconut*, sur la côte est de l'île. ☎ 63-64-21. Dans un coin bien tranquille, quelques bungalows avec douche, ventilateur et moustiquaire. Moins cher que le *Coconut* mais aussi plus modeste et moins agréable.

Chic (de 120 000 à 250 000 Rps, soit 9,7 à 20,2 €)

🏠 ***Hôtel Gili Indah :*** à 5 mn de l'embarcadère, sur la gauche. ☎ et fax : 63-73-28. Bungalows dans un jardin timidement fleuri. Trois catégories de prix : les *standard* avec ventilateur, moustiquaire et *mandi* à ciel ouvert, les *moderate*, très agréables, donnant sur la mer, et enfin les *superior* avec eau chaude et climatisation.

Où faire de la plongée ?

■ ***Reefseekers Dive Center :*** à gauche en descendant du débarcadère, à côté de l'hôtel *Gili Indah*. ☎ 64-10-08. Fax : 64-10-05. • www.reefseekers.net • Club de plongée sérieux et parfaitement équipé proposant des plongées en petite palanquée au large des 3 îles. Cours PADI. Également centre de sauvegarde des tortues, où elles sont soignées. Si vous n'avez pas eu la chance d'en croiser lors de votre plongée, vous pourrez toujours en voir ici !

GILI MENO

Cette île fut longtemps considérée comme une zone impaludée, le lac intérieur étant infesté de moustiques. Il semblerait que ce problème ne soit aujourd'hui qu'un mauvais souvenir. Cela dit, selon certains, un traitement antipaludique reste conseillé... nous sommes donc dubitatifs ! Bien qu'elle ait la même superficie que Gili Air, Gili Meno est moins touristique et encore très préservée. Tranquillité, vie de Robinson et belles plages quasi désertes hors saison.

Adresse utile

■ ***Wartel et Internet :*** à 100 m à gauche du débarcadère.

Où dormir ? Où manger ?

Bon marché (de 30 000 à 50 000 Rps, soit 2,4 à 4 €)

Amber House : à 500 m à droite du débarcadère. ☎ et fax : 64-36-76. Petits bungalows sur pilotis avec terrasse, dans un jardin de tamaris et de cocotiers, sur la plage. Idéalement calme et loin de tout... un petit paradis de simplicité et de sérénité. Juste devant, joli spot pour le *snorkelling.* Accueil doux et charmant. Petit dej' en sus.

Chic (de 120 000 à 250 000 Rps, soit 9,7 à 20,2 €)

Mallias Child Bungalows : à 100 m du débarcadère, sur la gauche. ☎ et fax : 62-20-07. • www.gilimeno-mallias.com • Bungalows sur pilotis avec moustiquaire et ventilateur, directement sur la plage. Simple et tranquille. Le restaurant propose des pizzas, des salades et des fruits de mer.

Très chic

Bounty Beach Bungalows : de l'autre côté de l'île, sur la côte ouest, en face de Gili Trawangan. ☎ 64-90-90. Fax : 64-11-77. • gilimeno@indo.net.id • Compter de 38 à 48 US$ la chambre double. Du débarcadère, prendre un *cidomo* pour traverser l'île de part en part (environ 20 mn). Très bel ensemble de bungalows en bois répartis au bord de la mer, dans un jardin. La plage est moins belle que du côté du levant, mais les couchers de soleil sont inoubliables. Deux catégories de chambres au confort équivalent, digne d'un 3 étoiles français. Les *deluxe* sont deux fois plus spacieuses que les *standard.* Grande piscine et bar de plage.

Gazebo Meno : sur la plage, à environ 10 mn à pied du débarcadère (vers la gauche). ☎ et fax : 63-57-95. Compter autour de 53 US$ la chambre double. Créé par le fameux *Gazebo* de Sanur. Spacieux *cottages* dans une vaste cocoteraie. Belle décoration de style balinais et air conditionné. Les bungalows sont certes charmants avec leur bel espace divisé en différents niveaux, mais les prix sont excessifs au regard du confort et de la qualité du service. Nous lui préférons de loin le *Bounty Beach Bungalows,* moins cher et nettement plus agréable. Petite piscine peu engageante et parfaitement inutile...

GILI TRAWANGAN

L'île la plus éloignée de Lombok et la plus vaste (340 ha). Très belle, avec de splendides plages de sable blanc et des fonds marins incomparables. C'est aussi la plus fréquentée, et le coin autour du débarcadère commence à ressembler à un mini-Kuta avec ses restos, ses boîtes et ses écrans géants. Mais pas de panique, passé ces quelques mètres bruyants et bondés en pleine saison, il est facile de s'isoler et de retrouver le calme. Belles balades à faire dans le centre de l'île, avec une petite grimpette au sommet de la colline pour découvrir le mont Rinjani de Lombok d'un côté, et le mont Agung de Bali de l'autre.

Adresses utiles

■ ***Téléphone Wartel :*** à 30 m du débarcadère, à droite en arrivant.
@ ***Internet :*** plusieurs échoppes près du débarcadère.
■ ***Location de VTT :*** au débarcadère et dans quelques hôtels. Conseillé pour les déplacements sur l'île car les calèches sont assez chères. Prenez-les surtout pour transporter vos bagages, si votre *losmen* est éloigné...
■ ***Location de masques et tubas :*** nombreux loueurs un peu partout.

Où dormir ?

Une cinquantaine d'adresses maintenant, et ce n'est pas fini. Les hôteliers se sont groupés en une association qui fixe les prix chaque année. Ces tarifs sont affichés à la porte des chambres. Les *losmen,* presque tous en bordure de plage, se valent au niveau du confort ; la différence réside dans l'accueil et la qualité du petit dej'. Quasiment tous proposent les mêmes services : agence de voyages, laverie, change, etc. Presque tous les *losmen* ont l'électricité jusqu'à 22 h (générateur).
Dans les hôtels autour du débarcadère, les nuits peuvent être bruyantes en raison des discothèques. Si vous recherchez le calme, mieux vaut vous éloigner un peu ou prévoir des boules *Quiès.* Mais si vous aimez la vie nocturne, c'est l'endroit rêvé !

Prix moyens (de 50 000 à 80 000 Rps, soit 4 à 6,5 €)

■ ***Sunset :*** à 15 mn environ en *cidomo* du débarcadère, en partant sur la gauche, après le *Pondok Santi.* Petits bungalows surélevés en bambou, avec terrasses pour assister au coucher du soleil sur Bali (d'où son nom !). Chambres propres avec moustiquaire et *mandi* à ciel ouvert. Simple et tranquille.
■ ***Pondok Santi :*** à environ 10 mn du débarcadère, vers la gauche. Isolé, dans une partie de l'île encore peu construite. Les 5 bungalows en bambou sont simples mais agréables, avec terrasse pour écouter le doux bruit de la mer. Accueil tout sourire.
■ ***Creative Bungalows II :*** à 1 km environ du débarcadère, sur la droite, à côté de l'hôtel *Vila Almarik.* ☎ 63-85-21. Bungalows et chambres corrects, avec ventilateur et moustiquaire. Petit dej' en sus.

Chic (de 120 000 à 250 000 Rps, soit 9,7 à 20,2 €)

■ ***Balikana Retreat :*** au nord de l'île, à 15 mn en *cidomo.* ☎ 62-23-86. • www.balikana.com • Dans une partie de l'île encore très tranquille et préservée, une quinzaine de chambres dans de beaux bungalows en bois. Différents prix en fonction du confort (ventilateur ou AC) et de la saison. Devant, un des plus beaux coins des Gili pour faire de la plongée ou du snorkelling. Accès Internet et téléphone international. Bon restaurant, avec soirées à thèmes : pizzas, poissons, etc. N'accepte pas les enfants de moins de 10 ans.

Très chic

Desa Dunia Beda : au nord-ouest de l'île, à 15 mn en *cidomo*. ☎ 64-15-75. • www.desaduniabeda.com • Compter de 90 à 110 US$ pour une chambre double. Le nom de cet hôtel signifie « le village d'un autre monde »... et c'est tout à fait ça ! Le propriétaire, un Suisse marié à une Indonésienne, a fait venir de Java d'anciennes maisons traditionnelles en bois qu'il a installées dans une vaste cocoteraie, face à la mer. Les chambres sont splendides, immenses et décorées avec élégance. Grâce à cette architecture très particulière, elles restent toujours fraîches et la climatisation est donc inutile. Bien belle piscine également. Un véritable coup de cœur...

Où manger ?

Une jolie brochette de restos sur la plage, autour du débarcadère. Impossible de faire une sélection car tous proposent les mêmes tarifs et le même style de nourriture. Allez-y au feeling et comparez la fraîcheur des poissons généralement présentés devant les restos. La plupart du temps, les hôtels font aussi restaurant.

À voir. À faire

Les **_fonds marins,_** bien entendu, qui sont exceptionnels. On se croirait dans un aquarium. On ne peut qu'être émerveillé devant l'incroyable variété de poissons et la beauté des coraux, même si ceux-ci disparaissent à une vitesse désolante (voir plus haut).

Il n'y a évidemment pas de route. Seuls quelques *cidomos* servent à transporter les marchandises et les touristes pour les logements éloignés. Compter environ 3 h pour faire **_le tour de l'île_** à pied. Vie paisible au rythme du soleil et des marées. En profiter avant la dégradation qui s'annonce...

QUITTER GILI TRAWANGAN

➢ En **_bateau public_** avec la navette *Islands Hopping.* Départ vers 9 h 30 pour Bangsal en passant par les deux autres îles. Sinon, charter mais c'est évidemment beaucoup plus cher.

LE MONT RINJANI

Ce volcan culmine à 3 726 m. Il est à cheval sur les trois districts administratifs découpant l'île : *Lombok Barat* (ouest), *Lombok Timur* (est) et *Lombok Selatan* (sud). Il bat de quelques mètres le Gunung Agung de Bali. Son ascension est une expédition qui nécessite un équipement approprié. Elle s'adresse aux personnes en bonne condition physique. Si l'ascension du mont Rinjani est un objectif en soi, il est également intéressant d'aller voir le lac Segara Anak, situé à environ 1 800 m d'altitude. Cette randonnée est un must et le panorama depuis la crête de la caldeira sur les eaux du Segara Anak ou la vue du sommet sur la région laissent un souvenir inoubliable, peut-être aussi parce que l'ascension est particulièrement difficile.

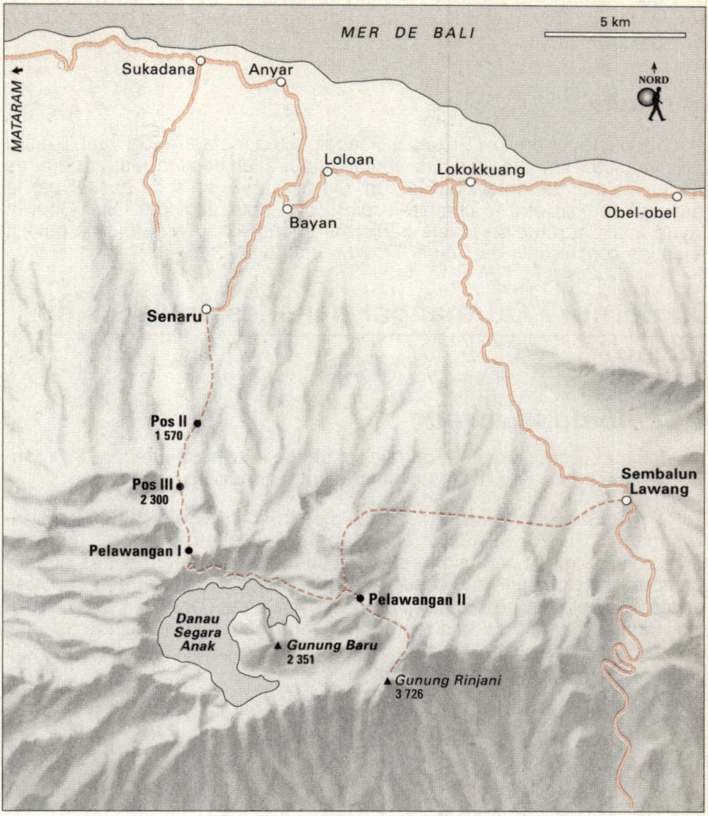

LE MONT RINJANI

Comment y aller ?

En *bemo*

➢ ***Pour Sembalun Lawang par le sud :*** départ du terminal de Mandalika. Les *bemos* prennent la route principale traversant l'île d'ouest en est en longeant le sud du parc national du mont Rinjani. Plusieurs combinaisons sont possibles. La solution la plus simple est de monter dans un direct pour Sembalun Lawang (terminus du *bemo*). Nombreux départs entre 10 h et 17 h. Durée : 3 h au minimum. Le chauffeur pourra vous arrêter devant votre *losmen*. Une autre solution consiste à prendre un *bemo* en direction de Selong et de changer à Masbagik. Enfin, des *bemos* partent tous les quarts d'heure environ de Mandalika en direction de Labuhan Lombok. On change alors à Aikmel pour Sembalun Lawang.

➢ ***Pour Sembalun Lawang par le nord :*** départ du terminal de Mandalika pour Bayan (en 2 h 30), puis *bemo* pour Sembalun Lawang (encore 2 h 30). Nous vous déconseillons cet itinéraire qui est plus long que par le sud et où la route est plus difficile.

➢ ***Pour Senaru par le nord :*** prendre au terminal de Mandalika un *bemo* en direction de Bayan et descendre à Anyar, puis prendre un second *bemo* pour Senaru.

En voiture

➢ On peut louer un ***4x4*** Suzuki à Senggigi ou à Mataram. Ça vaut le coup à plusieurs. Il vous attendra ainsi pour le retour. L'un des meilleurs itinéraires effectue la grande boucle par le sud. On peut être tenté de passer par le nord, qui semble être le chemin le plus court pour rejoindre Obel Obel et Bayan, mais la route se révèle particulièrement raide avec de gros pavés. Seuls les concurrents du *Camel Trophy* l'emprunteront !

Où dormir ? Où manger dans les environs du volcan ?

À Sembalun Lawang

Ces deux adresses, proches l'une de l'autre, se trouvent au départ de la randonnée au sud de Sembalun Lawang avant d'arriver au village.

Pondok Sembalun : 2 jl. Pelawangan. ☎ (0376) 62-16-56. *Losmen* bon marché proposant des chambres avec ou sans eau chaude, *mandi*, w.-c. à la turque. Petit dej' inclus. Petit restaurant qui a le mérite d'exister.

Lembah Rinjani : un peu après le *Pondok Sembalun*, sur le même chemin. ☎ (0364) 62-79-37 (Mataram). Quelques chambres neuves, totalement carrelées et très confortables (AC, douche et eau chaude). Les prix n'ont rien à voir avec la précédente adresse, puisque celle-ci est dans la catégorie « Chic ». Petit dej' compris.

À Senaru

Pondok Gunung Baru : à côté du village traditionnel de Senaru, à l'arrivée du chemin de randonnée. Quelques bungalows « en dur » dans un jardin, avec *mandi* et w.-c. à la turque. Simple et bon marché.

Pondok Senaru : sur la route principale, avant d'arriver au village de Senaru. ☎ et fax : (0370) 62-28-68. Une douzaine de chambres carrelées très agréables, précédées d'une véranda donnant sur un jardin fleuri dominant un paysage de montagnes verdoyantes. Un cadeau inespéré après 4 jours de marche. Le petit dej', inclus dans le prix, est en revanche trop léger. Salle de restaurant et kiosque donnant sur le volcan. Prix moyens.

Conseils et équipement

– La ***randonnée dure 4 jours et 3 nuits*** aller et retour, sans compter la nuit précédant le départ à Sembalun Lawang ou à Senaru et la nuit suivant l'arrivée. Être en excellente forme. Bonnes chaussures de marche obligatoires.
– ***Matériel :*** réchaud (bien qu'il y ait la possibilité de faire des feux de camp), duvet d'été (mais chaud), nourriture (riz, pâtes, etc.). Dans les « boutiques » de Bayan et Batokok vous ne trouverez quasiment que des

biscuits, du chocolat et de l'eau en bouteille. Le mieux est de se ravitailler à Senggigi ou à Mataram. Piles de rechange pour la torche et cigarettes pour le guide éventuel. Attention, certains magasins vendent pour quelques centaines de roupies des piles qui sont dans les rayons depuis un an et qui ne fonctionneront que quelques minutes. Ne pas oublier les pastilles pour aseptiser l'eau de source que vous trouverez tout au long du parcours. Nos lecteurs les plus sophistiqués apporteront des cannes de randonnée réglables. En effet, elles se révèlent fort utiles dans les nombreuses descentes abruptes et aident efficacement contre le fameux *sahib knee* (mal au genou) qui frappe durement les Occidentaux. En outre, elles sont peu encombrantes (50 cm maxi).

– ***La solution la plus simple*** (et la plus chère) consiste à acheter les services d'une agence de voyages à Mataram ou Senggigi. Compter quand même un forfait de 150 € par personne (2 personnes au minimum) pour le circuit complet. Ce prix inclut le guide, les porteurs, la location de tout le matériel, la nourriture, le transport depuis Mataram ou Senggigi et le droit d'entrée dans le parc national. Sinon, il est possible d'organiser la randonnée depuis Senaru ou Sembalun Lawang en s'adressant aux *losmen*. Si vous avez votre matériel de randonnée (tente, sac de couchage, réchaud à gaz et couverts), il sera très facile de trouver directement dans ces villages un guide et des porteurs éventuels.

– ***Pour monter jusqu'au sommet, un guide est indispensable,*** car l'ascension du mont Rinjani proprement dite n'est pas balisée. En revanche, si vous ne voulez pas monter jusqu'au sommet, un guide n'est pas nécessaire, même si le chemin n'est pas balisé. En saison sèche, trek assez fréquenté et on trouve presque toujours le moyen de s'informer sur l'itinéraire. Ne pas tenter la randonnée en saison des pluies (de novembre à avril).

L'itinéraire

Il existe plusieurs possibilités pour cette randonnée. Tout dépend de votre motivation et de votre temps. Traditionnellement, les randonneurs partent du village de Senaru et reviennent à ce village après l'ascension, ce qui explique que les hébergements y sont plus nombreux. Cependant, ce n'est sûrement pas la meilleure solution si le but est d'aller jusqu'au sommet. En effet, en partant de Senaru, on dort la deuxième nuit au bord du lac et il faut remonter jusqu'à la crête de la caldeira avant d'entreprendre l'ascension du mont Rinjani, ce qui est très fatigant. En revanche, en partant du village de Sembalun Lawang, on arrive directement en une journée de marche au campement qui sert de point de départ à l'ascension du Rinjani. Les chances d'arriver tout en haut sont donc plus grandes. En résumé, si vous avez l'intention d'aller jusqu'au sommet, nous vous conseillons de partir de Sembalun Lawang. Et si vous vous contentez d'aller voir le lac de cratère, ce qui est quand même un but en soi, mieux vaut partir de Senaru. Dans ce dernier cas, l'aller-retour jusqu'à la crête de la caldeira *(Pelawangan I)* ne se fait pas en une journée. Il faut prévoir de camper une nuit à *Pelawangan I* ou un peu plus bas, au campement *Pos III*. Si vous passez par une agence, vous pouvez demander de partir de Sembalun Lawang et arriver à Senaru. Quelques chiffres valant mieux qu'un long discours, les tableaux suivants indiquent les étapes de cette randonnée avec les altitudes correspondantes et les durées approximatives de marche. Attention, ces durées ne prennent pas en compte les pauses et les repas. On se rend compte ainsi des beaux dénivelés à effectuer. Attention les mollets !

Au départ de Sembalun Lawang

	Altitude	Temps de marche
Sembalun Lawang	1 156 m	–
Pelawangan II (1re nuit)	2 639 m	6 h
Mont Rinjani	3 726 m	3 h
Retour Pelawangan II	2 639 m	2 h 30
Lac Segara Anak (2e nuit)	2 000 m	2 h
Pelawangan I	2 641 m	2 h 30
Pos III (3e nuit)	2 100 m	1 h 15
Pos II	1 850 m	1 h
Senaru	600 m	2 h 30

Les plus sportifs (ou les plus pressés s'ils sont aussi très sportifs) peuvent effectuer ce parcours en 3 jours et 2 nuits en dormant à Pelawangan II puis à Pos III. Par conséquent, la deuxième journée de marche est particulièrement longue puisqu'elle inclut l'aller-retour au sommet du Rinjani, puis la descente au bord du lac et la montée sur la crête (Pelawangan I) pour finir à Pos III, soit plus de 11 h de marche en tout. Vous l'avez compris, cette remarque ne s'adresse qu'aux marcheurs très bien entraînés.

Aller-retour au départ de Senaru

	Altitude	Temps de marche
Senaru	600 m	–
Pos III (1re nuit)	2 100 m	6 h
Lac Segara Anak (2e nuit)	2 000 m	5 h
Pelawangan II	2 639 m	3 h
Mont Rinjani	3 726 m	3 h
Retour Pelawangan II	2 639 m	2 h 30
Lac Segara Anak (3e nuit)	2 000 m	2 h
Pelawangan I	2 641 m	2 h 30
Pos II	1 850 m	2 h 15
Senaru	600 m	2 h 30

Comme nous l'avons déjà écrit plus haut, cet itinéraire n'est pas le meilleur, sauf si vous ne désirez pas monter jusqu'au sommet du mont Rinjani.

À voir

Senaru : point de départ oú d'arrivée de la randonnée, tout dépend du sens dans lequel on effectue l'ascension. Le village n'était au départ qu'un petit hameau sasak, que l'on peut visiter, puis une quinzaine de *losmen* ou d'hôtels se sont construits à la faveur du tourisme sur la route arrivant au village. Le village est paisible et idéal pour reprendre des forces. L'air est frais à cause de l'altitude. Du village, on peut accéder depuis le chemin de randonnée à plusieurs cascades au milieu de la forêt. Une petite randonnée agréable récompensée par un bain d'eau fraîche.

Le lac Segara Anak : descente assez difficile dans la caldeira née depuis la nuit des temps, que ce soit au départ de Sembalun Lawang ou de Senaru. Être très prudent. Possibilité de s'y ravitailler en eau pure. Demander aux porteurs sur place où se trouve la source qui jaillit d'un rocher. Certains vendent même des carpes pêchées dans le lac. On aperçoit le lac pour la première fois en arrivant jusqu'à l'arête de la caldeira. À l'origine circulaire, la lac est en forme de croissant à cause du cône volcanique *(Gunung Baru)* qui s'est formé il y a des siècles et dont les flancs dessinent une étrange avancée tentaculaire dans l'eau. Ses flancs ont grossi et sa bouche s'est ouverte lors d'une éruption en 1994, où le cône a craché des milliers de tonnes de scories et de cendres. On peut d'ailleurs distinguer par la différence de couleur la matière récemment expulsée. Lombok, Bali et Sumbawa sont restées deux mois dans un nuage de cendre. Il n'y a eu aucun mort pendant l'éruption, mais quelques semaines plus tard, six paysans qui travaillaient dans leur rizière ont été emportés par une vague de boue formée par les scories et l'eau de pluie.

Le dieu *Dewa Betara* a, selon la tradition hindouiste, élu domicile dans le lac. Il est un lieu de pèlerinage que l'on pourrait qualifier d'œcuménique, car les musulmans sasaks et les hindouistes balinais viennent prier et jeter de l'or au bord du lac. Ce pèlerinage, le *pekalan,* a lieu tous les ans à la mi-octobre et rassemble des hindouistes de toute l'Indonésie. Les familles indonésiennes que vous croiserez sur le chemin viennent sûrement pour faire une offrande.

Sources d'eau chaude pour se détendre. La première (de 5 à 10 mn de la cabane) se trouve au pied d'une cascade. Tout le monde y va pour faire sa toilette. Une autre, plus bas, à environ 30 mn de marche. Emprunter le sentier du Rinjani sur 100 m. Arrivé à une petite courbe, descendre sur la gauche, dans une profonde gorge. Quelques impressionnantes orties et végétation luxuriante. Arrivé dans la gorge, remonter le cours d'eau jusqu'aux grandes marmites d'eau chaude. Les Sasaks et les Balinais attribuent à ces sources des vertus curatives, et selon eux, un bain dans cette eau vaut mieux que 100 piqûres ! Que l'on parte de Sembalun Lawang ou de Senaru, on campe au bord du lac. Une nuit de repos n'est pas de trop avant de monter sur la deuxième arête de la caldeira.

La montée au Rinjani : l'ascension proprement dite du mont Rinjani commence à partir du campement de *Pelawangan II* et l'on grimpe un dénivelé de 1 000 m en 3 h. La présence d'un guide est indispensable pour cette partie de la randonnée, car le chemin n'est pas balisé et les bifurcations sont nombreuses. En partant de Sembalun Lawang, on dort une première nuit dans ce campement et il faut commencer l'ascension tôt dans la nuit, à 3 h du matin afin d'arriver au sommet à l'aurore. En effet, hormis les couleurs de l'horizon et du paysage au lever du soleil, le mont Rinjani se couvre rapidement en début de matinée. Autant mettre toutes les chances de son côté de voir quelque chose là-haut ! Sentier abrupt sur cendrée, ravines pénibles avant de parvenir à la grande arête (vers 3 200 m). Dans la dernière partie, on a l'impression de grimper une dune et l'on s'enfonce de 15 cm lorsque l'on en monte 30. Cette dernière partie de l'ascension est particulièrement exténuante et plutôt démotivante, mais vos efforts seront récompensés, et puis quel est l'intérêt de s'arrêter si près du but ? Quelques passages caillouteux (où l'on ne regrette pas ses bonnes chaussures). Bien rester au milieu du chemin, car à certains endroits, on passe à côté de précipices. Attention au froid et au vent, des vêtements chauds et coupe-vent sont indispensables en arrivant au sommet. Tout en haut, spectacle à 360° : le lac Segara Anak en plongée, l'île de Sumbawa, Bali et le mont Agung au-dessus des nuages... Merveilleux et inoubliable ! Le retour au campement s'effectue par le même chemin, mais la descente dans les éboulis est un vrai plaisir, en enfonçant les talons dans le sable. Il faut malgré tout rester prudent, car même si la crête est suffisamment large, elle est entourée d'à-pics.

SULAWESI (CÉLÈBES)

Naguère, on disait les Célèbes. Sulawesi est son nom officiel depuis l'indépendance de l'Indonésie. Parce que leurs caravelles s'étaient échouées sur les récifs du littoral au début du XVIe siècle, les marins portugais, venus ici dans le sillage de Magellan, dénommèrent cette région *Pontos dos Celebes,* ce qui signifie le « cap mal famé ». Ce coin d'Extrême-Orient était si difficile à cerner qu'ils crurent être en face d'un vaste archipel avec des morceaux épars et non d'une seule île.
Voilà en effet une île aux contours sinueux, étranges, tarabiscotés. Regardez la carte, elle ressemble à une sorte de grand « K » démantibulé, formé de quatre branches inégales dont une (Sulawesi Nord et Pays minahasa) imite un interminable tentacule terrestre.
On remarque immédiatement Sulawesi. Elle se situe à environ 300 km des côtes de Bornéo (dont la partie indonésienne se nomme Kalimantan) et à 250 km des îles Moluques (les « îles aux Épices »). Bali n'est qu'à 500 km à vol d'oiseau vers le sud, et les Philippines à 470 km au nord. Avec de pareils voisins aux noms évocateurs, avec des mers d'aventure comme la mer de Célèbes, la mer des Moluques, la mer de Java et le détroit de Macassar, Sulawesi pouvait difficilement faire dans l'ordinaire... N'est-ce pas sur les eaux du détroit de Macassar, entre les Célèbes et Bornéo, que Joseph Conrad, à la fin du XIXe siècle, rumina les histoires et les images les plus fortes de ses futurs romans ?...

CARTE D'IDENTITÉ

- ***Superficie :*** 227000 km², en comptant les îles et îlots qui lui sont officiellement rattachés, soit une surface un peu plus petite que la Grande-Bretagne.
- ***Population :*** 13,8 millions d'habitants.
- ***Principales villes :*** Macassar (environ 1,2 million d'hab.), Manado (300000 hab.).
- ***Divisions administratives :*** Sulawesi est divisée en 4 provinces de tailles inégales : Selatan, Tenggara, Tengah, Utara.

Comment y aller ?

Voir aussi les rubriques « Comment y aller ? » pour chacune des villes présentées dans ce guide.

En bateau

➢ ***De Jakarta :*** des navires de la *Pelni* (*Kambuna, Ciremai* et *Lambelu*) assurent des liaisons avec Macassar au départ de Jakarta. Les bateaux sont très confortables et neufs. Repas compris. Le prix en 1re classe équivaut à la moitié du tarif avion. 2 départs par semaine (à vérifier). Le voyage dure 48 h. Le premier jour, Jakarta-Surabaya, et le second jour Surabaya-Macassar. Il est possible d'arriver en ferry, irrégulier, en partant de Kalimantan, de Balikpapan, à Donggala ou à Macassar.

➢ ***De Bali, Lombok, Flores et Kalimantan :*** les bateaux de la *Pelni* assurent également la liaison entre Bali, Lombok, Flores, Kalimantan (Banjarmasin et Balikpapan) et Macassar. Ces liaisons permettent de suivre les côtes de Sulawesi, soit par l'ouest (escales à Pare Pare, Palu, Toli Toli, Manado), soit par l'est (Kendari, Bau Bau, Kolonodale, Luwuk, Bitung), le tout en lignes régulières. Se procurer la grille *Pelni Time Table* en début de voyage.

➢ D'autres ferries circulent, irrégulièrement, entre tous les différents ports de Sulawesi.

Conditions de voyage : en classe économique *(kelas ekonomi),* on dort soit sur des matelas rapprochés à l'intérieur du bateau (promiscuité, bruits, odeurs, lumière...), soit sur le pont (moins de bruit, aération naturelle et vue superbe). Nourriture très insuffisante et d'accès problématique.

➢ ***Pour Davao (sud des Philippines) :*** à signaler que la *Pelni* a expérimenté une liaison bimensuelle avec Davao, aux Philippines, se renseigner. Entre Bitung (côte sud de Sulawesi Nord) et Davao, on peut trouver place à bord d'un cargo, une fois par semaine.

Voir aussi les rubriques « Quitter Jakarta » et « Quitter Surabaya ».

En avion

➢ ***De Jakarta :*** 3 vols quotidiens avec *Garuda* et 2 vols quotidiens avec *Merpati* et avec *Mandala.* Durée : 2 h 15 de vol, auxquelles il faut ajouter une heure de décalage horaire.

➢ ***De Surabaya :*** toutes les compagnies (*Garuda, Merpati, Bouraq* et *Mandala*) ont 1 vol quotidien. Durée : 1 h 20 de vol, à laquelle il faut ajouter une heure de décalage.

➢ ***De Denpasar :*** la liaison la moins chère. 1 vol quotidien avec *Garuda* et 2 vols hebdomadaires avec *Merparti,* dont les tarifs sont légèrement inférieurs. Durée : 1 h 10.

➢ ***De Singapour et des Philippines :*** vols réguliers reliant Manado à Singapour et à Davao, au sud des Philippines (voir au chapitre « Manado », la rubrique « Comment y aller? »).

L'HEURE

Les Célèbes ont une heure d'avance sur l'ouest de l'Indonésie mais sont à la même heure que Bali ou les petites îles de la Sonde.

LES QUATRE PROVINCES DE SULAWESI

– ***Sulawesi-Sud (Sulawesi Selatan) :*** en gros, toute la péninsule et la partie montagneuse allant de Macassar au lac Poso, et incluant le Pays toraja (Rantepao), le Pays kakang (extrême Sud-Est), le Pays bugis (Bone) et le Pays bugis wajo (Sengkang).

– ***Sulawesi-Sud-Est (Sulawesi Tenggara) :*** c'est la branche en bas à droite du grand « K » des Célèbes. Cette province, variée sur le plan ethnique, inclut aussi les îles de Buton et Muna. Sauvage et méconnue.

– ***Sulawesi-Centre (Sulawesi Tengah) :*** lac Poso, Tentena, Palu, Ampana et Luwuk en font partie. Ainsi que la moitié nord-ouest de l'immense tentacule septentrional.

– ***Sulawesi-Nord (Sulawesi Utara) :*** c'est l'extrémité nord-est du grand tentacule, la branche étroite et bizarrement allongée, volcanique, fertile et étirée entre deux mers.

SULAWESI

VOLCANS

Sulawesi compte une douzaine de volcans actifs (Sumatra en possède 10 et Java 17). Toute l'île n'est pas volcanique. La plupart des volcans se trouvent dans le Pays minahasa et la région nord de Sulawesi, ainsi que dans le Sud-Ouest. La plus meurtrière éruption volcanique fut celle du volcan Awu sur l'île Sangihe (nord) en 1966, qui fit plus de 7300 victimes. Une des dernières éruptions spectaculaires fut celle, en 1991, du volcan Gunung Lokon, près de Manado.

CLIMAT

L'équateur passe à peu près au milieu de l'île, entre Poso et Tomini. Les villages de Labuanbajo et Tada (baie de Tomini) sont en plein sur sa ligne. Donc, climat équatorial étouffant et humide, en général avec des nuances microclimatiques selon l'altitude. Par exemple, l'air est beaucoup plus frais et respirable dans les monts du Pays toraja et sur les rives des lacs Poso et Tondano.
– ***La saison des pluies*** commence en novembre et s'achève en avril. Il ne pleut ordinairement pas toute la journée mais seulement en fin d'après-midi,

et de façon brutale. La côte ouest est la région la plus humide de l'île, avec un maximum de pluies en décembre.

– ***La saison sèche*** dure de fin avril à fin octobre. Chaleur et ensoleillement dignes d'un climat équatorial. C'est la meilleure époque pour y venir. Attention : il pleut peu mais il pleut quand même. Donc, prévoir un vêtement imperméable et de bonnes chaussures. Là encore, il y a des nuances et des excès. Exemple : sur la côte ouest de la province centrale, au fond d'une baie très abritée des vents et des pluies, la ville de Palu (et sa vallée) est classée comme la ville la plus chaude et la plus sèche de toute l'Indonésie. Des cactus y poussent et il ne tombe pas plus de 600 mm d'eau par an, alors qu'à moins de 200 km au sud-est, la ville de Poso est l'une des plus humides du pays.

DÉCALAGE HORAIRE

Il y a 1 h de décalage entre Macassar et Jakarta.

ETHNIES, LANGUES, RELIGIONS

Un fabuleux laboratoire anthropologique en plein air ! Près de 35 groupes ethniques différents. Les populations les plus importantes en groupe sont les Bugis (environ 3,5 millions), les Macassars (1,5 million), les Mandars (500 000) et les Torajas (autour de 500 000). Les Minahasas (1 million) peuvent parler une douzaine de dialectes et sous-dialectes différents. Au total, une cinquantaine de langages sont parlés à Sulawesi. Mais le *bahasa indonesia* reste évidemment la langue commune à cette mosaïque ethnique.

– ***Les Bugis,*** musulmans, à l'ouest et au sud, merveilleux navigateurs descendants de pirates. Aujourd'hui, ce sont essentiellement des paysans.

– ***Les Macassars,*** commerçants musulmans, dans le sud-ouest également.

– ***Les Lakis et les Moris*** dans le bras sud-est, où ne pénètre aucune route. Naguère interdite aux étrangers, cette partie de Sulawesi est le fief de tribus dont les contacts avec le monde extérieur sont très réduits.

– ***Les Torajas,*** que la légende fait venir par bateau voici quelques siècles et qui furent chassés par l'envahisseur musulman dans les montagnes de l'intérieur. Ces anciens coupeurs de têtes sont devenus en majorité protestants sans renoncer à leurs spectaculaires cérémonies de funérailles animistes.

– ***Les Minahasas,*** chrétiens, et les ***Gorontolis,*** musulmans, vivent dans la partie nord, la plus riche de l'île.

– ***Les Mandars,*** musulmans, au nombre d'environ un demi-million, vivent dans une région côtière, au nord-ouest de Macassar. La capitale de leur district est Majene.

UNE FAUNE EXCEPTIONNELLE

Pas de tigres comme à Sumatra, ni de « dragons » comme à Komodo, mais en revanche des espèces animales très rares et assez menacées. Pour tout savoir sur le sujet, lire l'excellent *The Ecology of Sulawesi,* d'Anthony J. Whitten, Muslimin Mustafa et Gregory S. Henderson, publié par Gadjah Mada University Press (1988).

Une erreur à ne pas commettre : croire que Bornéo et Sulawesi ont la même faune et la même flore. La fameuse ligne Wallace – du nom d'Alfred Russel Wallace, célèbre naturaliste anglais du XIXe siècle qui explora la région pendant des années – passe entre Bali et Lombok et sépare – écologiquement parlant – Bornéo de Sulawesi, le monde asiatique du monde australo-polynésien. Qu'est-ce que cela signifie ? Des plantes et des animaux vivant à l'est de cette ligne ne se retrouvent pas nécessairement à l'ouest de celle-ci,

et vice versa... À Sulawesi, zone tampon, on retrouve des espèces appartenant à ces deux univers zoologiquement différents. C'est là tout l'intérêt de cette île.
– ***Le maleo :*** oiseau très rare appartenant à une espèce menacée ne vivant qu'à Sulawesi. Il a une bosse sur la tête, qui le protège des rigueurs du soleil ! La grande originalité du maleo, c'est la façon dont le poussin vient au monde. Après accouplement, les parents maleos creusent un trou et testent la température avec leur bec. Une fois l'œuf de la femelle pondu, celui-ci est enfoui dans le trou où il est couvé par la chaleur du sable. Les parents délaissent l'œuf, et le futur poussin fera son chemin tout seul. Après éclosion, le poussin sort de terre sans l'aide de ses parents. Mais les œufs de maleo, qui sont 5 fois plus gros qu'un œuf de poule, constituent un mets de choix. Ils sont donc recherchés par les gens du pays, qui les vendent au marché à bon prix. C'est la principale menace qui pèse sur l'avenir de cette espèce.
– ***Le macaque de Tonkean :*** un étrange singe au poil sombre, presque noir, au long nez fin et aux yeux très rapprochés. Une espèce rare et spécifique à Sulawesi.
– ***Le tarsier :*** il s'agit d'un des plus petits primates de la terre. Des yeux énormes, une queue deux fois plus longue que son petit corps (10 cm), il ressemble à un lémurien. On ne peut le voir que la nuit.
– ***L'anoa :*** c'est un curieux buffle brun, à la silhouette plus fine et plus élancée que les gros buffles des rizières. Il a deux fines cornes pointues qui sont rabaissées derrière sa tête. Très très rare. On ne le trouve qu'à Sulawesi et nulle part ailleurs, comme le babiroussa.
– ***Le babiroussa :*** curieux mammifère. C'est un gros « cochon-cerf » de couleur brune, dont les canines forment de redoutables défenses recourbées vers l'arrière du groin. Elles peuvent, avec le temps, continuer de pousser et finir par crever les yeux et le cerveau de l'animal. Une injustice de la nature. Les derniers spécimens se cachaient dans la jungle du nord et du centre de Sulawesi. Leur redécouverte en 1988 par l'explorateur français Maurice Patry fut le fruit d'une longue recherche. Pour plus de détails sur le babiroussa, voir à « Gorontalo ».

MACASSAR (EX-UJUNG PANDANG) IND. TÉL. : 0411

Malgré les rizières aux alentours, formant une étrange mosaïque tel un vitrail aux contours fantaisistes, c'est d'abord la file des cargos alignés le long des quais qui saute aux yeux. À travers le hublot de l'avion qui vire au-dessus des eaux du détroit de Macassar, on découvre une grande ville, plate, étendue sur plusieurs kilomètres du nord au sud. Macassar est depuis toujours un port marchand et un lieu d'échanges commerciaux bourdonnant d'activité. On est très loin de Bali.
Macassar était pendant la période coloniale néerlandaise la porte orientale sur la route des îles aux Épices (les îles Moluques). Une escale maritime haute en couleur qui inspira Joseph Conrad (voir plus bas).
Depuis l'indépendance du pays en 1945, date à laquelle elle fut rebaptisée *Ujung Pandang,* elle est devenue la capitale de la province de Sulawesi-Sud et la plus grande agglomération de Sulawesi (environ 1,2 million d'habitants). Apparences trompeuses !
À la faveur de la création de provinces autonomes dans tout le pays que le départ de Suharto, en 1998, a enfin rendue possible, Ujung Pandang est redevenue Macassar pour le plus grand bonheur des fans de Conrad.
On la croirait aussi facile à l'usage qu'un gros village. Erreur ! La traverser à pied du nord au sud demande au moins deux bonnes heures. On la dirait

provinciale, nonchalante et endormie, mais elle turbine comme une vraie petite capitale besogneuse, affairée, cosmopolite (mais moins qu'autrefois). Difficile de dire qu'on lui a trouvé beaucoup de charme. Fumées de gaz d'échappement, embouteillages, architecture banale, peu de monuments intéressants : Macassar est une ville portuaire et utilitaire.
Cela dit, ne pas être effondré ou paniqué à l'idée d'y passer une ou plusieurs nuits. Côté tourisme, certes, une seule journée suffit pour faire le tour de la ville. Mais c'est l'occasion d'y rencontrer des Indonésiens provenant de toutes les régions de Sulawesi.

MACASSAR VUE PAR JOSEPH CONRAD

Avant sa transmutation de marin en écrivain, le second Joseph Conrad navigua pendant longtemps sur les mers d'Extrême-Orient, particulièrement entre les îles de l'archipel indonésien, de Sumatra aux Célèbes. À bord du *Vidar,* en 1887-1888, il fit plusieurs escales à Macassar, avant de gagner le Berau, sur la côte est de Bornéo. Il évoque Macassar dans *La Folie-Almayer,* l'un des trois romans de sa trilogie malaise : « Dans ce temps-là, Macassar bourdonnait de vie et de trafic. C'était, parmi les îles, celle où se dirigeaient les hommes audacieux qui équipaient des schooners sur la côte australienne et envahissaient les eaux malaises en quête d'argent et d'aventure, hardis, téméraires, âpres au gain, toujours prêts à une escarmouche avec les pirates qu'on trouvait encore nombreux sur les côtes. Ils s'enrichissaient vite et se donnaient dans la baie de Macassar un rendez-vous général pour leurs affaires et leurs plaisirs. » C'est à Macassar que son héros Almayer débarque pour la première fois et qu'il entend parler de l'aventurier Tom Lingard, surnommé le Rajah Laut, le « Roi de la Mer ». Les pirates dont Conrad parle sont les arrière-arrière-grands-parents des actuels marins bugis du port de Paotere... plus sages que leurs diables d'ancêtres.
Conrad évoque également Macassar à la fin d'une de ses nouvelles *(short stories)* intitulée *Freya des Sept Îles, une histoire des hauts-fonds* (éd. Autrement, 1996). Le dénouement tragique de cette longue nouvelle a pour cadre le port, la ville et la rade de Macassar, tels que Conrad les a connus comme marin à la fin du XIXe siècle. Il cite un fort, une église, un hôpital, « une artère encombrée longeant la mer, l'hôtel *Orange House* et sa véranda d'où l'on pouvait voir presque toute la rade... »

Arrivée à l'aéroport

✈ L'***aéroport Hasanuddin*** est situé à 22 km au nord de la ville.
➢ À la sortie, il y a des ***taxis.*** Les tarifs sont fixes et la ville est divisée en 3 zones. Le centre de Macassar correspond à la zone 2. Il suffit d'acheter un billet au guichet situé à la sortie du hall des arrivées et le donner au chauffeur. Vous paierez ensuite le péage de l'autoroute pendant la course. Ce système évite les palabres et les arnaques. Dommage qu'il n'existe pas dans l'autre sens, lorsqu'on repart de Macassar pour aller à l'aéroport.
➢ Autre solution : marcher jusqu'à la route principale située à 500 m de l'aéroport. De là, prendre un ***bemo*** ou le ***minibus*** marqué « STR-DAYA » pour le centre-ville. L'arrêt de celui-ci se trouve à 50 m du croisement sur la gauche.

Office de tourisme : au milieu du hall des arrivées. Il est envahi en permanence par les représentants des agences de voyages et des grands hôtels de la ville. On ne sait plus qui fait quoi. Ne comptez donc pas dessus pour obtenir une quelconque information.
✉ ***Poste :*** dans le hall des départs à l'aéroport.

MACASSAR – PLAN GÉNÉRAL

Où dormir ? Où manger près de l'aéroport ?

Hôtel près de l'aéroport : pratique pour ceux qui doivent partir tôt. Cet hôtel se trouve à 200 m du bâtiment de l'aéroport de Macassar, à l'angle avec la grande route. Prix moyens. Possibilité d'utiliser une voiture le lendemain pour rejoindre l'aéroport (c'est inclus dans le prix de la chambre).

Hôtel Hasanuddin Transit : jl. Perintis Kemerdekaan, Maros. ☎ 51-08-20 ou 51-39-63. Situé à environ 1 km du bâtiment de l'aéroport, sur la route de Macassar. Catégorie « Plus chic ». AC dans les chambres. Propre et accueil sympa. Fait aussi restaurant.

Comment se déplacer à Macassar ?

Le centre-ville est étendu. On vous conseille de vous déplacer en *becak,* le moyen de transport le plus économique et le plus pratique. Mais il faut fermer les yeux, car les conducteurs sont intrépides, voire inconscients. Ils prennent sans scrupules les sens interdits, s'octroient toujours la priorité même en face d'un bus, coupent la route. On croit voir sa dernière heure arriver, et puis, comme par magie, ils arrivent toujours à passer, à se faufiler malgré les embouteillages sans vraiment forcer le passage. Mais attention, négociez bien les prix. Après une ou deux courses, vous aurez une idée juste du prix à payer en fonction de la distance.

Adresses utiles

Infos touristiques, immigration

Office de tourisme *(zoom A3)* **:** sur jl. Jend. Sudirman, au pied de la Tour Mandala. ☎ 33-43-97.

Bureau de l'Immigration *(plan général A2,* ***12****)* **:** à l'angle de jl. Nusantara et de jl. Pelajar, loin du centre. Prendre un *becak.*

Poste et télécommunications

Bureau de poste *(zoom A2)* **:** *General Post Office,* jl. Slamet Riyadi.

Téléphone *(Wartel ; plan général A2,* ***5****).*

Banques, change

Bureau de change Haji La Tunrung *(zoom A2,* ***2****)* **:** 1 jl. Martadinata. ☎ 31-63-23. Très central, à deux pas du *Legend Hostel* et de l'agence *Garuda.* Un des meilleurs taux de change de la ville.

Banque Rakyat Indonesia *(BRI ; zoom A2,* ***4****)* **:** jl. Jend. A. Yani. Très central.

Banque Danamon *(zoom A2,* ***6****)* **:** jl. Jend. A. Yani, à côté de la *BRI.*

Banque BII *(zoom A2,* ***10****)* **:** jl. Kajaolalido.

American Express : agence *Pakto (plan général A3,* ***3****).*

Urgences

Police *(zoom A2,* ***15****).*

Hôpital Akademis *(plan général A2,* ***14****).*

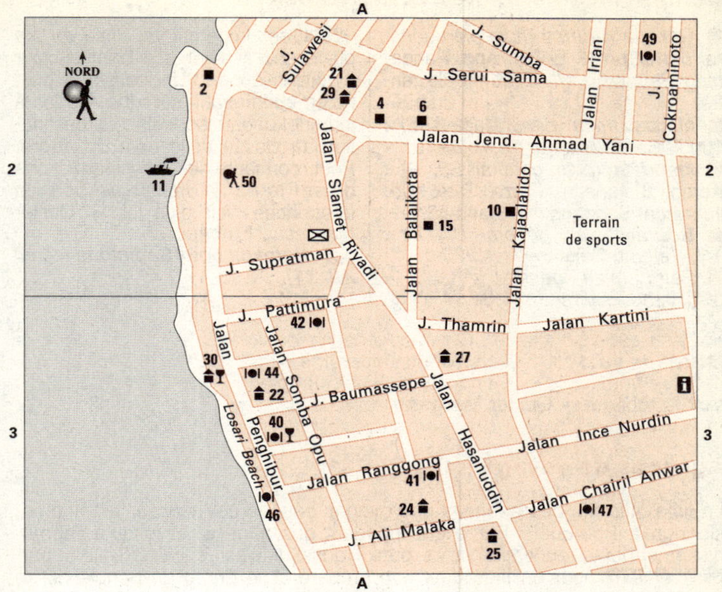

MACASSAR – ZOOM

Adresses utiles

- Office de tourisme *(zoom)*
- Bureau de poste *(zoom)*
- Aéroport *(hors plan général)*
- Gares routières de Panaikang et Tamalate *(hors plan général)*

1 Station des *bemos* et marché central *(plan général)*
2 Bureau de change Haji La Tunrung *(zoom)*
3 American Express et Pelni *(plan général)*
4 Banque Rakyat Indonesia *(BRI ; zoom)*
5 Wartel *(téléphone ; plan général)*
6 Banque Danamon *(zoom)*
7 Merpati *(plan général)*
8 Bouraq *(plan général)*
9 Mandala et centre commercial Mata Hari *(plan général)*
10 Banque BII *(zoom)*
11 Bateaux pour Samalona *(zoom)*
12 Bureau de l'Immigration *(plan général)*
13 Cinéma Macassar-Theatre *(plan général)*
14 Hôpital Akademis *(plan général)*
15 Police *(zoom)*
16 Wira Tours *(plan général)*
17 Compagnie de bus Litha *(plan général)*
18 Compagnie de bus Alam Indah *(plan général)*
19 Centre commercial Ratu Indah *(plan général)*
20 Cinéma Studio 21 *(plan général)*

Où dormir ?

21 Legend Hostel *(zoom)*
22 Losari Beach Guesthouse *(zoom)*
23 Richardson Homestay *(plan général)*
24 Surya Inn *(zoom)*
25 Wisata Inn *(zoom)*
27 Marannu City & Tower Hotel *(zoom)*
28 Victoria International *(plan général)*
29 Yasmin Hotel *(zoom)*
30 Makassar Golden Hotel *(zoom)*

Où manger ?

40 Kios Semarang *(zoom)*
41 Ratu Muda *(zoom)*
42 Turi *(zoom)*
43 Rumah Makan Malabar *(plan général)*
44 New Shogun *(zoom)*
45 Donald'son Modern Bakery *(plan général)*
46 Warungs *(zoom)*
47 Aroma Labbakkang *(zoom)*
48 Istana Laut *(plan général)*
49 Restaurant Surya *(zoom)*

Où boire un verre ?

13 Makassar Café *(plan général)*
30 Café Pier 52 *(zoom)*
40 Kios Semarang *(zoom)*

À voir

50 Fort Rotterdam *(zoom)*
51 Orchid Garden *(plan général)*
53 Port de Paotere et schooners bugis *(plan général)*

Compagnies aériennes et maritimes

■ ***Garuda Airlines*** *(hors plan général par B3)* **:** 18 B-C jl. Andi Pangerang Pettarani. ☎ 43-76-76. Excentré.

■ ***Merpati*** *(plan général B2-3,* ***7****)* **:** 109 jl. Bawakaraeng. ☎ 42-24-72.

■ ***Mandala*** *(plan général B3,* ***9****)* **:** Komp. Latanette Plaza Blok D5, jl. Sungai Saddang. ☎ 31-48-88.

■ ***Bouraq*** *(plan général B4,* ***8****)* **:** 1 jl. Veteran Selatan. ☎ 45-25-06.

■ ***Pelni*** *(plan général A3,* ***3****)* **:** 38 jl. Jend. Sudirman. ☎ 31-14-01 ou 02. Il est impératif de réserver sa place et d'acheter son billet un jour avant le départ. Un conseil : bien noter auparavant sur une feuille le jour de départ souhaité, la destination, la classe et le nom du navire. Pour connaître les principaux ports desservis par la *Pelni* ainsi que les fréquences, voir plus loin « Quitter Macassar. En bateau ».

Bateaux pour Samalona *(zoom A2,* ***11****)*.

Bus

Voir la rubrique « Quitter Macassar ».

Agences de voyages

La liste officielle des agences de voyages basées à Macassar est impressionnante. Pourquoi ? Parce que pendant des années, et jusqu'à l'agrandissement et la rénovation de la route Trans-Sulawesi, il était difficile et parfois périlleux pour un individuel non préparé à ce genre de périple de se lancer à la découverte de Sulawesi tout seul. Aujourd'hui, ces agences continuent de répondre à un besoin pour les voyageurs qui souhaitent partir en individuel (ou en couple) mais avec l'aide d'un guide-interprète, et parfois d'un chauffeur (les routes secondaires sont encore dangereuses). Mais passer par une agence suppose naturellement de prévoir un budget conséquent.
Quelques conseils : se regrouper à 3 ou 4 passagers permet de baisser le prix moyen par tête de pipe. Ne pas oublier dans certains cas de marchander, surtout hors saison (entre octobre et avril). Avant de partir, bien accorder ses violons avec le guide sur les détails du programme. Toujours annoncer la couleur (c'est-à-dire vos souhaits réels) à l'avance et de façon claire et précise ; ça évite bien des malentendus. En fin de périple, ne pas omettre de donner un pourboire au guide – c'est l'usage – ainsi qu'au chauffeur de la voiture ou du minibus. Mais toujours leur donner le pourboire séparément. La plupart des guides de tourisme à Sulawesi sont des Torajas chrétiens, fiers de leur culture et de leur appartenance ethnique mais très susceptibles. Essayer au maximum de désamorcer les conflits avant qu'ils n'explosent. On trouve dans le hall de l'aéroport beaucoup d'agences, dont le personnel parle parfois le français.

■ ***Wira Tours*** *(plan général B3,* ***16****)* **:** 25 jl. Gunung Lokon. ☎ 31-22-98. Fax : 31-46-52. • wirats@indosat.net.id • Agence sérieuse. Billetterie, excursions dans le Pays toraja.

■ ***Iramasuka Tours*** **:** 3 jl. Amanagappa. ☎ 31-66-43. Fax : 317-77. Organise des excursions en Pays toraja et dans le sud de Sulawesi. Efficace et sympathique.

■ ***Limbunan Tours*** **:** 40-42 jl. Gunung Bawakaraeng. ☎ 32-33-33. Fax : 31-43-44 ou 31-45-67. Grande agence, très bien organisée, employant une vingtaine de permanents et une dizaine de guides parlant le français, l'anglais, l'italien, l'allemand et le néerlandais. Toutes sortes d'excursions à la carte à Sulawesi et ailleurs.

Loisirs

■ ***Cinéma Macassar Theatre*** *(plan général A2, **13**)* **:** jl. Bali. À 5 mn de jl. Jampea, du *Legend Hostel* et du *Yasmin Hotel.* Films chinois (de Hong Kong) et américains. Deux salles ultramodernes, avec petit café au 1er.

■ ***Cinéma Studio 21*** *(plan général A4, **20**)* **:** sur jl. Dr. Ratulangi. 5 salles. Plus central mais moins moderne que le *Macassar Theatre.* Programmation identique.

Achats

■ ***Marché central*** *(plan général A2, **1**)* **:** à côté de la station des *bemos.* Fruits et légumes, vêtements bon marché. Attention aux pickpockets.

■ ***Centre commercial Mata Hari*** *(plan général B3, **9**)* **:** jl. Sungai Saddang. Grand supermarché *Jumbo* sur plusieurs niveaux.

■ ***Centre commercial Ratu Indah*** *(plan général A-B4, **19**)* **:** jl. Dr. Ratulangi, près du *Sahid Makassar Hotel.* Galerie marchande plus récente que le précédent.

Plusieurs ***échoppes*** dans jalan Somba Opu *(zoom A3)* vendent des bijoux et de l'argenterie, de la soie, des objets artisanaux et autres souvenirs.

Où dormir ?

Peu d'hôtels bon marché à Macassar car la majorité des routards ne font que passer ; peu séjournent longtemps. En revanche, plus de choix dans les rubriques « Prix moyens » et « Plus chic », en raison des nombreux voyageurs d'affaires qui y viennent à longueur d'année.

De très bon marché à bon marché (de 13 000 à 35 000 Rps, soit 1 à 2,8 €)

Legend Hostel *(zoom A2, **21**)* **:** 5 G jl. Jampea. ☎ 32-82-03 ou 04. Fax : 32-68-87. • legetata@indosar.net.id • Enfin une adresse sympa, propre, centrale et pas chère, un point de chute obligatoire pour les routards du monde entier. Accueil sympathique et efficace. Au 1er étage, il y a des chambres individuelles sans fenêtre. Les dortoirs, avec plus de lumière, se trouvent au 2e étage (très bon marché) et au 3e, des chambres doubles un peu plus chères et tout aussi simplissimes. On prend le petit dej' sur une agréable terrasse au 3e étage. Côté sanitaires : *mandi* et douches communes. Café et thé toute la journée. Laverie. Accès Internet. Location de vélos. La réception est une mine d'infos : plan de la ville, infos sur les bus, les trains, les avions, les bateaux et toutes les balades dans la région, ainsi que sur Sulawesi en général.

Richardson Homestay *(plan général A3, **23**)* **:** 21 jl. Muchtar Lufti. ☎ 32-03-48. Bien situé. Pousser le portail et monter au 1er étage. Dans une maison individuelle, petite pension de famille très calme, tenue par une vieille dame nommée Frieda. Chambres de séminariste, salle de bains extérieure. Pas de petit dej'.

Prix moyens (de 50 000 à 80 000 Rps, soit 4 à 6,5 €)

Losari Beach Guesthouse *(zoom A3, **22**)* **:** 10 jl. Penghibur. ☎ 32-36-09 et 32-21-15. • loshtl@indosat.net.id • Très central, face à la mer, juste à côté du restaurant *Shogun,* il s'agit de l'annexe économique de l'hôtel

Losari Beach (plus cher). Précisez-le bien à la réception, s'il y a un doute. Les deux bâtiments sont proches mais différents. Plusieurs types de chambres : de la *standard* avec vue sur un mur, qui seule justifie son classement dans cette catégorie de prix, avec TV et AC, à la *suite* (la plus chère) avec vue sur la mer, en passant par la *deluxe,* un mot prétentieux pour une chambre finalement assez ordinaire. Petit dej' inclus.

Plus chic (de 80 000 à 120 000 Rps, soit 6,5 à 9,7 €)

☗ ***Surya Inn*** *(zoom A3,* ***24****)* **:** 3 jl. Dg Tompo. ☎ 32-75-68. Fax : 31-14-98. Il y a trois *Surya* à Macassar, dont la *Surya Guesthouse,* moins chère que le *Surya Inn* mais tenue par le même propriétaire. Ici, on est en plein centre, dans un petit immeuble qui n'a pas la folie des grandeurs. L'entrée est surmontée d'une fausse toiture toraja. Bonne adresse, plus confortable que la moyenne, idéale pour voyageurs éreintés par 3 mois de bus 3e classe. Chambres impeccables avec AC, téléphone, TV, eau chaude. Petit dej' dans un patio calme. Demandez une chambre dans les étages supérieurs, au 4e ou 5e étage, car elles sont moins chères que les autres, pour une qualité égale. La décoration des parties communes ne connaît pas le minimalisme : lierre en plastique, bouquets artificiels, canapé rococo... Bon rapport qualité-prix.

Chic (de 120 000 à 250 000 Rps, soit 9,7 à 20,2 €)

☗ ***Wisata Inn*** *(zoom A3,* ***25****)* **:** 36-38 jl. Hasanuddin. ☎ 32-43-44 et 32-21-86. Fax : 31-27-83. Bâtiment saumon à l'architecture inhabituelle avec ses balcons en fer forgé de style néo-Renaissance. 4 catégories de chambres. La catégorie économique avec ventilateur et salle de bains commune est très compétitive (catégorie « Prix moyens »). Réparties sur deux niveaux autour d'un patio rectangulaire, les chambres abusivement appelées *deluxe* sont éclairées au néon et ont une belle moquette moutarde. Mais bon, tout bien considéré, on s'y retrouve. Petit dej' inclus.

☗ ***Yasmin Hotel*** *(zoom A2,* ***29****)* **:** 5 jl. Jampea. ☎ 32-04-24. Fax : 32-82-83. • yasminmk@indosat.net.id • Situation centrale, juste à gauche du *Legend Hostel* (voir plus haut) mais pas du tout le même genre. Façade en verre fumé, intérieur assez cosy. Chambres défraîchies et petites salles de bains à la propreté douteuse. Attention, sur les 80 chambres de l'hôtel, 18 seulement ont une fenêtre, les autres étant aveugles. Le petit dej' n'est pas inclus dans le prix de la chambre. Bon, vous l'avez compris, nous ne sommes pas très enthousiastes.

☗ ***Marannu City & Tower Hotel*** *(zoom A3,* ***27****)* **:** 3-5 jl. Hasanuddin. ☎ 31-50-87. Fax : 32-18-21. • marannu@indosat.net.id • Bel établissement dans un grand immeuble moderne de 200 chambres. Les tarifs sont indiqués en dollars, mais l'hôtel pratique des réductions telles que cela devient une excellente affaire. Les prix affichés sont divisés par 3 et incluent les taxes et le petit dej'. Faute de touristes, cette réduction est accordée systématiquement, même en haute saison. Les chambres sont très confortables, avec TV, téléphone, AC et minibar. Pour quelques dollars de plus, préférer aux *superior* vieillottes les *deluxe* qui ont été rénovées. Piscine.

Très chic (plus de 250 000 Rps, soit 20,2 €)

☗ ***Victoria International*** *(plan général A3,* ***28****)* **:** 24 jl. J. Sudirman. ☎ 32-88-88. Fax : 31-24-68. • victoria@upandang.wasantara.net.id • Établissement de 90 chambres offrant un excellent confort. Piscine et salle de musculation. Bon restaurant et bar agréable. Prix en conséquence. Beaucoup de groupes.

■ ***Makassar Golden Hotel** (zoom A3, **30**)* **:** 50 et 52 jl. Pasar Ikan. ☎ 31-44-08. Fax : 32-09-51. Impossible de louper cette institution de Macassar. C'est le plus ancien des hôtels de luxe de la ville. Construit en plein centre-ville, entre le boulevard et la mer, il semble un peu dépassé aujourd'hui par la concurrence. Cela dit, il reste une bonne adresse dans sa catégorie en raison de sa situation et de la taille (énorme) de ses chambres. Le bâtiment récent n'a pas de charme particulier, mais les bungalows, à l'arrière, dans le jardin, rattrapent ce petit handicap. Très agréable salle de petit dej' dans un kiosque à l'extérieur, un endroit aéré avec vue sur le détroit de Macassar. Allez y siroter un verre au coucher du soleil.

Où manger ?

Très bon marché (moins de 10000 Rps, soit 0,8 €)

|●| Une centaine de ***warungs*** *(zoom A3, **46**)* ambulants s'installent à la tombée de la nuit le long de *Losari Beach*, le front de mer partant de l'hôtel *Makassar Golden*. Ils sont tous numérotés. Certains proposent pour quelques milliers de roupies du *nasi goreng*, d'autres des jus de fruits frais, et d'autres encore des *pisang epek* (bananes grillées servies avec un épais sirop à base de sucre de palme). LE rendez-vous des jeunes Indonésiens qui s'installent sur les bancs en face de la mer pour passer la soirée.

|●| ***Donald'son Modern Bakery** (plan général A2, **45**)* **:** 7 jl. Sangir. ☎ 31-58-65. Pas la peine de faire un détour pour cette modeste boulangerie, sauf si l'on est particulièrement gourmand. Y passer en allant vers le port ou en attendant un bateau. Goûter aux délicieux *roti martabak* (salé) ou au *roti kelapa* (sucré, à base de noix de coco). Ça ne fait pas un vrai repas mais 3 *martabaks,* ça cale l'estomac !

Bon marché (de 10000 à 20000 Rps, soit 0,8 à 1,6 €)

|●| ***Kios Semarang** (zoom A3, **40**)* **:** jl. Penghibur. Impossible de le rater car, dès le crépuscule, il concentre l'essentiel de l'animation dans le quartier. Face à la mer, très bien situé, avec une salle au 1er étage qui fait office de café et de petit resto populaire, le *Semarang* est l'un des rendez-vous de la jeunesse locale. Bonne cuisine sans prétention. Bières servies par des jeunes étudiantes, plutôt sympas, qui arrondissent leurs fins de mois en poussant les clients à la consommation (en fait, elles touchent une commission sur chaque bière vendue). À vous de dire non si vous ne voulez pas trop boire. Bonne adresse pour déjeuner ou à la nuit tombée.

|●| ***Rumah Makan Malabar** (plan général A2, **43**)* **:** 290 jl. Sulawesi. ☎ 31-97-76. Dans le nord de la ville, dans une longue rue bordée de commerces et proche du port. Un petit resto indien, une salle unique fréquentée par les habitués, où l'on sert une cuisine familiale et mijotée (pas exclusivement végétarienne) à des prix doux. Vaut le détour pour ceux qui ne mangent que de la cuisine indienne. Sinon, la meilleure étape dans ce secteur de la ville assez pauvre en bonnes adresses.

Prix moyens (de 20000 à 35000 Rps, soit 1,6 à 2,8 €)

|●| ***Ratu Muda** (zoom A3, **41**)* **:** 5 jl. Ranggong. ☎ 32-79-20. Central, à l'angle de deux rues. De l'extérieur, on capte immédiatement les bonnes odeurs de la cuisine dont les nuages de fumée envahissent le

carrefour. Après la terrasse extérieure couverte d'un auvent, on entre dans une immense double salle décorée avec sobriété et pleine de monde, notamment pour le déjeuner. Délicieuse cuisine indonésienne, variée, à prix raisonnables. Carte écrite uniquement en indonésien. Goûter à l'*udang goreng* ou au *satay kambing*. Service rapide assuré par une ribambelle de serveuses, toutes vêtues d'un chemisier blanc et d'une jupe à petits carreaux. Un autre restaurant du même nom se situe à côté de l'*Istana Laut* au 5 jalan Lamadukelleng, à l'angle de jalan Datumuseng *(plan général A3, 48)*. ☎ 85-60-87. La décoration de la grande salle lambrissée est très « tape-à-l'œil », avec ses panneaux de bois gravés et ses chaises capitonnées. Le choix de la carte est plus grand.

🍽 ***New Shogun*** *(zoom A3, **44**)* **:** 2 jl. Penghibur. ☎ 32-41-02. Au début de la « Croisette ». Un resto qui sert des plats indonésiens, chinois et japonais (d'où son nom). Les expatriés de l'empire du Soleil levant s'y retrouvent. À l'accueil, il y a d'ailleurs une collection de bandes dessinées japonaises (des « mangas ») à la disposition des clients. Addition variable selon la quantité commandée. Cuisine raffinée. Vue sur la mer et le détroit de Macassar des tables proches de la baie vitrée.

🍽 ***Turi*** *(zoom A3, **42**)* **:** 4 jl. Samiun. ☎ 32-66-63. Dans une rue coincée entre jalan Pattimura et Baumassepe, en plein centre, à 5 mn à pied du bord de mer. Cuisine à l'extérieur devant le restaurant. Salle assez quelconque, mais délicieux poisson frit ou grillé (*ikan* signifie « poisson » en indonésien), grosses crevettes grillées. Et, de plus, accueil sympathique et prix raisonnables. Vous pouvez naturellement choisir le poisson avant de le commander.

🍽 ***Aroma Labbakkang*** *(zoom A3, **47**)* **:** 25 jl. Chairil Anwar. ☎ 32-45-20. Autre restaurant chinois proposant du poisson, du crabe et des calamars grillés. Beaucoup d'habitués, mais la cuisine est moins fine qu'au *Turi*.

🍽 ***Istana Laut*** *(plan général A3, **48**)* **:** 1 jl. Datumuseng. ☎ 85-20-83. Grande salle sous un chapiteau aux allures de kermesse. La salle à l'étage est plus calme. Spécialités de poisson et de fruits de mer. Musique tous les soirs.

🍽 ***Pacific Seafood Restaurant*** **:** 5 A jl. Kerung-Kerung. ☎ 31-54-89. Remonter jalan Bawakaraeng de la mer jusqu'au carrefour avec jalan Veteran ; tourner à droite sur cette dernière avenue : jalan Kerung-Kerung est la 1re rue sur la gauche. Loin du centre, mais très bonne cuisine à prix raisonnables pour la qualité.

Plus chic (plus de 35 000 Rps, soit 2,8 €)

🍽 ***Restaurant Surya*** *(zoom A2, **49**)* **:** 16 jl. Nusakambangan. ☎ 31-70-66. L'un des meilleurs chinois de Macassar. Une véritable institution, réputée surtout pour ses spécialités de poisson et de fruits de mer. Très bons plats à base de crabe ou de homard. Carte très variée. Inévitable décoration pompier et karaoké. La grande salle du premier étage est d'ailleurs idéale pour un banquet de mariage.

MACASSAR

Où boire un verre ?

– Le soir, l'essentiel de l'animation se concentre dans les bars-karaokés et au début de jalan Penghibur, la « Croisette » locale, où se suivent quelques petits ***kios,*** traduction indonésienne de « café-bistrot-resto ».

🍷 ***Kios Semarang*** *(zoom A3, **40**)* **:** voir adresse et commentaire dans la rubrique « Où manger ? ». Café-resto très animé le soir, avec vue sur la mer du 1er étage. Notre meilleure adresse, pour sa simplicité et son côté jeune et décontracté.

🍷 ***Café Pier 52*** *(zoom A3, **30**)* **:** sur

un ponton en bois accolé au grand hôtel *Makassar Golden*. Quelques tables rondes sous des parasols « en dur », en retrait des bruits du boulevard longeant le front de mer. Pâtisserie, glaces et café.

🍷 ***Makassar Café*** *(plan général A2,* ***13****)* **:** jl. Bali, au-dessus du très moderne cinéma *Macassar Theatre*. Ouvert de 9 h à 23 h. De quoi boire un verre et grignoter avant ou après la séance (films américains et chinois de Hong Kong). Pas la peine de faire des kilomètres pour ça uniquement.

🍷 ***Café Taman Sahari*** *(plan général A3)* **:** à l'extrémité sud de jalan Penghibur, au moment où la « Croisette » rejoint jalan Rajawali. N'a plus la qualité de naguère mais reste quand même bien situé, face à la mer. Quelques tables sous les arbres dehors pour le coucher de soleil, mais musique nulle et trop forte. Attention aux moustiques, le soir, parfois.

À voir

Peu de lieux intéressants à visiter hormis le fort Rotterdam (Benteng) et Bantimurung, dans les environs. Attention, on ne dirait pas mais Macassar est une ville très étendue, peuplée de plus d'un million d'habitants. Prévoir les distances et ne pas hésiter à avancer en faisant des sauts de puce à l'aide d'un *becak* ou en taxi. Tout faire à pied n'est pas la meilleure des solutions.

👁👁 ***Le fort Rotterdam*** *(fort Benteng ; zoom A2,* ***50****)* **:** sur le front de mer, entre le port et jalan Penghibur. ☎ 32-13-05. Ouvert de 7 h à 17 h. Attention, l'entrée du fort est libre. On ne doit acheter un billet qu'une fois à l'intérieur du fort pour visiter le musée, éclaté en plusieurs salles réparties autour de la grande cour intérieure. Musée ouvert du mardi au vendredi et le dimanche, de 8 h 30 à 15 h.
Voici donc le plus vieux monument de Macassar. À l'origine, les Néerlandais construisirent un fort avec des murs en terre (1550). Ce premier fort détruit, un deuxième fut reconstruit avec des briques au même emplacement en 1634, puis un troisième plus solide encore – en pierre – lui succéda en 1673. La forteresse abrita le centre militaire et administratif des Célèbes jusqu'en 1937, date à laquelle les services culturels de la province s'y installèrent. Le gouverneur néerlandais de l'île des Célèbes y résida jusqu'au milieu du XIXe siècle. Puis il s'installa dans une maison d'un quartier résidentiel de Macassar. Depuis cette époque, l'endroit n'a pas beaucoup changé. Mêmes gros murs d'enceinte de 7 m de haut et de 2 m de large, mêmes grands bâtiments avec des portes, des fenêtres et des toitures de style batave.
– *Première partie du musée :* juste à droite après l'entrée. Pas grand-chose et présentation insuffisante. Quelques céramiques de l'époque Ming, de l'Annam et de Sukhôthai. Au 1er étage, la pièce la plus étrange est une cotte de mailles rouillée provenant du Japon.
– *Deuxième partie du musée :* dans un autre bâtiment, sur le côté droit de la cour, quand on a l'entrée dans le dos. Un panneau à l'extérieur indique « La Galigo ». Explications en anglais, enfin. Maquettes de bateaux bugis et maquette d'une maison de pêche flottante conçue sur le principe du catamaran. Au 1er étage, vitrines avec des *kriss,* des objets traditionnels. Dans la dernière salle, une série de vêtements de cérémonie et de robes de mariées bugis. À côté, derrière une sorte de baie vitrée ouvrante, une chambre nuptiale bugis a été reconstituée. Couverte de tissus dorés et rouges, construite avec une structure de bambou, ce type de chambre servait autrefois aux nobles. De nos jours, n'importe qui l'utilise pour les grandes occasions.

👁👁 ***Jalan Sulawesi*** *(plan général A2)* **:** longue rue commerçante, très animée, parallèle au port et à la mer, où se concentre l'essentiel de la communauté chinoise de Macassar. Un monde laborieux, discret, qui contribue depuis toujours à la prospérité de la ville. On le voit tout de suite, la rue donne une impression d'activité et de propreté à la fois. À une plus petite échelle, cette artère fait penser à une rue de Cholon, le quartier chinois d'Hô Chi Minh-Ville (Vietnam). Au moins trois temples chinois la bordent, qui malheureusement ont été saccagés lors des émeutes de mai 1998.

Jalan Somba Opu : c'est une rue parallèle au front de mer, avec de nombreuses échoppes; bijoutiers (or en filigrane), antiquaires, et le jardin des orchidées, à l'extrémité de cette même rue.

Le port de Paotere *(plan général B1,* ***53****)* **:** pour voir les vieux ***schooners bugis*** (bateaux de transport maritime), c'est au port de Paotere, à quelque 3 km au nord de la ville, qu'il faut se rendre, et non au port marchand rempli de cargos à coque métallique (après le fort Rotterdam). Prendre un taxi ou un *becak.* Petite taxe à payer pour entrer. Beaucoup plus petit que le port de Sunda Kelapa de Jakarta *(Bugis Schooner Harbour),* moins impressionnant, mais intéressera quand même les amateurs de vieilles coques et les lecteurs de romans de Joseph Conrad. Construits selon une très ancienne tradition, sans plan précis dessiné à l'avance, ces formidables bateaux, tout en bois, ne nécessitent théoriquement aucun clou au moment de leur construction! Ils ont la proue avant élancée et recourbée, tandis que la poupe supporte le château arrière. À longueur d'année, ils sillonnent les mers de l'archipel, de Sulawesi aux Moluques, de Bornéo à Sumatra. Les commandants et les équipages sont des Bugis, vagabonds de la mer originaires du sud de Sulawesi (le Pays wajo, autour de Sengkang, et la région qui va de Watampone à Kajang). Descendants de pirates, les Bugis se sont bien assagis au XXe siècle, mais leur passion pour la mer n'a pas diminué. Ils restent les « rois de la mer » de l'archipel indonésien.

Orchid Garden *(plan général A3,* ***51****)* **:** 15 jl. Mechtar Lufti. ☎ 32-25-72. Ouvert tous les jours de 7 h 30 à 17 h. Entrée gratuite. Floraison d'octobre à décembre. N'abrite pas que des orchidées mais aussi des coquillages. Pour les amateurs, cette collection peut paraître exotique, mais pour les spécialistes de la conchyliologie, elle offre très peu d'intérêt. La plupart des coquillages ont été retouchés, polis, limés, comme cela se pratique de plus en plus couramment pour des raisons commerciales. Faut faire joli! On peut éviter.

➤ DANS LES ENVIRONS DE MACASSAR

Les îles : sans grand intérêt à notre avis. On peut se dispenser d'aller sur la petite *île de Lae-Lae,* située à quelques encablures. Elle est surpeuplée. La mer y est sale et la plage inexistante. Pour ceux qui voudraient toutefois s'y rendre, des barques font la navette. Parfois, c'est l'arnaque. Départ près du *Makassar Golden Hotel.*
Éviter aussi l'*île de Kayangan,* caillou artificiel, sans sable et parfois très bruyant.
L'île Samalona (à 15 mn en bateau) ne vaut pas plus le coup, les coraux étant morts depuis longtemps. Pas de bateau public. Il faut chartériser un bateau de pêcheur sur la berge en face du fort Rotterdam.

Les tombes des rois de Gowa : à 9 km de Macassar, sur la route principale vers Rantepao. Imposants caveaux de pierre, particulièrement celui du sultan Hasanuddin (héros des résistants à la force coloniale néerlandaise au XVIIe siècle, et qui a donné son nom à l'université et à l'aéroport).

La cascade de Bantimurung : une des plus grandes cascades des Célèbes, à 40 km au nord-est de Macassar. Pour y aller, prendre un *bemo* du central jusqu'à Maros, puis un deuxième jusqu'à Bantimurung. 1 h 30 de trajet. Magnifiques papillons, surtout en juillet et août (y aller le matin avant 10 h). Évitez de participer à leur massacre en achetant ceux que les enfants vous proposeront : ils ne font aucune différence entre le *Morpho-Cyprix* et la phalène du sureau. Si vous ne craignez pas la foule, vous pouvez y aller le dimanche et voir les Indonésiens se baigner dans la cascade. On peut grimper tout au sommet de la cascade. Vue intéressante et baignade agréable.

Dormir au ***Pondok Bungwana :*** à l'entrée des cascades. Douze chambres seulement. On aime bien cet hôtel isolé. Architecture traditionnelle tout en bambou. Propre. Longé par une rivière et au pied d'une gigantesque falaise (parfois quelques singes).

Deux ou trois ***restos*** très bon marché à l'entrée du site et une superbe piscine olympique à l'intérieur.

QUITTER MACASSAR

En bus

Gare routière de Panaikang *(hors plan général par B2-3)* **:** située à environ 6 km du centre-ville, au bout de jalan Bawakaraeng. Prendre un *becak* ou un taxi. Bus pour Pare Pare et Rantepao. S'y prendre à l'avance pour l'achat des billets, au moins la veille. Toutes les places sont numérotées. Toutes les compagnies de bus ont un bureau à la gare routière.

Gare routière de Tamalate *(hors plan général par B4)* **:** sur jalan Malankeri, au sud-est de la ville (appelée aussi *Terminal Malankeri*). Pour toutes les destinations au sud de Macassar : Sungguminasa, Takalar, Je neponto jusqu'à Bira.

Station des bemos *(plan général A2, **1**)* **:** au marché central (Makassar Mall-Matahari Store), à l'angle de jalan Akademis (nom de l'hôpital voisin) et de jalan Laiya.

Compagnie Litha *(plan général B3, **17**)* **:** 135 jl. G. Merapi. ☎ 32-48-47 ou 31-10-55. La meilleure compagnie. Bus confortables et climatisés.

Compagnie Alam Indah *(plan général A2, **18**)* **:** 28 jl. Agung Salim I. ☎ 32-49-37.

Compagnie Liman : 25 jl. Laiya. À déconseiller. Bus vétustes et sans AC, qui tombent parfois en panne.

➢ ***Pour Rantepao et Makale :*** route excellente. Compter environ 9 h de voyage pour 318 km. On conseille la compagnie *Litha,* dont certains bus sont climatisés. Ils longent la côte ouest en passant par Pare Pare. Départs entre 7 h 30 et 22 h. Les deux derniers bus voyagent la nuit ; on arrive à Rantepao vers 4 h ou 6 h du matin, selon l'horaire de départ. Certains bus portent parfois à l'avant l'inscription « Tator », diminutif de « Tana Toraja » (Pays toraja).

➢ ***Pour Sengkang :*** depuis la gare routière de Panaikang. Plusieurs compagnies de bus : *Matahari, Maharani, Seroja* et *Nusantara*. Plusieurs départs le matin entre 8 h et 11 h et l'après-midi entre 14 h et 18 h.

➢ ***Pour Pare Pare :*** depuis la gare routière de Panaikang, prendre un bus de la compagnie *Damri*. Départ toutes les heures entre 7 h et 19 h. Durée : 3 h.

➢ ***Pour Palopo :*** également sur la compagnie *Litha*. 3 départs le matin, mais la plupart des bus partent le soir. Compter 9 h de voyage.

➢ ***Pour Bira :*** aller à la gare routière Singguminasa (à environ 6 km du centre). Prendre un *bemo* jusqu'à Bulukumba (durée : 3 h). Puis un autre *bemo* jusqu'à Bira. Au total, pour le trajet de Macassar à Bira, compter 6 à 7 h. Ce n'est pas de la tarte !

➢ ***Pour Poso :*** via Palopo, Wotu, Pendolo et Tentena. Départs le soir. Compter 20 h de voyage dans le meilleur des cas.

➢ ***Pour Manado :*** ville du bout du monde, située à environ 1 800 km de Macassar par la route. Pas de bus direct a priori, il faut changer à Rantepao puis à Palu et même à Gorontalo. De Macassar à Rantepao, il faut compter 8 h de bus. De Rantepao à Palu : 22 h. Puis de Palu à Manado via Gorontalo : 48 h de trajet environ. Donc la traversée sud-nord de Sulawesi en bus demande au moins 60 h. C'est ce qu'annoncent les compagnies mais en réalité le voyage est plus long. Ajouter une bonne vingtaine d'heures pour avoir le compte final. Attention : la moitié du voyage se passe de nuit, la période que préfèrent les Indonésiens pour voyager. Prendre les *Bis Malam* (bus express de nuit) qui ont l'AC, des fauteuils inclinables, la TV et même parfois un karaoké (dans ce cas, prévoir des boules *Quiès* avant de partir !).

En avion

✈ ***Aéroport Hasanuddin*** *(hors plan général par B2-3)* **:** situé à 22 km au nord de la ville.

Voir la liste des compagnies aériennes (lignes intérieures) dans la rubrique « Adresses utiles », en début de chapitre.

➢ ***Pour Palu :*** 1 vol quotidien avec *Merpati,* ainsi qu'avec *Bouraq*. Durée : 1 h.

➢ ***Pour Manado :*** 1 vol quotidien avec *Garuda* et 2 vols quotidiens avec *Mandala*. Durée de vol : 1 h 35.

➢ ***Pour Kendari (Sulawesi-Sud-Est) :*** 1 vol quotidien avec *Merpati.* Durée : 45 mn.

➢ ***Pour Jakarta :*** 3 vols quotidiens avec *Garuda* et 2 vols quotidiens avec *Merpati* et avec *Mandala.* Durée : 2 h 15 de vol, auxquelles il faut soustraire une heure de décalage horaire.

➢ ***Pour Surabaya :*** toutes les compagnies (*Garuda, Merpati, Bouraq* et *Mandala*) ont 1 vol quotidien. Durée : 1 h 20 de vol, à laquelle il faut soustraire une heure de décalage.

➢ ***Pour Denpasar :*** 1 vol quotidien avec *Garuda* et 2 vols hebdomadaires avec *Merparti.* Durée : 1 h 10.

➢ ***Pour Ambon (Moluques) :*** 1 vol quotidien avec *Merpati.*

En voiture

– ***Location de voitures :*** les compagnies de location sont représentées à l'aéroport, y compris *Safari Car Rental,* la seule agence à louer des voitures sans chauffeur.

– ***Conseil :*** les routes principales sont en bon état, mais la circulation reste assez anarchique. On recommande aux conducteurs individuels une extrême prudence.

En bateau

Voir aussi la rubrique « Comment y aller ? » dans les généralités sur Sulawesi.

– ***Avantages :*** le bateau coûte beaucoup moins cher que l'avion. Une place en 1re classe vaut deux fois moins cher qu'un billet d'avion. C'est donc une solution idéale pour les routards disposant d'un temps de voyage plus long que la moyenne, plusieurs mois, et non pour un simple séjour. À notre avis, pour les voyageurs au long cours et les globe-trotters, le bateau reste le moyen de transport le plus dépaysant. Dans chaque bateau, il y a 5 classes : de la classe économique (dortoir) à la 1re classe. La 3e classe est d'un bon rapport qualité-prix-fatigue.

– ***Inconvénients :*** les horaires des départs ne sont pas toujours très pratiques, ni les destinations. Il n'y a pas de bateaux tous les jours pour les grands ports de l'archipel mais plutôt 1 ou 2 départs par semaine. Fréquence lente ! Et l'on est parfois obligé d'attendre plusieurs jours à Macassar avant de partir.
– ***Conseils :*** les places doivent être réservées au moins un jour à l'avance. S'y prendre en fait le plus tôt possible. De nombreuses agences vendent des billets. Elles prennent leur commission, mais cela évite parfois bien des déplacements inutiles en ville. Sinon, acheter les billets à l'agence *Pelni* (voir « Adresses utiles »).

➢ ***Pour Jakarta** (Tanjung Priok)* **:** sur le *Kambuna* ou le *Lambelu* avec une escale de 3 h à Surabaya, ou sur le *Ciremai* sans escale. Durée : 48 h avec escale.

➢ ***Pour Maumere** (Flores)* **:** sur *l'Awu,* sans escale. Durée : 24 h.

➢ ***Pour Banjarmasin** (Bornéo)* **:** durée, 18 h.

➢ ***Pour Balikpapan** (Bornéo)* **:** voyage sans escale sur le *Kambuna* ou le *Umsini*. Durée : 21 h. Attention, assurez-vous que le voyage est sans escale car d'autres bateaux comme le *Tidar* ou le *Fudi* vont à Balikpapan en passant par Surabaya, ce qui prend plus de 2 jours !

➢ ***Pour Surabaya** (Java)* **:** la liaison la plus directe, sans aucune escale pendant la traversée. Presque tous les bateaux de la *Pelni* assurent cette liaison. Durée : 22 h.

➢ ***Pour Bau Bau :*** au sud-est de Sulawesi. Sans escale sur le *Rinjani* ou le *Siguntang*. Durée : 13 h.

LE PAYS KAJANG

Le Pays kajang s'étend au sud-est de Macassar. Il y a peu, cette région était ignorée des visiteurs étrangers, qui remontaient directement sur Rantepao par Pare Pare. On traverse un joli paysage tropical avec quelques rizières en gradins, puis on descend vers l'unique plantation d'hévéas de l'île, avant d'atteindre le village de Kajang, seul point d'accueil de la région en dehors du port de Tana Beru.
Dans cette région à l'écart vit la tribu des Ammas Towas. Ses habitants croient être les fils du ciel et attendent le jour où le monde entier les reconnaîtra comme tels... En attendant, ils sont presque tous habillés de noir, s'abritent de la « civilisation » derrière une enceinte rigoureusement fermée aux étrangers (les autres Indonésiens) et respectent fidèlement leurs traditions. Pour leur rendre visite, il faut se draper de vêtements noirs ou sombres qu'on loue sur place. L'Amma Towa, chef politique coutumier, n'a toujours pas été remplacé. Le choix se fera entre deux personnes. Les candidats iront dans la forêt. L'élu sera désigné par un oiseau qui se posera sur sa tête, à moins que ce ne soit par un rayon de soleil passant à travers un bambou creux. La charge étant lourde paraît-il, le choix est difficile, ou peut-être n'y a-t-il pas de volontaires ? La tribu des Ammas Towas vit maintenant moins isolée, suite à une rencontre avec des membres du gouvernement.

Comment y aller ?

➢ ***De Sengkang :*** *bemo* jusqu'à *Watabone* – « Bone » pour les locaux – (compter 2 h), puis *bemo* jusqu'à *Teneta,* en passant par Bona et Sinjai (près de 5 h et les *bemos* sont rares). À Teneta, *bemos* fréquents pour *Kajang*. La route Sinjai-Kajang est en mauvais état et peu fréquentée par les *bemos,* ce qui explique le passage quasi obligatoire par Teneta.

➢ ***De Macassar :*** *bemo* ou bus au départ de la gare routière de Panaikang (à environ 6 km du centre de Macassar) jusqu'à *Bulukumba* (3 h), puis *bemo* jusqu'à *Teneta.*
➢ De rares agences proposent actuellement des circuits sérieux en Pays kajang. L'agence *Asia* (voir coordonnées au début du guide), entre autres, assure un circuit dit « Kajang-Bugi-Toraja » qui permet de comparer trois régions bien différentes des Célèbes.

KAJANG

À 221 km à l'est de Macassar, sur la côte est de la péninsule méridionale de Sulawesi, Kajang est un gros village tout en longueur, étiré en bordure d'une route défoncée qui finit par déboucher sur la mer. Autant de toits de tôle que de toits de chaume, certains ayant même le privilège d'être surmontés d'une antenne parabolique. Désormais, on s'habille à l'européenne (c'est assez récent). Dans les maisons il y a l'eau courante, l'électricité, la TV. Néanmoins, la région, en dehors des sentiers battus, garde son authenticité. Un détour intéressant pour les routards Robinson aimant la vie simple.
Pour dormir à Kajang, mieux vaut essayer de loger chez l'habitant (très hospitalier) que d'aller dans le seul hôtel, *Kalimporo.*

➢ DANS LES ENVIRONS DE KAJANG

Le village des Towas *(Tana Towa)* **:** situé à 9 km de marche de Kajang, sur la route de Teneta. En venant de Teneta, il y a un embranchement sur la gauche, à 15 km environ avant Kajang. C'est la route qu'empruntent les *bemos.* Demander au chauffeur qu'il s'arrête au bureau d'accueil du village. Il s'agit d'une maison sur pilotis avec la base peinte en noir. Il faut signer le livre des visiteurs, puis payer un droit d'entrée et louer selon l'usage un vêtement de couleur noire (assez cher). Si l'on souhaite en savoir plus sur les Towas, il est conseillé d'avoir un guide indonésien anglophone. Quelques habitants parlent l'anglais.
Le premier village se trouve à 1,5 km environ de marche du bureau d'accueil. Là, de part et d'autre d'un chemin grossièrement empierré, une série de maisons en bambou sur pilotis abrite une communauté de 500 personnes vivant sans eau courante ni électricité. Ils tissent eux-mêmes leurs vêtements sur des métiers à tisser parfois visibles sous les maisons. Une seule source d'eau dans le village, où l'on puise à l'aide d'une sorte de louche creusée dans une noix de coco. Il est possible de saluer le chef du village et de visiter sa maison.

QUITTER KAJANG

➢ ***Vers Bone :*** route en mauvais état. Nombreux *bemos.*
➢ ***Vers Bira :*** *bemos* jusqu'à Tana Beru (petit village sur la route de Bulukumba à Bira). Compter 1 h. Puis de Tana Beru, *bemos* jusqu'à Bira Beach (1 h). Très belle route côtière de Kajang à Bira. Sur celle-ci, *bemos* dans les deux sens. Mais dans l'après-midi, peu de *bemos,* donc mieux vaut passer par Teneta et Tana Beru.
➢ ***Vers Bone et Sengkang :*** longue route de plus de 150 km. Il faut changer au moins 4 fois de *bemo.*

BIRA

Longue bourgade de pêcheurs, située à l'extrémité sud-est de la pointe méridionale de l'île de Sulawesi, au sud de Kajang. Comme à Benoa (Bali), il y a 2 villages : le village de Bira et le port de Bira, 4 km plus loin, où se trouve un petit complexe *(Bira Harbour)*.
Au village de Bira, pas de *losmen,* ni de restaurant. Il faut donc se rendre au port, en empruntant une grande route à double circulation. Là, à mesure que l'on approche de la mer, on trouve des *losmen* et des petits hôtels ainsi que des bungalows. Aucun palmier ni cocotier le long de la plage ouest, contrairement à ce que l'on croit. Mais des *warungs,* et un terrain en terre volcanique parsemé de buissons au milieu desquels vagabondent des troupeaux de chèvres. Les chevaux *bugis* ne sont plus là. En revanche, près de la jetée des ferries s'étend la belle plage de l'est : cocotiers, maisons de pêcheurs, bateaux *bugis*... Attention : ne pas s'attendre à trouver une plage paradisiaque comme aux Caraïbes ou en Polynésie. Si c'est pour la plage seulement, bien réfléchir avant de faire le détour par Bira.

Comment y aller ?

➢ ***De Macassar :*** voir la rubrique « Quitter Macassar ».
➢ ***De Kajang :*** voir la rubrique « Quitter Kajang ».

Où dormir ? Où manger ?

Anda Bungalows : à 150 m de la plage. Bungalows en bambou propres et récents. Bonne adresse, simple, au confort spartiate, la moins chère de la ville. Le patron, David, parle un peu le français et peut assurer, à la demande, le retour à Macassar. Organise des sorties pour observer les dauphins.

Riswan Home Stay (ou *guesthouse*) ***:*** côte est. À 50 m de la plage, chambres très rudimentaires avec *mandis* collectifs. Jolie terrasse avec vue sur la mer (coucher de soleil). Adresse calme la nuit.

Riswan Bungalows : juste avant le *Bira Beach Hotel.* Sept bungalows (en plus de la *guesthouse*), situés à 200 m de la plage ouest. Surélevés et assez spacieux, ils donnent malheureusement sur la route qui mène à la mer. Un peu de bruit. Chambres avec douche et toilettes privées. Bon marché. Petit dej' servi en terrasse. Location de palmes, de masques et de tubas. Éviter le week-end car il y a beaucoup de clients.

Yaya's Home Stay : simple mais bien.

Deux ou trois petits ***warungs*** au bord de la plage ouest, qui fonctionnent surtout le dimanche.

À voir

Les plages : elles ne sont ni paradisiaques, ni polynésiennes. Ce sont des plages, voilà tout. Sur la plage ouest, près de la jetée, nombreux troncs d'arbres et des petites gargotes pour manger. La plage est se trouve quelques kilomètres plus loin, près de la jetée du ferry. Beau paysage avec des cocotiers, des maisons de pêcheurs sous les arbres et des bateaux *bugis.* Mais elle reçoit des dépôts d'algues et de plantes marines qui peuvent la rendre parfois moins attrayante que la plage ouest.

Les animaux de la mer : des tortues et des aigles de mer, à la tombée du jour. Pour cela, louer un bateau avec pilote. Possibilité d'être déposé quelques heures sur l'île Linukan pour se baigner.

➤ DANS LES ENVIRONS DE BIRA

Construction des bateaux bugis à Tanah Beru : à 18 km à l'ouest de Bira, sur la route de Bulukumba. Les chantiers de construction des bateaux *bugis* (les fameux *pinisis*) se trouvent dans ce petit port situé au fond de la baie de Birangkeke. Destinés au transport des marchandises entre les îles de l'archipel indonésien et l'Australie, les *pinisis* n'ont certes pas l'allure habituelle de nos modernes cargos. Mais ils ont bien plus de panache et de classe que n'importe quel navire à coque métallique. Apparemment anachroniques avec leurs formes incurvées et leur longue proue recourbée vers le haut, en mer ils font preuve au contraire d'une efficacité et d'une solidité légendaires.

Marumasa : sur la côte est, au nord de Bira Beach. Petit port où l'on construit des bateaux *bugis*.
À Marumasa, la construction d'un bateau de moins de 20 m de long nécessite de petites équipes. En moyenne il faut 7 personnes, et le chantier dure 3 mois. Mais pour les *pinisis* de 30-40 t, il faut environ 2 ans de travail avant de les mettre à l'eau. Mine de rien, c'est un travail titanesque ! En moyenne, selon sa taille bien sûr, un bateau coûte près de 65 000 €, une fortune pour l'Indonésie. Tout est en bois tropical (du teck notamment). Peu de métal. Aucun clou n'est utilisé. Plus surprenant encore : les constructeurs ne suivent aucun plan, rien n'est dessiné par un architecte à l'avance. Chez ces descendants de pirates du XIXe siècle, le savoir-faire se transmet jalousement de père en fils, avec fierté et sens du secret, et dans un esprit très pratique. Jamais de théorie, de l'expérience d'abord. Les diplômes de construction navale, ici, on ne connaît pas. Et pourtant, il suffit de voir le résultat : c'est beau et ça marche ! S'il y a un bateau dans l'Asie moderne devant lequel on peut avoir de l'admiration, c'est bel et bien ce merveilleux *pinisi,* chef-d'œuvre de la culture maritime bugis. Voilà un bateau qui a peu évolué depuis l'époque où Joseph Conrad croisait au large des Célèbes et de Bornéo. C'est sans doute la preuve que le *pinisi* a trouvé depuis longtemps sa forme parfaite...

LE PAYS BUGIS

Ceux qui ne veulent pas faire le voyage de Macassar à Rantepao d'une traite prendront le chemin des écoliers passant par Sengkang et le lac Tempe, à la découverte du Pays bugis. La route est très agréable, les gens sympathiques et désintéressés. Partout, on peut manger dans de petits restaurants, sur les marchés, pour trois fois rien : soupe, riz, thé, viande et poisson.

SENGKANG

IND. TÉL. : 0485

À mi-chemin entre Macassar et Palopo, Sengkang est une ville de taille moyenne, agréable, bâtie le long d'une rivière, à 4 km à vol d'oiseau de la rive sud du lac Tempe, cette étrange petite mer intérieure qui occupe le cœur du Pays bugis wajo.

Capitale du Pays wajo, Sengkang est réputée pour ses nombreux villages pratiquant l'élevage des vers à soie (technique ancienne) et pour ses ateliers de peinture (sur soie). Pour avoir le temps de voir le coin, il faut y passer 2 jours.

LA VIEILLE CULTURE PROGRESSISTE DU WAJO

« Pour réussir dans les voyages et les affaires, il faut qu'un homme ait du sang wajo dans les veines », dit un vieux dicton indonésien. Fiers de leurs origines et de leurs traditions, voyageurs intrépides et énergiques, les Bugis du Pays wajo étaient autrefois réunis au sein d'un royaume dont il reste peu de traces aujourd'hui. Ce royaume faisait pourtant partie d'un ensemble incluant le royaume de Bone (Watambone, ancienne capitale) et celui de Soppeng (capitale : Watansopeng).
Lors de sa première exploration des Célèbes, en 1846, l'aventurier James Brooke (il n'était pas encore devenu le rajah Brooke) nota la gentillesse et l'hospitalité de ce peuple. Il fut frappé, comme beaucoup de visiteurs, par la Constitution progressiste du royaume wajo. Le chef de l'État était un monarque élu (comme c'est toujours le cas de nos jours en Malaisie). Bien que musulman, le Wajo n'était et n'est pas vraiment macho. La preuve, au milieu du XIXe siècle, quatre des six principaux chefs wajos du royaume étaient des femmes. À l'époque où Brooke y séjourna, elles apparaissaient en public, montaient à cheval, gouvernaient et faisaient même des visites diplomatiques à l'étranger. Si elle avait vécu à cette époque, la dynamique princesse Andi Bau Muddaria, actuelle propriétaire de l'hôtel *Apada* (voir « Où dormir ? »), aurait certainement fait partie de ces souveraines affairées et entreprenantes.

Où dormir ?

Bon marché (de 15 000 à 40 000 Rps, soit 1,2 à 3,2 €)

■ ***Losmen El Salam 2 :*** 8 jl. Emmi Saelan, en face de l'agence *Wartel.* ☎ 212-78. À ne pas confondre avec *El Salam 1,* vétuste et sans salle d'eau. Trois catégories de chambres avec ou sans douche. Les salles de bains sont toutes miteuses et dans les chambres *standard,* elle se résument à un pommeau de douche au-dessus des w.-c. Quant à la propreté, mieux vaut ne pas y regarder de trop près. Petit dej' très léger. Demander M. Zubaer, guide francophone qui peut vous accompagner (moyennant finances) dans la région. Excursions proposées sur le lac mais tarifs très élevés.

Prix moyens (de 40 000 à 70 000 Rps, soit 3,2 à 5,7 €)

■ ***Hôtel Pondok Eka :*** 12 jl. Maluku. ☎ et fax : 21-296. À côté de la gare routière. Propose une vingtaine de chambres simples, propres et pas chères, qui n'ont pas toutes l'air conditionné. Accueil décontracté. Petit dej' plutôt léger.

■ ***Hôtel Apada :*** 9 jl. Nangka. ☎ 21-053. Mme Andi Bau Muddaria, la propriétaire, est une authentique princesse bugis. Sa mère fut reine de Tempe, un mini-État situé autour du grand lac. Son père était l'un des principaux rajahs du Pays wajo, parent éloigné du rajah macassar de Gowa. Farouchement attachée à l'histoire de la région et à ses racines, la princesse se bat d'arrache-pied pour maintenir les traditions bugis et mieux les faire connaître à ses innombrables visiteurs. Elle a beaucoup voyagé durant sa vie mouvementée. Un des plus grands écrivains-voyageurs britanniques, Gavin Young, fasciné par elle, lui a consacré un chapitre dans *Les Fantômes de Joseph Conrad* (éd. Payot). Aujourd'hui, elle s'est retirée de la gestion de son hôtel et, malheureusement, la qualité de la cuisine, qui était exquise, s'en ressent. Chambres agréables disposées autour d'une cour intérieure où se prennent les repas traditionnels. Une précision : le muezzin de la grande mosquée a prévu de vous réveiller à 4 h du matin.

Où manger ?

Dans les ***hôtels,*** qui font tous restaurants.

Rumah Makan Sulawesi : 22 jl. Puangrimaggalatung. ☎ 22-467. Dans la rue principale, à gauche juste avant le rond-point. Cuisine simple à prix moyens servie dans une salle carrelée aérée par de vieux ventilateurs.

À voir

➢ Derrière l'hôtel *Apada,* si vous ne craignez pas la curiosité envahissante des enfants, belle promenade vers le haut d'une colline. Du sommet, vue sur la ville et le lac Tempe.

➤ DANS LES ENVIRONS DE SENGKANG

Le lac Tempe : ne pas s'y rendre à pied car le point le plus proche se trouve à 5 km de Sengkang. Une seule solution : louer une de ces longues barques propulsées par des moteurs de hors-bord avec des hélices fixées au bout d'une tige en métal. Amarrées au bord de la rivière, ces barques pilotées par des gars du coin remontent la rivière au départ de Sengkang, font une escale sur une maison flottante puis reviennent à Sengkang. Il est conseillé de discuter ferme le prix avant d'embarquer et de se regrouper. En 2 h ou 2 h 30, on peut se faire une idée du lac Tempe.
Choisir de préférence d'y aller en fin d'après-midi jusqu'au crépuscule, en raison des couleurs. Entre 18 h et 20 h, les habitants des rives du fleuve sortent de chez eux pour se laver dans la rivière. Avec un peu de chance, on peut surprendre un iguane caché dans un arbre de la rive et guettant une poule d'eau.
– *Meilleure époque :* le lac n'est pas un lac toute l'année. Il se remplit pendant la saison des pluies (de novembre à mars). C'est le meilleur moment pour le découvrir. Le reste de l'année, en saison sèche, le niveau d'eau baisse de 2 à 3 m et les maisons sur pilotis se retrouvent plantées en terre ferme. Le lac rétrécit comme une peau de chagrin.
➢ *Balade sur le lac :* avant d'arriver sur le lac, on suit depuis Sengkang la rivière sur les rives de laquelle la vie bat son plein : garages et épiceries sur pilotis, déchargement des provisions, bain du petit... « Enfin le lac s'ouvrit devant nous, tel un bouclier de métal terne. On aurait dit le lac de *La Mort d'Arthur* des chevaliers de la Table ronde », note Gavin Young. De nombreux oiseaux évoluent sur les rives autour de la rivière, de plus en plus nombreux à mesure que l'on s'approche du lac. On peut voir là des aigrettes, des hérons, des grues, des poules d'eau. La barque doit contourner des petits barrages et traverser des champs immenses de plantes aquatiques que des bambous plantés en faisceau de trois empêchent de dériver. Du même coup, l'habitat naturel des colonies d'oiseaux et de poissons s'en

trouve mieux protégé. Une association allemande de protection des oiseaux a initié d'ailleurs la réalisation de ces lignes de bambous en trépied. Les pêcheurs posent des nasses et des filets destinés à attraper les crevettes et les poissons. Il n'y a pas vraiment de village flottant mais plutôt des hameaux éparpillés. Plusieurs familles habitent sur des maisons flottantes assez rudimentaires, une simple toiture posée sur un radeau de bambou. On peut s'y arrêter, mais ne pas y arriver les mains vides. Prévoir des petits cadeaux comme des cigarettes ou des biscuits.

Élevage des vers à soie : plusieurs maisons pratiquent l'élevage des vers à soie dans les petits hameaux autour de ***Solojampu,*** à quelques kilomètres au sud de Sengkang. Prendre un *bemo* pour y aller. Descendre au bout de jalan Camru et suivre un chemin à travers une plantation de cacaoyers. Être accompagné d'un Indonésien facilite bien les choses. Deuxième étape, à Sengkang, dans une petite rue parallèle à jalan Kartini, derrière le marché, des femmes travaillent à domicile. Elles tissent la soie sur des métiers au rez-de-chaussée des maisons. Des pièces de soie sont souvent étendues à l'extérieur. Enfin, on peut visiter un atelier situé au-dessus du magasin *Toko Sumber Sutera,* au 104 jalan Magga Amirullah, assez loin du centre. Superbe travail réalisé par des artisans très sympathiques. Et soie de très belle qualité.

QUITTER SENGKANG

➢ ***Pour Rantepao :*** *bemo* jusqu'à Palopo (4 h), puis minibus jusqu'à *Tator* (2 h), comme ils disent. Il s'agit de l'abréviation de Tana Toraja. Route superbe.
➢ ***Pour Macassar :*** compter 5 h de bus via Pare Pare.
➢ ***Pour Bone :*** 80 km. Route défoncée. Compter 3 h de *bemo* tape-cul.

PARE PARE

110000 hab. IND. TÉL. : 0421

Son nom signifie « Riz Riz ». Du riz ? La région n'en manque pas ! Ce n'est pas un petit village mais une grosse ville-étape, située à 155 km au nord de Macassar, sur la route de Rantepao. Bien qu'adossée à une belle colline boisée *(Bukit Indah),* bien qu'aérée, fleurie et propre, Pare Pare ne présente pas d'intérêt particulier. La plage est devenue un dépotoir, ce qui n'empêche pas les foules d'y venir le week-end. En face de la baie, la presqu'île d'Unjung Lero est polluée à son tour. Pour les promeneurs du soir, au coucher de soleil, vol de milliers de chauves-souris silencieuses ; et un marché nocturne, très animé.
Des bateaux de la *Pelni* assurent la liaison régulière avec la côte est de Kalimantan (Bornéo), desservant le port de Samarinda. On peut également monter en bateau jusqu'à Toli Toli, au nord de Sulawesi.

Où dormir ?

Bon marché (de 15000 à 40000 Rps, soit 1,2 à 3,2 €)

Hôtel Ashar : 9 jl. Hasanuddin. ☎ 21-706. Hôtel à déconseiller aux dépressifs : les chambres sans fenêtre se répartissent de part et d'autres d'un couloir blanc. Propreté douteuse. Certaines chambres ont l'AC. En dépannage uniquement.

Prix moyens (de 40 000 à 70 000 Rps, soit 3,2 à 5,7 €)

Hôtel Gandaria I : 395 A jl. Bau Massepe. ☎ 210-93. Dans la rue principale. Même propriétaire que le *Gandaria II*. Ici, une vingtaine de chambres encore plus défraîchies qu'au *Gandaria II,* bon marché (avec ventilo) ou plus chères (avec AC), ordonnées autour d'un patio intérieur calme et fleuri. Le tout nécessiterait un bon coup de peinture. Petit dej' inclus. Resto indonésien au 5e étage.

Hôtel Gandaria II : 4 jl. Samparaja. ☎ 229-71. Sur la droite en sortant de la ville en direction de Rantepao. Hôtel dans le style néo-bugis, avec des chambres propres mais défraîchies, ouvrant sur une cour intérieure calme. Chambres avec ventilateur au rez-de-chaussée et AC au 1er étage. Salle d'eau minuscule se résumant à un coin w.-c. prolongé par une douche. Meubles en bois sculpté du centre de Java et carrelages. Mêmes prix qu'au *Gandaria I.*

Où manger ?

Bon marché (de 10 000 à 20 000 Rps, soit 0,8 à 1,6 €)

Restaurant Padang Raya : 389 jl. Bau Massepe. À côté de l'hôtel *Gandaria I.* Simple, bon et pas cher. Sert de la cuisine de Padang (Sumatra). La nourriture est servie dans plusieurs petites assiettes. On mange avec les mains (il y a quand même des fourchettes) et on ne paie que ce qui a été mangé. Gare aux plats épicés !

Restaurant Sempurna : jl. Bau Massepe. ☎ 213-98. Grande salle impersonnelle dont quelques tables devant la baie vitrée ou en terrasse donnent sur la mer. Bonne cuisine chinoise. Grand choix de soupes, de plats à base de crevettes et de légumes frits.

Où dormir ? Où manger dans les environs ?

Kupa Beach Restaurant : à 15 km au sud de Pare Pare sur la route côtière allant à Macassar. Entre la route et le bord de mer, grand kiosque de style néo-colonial servant du poisson grillé et des crustacés. Également quelques chambres avec douche et w.-c. extérieurs au 1er étage d'une bâtisse en bois recouverte de bambou. Il faut malheureusement prévoir des boules *Quiès* car la route reliant Pare Pare à Macassar est très fréquentée. Irham, son humble propriétaire bugis, est toujours ravi d'échanger quelques mots en français qu'il a appris à l'Alliance française à Paris. Il possède aussi une agence de voyages à Macassar (*Pacébo Tours,* ☎ (0411) 58-45-02) qui organise des randonnées d'une semaine dans le Pays toraja ou des croisières sur la côte ouest de Sulawesi.

LE PAYS TORAJA

Le Pays toraja (*Tana Toraja* ou *Tator*) doit sa réputation aux buffles, divinités débonnaires et objets de tous les soins. Lors des cérémonies funéraires, une impressionnante mise en scène accompagne le passage du défunt dans l'au-delà.

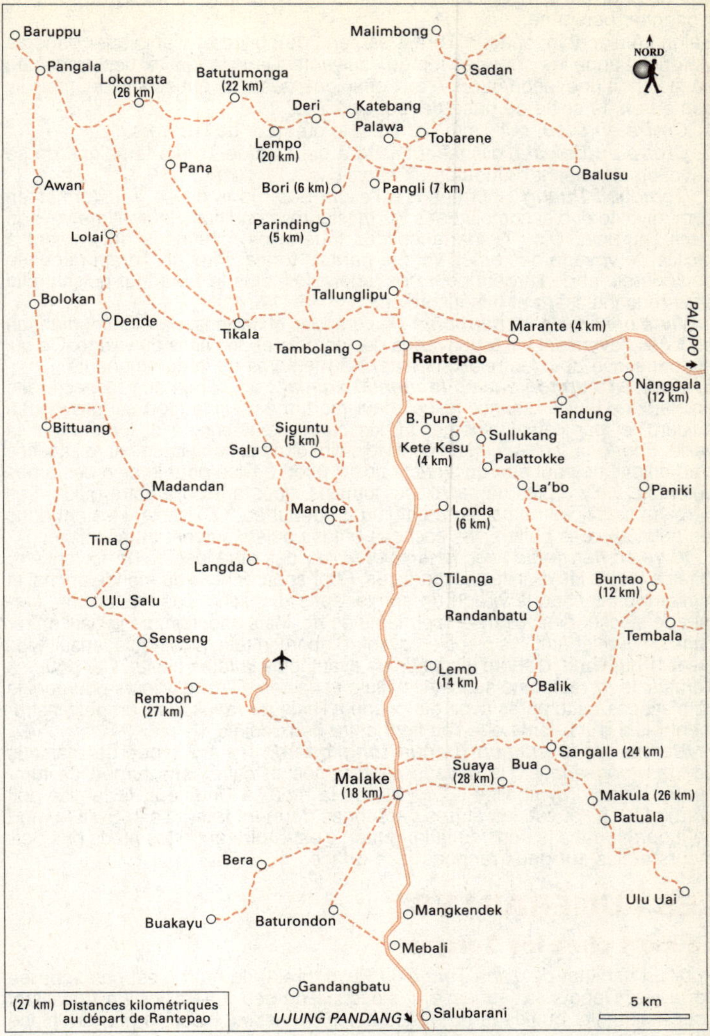

LE PAYS TORAJA

LES SEPT GRANDS PRINCIPES ÉTHIQUES TORAJAS

Alors que la tradition bugis est transmise par l'écrit, la vie morale des Torajas est régie par l'*Aluktodolo,* c'est-à-dire une tradition orale transmise de génération en génération, et fondée sur la religion *(Aluk)* et le culte des ancêtres, le respect de « ceux d'avant » *(Todolo).* La prédominance de l'oral sur l'écrit se retrouve dans les invitations aux cérémonies funéraires, qui sont orales, ce qui, pour les Torajas, est l'assurance de n'oublier personne et donc de n'offenser personne.

Selon l'Aluktodolo, chaque Toraja est tenu de suivre et d'appliquer dans sa vie quotidienne les principes moraux suivants. Dans la réalité, ces préceptes se mêlent d'une façon étrange aux enseignements du christianisme, mais ils demeurent le socle de base de leur pensée.

1. ***Croire en Dieu,*** et l'aimer car il est le créateur de l'univers.
2. ***Croire en Dewata,*** divinité tutélaire à qui chaque Toraja témoigne de sa dévotion en faisant de nombreux sacrifices.
3. ***Tomebali Puang :*** permettre à l'esprit des morts de se transformer en semi-divinité et d'accomplir dans les meilleures conditions leur ultime voyage dans l'au-delà. D'où l'importance des funérailles, destinées notamment à faciliter le voyage des âmes vers le paradis toraja. Plus un Toraja dépense de l'énergie et de l'argent pour des funérailles, plus le Dieu tout-puissant lui sera reconnaissant et miséricordieux.
4. ***Vivre ensemble en harmonie :*** les grandes occasions, naissance, mariage et décès, favorisent les retrouvailles des parents et des amis du village. Ce qui est bénéfique pour les relations entre les membres de la communauté.
5. ***Vivre en harmonie avec le monde animal :*** un Toraja doit respecter les animaux de leur naissance jusqu'à leur mort, même si la mort est provoquée aujourd'hui par ceux-là même qui les caressaient encore si tendrement la veille. Pour eux, il n'y a rien de contradictoire dans cette attitude car le sacrifice d'un animal ne peut être qu'un acte positif offert à Dieu pour le bien des âmes défuntes. Il n'y a plus de sacrifices humains, nous a assuré notre guide. Les derniers sacrifices humains eurent lieu au début du XXe siècle. Restent donc les animaux. Les buffles, les cochons et les poulets servent au sacrifice.
6. ***Vivre en harmonie avec la terre et le riz :*** des offrandes de riz doivent être faites à toutes les divinités secondaires. Pour séparer le riz du monde animal et humain, dans chaque village un grenier spécial, distinct des habitations, permet de stocker des volumes importants de riz. Mais attention, ne jamais entrer dans un grenier à riz les pieds en avant. D'abord la tête, plus noble, ensuite les pieds. Pour sortir, d'abord les pieds en avant, puis la tête ensuite. Car pour les Torajas, le riz reste une substance vitale et sacrée. C'est d'ailleurs pourquoi le riz n'est pas battu après avoir été coupé à l'aide du *rangkapan,* un petit instrument muni d'une lame que l'on tient entre deux doigts.
7. ***Respecter la maison (banua tongkonan).*** Il y a 2 types de maisons *banuas tongkonans* : la maison avec fumée et celle sans fumée (le tombeau). Le nord symbolise la vie, le sud la mort. À l'intérieur, la famille doit dormir tête à l'ouest, les autres personnes dorment tête à l'est. Seul le mort peut dormir dans le sens de la longueur, c'est-à-dire entre les pieds des dormeurs étalés sur deux rangées face à face.

LES FUNÉRAILLES

La mort chez les Torajas

Pour un habitant de *Tana Toraja* (le Pays toraja), la mort n'est pas séparée de la vie. Depuis sa jeunesse, il s'occupe de ses funérailles en travaillant pour accumuler buffles et riz ; grâce à ses richesses, il pourra prendre place après sa mort parmi les ancêtres de sa caste, en disposant dans l'au-delà du troupeau sacrifié. Immédiatement après sa mort, s'il appartient à une caste élevée, toute la proche famille se réunit dans le *tongkonan,* la maison traditionnelle, pour décider d'un premier sacrifice qui permet au mort d'avoir des provisions pour son voyage au *Puya* (le paradis toraja). On le lave, on l'embaume ; il fait à présent partie de la maison, il continue à vivre parmi les vivants, comme un malade, jusqu'à ce que les funérailles puissent être organisées. Cela peut prendre des mois, ou des années, pour réunir toute la famille, jusqu'aux membres les plus éloignés. Des cousins viendront de Jakarta, bien sûr, mais aussi de tout le Sud-Est asiatique, voire d'Europe s'ils y sont installés... Beaucoup de ces fêtes ont lieu juste après la récolte de riz, quand l'abondance règne dans les familles, c'est-à-dire vers juillet-août. La fête diffère selon que le défunt appartient à la religion chrétienne – eh oui ! églises et chapelles sont nombreuses en Pays toraja, même si le crucifix est curieusement associé aux cornes de buffle – ou reste fidèle à l'*Aluktodolo* – l'animisme, la religion des gens d'avant.

Le déroulement des funérailles

Les funérailles sont des cérémonies appelées *rambusolo,* liées au coucher du soleil. Elles se déroulent de midi au coucher du soleil. Le mariage, la fin de récolte du riz ou l'inauguration d'une maison sont au contraire des cérémonies appelées *rambutuka,* liées au lever du soleil. Elles se déroulent donc le matin sans aller au-delà du début de l'après-midi. Pour tous ceux qui ont la chance d'assister aux cérémonies de funérailles, moments intenses garantis, avec ce sentiment, désormais pas si fréquent sur notre planète, d'approcher une authenticité culturelle totale. On vous proposera peut-être de partager le repas des funérailles. Dans ce cas, ne refusez pas et offrez quelques cadeaux comme des cigarettes, du sucre, des gâteaux, qui sont toujours les bienvenus. On vous donnera du vin de palme et de la viande cuite dans des bambous. La gentillesse et la curiosité des familles pourront vous surprendre. Les funérailles chez les Torajas sont un mélange de tristesse et de joie intense qu'ils cherchent parfois à partager avec d'autres, d'autant plus que la présence d'un Européen à leur table constitue un grand honneur. Souvenez-vous cependant que vous êtes tenu de respecter leurs coutumes : évitez d'être trop expansif ou de parler trop fort. Ces conditions remplies, vous passerez certainement un grand moment. Les rites sont précis, étalés sur plusieurs jours. La fête commence par le sacrifice d'un cochon, puis d'un buffle non attaché. C'est à ce moment que le mort, dont le cadavre a été placé dans une sorte de maison miniature, se détache de la vie et commence son voyage vers le Puya. Le lendemain commence le jeûne, au cours duquel la famille doit s'abstenir de manger le moindre grain de riz – rassurez-vous, elle a le droit de se gorger de viande de buffle et de *tuak,* ce vin de palme que l'on apporte des villages voisins dans des bambous. Au cours des trois jours suivants, ils seront de plus en plus nombreux à se regrouper autour de la famille, dans les hurlements des cochons que l'on saigne, un peu à l'écart du village ; c'est que le défunt approche du paradis et qu'il va devenir une divinité tutélaire, protectrice du village. Ce sont donc les fêtes de la joie, les plus spectaculaires. Suivront en principe d'autres fêtes, quelques mois plus tard, destinées à attirer sa protection. On dresse son effigie, on transporte ses restes dans le cimetière, en général des trous creusés à même le roc d'une falaise. Sans doute aurez-vous l'occasion, au cours de randonnées dans la montagne, de découvrir quelques-uns de ces grands tombeaux familiaux sur lesquels se détache, sculptée et quelquefois peinte de couleurs vives, l'effigie des défunts. N'y touchez pas, vous commettriez un sacrilège. En réalité, le rituel se simplifie peu à peu, notamment sous la pression gouvernementale, car les buffles constituent une richesse à ne pas négliger. Aujourd'hui, une grande partie des réjouissances se concentre autour des fêtes de la joie.

Conseils et usages

La fréquence des cérémonies funéraires augmente en juin et juillet, ainsi que pendant les vacances de Pâques, car les familles peuvent rentrer plus facilement au pays pendant leurs congés. Pour avoir la chance d'y assister, surveillez les porteurs de vin de palme, renseignez-vous à Rantepao, et n'hésitez pas à vous avancer dans la montagne ; c'est là que vous vivrez les cérémonies les plus authentiques, les moins perturbées par l'arrivée de cars entiers de touristes, vidéo au poing... En effet, cette partie des funérailles, la plus connue en Occident parce que rendue spectaculaire à nos yeux urbanisés par le sacrifice des buffles – mais allez donc visiter les abattoirs ! –, même si elle n'est pas la plus importante pour la communauté toraja, attire les tour-opérateurs, en particulier dans les petits villages situés tout autour de Rantepao, comme Kete Kesu, Nanggala, etc., dont les cérémonies deviennent très touristiques. Pour les éviter, n'ayez pas peur de vous avancer loin dans la montagne. Possibilité de coucher chez l'habitant (y dormir, entre les coqs, les chiens et les enfants, est une autre affaire !) moyennant quelques cadeaux en échange. Pour participer à la fête, nous vous conseillons d'acheter un kilo de sucre ou de café, un jerricane de vin de palme ou encore une cartouche de cigarettes que vous offrirez au chef du village. Pour les groupes, il faudra offrir un cochon que l'on achète au marché de Bolu (attention, obligatoirement mâle, car offrir une truie est une offense). Peut-être vous invitera-t-il alors à assister à la fête depuis le balcon de son *tongkonan* ? Les tenues trop légères pour les femmes, laissant voir les épaules ou les jambes sont déconseillées. De plus, sachez rester en retrait pendant la cérémonie, afin de ne pas prendre la place réservée à un membre de la famille du défunt.

Le sacrifice des buffles

Village par village montent en procession à travers les rizières les files de ceux qui viennent participer à la fête. Parfois venus de loin, en 4x4, en minibus, qu'ils ont arrêtés loin du village, ils ont revêtu leurs plus beaux costumes traditionnels, sarongs brodés pour les femmes, pagnes noir et blanc pour les hommes. Chacun tient devant lui les offrandes qu'il apporte, ou encore, sur un plateau, les assiettes et les verres qui serviront lors du repas. Derrière marche le buffle, héros malheureux de la fête ; des hommes portent sur leurs épaules de forts bambous entre lesquels pendent des cochons qui crient à chaque mouvement... Le gong résonne, rythmant le lent défilé qui s'arrête devant un fonctionnaire, accroupi au milieu de l'allée centrale du village. Il est chargé de noter sur un cahier les offrandes apportées, leur montant, le nom des propriétaires des buffles sacrifiés. En effet, une taxe est due au gouvernement sur chaque animal tué ; cette taxe a été instituée pour éviter les hécatombes qui, lors des funérailles des nobles ou des familles princières, décimaient les troupeaux – plusieurs centaines de buffles étaient alors égorgés, ce qui représentait la fortune de plusieurs villages. Le nombre de buffles sacrifiés dépend de la richesse de la famille du ou des défunts. Alors que les familles les plus pauvres sacrifieront un ou deux buffles en une journée, il est aujourd'hui encore possible de voir malgré cette taxe 150 buffles tués en une semaine pour les plus grandes cérémonies. Objets de la vénération de leur propriétaire dont ils sont souvent la richesse la plus visible – un beau buffle adulte vaut plusieurs chèvres –, ces buffles de qualité ont rendu les Torajas célèbres dans toute l'Asie du Sud-Est... La valeur d'un buffle dépend, plus que de son poids, de son regard (!), de la qualité de son poil et de l'envergure de ses cornes. Les buffles noirs à taches blanches sont très prisés. Désormais, une partie de la viande des animaux tués est vendue aux enchères, afin d'acquitter les taxes. Tout n'est pas perdu. Pendant que la famille du défunt psalmodie sa généalogie, et que s'élèvent les cris de lamentations rituelles des arrivants, les cochons sont égorgés derrière le *tongkonan,* puis dépecés et cuits ; il faut en effet une quantité énorme de nourriture pour rassasier plusieurs centaines de personnes pendant trois ou quatre jours... Les buffles ont droit à plus de cérémonies et font l'objet d'une présentation à la famille du défunt. Quelquefois, lors de funérailles importantes, un combat de buffles est organisé ; leurs conducteurs excitent l'un contre l'autre deux mastodontes qui se chargent de front. L'affrontement est bref, mais déchaîne les cris de l'assistance ; le vaincu culbute en arrière et s'enfuit dans les rizières, poursuivi par le gamin qui le conduit. Attention tout de même aux charges des buffles ! Quand toutes les bêtes offertes ont été dûment enregistrées, et tandis que les processions continuent, le sacrifice des buffles commence. Chaque bête est tour à tour conduite au pied d'un arbre, auquel deux aides lui attachent solidement une patte. Puis le sacrificateur dégaine son *parang,* ce court sabre que portent les hommes, passé dans leur ceinture, relève la tête de l'animal par l'anneau passé dans ses naseaux et lui coupe la gorge – excellente occasion de vous souvenir que, naguère, les Torajas avaient une réputation méritée de fervents chasseurs de têtes... Le sang coule, l'animal, selon les cas, tombe à genoux ou se jette en arrière, les assistants observent chacun de ses gestes qui sont des présages pour les récoltes à venir ; pendant que le bourreau essuie sa lame, ses aides plongent des bambous creux dans la gorge du buffle pour recueillir le sang chaud, qui sera cuit et bu ensuite lors du festin... Véritable lien entre les vivants et les morts, le buffle est considéré comme le « passeur des âmes » qui permet d'aller au paradis. Dès que tous les buffles sont morts, ils sont immédiatement dépecés à grands coups de *parang.* Puis les morceaux crus sont mis à macérer dans une soupe d'herbes ou cuits dans d'énormes marmites... Ils seront partagés entre les membres de la famille et les assistants, à la nuit venue. Sans doute vous conviera-t-on à participer au festin !

Les secondes funérailles

Quelques mois plus tard a lieu une deuxième fête où est érigée une statue à l'effigie du défunt. Ces secondes funérailles constituent la cérémonie essentielle, où les ossements nettoyés sont transportés dans un catafalque en forme de maison jusqu'à la falaise familiale et déposés dans une cavité creusée dans le roc. La terre est bien trop précieuse pour servir de cimetière. L'effigie du mort a un rôle de protection pour les membres de la famille. Une explication qui nous a été donnée au sujet des statues : elles représentent le portrait du défunt et permettent à sa famille de se le rappeler car ils ne connaissent ni la peinture ni la photographie. Ne les touchez surtout pas, vous commettriez un sacrilège.

LE PAYSAGE TORAJA

Outre ces traditions, le Pays toraja vaut aussi pour sa campagne magnifique. Pas étonnant que bon nombre de routards aillent à pied de village en village. Les rizières sont coincées entre de superbes collines verdoyantes. Les villages sont protégés par des rideaux de palmiers. Ici règnent prospérité et une certaine joie de vivre. Les paysages sont finalement l'un des principaux attraits du Pays toraja (les cimetières, eux, sont envahis par le tourisme).

ORIGINE ET ARCHITECTURE

Ces toits si curieux, en forme de coques de bateaux, rappellent, dit-on, la mystérieuse origine de ce peuple. Viendrait-il d'Indochine ? Les paysans avec leur « chapeau chinois » pourraient nous en persuader. Comme souvent, les ethnologues aujourd'hui réduisent ces rêves : les Torajas seraient une ethnie ayant vécu au bord de la mer. Rebelles à l'invasion musulmane, ils se seraient repliés dans les hautes terres de l'intérieur. Composées de milliers de bambous assemblés selon des règles centenaires, les maisons des Torajas, très gracieuses, traduisent un grand souci de l'esthétisme et du raffinement. Les panneaux de bois de la façade sont finement sculptés. Devant, une poutre verticale où s'empilent les paires de cornes de buffles immolés. Leur taille et leur quantité permettent d'évaluer la richesse de la famille. En revanche, l'intérieur de la maison est sobre et dépouillé : un buffet, une table basse et quelques nattes pour dormir.

LA CUISINE TORAJA

Comme dans tout le reste de l'Indonésie, on vous servira des plats à base de riz, de légumes et d'œufs, avec des morceaux de viande ou de poisson, mais il existe aussi une cuisine typique traditionnelle dans le Pays toraja. Les plats les plus courants sont :

– ***Les pa'piongs :*** riz et noix de coco mijotés pendant près d'une heure dans un bambou. Lorsque le bambou est noir, c'est que la cuisson est terminée. On prépare maintenant des recettes plus variées, notamment en ajoutant du poulet pilé avec la noix de coco râpée (excellent). Les *pa'piongs* sont parfois très épicés mais peuvent être dosés à la demande. Dans les restaurants, ce plat, qui nécessite une longue préparation, est toujours à commander à l'avance (minimum 1 h, voire parfois la veille).

– ***Les dukus*** sont une préparation de viande ou de poisson, toujours associés à des légumes et mélangés avec du sang de buffle ou de porc. Ce plat reste cependant réservé aux grandes cérémonies. Heureux celui qui pourra en profiter.

– Pour accompagner ces spécialités locales, il faut goûter au ***tuak,*** ou vin de palme, que l'on sert surtout lors des cérémonies. Il est extrait d'un arbre qui évoque un peu le cocotier et se récolte deux fois par jour par une entaille effectuée en dessous du fruit sur l'arbre. Mieux vaut ne pas être sujet au vertige pour aller chercher le vin à la cime des arbres à 20 m au-dessus du sol. Le transport du *tuak* s'effectue toujours dans des bambous. C'est excellent mais sacrément traître, surtout quand il fait chaud. C'est, paraît-il, un très bon remontant après une journée de randonnée.

RANTEPAO

IND. TÉL. : 0423

La capitale du Pays toraja, carrefour des routes qui vont se perdre dans les montagnes. C'est le point de départ de toute randonnée dans la région et dans les villages éparpillés dans un rayon de 10 à 40 km autour de Rantepao. Rantepao a l'air d'une grosse bourgade rurale pittoresque, dont les buffles auraient remplacé nos vaches (et ne verraient pas de train, NDLR).

Adresses utiles

- Office de tourisme
- Poste centrale
- **1** Wartel Citra (téléphone international) et compagnie de bus Alam Indah
- **2** Wartel (téléphone international) et agence de voyages Toraja Permai
- **4** Bureau de change Haji La Tunrung
- **5** Banque Rakyat Indonesia
- **6** Banque Danamon
- **7** Compagnie de bus Batutumonga
- **8** Compagnie de bus Fa Litha
- **9** Compagnie de bus Pelangi Idola
- **11** Sobek
- **15** Hôpital
- **33** Location de motos du wisma Irama

Où dormir ?

- **21** Rapa Home Stay
- **22** Wisma Surya
- **23** Wisma Monika
- **24** Wisma Maulu
- **25** Wisma Rosa
- **26** Novotel Coralia Toraja
- **27** Wisma Maria I
- **28** Wisma Monton
- **29** Pia's Poppies
- **30** Pondok Wisata
- **31** Wisma Malita
- **32** Wisma Tanabua
- **33** Wisma Irama
- **34** Hôtel Indra I
- **35** Hôtel Indra II
- **37** Pondok Torsina
- **38** Pison Hotel

Où manger ?

- **29** Pia's Poppies
- **34** Restaurant de l'hôtel Indra I
- **35** Restaurant de l'hôtel Indra II
- **38** Restaurant du Pison Hotel
- **40** Mambo
- **41** Marts Café
- **43** Surya Restaurant
- **44** Rachmat
- **45** Gazebo Restaurant

Achats

- **7** Sarita Art Shop
- **10** Randhy Bugis' Studio & Gallery

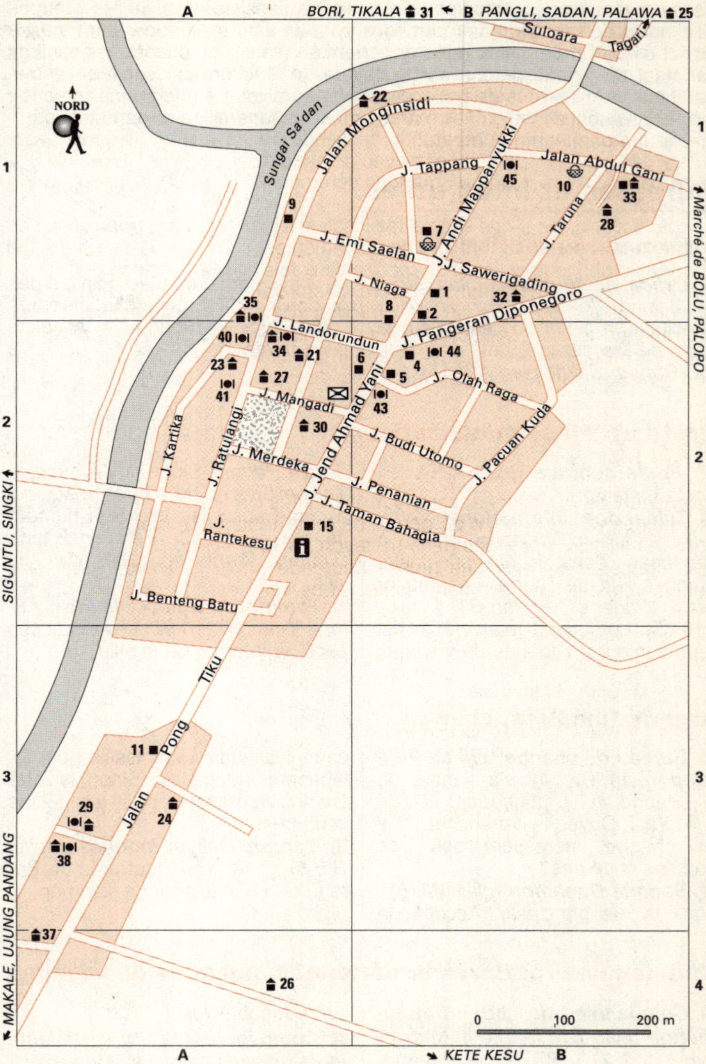
A
BORI, TIKALA 31
B
PANGLI, SADAN, PALAWA 25
Suloara
Tagari
NORD
Sungai Sa'dan
Jalan Monginsidi
22
J. Tappang
J. Andi Mappanyukki
Jalan Abdul Gani
45
10
33
28
J. Taruna
Marché de BOLU, PALOPO
9
7
J. Emi Saelan
J. Sawerigading
J. Niaga
1
32
8
2
35
J. Pangeran Diponegoro
J. Landorundun
40
34
21
6
44
4
23
5
27
J. Olah Raga
41
J. Mangadi
43
J. Jend Ahmad Yani
30
J. Kartika
J. Ratulangi
J. Budi Utomo
J. Pacuan Kuda
J. Merdeka
J. Penanian
J. Taman Bahagia
SIGUNTU, SINGKI
J. Rantekesu
15
J. Benteng Batu
Tiku
Pong
Jalan
11
29
24
38
37
26
MAKALE, UJUNG PANDANG
0
100
200 m
KETE KESU
1
2
3
4

RANTEPAO

À quelques heures de marche, vous atteignez des villages où le chef, si vous arrivez pour des funérailles, vous offrira le balcon de sa propre maison et de menus présents, en hommage au visiteur que vous êtes. Un moyen infaillible pour assister aux cérémonies de funérailles consiste à suivre les groupes d'hommes portant droit des bambous coupés d'où s'échappe une mousse blanche – le vin de palme qu'ils apportent à la fête – ou encore ces minibus cahotant où gigote, perché sur la galerie, un cochon noir serré entre des bambous. Armez-vous de patience et préparez-vous à une bonne marche : les Torajas sont d'infatigables marcheurs et les funérailles se déroulent peut-être à une demi-journée de là...

Adresses et infos utiles

Informations touristiques

i ***Office de tourisme*** *(plan A2)* **:** 64 jl.Jend. A. Yani. Sur l'avenue principale, à 1 km du centre, sur la route de Macassar, à côté de l'hôpital *(Rumah Sakit; plan A2,* ***15****)*. Accueil sympathique. L'association des guides locaux dispose d'un bureau à l'office (voir la rubrique « Visite du pays toraja »).

Poste et télécommunications

✉ ***Poste centrale*** *(plan A2)* **:** fait poste restante.

■ ***Téléphone international*** *(Wartel)* **:** il y a deux *Wartel* principaux à Rantepao, dans la rue principale, proches l'un de l'autre. Le premier est le *Wartel Citra* (*plan B1,* ***1***; fax : 216-65). Le second *(plan B1,* ***2****)* est représenté par l'agence de voyages *Toraja Permai*. Sinon, il y a aussi le *Telkom* près du bureau de poste, qui accepte aussi les fax. Son numéro de fax : 215-00. Personnel lent. D'autres *Wartel* éparpillés dans la ville.

@ ***Tomindo Internet Café :*** 75 jl. Ahmad Yani. ☎ 210-57. Le seul accès public à Internet de la ville.

Argent, banques, change

■ ***Bureau de change Haji La Tunrung*** *(plan B2,* ***4****)* **:** à l'angle de jl. Pangeran Diponegoro et de jl. A. Yani. Ouvert le dimanche. Taux de change intéressant pour les grosses coupures.

■ ***Banque Danamon*** *(plan B2,* ***6****)* **:** dans la rue principale. Accepte la carte *Visa* mais commission pour téléphoner à Macassar. Sinon, taux de change intéressant pour les petites coupures.

■ ***Banque Rakyat Indonesia*** *(plan B2,* ***5****)* **:** jl. A. Yani, tout près du Bureau de change *Haji La Tunrung*.

Compagnies routières et aériennes, agences de voyages

■ ***Compagnie de bus Batutumonga*** *(plan B1,* ***7****)* **:** 65 jl. Mappanyukki. ☎ 210-18. En plein centre. L'une des compagnies les moins chères et les plus sûres. Les bus ne sont pas climatisés et ils tombent rarement en panne.

■ ***Compagnie de bus Alam Indah*** *(plan B1,* ***1****)* **:** à côté du *Wartel Citra*, sur jl. Mappanyukki.

■ ***Compagnie de bus Pelangi Idola*** *(plan A1,* ***9****)* **:** jl. Monginsidi. ☎ 213-85.

■ ***Compagnie de bus Fa Litha*** *(plan B1-2,* ***8****)* **:** au niveau de l'intersection entre jl. A. Yani et jl. Mappanyukki. ☎ 212-04. Bus vétustes souvent en panne.

■ ***Agence de voyages Toraja Permai*** *(plan B1, **2**)* **:** 10 jl. Mappanyukki. ☎ 217-85. Fax : 217-84. Billetterie, excursions dans la région. Fait aussi *Wartel* (téléphone international).

■ ***Sobek*** *(plan A3, **11**)* **:** jl. Pong Tiku. ☎ et fax : 213-36. • toranggo @indosat.net.id • À la sortie sud de la ville, sur la route principale. Club de rafting tenu par Alan, un sympathique Écossais échoué en Pays toraja. Excursions d'une demi-journée à deux jours sur les rivières Maulu et Sa'dan. Réserver un jour à l'avance.

Ravitaillement

■ ***Épicerie :*** à l'angle de l'hôtel *Indra* et de jl. Ratulangi, près du *Toraja Tourist Service.* On y trouve de tout, à des prix intéressants.

■ Deux ***grandes surfaces :*** *Toko Abadi* et *Toko Remaja.* Très bien approvisionnées.

Location de motos

Louer une moto à Rantepao n'est pas aussi aisé qu'ailleurs et ça revient assez cher. Nécessité de marchander mais pas toujours facile d'obtenir ce que l'on veut. Il y a peu de concurrence. Les routes sont étroites mais bonnes dans un rayon de 10 km autour de Rantepao. Au-delà, elles redeviennent des mauvais chemins rocailleux. Peu de circulation comparé à Bali, mais cela n'empêche pas les accidents. On conseille aux motards de conduire avec la plus grande prudence. Avant de partir, ne pas oublier un vêtement imperméable style K-way.

■ ***Jet Service :*** près du carrefour principal du marché.

■ ***Wisma Irama*** *(plan B1, **33**)* **:** jl. Abdul Gani. ☎ 213-71. Ne demande pas de permis, mais les engins sont souvent en mauvais état (absence de feux arrière, pas de rétroviseur, casques usés jusqu'à la trame...).

Dons

N'oublions pas que la réalité du Pays toraja ne se résume pas à une carte postale de maisons traditionnelles sur fond de rizières et de ciel bleu. L'orphelinat *Tagari* a besoin de vêtements et d'argent pour ses enfants. Il se situe entre Rantepao et le marché de Bolu, à 1 km après la sortie de la ville. Pensez donc à eux en allant voir le marché de Bolu.

Transports

– Le moyen de déplacement idéal est la ***marche*** : pendant la saison des pluies, soyez chaussé de façon adéquate pour le trekking dans les rizières.
– Les ***bemos*** ne sont pas onéreux. Il est parfois difficile de trouver une place disponible en cours de route, ils sont pleins lors du départ et à l'arrivée. L'idéal est de combiner *bemo* (quand il y en a) et marche.
– Vous pouvez également ***louer une moto*** : voir la rubrique « Location de motos » dans les « Adresses utiles ».
– Les plus fortunés pourront ***louer une Land Rover*** avec guide et chauffeur. S'adresser à *Ramayana,* jl. Pong Tiku. ☎ 216-15. Ou à des loueurs qui proposent leurs services. Comparer les prix.

Où dormir ?

La vie à Rantepao est aussi chère qu'à Bali. Il est parfois difficile de trouver une chambre en pleine saison. Pour remédier à ce problème, plusieurs pensions s'agrandissent. Hors saison, d'octobre à avril, on peut demander une réduction sur le prix de la chambre.

Bon marché (de 30 000 à 50 000 Rps, soit 2,4 à 4 €)

Wisma Surya *(plan B1, **22**) :* 36 jl. Monginsidi. ☎ 213-12. Pension calme dont l'arrière donne sur la rivière Sa'dan. Chambres très simples avec douche et w.-c. Accueil souriant. Pas de petit dej'. Le patron possède le restaurant du même nom (voir la rubrique « Où manger ? »).

Wisma Monika *(plan A2, **23**) :* 36 jl. Ratulangi. ☎ 212-16. À côté du restaurant *Mambo,* presque en face du *wisma Maria*. Chambres simples et propres, avec du carrelage, petite salle de bains avec baignoire et w.-c. Celles situées à l'étage s'ordonnent autour d'une sorte de véranda ouverte sur une petite rue. Les serviettes de toilette sont fournies. Possibilité de laver son linge. Petit dej' inclus et très copieux : toasts, beurre, confiture, œuf dur, fruits, thé, etc.

Wisma Maulu *(plan A3, **24**) :* 12 jl. Pong Tiku. ☎ 218-69. Sur la gauche de la route de Macassar, avant de croiser la rue menant à l'hôtel *Pison*. À 1,5 km du centre. Petite pension de famille dans une villa. Très bon accueil. Chambres ordinaires mais propres, avec ou sans *mandi*. Petit dej' non inclus dans le prix. Terrasse.

Wisma Malita *(hors plan par B1, **31**) :* 110 jl. Suloara. ☎ 210-11. Sur la route de Tikala, soit à un quart d'heure à pied du centre-ville, une pension moderne entourée par les rizières. Nombreuses chambres simples, carrelées et propres, avec une salle de bains. Les moins chères, sans eau chaude, sont très compétitives. Petit dej' inclus. Adresse très calme la nuit.

Pondok Wisata *(plan A2, **30**) :* 23 jl. Pembangunan. ☎ 215-95. Près du centre, à côté du terrain de sport. Chambres monacales mais propres avec douche et eau chaude. Les patrons sont toujours prêts à rendre service. Petit dej'.

Rapa Home Stay *(plan A2, **21**) :* 56 jl. Pembangunan. ☎ 215-17. En plein centre, entre la station de *bemos* et le terrain de football. Petite pension de famille avec 2 chambres défraîchies, mais avec une salle de bains et des w.-c. Le patron, Mindaind Rapa, parle bien l'anglais. Accueil courtois et souriant. Prix très doux et petit dej' inclus. En plus, la TV du salon reçoit TV5. Quartier calme.

Prix moyens (de 50 000 à 80 000 Rps, soit 4 à 6,5 €)

Wisma Rosa *(hors plan par B1, **25**) :* 28 jl. Sa'dan. ☎ 210-75. À la sortie de Rantepao, sur la route de Palawa, après le pont sur la droite. Un peu excentré mais endroit calme. Dispose de 14 chambres avec *mandi* à l'intérieur dans 3 catégories de prix. Attention, les chambres les moins chères sont décrépites, passez directement à la 2e catégorie. Une seule chambre avec une baignoire dans la 3e catégorie.

Pia's Poppies *(plan A3, **29**) :* 8 jl. Pong Tiku. ☎ 211-21. À l'entrée de Rantepao en venant de Makale, en dehors du village, dans les rizières, près du *Merpati Bureau*. Atmosphère paisible et familiale pour cette auberge de 12 chambres, propres, spacieuses et toutes différentes, dotées de très belles salles de bains. Accueil charmant. Réservation obligatoire en haute saison. Fait aussi resto (voir « Où manger ? »). À préférer au *Pison Hotel,* situé juste en face, à cause de l'accueil.

Wisma Maria I *(plan A2, **27**) :* 23 jl. Ratulangi. ☎ 211-65. À ne pas confondre avec *Maria II,* situé à 2 km de la ville. *Maria I* se trouve en plein centre. C'est la plus vieille pension de Rantepao. Beaucoup d'espace. En entrant, il y a un petit monument toraja portant une tête d'*anoa.* Trois catégories de prix. Chambres disposées autour d'un jardin intérieur. Douche et w.-c. dans la chambre (eau chaude, sauf dans la catégorie économique) et serviettes fournies. Très propre. Prix variables selon la saison. Petit dej' (un peu limité) dans une salle abritant une collection d'objets et d'armes torajas. Possibilité de prendre les repas à la demande. Accueil terne et peu dynamique, malheureusement. À part ça, et l'insonorisation des chambres qui laisse à désirer, c'est d'un assez bon rapport qualité-prix.

Wisma Monton *(plan B1, **28**) :* 14 A jl. Abdul Gani. ☎ et fax : 216-75. Fax : 216-65. Au bout d'un petit chemin fleuri, une pension un peu à l'écart, proche d'une chapelle. Plus de 16 chambres propres et claires dans trois catégories de prix, selon que vous désiriez de l'eau chaude, une douche ou une baignoire. Certaines donnent sur la pelouse au rez-de-chaussée ; les autres, au 1er étage, ont une vue plus étendue sur le village et au fond les monts du Pays toraja. Parubak, le patron, est un homme affable et jovial, qui fournit plein d'infos sur la région. Il a donné ce nom à sa pension en raison d'une vieille dame de Menton (sud de la France) qui, pendant des années, envoya à Noël des cadeaux à ses enfants. Un assez bon rapport qualité-prix dans cette catégorie.

Wisma Irama *(plan B1, **33**) :* 16 jl. Abdul Gani, à côté du *wisma Monton.* ☎ 213-71. Une des meilleures adresses, calme et agréable. Douze chambres simples et propres autour d'un jardin. Attention, des groupes louent parfois tout l'hôtel. Le patron, guide officiel, est adorable et parle quelques mots de français. Petit dej' inclus dans le prix de la chambre.

Wisma Tanabua *(plan B1, **32**) :* 43 jl. Diponegoro. ☎ 210-72. Les chambres les moins chères sont d'un bon rapport qualité-prix. Petit dej' en plus.

Pison Hotel *(plan A3, **38**) :* jl. Pong Tiku. ☎ 213-44. Établissement confortable et bien tenu, offrant un bon rapport qualité-prix. Propose deux catégories de prix. Toutes les chambres ont le même confort : meubles en bois sculpté, salle de bains avec baignoire et eau chaude, mais les plus chères ont un balcon donnant sur la campagne. Petit dej' en sus. Bon resto. Pour terminer, on vous recommanderait sans hésitation cette adresse si l'accueil n'était malheureusement pas à revoir.

Plus chic (de 80 000 à 120 000 Rps, soit 6,5 à 9,7 €)

Pondok Torsina *(plan A3-4, **37**) :* jl. Pao Rura. ☎ 212-93. Fax : 270-48. À la sortie de Rantepao, à 1,5 km du centre environ, dans une petite rue à l'écart de la route. Bâtiments inspirés de l'architecture traditionnelle toraja. Chambres avec salle de bains. Demander celles qui sont à l'étage d'une annexe. Chambres spacieuses et propres. Petit dej' copieux inclus dans le prix. Piscine. Restaurant.

Hôtel Indra I *(plan A2, **34**) :* 63 jl. Landorundun. ☎ 211-63. Fax : 215-47. • indranet@indosat.net.id • Propose 17 chambres de bon confort, avec ou sans TV, dans un bâtiment récent et bien situé. Pas de mauvaises surprises, sinon que l'éclairage au néon rend les chambres un peu tristes. Pour plus de confort, aller à l'*Indra II,* à côté. Attention aux chambres proches des cuisines : elles sont bruyantes. Petit dej' et taxes inclus. Le restaurant, par ailleurs, sert de la très bonne viande.

Chic (de 120 000 à 250 000 Rps, soit 9,7 à 20,2 €)

Hôtel Indra II *(plan A1-2, **35**)* **:** 26 jl. Ratulangi. ☎ 215-83. Fax : 215-47. • indranet@indosat.net.id • Un de nos coups de cœur dans cette catégorie. Merveilleusement bien situé, au bord de la rivière Sa'dan, avec un jardin intérieur très agréable et des chambres pour lesquelles les propriétaires ont fait un effort dans la décoration, même si certains trouveront le style désuet. Certes, Philippe Starck n'est pas passé par là. La plus belle chambre est sans conteste la « River view room », une grande chambre au 1er étage, décorée avec charme et équipée d'une jolie salle de bains et d'un balcon donnant sur la rivière. On la voit, ainsi que les rizières sur l'autre rive et, au loin, les monts de Tana Toraja. Bonne adresse pour couple en lune de miel.

Très très chic

Novotel Coralia Toraja *(plan A4, **26**)* **:** sur la route de Kete Kesu, à la sortie de Rantepao. ☎ 211-92. Fax : 216-66. • novotor@upandang.wasantara.net.id • Dans un grand parc verdoyant, ce *Novotel* a été construit dans le style traditionnel toraja. Hall de réception immense en bois, se prolongeant par un bar. Trois catégories de prix, allant de 90 à 135 € (sans le petit dej' et les 21 % de taxe). D'octobre à mars, 10 à 20 % de réduction sont accordés sur les prix affichés, auxquels il faut malgré tout ajouter les taxes. De magnifiques *tongkonans* abritent les chambres supérieures et *deluxe* (plus de 50 m^2 !) tout en bois peint. Terrain de tennis, de volley, de pétanque, piscine, sauna. Restaurant proposant d'excellents buffets variés. Service en chambre 24 h/24.

Où manger ?

Bon marché (de 10 000 à 20 000 Rps, soit 0,8 à 1,6 €)

Marts Café *(plan A2, **41**)* **:** 44 A jl. Ratulangi. ☎ 216-92. Situé à côté d'une église pentecôtiste, un petit restaurant très recommandable pour son bon rapport qualité-prix. Intérieur couvert de panneaux de bambou. Musique indonésienne et pop-rock. Bon accueil. Service efficace et souriant. Tout est bon, sauf le steak de buffle *(bistik kerbau),* qui n'est pas appétissant : viande dure, grasse et sans goût.

Prix moyens (de 20 000 à 35 000 Rps, soit 1,6 à 2,8 €)

Mambo *(plan A2, **40**)* **:** 34 jl. Ratulangi ; à 30 m du *wisma Maria I.* ☎ 211-34. Très bons sandwichs à emporter. Cuisine indonésienne dans une ambiance plutôt jeune et sympa. Éviter les *pa'piongs,* qui ne sont pas toujours à la hauteur.

Surya Restaurant *(plan B2, **43**)* **:** 88 jl. Ahmad Yani. ☎ 274-00. À côté de la banque, sur la rue principale. Bonne cuisine traditionnelle servie dans une salle recouverte de bambous. Grand choix de soupes, *pamarrasan babi* (bœuf en daube relevé au gingembre), *pa'piong ayam* ou *ikan* copieux, à commander un jour à l'avance.

Gazebo Restaurant *(plan B1, **45**)* **:** 96 jl. Mappanyukki. Le seul restaurant de Rantepao possédant une terrasse se devait d'être mentionné, d'autant plus que l'atmosphère est conviviale et détendue. Plutôt qu'en salle, on mange dans l'un des 3 *gazebos,* des cabanons en bois sur pilotis. Bon *satay* de poulet, poisson grillé, *pa'piong* de poisson à commander quelques heures à l'avance. Portions conséquentes.

Plus chic (plus de 35 000 Rps, soit 2,8 €)

I●I ***Pia's Poppies*** *(plan A3,* ***29****)* **:** voir « Où dormir ? Prix moyens ». Excellent resto où vous aurez le choix entre soupe à l'oignon, sole sauce Colbert, crêpes Suzette, etc. Service très lent, comme partout ailleurs. Il faut commander certains plats 2 h à l'avance (*pa'piong,* par exemple). Salle très agréable. Ce n'est quand même pas donné mais vous serez assuré d'y faire un repas de grande qualité et copieux. De plus, le patron et sa femme sont très sympathiques et accueillants. Souvent complet ; toujours réserver en saison.

I●I ***Restaurant de l'hôtel Pison*** *(plan A3,* ***38****)* **:** là aussi, excellente table servant des spécialités et du poisson frais. Mêmes prix que *Pia's Poppies.*

I●I ***Restaurants de l'hôtel Indra*** *(plan A2,* ***34*** *et A1-2,* ***35****)* **:** il y en a deux, l'un à côté du *Mambo* avec un décor agréable, l'autre au coin de la rue, à côté de l'épicerie, un peu moins cher que le premier. Ce sont quasiment les mêmes plats.

I●I ***Rachmat*** *(plan B2,* ***44****)* **:** à l'intersection principale, au centre de Rantepao. À éviter, salle démesurée, prix exorbitants.

Où manger dans les environs de Rantepao ?

I●I ***Island Café* :** à Kondongan, à 3 km au nord de Rantepao sur la route allant à Pangli. ☎ 235-02. Tenu par un couple américano-indonésien. Belle terrasse couverte donnant sur la rivière Sa'dan. Plats indonésiens ou occidentaux. Également quelques chambres très simples attenantes au restaurant.

À voir. À faire

Rien à voir de particulier dans Rantepao, à part quelques maisons anciennes, pas trop loin du centre-ville. Dans les environs, d'innombrables balades à faire à pied.

👥 ***Le marché de Bolu* :** jl. Diponegoro. À 2 km environ du centre-ville. Prendre un *bemo.* A lieu de 6 h à 18 h, tous les 6 jours, à une date fixée à l'avance. Se renseigner à l'office de tourisme. Bolu, c'est l'immense marché consacré en grande partie aux cochons, aux buffles et aux poulets, animé et authentique. Vous y trouverez aussi légumes, tissus, vaisselle... et bonimenteurs en tout genre ! Le marché aux cochons se tient sous un énorme hangar : des images surréalistes dans le premier pays musulman du monde ! Il y a deux sortes de cochons : les noirs, typiquement torajas, et les roses tachés de brun. Les noirs sont les meilleurs et les plus chers. Ici, on achète et on vend des centaines et des centaines de cochons, tous destinés à être sacrifiés ; après seulement ils seront mangés. Ça grogne, ça hurle et ça couine aux quatre coins du marché. Le visiteur « cochonphobe » finit par devenir « cochonphile » devant le spectacle de ces bêtes qui ne peuvent pas bouger, car elles sont toutes allongées et fermement attachées à leur support en bambou. Les plus gros porcs doivent être portés par deux hommes. Les cochonnets, ficelés comme des sacs, plus légers, peuvent être portés en bandoulière par leurs heureux propriétaires. Les villageois viennent parfois de très loin pour vendre leurs animaux à Bolu. Drôle de marché !

– ***Feet fighting* :** combat style boxe française, ayant lieu en fin d'après-midi. Prenez la route de Palawa et, après le pont à gauche, c'est sur votre droite dans les champs derrière les maisons.

– ***Les combats de coqs :*** c'est une pratique courante dans la région, car les Torajas sont très joueurs. Ils peuvent aller jusqu'à parier leur voiture et en profitent pour arrondir leurs fins de mois en pariant sur les combattants. La police locale ferme les yeux sur cette pratique ancestrale qui se déroule le plus souvent en marge d'une cérémonie funéraire. Pour ceux qui aiment voir le sang couler.

Achats

Sarita Art Shop *(plan B1, 7)* **:** 57 jl. Mappanyukki. ☎ 253-98. Petit magasin d'antiquités. Ne pas hésiter à chiner dans la petite pièce du 1er étage. Statues, animaux en ébène, panneaux de bois gravés provenant de *tongkonans*.

Randhy Bugis' Studio & Gallery *(plan B1,* ***10****)* **:** 2 jl. Abdul Gani. ☎ 256-60. Petite galerie où Randhy, un artiste très doué, expose ses portraits au fusain des Torajas qu'il rencontre au hasard d'un marché, d'une récolte de riz ou d'une cérémonie funéraire. Il peint également des huiles sur toile. Ses œuvres ont déjà été exposées à Jakarta, en Thaïlande et même à Paris.

Visite du Pays toraja *(Tana Toraja)*

Il faut savoir que désormais tous les accès aux sites sont payants, ainsi que les parkings. Impossible de pénétrer dans le moindre village sans avoir à débourser quelques centimes d'euros, en échange desquels on vous remettra un ticket officiel. On vous demandera aussi d'écrire sur un cahier votre nom et vos commentaires. Essayez donc de vous écarter le plus possible des sentiers battus. Vous pouvez dormir chez l'habitant si vous n'êtes pas trop regardant sur l'hygiène, mais laissez quelque chose, même si on ne vous le demande pas. Les gens, à l'écart des sites touristiques, sont très ouverts et gentils. Les enfants vous accueillent souvent dans les villages en criant « *Belandah, Belandah* » (« Néerlandais ») ou « *Hello Mister !* » Ils vous réclament souvent des *gulas-gulas,* c'est-à-dire des bonbons. Surtout n'en donnez pas, cela inaugure de mauvaises habitudes et enrichit les dentistes. Dans certains villages où vous pensez être parmi les premiers à vous rendre, vous entendrez parfois ces mêmes enfants chanter : « Alouette, gentille alouette »... Durant votre séjour dans le Tana Toraja, vous aurez peut-être la chance d'assister à une fête des morts dont la durée varie selon la fortune des gens, avec sacrifices de buffles, ou à une fête de la nouvelle maison. Enfin, la langue est vraiment un problème dans le Pays toraja. Très peu de personnes, en dehors de Rantepao, parlent l'anglais ; vous devez donc avoir des notions de base du *bahasa indonesia* (voir en début de guide). Si vous rencontrez, en vous promenant, des Indonésiens transportant des bambous verts avec, au sommet, de l'écume (ils contiennent du *tuak*) ou des morceaux de viande enfilés dans une tige, sachez qu'ils reviennent généralement d'une fête.

– ***Guides :*** un peu partout, des guides vous proposeront leurs services. Bien que tout soit fléché pour la marche et les déplacements en *bemo,* il peut être utile, dans certains cas, d'avoir un guide : désir d'approfondir la culture toraja, besoin de traducteur... Les meilleurs dépendent de l'*Association des guides indonésiens (HPI),* qui dispose d'un bureau à l'office de tourisme de la ville (voir « Adresses et infos utiles » plus haut). Elle regroupe une centaine de guides torajas, dont quelques-uns parlent le français. Ils possèdent un badge rouge avec leur photo et leur nom. Leurs tarifs sont plus élevés que les guides non officiels qui vous solliciteront à votre hôtel ou dans la rue, mais ils sont généralement plus compétents. Les prix sont fixes et dépendent de ce que vous voulez faire : le prix à la journée est un peu plus élevé pour une randonnée que pour une excursion « culturelle ». Cependant, les tarifs peuvent se négocier. Ils organisent des randonnées à la carte, en fonction de votre temps, de votre budget et de vos envies. Ils s'occupent de tout (transport au point de départ et retour à Rantepao, nourriture et hébergement). L'idéal, si vous avez le temps, est de faire une randonnée de plusieurs jours, ce qui permettra de bien découvrir la région. Réservez votre guide au minimum un jour avant. Prévoyez de prendre avec vous quelques paquets de cigarettes qui satisferont les chefs de famille que vous croiserez dans les villages pendant la randonnée.

Au sud de Rantepao

Kete Kesu : à 4 km au sud-est de Rantepao. Habité par 8 familles, composé de plusieurs belles maisons traditionnelles, le village reçoit beaucoup de touristes en raison de sa proximité avec Rantepao et de sa facilité d'accès. À 50 m en contrebas, dans un vallon, une falaise abrite de vieux tombeaux. Au bord du sentier, il y a un énorme tombeau moderne en ciment gris, portant l'étrange effigie en bois de l'ancien chef de village, protégée par une vitrine. Là sont enterrés le chef du village et ses trois frères. Ce chef fut l'un des premiers notables torajas à suivre l'enseignement des Néerlandais durant la période coloniale. Un signe de sa notoriété : près de 100 buffles furent sacrifiés à sa mort ! Il était aussi le chef du district, bref un personnage important. D'autres membres de sa famille seront aussi inhumés à ses côtés dans ce caveau familial. Évidemment, les funérailles torajas coûtent des petites fortunes. Mais comme on dit ici, « les villageois sont pauvres à longueur d'année, plus pauvres que la moyenne nationale, mais ils sont riches, très riches même, le jour des funérailles ». Le site a été classé en 2001 Patrimoine mondial de l'humanité par l'Unesco.

➢ Très belle balade à pied de Kete Kesu à Nanggala (5 à 6 h de marche) à travers les rizières. Se munir de la carte *Travel Treasure Map* sur le Pays toraja et demander souvent sa route.

Sale Bayu Restaurant : proche du village de Kete Kesu. Cadre agréable au milieu des rizières. Bonne cuisine toraja traditionnelle, dont les fameux *pa'piongs*. Touristique, donc un peu cher.

Siguntu : à 5 km de Rantepao, entre Kete Kesu et Londa, de l'autre côté de la rivière. Dans ce village, beaucoup de maisons traditionnelles très bien conservées. La décoration intérieure est très belle. En reprenant la route vers le sud, on trouve sur la gauche, à environ 1 km, le chemin qui mène à Londa.

Londa : à 6 km de Rantepao. Ce n'est pas un village, mais plutôt un cimetière dans la falaise. Les tombeaux sont installés dans une grotte. Sur la falaise, les morts sont « au balcon », un des lieux les plus impressionnants du Pays toraja. Guide non obligatoire ; prévoir une lampe torche. De Londa, possibilité de rejoindre Kete Kesu en passant à travers les rizières. Très belle balade de 2 h.

Lemo : à 14 km de Rantepao. Statues des morts sur des balcons et tombeaux creusés dans le roc, qui peuvent atteindre 4 m de profondeur. Les portes blanches ferment les caveaux des morts animistes, les colorées ceux des chrétiens (essentiellement protestants). Les bras en avant, il paraît qu'on peut les entendre dire « Que Dieu vous bénisse ! » Écoutez, on ne sait jamais. Y aller le matin, avant 10 h, le soleil éclaire encore les effigies qui seront ensuite dans l'ombre toute la journée. Possibilité de continuer le chemin de terre qui part à gauche en arrivant au site des tombes. On traverse les rizières pour arriver à ***Tilanga.*** Monter en haut du village (prendre à gauche en venant de Lemo dans la rue principale). Petite piscine naturelle aménagée au milieu des arbres et des bambous. Accès payant. On peut se baigner, l'eau est fraîche. Très agréable pour une pause, mais dommage que les abords ne soient pas mieux nettoyés. Le dimanche, l'endroit est pris d'assaut par les locaux. De Tilanga, continuer le chemin pour rejoindre la route reliant Makale à Rantepao.

Palattokke : sur la route après Kete Kesu (30 mn de marche). Pas d'effigies mais des cercueils suspendus. De très beaux paysages et pas trop de touristes... pour l'instant.

Suaya : à 28 km de Rantepao et à 6 km de Makale. Prenez le *bemo* jusqu'au carrefour avant Makale (arrêt de l'hôpital), puis un second *bemo* pour *Sangalla*; de là, marchez, à moins que vous n'ayez la chance de trouver un autre *bemo* se rendant à Suaya. Vous serez récompensé de vos peines, Suaya est l'un des rares villages ayant encore conservé presque toutes ses effigies. Ce cimetière est réservé aux membres des familles d'origine noble de Makale et de Sangalla. Ils sont parfois représentés avec une canne à la main. Vous verrez aussi quelques très vieux cercueils en bois (700 ans, paraît-il), magnifiquement sculptés en forme de buffle. Dommage qu'ils soient derrière des vitres aussi sales ! Enfin, si vous avez un peu de courage, montez au sommet de la falaise (10 mn seulement). Très beau panorama.

De Suaya, n'hésitez pas à passer à ***Tanpangalo*** où vous pourrez entendre le fameux orchestre de bambous des enfants du village. Ils vous feront une petite démonstration moyennant quelques roupies. Ils ont même des cassettes ! Attention, c'est déjà très touristique. Pas loin non plus, ***Kambira,*** où vous verrez de spectaculaires caveaux d'enfants de moins de deux mois, creusés à même l'arbre. Ceux-ci disparaissent avec les ans, la nature reprenant ses droits, puisque l'arbre recouvre finalement les caveaux, ne laissant que quelques plaies. La croyance veut que les enfants, enterrés debout, grandissent avec l'arbre.

Sassa : au sud-ouest de Makale, sur la route de Macassar. Prenez sur la droite un chemin qui monte dans la montagne (faites-vous confirmer le chemin à la maison qui fait l'angle) ; faites 4 km puis montez sur la crête à droite en suivant la flèche « Oldest original trad. house, 300 m ». Vous tomberez sur une vieille maison batak au bord d'une falaise, habitée par une famille charmante. Panorama vraiment exceptionnel. À voir absolument. Les plus paresseux pourront demander à être conduits de la ville en 4x4. Secousses assurées.

Rembon : à 27 km au sud-ouest de Rantepao. Prendre un *bemo* jusqu'à Makale, puis à Makale un autre *bemo* en direction de Rembon ou Ulu Salu. Marcher environ 800 m depuis le village de Rembon sur la route en direction d'Ulu Salu et tourner à droite au panneau « Papa Batu ». Voici le nom de l'unique *tongkonan* en pierre du Pays toraja. Sa façade est ornée d'un crâne de bébé buffle auquel les habitants attribuent un pouvoir magique. Il aide à guérir les malades qui se placent en dessous pendant que l'on arrose d'eau le crâne rempli de grains de riz. Rembon est un point de départ intéressant pour une randonnée à travers les rizières jalonnée de rencontres avec les villageois. Cela nécessite un guide que vous trouverez à Rantepao, car aucun chemin n'est balisé. Quelques panoramas superbes de rizières en terrasses sur fond de forêt.

Makale : capitale administrative du Pays toraja. Inutile de vous y arrêter. C'est une ville sale et sans intérêt, sauf si vous y passez un dimanche matin pour le marché haut en couleur. Le coin, et pour cause, n'est pas touristique. Il y a cependant quelques tombes, mais elles sont difficiles à trouver.

À l'est de Rantepao

Marante : à 4 km de Rantepao. Village traditionnel avec des tombeaux, de superbes effigies, des crânes et ossements. Statues funéraires dans les trous de la falaise.

Nanggala : à 13 km de Rantepao. Village traditionnel enclavé à flanc de coteau dans une petite forêt et surplombant un paysage de rizières. Après le village d'exposition (inhabité), continuez le sentier et vous arriverez à un vrai village toraja habité. En contrebas, des rizières. Des centaines de chauves-souris sont accrochées aux bambous. En route, des hérons et des aigrettes dans les champs.

Au nord de Rantepao

Bori : à 6 km de Rantepao. Accès en *bemo* ou à pied. Superbe groupe de menhirs taillés par des Torajas ignorant les menhirs bretons. Ils sont tous de taille différente, ce qui crée un étrange ensemble. À proximité, nombreux tombeaux creusés dans le rocher et tombes de bébés dans des troncs d'arbres.

Parinding : sur la route, à gauche en arrivant de Rantepao, après le petit village de Kandeapi et 1 km avant Bori. Un panneau indique « Obyek Wisata Lombok Parinding Kuburan Erong ». Un gardien au bord de la route demande un petit droit d'accès et vous remet la clé d'un portail. Un sentier aménagé en escalier monte dans la forêt jusqu'aux tombeaux d'Erong. Compter un quart d'heure de marche. Étonnant cimetière à ciel ouvert protégé du soleil et des intempéries par une énorme dalle de pierre. L'endroit provoque une impression étrange de mystère et d'accès à l'éternité. Au fond, une grotte habitée de chauves-souris sert de lit à une rivière pendant la saison des pluies. Attention, il est arrivé que des aigles vengeurs nichant à proximité attaquent les visiteurs. Ce cimetière de plus de cent ans est le plus vieux de la région. Ce site est très peu connu des touristes, il faut dire que l'aménagement pour les accueillir est minimal. Une simple grille sert à protéger le cimetière, qui a dû auparavant faire les beaux jours des pilleurs. Une centaine de cercueils en bois blanchi par les années, dont certains sont très endommagés, s'amoncèlent, pêle-mêle, au milieu de crânes et d'ossements. Ils semblent échoués là comme des bateaux en perdition. Les couvercles rappellent la toiture des *tongkonans*. Les familles les plus aisées faisaient graver leurs cercueils. On peut distinguer des motifs géométriques ou végétaux et certains sont gravés avec une grande finesse. Sur d'autres, les têtes d'animaux sculptées aident le défunt à chevaucher le buffle pendant son voyage dans l'au-delà. Une tête de cochon est sculptée pour la femme et une tête de buffle pour l'homme. On peut remarquer un bout de bois dépassant de la roche sur le plafond de la grotte. Lorsque le cimetière a été créé, il devait servir à suspendre les cercueils, qui ne reposaient donc pas sur le sol. Près du site, belle bambouseraie hérissée de bambous mesurant entre 15 et 30 m de haut. Certains poussent de 15 cm par jour, quand il pleut beaucoup. Il existe 7 sortes de bambou dans le Pays toraja. Le sentier conduit ensuite au hameau de *Lombok,* composé de quelques maisons anciennes et récentes.

Sangkom Bong-Sadan : à 11 km de Rantepao. C'est un village de tisserands. Les femmes vendent sur un marché ce qu'elles fabriquent à la main. On peut se baigner dans la rivière.

Palawa : à 9 km de Rantepao. Service de *bemos*. Ensemble très joli mais hyper touristique. Maisons torajas typiques. Avant d'arriver au village, sur votre gauche, il y a des champs de menhirs.

➢ Ensuite, une balade superbe consiste à relier Palawa à ***Pangala*** à pied. Paysage grandiose. Aller à *Akung* puis continuer sur *Lempo,* toujours en traversant les rizières. De Palawa, on peut aussi aller en *bemo* jusqu'à Lempo puis monter à Batutumonga (voir plus loin) et atteindre Pangala. Les *bemos* ne peuvent aller au-delà de Lempo, la route étant trop défoncée. À Pangala, hébergement chez l'habitant sans problème (apporter quelques cadeaux). Ceux qui ne peuvent rester longtemps au Pays toraja auront néanmoins une vue globale du coin (maisons traditionnelles, rizières, etc.).

Batutumonga : à 22 km au nord-ouest de Rantepao. Un village toraja haut perché et accroché aux flancs boisés du majestueux mont Sesean (*Gunung Sesean,* 2 150 m). Un chemin goudronné, sinueux y monte, passant par Deri et Lempo. Accès possible à pied ou en *bemo*; compter 1 h de Rantepao à Pangli, puis 3 h de montée de Pangli à Batutumonga (superbe !). Certains « vélo-routards » le font à VTT (superbe aussi). Sinon, 4x4 tout-terrain pour les plus pressés. C'est l'un de nos coups de cœur, mais de préférence hors saison, car en été, ne pas se leurrer, il y a du monde là-haut. Pourquoi ? Parce que l'air y est beaucoup plus frais et plus respirable que dans la plaine.

Randonnées au départ de Batutumonga

➢ ***Vers Sadan :*** compter 3 h de marche à travers les rizières. De Sadan, prendre un *bemo* pour Rantepao.
➢ ***Vers Lokomata :*** village situé à 6 km à l'ouest de Batutumonga.
➢ ***Ascension du Gunung Sesean :*** compter 2 h 30 (3 h par mauvais temps) pour la montée. Chemin facile à trouver. Un guide n'est pas vraiment nécessaire.
On conseille de dormir à ***Batutumonga,*** plutôt que de redescendre aussitôt à Rantepao. Plusieurs adresses sur place.

Chez Mama Siska : le *losmen* le plus rudimentaire du village. Avant d'arriver aux autres *losmen,* prendre un chemin sur la droite (début du sentier menant au sommet du Gunung Sesean) en venant de Rantepao. S'il y a un doute, demander sa route, *Mama Siska* est très connu. Marcher 10 mn. Il s'agit d'une maison traditionnelle nichée à l'orée de la forêt, entourée d'arbres, habitée par une famille toraja. Accueil chaleureux et souriant. On peut dormir soit dans la maison sur des lits normaux, soit à la dure dans une vieille et authentique maison toraja. Prévoir un chandail car les nuits sont fraîches. Pension complète obligatoire, mais les prix sont bon marché. Le matin, petit dej' toraja et douche en plein air. Un parfum d'aventure rôde autour de la maison de *Mama Siska.* Bonne étape pour les randonneurs.
Chez Mama Rina : le même propriétaire tient la pension *Betania* et le *losmen Mama Rina,* consistant en une série de petits bungalows en bois dominant la vallée. Situé à gauche du chemin principal, à 500 m environ après le *losmen Mentirotiku.* Rudimentaire (une paillasse dans un *tongkonan*) mais propre et pas cher. *Mandi* à l'extérieur. Petit dej' et repas du soir inclus. Il y a un petit jardin agréable avec un kiosque circulaire au milieu d'une pelouse, un endroit idéal pour passer le temps.
Losmen Mentirotiku : sur la droite en arrivant au village. Chambres simples et propres dans une maison en bambou avec *mandi* et w.-c. extérieurs. Également quelques chambres dans un *tongkonan* se réduisant à deux matelas par terre dans une pièce étroite. Au vu du confort très rudimentaire, les prix annoncés sont très excessifs. Une adresse à préférer uniquement pour la salle de resto en bambou qui jouit d'une vue superbe sur la campagne.
Landorundun Home Stay : situé à droite du chemin, en venant de Rantepao, entre les *losmen Mentirotiku* et *Mama Rina.* Une sorte de cottage toraja dans un pré d'herbe rase semé de quelques pierres. Chambres très simples. À la différence des adresses précédentes, elles disposent d'un *mandi* et de w.-c., mais ici, on ne sert aucun repas.

Lokomata : à 26 km de Rantepao et tout près de Batutumonga. De nombreuses tombes dans de gros rochers. Prendre l'un des sentiers qui vont jusqu'à *Tikala,* vues magnifiques ; environ 1 h 30 de route.

➢ Superbe ***balade à pied*** (environ 20 km) à effectuer en une journée : quitter Rantepao par le nord. Après le pont, tourner à gauche vers Tikala ; après 2 km, ne pas prendre la route de Bori à droite. À Tikala, poursuivre tout droit (ne pas continuer par le pont couvert qui mène vers Pangalani à droite vers d'autres sites indiqués par des panneaux). Monter vers Pana (où il y a une falaise creusée de tombes dans un « trou » de bambous) et Batutumonga. Ensuite, à gauche vers Lokomata. Vue extraordinaire sur la vallée. Possibilité de monter jusqu'au sommet du mont Sesean. Retour par la même route jusqu'à Batutumonga (possibilité de se restaurer dans une sorte d'auberge d'où la vue est admirable). Continuer la descente vers Pangli et Palawa. À Pangli, on peut trouver un *bemo* pour Rantepao.

Baruppu : à quelques kilomètres de Lokomata. Ce village est réputé pour la cérémonie traditionnelle animiste du *Ma'nenek* qui se déroule tous les ans pendant une semaine, normalement entre le 14 et le 20 août. Les fêtes de début et de fin de cérémonie sont les plus intéressantes. Durant cette semaine, les tombes des ancêtres sont ouvertes et les os méticuleusement nettoyés.

QUITTER RANTEPAO

En bus

Les billets de bus pour Macassar, Palopo et même pour Palu sont vendus par les compagnies de bus dont les bureaux se trouvent le long de jalan Mappanyukki, la rue principale. En haute saison, de juillet à septembre, il est conseillé de réserver sa place et d'acheter son billet plusieurs jours avant le départ. Hors saison, une journée avant le départ suffit. Hormis les bus ordinaires, il y a 2 bus express dans la journée, et 2 la nuit.

➢ ***Pour Palopo :*** plusieurs bus par jour à partir de 8 h. Compter en principe 2 h de route pour 62 km. La route qui descend sur Palopo est splendide.

➢ ***Pour Sengkang :*** un départ par jour le matin avec la compagnie *Batutumonga.* Durée : 6 h.

➢ ***Pour le lac Poso, Pendolo et Tentena :*** bus tous les jours avec les compagnies *Batutumonga* et *Bunturia.* Un départ par jour le matin pour chaque compagnie. Pour Tentena : durée 10 h. Pour Poso : 12 h. Pour Palu : 20 h, soit une journée et une nuit en voyage direct. Une autre solution pour ceux qui ont du temps consiste à tronçonner le voyage par étapes, en faisant des escales à Palopo, Tentena, Poso, et donc à changer plusieurs fois de bus.

➢ ***Pour Macassar :*** 318 km. Plusieurs bus par jour et plusieurs compagnies : *Batutumonga* (un bus le matin), *Alam Indah* (3 bus par jour, dont un bus de nuit) et enfin *Fa Litha,* réputée pour ses nombreux retards (5 bus par jour dont deux bus de nuit). Ceux qui partent à 21 h ont l'AC mais sont plus chers (presque deux fois plus que les bus de jour) ; arrivée à Macassar vers 5 h. De jour, la durée du voyage est plus courte : compter 7 h au lieu de 9 h.

➢ ***Pour Gorontalo et Manado :*** 1 482 km ! Ce très long périple est réalisable en bus. De Rantepao à Palu : 22 h de route. Puis de Palu à Manado, compter 48 h, soit 2 jours et 2 nuits de voyage. Ajouter encore quelques heures de plus (5 ou 6 h) pour avoir une idée de la durée totale de ce voyage. Dans tous les cas c'est plutôt épuisant, mais les paysages traversés sont superbes. Il vaut mieux faire plusieurs étapes, sinon on ne voit rien. Toutefois, bien se renseigner auparavant sur les bus express directs au départ de Rantepao car il peut y en avoir.

LA ROUTE DE RANTEPAO À PALOPO

62 km seulement. La route à deux voies, bitumée et en bon état, décrit de nombreux virages en descendant vers Palopo et le golfe de Bone. Superbes paysages de montagnes couvertes de forêts tropicales avec des nuages, en saison des pluies, qui taquinent les sommets embrumés.

À une trentaine de kilomètres de Rantepao, soit à peu près à mi-chemin, sur le côté gauche de la route, la guinguette ***Kattun*** (pancarte bleue marquée « Panorama Kattun ») surplombe un paysage grandiose. On conseille de s'y arrêter pour boire un verre et admirer la vue. C'est une sorte de nid d'aigle, où l'on peut manger et dormir. Le proprio, un colonel (il n'a pas mauvais goût, le bougre !), loue 5 chambres très simples, en bois, rotin et bambou (*mandi* à l'extérieur) et un balcon offrant une vue époustouflante sur la vallée.

PALOPO

IND. TÉL. : 0471

Un port situé au fond du golfe de Bone, une ville de transit : c'est là que la route côtière du sud devient la route Trans-Sulawesi qui part vers la région du Centre et vers le nord. Étendue dans une plaine littorale au pied des montagnes, regardant la mer, Palopo n'est ni laide ni belle. Les rues sont propres et bien tenues. On y trouve quelques maisons d'époque coloniale sans grand cachet.

Aux alentours de Palopo, on peut traverser d'immenses plantations de palmiers à huile (ça rappelle la Malaisie) dont le précieux jus est stocké dans ces deux énormes citernes jaunes, très visibles dans le port. En bord de mer et au large, de nombreux *bangans* s'activent, de jour comme de nuit. Curieusement, ces bateaux de pêche peuvent être mobiles ou immobiles. Les *bangans* immobiles, reconnaissables à leurs ailerons latéraux en bois, ressemblent à des trimarans rustiques. Ces frêles plates-formes posées sur la surface de l'eau sont en réalité des embarcations très robustes et d'une efficacité redoutable pour la pêche le long des côtes (12 à 13 miles maximum). Les pêcheurs passent une partie de la nuit à bord de ces étranges bateaux, pêchant à l'aide de grands filets et éclairés par des lampes à pétrole (c'est légal).

– *Conseil :* attention, les moustiques pullulent quand il fait très chaud. Les soirs torrides, prévoir son nécessaire antimoustiques pour sortir et dormir.

Où dormir ?

Bon marché (de 20 000 à 50 000 Rps, soit 1,6 à 4 €)

Rio Rita Hotel : 10 B jl. Andi Jemma. ☎ 211-30. Tenu par un Chinois. Très rudimentaire et triste. Éclairage au néon obsédant. Pas de petit dej'.

Palopo Hotel : 11 jl. Kelapa. ☎ 217-89. Près de la gare routière (bus), donc pratique. Dans un bâtiment des années 1970 dont la façade tombe en ruine, l'hôtel tient plus de la remise de garage. Tout semble laissé à l'abandon, mais, de manière assez surprenante, les chambres, certes très rudimentaires, sont nettoyées. En dépannage seulement.

Prix moyens (de 50 000 à 80 000 Rps, soit 4 à 6,5 €)

Risma Hotel : 14 jl. Andi Jemma. ☎ 211-78. À côté du *Rio Rita Hotel*. Notre meilleure adresse, mais ne vous attendez pas à des merveilles. À l'intérieur, agréable patio avec des plantes vertes et des poissons nageant dans un petit bassin. Des cages à oiseaux sont accrochées aux branches d'arbustes. Décor plutôt engageant mais l'accueil pourrait être meilleur. Propose 2 types de prix, selon le confort : bon marché et prix moyens. Les chambres avec AC *(VIP)* coûtent deux fois plus cher que les économiques (avec ventilateur). Les chambres *VIP* donnant sur le patio sont carrelées et ont été refaites à neuf. Calme et propre. Petit dej' et taxes inclus.

Où manger ?

Bon marché (de 10 000 à 20 000 Rps, soit 0,8 à 1,6 €)

|●| ***Warung Mini Indah :*** jl. Diponegoro, perpendiculaire à jl. Jemma. Très local et bon marché. On y mange un buffle excellent.

|●| ***Rumah Makan Asia :*** 14 jl. Diponegoro. ☎ 218-90. Petite gargote très simple dans le centre.

|●| ***Rumah Makan Aroma Segar :*** dans la rue bordée d'échoppes longeant la gare routière. Petit resto sur deux niveaux. Au premier étage, salle vitrée climatisée donnant sur la gare routière. Cuisine indonésienne simple.

Prix moyens (de 20 000 à 35 000 Rps, soit 1,6 à 2,8 €)

|●| ***Rumah Makan Sulawesi :*** 9 jl. Kelopa. ☎ 213-45. Derrière la gare routière, à côté de l'hôtel *Palopo*. Bon restaurant chinois sans prétention.

|●| ***Restaurant Celebes :*** un resto flottant, en bambou et en rotin de Sulawesi, amarré tel un grand ponton, au bout du port, après le village lacustre. Cadre agréable. Bon accueil. Bonne cuisine indonésienne et vue sympathique sur le port et la baie où évoluent les fameux *bangans* (voir l'introduction). Bien pour le soir si vous passez une nuit en ville. Resto connu des chauffeurs de *bemos*.

À voir

La vieille mosquée : mérite un coup d'œil. Avec ses murs en pierres apparentes (rare) et son toit pointu en bois (et non en forme de bulbe), elle ressemble à une église scandinave. Elle est considérée comme la plus ancienne mosquée du sud de Sulawesi.

Le musée Barara Guru : jl. Andi Jemma. En face de la vieille mosquée. Une vieille maison d'époque coloniale néerlandaise. Peu de choses à voir.

QUITTER PALOPO

➢ ***Pour Rantepao :*** 62 km, compter 2 h de route.
➢ ***Pour Sengkang :*** plusieurs minibus par jour (le matin). Durée : 3 h. Route agréable, végétation équatoriale, villages sur pilotis.
➢ ***Pour Tentena et le lac Poso :*** le bus provenant de Rantepao fait un arrêt à Palopo tous les jours. Durée : 8 h environ.
➢ ***Pour Macassar :*** compter 8 h de bus.

LA RÉGION DE MAMASA

➢ Prendre le bus de Pare Pare pour Polewali, puis un 4x4 pour Mamasa (70 km), petite ville tranquille dans la montagne, ou un autre *bemo* (4 h de route cahoteuse, mais très bon contact avec la population locale).

Trois ou quatre *losmen* simples. Très bon poisson dans les rizières et dans les assiettes. Idéal pour ceux qui recherchent l'authenticité et le calme.

Orobua : à 6 km. Maisons typiques. On peut acheter les couvertures de Sambu.

Ballapeuk : à 12 km (3 h de marche). Autre village intéressant. Spectacles de danses.

SULAWESI-CENTRE

Superbe région de lacs et de montagnes, où le développement touristique a été freiné par l'absence de routes. On y trouve une flore et une faune particulièrement riches. Les habitants de cette partie de Sulawesi, longtemps demeurés à l'écart du reste du pays, sont pour beaucoup des chrétiens. Des minorités y vivent aussi : les Wanas de la forêt de Morowali et les plongeurs-nomades bajaus des îles Togian.
Une région à découvrir en prenant son temps. On vous conseille de ne pas oublier votre guide linguistique de survie.

Suite aux événements de 1999, qui avaient opposé les autochtones musulmans aux réfugiés chrétiens provenant de Timor, de Timor-Oriental et de Flores, la région autour du lac Poso demeure très dangereuse (Poso, Tentena, Pandiri, ainsi que l'accès aux îles Togian par Ampana). Églises brûlées, villageois évacués, décapitations... tel est le sort des habitants de la région... et des touristes. À déconseiller donc. Avant tout, renseignez-vous avant votre départ auprès du ministère des Affaires étrangères ou de son site • www.france.diplomatie.fr •

Comment y aller ?

➢ ***En avion :*** Palu est la ville la mieux desservie de cette région. Plusieurs vols quotidiens des grandes villes de Sulawesi (Macassar, Manado, Gorontalo) par la compagnie *Bouraq*. *Garuda* et *Merpati* desservent également Palu de Macassar.
➢ ***En bateau :*** des navires réguliers de la *Pelni* relient 2 fois par mois Macassar à Palu ou Kolonodale (côte est). Des bateaux locaux assurent la liaison Pare Pare-Palu.
➢ ***Par la route :*** de Rantepao, il y a des bus pour Poso et Palu, qui passent par Pendolo et Tentena. Sinon, liaison Rantepao-Palopo et Wotu-Palopo par minibus. Très beaux paysages de montagne.

WOTU

Ville sans aucun intérêt, mais point de départ pour la région du lac Poso.

Où dormir ?

Un seul endroit : le ***wisma Takdir,*** assez rudimentaire. Les réservations des 4x4 *Toyota* pour Pendolo peuvent être effectuées par le patron.

PENDOLO

Petit village agréable sur la rive sud du lac Poso. On peut s'y reposer quelque temps avant de traverser le lac vers Tentena. Pas de vraies plages, mais on peut faire trempette près des pontons des petits hôtels. Rassurez-vous, les crocodiles du lac ont migré vers le sud-est.
Pendolo est le point de départ de balades agréables. On peut admirer des orchidées sauvages près de Bancea en suivant la petite route qui longe la rive ouest du lac (louer un vélo ou une moto). Possibilité d'organiser des randonnées en forêt, en contactant la pension *Victory Homestay*. On peut aussi demander Ekson, un guide qui parle le français.

Comment y aller ?

➢ ***De Rantepao :*** bus tous les jours (7 à 8 h de trajet). En 4x4 *Kijang*, compter 5 h. Nécessité, parfois, de changer à Mangkutana (Wotu) ou à Palopo, selon le sens du voyage.
➢ ***De Wotu :*** environ 90 km à travers la jungle, sur une route toute neuve. Compter environ 6 h.
➢ ***De Tentena :*** 1 bateau par jour. Départ de Tentena à 15 h ; arrivée à Pendolo à 18 h.
➢ ***De Kolonodale :*** 1 bus quotidien. Compter 5 à 6 h de trajet.

Où dormir ? Où manger ?

Losmen Sederhana, losmen Danau Poso, Homestay Petezza : situés sur jl. Pelabuhan, la rue qui mène au lac. Même style, propres, sympas. Possibilité de repas sur place.
Losmen Masamba *(Victory Homestay) :* au bord de la plage, de part et d'autre de la rue principale. Très rudimentaire mais très accueillant. La patronne peut vous cuisiner de superbes poissons du lac. Une très bonne adresse.
Mulia Hotel : 1 jl. Pelabuan Wisata. Hôtel récent, en bordure du lac, avec de belles chambres. Un peu plus cher que les autres, mais c'est justifié. Bonne cuisine.

TENTENA ET LE LAC POSO

IND. TÉL. : 0458

Entouré de montagnes, construit parmi les girofliers à l'embouchure d'une rivière et au bord du lac aux rives plantées de cocotiers. Il s'agit d'un superbe village de maisons lacustres... C'est le point de départ des balades les plus intéressantes de la région.
Les eaux chaudes du lac Poso permettent la baignade. En raison de l'altitude (600 m), attention toutefois à la fraîcheur de l'air nocturne : la température oscille entre 20 et 22 °C. On peut aussi faire des balades en canot. Ne pas hésiter à louer canot, vélo ou moto (plus difficile).

Comment y aller ?

➢ ***De Pendolo, par le sud :*** liaison quotidienne par bateau. Départ le matin vers 8 h, arrivée à Tentena à 11 h. En bus, le trajet Pendolo-Tentena dure 3 à 4 h sur une route en mauvais état.

➢ ***De Rantepao :*** bus tous les jours pour Palu ou Poso (voir la rubrique « Comment y aller ? » du chapitre Sulawesi-Centre).

➢ ***De Palopo :*** 2 bus par jour.

➢ ***De Poso*** *(la ville)* ***:*** nombreux *bemos* à prendre le matin ou en début d'après-midi. 2 h de belle route.

Adresse utile

■ ***Change :*** attention, pas de change dans l'unique banque. Avec des dollars, on peut essayer de changer dans les hôtels, mais rien n'est sûr. Adressez-vous à *Manuel Lapasila,* 20 jl. Panjaitan, Poso Sulteng. Il est assez fiable. Il sert de guide dans le Morowali National Park. Dernière solution : aller à Poso.

Où dormir ?

Les *losmen* sont très nombreux à Tentena, et bien organisés. Ils proposent des locations ainsi que des guides locaux pour accompagner des randonnées.

Losmen Sinar Abadi : près du pont. Très propre, bon marché. Terrasse agréable. Loue des vélos et des motos.

Panorama Hotel : à l'entrée de la ville, sur une colline, avec jolie vue sur l'exutoire du lac. Bon marché.

Wisata Remaja, losmen Moroseneng, Victory, Sinar Pare Pare : ces petits *losmen,* équivalents en prix et en confort, se trouvent près du lac et servent à manger.

Pamona Indah : au bord du lac, près de l'embarcadère des bateaux de Pendolo. Chambres de confort variable, à tous les prix. Bon service. Restaurant très correct. Essayez les anguilles du lac. Vous y rencontrerez Karel, un vieil homme solide comme un roc. Excellent guide, sorte de Dersou Ouzala local, il connaît la région comme sa poche et organise des randonnées à Lore Lindu et Morowali.

Intim Danau Poso Hotel (ex-*Wasantara Hotel*) ***:*** le plus cher, mais bon rapport qualité-prix. Situé au pied du lac (on peut craindre l'humidité). Chambres spacieuses, très claires, avec *mandi.* Pas toujours nickel-nickel cependant. Vue superbe.

Où dormir ? Où manger au bord du lac Poso ?

Siuri Cottages : à 19 km au sud-ouest de Tentena, après Tonusu, sur la rive ouest du lac Poso. Adresse postale : Siuri, Desa Toinasa, Kec. Pamona Utara, Kab. Poso, 94663 Sulteng. De Tentena, prendre un *bemo.* Une dizaine de bungalows dans un cadre intact : une plage de sable fin au pied d'une colline couverte par la forêt tropicale. Le propriétaire est un très sympathique ingénieur français, marié à une Indonésienne. Il a d'abord construit la Trans-Sulawesi puis il a ouvert cet hôtel, construit aussi de ses mains. Dans 3 bungalows, il y a des chambres de plain-pied et des toilettes. Dans les autres, sur pilotis, il n'y a qu'une chambre avec toilettes et eau froide. Prix raisonnables. Pour les familles, une maison à louer sur la falaise. Un restaurant sert de la cuisine indonésienne (carpes et anguilles du lac) et des plats européens. On peut se baigner, canoter, faire de la planche à voile, du ski nautique, du hors-bord. Côté faune, on peut observer les canards sauvages, les calaos ou les singes de la forêt. Nuits assez fraîches (20 à 22 °C). Prix un peu plus élevés que la moyenne mais le confort de temps en temps, cela ne se refuse pas. Une excellente adresse pour séjourner plusieurs jours et rayonner dans la région.

Où manger ?

La plupart des *losmen* cités plus haut font aussi restaurant.

Rumah Makan Noro Seneng : bon et pas cher. On peut y boire une spécialité locale : le *sopi anak rusa,* fœtus de chevreuil macéré avec des épices dans l'alcool de palme. Peu tentant mais, paraît-il, excellent pour la santé !

À voir

Les maisons lacustres : à l'embouchure de la rivière de chaque côté du pont. En aval, notez la présence de pièges à anguilles.

Les grottes (guas) de Pamona : demandez les *guas,* de l'autre côté du pont, un peu avant le calvaire (jolie vue). Ces grottes sont formées de 7 chambres successives mais ne présentent pas un grand intérêt. Bien pour la balade, avec les gamins du village qui vous guident en échange de quelques petits cadeaux. Présence d'ossements anciens. Pensez aux lampes de poche.

Les chutes d'eau de Saluopa : à 3 km de Tonusu. Superbes cascades dans la forêt, avec possibilité d'escalader plusieurs vasques naturelles réparties sur un dénivelé de 50 m. Pour y aller, prendre un *bemo* depuis le pont de Tentena, jusqu'au village de Desa Bali, près de Tonosu. Ensuite, 30 mn de marche en forêt jusqu'aux chutes. On peut se baigner dans les vasques naturelles du torrent. Pour les photos, meilleure lumière le matin. Possibilité de dormir au pied des chutes chez *Bapak Pia.*

➢ DANS LES ENVIRONS DE TENTENA ET DU LAC POSO

Tonusu : charmant petit village le long d'une belle plage de sable blanc. Accessible en *bemo,* à prendre au pont de Tentena. Trouvez un pêcheur qui puisse vous conduire en pirogue jusqu'à la crique voisine. À partir de là (quelques centaines de mètres), très belle cascade riche en papillons, et immense caverne pleine de chauves-souris et proche d'un marécage. Superbe balade d'une journée. Attention, les *bemos* pour le retour s'arrêtent avant 16 h.

Sulewana : à 12 km au nord sur la route de Poso. Après le village de Watunoncu, accessible en *bemo,* marchez environ 30 mn. Série de rapides sur 2 km (Air Meluncur).

Le parc de Lore Lindu et les monolithes de la vallée de Bada-Gintu : très isolée de tout, cette vallée reste encore une énigme pour les archéologues.
➢ *Accès :* on peut y aller par le nord depuis Palu. Voiture ou bus jusqu'à Gimpu (durée : 3 à 5 h). Si l'on passe par l'est : de Tentena, 4x4 jusqu'à Gintu. Entre Gintu et Gimpu, nombreuses possibilités de randonnées.
– *Conseils :* il est recommandé de prendre un guide et éventuellement des porteurs (soit depuis Palu ou Tentena, soit sur place car c'est moins cher). Sans guide, il est presque impossible de trouver les mégalithes. Prévoir de passer 3 ou 4 nuits sur place, chez l'habitant. Pour cela, s'adresser aux chefs de village (les *kepala desa*) à Tuare, Moa et Gimpu. Emporter des cachets pour désinfecter l'eau et le nécessaire antimoustiques. Attention, les

nuits sont fraîches. Ne vous promenez jamais pieds nus car vous risqueriez d'être infesté par un parasite redoutable : le schistosomiasis.

– *Le site :* on y trouve des statues monolithiques très anciennes, d'origine inconnue (villages de *Gintu, Doda* et *Wuasa*). La civilisation bada, qui a occupé la région plus récemment, est également très intéressante et originale. L'architecture de leurs immenses maisons communautaires ne se retrouve nulle part ailleurs dans toute l'Indonésie.

QUITTER TENTENA

➢ ***Bemos*** réguliers pour *Poso*. Compter 2 h de trajet. Très belle route de montagne.

➢ ***En bus :*** pour *Palu*. Compter 10 h de route. Plusieurs compagnies qui se valent. La compagnie *Omega,* avec des bus un peu plus confortables et plus rapides, assure aussi une liaison jusqu'à Palu.

➢ ***En bateau :*** en traversant le lac, direction *Pendolo* (voir plus haut). Il y a 1 bateau par semaine pour *Gorontalo* (2 jours de trajet). Dessert au passage Poso, Ampana, les îles Togian, etc. Classe pont uniquement. Rudiments de *bahasa indonesia* indispensables, peu de gens parlant l'anglais.

POSO

IND. TÉL. : 0452

Si vous passez quelques heures dans cette ville de transit, allez voir le grand marché central, de préférence en sampan et le matin. Très beaux coquillages sur les plages à l'est des docks. C'est du port de Poso que s'effectue l'expédition de l'ébène de Macassar.

Où dormir ? Où manger ?

Non loin du Pasar Central, quelques *losmen* bon marché : ***Beringin,*** jl. P. Sumatera ; ***Anugrah Inn,*** jl. P. Samosir 1, Alamanda.

Hôtel Bambu Jaya : 105 jl. Agus Salim. Chambres propres et claires à prix sages. Bien situé.

Nels Hotel : à 500 m du terminal des bus, jl. Yos Sudarso. Charme un peu rétro. Chambres très sommaires, avec ventilo.

Resto Lalanga Jaya : à 50 m du port. Assez neuf, propre.

QUITTER POSO

En bus ou bemo

➢ Bus *Bina Wisata* (69 A jl. Pulau Sumatera, ☎ 946-19) ou *bemos* réguliers pour ***Palu*** (7 h), à prendre à côté du Pasar Central. Deux départs en début d'après-midi, un autre vers 22 h.

➢ Bus pour ***Pendolo :*** durée 5 h.

En avion

Les liaisons par avion de Poso sont peu sûres. Il est préférable de prendre un vol de Palu.

➢ ***Pour Palu :*** liaisons 3 fois par semaine avec *Merpati.* Bureau au 69 A jl. Pulau Sumatera. ☎ 946-19.

PLANS ET CARTES EN COULEURS

MER DE BALI
Lovina Beach
Pura Pulaki
Gilimanuk
Seririt
Celukanbawang
Banjar
Mt Merbuk
1 386
Parc national de Barat
1 300
Mt Mesehe
1 414
Mt Patas
Détroit de Bali
Pupuan
Pura Rambut Siwi
Negara
Cupal
Medewi
Pekutatan
Blimbing
Antosari
JAVA
OCÉAN INDIEN
Negara Lieux traités
Seririt À voir dans les environs
Cupal Repères

NORD
Sangsit
Kubutambahan
Air Sanih
Sawan
Singaraja
Tedjakula
Penulisan
Tianyar
Lac Buyan
Mt Catur
2 090
Kintamani
Mt Batur
1 717
Lac Batur
Trunyan
Toya Bungkah
Lac Tamblingan
Lac Baratan
Batur
Bedugul
Penelokan
Kedisan
Mt Abang
2 152
Tulamben
Détroit de Lombok
Mt Pohen
276
Mt Sengayang
Mt Batukau
Pura Lahur
Amed
Mt Agung
3 142
Pujung
Besakih
Mt Seraya
1 175
Tirtagangga
Tampaksiring
Rendang
Karangasem (Amlapura)
Penebel
Payangan
Tegallalang
Pura Keheh
Sangeh
Bangli
Tenganan
Ujung
Gunung Kawi
Sidemen
Kedewatan
Goa Gadja
Manggis
Sengkidu
Pejeng
Ubud
Bedulu
Klungkung
Candi Dasa
Teges
Gianyar
Mengwi
Mas
Padangbai
Tabanan
Kediti
Bono
Kamasan
Goa Lawah
Kapal
Batuan
Kusamba
Lukluk
Blahbatu
Sukawati
Sempidi
Celuk
Tanah Lot
Batubulan
Détroit de Badung
DENPASAR
Sampalan
Sanur
Nusa Lembongan
Seminyak
Ceningan
Legian
Grotte de Goa Karangsari
Kuta
529
Nusa Penida
Serangan
Benoa
Jimbaran
Bukit
Uluwatu
Nusa Dua
0
10
20 km

BALI

A
B
C
D
1
2
3
4
5
6
7
PAYANGAN
DENPASAR
NORD
KEDEWATAN
CAMPUHAN
PENESTANAN
KATIK LANTANG
SEMBAHAN
UBUD
PADANG TEGAL
NYUH KUNING
PELIATAN
PENGOSEKAN
voir zoom
Jalan Raya Ubud
Jalan Suweta
Monkey Forest Road
Jalan Karna
Jl. Dewi Sita
J. Gootama
Jalan Hanoman
Jalan Sukma
1
5
8
9
43
44
45
46
47
50
51
52
53
54
70
76
80
84
86
87
90
91
92
100
121
122
123
131

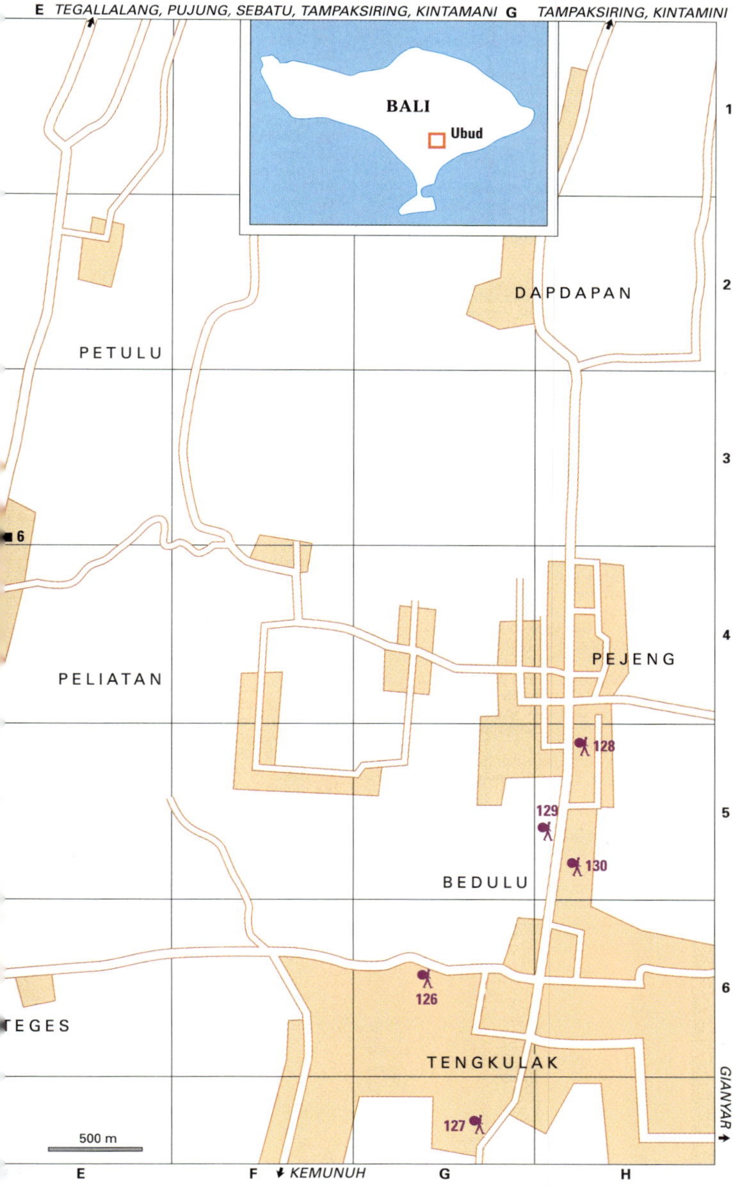

UBUD – PLAN GÉNÉRAL

Adresses utiles

- Ubud Tourist Information *(zoom)*
- Poste *(Pos Giro ; zoom)*
- 1 Wartel *(téléphone ; plan général et zoom)*
- 2 Danamon Bank *(zoom)*
- 3 Bank Lippo *(zoom)*
- 4 Bali Bank *(zoom)*
- 5 Pharmacies *(Apotiks ; plans I et zoom)*
- 6 Poste de police *(plan général)*
- 7 Arrêt de bemos *(zoom)*
- 8 Ubud Clinic *(plan général)*
- 9 Supermarché *(plan général)*
- 10 Ary's Bookshop *(zoom)*
- 11 Ganesha Bookshop *(zoom)*

Où dormir ?

- 20 Donald Homestay *(zoom)*
- 21 Kabera Bungalows *(zoom)*
- 22 Arjuna House *(zoom)*
- 23 Pelangi Bungalows *(zoom)*
- 26 Arjana Accommodation *(zoom)*
- 27 Sania's House *(zoom)*
- 29 Canderi Homestay *(zoom)*
- 30 Wahyu Bungalows *(zoom)*
- 31 Jati Home Stay *(zoom)*
- 32 Gerhana Sari II *(zoom)*
- 33 Artini Cottages *(zoom)*
- 34 Jati Home Stay n° 3 *(zoom)*
- 35 Gusti's Garden Bungalows *(zoom)*
- 36 Nirvana *(zoom)*
- 38 Puri Garden I *(zoom)*
- 39 Ubud Village Hotel *(zoom)*
- 40 Matahari Cottages *(zoom)*
- 41 Yuni's House *(zoom)*
- 42 Honeymoon Guesthouse *(zoom)*
- 43 Munut Bungalows *(plan général)*
- 44 Artini 3 Cottages *(plan général)*
- 45 Sari Bungalows *(plan général)*
- 46 Desak Putu Putera *(plan général)*
- 47 Family Guesthouse *(plan général)*
- 50 Abangan Bungalows *(plan général)*
- 51 Ananda Cottages *(plan général)*
- 52 Dewa Bharata Bungalows *(plan général)*
- 53 Melati Cottages *(plan général)*
- 54 Waka di Ume *(plan général)*

Où manger ?

- 70 Nuri's Warung *(plan général)*
- 71 Warung Biah-Biah *(zoom)*
- 72 Dian *(zoom)*
- 73 Arie's Warung *(zoom)*
- 74 Dewa Warung *(zoom)*
- 75 Bali Buddha Café *(zoom)*
- 76 Tropical View Café *(plan général)*
- 77 Ibu Rai *(zoom)*
- 78 Wayan's Café *(zoom)*
- 79 Casa Luna *(zoom)*
- 80 Indus *(plan général)*
- 81 Kafe Batan Waru *(zoom)*
- 82 Tutmak *(zoom)*
- 83 Café des Artistes *(zoom)*
- 84 Murni's Warung *(plan général)*
- 85 Warung Wes Wes *(zoom)*
- 86 Bebek Bengil *(Dirty Duck Diner ; plan général)*
- 87 Laka-Leke *(plan général)*
- 88 Pradha Café *(zoom)*
- 89 Terazo *(zoom)*
- 90 Mozaic *(plan général)*
- 91 Ibu Arsa *(plan général)*

Où faire une pause gourmande l'après-midi ?

- 38 Puri Garden I *(zoom)*
- 76 Tropical View Café *(plan général)*
- 78 Wayan's Café *(zoom)*
- 79 Casa Luna *(zoom)*
- 80 Indus *(plan général)*
- 91 Mumbul *(zoom)*
- 92 Café Mujer *(plan général)*
- 101 Café Lotus *(zoom)*

Où boire un verre ? Où écouter de la musique ?

- 100 Jazz Café *(plan général)*
- 101 Café Lotus *(zoom)*
- 102 Ary's Warung *(zoom)*
- 103 Sai-Sai Bar *(zoom)*
- 104 Putra Bar *(zoom)*

À voir

- 120 Puri Lukisan Museum *(zoom)*
- 121 Neka Museum *(plan général)*
- 122 Maison-musée d'Antonio Blanco *(plan général)*
- 123 Sacred Monkey Forest *(plan général)*
- 124 Marché *(zoom)*
- 125 Jalan Kajeng *(zoom)*
- 126 Goa Gadja *(grotte de l'Éléphant ; plan général)*
- 127 Yeh Puluh *(plan général)*
- 128 Pura Penataran Sasih *(plan général)*
- 129 Pura Keboedan *(plan général)*
- 130 Musée archéologique *(plan général)*
- 131 Musée ARMA *(plan général)*

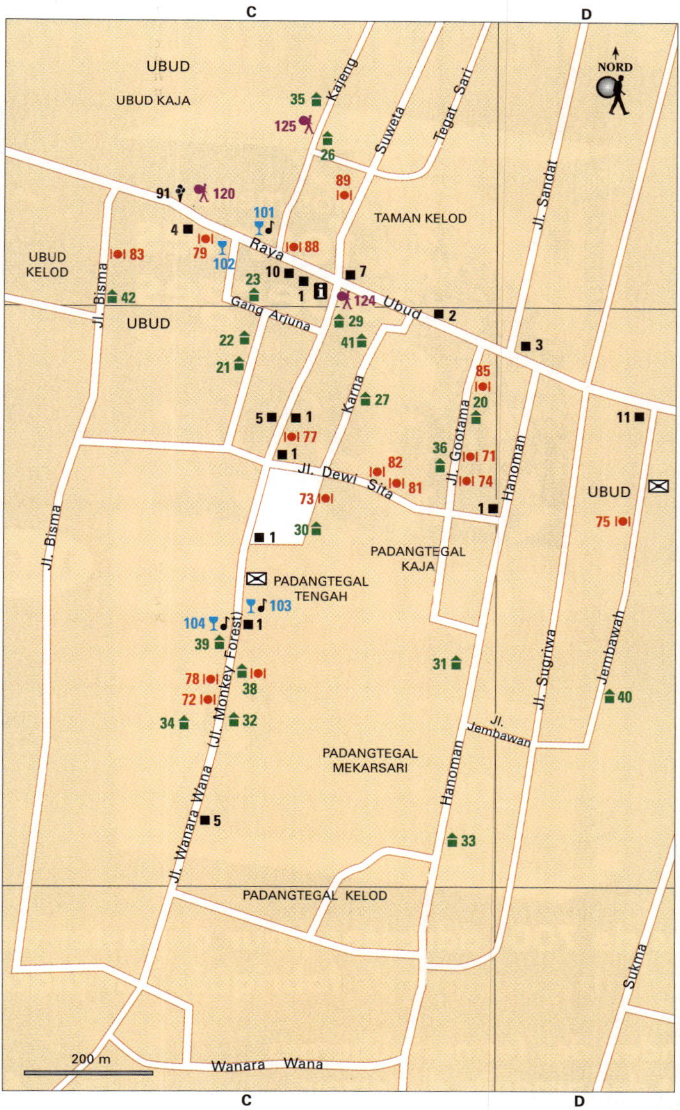
C
D
NORD
UBUD
UBUD KAJA
UBUD KELOD
UBUD
TAMAN KELOD
Kajeng
Suweta
Tegat Sari
Jl. Sandat
Raya
Ubud
Gang Arjuna
Jl. Bisma
Karna
Jl. Gootama
Hanoman
Jl. Dewi Sita
UBUD
PADANGTEGAL KAJA
PADANGTEGAL TENGAH
Jl. Monkey Forest
Jl. Wanara Wana
Jl. Sugriwa
Jembawah
Jl. Jembawan
PADANGTEGAL MEKARSARI
PADANGTEGAL KELOD
Sukma
Wanara Wana
200 m
3
4
5

UBUD – ZOOM

PALU

200 000 hab.

Capitale de la province centrale de Sulawesi, située au fond d'une sorte de « fjord équatorial » et jouissant d'un microclimat qui en fait l'une des villes les plus chaudes d'Indonésie. Important centre de transit entre le nord et le sud de Sulawesi. Très beaux fonds sous-marins du côté de Donggala. Région très fertile : plantations de clous de girofle, de café, de cacao et de coprah. Palu peut servir de point de départ à des randonnées dans le parc de Lore Lindu, la vallée de Bada et ses mégalithes.

LES ORANGS GUNUNGS

Dans les années 1970, il était possible de faire des randonnées dans les collines autour de ***Donggala*** (35 km au nord de Palu) et de rencontrer les habitants de la forêt, les Orangs Gunungs. Littéralement, ce nom signifie « hommes de la montagne ». Ils vivaient de cueillette et chassaient avec des sarbacanes. Un des méfaits de la déforestation de Sulawesi est de provoquer leur sédentarisation progressive. Les Orangs Gunungs n'ont pas disparu, mais leur mode de vie est désormais chamboulé par le développement.

Comment y aller ?

➢ ***En bus :*** de Poso, compter 6 à 7 h de trajet. De Macassar, compter 30 h.
➢ ***En avion :*** *Merpati* assure une liaison quotidienne au départ de Macassar et de Manado. L'aéroport de Palu se trouve à 7 km de la ville. Prendre un taxi.
➢ ***En bateau :*** le port de Pantaloan se trouve à 22 km au nord de Palu. ☎ 21-38-15. Un bateau par semaine, sur la *Pelni Line,* entre Balilpapan (côte est de Kalimantan, Bornéo) et Palu. Liaisons hebdomadaires aussi avec Toli Toli et Macassar.

Adresses utiles

ℹ ***Office de tourisme :*** jl. Raja Moili. Ouvert de 7 h 30 à 14 h.
■ ***Merpati :*** 71 jl. Mongonsidi. ☎ 211-72.
■ ***Semati :*** au *Central Hotel.*
■ ***Bouraq :*** 87 jl. Juanda. ☎ 229-95.
🚌 ***Gare routière :*** terminal Masomba, jl. Mongonsidi.

Où dormir ?

Bon marché (de 20 000 à 50 000 Rps, soit 1,6 à 4 €)

🏠 Plusieurs ***losmen*** très bon marché dans le centre.
🏠 ***Hôtel Taurus :*** jl. Hasanuddin. Petites chambres simples et propres.

Prix moyens (de 50 000 à 80 000 Rps, soit 4 à 6,5 €)

🏠 ***Central Hotel :*** 6 jl. Kartini. ☎ 217-38. Fax : 232-56. Bien situé et bon rapport qualité-prix. Chambres propres et confortables, à prix variant selon le niveau de confort. Piscine, court de tennis, restaurant et karaoké.
🏠 ***Losmen Karsam :*** 40 jl. Dr Suharso. ☎ 217-76. Bonne adresse.
🏠 ***Buana Hotel :*** à côté du *Central Hotel,* mais moins bien pour le même prix.

Où manger ?

Les endroits les plus insolites pour manger sont les petits ***restos de nuit*** de Besusu, à côté du cinéma Surya. Goûter à l'excellent poisson grillé *(ikan bakar)*, qui ne coûte pas cher.

Seafood de Buluri : à 8 km de Palu, sur la route de Donggala. Resto sympa sur pilotis, avec vue sur la mer.

Le Milano : 78 jl. Hasanuddin II. Agréable, propre, tenu par Peter et Maureen Meroniak, un couple très sympa qui connaît la région par cœur. Lui est allemand et elle indonésienne. Cuisine indonésienne, chinoise, et plats européens. Demandez à Peter de sortir la photo de cet énorme python qui avait avalé un homme tout cru, comme dans *Tintin au Congo*... Organise aussi des treks de plusieurs jours vers Dombu, avec descente de rivière en rafting et découverte de tribus primitives adeptes de la sarbacane.

Les guinguettes du bord de mer : le long de Palu Beach, elles s'animent le soir, surtout le samedi.

À voir

Le musée de Palu *(Museum Negeri Propinsi Sulawesi Tengah)* **:** 23 jl. Sapiri. Ouvert de 8 h à 12 h. Quelques infos sur la culture, les traditions et les ethnies de la province.

Où faire de la plongée ?

À Donggala

À 35 km au nord de Palu. Pour y aller de Palu, prendre un *Kijang* de la gare routière Bis Masomba, ou un taxi (1 h de trajet).

Harmony Cottages : plusieurs bungalows sur la plage. Tout à fait correct, et moins cher que l'adresse qui suit.

Prince John Dive Resort : sur la plage de sable blanc de Tanjung Karang. Un coin idéal pour plonger, aussi beau que Bunaken (au large de Manado). En fait, sous ce nom prétentieux, il s'agit d'un *losmen*-club de plongée, tenu par Peter et Maureen du restaurant *Le Milano*, à Palu. Bungalows sur pilotis, un peu rudimentaires (pas d'électricité) mais suffisamment confortables, et propres. Mieux vaut réserver en haute saison. Possibilité de plonger une, deux ou trois fois par jour. Les prix varient selon la fréquence des sorties. Équipement fourni, ainsi que guide-plongeur à votre disposition. Pension complète (déjeuner et dîner à heures fixes).

QUITTER PALU

➢ ***En avion :*** aéroport à 7 km par *oplet*-taxi. Voir introduction générale sur Sulawesi-Centre. Pour Manado, environ 10 vols par semaine.

➢ ***En bus :*** vers le nord (Gorontalo et Manado). Route correcte. Compter 2 jours pleins pour Manado. Pour Poso (8 h), Tentena (10 h). Voyage de jour ou de nuit. Nombreuses compagnies équivalentes.

KOLONODALE

Point d'embarquement pour la visite de la réserve de Morowali, Kolonodale, au sud-est de Tentena, sur la côte orientale de Sulawesi (partie centrale de l'île), est un petit port qui donne sur la baie de Tomori.

Comment y aller ?

➢ ***De Tentena ou de Pendolo :*** liaisons quotidiennes en bus. Compagnie *Jawa Indah*. Compter 5 à 7 h de route.
➢ ***De Macassar :*** la compagnie *Pelni* assure des liaisons maritimes 2 fois par mois.

Où dormir ? Où manger ?

Losmen Lestari : la meilleure adresse. Pension presque douillette. Bon repas.

Losmen Sederhana, Rejeki Raya : petites pensions correctes.

LA RÉSERVE DE MOROWALI

La réserve de Morowali est un parc naturel (protégé depuis 1980) situé dans la baie de Tomori, sur la côte est du centre de Sulawesi.
Voilà une des dernières grandes forêts tropicales humides en bon état de conservation sur l'île de Sulawesi. Si vous y allez, sachez que cette expédition nécessite un esprit aventureux mais aussi un grand respect de la forêt et de ceux qui y vivent. Les habitants de Morowali (le peuple wana) vivent encore de la cueillette, chassent à la sarbacane et pratiquent la culture sur brûlis. Ils travaillent souvent avec des entreprises locales, qui voient en eux d'excellents prospecteurs sur le terrain. Connaissant parfaitement les recoins de la forêt, les Wanas font preuve de leur efficacité dès qu'il s'agit de ramener du bois de rotin ou des résines rares. Certains entrepreneurs peu scrupuleux n'hésitent d'ailleurs pas à exploiter leurs talents et leur savoir-faire ancestral à des fins commerciales. Malgré ces aléas matériels, les Wanas survivent tant bien que mal dans cet environnement de forêt tropicale, qui a toujours été leur demeure millénaire.

Comment y aller ?

➢ Prendre un bateau (une barque motorisée, en fait) au départ ***de Kolonodale.*** Compter 2 h pour traverser la baie de Tomori.

Quand y aller ?

La meilleure époque est la période entre septembre et février-mars. En dehors de cette période sèche, risques de pluies diluviennes et énormes difficultés à avancer sur des sentiers boueux.

Adresse utile

■ Les renseignements sur la réserve s'obtiennent auprès des ***Morowali Friends*** *(Sahabat Morowali) :* 36 jl. Yos Sudarso, à Kolonodale. ☎ (2-465) 211-24. Demandez Jabar. Il dirige cette petite organisation non gouvernementale (au budget dérisoire) destinée à la connaissance et à la protection du peuple wana, les habitants de la réserve. Jabar se bat pour défendre les droits de ce peuple autochtone menacé par la sédentarisation et la volonté du gouvernement de les « fixer » hors de la réserve.

Découverte de la réserve

Sur place, les deux moyens de transport les plus adaptés restent la marche en forêt et le cabotage en pirogue d'un habitat wana à un autre. Il est nécessaire de faire les randonnées en étant accompagné par un guide local. Celui-ci se trouve sur place ou à Tentena, ou même à Pendolo. Il se chargera des formalités d'inscription auprès des autorités du parc, des réservations de barque et préparera les victuailles pour l'expédition. Pensez à avoir sur vous une photocopie de votre passeport. Le parcours est plus ou moins facile selon l'itinéraire choisi et la durée. On peut observer la forêt, pratiquer du canotage sur les lacs Ranu, rencontrer les Wanas. Possibilité de baignade. Pour dormir : nuits sous abri dans les « maisons » wanas.
Prévoir de rester 3 jours sur place avant de revenir à Kolonodale. Les plus aventureux pourront continuer jusqu'à Ampana ou Baturube, pour ensuite rejoindre Luwuk.

AMPANA

À environ 150 km au nord-est de Poso, dans le centre de Sulawesi, Ampana est un petit port situé dans la partie sud du golfe de Tomini. Il n'y a rien de particulier à y faire, mais les voyageurs y passent forcément pour embarquer à destination des îles Togian ou bien se rendre vers la réserve de *Tanjung Api* (Cap de Feu).

Comment y aller ?

➢ ***De Poso :*** par la route, bus tous les jours ; compter 5 h. Autre solution, le bateau 3 fois par semaine. Durée : 8 h.

Où dormir ? Où manger ?

Quatre petits *losmen* à peu près équivalents au niveau des prix et du confort. ***Losmen Mekar*** est le moins cher. ***Losmen Irama*** est le mieux équipé. Il y a aussi les ***Losmen Rejeki*** et ***Plaza,*** de bon rapport qualité-prix.

Pour manger, des gargotes très simples au marché d'Ampana. Essayez aussi le petit ***warung Irahami Piasu,*** à côté de la plage, au bout de jl. Kartini.

➢ DANS LES ENVIRONS D'AMPANA

La réserve de Tanjung Api : accessible en bateau au départ des docks du port d'Ampana. Marchander ferme avec les bateliers. Attention, les animaux rares ne se laissent pas apercevoir facilement. Il faut vraiment beaucoup de chance pour rencontrer un *anoa* ou un *maleo*. Mais on ne peut louper la belle falaise corallienne (« en feu ») qui a donné son nom à la réserve.

LES ÎLES TOGIAN

Dans le nord-est de Sulawesi, en plein sur la ligne de l'équateur (il fait très chaud !), l'archipel des Togian, avec ses montagnes couvertes de forêts denses et ses rivages ourlés de cocotiers, a quelque chose d'un éden du bout du monde. Presque au milieu du golfe de Tomini, un des endroits les moins connus (et les plus beaux) de l'Indonésie, parsemé d'îles et d'îlots volcaniques, les Togian ont la particularité d'avoir trois types de récifs coralliens : atoll, barrière et récif dit « frangeant ». C'est dire comme la nature a été généreuse. Dans les forêts, en cherchant bien on peut encore rencontrer des oiseaux rares comme le calao. En général, les habitants y sont très hospitaliers, et peu touchés par les bouleversements économiques et sociaux du reste du pays. Parmi eux, les *Bajaus* forment une sorte de classe marginale car ils mènent une vie de plongeurs-nomades, vivant quasi exclusivement de la pêche sous-marine.

Comment y aller ?

➢ ***D'Ampana :*** liaisons régulières en bateau tous les jours pour les villages de Bomba et Wakai. Possibilité (mais plus chère) aussi de « chartériser » des embarcations, à condition d'être à plusieurs et de négocier ferme le prix de la traversée.
➢ ***De Pagimana :*** à l'est. Bateaux tous les 2 jours pour Gorontalo, qui s'arrêtent aux îles Togian.
➢ ***De Gorontalo :*** cargos mixtes transportant des marchandises et des passagers, mais liaisons irrégulières. Se renseigner. Ils font le trajet Gorontalo-Poso (dans les deux sens) avec escales à Wakai, Ketupat, Dolong. Cabines négociables. Pas cher, mais penser à emporter de la boisson et des provisions.

Où dormir ? Où manger ?

Nombreuses possibilités de se loger et de manger dans des ***losmen*** à des prix défiant toute concurrence mais au confort rudimentaire (souvent sans eau, ni électricité). On trouve ces petites huttes-pensions à Wakai, Ketupat, sur l'îlot de Pulau Tongkabu, et à Dolong.
Island Retreat : sur l'île de Bomba. Demandez au bateau de vous y laisser. Une dizaine de bungalows à prix moyens, avec ou sans salle de bains, en face de la plage ou de la mangrove selon votre choix. Pension complète obligatoire. Club de plongée. Réservation auprès de l'*Island Café* à Rantepao. ☎ et fax : (0423) 235-02.

À faire

– ***Plongée :*** activité en train de se développer. Se renseigner auprès des *losmen*.

➢ ***Balades en bateau :*** possibilité d'arranger toutes sortes de promenades en mer avec les locaux. Les propriétaires de *losmen* proposent assez souvent ce genre de services.

➢ ***Randonnées :*** dans la forêt.

LE NORD DE SULAWESI

Sur la carte, on dirait un long tentacule recourbé décrivant un immense arc de cercle vers l'est, entouré par deux mers – la mer de Célèbes *(Laut Sulawesi)* et la mer des Moluques – et se terminant à Manado. Voici l'un des plus somptueux « Finistères » d'Asie, pointé vers les îles Moluques. *Sulawesi Utara* – c'est son nom officiel – dessine donc la branche la plus bizarre, la plus sauvage, la plus méconnue du curieux « K » écartelé que forme l'île des

Célèbes. Plusieurs millions d'habitants y vivent, entre mer et montagne. Sur le plan administratif, province lointaine, elle ne couvre que la partie est de ce territoire tentaculaire. En bus, au village de Moutong vous entrez donc dans Sulawesi Utara. Inutile de chipoter avec les limites administratives.
Le nord reste la « dernière frontière » de l'Indonésie, avec Bornéo et Irian Jaya. Attention aux distances trompeuses : plus de 1 000 km de route (la Trans-Sulawesi) entre Palu et Manado, la capitale provinciale située à l'extrémité orientale du Pays minahasa. Tout voyage revêt encore ici un caractère aventureux, lointain, dépaysant. Même si la route Trans-Sulawesi a été refaite et bitumée en 1994, aller de Palu à Manado en bus demande en temps normal au moins 2 jours et 2 nuits de voyage. Une longue traversée !

AU COMMENCEMENT ÉTAIENT LES VOLCANS

Sa forme rappelle un interminable tentacule terrestre, mais sa croûte, trouée d'innombrables volcans, n'est ni molle ni assoupie. Beaucoup de volcans (une douzaine) sont encore actifs. La dernière éruption du mont Lokon remonte à 1991, celle du mont Soputan, dans le centre du Pays minahasa, à 1989. Les sommets culminent autour de 2000 m dans la région de Gorontalo. Le plus haut volcan atteint 3000 m, c'est le mont Sojol. Il se trouve dans la province de Sulawesi-Centre, au-dessus du village de Tinombo. En allant vers le nord, on aperçoit sa silhouette majestueuse de la fenêtre du bus.

LE PAYS MINAHASA

Le Pays minahasa occupe l'extrémité orientale de Sulawesi-Nord, c'est-à-dire la pointe de terre comprise entre Gorontalo et Manado. Petite région mais grande réputation ! Voilà l'une des régions les plus fertiles d'Indonésie (après Java et Bali). Dans les collines, entre les volcans et la mer, s'étendent de superbes plantations de clous de girofle, de noix de muscade, de cocotiers (dont on extrait le coprah), une couverture végétale et agricole qui donne une allure resplendissante aux paysages.
Le long des côtes, les cocotiers poussent mieux qu'en altitude, donnant chaque année des tonnes de coprah, cette amande de coco dont on extrait l'huile. Les girofliers, eux, préfèrent croître dans la fraîcheur des collines entre 200 m et 1 000 m. Les plus grandes fortunes du pays ont d'ailleurs été bâties à partir de la culture et du commerce des clous de girofle. Avec quelques girofliers, un paysan peut nourrir sa famille. Petit rappel : le clou de girofle est le bouton de la fleur du giroflier, autrement dit l'une des grandes épices d'Extrême-Orient, au même titre que le poivre, la cannelle, la noix de muscade. Hmm ! Très recherché par les Européens au XVIe siècle comme condiment dans la cuisine, traqué par les navigateurs portugais et néerlandais, il sert aujourd'hui à produire la poudre nécessaire à la fabrication des *kreteks,* ces délicieuses (mais fortes) cigarettes indonésiennes, reconnaissables à leur odeur si caractéristique.
L'Indonésie sent le parfum du clou du girofle ! À Sonder, premier centre producteur, dans l'arrière-pays de Manado, certaines plantations sont ouvertes aux visiteurs. En cas de douleur dentaire, pressez-en un sur la dent concernée, c'est un vieux remède. Le marché du clou de girofle, et surtout l'exportation, étaient contrôlés par la famille Suharto qui a toujours maintenu les prix artificiellement bas, aux alentours de 2000 Rps le kilo, ce qui n'assurait aux paysans qu'un revenu précaire. Après la chute de Suharto en 1998, les prix ont décollé, créant ainsi de petites fortunes dans le Pays minahasa. La situation était d'ailleurs identique pour la noix de muscade, cette autre épice fameuse, cultivée avec beaucoup de soin, qui ne fait, hélas, plus courir les Européens comme du temps de Magellan.

LE PAYS MINAHASA

UNE MINORITÉ CHRÉTIENNE DANS UN MONDE MUSULMAN

Premier peuple de l'archipel à avoir été mis en contact avec les Européens (au début du XVIe siècle), les Minahasas ont été convertis au catholicisme par les missionnaires espagnols puis au protestantisme par les Néerlandais. Ils en ont gardé probablement un sens religieux aigu, combiné avec une grande ouverture et un esprit pratique. Ils se distinguent des autres ethnies par leur niveau de vie, un des plus élevés d'Indonésie. Plusieurs raisons à cela : d'abord une « occidentalisation » très ancienne des mentalités. En outre, les Minahasas se montrent naturellement actifs, entreprenants et extravertis dans leurs relations sociales. Ils semblent avoir adopté une

éthique quotidienne qui valorise autant les préceptes religieux que le travail, la connaissance et le développement personnel.
Sur la trentaine de groupes ethniques de Sulawesi, les Minahasas comptent parmi ceux qui s'adressent le plus facilement aux étrangers. Il n'est pas rare de voir des jeunes étudiants ou étudiantes accoster spontanément (et non de façon intéressée comme à Yogyakarta) des voyageurs de passage pour le simple plaisir de faire connaissance et de discuter en leur compagnie de tous les sujets possibles. Un étudiant de 20 ans nous a invités à visiter sa modeste chambre du campus universitaire de Manado. Il n'y avait ni électricité ni eau courante, mais sur les murs nus et lépreux l'étudiant avait accroché trois portraits : Jésus-Christ, Albert Einstein et Elvis Presley !

MANADO

600 000 hab. IND. TÉL. : 431

À une vingtaine de kilomètres en retrait de la pointe du Pays minahasa, Manado s'étend face à la mer de Célèbes *(Laut Sulawesi)*, au pied d'une péninsule volcanique dont les sommets oscillent entre 1 595 m et 1 995 m (le mont Klabat). Un bout du monde, donc. Manado en est la « dernière frontière », le terminus d'une interminable langue de terre qui, vue d'avion, ressemble à un Finistère équatorial bordé de fonds sous-marins paradisiaques (expression à peine exagérée). Il y fait une chaleur torride malgré la proximité de la mer que longe l'avenue principale. Pas de vraie plage à ce niveau, il faut sortir de Manado pour se baigner.
Mais alors que l'on s'attend à être au bout du monde, on découvre une ville tournée vers l'extérieur avec ses liaisons aériennes régulières avec Singapour et les Philippines et les bateaux de la *Pelni* la reliant à partir du port de Bitung aux Moluques, à l'Irian Jaya, à Kalimantan et Macassar.
Manado était une ville économiquement très dynamique lorsqu'elle fut gravement touchée par la crise économique de 1997 comme le reste du pays. Les chantiers prennent du retard, ils arrivent finalement à leur terme mais la commune n'a visiblement pas les moyens d'assurer le développement des infrastructures. L'augmentation de la population est due aux réfugiés des Moluques et de la région autour du lac Poso. Et Manado n'échappe désormais plus aux cortèges des affres des autres villes indonésiennes : trottoirs sales et défoncés, mauvaise alimentation en eau courante et en électricité, bouchons incessants dans les artères du centre envahies par les *bemos.* De plus, le centre-ville étant ramassé sur lui-même, il n'est ni aussi aéré, ni aussi agréable que celui de sa grande sœur, Macassar.
Ville à majorité chrétienne (protestantisme) comme l'ensemble du Pays minahasa, on y compte près de 350 sanctuaires dont quelques petites mosquées et 266 églises !

Adresses utiles

- Office de tourisme
- Gares routières
- 1 Banque BPD
- 2 Police
- 3 Maya Express
- 4 Centre commercial Mega Mall

Où dormir ?

- **30** Smiling Hostel et Hôtel Célèbes
- **32** Victory Inn
- **33** Jakarta Jaya
- **35** Hôtel Minahasa
- **36** Hôtel New Queen

Où manger ?

- **32** Green Garden Restaurant
- **51** Jawa Timur
- **52** Samudra Restaurant
- **53** Restaurant Pondok Hijau
- **54** Bahari Restaurant

Où boire un verre ? Où sortir ?

- **70** Boulevard Bar
- **71** Save the City

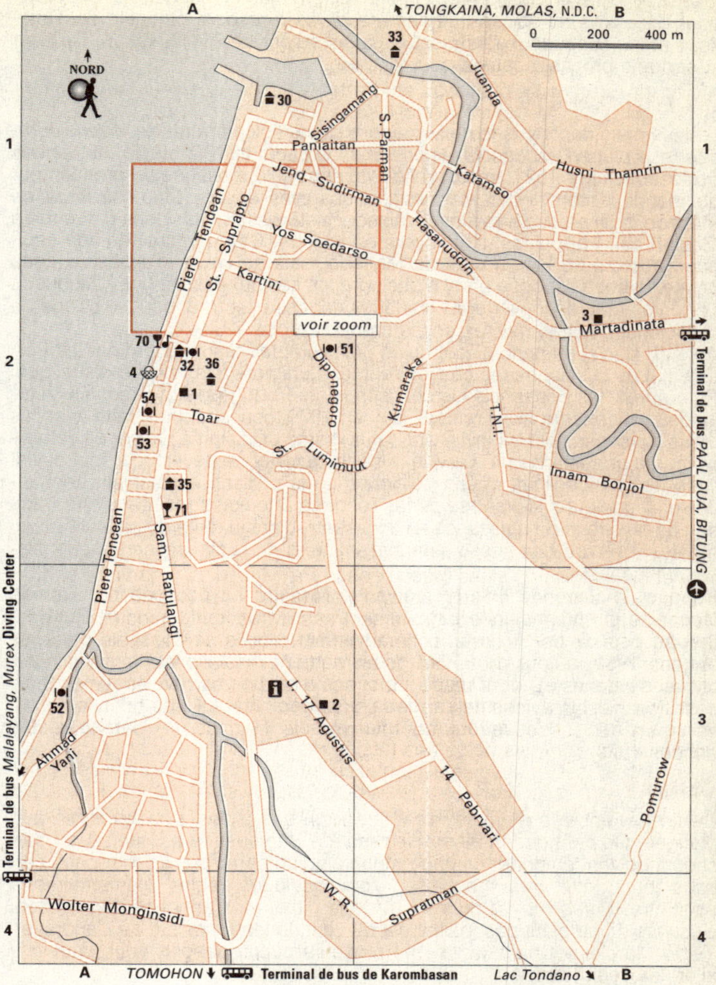

MANADO – PLAN GÉNÉRAL

Aucun *becak* dans les rues encombrées par une ruche bourdonnante de *bemos*. Peu de monuments à voir. Une particularité, cependant : les « pierres qui poussent », ensemble de stèles regroupées dans un petit jardin. Au coucher du soleil, les *dunkuns* (sorciers) se livrent parfois à des cérémonies : reste du culte de Lumimuut, déesse née de la mer, des rochers et du vent. Elle aurait remis à son peuple la *watu pinawetengan,* la pierre sacrée.
Ce qui frappe malgré tout dès le premier instant à Manado, c'est l'ouverture d'esprit, la vivacité et la facilité de communication des Minahasas, peuple

joyeux et extraverti. Malgré ce point positif, Manado n'est qu'une ville-étape pour découvrir les volcans de l'arrière-pays, la réserve naturelle de Tangkoko et les somptueux fonds sous-marins autour de l'île Bunaken. Ou pour attendre le prochain bateau pour Bornéo...

UN PEU D'HISTOIRE

Les premiers découvreurs de Manado et de la région furent des marins européens, la plupart espagnols et portugais, au début du XVIe siècle. Autour des 6 et 7 novembre 1521, la caravelle *Victoria,* seule rescapée du premier tour du monde accompli par Magellan, passa près de l'île Siau, au large de Manado, puis se dirigea vers les Moluques. Magellan, qui venait d'être tué à Mactan aux Philippines, n'était plus du voyage. Ce qui restait de son équipage aperçut au loin la côte de Manado mais ne se soucia pas de cette pointe, le but à l'époque étant d'atteindre les îles aux Épices (les Moluques). La région était découverte. Et quelques années plus tard, dans le sillage de la *Victoria,* d'autres navires accoururent d'Europe.

Au XVIe siècle, Manado n'était qu'un petit comptoir tenu d'abord par les Portugais. Les missionnaires convertirent les habitants à la religion catholique. Puis vinrent les Espagnols qui chassèrent les Portugais. Arrivèrent les Néerlandais, supérieurs militairement, qui, en 1679, conclurent un traité avec les chefs minahasas. Ils les invitèrent par la même occasion à passer du catholicisme au protestantisme. La ville prit son essor et se développa. Elle devint l'une des plus solides alliées politiques de la puissance coloniale néerlandaise. À quelques kilomètres de là, Tondano a toujours maintenu une tradition de révolte et de résistance à l'occupant. Avant le reste du pays, Manado a battu le record des taux d'alphabétisation et de scolarisation les plus élevés d'Indonésie.
Pendant la Seconde Guerre mondiale, Manado fut occupée par l'armée japonaise et endommagée par plusieurs bombardements aériens. En réaction au pouvoir de Sukarno, un mouvement rebelle se constitua dans les années 1950, autour du PRRI (gouvernement révolutionnaire de la république d'Indonésie), et Manado fut à nouveau bombardée en 1958, mais cette fois par les avions de l'armée gouvernementale. Cette guérilla ne prit fin qu'en 1961. L'ouverture au tourisme de Manado ne date que des années 1970.

CLIMAT

De fin novembre à mi-mars, c'est la saison des pluies, peu favorable à la plongée. On peut quand même se rendre à Bunaken ou à Bitung. Les marcheurs doivent emporter un imperméable ou un parapluie. La mer peut, certains jours, être très mauvaise. Voici quelques règles élémentaires à connaître. *Primo :* il y a du vent et de la pluie, ça n'annonce rien de bon. *Secundo :* il ne pleut pas mais il y a du vent, le temps risque de s'aggraver. *Tertio :* le ciel est bleu, la mer ne présente aucun danger, vous pouvez y aller, les yeux fermés.

Comment y aller ?

En bus

➢ ***De Palu :*** compter 2 jours et 2 nuits de bus. Terminée en 1994, la Trans-Sulawesi a deux voies et elle est bitumée. Un voyage éprouvant, mais des paysages extraordinaires : l'immense arc de cercle de la baie de Tomini (pas un seul touriste), Gorontalo, puis la côte nord du Pays minahasa (volcans et jungle) où la route longe la mer de Célèbes.
➢ ***De Rantepao :*** 1 482 km ! Une aventure ! Très long périple réalisable en bus, qui prend 3 jours et 2 nuits. De Rantepao à Palu : environ 22 h. Puis de Palu à Manado, compter 48 h, soit 2 jours et 2 nuits de voyage. Ajouter

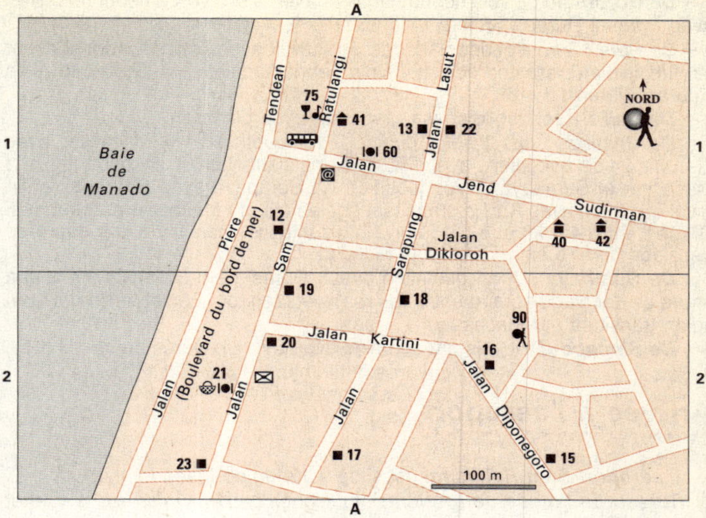

MANADO – ZOOM

Adresses utiles

- Terminal des bemos
- Poste centrale
- Cyberspace Nusantara
- 12 Téléphone (Telkom)
- 13 Téléphone (Wartel)
- 15 Merpati
- 16 Garuda
- 17 Bouraq
- 18 Silk Air
- 19 Pelni Line
- 20 Banque BCA
- 21 Supermarché Mata Hari
- 22 Banque Mandiri
- 23 Librairie Gramedia

Où dormir ?

- 40 Manado Bersehati Hotel
- 41 Hôtel Sahid Kawanua
- 42 Hôtel Kawanua Kecil

Où manger ?

- 21 Supermarché Mata Hari (Croco Café) et KFC
- 60 Rumah Makan Ria Rio, Satay House et Ayam Kalasan Restaurant

Où boire un verre ? Où sortir ?

- 75 Hot Gossip

À voir

- 90 Musée de la Province Nord-Célèbes

encore quelques heures (5 ou 6 h, les arrêts-repas) pour avoir une idée de la durée totale de ce voyage. Dans tous les cas, c'est plutôt épuisant, mais les paysages traversés sont superbes. On sort vraiment des sentiers battus. Il vaut mieux faire plusieurs étapes, sinon on ne voit rien. Bien se renseigner auparavant sur l'existence, ou pas, de bus express directs (donc plus rapides) au départ de Rantepao car il y a des projets dans l'air, depuis que la route Trans-Sulawesi a été refaite.

En avion

➢ ***De Macassar :*** 1 vol quotidien avec *Garuda* et 2 vols quotidiens avec *Mandala* et avec *Kartika*. Durée de vol : 1 h 35.

➢ ***De Gorontalo :*** 3 vols hebdomadaires avec *Merpati* et 2 hebdomadaires avec *Bouraq*. Durée : 35 mn.

➢ ***De Palu :*** 3 vols hebdomadaires via Luwuk avec *Merpati,* normalement les lundi, mardi et vendredi, et 2 vols hebdomadaires via Gorontalo avec *Bouraq.* Durée : 3 h 30.

➢ ***De Bali :*** 1 vol quotidien via Macassar avec *Garuda*.

➢ ***De Jakarta :*** pas de vol direct. 1 vol quotidien via Macassar avec *Garuda,* 2 vols quotidiens avec *Mandala,* mais attention, le second transite à Macassar et Surabaya, 1 vol quotidien via Surabaya avec *Bouraq* et enfin 1 vol quotidien avec *Kartika* transitant également par Macassar et Surabaya. Durée : entre 4 h 20 et 5 h 15 suivant les transits, mais il y a une heure de décalage horaire entre Jakarta et Manado.

➢ ***De Surabaya :*** 1 vol quotidien direct. Durée : 2 h 35, mais il y a une heure de décalage horaire entre Surabaya et Manado. Également 1 vol quotidien transitant par Macassar.

➢ ***De Singapour :*** 4 vols par semaine avec *Silk Air*. Durée du vol : 3 h 15.

Arrivée à l'aéroport

✈ L'***aéroport Sam Ratulangi*** est situé à 13 km de Manado.

ℹ ***Bureau de l'office de tourisme :*** quelques pauvres infos sur la ville et liste des hôtels.

Pour aller à Manado

➢ En taxi, acheter un coupon à prix fixe à un petit comptoir situé juste à côté de la porte de sortie. Sinon, marcher sur la route et arrêter un *bemo.*

Comment se déplacer à Manado ?

➢ ***En bemo :*** aucun *becak* à Manado, mais un nombre incalculable de *bemos* de couleur bleu clair, fonctionnant comme des taxis collectifs. Ils ne sortent pas de la ville et relient les 3 gares routières entre elles : Karombasan et Malalayang au sud, Paal Dua à l'est. Tous les *bemos* partent et reviennent au terminal central *Pasar 45,* situé près du supermarché Jumbo. *Pasar 45* se dit « *Pasar Empat Lima* ». Ce terminal de *bemos* est surprenant car il n'y a pas à proprement parler de parking, mais une concentration extrême de *bemos* en file indienne dans les rues du quartier. Les destinations sont toujours affichées au-dessus du pare-brise avant ou sur une petite plaque accrochée à l'intérieur. Si vous êtes assis à côté du chauffeur, faites-lui signe pour qu'il s'arrête, sinon appuyez sur le bouton du plafond à l'arrière du véhicule. Le moyen de transport le moins cher – prix unique modique, quelle que soit la distance – et le plus populaire. Prévoir de la petite monnaie car les chauffeurs n'ont pas toujours le temps de vous rendre des pièces.

➢ ***En taxi :*** à éviter, car les arnaques sont nombreuses. Si vous ne pouvez pas faire autrement, préférez malgré tout la compagnie *Dian* à sa concurrente, la compagnie *Merit,* qui a très mauvaise réputation. Le nom de la compagnie est indiqué sur les voitures.

➢ ***À pied :*** la meilleure solution si vous restez dans le périmètre central délimité par le *zoom* de Manado. Attention, à la tombée de la nuit, aux nombreux trous sur les trottoirs mal éclairés.

Adresses utiles

Informations touristiques

🛈 ***Office de tourisme*** *(plan général A3)* **:** sur jl. 17 Agustus. ☎ 86-41-11. Ouvert du lundi au vendredi de 7 h 45 à 17 h. Bureau du tourisme de la région Sulawesi Utara. Excentré et peu documenté.

Poste, télécommunications et accès Internet

✉ ***Poste centrale*** *(zoom A2)* **:** 21 jl. Sam Ratulangi. ☎ 85-23-01.
■ ***Téléphone*** *(Telkom ; zoom A1,* ***12****)* **:** 4 jl. Sam Ratulangi. ☎ 85-26-26.
■ ***Téléphone*** *(Wartel ; zoom A1,* ***13****)* **:** 3 jl. Dotulolong Lasut. Téléphone et fax pour l'étranger.
@ ***Cyberspace Nusantara*** *(zoom A1)* **:** à l'angle de jl. Sam Ratulangi et jl. Jend. Sudirman. À côté de l'université, donc fréquenté uniquement par les étudiants et très économique.

Immigration

■ ***Bureau de l'Immigration*** **:** 17 jl. Agustus. ☎ 86-34-91.
■ ***Consulat des Philippines*** **:** 12 jl. Tikala I. ☎ et fax : 86-21-81.

Argent, change

■ ***Banque BPD*** *(plan général A2,* ***1****)* **:** jl. Sam Ratulangi.
■ ***Banque BCA*** *(zoom A2,* ***20****)* **:** à l'angle de jl. Sam Ratulangi et de jl. Kartini. ☎ 86-84-40. Distributeur acceptant la carte *Visa*.
■ ***Banque Mandiri*** *(zoom A1,* ***22****)* **:** jl. Dotulolong Lasut. ☎ 86-37-44. Également un distributeur acceptant la carte *Visa*.

Banques, urgences

■ ***Docteur Hanny Batuna*** **:** il est aussi le propriétaire du club de plongée *Murex*. ☎ 86-62-80. Fax : 85-21-16. Demandez le téléphone de son cabinet médical. Le docteur Batuna parle bien l'anglais. Son frère est un ophtalmologiste réputé.
■ ***Hôpital Pancaran Kasih*** **:** jl. Sam Ratulangi. Le meilleur hôpital de Manado.
■ ***Police*** *(plan général A3,* ***2****)* **:** jl. 17 Agustus. ☎ 85-29-16.

Transports

🚌 ***Gare routière Karombasan*** *(hors plan général par A4)* **:** quartier de Wanea, au sud de la ville. Bus pour Sonder, Tomohon, Tondano et les autres villages aux alentours de Tomohon et du lac de Tondano. Pour les deux autres gares routières de Manado, voir la rubrique « Quitter Manado. En bus ».

Compagnies aériennes et maritimes, agences de voyages

■ ***Merpati*** *(zoom A2, **15**)* **:** 119 jl. Diponegoro. ☎ 84-11-26 et 86-40-21.
■ ***Garuda*** *(zoom A2, **16**)* **:** 15 jl. Diponegoro. ☎ 86-22-42, 86-45-35 ou 86-43-99.
■ ***Bouraq*** *(zoom A2, **17**)* **:** 27 jl. Sarapung. ☎ 86-26-75 ou 86-27-57.
■ ***Silk Air*** *(zoom A2, **18**)* **:** 5 jl. Sarapung. ☎ 86-37-44 ou 86-38-44.
■ ***Kartika*** **:** agence à l'aéroport. ☎ 81-43-20, poste 630.
■ ***Pelni Line*** *(zoom A2, **19**)* **:** jl. Sam Ratulangi. ☎ 86-28-44.
■ ***Maya Express*** *(plan général B2, **3**)* **:** 18 jl. Martadinata. ☎ 87-01-11 et 87-02-22. Fax : 87-06-63. • mayaexp@mdo.mega.net.id • Billets d'avion et de bateau, location de voitures avec chauffeur, randonnée dans l'arrière-pays minahasa et dans le parc national de Tangkoko.

Achats

Supermarché Mata Hari *(zoom A2, **21**)* **:** jl. Sam Ratulangi. Superbe grand magasin avec cafétéria au rez-de-chaussée.
Centre commercial Mega Mall *(plan général A2, **4**)* **:** jl. Piere Tendean, c'est-à-dire le boulevard de front de mer. Le plus grand comme son nom l'indique et le plus moderne.
■ ***Librairie Gramedia*** *(zoom A2, **23**)* **:** 40 jl. Sam Ralulangi. Livres en anglais.

Où dormir ?

Bon marché (de 20000 à 50000 Rps, soit 1,6 à 4 €)

Smiling Hostel *(plan général A1, **30**)* **:** 8 jl. Rumambi. ☎ 87-04-25 et 85-90-69. Fax : 85-90-68. Situé dans une rue calme, à 250 m du Pasar 45 (terminal des *bemos*). De l'aéroport, marcher sur la route, prendre un *bemo* jusqu'au terminal Paal Dua (Paal 2), puis un autre *bemo* jusqu'au Pasar 45. Réception commune avec l'*hôtel Célèbes*. Le seul hôtel à petits budgets de Manado. Deux catégories de chambres : économique et standard avec ventilateur, douche et w.-c. à la turque, d'un bon rapport qualité-prix. Laverie. Consigne gratuite. Cafétéria au 2e étage dominant le port.

Prix moyens (de 50000 à 80000 Rps, soit 4 à 6,5 €)

Victory Inn *(plan général A2, **32**)* **:** 58 jl. Sam Ratulangi. ☎ 86-34-22. Fax : 86-22-14. • victory_inn01@hotmail.com • Sans conteste notre adresse préférée à Manado, peut-être parce qu'elle marie sans schizophrénie la décontraction d'un hôtel de routards à la rigueur de la moralité protestante. L'hôtel logeant régulièrement des pasteurs, le règlement intérieur de la maison en anglais et en indonésien, qui a survécu aux turpitudes que la modernité a engendrées, figure en bonne place dans toutes les chambres et à la réception. Sachez par exemple que le « sexe libre » (que l'on devrait probablement traduire de l'anglais de manière plus compréhensible et moins littérale par « le sexe en dehors du mariage ») et les « pratiques amorales » *(sic)* sont prohibés dans l'hôtel. À bon entendeur... Des 4 catégories de chambres, toutes très propres, seule la première, économique, n'a ni l'AC, ni l'eau chaude. Petit dej' inclus. Vous y trouverez un tas d'informations sur la plongée à Bunaken et sur les possibilités de randonnées dans le Pays minahasa. « *Thank you and God bless you !* »

Manado Bersehati Hotel *(zoom A1,* ***40****) :* 20 jl. Jend. Sudirman. ☎ 85-50-22. En plein centre. Il s'agit de la réplique d'une maison traditionnelle minahasa tenue par d'aimables musulmans. Dispose de 70 chambres simples et propres, dont 10 *economy rooms* et 30 *standard rooms.* Les *economy,* seulement pour une personne, se résument à 4 murs et un lit. De toutes les chambres dans la catégorie *standard,* préférer celles avec ventilateur au 3e étage, plus récentes, et équipées de téléphone, TV, petite douche et toilettes. Petit dej' inclus.

Hôtel Célèbes *(plan général A1,* ***30****) :* 8 jl. Rumambi. ☎ 87-04-25 et 85-90-69. Fax : 85-90-68. Réception et gestion commune avec le *Smiling Hostel.* Si le *Smiling* est plein, rabattez-vous sans grand enthousiasme sur les chambres monacales de cet hôtel. Les plus chères ont l'AC, l'eau chaude et un frigidaire.

Jakarta Jaya *(plan général B1,* ***33****) :* 25 A jl. Hasanuddin. ☎ 86-43-30. Près du *Pasar Bersehati,* le marché de Manado. Chambres vraiment vieillottes mais prix très actuels, avec ou sans *mandi.* Pas de petit dej'. À choisir seulement en dernier recours pour cette catégorie.

Hôtel Kawanua Kecil *(zoom A1,* ***42****) :* 40 jl. Sudirman II. ☎ 86-38-42. Fax : 86-19-74. *Kawanua Kecil* signifie « Petit Kawanua », pour ne pas le confondre avec le *Kawanua City Hotel,* beaucoup plus cher. Un immeuble des années 1970 en retrait de la rue principale, au bord d'une paisible impasse. L'accueil pourrait être meilleur, tout comme la décoration qui ne casse rien, avec une fausse grotte tropicale où se cachent des perroquets. Cour intérieure occupée par une salle de restaurant. Propose 3 catégories de chambres : *standard* sans AC, *deluxe I* et *deluxe II* avec air conditionné. Les chambres les moins chères, correspondant à la catégorie *standard,* offrent un meilleur rapport qualité-prix qu'au *Manado Bersehati,* alors que les *deluxe II* sont moins confortables avec leur minuscule salle de bains et plus chères que les *standard* avec ventilateur du *Manado Bersehati.* C'est à perdre la tête !

LE NORD DE SULAWESI

Plus chic (de 80 000 à 120 000 Rps, soit 6,5 à 9,7 €)

Hôtel Minahasa *(plan général A2,* ***35****) :* 199 jl. Sam Ratulangi. ☎ 86-20-59 ou 86-25-59. Fax : 86-40-41. Un peu excentré. Prendre un *bemo* indiquant *Wanea Coco* au départ de Pasar 45 (Pasar Empat Lima). Demander au chauffeur de s'arrêter au niveau de l'hôtel. Cette adresse se maintient malgré les affres de la crise. Onze chambres propres et calmes, avec ou sans l'AC, et salle de bains carrelée avec une douche. Les chambres avec ventilateur sont malheureusement défraîchies. Préférer donc les chambres avec l'AC, qui offrent un bon rapport qualité-prix, bien qu'elles soient presque deux fois plus chères. Le petit dej' est en plus.

Chic (de 120 000 à 250 000 Rps, soit 9,7 à 20,2 €)

Hôtel New Queen *(plan général A2,* ***36****) :* 12 et 14 jl. Wakeke. ☎ 85-55-51. Fax : 86-44-40. Dans un immeuble moderne (mais tout est relatif). Bon rapport qualité-prix pour cet hôtel de 35 chambres, de taille moyenne, de bon confort (AC, salle de bains avec baignoire, TV et téléphone) et très propre. Niveau d'un 2 étoiles français. Petit dej' inclus.

Très chic (plus de 250 000 Rps, soit 20,2 €)

Hôtel Sahid Kawanua *(zoom A1,* ***41****) :* 1 jl. Sam Ratulangi. ☎ 86-77-77. Fax : 86-52-20. • sahid-kw@manado.wasantara.net.id • Le plus central et le plus vieux des 4 étoiles de Manado. À ne pas confondre avec le *Kawanua Kecil* (« Petit Kawanua » ; voir « Prix moyens »), infiniment plus économique que celui-ci. La réception ne connaît pas encore l'ordinateur, et le hall d'entrée est mal climatisé, ce qui n'est pas bien vu le niveau de l'établissement. Grande bâtisse d'une centaine de chambres de grand confort et très bien tenues. La décoration datant des années 1960, l'hôtel attirera surtout les collectionneurs. Piscine. Restaurant. Petit dej' et taxes inclus dans le prix.

Où manger ?

Bon marché (de 10 000 à 20 000 Rps, soit 0,8 à 1,6 €)

|●| Nombreux ***warungs*** près du Pasar 45. Goûtez aux délicieux *martabaks manirs,* crêpes épaisses fourrées de cacahuètes et de chocolat.

|●| ***Supermarché Mata Hari*** *(zoom A2,* ***21****) :* jl. Sam Ratulangi. Ouvert tous les jours y compris le dimanche, de 9 h à 22 h. Ce grand magasin abrite une cafétéria, le *Croco Café,* située à l'entrée à droite. Pour grignoter en passant, rien de plus. Endroit intéressant pour observer les foules de consommateurs ébahis.

|●| ***Bersehati Food Center*** *(zoom A1) :* jl. Letjen Soeprapto, au-dessus de la gare de *bemos* Pasar 45. Ouvert jusqu'à 21 h (22 h le samedi), puis se transforme en une sorte de pub entre 21 h et minuit. Sorte de grande galerie-passerelle enjambant le boulevard principal et les emboutteillages du Pasar 45. Lieu de rendez-vous préféré des employés travaillant dans le cœur de Manado. Bon et pas cher. Nourriture indonésienne et chinoise.

|●| ***Fast-food KFC*** *(Kentucky Fried Chicken ; zoom A2,* ***21****) :* sur jl. Sam Ratulangi, jouxtant le centre commercial *Mata Hari.* Pour changer de l'ordinaire. Les gens d'ici adorent, mais addition plus élevée quand même que dans les petits *warungs.*

|●| ***Jawa Timur*** *(plan général A2,* ***51****) :* 73 jl. Diponegoro. ☎ 85-18-88. Bonne petite cuisine à prix doux, servie dans une grande salle très propre, fréquentée par des familles et des habitués du quartier. Ne vaut quand même pas le détour ; bien si vous passez dans le coin.

Prix moyens (de 20 000 à 35 000 Rps, soit 1,6 à 2,8 €)

|●| ***Satay House et Ayam Kalasan Restaurant*** *(zoom A1,* ***60****) :* 7 jl. Jend. Sudirman. ☎ 86-37-51. Deux salles mitoyennes pour deux spécialités proposées sur une seule carte : des brochettes de poulet, de bœuf ou d'agneau ou le *ayam kalasan,* du poulet cuit dans du lait de coco, puis caramélisé dans du sucre et du vin de palme. Les plus affamés préféreront les brochettes aux maigres portions de poulet. Très bons jus de fruits.

|●| ***Green Garden Restaurant*** *(plan général A2,* ***32****) :* 52 jl. Sam Ratulangi. ☎ 87-00-89. À côté de l'hôtel *Victory Inn.* La cuisine donne sur la rue, tandis qu'un simple hangar vert aéré par de vieux ventilateurs sert de salle. Ce restaurant est l'un des meilleurs chinois de Manado à des prix très doux. Une preuve que les décorations pompeuses des habituels restaurants chinois ne sont pas nécessaires à une bonne cuisine. Grand choix de plats, parmi lesquels les plus simples comme le *mie goreng* sont particulièrement savoureux, ce qui est un signe.

|●| ***Samudra Restaurant*** *(plan général A3,* ***52****) :* sur jl. Piere Tendean longeant le front de mer (appelé aussi jl. Boulevard). ☎ 86-76-93. Prendre l'un des nombreux *bemos* descendant le boulevard, car le restaurant est excentré. Grande salle en bois peint donnant sur le boulevard pour un large choix de poissons et de fruits de mer.

|●| ***Rumah Makan Ria Rio*** *(zoom A1,* ***60****) :* 3 jl. Jend. Sudirman. ☎ 85-33-13. Choisissez entre la salle grillagée donnant sur la rue ou la grande salle tout en bois au 1er étage. Simple.

Plus chic (plus de 35 000 Rps, soit 2,8 €)

Restaurant Pondok Hijau *(plan général A2, **53**)* **:** sur jl. Piere Tendean. ☎ 56-47-68. Restaurant chinois de très bonne tenue avec, comme il se doit, une grotte artificielle au fond de la salle, un karaoké, une boule à facettes et un orgue électronique. Très bonne carpe grillée *(ikan mas bakar)*. Service prévenant.

Bahari Restaurant *(plan général A2, **54**)* **:** sur jl. Piere Tendean. ☎ 85-23-98. Un autre restaurant chinois, proche du précédent, servant une excellente cuisine. Spécialités de poissons et de fruits de mer. Grand choix de plats. Si vous ne savez pas quoi choisir, feuilletez l'album-photos. Les poissons sont grillés ou, meilleurs encore, cuits dans du lait de coco *(ikan woku)*. Carpes *(ikan mas)* et mérous *(goropa)*, entre autres. Ineffable karaoké le soir. Si vous êtes sage, on vous chantera « Aline »... pour qu'elle revienne.

Où manger dans les environs ?

Tinoor Jaya : dans le village de Tinoor, à 15 km au sud de Manado sur la route de Tomohon. Prendre un bus pour Tomohon à partir de la gare routière de Karombasan, au sud de la ville. Il est nécessaire de sortir de Manado et d'aller dans l'arrière-pays pour découvrir les spécialités de la cuisine minahasa. Parmi la dizaine de restaurants dans le village de Tinoor, le *Tinoor Raya* a une belle vue sur Manado. On vous apporte une dizaine de plats parmi lesquels des brochettes de porc, du rat en ragoût, des langoustines les bons jours et éventuellement de la chauve-souris cuite dans le curry si la chasse a été bonne. Le serveur proposera également du chien *(anging)* aux fines bouches. Cuisine relevée et arrosée de vin de palme. Vous ne payez que ce que vous mangez. Bref, une expérience ethnologique.

Où boire un verre ? Où sortir ?

Hot Gossip *(zoom A1, **75**)* **:** 4 jl. Sam Ratulangi. Ouvert tous les soirs de 21 h à 2 h. En face de l'hôtel *Kawanua City* (luxe) et près d'un cinéma. Au rez-de-chaussée, il y a un café-resto-karaoké plongé dans la pénombre. Les joyeux drilles du samedi soir y viennent pour chanter, tous collés à leur micro et au télétexte du clip vidéo. Le service est assuré par une ribambelle de jeunes filles, des hôtesses qui ne parlent pas toujours très bien l'anglais et qui vont de table en table pour remplir les verres. La discothèque se trouve au 1er étage et ne casse pas des briques. Le billet d'entrée donne droit à une boisson. Surtout ne pas demander de jus de fruits : c'est un abominable sirop chimique. Bref, un endroit situé à des années-lumière des merveilles sous-marines des îles Bunaken et Siladen.

Boulevard Bar *(plan général A2, **70**)* **:** jl. Piere Tendean. ☎ 84-44-88. Sur le boulevard du front de mer. Ouvert tous les jours de 19 h à 2 h, et de 16 h à 3 h le samedi avec *happy hours* ce jour-là de 16 h à 19 h. Petite salle avec une mezzanine en bois. Service sympa. Groupe de musique jouant les standards internationaux tous les jours à partir de 22 h. Cher.

Save the City *(plan général A2, **71**)* **:** 212 jl. Sam Ratulangi. ☎ 85-75-35. À deux pas de l'hôtel *Minahasa*. Sympathique café d'étudiants. Grande salle à l'allure américaine, colorée au fond par une fresque murale d'inspiration naïve représentant Manado. Fait également cybercafé.

Ebony Plaza : 110 jl. W. Maramis. Au 1er étage du *Manado Plaza Hotel.* Plus grand que le *Hot Gossip.* Mêmes prix. Groupe musical le vendredi soir. Familial et très provincial.

À voir

Le temple chinois : jl. Panjaitan.

Le musée de la Province Nord-Célèbes** (zoom A2, **90**) **: jl. Supratman. Ouvert tous les jours de 8 h à 14 h, sauf les samedi et dimanche. Intéressant pour découvrir la culture minahasa.

Où faire de la plongée ?

■ ***NDC** (Nusantara Diving Centre ; voir plan du Pays minahasa) **:*** PO Box 15, Molas Beach, Manado 95001. ☎ 639-88. Fax : 603-68. Le plus important club de plongée de Manado. Avec une douzaine de bateaux et 25 guides-plongeurs, ils ont de quoi assurer : plongées avec masque et tuba ou avec bouteilles. Les journées se passent dans les récifs coralliens autour des îles Bunaken et Siladen. Pour dormir, 25 chambres réparties dans des bungalows en bordure de mer, équipées de ventilateur. Restaurant sur place. Super ambiance au rythme des chansons, des guitares et des xylophones. Réservation hautement recommandée en juillet et août.

■ ***Diving in Indonesia :*** Christian Fénié, PO Box 1085, Manado. ☎ (0431) 85-77-01 ou (0811) 43-20-63. Fax : (0431) 85-56-36. • krisdive@manado.wasantara.net.id • Originaire de Montauban, Christian Fénié vit en Indonésie depuis longtemps. Cet aventurier jovial s'est fixé à Manado, où il est marié à une Indonésienne. Plongeur professionnel depuis 1973, il a construit un bateau de 18,50 m de long inspiré des bateaux de pêche traditionnels, avec lequel il organise des promenades et des sorties de plongée aux îles Bunaken et dans la région de Manado. Mouillage au milieu des palétuviers. Il y a 3 cabines pour 6 personnes (lits superposés et jolie décoration). Le matériel utilisé est très sûr. Compter 65 US$ par personne par jour (repas, logement, guide compris). Les assurances ne sont pas incluses. Il est plus intéressant d'y aller à 2 personnes. Il organise également des expéditions terrestres, à la carte, de 2 à 3 jours dans le Pays minahasa ou, plus loin, vers Gorontalo (4 à 5 jours). Propose la traversée de Sulawesi en 12 jours (en 4x4).

■ ***Murex Dive Center** (voir plan du Pays minahasa) **:*** à Kalasey, à 7 km au sud de Manado en longeant la côte. ☎ 86-85-13. Fax : 82-60-92. • www.murexdive.com • Le plus petit et le plus familial des clubs de Manado, fondé par le docteur Hanny Batuna, un des pionniers de la plongée sous-marine dans la région et dirigé aujourd'hui par son gendre Danny, un sympathique Américain du New Jersey. Conviendra mieux à ceux qui craignent la foule et préfèrent les petits nombres. Danny a participé activement à la mise en place d'un programme de protection écologique de la réserve naturelle de Bunaken avec d'autres clubs de l'île. Logement en bungalows très confortables dans un jardin agréable au bord de la mer. Compter environ 100 € par jour et par personne incluant la chambre, les repas et 2 plongées. *Murex* possède également 3 bateaux habitables de tailles différentes pour des croisières d'une semaine vers les îles Sangihe et Talaud : le *Serenade,* le *Symphony* et l'*Arlena,* pouvant embarquer respectivement 12, 6 ou 4 plongeurs. Départs le samedi.

➤ DANS LES ENVIRONS DE MANADO

Tasik Ria : à 20 km de Manado. Très belle plage de sable blanc. Nombreux coraux.

Les warugas *(sarcophages en pierre)* **:** à **Airmadidi** et à **Sawangan,** à l'est de Manado et au nord de Tondano.

Cascades de Kali : prendre un bus en direction de Tomohon à partir de la gare routière de Karombasan. Descendre au village de *Kali* à 9 km au sud de Manado sur la route de Tomohon. Après 1 h 30 de randonnée à travers des plantations puis la jungle, on atteint deux grandes cascades au milieu de la nature.

QUITTER MANADO

En bus

Manado compte **3 gares routières** qui sont le terminal **Karombasan** *(hors plan général par A4)* dans le quartier de Wanea au sud de la ville, le terminal **Malalayang** *(hors plan général par A3)* également au sud et le terminal **Paal Dua** *(Paal 2; hors plan général par B2)* au nord-est. Toutes les compagnies routières y ont des bureaux. Réserver sa place et acheter son billet au moins un jour à l'avance. Plusieurs agences et hôtels vendent des billets de bus. Se renseigner à la réception de son *losmen*.
Pour aller jusqu'à la gare routière, prendre un *bemo* au départ de Pasar 45. Le nom de la gare est indiqué sur le véhicule.
➢ **Pour Tomohon, Tondano et Sonder :** minibus et bus climatisé au départ du terminal Karombasan. Pour gagner cette gare routière, prendre un *bemo* marqué « Wanea Samrat » ou « Wanea 17 Agustus » au départ de Pasar 45, dans le centre de Manado. Durée : pour Tomohon, 30 mn; pour Tondano, 1 h. Cette gare dessert aussi les autres villages autour de Tomohon et du lac de Tondano : Kali Village, Kakas, Kawangkoan, Langkowan.
➢ **Pour Tanawangko et Kotamobagu :** bus au départ du terminal Malalayang. Prendre un *bemo* marqué « Malalayang ». Pour le retour vers Pasar 45, en prendre un marqué « PST Kota 45 ». Pour Kotamobagu, compter 4 h.
➢ **Pour l'aéroport, Airmadidi et Bitung :** bus au départ du terminal Paal Dua. Prendre un *bemo* marqué « Paal II ». Même chose pour le retour. Pour Bitung, compter 1 h 30 de voyage.
➢ **Pour Gorontalo :** environ 500 km à l'ouest de Manado. Compter une bonne nuit de bus (12 h, pas moins). Une vingtaine de départs par jour.
➢ **Pour Palu :** compter 2 jours et 2 nuits de bus. Voir la rubrique « Comment y aller? ».
➢ **Pour Rantepao :** 1 482 km. Compter 3 jours et 2 nuits de bus.
➢ **Pour Macassar :** 1 808 km. Une aventure qui dure 4 jours et 3 nuits. Départ depuis la gare de Malalayang.

En avion

Pour connaître les adresses des compagnies aériennes basées à Manado, se reporter plus haut à la rubrique « Adresses utiles ».
➢ **Pour Gorontalo :** 2 vols hebdomadaires avec *Bouraq,* normalement les mardi et samedi, ainsi que 3 vols hebdomadaires avec *Merpati* les lundi, mardi et vendredi. Durée : 35 mn.
➢ **Pour Palu :** 2 vols hebdomadaires via Gorontalo avec *Bouraq,* normalement les mardi et samedi. 3 vols hebdomadaires via Luwuk avec *Merpati* les mardi, jeudi et samedi. Durée : entre 2 h 50 et 3 h 30 suivant les transits.

➢ ***Pour Macassar :*** 2 vols quotidiens avec *Mandala,* 1 vol quotidien avec *Garuda* et avec *Kartika.* Durée : 1 h 35.
➢ ***Pour Jakarta :*** pas de vol direct. 1 vol quotidien via Macassar avec *Garuda,* 2 vols quotidiens avec *Mandala,* mais attention, le second transite à Macassar et Surabaya, 1 vol quotidien via Surabaya avec *Bouraq* et enfin 1 vol quotidien avec *Kartika* transitant également par Macassar et Surabaya. Durée : entre 4 h 20 et 5 h 15 suivant les transits, mais il y a une heure de décalage horaire entre Jakarta et Manado.
➢ ***Pour Surabaya :*** 1 vol quotidien direct. Durée : 2 h 35, mais il y a une heure de décalage horaire entre Surabaya et Manado. Également 1 vol quotidien transitant par Macassar.
➢ ***Pour Bali :*** 1 vol quotidien via Macassar avec *Garuda.* Durée : 4 h 45.
➢ ***Pour Singapour :*** 4 vols par semaine avec *Silk Air.* Durée : 3 h 15.
➢ ***Pour les Moluques (Ternate) :*** 1 vol quotidien avec *Merpati* et avec *Bouraq.* Durée : 1 h 10. Le décalage horaire est de 1 h (en plus).
➢ ***Pour les Philippines (Davao) :*** 2 vols par semaine avec *Bouraq,* normalement les lundi et vendredi. Durée : 1 h. Le décalage horaire est de 1 h (en plus).

En bateau

➢ ***Pour Gorontalo :*** 1 départ hebdomadaire, le mercredi en fin d'après-midi sur le ferry *Pandan Sari.*
➢ ***Pour les Moluques (Ternate) :*** liaisons régulières sur le *Kerinci* ou le *Ciremai,* 2 ferries de la *Pelni Line.* Départ du port de Bitung, situé à 47 km à l'est de Manado. Les horaires changent chaque année. Normalement, la fréquence est de 2 bateaux par semaine. Durée du voyage entre Manado et Ternate : 9 h.

LA RÉSERVE SOUS-MARINE DE L'ÎLE DE BUNAKEN

IND. TÉL. : 431

Ici, le paradis n'est pas sur la plage mais sous la mer : il s'agit ni plus ni moins des plus beaux fonds sous-marins d'Asie. Ils se répartissent au large de Manado, dans une grande zone maritime englobant les îles de Bunaken, Manado Tua, Siladen, Montehage et Nain (presque une île naine...), constituant ainsi une formidable réserve de près de 75 000 ha. Dans ce royaume aquatique protégé (le parc national a été créé en 1991), les activités anti-écologiques sont strictement surveillées, voire bannies. Pas de commerce polluant, ni de chasse aux coquillages ou de récolte de coraux. Un semblant de village et, répartis ici et là, quelques bungalows pour permettre aux plongeurs de dormir. Pas de voiture, pas de feux de signalisation, pas de vraie route hormis quelques chemins nécessaires. Aucune chance de trouver un « Mururoa bis » sur ce point de la carte de l'Indonésie !
Dans ces eaux pures et transparentes dont la température moyenne oscille autour de 27 °C évolue une faune d'une richesse inouïe. On dirait un microcosme issu de l'arche de Noé, une Bible marine des espèces les plus étonnantes, un immense aquarium béni des dieux, fourmillant de poissons de toutes les tailles, de toutes les formes, de toutes les couleurs. Les uns ressemblent à de curieux papillons, les autres à d'insolites bouquets de fleurs. La variété de la faune et de la flore sous-marines est grande car cette zone est parcourue à la fois par les courants provenant du Pacifique et ceux de l'océan Indien, amenant des espèces propres à chacun. On peut y observer notamment des serpents de mer, des barracudas, des raies, des tortues, des éponges, des coquillages, etc. En revanche, les grosses bêtes sont

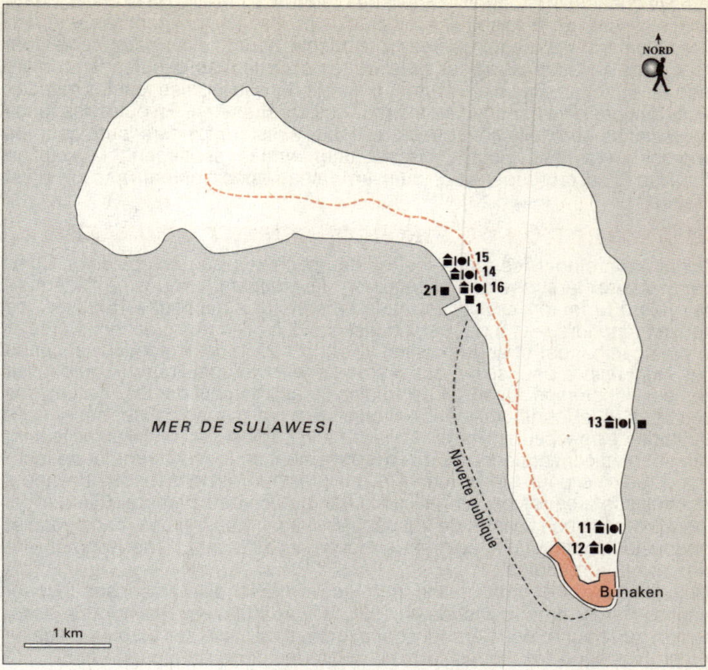

L'ÎLE DE BUNAKEN

■ Adresse utile

1 Bureau du parc national

Où dormir ? Où manger ?

11 Daniel's Homestay
12 MC Homestay
13 Lorenzo Beach Garden Resort
14 Nelson Cottages
15 Nyiur Melambai
16 Bastiano Cottages

■ Où faire de la plongée ?

13 Two-Fish Divers
21 Froggies Divers

rares (ce que les plongeurs appellent familièrement « le gros »). Il est possible de croiser un requin ou une raie manta, mais rarement entre juillet et août à cause des nombreux plongeurs. Il est en revanche beaucoup plus probable de croiser des tortues. Enfin, si vous découvrez un trésor, envoyez-nous la photo.
Un conseil : ne pas toucher n'importe quel animal à nageoires sous prétexte qu'il a des couleurs chatoyantes...

Comment y aller ?

➢ ***De Manado :*** pas de ferries mais seulement des bateaux de pêche qui partent du Pasar Bersehati, le marché de Manado. Durée : 1 h. Départs normalement tous les jours, sauf le dimanche ou en cas de mauvais temps, entre 12 h 30 et 14 h 30, en fonction des horaires des marées. Les bateaux arrivent en effet le matin de Bunaken et attendent que la marée remontent dans le chenal pour repartir. Y venir de préférence la veille ou le matin même pour s'assurer de la liaison et avoir plus de précisions sur l'horaire de départ. Normalement, 4 bateaux partent à la même heure, mais deux seulement vont jusqu'à Pantai Liang, les deux autres s'arrêtent au débarcadère du village de Bunaken. Pas d'aller-retour possible dans la journée, car les bateaux ne le font pas. Prévoir donc au moins 1 nuit sur Bunaken. En outre, les fonds sous-marins sont tellement beaux qu'il faut y rester plusieurs jours pour les apprécier vraiment. Pour y passer une journée seulement, la solution consiste à se regrouper et à louer un bateau spécialement pour ce trajet aller-retour.

LA PROTECTION DE L'ENVIRONNEMENT À BUNAKEN

Comment protéger les fonds marins des pêcheurs peu scrupuleux ? Comment assurer la survie des espèces en développant le tourisme ? L'Américain Marc Erdmann, biologiste marin et chercheur habitant à Bunaken, ne pouvait répondre seul à ces deux questions. Il fut l'un des premiers à étudier le cœlacanthe, cet étrange poisson vivant à 300 m de profondeur et connu des Indonésiens pour ses vertus prétendument thérapeutiques. Il ne pouvait pas plus longtemps supporter de voir les coraux détruits par les bombes des pêcheurs et la faune décimée. Le tourisme n'est pas en cause, mais plutôt l'attitude des pêcheurs. Hormis la pêche à la bombe dont on peut facilement imaginer les conséquences sur l'environnement sous-marin, une autre technique radicale pour tuer le corail et malgré tout très prisée des pêcheurs indonésiens à cause de son efficacité est la pêche au cyanure. Elle permet d'endormir les poissons et de les pêcher vivants. Les mérous, napoléons et langoustes sont ensuite exportés en toute illégalité vers Hong Kong et Singapour qui en raffolent.
Avec l'aide d'une organisation non gouvernementale américano-indonésienne, Marc Erdmann a fondé en 1998 la *Nord Sulawesi Watersports Association* qui, pour la première fois dans le pays, associe sur un pied d'égalité les professionnels du tourisme (c'est-à-dire les clubs de plongée et les *losmen*), les autorités locales (dont le gouverneur de la province) ainsi que les villageois eux-mêmes. Tout ce petit monde se réunit au sein d'un bureau exécutif pour prendre des décisions. L'une des premières réalisations concrètes fut la mise en place d'un patrouillage privé 24 h/24 autour des îles pour traquer les pêcheurs à la bombe et au cyanure. L'association s'occupe aussi de l'amélioration des infrastructures du parc, de la réhabilitation du corail et de la protection des espèces. L'île a ainsi été découpée en zones côtières délimitées par des panneaux (inscrits en indonésien) : les zones rouges (2 zones) sont interdites au tourisme et à la pêche et servent à la réhabilitation du corail, les bleues sont réservées au tourisme et les vertes sont ouvertes à tous.
Les choses se font peu à peu mais la direction est la bonne. La participation des villageois est primordiale car elle contribue à leur sensibilisation à ces problèmes d'environnement. Tous ces projets sont financés par les droits d'entrée dans le parc national payés par les touristes. Sur les sommes récoltées, seulement 10 % sont envoyés au gouvernement central à Jakarta et 10 % servent à la gestion du parc national. Les 80 % restants servent au patrouillage et le fonctionnement de l'association autour de son bureau exécutif offre l'assurance que cet argent n'est pas détourné.
C'est en fait la création de provinces autonomes dans tout le pays après l'ère Suharto qui a rendu cette initiative possible. Espérons que cela fera des émules !

Droit d'entrée

Il s'élève à 50000 Rps (4 €) par personne et par jour ou 150000 Rps (12,1 €) pour l'année et sert à financer le programme de protection écologique de l'île. Il s'acquitte soit auprès du club de plongée, soit au *bureau du parc national (plan, 1)* en face de la jetée de *Pantai Liang*. Si vous faites partie des rares touristes qui ne plongent pas et qui font l'aller-retour à Bunaken dans la journée en bateau privé ou chartérisé, on ne vous demandera alors que 2500 Rps (0,2 €).

Où dormir ? Où manger ?

Les *losmen* se répartissent sur les deux plages de l'île : *Pantai Pangalisang* à côté du village de Bunaken et *Pantai Liang* sur la côte ouest. Les bateaux publics venant de Manado s'arrêtent d'abord au village de Bunaken, puis à ceux de Pantai Liang. Pantai Pangalisang n'est bordée que par une mangrove alors que Pantai Liang a une belle et longue plage de sable blanc bordée de cocotiers, mais il n'y a pas d'eau courante et les prix en pension complète sont en moyenne 20000 Rps (1,6 €) supérieurs à ceux de Pantai Pangalisang. Dans tous les cas, le confort est rudimentaire et les chambres ont au minimum une moustiquaire et un ventilateur. L'île est alimentée en électricité, mais pour des raisons d'économie, elle est coupée entre 18 h et 5 h du matin, à moins que les établissements ne possèdent leur propre générateur, ce qui est rare. La pension complète est obligatoire, mais si vous êtes plongeur, n'hésitez pas à négocier, car le déjeuner est pris dans le club de plongée.

À Pantai Pangalisang

🏠 🍴 ***Daniel's Homestay** (plan, **11**) :* situé au sud-est de l'île, proche du village de Bunaken. ☎ 0812-44-04-882. Vous pouvez demander au pilote du bateau de vous y déposer. Chambres en bungalow toutes simples avec *mandi*.

🏠 🍴 ***MC Homestay** (plan, **12**) :* en venant du village, situé avant *Daniel's*. ☎ 0816-23-28-56. Une dizaine de chambres simples à prix moyens. Accueil convivial.

🏠 🍴 ***Lorenzo Beach Garden Resort** (plan, **13**) :* également appelé *Lorenzo Dua*. ☎ 0812-440-67-05. À 20 mn à pied au nord-est du village de Bunaken, au bord de la mangrove. 3 catégories de bungalows allant du simple au triple. Les plus chers sont carrelés et confortables. Petit bar devant la mangrove. Navette gratuite pour Manado si vous restez au moins 3 nuits. Prix forfaitaire avec le club de plongée *Two-Fish Divers* (voir la rubrique « Où faire de la plongée ? »).

À Pantai Liang

🏠 🍴 ***Nelson Cottages** (plan, **14**) :* sur la plage, à gauche de la jetée. ☎ 85-662-88. Six chambres en bungalow donnant sur la mer. Simple.

🏠 🍴 ***Nyiur Melambai** (plan, **15**) :* juste après *Nelson* en partant de la jetée. ☎ 86-90-15. Moins cher que *Nelson*. *Losmen* très simple tenu par une gentille dame qui est aussi une très bonne cuisinière. Deux chambres seulement, en bungalow avec moustiquaire et w.-c. à la turque.

🏠 🍴 ***Bastiano Cottages** (plan, **16**) :* à droite de la jetée. ☎ 85-35-66. • bastianos@yahoo.com • Cet établissement bénéficie d'une belle portion de plage et possède une vingtaine de chambres dont la moitié, plus récentes et au même prix que les autres, donnent sur la mer. Ventilateur, moustiquaire brodée et bonne literie. Ils ont deux bateaux faisant tous les jours la navette avec le port de Manado, gratuite si vous restez au moins 3 nuits. Voilà ce qu'on aime. Et maintenant, voici ce que l'on aime moins : le personnel, visiblement sous-payé, est totalement démotivé, à la merci d'un patron invisible donnant ses ordres depuis Manado. La cuisine est très quelconque et les petits déjeuners très légers. Tout cela ne justifie absolument pas les prix annoncés (catégorie « Plus chic » en pension complète), à moins de servir une stratégie mercantile privilégiant le court terme. Dommage, car cet établissement aurait pu être l'un des meilleurs de l'île, mais loin s'en faut.

Où faire de la plongée ?

■ ***Froggies Divers*** *(plan, 21)* **:** à Pantai Liang. ☎ 0812-430-13-56 (portable). Fax : 85-90-68. ● www.divefroggies.com ● Petit club très sérieux tenu par Christiane, une attachante citoyenne du monde d'origine franco-italienne, polyglotte et férue de musique traditionnelle. Aidée d'une équipe dévouée et compétente, elle vous accueillera en ami. Elle œuvre très activement pour la protection de l'île. Elle tient à ce que son club conserve une dimension humaine. C'est pourquoi les palanquées ont au maximum 4 plongeurs pour 4 bateaux disponibles, ce qui l'oblige à refuser régulièrement des touristes en haute saison. Il faut donc réserver 6 mois à l'avance pour juillet et août et 3 mois à l'avance le reste de l'année. Forfait journalier autour de 60 € incluant 2 plongées, la location du matériel et le repas de midi en buffet sur l'île ou sur un autre site selon le programme de la journée. Cours PADI. L'excellente qualité de la cuisine, variée et délicieuse, surprend au vu des conditions de vie rudimentaires sur l'île. Le prix inclut le transfert éventuel depuis ou vers Manado ou l'aéroport. Propose également quelques chambres dans des bungalows bien aménagés, mais chères (catégorie « Chic »).

■ ***Two-Fish Divers*** *(plan, 13)* **:** au nord de Pantai Pangalisang, dans le *Lorenzo Beach Garden Resort.* ☎ 0812-43-28-05. ● www.twofishdivers.com ● À 20 mn à pied au nord-est du village de Bunaken. Autre club sérieux de l'île, tenu par un sympathique couple d'Anglais, Nigel et Tina. Comme chez *Froggies,* les palanquées sont petites (entre 2 et 5 personnes), ce qui est un gage de sécurité. Forfait incluant l'hébergement en bungalow chez *Lorenzo,* les repas et les plongées (voir la rubrique « Où dormir ? Où manger ? »). Cours PADI.

À voir. À faire

Plongée

Plongée avec masque et tuba : à la portée de tous. C'est le minimum vital du plongeur débutant. Même en plongeant de cette manière, à la surface de l'eau, les fonds sous-marins révèlent une grande partie de leurs trésors. Prendre son temps. Et prévoir à l'avance un petit guide sur la faune et la flore de cette région, afin de mieux identifier ces nombreuses merveilles.

Les crevasses sous-marines : c'est une sorte de cassure géologique, formée de parois de corail, verticales, pouvant descendre jusqu'à 1 000 m de profondeur et couvertes d'une flore extrêmement riche. Dans le jargon des plongeurs, les parois s'appellent des « tombants ». Elles ne nécessitent pas de plongée profonde, puisque sur la plupart des sites, les tombants commencent aux alentours de 10 m de profondeur. La flore attire de nombreux poissons, crustacés, mollusques et autres spécimens ayant survécu au Déluge. Voici une liste à la Prévert de ce que l'on croise sous l'eau : napoléons, poissons-cochets, poissons-chirurgiens, platax, balistes, limaces, serpents de mer, rascasses volantes, raies-aigles, hippocampes-feuilles, lutjians, poissons-clowns, crevettes minuscules, langoustes et homards...

Plongée de nuit : sur les 20 sites de plongée *(diving spots)* reconnus et localisés par les plongeurs expérimentés, le site de *Celah Celah* se prête bien aux plongées nocturnes (10 à 20 m de profondeur). Uniquement pour plongeurs confirmés.

➤ DANS LES ENVIRONS DE BUNAKEN

Siladen : petite île à l'est de Bunaken, oubliée des touristes, et pour cause, il n'y a rien à y faire, sinon jouer les Robinson. Deux *losmen* très rudimentaires dans le petit village de l'île. Ne pas oublier l'équipement « PMT » (palmes, masque et tuba) et un bon livre. De Manado, un bateau public part tous les jours pour l'île de Montehage depuis Pasar Bersehati, juste à côté de l'embarcadère pour Bunaken et à la même heure. Il fait le cas échéant une halte à Siladen. Le retour, en revanche, se fait pour le même prix sur un bateau de pêche à balancier qui part tôt le matin pour aller vendre le poisson sur le marché de Manado.

L'Auberge de la Plage : ☎ 85-77-01 ou (0811) 43-20-63. Fax : 85-56-36. • krisdive@manado.wasantara.net.id • Bungalows très simples au bord de la plage en face de l'île de Montehage. Le propriétaire, Christian Fénié, qui est moniteur de plongée, a également ouvert un petit club de plongée. Possibilités d'excursions.

QUITTER BUNAKEN

➢ ***Pour Manado :*** bateau public tous les jours sauf le dimanche, partant tôt le matin de Pantai Liang et passant par le débarcadère du village de Bunaken. Les clubs de plongée de l'île et quelques établissements ont leur propre bateau.

TOMOHON

IND. TÉL. : 431

Petite ville de montagne, située à 750 m d'altitude à l'intérieur du Pays minahasa, à 25 km de Manado. Climat plus frais qu'au bord de la mer, favorable à la culture des fleurs (hibiscus, bougainvillée...). Tomohon est le point de départ de l'ascension du Gunung Lokon (1 595 m), volcan majestueux et toujours actif dont la silhouette domine toute la région. La dernière éruption date de 1991.

Comment y aller ?

➢ ***De Manado :*** minibus ou bus au départ du terminal Karombasan. Durée : 35 mn.

Où dormir ? Où manger ?

Très chic

Gardenia : à Kakaskasen II, avant d'arriver à Tomohon par la route de Manado. ☎ 35-12-82 et 35-13-33. Fax : 35-13-63. • gardenia@mdo.mega.net.id • Établissement de très bon standing composé d'une douzaine de chambres très confortables en chalet ou en bungalow disséminés dans un magnifique jardin dominé par les 3 volcans actifs du Pays minahasa, le Lokon, le Soputan et le Mahawu. Il est tenu avec beaucoup de soin par un gentil couple de médecins, les Ratulangi,

LE NORD DE SULAWESI

appartenant à la famille du héros indépendantiste minahasa Sam Ratulangi. Ils accueillent leurs hôtes comme s'ils étaient de la famille. Le jardin avec ses massifs de gardénias capiteux, d'hibiscus, de lotus et d'héliconias est très agréable. La cuisine est un mélange curieux mais réussi d'influences chinoise, minahasa et européenne. Quelques ordinateurs connectés à Internet. Service de blanchisserie inclus dans le prix des chambres. Naturellement, tout cela a un prix : compter 50 € pour les premières chambres, incluant le petit dej'. Une adresse idéale pour une lune de miel.

À voir. À faire

L'église catholique de style baroa.

Le marché de Tomohon : près de la gare routière, les mardi, jeudi et samedi matin. Marché très haut en couleur particulièrement le samedi lorsque tous les exploitants de la région viennent vendre leurs produits : fruits et légumes, naturellement, mais aussi pâtisseries traditionnelles, fleurs, épices et une partie de l'arche de Noé (chiots, chauves-souris, rats, sangliers, singes, serpents, poissons...).

➤ DANS LES ENVIRONS DE TOMOHON

Les rizières en terrasses à ***Leilem.***

L'ascension du Gunung Lokon : culminant à 1 595 m, le Lokon est l'un des 3 volcans actifs du Pays minahasa et est facilement accessible depuis Tomohon. Cependant, le chemin n'étant pas balisé, les services d'un guide sont indispensables pour faire cette ascension. On en trouve facilement à Tomohon. L'activité sismique de ce volcan a repris depuis mai 2000, il faut donc bien vérifier auprès du *centre de vulcanologie de Tomohon* que l'ascension est permise. Le départ s'effectue à partir de l'hôtel *Mega Mondung Resort* situé sur la route reliant Manado à Tomohon, à 15 mn de marche en direction de Manado. L'ascension dure environ 1 h où l'on remonte une ancienne coulée de lave jusqu'au bord du cratère appelé *Tampaluan,* à 1 150 m d'altitude. Les nombreuses fumerolles et solfatares à 250 m au fond du cratère témoignent de l'intense activité du volcan.

Les villages minahasas de ***Sonder*** et ***Lahendong.*** À Sonder, on est au cœur de la première région productrice de clous de girofle (*cengkeh* en indonésien). Nombreuses et vastes plantations. Le principal marché pour les planteurs est celui des cigarettes, les *kreteks,* qui sont parfumées avec cette épice (car c'est une épice, au même titre que le poivre ou la noix de muscade).

TONDANO (VILLE ET LAC)

À 36 km de Manado, une petite ville d'altitude, posée dans une plaine extrêmement fertile (terre volcanique) et bien arrosée. Pas de vue sur le lac de Tondano même, car ce grand miroir enchâssé entre les volcans se trouve à 2 km, au débouché des rizières. C'est une sorte de bout du monde, haut perché, un réservoir d'air pur et un creuset historique de la résistance aux Néerlandais (période coloniale) et aux Japonais (Seconde Guerre mondiale). N'est-ce pas le berceau natal du docteur Sam Ratulangi, héros national de l'indépendance de l'Indonésie ? Il n'y a rien à faire de particulier, hormis des randonnées sur les montagnes aux alentours.

En ville, pour se déplacer, les gens utilisent des petits attelages décorés avec des couleurs vives et tirés par des petits chevaux. On les appelle les *bendis*. Un bon moyen de transport, assez rapide, écologique et peu onéreux.

À voir

Loji Tondano : c'est le musée local. Demander au chauffeur de *bendi* « Loji Tondano, Rinegetan ». Qui croirait que cette vieille maison en bois de 1850, endormie à la sortie de Tondano, puisse abriter un squelette géant de baleine ? C'est la seule et unique curiosité à voir. Celui-ci mesure 9,50 m de long. Il fut découvert en 1989, enfoui sous le sable de la plage de Malalayang, près de Manado. Il lui manque la queue. Elle a été remplacée par un morceau de bois contreplaqué.

Le lac de Tondano : à 2 km du village de Tondano, on peut y accéder en *bemo,* en vélo ou même en carriole, ce qui est beaucoup plus pittoresque. Beau lac de caldeira bordé de rizières. Il abrite de grosses carpes rouges *(ikan mas)* que l'on trouve au menu de tout *rumah makan* digne de ce nom.

Le tombeau de Sam Ratulangi : situé à 1 km au nord de la ville, sur la droite en suivant la route de Tomohon. Après le cimetière chinois, une petite colline sert de nécropole à Sam Ratulangi, l'une des grandes figures de l'histoire récente de l'Indonésie. Né à Tondano en 1890, il étudia à Zurich (Suisse), devint docteur, retourna en Indonésie où il fonda la première Église protestante autonome (la *KGPM* ou *Kerapatan Gereja Protestant Minahasa*), non inféodée à l'Église néerlandaise. Farouche partisan de l'indépendance, il fut exilé par les Néerlandais dans une prison d'Irian Jaya où sa santé se dégrada. Mort en 1949, il est aujourdhui considéré comme un héros national. D'ailleurs combien de rues, d'avenues et de boulevards ne portent-ils pas son nom ? Intellectuel, il publia en 1939 un livre visionnaire dans lequel il annonçait, le premier, que la zone Asie-Pacifique deviendrait un nouveau centre économique du monde !

➤ DANS LES ENVIRONS DE TONDANO

Passo et Rembokan : centre de poteries, de céramiques.

Tompaso : on peut y voir la danse *maengket.*

Kawangkoan : on peut voir le *Kolintang* (orchestre minahasa).

LE GUNUNG SOPUTAN

Pour prouver aux incrédules que l'intérêt du Pays minahasa ne se réduit pas à ses fonds marins, les inconditionnels des volcans ne manqueront pas l'ascension du fameux « Soputan » qui domine toute la région à 1 830 m d'altitude. Comme tout ce qui est en dehors des sentiers battus, ce volcan se mérite et suppose que vous soyez équipé pour la randonnée et le camping (bonnes chaussures, tente, duvet, gaz, etc.). Prévoir bien sûr une lampe de poche et de bonnes piles car la fin de l'ascension se fait avant le lever du soleil.
Le Gunung Soputan est l'un des trois volcans actifs du Pays minahasa et l'activité sismique de toute la région s'est accrue depuis mai 2000. Trois

éruptions successives ont d'ailleurs eu lieu entre mai et août 2000, expulsant de la bouche du grand dôme de lave situé au milieu de la caldeira une grande quantité de matière en fusion. Il faut donc impérativement se renseigner auprès du centre de vulcanologie de Tomohon *(Kantor Pengamat Gunug Berapi)* sur l'état du volcan avant d'entreprendre l'ascension. Attention, les employés ne parlent pas l'anglais.
L'accès au volcan par le nord-est est le plus pratique. Le dernier village sur les pentes du volcan est *Tou Ure* à 900 m d'altitude. Il est le point de départ de l'ascension et il est nécessaire d'y dormir. Pas de *losmen,* mais vous pourrez dormir chez l'habitant en vous adressant au chef du village dès votre arrivée. Vous organiserez d'ailleurs votre randonnée à partir de là en trouvant un guide (indispensable) et éventuellement des porteurs. Attention, il n'y a pas d'épicerie au village, il faut donc se ravitailler en eau et nourriture à Kawangkoan ou, encore mieux, à Tomohon ou Tondano.

Comment y aller ?

➢ ***De Tomohon :*** prendre un *bemo* jusqu'au village de *Kawangkoan* (1 h de trajet environ), puis un second jusqu'à une bifurcation située sur la route principale entre les villages de *Tompaso* et *Langowan,* au niveau d'un hippodrome (*Pacuan Kuda* en indonésien). Demander au chauffeur de *bemo* de vous y arrêter. Puis on monte jusqu'au village de Tou Ure soit à pied en 45 mn, soit en charrette si vous en croisez une avec un peu de chance.
➢ ***De Tondano :*** des *bemos* vont jusqu'au village de *Langowan* en longeant la rive du lac. À Langowan, prendre un second *bemo* pour arriver à la bifurcation au niveau de l'hippodrome.

L'ascension du volcan

➢ À partir du village de Tou Ure, cette randonnée se fait en deux jours avec une nuit de camping. Les plus sportifs pourront faire l'aller-retour en une journée. Cependant, ils atteindront le sommet en milieu de journée alors que le ciel sera sûrement couvert. La première partie de l'ascension à partir du village de Tou Ure jusqu'au campement dure de 3 h 30 à 4 h. On traverse successivement des champs cultivés et des pinèdes avant de camper au milieu des girofliers.
Le lendemain, on monte avant le lever du soleil jusqu'à la crête de la caldeira (compter 1 h 30), puis l'on descend dans la caldeira pour remonter sur le cône, c'est-à-dire la bouche principale du volcan. De là, panorama à couper le souffle sur le lac Tondano, le Gunung Lokon, Manado, Bunaken et la pointe extrême de l'île. Inoubliable ! Le ciel se couvre rapidement dans la matinée, c'est pourquoi il faut être au sommet du cône au petit matin.
Si malgré tout vous décidez de tout faire d'une traite, il faut compter 5 h depuis le village jusqu'au bord de la caldeira et 3 h 30 environ pour le retour, sans compter les pauses bien sûr. On vous déconseille cette option car vous ne verrez probablement que des nuages et vous n'aurez pas le temps de monter sur le dôme principal du volcan.

LE PARC NATIONAL DE TANGKOKO

À 75 km au nord-est de Manado, au bout de la péninsule minahasa, Tangkoko est l'une des plus belles réserves naturelles de l'Indonésie, facilement accessible et très densément peuplée d'espèces endémiques à Sulawesi : macaques à crête, toucans, calaos à bec rouge, frégates, et surtout le tarsier (*kuskus* en indonésien), un étonnant mammifère appartenant à l'ordre des marsupiaux. Il a une drôle de tête aplatie avec d'énormes yeux. Il se nourrit exclusivement de feuilles et la cohabitation dans la forêt avec les singes frugivores est parfaite. Comme il est nocturne, on ne l'aperçoit qu'à partir de la fin de l'après-midi, et encore faut-il une bonne paire de jumelles et de la patience. Entrée du parc payante. De plus, il vaut mieux louer les services d'un « ranger » pour une demi-journée afin d'augmenter ses chances de voir les animaux. Prévoir des vêtements légers mais longs ainsi qu'une bonne crème contre les moustiques car les insectes pullulent dans le parc.

Comment y aller ?

➢ ***De Manado :*** de la gare routière de Paal Dua, prendre un bus en direction de Bitung et descendre à Girian (1 h de trajet), puis un second bus pour Batu Putih (1 h 30) où se situe l'entrée principale du parc.

Où dormir ? Où manger ?

Mama Ruus : à Batu Putih. *Losmen* en bois simple et bon marché. *Mandi,* pas d'eau chaude. Pension complète obligatoire. Prix moyens.

Benteng Forest Resort : à la sortie du village de Batu Putih, à 30 mn en voiture du parc national. ☎ et fax : (438) 315-73. • benteng@batuputih.co.id • Chambres confortables « en dur » ou, plus agréables, dans des bungalows dans un parc. Restaurant, piscine et centre de plongée. Catégorie « Chic ».

KOTAMOBAGU

À 4 h de Manado en bus.

Où dormir ?

Losmen Lely : très bien.

Losmen Tenteram : en face.

Wisma Kabela : avec piscine et jardin.

➢ *DANS LES ENVIRONS DE KOTAMOBAGU*

Le village Bilalang : y aller en *bemo* (3 km).

– ***Course de chevaux***, sur 1 000 m, tous les dimanches, à ***Togop.***

IMANDI

À 5 h de bus de Kotamobagu. Région montagneuse très belle.
Prendre un *dokar* pour faire les 7 km jusqu'au village balinais ***Bali Agung.*** Vous pouvez voir un *gamelan,* un temple et la danse du *legong* pour la fête du Galungan.

Dormir au ***Penginapan Ingat Budi.***

GORONTALO

120 000 hab. IND. TÉL. : 0435

Sur la côte sud de la péninsule nord de Sulawesi, à environ 500 km à l'ouest de Manado. Les Gorontalis sont en majorité musulmans. Il reste une cinquantaine de vieilles demeures d'époque coloniale, mais la plupart souffrent du manque d'entretien. Les deux plus remarquables se trouvent sur jl. A. Yani, près de la poste. La gare routière – terminal Luar Kota – est située à 4 km de la station centrale des *bemos*.
À 8 km au nord de Gorontalo, le *fort Otanaha* (construit en 1525) reste le meilleur observatoire pour admirer le lac Limboto. Prendre un *bemo* vers Batudaa ou Dembe et descendre au niveau du fort (*benteng* en indonésien).

Comment y aller ?

➢ ***En avion :*** de Manado et de Palu, avec les compagnies *Bouraq* et *Merpati.* L'aéroport est à 30 km.
➢ ***En bus :*** de Manado (durée : 1 nuit), de Palu (24 h).
➢ ***En bateau :*** de Poso, un bateau 3 fois par semaine (durée : 3 jours !). De Bitung (Manado), 2 bateaux de la *Pelni* par semaine.

Où dormir ? Où manger ?

Melati Hotel : 33 jl. Gajah Mada. ☎ 218-53. Dans une vieille maison coloniale rénovée, 7 chambres simples et propres pour routards à petits budgets. Le propriétaire, Pak Alex, parle le néerlandais et l'anglais et fournit des tas d'infos à ses hôtes. Notre meilleure adresse.

Hôtel Inda Ria : 29 jl. A. Yani. ☎ 212-96. Pratique la pension complète. Bonne cuisine locale.

Rumah Makan Dirgahaya : jl. Pertiwi. De très bons *satays kambings*.

À voir

Les villages de pêcheurs : il faut louer une barque et il est préférable, pour négocier, d'avoir quelques notions de *bahasa indonesia*.

Si difficile à voir

Sur les traces du babiroussa

Prenez un gros cochon, anormalement gros même, et de couleur sombre de préférence, plantez au milieu de son groin quatre défenses pointues et recourbées vers ses yeux : vous aurez une idée approximative de la silhouette du babiroussa ! Mais c'est une caricature. Drôle de mammifère quand même. Son nom signifie « cochon-cerf » en indonésien. Hormis quelques missionnaires ou colons néerlandais, aucun homme blanc n'avait vu l'animal dans son milieu naturel, c'est-à-dire la jungle tropicale. Il était devenu introuvable. On le croyait rayé à jamais de la surface du globe. Nulle photo, nul film sur cet étrange mammifère, à part des clichés réalisés au zoo de Jakarta ou de Los Angeles. La plus ancienne mention du babiroussa, on la doit au naturaliste Buffon qui exécuta des croquis à partir de crânes rapportés par des marins. Ils figurent dans le douzième tome de sa monumentale *Histoire naturelle,* à Paris.

Après des années passées au Gabon comme forestier puis guide de chasse, le Français Maurice Patry décida de réaliser l'un de ses rêves d'adolescent : retrouver le babiroussa. Ayant appris l'indonésien, il se lança sur ses traces, montant neuf expéditions (en moyenne deux par an entre 1983 et 1989) dans la jungle indonésienne entre le nord de Sulawesi et les îles Moluques. Commença alors une longue quête solitaire et périlleuse, semée de pièges, de fausses pistes et d'obstacles. Lors de sa dixième expédition, du côté de la rivière Paguyaman, à l'ouest de Gorontalo, Maurice découvrit une saline cachée dans une clairière en pleine jungle. Il s'y installa, y resta des jours et des nuits à guetter, armé de patience et de ténacité. À travers la végétation inextricable de la forêt, un babiroussa montra enfin le bout de son groin et sortit prudemment des ténèbres pour se nourrir. L'animal se délecta de jeunes pousses de rotin, de larves, de fruits tombés à terre.
Ses défenses sont en fait des canines qui ont percé le museau en poussant. À quoi servent-elles ? À rien. Même pas à se défendre. Elles peuvent se retourner contre lui. C'est une injustice de la génétique : elles poussent à l'envers et, avec le temps, peuvent atteindre les yeux et les transpercer. Comme quoi la nature n'est pas aussi bien faite que ça... Le seul ennemi naturel du babiroussa est l'homme, et de préférence chrétien, car les musulmans ne le chassent pas : ils le considèrent trop proche du cochon. Pessimiste sur son avenir – si peu protégé et menacé par la déforestation galopante –, Maurice Patry a néanmoins obtenu sa plus belle récompense : la reconnaissance de nombreux scientifiques du monde entier qui viennent sonner à sa porte... pour en savoir plus sur cette énigme de la création. Ici, dans le Pays minahasa, entre Marisa, Tabulo et Paguyaman, beaucoup se souviennent encore de cet énergumène si entêté, venu de l'autre côté de la terre pour retrouver le babiroussa...

NOS NOUVEAUTÉS

AFRIQUE DU SUD (paru)

Qui aurait dit que ce pays, longtemps mis à l'index des nations civilisées, parviendrait à chasser ses vieux démons et retrouverait les voies de la paix civile et la respectabilité ? Le régime de ségrégation raciale (l'apartheid), en vigueur depuis 1948, a été aboli le 30 juin 1991. En 1994 – il y a plus de 10 ans – les Sud-Africains participaient aux premières élections démocratiques et multiraciales jamais organisées dans leur pays. Après 26 années de détention, le prisonnier politique le plus célèbre du monde, Nelson Mandela, devenait le chef d'État le plus admiré de la planète. La mythique « Nation Arc-en-Ciel » connaissait un véritable état de grâce. Pendant un temps, le destin de l'Afrique du Sud fut entre les mains de trois Prix Nobel. Le pays se rangea dans la voie de la réconciliation. Même si ce processus va encore demander du temps, une décennie après, l'Afrique du Sud, devenue une société multiraciale, continue d'étonner le monde.
L'Afrique du Sud n'a jamais été aussi captivante. Voilà un pays exceptionnel baigné par deux océans (Atlantique et Indien), avec d'époustouflants paysages africains.
Des quartiers branchés de Cape Town aux immenses avenues de Johannesburg, des musées de Pretoria à la route des Jardins, du macadam urbain à la brousse tropicale, ce voyage est un périple aventureux où tout est variété, vitalité, énergie ; où rien ne laisse indifférent. Des huttes du Zoulouland aux *lodges* des grands parcs, que de contrastes ! N'oubliez pas les bons vins de ce pays gourmand qui aime aussi la cuisine élaborée. Les plus aventureux exploreront la Namibie, plus vraie que nature, où un incroyable désert de sable se termine dans l'océan. Et ne négligez pas les petits royaumes hors du temps : le Swaziland et le Lesotho.

ISLANDE (paru)

Terre des extrêmes et des contrastes, à la limite du cercle polaire, l'Islande est avant tout l'illustration d'une fabuleuse leçon de géologie. Volcans, glaciers, champs de lave, geysers composent des paysages sauvages qui, selon le temps et l'éclairage, évoquent le début ou la fin du monde. À l'image de son relief et de ses couleurs tranchées et crues, l'Islande ne peut inspirer que des sentiments entiers. Près de 300 000 habitants y vivent, dans de paisibles villages côtiers, fiers d'être ancrés à une île dont la découverte ne peut laisser indifférent. Fiers de descendre des Vikings, en ligne directe. Une destination unique donc (et on pèse nos mots) pour le routard amoureux de nature et de solitude, dans des paysages grandioses dont la mémoire conservera longtemps la trace après le retour.

NOS NOUVEAUTÉS

NOS MEILLEURES FERMES-AUBERGES EN FRANCE (paru)

En ces périodes de doute alimentaire, quoi de plus rassurant que d'aller déguster des produits fabriqués sur place ? La ferme-auberge, c'est la garantie de retrouver sur la table les bons produits de la ferme. Ce guide propose une sélection des meilleures tables dans toute la France, ainsi qu'une sélection d'adresses où sont vendus des produits du terroir. Ici, pas d'intermédiaire, on passe directement du producteur au consommateur. Pas d'étoile, pas de chefs renommés, mais une qualité de produits irréprochable. Des recettes traditionnelles, issues de la culture de nos grands-mères, vous feront découvrir la cuisine des régions de France. Au programme ? Pintade au chou, lapin au cidre, coq au vin, confit de canard, potée, aligot, ficelle picarde, canard aux navets... Bref, un véritable tour de France culinaire de notre bonne vieille campagne.

FINLANDE (paru)

Des forêts, des lacs, des marais, des rivières, des forêts, des marais, des lacs, des forêts, des rennes, des lacs... et quelques villes perdues au milieu des lacs, des forêts, des rivières... Voici un pays guère comme les autres, farouchement indépendant, qui cultive sa différence et sa tranquillité. Coincée pendant des siècles entre deux États expansionnistes, la Finlande a longtemps eu du mal à asseoir sa souveraineté et à faire valoir sa culture. Or, depuis plus d'un demi-siècle, le pays accumule les succès. Il a construit une industrie flambant neuve, qui l'a hissé parmi les nations les plus développées. Tous ces progrès sont équilibrés par une qualité de vie exceptionnelle. La Finlande a bâti ses villes au milieu des forêts, au bord des lacs, dans des sites paisibles et aérés. Il faut visiter les villes bien sûr, elles vous aideront à comprendre ce mode de vie tranquille, et c'est là que vous ferez des rencontres. Mais les vraies merveilles se trouvent dans la nature. Alors empruntez les chemins de traverse, créez votre itinéraire, explorez, laissez-vous fasciner par cette nature gigantesque, sauvage et sereine. Vous ne le regretterez pas.

Tout pour partir*
*bons plans, concours, forums,
magazine et des voyages à prix routard.
> www.routard.com
routard.com
Chacun
sa route
synergencemajeure - photo : Digital Stock

INDEX GÉNÉRAL

– A –

– B –

– C –

– D –

– G –

– H-I –

– J –

– K –

– L –

– M –

INDEX GÉNÉRAL

– N –

– O –

– P –

– R –

– S –

– T –

– U-V –

– W-Y –

OÙ TROUVER LES CARTES ET LES PLANS ?

les Routards parlent aux Routards

Faites-nous part de vos expériences, de vos découvertes, de vos tuyaux. Indiquez-nous les renseignements périmés. Aidez-nous à remettre l'ouvrage à jour. Faites profiter les autres de vos adresses nouvelles, combines géniales... On adresse un exemplaire gratuit de la prochaine édition à ceux qui nous envoient les lettres les meilleures, pour la qualité et la pertinence des informations. Quelques conseils cependant :

– Envoyez-nous votre courrier le plus tôt possible afin que l'on puisse insérer vos tuyaux sur la prochaine édition.
– N'oubliez pas de préciser l'ouvrage que vous désirez recevoir.
– Vérifiez que vos remarques concernent l'édition en cours et notez les pages du guide concernées par vos observations.
– Quand vous indiquez des hôtels ou des restaurants, pensez à signaler leur adresse précise et, pour les grandes villes, les moyens de transport pour y aller. Si vous le pouvez, joignez la carte de visite de l'hôtel ou du resto décrit.
– N'écrivez si possible que d'un côté de la lettre (et non recto verso).
– Bien sûr, on s'arrache moins les yeux sur les lettres dactylographiées ou correctement écrites !

Le Guide du routard : 5, rue de l'Arrivée, 92190 Meudon

E-mail : guide@routard.com
Internet : www.routard.com

Les Trophées du Routard

Parce que le *Guide du routard* défend certaines valeurs : Droits de l'homme, solidarité, respect des autres, des cultures et de l'environnement, les Trophées du Routard soutiennent des actions à but humanitaire, en France ou à l'étranger, montées et réalisées par des équipes de 2 personnes de 18 à 30 ans.
Pour les premiers Trophées du Routard 2004, 6 équipes sont parties, chacune avec une bourse et 2 billets d'avion en poche, pour donner de leur temps et de leur savoir-faire aux 4 coins du monde. Certains vont équiper une école du Ladakh de systèmes solaires, développer un réseau d'exportation pour la soie cambodgienne, construire une maternelle dans un village arménien ; d'autres vont convoyer et installer des ordinateurs dans un hôpital d'Oulan-Bator, installer un moulin à mil pour soulager les femmes d'un village sénégalais ou encore mettre en place une pompe à eau manuelle au Burkina Faso.
Ces projets ont pu être menés à bien grâce à l'implication de nos partenaires : le Crédit Coopératif (● www.credit-cooperatif.coop ●), la Nef (● www.lanef.com ●), l'UNAT (● www.unat.asso.fr ●) et l'Agence Nationale pour les Chèques-Vacances (● www.ancv.com ●).
Vous voulez aussi monter un projet solidaire en 2005 ? Téléchargez votre dossier de participation sur ● www.routard.com ● ou demandez-le par courrier à Hachette Tourisme - Les Trophées du Routard 2005, 43, quai de Grenelle, 75015 Paris, **à partir du 15 octobre 2004**.

Routard Assistance 2005

Routard Assistance, c'est l'Assurance Voyage Intégrale sans franchise que nous avons négociée avec les meilleures compagnies, Assistance complète avec rapatriement médical illimité. Dépenses de santé, frais d'hôpital, pris en charge directement sans franchise jusqu'à 300 000 € + caution + défense pénale + responsabilité civile + tous risques bagages et photos. Assurance personnelle accidents : 75 000 €. Très complet ! Le tarif à la semaine vous donne une grande souplesse. Tableau des garanties et bulletin d'inscription à la fin de chaque *Guide du routard* étranger. Si votre départ est très proche, vous pouvez vous assurer par fax : 01-42-80-41-57, en indiquant le numéro de votre carte bancaire. Pour en savoir plus : ☎ 01-44-63-51-00 ; ou, encore mieux, sur notre site : ● www.routard.com ●

Photocomposé par Euronumérique
Imprimé en Italie par Legoprint
Dépôt légal n° 52398-1/2005
Collection n° 13 - Édition n° 01
24/0218-8
I.S.B.N. 201.240.218-6